Copyright © Dalva de Abrantes, 2022

Texto e pesquisa bibliográfica **Dalva de Abrantes**
Consultor **Oswaldo de Camargo**
Direção de Arte, capa e projeto gráfico **Rudi Böhm**
Diagramação digital **Artur Voltolini**
Pesquisa iconográfica **Dalva de Abrantes**
Licenciamento de Imagens **Ilka Hempfing**
Revisão de texto **Nanete Neves e Annita Barbi**

Dados Internacionais de Catalogação na Publicação (CIP)
(Câmera Brasileira do Livro, SP, Brasil)

Abrantes, Dalva de
Universo simbólico da cruz / Dalva de Abrantes. –

1. ed. – Santo André, SP : Ipsis PUB, 2022.

ISBN 978-65-89200-10-9

1. Antropologia 2. Arte e cultura 3. Civilização - História
4. Cruzes 5. Religião e cultura 6. Simbolismo na arte I. Título.

22-105823   CDD-704.946

Índices para catálogo sistemático:

1.Cruz : Simbolismo na arte 704.946

Eliete Marques da Silva - Bibliotecária - CRB-8/9380

Todos os direitos reservados.
Nenhuma parte desta edição pode ser reproduzida
ou utilizada em qualquer meio ou forma.

Editora WMF Martins Fontes Ltda.
http://www.wmfmartinsfontes.com.br

UNIVERSO SIMBÓLICO DA CRUZ

DALVA DE ABRANTES

Agradeço a todas as pessoas que antes de mim escreveram sobre símbolos e abriram meus olhos, aos artistas que me inspiraram e às instituições culturais que preservam o conhecimento da humanidade. Sou imensamente grata a Marcos Mendonça, meu grande amor e melhor amigo, a quem dedico esse livro.

A realização do livro deu-se graças ao apoio de:

Beatriz Vicente de Azevedo
Carlos Alberto Dêgelo
Emanoel Araújo
Gil Costa
Ivan Isola
José Carlos Marçal de Barros
Maria Inês Lopes Coutinho
Rudi Böhm
Sergio Kobayashi

IMAGEM UNIVERSAL

O livro *Universo Simbólico da Cruz* nasceu da simples constatação de que, a cruz, além de figurar como identidade visual do cristianismo, é uma forma que existe desde os primórdios da humanidade e pertence a muitas civilizações. O livro, concebido como um recorte de História da Cultura, fundamenta-se sobre representações cruciformes, que originalmente pertenceram ao domínio do sagrado. Ao interpretarmos a realidade histórica através do imaginário da cruz, analisamos não apenas a migração dos símbolos arcaicos através dos tempos, mas também como eles sobrevivem nas sociedades contemporâneas.

1 CRUZ SÍMBOLO UNIVERSAL

UNIVERSO SIMBÓLICO DA CRUZ
CRUZ ÁRVORE DA VIDA
ORIGEM DA ICONOGRAFIA CRISTÃ
A CRUZ NO IMAGINÁRIO DO PODER

2 ICONOGRAFIA E ESTÉTICA DA CRUZ

A IMAGEM DA CRUZ NAS LINGUAGENS ESTÉTICAS
SEMIOLOGIA E ARTE. O SENTIDO OCULTO DA CRUZ
CRUZ DO ESPAÇO SIDERAL – SALVADOR DALÍ
O TEATRO DA MORTE – MATHIAS GRÜNEWALD
CALVÁRIO DE UM POVO – MARC CHAGALL

3 CRUZ E ESPADA NO IMAGINÁRIO BRASILEIRO

A CRUZ NAS TERRAS DE PINDORAMA
CONSTRUÇÃO DO HERÓI NACIONAL SOB O SIGNO DA CRUZ
CRUZ & POLÍTICA
EM TEMPOS DE GOVERNOS MILITARES
IMAGEM DA CRUZ NA IDENTIDADE NACIONAL

4 CRUZES UNIVERSAIS

CRUZ LATINA
CRUZ GREGA
CRUZ DE SANTO ANDRÉ
CRUZ DE SÃO PEDRO
CRUZ CELTA
CRUZ TAU
ANKH – CRUZ EGÍPCIA
CRUZ ORTODOXA
SUÁSTICA
CHACANA
CRUZES UNIVERSAIS

1 CRUZ SÍMBOLO UNIVERSAL

1.1 UNIVERSO SIMBÓLICO DA CRUZ — 17

Padrões e Símbolos Cruciformes. Origem Pré-Histórica da Cruz. Símbolo Solar. Consciência Espacial e Cronológica. Universalidade e Morfologia. Simetria / Quaternidade / Centralidade. Arquitetura do Sagrado / Formas arquetípicas: Círculo e Quadrado / Cúpula e Cubo. Cruz: Centro do Mundo. Pensamentos e Formas Simbólicas

1.2 CRUZ ÁRVORE DA VIDA — 42

Cristianismo e Mitologia Pagã. Árvore mítica dos povos arcaicos. Árvore da Vida na antiguidade oriental. Árvore de Jessé e Árvore Genealógica de Jesus. Árvore do Éden. Árvore Cósmica. Árvore-Cruz. Narrativas Judaicas e Cristãs. Árvore da Vida no imaginário popular. Peridexion, a Árvore Imaginária dos Bestiários Medievais.

1.3 ORIGEM DA ICONOGRAFIA CRISTÃ — 61

Iconografia do Cristianismo Primitivo. Imagens-Símbolos. Sinais de Identificação e Símbolos Religiosos. Linguagem Simbólica das Catacumbas. ICTHUS. Lábaro. CHI-RÔ. Cristograma. Signos e Códigos de uma Escrita Sagrada. Inscrições Tumulares. Cruz Anastasis. Sinal da Cruz. Cruz Triunfal. Primeiras Crucificações. Crucifixo Blasfemo.

1.4 A CRUZ NO IMAGINÁRIO DO PODER — 85

Imaginário e Identidade, Religião e Estado. Sacralização do Poder Temporal. Bizâncio e a Unidade Político Religiosa. Cesaropapismo. Cristianismo e Monarquia. Carlos Magno, Imperador da Cristandade. Sagração. Simbologia das Regalias: Orbe, Coroa, Cetro e Espada. Cerimônia de Ordenação do Cavaleiro. Arquétipos Espadas Míticas.

2 ICONOGRAFIA E ESTÉTICA DA CRUZ

2.1 A IMAGEM DA CRUZ NAS LINGUAGENS ESTÉTICAS   119

Morte Histórica, Física e Teológica de Jesus. Cruz na História da Arte. Crux Crucis Crucifixus. Arte paleocristã. O Sagrado na Era Medieval. Rompimento do Naturalismo. Renascimento e Vitória do Humanismo. Homem-Deus. Barroco: Sociedade e Arte dos Contrastes. Absolutismo e Contrarreforma. Drama na Paixão de Cristo.

2.2 SEMIOLOGIA E ARTE O SENTIDO OCULTO DA CRUZ   162

2.2.1 CRUZ DO ESPAÇO SIDERAL – SALVADOR DALÍ   163

Código Semântico de Dalí. São João da Cruz e Espaço Simbólico. Port Lligat. Surrealismo e Realismo. Fator de Estranhamento. Formas Tradicionais X Formas Contemporâneas. Arte e Ciência. Surrealismo e Religião. Visão Cósmica. Sonho Místico. Simulacro Científico, a Cruz na Teoria Científica de Dali.

2.2.2 O TEATRO DA MORTE – MATHIAS GRÜNEWALD   195

Simbolismo e Narrativa do Retábulo de Isenheim. Ergotismo: Envenenamento e Delírios. Interpretação da Crucificação e Sacralidade da Imagem no Hospital dos Antoninos. O Teatro da Morte Medieval. Tentações de Santo Antônio. A Feiura como Padrão Estético. Grünewald na Modernidade e o Expressionismo Alemão.

2.2.3 CALVÁRIO DE UM POVO – MARC CHAGALL   226

O Mundo encantado de Chagall. A aldeia Universal de Vitebsk. Antissemitismo, do Comunismo ao Nazismo. A Crucificação Branca na Revolução Bolchevista de 1917. A Cruz Ecumênica do Rabino Jesus. Judaísmo e Cristianismo em Chagall: Lamento, Judeu Errante, Menorah, Talit, Torá, Escada, Auréola, Cruz.

3 CRUZ E ESPADA NO IMAGINÁRIO BRASILEIRO

3.1 A CRUZ NAS TERRAS DE PINDORAMA — 275

Histórias Verdadeiras e Histórias Reconstruídas. A Cruz das Descobertas. Cruz da Ordem de Cristo. A Descoberta do Brasil e a Descoberta das Diferenças. Estranhamento e Choque Cultural. Primeiro Ritual Cristão em Terras Indígenas. Signo de Posse Territorial. A Cruz da Legitimidade.

3.2 CONSTRUÇÃO DO HERÓI NACIONAL SOB O SIGNO DA CRUZ — 294

Tiradentes, o Cristo Brasileiro. Herói, Mártir e Mito. O Mártir Republicano Esquartejado e Santificado. Herói por Decreto. A Forca-Cruz. Alferes, o Herói de Farda e Espada. Tiradentes, Líder Social. Mistificação X Mitificação, Dessacralização & Ideologia. A Via-Crúcis Laica. Tiradentes, o Torturado Político.

3.3 CRUZ & POLÍTICA EM TEMPOS DE GOVERNOS MILITARES — 327

Papel da Igreja nos idos de 1964. Cruz e Rosário X Foice e Martelo. A Cruz nas Marchas. Ação ou Reação, Golpe ou Revolução. Cruz Militante. Cruz Adversa. Cruz Subversiva. Cruz Torturada. Cruz Guerrilheira. Comissão Bipartite. Cruz & Espada. Cruz da Verdade. Cruz da Resistência. Cruz das Passeatas e Comícios das Diretas Já.

3.4 IMAGEM DA CRUZ NA IDENTIDADE NACIONAL — 415

Monumento Ícone. História da Construção: Defensores e Opositores. Iconoclastas X Estética. Modernidade Tecnológica X Tradição Temática. Proporção e Estrutura Material. Cristo Art Déco. Referências Iconográficas. Cristo Redentor Monumento em Cruz. Imagem Símbolo Nacional. Redentor, o Cristo Libertário.

4 CRUZES UNIVERSAIS
ICONOGRAFIA, SIMBOLOGIA E MORFOLOGIA DAS CRUZES UNIVERSAIS

4.1 CRUZ LATINA — 439
Arquitetura Cruciforme. Corpus Christi. Histórico e Simbologia. Cruz e Morte. Cruz Rito Exorcista. Cruz Pop. Signo de Preconceito, Xenofobia e Racismo da Ku Klux Klan.

4.2 CRUZ GREGA — 478
Cruz Quadrada e de São Jorge. Cruz Espacial dos Pontos Cardeais. Padrões Cruciformes. Símbolos Tetramorfos na Origem da Iconografia Cristã. Cruz Vermelha

4.3 CRUZ DE SANTO ANDRÉ — 516
Sautor. Cruz de São Patrício. Cruz dos Santos Mártires. Cruz Decussada dos Símbolos Nacionais Europeus. Estandartes e Bandeiras. Cruz Nórdica e Escandinava

4.4 CRUZ DE SÃO PEDRO — 526
Cruz Invertida. Petrina. Cruz Contrarreformista do Martírio de São Pedro. Estigmas da Cruz Invertida. Satanismo e o AntiCristo.

4.5 CRUZ CELTA — 535
Cruz Irlandesa. Cristianismo Celta e Simbolismo Pagão. Cruz de Santa Brígida e São Patrício. Sincretismo. Identidade Histórica Irlandesa. Nacionalismo, Cultura e Religião

4.6 CRUZ TAU — 553
Cruz de Santo Antônio e São Francisco. Cruz Comissa. Sinal Bíblico de Proteção. Assinatura de Francisco. Martelo de Thor e Labrys Cretense. Arqueologia de Tau

4.7 CRUZ ANKH — 575
Cruz egípcia, Ansata, Alada e Copta. A Chave da Vida. O Hieróglifo Mágico. Símbolo da Eternidade, Imortalidade e Renascimento. Sincretismo Religioso, África Copta.

4.8 CRUZ ORTODOXA — 592
Cruz Eslava e Russa. Convenções da Igreja Ortodoxa. Propaganda Soviética Antirreligiosa. Sobrevivência do Sagrado no Estado Comunista. A Cruz da Resistência

4.9 SUÁSTICA — 617
Universalidade e Ancestralidade na Arqueologia. Geometria do Labirinto. Budismo. Janismo, Hinduísmo, Nazismo e o Neopaganismo. Contextualização da Suástica

4.10 CHACANA — 739
Padrões Cruz do Sol e Andina. Visualização da Cosmogonia Andina. Geometria Sagrada e Formas Escalonadas. Símbolo do Estado Inca. Sítios Arqueológicos. Huacas Sagradas

CRUZES UNIVERSAIS

4.11 CRUZ PAPAL — 767
- **4.11.1** CRUZ PATRIARCAL, CRUZ MISSIONEIRA,
- **4.11.2** CRUZ DE LORENA e CRUZ CARACAVA
- **4.11.3** CRUZ DAS CRUZADAS, CRUZ DE JERUSALÉM E CRUZ POTENÇADA
- **4.11.4** CRUZ DA PAIXÃO
- **4.11.5** CRUZ ANCORADA, CRUZ DISSIMULADA
- **4.11.6** CRUZ DE MALTA, CRUZ DE SÃO JOÃO, CRUZ DAS BEM-AVENTURANÇAS
- **4.11.7** CRUZ PÁTEA, CRUZ DA ORDEM DE CRISTO
- **4.11.8** CRUZ POMÉE
- **4.11.9** CRUZ BASCA, LAUBURU
- **4.11.10** CRUZ BATISMAL
- **4.11.11** NIKA, CRUZ DA VITÓRIA
- **4.11.12** CRUZ ALFA E ÔMEGA
- **4.11.13** CRUZ TRIUNFANTE, CRUZ DA EVANGELIZAÇÃO
- **4.11.14** CRUZ NATALINA
- **4.11.15** CRUZ DO CALVÁRIO
- **4.11.16** CRUZ DOS EVANGELISTAS
- **4.11.17** LÁBARO, CRISTOGRAMA
- **4.11.18** CRUZ SOLAR, RODA DO SOL, CRUZ DE ODIN
- **4.11.19** CRUZ BIZANTINA
- **4.11.20** CRUZ DE SANTIAGO

1.1 UNIVERSO SIMBÓLICO DA CRUZ

Richard Long, *Um Ponto de Cruzamento*, 1980 – National Gallery Scotland

A cruz é um antigo símbolo solar. Se comumente vemos formas cruciformes em rituais sagrados e narrativas cosmogônicas, deve-se ao fato de nossos ancestrais enxergarem o cruzamento como algo mágico e acreditarem que nesse ponto poderiam realizar conexões com o centro do universo. Quando falamos *ponto crucial*, querendo dizer *ponto fundamental*, não percebemos, mas retomamos o sentido arcaico, uma vez que inicialmente a cruz estava relacionada à ordem cósmica. Em outras palavras, cruzamento significava princípio, ou o ponto que dá início à vida. Apesar de sua existência remontar aos primórdios da humanidade, a cruz acabou se convertendo no signo-mor do cristianismo e atingiu o raro *status* de ser um símbolo universal absoluto.

Classificada como uma abstração, a cruz pertence ao imenso rol das invenções pré-históricas. Provavelmente, o fenômeno do nascimento das formas transcorreu de maneira espontânea como resultado natural da percepção visual. No mundo inteiro existem pinturas e inscrições rupestres, sempre localizadas próximas aos locais dos primeiros acampamentos que deveriam funcionar como um código particular de comunicação. Esse material, além de documentar o estágio inicial das civilizações, reforça a teoria de que havia, entre os povos primitivos, um pensamento abstrato comum. Apesar dos grupos viverem em épocas diferentes e estarem distantes entre si, sabe-se que, na origem da humanidade, todos vivenciaram experiências visuais semelhantes.

Os primeiros rabiscos surgiram ao acaso, como simples garatujas aleatórias. Com o tempo, tornaram-se intencionais e passaram a ser desenhos. No início existiam apenas o círculo, o quadrado e o triângulo: três figuras únicas, de fácil identificação e geradoras de todas as demais formas. A tese de Jung sobre inconsciente coletivo, nos diz que as imagens foram construídas naturalmente e no anonimato coletivo. "*Os homens do passado não pensavam sobre os seus símbolos, não refletiam sobre eles, mas viviam-nos*".[01]

O surgimento da geometria continua encoberto por mistério e sem uma data precisa. Sabe-se apenas que está relacionado às mudanças do comportamento humano, em função do advento da agricultura e do abandono das práticas exclusivamente extrativistas. À parte das histórias míticas, a geometria é uma invenção do *modus vivendi* do agricultor que, colocado num novo cenário produtivo, aprendeu a prever e a calcular, para dominar o plantio e a criação de gado.[02] Com certeza tais mudanças provocaram alterações no seu pensamento e na compreensão do mundo material. Os estudiosos da antropologia evolucionista fazem relação direta entre surgimento da geometria, fisiologia e comportamento humano. À medida que a percepção visual foi se adaptando às novas realidades, o raciocínio humano respondeu com criatividade e abstrações.

A trajetória intelectual teve início com o círculo, na sequência vieram o quadrado e sua variante, o retângulo – os dois juntos criaram a cruz. Sabe-se que sinais curvilíneos e cruciformes eram representações "mágicas" do Sol. Das primeiras formas geométricas surgiram padrões para serem usados na decoração dos artefatos, na pintura corporal e na arquitetura. Os ornamentos, que atingiram destacado grau de originalidade, transformaram-se em sinais de identificação e base da cultura visual dos povos arcaicos.

A pintura corporal sempre foi reservada para momentos especiais e usada na prática de magia durante os rituais, festas, cerimônias de iniciação, casamentos e principalmente celebrações mitológicas. Às vezes, servia apenas para indicar situações e períodos temporários de doenças, tais como o resguardo pós-parto, gestação ou luto. O grafismo corporal age como uma pele social de identidades étnicas, garante hierarquias e a diferenciação entre indivíduos. Por exemplo, em algumas tribos, mulheres casadas e solteiras fazem pinturas discriminatórias para criar diferenças entre si. Meninas adolescentes precisam externar por meio de formas e cores se já estão prometidas para um homem; da mesma maneira os guerreiros cobrem seus corpos com pinturas e adereços para se diferenciar dos meninos e dos anciãos. Todas as culturas criaram seus próprios códigos visuais e que, usados na comunicação, formaram o substrato da escrita.

PINTURA CORPORAL: DIFERENCIAÇÃO SOCIAL E ÉTNICA
CORPORALIDADE DE UM IDIOMA SIMBÓLICO

Etiópia, Tribo Mursi

Índia, Mehndi védico

Japão, Grupo Ainu

Brasil, indígena Xingu

CRUZ, UM SÍMBOLO SOLAR ARCAICO CONSCIÊNCIA DO TEMPO / ESPAÇO

A cruz é resultado de duas linhas entrecortadas, sendo uma vertical e outra horizontal que, posicionadas em relação ao Sol, criam a percepção dos pontos cardeais e as noções de acima/abaixo, esquerda/direita, à frente/atrás. Junto à descoberta do senso espacial surgiu a consciência do tempo, uma realidade que passou a existir em consequência da observação dos fenômenos de rotação da Terra. O artefato capaz de registrar o movimento sequencial, entre o nascer e o poente do sol, foi o relógio solar – um dispositivo que não é mecânico e indica as horas do dia simplesmente pela projeção da luz. A imagem da cruz, inserida no círculo solar, ensinou ao homem o significado de cronologia e ele entendeu a dimensão do tempo.

Akhnet, Sol Nascente e Poente
Símbolo do tempo
Hieróglifo egípcio

Papiro do Escriba Ani, 1275 a.C., Museu Britânico
O signo de Akhnet ladeado pelas divindades Leões Gêmeos, que significam a passagem do tempo, o da direita representa Ontem e o da esquerda representa Amanhã

Símbolos solares costumam ser polares por refletirem duas ideias contrárias: a de permanência e a de mudança. No Egito, o Sol era imagem de eternidade e de imortalidade, mas ao mesmo tempo era vida em transformação. O mesmo sol que nasce toda manhã é o que se põe à noite. O deus correspondente que reproduz retornos em repetições infinitas chama-se Rá e é representado por um círculo vermelho. A divindade do sol permanente governou junto aos faraós, em todas dinastias. No latim, a passagem do sol vem de *oriens*, raiz da palavra origem e se põe em *occidens*, no outro lado do horizonte, o lugar onde o sol se esconde. Na história das religiões geometria e divindades inicialmente formavam um único corpo, em casos raros esses sinais representativos evoluíram para um sistema de escrita. Por exemplo, o círculo era o deus Sol e também a representação do sol – era simultaneamente referência e referente. Se no início os sacerdotes egípcios criaram pictogramas, desenhos descritivos e autoexplicativos, logo perceberam que estes eram limitados, pois com simples reproduções dos objetos eles não conseguiriam expressar conceitos abstratos. O grande passo para a evolução hieroglífica veio com o uso de sinais abstratos, os chamados ideogramas. Como o próprio nome diz, pictograma vem do latim *pictus* e quer dizer "pintado", enquanto ideograma vem de "ideia". Em outras palavras, pictogramas são reproduções com desenhos figurativos, e ideogramas são símbolos abstratos. A cruz surgiu dentro desse tipo de pensamento metafórico, como a representação da passagem do tempo. Era o Sol dividido nas horas e nas quatro estações sazonais.

Na antiguidade, ter conhecimento era sinônimo de poder e fazia a diferença, pois ter domínio sobre as previsões climáticas era uma garantia de boas colheitas. Apesar das descobertas originalmente serem experiências coletivas e pertencerem à comunidade, ficaram condicionadas aos deuses como originárias de uma revelação divina. Ao sacralizar o conhecimento e restringir sua transmissão somente a sacerdotes e reis, a antiga organização social deixou de ser igualitária para se transformar num sistema de hierarquias e *status*.

Os povos acreditavam, com sinceridade, em revelações divinas. Elas davam sentido às suas vidas, explicavam seus mitos de origem e organizavam a sociedade. O cientista e mitólogo Mircea Eliade chama esse fato de hierofania – do grego *hiero* (sagrado) e *fania* (manifestação). *"As hierofanias são universais; os mitos, ritos, cosmogonias e deuses constituem uma hierofania, em outras palavras, são uma manifestação do sagrado no universo mental daqueles que o receberam"*. [03]

Numa época em que não existia separação entre magia e ciência, e o diálogo entre cultura e religião estava embaralhado, os símbolos cruciformes faziam parte dos mistérios divinos no plantio e nas colheitas. As cruzes cultuadas pelos agricultores eram a suástica e a cruz quadrada; eram sagradas porque guardavam os segredos do Sol. Cruzes são formas que ainda fascinam, talvez porque preservam memórias coletivas, crenças e teologias arcaicas.

Na iconografia mundial a cruz age no inconsciente, da mesma maneira como agem os arquétipos e os mitos. São realidades com forte conteúdo simbólico e o simbolismo tem suas particularidades para nos levar ao conhecimento, apenas sabemos que será por um caminho de impressões sensíveis; um viés que não é exclusivo dos poetas, já que o simbólico é *"Consubstancial ao ser humano, precede a linguagem e a razão discursiva"*.[04] Como um símbolo multivalente, a cruz não cabe simplesmente numa história, numa única interpretação ou num conceito isolado.

Mesmo no cristianismo sua representação precisou enfrentar conflitos para se legitimar, precisou quebrar tradições, tanto de ordem teológica quanto de ordem social. A antiga polêmica iconofóbica é herança de uma norma judaica que, em declarada crítica à idolatria, dava preponderância às palavras escritas. A proibição do uso de imagens tinha o intuito de preservar a identidade monoteísta, inicialmente estava ligada somente à figura humana, sobretudo aos ídolos estrangeiros, mas acabou se estendendo para outros tipos de representação visual. Do ponto de vista social, a imagem da cruz foi desprezada até o término da prática das crucificações.

A cruz é um produto cultural que vive à mercê das transformações históricas e sempre poderá se transfigurar. Como símbolo, a cruz relaciona-se com os imaginários, uma realidade que para ser compreendida requer mais do que inteligência. *"Os símbolos são sinais visíveis* de uma *realidade imaterial invisível*".[05] A não objetividade dos símbolos está na própria natureza e, querer entendê-los tão somente pelo visual é esvaziá-los de sentido, uma vez que o simbólico é aquilo que se mostra por trás das formas aparentes, é algo que se deixa conhecer num processo contínuo de revelar e desvelar. Formas verdadeiramente simbólicas não se submetem a generalidades e nem a analogias mecânicas, como ocorre com os ícones sinalizadores de funções ou os sinais matemáticos. Os símbolos, pelo contrário, comunicam-se com o inconsciente e com as emoções, sem ninguém entender exatamente como isso acontece, eles são capazes de criar pontes entre o visível e o oculto. Símbolos são signos com conceitos e ideias.

PADRÕES VISUAIS CRUCIFORMES

Não existe a primeira cruz, o que existe são as primeiras formas cruciformes e elas pertencem a um antigo código visual, baseado na ortogonalidade. É difícil comprovar qualquer linearidade evolutiva na estética visual, o que existe é um caminho tortuoso entre esquematizações, abstrações e símbolos. Ignoramos como tudo começou, porém, sabe-se que por um momento, todos os povos, em todos os lugares do mundo, conheceram a abstração geométrica e ela veio com o conhecimento da cestaria e da tecelagem, duas práticas que nasceram em tempos anteriores ao sistema de escrita e de contagem.

Nas sociedades pré-letradas, o hábito de ornamentar utensílios não é para "embelezar", mas por acreditar que estejam praticando um ato de magia que trará poder ao objeto decorado. *"Chamamos a esses povos 'primitivos', não porque sejam mais simples do que nós, pois os seus processos de pensamento são, com frequência, mais complicados do que os nossos, mas por estarem mais próximos do estado de onde, em dado momento, emergiu toda humanidade. É impossível entender esses estranhos começos se não penetrarmos na mente dos povos primitivos e tentarmos descobrir as experiências que os fazem pensar por imagens"*.[06]

Padrões geométricos, para serem entendidos, primeiro precisam estabelecer convenções e instituir um código de comunicação necessariamente comum a todos, caso contrário, não haverá compreensão. A decoração dos artefatos de uma determinada tribo diferencia-se das demais pelo aspecto visual e pelo significado de suas formas. A grafia de cada grupo equivale a um ensaio de escrita. Quando os sacerdotes, na antiguidade, praticavam rituais, eles queriam, de alguma maneira, representar os deuses e, graças à geometria, deram formas às coisas invisíveis e criaram identidades para seres desconhecidos. Com o uso, perceberam que as abstrações geométricas tinham uma equivalência numérica e passaram a relacionar formas com números. Era a chave para desvendar os segredos do mundo transcendental e uma maneira para controlar a sociedade.

CRUZES CRISTÃS, DE RELIGIÕES ARCAICAS E CIVILIZAÇÕES DA ANTIGUIDADE

Cruz Latina	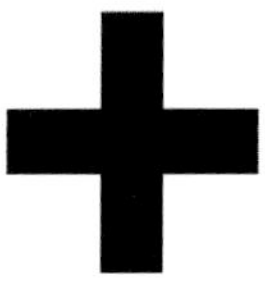 Cruz Grega	 Cruz dos Bizantinos	 Cruz Teotônica	Cruz Evangelista
  Cruz de Jerusalém / Cruz dos Cruzados	 Cruz de Malta	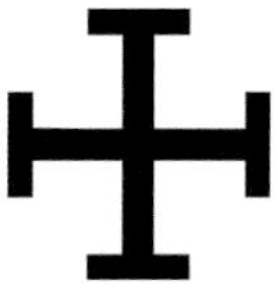 Cruz Potenzada	 Cruz Celta	  Cruz do Sol / Cruz de Odin
 Cruz Gamada	 Cruz Bifurcafa / Cruz Fouché	 Florenceada / Cruz Patonce	 Cruz Quadrática	 Cruz de Ferro / Cruz da Alemanha
 Cruz da Ordem de Cristo	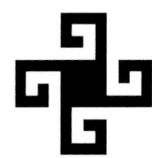 Cruz Asteca	 Cruz Copta Antiga	 Cruz da Eternidade	 Cruz Patada
 Cruz Flor-de-Lis	 Cruz de Calatrava	 Cruz Patada Curva da Ordem do Templo	 Cruz Matrimonial	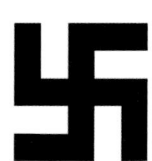 Suástica

 Cruz dos Cruzados

 Cruz em Trevo

Cruz de São Bento

Cruz dos Cavaleiros de São José

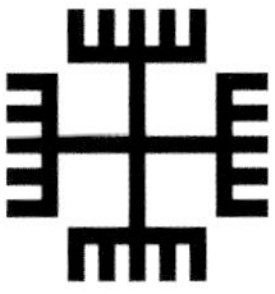

Svarog
Cruz Eslava
Mão de Deus

 Cruz Otonada
Cruz Pomée

 Tursas
Cruz da Finlândia

 Cantuária
Cruz Anglicana

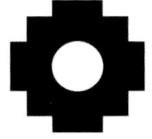 Chacana
Cruz Andina

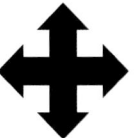 Cruz Fechada
Cruz Húngara

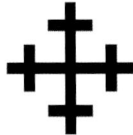 Cruz Recruzada

 Lauburu
Cruz Basca

 Cruz Celta

 Sautor
Cruz de São Patrício
Cruz de Santo André

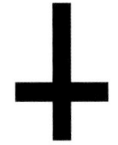 Cruz Invertida
Cruz de São Pedro

 Cruz de São Francisco
Cruz de Santo Antônio

 Cruz Eslava
Cruz Ortodoxa

 Cruz Papal

 Patriarcal
Cruz de Lorena

 Cruz da Paixão

 Cruz Ancorada
Cruz Dissimulada

 Cruz Batismal

 Nika
Cruz da Vitória

 Cruz Alfa e Ômega

 Cruz Triunfante
e da Evangelização

 Cruz Natalina

 Cruz do Calvário

 Lábaro
Cristograma

 Cruz Bizantina

 Cruz de Santiago

 Ankh
Cruz Egípcia

 Cruz de São Domiingo

 Cruz da Ressurreição

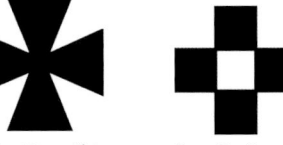 Cruz dos Templários
Cruz Hispanovisigoda

 Cruz Perfurada

MORFOLOGIA DA CRUZ
SIMBOLOGIA DA QUATERNIDADE
SIMETRIA DOS OPOSTOS
PODER SIMBÓLICO DO CENTRO

A estrutura simples da cruz baseia-se nos princípios da simetria, da centralidade e na dinâmica dos opostos. Ela é uma forma originária do número quatro, ou seja, da ordem quaternária. Sua configuração construída pelo círculo e pelo quadrado, para os geômetras, é a referência da perfeição e por eles denominada de: "quadratura do círculo no ponto zero". O fascínio pelos números, na antiguidade, ia além da qualidade para medir e quantificar, no fundo as pessoas acreditavam que não existia o acaso e os números teriam capacidade para alterar os acontecimentos e reger o percurso da vida. Tais teorias envoltas em mistérios e crendices não ficaram restritas às superstições, visto que os filósofos pré-socráticos consideravam os números um dos fatores determinantes da ordem na biologia e na sociedade. Já para os pitagóricos, a natureza era uma realidade matemática.

Olhada por esse ângulo, a cruz é a sagração da quaternidade, uma forma composta por duas linhas em perpendicularidade e por uma simetria axial absoluta. Houve um tempo, na antiguidade histórica, em que era comum idealizar o mundo dentro de um espaço quadrado limitado por quatro cantos, quatro rios ou quatro montanhas. Muitos imaginavam a Terra uma superfície plana e suspensa por colunas ou por animais guardiães. Ameríndios, antigos asiáticos e povos nórdicos criaram conceitos semelhantes, porém nenhum deles superou a fantasiosa construção indiana, na qual a Terra é um plano apoiado nas costas de quatro elefantes que, por sua vez, se equilibram em cima do imenso casco de uma tartaruga cósmica que voa, nada e rodopia no espaço sideral. A tartaruga era a imagem do universo; redonda na parte superior como o céu e, plana na parte inferior, representando a Terra.[07]

Ideias contrárias à teoria planar começaram a surgir no século VI a.C., com Pitágoras, na Grécia. Em torno do ano 330 a.C., durante um eclipse, Aristóteles conseguiu provar a esfericidade, mas apesar dessas conquistas científicas, o símbolo de quadratura terrestre se manteve. São muitas as hipóteses para justificar a visão planar de mundo, a mais plausível alega que a força da percepção espacial, determinada pelos quatro pontos cardeais, se sobrepôs ao raciocínio abstrato e ao experimentalismo científico.

IMAGO MUNDI

FORMAS DE ALGO QUE NÃO SE PODIA VER

CONCEPÇÃO DE MUNDO E REPRESENTAÇÃO DA TERRA NA CARTOGRAFIA ANTIGA

Mapa Ga-Sur – Babilônia
2.300 a.C., argila, 7cm
Círculo e Cruz Centrada

Cosmografia Indiana
A Terra, no imaginário mítico, era vista como um plano sustentado por animais carregadores do mundo: a tartaruga e o elefante.

O mapa mais antigo do mundo mede apenas 7cm, foi feito em argila, pelos habitantes da Mesopotâmia, atual Iraque, em 2.300 a.C. A inscrição resume-se a um disco circular, uma cruz, um furo centrado e pequenos círculos em volta. O primeiro mapa-múndi da humanidade está resumido à geografia da Babilônia, um território cortado pelo rio Eufrates e circundado por uma cadeia de montanhas. O minúsculo mapa significa mais pela concepção de mundo do que pela representação cartográfica, ele é um registro de como os habitantes se imaginavam o centro do universo – esse conceito espacial vem nele indicado por um minúsculo furo no centro.

Quatro representa a realidade terrena formada pelos elementos ar, fogo, terra e água. Corresponde à ideia de estabilidade, durabilidade e tudo que é o sólido. Quatro exprime ordem, um pensamento que nasceu dos ciclos lunares e solares e passou a ser a medida referencial do ritmo de vida. Devido à regularidade da natureza, surgiu no inconsciente da humanidade uma tendência de dividir tudo em quatro segmentos. *"A terra dividida em quatro horizontes era quadrada, como são as mandalas tântricas e as construções que representam o cosmos. Se o quadrado é a figura base do espaço, o círculo e particularmente a espiral são a figura do tempo"*.[08] A imagem simbólica da Terra passou a ser o quadrado, e o Céu, as formas arredondadas.

Mantendo essa tradição, arquitetos cristãos, na Idade Média, colocaram cúpulas nas igrejas e, para as praças públicas, o modelo quadricular do *Fórum* Romano. Sendo a praça uma área aberta e planejada para ser o centro da vida urbana, era o lugar de todos e onde faziam suas festividades, convocações, proclamações solenes e discursos políticos. As primeiras igrejas medievais foram construídas com arcos e cúpulas sobre a planta de uma cruz quadrada ou um grande cubo, em semelhança à caaba – a construção colocada no centro da grande mesquita mulçumana de Meca, o local mais sagrado do Islã.

Na arquitetura sagrada, a relação entre o círculo e o quadrado materializava a imagem do universo em equilíbrio, pois podia traduzir a ideia de união entre o espírito e a matéria. No interior dos espaços cruciformes, as pessoas circulam dentro de um grande cubo, onde a vida material se desenrola. Por outro lado, a presença divina ocorre na parte superior, na grande cúpula suspensa que simboliza a abóbada celeste. *"O quadrado dentro do círculo significava a solidificação da essência divina no mundo temporal. Por outro lado, o círculo inscrito dentro do quadrado representava a centelha divina oculta na matéria"*.[09]

Finalmente, com a intenção de ampliar os canais sensoriais, os arquitetos, acentuaram a verticalidade nos edifícios e dinamizaram a cruz em movimentos de elevação.

Segundo o antropólogo e filósofo Gilbert Durand, os cristãos reforçaram a ideia de escadas celestes com o culto do céu. Eles não eram os únicos, pois muitas religiões tinham também uma visão dual e de mundo dividido, mas a particularidade dos monoteístas consistia na separação nítida entre profano e sagrado. No cristianismo, a cruz é a escada, o sol ascendente e Cristo, o *sol salutis, sol invictus*. O poeta Adam de Saint-Victor chamava a cruz de Cristo de escada dos pecadores.[10]

Verticalidade e altura, nas crenças, são duas qualidades fundidas por representar o caminho simbólico dos deuses. No princípio, os homens recorreram às montanhas, acreditando que, no topo delas, o sagrado se manifestaria mais facilmente. O cume era o lugar preferido para fazer oferendas e sacrifícios por ser o ponto de contato com as divindades. Entre os montes de natureza religiosa mais respeitados, encontram-se: Olympus, na Grécia; Kailash, no Tibet; Machu-Pichu na cordilheira dos Andes e Sinai, no Egito. Com o tempo, as elevações naturais foram substituídas por formas arquitetônicas de obeliscos, pirâmides, zigurates, torres, campanários e minaretes.

Além da quaternidade e da verticalidade a cruz é uma estrutura centrada. Nas palavras do conceituado teórico da percepção visual, Rudolf Arnheim, o centro é uma relação espacial criada por vetores, é um ponto que pode ser cêntrico ou excêntrico. Como psicólogo que analisava comportamentos humanos, ele concluiu que: "*A tendência cêntrica existe no princípio da vida; a criança se vê como o centro do mundo que a rodela. Muito cedo, contudo, o indivíduo que vivia centrado em si próprio é compelido a reconhecer que o seu próprio centro é apenas um centro entre outros. A centricidade surge sempre no início; isto é verdade física, biológica e psicológica.*"[11] Da mesma maneira que ocorre com a força gravitacional da Terra, o centro visual exerce força de atração.

Os antigos símbolos curvilíneos e centrados foram inspirados na imagem do Sol e, como tal, tornaram-se portadores do sentido de Totalidade. Nas religiões, o centro é o ponto de partida que dá origem ao mundo, assim consta nos mitos do Éden, da Idade de Ouro, do Paraíso Perdido, como também é o arcabouço do egípcio Nefer-Ka-Ptah: o ser que carrega a alma do primeiro habitante da Terra. O centro é o espaço dos deuses, um local de caráter numinoso e próprio para revelações divinas. É um ponto imaginário onde a Unidade Primordial se esconde. Existe uma imensa pluralidade de Centros do Mundo, já que todas as religiões, quando relatam suas cosmogonias, colocam seus mitos no centro do cosmos. Na teoria da *gestalt*, a cruz é uma forma dividida que tem no centro o seu estabilizador [12], o cruzamento configura o centro geométrico, mas para o *homo religiosus* significa o centro primordial, um lugar conhecido por ônfalo, ou o umbigo do mundo.

Construída com duas linhas em direções invertidas, a cruz é considerada uma forma de símbolos contrários. Tanto pode ser dinamismo quanto estabilidade. Para a congregação cristã, é o símbolo fundamental de comunhão entre o humano e o divino. Segundo análise de Jung, a morte de Jesus de Nazaré, é a redenção da Árvore do Bem e do Mal existente no Éden bíblico – "*Cristo, é o símbolo supremo do imortal que se oculta no homem mortal*".[13] Ao representar a volta da Unidade Perdida, a cruz aproximou-se de arquétipos de outras religiões. Cristo é uma imagem solar arcaica que morre e renasce na cruz-eixo-árvore-da-vida. Para os cristãos representa o corpo de Cristo e também a própria congregação. Simbolicamente, constitui o templo espiritual do corpo místico de Cristo.[14] Os arquitetos deram forma a esse ideário e criaram uma arquitetura tipicamente cristã, ergueram igrejas sobre um plano cruciforme e deram corpo ao mistério do Homem-Deus crucificado.

FORMAS ARQUETÍPICAS EM JERUSALÉM
ARQUITETURA DO SAGRADO

CRISTIANISMO
Basílica do Santo Sepulcro, 335

ISLAMISMO
Cúpula da Rocha, 687

JUDAÍSMO
Sinagoga Churba, 1948

CENTRO: PRINCIPAL ELEMENTO DOS EDIFÍCIOS SAGRADOS[15]

CÍRCULO E QUADRADO
CÉU E TERRA

Jerusalém, a cidade sagrada e respeitada como o verdadeiro Umbigo da Terra, deu origem às três religiões abraâmicas: judaísmo, cristianismo e islamismo. Apesar de ter sido sempre um palco de tensões políticas e conflitos militares, Jerusalém é a terra do patriarca Abraão, o fundador do monoteísmo. Esse não é um fenômeno isolado, visto que, historicamente também ocorreu no Egito antigo, o culto a Aton, o Deus Sol, revelado pelo faraó Amenofis IV, durante o seu reinado de 1350 a 1334 a.C. Um rei visionário, mas que fracassou em consequência de três frentes de oposição: tradição arraigada do politeísmo, poder dos militares e interesses econômicos dos sacerdotes. Aton, era uma divindade pacifista e, sendo universal, não justificava guerras imperialistas, tampouco exigia honrarias em rituais.

Para os judeus, Jerusalém significa a confirmação da aliança do povo de Israel com Deus. A saída do Egito, com a revelação do Decálogo, no monte Sinai, foi sucedida por uma longa caminhada, de 40 anos, que assegurou ao povo judeu a conquista da sua liberdade e iniciou a preparação para a chegada em Canaã, a Terra Prometida, uma região que hoje corresponde aos territórios de Israel, Palestina, Líbano, Síria e Jordânia. A história da cidade está ligada ao rei Davi, que fez de Jerusalém a capital de Israel, e onde seu filho, Salomão, por volta do ano 950 a.C., construiu o primeiro templo, para proteger a inscrição dos Dez Mandamentos, na Arca da Aliança. Infelizmente, nada restou dessa época. Hoje o que existe são vestígios de um segundo templo, erguido por Herodes, no local do antigo. Parte dessa construção, mais precisamente o muro de arrimo exterior, é conhecido por Muro das Lamentações ou Muro Ocidental.

Para os cristãos, Jerusalém é a cidade onde Jesus de Nazaré cumpriu as profecias messiânicas. Palco da Paixão e Ressurreição, foi redescoberta em 326, por Helena, a mãe do imperador Constantino numa viagem que fez com o propósito de resgatar as passagens épicas do cristianismo. O mundo cristão passou a ser real, tátil e também visível. No lugar da tumba, onde houvera a ressurreição, a imperatriz construiu, em 335, a Basílica do Santo Sepulcro. Sem Ressurreição não existiria cristianismo. Tanto que o imperador Adriano, no ano 70, com o objetivo de dispersar os seguidores de Jesus Cristo e apagar a memória da tumba, mandou soterrar o local e construir um templo em homenagem a Vênus. Em 335, a pedido do bispo Macário, o imperador Constantino permitiu a demolição do templo pagão e iniciou a construção da basílica que passou a significar o centro de devoção e o marco zero do cristianismo.

A conquista árabe-mulçumana ocorreu em 637, cinco anos após a morte de Maomé. Sua primeira construção foi a mesquita Al-Aqsa e, em seguida, ergueram o santuário Cúpula da Rocha. Desde 685 esse edifício é o ponto de maior visibilidade da cidade antiga, e também de polêmicas acerca da sua localização, uma vez que se situa em uma área de conflitos. O local já era sagrado para os judeus, representava o túmulo de Adão e onde ocorrera o sacrifício de Isaac por Abraão. Sabe-se que, na elevação do terreno, existia um altar onde, presumivelmente, os sacerdotes faziam sacrifícios de expiação pelos pecados de Israel. Para os islamitas, Jerusalém é sagrada, porque de lá – Al Miraj –, o profeta Maomé ascendeu aos céus, guiado pelo arcanjo Gabriel, em 632. É a terceira cidade mulçumana depois de Meca e Medina. Islã significa submissão a Alá e às suas leis reveladas pelo profeta Maomé, um homem que se considerava na linha de Abraão, Moisés e Jesus – um homem que falava sobre o mesmo Deus dos judeus e dos cristãos.

Jerusalém ficou considerada, no imaginário coletivo, como o *Centro do Mundo* ou o *Centro Primordial*. A cidade-origem de profetas e fundadores de religiões é o lugar de importantes passagens históricas, que posteriormente foram escritas de um jeito muito singular. É o lugar onde personagens reais se confundem com modelos míticos. Jerusalém é especial não só por ter monumentos arquitetônicos referenciais, mas principalmente por ser aceita como cidade consagrada, ou seja, um lugar santo que não pode ser violado. Jerusalém é considerada sagrada, e não é por acaso. *"O lugar sagrado nunca é escolhido pelo homem; ele é simplesmente descoberto por ele, ou, por outras palavras, o espaço sagrado revela-se"*.[16]

A expressão latina *re-ligare*, da qual deriva a nossa palavra religião, faz referência à possibilidade dos homens se unirem às divindades e aos seus mortos por meio de símbolos e ritos. *Re-ligare* é tornar possível o vínculo entre o mundo profano e o sagrado. Jerusalém é uma cidade religiosa onde sacralidade é uma realidade autônoma e independente, é um lugar de símbolos e de pessoas convictas. Em Jerusalém existem muitos conflitos, mas excepcionalmente é onde os textos sagrados e os documentos históricos adquirem o mesmo grau de veracidade. Jerusalém é uma das raras cidades capazes de unir o tempo mítico ao tempo histórico.

CONCEITO DE CENTRO DO UNIVERSO
CRUZ QUADRADA / CRUZ LATINA

Abóbada Centralizada – visão interna
Símbolo Celeste e Monoteísmo

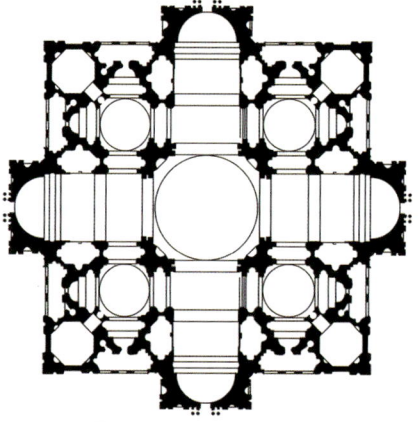

Projeto de Bramante, 1505
Concepção original
Planta centrada – quadrado/círculo

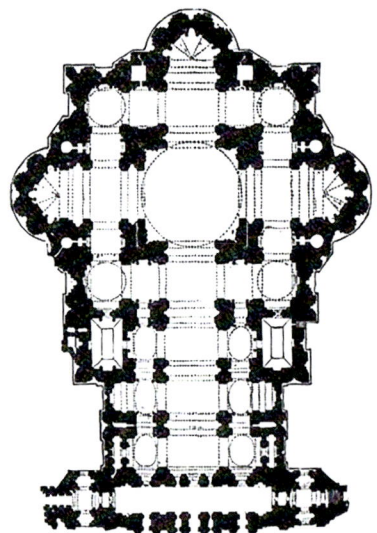

Alteração do projeto
Carlo Maderno, 1612
Alongamento retangular
Planta em cruz latina

Tradição
Crucificação
Corpo de Cristo
Homem-Deus

BASÍLICA DE SÃO PEDRO, VATICANO
CÍRCULO, FORMA IDEAL PARA REPRESENTAR O MONOTEÍSMO
CÚPULA, FORMA IDEAL PARA REPRESENTAR A ABÓBADA CELESTE

A primeira basílica de São Pedro foi construída no império de Constantino, em 326, onde anteriormente existira o Circo de Nero, um espaço público para lutas grotescas entre animais selvagens e cristãos. Bem próximo dali, na colina do Vaticano, estava enterrado o apóstolo Pedro, que em 64 fora crucificado a mando de Nero. A basílica em forma de uma cruz latina, tinha muita importância histórica, mas o edifício de quase 1.200 anos apresentava sérios problemas estruturais e, apesar de todo prestígio devido às liturgias e cerimônias ali realizadas, o papa Júlio II, ao invés de restaurá-la, optou por demoli-la em 1505. O bispo de Roma queria ousadia e grandiosidade. O arquiteto, selecionado em concurso, foi o célebre Bramante, um rival de Michelangelo.

O projeto consistia no uso de formas centradas em irradiação, dessa maneira, o edifício ficaria visualmente dominado por um grande domo inscrito no cruzamento da cruz grega. A estética de Bramante era um elogio à quadratura do círculo. Na época, essa forma era entendida como a perfeição cósmica. Os primeiros estudos vieram dos gregos, mas até os romanos colocarem essa geometria em suas construções, ela era mistério e teoria filosófica. Com Leonardo da Vinci o mistério se desfez, para se tornar ciência. O artista comprovou, a partir de observações em biologia e nos cânones da proporção humana, que na natureza existiam padrões geométricos regulares e capazes de determinar a morfologia dos seres no universo. Da Vinci retomou a tese pitagórica e ampliou-a para muitas áreas do conhecimento; nas artes plásticas a estética uniu-se à matemática, pela geometria.

QUADRATURA DO CÍRCULO 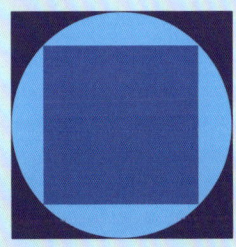 **DA GEOMETRIA AO SIMBOLISMO**

Como no círculo tudo converge para o centro ou tudo irradia do centro, essa é a forma ideal para representar algo que seja centralizador e que não tenha começo e nem fim. A quadratura do círculo já foi considerada sagrada, não apenas pelo prazer de ter quadrados e círculos inscritos e circunscritos entre si *ad infinitum*, mas, porque significavam a ligação entre o divino e o terreno. O pensamento religioso misturava-se às formas, números, cores e sons. O espaço celestial definido por curvas, sempre foi uma nítida referência aos astros celestes, por sua vez o quadrado e o retângulo mais restritos à percepção das coordenadas cardinais, converteram-se nas formas representativas da Terra. Com a retomada do passado intelectual romano, os renascentistas redescobriram seus estudos de arquitetura e acabaram totalmente fascinados pela geometria pura e passaram a perseguir o ideal da planta centrada.

O círculo tornou-se sinônimo de perfeição e como o único ser que poderia ser admitido perfeito era Deus, facilmente foi escolhido para ser a sua imagem simbólica. Uma forma sem princípio e nem fim era ideal para visualizar o conceito de infinito. Os arquitetos renascentistas percorreram caminhos diferentes dos antigos sacerdotes politeístas e chegaram ao mesmo lugar. A cúpula católica da basílica de São Pedro, no Vaticano, repete o mesmo espaço que anteriormente fora usado para os deuses olímpicos. E sem ter que se desviar dos seus princípios científicos, descobriram que a percepção visual dentro de um espaço circular é ascensional, portanto reproduz a ideia de subida aos céus, uma sensação que, colocada num edifício religioso, sugere a presença do divino entre os homens.

Imponente, a cúpula da basílica de São Pedro, que domina a paisagem no Vaticano, é a aplicação dos princípios da quadratura do círculo. Considerada, ainda hoje, um grande desafio de engenharia – mede 41m de diâmetro e está inserida num grande espaço livre de 136m de altura total. Com a morte de Bramante, o projeto terminou nas mãos de Michelangelo, o artista que inicialmente fora designado apenas para pintar o teto da capela Sistina. A grande cúpula fascina porque foi construída com formas arquetípicas que vivem no inconsciente, desde a pré-história. *"O papel dos símbolos religiosos é dar um sentido à vida, os índios pueblos acreditam que são filhos do Pai Sol, e esta crença dá às suas vidas uma perspectiva e um objetivo que ultrapassa a sua limitada existência."*[17]

As primeiras igrejas cristãs, idealizadas em Roma e nas cortes bizantinas, precisavam visualizar e evidenciar o símbolo da nova doutrina. Os templos pagãos, além de não reproduzirem a imagem da cruz, eram pequenos e não se prestavam para congregar multidões. O Panteão era uma exceção, possuía cúpula e um grande espaço interno, apenas faltava unir sua forma à volumetria do cubo e à nova ideologia. Assim surgiu o modelo arquitetônico das basílicas bizantinas medievais, um misto de estética e engenharia romanas com teologia monoteísta judaica-cristã. Da geometria herdada do paganismo restou a forma que, aplicada a novos significados, renasceu como referência e modelo de arte sacra.

NATUREZA DOS SÍMBOLOS SAGRADOS

Os símbolos visuais construídos com formas reduzidas são mais eficazes para mensagens diretas, porque atuam no inconsciente e provocam *insights*. Os símbolos que vão além do intelecto verbal, geralmente conseguem trazer à tona a natureza interna das coisas e explicitar o que estava encoberto. Na teoria junguiana os símbolos falam a linguagem da psique e se comunicam com o próprio *self*, por isso são considerados a imagem da totalidade e da unidade. Em seus estudos, Jung comprovou que as experiências religiosas, primeiramente são vivenciadas por símbolos, pois sabe-se que não é possível entendê-las apenas pelos processos da inteligência cognitiva.

As crenças e ritos que costumam atuar no imaginário, sempre nos conduzem ao universo das formas simbólicas. Certamente elas se referem a um arquétipo oculto e pré-existente, pois grande número delas são *"Formas históricas, no sentido de serem resultado da evolução ou da imitação de uma forma já existente"*.[18] O que nos parece mais certo é que nasceram no inconsciente coletivo, portanto são universais e se localizam além das dimensões do tempo e espaço. A capacidade humana de criar símbolos na esfera religiosa é prodigiosa. Sem símbolos não existiria religião, pois é através deles que a presença divina se manifesta.

Falar dos deuses é falar de coisas que não se pode nomear, de um mundo indizível, mas que se torna compreensível pelas formas simbólicas. O que é inefável revela-se nos textos sagrados e na arte sacra. Historicamente, quando os homens precisavam expressar princípios complexos, pensamentos abstratos ou explicar suas mitologias eles sempre recorreram à figuração ao invés de palavras. Régis Debray é um autor categórico e nos diz que pensamento e linguagem são duas coisas diferentes. É certo que podemos pensar imagens, mas não existe equivalente verbal para uma sensação colorida, porque sentimos em um mundo e nomeamos em outro.[19]

SÍMBOLOS CRUCIFORMES
SÍMBOLOS RELIGIOSOS DE ETERNIDADE

DIFERENÇAS FORMAIS
SEMELHANÇAS DE SIGNIFICADO

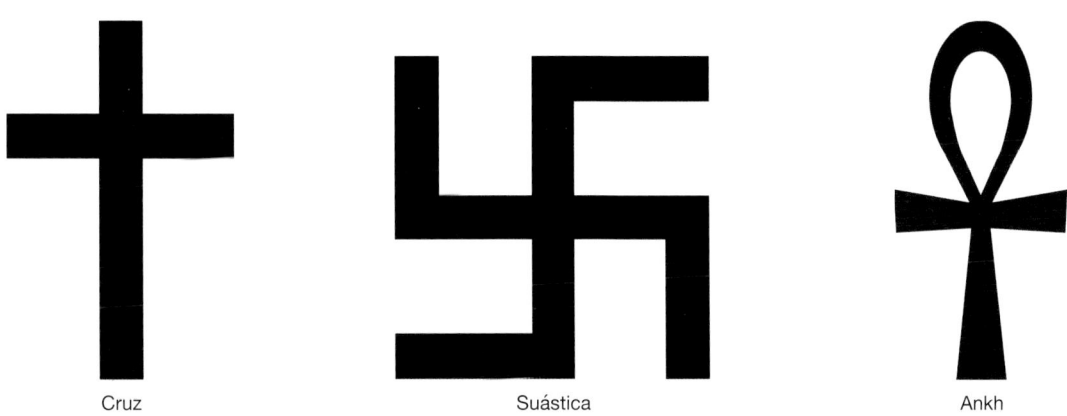

Cruz   Suástica   Ankh

Súastica e ankh são cruzes, tanto quanto a cruz cristã. Se alguns símbolos são entendidos como representações de ideias, na sua origem eram uma realidade em si, por exemplo, o Sol era luz e, ao mesmo tempo, divindade. A cruz cristã sofreu processo semelhante, passou de imagem de instrumento de tortura, para signo de um complexo ideário de liberdade, amor e salvação. Quando duas realidades, a do significante e a do significado, juntam-se por semelhança e formam uma única identidade, elas criam signos-icônicos. A cruz é uma forma com essa qualidade, repetida em épocas e lugares diferentes, mesmo onde não é possível explicar sua transmissão direta ou por migração.[20]

As cruzes nasceram solares e sagradas, porque representam luz e vida, cumprem o papel de Árvores da Vida e são essencialmente os eixos do mundo, contêm o movimento de ascensão das escadas e a possibilidade de alcançar os céus e as divindades.

Ankh, a cruz egípcia e símbolo de vida eterna, ficou conhecida também por Chave do Nilo ou Sopro da Vida. Ankh é um hieróglifo com poderes mágicos de conquistar a eternidade ao ultrapassar a dimensão do tempo e transpor a fronteira da morte. Entre os egípcios, a reencarnação só era possível se o morto deixasse na terra um substituto material, algo como um retrato ou um duplo, que hoje poderia ser um clone ou um avatar. A múmia mantinha o corpo material para o morto reencarnar, já que no Egito as pessoas voltariam a viver as mesmas vidas. Obviamente era uma religião interessante só para os mais abastados e representantes dos deuses. Porém, para merecer a eternidade seria preciso cumprir uma série de etapas: primeiramente se apresentar para o Julgamento de Osíris – um rito de passagem muito semelhante ao Juízo Final judaico-cristão – e, caso aprovado, passaria por tentações, perigos e feitiços. A maneira mais segura de atravessar ileso por tais provações, seria possuir a imagem de ankh junto ao corpo. Por essa razão, todos carregavam, na vida e na morte, um ankh, o amuleto mágico e protetor que transferia eternidade em tudo que tocasse.

Suástica, a cruz de mil faces é o Sol eterno. Existente desde os primeiros assentamentos agrícolas, ela é uma das formas mais antigas entre todas as cruzes. Os povos germânicos conheciam a suástica por Cruz do Sol ou Roda do Sol, significava perenidade e fertilidade da terra e da humanidade. Os antigos agricultores viam a suástica como a cruz das mutações, era o Sol em movimento, entre o amanhecer e o anoitecer, ou dividida em quatro partes iguais representando as estações sazonais. Nos Estados Unidos, os índios navajos viam na suástica um pássaro mítico que deu origem ao mundo. Na Índia, ela é sinônimo de prosperidade, sorte, fertilidade e proteção para os hinduístas. Já os budistas vêm nela a Roda da Transformação e a entrada no Nirvana, por indicar o caminho da libertação do mundo material, ou Maya.

No cristianismo, a cruz é uma imagem sagrada, tanto quanto ankh foi para os antigos egípcios e a suástica ainda o é em muitas partes do mundo, principalmente na Ásia budista. Analisando a história da humanidade e constatando que não existiu nenhuma civilização sem religião, surgiu a tese do *homo religiosus*, uma ideia ainda sem consenso, que acredita na universalidade do fato religioso, mas que propõe justificativas diferentes. Desde um desenvolvimento natural e histórico da cultura humana, a um processo autônomo da psique. Seja como for, o sagrado e o simbólico são inerentes ao homem, o único ser capaz de criar formas com significados, de visualizar coisas e imaginar o que não vê. Obviamente que, do ponto de vista histórico, as religiões são criações culturais que refletem os medos e os anseios da sociedade.

FORMA SAGRADA, ARCAICA E UNIVERSAL
CIVILIZAÇÕES AMERÍNDIAS

Cestaria Índios Waimiri-Atroari
Rondônia - região amazônica

Tanga cerâmica marajoara
região amazônica 400-1400

Tapeçaria navajo 1910

As religiões que separaram o mundo entre profano e sagrado criaram uma realidade bipartida e um pensamento dualista. Ocorre que nem sempre o *homo religiosus* viveu apartado em duas extremidades opostas. Em muitos lugares, a unidade não foi desfeita. Ainda hoje, sociedades tribais habitam um *Cosmos sacralizado*. Nesse mundo dotado de alma o sagrado se manifesta naturalmente e, as hierofanias ocorrem sem causar qualquer ruptura.[21]

Na Amazônia, vários grupos indígenas vivem num mundo mágico e povoado por criaturas fantásticas, são os chamados *encantados*. Essas entidades invisíveis podem ser animais ou humanos, que antes de morrer se encantaram e se transformaram em natureza. Na floresta não existe diferença entre natural e sobrenatural. A conexão com o mundo do fantástico pode ser feita durante os sonhos, ao som monocórdio dos instrumentos musicais nos rituais, ou através dos múltiplos seres *encantados*. Para desvendar o imaginário religioso dos índios e também para entender seus valores sociais, os estudiosos recorrem aos desenhos dos seus artefatos, pois num mundo sem escrita, eles são a única materialidade de suas memórias perdidas e suas práticas do passado. Na lista dos desafios antropológicos encontram-se as tangas de cerâmica marajoaras, sem dúvida, um dos objetos mais curiosos da arqueologia brasileira.

Desde o final do século XIX, especialistas se debruçam sobre essas pequenas peças, na tentativa de compreender a função e o significado dos grafismos. As tangas, encontradas nos cemitérios indígenas, têm um formato triangular convexo que deixa claro o objetivo de se ajustar à anatomia pubiana feminina; têm também três pequenos orifícios nas extremidades com a função de fixar cordões para que possam se prender ao corpo das mulheres. No entanto, todo esse cuidado de ajustes não é para uso comum, visto que as peças de cerâmica foram feitas para cultos mortuários e colocadas sobre corpos inertes.

A ornamentação das tangas, em faixas horizontais, interpreta possíveis figuras estilizadas de origens antropomorfas e zoomorfas, que repetem padrões representativos da sexualidade masculina e feminina. Os temas dos desenhos vêm da sua admirável cosmogonia e da sua fauna mítica que, misturados a humanos, criam seres imaginários. Num mundo uno e sem divisões, é natural ver formas se encaixar entre si e criar múltiplas composições de aparência abstrata. Na parte maior do triângulo e sobre o púbis, muitas vezes os desenhos se repetem em simetria espelhada, originando formas cruciformes.

A iconografia indígena brasileira é construída por simplificações geométricas simbólicas, geralmente diagonais e triângulos são serpentes e peixes; os retângulos podem ser muitas coisas; em Marajó são animais quadrúpedes que habitam a floresta. Ainda existem os seres híbridos e os mágicos, como os sapos-amuletos, chamados muiraquitãs. As formas que ornamentam seus artefatos são imagens representativas de um conceito de mundo, no qual se crê que os homens foram concebidos por muitos seres, logo são compósitos. Os índios aceitam ter uma ancestralidade tanto humana quanto animal e sem separação entre as espécies, pois acreditam que os animais pensam e agem como os humanos. Os indígenas veem o mundo como um lugar para ser compartilhado em igualdade por homens, animais e seres transcendentais.

Quanto às tangas marajoaras de cerâmica, sabe-se que somente as mulheres da elite eram sepultadas com o adereço que iria acompanhá-las na viagem simbólica da morte. Como predominavam representações de cobras, deduziu-se que a vestimenta estaria relacionada a algum ritual feminino de fertilidade e maternidade. Na mitologia amazonense, a serpente é uma entidade central, ela é o ser que devora, destrói, procria e, ao mesmo tempo, faz renascer. A troca periódica da pele é entendida como poder de renascimento.[22]

Cobras míticas têm presença no imaginário religioso, em centenas de povos, mas nada tão fantasioso como as da região amazônica que, entre o bem e o mal, são as guardiãs dos rios e as devoradoras dos afogados, são guias que rastreiam caminhos na terra e também peçonhentas que levam à morte. Existem as encantadas que seduzem e magnetizam pelo olhar e as que moram no céu, deixando rastros iluminados por estrelas.

Diversos antropólogos já falaram sobre o uso de alucinógenos pelos marajoaras e não descartaram a possibilidade desses desenhos estarem relacionados às suas experiências sob o efeito de substâncias que interferem na percepção da realidade. Basearam-se nos pequenos utensílios de argila, os inaladores, uma peça própria para ingerir drogas que provocam visões luminosas, conhecidas por *fosfenos*. "*São espirais, círculos e retângulos concêntricos, ondas, volutas, losangos entre outras formas, que por serem reproduzidas por substâncias químicas e processos fisiológicos, são vistas de maneira semelhante por todas as pessoas. Ao visualizar tais imagens, os indivíduos as associam a objetos, pessoas e animais próprios da sua cultura e, a partir daí, passam a reproduzi-las em objetos materiais, como a cerâmica*".[23]

O pensamento mágico dos povos amazonenses consiste no entrelaçamento entre mitos, histórias e fantasias. Os seres vivos e mortos vivem conjuntamente aventuras e encantamentos e, como não existe distinção entre mundo real e mundo sobrenatural, os enredos sobrepõem situações imaginadas com realidades vivenciadas.

Os índios Waimiri-Atroari vivem ao redor dos igarapés, nas proximidades do rio Amazonas e, apesar de serem conhecidos como guerreiros valentes, ficaram reduzidos a quase 300 pessoas no final dos anos 1980. No Brasil os índios desconheciam o uso de metais e, com exceção da cerâmica e da arte plumária, toda sua produção era realizada com materiais de origem vegetal. A floresta fornecia matéria prima para tudo, nada mais legítimo, portanto, do que "*Qualificar sua cultura como uma civilização vegetal e perfeitamente adequada a seu meio ambiente*".[24] Essa tribo tem na palha trançada o seu produto de identificação; desenvolveu na cestaria uma maneira de comunicar, representar e compartilhar seus valores e saberes. Eles acreditam que são descendentes dos sobreviventes da Grande Chuva que acabou com o mundo.

A cultura Waimiri Atroari ficou conhecida por sua cestaria, não apenas pela qualidade técnica, mas também pela originalidade visual dos seus produtos trançados. A maleabilidade das fibras é um fator determinante, visto que a rigidez do material pode se tornar em empecilho para a livre criação. Daí, por exemplo, o círculo ser praticamente inexistente. Os padrões geométricos resultam diretamente do cruzamento das fibras duras da palmeira tucum, portanto, o surgimento da cruz deve ter ocorrido de uma maneira natural.

Como símbolo que pertence ao grupo das formas fechadas, quadrados, retângulos e cruzes referem-se aos limites espaciais do mundo material, seja do território da tribo ou de suas casas. A cruz vermelha dos navajos é uma forma que significa o fogo criador, uma energia que surgiu do rodopio do pássaro criador do mundo. Os xamãs da América do Norte desenham cruzes no chão de terra, quando precisam marcar o centro do mundo para determinar o lugar onde o sacerdote entrará em transe e haverá contato com os espíritos dos ancestrais, dos deuses e dos animais. Por outro lado, a tecelagem ocupa um lugar especial no pensamento religioso navajo, pois de acordo com sua tradição, o tear foi revelado por uma entidade chamada *Gogyeng Sowuhti*, a *Mulher Aranha*, uma idosa que saiu do buraco da Terra e ensinou os homens a tecer. Os fios eram feitos com materiais exóticos como raios solares, cristais, pedaços do céu e relâmpagos. As tecelãs, com medo de ficarem prisioneiras, ainda hoje cometem um erro intencional qualquer, somente para interromper a teia da Mulher Aranha.

A verdade é que os navajos aprenderam a tecer com seus vizinhos, os índios pueblos. Contam que se mudaram para a região dos Cânions, após definir o lugar com uma cruz e determinar os Quatro Cantos do Mundo. Originalmente os navajos não teciam tapetes e, sim, cobertores, vestes e a porta sagrada da entrada da tenda, porém, mudaram a função, quando suas peças ganharam prestígio e valor comercial, durante a conquista do Oeste e a expansão da ferrovia americana no século XIX.

O UNIVERSO DA CRUZ NO PENSAMENTO SIMBÓLICO
IMAGEM E REPRESENTAÇÃO

Símbolos são códigos compartilhados por indivíduos que lhes atribuem os mesmos significados, isso quer dizer que, se não houver repartição do conhecimento, não existirá comunicação. Símbolo deriva de *symbolon,* uma palavra grega que etimologicamente quer dizer "aquilo que foi colocado junto", ou seja, implica em algo composto, algo que completa e se refere a alguma coisa já existente. Por trás dessa palavra, existe uma curiosa história: diz a tradição popular que na Grécia antiga, quando dois amigos se separavam, eles deveriam quebrar uma moeda de argila, um anel, ou uma concha de madrepérola e cada um ficaria com a sua metade. O amigo que partiu, ao retornar, deveria apresentar sua parte quebrada e, caso as metades se unissem perfeitamente, a pessoa seria reconhecida como verdadeira e teria direito às honras da hospitalidade. Dessa história fica a conclusão de que símbolo é, no mínimo, um sinal de reconhecimento. S*ymbállein* quer dizer metade e unir. A psicanalista suíça Verena Kast nos diz que "O símbolo é *um sinal visível de uma realidade imaterial invisível, portanto, existe em dois níveis: algo externo que pode revelar alguma coisa interna invisível. Quando interpretamos, procuramos a realidade invisível por trás dessa dimensão visível e a conexão entre elas".*[25]

Decifrar símbolos é o mesmo que descobrir o sentido oculto que existe em algo real e concreto. Jung escreveu sobre a formação dos símbolos, em 1916, e dizia que eles são extremamente complexos, porque condensam temas existenciais e agem na psique humana como uma multidão de associações comprimidas. Todo fenômeno psicológico é simbólico, significa algo mais e diferente que escapa da realidade visível e aparente. O significado simbólico revela-se por diferentes meios, pode se apresentar por si mesmo, como os ícones de sinalizações, ou mais indiretamente por meio de palavras ou imagens visuais. É inegável a aproximação conceitual entre os vocábulos: sinais, signos-não-verbais, imagens, ícones, metáforas visuais, signos, símbolos icônicos, representações visuais, emblemas e símbolos, palavras que se tornaram sinônimas, mas que têm especificidades e particularidades próprias. Quando analisamos as suas semelhanças e diferenças, constatamos que existe uma forma particular de compreensão para cada coisa, por exemplo, a reação a uma palavra é diferente da reação a uma imagem.[26]

A construção da linguagem verbal consiste numa sequência de palavras apresentadas de maneira linear, no discurso verbal cada palavra vem uma atrás da outra. Escritas ou faladas as palavras seguem um percurso, um trajeto que é sempre sequencial. Esse processo construtivo implica num trabalho mental específico, pois é necessário fazer relações e unir diferentes partes, para criar a unidade final do pensamento. A mente é obrigada a trabalhar num nível maior de consciência. Por outro lado, a realidade visual não é linear, "*Ela se apresenta de maneira simultânea, as partes da imagem atuam em paralelo, em uníssono e, ao mesmo tempo, para constituir um todo".*[27] Isso não quer dizer que o processo de assimilação visual seja mais fácil, mas que os canais de compreensão são diferentes. Segundo a *gestalt*, a imagem é entendida pelo sensorial e, depois, pelo intelectual, primeiramente compreende-se o todo, para depois enxergar as particularidades das partes.

Os sinais são um código visual de fácil identificação que servem para organizar e estabelecer regras comuns, são ótimos para a comunicação no trânsito, no sistema de pontuação, nas funções dos aparelhos eletrônicos, no uso dos espaços coletivos, nas redes sociais e serviços. Os sinais, como os signos, só podem transmitir informações específicas, já que indicam coisas no sentido literal. São sempre descritivos, informativos, claros e diretos. Eles não reproduzem coisas enigmáticas, tal como uma placa com a imagem de uma bomba de gasolina que indica a existência de um posto de abastecimento próximo e, nada além disso. Os signos falam direto, não deixam dúvidas e por essa razão são usados nas ciências e na comunicação.[28]

Os símbolos caminham no sentido oposto e são bem mais complexos. Por exemplo, um pano branco é simplesmente um pano branco e nada além de um pano branco. Porém, se for hasteado, torna-se uma bandeira de paz. Obviamente, essa transformação só foi possível, porque antes criaram uma convenção e determinaram seus significados. Enquanto um pano branco é apenas um pano branco, uma bandeira, diferentemente, é um símbolo.

Se os sinais funcionam como orientadores para o dia-a-dia das pessoas e são interpretados igualmente por todos, os símbolos nem sempre são iguais para todos. São ambíguos e não se formulam com precisão. *"A cruz da religião cristã é um símbolo dos mais significativos e que expressa uma profusão de aspectos, ideias e emoções. Mas uma cruz ao lado de um nome indica simplesmente que aquela pessoa está morta"*.[29] Nada poderia ser mais exato do que essa observação feita por Jung, já que a psique é composta por vários símbolos e o símbolo precisa de todos os sentidos para ser compreendido.

O pensamento simbólico conclui-se através do raciocínio, das análises formais, das sensações e intuições. Ele precisa de todos os campos acionados em simultaneidade para desvendar o oculto e atingir a compreensão. Porém, se o símbolo passa a ter significado único, ele perde suas características e assume o papel de sinal. A cruz tanto é símbolo como sinal, ou seja, a cruz elevada pelas mãos do sacerdote no momento da Eucaristia é símbolo e numa lápide mortuária é sinal. *"Um dos grandes paradoxos do símbolo é se tornar um simples signo"*.[30]

Todo símbolo tem um código secreto que vive na relação direta da forma e o que ela representa. E nada fascina mais do que a descoberta do sentido oculto que nunca se apresenta de maneira direta. Como dizia Plotino, filósofo romano do século III: "Todas as coisas estão cheias de sinais, sábio é aquele que consegue aprender uma coisa a partir de outra".

VISÍVEL E INVISÍVEL
REVELAR E DESVELAR

Germaine Richier. *O Crucifixo*, 1951, Plateau d'Assy, Annecy

A escultora francesa, que nem era cristã ou religiosa, concebeu a imagem do crucificado num conceito de universalidade e contemporaneidade, e idealizou o divino em semelhança às vítimas do holocausto judeu. A obra magistral foi criada quando ainda estava sob o impacto da barbárie que ocorrera nos campos de concentração, durante a 2ª Guerra.

Para Jung, existem dois tipos de símbolos, os *naturais* e os *culturais*. Os primeiros, derivados da psique, têm grande força psicológica, pois representam as imagens arquetípicas essenciais. Os do segundo grupo são conscientes e frequentemente usados nas áreas da criação estética e da comunicação; são formas construídas e mutáveis que recebem influência direta do contexto, por isso continuam em processo de transformação.

Os símbolos culturais mais antigos surgiram nas religiões, falavam ao coletivo, agiam de maneira agregadora e criavam ideias comuns. Carl Gustav Jung, o médico da mente humana, ao estudar a natureza dos símbolos e demonstrar sua importância nas relações sociais, mudou as regras e os pensamentos da psicologia analítica. A expansão de suas teorias para outras áreas populariozu termos e conceitos antes exclusivos da psicologia. Jung afetou o mundo acadêmico e tornou mais sensível o olhar dos profissionais da antropologia e da sociologia. Quando o livro *O Homem e seus Símbolos* foi publicado e suas teses compreendidas, o simbolismo se tornou uma das bases do conhecimento contemporâneo. O pioneirismo dessas descobertas sobre símbolos arcaicos estão no livro *Psicologia da Religião Ocidental e Oriental*.[31] Jung descobriu a universalidade dos temas mitológicos e entendeu que o homem não é um ser isolado, mas que faz parte de um todo profundamente interligado.

Jung quebrou paradigmas do pensamento tradicional ao analisar o sagrado pelo ponto de vista dos arquétipos. O autor crítico em relação à prática das religiões na contemporaneidade, argumenta que elas estão estagnadas porque se fecharam em dogmas e se esqueceram de sua herança simbólica. O termo religioso é o mesmo criado pelo teólogo Rudolf Otto.[32] Os dois autores se referem ao aspecto numinoso. Em outras palavras, religião é uma experiência espiritual, despertadora e transformadora, diferente do meramente mágico; é uma vivência mística profunda que ocorre após contato com símbolos sagrados. Para Jung, Cristo teve uma vida real, pessoal, concreta e única, mas com a característica de transcorrer sobre estruturas arquetípicas. Ao analisar o cristianismo e reinterpretar as profecias bíblicas, conclui que na centralidade do mistério cristão, Cristo sempre morre e sempre torna a nascer. "Não foi o homem Jesus que criou o mito do Homem-Deus: este já existia muitos séculos antes do seu nascimento. Ele mesmo foi dominado por essa ideia simbólica que, segundo São Marcos, o elevou para muito além da obscura vida de um carpinteiro de Nazaré".[33]

Poeticamente, Cecília Meireles, num dia de 1942, tratou esse tema tão complexo com palavras semelhantes e muito lirismo. Por entre versos ela disse:

"*Corpo mártir, conheço o teu mérito obscuro:*
tu soubeste ficar imóvel como o firmamento,
para deixar passar as estrelas do espírito,
ardendo no seu fogo e voando no seu vento...
Corpo mártir que és dor, que és transe, que és silêncio
Um dia tu serás símbolo, ideia, sonho,
porque um dia virá que, nesta marcha do infinito,
alguém se lembrará que o mais alto dos cânticos
pousou, na terra, sobre uns pobres pés".

Cecília Meireles[34]

1.2 CRUZ ÁRVORE DA VIDA

CRISTIANISMO E MITOLOGIA PAGÃ

Cristianismo e pensamento pagão costumam se apresentar como dois mundos diversos e apartados. No entanto têm semelhanças e afinidades tão intrínsecas que, em certos aspectos, torna-se difícil enxergar o limite entre suas fronteiras. A origem de tudo encontra-se nos textos bíblicos, escritos em linguagem figurada, mesclam realidades históricas com realidades teológicas. O pensamento simbólico, base dos textos sagrados, constrói-se basicamente por imagens e, portanto, é mais visível do que legível. O fundamentalismo, dos primeiros tempos do cristianismo, reduziu a sociedade entre cristãos e os demais.

Os cristãos, ainda próximos do judaísmo, sentiam muita dificuldade para entender o significado da palavra mito, tal como era empregada pelos gregos e romanos. Talvez, por essa razão, o preconceito se sobrepôs e a palavra ficou reduzida ao sentido restrito de fábula, ficção e mentira. Se na contemporaneidade Jesus histórico é abordado pelos religiosos e analistas sociais como um mito universal de renovação espiritual, no início do cristianismo o mais importante era confirmar a sua existência física. Não que tudo se resumisse à sua vida cronológica, mas a comprovação dos dados biográficos tinha que ter algum registro e, esse trabalho foi realizado pelos apóstolos evangelistas, que escreveram como testemunhas da nova doutrina.

No mundo judaico-cristão, tudo o que não fosse justificado, ou no mínimo validado pelos dois Testamentos, seria relegado; e justamente foi essa visão de eleitos que se tornou um empecilho para liberar o primeiro passo do universalismo cristão. Após quatro séculos de romanização, os adeptos criaram a sua historicidade e a sua literatura simbólica. Se para a maioria dos historiadores os primeiros séculos continuam obscuros por falta de documentação escrita, paradoxalmente, esse momento corresponde à oficialização dos textos sagrados. O período em questão foi ocupado por uma longa crise exegética que só teve fim com a seleção dos textos, entre canônicos e heréticos. Entre o Jesus histórico, o homem nascido em Nazaré, e o Cristo existe a fé nos mistérios e a aceitação de uma revelação divina.

O fenômeno do cristianismo floresceu por muitas razões, principalmente por corresponder às necessidades sociais da sua época. A instabilidade e a fragmentação do fim do Império

Romano estenderam-se além das instituições políticas e atingiram as estruturas psicológicas. Em contrapartida, a sociedade desenvolveu um desejo oculto de unidade e centralização. Os primeiros teólogos conseguiram adesões espontâneas, justamente, porque estabeleceram uma Igreja organizada e obediente, dentro de um mundo de discordâncias e incertezas. O conceito de monoteísmo facilitava a uniformidade doutrinária, litúrgica e textual.

Apesar do Grande Cisma, em 1053, ter causado uma divisão interna e criado duas igrejas – a Igreja Católica Apostólica Romana e a Igreja Católica Apostólica Ortodoxa –, o pensamento filosófico seguiu sempre dentro de uma unidade universal. Foi só com o advento da reforma religiosa protestante, no século XVI, que houve uma fragmentação cognitiva nas interpretações teológicas. Os muitos segmentos já existentes e os que continuam surgindo a todo momento podem se agrupar entre os que praticam a interpretação dos textos sagrados dentro do pensamento simbólico e os que se atêm à literalidade fundamentalista. Como exemplo, tomemos dois momentos históricos da vida de Jesus: a crucificação e a última ceia. A crucificação transcorreu diante de um grande número de pessoas, ou seja, ela se constitui num fato testemunhado. Três evangelistas, Mateus, Lucas e Marcos, entre os anos de 70 a 85 d.C., relataram respectivamente que:

Jesus, tornando a dar um grande grito, entregou o espírito. Nisso, o véu do Santuário rasgou-se em duas partes, a terra tremeu e as rochas se fenderam. (Mt.27:50-52);

Era mais ou menos a sexta hora e houve trevas sobre a terra inteira até a nona hora. Tendo desaparecido o sol, o véu do santuário rasgou-se ao meio. Jesus deu um grande grito: "Pai, nas tuas mãos entrego o meu espírito". Dizendo isso, expirou. (Lc. 23:44-46);

Jesus, dando um grande grito, expirou. E o véu do santuário se rasgou em duas partes, de cima a baixo. (Mc.15:37-38).

As narrativas descrevem tremor de terra, escuridão e o rasgo do véu do templo. Enquanto alguns falaram em milagres e outros tentaram comprovar a ocorrência de um eclipse junto a um abalo sísmico, na contemporaneidade, a confirmação da questão histórica perdeu-se diante do desafio em compreender o significado metafórico dessas palavras. O véu dos templos judaicos servia como um sinalizador que internamente separava, o local sagrado do espaço ocupado pelos fiéis. Só os sacerdotes tinham permissão de passar pelo véu – um lugar onde guardavam as oferendas do dízimo, realizavam rituais e sacrifícios de animais. A separação existia porque o homem, segundo Isaías, ficou apartado de Deus a partir do pecado de Adão e Eva (Isaías, 59:1-2). Com a morte e a ressurreição de Cristo, essa separação foi anulada, pois Jesus rasgou o véu. Agora Deus morava dentro do próprio homem e podia se manifestar em todos os lugares. O rasgo de cima para baixo servia para mostrar que a ação partiu dos céus em direção à terra, como uma vontade de Deus.

A Última Ceia é outra passagem histórica datada e testemunhada, sendo que o mais importante não é a historicidade, mas sim o sentido simbólico do corpo imolado e do sangue derramado, em referência ao sacrifício do Calvário. A simbologia da Eucaristia, na qual se reparte o pão e o vinho em comunhão com Cristo, vivifica o momento em que Jesus, diante de seus apóstolos, instituiu o rito da Paixão. Com a dupla afirmação "Este é meu corpo" e "Este é meu sangue", Jesus anuncia sua ressurreição e fornece o fundamento para a criação da Nova Igreja e da Nova Aliança. O momento pascal determinou o pacto da fé cristã. Essa é a diferença entre tempo histórico e tempo litúrgico, entre realidade sagrada e realidade profana, entre imaginário simbólico e denotação dos fatos.

Tanto o judaísmo como o cristianismo são duas religiões originárias do Oriente Médio. Alguns dos símbolos identificados como seus, apresentam enorme similaridade com outras religiões, entre eles a Árvore da Vida ou *Axis Mundi*. No cristianismo, a árvore bíblica, da narrativa de Adão e Eva no *Gênesis*, transfigurou-se em antecessora da cruz. Essa interpretação agregou dois significados: a de figura axial que segue o caminho de subida aos céus, e a que supre de vida a alma do fiel. O mito da árvore existe desde os tempos primordiais da humanidade, quando os homens instintivamente procuravam proteção embaixo dos ramos e criaram os primeiros códigos de convivência coletiva. Porém, antes, muito antes e em algum momento perdido da História, nossos mais antigos ancestrais foram arborícolas, ou seja, viveram nas árvores.

A árvore tornou-se um símbolo com muitos significados e, além da ligação entre o humano e o divino, ficou também associada à ideia de proteção, fertilidade e equilíbrio. A Árvore da Vida, *habitat* natural de várias espécies, vive no imaginário coletivo como a imagem da sobrevivência material, porque tudo dela é aproveitado, da alimentação ao fabrico de artefatos e construção arquitetônica. Considerada vital por todos os povos, ela surge constante no simbolismo das lendas, dos sonhos, dos mitos e da criação estética.

As mudanças biológicas do mundo vegetal, definidas pelos períodos sazonais, foram transportadas para as idades do corpo humano. Por meio de metáforas, elas reproduzem o tempo vital entre a semente germinada e o término do crescimento; representam o percurso da vida que transcorre através da infância, da maturidade e velhice. A previsibilidade e periodicidade da primavera, verão, outono e inverno criaram analogias no campo do real, do ficcional e do mitológico. Mais do que expressar a passagem do tempo, as árvores perpetuam o sentido de regeneração, entendido no simbolismo religioso como a imortalidade da alma. As árvores pertencem ao pequeno círculo dos arquétipos universais.

Símbolo sagrado de inúmeras religiões, elas constituem dois grupos fundamentais: o da ascensão e o da fertilidade. Enquanto a Árvore da Vida supre, a Árvore Cósmica eleva e une as partes. Mesmo sendo diferentes e com características próprias, as duas árvores normalmente se unem. A árvore central do mundo que organiza a sociedade a alicerça e a também a que se dá força e alimenta. Num sentido amplo, a árvore é a vida do cosmos. O conceituado antropólogo Mircea Eliade fala em multivalência das árvores sagradas, elas existem na história e na iconografia simbólica de todas as religiões e tradições populares do mundo inteiro. Agrupadas por diferentes interpretações e espalhadas pelo mundo desde a proto-história, elas repetem os seguintes grupos: Árvore Imagem do Cosmos, Árvore Símbolo da Vida e da Fecundidade, Árvore Centro e Suporte do Mundo, Árvore Símbolo da Ressurreição. Nessa classificação sumária, chama a atenção *"(...) o fato de que a árvore representa, quer de maneira ritual e concreta, quer de modo mítico e cosmológico, ou ainda puramente simbólico, o cosmos vivo em perpétua regeneração. Sendo a vida inesgotável, um equivalente da imortalidade, a árvore-cosmos pode tornar-se a árvore-da-vida-sem-morte"*.[35]

Para os povos do Oriente Médio, que viviam cercados de desertos, ver a imagem de uma árvore fecunda e plena de frutos era o mesmo que estar diante de uma revelação sagrada da vida. Eles foram os primeiros a observar que, medindo da ponta da raiz ao topo, as árvores podiam crescer numa altura que superava todos os outros seres vivos. Com tal configuração, a árvore tornou-se um elemento de união entre a terra e o céu. Nos tempos pré-históricos, foi embaixo de suas ramificações que construíram e criaram os primeiros lugares sagrados para oferendas. De abrigo a local sagrado, as árvores transfiguraram-se em deidades, ou ao menos foram cultuadas como seus representantes. Em síntese, desde sempre elas estiveram associadas ao divino, porque a Árvore Símbolo da Vida coloca o homem em comunicação com os três níveis do mundo: pelas raízes subterrâneas atingem os mortos; pelos troncos visíveis na superfície compartilham o espaço com os vivos e, finalmente, pelos ramos altos das copas atingem os céus – o território dos deuses.

A Árvore Axial, nas tradições religiosas evoca o movimento de elevação. A verticalidade é vista como o pilar do mundo ou o eixo em torno do qual todo universo se organiza, na extensão do físico ao metafísico, do natural ao sobrenatural e do humano ao divino. A Árvore Axial contém em si a montanha, a fumaça, a coluna, a torre, a escada, o mastro e a cruz. Por essa árvore, os efeitos dos deuses sobem e descem. A árvore, ponto de união, é capaz de transmitir as mensagens dos reinos superiores aos reinos inferiores e conduzir a humanidade ao mundo celestial, para satisfazer o desejo de conquistar a Imortalidade.

Os antigos sacerdotes realizavam rituais que reproduziam a subida no caminho iniciático e que, segundo a visão junguiana, são ritos que simbolizam o processo de individuação, ao conduzir o ser ao nó mais íntimo da sua consciência. *"A árvore é um dos melhores exemplos de um motivo que aparece com frequência nos sonhos e que pode simbolizar evolução, crescimento físico, maturidade psicológica. Também pode significar sacrifício ou morte, como a crucifação de Cristo; poderá representar um símbolo fálico e várias outras coisas. A confusão nasce porque os conteúdos dos sonhos são simbólicos e oferecem mais de uma explicação."*[36]

ÁRVORE MÍTICA DOS POVOS ARCAICOS

Ritual da Árvore Sagrada e Dança Fálica
Toca da Extrema II – Serra da Capivara, Piauí

No imaginário coletivo a árvore é símbolo de fertilidade e imagem da evolução biológica da humanidade. A procriação da mulher, comparada à árvore frutífera, fez por analogia o embrião humano germinado chamar-se *fruto do ventre.* Não se trata aqui de determinar a gênese de um valor religioso, mas o conceito de fertilidade feminino desde sempre e universalmente está inseparável da terra e da árvore. O corpo de uma mulher e o planeta Terra são realidades espelhadas e simétricas.

Com o advento da agricultura, a prática de arar e semear tornou-se, no inconsciente da humanidade, algo similar ao ato de acasalar. As civilizações sempre cultuaram as Deusas da Fertilidade e as Deusas Terra-Mãe e, através delas associaram os corpos das mulheres a campos arados. A correspondência evidente entre mulher e terra arável criou a mais simples associação entre enxada e falo. Há mais de 20 mil anos, antes do surgimento da agricultura, os homens já praticavam rituais mágicos de fertilidade, como pode ser visto nas pinturas rupestres avermelhadas de monóxido de ferro, encontradas nos sítios arqueológicos descobertos na década de 1970 pela antropóloga franco-brasileira Niède Guidon, e ainda preservados por sua equipe de pesquisadores na Serra da Capivara, Piauí, região do nordeste brasileiro.

As narrativas da grafia pré-histórica nos servem de guia para a compreensão das duas necessidades primárias da civilização humana: procriação e alimentação. Entre os temas preferidos, já registrados, estão os atos sexuais, as danças, caças, lutas e castigos corporais. São imagens de caráter universal que demonstram medos, valores e normas culturais de uma sociedade que passara por severas mudanças climáticas, indo do tropical-úmido ao semiárido. Os instintos básicos de sobrevivência estão reproduzidos nas pedras da Serra da Capivara: o da preservação de si mesmo com imagens de caça e animais e o da preservação da espécie através de cenas sexuais entre casais e rituais de fertilização. Os desenhos são figurativos, o que nos faz pressupor o seu objetivo de comunicar. Se a finalidade dessas imagens era contribuir para a manutenção de regras e comportamentos existentes no grupo, ou seja, se elas serviam para preservar a memória comunitária, podemos supor então que um dia a árvore e a mulher ocuparam um mesmo lugar no espaço simbólico da pré-história.

IMAGENS MÁGICAS
PRÉ-HISTÓRIA BRASILEIRA
SERRA DA CAPIVARA

Figuras humanas e de animais na Toca do Ribeirão da Pedra Furada, Serra da Capivara, Piauí

Cópula de Casal. Toca do Caldeirão dos Rodrigues, Serra da Capivara, Piauí

Nos registros da Toca da Extrema, na Serra da Capivara, claramente se vê uma dança fálica na qual muitos homens exaltados dançam com o pênis ereto em torno de uma grande árvore. É um ato de magia, um ritual de fecundação, no qual a árvore em substituição à mulher é possuída sexualmente pelo grupo masculino. Na simbologia arcaica, a árvore penetrada na terra equivalia ao órgão reprodutor da natureza, pois não havia conceito de criação sem vida sexual. Por milênios, árvore e mulher ocuparam o mesmo lugar sagrado. O homem primitivo acreditava que a reprodução humana estava conectada ao útero universal da Deusa-Terra-Mãe, e assim, fruto e gravidez tornaram-se sinônimos.

Os habitantes desses sítios arqueológicos não tinham uma estrutura religiosa definida, não tinham deuses e viviam no primeiro estágio do animismo, no qual todas as formas identificáveis da natureza possuem alma e, por isso, têm poderes sobrenaturais para agir na vida humana. Pintar era o mesmo que fazer magia, um ritual capaz de transferir poder. Pintar uma cena sexual era registrar visualmente e, ao mesmo tempo, praticar o coito, pintar era garantir a procriação. A imagem representava o desejo em si e a realização do desejo. Da mesma maneira que as cenas de caça garantiriam o alimento, as cenas de relações sexuais perpetuariam a espécie humana. Acreditando que a árvore tinha alma, ela seria capaz de, magicamente, assegurar a fertilidade do grupo.

A arte rupestre da Serra da Capivara mostra modos e práticas estabelecidas em tempos anteriores à agricultura e é difícil saber o que pensavam ou sentiam. Sem a escrita, os historiadores apenas fazem apreciações, comparando os vestígios materiais com artefatos e quadros civilizatórios semelhantes. Por isso as interpretações da pré-história sofrem mudanças a cada achado arqueológico. "*Representar graficamente o mundo sensível é resultado, em parte, da capacidade da espécie humana de tomar distância em relação a ela mesma, posicionar-se em relação aos outros e ter, como consequência do processo de evolução, uma consciência reflexiva. Estes componentes formam a capacidade da espécie e suas potencialidades desenvolver-se-ão no processo de construção da cultura*".[37]

ÁRVORE DA VIDA
ANTIGUIDADE ORIENTAL

A Deusa Hator como a Senhora do Sicômoro em frente
ao morto Sennedjem e sua esposa Iyneferti
Tumba de Sennedjem, Deir-el-Medina, 1200 a.C.

A *arbor vita*, um símbolo que nasceu na antiga Mesopotâmia e de lá se espalhou por todos os povos da antiguidade, mostrou-se com maior destaque no Oriente Médio, Índia e China. Nos reinos da Babilônia e da Assíria, as imagens da árvore doadora de frutos era um dos motivos favoritos nos selos reais e nas decorações palacianas. Por associação à fertilidade humana e abundância agrícola, elas se relacionavam ao sentimento benfazejo de uma vida profícua. Por todo o Oriente existia a consciência de que as "árvores sagradas" eram deusas que supriam as necessidades materiais da nação; no Egito, elas eram entidades mitológicas que amamentavam, protegiam e alimentavam os seus. Nas terras do Nilo, Hator, a deusa do amor, estava unida a Ísis, a esposa fértil e protetora; na Mesopotâmia, sacerdotes criaram predicados correspondentes na deusa Ishtar.

Relevo Sala do Trono, Assíria
Divindade que legitima autoridade do rei
Assurbanipal, Museu Britânico – 685 a.C

Rei Sumo-Sacerdote como pássaro
em ritual de fecundação, Assíria
Palácio de Nínive, Museu Pérgamo – Berlim

Árvore e mulher fundiram-se no mistério religioso da fertilidade. Acredita-se que a agricultura tenha sido uma descoberta feminina, nascida da observação dos fenômenos naturais de sementeira e germinação. Se por um lado a mulher se fixou na terra em função dos deveres com os seus descendentes, o homem sempre foi mais nômade, por viver ocupado com a caça e a guerra. Nos clãs primitivos, enquanto as colheitas ficavam restritas ao universo feminino, a reprodução dos animais, que envolve atos sexuais, era tarefa do grupo masculino. Como não entendiam cientificamente o processo da fertilização, os elementos femininos como vulva e seios eram adorados.

As imagens acima relacionam-se às deusas cognatas da proteção feminina. À esquerda, na pintura do túmulo de Sennedjem, o jovem casal recebe a recompensa da Senhora do Sicômoro, a mulher-árvore oferece alimentos e abre as portas para a alma partir. A deusa da árvore é uma entidade que mistura três deusas egípcias: Isis, a irmã-esposa; Nut, a abóbada celeste, que é possuída diariamente por Geb, o espírito da Terra; e Hator, a Vaca, a deusa do amor carnal. O sicômoro é uma figueira de copa frondosa, quando colocavam sua imagem nas decorações internas das tumbas egípcias, queriam dar proteção e garantir a sobrevivência na outra vida. A pintura da tumba de Sennedjem refere-se ao rico e renomado artesão da 19ª dinastia. Nela, o casal saboreia as ofertas dadas pela deusa Hator, que numa bandeja deixa à disposição os alimentos sagrados, entre os quais bolos de Osíris, jarros de vinho, frutos, pães e flores.

A decoração da tumba é uma descrição imaginada sobre como seria a jornada da alma após a morte. Nela, Sennedjem, com sua mulher, Ineferti, desfrutam os prazeres materiais que tiveram durante a vida. Seria o conceito de Paraíso hebreu, porém sem o medo do pecado. Os pintores projetaram o sonho de um Egito ideal, pleno de riquezas e abundância. O casal passeia em suas propriedades, por campos arados e pastagens verdejantes, por lagos repletos de peixes, jardins floridos e muitos animais. A mulher que sai do corpo da árvore é Hator, a Vaca, a bela deusa do amor e da procriação, que também ajudava as almas a renascerem na vida após a morte. Hator é a Dama do Sicômoro, porque o figo dessa árvore exala uma substância perfumada e branca semelhante ao leite.

O estudo iconográfico de deusas meio mulher, meio árvore, permite descobrir quais seriam suas funções mitológicas, entre as quais, para os egípcios, a mais importante seria a proteção dada ao falecido na passagem para o além. Como vida e morte são realidades inseparáveis, é comum ver deusas femininas geradoras da vida e, ao mesmo tempo, guias no falecimento. Hator emerge do sicômoro para reproduzir os ciclos contínuos da natureza pela repetição da morte e do renascer.

O relevo assírio, à direita, representa uma árvore centrada, extremamente estilizada e ladeada pelas imagens dobradas do rei Assurbanipal II. A árvore, uma tamareira florida, em nítida alusão à fertilidade prometida, é uma heráldica que legitima a autoridade do rei, como também confirma sua transcendência divina. O rei, em visão dupla, indica com uma das mãos o disco alado e com a outra, segura o cetro. Tanto o disco, como o rei e a árvore axial, repetem-se em simetria para cumprir o papel de proteção integral do trono. O mundo do poder está conectado ao mundo divino e dá ao rei a função de sumo sacerdote e, com ela, o direito de julgar, executar e absolver.

A árvore assíria, Coluna do Mundo, transfere ao governante poder e sucesso em sua obrigação de assegurar o sustento e a proteção dos súditos. O rei-sacerdote participa de cultos de semeadura; na imagem acima ele preside rituais de polinização com uma pinha e adereços de um pássaro divino gigante. Acreditava-se que a força viril de Assurbanipal fecundava a terra de maneira direta, sua interferência era capaz de germinar e trazer colheitas abundantes.

No livro *A Migração do Símbolo*[38] fala-se da árvore sagrada assíria polinizada pelos *gênios sagrados* com um cone. Para fertilizar as tamareiras na época da inflorescência, eles usavam uma pinha com a função de um *aspergillus*. A representação é explicitamente uma cena mágica de fertilização. Quando vemos a intervenção de personagens sobre-humanos agindo numa operação que seria realizada simplesmente pelos camponeses, temos a prova de que os povos da Mesopotâmia atribuíam ao processo vital da germinação uma revelação dada pelos deuses.

A percepção de poder, criada pelos artistas, elevava o rei a uma posição de superioridade além da perpetuação de sua imagem real. Cenas de rituais religiosos, de batalhas e caçadas eram habilmente construídas com o objetivo de propagar e confirmar sua natureza divina. São metáforas do poder absoluto. Segundo Joseph Campbell *"A metáfora encontra-se na máscara dos deuses, através da qual a eternidade pode ser vivenciada, sugere o ato que se esconde por trás do aspecto visível e estão além da ética do bem e do mal. A máscara em um festival primitivo é venerada e vivenciada como uma verdadeira aparição do ser mítico que ela representa"*.[39]

ÁRVORE GENEALÓGICA DE JESUS

Miniatura medieval - Árvore de Jessé

O tema da Árvore de Jessé sumariamente é a comprovação da filiação de Jesus descendente do rei Davi; nela representa-se a cadeia de gerações cuja história culmina com a vinda de Maria e seu filho Jesus Cristo. A Árvore de Jessé é o protótipo original da conhecida Árvore Genealógica, que por sua vez é um conceito relacionado à Árvore da Vida, por pressupor uma concepção de tempo linear entre a transcendência e a descendência. [40]

Os textos bíblicos profetizaram que *"do tronco de Jessé sairá um ramo e dele um rebento brotará suas raízes. Sobre ele descansará o espírito do Senhor, espírito de sabedoria e de discernimento, espírito de conselho e de fortaleza, espírito de ciência e de piedade"* (Isaías,11,1-3). A ideia de árvore, nas palavras do profeta Isaías, simbolizava gerações sequenciais, representava o histórico das famílias consanguíneas para demonstrar a linhagem patriarcal de descendência masculina. Homens e mulheres cumpriam papeis diferentes, porém o real diferencial nas sociedades patriarcais é que os homens eram considerados criaturas superiores, e com direitos legais que as mulheres não possuíam. Na linhagem de Davi, Maria e Jesus não seguia exatamente a tradição imposta pela lei judaica.

A profecia do referido tema dizia que um descendente de Davi governaria o mundo, ou seja, previa-se, no tronco de Jessé, o surgimento de alguém que transformaria a antiga ordem existente. Tratava-se do Messias. Segundo a narrativa bíblica, Jessé adormeceu e teve uma visão; nela, uma árvore projetada para o alto saía do seu corpo e culminava numa flor dourada, de onde se podia prever um nascimento milagroso. A visão do Messias, descendente direto de Jessé, pai do rei Davi, ficou conhecida como "*profecia da raiz*" e não foi aceita pelos judeus. No entanto, os cristãos entenderam-na como uma legitimação profética, ou seja, como real antecipação para a realização do Novo Testamento. A árvore de Jessé deu a Jesus a perfeita junção entre o humano e o divino. A partir do século I os evangelistas trataram de completar sua linha genealógica. São Mateus enumerou 28 nomes entre Jessé e Jesus, seguindo uma linhagem patriarcal; Lucas, diferentemente, colocou a descendência direta em Maria. Foi essa versão "matriarcal' a que se tornou mais difundida entre o clero católico. Os teólogos resolveram o impasse com facilidade, afinal, todos eram descendentes de Abraão.

A imagem acima é uma iluminura inglesa medieval e mostra, com pouquíssimos detalhes, que, enquanto Jessé dorme, saí do seu umbigo uma forte haste, um verdadeiro sustentáculo que culmina numa flor amarela e vermelha centrada pelo Espírito Santo. Acima dela, o menino Jesus é coroado e suspenso por seus pais, que o apresentam para o público. O eixo da composição centraliza o sentido da obra, caule, flor, menino Jesus, juntos mostram a realização da ancestralidade profética que diz "*De suas raízes um renovo frutificará.*" *(Isaias, 11:1).*

A genealogia bíblica foi um tema frequente durante a Idade Média, principalmente entre as ordens religiosas, que devotavam especial culto a Nossa Senhora, mãe de Jesus, e entendiam a Árvore de Jessé conjugada ao tema da Anunciação. Com as cruzadas, a partir do século XI, as imagens do nascimento foram divulgadas nas expedições, como provas determinantes do advento de uma nova era. No século XVI, a narrativa visual da passagem bíblica de Jessé foi questionada por uma parte de grupos reformistas. Como resposta aos seus ataques, houve um crescimento do culto a *Maria*, a que nasceu sem pecado original, conhecida como devoção mariológica, que provocou, em paralelo, a popularização do tema durante a Contrarreforma, em especial na Península Ibérica e colônias.

Enquanto a genealogia de Jesus ficou ligada perpetuamente à linhagem de Maria, silencia-se sobre sua ancestralidade via José. Com as mudanças filosóficas introduzidas pela Revolução Francesa, o racionalismo triunfou e deu preferência ao aspecto literal. Sabe-se também que os revolucionários, por não entenderem o sentido figurado, acusaram as imagens de expressões fictícias e se opuseram à iconografia religiosa. A Árvore de Jessé é uma fantasia histórica que caiu no gosto medieval, servia para explicar os mistérios da sacralidade de Jesus. Entre os latinos, o tema ficou muito popular e normalmente quando é trabalhado por uma visão humanista ele propicia aproximação maior entre o universo sagrado e o homem comum.

A CRUZ NA ÁRVORE DO ÉDEN
ÁRVORE CÓSMICA

A ÁRVORE DO PRINCÍPIO E DO FIM
ÁRVORE-CRUZ

Expulsão do Paraíso - 1460
Iluminura flamenga, Paul Getty Museum

Adão e Eva no Paraíso
Catacumbas dos Santos Marcelino e Pedro –
primeira metade do séc. IV – Roma

NARRATIVAS JUDAICAS E CRISTÃS

Os primeiros artistas cristãos foram influenciados provavelmente pela mitologia grega. Segundo a tradição, existia no Jardim das Hespérides, conhecido como paraíso, uma macieira de origem divina. Essa narrativa tornou-se um padrão visual que permanece até hoje, já que os textos do Antigo Testamento não falam em maçã e sim em frutos de uma maneira genérica. O jardim grego era simplesmente a morada das ninfas e da deusa da primavera. No caso bíblico, o jardim era um pomar com uma simbologia bem mais complexa e, nele, existiam duas árvores: a Árvore da Vida, que ficava no centro, em local visível e a outra, mais escondida, a Árvore do Conhecimento do Bem e do Mal, sendo que os frutos desta não deveriam ser ingeridos. No livro *Gênesis*, Deus diz ao homem: *"Podes comer de todas as árvores do jardim. Mas da Árvore do Conhecimento do Bem e do Mal não comerás, porque no dia em que dela comeres, terás que morrer."* (Gen. 2:9).

Na história do judaísmo, o Éden era um lugar especial e perfeito, pois era o espaço da plenitude e da imortalidade. A desobediência de Adão ao seduzir-se pela aquisição do conhecimento lhe custou a expulsão. Além de acusado pelo rompimento da unidade primordial, ele ficou responsabilizado pelo legado do pecado original deixado para os seus descendentes. Depois da transgressão do preceito divino, Javé impediu que o homem estendesse a mão para a Árvore da Vida, pois se conseguisse comer seu fruto, ele conseguiria a eternidade. Castigado, o homem se viu pela primeira vez responsável por seus atos. Na contemporaneidade e bem distante de todo o simbolismo bíblico, o ato de Adão é um misto de desobediência e transgressão versus censura e autoritarismo. Como consequência de comer o fruto proibido da Árvore do Conhecimento, Adão foi condenado sem direito à defesa.

A palavra Éden em hebraico significa jardim, um lugar fértil e oposto a deserto, mas quando fizeram a primeira tradução para o grego Éden passou a significar paraíso, ou seja, o local da felicidade plena. Não há consenso sobre a criação e a identidade dessas duas árvores de naturezas tão diferentes, para não dizer contraditórias. A relação delas entre si é extremamente ambígua. Enquanto a Árvore do Conhecimento foi o instrumento da queda de Adão, após a expulsão, a Árvore da Vida perdeu o sentido original de eternidade, ficando associada apenas à perda do paraíso. O cristianismo, com a Redenção, resgatou o antigo símbolo com a possibilidade de vida eterna. A mensagem dos primeiros capítulos do Antigo Testamento determina que o ser humano, embora criado à semelhança de Deus, é limitado. Não tem plenos poderes e deve obediência a Deus. Outra característica que os diferencia faz referência à imortalidade: quando Adão foi expulso do Éden por querer o conhecimento, ele tomou consciência da sua fragilidade e os limites da natureza humana pela morte. No livro do Apocalipse, Deus promete "ao vencedor" o direito de comer da Árvore da Vida, como um prêmio merecido.

O que no *Gênesis* se proíbe a Adão, o Apocalipse concede. Nas palavras de João Evangelista, na morte de Jesus Cristo vê-se a cruz na Árvore da Vida. Outra referência ressurgiu no momento final da crucificação, quando Jesus olha à sua direita e diz a Dimas, um dos dois ladrões com ele crucificado: "Hoje estarás comigo no Paraíso" (Lc. 23:43). Paraíso aqui é entendido no sentido pleno, como o lugar de bem-aventurança preparado por Deus e onde não existe a morte. A palavra aplicada no Novo Testamento refere-se à bênção da salvação. O símbolo da Árvore da Vida no Paraíso, interpretado como a Cruz de Cristo, provém de uma antiga imagem religiosa que liga Adão a Cristo. O apóstolo Paulo fala: "A morte veio por um homem e também por um homem vem a ressurreição" (Cor. 15:21). Essa é a base do mistério teológico da cruz, cujo núcleo central é a mensagem da salvação e sobre a qual se fundamentam toda a fé cristã, sua liturgia e sacramentos.

O tema da Árvore da Vida bíblico encontra-se no primeiro e no último livro, ela é o elemento que une o Antigo Testamento, nos escritos do *Gênesis* e dos profetas, aos textos do Novo Testamento, que se encerra com a crucificação de Jesus. O Crucificado, como a pré-figuração do drama e da salvação humana, é ponto de partida e de chegada da fé cristã. A Árvore do Paraíso é o eixo do mundo na Cruz. A Árvore-Cruz corresponde à união entre o Paraíso simbólico e o Gólgota histórico de Jerusalém. O cristianismo é uma religião que crê na redenção alcançada por um Deus que morre e ressuscita, não pela libertação da materialidade da carne, mas pela redenção do mal, instaurado pelo pecado original.

O fruto proibido da Árvore do Conhecimento levou o homem a decidir por si mesmo de forma subjetiva, criou o livre arbítrio e estabeleceu o diferencial entre o bem e o mal. Cristo crucificado na Árvore da Vida simbolicamente revela o mistério do Pai e restabelece a unidade perdida quando da expulsão do Paraíso, ou seja, nas palavras de Mircea Eliade, "Houve a restauração do tempo mítico".[41] Na simbologia da literatura universal essas árvores do paraíso foram criadas para enfatizar a ideia de uma idade de ouro comum a todos os povos e que apenas sobrevive na nostalgia de um tempo nunca vivido, mas sempre lembrado.

A Árvore da Vida e a Cruz são arquétipos da verticalidade que igualmente interligam o mundo humano ao divino no movimento ascensional da Terra aos Céus. No cristianismo fundem-se, porque integram a ideia de eternidade. O cristianismo assimilou o simbolismo arcaico e universal contido nas muitas Árvores da Vida, ampliou seu sentido, através da ressurreição, para a Árvore da Vida Eterna. O cristianismo vê na cruz a Árvore da Vida, a promessa divina da imortalidade e o sentido ancestral de ser alfa e ômega, princípio e fim.

A antiga Árvore Axial, agora em forma de cruz, é o sustentáculo do universo material e espiritual que contempla a ideia de unidade pela morte, vida e ressurreição. Como acontece no ciclo vegetal em que a espécie renasce por meio de suas próprias sementes, simbolicamente o cristão tem a vida eterna na crença da Santíssima Trindade. A cruz representa o símbolo da regeneração, assim como a árvore, que repete ao infinito o seu ciclo vital entre as fases da germinação, crescimento, florescimento, frutificação, multiplicação da espécie e morte para novamente germinar, crescer, florescer, frutificar, multiplicar-se e morrer num processo *ad infinitum*. Em síntese, a cruz, como a árvore, refere-se à vida.

A pintura da catacumba romana do século IV mostra as duas árvores aparentemente iguais. Já a narrativa descreve o momento da tentação e do castigo devido ao descumprimento da lei. Adão e Eva, mesmo sofrendo com o ardor entre o desejo e o medo, experimentaram a responsabilidade dos seus atos e por eles conheceram o sentimento de perda. A nudez envergonhada é a imagem símbolo do pecado original, aqui registrada como a tomada de consciência do ato que acabaram de praticar. Agora sem argumentos diante de Deus, que anteriormente os prevenira, e sem coragem de enfrentar a sentença, preferem a fuga ao diálogo.

Mais de mil anos depois, no século XV, um iluminista flamengo registrou o mesmo momento bíblico, porém com uma visão bem menos pessimista. Embora não conseguisse responder por que Javé proibiu ao homem o acesso ao conhecimento e nem como negou a seus filhos o direito de vida eterna, o artista reconstruiu o momento de expulsão do paraíso com uma visão salvífica da Árvore da Vida, ou seja, o castigo eterno foi quebrado por Cristo na cruz. A ideia religiosa é mais renovação e menos condenação, dá a entender que, da mesma maneira como acontece na natureza com a chegada da primavera, a Ressurreição traz esperança de nova vida. Por essa visão, o mito da Queda do Paraíso transformou-se na possibilidade da redenção.

TRADIÇÕES MÍTICAS
ÁRVORE DA VIDA NO IMAGINÁRIO POPULAR

Árvore da Vida Mestiça
Museu de Antropologia do México

A cultura popular mexicana é considerada, na pós-modernidade, uma das mais originais. Primeiro, por sobreviver à avalanche da padronização imposta pela globalização; segundo, porque se manteve fiel à sua origem mestiça e, terceiro, por saber combinar de maneira magistral duas tradições visuais: a asteca pré-colombiana e a barroca europeia. Dessa união surgiu uma linguagem diferenciada que vaga entre o surrealismo mágico e o primitivismo. A assimilação do barroco espanhol aos mitos indígenas e sem qualquer tentativa de cópia de um deles, resultou numa forma estética extremamente diferenciada, de modo que, em poucos lugares do planeta, existe um artesanato com tamanho frescor e espontaneidade.

O CALDEIRÃO DA MISCIGENAÇÃO E DO ECUMENISMO MEXICANO

O tema da Árvore da Vida é o melhor exemplo para demonstrar o diferencial da cultura popular mexicana, na qual paganismo e cristianismo se uniram de tal forma simbiótica, que deram origem a uma nova expressão de fé cristã. Os antigos deuses do sol, do milho e do cacau "encarnaram" e passaram a falar pelos anjos e santos. A árvore pagã tornou-se cristã sem perder sua identidade primordial, pois, afinal, a verticalidade e o conteúdo dos ciclos da vida eram similares. A manutenção e criação do Cosmos, para os astecas, implicavam sacrifícios com a morte em oferenda, porque vida e universo exigem renovação. Eles organizaram o universo temporal e espacial com quatro árvores que tinham uma mesma morfologia, ou seja, todas foram imaginadas exatamente como a cruz latina, com uma haste vertical mais longa para unir a terra aos céus e uma haste menor horizontal, onde a vida transcorria na terra. Eram respectivamente: a árvore Vulva, relacionada ao nascimento e à primavera; a árvore das Mulheres, do ciclo do inverno e entendida como vida; a árvore do Sacrifício, representante da morte e do outono e finalmente a árvore do Sol Nascente, simbolizando a ressurreição e o verão.[42]

Cada árvore tinha um deus maior e outros secundários, cada uma possuía sua própria cor, um determinado vegetal e todas tinham um pássaro diferente no cruzamento das suas hastes. As quatro árvores formam combinações binárias que se aproximam de outras religioes, como a cristã. O quadrante Nascimento / Morte, Ressurreição / Vida, transforma-se em Nascente / Poente, Ascendente / Descendente, Exaltação / Queda.

A árvore folclórica do artesanato mexicano exposta no Museu de Antropologia é uma transformação das duas árvores: a do Sacrifício e a do Sol Nascente, ou seja, as representantes da morte e da ressurreição da mitologia asteca foram transformadas em Árvore da Vida na religião cristã. A árvore do Sacrifício é um cacaueiro, uma árvore cósmica cujo fruto produz chocolate, uma bebida reservada somente aos deuses. Conta a lenda que sua semente foi trazida dos céus por Quetzalcoatl, a Serpente Emplumada. A cosmogonia dos astecas, como a de qualquer povo agrícola, é uma metáfora da vida organizada pelo calendário solar. Quando aprenderam com a natureza a germinação da semente e como os ciclos se repetem, entenderam que a semente continha em si mesma o princípio e o fim. Nas artes populares veem-se resquícios do sagrado arcaico através das Árvores da Vida. São elas que, pelas mãos de anônimos artesãos, vivificam antigos rituais e unem o presente ao passado renascido.

PERIDEXION
ÁRVORE IMAGINÁRIA
ALEGORIA MORAL DO BEM E DO MAL NA FANTASIA MEDIEVAL
BESTIÁRIO BASILICUS
SIMBOLISMO MÁGICO

A Árvore Peridexion
Museu Meermanno, Haia

Peridexion é uma árvore mitológica medieval construída com criaturas fantasiosas dos bestiários. Por muito tempo, essas imagens alegóricas foram uma forma de leitura utilizada não apenas pelos que não sabiam ler, mas por todos. Os textos ilustrados reproduziam e representavam o mundo material, mas podiam também projetar o mundo imaterial dos conceitos e dos pensamentos, as ilustrações são analogias com a qualidade de exposição permanente; por essa razão tornaram-se mais eficazes do que as palavras usadas pela transmissão oral. A grande vantagem das linguagens visuais é facilitar a compreensão pelo uso das semelhanças, pois é através do pensamento simbólico que as palavras ganham vida.

Iluminuras no sentido restrito dos medievais quer dizer: *iluminam o verbo de Deus*. Bestiário por sua vez pode significar muita coisa, porém os bestiários em questão nasceram da cópia dos antigos livros de zoologia dos gregos e romanos, principalmente do *Physiologus,* escrito em Alexandria por volta dos séculos II e IV a.C. Os artistas herdaram as catalogações e a fisiologia das espécies, como também os seres fantasiosos: o unicórnio, a sereia e o dragão. A essas criaturas foi acrescentado um conteúdo moral do cristianismo e, como na Idade Média não existia um discernimento muito claro entre realidade material e imaginação, as descrições dos animais fantásticos eram aceitas e consideradas verdadeiras.

A história da árvore Peridexion é uma antiga fantasia indiana. Diz a lenda que: *"Peridexion era uma árvore que atraia pombas que gostavam de se reunir para comer seus frutos doces. Na raiz morava um dragão que ficava escondido embaixo da copa. Ele passava o dia posicionado e atento até que alguma pomba, ao voar, se afastasse da árvore e se tornasse presa fácil, para ser devorada. As pombas apenas estavam seguras se ficassem sob a copa da árvore, caso se afastassem, seriam capturadas pelo dragão".* Era uma história pronta para a moral cristã, pois, pela nova interpretação, a árvore era a igreja protetora dos homens, as pombas seriam os fiéis que se alimentavam dos seus frutos e o dragão, o demônio, que ficava escondido à espreita, aguardando que alguma ave se afastasse. A lenda de Peridexion tem uma narrativa típica para impor medo e, mesmo sendo uma história de origem pagã, ajudava a explicar o mundo por uma forma teológica.

A palavra dragão, de origem grega, quer dizer grande serpente. Era uma figura fantástica e aceita como real, por muitos povos, mas não existia apenas um dragão e sim vários, com atributos e comportamentos diferentes. O *dragão-basilisco* mostrava-se em forma de uma serpente gigante e estava relacionado à morte, ao medo, ao diabo e ao pecado. Não tinha asas e nem escamas, prendia suas vítimas pelo olhar e matava com seu hálito fulminante. O *dragão-serpe*, comum na heráldica, tem a aparência de gigantescos lagartos escamados e serpentes aladas. Nos textos bíblicos, os dragões exercem o papel de demônios, tanto no Antigo, como no Novo Testamento, respectivamente (Ezequiel, 29:3) e (Apocalipse, 12:9) [43] Na literatura cristã tipificavam os inimigos, o mais conhecido deles é personagem na célebre história de São Jorge. Na Europa medieval, o dragão era um ser maléfico e perigoso por ser dotado de inteligência. Tinha duas morfologias, ou se apresentava no corpo de um antigo dinossauro alado de quatro pernas que cospe fogo, ou como um réptil de duas patas.

Dragões são figuras difíceis de serem definidas, ambivalentes, mas a simplificação os colocou como sinônimo de maldade, crueldade e destruição, porém a ideia mais antiga sobre eles é a de serem guardiões. Nos arquétipos junguianos a luta do dragão e o herói corresponde ao triunfo do ego: o animal significa o lado tenebroso e negativo da personalidade que permanece inconsciente e o herói é o ego que só pode triunfar depois de ter dominado e vencido a sombra. O material fictício e imaginário dos Bestiários apesar de propagar a existência de seres totalmente fantasiosos, como dragão, basilisco, sereia, hidra, unicórnio, fênix e grifos atingiu grande repercussão. Os Bestiários, enquanto gênero literário, alcançaram forte presença na sociedade e exerceram importante papel no pensamento medieval, porque, entre outras razões, as criaturas sobrenaturais podiam representar tanto as qualidades positivas como as negativas da psique humana.

UNIVERSALIDADE DA ÁRVORE DA VIDA

Templo da Árvore Peepal, de Bodh Gaya Retratado em Sanchi Stupa

O símbolo da árvore é um dos temas de maior abrangência na história da humanidade. Porque existem variados e diferentes modelos, é uma metáfora que permite muitas interpretações. *"Nunca uma árvore foi adorada por si mesma, mas sempre por aquilo que através dela se revelava".* [44] Na realidade, a árvore é um símbolo complexo por representar a totalidade. Segundo Eliade Mircea, no seu livro *Tratado de História das Religiões*, existem árvores míticas que podem agrupar-se de uma maneira simplificada: a Árvore do Mundo ou Cósmica é a que tem um eixo de sustentação no centro do mundo; a Árvore da Criação refere-se aos mitos da criação e está relacionada à cosmogonia; a Árvore da Vida estrutura-se pela ideia de regeneração que entende o Cosmos como organismo vivo e fértil; a Árvore Sagrada é normalmente representada por uma deidade, ou significa o sagrado de um modo geral; a Árvore do Conhecimento é compreendida como a fonte do conhecimento e é dela que vem a iluminação interior – o Bodhi budista por excelência; a Árvore da Abundância está relacionada à Árvore da Vida e é associada à mulher, por prover a nutrição material; a Árvore da Morte pertence aos mistérios da morte e dos venenos; a Árvore do Paraíso é bíblica e também grega, sendo entendida como um presente dos deuses nas duas civilizações.

1.3 ORIGEM DA ICONOGRAFIA CRISTÃ

A Igreja nasceu sob a tradição da oralidade, com palavras que não eram textos e nem imagens. Só a partir do século IV estabeleceram seus cânones e definiram quais livros seriam ou não classificados para documentos oficiais. Dessa maneira, enraizaram o caráter de "religião do livro", um conceito pouco conhecido no mundo pagão, mas muito significativo no judaísmo. A obscuridade da autoria dos livros sagrados, conhecidos por Bíblia Hebraica ou Antigo Testamento, ficou aceita como revelação da sabedoria divina, porém o Novo Testamento ocorreu de maneira diferente: "Os *apóstolos de Jesus não foram meramente testemunhas do Senhor, nas primeiras comunidades eram também uma fonte de jurisdição pastoral, Jesus confiou sua igreja a eles com o poder das chaves, ou seja, eles formavam uma comissão com poderes de decisões sobre as pessoas*".[45]

A palavra oral volatiliza-se e, para não perder a originalidade e a uniformidade da doutrina, os primeiros cristãos optaram pelos recursos visuais, pois sabiam que dessa maneira seria mais fácil fixar o significado dos conceitos teológicos. As antigas discussões sobre idolatria e a compreensão da lei mosaica ganharam um novo ponto de vista com a concepção antropológica de Deus, na figura de Cristo. A discussão do tema foi muito além do proibir ou permitir a utilização de imagens, pois apesar das aparentes contradições a estética figurativa da arte cristã nasceu no próprio *livro do Gênesis*, no qual: "O homem é nada menos o que a Bíblia, desde suas primeiras palavras, qualificou como "imagem" Iavé, no Gênesis, diz que modela o homem "*ad imaginem et similitudinem nostram*".[46] Enquanto no politeísmo os deuses assumem formas variadas, no monoteísmo não existem representações do mundo material ou sobrenatural, é uma postura *anicônica* por questões conceituais, já que a idolatria ameaçava a singularidade do judaísmo e enfraquecia a crença na onipotência, onisciência e onipresença de Deus, a única divindade.

Apesar do cristianismo pregar igualmente essa premissa, Cristo, no Novo Testamento, é a Encarnação. Segundo o apóstolo São Paulo, Deus e Cristo estão unidos e espelhados, enquanto os homens foram criados à imagem do Deus invisível. É sobre essa complexa noção de *imago* que a cultura cristã se constituiu e justificou suas escolhas, de maneira que, na Idade Média, os teólogos tiraram seus argumentos dessas passagens bíblicas, para legitimarem a representação antropológica do Filho e igualmente do Deus Pai.[47] Imagina-se que a resistência à aceitação de Cristo no judaísmo, também tenha contribuído para a condenação das primeiras imagens cultuais.

Não obstante o cristianismo tenha raízes no judaísmo e compartilhe das Escrituras hebraicas com o mesmo código de ética, as duas religiões têm profundas diferenças culturais. Historicamente se propagaram entre civilizações distintas; enquanto o povo semita inicialmente se difundiu entre pequenos agricultores e pastores do Oriente Médio, o cristianismo nasceu urbano e foi conhecido primeiro em Roma, a capital do Império, uma cidade de extremo refinamento nas artes visuais. Provavelmente tal fato influenciou a nova religião, conduzindo-a para os cânones do figurativismo. Por mais de 1.800 anos, a Igreja produziu uma iconografia apoiada sobre o difícil binômio de manter tradição e introduzir transformação, em simultaneidade.

Unanimidade para o uso das imagens nunca existiu, mas mesmo assim existe uma imensa produção na qual os artistas tinham funções bem definidas. Com o objetivo de limitar o repertório temático e reduzir as imagens para poucos símbolos, a solução foi criar códigos visuais e assegurar um padrão comum. Por exemplo, nos primeiros séculos não existiam representações de crucifixos, eram apenas simulações da cruz e sem o crucificado. A arte cristã, diferente das imagens pagãs, não estava presa à materialidade de suas formas, leve-se em conta que, para os romanos, uma escultura de Afrodite era o suporte para a deusa se manifestar, os deuses olímpicos moravam nos templos através das suas representações visuais. No cristianismo, o papel das imagens era puramente simbólico, elas existiam para dar corpo a ideais e aos mistérios do sagrado, não eram substitutas, mas sim representações que ocupavam o mesmo lugar das palavras.

Em alguns lugares houve intolerância e reprovação, principalmente no lado oriental. Em Bizâncio, no século V, surgiu o movimento iconoclasta, no qual Santo Epifânio reforçou a influência do legalismo judeu, um princípio que continuou no mundo mulçumano e que será uma exigência reformadora da "pureza" do símbolo contra o realismo demasiado antropomorfo do humanismo cristológico de São Germano de Constantinopla.[48] Por um certo tempo, o iconoclasmo repercutiu nas imagens artísticas, mas por sorte, a Antiguidade clássica foi retomada pelo neoplatonismo, uma filosofia da transcendência, ou seja, houve um reverso. "O *neoplatonismo implicou na simbologia da divinização, o* deificatio *de todas as coisas*". A partir do século XIII as artes deixaram de ter a ambição de reconduzir a um sentido abstrato e preferiram copiar a natureza, para deleite dos olhos: "*a imagem do mundo, quer seja pintada, esculpida ou pensada 'des-figura-se'*".[49]

As primeiras representações figurativas apareceram por volta do ano 200. Até essa data, as leis judaicas prevaleceram com rigor. Mesmo assim, a proibição restringiu-se apenas à figura humana – a regra referia-se ao código de leis civis e religiosas do Decálogo, escritas no livro do *Êxodus*. Moisés, em seu discurso, deixa claro que é contrário à confecção de imagens. No entendimento teológico, a proibição apoiava-se no fato do Deus de Israel ser caracterizado pela transcendência espiritual e possuir características diferentes dos deuses pagãos, tanto que, no judaísmo, Jeová não se manifesta por imagens e, sim, por palavras. Segundo o historiador Gombrich, existem nuances na interpretação dessa lei, pois:

"*As artes grega e romana, que ensinaram o homem a visualizar deuses e heróis com belas formas, ajudaram os indianos a criar uma imagem do seu Salvador, o Buda, e, outra religião que aprendeu a representar suas histórias sagradas para instrução dos crentes foi a judaica. Na realidade, a Lei Judaica proibia a realização de imagens, com receio de que os judeus caíssem na idolatria, entretanto as colônias judaicas, nas cidades da fronteira leste, dedicaram-se a decorar paredes de suas sinagogas com histórias do Antigo Testamento. Trata-se menos de uma ilustração da narrativa bíblica, do que uma explicação por imagens do seu significado para o povo judeu".*[50]

À medida que os cristãos conquistavam uma posição de destaque na sociedade, suas práticas litúrgicas se intensificaram e, com elas, a necessidade de possuir um código de comunicação comum que foi elaborado com os recursos do que havia na época, ou seja, sobre reproduções pagãs. A partir dso séculos II e III, a transmissão dos ensinamentos religiosos entre judeus e cristãos seguiu caminhos diferentes: os cristãos desenvolveram um sistema visual de símbolos; os judeus, pelo contrário, mantiveram a tradição de Moisés, de modo que, tanto a fabricação, quanto a adoração de imagens, seriam proibidas, considerando-as igualmente uma violação da lei. Esse momento histórico pleno de dubiedades vem sendo recuperado pela arqueologia, que nos traz novas informações e refaz preceitos errôneos.

No período final da era romana, quando houve a primeira e grande expansão do cristianismo, os valores visuais e culturais já estavam alinhados ao que se entendia por helenismo. O mundo idealizado por Alexandre Magno materializara-se, tanto no campo da intelectualidade, quanto nas formas físicas. Os cristãos, helenizados e imbuídos pelo ímpeto de atingir uma abrangência social cada vez maior – e para facilitar a compreensão e a memorização –, não se intimidaram em usar as linguagens romanas, porém antes tomaram o cuidado de lhes dar um novo significado.

Apolo, o deus solar, tornou-se Cristo, o Iluminado. Foi com certa facilidade que o antigo deus pagão assumiu os dizeres bíblicos de *"Eu sou a Luz do mundo"*. O mesmo ocorreu com Orfeu, o jovem filho de Apolo que por sua música seduzia, encantava e dominava a natureza das feras. No recém-implantado simbolismo cristão, ele ganhou o significado de Bom Pastor, ou *Pastor de almas*. Nas palavras de João e Lucas, Jesus é o Pastor que dá sua vida na convicção de salvar almas, e nas profecias de João Batista: *"Eis o Cordeiro de Deus, que tira os pecados do mundo"*. Cristo-Apolo, Cristo-Cordeiro são exemplos da imagética gerada dentro do conflito iconoclasta e contextualizada no mundo da cultura greco-romana. O que se viu foi uma romanização do cristianismo e uma cristianização da sociedade romana. Essas duas correntes, antes antagônicas, encontraram-se e deixaram de lado suas desavenças e oposições para se unirem. A aristocracia realmente queria transformar Roma numa cidade renascida, tendo proteção e organização dos cristãos pós Constantino; a meta seria vencer os bárbaros e retomar o apogeu perdido.

As imagens entendidas como a Bíblia dos Iletrados, equivaliam ao código de uma escrita para iniciados. Segundo Jean Hani, filósofo e professor de Civilização e Literatura, as imagens cristãs eram instrumentos de elevação, com o objetivo de revelar a natureza divina. *"O essencial da arte sagrada é ser simbólica, é mediante o visível que ela expressa o invisível, ela se vincula à cosmologia e, por sua mediação à ontologia e à metafísica, ela é um receptáculo dos símbolos da liturgia"*.[51]

No início, os temas da Paixão formavam a questão essencial e central da evangelização, mas apenas no discurso verbal. Até Constantino, os artistas não ousavam representar o *inexplicável* da morte de Jesus Cristo pregado na cruz. A cruz existia como símbolo visual e o crucificado somente era expresso por palavras, Cristo era ideia e verbo, não imagem.

ICONOGRAFIA DO CRISTIANISMO PRIMITIVO

O período compreendido entre os séculos I ao IV e conhecido por Paleocristão ou cristianismo primitivo, é aquele em que se encontra a produção da arte catacumbária. Os cristãos ornamentavam com pinturas e desenhos, de temática bíblica, as paredes dos seus imensos cemitérios, preferiam relatos de milagres, cenas da vida de Cristo ou homenagear seus mártires. Como se vê, no cristianismo primitivo não havia espaço para uma temática profana. Evidentemente que os cristãos de origem semita e os contemporâneos de Jesus mantiveram o princípio iconômaco, porém a imigração para o Ocidente afrouxou essas proibições. Por precaução, optaram por ater-se a um número pequeno de símbolos que eram construídos com poucas variantes, e permitidos somente em espaços religiosos.

Pela primeira vez uma crença estrangeira conseguiu se instalar no cerne de Roma, e apesar dos cristãos não procurarem atritos políticos – tanto que pregavam *"Dai a Cesar o que é de Cesar e a Deus o que é de Deus"* –, faziam distinção entre sagrado e profano e diferenciavam as atribuições do Estado e do Templo, porém as ideias revolucionárias de igualdade abalariam a organização social do Império. Cedo ou tarde as consequências da nova religião seriam avassaladoras. Num mundo sectário entre cidadãos e estrangeiros, pobres e ricos, senhores e escravos, qualquer possibilidade de igualar as pessoas, mesmo que de maneira metafórica e somente concretizada no pós-morte ou no universo conceitual, bastou para modificar a ordem do Estado romano.

A partir do momento em que o monoteísmo deixou de ser exclusividade de uma colônia pobre e distante do Oriente Médio e difundiu-se pelas massas num credo local, o conceito teológico transformou-se em ameaça. Um dos princípios da unificação romana concentrava-se na deificação do Imperador: ora, se os cristãos não admitiam César como um deus universal, eles quebravam o sentido de obediência sem restrição, rompiam a força do Império e davam início ao seu fim. O primeiro sinal do perigo emergente despontou após a morte de Jesus, na pessoa de Saulo, um judeu fariseu, denominado Paulo pelos romanos.

O mais entusiasta defensor da nova fé nasceu numa importante cidade de rota comercial, de uma família tradicional que lhe proporcionara oportunidade de estudar. Além de possuir esmerada formação intelectual, era também respeitado por ser descendente de Benjamim, o filho caçula de Jacó. O futuro apóstolo, um judeu romanizado, converteu-se quando viajava em perseguição aos cristãos e, por conta do destino, encontrou-se com Jesus, no caminho entre Jerusalém e Damasco. Nesse encontro, o perseguidor passou de censor a missionário. Boa parte do Novo Testamento foi escrito por ele. Justo ele, que fora preparado para ser rabino, que usufruíra os privilégios de ser um cidadão romano e que nem constava entre os seguidores originais. Se o cristianismo fosse apenas religião de escravos, provavelmente não teria perturbado o Estado Romano.

SIMBOLOGIA CRISTÃ
SINAIS DE IDENTIFICAÇÃO

Catacumba de Priscila, Roma, meados do séc.III

Nichos de Inumação, Catacumba de Priscila

As catacumbas estão entre os vestígios mais antigos da comunidade cristã em Roma e não passavam de grandes cemitérios subterrâneos, que podiam ser utilizados por qualquer pessoa contrária aos hábitos de cremação, nem precisava ser cristão. Aos que não podiam arcar com as despesas dos funerais, ou os condenados não merecedores de cerimônias, restava a opção das catacumbas. Esses espaços coletivos erguidos em diversos andares sem qualquer planejamento eram formados por labirintos com infinitos corredores irregulares e úmidos. A origem dessa forma sinuosa está nos obstáculos topográficos dos terrenos que impediam uma planificação retilínea. Seus construtores usaram as mesmas técnicas das cidades subterrâneas da Capadócia, na Anatólia, atual Turquia. Existiram perto de umas 60 catacumbas e todas localizadas fora da cidade de Roma, por precaução contra doenças. O termo "catacumba" vem do latim tardio, possivelmente uma corrupção da frase *cata tumbas*, ou seja, entre as tumbas.

Quanto ao uso para refúgio ou esconderijo de cristãos, trata-se mais de imaginação contemporânea. A legislação romana garantia a preservação dos sepultamentos, ou seja, invadir o espaço seria crime de violação, o mesmo que profanar. O respeito aos mortos era uma herança etrusca enraizada na cultura romana, a memória dos antepassados era preservada diariamente nos altares domésticos. Portanto, as catacumbas não eram esconderijos, os soldados é que estavam proibidos de desrespeitar o direito romano e cometer infração. Seja como for, nas catacumbas, os cristãos, estavam seguros, portanto, eram um lugar ideal para reuniões.

Após o período de perseguições, esses espaços foram abandonados como cemitérios e se tornaram santuários e lugares de peregrinação. Lá realizavam celebrações e cultuavam os mártires que, tornados santos, tinham um lugar especial na teologia cristã. Além de homenagear os sacrificados que morreram em nome da fé, os fiéis rezavam para eles, certos de que já estavam com Cristo e poderiam interceder pelos vivos. Muitos anos depois, essas comemorações foram regularizadas e, por volta de 610, instituíram a *Festum Omnium Sanctorum,* ou seja, Festa de Todos os Santos. Mas durante o Império Romano, quando ainda não existia a *Bíblia* na sua forma definitiva, os cristãos escreveram a ortodoxia da sua doutrina religiosa com grafites e pinturas nas paredes dos cemitérios subterrâneos das catacumbas.

SÍMBOLOS RELIGIOSOS
MORTE E RESSURREIÇÃO

A morte de Cristo na cruz inicialmente foi visualizada por imagens simbólicas, pelos artistas cristãos manterem-se fiel à tradição judaica e, também por reconhecerem dificuldade em exprimir o conceito de vitória com cenas de sofrimento físico. As cenas históricas foram substituídas por imagens como pão, âncora e peixe. De naturezas tão diferentes, elas faziam menção a um só tema: a eucaristia. O simbolismo estava nos textos, nos rituais, nos relevos dos altares, na planta arquitetônica das igrejas e até mesmo nas cores dos ícones; em qualquer lugar onde estivessem, só podiam falar aos habilitados, ou seja, aos instruídos no conhecimento. O simbolismo cristão, como qualquer simbolismo verdadeiro, é inclusivo e não exclusivo. [52] O cerne de toda simbologia cristã reside no mistério da eucaristia, um sacramento difícil de ser explicado em termos racionais, mas possível pelo pensamento simbólico ao substituir o inexplicável do dogma por imagens.

Na busca da compreensão do universo, tanto os cristãos como os demais povos da antiguidade criaram símbolos arquetípicos. O espiritual era uma necessidade vital e apenas por meio dele conseguiam explicar a própria origem. As muitas cosmogonias que existem mundo afora são diferenciadas entre si e, ao mesmo tempo, muito similares. Geralmente o início de tudo é o caos e, dele, surge a vida pela união de duas forças complementares, uma masculina e outra feminina. Sempre existe um casal primordial, como o Céu e a Terra, Ísis e Osíris e Adão e Eva. As religiões eram uma forma de conhecimento que também agiam como fator de união, as pessoas se reconheciam fazendo parte de uma comunidade.

O pensamento simbólico permitiu ao homem encontrar respostas para explicar a origem da vida. Em outras palavras, todas as mitologias tentaram traduzir a trilogia da existência humana: Quem sou? Onde estou? Para onde vou? O cristianismo formatou, do seu modo, a possibilidade do reencontro final do indivíduo com a sua unidade perdida e a chamou de Eucaristia.

LINGUAGEM SIMBÓLICA DAS CATACUMBAS

Inscrição de cruz em forma de âncora
conhecida por Cruz Ancorada
Catacumba de Domitilia, Roma

Eucaristia representada pelo peixe e a cesta de pão
Pintura encontrada na Cripta de Lucina
Catacumba de São Calixto, Roma

Na catacumba de São Calixto, a cena de um cesto de pão junto a um peixe não era indicação de uma refeição qualquer, mas representação de uma refeição espiritual, em referência à última ceia de Jesus. Essa cena, sem significado religioso, seria nada além de uma natureza-morta. Como arte religiosa, ela corresponde a um simulacro que não representa o que se vê e sim o que ela significa.

A pintura cristã é o avesso do real e só tem sentido para quem conhece seus códigos. Por sua vez, a âncora era simulação e transmutação da cruz e mais fácil de ser interpretada por causa de sua estrutura vertical. A construção da iconografia cristã conviveu com uma ferrenha e constante oposição, que em nome do pecado da idolatria, destruiu preciosidades artísticas. Papa Gregório, o Grande (590-604), pôs fim a essa discussão ao esclarecer o papel utilitário da imagem religiosa e, em carta dirigida ao Bispo Serenus, de Marselha, estabeleceu a necessidade de um código de visualidade para as igrejas. Em suas palavras:

"Adorar imagens é uma coisa,

ensinar com a ajuda delas é outra.

O que as escrituras são para os letrados,

as imagens são para os iletrados,

que veem, através delas, o que devem aceitar;

eles leem o que não podem ler nos livros.

Isto é especialmente verdadeiro no caso dos pagãos.

E é particularmente necessário que você,

que vive entre pagãos,

não se deixe levar pelo zelo excessivo

e assim não cause escândalo diante de mentes selvagens".

A cristianização da Europa se fez com imagens e, graças ao seu uso, desenvolveram um pensamento simbólico visual e uma unificação cultural. Com o advento das grandes descobertas marítimas, as imagens cristãs foram difundidas por todos os cantos do mundo, até se tornarem ícones de identificação da civilização ocidental. O valor estético e cultural agregado a elas é tão forte, que a indústria do turismo desloca milhares de pessoas/ano de lugares distantes e de diversos credos religiosos, só para conhecê-las. Filas quilométricas diariamente se formam à frente da Capela Sistina, apenas para contemplar por alguns minutos as pinturas de Michelangelo, o mesmo acontece com a Santa Ceia de Leonardo da Vinci, em Milão. Durante séculos, a Igreja Católica, herdeira direta dos cristãos romanos, ocupou junto à nobreza o papel de *patronesse* das artes, era no seu interior que as pessoas dispunham do prazer da fruição estética e o privilégio de conhecer os grandes mestres. Na segunda metade do século XIX, os mecenas mudaram e a produção artística foi transferida para a burguesia industrial; com novas temáticas e novos interesses, a arte religiosa entrou em estagnação.

IMAGENS-SÍMBOLOS

O aspecto narrativo da arte cristã vem da própria origem, pois, como uma doutrina fundamentada na palavra dos Livros Sagrados, ela tem no verbo o princípio primordial de tudo o que existe. O seu ideário não era de fácil compreensão, além do monoteísmo, o pensamento central estava baseado na crença e esperança de uma vida após a morte, só que de um jeito diferente das demais religiões.

O cristianismo estabeleceu um conceito de tempo circular em semelhança ao eterno retorno, um tempo retomado e revelado na Eucaristia. A hóstia representa o rito que repete e revive o mistério da vida eterna e permite que o passado bíblico seja revivido no presente; a hóstia possibilita o retorno à ceia da última noite com Jesus e os apóstolos. Por meio da comunhão, a morte se faz vida e o fiel se une ao corpo místico de Cristo. Para compreender essa complexidade teológica, criaram recursos visuais chamados imagens-signos ou formas simbólicas, que cumpriam o papel de um texto escrito, com a vantagem de não incorrerem nas contradições da idolatria.

IMAGENS-SIGNOS
ÂNCORA • CRISTOGRAMA • CRUZ • ICHTHUS
PÃO • PAVÃO • POMBA • UVAS

Inscrições funerárias com símbolos ichthus no centro, âncora à esquerda e cristograma à direita
Catacumba de São Sebastião – Roma

Cruz simulada em forma de âncora
Peixes representando o acróstico ichthuo
Catacumba de São Calixto

ICHTHUS

Ἰησοῦς Χριστός, Θεοῦ Υἱός, Σωτήρ - grego
Iēsoûs Christós, Theoû Hyiós, Sōtḗr
Jesus Cristo, Filho de Deus, Salvador – português

Desde o início do cristianismo, a representação dos peixes não teve apenas um significado. O mais aceito é o acróstico ICHTHUS, atribuído à poetisa Sibila de Eritreia, que disse se tratar do conceito teológico *Iesus Christos Theou Uios Soter*, ou seja, Jesus Cristo, Filho de Deus Salvador. As iniciais formam o som ICHTHUS que, em grego, significa peixe. Essa interpretação mais sofisticada é o próprio conceito da doutrina, Cristo é Deus, é Messias, o Salvador. O acróstico é a súmula do credo, mas o peixe também designava outras coisas, como batismo, milagre, sugestão da atividade de pescadores de alguns apóstolos. Mas como símbolo da ceia eucarística, peixe era interpretado como o próprio Cristo, o alimento da vida. Imagens de peixes eram tão comuns, que os romanos passaram a chamar os cristãos de *pisciculi* [53], isto é, "peixinhos".

Existem três imagens-signos que igualmente se referem à salvação: cristograma, âncora e peixes. No início da propagação do cristianismo, as ideias de morte e castigo ainda não estavam agregadas à cruz, esse conceito só ficou fortalecido a partir dos anos 800 e 900. A crença na ressurreição era cultivada com extrema confiança, em outras palavras, era a grande esperança num mundo melhor. A âncora simulava a forma cruciforme e acrescentava a ideia de segurança, por estar associada à função do instrumento náutico que não deixa o barco à deriva. Alguns identificavam a âncora como a chegada da alma ao seu destino final, a um porto seguro chamado Reino de Deus. A cruz, para escravos e excluídos, era uma verdadeira ideologia libertária e igualitária, e o cristianismo, a possibilidade de justiça social, mesmo que fosse uma realidade só possível no mundo espiritual.

LÁBARO • CRISMON • CRISTOGRAMA • CHI-RÔ

Crismon, Cristograma ou Lábaro
A Cruz de Alfa e Ômega
Batistério de San Giovanni, Nápoles, 360-400

A referência a Cristo, por meio de sinais secretos, nasceu de duas necessidades: comunicação direta e proteção diante da censura e perseguições romanas. Diante de uma massa de iletrados e, com o objetivo de facilitar a compreensão, era fundamental usar o poder de síntese das imagens. Inicialmente a cruz foi vista por outros elementos visuais, inclusive por letras, sendo o primeiro deles o monograma conhecido por crismon, cristograma, chi-rô ou lábaro.

ΙΧΘΥΣ e ☧, CHI-RÔ

Icthus e Cristograma. Inscrição em mármore de Ichthus e o Cristograma
Ruínas de Éfeso, Ásia Menor, atual Turquia

A combinação das letras gregas ΙΧΘΥΣ em um círculo ficou conhecida como cristograma; o exemplo acima encontra-se entre um dos mais antigos sinais de Cristo. Signo, síntese visual da fé cristã, o cristograma tem no círculo a representação da vitória, uma concepção extraída da coroa de louros. Aos olhos cristãos, o sentido de vitória significava a vida eterna do espírito sobre a morte do corpo. No centro estão as letras gregas X e P sobrepostas, lê-se *Chi-Rô*, e escreve-se ☧; essas formas correspondem às iniciais da palavra Cristo. Geralmente estavam acompanhadas das letras gregas Alfa e Ômega, representando respectivamente início e fim, o primeiro e o último, ou seja, Cristo é a origem e o fim, é Vida Eterna, possibilitada pelo mistério da Ressurreição. A partir do século IV, após Constantino, o Chi-Rô passou a se chamar lábaro, pois em 311 o Imperador o adotou como seu emblema militar. Desse momento em diante, os símbolos mais emblemáticos das catacumbas migraram para as basílicas.

Apóstolos Pedro e Paulo, os dois patronos da Igreja, com o cristograma centrado
Desenho sobre mármore, séc. IV, Museu do Vaticano

Os primeiros mártires surgiram com as perseguições do imperador Nero. No ano 64, São Pedro foi crucificado de cabeça para baixo, por não se considerar digno de morrer como Cristo. São Paulo morreu decapitado, no ano 67. Após dois anos de prisão, em Cesareia, foi julgado e condenado, recebeu a pena máxima permitida a um cidadão romano, pois a crucificação destinava-se a escravos e estrangeiros. A morte dos dois apóstolos abriu precedentes para perseguições, o Estado entendia que a principal ofensa estava na recusa em reconhecer os deuses romanos e o poder divino do imperador. Os mártires, entre os fiéis, eram chamados de "testemunhas" e estavam unidos a Cristo pela morte sacrificial. Superstições e a necessidade de encontrar culpados fizeram dos cristãos os responsáveis pelas invasões bárbaras, em outras palavras, diziam que a violência das invasões era uma manifestação da fúria dos deuses, em protesto ao povo romano que permitia a permanência de cristãos em sua cidade. Num contexto de crises sequenciais, os cristãos foram se tornando cada vez mais impopulares e, aos olhos de alguns romanos, ideais para ocupar o papel de bodes expiatórios. Seus executores achavam o princípio da igualdade um sacrilégio que tornava o império indefeso, não era possível tratar com igualdade aristocratas e escravos, nem considerar um romano igual a um estrangeiro.

INSCRIÇÕES TUMULARES
SIGNOS E CÓDIGOS DE IDENTIDADES

Inscrição tumular de Santa Filomena
Inscrição: "a paz seja contigo, Filomena", catacumba de Santa Priscila
Mártir Filomena e os elementos do seu sacrifício

O túmulo da pequena Filomena, descoberto em escavações de 1802, confirma a tradição oral da mártir. Em sua tumba encontraram ossos de uma adolescente, e na lápide externa uma inscrição em latim que dizia: *A PAZ SEJA CONTIGO FILOMENA*. Abaixo das palavras, três grupos de desenhos contam o desenrolar da sua morte pela âncora, a esperança; três flechas e um chicote remetem aos instrumentos do seu martírio e, à direita, um ramo de palma junto a um lírio simbolizam vitória da vida eterna e pureza de alma. Com poucos elementos o autor descreveu uma narrativa simbólica da jovem Filomena, filha de nobres romanos. A menina fora escolhida pelo Imperador Diocleciano para ser sua esposa, porém nesse ínterim, ela já havia feito sua opção de vida, gostaria de se dedicar totalmente a Jesus e se manter casta. Por esse motivo, recusou a proposta do Imperador que, indignado, a condenou. Antes de ser decapitada, Filomena foi torturada até o limite da dor humana.

Pedra tumular de Seberus, o servidor de vinho.
Inscrição: "Seberus, um cristão romano e produtor de vinho"
Museu Pio Cristiano, Vaticano, séc.IV

A inscrição tumular de Seberus refere-se aos dados pessoais incluindo a sua religião indicada, no centro, pelo monograma de Cristo com as letras gregas Alfa e Ômega. Por um erro, a gravação foi feita em posição invertida gerando consequentemente engano na interpretação; o que seria do início ao fim, tornou-se do fim ao início. O nome do romano Seberus à direita e um barril à esquerda assinalam sua identidade e profissão. Seberus viveu no século IV, na época de Constantino, e era apenas um cristão romano que produzia e comercializava vinho. A inscrição, sem nenhuma indicação de martírio, informa a nova classe de cristãos; a partir do século IV, o cristianismo deixou de ser uma religião de escravos e pessoas humildes para incluir, entre seus adeptos, pessoas ricas e grupos de intelectuais. Ao suspender as perseguições, Constantino permitia a vitória do pensamento teológico do apóstolo Paulo. Haveria a partir de então "Um *só Deus e um só imperador – o monoteísmo e a monarquia andaram juntos. As inscrições tumulares não se limitavam aos elogios dos santos, houve a cristianização de Roma e a romanização do cristianismo*".[51] Um movimento, que começara separatista dentro do judaísmo e identificado com os pobres, terminou dominante e no palácio imperial.

CRUZ ANASTASIS
CRUZ CONCEITUAL
CRUZ IMAGEM DE CRISTO

O painel central do sarcófago de Domitila corresponde à primeira cruz que faz referência à Ressurreição com o conceito de vitória. As duas colunas que emolduram o nicho significam templo ou lugar sagrado. Na parte superior, o espaço foi ocupado pelo monograma em forma de guirlanda, e onde internamente estão inscritas as letras gregas X e P, do nome de Cristo. Abaixo, na base, dois soldados, os guardiães da tumba, vivem momentos diferentes: um dorme e o outro, já desperto, assiste ao mistério da Ressurreição. As duas pombas nos braços horizontais da cruz significam almas libertas que olham para o alto na direção do signo de Cristo. Nas civilizações da Antiguidade, representações de pássaros no lugar de almas eram comuns, na *Cruz Anastasis* elas se posicionam para iniciar o voo da Eternidade. As aves bicam os frutos da coroa de louros que, na linguagem religiosa, significa alimentar e gozar dos benefícios espirituais da Ressurreição. A pomba, além da sua maior identidade na terceira pessoa da Trindade, o Espírito Santo, é também o atributo dos santos, é ela que anuncia mudanças, que nos guia na passagem da morte e que reconcilia a alma humana com a paz celeste.[55] O antigo disco solar, ganhou o significado de monoteísmo por ser a forma perfeita, na qual todos os pontos são equidistantes do centro e convergem para o centro, essa qualidade geométrica passou a significar Deus, deu forma ao conceito de onipotência, pois irradia e concentra a direção do Universo.

Cruz Anastasis ou Cruz da Ressurreição
Sarcófago encontrado na Catacumba de Domitila
Museu Pio Cristiano, Vaticano - meados do séc.IV

O sarcófago da catacumba de Domitila é um bom exemplo para mostrar a complexidade da arte cristã, na qual as formas não têm um sentido único e específico. Nesse período em que nada é aleatório, os elementos visuais têm uma função pré-determinada que se estende do tamanho ao local na composição. Os elementos visuais são como as palavras num texto escrito, elas se relacionam entre si e criam uma narrativa. O espaço dividido em três partes, respectivamente representam: a terra e tudo que é material estão no plano inferior com os soldados; no intermediário, duas aves significam almas, em alusão ao mundo espiritual, e no superior, o monograma que corresponde ao universo divino.

A *Cruz Anastasis* não é a cruz da morbidez, pelo contrário, ela é a Cruz da Vida Eterna – note-se que não existe representação do crucificado. Para conquistar um grande número de adeptos, os líderes religiosos foram tolerantes com as tradições dos convertidos e, muito cedo, descobriram que o uso de um repertório já conhecido seria mais assimilável, bastaria introduzir novos significados. Os cristãos estabeleceram uma interessante dinâmica ao equilibrar a tradição arcaica com a inovação

CRUZ ÁRVORE DA VIDA • VIDEIRA CRISTÃ

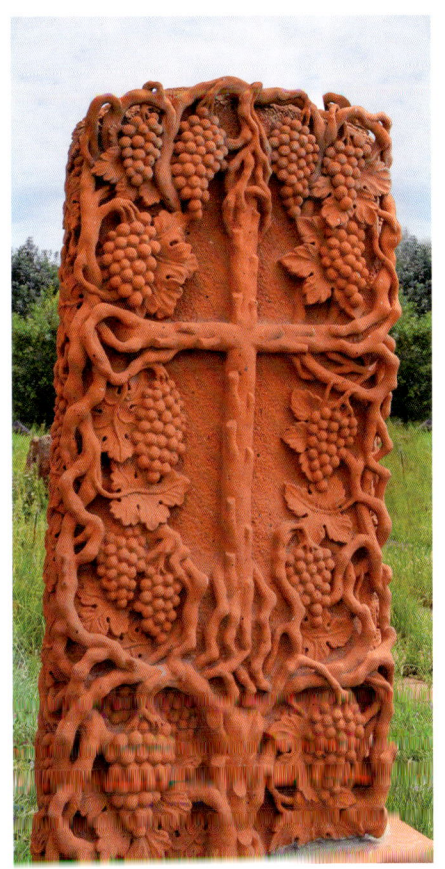

Khachkar, Cemitério de Nratus
Cruz Armênia de videira

Os *khachkars* são as *pedras da Cruz Armênia* e como não possuem um modelo protótipo podem variar muito, desde que deixem em destaque uma cruz centrada. Sua raiz é certamente pagã, sabe-se apenas que eram pedras esculpidas, uma espécie de ídolo chamado *vishap*, que significa a *pedra do dragão*. Tinham a função de lápides protetoras do morto, mas, quando colocadas próximas às fontes de água e com relevos vegetais, estavam relacionadas aos cultos da natureza. Os *khachkars* mostram como, em certos lugares, ao aproveitarem elementos culturais já existentes, as conversões foram pacíficas.

Na nova iconografia os *khachkars* cristianizados ganharam vegetais bíblicos. A videira sempre foi cultuada como uma árvore sagrada, dela faziam o vinho, a bebida dos deuses, dos rituais, oferendas e sacrifícios. Em Israel, está junto à oliveira como a árvore messiânica. Existem várias citações bíblicas tanto no Novo quanto no Velho Testamento e queriam dizer vida, sabedoria, alegria e a propriedade de Deus ou o próprio Reino de Deus. Por essa razão o simbolismo será transferido para a pessoa daquele que encarna e sintetiza o povo de Deus: o Messias.[56]

No cristianismo, videira é Eucaristia, a árvore onde corre a seiva da luz e produz a bebida do amor divino. O vinho nas religiões arcaicas significava iniciação, e era usado como um meio para se chegar ao conhecimento. Essa ideia de iniciação retornou no século XVI nas palavras de São João da Cruz: É o entendimento, a sabedoria de Deus, a vontade.[57] Na arte funerária, como no *khachkar* acima, a videira é símbolo de imortalidade. Na noite da última ceia, Jesus foi com seus discípulos ao Monte das Oliveiras, e durante o caminho disse: *"Eu sou a Videira e vocês são os ramos. Como o Pai me amou, assim eu os amei; permaneçam no meu amor"* (João, 15:5-9).

O SINAL DA CRUZ

Existem epígrafes em antigos túmulos que fornecem valiosas informações sobre a vida comum das pessoas e também sobre o pensamento da Igreja primitiva. A inscrição de Rufina Irene, na catacumba de São Calisto, evidencia que ali jaz uma cristã apenas por um pequeno sinal: a cruz.

Inscrição de Cruz Grega
Sarcófago de Rufina Irene, Catacumba de São Calixto,
Via Ápia, final do séc.III e início do IV

A epígrafe de Rufina Irene representa um raro exemplo de cruz em período anterior a Constantino; de tamanho pequeno, denota timidez e uma simplicidade própria dos primeiros cristãos. O sinal da cruz gravado pode mostrar mudanças no campo político e também no campo conceitual-religioso. O símbolo aceito significava mudanças. *"Passagem do cristianismo de estatuto de adesão criminosa ao de religião de Estado, ele atesta as transformações na vida cotidiana do Império Romano. A partir do ano 310 as cruzes e os crismas floresceram como sinal de proteção ou de exorcismos"*.[58] A prática de fazer o sinal da cruz sobre o corpo, remonta a Tertuliano, de Cartago, que deixou registrado nos seus escritos *De Corona Militis*, do século II, que o sinal da cruz assinalado é a marca de Cristo e uma confirmação de fé na Trindade, em outras plavras, é sinal de santificação e de confirmação. Provavelmente nasceu como uma referência cristã a tau, o sinal diferenciador usado pelos judeus, da mesma maneira era uma senha identificada pelos iniciados e símbolo de proteção.

A CRUZ TRIUNFAL
CRISTIANISMO - RELIGIÃO OFICIAL

Quando em 313 o imperador Constantino concedeu liberdade de culto, surgiram os primeiros templos e, com eles, sua marca visual: a cruz. Ainda sem a imagem do crucificado, a cruz triunfal simbolizava a Vitória, uma preferência temática que no Ocidente seguiu até o século IX, quando o feudalismo implantou uma outra ordem mental. A exposição pública da cruz é decorrência direta da imperatriz Helena, mãe de Constantino, que, aos 78 anos de idade, organizou, com um grupo de sacerdotes, a primeira peregrinação em busca da cruz usada no martírio de Jesus.

Após uma forte experiência mística, relacionada aos mistérios da sacralidade cristã, a imperatriz implantou oficialmente o culto à cruz. Helena foi tomada de uma emoção transformadora e reveladora do sagrado, um fenômeno religioso conhecido por *hierofania* e que se manifesta através de *sinais*, entendidos como a *presença de uma realidade transcendente*.[59] Sendo mãe de Constantino, ela tinha condições de se opor ao uso da cruz nas execuções dos criminosos. Até sua interversão, os cristãos sentiam um misto de medo e vergonha, ainda não existia sacralidade na imagem da cruz. O triunfalismo existe como resultado direto de ações da corte imperial, sob a proteção do Estado a nova classe de cristãos tratou de financiar e erguer edifícios de grande visibilidade urbana e que fossem claramente identificáveis como religiosos.

Cristo Pantocrator "o senhor de todas as coisas".
Basílica Santa Prudência - Roma – séc.IV

A Transfiguração
Basílica Santo Apolinário, Ravena – 1º metade do séc.VI

As mais antigas imagens da Cruz Triunfal encontram-se na Itália e, não por acaso, estão em Roma e Ravena, respectivamente os dois centros representativos do cristianismo ocidental e oriental. O gigantismo das duas cruzes fala por si mesmo, tanto a de Santa Prudência como a de Santo Apolinário foram colocadas no centro da abside, um espaço curvo que antepara o altar-mor e considerado o lugar de maior destaque durante a liturgia. As cruzes triunfais sinalizam a vitória plena do cristianismo.

No eixo central do mosaico de Santa Prudência, uma cruz gigante pousa sobre a cabeça iluminada de Cristo, como o Pai na pessoa do Filho entronado e coroado pela auréola. Na parte superior, os quatro evangelistas através de seus símbolos – touro, anjo, leão, águia –, ladeiam o eixo da cruz, para confirmarem os textos sagrados. Na parte de baixo, Cristo está acompanhado por alguns apóstolos, além de duas figuras femininas, respectivamente a Igreja e a Sinagoga. Os artistas do mosaico seguiram a tradição romana, deram tratamento ilusionista às figuras, valorizaram o volume, a individualização de cada rosto e a materialidade dos corpos.

Em oposição, na basílica de Santo Apolinário, o realismo cedeu para uma representação antinaturalista. A cruz centrada e emoldurada por um gigantesco círculo sintetiza o ideário cristão e dispensa explicações. Ravena reproduziu a Transfiguração de Cristo em três faixas: no espaço superior vê-se por cima de tudo a mão de Deus iluminada e dourada, entre nuvens, simetricamente Elias e Moisés, os companheiros de Jesus, no momento da sua Transfiguração, ladeiam Cristo na cruz; abaixo, no jardim, três ovelhas representam os apóstolos que presenciaram a cena – Pedro, Tiago e João –; e por fim, na terra, Santo Apolinário, em posição de oração, com os braços abertos, está junto a 12 ovelhas, indicadoras dos 12 apóstolos.

CRISTIANISMO PRIMITIVO
PADRÃO CRUCIFORME ARQUITETURA E ICONOGRAFIA

Mausoléu Gala Placídia
vista externa - planta cruciforme
417-430 – Ravena

Cruz Triunfal. mausoléu Gala Placídia vista interna da abóbada com a cruz centrada
417-430 - Ravena

Gala Placídia, filha, esposa e mãe de imperadores, e que, como Helena, figurou entre as primeiras cristãs da corte, com participação direta no mundo político, viveu o período mais conturbado do Império Romano, cheio de assassinatos, prisões e mudanças drásticas. Filha do imperador Teodósio, foi esposa de Constâncio III (417-422) e mãe de seu sucessor Valentiniano (423-427), mas antes se casara, por vontade própria, com Ataulfo, o rei dos invasores visigodos. Ela teve o mérito de harmonizar três correntes de pensamento conflituosas, visto que conviveu entre tradições e inovações da cultura romana, bárbara e cristã. Gala Placídia, devota fervorosa da Santa Cruz, divulgou sua forma de tal maneira, que implantou o padrão cruciforme na arquitetura medieval. A estrutura cúbica do mausoléu repete a imagem da cruz, tanto no exterior como no interior, tudo faz referência ao símbolo, da planta estrutural à decoração interna e, passando pela disposição dos espaços, a cruz está onipresente. No mosaico do teto, que imita um céu azul estrelado, foi colocada uma imensa cruz luminosa, feita com vidros e folhas de ouro que diviniza o edifício. Não apenas pelo brilho, mas também pela centralização, a cruz é o ponto arquitetônico de unidade compositiva.

PRIMEIRAS CRUCIFICAÇÕES

As duas crucificações mais antigas e até agora conhecidas são dois entalhes italianos, um em madeira e outro em marfim, produzidos na mesma época. Nelas, Jesus está vivo e, embora crucificado, não demonstra nenhuma dor física. Representado sereno e solene significa que tudo não passou do cumprimento da profecia. Na época, o conceito teológico não evidenciava o lado triste da morte e nem tinha intenção de indicar o fim da vida, ou amedrontar a sociedade com lembranças de castigos e pecados. Nesse período, o maior objetivo era atrair novos adeptos. Com certeza, divulgar a vitória de Cristo era uma ideia bem mais atrativa. O tema da crucificação, desconhecido até o imperador Teodósio, inicialmente é uma visão redentora e um apelo sedutor para os miseráveis. A esperança do Reino de Deus e do Paraíso estava ao alcance de qualquer um, para obtê-los bastaria aceitar o pacto do batismo, confirmado nas palavras do apóstolo São Paulo: "O batismo *faz a morte morrer e o pecado morrer, efetua a mudança para uma nova vida na ressurreição dos mortos que* é a plenitude *em Cristo*".[60] A crescente popularidade do novo credo consagrou-se por sua visão compensatória e otimista, principalmente por algo jamais falado até o advento do cristianismo, o amor ao próximo e a promessa de uma vida igualitária.

Crucificação - século V - Roma
Porta da basílica da Santa Sabina

Na basílica de Santa Sabina não existe a cruz instrumento do martírio, vê-se Jesus em proporção maior e ladeado por dois ladrões. Atrás, a muralha de Jerusalém enquadra três figuras nuas na fachada de um edifício de pórticos triangulares. Com corpos eretos e de braços abertos, elas camuflam a configuração da cruz. Os três personagens percorreram caminhos diferentes e estão diante de três umbrais da morte, indicando que cada um seguirá conforme viveu. Os símbolos cristãos foram criados em concordância com os textos bíblicos e para expressar valores morais que seriam interpretados individualmente, conforme o entendimento de cada um.[61]

A primeira crucificação conhecida na História da Arte é uma pequeníssima peça de marfim que cabe na palma da mão, porém a primeira narrativa bíblica é do ano 420 e se encontra no Museu Britânico. A placa de marfim considerada a primeira representação em forma de cena não é uma alegoria simbólica, construída com formas abstratas, pelo contrário, ela relata as passagens de Jesus de Nazaré histórico.

Crucificação - placas do ciclo da paixão
marfim, 7,5 X 9,5 cm, 420 d.C, Museu Britânico.
Pequena placa considerada a primeira representação da narrativa
da morte de Jesus na cruz e imagem do primeiro crucificado.

Na sua primeira idealização humana, Jesus é um jovem imberbe e de cabelos curtos, apresenta-se quase nu vestindo apenas uma pequena tanga de tecido chamada perizônio. No canto esquerdo, Judas, o traidor, enforca-se numa árvore e tem sob seus pés, no chão, um saco aberto com moedas parcialmente espalhadas, simboliza sua traição. À direita de Cristo crucificado estão a Virgem e João Evangelista, o jovem apóstolo considerado o mais próximo do Mestre, o que atendeu seu pedido final de cuidar de Maria, a mãe de Jesus. Do outro lado, um soldado romano crava a lança no peito de Jesus, para precipitar a sua morte e abreviar seu sofrimento. No alto da cruz o *titulus*, com a inscrição REX IVD "*Rei dos Judeus*". Acima da cabeça da Virgem, uma pomba sentada no ramo da árvore, alimenta suas crias num ninho, para significar a alma humana na vitória da Vida sobre a Morte e mostrar a continuidade da existência. O crucificado tranquilo, de olhos abertos e sem marcas de sofrimento, representa a certeza do encontro com Deus. Na representação Cristo é paz e sabedoria.

O CRUCIFIXO BLASFEMO

Como já foi visto, não existe qualquer evidência de que os cristãos primitivos usavam a cruz como imagem de adoração, porém, por ironia, a crucificação mais antiga já encontrada foi feita por um pagão, como simples zombaria. A imagem é de um grafite gravado nas paredes da sala de aula da antiga escola de escravos, no monte Palatino, em Roma. Em 1857, uma escavação arqueológica a descobriu no aposento conhecido por *Pedagogium* que ficava na casa dos Arautos, perto do Circus

Maximus. Era uma dependência no palácio imperial, um lugar de treinamento para escravos. Na época, era moda ter um escravo grego, sinal de sofisticação e exibição de *status*. Eram os mais requisitados, pois sabiam ler e escrever, eram bons contadores de histórias e conseguiam entreter os convidados com inteligência. Não raro esses serviçais tinham mais refinamento cultural do que seus proprietários, por essa razão, além de executarem as tarefas mais delicadas nas vilas romanas, eram também os professores dos filhos da aristocracia patrícia.

ALEXAMENOS SEBETE THEON • ALEXAMENOS ADORA SEU DEUS
ALEXAMENOS AMA A DEUS

O grafite do *Pedagogium* expõe o nível de preconceito contra os primeiros cristãos e as adversidades da época, como também explica o porquê da ausência da cruz e do crucificado nos primeiros anos do cristianismo. O desenho divide-se em em três partes:

1 de costas, um crucificado grostesco tem o corpo nu e cabeça de asno; com os braços estendidos ele confirma sua posição sobre uma cruz.

2 abaixo, uma figura masculina representa o fiel Alexamenos, o escravo que se dirige ao crucificado em postura de oração, ou acenando.

3 no centro, uma inscrição em grego antigo deixando transparecer dificuldade de grafia e erros de escrita, enuncia: *ALEXAMENOS SEBETE THEON,* que traduzido quer dizer *ALEXAMENOS ADORA SEU DEUS*; ou simplesmente *ALEXAMENOS AMA A DEUS*. O texto foi escrito sem acentos, com padrão irregular e utilização aleatória de letras maiúsculas e minúsculas.

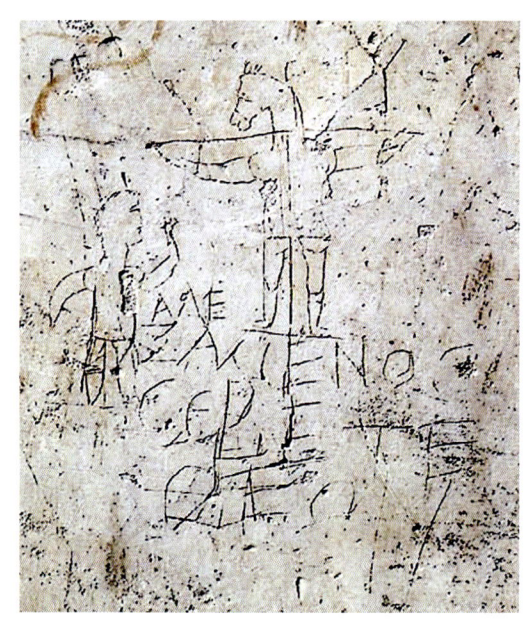

Grafite de Alexamenos – séc.III
Crucificado com forma de burro
Museu Antiquarium do Palatino, Roma

Desenho do grafite

Obviamente o grafite é uma chacota entre escravos. Alexamenos, o cristão grego, foi ridicularizado em posição de adoração a seu deus, uma figura esdrúxula com cabeça de asno. Essa caricatura demonstra com clareza o juízo da época em relação à morte de Jesus, que era tratada com desdém, porque crucificação era sinônimo de vergonha e humilhação. Era inconcebível adorar o desprezado e aceitar uma seita que tinha na cruz o seu maior símbolo. É importante deixar bem claro que essa imagem não nasceu dentro de uma comunidade eclesial, portanto não tinha função de culto, ela é apenas uma provocação de um escravo contra outro, feita e calculada para caçoar. O grafite comprova a onolatria, culto do asno, existia uma crença popular de que o corpo do jumento possuía poderes medicinais de cura.

Apesar das perseguições e preconceitos, o culto cristão conseguiu se expandir entre todas as classes. Por séculos houve desconfiança, afinal quem seriam aqueles adoradores de um Deus vencido e humilhado? O conceito de cruz libertária era de difícil compreensão; era contraditório falar em vitória na cruz, morrer crucificado era castigo reservado somente aos piores da sociedade, aos escravos ou assassinos hediondos. Na antiguidade, comportamentos discriminatórios de origem social eram comuns, no entanto, religião não era problema, afinal a maioria das pessoas era politeísta. A dificuldade de aceitação, para um romano comum estava na ideia de monoteísmo trinitário; isso beirava o absurdo. Numericamente um e três não podiam formar uma mesma unidade. Durante a longa história da civilização romana, sabe-se que, por séculos, os romanos praticaram os mais diferentes cultos e, que sob o seu império, diferentes povos praticaram livremente seus credos, pois não havia problemas de convivência com as religiões estrangeiras. Somente com os hebreus tiveram dificuldades, mas nada que se compare ao cristianismo, pois além do monoteísmo, os cristãos acrescentaram o difícil mistério de um Deus Salvador Crucificado.

Como se não bastasse a dificuldade para entender um Deus único e imaterial, sem forma e que jamais fora visto, os pagãos racionalistas precisavam conviver com os "adoradores da cruz", e, segundo sua lógica, os cristãos seriam merecedores de castigos, concluindo que, se adoravam a cruz, então deveriam morrer também de forma cruel. Essa ironia de juízos não esconde o desprezo, como também justificou, por um bom tempo, os espetáculos de horror apresentados nos circos romanos, onde ver feras devorando cristãos era tão desprezível quanto sua religião.

Aos olhos romanos, os cristãos no mínimo eram incoerentes: eles condenavam o culto ao imperador romano e no entanto adoravam um crucificado. Nas palavras do historiador da antiguidade, Tito Lívio, os cristãos não foram perseguidos por serem cristãos, não havia ação criminatória contra eles, mas foram perseguidos por serem inflexíveis. Ou seja, do ponto de vista religioso, aquilo que os cristãos faziam ou deixavam de fazer não era crime. Historicamente, desde Jerusalém, os cristãos eram críticos dos costumes de sacrifícios, em Roma também condenaram sacerdotes por imolarem animais em troca de benefícios e proteção. No lugar do tributo material aos deuses, propunham uma vida pautada pela compaixão, humildade e perdão. Até o advento do cristianismo, o sacrifício animal era uma prática comum e sem questionamentos, a substituição pelo sacrifício expiatório de Cristo tornou-se algo inovador.

Na época do grafite de Alexamos, não existia ainda uma teologia cristã estruturada. A padronização foi estabelecida por Constantino, junto aos bispos e em inúmeros Concílios, e somente conseguiu mudanças significativas, quando criou normas, para que os valores do grupo minoritário se tornassem de caráter coletivo. Pouco sabemos a respeito do culto arcaico dos primeiros séculos, confirma-se apenas que existiam muitos grupos com visões diferentes entre si e que todos eram influenciados por outras religiões. A tendência mais comum era adaptar o novo credo às tradições locais.

A unidade surgiu por volta do ano 380, quando os chamados *cristãos católicos*, assumiram a mesma ortodoxia e professaram a fé na Santíssima Trindade. Quando as imagens da cruz surgiram, a identidade cristã já estava confirmada no Império. Quando os devotos não encontraram mais hostilidades, passaram a trabalhar a favor da organização imperial romana e em oposição aos sistemas das tribos germânicas, consideradas invasoras e pagãs. Mesmo quando foram perseguidos e tornaram-se vítimas, os cristãos sempre se submeteram às leis e à ordem do Império. Como prova absoluta de fé e na imitação de Cristo eles morriam exaltando o ideal do martírio. Agiam de maneira pacífica e resignada, eram totalmente diferentes dos bárbaros, que revidavam e contra-atacavam. O cristianismo é considerado a primeira mobilização histórica a serviço de uma religião, era uma fé pacifista, aglutinadora e, ao mesmo tempo, severa quanto à obediência moral. Pode-se dizer que criaram o primeiro modelo de religião de massa. Os cristãos tinham um comportamento tão regrado e disciplinado que, unidos, conseguiram provocar alterações na trama social do Império romano.

O grafite satírico data dos anos 200 e 250 e, até o momento, a arqueologia demonstrou tratar-se de um caso único. Não é a primeira representação de crucificação. Existem outras quatro mais antigas, uma do ano 134, que se encontra em Palmira, na inscrição de um monumento da antiga Síria, além de mais três exemplares gravados em pequenos camafeus do séculos II e III[62]. O crucifixo foi adotado oficialmente como emblema a partir do ano 680, em decisão do VI Sínodo de Constantinopla, até esse momento prevaleceu a imagem da cruz sem o crucificado.

SOBRE O OLHAR DO CRISTIANISMO PRIMITIVO

Desde o princípio do cristianismo, as imagens religiosas haviam estabelecido uma relação de interatividade entre o que elas representavam e quem as via, pois mais que facilitar a memorização das narrativas bíblicas, ou ilustrar textos, elas ajudaram a construir o imaginário e a cultura do homem medieval. O império de Constantino, que se fundara em torno do signo da cruz, libertou a visualização das imagens religiosas, sem entrar em conflito com a proibição do seu uso e o delito da idolatria. A iconografia cristã ultrapassou os espaços sagrados e adentrou todos os lugares, de palácios a choupanas e por meio de altares, brasões, bandeiras, ilustrações, joias ou simples amuletos, todos tinham alguma referência visual de representação religiosa. O cristianismo romano dos primeiros séculos conhecia a força simbólica das imagens sacras e, de imediato, compreendeu como elas eram capazes de dar "corporeidade" a conceitos e dogmas de difícil compreensão. A grande questão da legitimidade dessas imagens era justificar como era possível elas darem corpo ao caráter invisível do divino.

1.4 A CRUZ NO IMAGINÁRIO DO PODER

IMAGINÁRIO X IDENTIDADE
RELIGIÃO X ESTADO

Imaginário refere-se ao significado simbólico de realidades que vivem nas estruturas sociais e psicológicas. O imaginário constrói-se por relações recíprocas entre indivíduos e inconsciente coletivo; difícil de ser captado apenas pelo intelecto, pois é formado por interações que entram pelos canais da percepção. O imaginário é ao mesmo tempo mental e real, invisível e material. Na psique humana, ele manifesta-se por imagens que canalizam afetos e emoções que agem entrelaçados às estruturas sociais das mais diferentes épocas. Como são representações carregadas de símbolos, elas dão sentido a lugares, pessoas e períodos históricos. O imaginário é o material que nos permite revelar valores, desejos ocultos ou medos camuflados que existem por trás dos fatos. Analisar uma sociedade sob o seu imaginário, é reescrever a história por representações que estão à margem dos textos oficiais.

Existe na compreensão do imaginário um paradoxo aparente; afinal, ele é real ou é apenas uma imagem do real? É simulacro ou realidade? De natureza complexa, o imaginário apresenta-se simultaneamente por ideias, fatos, imagens e projeções psicológicas. O imaginário enquanto um conjunto de formas e pensamentos expressa mentalidades, não como mimeses reprodutoras da realidade, mas como representações simbólicas. É quase impossível interpretar a simbologia dos imaginários sem a interferência dos valores pessoais e interculturais do analista. Justamente nesse dualismo entre o mundo real do significante e o duvidoso do significado, o imaginário alcança vida própria. Para apreender o imaginário "*É preciso repudiar os métodos puramente redutores que só visam a epiderme semiológica do símbolo. É necessário descobrir o ponto privilegiado em que os fulcros da ciência e os fulcros da poesia se compreendem completamente no seu dinamismo contraditório e juntos se fundem*".[63]

A imagem da cruz vive no imaginário coletivo do Ocidente como uma forma simbólica do dogma teológico e síntese do pensamento cristão, ao mesmo tempo é uma forma de identidade cultural. Os símbolos em geral são fontes visuais de informação e têm a qualidade de despertar memórias e evocar experiências passadas além do factível. A cruz é tanto o visível quanto o invisível, simultaneamente é realidade e representação simbólica da realidade, porque, segundo Gilbert Durand, na leitura por detrás das imagens sagradas, em particular no cristianismo, existe uma correlação entre o *homo religiosus* e o *homo symbolicus*.[64]

Quando mencionamos a ascensão do cristianismo nas cidades mediterrâneas, estamos nos referindo à missão do apóstolo Paulo, o homem que conseguiu reunir diferentes seitas com judeus e gentios, ou seja, os não cristãos. Todos se uniram em torno do messianismo de Jesus. *"A grande maioria, formada por pagãos, era atraída pela miragem poderosa de uma comunidade unida numa nova solidariedade, obtida graças à miraculosa eliminação de todas as formas precedentes de diferenciação".*[65] O ideal cristão de igualdade foi o fator determinante, que permitiu adesão em massa, mas sem precisar romper com a tradição das profecias bíblicas.

As diretrizes teológicas vieram dos textos do apóstolo Paulo, um homem intelectualizado, bom orador e que gozava de maior aceitação entre os romanos. Em suas palavras, ditas na Epístola aos Efésios, ele faz a apresentação da nova era, e ela estava fundamentada na igualdade: "Despojai-vos do *velho homem, renovai-vos no espírito e vos revistais no novo homem que é criado em verdadeira justiça e santidade. Deixai a mentira e falai a verdade, porque somos membros uns dos outros" (Ef. 4:22-25)*. Em outras palavras, o novo homem deveria renunciar à tradição pagã despojando-se das antigas vestes e revestindo-se de Cristo. Com essa transformação, o velho homem ganharia uma nova identidade que era comum a todos os membros da comunidade. Para tal iniciação, tudo poderia acontecer de maneira muito fácil, bastava um banho purificador: o batismo.

O pregador, que fez dos ensinamentos de Jesus um fato pedagógico, resumia a formação do cristão pela imitação de Cristo, como dito por suas palavras: *"Sejam imitadores de Deus, filhos queridos. Vivam no amor, assim como Cristo nos amou e se entregou a Deus por nós"* (Ef 4:1-2). Paulo de Tarso implantou o universalismo cristão, seu pensamento e reflexões teológicas *fizeram com que "Um messianismo judaico evoluísse para uma religião da salvação para todos os habitantes do Império. Podemos considerar que o ato do nascimento do cristianismo se baseia no ato de fé de um grupo de galileus, diante de um túmulo vazio. A Ressurreição é o âmago da nova fé. O cristianismo se dirige a indivíduos independentemente da sua origem étnica e do seu status, nas comunidades paulinas não há diferença entre judeus e gregos, homens e mulheres, livres e escravos, habitantes do Império e bárbaros. A eclesiologia paulina é fundada na paridade e na reciprocidade".*[66]

No século IV os cristãos ainda eram minoria, mas ativos e disciplinados o suficiente para despertarem a atenção do chefe militar Constantino, que particularmente viu neles uma força que poderia reverter a seu favor. Sua convicção religiosa já foi motivo de muitas análises críticas, mas deixando de lado esse aspecto, o imperador foi um estadista que governou como cristão entre 312 e 337. Anunciou uma nova era ao propor fim às perseguições e conceder liberdade de culto pelo Edito de Milão, em 313. Imperador e cristãos tinham muito a oferecer uns aos outros. Constantino, em sintonia com as necessidades da sua época, não menosprezou a força agregadora que brotava dos discursos evangelizadores e dos atos coletivos cristãos. Ele percebeu também que o cristianismo era um sistema organizado o bastante, para interferir na construção da identidade cultural da sociedade. Sabiamente respondeu à crise gerada por seu antecessor, Diocleciano, e reverteu o quadro, ao tirar o cristianismo da marginalidade e colocá-lo nas engrenagens do poder.

Os dois imperadores, em questão, eram militares e almejavam o mesmo alvo: o poder. Porém agiram em campos diametralmente opostos. Diocleciano detinha seu prestígio usando as forças das tropas do Oriente e as tradições. Ele acreditava que conseguiria unificar culturalmente o Império e aliviar Roma das constantes pressões dos povos germânicos, se resgatasse os antigos costumes. Seu projeto, posto em ação, fortaleceu o paganismo e desencadeou perseguição aos cristãos. Em 303, determinou fechamento e destruição de igrejas e de textos sagrados, destituiu cristãos dos cargos públicos, prendeu líderes e desapropriou seus bens. Tais atitudes contrariavam a legislação, já que existia para os romanos e todos os povos romanizados a *pax deorum,* ou seja, havia uma lei que assegurava a liberdade de credo em todo o Império. O problema com cristãos e judeus residia nas celebrações oficiais, que eram tanto de cunho religioso como político, e os monoteístas resistiam aos cultos públicos em honra do imperador. Porém, havia diferenças entre eles, visto que o deus cristão não ficara restrito a uma nação como o deus dos judeus, pelo contrário, tinha um caráter universalista e, mais por essa razão, a sua religião representava uma ameaça à estabilidade do Império.

Constantino, filho ilegítimo do imperador Constâncio com Helena, iniciou seu governo com um império em crise e, no final, acabou aclamado Salvador da Humanidade. Educado no Oriente Próximo e longe dos pais, teve contato com o culto solar de tendência monoteísta conhecido como *Sol Invictus,* provavelmente uma adaptação dos mistérios do antigo culto a Apolo com o mitraísmo persa. Nomeado general, por mérito, ainda muito jovem lutou junto a seu pai contra tribos britânicas. Ao ser proclamado imperador, em 306, não pôde assumir de imediato, pois teve que enfrentar a rivalidade de grupos políticos. As sucessões em Roma, desde a República, sempre vieram acompanhadas de crises políticas, desorganização econômica e instabilidade social, chegando às vezes ao extremo de guerras civis. Dessa vez, o escolhido de Constâncio não contava com o apoio do Senado. Constantino e seu opositor, Maxêncio, disputaram o título na batalha de Mílvio, um fato que transformou toda a história do cristianismo e da humanidade.

Os biógrafos relatam que, antes da batalha, Constantino teve uma visão de vitória vinda do céu; num o símbolo da cruz surgiu iluminado com a inscrição *In hoc signo vinces* (com esse sinal vencerás). Interpretou como uma ordem divina e ordenou que colocassem pintura em seus escudos. Vencedor, em 29 de outubro de 312, Constantino obteve do Senado o título de *Augustus* e, ao contrário do que esperavam, ao entrar em Roma triunfalmente, não realizou, como era de costume, sacrifícios aos deuses pagãos no Capitólio. E, para surpresa de muitos, declarou ter sido guiado pelo deus cristão. A visão de Constantino contribuiu para a cruz tornar-se símbolo da nova religião. A princípio, era apenas um signo diferencial dos seguidores de Cristo, porém com sua vitória, a cruz ganhou uma conotação política que nunca tivera, dando início à sua jornada sem fim na esfera do poder. Entre os historiadores não existe concordância quanto ao *labarum*. Alguns falam que o estandarte tinha a forma de uma cruz, mas o mais acertado pode ser o monograma formado pelas primeiras letras do nome de Cristo, X e P superpostas e cruzadas. Na realidade Constantino teve um sonho, e os sonhos são linguagens simbólicas.

O desmoronamento de Roma é resultado de anos de esgotamento de um modelo político, que fora intensificado sob Diocleciano, com a divisão de poderes do Império. Existia uma tetrarquia formada por quatro governantes, eram dois imperadores e mais dois césares, seus sucessores. O fim da Antiguidade começou com a construção da capital Constantinopla, inaugurada sob o signo da cruz. Com dois centros administrativos perdia-se a unidade não apenas no sentido político, mas principalmente no aspecto cultural. A transferência da capital para Bizâncio surtiu efeito de renovação, porque, no imaginário popular, Roma estava impregnada de crenças e deuses pagãos. Enquanto o Oriente florescia, o Ocidente amargava seu fim. Em 410, Alarico, o chefe dos visigodos, invadiu e saqueou Roma; em 480 foi a vez dos ostrogodos. Essas invasões obrigaram a sociedade a criar uma nova ordem e ela surgiu pela união entre a força militar germânica, a burocracia civil romana e o vigor do cristianismo.

Nunca houve consenso sobre a figura de Constantino. Uns veem nele um conciliador e estrategista, outros, um sincero convertido, e há ainda os que o têm como oportunista, pois, apesar de se declarar seguidor de um Deus Único, recebeu do Senado as funções de *pontifex maximus*, ou seja, ele era o chefe sacerdotal da religião romana. É possível encontrar, olhando sua história, outra faceta, que merece ser mencionada: um Constantino amante da paz. Quando criança assistiu a cenas de perseguições dirigidas pelo pai, que seguramente marcaram suas decisões adultas. Era de sua índole ter uma postura contrária à violência física. Mesmo sendo um político pragmático, que considerava os riscos de perder popularidade, ele se opôs aos espetáculos dos gladiadores, extinguiu as lutas e proibiu a morte dos escravos.

A tolerância religiosa de Constantino ligava-se ao ideal de ordem pública. Ao mesmo tempo em que não coibiu práticas pagãs, aproximou a comunidade cristã do poder imperial. Suas políticas de favorecimento resultaram em profundas mudanças: "*O trono romano se tornou cristão e a Igreja se tornou uma potência*".[67] Mais que lhe dar liberdade, o imperador ajudou a Igreja na estruturação da sua unidade operacional, adaptou o modelo de obediência da administração política, criou códigos disciplinares e interveio diretamente na doutrina trinitária. Promoveu concílios, produziu o Credo conhecido por Símbolo de Niceia, que é uma confissão de fé, que em suas palavras era a confirmação de Deus-Cósmico, com a conhecida afirmação: "Cremos em um só Deus, Criador do céu e da terra". O imperador, visionário, instituiu um ideário comum e uma ortodoxia hegemônica, criou a condição administrativa de inter-relação entre os centros religiosos e as sedes metropolitanas dos bispados. Fundou Constantinopla, em 330, como a sede do governo oriental, oficialmente era uma maneira de dar reconhecimento à cidade de Bizâncio, mas, para equilibrar as forças internas, sabiamente manteve o prestígio político de Roma no papel de liderança e portadora oficial da teologia. Com essas ações Constantino, habilmente, restaurou a unidade do trono imperial e transformou a Igreja numa potência civil-religiosa.

O imperador, antes de tudo, era um militar. A cruz do calvário tornada a cruz de batalhas vitoriosas, entrou nos campos armados, inscrita nos escudos dos soldados romanos, evoluiu para os estandartes e brasões medievais até chegar às bandeiras nacionais e permanecer nelas em pleno século XXI. A cruz da expiação tornou-se imagem de identidade social, abarcando todos os aspectos da vida individual e coletiva. A cruz que nascera como imagem de identidade religiosa, materializou-se no poder do Estado, tornou-se a chancela das monarquias ocidentais nas regalias da coroação. Não que Constantino tenha unido política e religião, pois ele entendia que eram duas coisas distintas, mas foi ele quem colocou o trono a serviço do altar, *"Com Constantino o cristianismo data a grande entrada sistematizada do sagrado na política e no poder"*.[68] Com a oficialização do cristianismo, o que antes era Império Romano transformou-se na Cristandade e a Igreja passou a ser uma autoridade política com a premissa de que o poder vem de Deus e o soberano reina pela graça de Deus.

Em pouco tempo a identidade dos imitadores de Cristo e dos pregadores do desapego material que predominava entre os cristãos primitivos cedeu para uma Igreja institucional e poderosa. Com a cristianização do Império Romano, muitos soberanos, por interesses e troca de favores, concederam privilégios que foram sendo incorporados até descaracterizarem por completo o cristianismo das comunidades iniciantes. Quando a antiguidade entrou em total colapso, com a desintegração do Estado, a instituição que já concentrava enorme riqueza patrimonial com bens imobiliários e financeiros, apresentou-se apta para socorrer a sociedade com trabalhos de assistência social. A Igreja da corte era a mesma dos ascetas, que era a mesma dos doutores e mendicantes. A Igreja, desde sua origem, é uma realidade múltipla, complexa e até mesmo contraditória.

SACRALIZAÇÃO DO PODER TEMPORAL

O mundo não ficou cristão por decreto, nem as transformações implantadas ocorreram de uma hora para outra; a cristianização foi um processo lento, que demorou quase três séculos. A nova mentalidade não se deu à força, nem surgiu apenas como fruto da evangelização. O que de fato aconteceu foi uma transmutação da sociedade. Simplesmente as pessoas começaram a nascer cristãs, como anteriormente os pagãos nasciam pagãos.

O mundo romanizado adaptou o pensamento cristão à sua realidade já existente, e foi dessa forma que o substrato da cultura pagã nunca desapareceu e nem ficou esquecido por completo. Por mil maneiras diferentes, a cultura erudita e escrita, tanto quanto a popular de tradição oral, mantiveram a Antiguidade viva na Idade Média. Graças a muitos teólogos, pensadores e ao trabalho meticuloso dos copistas, os textos do classicismo sobreviveram e preservaram o que havia de melhor no pensamento filosófico grego. Em torno das escolas monásticas, grupos intelectualizados criaram uma literatura religiosa culta que, posteriormente, constituiu o embrião das primeiras universidades europeias, durante o século XI. Nos mosteiros, a cultura foi preservada por pessoas que *"Retiveram da filosofia grega o que podia contribuir para esclarecer as bases intelectuais do cristianismo, nos domínios do dogma e da moral, e utilizaram, para se comunicar com seus irmãos ou seus contraditores, os recursos da dialética e da retórica"*.[69]

Em lado oposto, o paganismo fluía sem grandes rodeios entre as massas iletradas. Fiéis humildes e das mais diversas origens, na companhia de religiosos igualmente pobres, juntos criaram uma cultura popular num cadinho de tradições e inovações. Entre a doutrina oficial do cristianismo e o paganismo remanescente em crenças e superstições, transcorria uma desconfiança recíproca e uma religiosidade sem fronteiras rígidas. Para impor limites, o na tentativa de estabelecer uma distinção entre magia e religião, construíram um argumento no qual a magia ficou associada a ganhos materiais, e os milagres, um fenômeno biblicamente aceito, ficou associado à salvação espiritual. Ora, a vivência medieval demonstrou que a maioria dos milagres propiciou cura, alimentação e proteção material, em um número bem maior de graças do que o alcançado nos bens espirituais. Tanto o milagre cristão, como a magia pagã nasceram da esperança e, mesmo que estivessem ideologicamente separados, os rituais eram semelhantes em tom de solicitações. Nem poderia ser diferente, afinal a sociedade medieval fundara-se sobre princípios coletivos e inconscientemente preservara coisas que um dia foram significativas e permitidas.

Na prática cotidiana, santos e mártires substituíram os antigos deuses, as preces eram ditas como antes faziam invocações, as relíquias ocuparam o vazio deixado pelos amuletos, os rituais tornaram-se liturgias e, no lugar dos cultos públicos, vieram as procissões, os monumentos, as encenações teatrais e as imagens. As preces de pedidos ou de agradecimentos em quase nada diferiram das práticas anteriores. Todos continuaram com pedidos de realidades palpáveis como boas colheitas, saúde, curas, "o pão nosso de cada dia", força para enfrentar as adversidades, proteção do mal e amor – sentimento esse que marca a originalidade do cristianismo.

Entendia-se que a misericórdia do Deus-Homem era infinita e que, expandida, poderia manifestar-se entre pessoas de todas as classes e em muitos lugares. Pela primeira vez viu-se um deus amar seus filhos em igualdade. O Pai severo do Gênese hebreu cedeu espaço para o Pai amoroso encarnado em Jesus e, tão forte fora essa mudança que, a partir dela, a natureza da alma humana se tornara divina. O cristianismo reinventou-se e adaptou-se sem nunca ter se afastado da sua origem judaica e nem de seus princípios basilares de caridade e compaixão. No entanto, com o passar do tempo, distanciou-se daquela igreja austera e simples que existira no princípio da era cristã.

Ainda que se fale de cristianismo e Igreja cristã no singular, é preciso reconhecer a pluralidade dos primeiros séculos. O que existia antes de Constantino era uma imensa massa de fiéis sem uma ortodoxia unificadora, que vivia em meio a seitas, interpretações teológicas conflitantes e interesses múltiplos. A partir do primeiro imperador convertido, o cristianismo tornou-se um organismo completo com sacramentos, livros santos, atos litúrgicos, doutrina, dogmas, hierarquias, um aparelhamento humano atuante em todos os níveis. O paganismo, em oposição, era uma religião que continuava existindo somente nos rituais.

A Igreja cristã, por sua vez, exercia autoridade sobre aqueles que compartilhavam da mesma fé. E mais, o cristianismo fazia prosélitos. Enquanto o paganismo e o judaísmo raramente persuadiam os outros a adotar suas divindades, a primeira igreja cristã, pelo contrário, ficou conhecida como católica, isto é, universal.[70] A palavra vem do grego, *kata* que quer dizer "junto", e *holos* que significa "todo". Os primeiros cristãos almejavam uma abrangência social plena. Essa particularidade impusera-se entre pobres, plebeus e a casta de homens notáveis. Igualmente todos passaram a comungar a mesma fé, a mesma ordem social e a mesma legislação. O universalismo era de tal ordem, que inauguraram uma nova concepção cronológica para a humanidade, introduziram a noção de tempo linear iniciado em Cristo e conhecido por *Anno Domini, A.D.* Mesmo que o sistema tenha sido criado em Roma, no início do século VI, sua aceitação foi lenta e gradual. O uso do novo padrão só foi generalizado a partir do século VIII, com Carlos Magno e sucessores.

A proposta de uma Igreja cravada no Estado e de um Estado interveniente na Igreja nasceu teoricamente em Roma, porém somente nas cortes bizantinas esse modelo obteve sucesso desde o início, porque no Oriente já adotavam práticas semelhantes. A transferência da capital para Constantinopla acelerou mudanças legislativas que vinham caminhando nessa direção. Como vimos anteriormente, o título de Pontífice Máximo era uma prerrogativa do imperador que passou para o papa, o bispo de Roma, e também aceito como Rei dos Reis. A sociedade, no começo da Idade Média, não questionava o papel político-religioso do papa, pelo contrário, ela o aprovava como necessidade diante de tanta instabilidade e sucessivas invasões. Em 452, quando os hunos ameaçaram atacar Roma, a cidade foi salva e protegida pelo papa Leão I, que se deslocou até Mântua e foi ao encontro do temido Átila, conseguindo convencê-lo a recuar. Com esse resultado positivo, a autoridade papal ficou fortalecida e centralizada, com obrigações na esfera espiritual e também temporal. Roma era uma cidade superpopulosa, mais de um milhão de pessoas vivia sobre um terrível foco de conflitos.

O imperador anteviu que para mudar antigos hábitos e centralizar Igreja e Estado seriam necessárias atitudes radicais. Nesse intuito, o palácio imperial, antes símbolo da majestade terrena e herdeira de Augusto, passou a ser também a residência do herdeiro de Cristo e responsável pela conversão do Império. Os cristãos elegeram Constantinopla como a capital da renovação, consequentemente adotaram o modelo de governança de tradição oriental, estruturada pela união entre Deus e o Imperador. Após a morte de Constantino, em meados do século VI, deu-se a fusão e a consolidação dos dois poderes, um regime conhecido como Cesaropapismo.

Constantino era um político de visão providencial, um revolucionário e um agitador. Segundo o historiador romano, Amiano Marcelino e contemporâneo de Constantino, o imperador pertence ao grupo dos videntes e profetas, mas um profeta armado, com o ideal de Império. Era um homem decidido que acreditava no que fazia e, extremamente pragmático, preparou o cristianismo para o mundo. "*A história universal estremeceu porque Constantino foi um revolucionário maduro para uma grande utopia, mas também, e sobretudo, porque foi simplesmente um grande imperador, um realista que tinha o sentimento do possível e do impossível*".[71]

O modelo idealizado teve continuidade e oficializou-se, cerca de 200 anos depois com Justiniano e sua esposa, Teodora. Juntos implantaram a melhor representação visual da sacralização do poder temporal. Criaram códigos tão rígidos que muitos deles sobreviveram ao medievalismo e mantêm-se na Igreja Ortodoxa até hoje. Justiniano construiu mais que um império, sob o seu comando surgiram os cânones da imagética bizantina.

Procissão litúrgica do Imperador Justiniano
Mosaico lateral da abside da Igreja de São Vital, Ravena, 526

Antes de mais nada é preciso entender que as imagens eram consideradas ícones sagrados, isto quer dizer que eram pinturas "orientadas" por entidades espirituais. As imagens bizantinas estavam mais próximas de uma escrita sagrada do que de uma pintura no sentido comum. Não reproduziam o real mimeticamente, como se fazia na antiga Roma; o mundo para os bizantinos era apenas referente. Nem o judaísmo nem o paganismo tinham concebido o uso de imagens dessa maneira. Não era necessário proibi-las, pois não eram ídolos e nunca foram destinadas à idolatria. Tinham a clara função de divulgar e memorizar os ensinamentos bíblicos para um público iletrado. As imagens, no início do cristianismo, representavam algo maior do que descreviam, elas eram essencialmente símbolos.

A nova política religiosa estabeleceu critérios para suas construções, os governantes estavam a par dos desejos ocultos da sociedade; todos almejavam segurança e esperança. Para satisfazer tais demandas, a configuração das basílicas seguiu a regra dos contrastes perceptivos entre exterior e interior. Pela visão externa, os edifícios eram pesados e fechados, para transmitir austeridade e segurança. Tinham planta centrada em forma de cruz, que por uma leitura simbólica significava: o cristianismo veio para proteger seus fiéis e mantê-los nos princípios morais da humildade. No interior, em oposição, a visão deveria mostrar a recompensa do Paraíso Perdido e a entrada no Reino de Deus. Para recriar essa sensação enchiam-no de cores, brilhos e materiais nobres, preciosidades e grandiosidades que somente existiam nos palácios imperiais.

Os espaços arquitetônicos políticos e religiosos tornaram-se visualmente semelhantes, com adereços ricos, simbolizando poder e santidade. Justiniano e Teodora, adeptos dessas regras, apresentavam-se sempre centrados no eixo visual da cena com coroa e auréola, ou seja, como rei/rainha e sacerdote/sacerdotisa santificados. Nas procissões bizantinas, em que se fizeram representar, o séquito sustentáculo do poder era demonstrado pelo tripé social: militares, sacerdotes e nobreza.

O mosaico de São Vital, em Ravena, mostra uma procissão litúrgica com membros da sociedade; à direita do imperador bispos e clérigos dão destaque para o arcebispo Maximiano, que segura na mão direita a cruz processional; por trás dos clérigos e próximo ao imperador vê-se um importante membro da corte, o banqueiro Julianus, o responsável pelas doações da construção. O extremo do lado oposto é ocupado por guardas militares com lanças e um escudo verde agigantado, onde se vê o monograma de Constantino; ao lado do imperador os dois generais de confiança, Narses e Belisário, o comandante-geral dos exércitos imperiais que libertou Ravena dos invasores visigodos. A imagem de Justiniano aureolado e coroado é interpretada como um representante de Deus na terra. Todos enfileirados e de maneira semelhante em posição frontal têm o olhar no vazio. Era a formalidade usada pelos soberanos diante dos súditos – uma norma da corte para produzir difícil acesso e a sensação de seres diferenciados.

Com o título de *Dominus et Deus*, isto é, *Senhor e Deus*, Justiniano compõe sua imagem pela coroa imperial e auréola fundidas, ou seja, ele era o escolhido, o ungido de Deus. Seu projeto político era restaurar a glória do Império Romano sob a égide da Igreja Cristã e transformar o cristianismo na identidade do Império. A ideia de um Deus único, de um império único justificou e legitimou o imperador como único governante terreno. A força simbólica foi tamanha, que durante seu reinado não houve nenhuma invasão, elas só foram retomadas após a sua morte.

Política e religião, na visão do Justiniano preocupunham unidade e indubitavelmente significavam ortodoxia. Como governante foi inflexível, tanto no poder temporal quanto no espiritual. Defensor da Igreja, promulgou o Credo de Niceia, de modo que questionamentos ou discordâncias sobre a Trindade e a Encarnação tornaram-se oficialmente heresias. O Ocidente e o Oriente, igualmente herdeiros do Império Romano, sofreram os mesmos desafios, porém com antagonistas diferentes. Se de um lado existiam inúmeras e subdivididas tribos germânicas classificadas entre pagãos, cristãos rebeldes ou bárbaros, do outro lado, o enfrentamento se dava com o organizado islamismo. Enquanto o Ocidente caminhava lentamente em sua reconstrução, Bizâncio liderou impondo-se autocrata.

UNIDADE POLÍTICO-RELIGIOSA IDEOLOGIA E PODER

Cristo Pantocrator entre São Vital e Eclésio
Igreja de São Vital, Ravena, 526

A abside das basílicas é o ponto máximo do edifício, é onde ocorrem as liturgias sagradas, em São Vital ela é ocupada pela figura solene de Cristo em majestade. A intenção dos artistas bizantinos era transmitir visualmente a ideia de Cristo, ao mesmo tempo Filho de Deus e o Deus que reina. O Cristo bizantino é o Pantocrator, é aquele que governa o mundo em majestade e o que rege tudo.

Se nas laterais do altar as procissões do imperador Justiniano e da imperatriz Teodora mostram dois regentes com auréolas, é porque o imperador é Basileus, um rei divino. Por analogia, a imagem de Cristo, vista no altar, é a de um soberano sentado no trono em pleno exercício do poder. Na narrativa, Cristo está ladeado por dois anjos, além de duas figuras importantes e conhecidas; à esquerda São Vital recebe a coroa de mártir e, à direita, Eclésio, o bispo de Ravena, o doador da obra, entrega o protótipo do edifício da basílica. A ação transcorre como um ritual de oferendas diante do soberano, Cristo doa e recebe simultaneamente. A coroa do santo é um presente divino como reconhecimento da morte em martírio e a oferenda da construção religiosa, a Ecclesia de Ravena é uma homenagem pela reconquista triunfal e libertação da invasão bárbara.

Cristo apresenta-se com o mesmo protocolo de distanciamento exigido pelo cerimonial palaciano e vestido de púrpura, a cor da nobreza por excelência. Na época púrpura era um pigmento raro e caro e, por estar restrito aos governantes, senadores e sacerdotes, ficou associado à ideia de poder. O cristianismo estreitou esse simbolismo ao identificar a cor da nobreza romana com o martírio da crucificação. Cristo em majestade, da basílica de São Vital, exibe na mão esquerda um pergaminho com os sete selos, em referência ao livro do Apocalipse, e nele está escrito: "O Senhor se apresentará sentado no seu trono". No mosaico bizantino o Senhor é Cristo, o cordeiro de Deus e o único que pode abrir o livro selado das profecias. Além da simbologia religiosa, o pergaminho garantia legitimidade na palavra escrita, porque no mundo judaico-cristão as Escrituras eram reconhecidas com superioridade sobre a oralidade das tradições.

A imagem do Cristo *Pantocrator* da basílica de São Vital, ou *O Todo Poderoso,* ou *Aquele que Tudo Rege* é o Cristo no Reino dos Céus, o Soberano apresentado ao mundo sobre uma esfera, símbolo de sua onipresença no Cosmos. Os artistas bizantinos não são naturalistas, mas no mosaico do século VI, a Terra, no sentido físico, não é um círculo bidimensional. A originalidade da imagem se contrapõe à concepção plana da Terra, erroneamente divulgada como um dogma da Igreja e dos pensadores medievais. E, mais, Ravena não é um caso isolado, é mais uma confirmação de que as especulações sobre a esfericidade terrestre continuam um assunto cheio de enganos e controvérsias. O mosaico mostra Cristo jovem e sem barba sentado sobre uma grande esfera chamada orbe, que representa o modelo do cosmos criado por Platão e Aristóteles.

SÍMBOLOS ESPELHADOS

Moeda bizantina, comemorativa de coroação, de 868 com efígie do imperador Basílio I e, no verso retrato de sua esposa Eudóxia com seu filho falecido Constantino. Nas duas imagens os soberanos coroados carregam cetros, orbes e cruzes

A cunhagem das moedas era tarefa do Estado e realizada pela Casa da Moeda de Constantinopla, que detinha o controle do peso e a qualidade do metal a ser fundido; da mesma forma tinham o direito de interferir na seleção dos símbolos e inscrições devidamente registrados pelo carimbo oficial CONOB. As moedas *Sólidus* Áureus circularam com prestígio pelos domínios romanizados até o século X, primeiro por seu valor em ouro e significado econômico e também porque representavam o Império por imagem. O direito de cunhar moedas pertence ao universo político que determinava desde os componentes metálicos das peças, como o conteúdo iconográfico das estampas. Antes de Justiniano elas ostentavam deuses pagãos no reverso; a partir do seu governo passaram a exibir imagens e legendas cristãs. O imperador, mais que um protetor da Igreja, tinha curiosidades intelectuais sobre assuntos teológicos. Sabe-se que durante muito tempo ele se dedicou às discussões sobre a Trindade, fazendo frente aos adeptos do arianismo, que acreditavam existir um Deus unitário. Para divulgar sua fé, mandou cunhar moedas com seu retrato entre cruzes e a esfera, *globus cruciger*.

A cruz ladeando a efígie do governante tornou-se símbolo imperial e ideologia oficial do governo; simbolicamente queria mostrar que o cristianismo, com Justiniano, conseguiria reunir o antigo Império Romano e recuperar seus territórios. As atividades construtivas, como um homem de fé, definem um imperador muito rígido. Na realidade ele era um militar religioso capaz de criar uma legislação ao mesmo tempo romana e cristã, um regente firme que marcou claramente os limites entre fé e gestão política. Sem Constantino e Justiniano não existiria a cultura ocidental cristã e, provavelmente, o cristianismo teria se subdividido numa imensa babel teológica de inúmeras seitas.

CRISTIANISMO E MONARQUIA SOB O ESTANDARTE DA CRUZ

A figura do rei e o conceito de monarquia medieval formaram-se misturando o modelo bíblico dos reis do Antigo Testamento, a legislação romana, a figura do *basileus* da antiguidade helenística e a tradição das tribos germânicas. Nesses quatro sistemas o rei, imperador ou chefe era visto como sagrado e detentor tanto do poder espiritual como do secular. De acordo com a doutrina cristã, todo governante legítimo, mesmo um imperador pagão, ocupava o trono na qualidade de representante de Deus. As palavras que legitimam esse princípio foram ditas por São Paulo, no Novo Testamento: *"Não há autoridade que não venha de Deus, e as que existem foram estabelecidas por Deus"* (Rm. 13:1). A sanção divina criada por Constantino, quase 400 anos depois, adquiriu novo significado com Carlos Magno; a partir dele o rei cristão precisava ser ungido através de uma sagração real.

A legitimidade pessoal ou dinástica só teria valor se fossem reconhecidas por representantes oficiais de Deus, em outras palavras, *"Um rei não é sagrado apenas por pertencer a uma família sagrada, ou pela natureza de sua função, mas graças a uma cerimônia religiosa realizada pela Igreja"*.[72] Essa ideia deriva do direito sucessório praticado na maioria dos reinos orientais da antiguidade e demais lugares. Por exemplo, em Roma, a incumbência de legitimar e reconhecer um novo imperador vinha do Senado, já nas tribos germânicas a escolha de um chefe passava pela assembleia dos guerreiros. A Igreja moldou a liturgia da coroação estabelecendo que somente o clero tinha a função de passar e transmitir ao rei seu poder sagrado. Consequentemente, ao reorganizar o ritual de coroação, transferiu seus símbolos para a esfera política e deixou marcado no imaginário coletivo que o rei ungido tornava o poder régio equivalente ao poder sacerdotal.

Além da figura simbólica do rei, o Estado assumiu funções clericais porque, naquele momento, a Igreja era a única organização capaz de educar a sociedade e os funcionários do Estado. Como a escola laica desapareceu no século VI e foi substituída pelas escolas eclesiásticas, instaladas junto às catedrais e mosteiros, as práticas da educação acabaram monopolizadas pela Igreja.

Qualquer um que desejasse fazer carreira, ou apenas aprimorar-se intelectualmente, teria que recorrer a esses meios controlados pelos bispos. As universidades, inicialmente, surgiram dentro dos centros clericais. A partir do século XII, elas entraram num processo de renovação e transformação sem retorno, e cada vez mais se afastaram do rigor do ensino controlador da Igreja com o primado da dialética aristotélica. De qualquer modo, a licença para lecionar era concedida pelo bispo ou por seu representante.

CARLOS MAGNO
IMAGINÁRIO DO PODER MONÁRQUICO

Albert Dürer. *Retrato de Carlos Magno*, 1515,
Germanisches Nationalmuseum Nuremberg

Carlos Magno recebeu o apelido de Davi, o rei bíblico escolhido por Deus para governar seu povo, em função de sua sabedoria. Homem interessado igualmente nos assuntos intelectuais, militares, religiosos e administrativos, não somente enfrentou, como alterou o mundo que herdara, após 400 anos de mazelas provocadas pelas invasões e seus desdobramentos. Mudou o curso da história e implantou o que entendemos como Idade Média, período em que o pensamento político é igualmente expansionista e evangelizador.

O retrato de Carlos Magno, de 1515, é uma imagem artística idealizada por Albert Dürer. O retratado, como se sabe, viveu entre os anos de 742 a 814 e mesmo que a sua imagem seja a mais fidedigna das descrições feitas por Eginhardo, o monge biógrafo e autor de *Vita Karoli Magni* – que na condição de conselheiro, mantivera constante convivência com o imperador –, esse pintor renascentista inventou um ideal do monarca. Dürer tem o mérito de ter recriado visualmente um Carlos Magno com postura e traços físicos que se coadunam com o importante papel de um condutor e estruturador da Europa.

O soberano foi o primeiro Imperador do Sacro Império Romano-Germânico, uma unidade geográfica e política extinta em 1806, por Napoleão, após mil anos de criação. Reconhecido Imperador da Cristandade, ele tem o mérito de ter unificado os povos europeus e realizado os sonhos de *Constantino e Justiniano*. Mesmo que tenha incentivado várias guerras, unicamente para atender seu intuito, ele conseguiu unir culturas e tradições diversas, porque fez da religião o elemento aglutinador e o alicerce do Estado. Obstinado, empenhou-se ferozmente na conversão dos bárbaros, colocou todos sob um mesmo ideário e lançou as bases do que hoje entendemos como mundo ocidental.

O rei protetor da *Ecclesia* foi coroado pelo papa Leão III na noite de Natal do ano 800. Hoje esse fato pode ser interpretado de quatro maneiras: para uns, a coroação ter se *realizado em Roma deu origem à sacralidade cristã* da monarquia europeia; para outros, isso nada mais é do que a repetição de um conceito arcaico de todas as monarquias já existentes anteriormente; os mais moderados dizem que o gesto apenas sinalizou o ponto de união entre Igreja Cristã e Estado Monárquico e, finalmente, os mais radicais creditam a Carlos Magno a instauração de uma verdadeira teocracia. Opiniões à parte, o grande papel do imperador *foi o de findar a estagnação na qual a Europa se encontrava desde a decadência do mundo romano. Sob o seu reinado a produção estética reascendeu e criou uma nova identidade cultural, responsável pela diferenciação entre ocidente e oriente. Carlos Magno reinou, uniu a cristandade e formatou a sociedade.*

O desafio de Dürer foi retratar alguém que ele nunca vira. No entanto, a genialidade do pintor permitiu criar uma das representações mais emblemáticas do poder. Os retratos, por mais realistas que sejam, carregam tanto os valores como o contexto do autor. Desse modo, o conceito de identidade do retratado acaba resvalando na identidade do retratista. A fisonomia de

Carlos Magno foi inventada, mas seu significado simbólico não. A cruz e a espada, devidamente explicitadas pelas mãos, estão em igualdade visual e, mais, se existe equidade de importância, as duas estão situadas abaixo da coroa. A simetria entre a cruz e a espada mostra uma realidade construída pelo monarca, para manter o equilíbrio na sociedade européia. Os alicerces do feudalismo, que emergiram após o fim do Império Romano apoiavam-se sobre o vínculo existente entre a Igreja e os grupos militares. Durante os séculos VII e VIII esses eram os únicos elementos de sustentação social possíveis para os organizadores da Nova Era, que veio a se chamar Idade Média, ou *Media Tempestas*, isto é, Tempos Médios, aliás um termo que surgiu somente em 1469, com os humanistas italianos.

No retrato, a cruz está evidenciada em três momentos: destacada e centrada na coroa, tem o papel de legitimar o poder da realeza; à direita e acima do globo representa a cruz triunfante e, finalmente, à esquerda aparece simbolicamente invertida na espada. No Ocidente, os simbolos medievais do poder permanecem na orbe, coroa, cetro e espada. Carlos Magno tinha apenas 26 anos de idade quando foi coroado em Roma, na basílica de São Pedro. Entre mitos e realidade, conta-se que o jovem rei estava ajoelhado rezando no túmulo de São Pedro, quando foi surpreendido pelo papa Leão III trazendo nas mãos um diadema e o coroou imperador do Sacro Império Romano. Esse ato selou formalmente o que já existia, pois Carlos líder dos francos, imperava sobre grande parte da Europa e era o único governante com poder suficiente para enfrentar o papado. A coroação, na noite de Natal de 800, tem o sentido de dois marcos: a retomada política do Ocidente e o início do Sacro Império Romano; o ato foi mais que uma coroação régia, podendo-se ver nele um golpe na hegemonia do Império de Bizâncio, que, até então, se considerava o único e o legítimo sucessor do cristianismo original. Por outro lado, Bizâncio o entendeu como um desafio e só reconheceu Carlos imperador, 12 anos após sua coroação.

No papel de supremo mandatário do *Imperium,* sua pessoa identificava-se tanto com a *Christianitas* como com a própria *Ecclesia.* Entre lutas e acordos, o imperador conseguiu a façanha de engendrar a maior união territorial já vista e estabeleceu as bases culturais do continente europeu, o que só foi possível com a utilização de dois recursos básicos: adoção de uma mesma fé e mesma língua. Ou seja, ideologia e comunicação centralizadas. O latim, a língua litúrgica da Igreja Católica Romana, tornou-se a língua erudita do pensamento científico, do direito e da administração pública. Com tamanha extensão, o latim acabou se tornando o substrato das línguas locais e um meio de interação.

Se a figura do rei imaginado na literatura medieval recaiu sobre Artur e os cavaleiros de sua corte, o rei histórico, no imaginário da Idade Média é Carlos Magno. Um rei piedoso e cercado de liturgias monásticas, ao mesmo tempo épico e conquistador. O primeiro rei ungido pelo papa, é o mesmo que desenvolveu a cortesia laica e palaciana que formaria futuramente a corporação da cavalaria. Ele é o rei medieval arquetípico e, na memória coletiva, correspondeu ao renascimento do Império Romano, entendido agora como Cristandade. A coroação realizada em Roma deu-lhe mais que o título de imperador, transmitiu-lhe o legado imagético de rei universal.

SAGRAÇÃO
SIMBOLOGIA DAS REGALIAS
ORBE
CETRO
COROA
ESPADA

O rei medieval é um personagem específico do Ocidente cristão, criado em resposta ao desmoronamento político do mundo romano e à chegada das tribos germânicas. Para manterem o equilíbrio social, a Igreja e o Estado estreitaram suas relações, ou seja, altar e trono apoiaram-se mutuamente, na construção institucional de uma monarquia sagrada. O Ocidente não criou uma teocracia; pelo contrário, mesmo que sacerdócio e monarquia procedam do mesmo princípio, as duas esferas sempre orbitaram em campos diferenciados.

O monarca criado pela Cristandade medieval uniu os conceitos romanos de *rex* e *imperator* ao poder mágico do chefe germânico. Os quadros administrativos eram ocupados por pessoas da nobreza e articulados pelos sacerdotes. Graças a tal modelo, os reinos alcançaram relativa estabilidade, houve uma continuidade da Igreja Constantina, que por sua vez mantinha-se fiel à antiga estrutura do Império Romano. Havia nitidamente um sentimento de permanência da antiga ordem e, ao mesmo tempo, um apelo à renovação. Durante o pontificado de Gregório Magno, entre os anos de 590 a 604, o Ocidente iniciou sua remodelação, colocando a Igreja súdita da Coroa e essa, por sua vez, orientada pela disciplina eclesiástica. Teoricamente a Igreja tornou-se conselheira dos soberanos, para lembrar-lhes seus deveres morais enquanto governantes cristãos. Ela assumiu o papel prestigioso dos anciões das tribos pagãs e dos senadores vitalícios romanos.

O cristianismo somente se tornou universalista quando adotou o regime de monarquia sagrada, um modelo comum no Oriente e fortalecido pelos césares romanos. Para ocorrer a transferência da orientação espiritual de Constantinopla para Roma, a Igreja contou com o apoio e a concordância dos príncipes católicos, que foram convencidos do primado papal pelas palavras de Cristo, "Tu és Pedro e sobre esta pedra edificarei a minha Igreja". A contribuição essencial de Carlos Magno foi a construção ideológica de uma monarquia cristã formada por três momentos: "O primeiro foi *a época carolíngia, quando o rei se tornou um rei ungido e ministerial; depois, entre 1150 e 1250, apareceu um rei administrativo da Coroa, do território e da lei; ao final surgiu o rei de um Estado sacralizado*".[73] O caráter dogmático do rei medieval é herança do Antigo Testamento; nos textos ele se apresenta como rei e grande sacerdote, o defensor da fé do seu povo. No final do século XIV começaram as primeiras transformações socioeconômicas que prepararam as bases das monarquias modernas, um modelo de Estado que evoluiu continuadamente e se manteve até às vésperas da 1ª Guerra Mundial.

Regalias de Carlos Magno
Coroa com arco, cruz, orbe, espada, lança, cetro e crucifixo

Regalia é uma palavra que sofreu mudança de significado, e se hoje comumente é entendida apenas como privilégio, originalmente queria dizer "coisas do rei". Do latim, *regalis*, corresponde ao conjunto de objetos dados ao monarca, na cerimônia de coroação, que ocorria geralmente no interior de uma grande igreja. O ritual segue uma ordem que envolve uma indumentária própria e a sequência das regalias. Após a unção, o monarca recebe os elementos sígnicos – que normalmente consistem entre cinco e seis itens e que, usados como joias simbólicas, permitem o reconhecimento público do poder, legitimam privilégios e direitos.

Em teoria, o rei está abaixo do imperador e do papa, "*O imperador só se torna imperador se se fizer coroar pelo papa em Roma, demonstrando uma hierarquia de superioridade do espiritual sobre o temporal*".[74] No entanto, para os medievais, a real soberania não estava com o imperador ou o papa, mas com os reis. O poder concreto existia com os coroados e, para evitar usurpação, criaram o princípio de que estes reinavam segundo sua descendência biológica de caráter sagrado.

COROA

Coroa de Dom Pedro II Imperador
do Brasil - 1841
Museu Imperial de Petrópolis - RJ

Coroa Votiva Visigótica, séc. VII
Museu Cluny – Paris.
Coleção arqueológica Guarrazar

Os símbolos heráldicos medievais são realidades transculturais do poder que estão apoiados em arquétipos visuais da antiguidade, portanto não são construções da imaginação, pelo contrário, elas nasceram da fusão de vários sistemas de valores entre o mundo dos eruditos e iletrados, assim como dos clérigos e leigos. As coroas sempre existiram como objetos mágicos, tanto nas liturgias religiosas como nas sagrações dos governantes e, pelo fato de serem colocadas no alto da cabeça, sempre conferiram a qualidade de supereminência.

No Egito antigo somente os deuses e os faraós podiam ostentá-las, e manipulá-las era uma exclusividade dos iniciados nos mistérios da magia. Na Grécia e Roma antigas, as coroas eram o elo entre homens e deuses, razão pela qual nos sacrifícios, tanto o sacerdote-sacrificador como a vítima-oferenda eram coroados. Por tradição, nas cerimônias fúnebres os mortos levavam coroas, pois, sem elas, os deuses lhes virariam as costas. Esse costume existiu até início do século XX, com as crianças, chamadas de anjinhos, enterradas com guirlandas de flores. De um modo geral, os objetos que ornavam reis, deuses e heróis são carregados de poder, porque igualmente se tornaram seus símbolos de identificação. Para Jung, a coroa irradiante no topo da cabeça corresponde ao grau mais elevado da evolução espiritual, simboliza e concentra ao mesmo tempo as forças exteriores e interiores. *"A coroa de plumas dos índios, a coroa de ouro e a auréola representam uma tentativa de identificação com a divindade solar e, por conseguinte, uma excepcional tomada de poder"*.[75]

A insígnia, que inicialmente só tinha referência com o poder, ampliou-se e passou a significar também honra, grandeza, júbilo e vitória. Nas referências primordiais, ser coroado é o mesmo que possuir a auréola solar, é tornar-se diferenciado e consagrado para participar da natureza celeste. A coroa desde sempre simbolizou acesso a níveis e forças superiores, a um lugar de poder e iluminação. Suas formas variaram em torno do círculo que poderia ser vazado ou compacto; se a coroa for fechada como um domo, ela transmite ideia de soberania absoluta; se tiver a parte superior arredondada, será uma representação da abóbada celeste, com pontas irradiantes ela fará analogia aos raios solares. Diadema, a coroa em aro, representa o halo luminoso dos astros e estrelas. Seja como for, as coroas sempre fizeram alusão ao poder e à luz. As guirlandas trançadas com elementos vegetais, normalmente são usadas nos rituais da primavera, em nítida referência à Árvore da Vida, quando surgem nas competições, em reconhecimento à vitória, elas são feitas com as folhas das árvores representativas dos deuses, como o louro de Apolo que deu origem à palavra laurear, sinônimo de homenagear.

Para os antigos judeus e cristãos, a coroa era um objeto sagrado, porque sendo Deus o soberano supremo, Ele podia coroar homens e povos com suas bênçãos, como falaram os profetas Ezequiel e Isaías. O conteúdo simbólico se ampliou de tal jeito, que para os fiéis passou a significar também vitória suprema do cristianismo e glória de Deus. Em outras palavras, este é o sentido da coroação, pois a coroa é o signo da ação onipotente de Deus a favor dos homens. Da mesma forma Cristo coroado é o soberano e o próprio Deus.

Na Espanha foram encontrados objetos votivos que demonstram a fusão entre cruz e coroa nos tempos visigóticos. Eram peças ornamentais e oferendas régias de altares de igrejas, que ficavam penduradas no alto, por ocasião das grandes solenidades litúrgicas. Não eram coroas régias, mas objetos sacros que provavelmente pertencem ao século VII, pois numa delas existem inscrições que esclarecem serem um presente doado pelo rei Recesvinto, um monarca que governou Toledo, antiga capital visigoda, entre 653 e 672. A dedicatória testemunha a estreita conexão entre a Igreja e o poder real, como também reforça a ideia de uma relação de interdependência e não de submissão entre as partes.

Os reis visigodos criaram coroas votivas – hoje agrupadas no tesouro de Guarrazar –, pois queriam presentear e homenagear suas igrejas com peças semelhantes às coroas imperiais. Influenciados pelos reis bizantinos, adotaram suas cerimônias e também sua estética e técnicas de ourivesaria, como a tradição de destacar e isolar pedras e pérolas em molduras salientes, conhecidas por cabochão. As oferendas em forma de coroa têm no centro uma cruz suspensa, determinando sua função. A arqueologia ainda não desvendou toda a história que envolve o tesouro de Guarrazar; supõe-se que as joias acidentalmente encontradas em 1860, nos arredores de Toledo estavam enterradas no pomar do mosteiro de Santa Maria in Sorbaces de Guarrazar. A hipótese mais provável é que os objetos ficaram escondidos em tumbas, por causa da chegada dos mouros, e fatalmente esquecidas por um milênio. Em 711, o rei visigodo Roderick foi vencido em batalha e toda a região tomada pelos mulçumanos. O local passou, então, a se chamar Al-Andaluz.

A regalia da coroa junto à cruz descreve o papel do soberano diante da sociedade. *"As principais virtudes do rei medieval são: obedecer a Deus e servir à Igreja; assegurar justiça e a paz e prover as necessidades do seu povo"*.[76] O rei ocidental é ungido porque acreditavam que Deus transferira soberania para o apóstolo Pedro e depois este para os seus sucessores no "trono de Pedro" e, destes, para os imperadores e reis. Ou seja, os papas tinham a autoridade de ligar ou desligar as autoridades políticas representadas pelas coroas. Os reis ascendiam diretamente pelo poder divino, através dos homens, mas com a permissão divina. Os reis dependiam de muitos apoios, da aristocracia, da Igreja e de sua sucessão filial. Antes da Idade Média chegar ao fim, essa teoria do reino político de Cristo encontrou vários opositores. Tanto na nobreza e alta burguesia, como entre religiosos, houve um movimento em nome da autonomia política das nações. Como seria de esperar, a sanção divina, criada por Constantino, adquiriu novos significados no transcorrer da História.

ORBE
GLOBUS CRUCIGER

Orbe, sinônimo de *Globus Cruciger*, é o globo terrestre que significa domínio cristão através de um governante. Na iconografia representa símbolo de autoridade temporal e espiritual. Se estiver na mão de um monarca, equivale a uma autorização para governar em nome de Cristo, já que na sua sagração o recebeu das mãos de um sacerdote. Quando o orbe vem acompanhado de Cristo adulto é *Salvator Mundi;* como o menino Jesus é a teologia do amor ao próximo dominando o mundo, geralmente Ele segura com uma mão e, com a outra, abençoa.

Entre os documentos mais antigos que abordaram o tema da forma da Terra, existe o desenho de um disco plano, datado de 2.300 a.C., na Babilônia que contém estudos do astronômia inicialmente acreditavam num modelo planar, no qual a Terra seria uma grande superfície flutuante. O conceito volumétrico surgiu na Grécia, com os filósofos pré-socráticos. Pitágoras está entre os primeiros a explicar a esfericidade, suas deduções vieram

Orbe do Sacro Império Romano

de observações feitas na abóbada e corpos celestes visíveis a olho nu. Ele acreditava que os astros se moviam em círculos para o centro. Provavelmente os medievais herdaram as teorias da cosmogonia grega com os intelectuais helenistas que circulavam nas cortes bizantinas. O cosmos aristotélico, no princípio, era mais um conceito filosófico do que propriamente um estudo da física, o pensador concebia o mundo como um Todo perfeito e completo em si. Sua compreensão de esfericidade é uma continuação do raciocínio de Pitágoras, que no ano de 330 a.C, ao observar eclipses lunares, concluiu que o contorno da Terra se apresentava sempre numa linha curva.

É inegável a influência de Aristóteles no pensamento medieval e apesar da inexistência de algum documento comprobatório da esfericidade terrestre, existiam muitos pensadores no início da Idade Média, que achavam as teorias gregas dignas de crédito; entre tantos, o mais considerado é Santo Agostinho.

A generalização sobre o pensamento medieval é extremamente preconceituosa e equivocada. Se Ptolomeu, por volta do ano 150, errara com sua teoria em relação ao movimento orbital dos planetas em torno da Terra, por outro lado, seu conceito conhecido como geocentrismo acertou com a afirmação de que os corpos celestes eram esféricos. Portanto, é um grande erro supor a sociedade medieval habitada apenas por fantasia, medo e ignorância. Outro erro difundido é imaginar que o grande obstáculo de Colombo estava na crendice popular da Terra plana. Sua maior dificuldade estava em encontrar alguém disposto a patrocinar uma incerteza, ninguém podia garantir nada, já que a comprovação científica só ocorreu em 1521, com a viagem de circum-navegação de Fernão de Magalhães, 29 anos após a descoberta da América.

Adriano, imperador romano de 117 a 138
Museu Glyptothek, Munique

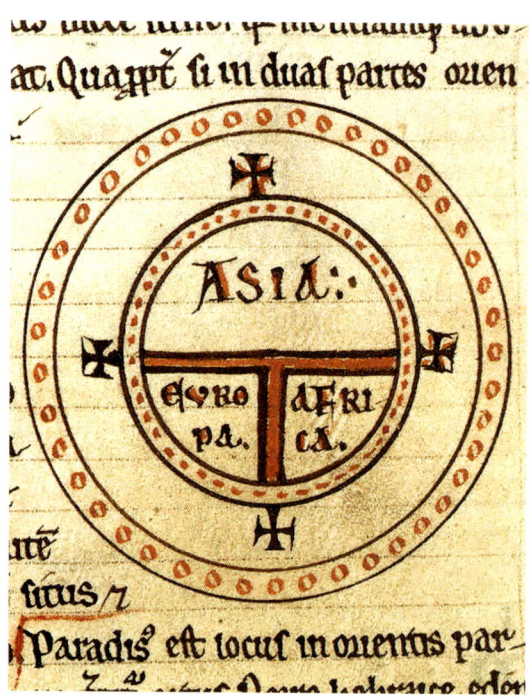

Mapa TO, desenhado por São Isidoro de Sevilha por volta de 600-625 na obra *Etymologiae*

A regalia do orbe usado pelas monarquias ocidentais era entendida como poder estendido. Divulgar imagens de união entre ortodoxia religiosa e sistema político era uma forma de convencimento e um recurso para impor aos germânicos os valores da nova ordem social. O lugar ideal para exposição eram as igrejas e, como todos frequentavam os cultos, elas tornaram-se também locais de informação. As formas visuais ou as palavras postas nos espaços sagrados eram aceitas com mais facilidade, pois eram entendidas como sinais de uma escrita revelada.

A esfericidade da Terra foi tema discutido no helenismo. Se o pensamento do Império Romano foi dominado pelos gregos, muitas peças de suas bibliotecas encontraram refúgio e escaparam dos incêndios germânicos, por estarem escondidas nos primeiros mosteiros sob os cuidados dos monges copistas. Nessa diretriz, encontra-se o mapa *Orbis Terrarum* ou TO, uma visão cartográfica de São Isidro de Sevilha. O desenho simplificado do mundo é uma concepção tripartite em três continentes e três grandes rios. Os pontos cardeais foram definidos por quatro cruzes, que contêm um grande T divisório das terras conhecidas até então: Ásia, África e Europa separadas por rios. O centro ficou marcado por Jerusalém, o cruzamento de todos os caminhos e a definição da cruz do calvário; no entorno, um círculo retinha as massas de água dos grandes mares. O orbe adaptado ao cristianismo ganhou uma cruz, mas antes estivera no retrato do imperador Adriano, como símbolo de Governante Universal.

ESPADA

A sociedade cristã inicial era dividida em dois grupos: os clérigos e os leigos; a partir do século IX estabeleceu-se uma terceira ordem, que perspassava igualmente tanto os Estados eclesiásticos como os laicos, eram os guerreiros. *"O ideal de não violência praticado por Jesus e pelo cristianismo primitivo não sobreviveu; desde o século V Santo Agostinho justificava o recurso da guerra em defesa da comunidade assimilada à Cristandade"*.[77] A sociedade feudal, a partir de Carlos Magno, era uma organização estruturada sobre a propriedade fundiária e a força militar. Para impor limites ao espírito beligerante dos germânicos, a Igreja usou de suas armas espirituais, como a negação dos sacramentos e a excomunhão, mas isso não bastava, era preciso criar regras sociais. Numa tentativa mais firme de refrear a violência, estabeleceu-se um código de honra com valores morais cristãos, que formaria, no futuro, os ideais da cavalaria. Para tanto, instituíram períodos para o exercício da paz e da guerra, proibiram lutas e armas em lugares sagrados, delimitaram o que seria permitido e o que seria proibido, condenaram o aspecto mercenário de profissionais. Ou seja, como não podiam acabar com as guerras, ao menos organizaram a prática e introduziram critérios e valores.

A espada, desde a Idade do Bronze, sempre foi um símbolo militar e nobre, pois, diferentemente da adaga e machado, ela exige treinamento técnico e refinamento metalúrgico. Ela não representa apenas uma arma, é também sinônimo de bravura, justiça, virilidade, poder, autoridade e luz. A espada, nas mitologias, é emblemática: pertence às divindades guerreiras e aos sacrifícios de oferendas. Para além do seu papel, enquanto arma de guerra, a lâmina de dois gumes lhe acrescenta o sentido de discórdia e separação. A espada, no inconsciente da humanidade, é um símbolo viril associado ao poder, seja ele político, militar ou da justiça. A prática de enterrar os homens com suas espadas era sinal de glória e deferência ao morto, tanto no Ocidente como no Oriente.

A semelhança visual entre cruz e espada pode criar com facilidade analogias entre o símbolo militar e o religioso. Constantino fundiu as duas imagens, porém nem sempre andaram juntas. Conforme o momento, estavam em oposição, ou não. A metáfora do *Christus Victor* é uma ideia de fácil aceitação e talvez por isso tenha aparecido com tanta frequência na heráldica militar e bandeiras das nações por onde o Evangelho passou. No estandarte de Santo Isidoro de Sevilha, elas estão unidas e significam a consagração dos reis visigodos, no século VI.

Quando o mundo romano ruiu e a violência tomou conta da antiga Hispânia, o bispo Isidoro conseguiu restabelecer a ordem, unificando as várias culturas tribais e os diferentes credos em uma só ideologia: o cristianismo. Descendente de uma família hispano-romano-visigoda muito religiosa, ao pacificar Sevilha, restaurou a educação clássica, que havia sido abandonada e, apesar de viver num mundo analfabeto e cheio de violência, sua preocupação junto aos monges era resgatar os textos de Aristóteles e outros filósofos gregos.

Estandarte de Baeza – 1147
Bordado em tecido com Santo Isidoro de Sevilha
Museu da Real Colegiada de San Isidoro

Homem culto, Isidoro de Sevilha foi o primeiro escritor critão a compilar uma *summa* do conhecimento universal, em sua famosa obra *Etymologiae*. Por outro lado, impôs com muita severidade normas de proteção aos cânones teológicos e entrou em contradições, pois, se trouxe conhecimento, introduziu também a censura e acabou tendo problemas com os judeus locais. A peça bordada do estandarte está mais próxima dos ideais da cavalaria feudal, do que propriamente do período histórico no qual ele viveu. Tal idealização permitiu que os guerreiros tivessem seus atos militares justificados como força da fé e suas batalhas consideradas guerras santas. No imaginário das cruzadas, eles se viram como cavaleiros mártires ou, no mínimo, heróis santificados.

Os textos latinos chamam *milites* o que a literatura chamará *chevaliers*, ou seja, os cavaleiros antes de mais nada são militares e estão associados a combate. *"As palavras miles, militia e militare revestiram-se de novos significados. Os monges medievais, como os mártires cristãos, se diziam soldados de Deus (milites Dei). Esse vocabulário guerreiro foi inspirado em São Paulo, que influenciou grandemente as mentalidades monásticas, fazendo com que ganhasse conotação de um serviço de nível elevado e honrado. Um serviço que nas ordens religiosas realiza-se pela oração, na corte pela assistência moral, financeira e evidentemente pelo serviço armado dos vassalos"*.[78]

A espada junto ao apóstolo São Paulo identifica o instrumento de seu martírio. Comprovadamente ele foi decapitado em Roma, durante o império de Nero, mas também significa sua missão de evangelizador, pois antes de morrer, referindo-se ao seu trabalho, escreveu: "*Eu combati o bom combate*". A frase refere-se à mudança na vida do severo romano que tinha por objetivo perseguir cristãos e, após sua conversão, tornou-se o mais ativo propagador e escritor nos primórdios do cristianismo.

São Paulo. Pórtico dos Apóstolos
Catedral Notre-Dame, Paris

INVESTIDURA OU RITUAL DE ADUBAMENTO
CERIMÔNIA DE ORDENAÇÃO DO CAVALEIRO
ADOUBEMENT, RITUAL DE CINGIR A ESPADA

Edmund Blair Leigthon. *Ordenação de um cavaleiro*, 1901,
Coleção Particular

A obra de Edmund Leigthon é uma fantasia romântica de um pintor medievalista apaixonado por canções de gesta, histórias e lendas do rei Arthur. É idealização de um cavaleiro medieval no seu ritual de ordenação, com conotações de herói mítico nos moldes de um Dom Quixote. A verdadeira origem da cavalaria é militar mas, por influência da Igreja, ficou associada a um ideal elevado. *"A Ética, no interior da Cristandade concentrava-se, na proteção das igrejas, dos fracos e desarmados (inermes); e na luta contra os infiéis, no exterior. A literatura, apropriando-se dela, transfigurou-a pouco a pouco em heróis emblemáticos para formar nos espíritos uma cavalaria, que, mais que corporação ou confraria, torna-se uma instituição, um modo de viver e de pensar, reflexo de uma civilização idealizada"*.[79] A figura do cavaleiro, personagem fundamental da ordem feudal, passou de guerreiro a nobre altruísta. Com facilidade essas qualidades construíram uma figura inspirada em heróis da mitologia grega, pessoas que antes de qualquer coisa lutavam por honra e glória. A verdadeira vida do cavaleiro era difícil, consumia muita aprendizagem. Por volta de 14 anos, os adolescentes ingressavam no castelo de algum homem rico para começar sua formação, que só terminava com a entrega das armas, por ocasião da sua ordenação.

As cerimonias da investidura, ou ritual de adubamento são cercados de simbologias cristãs e militares, como também constituem uma herança germânica dos rituais de entrega das armas aos meninos guerreiros. No século XII, o rito se transformaria em diferenciação social, quando somente filhos de senhores da aristocracia poderiam pertencer à cavalaria. Era um verdadeiro ritual de passagem e um marco divisório entre o fim da adolescência e a idade adulta, um ato significativo, pois, a partir daquele momento, deixavam de ser escudeiros, para se tornarem cavaleiros; os jovens ganhavam *status*, liberdade e compromissos. As iluminuras medievais descrevem os rituais como liturgias religiosas. A finalização dava-se com a entrega da espada e uma bênção, ou seja, suas armas estavam consagradas. Anteriormente o jovem confessava, jejuava, meditava e se purificava com banhos; na finalização o cavaleiro era submetido a um código de honra, ética e moral.

O toque da espada nos ombros, um ato tão emblemático nas imagens, que em francês é chamado *adoubement*, remonta a Guilherme I da Inglaterra e, segundo tradição histórica, nos primeiros anos do século XI, ao ordenar seu filho, o rei feriu intencionalmente uma das orelhas, para que suas obrigações de cavaleiro ficassem marcadas para sempre, no físico e na memória. A espada, símbolo da justiça, era arma nobre, instrumento tão especial que muitas até receberam do seu proprietário um nome próprio.

EXCALIBUR, A ESPADA MÍTICA

Excalibur é a espada mágica e arquetípica que se identifica com a complexidade humana. Ela nasceu mítica nas fantasias cortesãs da cavalaria e lendas medievais inglesas. Excalibur tem o poder de agregar valores sociais e morais universais: Verdade, Justiça, Honra, Virtude e Fidelidade. A história seduz, porque são ideais atemporais e têm a força de um código de conduta, escrito na imagem de uma espada em forma de cruz. A heroica espada que o jovem Arthur puxou da pedra para provar ser o legítimo rei, foi devolvida ao lago após sua morte. Excalibur, no original gálico, era chamada de *Caledfwlch* e queria dizer: *"Espada Cintilante"*, criada pelo mago Merlin, que ao cravá-la numa pedra determinou: *"Aquele que retirar a espada da pedra, será Rei"*. Com essas poucas palavras nasceu uma trama ágil, rica em símbolo e, com a grande qualidade de ser adaptável a qualquer época.

Aubrey Beardsley. Ilustração para o livro *A morte do Rei Arthur*, de Thomas Malory's - 1894

ESPADA DA JUSTIÇA

Themis e *Diké* são duas deusas gregas da Justiça representadas com olhos abertos e de uma maneira diferente de *Iustitia*, a deusa romana. Na antiga Grécia, Themis olhava para uma espada à sua frente, enquanto Diké equilibrava nas mãos uma balança. Justiça, segundo Aristóteles, era uma igualdade proporcional, existia tratamento igual entre os iguais e desigual entre os desiguais e na proporção de sua desigualdade.

Igualdade de direito era uma realidade aplicada apenas entre os "pares". Em Roma, a Justiça tinha os olhos vendados e uma balança suspensa por uma das mãos, mas sem espada. Para os romanos, diferentemente dos gregos, todos são iguais perante a lei. A Justiça mais popular entre todos os ocidentais é a versão romana, acrescida, às vezes, de uma espada que sustenta a balança. A interpretação do escultor Ceschiatti para o monumento símbolo do STF- Supremo Tribunal Federal de Brasília está fora das tradições clássicas: sentada e sem o atributo da balança, ela é uma imagem revisitada na estética e polêmica em seu conteúdo simbólico.

Relatos e referências bíblicas com citações de espadas são comuns e entre todos, destaca-se o do Arcanjo Miguel. Em hebraico seu nome significa: "aquele que é similar a Deus", um nome construído com três palavras: *MI* quer dizer "quem", *KA* significa "como", e *EL* é "igual a Deus". Ele existe nas três doutrinas monoteístas: judaísmo, cristianismo e islamismo. Os arcanjos eram entidades primordiais, feitas com a substância do princípio supremo e seres de natureza *indemonstráveis*. Se os anjos são os mensageiros, os arcanjos são seus líderes e, por isso, também chamados de Chefes dos Mensageiros de Deus. Como a hierarquia da terra foi transportada para o plano divino, Miguel tornou-se Comandante Supremo das Hostes Celestiais e, por estar sempre em combate contra as forças demoníacas, vive de armadura e espada como os príncipes, chefes militares ou um guerreiro cruzado. Outro papel do arcanjo Miguel é lidar com a morte; ele é o fiador do Juízo Final e erroneamente interpretado como o árbitro do Purgatório, por fazer a pesagem das almas na balança que tem o prumo detinido pela espada e a cruz. Seja como for, o arcanjo Miguel une duas religiões, simultaneamente é o guardião do povo escolhido do Antigo Testamento e também o protetor da Igreja Cristã.

Alfredo Ceschiatti. *A Justiça*, 1961, Praça dos Três Poderes, Brasília. Ao fundo, a sede do Supremo Tribunal da Justiça

ARQUÉTIPOS
PERSISTÊNCIA DA MEMÓRIA
IMAGENS RESIDUAIS

Marcha soldado - 1954
Brincadeira infantil

Residual é tudo aquilo que foi formado no passado, mas é sempre passível de ser retomado no presente, é uma realidade inconsciente que persiste nas memórias de grupos sociais ou de indivíduos. São formas cristalizadas que agem involuntariamente na psique humana formando os arquétipos. A memória residual é um fenômeno que ajuda a compor o imáginario coletivo nas sociedades, podendo explicar como determinados conceitos e formas arcaicas ou simplesmente antigas foram parar tempos depois em outras civilizações. A espada é um desses raros símbolos que ultrapassaram sua função militar original e se perpetuaram na imaginação universal. Para qualquer menino, um pequeno pedaço de madeira, com um mínimo de imaginação, pode se transformar numa poderosa e reluzente espada, capaz de dominar monstros e vencer inimigos imaginários. Numa idade em que os limites entre real, simbólico e fantasia ainda não estão totalmente definidos, uma simples brincadeira com espada tanto pode representar valores de bravura e virilidade de antigas lendas, como projetar comportamentos sociais de combate à injustiça e proteção aos inocentes.

Star Wars, filme de George Lucas, 1977

O significado simbólico da espada transcendeu o ambiente militar, *"Instrumento reservado ao cavaleiro, defensor das forças da luz contra as trevas, quando associada ao fogo é um instrumento de purificação"*.[80] A espada, que sempre recebeu uma veneração especial, tem sua imagem agregada ao poder de matar e libertar, ou seja, representa o dualismo antagônico entre o extermínio e a salvação. A sociedade medieval considerava a espada símbolo da palavra de Deus e instrumento de decisão. Nos textos bíblicos de imediato ela surge no *Gênesis*, onde se lê que, quando Adão e Eva foram expulsos do Paraíso, um anjo empunhando uma espada flamejante colocou-se de prontidão diante da Árvore do Conhecimento, para impedir que o casal se aproximasse do fruto proibido. O mundo ocidental extraiu dessas imagens simbólicas os elementos para formatar seu conjunto de valores sociais e morais; um mundo que historicamente foi construído sobre as polaridades, da diversidade cultural e da ortodoxia judaico-cristã.

ESPADAS PROTÓTIPOS E PADRÕES
As espadas desde a antiguidade mais remota detêm modelos e padrões muito semelhantes, embora mais de 1.500 anos separem as duas armas acima, elas repetem a mesma morfologia. A primeira originária da Anatólia pertence à Idade do Ferro, século IV a.C., a outra é alemã, foi feita na Idade Média, durante o século XI.

115

PARTE 1
UNIVERSO SIMBÓLICO DA CRUZ

01- Jung, Carl G. *O Homem e seus Símbolos,* Ed. Nova Fronteira. Rio de Janeiro, 2008. Pg. 81

02- Hauser, A. *História Social da Literatura e da Arte*, Ed. Mestre Jou, São Paulo, 1972. Pg. 30

03- Eliade, Mircea. *Tratado de História das Religiões*, Ed. Martins Fontes, São Paulo, 1993. Pg. 17

04- Eliade, Mircea. *Imagens e símbolos.* Ed. Taurus, Madrid, 1974. Pg. 8

05- Kast, Verena. *A Dinâmica dos Símbolos. Fundamentos da Psicoterapia Junguiana*. Ed. Vozes, Petrópolis, 2013. Pg. 20

06- Gombrich, E. H. *A História da Arte*, Ed. Zahar, Rio de Janeiro, 1972. Pg. 20

07- Chevalier, Jean e Gheerbrant, Alain. *Dicionário de Símbolos,* Ed. José Olympio, Rio de janeiro, 1988. Pg. 868

08- Chevalier, Jean e Gheerbrant, Alain. *Dicionário de Símbolos*. Ed. José Olympio, Rio de janeiro, 1988. Pg. 750

09- Cavalcanti, Raissa. *Os Símbolos do Centro.* Ed. Perspectiva, São Paulo, 2008. Pg. 21

10- Durand, Gilbert. *As Estruturas Antropológicas do Imaginário*, Ed. Martins Fontes, São Paulo, 2019. Pg. 128

11- Rudolf, Arnheim. *O Poder do Centro,* Edições 70, Lisboa, 1990. Pg. 19

12- Rudolf, Arnheim. *O Poder do Centro,* Edições 70, Lisboa, 1990. Pg. 177

13- Jung, Carl. *Os Arquétipos e o Inconsciente Coletivo*, in Obras Completas, Ed. Vozes, Petrópolis, 2000. Pg. 127

14- Hani, Jean. *El Simbolismo del templo Cristiano*. Ed. Jose Olañeta, Barcelona, 2008. Pg. 47

15- Eliade, Mircea. *Tratado de História das Religiões* Ed. Martins Fontes, São Paulo, 1993. Pg. 296

16- Eliade, Mircea. *Tratado de História das Religiões* Ed. Martins Fontes, São Paulo, 1993. Pg. 297

17- Jung, Carl G. *O Homem e seus Símbolos,* Ed. Nova Fronteira. Rio de Janeiro, 2008. Pg. 89

18- Eliade, Mircea. *Imagens e símbolos.* Ed. Taurus, Madrid, 1974. Pg. 119

19- Debray, Regis. *Vida e Morte da Imagem*. Ed. Vozes, Petrópolis, 1993. Pg. 49

20- Jung, Carl G. *O Homem e seus Símbolos,* Ed. Nova Fronteira. Rio de Janeiro, 2008. Pg. 69

21- Eliade, Mircea. *O sagrado e o Profano.* Ed. Martins Fontes, São Paulo, 2001. Pg. 26

22- Schaan, Denise Pahal. *Cultura Marajoara* Ed. Senac, São Paulo, 2009, Pg. 252

23- Schaan, Denise Pahal. *Cultura Marajoara* Ed. Senac, São Paulo, 2009. Pg. 218

24- Ribeiro, G. Berta. *Arte Indígena, Linguagem Visual.* Ed. Universidade São Paulo, São Paulo, 1989. Pg. 34

25- Kast, Verena. *A Dinâmica dos Símbolos. Fundamentos da Psicoterapia Junguiana* Ed. Vozes, Petrópolis, 2013. Pg. 21

26- Baldock, John. *El Simbolismo Cristiano*. Ed. AF, Madrid. 1992 Pg. 28

27- Baldock, John. *El Simbolismo Cristiano*. Ed. AF, Madrid. 1992 Pg. 28

28- Kast, Verena. *A Dinâmica dos Símbolos. Fundamentos da Psicoterapia Junguiana,* Ed. Vozes, Petrópolis, 2013. Pg. 21

29- Jung, Carl G. *O Homem e seus Símbolos,* Ed. Nova Fronteira. Rio de Janeiro, 2008. Pg. 91

30- Durand, Gilbert. *As Estruturas Antropológicas do Imaginário*, Ed. Martins Fontes, São Paulo, 2019 Pg. 62

31- Jung, Carl G. *Psicologia da Religião Ocidental e Oriental* Ed. Vozes. Petrópolis, 1983.

32- Otto, Rudolf. *O Sagrado* Ed. Vozes, Rio de Janeiro, 2017. Pg. 107

33- Jung, Carl G. *O Homem e seus Símbolos,* Ed. Nova Fronteira. Rio de Janeiro, 2008. Pg. 89

34- Meireles, Cecília "Velho Estilo" *in Vaga Música*, José Aguilar Ed., São Paulo, 1967. Pg. 161

35- Eliade, Mircea. *Tratado de História das Religiões*, Ed. Martins Fontes, São Paulo, 1993. Pg. 215

36- Jung, Carl G. *O Homem e seus Símbolos,* Ed. Nova Fronteira. Rio de Janeiro, 2008. Pg. 90

37- Pessis, Anne Marie. *Imagens da Pré-História. Parque Nacional Serra da Capivara*, Fumdham/Petrobras, 2003. Pg. 56
38- D'Alviella, Golblet. *A Migração dos Símbolos*, Ed. Pensamento, São Paulo, 1995
39- Campbell, Joseph. *As Máscaras de Deus, Mitologia Primitiva*. Ed. Palas Athena. São Paulo, 1992. Pg. 31
40- Chevalier, Jean e Gheerbrant, Alain *Dicionário de Símbolos,* Ed. José Olympio, Rio de janeiro, 1988. Pg. 89
41- Eliade, Mircea. *Tratado de História das Religiões*, Ed. Martins Fontes, São Paulo, 1993. Pg. 319
42- Solade, Otto. *A Árvore da Vida Asteca e o Cacaueiro*, Ed. Gráfica Brasiliana, Brasília, 1982 Pg.128
43- Chevalier, Jean. *Dicionário de Símbolos,* Ed. José Olympio, Rio de janeiro, 1988. Pg. 351
44- Eliade, Mircea. *Tratado de História das Religiões*, Ed. Martins Fontes, São Paulo, 1993. Pg. 217
45- Macmanners, John. *The Oxford illustred. History of Christianity*, Oxford University Press, 1990. Pg. 29
46- Le Goff, Jacques e Schmitt, Jean-Claude. *Dicionário Temático do Ocidente Medieval.* Imprensa Oficial, volume II, São Paulo, 2002. Pg. 593
47- Le Goff, Jacques e Schmitt, Jean-Claude. *Dicionário Temático do Ocidente Medieval.* Imprensa Oficial, 2 vols, São Paulo, 2002. Pg. 593
48- Durand, Gilbert. *A Imaginação Simbólica*, Edições 70 Ltda, Lisboa, 2000. Pg. 19
49- Durand, Gilbert. *A Imaginação Simbólica*, Edições 70 Ltda, Lisboa, 2000. Pg. 24 e 28
50- Gombrich, E.H. *A História da Arte,* Ed. Zahar, Rio de Janeiro, 1972. Pg. 88
51- Hani, Jean. *El Simbolismo del Templo Cristiano*, Ed. Jose Olañeta, Barcelona, 2008. Pg. 13
52- Baldock, John. El *simbolismo Cristiano*. Ed.AF, Madrid. 1992. Pg. 21
53- Heinz-Mohr, Gerd. *Dicionário dos Símbolos Imagens e Sinais da Arte Cristã*, Pg. 285
54- Corbin, Alain. *História do Cristianismo,* Ed. Martins Fontes, São Paulo, 2009. Pg. 60
55- Heinz-Mohr, Gerd. *Dicionário dos Símbolos Imagens e Sinais da Arte Cristã*. Ed. Paulus, São Paulo, 1994. Pg. 295
56- Chevalier, Jean e Gheerbrant, Alain. *Dicionário de Símbolos,* Ed. José Olympio, Rio de janeiro, 1988. Pg. 954
57- Chevalier, Jean e Gheerbrant, Alain. *Dicionário de Símbolos,* Ed. José Olympio, Rio de janeiro, 1988 Pg. 957
58- Corbin, Alain. *História do Cristianismo,* Ed. Martins Fontes, São Paulo, 2009. Pg. 86
59- Eliade, Mircea. *Tratado das Religiões,* Ed. Martins Fontes, São Paulo, 1993. *Pg.* 17
60- Bauer, Johannes. Dicionário Bíblico Teológico, Ed. Loyola, São Paulo, 2000. Pg. 273
61- Baldock, John. *El Simbolismo Cristiano*, Ed.AF, Madrid. 1992. Pg. 30
62- Heinz-Mohr, Gerd. *Dicionário dos Símbolos Imagens e Sinais da Arte Cristã*. Ed. Paulus, São Paulo, 1994 Pg. 123
63- Durand, Gilbert. *A Imaginação Simbólica,* Edições 70 Ltda, Lisboa, 2000. Pg. 73
64- Durand, Gilbert. *O imaginário,* Ed. Difel, Rio de Janeiro, 2004 Pg. 76
65- Ariès, Philippe e Duby, Georges. *História da Vida Privada I* . Ed. Companhia das Letras, São Paulo, 1991. Pg. 246
66- Corbin, Alain. *História do Cristianismo* Ed. Martins Fontes, São Paulo, 2009. Pg. 31
67- Veyne, Paul. *Quando Nosso Mundo se Tornou Cristão*. Ed. Civilização Brasileira, Rio de Janeiro, 2011. Pg. 14
68- Veyne, *Paul. Quando Nosso Mundo se Tornou Cristão*, Ed. Civilização Brasileira, Rio de Janeiro, 2011. Pg. 212
69- Corbin, Alain. *História do Cristianismo,* Ed. Martins Fontes, São Paulo, 2009. Pg. 102
70- Veyne, *Paul Quando Nosso Mundo se Tornou Cristão*, Ed. Civilização Brasileira, Rio de Janeiro, 2011. Pg. 66
71- Veyne, *Paul Quando Nosso Mundo se Tornou Cristão*. Ed. Civilização Brasileira, Rio de Janeiro, 2011. Pg. 195
72- Le Goff. *Dicionário Temático do Ocidente Medieval*. Imprensa Oficial, volume II São Paulo, 2002. Pg. 395
73- Le Goff. *Dicionário Temático do Ocidente Medieval*. Imprensa Oficial, volume II São Paulo, 2002. Pg. 396
74- Le Goff. *Dicionário Temático do Ocidente Medieval*. Imprensa Oficial, volume II São Paulo, 2002. Pg. 398
75- Chevalier, Jean e Gheerbrant *Dicionário de Símbolos*. Ed. José Olympio, Rio de Janeiro, 1988. Pg. 290
76- Le Goff. *Dicionário Temático do Ocidente Medieval*. Imprensa Oficial, volume II São Paulo, 2002. Pg. 401
77- Le Goff. *Dicionário Temático do Ocidente Medieval*. Imprensa Oficial, volume II São Paulo, 2002. Pg. 191
78- Le Goff. *Dicionário Temático do Ocidente Medieval*. Imprensa Oficial, volume II São Paulo, 2002. Pg. 186
79- Le Goff. *Dicionário Temático do Ocidente Medieval*. Imprensa Oficial, volume II São Paulo, 2002. Pg. 188
80- Cirlot, Juan-Eduardo. *Dicionário de Símbolos*, Ed. Centauro, São Paulo, 2005. Pg. 237

2.1 A IMAGEM DA CRUZ NAS LINGUAGENS ESTÉTICAS

A morte de Jesus na cruz é um fato histórico, testemunhado e registrado em textos. Jesus nasceu judeu, viveu judeu e morreu judeu. Os relatos dos evangelistas que se constituem nas primeiras interpretações desse doloroso momento são fundamentais para entendermos o mistério teológico da cruz e o sentido da morte expiatória de Cristo, como também para entendermos a morte factual e as relações históricas entre Roma e Palestina. Embora sua crucificação seja a mais emblemática da História, antes de Jesus e depois dele muitas pessoas foram igualmente executadas. Os romanos ficaram associados à crucificação devido à expansão do cristianismo, mas não foram os primeiros a praticar tal método. Roma herdou dos cartagineses via império persa que, por sua vez, herdaram dos fenícios e assírios. A crucificação veio do Oriente como uma marca dos governantes de Alexandre.

Quando a crucificação foi adotada por Roma, ela não era uma sentença de morte. No início, o ato consistia apenas em carregar o patíbulo amarrado aos braços da vítima que andava pelas ruas gritando o crime cometido, sob chibatadas dos soldados. O objetivo era humilhar e assustar publicamente, e não matar. Nos primeiros tempos o castigo era restrito a escravos, com o crescimento do Império e o aumento de rebeliões nos territórios conquistados, a pena se estendeu também para outros grupos. Acredita-se que a crucificação tenha se tornado um método de execução somente em época posterior, por volta do primeiro século a.C.

Crucificações em massa ficaram famosas, mas nenhuma superou a revolta dos 200 mil escravos liderados por Spartacus em 71 a.C. O fato é lembrado como o mais tenebroso do exército romano que, para findar a rebelião, executou de uma só vez 6 mil homens. Historiadores relatam que as duas laterais da via Ápia, entre os trechos de Roma e Capua, ficaram ocupadas por centenas de cruzes enfileiradas, com corpos expostos em estado de putrefação e misturados aos semivivos. Mesmo que os escravos fossem considerados mercadorias, os centuriões não tiveram a opção de escolher entre matar ou vendê-los, pois pela legislação, exigia-se crucificação para escravos revoltosos. Outra ocorrência de grandes proporções – e confirmada pelo historiador Flavio Joseto –, deu-se na Judeia, após a morte do rei Herodes: o cônsul Quintilius Varius, para reprimir uma revolta antirromana, crucificou quase

2 mil rebeldes. Neste mesmo lugar em 70 d.C., durante o cerco de Tito a Jerusalém, tropas romanas crucificaram quase 500 pessoas. Nesses momentos, as regras eram desrespeitadas e as crucificações aconteciam a esmo, sem critérios e nem julgamentos.

Registra-se que o período compreendido entre fim dos séculos I a.C. e o I d.C. deu-se o maior número de execuções em massa. A prática popularizada em Roma e em suas colônias só foi abolida no século IV por decreto de Constantino após sua conversão. Um dos primeiros a se revoltar contra seu uso foi Cícero, que no século I a.C. chamou-a de "a mais cruel e atroz das punições".

1
MORTE HISTÓRICA DE JESUS DE NAZARÉ
CAUSAS DA SENTENÇA CONDENATÓRIA

Na noite de Páscoa, após celebrar com os discípulos e dar a eles as instruções da Ceia do Senhor, Jesus caminhou como de costume para o Monte das Oliveiras, uma pequena elevação conhecida por Getsêmani, que significa prensa de azeite. Ele queria se isolar e rezar na companhia de seus três apóstolos mais próximos – Pedro com seu irmão Tiago e João. Depois de rezar por um tempo, ele se afastou dos companheiros profundamente entristecido. Presume-se que naquele momento já sofria por prever as profecias e, com elas, a certeza da própria morte. Nas palavras do evangelista Lucas, um médico culto e amigo do apóstolo Paulo, Jesus transpirou gotas de sangue. Na literatura médica este raro fenômeno chama-se hematridose e acontece devido o rompimento de finíssimas veias capilares, geralmente resultado de uma fraqueza física excepcional acrescida de uma situação psicossomática incontrolável. Outro evangelista relata que, nessa hora, Jesus proferiu as seguintes palavras a seus discípulos: *"A minha alma está triste até a morte; ficai aqui e vigiais"* (Mc 14:34). É uma demonstração do medo humano e da consciência de que vivia os momentos finais antes da prisão. Em seguida se retirou, ajoelhou e, ao rezar olhando para o céu, disse: *"Pai, se queres, afasta de mim este cálice; todavia não se faça a minha vontade, mas a tua"*. (Mt 26:39). Nesse momento deu-se o início de sua agonia que só terminaria com a crucificação.

A Paixão de Cristo, por inteiro, ocorreu num curto espaço de tempo. Horas antes de raiar o dia, Jesus foi levado por soldados romanos do Jardim Getsêmani para a casa de Caifás, o sumo sacerdote, onde já estava previsto um interrogatório, presidido por Anás, sogro de Caifás, e na presença de alguns anciãos e membros do Sinédrio, de líderes do povo e mais uns poucos fariseus. Sem preocupação com os pré-requisitos necessários para a condenação segundo as leis judaicas, Caifás perguntou a Jesus; "És tu o Cristo, o filho do Abençoado?" E Jesus apenas respondeu: *"Eu sou."* (Mc 14:62). Era o que os participantes do Sinédrio precisavam ouvir. Rapidamente condenaram Jesus à morte, já que estaria blasfemando ao se dizer Filho de Deus. Contudo para decretarem pena de morte, sabiam que a única chance seria encontrar uma base política. Mesmo que Israel fosse uma teocracia e que a Suprema Corte Judaica estivesse composta pelos mais ilustres representantes da sociedade entre muitos sacerdotes, o Sinédrio, tinha autoridade apenas para levantar acusação e apresentá-la a um magistrado romano. Para uma sentença de morte, precisavam da aprovação do Estado Romano. Depois do interrogatório, levaram Jesus para o julgamento de Pilatos, o Procurador da Judeia, porque somente ele possuía o "*jus gladii*", isto é, o direito de vida e de morte. Aliás os judeus abominavam o método da crucificação, consideravam-no uma execração, preferiam a condenação por apedrejamento, no entanto recorreram a Pilatos pois, sem ele, não haveria a execução extrema.

Como os sacerdotes precisavam de um bom motivo, tentaram de todas as formas incriminar Jesus de uma maneira que não restasse anteposição. Sabendo de antemão que nenhuma acusação de fé religiosa seria o suficiente, apelaram para um argumento relacionado à insubordinação social. Antes tentaram conseguir o apoio de Herodes, fracassaram e só encontraram indiferença. Daquela vez, para não repetir o mesmo desgaste que sofrera com a morte do profeta João Batista, Herodes optou por não interferir. A artimanha dos participantes do Sinédrio foi esconder o real motivo e acusar Jesus de perverter a nação ao se autodenominar Cristo, Rei e insidiar a população com a proibição do tributo a Cesar. Depois de questioná-lo, Pilatos percebeu a origem da manipulação e afirmou que não poderia considerá-lo culpado por crime algum, e muito menos dele estar contra o governo de Roma.

Não esquecer que os romanos eram politeístas, portanto práticas e conceitos religiosos nunca foram problema, desde que respeitassem a ordem jurídica do Estado. Pelo contrário, ser Filho de Deus entre os pagãos era uma honra, era sinônimo de herói. Diante da fragilidade da acusação Pilatos tentou se livrar da situação e enviou Jesus para Herodes, que se encontrava em Jerusalém para as festas da Páscoa e, sendo Jesus um galileu, ele estaria na sua jurisdição. Era uma oportunidade de transferir a responsabilidade de decisão para o Tetrarca da Galileia. Os sacerdotes aprovaram esta ação, provavelmente pensando que a partir de um encaminhamento feito pelo procurador romano, Herodes recuaria de sua decisão anterior. Mas nada disso aconteceu. O rei judeu simplesmente ridicularizou Jesus, lhe vestiu uma fina túnica branca e o devolveu para Pilatos.

Mais uma vez o representante de Roma foi desafiado a decidir o destino de Jesus. Pilatos demonstrou intenção de libertá-lo, mas os sacerdotes hábeis nas palavras finalmente encontraram o motivo que forçaria a sua condenação. De Jesus se fez rei e o representante de Roma o libertasse, ele o Procurador não era amigo de César. Este argumento era perigoso, pois entendia ser uma rebelião contra César. Naquele momento estava-se diante de judeus proeminentes que acusavam um de seus conterrâneos de crime de traição contra Roma. Nas palavras de João (18: 33-36), Pilatos chamou Jesus e insistiu perguntando-lhe: *Tu és o Rei dos Judeus*? E Jesus respondeu: "*Tu dizes isso de mim ou disseram-lhe sobre mim? O meu reino não é deste mundo. Tu dizes que eu sou rei. Eu nasci e para isso vim ao mundo, a fim de dar testemunho da verdade. Todo aquele que é da verdade ouve a minha voz*". Mesmo convicto de que ele era inocente, mandou açoitá-lo para contemporizar e aplacar a ira do Sinédrio. Acreditou que, desta forma, poria fim ao caso e também não seria denunciado como negligente. Não encontraram culpa em Jesus, segundo Lucas (23:16), o intuito de Pilatos era castigar publicamente, tanto que teria dito "*Este homem é inocente. Castigá-lo-ei, e o soltarei*".

Por tradição, em dias de festas o povo podia escolher e soltar um prisioneiro. Pilatos pensando nesta estratégia ordenou a flagelação para que os acusadores ficassem condoídos e suspendessem a pena de morte. Todo ensanguentado, Jesus foi apresentado junto com Barrabás, condenado por assassinato e roubo. A entrega de Jesus para o julgamento popular, conhecida por *Ecce Homo*, surpreendeu igualmente Herodes e Pilatos. Vencidos entregaram Jesus, já flagelado e ridicularizado. A multidão, vociferando, pediu a libertação de Barrabás, líder do grupo zelote, famoso por cometer crimes e aliciar hebreus contra a dominação romana, e em troca exigiram a crucificação de Jesus, um reformador religioso que há poucos dias fora recebido, na entrada de Jerusalém, de maneira triunfal com folhas de palmeira. As mesmas pessoas que o aclamaram como benfeitor e Messias exigiram a sua morte. A verdade é que a multidão fora devidamente inflada pela ira dos sacerdotes.

O castigo físico não acalmou os ânimos e, como ele não substituía a pena de morte, serviu apenas para iniciar a agonia conhecida por via-crúcis. Em estado lastimável, Jesus foi levado para receber sua sentença de morte. Conforme relatos do evangelista João, as pessoas que assistiram ao ato não tiveram compaixão e nem misericórdia, pelo contrário, imploraram a execução em nome da Lei, porque Jesus se dizia Filho de Deus. Por fim, Pilatos, acuado e sem mais alternativa, foi obrigado a pronunciar a pena: *Ibis ad crucem*, que quer dizer: "Tu irás para a cruz". O flagelo sábado por volta das nove da manhã e a morte ocorreu na nona hora judaica, às três horas da tarde.

Antes de iniciar a subida ao calvário, os soldados criaram uma paródia de coroação, uma continuação da humilhação pública iniciada por Herodes. O evangelista Marcos disse que vestiram um manto púrpura, deram-lhe uma cana como cetro e, na cabeça, colocaram uma coroa de espinhos que eles mesmos haviam tecido. Fincaram-lhe a coroa saudando-o com pilhérias de "*Salve, Rei dos Judeus*".

A imagem icônica de Jesus carregando uma cruz hoje é questionada com base nos textos do único historiador da época, Flávio Josefo, que descreve cenas do imperador Tito ordenando crucificações coletivas. Os condenados carregavam uma barra horizontal amarrada aos braços abertos chamada *patibulum*, nela pregavam o *Titulus Crucis* – uma plaqueta com a inscrição do crime –, e só depois, quando terminavam o trajeto de subida ao Gólgota, a trava de madeira era presa a uma outra, vertical, formando uma cruz em forma de T. Acredita-se que as imagens propagadas pelos artistas da *cruz immisa*, conhecida como cruz latina, surgiu por causa do relato de Lucas que disse que a inscrição "*ficou acima dele*" exigindo, portanto, uma extensão acima da Sua cabeça. Geralmente, os condenados carregavam a tábua *Titulus Crucis* penduradas ao pescoço. Pilatos escreveu a condenação em três línguas, hebraico, latim e grego (João 19:19-20) e também um título: INRI, iniciais referentes a Jesus de Nazaré Rei dos Judeus. O sumo sacerdote implicou por Jesus ser chamado de Rei dos Judeus, no que Pilatos contrariado com o desfecho do julgamento respondeu: "*Este homem disse: Eu sou o Rei dos Judeus. O que escrevi, escrevi*" (João: 19:21-22).

Quanto ao modelo da cruz carregada por Jesus, nada foi descrito. Os evangelistas dizem que Jesus iniciou a caminhada carregando pessoalmente a cruz. A imagem dele arrastar a trava nas costas é reforçada pelo episódio ocorrido com Simão de Cirene. Para cumprirem a legislação, o condenado teria que chegar vivo ao local da sua execução e a população pudesse assistir ao processo completo da crucificação. Os soldados, percebendo que Jesus estava muito debilitado, pois cada vez que caia tinha mais dificuldade para se levantar, e temendo que ele não conseguiria carregar o patíbulo até o monte Gólgota intimaram Simão, um homem desconhecido que estava de passagem no meio da multidão, apenas para presenciar o martírio público. O homem era da cidade de Cirene e não tinha qualquer ligação com o condenado. Segundo Lucas, Jesus ficou na frente com Simão atrás, por este fato deduz-se que a cruz carregada por Jesus não estava amarrada em seus braços. Como não existe nenhuma descrição por parte dos evangelhos, e como ninguém conhece ao certo o seu formato, a cruz poderia ser apenas uma barra, o *patibulum*, ou ter a forma de Tao (um T), ou ter quatro pontas e conhecida *a posteriori* por cruz latina. Provavelmente, essa forma escolhida pelos artistas a partir do século II nada tem a ver com a realidade. Talvez por razões estéticas ou por facilitar a colocação do *titulus* de maneira visível, o certo é que a forma, verdadeira ou não, tornou-se um signo universal.

Outro fato não esclarecido refere-se à nudez. Pelos costumes, o condenado ficava totalmente nu, mas acredita-se que Jesus não foi submetido a esta regra pelo hábito romano de evitarem atritos de ordem religiosa e respeitarem os costumes locais. O historiador fundamental da passagem histórica, Flávio José, confirma que os romanos não forçavam os povos submetidos a transgredir as suas leis pátrias. Tem-se apenas como certo que, antes de o crucificarem, tiraram suas vestes, uma vez que os soldados as dividiram entre si e jogaram, com dados, a sorte da túnica (Jo 19:23).

Os crucificados normalmente ficavam abandonados nas cruzes, não havia sepultamento. No entanto, José de Arimateia, um respeitado membro do Sinédio e contrário à condenação, requisitou o seu corpo. Após a confirmação da morte, ele pediu a Pilatos licença para fazer uma cerimônia apropriada no túmulo da sua família. O enterro é histórico, pois tudo deveria terminar antes do pôr-do-sol e do início da festa da Páscoa. Para seus seguidores, havia-se cumprido o tempo mítico das profecias.

2
MORTE FÍSICA
CAUSA MORTIS E A PAIXÃO CORPORAL

Jesus de Nazaré começou a morrer no Jardim de Getsemani, quando ao prever sua própria morte, entrou em desespero e suou sangue manifestando a rara condição médica conhecida também por *Sudor Sanguineus*. A causa descrita como um acesso de pânico extremado causou fadiga, tremores e o princípio da desidratação. O açoitamento que se seguiu agravou ainda mais a sua debilidade física. O *flagellati* era brutal, pois além dos efeitos normais das chicotadas, os romanos amarravam, nas pontas das tiras de couro, bolinhas de metal, ossos de carneiro e outros objetos que, ao baterem no corpo da vítima, penetravam na carne, rasgando os vasos sanguíneos, os nervos e os músculos. Por dedução médica, acredita-se que Jesus entrou em estado contínuo de desidratação. Não existe descrição bíblica sobre as suas quedas, mas o pedido de ajuda para alguém carregar a cruz durante o percurso do calvário e a rapidez com que morreu já é suficiente para se imaginar o seu estado de fatiga.

Acredita-se que as chicotadas provocaram fraturas e perfuraram o pulmão, dando início a um vagaroso acúmulo de líquido e uma enorme dificuldade de respiração que o acompanhou até os últimos momentos. Após as chicotadas e a zombaria da coroação com espinhos, qualquer movimento que Jesus fizesse provocava mais dores, mais sangramento e mais desidratação. Portanto, mesmo antes da crucificação, o corpo já se encontrava exaurido. Coberto de sangue por causa das lacerações e escoriações, ele mal conseguia ficar de pé. Tudo que foi analisado até o momento causou enfraquecimento e dor, mas a causa determinante da morte, segundo o médico francês Pierre Barbet, foi asfixia.[01]

Por volta do meio-dia, Jesus iniciou sua subida ao Calvário. O percurso entre a casa de Pilatos e o local da crucificação, contando-se as irregularidades das ruas, mede aproximadamente oito quilômetros. Calcula-se que a trava de madeira pesava entre 22 a 27 quilos e, caso fosse amarrada aos braços abertos como defendem alguns estudiosos, o seu corpo ficaria em total desequilíbrio, mas como também não existe nenhuma confirmação da forma, do peso e nem como Jesus carregou a cruz, outras hipóteses foram levantadas. O mais provável é que o condenado arrastou o madeiro nas costas segurando-o com as duas mãos, em semelhança à representação dos artistas com a cruz latina. Acompanhado de perto por quatro soldados e vigiado pelo responsável *exactor mortis*, Jesus chegou no topo do monte Gólgota quase desfalecido e a ponto de desmaiar. Mesmo exausto e com falta de ar, ele seguiu o ritual sem pular etapas. As Escrituras contam que os centuriões disputaram o manto vermelho com apostas e coube ao vencedor tirar suas roupas, que estariam grudadas no corpo todo ensanguentado e molhado pelo líquido das chagas abertas. Imagina-se que os soldados arrancaram as vestes sem qualquer cuidado, criando mais feridas e provocando mais desidratação. Como Jesus foi amarrado ou pregado à cruz, continua uma incógnita.

Apesar das crucificações serem uma certeza histórica, não existia nenhuma evidência arqueológica que comprovasse a sua existência. Sabia-se por relatos, descrições, mas sem nenhuma peça material. Milhares de mortes aconteceram dessa maneira no Império Romano, mas até 1968 nenhum corpo ainda fora encontrado. O primeiro achado comprobatório surgiu com as pesquisas de Vassilios Tzaferis ao estudar os restos fossilizados de um antigo cemitério. A vítima era do sexo masculino e vivera na antiga Palestina por volta dos anos 70 d.C. Depois da avaliação e reavaliação de estudiosos do Departamento de Antiguidade de Israel e da Escola de Medicina Hadassah da Universidade Hebraica de Jerusalém pudemos reconstruir o método aplicado na crucificação de um homem chamado Yehohanan, filho de Hagakol.

HIPÓTESES DE CRUCIFICAÇÕES

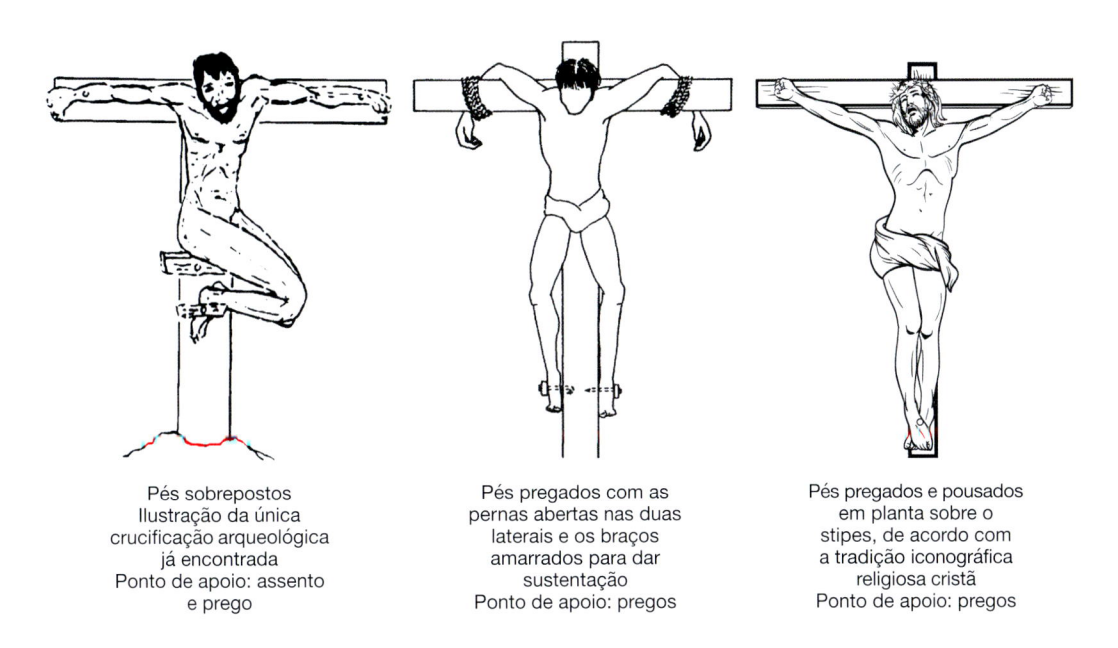

Pés sobrepostos
Ilustração da única
crucificação arqueológica
já encontrada
Ponto de apoio: assento
e prego

Pés pregados com as
pernas abertas nas duas
laterais e os braços
amarrados para dar
sustentação
Ponto de apoio: pregos

Pés pregados e pousados
em planta sobre o
stipes, de acordo com
a tradição iconográfica
religiosa cristã
Ponto de apoio: pregos

Os textos históricos dizem que as crucificações eram planejadas para causar o máximo de dor e, para aumentar o sofrimento das vítimas, os pés e as mãos eram pregados na madeira. Os corpos imobilizados também tinham a função de impedir fugas. Os relatos contam que a morte não era imediata, Jesus foi uma exceção, pois mais de um historiador fala de condenados que ficaram horas e até dias em agonia. A crucificação era um espetáculo de selvageria com prolongamento. A demora fazia parte da sua finalidade: intimidação pública. Os condenados morriam aos poucos, de desidratação, de infecção causada pelas chibatadas, de falta de ar, de traumatismo e

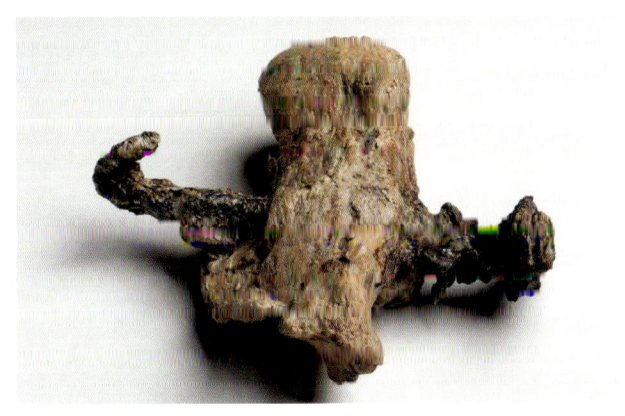

Prego de 18cm encravado no osso calcâneo
Peça encontrada pelo arqueólogo grego Vassilios Tzaferi
em Jerusalém, no sítio arqueológico de Giv'a Mivtar, em
1968, quando pesquisava uma área de sepultamentos
da era romana

expostos aos ataques dos lobos, de aves de rapina e de outros animais que se aproximavam para devorá-los ainda vivos. Na mentalidade da época, um crucificado era escória, um ser desprezível e por isso mesmo não mereceria sepultamento.

Até 1968 conhecia-se as crucificações por citações, críticas e descrições. Quando Tzaferis, encontrou o cemitério na região de Giv'a Mivtar, ele era um diácono da Igreja Ortodoxa Grega que se especializara nos estudos bíblicos e na arqueologia dos primeiros períodos cristãos com foco na simbologia da cruz. Os achados esqueléticos indicam que as pessoas pertenciam a duas gerações de um mesmo grupo familiar, e os restos de cerâmica, de garrafas de bálsamo e de utilitários como lâmpadas de óleo e inscrições tumulares comprovam o nível de riqueza dos seus membros. De acordo com as escavações, 75% dos mortos tinham menos de 37 anos.

Ao cavar os restos do ossário nº 4, o monge-arqueólogo encontrou um prego medindo 18 cm encravado no osso do calcanhar de um homem chamado Yehohanan, filho de Hagakol. Nada sabemos sobre o crime cometido, mas pelo *status* dos pertences encontrados na tumba, deduz-se que tenha sido por razões políticas. As análises dos osteologistas determinaram que ele era judeu, de baixa estatura e tinha entre 24 e 28 anos. Seus restos ajudaram a preencher lacunas da história e ofereceram aos cientistas a primeira oportunidade de estudar de perto os métodos de crucificação usados pelos romanos. O achado mostrou que os dois pés foram pregados na cruz, enquanto as pernas, dobradas e em paralelo à estaca vertical, estavam fraturadas, o que comprova o uso do esmagador, um instrumento para quebrar as pernas e abreviar a morte. Para Josefo, o historiador judeu da antiguidade, os soldados pregavam os condenados em diferentes posições por mera diversão, sadismo ou capricho

Com esta descoberta arqueológica, vários médicos legistas se debruçaram sobre a *causa mortis* de Jesus, e a mais propagada defende a possibilidade de asfixia, uma vez que a posição do corpo pendurado ou pregado na cruz com os braços levantados dificulta a respiração. Inicialmente a pessoa é capaz de se manter, mas com o peso do corpo estendido e a exaustão, a respiração torna-se a cada momento mais difícil. Para tomar fôlego e respirar, a vítima era obrigada a alavancar seu corpo e, para isso, ela precisaria de um ponto de apoio, por esta razão pregavam os pés na estaca vertical com as pernas dobradas. Sem qualquer apoio para impulsionar seus corpos, eles morreriam asfixiados em pouco tempo.

Para prolongar a vida e o sofrimento, os carrascos inventaram um instrumento chamado sedil, um pequeno assento preso à trave vertical da cruz. Não existe ainda nenhuma comprovação do apoio para os pés chamado de *suppedaneum*, talvez seja mais uma criação dos artistas. A necessidade de um ponto de apoio é tão lógica, que quando queriam acelerar a morte, quebravam as penas do crucificado com marteladas para que ele não conseguisse mais se erguer e respirar. O crucificado de Giv'a Mivtar tem fraturas que comprovam ter morrido desta maneira – além de sofrer o prolongamento com o uso do assento, teve os seus dois pés pregados e, posteriormente, as pernas fraturadas. *"Os supliciados não podiam resistir à asfixia a não ser erguendo-se sobre os seus pés. Se lhes fossem quebradas as pernas, ficariam totalmente impossibilitados de se se erguer e a asfixia os tomaria completa e definitivamente*".[02]

Jesus, ao contrário, teve morte rápida. Para confirmar que estava morto, um soldado espetou uma lança no coração de onde verteu água e sangue, não quebraram suas pernas como fizeram com os dois ladrões porque não precisava. Provavelmente seus braços foram fixados acima das mãos e não nas palmas, e os pés pregados sobrepostos ou em separado na estaca vertical. Pregado ou amarrado, o ato se deu com seu corpo deitado no chão. A rapidez incomum da morte de Jesus surpreendeu Pilatos, que o soube ao dar permissão de sepultamento para José de Arimateia.

Segundo os Evangelhos, Jesus morreu na sexta-feira, na véspera de sábado, dia de festas religiosas. Por este motivo, a crucificação não deveria se prolongar, daí terem quebrado apenas as pernas dos dois outros condenados acelerando os seus fins. Determinar a causa da morte é algo relativamente complexo e requer reconstituição forense de cada fase da jornada do Getsêmani ao Calvário. Provavelmente foi resultado de uma combinação de fatores, sendo necessário incluir a hematidrose, o espancamento na casa do sumo sacerdote Caifás, o açoitamento, a coroação com espinhos, a subida ao Calvário e a fixação na cruz. Somente com a soma de todos esses fatos pode-se avaliar a causa da morte de Jesus.[03]

3
MORTE TEOLÓGICA
MORTE E RESSUREIÇÃO DE CRISTO

A responsabilidade política pela execução de Jesus coube ao governador romano Pôncio Pilatos que, acumulando também a função de juiz, condenou o líder messiânico por desrespeito ao que se entendia por ordem pública. A crise nasceu de uma ação religiosa fruto das insistentes discussões entre Jesus e a aristocracia sacerdotal local. Não sabemos como o enfrentamento ideológico inicial cresceu tanto, a ponto de se transformar num grande distúrbio administrativo. Portanto, a escolha da pena máxima permite que os historiadores contemporâneos entendam que Pilatos condenou Jesus por *perduello*, ou seja, crime de ordem pública.

As interpretações da crucificação de Jesus são de uma infinita riqueza de simbolismo, que atrai não apenas os fiéis ou teólogos, cada vez mais vem sendo objeto de especialistas em Semiologia e Psicologia. Do ponto de vista mitológico, Jesus é o Herói da Transformação e Libertação. Aquele que tem sua saga conduzida em função dos desígnios de Deus e dos desejos da sociedade de seu tempo. Aquele que vive enredado num conflito insolúvel, que sofre conscientemente e assiste ao desfecho da sua condição do "ser trágico" que culmina na própria morte.

Segundo Marcos e Mateus, a cruz é o momento escatológico do Filho de Deus, que para se tornar o Glorificado, tinha de ser, antes, o Humilhado. Lucas ressalta o tema do perdão com os diálogos entre os ladrões e, dessa forma, sela o compromisso de refúgio com os pecadores e de solidariedade com os sofredores. Em João, a crucifição se transforma em glória e vida eterna. Encerra-se com a crucifição um ciclo de tradições e se inicia um novo, guiado pelo sentido do Sacrifício Redentor. Mais que um destino, sua morte é um projeto de Deus e, confirmando as profecias bíblicas, no momento de seu martírio, quando a morte se transforma em vitória e misteriosamente em vida, dá-se a constatação de que tudo está consumado. Relatam que a terra tremeu e o dia escureceu; em silêncio as profecias confirmaram-se: *Tetelestai*. Estas foram suas últimas palavras *Está Consumado*. Consumado está o amor com o qual amou os seus no mundo até seu fim. Consumada está a obra que o Pai lhe confiou. Consumada está a glorificação do Pai. Na cruz do Homem-Deus, surge o Deus-Homem. Tudo está consumado.

A CRUZ NA HISTÓRIA DA ARTE

A História da Arte é a história do olhar. Do olhar subjetivo que constrói juízos, mas que não deixa de ser também a história dos olhares coletivos por representar o pensamento de uma determinada época. Como especialidade teórica, surgiu por volta do século XV, em Florença, nas cortes italianas patrocinadas pelos príncipes burgueses. A História da Arte nasceu com o humanismo, um pensamento apoiado no individualismo, racionalismo e universalismo científico. O renascentista é criador e criatura do humanismo, um valor cultural greco-romano, mas que, incorporado à sociedade, fez surgir uma nova realidade equilibrada entre paganismo e cristianismo, fé e ciência. Consequentemente o conhecimento humano alavancou no sentido mais amplo da palavra. De Galileu a Da Vinci, de Copérnico a Colombo a humanidade viveu um turbilhão de descobertas, revoluções e mudanças.

O renascentista tinha uma necessidade obsessiva de organizar e classificar o conhecimento intelectual, a História da Arte surgiu neste cenário como uma literatura totalmente específica e voltada para a produção artística. Inicialmente impulsionada pelo pintor e escritor italiano Vasari, seus primeiros textos ficaram concentrados nos tratados da pintura, arquitetura e estatuária e num conjunto de biografias. A nova teoria era uma novidade burguesa, porque além de organizar o saber de maneira especulativa e classificatória, era totalmente contrária ao anonimato medieval. A necessidade de historiar com mais objetividade e refletir sobre a contextualização dos fatos surgiu a reboque do individualismo.

Com exceções passageiras e pontuais, dos gregos e romanos até o advento do Renascimento, a humanidade vivera de uma maneira a-histórica. Aliás, a necessidade de interpretar acontecimentos históricos sob uma visão crítica é uma prática de cunho puramente ocidental e que ainda hoje não tem o menor sentido para muitas civilizações, entre elas alguns povos tribais da África ou grupos que continuam contidos nos limites do pensamento mítico-religioso. Segundo Mircea Eliade, os pesquisadores atuais geralmente erram porque *"o seu raciocínio abole o sentido do tempo mítico em detrimento do tempo profano de duração histórica. A mais importante diferença entre o homem das sociedades arcaicas e tradicionais, e o homem das sociedades modernas, com sua forte marca judaico-cristã, encontra-se no fato de o primeiro sentir-se indissoluvelmente vinculado com o Cosmo e os ritmos cósmicos, enquanto que o segundo insiste em vincular-se apenas com a História"*.[04]

Para esse cientista romeno, o pensamento simbólico orienta-se pelo conceito e comportamento do Mito do Eterno Retorno. A não existência do tempo cronológico muda a percepção dos fatos e a vida dos indivíduos, pois deixa de existir uma história construída por ações que aconteceram no passado, no presente e que se projetarão no futuro. A medição do tempo não linear é exercida pelos ritos de passagem e regida pelo tempo mítico. No círculo contínuo do eterno retorno, não há registro de um tempo subjetivo; em outras palavras, o individualismo não se desenvolve, tampouco o historicismo. Existem mitos, lendas, narrativas sagradas, tradições consuetudinárias, mas não existe História.

A narrativa histórica constrói-se num confronto entre a historicidade e a concretude da realidade factual, visto que os historiadores analisam e interpretam à distância, e seus julgamentos não ficam isentos dos critérios pessoais e nem do próprio contexto. Historiar é narrar e analisar fatos, porém com interferência das opções ideológicas dos analistas, dessa maneira sempre surge uma história refeita e recriada. Com certeza a análise da cruz, como um símbolo religioso, dificilmente deixaria de sofrer este tipo de dificuldade.

CRUX CRUCIS CRUCIFIXUS

A iconografia da cruz é a história do cristianismo, uma religião que tem sua origem na pregação do judeu Jesus de Nazaré, reconhecido por seus seguidores como Filho de Deus encarnado. Existe a imagem do crucificado porque os cristãos acreditam que o Verbo se manifestou quando se fez homem e o homem havia sido feito à imagem e semelhança de Deus. Ora quando o Verbo se fez carne e lhe foi dado forma, simbolicamente o que era invisível tornou-se visível. O dogma da Encarnação é a base da arte sacra cristã. A junção entre cruz e cristãos surgiu naturalmente e se irradiou a partir de Tertuliano, no século II, quando o imperador designou os cristãos de *crucis religiosi*, ou seja, de *"devotos da cruz"*. Para que *crux*, como os antigos romanos chamavam o instrumento de suplício constituído por dois madeiros, fosse transformado num signo cultural, aconteceram grandes transformações. O cristianismo não inventou a cruz, mas foi na sua iconografia que ela atingiu o esplendor, embora todos a conhecessem, ninguém a fizera símbolo de identidade como os cristãos.

CRUZ SIGNO
SÍMBOLOS QUE REPRESENTAM CONCEITOS
ARTE PALEOCRISTÃ

Rábula. *Crucificação* - Iluminura *Evangelho*, séc.VI
Biblioteca Medicea-Laurenziana – Florença
As ilustrações do Evangelho do monge Rábula são consideradas as primeiras imagens das narrativas bíblicas. Aqui vê-se Jesus entre os dois ladrões, os centuriões, apóstolo João, a mãe Maria e o grupo das mulheres santas em lamento.

Os primeiros cristãos eram judeus dissidentes do judaísmo rabínico, o cristianismo como nova religião surgiu no final do século I, e as primeiras imagens cristãs por volta do ano 200. O mérito de transformar uma seita de poucos adeptos de uma província distante e pobre em religião oficial do império romano coube ao empenho dos apóstolos que, transformados em pregadores itinerantes, difundiram e consolidaram o cristianismo gentílico pelo Oriente Médio, Norte da África e por toda extensão do mundo romano. Ninguém sabe ao certo como aconteceu, mas em algum momento, entre a missão de Jesus na Galileia e os primeiros anos da vida das comunidades, a pregação dos seguidores de Jesus de Nazaré alcançou as comunidades judaicas da diáspora nos grandes centros urbanos, como em Antioquia, a capital da província romana da Síria. Com extrema mobilidade geográfica e étnica a nova ideologia se popularizou com rapidez, seu caráter universalista facilitou para se infiltrar na capilaridade social do império e se tornar uma força dentro do Estado.

O período que começou por volta do ano 150 e se estendeu até o século V ficou conhecido por cristianismo primitivo, refere-se a uma época de organização final dos textos canônicos e de conquistas de adeptos. Conforme os povos romanizados cederam para a cristianização o alto clero se deu conta da importância e necessidade do uso das imagens como instrumento de doutrinação. Quando ainda não existia uma única iconografia teológica os fiéis podiam escolher entre duas tendências: a abstração simbólica ou a figurativa. A primeira opção é mais vista nas catacumbas e a segunda nos meios intelectualizados e herdeiros da cultura helenística.

Símbolo de Jesus Cristo séc.IV
Metropolitan Museum – NY
O símbolo representa Cristo através de quatro imagens: no Chi Ro (☧), nos dois peixes, nas letras Alfa e Ômega e na âncora centrada e sobreposta ao ☧.

Constantino, ostentou em seu estandarte militar a primeira imagem abstrata – o monograma, conhecido por Chi Ro, sobreposição das letras X e P, da palavra Cristo em grego, ΧΡΙΣΤΟΣ. É uma forma reducionista ao gosto da tradição judaica, semelhante a algumas imagens de identificação como o candelabro de sete braços exposto em suas sinagogas, ou a cruz tau usada nas portas de suas casas. Quando o imperador Constantino usou o lábaro, diante do seu exército, sua função era dar proteção e trazer vitória, porém a imagem representava um dogma religioso. O símbolo faz referência a Cristo, ou *Khistós* o *Ungido*, pertence ao grupo das imagens-signos capazes de representar conceitos teológicos complexos. Segundo André Grabar: *"A clareza de uma imagem-signo consiste na simplicidade com que foram idealizadas. As imagens paleo-cristãs, apesar do seu alto grau de complexidade temática, foram eficientes como meio de expressão iconográfica. Elas expressavam os conceitos dos acontecimentos evangélicos com um restrito número de signos e um número limitado de figuras com o objetivo de não dificultar a sua compreensão"*.

O relevo acima, de pedra lápis-lazúli, justapõe quatro conceitos teológicos de Cristo através de formas simbólicas. O primeiro conceito consiste na inscrição das letras alfa e ômega, ou seja, A e Ω, respectivamente a primeira e a última letra do alfabeto grego foram usadas para significar o infinito e a eternidade da natureza de Cristo. Elas reproduzem o texto bíblico do Apocalipse que diz: *"Eu sou alfa e ômega, aquele que é, o que era e o que será"*. O segundo conceito foi expresso pela imagem de dois peixes, um símbolo de vários significados e o mais popular. A versão comumente divulgada é a do acróstico ICHTHUS, que encerra as iniciais de Jesus Cristo Filho de Deus Salvador escrito em grego, e que têm o som da palavra peixe. Peixe é a letra que se tornou imagem. Esta versão é a mais considerada por ser uma súmula do sentido diferencial do cristianismo, porque confirma a natureza divina de Jesus. Porém antes deste acróstico, os cristãos já usavam figuras de peixes como referência ao batismo. Cristo também é representado pelo peixe por ser o alimento da vida em referência à ceia eucarística e a base das representações da pesca miraculosa. O terceiro conceito está claramente exposto no monograma de Chi Ro, com as duas letras e, por fim o quarto símbolo de Cristo aparece no que será a sua imagem de identificação suprema, a cruz, mas aqui dissimulada em forma de âncora, é uma representação da época das perseguições. Para os cristãos, ela significava a esperança na vida eterna em alusão à paixão de Cristo, por esta razão a âncora-cruz era colocada nas inscrições sepulcrais.

Os símbolos abstratos que formataram as primeiras manifestações da arte cristã com o passar do tempo caminharam no sentido contrário, e a comunicação visual passou a criar representações concretas das figuras. No início, as preferências temáticas concentravam-se nos relatos bíblicos, principalmente nas cenas dos milagres, nos martírios dos santos e na identificação de personagens como apóstolos e profetas. Até meados do século V, a representação da crucificação era desconhecida. Por esta razão, as iluminuras do Evangelho do monge Rábula têm enorme valor.

Segundo a descrição dos evangelistas, a Crucificação, pintada no ano de 586, é considerada uma narrativa da morte de Jesus. Não é uma representação realista, as formas foram simplificadas, não têm volume e nem perspectiva, mas contêm todos os elementos necessários de identificação da cena. Nela, Cristo, a figura de maior destaque, é visto com uma túnica sem mangas chamada *colobium*, um traje eclesiástico usado pelos sacerdotes na Antiguidade greco-romana. O corpo não sangra, não demonstra as feridas das chicotadas e nem expressão de dor física. O significado da serenidade do rosto é demonstrar paz e certeza da ressureição. A cena é uma descrição textual. Os dois ladrões que foram condenados no mesmo dia ladeiam a cruz, abaixo dois soldados simetricamente apontam longas lanças – *Longuinus*, o que perfura o tórax para verificar se estava vivo, e o que oferece vinagre numa esponja ao invés de água. No chão, três soldados indiferentes jogam dados. Os demais personagens são: Maria, a mãe de Jesus, abraçada ao apóstolo João, e do lado oposto, em contraponto, três figuras femininas, sendo uma delas Madalena, se movimentam em lamento.

A função dessas imagens era rememorar personagens e acontecimentos. Os cristãos evitavam trabalhar temas do Antigo Testamento porque queriam reforçar o seu ideário de salvação e liberação da alma após a morte. Do ponto de vista de comunicação elas eram eficientes e graças a esse diálogo visual o mundo mediterrâneo assimilou com facilidade a nova ordem religiosa. Os cristãos se apresentaram para a sociedade com um novo sistema de linguagem. Para doutrinar, criaram um conjunto de códigos visuais, de sistemas narrativos e símbolos de fácil memorização. Segundo Régis Debray, *os cristãos foram os primeiros publicitários, eles não eram um povo, não tinham gênese étnica com Deus e, no entanto, formaram unidade ao propagarem suas ideias com pregações e recursos visuais.*[06]

O SAGRADO NA ERA MEDIEVAL

Como unidade histórica, o conceito de Idade Média é um pensamento artificial, e o termo que apareceu pela primeira vez em 1669 foi cunhado por Chistopher Keller. Na realidade existem muitas Idades Médias. Como definir quase mil anos de História? Com certeza, errôneo foi chamá-la simplesmente de Idade das Trevas. Se houve uma Idade Média de bruxas e perseguidos, existiu também uma na qual pobres e humildes eram piedosamente acolhidos nos mosteiros. Se existiram clérigos devassos, existiu também São Francisco de Assis. Se cruzadas intolerantes empunharam espadas contra outros credos, por outro lado monges-copistas preservaram a cultura clássica e a salvaram da barbarização e do analfabetismo. É difícil falar em unidade diante de tanta diversidade, porém toda Idade Média cabe numa só palavra: cristianismo.

A visão tradicional e ainda divulgada é feita de sombras. Com exceção dos medievalistas franceses e italianos que se esforçaram no sentido contrário, a maioria dos textos são clichês preconceituosos. Eles progrediram especificamente em três nichos: no racionalismo renascentista, no reformismo religioso do século XVI e XVII e no iluminismo do século XIX. É uma visão tão negativa que nem permite reconhecer o óbvio. A originalidade cultural de cada país europeu surgiu na Idade Média durante a formação das nações. O diferencial histórico é feito de particularidades que estão nas línguas nacionais, nos personagens míticos, nas músicas e no folclore. Jacques Le Goff é defensor de uma revisão conceitual da Idade Média.

Este exímio medievalista argumenta que continuamos reproduzindo a mesma visão hostil gerada pelos humanistas renascentistas e acrescida por interpretações marxistas do século XIX. No seu entender, os novos historiadores deveriam repensar e rever o passado não apenas com documentos, mas também com imaginação. Ele acredita que, para entendermos uma civilização, é prudente estudamos a sua produção cultural, um conhecimento que vai muito além da tradicional divisão entre infra e superestrutura, porque, sem dúvida, estas generalizações simplistas são o oposto de análises críticas. Le Goff acredita na história das mentalidades. Como estudar a Idade Média com o distanciamento de mil anos sem cometer falsos juízos? Como entender a arquitetura de uma catedral gótica sem enxergar os conceitos teológicos que estavam no inconsciente dos fiéis, nas palavras dos pregadores e nos pensamentos dos seus construtores? Para ele, além dos textos eruditos, a história é feita pela realidade simbólica do imaginário.[07]

O método cronológico da historiografia organizou a longa história medieval em quatro períodos. Inicia com as inúmeras invasões das tribos germânicas determinando a transição entre o fim da era romana e o advento e propagação da nova ordem lançada pelo cristianismo. O segundo período, conhecido por bizantino, corresponde ao apogeu do antigo império oriental. É uma época de grandes obras arquitetônicas que foram realizadas para o deleite de uma sociedade requintada e luxuosa e, ao mesmo tempo, muito religiosa e que tinha seu pensamento atrelado à metafísica cristã. Mais ortodoxos que o ocidente, os bizantinos organizaram suas vidas dentro de um sistema extremamente hierárquico numa clara adaptação da estrutura política do império romano ao cristianismo. Ao fundirem os dois poderes num só corpo, definiram a principal característica da sociedade medieval: a crença de que o poder não é uma conquista, mas uma dádiva de Deus.

Os historiadores chamam o terceiro período de alta Idade Média. É o momento áureo do feudalismo, das invasões árabes e do ruralismo com seus desdobramentos, como a formação dos núcleos sociais estratificados e definidos pela imobilidade. Ou seja, naquela sociedade, os indivíduos estavam separados por estamentos hereditários. A nascença era o fator determinante. Pobres e ricos nasciam, viviam e morriam na previsibilidade de seus *status*. Essa época, marcada por privações e pela reconstrução do ocidente após o assentamento dos povos bárbaros, sofreu ainda mais com a crença apocalíptica do fim do mundo.

Entre os extremos dos castelos fortificados e o isolamento dos mosteiros, a abertura de mudança foi introduzida pela ética da cavalaria e pelas peregrinações religiosas. A verdade é que, enquanto o oriente bizantino mantinha suas cortes na riqueza comercial e cultural, o ocidente retrocedia e demoraria séculos para se reerguer da catástrofe das invasões e da consequente regressão à barbárie. O feudalismo identificado como o pior dos tempos históricos do ocidente, na realidade foi estabelecido como uma nova ordem para solucionar tanto o caos das invasões germanas que disseminaram a fuga para o campo, como para reconstruir o Estado de direito após o abandono da legislação do Direito Romano.

Finalmente, a quarta e última divisão cronológica encontra-se relacionada ao surgimento da burguesia e o que ela representa: abertura da economia, desenvolvimento dos centros urbanos, secularização da cultura, criação das primeiras universidades, mobilidade social e novas atividades profissionais. O período gótico corresponde à volta do refinamento, o gosto pela arte, por menestréis, amor cortês, música e livros. Depois do analfabetismo, começaram a circular textos com iluminuras, os novos indicadores de riqueza e poder.

A criação estereotipada de uma Idade Média induz a erros como o de imaginar cruzes mórbidas com crucificados sofredores por toda parte. O grande tema da arte medieval não era a crucificação. A cruz existia de forma onipresente, porém a cena com o crucificado não era comum. Somente após o século VIII, a crucificação passou a ser representada com mais frequência e, assim mesmo, restrita a determinados espaços. A simples preferência temática e a diferenciação do repertório visual de cada época medieval, por si, já demonstra os equívocos dos historiadores generalistas.

Durante o período bizantino, a imagem escolhida para Deus era a do governante, criador e ordenador do mundo, conhecida por Pantocrator, o Todo Poderoso. O Cristo Cósmico, apresentado como um rei autoritário, assemelhava-se mais ao Deus do Antigo Testamento, do que a Jesus de Nazaré, o pregador da igualdade. São imagens que refletem o caráter político por trás do discurso religioso. Enquanto no lado ocidental do império romano o mundo ruía, os bizantinos organizavam a sociedade em torno da Igreja; um núcleo estável que propiciava proteção à coletividade. Segundo eles, a ordem estava na Igreja e o centro do universo seria representado por uma imagem de autoridade.

Durante o feudalismo, com o estilo românico, novos temas foram criados. Imagens de pedra e espalhadas por igrejas e cemitérios espelhavam a cristianização numa época de medo. O historiador Jules Michelet, um dos primeiros a divulgar o pessimismo medieval, associou a ideia de Juízo Final à chegada do ano mil. Era de fato uma lembrança temida, e se para alguns seria a eternidade do inferno, para outros era a esperança do triunfo dos justos. Essa crença escatológica que se relaciona à convicção da vinda do Messias é de origem judaica e foi acolhida pelo livro do Apocalipse do Novo Testamento. A lenda do Final dos Tempos contribuiu para desencadear na sociedade medo e negatividade. A Igreja tentava controlar estes sentimentos com a ideia esperançosa da vitória de Cristo, porém a partir de 1096, após a proclamação da Primeira Cruzada, o pânico de um fim eminente se desencadeou num movimento coletivo: o milenarismo. Consequentemente as cenas de Cristo no Juízo Final passaram a ocupar o imaginário do homem medieval.

O último período medieval é o gótico e sua palavra de ordem é mobilidade. O dinamismo foi sentido em todas as partes, no social, na economia e no espiritual. São Francisco de Assis trouxe a renovação do mundo feudal tirando literalmente a humanidade do seu encastelamento e colocou-a diante da natureza e das criaturas. A partir do século XII, elas deixaram de ser tão somente a imagem do pecado. A revolução gótica fez com que o mundo sensível se apoderasse do mundo canônico e legislador. São Tomás de Aquino completou a renovação franciscana ao dizer que tudo exprimia a natureza divina, pois em suas palavras *"O Unigênito Filho de Deus assumiu nossa natureza para que, feito homem, pudesse fazer dos homens deuses"*. Era a teoria que faltava para justificar o naturalismo e aceitar o mundo orgânico e material.

O gótico é o elogio à concepção de Deus Luz, Guia e Salvador. É a materialização das palavras de João 8:12 *"Eu sou a luz do mundo, aquele que me segue, não andará em trevas, mas terá a luz da vida"*. Não foi à toa que os arquitetos mudaram completamente, se antes as suas construções eram fechadas e voltadas para o interior, ficaram leves, coloridas e iluminadas. Os vitrais de uma catedral gótica são mutação de cores, e estão sempre em movimento porque dependem da variação da luz solar. A sensação de dinamismo no interior do edifício é proposital, foi concebida para cumprir a função de dirigir o fiel para o altar-mor, o lugar onde o sacrário da eucaristia preserva o mistério da cruz.

Durante a Idade Média nenhuma linguagem visual foi mais apropriada para a construção religiosa do que o gótico. É certo que, de um modo geral, todos os estilos medievais cumpriram suas finalidades espirituais e conseguiram ultrapassar o sentido restrito do estético e do social, mas nenhum se igualou ao gótico. Porque ele é muito mais que arte. Ele é uma forma de manifestação do transcendental e uma experiência de vivenciar o sagrado.

CRISTO NA ICONOGRAFIA MEDIEVAL

SENHOR DO UNIVERSO – ARTE BIZANTINA

Pantocrator – Hagia Sophia
mosaico

JUIZ DOS VIVOS E DOS MORTOS – ARTE ROMÂNICA

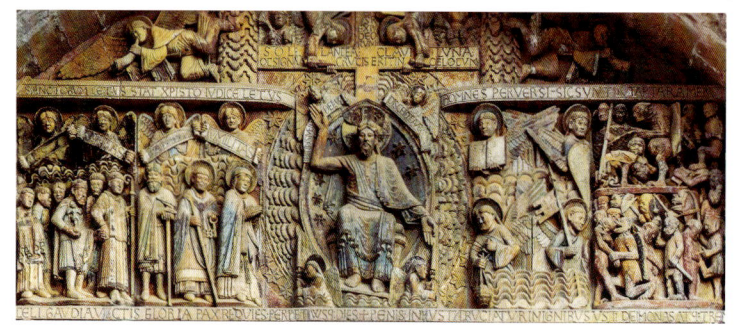

Cristo Juiz – Abadia Saint Foy de Conques
relevo - tímpano da portada central

CRIADOR, SALVADOR E GUIA – ARTE GÓTICA

Lorenzo Maitani. *Gênese* -
relevo - catedral de Orvieto

A CRUZ MEDIEVAL

A representação da crucificação não foi tarefa fácil para os artistas medievais, pois enquanto o símbolo da cruz sedimentara-se no inconsciente da sociedade como conceito de fé, a imagem da crucificação teve que enfrentar disputas teológicas para se confirmar. O tema enfrentava objeções. A primeira relacionava-se à confirmação da derrota. Como aceitar a condenação e a execução do Filho de Deus? Que Deus é esse que não tem poderes para evitar a própria morte? O segundo problema encontrava-se na representação da nudez. Havia ainda um terceiro obstáculo, muito lembrado pelos historiadores, mas que foi o de mais fácil resolução. Os autores falam muito sobre a legislação mosaica referente à idolatria, mas desde o início do cristianismo essa proibição foi absorvida com a criação de uma linguagem não naturalista. Parece contraditório, mas a representação que sofria mais dificuldades era também o ponto nevrálgico da fé e fundamental para a compreensão da mensagem cristã. Quando reverteram os sentimentos de vergonha pelo conceito de triunfo, os teólogos encontraram as diretrizes visuais para a iconografia da crucificação. A morte acompanhada de otimismo e esperança não deixava marcas de sofrimento.

Majestat Batlló, autor desconhecido, séc. XII
Museu Nacional de Arte da Catalunha, Barcelona

Deve-se perguntar quando surgiu a censura, visto que as primeiríssimas imagens do crucificado exibiam sua nudez. O momento das primeiras representações coincidiu com a queda política e cultural de uma era e a implantação de novos costumes e valores morais. Entre o fim do helenismo pagão e a ascensão do medievalismo cristão, a sociedade passou por adaptações. No mundo greco-romano a nudez estava associada a dois extremos: ou era imagem de escravos e inferiores ou o seu contrário, aceita e venerada nas esculturas e nos corpos dos atletas por representar a perfeição e a beleza. Do ponto de vista moral, no paganismo a nudez não incomodava, porém no judaísmo e, posteriormente, entre seus herdeiros cristãos, ela estava associada à vergonha. Rememorada no Antigo Testamento, ao menos duas vezes, a nudez pública foi vista negativamente: na passagem com Noé causou constrangimento pois, ao se embriagar, ele ficou nu diante dos filhos; a outra citação aconteceu com a expulsão de Adão e Eva do Paraíso. Nas duas passagens, colocaram a nudez como algo desprezível, na posição de rebaixamento e de perda de alguma coisa.

O historiador Flavio Josefo, que viveu nos primeiros anos da era cristã, descreve o incômodo da nudez entre os hebreus. Eles sempre tomavam cuidado para não mostrar o corpo, era um comportamento que os diferenciava dos outros povos; homens e mulheres andavam sempre cobertos – e elas até a cabeça. Do ponto de vista histórico, a nudez acabou relacionada ao paganismo. É bom lembrar que os primeiros templos cristãos foram construídos sobre a destruição e os escombros dos templos pagãos, lugares onde os "deuses" tinham o poder de se incorporar nas esculturas. Alguns cristãos iconoclastas quebraram muitas esculturas gregas e romanas justificando seus atos como moralização dos costumes. Por essa razão, a nudez – antigo princípio estético – foi condenada e anexada na mesma lista dos bens e coisas a serem excluídos. Do ponto de vista religioso o impasse estava criado.

Se de um lado as imagens tinham a finalidade de ajudar na memorização, ainda não estava resolvido qual o corpo que deveria ser lembrado. Qual deles? O real e histórico que foi humilhado e despojado das vestes ou o simbólico que representava o Filho de Deus? O conceito teológico basilar do cristianismo, além de difícil compreensão cognitiva, precisava de visibilidade e materialidade para ser divulgado. A opção foi cobrir a nudez com o véu do pudor.

Mesmo que haja escassez de informações seguras, considera-se que Cristo não morreu totalmente nu. Pela legislação romana, os crucificados morriam nus para ficarem expostos à vergonha e humilhação. Mesmo sem qualquer documento comprobatório, os artistas vestiram e desnudaram o corpo de Cristo conforme as exigências de cada época. No período bizantino, Cristo foi mostrado como um rei entronado e, como tal, vestiu-se com trajes ornamentados cobrindo todo corpo. Com estas vestes, não pretendiam mostrar o Filho do Homem no sacrifício da cruz, mas o monarca que desceu da cruz para o trono. No românico, sua imagem era semelhante à dos sacerdotes com longas túnicas, o *colobio*, e vermelhas em alusão à Paixão e às cores púrpuras imperiais. Com o tempo, surgiu um novo significado, e aos poucos a ideia de pureza tomou conta da imagem com o uso do branco. O objetivo de cobrir as imagens de Cristo era para mostrá-lo vitorioso. Mais que moralismo e censura, o propósito era fortalecer o aparato dogmático e mostrar Cristo Deus em sua glória. A nudez foi retomada no período gótico, 1.100 anos depois dos acontecimentos vividos em Jerusalém.

CRUZ EM FORMA HUMANA
ROMPIMENTO DO NATURALISMO E DEFORMAÇÃO INTENCIONAL
IMAGEM DO SACRIFÍCIO
IMAGEM DE ESSÊNCIA TEOLÓGICA
FIGURAÇÃO SIMBÓLICA

Cristo de Courajod – Cristo da Deposição
autor desconhecido, 1150, Louvre. Arte da Borgonha

Nas cerimonias litúrgicas, os religiosos sempre exaltam o poder da cruz e equiparam Cristo Morto ao *Sol Invictus*. "*Para o cristianismo a imagem divina por excelência é a forma humana de Cristo, por isso a arte cristã tem apenas um objetivo, mostrar a transfiguração do homem e do mundo em sua participação em Cristo.*"[08] O cristianismo não podia prescindir do legado artístico da antiguidade justamente porque precisava das formas figurativas para expressar suas ideias. Na Idade Média, imagens, objetos e espaços litúrgicos eram considerados sagrados. Eles não existiam para o deleite estético e, sim, como uma possibilidade para alcançar o divino. A estética gótica, totalmente diferente da clássica, estava apoiada na ideia de "transcendental" e, para transmitir espiritualidade, alongaram as imagens. Era uma deformação intencional para demonstrar a desmaterialização do corpo e parecer que estavam flutuando no espaço. As figuras góticas tinham padrões de beleza baseados na leveza e graça, movimentavam-se com moderação espelhando o refinamento da aristocracia. Usaram a verticalidade para provocar sensação de ascensão, uma qualidade que satisfazia a vontade de atingir o céu.

VITÓRIA DO HUMANISMO RENASCENTISTA
ELOGIO AO HOMEM

O sagrado na arte e a compreensão do mundo feita por revelações e experiências religiosas findaram com a Idade Média, ao menos no Ocidente. O que veremos a seguir com o renascimento até a contemporaneidade será uma produção estética que caminhou para a *dessacralização,* segundo uma visão racional da realidade. A temática religiosa nas artes visuais perdeu a hegemonia e passou a conviver com outras escolhas de conteúdo. Essas mudanças significativas fizeram surgir a separação entre arte sacra e arte religiosa.

Até o século XV, o homem das sociedades pré-modernas vivia integralmente na esfera do sagrado e em plena unidade primordial. Aos poucos, seus mitos cosmogônicos e símbolos religiosos foram substituídos por uma realidade construída sobre por um pensamento científico e prosaico. A descoberta de um mundo fragmentado entre os polos do profano e do sagrado é um fenômeno moderno, que não existia nas sociedades arcaicas, nem na antiguidade, tampouco na era medieval. Nesses períodos existiam espaços, imagens e objetos que eram *consagrados*, quer dizer, estavam plenos de divino. Com o advento do Renascimento, houve um deslocamento dos valores sociais, e o mundo da predestinação determinada pelos deuses cedeu para o da experimentação científica, o da espiritualidade para o da materialidade e o da transcendência para o da imanência.

Seria fácil presumir que, a partir dessas transformações, os assuntos religiosos findaram e cederam seu espaço para os profanos. Porém, contrariando a previsibilidade dos discursos racionalistas, o antigo tema da crucificação não deixou de existir, pelo contrário, até se impôs com maior destaque. Com a epidemia da Peste Negra, nem mesmo o avanço científico e as mudanças socioeconômicas trazidas pela burguesia comercial provocaram alterações significativas no repertório da arte cristã. Os mercadores que levavam produtos e novas possibilidades de trabalho para as cidades italianas foram os mesmos que trouxeram a doença da Ásia.

A Peste Negra entrou no continente europeu por meio dos ratos que vinham transportados nos navios genoveses. Bastava o contato com uma pessoa infectada para contrair a doença que facilmente entrava pelas vias respiratórias; em pouco tempo todos os portos da Europa foram tomados por um verdadeiro surto que levou à morte 1/3 da população. A primeira cidade a cair foi Constantinopla e, em menos de um ano, toda costa mediterrânea já estava dominada. Devido à velocidade com que as pessoas morriam, e também pela falta de conhecimento sobre a peste bubônica, parte da sociedade acreditou que a mortandade fazia parte de um plano divino para punir os pecadores. O medo da morte fez com que todas as deficiências do pensamento medieval entrassem em ação, tais como a ira divina, as superstições, as perseguições, bruxarias e crenças em demônios.

Se uma parte da Europa se deixou levar pela ignorância, outra parte caminhou em sentido contrário. Na mesma Itália envolta pela crise epidêmica, surgiu também uma nova concepção de natureza e de beleza. A arte deixou de ser uma atividade manual, mecânica, para se tornar uma atividade intelectual, ou *liberalis*. Enquanto a Idade Média perdurou por mais tempo nos países nórdicos e na França, uma nova Era surgia na Itália. A sua população tinha certo desprezo pelo gótico, diziam que era coisa de bárbaros, coisa de godos. Este desprezo fácil de ser entendido era histórico. Apesar das invasões germanas terem dizimado as cidades romanas, a herança da antiguidade se manteve e fez com que os italianos nunca perdessem o gosto pela harmonia das proporções e o uso da geometria nos padrões numéricos.

A essência da grande renovação cultural dos humanistas renascentistas estava em estimular o caráter individualista em oposição ao caráter coletivista da cristandade medieval. Ao fazerem do homem a referência do universo, os artistas apresentaram antigos temas com novos conteúdos ideológicos, por essa razão, as formas visuais que, antes eram entendidas apenas como simples ilustrações, passaram a divulgar a descoberta científica do mundo. Os valores da antiguidade clássica tornaram-se revigorantes para a *intelligentsia* da época.

A nova arte caminhava para o naturalismo, uma linguagem companheira das novas ciências. A produção estética comprova que artistas e cientistas caminharam *pari passu*. Para eles, a representação física do corpo humano era resultado de estudos de anatomia. As composições eram aplicações de proporções matemáticas, e a representação tridimensional do espaço era pura aplicação da geometria descritiva. Se bem que a visão de um Renascimento totalmente científico e livre do pensamento religioso, segundo Arnold Hauser, foi uma invenção do liberalismo do século XIX para atacar a visão romântica da cultura medieval. Os juízos históricos durante o século XIX estavam agrupados em duas correntes de pensamento.

O primeiro, desenvolvido no Romantismo, via na Idade Média a origem das nações modernas e por isso mesmo tinha enorme simpatia por seus valores morais de fundo cristão. Nesta linha de raciocínio resgataram heróis, cavaleiros e mitos, que trouxeram na retaguarda as histórias do amor cortês. Victor Hugo, autor do clássico romance *Notre Dame de Paris*, foi um dos grandes defensores desse imaginário. A outra corrente, a dos iluministas liberais, opunha-se por entender que a cumplicidade permanente entre Igreja e Monarquia fluiu para o autoritarismo do absolutismo, um sistema que floresceu no engano de um pensamento medieval referente à origem do direito divino como vontade de Deus.

Não é necessário nenhum enfrentamento, basta uma breve análise da arte renascentista para constatar-se que o aspecto religioso continuou mais presente do que nunca, e não apenas como tema, mas principalmente como preferência do mecenato. Ao menos na Itália, a Igreja era a grande patrona das artes. Portanto, falar em caráter irreligioso da Renascença é perpetuar um erro de uma conclusão preconcebida e exagerada de alguns pensadores do século XIX. O correto é mostrar o senso crítico do homem renascentista que, em alguns aspectos, tomou posições anticlericais e que de um modo geral era antiescolástico e antiascético, mas de forma alguma era cético. Trata-se mais de entendermos a razão da mudança dos sentimentos religiosos, pois se alguns clérigos foram atacados, marcadamente, a Igreja foi poupada. *"Os ataques mais violentos e radicais ocorreram somente no século XIX durante as lutas pelas liberdades revolucionárias. Foi o jornalismo, que na França era antinapoleônico e na Itália anticlerical, que auxiliou a estabelecer a conclusão e a espalhar a concepção liberal da Renascença"*.[09]

A complexidade do pensamento renascentista é de tal ordem, que o início de toda mudança artística foi marcado pela valorização e compreensão de uma figura religiosa medieval. O prenúncio do novo olhar estético veio pelas palavras de São Francisco de Assis. Os exemplos biográficos de amor à natureza e respeito aos homens sem discriminação influenciaram o surgimento do naturalismo e do individualismo. É fato notório que os dois mestres precursores do Renascimento, tanto o escritor Dante Alighieri, quanto o pintor Giotto, estiveram mais próximos do santo *poverello* de Assis do que da cultura clássica greco-romana. O que se pretende dizer é que só aparentemente o Renascimento pode ser considerado uma descontinuidade absoluta e radical da Idade Média.

Enquanto o gótico tardio prolongava-se nos Países Baixos, na atual Holanda e Bélgica e também nos países nórdicos e França, na Itália em compensação, instalava-se uma nova ordem gerada nos centros urbanos e interiores das igrejas. A Itália foi pioneira não por casualidade, mas devido a uma enorme congruência de fatores. Entre os séculos XIV e XVI, ela apresentava-se numa situação singular em relação ao resto da Europa. Sem nenhuma unidade política, o seu território era ocupado por repúblicas e cortes rivais. A população concentrada nos núcleos urbanos também estava dividida em facções que viviam em constantes guerras. Esse comportamento aparentemente nocivo dinamizou a sociedade italiana de tendências individualista, e fez dela a grande precursora do desenvolvimento capitalista, da livre concorrência e do mercado financeiro.

A diversidade social conseguiu bons resultados, aproveitaram melhor as antigas guildas e corporações de ofício na defesa das organizações coletivas. Também a alteração do sentido de pecado da usura permitiu a implantação do sistema bancário. A Itália era moderna, burguesa e palaciana. Era o centro do papado e sabia como nenhum outro lugar conviver concomitantemente com o profano e o sagrado. A Itália foi a primeira a abraçar as mudanças da modernidade benéfica do racionalismo científico, e também a primeira a resgatar a cultura do passado clássico. Em síntese, por quase 200 anos, o Renascimento europeu girou em torno de três fatos decisivos relacionados direta ou indiretamente à Itália: Descobertas Marítimas, Reforma Religiosa e Capitalismo.

HOMEM MEDIDA DE TODAS AS COISAS
BELEZA E REALIDADE FÍSICA
HOMEM-DEUS

Fillippo Brunelleschi. *Crucificação*, 1410, Capela Gondi da Igreja de Santa Maria Novella, Florença. escultura em madeira policromada

A nudez total e sem qualquer censura ou disfarces só foi possível graças à liberdade conquistada pelos pensadores e artistas italianos que contavam com a condescendência dos governantes e de membros do alto clero. Era um grupo composto por pessoas cultas, que inspiradas nas ágoras gregas, criaram círculos de discussões filosóficas. Compartilhavam o mesmo prazer estético e a mesma curiosidade intelectual, dessa maneira tornaram-se no público e nos agentes da vanguarda. Pode-se dizer que na Itália existia uma elite criativa e intelectualizada para a qual a inovação era um ato consciente e contínuo.

A admiração e afinidade pela Antiguidade permitiu romper e atacar a tradição medieval como um rompimento, mas na realidade ela produziu também continuidade. Na arquitetura e na escultura, a imitação inicial ficou óbvia. Já os pintores, como não tiveram à sua disposição os modelos originais, recorreram à literatura e descrições dos antigos gregos. Talvez por desconhecerem a verdadeira pintura grega, os renascentistas criaram o seu próprio caminho tornando-se mais criativos.

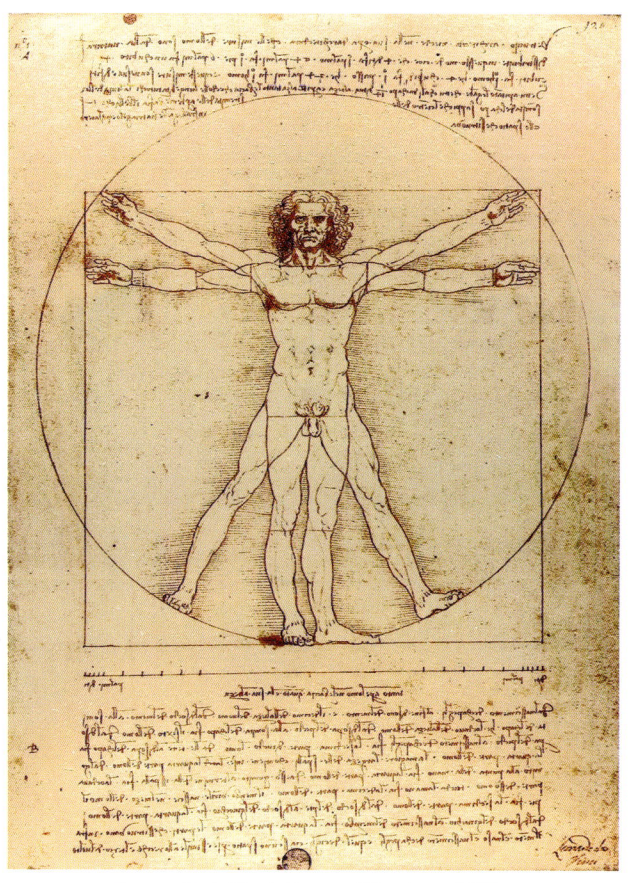

Leonardo da Vinci. *Homem Vitruviano*, 1487,
Galeria da Academia de Veneza

Três conceitos permearam a arte renascentista: realismo, secularismo e individualismo. Os três encontram-se presentes na *Crucificação,* de Brunelleschi, porém o conceito de secularização é o que exige mais cuidados. Seria bom não exagerar, pois nos anos de 1410, ainda não existia uma nítida distinção entre sagrado e profano. Essas diferenças entraram em discussão e tornaram-se motivos de perseguição após alguns setores da reforma religiosa se colocarem contrários. Quando Brunellechi esculpiu sua *Crucificação,* o catolicismo era vigente e o sentido de secularização não conhecia a rigidez dos limites, eles vieram fortemente só a partir do século XVI. Para entender, basta olhar as antigas catedrais góticas e ver no seu interior como numerosas cenas do cotidiano dividem espaço, em igualdade, com imagens bíblicas. Pode-se dizer que essas imagens, geralmente colocadas nos capitéis, demonstram não existir, de maneira rígida, uma separação entre religioso e secular, afinal o divino poderia estar presente em todos os lugares e criaturas e nos mais diferentes grupos sociais.

A nudez em obras de tema religioso sempre provoca polêmica e, a bem da verdade, esse é um julgamento que satisfaz muito o gosto contemporâneo. Pode-se garantir, inclusive com relatos de época, que a nudez do Cristo de Brunelleschi em nenhum momento foi entendida como um ato de desrespeito, pelo contrário, ela representou a realização de um ideal de época. Se fizermos um comparativo cronológico e diferencial entre a *Crucificação* de Brunelleschi e a produção artística do resto da Europa, a disparidade será assustadora. Até aquele momento, ninguém ousara tanto. O moderno tratamento da figura humana é visto apenas como mais uma contribuição dada à arte pelo escultor e arquiteto Fillippo Brunelleschi, um típico florentino, filho de classe média. Da sua mesa de trabalho surgiu o tratado da perspectiva, uma redescoberta de princípios estudados pelos gregos e romanos, que mudou o olhar estético da humanidade para sempre. Ao estabelecer o princípio do ponto de fuga, e estabelecer a relação entre a distância e a redução no tamanho dos objetos, Brunelleschi criou o princípio mais revolucionário das artes visuais. O recurso gráfico, base de regras ilusionistas de tridimensionalidade, permitiu que todos artistas reproduzissem imagens verossímeis, usado até hoje, foi apenas superado com a invenção da fotografia no século XIX.

O naturalismo pictórico tratou com igualdade as pinturas de tema religioso e as de temas seculares como retratos, alegorias e outros, portanto uma concepção de arte fundamentada na ciência não diferenciava a finalidade da obra, poderia ser religiosa ou não. Nesse aspecto, um nu era visto como uma variação de proporções matemáticas, como estudos de anatomia e volumetria. Não era apenas a representação material do corpo, tinha o significado simbólico de glorificar o homem, a criatura de Deus, criado à sua imagem e semelhança. Essa premissa estendeu-se nas artes até o surgimento do primeiro nu natural, feito por Gustave Courbet, em 1866.

Por influência de maior conhecimento da arte grega, o estudo do corpo humano tornou-se obrigatório nas academias. Copiavam esculturas, fragmentos da antiguidade e corpos reais. Estética e Ciência tiveram seus caminhos cruzados com Leonardo da Vinci e Michelangelo que se dedicaram ao estudo anatômico do corpo humano sob a ótica da Biologia. Da Vinci, em 1407, criou a imagem icônica do humanismo com o *Homem Vitruviano*. O desenho de um nu frontal masculino foi criado sobre os estudos das proporções do arquiteto romano Vitrúvio. Ele acreditava em uma ordem oculta nas formas da natureza, ou seja, existia uma geometria que determinava as proporções e criava harmonia. Para descobri-la no corpo humano, o artista se propôs a estudar as proporções da figura humana nas medidas ideais da arquitetura.

Para Leonardo, o homem era a suprema criação de Deus e seu corpo, o alicerce proporcional para a harmonia do mundo. Dessa maneira, todos os projetos arquitetônicos deveriam ter os números do homem ideal como referência. Baseou-se em medidas que foram indicadas pelo escultor grego Policleto e as encaixou na geometria do círculo e do quadrado. Evoluiu essas ideias até encontrar as medidas padrões do corpo. Da Vinci partiu do princípio de que o umbigo coincidia com o centro do círculo e no cruzamento das diagonais do quadrado. Criou o princípio estético da beleza na proporcionalidade da geometria, além disso, o corpo das duas imagens sobrepostas fez surgir um pentagrama, uma estrela de cinco pontas, uma forma dotada de significado mágico desde os pitagóricos, que a viam como o símbolo da ideia de perfeição e a síntese das forças complementares.

O desenho do Cânone das Proporções também conhecido por Cânone das Proporções Divinas tornou-se a bíblia do humanismo visual. Os gregos no século V a.C. já haviam determinado que o homem era a medida de todas as coisas. Protágoras, o filósofo que expressou essa noção, colocou pela primeira vez o homem no centro do pensamento. A frase do pensador sofista serviu para embasar o princípio do humanismo e do antropocentrismo, pois se o homem é a referência universal para todas as coisas, ele é o centro dos temas e o protagonista da sua cultura. Em oposição ao pensamento teocêntrico medieval os humanistas chegaram a Deus por meio do elogio ao homem.

A *Crucificação*, de Fillippo Brunelleschi, esculpida em madeira, foi uma resposta crítica à obra de Donatello que, segundo Vasari, foi considerada de um realismo exagerado e impróprio para representar a imagem de Cristo. Brunelleschi acreditava que, para transmitir a natureza do crucificado, expressar delicadeza e leveza de um ser divino, o artista teria que buscar as proporções de um corpo ideal. Se essa obra de Fillippo surpreende por conter a perfeição canônica e por anteceder o conceito que somente foi confirmado 75 anos depois por Leonardo Da Vinci, é porque essa obra foi concebida por um renascentista que amava geometria. Sua intenção era mostrar duas realidades ao mesmo tempo, a natureza humana e a divina de Jesus. Ou seja, o corpo possui o naturalismo e a solidez de um organismo vivo, mas também a graça e fluidez de um corpo simbólico que representa o conceito teológico da ressureição e vida eterna. O crucifixo de Brunelleschi significava o humanismo no pensamento religioso, já que os renascentistas acreditavam ser possível experimentar uma relação com o divino através da arte.

Se nos textos bíblicos está escrito que Deus criou o homem à sua imagem, os artistas renascentistas sentiram-se autorizados a representar o Criador à imagem do homem. Acima de tudo, o deus dos cristãos é Jesus Cristo, o Deus feito Homem. Portanto louvar o Criador na criação e mostrar Deus na sua obra é o mesmo que render homenagem ao Criador. Graças às pregações de São Francisco de Assis, acreditava-se que todos os seres e todas as coisas estavam abençoados pelo amor divino. Por sua vez, a nudez deixava de ser vergonha e pecado para transformar-se na glorificação da obra-prima do Criador.

O tema do Messias nu sobre a cruz poderia seguir o caminho da censura, mas a capacidade de Brunelleschi para trabalhar este tópico tão polêmico abriu novos caminhos para os artistas seguintes. Sua coragem e criatividade permitiram que Michelangelo pudesse mostrar posteriormente nus em espaços sagrados, sem maiores problemas. A naturalidade e o respeito ao tema fizeram com que os religiosos e a população da época os aceitasse. Com a sutileza de um pequeno véu diáfano, colado e misturado ao corpo, o escultor mostrou a anatomia humana sem, no entanto, precisar do realismo de representar concretamente a

Sobreposição imaginária com finalidade didática para mostrar as semelhanças estéticas entre as obras *Crucificação*, de Filippo Brunelleschi (1410) e o *Homem Vitruviano* (1487), de Leonardo da Vinci, igualmente criadas sobres as bases das proporções numéricas.

genitália de Jesus. Mostrou o Verbo que se fez Homem e que, em semelhança a todos os homens, recuperou a condição humana antes caída, e agora restaurada na inocência e na nudez. A extraordinária obra de Brunelleschi abriu as portas da escultura renascentista, basta dizer que no alto Renascimento a divindade de Cristo humanizado não precisava mais ser comprovada. A criação do homem à imagem e semelhança de Deus tornava-se realidade na corporalidade divina de Jesus Cristo.

BARROCO
SOCIEDADE E ARTE DOS CONTRASTES

Antonio Francisco Lisboa, O Aleijadinho
detalhe portal da Igreja de Nossa Senhora do Carmo – Sabará

Barroco é a arte do poder ilimitado, no sentido político, religioso e econômico. Nas linguagens estéticas, sejam visuais, musicais ou literárias, é uma forma em movimento e crescimento sem fim. O barroco é considerado o melhor intérprete do Absolutismo e da Contrarreforma porque traduz a apoteose da vitória – material ou espiritual. O barroco nasceu dentro de um período permeado de incertezas. O mundo renascentista entrara em colapso e levara consigo não apenas a tranquilidade e o otimismo das descobertas científicas, mas também a fé de que a beleza era reflexo do divino. Findara a segurança de se sentir imagem e semelhança de Deus. A máxima da "*descoberta do mundo e do homem*" esgotara-se.

O mundo barroco é a linguagem que traduz o mundo povoado por contrastes. Se de um lado as descobertas marítimas trouxeram riquezas e ampliaram os horizontes culturais, por outro deslocaram o europeu do seu eixo centralizador. Na Renascença, existia o conforto da ordem, acreditava-se que todas as coisas estavam num lugar previsível, isto valia para o pensamento, a natureza, as classes sociais e Deus. Tudo cabia na perfeição da beleza idealizada. Tudo convergia para o único ponto perspectivo possível: o homem. O barroco, pelo contrário, foi construído em resposta à crise do antropocentrismo e à derrocada desta concepção de mundo. O barroco difícil de ser explicado, não é simplesmente o grotesco como querem alguns críticos anglo-saxões, antes de tudo ele é a glorificação do *páthos*.

O responsável pela mudança da cosmogonia europeia do século XVI e motivação da instabilidade psicológica chama-se Nicolau Copérnico, um cônego, médico, jurista e astrônomo que desenvolveu o heliocentrismo. A confirmação da descentralização da terra e de sua real posição periférica abalou o Ocidente com uma onda de ceticismo. Até então, vigorava o geocentrismo, um conceito aristotélico-ptolomaico que, com o endosso bíblico, tornara-se uma verdade permanente. A ruptura provocada por Copérnico teve a boa consequência de separar a ciência da filosofia. Na sequência, o monge italiano Giordano Bruno acrescentou o conceito de macrocosmo e de universo infinito. A Ciência precisava sacudir seus preconceitos se quisesse progredir e, mesmo tendo o elemento teológico em seus pensamentos, estes dois religiosos-cientistas-pensadores conseguiram separar o dogma religioso do pensamento científico. A teoria heliocêntrica acabara com as certezas milenares e, por isso mesmo, deixara o mundo arrevesado.

Na economia, as mudanças vieram com as grandes navegações que criaram uma nova geopolítica com continentes inteiros a serviço das metrópoles. Não resta dúvida de que as mudanças políticas giraram em torno do capital financeiro proveniente das relações comerciais. Para crescer e se proteger, esse capital dependia de uma centralização administrativa segura. Por outro lado, os monarcas sabiam que o sustentáculo do absolutismo estava no sistema mercantilista. O absolutismo configurou-se em troca de proteção ao capital burguês, e este se fortaleceu dando subsídios para a monarquia realizar o banimento de seus rivais políticos com frotas marinhas e aparelhamento militar. Isso porque, diferentemente do período medieval, quando o poder real era dividido entre os demais senhores feudais, os monarcas do século XVI passaram a contar com grandes financiamentos para a realização dos seus projetos e, entre os primeiros, estava a formação dos exércitos nacionais. Portanto, fica claro que o responsável pelo surgimento do absolutismo foi o capital e não a Igreja, como erroneamente acusam os iluministas do século XIX.

Por absolutismo entende-se uma forma de governo e de organização social onde o rei é a figura central do Estado, e como tal – e acima da justiça e das leis – é o que irradia poder e privilégios. O seu poder, considerado natural, estava legitimado pela igreja mediante a aceitação da vontade divina. Todas as monarquias para serem aceitas, desde a mais remota origem, sempre precisaram do aval dos sacerdotes, portanto com o absolutismo não seria diferente. E justamente por essa prática, a igreja assumiu a controversa posição de eterna cúmplice dos Estados Monárquicos.

No campo da religião, o poder papal enfrentou a Reforma Protestante, um acontecimento com amplas repercussões políticas e sociais, que pôs fim à unidade do cristianismo e abalou a influência católica sobre os assuntos seculares em toda Europa. A insatisfação motivou a cisão e criou uma nova releitura doutrinal, na qual o indivíduo pode se ligar a Deus por ele mesmo, sem necessitar de intercessores. Além das diferenças de doutrina, que incluía a condenação ao culto de imagens, os protestantes também denunciaram o luxo excessivo dos templos, a venda de indulgências e o comportamento corrupto de uma parcela do clero. A reação a estas acusações foi orquestrada no Concílio de Trento, em reuniões deliberativas que se tornaram conhecidas como o marco inicial da Contrarreforma e do estilo barroco, uma linguagem estética que vinha se estruturando naturalmente como uma evolução do maneirismo, e que se beneficiou com o estímulo dos participantes desse concílio.

Os teólogos reiteraram a tradição católica nas artes visuais e assumiram o controle com novas regras, entre elas, restrições no uso de imagens e orientação no conteúdo temático e sua execução formal. Enquanto homogeneizaram o estilo artístico com regulamentos claros, divulgaram também o seu ideário de uma maneira mais compreensível e de fácil identificação para o povo. Segundo Argan "*O período que se chama barroco pode ser definido como uma revolução cultural em nome da ideologia católica*".[10] Os debates iniciados nos púlpitos foram para os campos militares. Sob extrema tensão, as discussões religiosas abandonaram sua origem teológica e se transformaram em disputas dinásticas, conquistas fundiárias e ações de interesses puramente econômicas. Antigos conflitos entre reis e papas fundamentaram perseguições e lutas armadas que se espalharam por toda Europa, mas oficialmente ficaram descritas como lutas religiosas entre protestantes e católicos.

Contextualizados nesta agitação plurivalente, os artistas levaram a polarização e os extremismos da sociedade para dentro de suas obras, mostraram as contradições da alma humana nos personagens bíblicos e humanizaram o universo religioso. O barroco, mais que um estilo, era uma maneira sensível de ver e viver as incongruências dos extremos. A sociedade estava dividida e os artistas pertenciam a essa cisão. Assim como enalteciam o brilho do ouro e dos cristais nos palácios, eles não escondiam a miséria e a sujeira das ruas do lado de fora. Metáforas e alegorias abordavam temas proibidos. Os prazeres mundanos e sensuais dividiram espaço com a espiritualidade e o ascetismo. Se o artificialismo e o rebuscamento garantiam trabalhos nas cortes, nem por isso deixaram de buscar novos caminhos também na simplicidade e no realismo. Por cobrir 200 anos de história, o barroco tem uma produção artística capaz de retratar as muitas discordâncias da sociedade.

Nenhum período estético se revelou de tão difícil definição como o barroco. A gradação de adjetivos percorreu os extremos da compreensão e do preconceito. De arte bizarra à arte da fantasia esplendorosa, por muito tempo "barroco" não passou de um termo pejorativo associado ao mau gosto. Uma outra visão e, em oposição a estas avaliações, descobriram qualidades como colorismo, dinamismo e ilusionismo. Barroco passou a ser entendido também como uma fase cíclica e constante na história da arte e na cultura de um modo geral. Simplificando conceitos, os que enfatizam o dramático, os contrastes, o caráter psicológico, a emoção e, porque não dizer também, o exagero e o exuberante são considerados pessoas de natureza barroca e livres para se colocarem contrários à imposição da ordem severa, da serenidade, do racional e, mais que tudo, do gosto pela perfeição. Enquanto o barroco consegue chegar ao real, o clássico circula apenas no espaço do ideal.

O pós-modernismo trouxe de volta o barroco. Michel Foucault enfatizou que, no período atual, os limites da verdade não cabem mais nas categorias clássicas, porque hoje a criação artística que se confunde com a experiência real é a mesma que se aproxima da ficção e da paródia. Hoje, todas as faces da cultura têm em si um aspecto de farsa e de encenação. Com os critérios de julgamento revistos, fala-se em tempos neobarrocos. Quando o mundo contemporâneo usa metalinguagens e intertextualidades, ele retoma uma prática do século XVII e XVIII que colocava a pintura dentro da pintura, ou o texto dentro do texto, como fez Velázquez na célebre pintura *As Meninas*. Nela, o autor está fora e dentro da obra, é referência e referenda ao mesmo tempo.

A hipótese de um retorno ao barroco torna-se cada dia mais plausível. Com o excesso de informações apresentadas simultaneamente, com o excesso de imagens e sons, a cultura contemporânea retomou o estado de vertigem própria do barroco. O gosto pelo espetáculo, pelo sensacionalismo fugaz e o prazer de estar em interatividade permanente, tudo nos faz crer que o mundo se "barroquizou". As opiniões dos críticos são tão contraditórias e extremadas, que apenas repetem na mesma medida o quanto o estilo é contraditório, extremado e pleno de contrastes.

PODER E GLÓRIA
ABSOLUTISMO E CONTRARREFORMA

Palácio de Versalhes – Galeria dos Espelhos

A construção do arquiteto Jules Hardouin-Mansart foi concluída em 1678, alguns anos após a transferência da corte francesa para o local. Através da luz, o palácio é uma alegoria do poder de Luís XIV, denominado o Rei-Sol. De dia, a luz solar entra por imensas janelas projetadas em arco e se projeta em 357 espelhos simétricos à sua frente. À noite, a luz é dada por gigantes lustres de cristal e candelabros que, por meio de chamas tremulantes, amplia-se nos espelhos e metais. Essa luz caleidoscópica de infinitos reflexos cria a sensação de torpor e deslumbramento.

Andrea Pozzo. *Glorificação de Santo Inácio*, 1688
Pintura da Igreja Santo Inácio, Roma

O jesuíta Andrea Pozzo, autor do tratado da perspectiva de teto, estabeleceu as regras que serviram de modelo para todas as pinturas ilusionistas e cenográficas do barroco. A deslumbrante composição da igreja de Santo Inácio refere-se à vocação do missionário espanhol e fundador da Companhia de Jesus.

Por trás da linguagem barroca estava o pensamento do dominicano visionário Giordano Bruno e sua concepção de infinitude do universo. O barroco enquanto imagem do Absolutismo e da Contrarreforma é o estilo do esplendor e do poder que não conhece limites. É a ilustração do incomensurável, ou seja, de tudo que é infinito e ilimitado. O barroco transmite o estado de alma do novo homem que se vê, a cada dia, mais afastado da frieza do racionalismo analítico e mais próximo das realidades sensoriais e emocionais. Para criar essa percepção na música e nas artes visuais, os artistas recorreram aos mesmos recursos, tais como: repetição de módulos, movimentos crescentes e o máximo de intensidade fluindo do *molto pianíssimo* ao *molto fortíssimo* e, nas artes visuais, na extensão do claro ao escuro *tenebrosi*. As obras barrocas, inclusive a literatura, prezam pela repetição crescente e ininterrupta. É uma qualidade geradora de dinamismo e também responsável pela sensação de vertigem. Por sua vez, o observador, com os estímulos sensoriais alterados, tem a impressão de fazer parte da obra, processa-se uma ampliação de pertencimento. Todas as construções monumentais erguidas durante o período barroco, entre palácios, teatros e igrejas, ou mesmo planos urbanísticos das cidades, foram obras planejadas para impactar os sentidos. Todas tinham por qualidade: exuberância, opulência, grandiosidade e muita imaginação.

Para criar essas emoções visuais, a pintura e a arquitetura foram beneficiadas com a publicação do tratado *Perpectiva Pictorum et Architectorum*. O livro contém os códigos do ilusionismo e ensina o uso da perspectiva piramidal para ampliar os espaços ao infinito e criar a impressão da tridimensionalidade. Esta técnica usada nas pinturas dos grandes tetos criava a ilusão de que as paredes laterais se alongavam para cima e se abriam no céu oferecendo a visão de uma epifania, no qual anjos, santos e demais protagonistas bíblicos suspensos no ar eram vistos em ação e em movimentos permanentes de descida e de retorno ao céu. Usado à exaustão no interior das igrejas e palácios, este recurso, que tem a qualidade de atrair o observador para o centro perspectivo e lhe dar a ilusão de estar flutuando, cria a sensação física de elevação. Com os sentidos excitados, facilmente surge o estado psicológico de encantamento conhecido por êxtase.

Até o advento do barroco, pintava-se céus em espaços limitados, mas após a divulgação do tratado perspectivo do jesuíta Andrea Pozzo, os céus se abriram para a infinitude. No transcorrer da história, muitos místicos descreveram experiências que se aproximavam dessas cenas recriadas pelos pintores, elas estão nos relatos de São Francisco de Assis e dos espanhóis Santa Teresa de Ávila e São João da Cruz. Com os sentidos alterados pela experiência mística, dizem que começaram a flutuar quando o céu desceu e se abriu em luz envolvendo seus corpos. A arte barroca não se propunha a imitar o que os olhos vêm e, sim, a imaginar e exprimir sentimentos, porque ela é feita de apelos emocionais e de envolvimento psicológico. Embora a técnica do *trompe-l'oeil* não passasse de uma falsidade ótica, os efeitos ilusionistas eram tão perfeitos que as cenas pareciam reais. O barroco é uma linguagem cinética por excelência, uma qualidade que, atuando na persuasão do público, facilitava para criar empatia, seduzir e criar laços.

Seria absurdo reduzir toda temática às teses religiosas da Contrarreforma, como também dizer que o estilo estava a serviço do Absolutismo. O barroco representou por 200 anos a forma mental de uma sociedade e de uma época, portanto não cabe em nenhum grupo ou instituição. Quando os europeus expandiram suas fronteiras geográficas e se defrontaram com religiões que viviam muito além do cristianismo e, quando novas teorias e práticas científicas mudaram conceitos milenares, o homem entendeu que não existia apenas um ponto de vista fixo, ou seja, ele vivia num mundo multifocal.

Estava em voga a arte do artifício. A poética da verossimilhança fazia parte da estética e do programa religioso de propagar a fé católica para os quatro cantos do mundo, como também era uma estratégia dos governantes para impressionar e demonstrar o seu poder ilimitado. Nesse aspecto, o melhor exemplo de arte a serviço da ideologia do poder é o palácio de Versalhes, considerado o melhor *layout* da exuberância por sua escala monumental e por sua decoração repleta de materiais nobres. O palácio que serviu de modelo para uma profusão de construções principescas era o signo do absolutismo. Palácios e igrejas ficaram semelhantes e igualmente luxuosos como a forma visível do poder.

Na esfera da religião, as mudanças foram profundas porque a unidade cristã, que existira até 1517, se desarticulara e o homem depois de séculos tinha diante de si a oportunidade de escolher. Claro que não se reduzia apenas à escolha de uma entre duas teses e, sim, entre dois comportamentos e modos de ver a vida. Neste momento todos ficaram radicais. Não bastava a divergência teológica que dividiu a humanidade cristã em dois grupos distintos, eles estavam separados também por seus respectivos métodos de sedução. Os reformistas haviam limitado a autonomia individual e se opunham ao princípio do livre-arbítrio concentrando suas ações religiosas na leitura da Bíblia, como aprendizagem e autoridade em si, contra a autoridade papal.

A invenção da imprensa por Gutemberg, em meados de 1450, colaborou muito para essa mudança de comportamento, porque até então os livros eram copiados manualmente, portanto eram raros e caros. Como os reformistas eram contrários à imaginária e à decoração nos templos, a vida doutrinária em suas comunidades girava fundamentalmente em torno da pregação dos textos sagrados. Em oposição, os católicos usavam e abusavam do uso de imagens. A catequese era feita com espetáculos visuais e sonoros. A estética servia como um subterfúgio para seduzir e convencer. Quando retomaram o sentido de coletividade existente no cristianismo primitivo, investiram mais no culto de massa. De qualquer modo, as duas igrejas se preocupavam em dirigir as escolhas e os comportamentos humanos. Ambas buscaram argumentos que pudessem orientar a escolha e impedir dissidências. Em suma, persuadir era mais importante do que demonstrar.

Religião e política mais uma vez viram-se confundidas. O processo de centralização do poder absolutista enfraqueceu a autoridade papal e desenvolveu o espírito de nacionalismo que, por sua vez, aumentou o juízo contrário às interferências estrangeiras, inclusive as do Vaticano. Diante da difusão das ideias protestantes e do sucesso das mesmas, a Igreja

Católica, em resposta, rapidamente iniciou a sua reforma interna. Entre as medidas tomadas, Inácio de Loyola fundou, em 1534, a Companhia de Jesus, o braço direito da Contrarreforma estabelecida em 1545. Os jesuítas, afamados por seu refinamento e preparo intelectual além do teológico e artístico, exerceram enorme influência na determinação dos rumos estéticos e ideológicos da igreja. Com forte presença na Ásia e América, cristianizaram e europeizaram os povos recém-descobertos. Não atuaram apenas no campo da religião, também influenciaram mercadores com a introdução de novos produtos, redefiniram a cartografia e a expansão do conhecimento de um modo geral.

Longe de serem conservadores, como ficaram conhecidos por seus opositores, os jesuítas tiveram a responsabilidade intelectual de preservar a tradição do humanismo renascentista. Eruditos em ciências e pesquisadores do pensamento greco-romano, atuaram com desenvoltura na área da educação e na vanguarda artística do período barroco. Sabiam manobrar as práticas da comunicação pelas palavras e pela percepção artística. Usaram de todos os meios sensoriais e intelectuais para sensibilizar o indivíduo e possibilitar que ele vivenciasse o sagrado. Cultos e hábeis no manejo do pensamento simbólico, criaram espetáculos onde se vê com facilidade a integração dos gêneros artísticos. Na busca pela espiritualidade, recorreram à sensibilidade. Incorporaram, na liturgia, os recursos teatrais, criaram procissões triunfais, altares cenográficos e missas cantadas envoltas no rebuscamento da gestualidade e da retórica. A sociedade barroca retomou experiências que os renascentistas haviam abandonado em nome do racionalismo. Os jesuítas foram responsáveis por uma reviravolta na forma de divulgar, persuadir e convencer pela fé.

Aleijadinho. *Cristo Crucificado*, Santuário de Nossa Senhora da Conceição de Antonio Dias, Ouro Preto – MG

O DRAMA BARROCO DA PAIXÃO DE CRISTO

A pedido da Igreja Católica, coube aos artistas a tarefa de criar uma linguagem que fosse ao mesmo tempo popular e erudita, que fizesse propaganda do ideário religioso, mas que também fosse de fácil compreensão para as grandes massas. E, finalmente, que mantivesse sempre a produção com alto nível de requinte e muita emoção. Após o baque da reforma protestante e passado os tempos da contrarreação, os artistas retomaram seu antigo papel social de magos, isto quer dizer, de criadores de encantamento e ilusões.

Aleijadinho. *Via-Crúcis*, Congonhas do Campo - MG

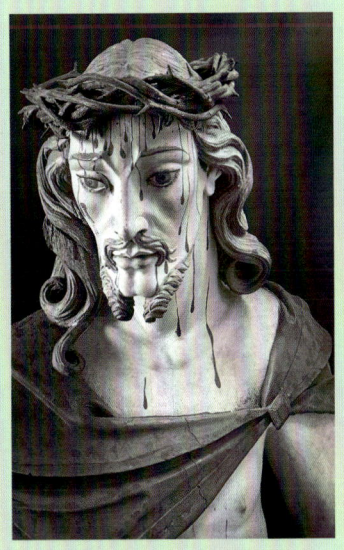

Aleijadinho. *Via-Crúcis*, Congonhas do Campo - MG

Aleijadinho. *Via-Crúcis*, Congonhas do Campo - MG

As imagens voltaram com força total, e longe de serem reproduções de cunho analítico-científico, tornaram-se simulações da realidade. O caráter mimético dessas imagens fazia o jogo da ambiguidade, situando-se no limite entre cópia e original, ficção e realidade. Invariavelmente o ilusionismo gerado pelas técnicas do *trompe l'oeil* despertavam deslumbramento, primeiro pelo virtuosismo e depois pelo prazer do auto-engano. Toda vez que aplicavam este recurso sobre uma parede ou teto, retomava-se o mesmo fenômeno que fora vivido por nossos ancestrais diante das primeiras pinturas realizadas no interior das cavernas pré-históricas. O fascínio por Imagens pertence aos tempos primordiais da humanidade e está relacionado à dificuldade de compreensão dos códigos visuais pelo cérebro humano que, inicialmente, entendeu-as como duplos reproduzidos e não como uma artificialidade. Este confuso componente psicológico que habita a nossa memória ancestral é que torna a arte uma realidade mágica. Quando aceitamos as imagens como representações ou substituições da realidade, transferimos-lhe poder, e ele reside no tornar semelhante, o que é considerado um ato mágico.

Os dois grandes temas da arte religiosa barroca circularam em torno do nascimento e da morte de Cristo. Era uma escolha que ia muito além de uma exposição biográfica por representar o cerne dos dogmas cristãos. A natividade perturbava por ser a questão central da Encarnação. Jesus é Deus que se tornou visível, ou seja, quis ser visto. O tema da Encarnação é a aceitação do Verbo de Deus num Homem e a glorificação da humanidade "deificada". A sua mística desarranja a lógica da Biologia e coloca Maria Mãe de Deus, junto aos mistérios essenciais da fé cristã. Ao proclamar Maria como *Theotókos*, que literalmente significa *"aquela que gerou Deus"*, a igreja católica afirmava que ela é a *Mãe do Verbo Encarnado que é Deus*, e que, ao encarnar-se, assumiu dela a natureza humana para elevar o homem à filiação divina. A maternidade divina, o simbolismo da pureza de Maria e sua transcendência profética no ato da Anunciação são antagônicos a qualquer discurso empírico-científico.

O segundo tema, a Crucificação, tratado como uma narratica dramática do mistério da cruz, trouxe de volta a discussão sobre a nudez. Como alguns setores protestantes, principalmente os calvinistas, relacionavam-se mal com as imagens achando-as uma sobrevivência negativa do paganismo e uma ameaça por provocar sensualidade, acabaram por resgatar antigas polêmicas referentes à representação do crucificado nu, só que elas voltaram de uma maneira mais ameaçadora. O corpo humano que havia se libertado da censura medieval, e posteriormente fora transformado em elogio à criatura concebida na semelhança de Deus, com os reformistas, voltava a ser pecado.

A crise da moral religiosa desencadeou uma onda de censores intolerantes que interferiram diretamente nas artes. Entre a solução canhestra de colocar falsos adereços como folhas de parreira e tecidos esvoaçantes em 1559, o Papa Paulo IV, numa ação irrefletida e carregada de intransigência, ordenou ao assistente de pintura Daniele Volterra que cobrisse a nudez das figuras do Juízo Final criadas por Michelangelo para a capela Sistina. O papa cometeu um grande erro ao dar ouvidos a um pequeno grupo conservador, que por ignorar a particularidade e a complexidade da situação julgada, achava as imagens nuas particularmente provocativas. Por sorte, os membros da Academia de São Lucas salvaram a obra prima da destruição. Para surpresa de muitos, a sociedade reagiu contra a restrição da nudez e apelidou o pintor-censor de *braghettone*, isto é, de colocador de bragas – em outras palavras de "fazedor de cuecas". Diante daquele quadro extremado, os novos dirigentes da Igreja romana contra-atacaram os iconoclastas e reafirmaram a necessidade da visualidade para a compreensão dos fatos. As imagens tinham um papel definido: elas eram úteis porque eram entendidas como a forma sensível do dogma católico. Os historiadores reconhecem que esta foi a grande contribuição estética que a contrarreforma concedeu para o universo da cultura visual.

Afora a discrepância da censura, o perigo maior da arte religiosa estava em assumir um caráter oficial e perder a sua espontaneidade. Caso os devotos pudessem ver somente o que lhes fosse permitido, em pouco tempo a igreja se transformaria num cárcere. E mesmo que a maioria do clero pouco entendesse de arte, ao menos reconhecia a necessidade e importância dela nos espaços religiosos. Sabiam também que o momento não era propício para enfrentamentos, pelo contrário, era hora de ganhar adeptos, de estreitar laços de comunicação e contemporizar opiniões divergentes. À parte a obviedade de dar mais atenção aos dogmas diferenciais entre protestantes e católicos, os regulamentos referentes ao tratamento dos temas religiosos determinados pelo Concílio de Trento diziam que não seria permitido desviar a representação da narrativa bíblica. Portanto, se a função da arte era a de instrumentar a devoção, via-se como incorreta a inclusão de uma visão hedonista ou erótica.

Estabeleceram posições contrárias às cenas que fizessem alusões veladas, como metáforas esotéricas ou narrativas picantes e obscenas. Esta colocação aparentemente dúbia sobre orientação e seleção dos temas tinha o mérito de permitir espaço livre e autonomia para os artistas conduzirem as suas criações visuais, desde que atentassem para os limites canônicos. Ninguém deveria esquecer que a arte era um recurso visual para explicar conceitos teológicos para uma grande massa de devotos e não para uma elite de intelectuais e *connoisseurs*. Em primeiro lugar, as artes serviam à teologia e ortodoxia nos ritos e cultos, depois e muito depois viria o desfrute do prazer estético. O historiador italiano Giulio Carlo Argan diz que: *"No momento de maior perigo a Igreja reavaliou o seu próprio programa e a finalidade das imagens para a comunicação. No programa político-social da Igreja, a arte forneceu um instrumento essencial para aquele novo tipo de vida religiosa: a devoção. A devoção praticada pelo fidalgo, pelo artesão, pelo príncipe ou pelo valete. A devoção é a redução da vida religiosa à* práxis: *o devoto não pede demonstração das verdades supremas, mas apenas elege um certo modo de comportamento"*.[11]

Em defesa da leitura dos textos como prática principal do culto, católicos e protestantes colocaram-se em posições contrárias. A Igreja Católica descobrira, desde cedo, que a arte servia para ensinar e doutrinar pessoas iletradas. A linguagem simbólica e emocional facilitava o trabalho de persuadir, convencer e converter. O envolvimento psicológico e o fenômeno catártico do drama serviram como o fio condutor da produção estética religiosa no período barroco. As imagens, as melodias e os textos supriram-se de teatralidade. Se de um lado, algumas opções protestantes vinham fazendo enorme sucesso – e entre elas a mais imediata estava no abandono do latim em seus cultos –, os católicos, para fazer frente a esta deficiência, apelaram para o estímulo máximo dos sentidos. As cerimônias litúrgicas enfrentaram estas diferenças com os recursos sensoriais e o latim, incompreensível para a maioria, ficou associado à língua das coisas sagradas. Mas mesmo assim o impasse estava criado, pois para haver empatia teria que existir compreensão. Porém logo entenderam que necessariamente a comunicação não precisava ser apenas a verbal. Além do que os recursos não-verbais eram bem mais propícios para o envolvimento desejado.

Com todos os canais abertos para o mundo da percepção, a celebração da missa – uma cerimônia em torno do sacrifício simbólico de Cristo –, no barroco, tornou-se um experimentar e um vivificar o sagrado. No ritual em memória a Cristo, os fiéis recebem o seu corpo e o seu sangue sob a matéria do pão e do vinho e revivem o supremo sacrifício ocorrido na cruz. A missa é uma complexa apresentação da Santa Ceia, da Paixão e Ressureição por meio de inúmeros símbolos sagrados. Ao mesmo tempo, a liturgia da missa é um espetáculo completo dos sentidos humanos. Do olfato, ao tato e paladar, da audição à visão, a missa era vivenciada nos cheiros voláteis dos incensos e velas, nos sons musicais e também nas vozes, sinos e matracas, nas cores, luzes e texturas como também na coregrafia dos sacerdotes e auxiliares, nas transparências dos vidros e no brilho reluzente dos metais, no gosto da hóstia consagrada e nas diferenças táteis da água benta e de todos os materiais e temperaturas do espaço interno.

A missa é uma celebração eucarística extremamente elaborada do ponto de vista litúrgico. É uma ceia abençoada em que se come o que foi consagrado. É um ato sublime de oferenda e sacrifício. Visualmente o rito da Encarnação do Filho de Deus, um dos dogmas fundamentais do cristianismo, segue os passos de um espetáculo teatral feito de formas exuberantes, que tem o seu momento máximo no mistério da Trindade, quando o sacerdote eleva a hóstia sob a patena em direção à cruz do altar. O gesto que caracteriza o sacrifício simbólico permite a união da alma humana à essência divina.

Se a igreja pretendia um caminho novo, isso ocorreu porque os artistas também buscaram uma nova orientação estética. Talvez por isso, buscaram não o equilíbrio racional das formas, não o acabamento minucioso, mas uma arte que transbordasse força, glória, e também inquietação, angústias e incertezas. Todas as qualidades e os limites humanos estavam ali representados. Ao se ver retratado nos personagens religiosos, o fiel sentia-se pela primeira vez incluído em posição de igualdade. Essa característica estética aproximava e estreitava os seus laços com a espiritualidade. Embora os católicos falassem latim, uma língua incompreensível, as imagens trabalhavam no sentido contrário e se comunicavam como se estivessem falando num dialeto popular.

A imaginária do período barroco é dramática e por isso envolvente. É uma linguagem de caráter dionisíaco que explora a superabundância das emoções. É uma representação imaginada, mas que se parece real e que, além de atrair o espectador para o seu interior, revela a sua alma humana. É uma comunicação de espelhos refletidos que transforma o público em protagonista e os personagens em pessoas reais. Para isso os recursos ilusionistas são ampliados ao máximo. Nas cenas da Paixão de Cristo, as chagas do corpo parecem verter sangue, os olhos de vidro brilham mais que os naturais, a materialidade do sofrimento ultrapassa os limites do suportável. As expressões exageradas e os gestos largos foram concebidos dessa maneira para representar o mistério da morte sacrifical de Cristo como o grande teatro do mundo.

O tema evangélico da *Via-Crúcis* é humano e histórico. Não se tratava mais de distinguir entre o sagrado e o profano, porque a morte física como era mostrada deixava de separar estes dois mundos. Antonio Francisco Lisboa, o Aleijadinho, seguiu a tradição barroca ao trabalhar

Antonio Francisco Lisboa, O Aleijadinho. Via-Crúcis – *Cristo carregando a cruz*, 1796, Santuário do Senhor Bom Jesus de Matosinhos, Congonhas do Campo – MG

as passagens da Paixão de Cristo como um espetáculo operístico. Os 14 passos do martírio são recriações aos moldes das representações teatrais medievais que aconteciam nos pequenos adros e espaços vazios dos burgos. Nelas os atores ficavam imóveis aguardando o público que caminhava de um lugar ao outro. Os moradores itinerantes andavam pela cidade e reconstruíam a história bíblica, parando e assistindo a cada passagem, exatamente como fazemos hoje numa exposição de artes visuais.

A *Via-Crúcis* de Aleijadinho, em Congonhas do Campo, Minas Gerais, foi concebida como recortes de uma ação congelada, ou seja, semelhante a *takes* de cinema que fixam um exato momento de uma representação cênica. As cenas biográficas de Cristo estão expostas em pequenas capelas que aguardam o visitante. Para os propósitos estéticos da época, a história parecia acontecer em tempo real aos olhos do observador e, que estando fora da cena, participava como testemunha ocular. Estava criado o laço da cumplicidade. Quantas palavras seriam necessárias para estabelecer esta aliança? A Igreja sabia. Esto foi e continua sendo o sucesso do barroco. Uma arte de espetáculo e envolvimento. O historiador francês Le Goff diz que as imagens católicas "presentificam" sob as aparências do antropomorfo e do familiar, ou seja, elas tornam presente o invisível no visível, Deus no homem, o ausente no presente, o passado ou futuro no atual. Elas reiteram, à sua maneira, o mistério da Encarnação, pois dá presença, identidade, matéria e corpo àquilo que é trancedente e inacessível.[12]

2.2 SEMIOLOGIA E ARTE
O SENTIDO OCULTO DA CRUZ

CRUZ DO ESPAÇO SIDERAL - SALVADOR DALÍ
TEATRO DA MORTE - MATTHIAS GRÜNEWALD
CALVÁRIO DE UM POVO - MARC CHAGALL

Salvador Dalí.
Cristo de São João da Cruz, 1951
Museu e Galeria de Arte Kelvingrove,
Glasgow, Escócia

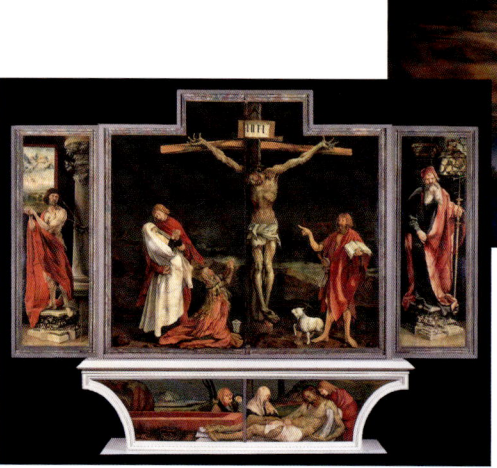

Matthias Grünewald.
Retábulo de Isenheim, 1512-1515
Museu de Unterlinden, Colmar

Marc Chagall.
A Crucificação Branca, 1938
The Art Institute of Chicago, Chicago

2.2.1 SALVADOR DALÍ
CRISTO DE SÃO JOÃO DA CRUZ

CRUZ DO ESPAÇO SIDERAL

O NASCIMENTO DE UMA OBRA

A pintura *Cristo de São João da Cruz*, de 1951, é a revelação de uma experiência mística de Dalí, elaborada após a sua longa e produtiva fase de escândalos e experiências radicais. Uma obra figurativa e religiosa naquele momento soou tão estranha quanto todas as outras irreverências praticadas no passado. Aliás, essa constante crítica ao seu comportamento extravagante nos faz pensar que ele era um caso isolado, o que não é verdade, outros artistas foram até bem mais transgressores, como Marcel Duchamp. A diferença é que Dalí sabia se apresentar como um "produto" e não como mais um artista descoberto pelo mercado de arte.

Melindrar a sociedade era uma prática necessária que fazia parte dos padrões das vanguardas durante a primeira metade do século XX, mas vender o *melindre* era algo bem mais complexo e só possível de acontecer nos grandes centros industrializados e também sintonizados com os meios financeiros. Não foi à toa que Dalí e Gala sabiam farejar os lugares certos e conseguir chegar pontualmente na melhor hora: daquela vez, eles estavam nos Estados Unidos. Mal terminara a 2ªGuerra e um novo ciclo econômico e cultural entrava em movimento.

Embora seja impossível separar o mito do homem, as pinturas religiosas de Dalí desse período, estão mais próximas da fé ancestral dos místicos espanhóis do que de uma aparente manobra de marketing. A resposta encontra-se na sua origem catalã. A 2ª Guerra fora ensaiada na Guerra Civil Espanhola, em Guernica, na pequena vila basca que sofreu o primeiro bombardeio aéreo, de grandes proporções, da história humana. Quando a Espanha entrou em colapso, ficou claro ao artista que a única saída seria se distanciar e permanecer o mais longe possível desse foco, e naquele momento, o melhor lugar para estar seria a América. Os oito anos que passou nos Estados Unidos corresponderam aos piores anos da história espanhola. Se por remorsos nunca confessados ou se por outra razão pessoal, o certo é que ele buscou transformação dentro do que havia de mais conservador em seu país de origem: a fé católica.

O período em que morou nos Estados Unidos foi fundamental para a sua sobrevivência, no sentido material e muito mais pelo novo enfoque da sua carreira. Desenvolveu projetos junto a Walter Disney e Alfred Hitchcock, duas pessoas que agiam no mundo do entretenimento apoiados numa estrutura de *business partners*, um comportamento inovador e diferente do que ele conhecia nos círculos europeus. O mercado de arte mudara ao deixar para trás a coragem individual de pessoas aficionadas e se transformar num lucrativo negócio de bens.

Enquanto o mundo ficava cada vez mais seduzido e fascinado pelo cientificismo e buscava direções e respostas testadas em laboratório, quando tudo parecia se transformar numa realidade previsível, Dalí, pelo contrário, se lançou por um caminho mais adverso e escolheu seguir a espiritualidade religiosa, mas não as seitas exóticas que vinham da antiga Ásia, ou a descobertas das religiões arcaicas ou do xamanismo tribal que estavam em alta naquele momento, e optou pela tradição do misticismo católico.

Dalí era sempre um discordante. Se certo ou errado, mas do seu jeito singular, criou uma teoria religiosa-científica. O mais curioso para seus opositores foi o apoio e seu amistoso relacionamento com os notáveis professores da Física Moderna. Como já era de se esperar, mais uma vez, Dalí foi criticado como excêntrico. Daquela vez, o adjetivo parecia concordar com a realidade, afinal ele estava bem fora do centro, ao menos do seu, enquanto artístico e estético.

A sua teoria religiosa, que tantos viram como mais uma performance midiática, é interpretada por seus biógrafos como um comportamento sincero e muito próximo da tradição espanhola. Um fato inegável e pouco comentado é que Dalí foi acompanhado de perto pelos maiores teólogos da época. Em 1949, esteve no Vaticano e foi recebido pelo papa Pio XII, um homem refinado e descendente da nobreza italiana, com formação em Direito e Teologia, e que além de ocupar o cargo máximo na hierarquia da Igreja, era considerado um intelectual austero e reservado. Mesmo assim, o artista conseguiu expor suas pesquisas ao pontífice. Explicou pormenorizadamente os conceitos do Misticismo Nuclear e, ao final da explanação, obteve a permissão para pintá-los. No início dos anos 1960, fez uma segunda visita e esteve com o papa João XXIII. Desta vez foi acompanhado por Gala, agora na condição de esposa oficial, pois a sua musa ficara viúva de Paul Eluard, em 1958.

O PODER DE TRANSFORMAÇÃO DE UMA OBRA DE ARTE

Pintada em 1951, a obra foi exposta pela primeira vez em 1952, em Londres. Nesse mesmo ano seguiu para a Escócia, para uma mostra no Kelvingrove Arte Gallery Museum e vendida em seguida por £ 8.200. Na época, Tom Honeyman, o visionário diretor de Museus de Glasgow propôs a sua compra, mas só obteve protestos da sociedade local. Quando propôs a aquisição de *Cristo de São João da Cruz* para a Glasgow Corporation, ele não imaginava o tamanho do movimento de repúdio que surgiria. Grupos se organizaram para atacar sua decisão, ignoraram inclusive seu aspecto de bom negociante, pois conseguira uma redução de quase 35% do preço inicial. Cada segmento contrário à compra argumentou com justificativas persuadíveis.

Existiam os que se abrigavam nas discussões teológicas, havia o problema dos desempregados que necessitavam de maior assistência social, enfim, não faltaram opositores, principalmente entre os críticos de arte. Mesmo assim, o antigo diretor foi perseverante. Enfrentou a todos e demonstrou ter sido uma escolha acertada. O tempo provou como ele era um administrador de visão e como soube transformar a compra de uma obra de arte em um negócio lucrativo para a sua cidade. Os mais ferrenhos opositores, por ironia, eram jovens estudantes da Glasgow School of Arts. Eles entraram com uma petição, apresentada ao Conselho Municipal, argumentando que o dinheiro público deveria ser gasto com artistas locais por meio de exposições ou aquisição. Além deste corporativismo juvenil, muitos críticos de arte também se opuseram, diziam tratar-se de uma pintura tradicional, entre eles o mais radical foi Jonatham Jones, que a descreveu como uma obra *kitsch* e lúgubre.

A verdade é que Glasgow com o fim da 2ª Grande Guerra estava em franca crise econômica. A indústria naval, que no passado fora a sua principal atividade, com o fim das guerras entrara em desaceleração. Mas, justamente a partir deste abalo, a cidade se reinventou. Além de Glasgow ser um destacado polo cultural e turístico, hoje a cidade representa o segundo centro comercial da Grã-Bretanha. Dalí indiretamente permeia esses três itens econômicos e estruturais da cidade. Quando Dr. Tom Honeyman pagou pela pintura *Cristo de São João da Cruz,* ele não comprou apenas a obra, mas também os direitos de propriedade intelectual e o uso de imagem. Dalí tentou várias vezes reverter essa cláusula, mas foi em vão. Qualquer reprodução, e não são poucas, rendem à Glasgow uma parte do seu valor de venda. E nem assim ela deixa de ter opositores, cujo foco mais ativo encontra-se na respeitada Glasgow School of Arts.

As primeiras críticas contrárias à compra da obra partiram de tradicionais presbiterianos iconoclastas. Felizmente com o tempo entenderam a diferença entre idolatria e arte, alguns até se renderam aos encantos e mistérios do misticismo daliniano sem precisar renunciar ao seu credo particular. Em 1961, um fanático agrediu a obra rasgando a tela, um comportamento semelhante ao sofrido por outras duas obras primas: a *Mona Lisa* de Leonardo da Vinci e a *Pietá* de Michelangelo. A pintura continua gerando controvérsias. O que se sabe é que ninguém pode ser indiferente a ela. Em 2006, a BBC Radio fez uma enquete para saber qual seria a obra mais apreciada pelos escoceses. Em primeiríssimo lugar, a população elegeu *Cristo de São João da Cruz* de Dalí.

UM CÓDIGO SEMÂNTICO PARA A LEITURA VISUAL DE CRISTO DE SÃO JOÃO DA CRUZ

O diferencial dessa pintura fundamenta-se na própria qualidade plástica. O ponto de partida encontra-se na organização espacial, conhecida por escorço e pela composição dos opostos. O conjunto inteiro da obra foi concebido pelo princípio binário das qualidades contrárias: luz e sombra, imobilidade e dinamismo, próximo e distante, tensão e serenidade. A sua visão dos opostos era uma maneira de compreender o universo com partes diferentes, mas que necessariamente não eram excludentes.

Na época da criação, grande parte da crítica considerava velho e desgastado trabalhar com as regras da arte figurativa, fizeram até uma verdadeira cruzada para desvalorizar as técnicas do realismo e também das narrativas visuais. A grande maioria das vanguardas europeias, desde o início do século XX, caminhavam a favor das pesquisas formais que desembocavam no abstracionismo, que valorizava um pensamento pictórico puro. Em seus tratados teóricos, uma pintura seria uma pintura enquanto cores e composição, luz e formas e nada mais. Nos vários movimentos do modernismo, surgiu a questão *realidade* em substituição à *realismo,* tema que estava no âmago das mudanças conceituais. Mas a sentença de morte contra uma representação figurativa veio com a fotografia. Vários fatores contribuíram: facilidade, rapidez e custo baixo. Condenaram a pintura de imitação com o preconceituoso termo de *acadêmica*.

Dalí era um empecilho para o triunfo da crítica oficial. A sua crescente popularidade contrariava, colocava em cheque tal teoria. Talvez o público não entendesse a complexidade do simbolismo, mas demonstrava estar mais à vontade com as conquistas do seu surrealismo figurativo do que diante da árdua teorização estética do abstracionismo. A *Crucificação de Cristo* de Dalí representa um tema tão antigo quanto o próprio cristianismo, mas com a particularidade de estar fora dos padrões tradicionais. Sua originalidade em relação às outras crucificações está na inusitada ilusão espacial.

GEOMETRIA DO ESPAÇO SIMBÓLICO

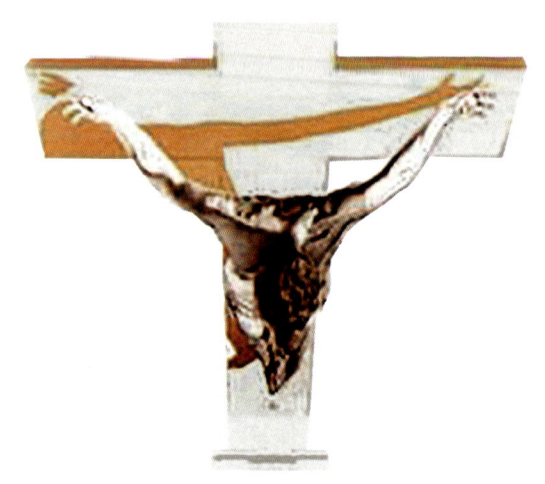

Dalí. Estudo para a obra, 1951,
Salvador Dalí Museum, Flórida, EUA.
desenho e aguada

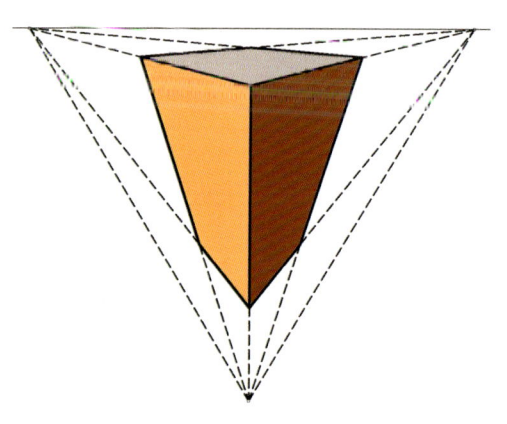

Perspectiva com três pontos de fuga
Ilustração com a visão do observador muito acima
da linha do horizonte. Dalí optou pelo ponto acima do
crucificado num prolongamento exagerado chamado
de escorço para ampliar a sensação
de uma profundidade infinita.

Ao construir o espaço através do método da perspectiva com três pontos de fuga, o artista criou um triângulo entre as duas mãos e os pés da figura. Esse tratamento espacial é conhecido como *perspectiva* aérea ou também pelo cativante nome de *vôo de pássaro, e,* como bem definiu o crítico de arte alemão Panofsky, toda representação do espaço é sempre uma forma simbólica que se revela diferentemente e tem múltiplas interpretações.[13] O observador foi colocado num plano muito acima da linha do horizonte, no alto e num lugar em que geralmente não costuma ficar, e para enxergar o espaço abaixo, necessariamente seus olhos passam pelo corpo do crucificado. O símbolo central desta obra está no próprio significado da palavra perspectiva – do latim *perspicere,* "ver através de". Como em toda obra de Dalí existe um enigma a ser decifrado. A pergunta a ser feita é: quem está acima de Jesus Cristo?

Na crucificação daliniana, a geometria revela-se como a grande protagonista. Ela expõe a complexidade do dogma cristão da Santíssima Trindade configurado pelo grande triângulo que contorna o corpo de Cristo. Embora Deus não esteja visível, Ele está presente e colocado acima do Filho; juntos olham para a mesma direção e criam o terceiro elemento. Na perspectiva linear, o ponto de vista determina o lugar exato do observador, nessa obra ele se encontra no alto e fora da nossa visão. O tema da crucificação tratado pelo dogma da Trindade Divina só foi possível graças ao profundo conhecimento da geometria e do ilusionismo perspectivo.

Essa concepção plástica, nada usual, além de exercer grande fascínio no público, lança também a ambiguidade: o artista ousou pintar a visão de Deus, colocando-se em seu lugar? Dalí enxerga por seus olhos? Se for assim, é surpreendente, pois consta ser a primeira vez que um pintor se permitiu tal façanha – ver pelos olhos de Deus. Por indicação da perspectiva, Deus olha para a humanidade através de seu Filho, que transformado nos olhos de Deus, nos intermediou e nos permitiu vivenciar o *misterio*. Por meio da *Crucificação de São João da Cruz*, a Trindade está em nós e nos integra, assim como nós estamos nela. O arcaico conceito de Deus, o Pai autoritário e distante, aqui está desfeito.

Dalí, nessa obra, compartilhou com o observador as sensações de alucinações e experiências místicas relatadas por Santa Teresa de Ávila, São Francisco de Assis e São João da Cruz. Mas para entendê-la por inteiro, é necessário percorrer outros caminhos e criar pontes com as ciências exatas. É necessário dosar conhecimentos e atravessar os extremos entre a Física Moderna e a intuição artística. Dalí entendeu poeticamente as relações espaço/tempo da Teoria da Relatividade como a possibilidade de estar em vários lugares ao mesmo tempo. A esse princípio, o artista acrescentou o conceito de unidade extraído da física atômica, na qual as partes de um todo não agem isoladamente, mas interagem em simultaneidade. Portanto *A Crucificação de São João da Cruz* é a sua visão estética do dogma da Santíssima Trindade segundo a complexidade das ciências exatas.

A cruz representa o eixo que une a Terra ao Céu. Está em harmonia com os preceitos do cristianismo que a vê como o percurso necessário para se atingir a Deus. Porém pelas mãos de Dalí, esse caminho percorre outras vias, ou seja, não dá para atingir ao Pai segundo a visão do olhar humano que o vê de baixo para cima, mas, sim, pela integração com o divino. Por essa interpretação conceitual, é possível estar junto à Deus como uma partícula integrante da sua Unidade. Cristo projetado no espaço sideral constitui-se na ligação entre os dois planos cósmicos, o humano e o sagrado. O Homem-Deus em forma de cruz dirige-se para a Terra em cumprimento a suas palavras: "*Eu sou o caminho, a verdade e a vida; ninguém vem ao Pai senão por mim*" (Jo 14:6). O pequeno papel em branco, com dobraduras aparentes, colocado acima da cabeça de Cristo, substitui o tradicional letreiro com a inscrição INRI. Estando em branco está ausente o motivo histórico da crucificação, portanto a sentença de morte não foi tratada como uma prática da Justiça romana, mas como um rito religioso necessário para consumar a Redenção.

A obra refere-se a dois espaços distintos: o humano e o sagrado. O corpo de Cristo está projetado por inteiro sobre um fundo negro que, em outras palavras, é um espaço *não lugar* e sem definição. Abaixo vê-se a Terra, identificada pela paisagem real da pequena baía de Port Lligat. E entre estes dois espaços, uma faixa de luz intensa representa o Céu, um interposto entre o conhecido e o mistério. O céu acima da linha do horizonte foi construído pelo jogo dos contrastes: luz e escuridão, diagonais e horizontais, laranjas e azuis. É um lugar dinâmico, cheio de vida e definido por imensas nuvens douradas; o alvo para onde a cruz se projeta como uma flecha direcionada. Salvador Dalí disse com suas palavras: "*Procurei o céu. E o que é o Céu? O Céu não está nem acima, nem em baixo, nem à direita, nem à esquerda, o Céu está exatamente no centro do homem que tem Fé. O Céu é o que a minha alma apaixonada pelo absoluto procurou ao longo da vida. Neste momento temo morrer sem o Céu*".[14] A serenidade não está no céu e sim na Terra, numa paisagem sem movimento construída por pedras e água. Na Terra nada se mexe, o tempo parou até para os pequenos pescadores.

ENTRE O CÉU E A TERRA

Detalhe de *Cristo de São João da Cruz*

A Terra pictórica é real – um espaço autobiográfico e pleno de memórias que misturam cenas de uma infância feliz, a morte da mãe e a rivalidade freudiana mantida com o pai. A imagem da Terra significava também o seu local sagrado, o lugar que lhe permitiu ser alguém além do próprio mito. O pequeno porto situado bem próximo à Figueres, sua cidade natal, era considerado o seu templo e um lugar de encontro consigo mesmo. Em Port Lligat, Dalí e Gala fixaram residência. A escolha foi muito explorada por seus biógrafos, porque confirma a necessidade de se exibir e mostrar ao pai sua independência financeira. A paisagem tantas vezes reproduzida era seu símbolo de vitória, e como ele mesmo disse em *Diário de um Gênio* "um lugar *onde todos os dias eu matava meu pai e me transformava em herói*".[15]

PORT LLIGAT

A serenidade do mar que aparece abaixo no *Cristo de São João da Cruz* é uma visão real da costa catalã no Mediterrâneo, e também a imagem que o artista contemplava todos os dias pelas janelas de seu ateliê. A luminosidade local cria, no pôr-do-sol, um fenômeno de cores que projeta o céu em espelho na água, diariamente por uns minutos o céu e o mar misturam-se parecendo uma coisa só. Esse espetáculo cromático feito de azuis e amarelos torna a vila de Port Lligat translúcida, especial e única. A paisagem da *Crucificação* é feita de luz, luz essa da pequena baía da província de Cadaquès, um lugar especial e determinante na vida e obra de Dalí.

Port Lligat é uma vila catalã onde havia o ateliê de Dalí. Cenário de inúmeras obras,
o lugar continua igual ao que foi registrado na pintura de 1951.

Port Lligat em catalão quer dizer "porto ligado". O nome refere-se a forma geográfica dessa baia que é fechada e liga-se ao continente por uma estreita faixa de terra. Dalí comprou nesse lugar a cabana de um humilde pescador e a transformou em casa-ateliê. Quando se instalou no pequeno casebre, sem saber, ele comprou junto sua própria liberdade. Em Port Lligat ele acalmou seus medos e provou o prazer do sucesso financeiro. Um bem supremo e, segundo seus familiares, também um vício, fomentado por Gala. Nessa época, ele ganhou o apelido de *Avida Dollars*, dado pelo escritor Breton, o líder do movimento surrealista que, não suportando mais suas irreverências ideológicas, o associou ao capitalismo mercenário através da palavra dólar. É um jogo de palavras pois todas as letras do nome Salvador Dalí existem na alcunha *Avida Dollars*.

A instalação do ateliê próximo a Filgueiras foi uma resposta vingativa à trágica lembrança da expulsão da casa paterna. Tudo começou num momento de ira quando pai e filho se desentenderam em relação à memória da mãe. A família briga aconteceu na noite de Natal de 1928. O pai o amaldiçoou aos berros, deixando que a humilhação transpusesse o espaço familiar e fosse ouvida por outras pessoas na rua, entre elas Buñuel, que inesperadamente chegava à cidade naquele momento. O amigo cineasta lhe trouxe a salvação. Juntos partiram de Figueres e realizaram, no mesmo ano, o grande ícone da ruptura modernista – o filme *Um Cão Andaluz*.

A casa em Port Lligat, mais que uma habitação, foi o cenário persistente de suas obras e o lugar onde viveu a maior parte da vida. Gala, sua companheira *marchand,* achava Paris a capital da loucura, ideal para experiências e perfeita para escândalos, exibicionismos e principalmente para

171

ganhar dinheiro. Port Lligat era o contrário, um lugar de trabalho, sem trapaças e necessário para se fortalecer do desgaste das muitas performances públicas. Port Lligat, mais que uma paisagem, era o lugar onde a verdadeira alma de Dalí bebia e se alimentava. Era sobretudo um lugar de se reinventar, de sentir os prazeres dos cheiros locais, de reviver tradições e de muita simplicidade. Acima de tudo, o lugar para acalmar a memória das suas emoções viscerais.

Com certeza, Port Lligat não se restringiu a um espaço psicológico, era também a base da sua estética dos contrastes, um conceito que existia além das obras e se infiltrava em suas opções políticas e religiosas. A dinâmica dos contrários é facilmente identificada pelo jogo de luzes e cores, também pela dureza das rochas em oposição à fluidez da água, que por associação, significava imortalidade e eternidade. Seria também a memória do primordial, no mais absoluto sentido da origem da vida – a água está relacionada à transformação tanto na Biologia, quanto na religião através do batismo. O isolamento do local e a formação rochosa juntos significavam o momento pré, ou seja, daquele que antecede a vida. Novamente Port Lligat é um símbolo na obra da crucificação, nela a cruz projetada sobre a Terra sinaliza o início de uma Nova Era.

É inegável a força da tradição católica na simbologia do artista, que de inconsciente não tinha nada, como bem afirmou Freud no único encontro ocorrido em Londres, em 1938. Por sinal, um encontro decepcionante, pois Dalí desejava a chancela do pai da psiquiatria com a esperança de que, assim, sua obra fosse validada pela teoria do inconsciente. Nunca conseguiu. Porém o público erradamente acredita que sua pintura seja um exemplo sincero do inconsciente, o que não é. Dalí é um mestre, em pintura, em ilusionismo visual e em enganar as lógicas tradicionais.

A CASA ATELIÊ EM PORT LLIGAT

As janelas do seu ateliê são desalinhadas, não por erro ou descuido, foram criadas para serem uma metáfora dos olhos humanos. Intencionalmente têm tamanhos e alturas diferentes, são como olhos que embora diferentes vêm a mesma paisagem. As construções que surgiram em torno da antiga cabana de pescador, ao longo de 40 anos, foram realizadas de uma maneira espontânea, simplesmente para atender às necessidades dos proprietários. A casa ateliê é um lugar sem luxo que surpreende até seus críticos mais ferrenhos. Os aposentos íntimos têm o mínimo necessário de conforto, mas com abundância em requintes de ilusionismo, como espelhos, janelas e ângulos de visão labirínticas, que juntos fazem o espaço se parecer uma "instalação" contemporânea. A casa de Port Lligat também é uma cenografia para expor a coleção de objetos bizarros que o casal adquiriu durante a vida, artefatos que dialogam entre si e com as pinturas do artista. Qualquer um ao entrar neste estranho ateliê se fascina, reconhece nele fragmentos de suas obras, relaciona as peças aos proprietários e, ingenuamente como um aprendiz de detetive. estabelece analogias com suas pinturas e os inúmeros textos já escritos. Como ele mesmo dizia: "a sua casa era uma estrutura biológica, um ser orgânico e vivo e em constante transformação". A arquitetura labiríntica, igual à sua obra, desdobra-se em vários pontos de vista, análises e interpretações.

SOBRE O ENCONTRO COM BUÑUEL

Dalí teria morrido asfixiado na Espanha caso o cineasta amigo não chegasse como um profeta da modernidade surreal. Nos anos 1920, o cinema representava o grande símbolo da revolução tecnológica. Nas palavras de Buñuel, o cinema era o melhor *"instrumento para demonstrar o mundo dos sonhos, das emoções e dos instintos",* coincidentemente as qualidades essenciais do surrealismo. Os dois artistas experimentaram a liberdade ao extremo e ousaram como ninguém. O filme não quebrou apenas os padrões cinematográficos da época, destruiu também a certeza do racionalismo ocidental. Os dois espanhóis colocaram imagens do inconsciente de maneira tão cruel e selvagem que ficou impossível encaixar a obra em alguma categoria. Paris enloqueceu ao ver, em close agigantado, a cena icônica de uma navalha cortando ao meio o olho de uma mulher. A partir desse *frame,* o mundo das vanguardas nunca mais foi o mesmo. Salvador Dalí tinha consciência do que estava acontecendo. O relato do filme, de apenas 17 minutos, em seu livro *A Minha Vida Secreta* é tratado como a grande ruptura e o divisor de águas. *"O filme destruiu, numa só noite, dez anos de pós-guerra e de vanguardismo falsamente intelectual".*[16] Quando o mundo ocidental entrava em colapso com a quebra da Bolsa de Nova York, em 1929, neste mesmo ano, Dalí conheceu os dadaístas que lhe apresentaram o niilismo, Gala e o sucesso. Um mix transformador ou, no mínimo, pertubador.

Porém o resultado histórico entre comunistas e surrealistas foi um fracasso absoluto. Os primeiros não confiavam na capacidade transformadora do inconsciente, e muito menos na pregação da desordem psíquica. Eram ideais que os afastavam das lideranças políticas. Os surrealistas, por sua vez, não encontraram nenhum espaço favorável entre os proponentes do Estado Social e nem poderiam, pois se estes se apoiavam na ordem centralizadora como princípio fundamental para a implantação das mudanças sociais, como poderiam estar seguros com a chamada *anarquia transformadora*?

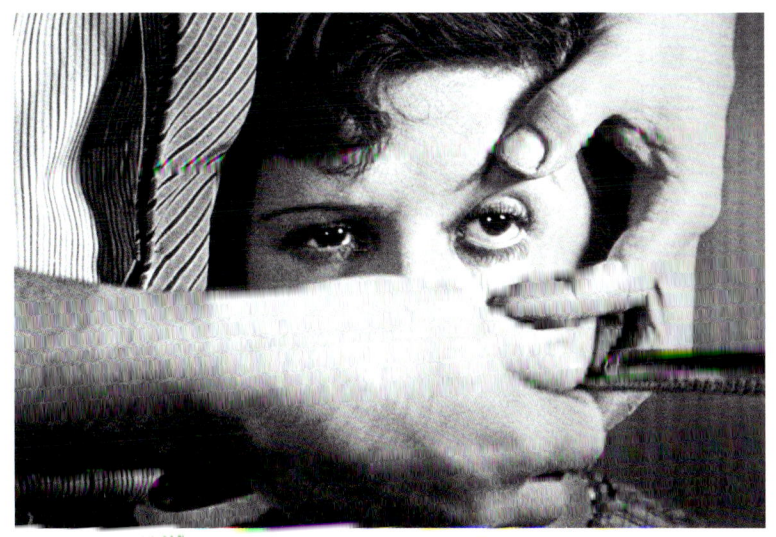

O Cão Andaluz, filme de Luis Buñuel e Salvador Dalí, 1929

SURREALISMO E REALISMO

Interpretar o imaginário surrealista é sempre um fenômeno subjetivo e realimentado pela relação de cumplicidade entre artista e observador, por isso mesmo é um erro transferir diretamente os fundamentos da psicanálise para dentro das obras. Nelas, não existe a espontaneidade do inconsciente, pois as imagens simbólicas são intencionalmente construídas e selecionadas. Para dadaístas e surrealistas, destruir a obviedade, gerar dúvidas e possibilitar novas respostas era uma postura estética. Buñuel e Dalí colocaram um ponto final na discussão ao determinarem a existência de apenas uma única regra: "vale tudo, qualquer coisa, menos racionalizar".

Aparentemente, a narrativa interna das obras de Dalí apresenta-se sem uma ordem linear e sequencial. Essa ordem até existe, porém é diferente da tradicional, é fragmentada como nos sonhos. A falta de sentido era um conceito sempre colocado nos manifestos e sempre repetido como fundamental. Os artistas surrealistas acreditavam que o rompimento da razão possibilitaria subverter a ordem universal para nascer uma nova era. Nos anos 1920, a intelectualidade acreditava que a estética faria a revolução social e, como desejavam transformar a sociedade, colocaram-se no papel de agentes libertadores. Os poetas ou "*os mensageiros das possibilidades sonhadas*" junto aos artistas e intelectuais da criação reivindicaram para si a gloriosa função de atuar nas lideranças ideológicas. Os jovens reforçavam a mítica romântica de que o protagonista da mudança estava na voz do poeta, um misto de anjo e porta-voz do desejo. Acreditavam que políticos, economistas, militares, estrategistas, filósofos, banqueiros, professores, cientistas, enfim todos se renderiam à poesia.

Na crucificação de *Cristo de São João da Cruz* a criação da Terra é uma incrível combinação de realidade física com imagens oníricas. A bizarrice ficou por conta de duas pequenas figuras masculinas. Também reais, pois foram extraídas do repertório pictórico de Velázquez e de Le Nain, e que ao serem transferidas diretamente do barroco dos dois mestres latinos, tornaram-se em mais um elemento surrealista. Os pequenos pescadores mais que estranhos são causadores de dúvidas. Vestidos segundo os costumes do século XVII, em repetição às duas pinturas barrocas, eles ficaram deslocados da obra de Dalí. Nesse momento mágico, as duas pequenas figuras produziram o recurso estético querido pelos surrealistas, o conhecido *fator de estranhamento*.

FATOR DE ESTRANHAMENTO E A ESTÉTICA SURREALISTA

Toda unidade temática e espacial de *Cristo de São João da Cruz* tem seu contraponto nestas duas pequenas figuras que, deslocadas, criam uma sensação equivalente ao distanciamento do teatro brechtiano. Para Breton, o fator estranhamento era crucial para a criação de qualquer obra, fosse ela escrita ou visual.[17] A força desse recurso, na obra de Dalí, é tão forte que é capaz de mudar o sentido temático e transferir essa obra da dimensão de um êxtase místico para a incerteza de uma fantasia onírica.

No surrealismo e dadaísmo, o deslocamento de formas e palavras é o grande gerador de ambiguidade. É por meio dele que pode-se quebrar as antigas certezas para acelerar o processo de conscientização. Aqui como em tantas outras obras de Dalí, as imagens duvidosas são as preferidas do grande público. Seus admiradores ficam seduzidos e fazem desses pequenos detalhes peças determinantes para a compreensão, transformam toda obra num instigante jogo de investigação. O público erroneamente utiliza-se de um método lógico para desvendar enigmas de uma obra que foi construida com o firme propósito de não ter sentido, ou ao menos aparentar incoerência.

PERMANÊNCIA DAS FORMAS CLÁSSICAS EM DALÍ

Velázquez. Estudo para *Rendição de Breda*, 1635, Biblioteca Nacional de Madri

Dalí era um estudioso do passado clássico e um leitor persistente. Gala, para satisfazer sua curiosidade intelectual conseguia-lhe raridades de textos e fotografias, que às vezes se tornaram material de suporte para pesquisas e, não raro, transformadas em seu principal modelo inspirador. Na *Crucificação* ele transpôs um estudo de Velázquez, encontrado na Biblioteca Nacional de Madrid, que se refere à *Rendição de Breda*, obra do acervo do Museu do Prado. Essa pintura é uma narrativa do cerco da cidade de Breda, no momento em que as duas tropas assistem a confirmação do resultado final, e os dois comandantes, o vencedor e o derrotado, realizam o rito final. O holandês Justino de Nassau reconhece a vitória alheia e se curva diante do Spínola. Por que tê-la na Crucificação? Por nada, a não ser uma verdadeira proposta surrealista. Por estar fora da temática religiosa e pertencer a um fato histórico real, causou a falsa impressão de ser uma memória acidental ou Inconsciente. Essa pequena figura inspirou o elemento pertubador de toda unidade da obra e exerceu seu papel de *fator de estranhamento*.

Camponeses diante de casa,
detalhe de Louis Le Nain, 1642

O outro pequeno pescador é um camponês extraído de uma pintura de Louis Le Nain. Os irmãos Le Nain, embora tenham vivido em pleno barroco francês e no auge da riqueza da Monarquia Absolutista, optaram pela temática representativa dos costumes dos mais pobres, mais que um registro social, era uma denúncia da miséria humana. Na formação artística de Salvador Dalí tanto quanto na de Picasso, o método de aprendizagem seguiu o tradicional modelo da observação. Os dois estudaram na Espanha, copiaram e repetiram não apenas as formas da natureza, mas sobretudo o trabalho dos mestres, em especial dos espanhóis e, de preferência, Velázquez, Goya e Zurbaran. Os dois espanhóis rivais e geniais fizeram por caminhos e conceitos diferentes o que hoje chamamos de releituras, para eles eram reinterpretações, adaptações e inclusões autorreferenciais.

A DIVINDADE CORPÓREA

O ilusionismo da terceira dimensão ganha mais persuasão quando o artista utiliza do *escorço*, uma deformação intencional que amplia a sensação de volume. Esse método não é usual porque, além de perspectiva, exige um alto conhecimento de anatomia. Os desenhistas de quadrinhos, pelo contrário, usam e abusam quando querem engrandecer, de maneira descomunal. E mesmo que as imagens não fiquem verossímeis, elas produzem resultados impactantes. O escorso é um recurso ideal para mostrar formas em movimento, atrofiar ou ampliar exageraramente.

A concepção da *Crucificação* nasceu durante a estadia de Dalí nos Estados Unidos, mais precisamente dentro dos estúdios de Walt Disney. O pintor e o empresário americano, além de amigos, estavam empenhados num projeto que só foi concluido após a morte de ambos. A convivência com Disney adicionou à sua antiga técnica ilusionista os recursos utilizados nos *cartoons* e histórias em quadrinhos. A impressão que se tem é que o olho de Dalí, durante o período em que morou nos Estados Unidos, acostumou-se aos traços dessa literatura popular e, que na época, era malvista pelos eruditos europeus. Esse gênero literário, nos Estados Unidos, era produzido em escala industrial e estava a cargo de grandes desenhistas, que embora tivessem a formação tradicional do desenho de observação, não dispensavam os registros fotográficos. Sem dúvida Dalí era um estudioso dos pintores clássicos, mas por influência americana e, sem qualquer constrangimento, passou a utilizar dos recursos tecnológicos disponíveis na indústria do entretenimento e da fotografia em projeção.

A captação de uma ação em tempo real só foi possível a partir do advento da fotografia. Como a visão humana é deficiente e não consegue perceber rapidamente tudo, a dificuldade para analisar formas em movimento foi resolvida com os efeitos da câmara lenta e pelos *frames* sequenciais. Uma imagem em movimento "congelado" permite análises minuciosas sobre as reações e as contorsões dos músculos, um estudo ideal para criar expressões faciais. Nos estúdios da Disney existia um departamento especializado só para captar formas em movimento. Observavam o dinamismo numa gama tão variada de situações, que poderia ir de uma corrida de cavalos a um vôo de pássaro, ou a um pingo de água caindo durante a chuva. O sucesso dos quadrinhos não residia apenas na qualidade visual, eles contavam também com o imaginário dos tipos viris e com a sensualidade feminina, que povoavam narrativas de muita ação, máquinas velozes e embates corporais. Os personagens-tipos tornaram-se os representantes fictícios da moral divulgada durante a 2º Guerra, estavam a serviço do heroísmo e sempre na defesa dos injustiçados, porque a sociedade do pós-guerra acreditava na moral vitoriosa do bem sobre o mal.

ESCORÇO E MOVIMENTO

Michelangelo. *Ignud*, 1508-1512, Capela Sistina

O escorço usado na literatura de ficção popular cria a sensação de corpos em ação, porque os desenhistas deformam intencionalmente e deixam partes do corpo escondidas, como se a qualquer momento o movimento irá se completar e o corpo se mostrará por inteiro. Super-Homem, para a adolescência masculina, simbolizava virilidade física com valores morais de coragem, altruísmo e luta pelos indefesos. Em 1939, a dupla de desenhistas Joe Shuster e Jerry Siegel criou a imagem icônica do herói juvenil voando no espaço: o Super-Homem. Para aumentar a sensação de velocidade, criaram uma deformação extremada; ao colocar um dos braços estendido em primeiro plano, conseguiram sugerir um corpo impulsionado e lançado no espaço. Visualmente Super-Homem é um desenho de escorço exagerado. Os mesmos recursos foram usados por Michelangelo, no teto da capela Sistina. Para criar a ilusão de corpos suspensos em movimento, o artista precisou estudar o mecanismo anatômico da musculatura, porém sem o recurso da fotografia, para aprender, só tinha uma maneira: dissecar cadáveres. O escorço usado na literatura de ficção popular e na pintura renascentista é o mesmo, os dois são fruto da geometria da perspectiva.

Para sugerir o corpo de Cristo lançado no espaço, Dalí desfigurou a anatomia masculina muito além da nossa visão real, diminuiu as pernas e os pés, enquanto aumentou os braços. Aplicou o método perspectivo da deformação intencional, porém o mais espetacular foi conseguir destacar o conteúdo simbólico da imagem. O sentido de *"re-ligare"* mostra-se por intermédio do Deus Crucificado, no corpo do Redentor lançado do Infinito para a Terra. O corpo transmutado em cruz forma uma unidade inseparável, de Deus e os homens no corpo do Encarnado.

No princípio era o Verbo, e o Verbo estava com Deus, e o Verbo era Deus. E o Verbo se fez carne e habitou entre nós (João 1:1,14)

O *Cristo de São João da Cruz* reproduz a célebre citação de João Evangelista: *O Verbo se fez carne*. O corpo do Crucificado tem concretude, é feito de massa muscular e tendões retorcidos. Cristo é forte e musculoso como um ginasta no auge da juventude. Sugestionado pela beleza física dos frequentadores dos espaços sociais de Hollywood, Dalí recorreu a Walt Disney para lhe indicar um bom dublê que aceitasse posar. O escolhido foi Russell Maurice Saunders, um profissional reconhecido no meio artístico, por seu físico e talento para enfrentar situações difíceis.

Em um dos estúdios da Disney, Saunders se submeteu à dolorosas sessões de modelo vivo, com amarras nos braços e pés, ficou suspenso para flutuar no espaço. Acima dele e bem no alto um refletor de luz projetava os contrastes de luz e sombras, e acima de toda estrutura, Dalí fotografava e desenhava. Lamentavelmente, todo material preparatório foi levado para a Espanha e lá se perdeu. Em pleno século XX, num período defensor do ateísmo e dentro de um estúdio de cinema especializado no entretenimento infantil, Dalí concebeu a mais sublime Crucificação da iconografia cristã.

O corpo do Crucificado não sangra, não tem hematomas, sem pregos e sem coroa de espinhos não demonstra dor. Salvador Dalí retratou um corpo limpo e, segundo seus relatos, ele queria um Cristo que fosse bonito como um deus apolíneo. Em seu conceito Deus seria o grau máximo da perfeição. E como visualizar a perfeição absoluta? Pela beleza física, na materialidade de um corpo humano sem vestígio de dor. Para Dalí, Deus embora Crucificado, é sereno. O artista herdou esses cânones dos escultores clássicos e aplicou-os com uma grande diferença: para os antigos gregos, a perfeição era uma abstração nascida por medidas idealizadas que não existem e resultam de proporções geométricas, já nas mãos do pintor espanhol a perfeição existia e estava num corpo real. Dalí explicou a obra dizendo: *"Cristo seria tão bonito como o Deus que ele é"*.

IDEAL DE BELEZA NOS ANOS 1950
MODELO ANATÔMICO

Steve Reeves, anos 1950
Fisioculturista norte-americano vencedor dos títulos de Mr. América e Mr. Universo na década de 1950, é um típico representante dos ideais de beleza e virilidade.

A década de 1950 redefiniu as proporções anatômicas masculinas e femininas pela dominância da curva. Os concursos físicos e o cinema divulgavam os padrões de beleza americana que depois eram imitados pela sociedade. O resultado foi uma valorização extremada dos volumes anatômicos. Os homens exibiam corpos torneados por aparelhos de fisioculturismo e as mulheres, sem nenhum artifício cirúrgico, deveriam trabalhar as medidas, coincidindo busto com quadril e cintura com coxa. O gosto universal da época resumia-se em Marilyn Monroe, considerada a perfeição dentro de seus 1.65m de altura, 94cm de busto, 58 cm de cintura, 91cm de quadris e 57 kg, medidas que hoje criariam um tipo avantajado e muito curvilíneo diante da longilínea *top model* dos anos 2000, Gisele Bundchen, com 1.79m de altura e 54 Kg, 88 cm de quadril, 87cm de busto e cintura 63cm. No círculo masculino, Steve Reeves, era considerado o mais perfeito e o maior vencedor dos concursos. Suas medidas: 1.81m de altura, 96Kg, 46 cm de bíceps, pescoço e panturrilha, 65cm de coxa, peitoral de 132cm e cintura de 74cm. Com tais proporções, o corpo masculino configurava um estranho triângulo invertido. Na indústria da moda, alfaiates inventavam artifícios – o mais comum era rechear as roupas com pequenas almofadas modeladoras escondidas entre o forro e o tecido.

VOLUME TRIDIMENSIONAL
LUZ E SOMBRA
CIÊNCIA E ARTE

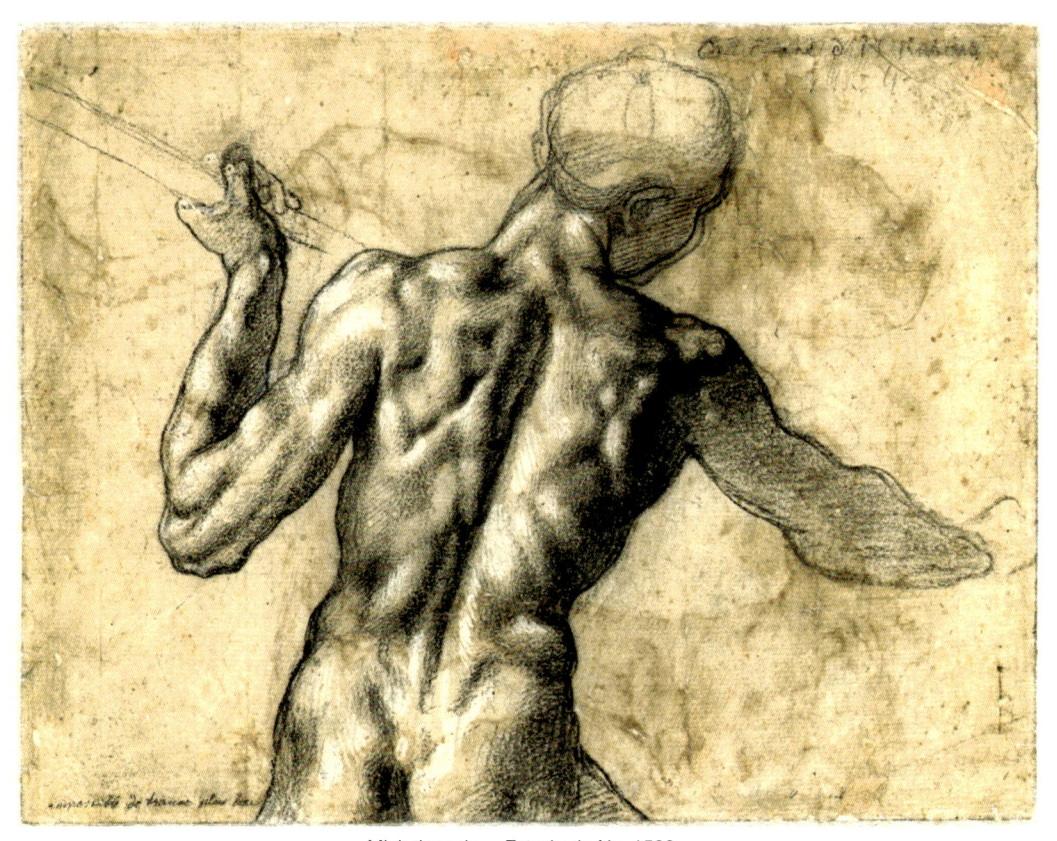

Michelangelo - *Estudo de Nu*, 1503,
Museu do Louvre

Michelangelo e Leonardo da Vinci foram pioneiros no conhecimento científico da Anatomia. Em suas obras, tanto na pintura como na escultura, para criar ilusões de volumes e definir corretamente a tridimensionaidade do corpo humano, eles recorreram aos estudos de anatomia. Os artistas sabiam que antes de criar era preciso entender. Na época, a dissecação de cadáveres era algo controverso, porém necessária. Diante desse impasse, os dois artistas fizeram opções diferentes para suas *experiências*.

Michelangelo passou a visitar as tumbas do Convento do Santo Espírito, às escondidas, pois formalmente não seria permitido. Através de um pacto de silêncio firmado entre ele e os religiosos guardiões e sem fazer alarde, o artista tinha o consentimento necessário para seus estudos. Já

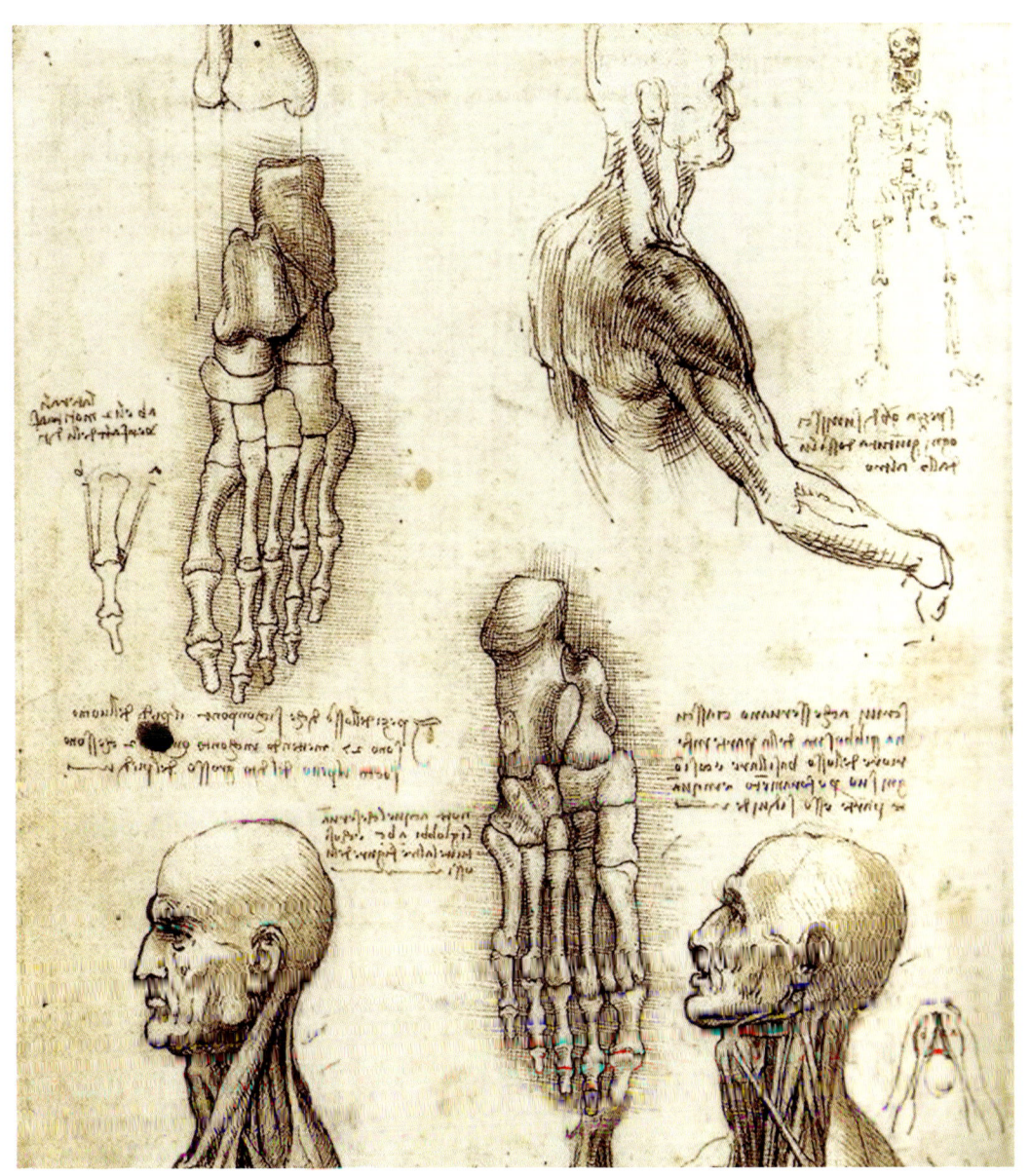

Leonardo da Vinci – 1485-1515

Leonardo da Vinci agiu totalmente diferente. Seus trabalhos foram orientados pelo médico e professor de anatomia Marcantonio della Torre e pelo viés do pensamento renascentista científico, herdeiro da tradição aristotélica. Leonardo dissecou e analisou a complexidade biológica em corpos masculinos, femininos, velhos, jovens e até em fetos. Para entender o funcionamento dos sistemas anatomofuncionais, fez estudos da estrutura muscular, óssea e dos conjuntos de tendões. Pelo prazer de compreender a natureza humana, analisou os órgãos e suas respectivas funções, enquanto dissecava os cadáveres com a mão de um cientista, os desenhava com a mão de um artista. Da Vinci fez tudo sem nenhuma educação formal, apenas movido pela curiosidade e por sua extraordinária capacidade inventiva.

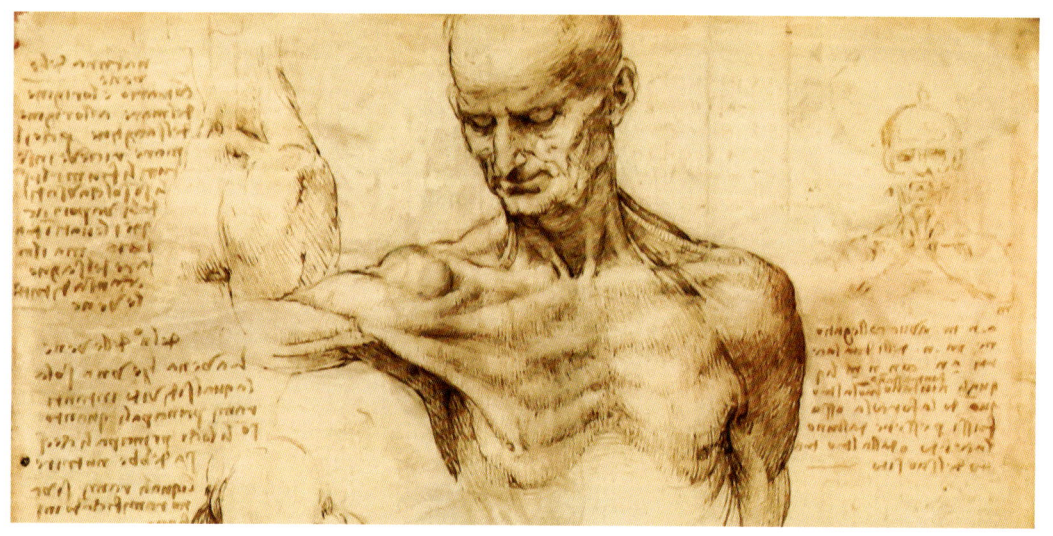

Leonardo da Vinci – 1485-1515

O que Leonardo buscava? A perfeição. Seus estudos nasceram para auxiliar o pintor e, no entanto, acabaram fazendo um elo entre arte e ciência. Os desenhos que foram testemunhas do seu espírito científico só foram conhecidos pelo grande público a partir do século XIX, pois não tendo um herdeiro direto e após a morte do seu fiel discípulo Melzi, o material de pesquisa foi vendido separadamente. Hoje esse tesouro encontra-se agrupado em duas partes, uma na Itália, em Milão e outra na Inglaterra. Tendo real consciência do seu pioneirismo, ele fez tudo com muita discrição, por cuidado sempre carregou consigo suas anotações, poucos sabiam da existência dos desenhos que sempre ficaram escondidos. Leonardo escreveu em espelho, ou seja, os textos foram escritos de trás para frente, criando um interessante método para dificultar uma leitura imediata.

Da Vinci forneceu dados para uma linguagem figurativa ilusionista. Ao seguir os raciocínios da Lógica encontrados na Matemática e na Geometria, ele acabou expandindo as ciências nas artes visuais. Várias escolas surgiram em torno de suas pesquisas – o naturalismo, o realismo e o verismo – e elas se diferenciam apenas quanto ao grau de imitação da natureza. Na época em que Dalí pintava o *Cristo de São João da Cruz*, Picasso estava num caminho oposto, e como os dois espanhóis disputavam o mesmo espaço, não perdiam oportunidades para fazer declarações bombásticas um contra o outro. Picasso disse que Dalí era o último pintor *renascentista que restava no mundo*. Correto, e mesmo que tenha sido um comentário jocoso insinuando que ele estava ultrapassado, o que Picasso disse e que foi repetido à exaustão por seus críticos, sem perceber, era um elogio: Dalí era um renascentista sobrevivente. Obviamente fizeram pilhéria por ser um artista figurativo, mas sequer perceberam que ele também era muito ligado às descobertas científicas da sua época.

SURREALISMO E RELIGIÃO

Para entender Dalí é preciso entender de catolicismo e de espanholismo. É necessário reconhecer a dimensão entre a culpa do pecador e a possibilidade do seu encontro com Deus na remissão. É preciso conhecer a alma mística e dramática da cultura espanhola e mergulhar na riqueza simbólica de suas heranças mouriscas e ciganas. Precisa conviver com o contraditório, visto que a alma espanhola reside no exagero das paixões, no estado íntegro de *pathos* e, por esse motivo, nenhum método racionalista conseguiu entender por completo a sua ancestralidade. Parece que Dalí nunca se afastou dos intensos conflitos do menino Salvador. Eles sobreviveram em sua idade adulta e se transformaram em pinturas, em comportamentos exêntricos e principalmente em sua relação carnal e de afeto com a Espanha. Seu país estava em Gala. Dalí não se coadunava com a previsibilidade de uma leitura freudiana. Por sinal, Dr. Sigmund Freud, em reciprocidade, também não acreditava na espontaneidade do artista, para ele nada ali era fruto do seu inconsciente e sim tudo muito bem planejado. O que também é verdade.

Nenhum comportamento provocativo de Dalí conseguiu abalar tanto os surrealistas como sua declarada conversão à fé católica. Em 1929, ele foi expulso do grupo por Breton, mas nem por isso seu nome foi desvinculado do movimento. Ao se converter, finalizava em definitivo sua relação com o grupo e ampliava seus limites com o surrealismo. No século XX, todas as vanguardas tinham em comum dois aspectos: ideologia socialista e anticlericalismo. Dalí se dizia vanguardista e assumia ser religioso.

Os surrealistas, como muitos seguidores da sociedade moderna, tinham grande atenção pelas religiões arcaicas, estudavam os muitos sentidos do sagrado nas seitas politeístas e se encantavam com as redescobertas dos rituais e mitos estudados pela psicanálise. Mas com a mesma intensidade abominavam o cristianismo judaico. O desprezo fundamentava-se além das questões religiosas, passava pelo Estado; pelo fato de política e religião fundamente terem criado a ordem social e imposto limites para o comportamento humano.

DOGMAS E AXIOMAS
RELIGIÃO E CIÊNCIA

Enquanto todos os artistas desse movimento se diziam surrealistas, Dalí foi o único a vivenciar o surrealismo como um princípio inquestionável. Fez sua vida se transcorrer como um grande espetáculo. Enquanto todos se diziam ateus – afinal um surrealista religioso representaria o descrédito total –, Dalí agiu diferentemente. Seguiu outro caminho e conseguiu o impossível, burlou os manifestos surrealistas e criou sua própria teoria religiosa. Nela colocou, num só corpo, axiomas científicos da Física Quântica e dogmas religiosos do catolicismo. Nascia assim a Visão Cósmica, uma complexa teoria científica-religiosa-surreal-daliniana.

Seus inimigos o acusaram de exibicionismo e diziam que tudo não passava de uma retórica superficial e glamurizada. Porém, inúmeras correspondências trocadas entre o artista e pesquisadores comprovam o contrário, na verdade existia uma forte ligação entre Dalí e a vanguarda científica. Ele se correspondia com uma vasta lista de cientistas premiados, entre eles o matemático René Thom o teórico dos fenômenos das Catástrofes; Niels Bohr, da Física Quantica; seu grande admirador era o prestigiado Nobel da Química, Ilya Prigogine; e nos últimos anos esteve mais próximo de Stephen Hawking, o físico inglês e autor de *Uma Breve História do Tempo*. Nas cartas, fica demonstrado que o artista era mais respeitado e circulava com mais facilidade pelo espaço científico do que entre seus pares na área das artes visuais.

Diferente do que ocorria no meio artístico, entre os cientistas e o artista houve uma admiração recíproca, além de sincera troca de conhecimento. Essa abertura não se deu apenas com Dalí, ela ocorreu quando muitos cientistas quebraram o isolamento de suas superespecializações e interligaram-se aos demais integrantes da cultura humana, aproximaram fronteiras e permitiram ao leigo entender o mundo com uma visão de unidade. Para Salvador Dalí, a ousadia veio de quem menos se esperava: o setor das disciplinas de exatas que demonstrou estar mais aberto para novos paradigmas, e não o das humanas, tradicionalmente reconhecido como o mais *criativo* na sociedade.

A primeira fase da vida de Dalí é marcada por seu personagem de *enfant terrible* do surrealismo. Os biógrafos confirmam o período como o mais intenso, e no qual se permitiu experimentar, transgredir e chocar, ou seja, seguir o padrão da loucura dos anos 1920. Após essa fase silenciou-se por duas décadas. Passou a criar mitos sobre si mesmo e a cultivar inimigos. Durante o período leu, estudou e pesquisou muito. Muito mesmo. Fez tudo isso para transparecer espontâneo, inocente e tão natural como um simples *insight*. Dalí sabia que a dificuldade para demonstrar e transpor ideias das ciências exatas para uma linguagem visual exigia uma solução inovadora. E ele a encontrou.

VISÃO CÓSMICA

Em 1951, Dalí publicou o *Manifesto Místico*, um ensaio onde explicou sua nova atitude artística, conhecida como Misticismo Nuclear. Segundo o artista, o misticismo era a única filosofia que lhe permitia compreender o universo atômico. Clamou por Santa Teresa de Ávila, a personalidade representativa do misticismo espanhol que, para ele, significava muito mais que isso. Ela seria uma ponte entre as comprovações científicas da Teoria da Relatividade e sua fé católica, porque durante suas experiências místicas, a freira descreveu a possibilidade de ultrapassar a dimensão física e espacial quando pode-se entrar em êxtase.

Interessado pelas recentes descobertas e aplicações da Física e da Matemática, no período pós-guerra, o artista catalão passou a estudar suas teorias, depois divulgadas pela mídia em linguagem mais acessível. Passou a entender o que existia por detrás das equações e fórmulas e, consequentemente, a perceber a realidade de outra maneira. Esse novo espírito dos cientistas abertos para diálogos menos acadêmicos influenciou não apenas o surrealista espanhol, mas toda a humanidade. Antes mesmo de se aprofundar nas descobertas da Física Moderna, Dalí já demonstrara obsessão pelas estruturas matemáticas da natureza. Para ele, a Geometria era o conceito primordial da beleza. Embora fosse um esforçado aprendiz, ele não representava o pensamento científico da época, apenas interpretou à sua maneira e criou uma eclética combinação entre Estética, Ciência e Religião, que o acompanhou até o final da vida.

Enquanto artista, ele misturou elementos da Matemática, da Teoria da Relatividade, da Mecânica Quântica, da Teoria do Caos, da Física Nuclear, da Teoria das Catástrofes e da Genética. A partir dos anos 1960, sua produção esteve cada vez mais próxima dos laboratórios, e na década de 1970, aproximou-se dos pesquisadores do DNA, chegando a fazer posters para seus simpósios. Passou os últimos anos de vida dedicados à holografia, criando as pinturas chamadas estereoscópicas. Muitas palavras do universo científico passaram a fazer parte do seu repertório e, para explicitar sua teoria, muitas delas encontram-se nos títulos das obras. As mais comuns: atômica, nuclear, partículas, quarta dimensão, equação, microfísica, desintegração, *mesons pi*, raios cósmicos, dilatação do tempo e desmaterialização. A contraditória ciência-mística daliniana significou mais que a assimilação dos conceitos físicos, ela era o próprio encantamento da humanidade diante das novas possibilidades.

Quando Dalí finalizou a *Crucificação de João da Cruz,* declarou ser um continuador da tradição religiosa espanhola. Antes dele, Velázquez e Goya já haviam pintado um crucificado semelhante, sem marcas de sofrimento e sem nenhuma narrativa dramática da morte. Para ele, que obra ia além, já que para a teologia cristã ela ultrapassara a realidade física e se tornara cósmica. Dalí fizera o retrato metafísico da crucificação. Em outras palavras, ao usar um ponto de vista no alto, o sacrifício do Filho passou a ser visto pela perspectiva de Deus. Segundo ele argumentou, a pintura fugiu da descrição religiosa tradicional e colocou-se como uma visão teológica interpretada pela Física Moderna.

SONHO MÍSTICO
E ÊXTASE RELIGIOSO

São João da Cruz. *Cristo Crucificado*, 1574-1577, Mosteiro de Encarnação, Ávila. Relicário - Desenho – 57 X 47 mm

Salvador Dalí. *Cristo de São João da Cruz*, 1951

O paralelo existente entre as duas obras não se encontra apenas na temática ou na originalidade perspectiva, mas está também na inspiração que deu origem a elas – as duas estão relacionadas a um estado de consciência alterada. *São João da Cruz* teve uma visão enlevada enquanto rezava e Salvador Dalí, um sonho que ele chamou de místico. Entre os estudos para a realização da pintura, foi encontrada uma declaração do autor que explica sua origem. O autor escreveu que um ano antes, em 1950, tivera um sonho que chamou de "*sonho cósmico*". A crucificação como ele pintou lhe apareceu enquanto dormia e foi interpretada como sendo o núcleo do átomo. Ele considerou Cristo a unidade do universo.

Na época, ele precisava acalmar seu medo de outra explosão atômica e, entre tantos pesadelos, teve esse momento tranquilizador. Somente depois do sonho, Dalí foi apresentado ao desenho de *São João da Cruz* que está conservado no Mosteiro da Encarnação, em Ávila – ele chegou ao seu conhecimento pelas mãos do amigo carmelita, o padre Bruno. O minúsculo desenho da crucificação, medindo apenas 57 X 47 mm, dentro de um círculo com o corpo de Cristo visto através de um ângulo superior transtornou Dalí, pois havia muita semelhança entre ele e seu sonho. O impacto mostrou-se além da concepção espacial estendendo-se a seus conceitos teológicos. O pintor surrealista enxergou na obra do místico espanhol a forma dos elementos da física nuclear. Associou o círculo que emoldura o corpo ao núcleo do átomo e, assim, justificou a experiência de São João na contemporaneidade científica.

Esse contato com o pequeno desenho lhe trouxe forças para continuar a tradição da mística espanhola. O nome da obra *A Crucificação de São João da Cruz* deixa claro seu respeito pelo santo que registrou seu êxtase espiritual. Ao terminar a pintura, Dalí lançou o Manifesto Místico, nele se declara o inventor de uma nova mística paranoica-crítica e se autoproclama, como seu próprio nome diz, no Salvador da pintura moderna.

SÃO JOÃO DA CRUZ

São João da Cruz pertence ao grupo dos grandes reformadores da Igreja Católica. Juntamente com Santa Teresa de Ávila, a fundadora, como ele, da Ordem dos Carmelitas Descalços, e de Santo Inácio de Loyola, fundador da Ordem dos Jesuítas, formaram os pilares da Contrarreforma no século XVI. Nascido numa família rica de convertidos, não se sabe ao certo se de descendentes mulçumanos ou de judeus, sabe-se apenas que a riqueza da sua família provinha do comércio da seda. Com a morte dos pais, conheceu a miséria e sua vocação religiosa. Na juventude, enquanto estudava com os recursos de um amigo da família, trabalhou em um hospital, onde entendeu as dores do sofrimento humano, físico e moral.

Reconhecido como um dos Doutores da Igreja e admirado por sua obra literária, tal como Santa Teresa de Ávila – era dado à contemplação e ao silêncio –, igualmente teve experiências místicas conseguindo atingir momentos de êxtase. Juntos compartilharam ideais de obras assistenciais, de refinamentos literários e de divulgação da fé cristã com a fundação de conventos e mosteiros pela Espanha. Enquanto esteve em Ávila, São João foi muito respeitado pelos intelectuais e também tratado como um santo, pela sua obra dedicada aos mais necessitados. Nessa mesma cidade, sofreu as dores da alma ao se apaixonar por uma nobre de quem nunca revelou o nome. Sofreu a ponto de querer abandonar tudo. Nessa época, em algum momento, entre 1574 e 1577, enquanto rezava num santuário, o religioso teve uma visão mística de Cristo crucificado que resultou no famoso desenho.

Seu nome figura na literatura espanhola com poemas considerados os melhores textos simbólicos da igreja católica. Sua fama, porém, foi motivo de ciúmes entre freiras da Ordem Carmelitas Calçadas que, em vez de se tornarem aliadas, fizeram com que o sequestrassem e fosse levado para Toledo. Nessa cidade, onde foi castigado e sofreu humilhações, escreveu seus melhores poemas. Depois de um ano, e muito debilitado, conseguiu fugir e se abrigar junto a Santa Teresa de Ávila. Tendo que ficar escondido no convento, passou a recitar seus versos, escritos durante a prisão. As freiras, encantadas, os copiaram e hoje encontram-se reunidos nos livros *Cântico Espiritual, Noite Escura e Chama Viva*. Eles narram a jornada da alma no encontro com Deus, comentam as dificuldades para atingir o desprendimento material e o prazer encontrado na espiritualidade. A qualidade literária é reconhecida pelo uso da simbologia e da linguagem usual dos textos populares dos *romances*, só que transpostos para o universo religioso. Abaixo fragmentos de dois poemas famosos de São João da Cruz.[18]

ORAÇÃO DA ALMA ENAMORADA

Senhor Deus, amado meu!

Se ainda Te recordas dos meus pecados,

para não fazeres o que ando pedindo,

faz neles, Deus meu, a tua vontade,

pois é o que mais quero,

e exerce neles a tua bondade e misericórdia

e serás neles conhecido.

......

Por que tardas?

Porque, se, enfim,

há de ser graça e misericórdia

o que em teu Filho te peço.

......

Meus são os céus e minha é a terra;

minhas são as gentes,

os justos são meus, e meus os pecadores;

os anjos são meus

e a Mãe de Deus

e todas as coisas são minhas;

e o mesmo Deus é meu e para mim.

NOITE ESCURA

Em uma noite escura

De amor em vivas ânsia inflamada

Saí sem ser notada

......

Oh! noite, que me guiaste,

Oh! noite, amável mais do que a alvorada

Oh! noite que juntaste

Amado com amada,

Amada já no Amado transformada!

Em meu peito florido

Que, inteiro, para ele só guardava,

Quedou-se adormecido,

E eu, terna o regalava,

......

Quando eu os seus cabelos afagava

Com sua mão serena

Em meu colo soprava,

E meus sentidos todos transportava

Esquecida, quedei-me.

O rosto reclinado sobre o Amado,

Tudo cessou, deixei-me,

Largando meu cuidado,

por entre as açucenas esquecido

ARCABOUÇO DE UM CONCEITO CIENTÍFICO POSTO EM PRÁTICA NUMA OBRA VISUAL
OU
SIMPLESMENTE O SIMULACRO CIENTÍFICO DE SALVADOR DALÍ

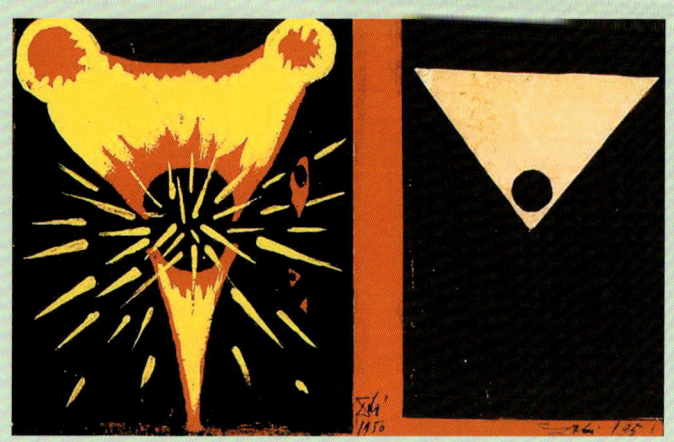

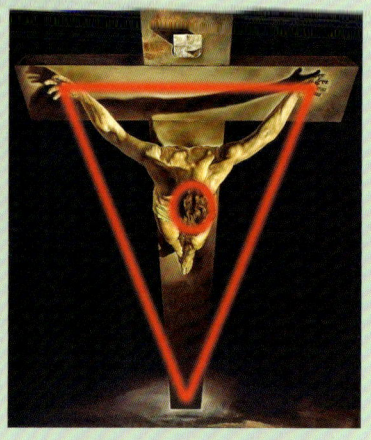

*Estudo geométrico compositivo da pintura
Crucificação de São João da Cruz*, 1951 - Coleção Particular

Perspectiva e Proporção
previstas no projeto original

Entre o sonho e a revelação existe a construção de uma obra. Se totalmente original ou inspirada em São João da Cruz, a verdade é que essa pintura exigiu uma elaboração compositiva requintada. Ela nasceu dentro da abstração geométrica, na combinação das formas primárias do triângulo, círculo e o retângulo. Após acordar do sonho místico, Salvador Dalí fixou o que vira num esboço geométrico, sintetizou toda a cena dentro de um triângulo e um ponto expandido num círculo. O corpo estaria estruturado pelo triângulo através dos braços abertos e pés, e o ponto, no centro da obra. Na realização final as proporções foram alteradas, o círculo da cabeça manteve-se, porém não mais centrado.

Essa geometria simbólica destacou a forma da Santíssima Trindade segundo o seu entendimento da Física Nuclear. Em suas palavras: *"Em 1950 tive um sonho cósmico, no qual vi esta imagem em cores e que no meu sonho representava o núcleo do átomo. Este núcleo mais tarde assumiu um sentido metafísico, quando passei a considerar Cristo como a própria unidade do universo"*. Dalí viu, no núcleo, o espírito unificador de Cristo.

A simbologia do triângulo é muito antiga e se encontra na essência da proporção áurea, uma medida que, segundo os antigos gregos, era a essência da beleza na natureza. O triângulo equilátero, na tradição judaica, simboliza Deus, cujo nome não se pode pronunciar; dois triângulos invertidos e sobrepostos criam a estrela de Davi, conhecida também por selo de Salomão, que significa sabedoria. As relações do triângulo de ponta para cima e para baixo, trata respectivamente da natureza divina e humana.[19] A ponta para cima, entre os povos primitivos, é a simplificação da montanha e sua ponta atingindo o céu é o contato com os deuses. Cristo, por sua natureza divina, contém o símbolo dos dois triângulos. Nessa obra, a geometria do triângulo que envolve todo seu corpo aponta para a Terra e torna a imagem uma valorização da sua natureza humana.

UM MÍSTICO EM CONTRAPOSIÇÃO AO ATEÍSMO-CIENTISTA

Após todas as negações e atitudes de uma heresia decadente, Dalí se reconciliou com a religião cristã e o fez em grande estilo. Comprovou que, embora científicas, suas atitudes não eram hereges; estavam imbuídas de uma linguagem contemporânea, tanto quanto os místicos espanhóis estiveram em suas respectivas épocas. Nunca alguém afirmará a veracidade de suas palavras. Seus adversários fizeram pilhérias e questionaram se um surrealista verdadeiro poderia ser religioso. Ele simplesmente respondeu: Por que não? Afinal, onde se encontra o fim da liberdade surrealista?

A CRUZ NA TEORIA CIENTÍFICA-RELIGIOSA DE SALVADOR DALÍ

Ascensão de Cristo, 1958
Col. Pérez Simón, México

Cristo em Ascensão mostra o momento em que é recebido nos céus em forma de energia expandida. A força simbólica do triângulo formado entre seus pés e os braços abertos significa a Trindade. Cristo, um corpo sem chagas, é a unidade da Santíssima Trindade. Seu rosto oculto, como nas demais crucificações, recebe a luz irradiada pela pomba do Espírito Santo. O rosto acima é de Gala, fato que gerou controvérsias, pois ela ocupa o lugar do Pai na hierarquia tradicional. Outra interpretação era que, ao colocar o elemento feminino acima de tudo, o artista estaria sacralizando a maternidade. Os círculos amarelos são uma referência direta à teoria da Física e mostram o corpo numa explosão nuclear, simbolizando o momento em que a matéria é transmudada em espírito.

Cristo de Gala, 1978. Col. Pérez Simón, México

Durante quase 2 mil anos, os artistas pintaram a morte e a ascensão de Cristo de uma só maneira. Todas são extremamente semelhantes, introduziram apenas pequenas variantes na posição do corpo, no agrupamento das pessoas e na frontalidade. Dalí quebrou todas as regras ao mostrar Cristo em movimento no espaço. São crucificações fora da tradição e em inusitadas perspectivas que causaram enorme estranheza, mas sabe-se que não foram provocações. Antes de iniciar sua fase mística, Dalí pediu consentimento ao papa Pio XII, um reconhecido conservador que, ainda assim, não negou sua autorização. Gala faleceu quatro anos após esta pintura e, com ela, o ciclo da crucificação encerrou-se.

Corpus Hypercubus, 1954. Metropolitan Museum of Arts. Nova York

Essa Crucificação foi concebida como um elogio à beleza da geometria. Nela, o corpo de Cristo, em tamanho natural, levita sobre uma cruz de oito cubos igualmente suspensa sobre um plano quadriculado semelhante a um tabuleiro de xadrez. Gala, abaixo, representa Maria Madalena que, em êxtase, assiste à ascensão de Cristo. Seu corpo sereno e sem marcas de sofrimento confirma a Redenção, um símbolo espiritual da liberdade que domina o imaginário da fé cristã. Os cubos foram extraídos do tratado escrito no século XVI pelo arquiteto do Mosteiro do Escorial, Juan Herrera.

CRISTO EM BELEZA E LEVEZA

A beleza e a leveza de um corpo nu, constante nas obras religiosas de Salvador Dalí, representam a lei renascentista da Divina Proteção. Ela simboliza a serenidade de Cristo, projetada sobre a Terra e, por essa razão, prevalece em imagens sem dor, sem feridas ou sangue. Para Dalí, Cristo veio ao mundo por meio da beleza e não através do sofrimento; o pessimismo estava mais próximo do milenarismo medieval.

A CRUZ EUCARÍSTICA

Cruz Nuclear, 1952
Coleção particular

Nos anos 1950, o artista recorreu várias vezes ao tema da crucificação, sem repeti-la. Nessa obra, o círculo amarelo no centro é uma fatia de pão de trigo transformada em pão eucarístico, ou seja, no corpo de Cristo. É a imagem-signo do mistério da Eucaristia, o grande pilar da fé católica. A forma circular central e amarela também nos remete à imagem do sol, o primeiro deus entre os povos primitivos, e no inconsciente, "*a concentração da energia divina, no tempo e no momento da criação*".[20] O círculo, segundo sua teoria, é Cristo, como o núcleo do átomo e a unidade do Universo. A pintura pertence ao início de fase mística, uma clara metáfora da teoria da Física Nuclear, que é a base da sua teoria publicada no Manifesto Místico no ano anterior à obra. Dalí foi considerado um conservador pelos críticos defensores da arte abstrata, no entanto, conseguiu inovar a iconografia mais tradicional e conhecida da arte ocidental: o tema religioso da Crucificação de Cristo.

SOBRE SALVADOR DALÍ

Brigar com Salvador Dalí era o mesmo que optar pela derrota. Ele agia como um constante performático e sem o afastamento de seu personagem inventado, ele não nos deixa recursos para diferenciar a fantasia da realidade. Tudo que é, ou que porventura será dito sobre Dalí, será sempre uma hipótese, uma vez que intencionalmente construiu-se de mistérios, tudo nele é repleto de dúvidas. Vida, crítica, testemunhas, representações, conveniências, paixões, verdades, mentiras, tudo pode ser um simulacro. Com esse artista, ninguém estará autorizado a falar em nome da verdade. Biografias, entrevistas, relatos e tudo mais, um dia terão certificado de autenticidade, mas jamais certificado de verdadeiro. É complicado entender, mas diante de Dalí, o autêntico e o verdadeiro são coisas bem diferentes, pois é um falsificador de si mesmo, um mentiroso que fala verdades e que brinca de mentir. Com Dalí, tudo foi e será possível. Caso contrário, não seria surrealismo.

2.2.2 MATHIAS GRÜNEWALD
O ALTAR DE ISENHEIM

O TEATRO DA MORTE
paixão e dor
culpa e perdão

O MOSTEIRO DE SANTO ANTÔNIO
E
O RETÁBULO DE ISENHEIM

O retábulo pintado entre 1512 e 1515 por Matthias Grünewald, e que hoje se encontra na capela do Museu de Unterlinden, em Colmar, foi encomendado pelo preceptor do Mosteiro de Santo Antônio. Por mais de 300 anos, esteve exposto no hospital da ordem dos antoninos em Isenheim, atual Alsácia, um fato de aparente irrelevância, mas que justamente é a chave do seu significado. A transferência de lugar ocorreu após a Revolução Francesa, quando o Estado confiscou várias propriedades da Igreja, levando junto seu acervo artístico. Do retábulo original restou apenas a parte móvel, o restante se perdeu e, com ele, uma série de imagens. Mas, apesar de intransigências, saques e destruição, o retábulo de Isenheim permanece uma raridade única.

O significado oculto do *Retábulo* está no local original da sua instalação. O painel central da Crucificação ficava num lugar onde, por muito tempo, existiu um grande centro de recolhimento para enfermos de doenças de pele. A população desamparada recorria ao mosteiro em busca dos milagres de Santo Antônio e dos cuidados dos abnegados médicos monges. A comunidade dos antoninos, na França, foi fundada em 1095 por um nobre, em reconhecimento à cura do "fogo de Santo Antônio" que acometera seu filho. A comunidade, formada por eruditos franceses e italianos, era amparada pelos cavaleiros da ordem de Malta; com o tempo tornou-se numa respeitada entidade médica. Em Isenheim, existia o maior hospital para enfermos de envenenamento de ergotismo, um lugar onde os pacientes recebiam procedimentos médicos e passavam por experiências de taumaturgia, isto é, na esperança de alcançar a cura, os enfermos recorriam às graças de um milagre.[21] Todos que iam ao local participavam de rituais religiosos, com orações, músicas e, entre perfumes de incenso e velas, praticavam meditações existenciais.

O processo básico dos procedimentos consistia em dietas especiais baseadas em trigo, higienização e cicatrização das feridas com unguentos de gordura e ervas cultivadas no local. Caso o resultado não fosse favorável, restava ainda a amputação dos membros gangrenados. Por dominarem essas habilidades, os médicos-religiosos de Isenheim ganharam fama por toda Europa. Em consequência, o mosteiro passou a ser procurado por peregrinos, semelhantes aos que seguiam para Santiago de Compostela. As vítimas vinham de todas as classes sociais, sendo a maioria formada por camponeses pobres que precisavam se deslocar, com todas as dificuldades físicas e materiais, na busca da salvação.

Infelizmente alguns pacientes chegavam já muito debilitados e em estado tão adiantado de envenenamento, que não restava mais nada a fazer. Mesmo assim, eram recolhidos pelo Mosteiro, nem que fosse apenas para lhes prestar o último consolo e lhes proporcionar uma morte digna. Pressupõe-se que o *Retábulo*, pintado por Grünewald, para muitos doentes tenha sido a última visão, antes de morrer. Nessas circunstâncias, os painéis deixaram de ser uma obra de arte, para se transformarem numa espécie de medicamento psicológico, ou de uma UTI (Unidade de Terapia Intensiva) simbólica, feita de fé. Provavelmente muitos morreram junto à imagem da Crucificação, com pedidos de clemência e confiantes em alguma manifestação sagrada. A pintura central do altar mostra a morte física de Cristo, porém ao ser colocada dentro de um hospital, cheio de doentes terminais, com certeza deve ter induzido a reflexões sobre o significado da vida.

O *Retábulo,* consagrado a Santo Antônio, o santo protetor dos pestilentos, é composto por nove painéis que representam a vida de Cristo em torno de cinco passagens: Anunciação, Nascimento, Crucificação, Sepultamento e Ressureição. Outros santos protetores estão representados: São Sebastião contra a peste; São João Batista e o Evangelista, contra a epilepsia. Diferentemente de uma obra didática, a sua maior função era a contemplação; portanto, valia mais pela interpretação simbólica dos fatos, do que pelas descrições reais dos mesmos. O *Retábulo de Isenheim,* só exequível na Alemanha, representou com sua redescoberta, em pleno século XIX, uma conexão entre a estética da Idade Média e a Modernidade. O expressionismo alemão, ao liberar a sociedade dos padrões da beleza clássica, permitiu que essa obra fosse analisada sem falsos juízos.

ERGOTISMO
ENVENENAMENTO NA ALIMENTAÇÃO

A *Crucificação* de Grünewald descreve com detalhes o desespero das vítimas de envenenamento por *ergot,* mostra como elas morriam extremamente debilitadas não apenas pela dor física, mas também pelos transtornos psicológicos. A pintura, de 1515, esmiúça a morte do ponto de vista físico, psicológico e religioso. No *Retábulo de Isenheim* ela não é resignada, como normalmente os artistas expressavam os textos do Gênesis, e nem vista como fenômeno de uma ordem natural da vida. Pelo contrário, o artista para pensar a finitude da vida, expõe impotência, doença e medo.

O ergotismo é uma patologia causada pela ingestão de cereais contaminados que se manifesta na pele. Conhecido desde a antiguidade, era usado pelos assírios, numa verdadeira guerra biológica, para envenenar os poços dos inimigos. O seu nome popular *fogo de Santo Antônio,* nasceu durante a Idade Média, por associação ao santo padroeiro dos enfermos e pela sensação de queimação. O primeiro sintoma descrito era um simples estado febril, mas em pouco tempo o quadro mudava, deixando toda a superfície do corpo com dores e ardência semelhante à queimadura de fogo. No estado final, as chagas do paciente, nas extremidades dos pés e mãos, evoluíam para necroses com gangrenas.

Os fungos microscópicos, que na época eram invisíveis, se desenvolvem nas pontas das espigas, em colônias salientes que dão a forma de um esporão de galo. Hoje são casos raros, mas no passado eram frequentes. A maioria das ocorrências foi registrada no Norte europeu, em consequência do consumo diário de centeio pela população agrária. A intoxicação provoca um quadro de sintomas dolorosos e alterações no sistema nervoso central. A cravagem, como o esporão é chamado, contém várias substâncias químicas, inclusive o ácido lisérgico, o LSD. Os efeitos químicos provocados pelo alcaloide ergolina, encontrado nos fungos, provoca grande confusão mental e faz com que as pessoas tenham alucinações dantescas. Portanto, os pacientes sofriam duplamente: pelos efeitos das dores físicas e pelo medo de uma loucura permanente.

Claviceps Purpurea
Imagem de espigas de centeio contaminadas pelos fungos causadores do ergotismo.
Avermelhados e salientes, eles têm a forma de um e esporão de galo.

Conta-se que os pacientes, além de sofrerem alucinações terríveis, com cenas catastróficas, tinham a sua estrutura psíquica agravada pela perda parcial da memória; o resultado era confusão e incerteza sobre a própria identidade. As visões monstruosas eram tão concretas, que alguns acreditavam estar possuídos por demônios ou que, condenados, já viviam no inferno. Como era difícil diferenciar os delírios da realidade, os contaminados eram tratados do mesmo modo que os *endemoniados*, visto que, no imaginário popular, o aspecto grotesco dos seus corpos, o cheiro de podridão das chagas e as ocorrências súbitas de mudança de comportamento cabiam perfeitamente nos sintomas de feitiçaria e de *possuídos do diabo*. O conhecimento científico sobre o ergotismo só foi plenamente desvendado no século XX. Até então, muitas injustiças foram praticadas pela ignorância. O quadro mental, geralmente, evoluía para forte depressão e isolamento social. Além dessa sequência de horrores, o envenenamento causava sensações de morte súbita, um transtorno sem nome na época e hoje diagnosticado como síndrome de pânico.

Pensando nesses equívocos e desconhecimentos, os monges antoninos, mais familiarizados com os efeitos tóxicos da cravagem, criaram um lugar de proteção para os doentes, separando-os da sociedade. A consciência de erros cometidos no passado envolveu, recentemente, pesquisadores em torno do famoso julgamento das bruxas de Salém, ato ocorrido em 1690, em Massachussets, nos Estados Unidos. Analisado por este enfoque, o caso tem merecido interesse, pois os pesquisadores constataram semelhança entre os sintomas de algumas meninas e a perturbação mental dos pacientes de ergotismo.

No Norte europeu, o centeio fazia parte da dieta básica dos camponeses; por questões climáticas, comiam mais desse cereal do que os habitantes de outras regiões e, consequentemente, foram os que ficaram mais expostos ao envenenamento. O acesso ao trigo era limitado, só os ricos desfrutavam da farinha "branca", enquanto o centeio, pelo contrário, era um produto popular. Em 1515, data da pintura de Grünewald, o milho e a batata, originários da América, ainda não haviam chegado à Europa para transformar o quadro de fome endêmica. Durante séculos, as vítimas do ergotismo sempre foram os pobres e seus animais de pastagem, ou seja, aqueles que trabalhavam no campo. O envenenamento, aliado às circunstâncias da farmacologia em 1515, por si, justificavam a existência do *Retábulo de Isenheim* no Mosteiro de Santo Antônio.

RETÁBULO DE ISENHEIM
SIMBOLISMO E NARRATIVA

Retábulo visto com as três abas abertas
Anunciação /Nascimento / Ressureição e Lamentação
Museu Unterlinden – Colmar, Alsácia – França

Retábulo é um altar com pinturas sobre madeira e, quando constituído por várias partes, chama-se políptico. No passado, serviam para a liturgia de datas específicas. Eram cerimônias com expectativas de um espetáculo, tinham duração limitada e eram muito esperadas pelo público. Uma vez por ano, todas as abas do retábulo abriam-se e mostravam seu conteúdo numa disposição de narrativa sequencial. A cena central da Crucificação, pelo contrário, ficava exposta permanentemente. Para que o público possa admirá-lo por inteiro, hoje o retábulo está na capela do museu Unterlinden. As três cenas acima são as da Anunciação, Nascimento e Ressurreição. Na primeira, e em primeiro plano, o arcanjo Gabriel e a Virgem Maria confirmam as profecias; na segunda cena, contextualizada por Grünewald, Jesus vem ao mundo num aposento rico da alta burguesia; no canto à direita, vê-se a figura agigantada de Cristo em ascensão e, por fim, na base horizontal, uma trágica Pietá.

Chama atenção a quantidade de personagens bíblicos de épocas diferentes, que se encontram entrelaçados em torno do tema central da Crucificação. A falta de realismo histórico não causava estranheza na população da época, pois já estava acostumada ao caráter simbólico dos objetos considerados sagrados e, entre eles, as pinturas e as esculturas dos altares. As pessoas que faziam peregrinações para serem agraciados com um milagre, aproveitavam o percurso até a chegada final ao altar, como um tempo de reflexão e de imitação. Isto significa que os fiéis repetiam *por imagem*, os sofrimentos da paixão de Cristo.

Museu de Unterlinden, em Colmar, Alsácia, França
Vista interna da capela do museu de Unterlinden, em que o *Retábulo de Isenheim* foi desmembrado, para expor melhor seus painéis.

A pintura é parte do tema Tentação de Santo Antônio, o santo padroeiro dos doentes de ergotismo. A superfície é ocupada por figuras grotescas que seguem a tradição dos artistas flamengos e se assemelham ao gênero de Hieronymus Bosch e de Bruegel. No século XX, essas imagens foram erroneamente consideradas surrealistas; o correto seria analisá-las como fantasias medievais que permaneceram em pleno racionalismo renascentista. No pensamento medieval, tanto as figuras celestiais como as infernais eram familiares e viviam no cotidiano das pessoas para explicar o inexplicável. Não eram tratadas como símbolos, mas consideradas fatos concretos. No imaginário ocidental, até o advento do racionalismo iluminista do século XIX, anjos e demônios existiam verdadeiramente.

Grünewald, *Tentação de Santo Antônio*, painel
Altar de Isenheim

Se ainda hoje essas visões demoníacas aterrorizam, imagine-se o poder que elas exerceram na sociedade do início do século XVI. Através delas pode-se conhecer melhor o imaginário da baixa Idade Média e ver de perto como a psique humana enfrentava o diabo. Ele não era uma fantasia, pelo contrário, era uma realidade física, que habitava o mundo concreto. O medo não vinha apenas pela brutalidade de suas formas, mas principalmente pelo domínio do seu olhar. Acreditava-se que os olhos tinham o poder de liberar as forças ocultas e demoníacas do mal, portanto, encarar o demônio, frente à frente, seria o mesmo que cair em tentação. Seguindo essa superstição popular, Grünewald realçou e criou olhos diferentes para cada monstro. Na sua pintura, os olhos são considerados os propagadores do medo, por isso são ferozes e bestiais.

Diabo e Satã, as encarnações do mal, eram onipresentes e faziam do mundo um lugar de tentações e perigos. No Antigo Testamento, essas figuras são menores e quase ignoradas, porém no Novo Testamento tornaram-se fundamentais para manter a polarização entre o bem e o mal. Não que o cristianismo tenha inventado o dualismo, pelo contrário, este veio pela antiga Mesopotâmia, durante o império persa, mas cresceu e teve grande aceitação, principalmente entre os cátaros medievais. Nota-se que o Diabo está quase totalmente ausente das imagens cristãs até o século IX, e só se tornou personagem constante, a partir do ano 1000, resgatado da oralidade para a imagética do Juízo Final. A doutrina cristã sustenta que a queda dos anjos marca o ingresso do mal na criação do universo, e que, simbolicamente, representa a separação das trevas e da luz. Para os teólogos essa reflexão é decisiva, pois enfatiza que os demônios foram criados bons e se tornaram maus, por vontade própria. Por esse raciocínio, a lei do livre arbítrio se sobrepõe à natureza humana. "É preciso relacionar a figura do Diabo com o conjunto das realidades sociais e políticas, em particular, com os conflitos que agitam as sociedades medievais e nos quais o Diabo desempenha *seu papel*".[22]

As imagens diabólicas do *Retábulo* referem-se à Santo Antônio, um dos fundadores da vida monástica no Egito. Conta a história que, ainda muito jovem, ele ficou órfão e, enquanto participava de uma liturgia, ouviu a voz de Cristo chamando-o para uma vida de dedicação plena, tendo inclusive que distribuir todos os seus bens materiais para os pobres. Santo Antônio encontrou Deus mas, antes, teve que confrontar sua própria sombra. Simbolicamente, quando ficou nu, em sinal de desprendimento total e lhe restou apenas uma cruz como proteção, o jovem começou a ser atacado por inúmeros demônios. Eram provações com pensamentos baixos ou imagens que traziam a memória dos prazeres carnais, obscenidades e blasfêmias, tudo para fazê-lo abandonar seu propósito e testar sua convicção religiosa. É o seu tumulto interior, em forma de luta demoníaca. As forças do inconsciente, comportando-se como animais selvagens e bestas ferozes, com uivos e agressões, debilitaram seu corpo. Santo Antônio quase desfaleceu, resistiu e renasceu, provando a força da sua fé. Os demônios, de repente, pararam de gritar, a fúria desapareceu, a dor sumiu do seu corpo e tudo foi restaurado.

Num tempo em que todos os aspectos sociais e culturais estavam ligados às representações simbólicas e, principalmente às representações do imaginário religioso, ver uma cena que, embora dantesca, promete a vitória do bem sobre o mal, é um sinal de esperança, mesmo que dolorida. Eles realmente acreditavam que as tentações existiam e eram necessárias para um encontro com Deus.

FACE EXTERNA
CRUCIFICAÇÃO

ESQUERDA EXTERNA

São Sebastião protetor dos doentes

CENTRO
Fundo escuro e paisagem desértica coloca luto na cena da crucificação

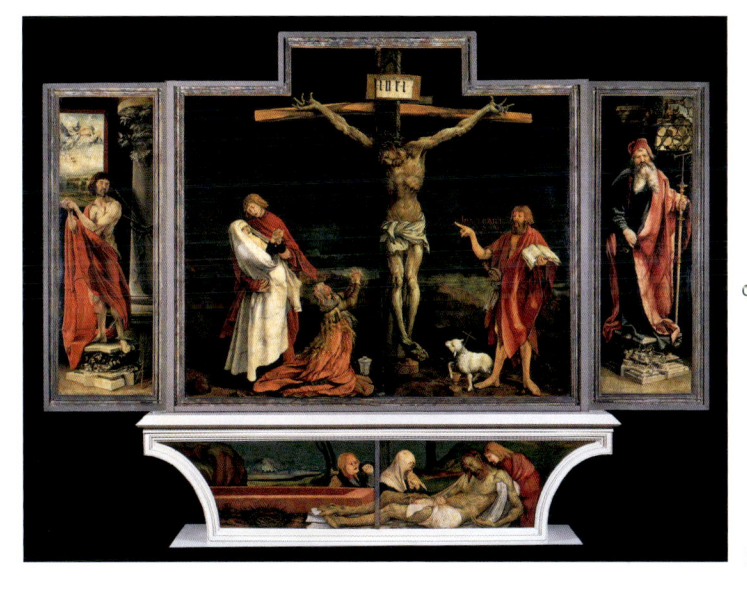

DIREITA EXTERNA

Santo Antônio eremita do deserto

INTERNA ESQUERDA

Virgem Maria desmaiada e amparada pelo apóstolo João Evangelista

Maria Madalena ajoelhada com o vaso de unguentos

INTERNA DIREITA

João Batista, o profeta, aponta para a cruz e segura a Bíblia

Cordeiro carrega a pequena cruz

Cálice recebe o sangue que jorra do cordeiro

CENA INFERIOR DA BASE
A LAMENTAÇÃO
Cristo, preparado para o sepultamento, é amparado por São João Evangelista que abraça seu corpo desfalecido. À frente, Virgem Maria lamenta a morte do seu filho com expressão de sofrimento e resignação, enquanto Maria Madalena se desespera em súplica.

SIGNIFICADO E FUNÇÃO DO RETÁBULO DE ISENHEIM
A INTERPRETAÇÃO DA CRUCIFICAÇÃO

Todo o *Retábulo* refere-se à morte dos pestilentos e que, simbolizada no corpo de Cristo, faz do crucificado uma vítima do ergotismo. Cristo retorcido e coberto por chagas representava a última dor e, a Crucificação, a cena final de uma monstruosa tortura. Cristo sofredor compartilhava o mal experimentado pelos fiéis, que desesperados buscavam no Mosteiro de Santo Antônio a cura, ou sua preparação para a morte. Quando os doentes viam Deus no corpo debilitado e infectado de Cristo, finalmente sentiam-se reconfortados, pois não viam à sua frente um Pai autoritário, mas um Deus igualmente mutilado, que sentia dores e medo. O poder oculto do *Retábulo* estava em reconstituir o mistério da Eucaristia, fazendo com que todos se unissem num só corpo.

Hoje, descontextualizado no interior de Unterlinden, em Colmar, o *Retábulo* perdeu sua antiga onoralidade para tornar-se uma admirável obra de arte. Os analistas contemporâneos fazem grande esforço para entender o impacto que essas imagens causaram no início do século XVI, mas nem de longe conseguem vivenciar as emoções e o encantamento experimentados pelo olhar dos fragilizados doentes. Até o século XX, existia uma familiaridade com a morte que se perdeu. Embora nos dias atuais continue lamentada e temida, no passado era também esperada e aceita como algo natural. Os familiares preparavam os corpos para o sepultamento, os velórios se realizavam dentro das casas e os moribundos viviam seus últimos momentos assistidos por pessoas conhecidas e não por estranhos profissionais da área da Saúde, em hospitais. Por essa razão, imagina-se que os sintomas da morte, expressados na pintura, faziam parte do cotidiano do pintor, dos monges e dos fiéis.

A intensidade dramática e o exagero da dor física e moral fizeram dessa Crucificação a mais cruel entre todas as outras. No *Retábulo de Isenheim*, o humano se sobrepõe ao divino. Nenhum pintor, até hoje, conseguiu superar Grünewald no tratamento da dor. Entre os mais próximos, estão os expressionistas, ou mais recentemente Francis Bacon, que destroçou a forma humana, mas nenhum deles possui o aspecto solene do sagrado existente na obra renascentista. A sua pintura possui um som interno, pode-se ouvir o lamento das mulheres chorando, os gritos de Cristo falando com Deus e o tremor da Terra na hora da morte. A Crucificação do *Retábulo de Isenheim* é a imagem da *Paixão segundo São Mateus*, de Bach. É uma obra sonora, tanto que, em 1938, o compositor Paul Hindemith criou a ópera *Mathis der Maler* em homenagem ao pintor.

Enquanto na Itália, os três senhores do Renascimento exaltavam os cânones da beleza física – Leonardo da Vinci, havia dez anos, já criara o mito universal da icônica *Mona Lisa*, Rafael de Sanzio, em Roma, pintava imagens graciosas e leves de figuras bíblicas ou de seus contemporâneos, e Michelangelo, o seu oposto polar, nessa mesma época, finalizava os afrescos do teto da capela Sistina –, em Colmar, Grünewald pintava a feiura.

O TEATRO DA MORTE

A maneira de representar a morte parece o desenrolar de uma cena teatral. Pelo exagero das expressões e dos gestos, o tormento da morte se aproxima das forças destruidoras existentes nas tragédias gregas; isto é, a fúria que revela a catarse das cerimônias ritualísticas. Morte como a Peste é assunto antigo, existe desde a antiguidade, ganhou destaque no espaço literário com Alan Poe e Camus, mas ninguém a entendeu melhor do que Antonin Artaud, o criador do Teatro da Crueldade. Nos seus textos de *O Homem e seu Duplo*, o autor compara o enfrentamento da morte pela peste com o teatro e faz uma analogia com a expulsão dos demônios internos.

"O teatro, como a peste, é uma crise que se resolve pela morte ou pela cura. E a peste é um mal superior, porque é uma crise completa à qual resta apenas a morte ou uma extrema purificação. Também o teatro é um mal, porque é o equilíbrio supremo que não se adquire sem destruição e para terminar pode-se observar que do ponto de vista humano, a ação do teatro, como a da peste, é benfazeja, pois levando os homens a se verem como são, faz cair as máscaras, põe a descoberto a mentira, a tibieza, a baixeza e o engodo. (...) A semelhança entre a peste e o teatro é que este, mesmo sem matar, provoca no espírito dos indivíduos ou de um povo as mais misteriosas alterações."[23]

CRUCIFICAÇÃO DE GRÜNEWALD FRAGMENTOS E SEGMENTOS

Timor mortis conturbat mim era uma frase comum nas poesias e significava "o medo da morte me perturba". Como reverberação da Peste Negra, no final da Idade Média, foi atribuído um valor ao tema da morte, como nunca se viu em nenhuma outra época. O abalo das perdas por muito tempo foi ouvido nas criações literárias e pictóricas, havia sempre um lamento. De retratos a naturezas mortas, os artistas faziam questão de mostrar a fragilidade da vida. Sua constante lembrança empurrou a humanidade para os extremos da virtude ou dos vícios. As composições artísticas trabalhavam sobre três perguntas:[24]

    1º **ONDE** estão aqueles que um dia encheram este mundo com o seu esplendor?

    2º **POR QUE** a existência deste espetáculo horrível de decrepitude da beleza física?

    3º **QUANDO** será o momento da morte para cada um?

Esses três pensamentos apontavam para o medo e, em consequência, para o desprezo da vida material. Embora a economia estivesse em crescimento e novas descobertas ocorressem, no mundo nórdico, o pessimismo dominava e reforçava a ideia escrita no livro do Gênesis (3:19): "*do pó vieste e ao pó retornarás*". Os pregadores apocalípticos da morte conseguiram adeptos com facilidade, porque seus pensamentos extraídos das profundezas do medo coletivo do Juízo Final, eram realimentados pelo sentimento de culpa e pelas lembranças das doenças.

O pensamento da morte não foi uma exclusividade dos medievais, mas seu tratamento com sofrimento é o mais pródigo no mundo judaico-cristão. Os antigos egípcios, que construíram uma civilização norteada pela morte, tinham uma visão otimista, acreditavam que eles se apresentariam para o juízo de Osíris sem dor e, se fossem bem-sucedidos, teriam uma continuação *ad eternum* da vida já vivida na Terra. O único povo da antiguidade a mostrar as atrocidades da morte com sádico prazer foram os assírios, habitantes do atual Iraque, que por volta de 750 a.C., expunham imagens de mutilações e mortos para amedrontar os inimigos. Conclui-se daí que a morte não era o tema principal, mas sim a violência, como propaganda de superioridade militar. No século XIX, o romantismo alemão fez um elogio à morte tratando o tema como sinônimo de liberdade. Na atualidade, a solenidade, o mistério e o medo cederam para a sua banalização através das mídias de massa. No jornalismo diário, cenas de guerras, acidentes fatais e assassinatos fazem da morte um espetáculo. Vista pela dialética de Eros e Thanatus, a morte pertence à categoria das formas primárias da psique humana.

SIMBOLISMOS DA MORTE
OS ESTERTORES DA AGONIA

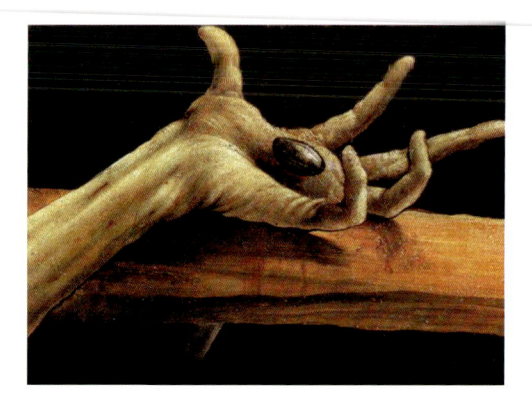

Grünewald demonstrou conhecer a sucessão das transformações físicas que ocorrem nos momentos finais. Os estertores dos moribundos vêm acompanhados de falência circulatória, respiração ruidosa e reações espasmódicas das mãos e pés. São indicadores dos últimos momentos, movimentos da agonia. Na *Crucificação,* as mãos estiradas contrastam com o corpo inerte e pendente na cruz. A colocação do cravo na palma é simbólica, já que nenhum corpo ficaria suspenso por uma parte tão frágil. O significado dramático da imagem é mostrar a violência sofrida e não reescrever a crucificação romana. As mãos propositalmente agigantadas são a agonia. Os detalhes minuciosos e cruéis não têm disfarces, são aterrorizantes, mas mudam quando se pensa que, por meio deles, os enfermos se identificavam e entravam em catarse. Ao olhar o corpo de Cristo, se reconheciam e encontravam conforto para seus males e medos. Finalmente chegara a hora e, os aflitos poderiam compartilhar o seu martírio.

GRITO DA ALMA LIBERTA

A coroa de espinhos, instrumento de tortura física e psicológica, embaralhada aos cabelos sujos, ensanguentados e úmidos, mais parece ramificações que nascem da própria cabeça. A boca aberta testemunha o último suspiro, conhecido por *sopro gelado* da morte. Isso acontece porque o coração enfraquecido não oxigena como deveria e, aos poucos, as partes começam a morrer. Lentamente, um a um, os órgãos param. A morte se concretiza e acontece uma frouxidão dos músculos, que faz o corpo pesar e soltar os membros. Na pintura de Grünewald, as pernas curvadas e a cabeça pendida indicam que o corpo não conseguirá mais reverter e, a partir desse momento, terá início o fenômeno conhecido por *rigor mortis*. A cor esverdeada também indica o princípio da rigidez cadavérica. Os músculos irão se contrair e atingirão as extremidades. Por alguns segundos e em última indicação de vida, algumas partes podem se mover rapidamente, como demonstrado pelas mãos.

Grünewald abandonou as representações arquetípicas do rosto sereno de Cristo e o colocou perturbado, transformou a morte mítica em puro sofrimento humano. Totalmente distante dos padrões da beleza clássica, criou a mais dramática Paixão de Cristo com um Jesus de Nazaré vítima da tortura. Colocou Cristo na condição dos pestilentos, e consequentemente elevou os condenados e os excluídos até Deus. Essa aparência real e doente implantada na imagem divina de Cristo, foi mais que constrangedora, foi transgressora. O sangue que ainda escorre por seu rosto desfigurado completa o simbolismo da eucaristia. A pintura relembra as profecias, pois segundo João, o único discípulo que presenciou o fim, junto à mãe e Maria Madalena, pouco antes de morrer, Jesus proferiu as seguintes palavras: *"Está consumado"*. A partir desse momento, entregou-se tranquilo, por haver cumprido o pacto feito com o Pai. Nada mais aconteceria. Realizada a profecia, o sofrimento abandonava seu corpo humano. O retábulo da Crucificação estava ali para transferir a coragem necessária aos doentes e garantir a paz da morte. Quando, pela última vez, olhavam a pintura de Grünewald, sentiam que já poderiam partir sem pecados, sem remorsos e sem medo. *Tetelestai, Está Consumado.*

DESMATERIALIZAÇÃO E DECOMPOSIÇÃO BIOLÓGICA OS PESTILENTOS EM CRISTO

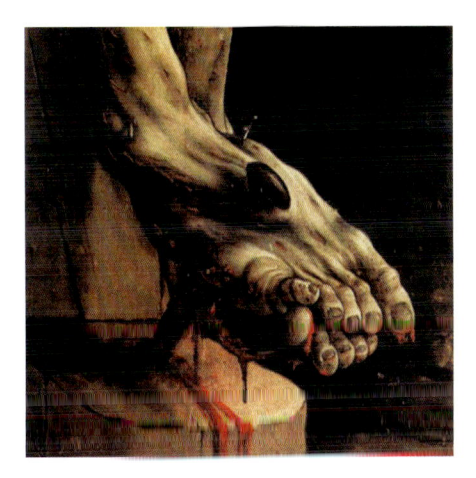

O envenenamento por ergotismo, na fase final, costuma apresentar sinais de gangrena nas extremidades dos membros inferiores, restando apenas a amputação, ou a espera resignada da morte. O tormento era tamanho, que os pacientes pediam aos monges que lhes cortassem os braços, os pés e as pernas. O sangue que escorre na pintura, vem do ferimento do cravo enterrado nos artelhos, como também indica o estágio adiantado da doença na ponta dos dedos. O artista mostra pés tortuosos que sangram e a pele que se descola no princípio da decomposição física. Essa imagem retrata realidade e símbolos. Pelos pincéis de Grünewald, Cristo é um ser sagrado, mas feito de carne, de secreção, de odores e sangue.

Pieter Bruegel. *Os Aleijados*, 1568,
Museu Louvre, Paris

Bruegel, o pintor flamengo, registrou deficientes físicos que confirmam a prática da amputação. A obra, representativa de uma cena popular, mostra camponeses sem membros inferiores, locomovendo-se sobre artefatos de madeira. Provavelmente são vítimas de ergotismo, não apenas pela demonstração das deficiências motoras, mas porque usam capas com rabos de raposa pendurados, um estranho costume que servia para sinalizar os portadores de lepra ou de outra doença de pele. A pintura de Bruegel esclarece sobre a doença física e também registra a exclusão social na qual viviam os pacientes de ergotismo.

Impossibilitados de trabalhar, os doentes viviam como párias obrigados a se manter distantes das pessoas sadias. Essa prática feita para evitar contaminação, além de negar a aproximação social, reforçava o estigma da doença. E só lhes restava a mendicância. Os enfermos vinham de lugares distantes, alguns arrastando-se como podiam, e quando perdiam toda e qualquer esperança de cura, buscavam apenas um mínimo de condescendência para morrer.

DECOMPOSIÇÃO MORAL DE CRISTO

Perizônio é o nome dado ao tecido enrolado em torno da cintura de Jesus que aparece nas imagens da crucificação. As pinturas religiosas com perizônio não foram feitas por uma simples questão de censura, como pensa a maioria, pelo contrário, provavelmente estão corretas e fazem jus a hábitos históricos. Em geral, os crucificados morriam totalmente nus, mas os judeus tinham o hábito de usar um tecido enrolado na altura da virilha, cobriam-se com uma camisa longa, para finalmente vestirem a túnica. Diferentemente dos romanos ou egípcios, os judeus colocavam juízos no corpo. Um dos castigos da crucificação era o flagelo, e um corpo vestido impediria o açoite com sucesso. A tortura teria que ser completa, não bastava sofrer a dor física e o medo da morte, era preciso a dor psicológica, pois só assim se conseguiria aniquilar o condenado. E para um judeu, desnudar-se em público, era mais que humilhar-se, era o sinal da sua absoluta degradação. Acreditavam que, sem pudor, o humano se igualaria ao animal. Segundo os relatos históricos dos evangelistas, os últimos momentos da vida de Jesus foram um espetáculo de horror. Através de símbolos, Grünewald expôs a degradação humana. Em torno do corpo mutilado, pintou um trapo podre como a pele cheia de chagas purulentas.

Perizônio

VIOLÊNCIA DA DOR
E
MEDO DA MORTE

Sem tônus muscular, o sangue jorra das perfurações das chicotadas e do corte da lança fincada no peito. Esse último gesto de crueldade também é misericordioso, por abreviar a morte. O corpo de Cristo tem a pele dos contaminados, nela pode se ver a formação das pequenas bolhas indicativas do processo degenerativo e o início do desprendimento da musculatura. Supõe-se que o artista tenha copiado cadáveres, ou ao menos estado em companhia dos doentes. À descrição realista somou-se a teatralidade simbólica e, para demonstrar visualmente essas sensações penosas, o pintor imaginou o insuportável, fez brotar espinhos tortuosos por toda superfície do corpo. Tudo ali é tormento e degradação.

Realismo da carne putrefata

O verismo da decomposição física chega a reproduzir o cheiro fétido exalado pelas feridas, o mesmo odor emitido pelos corpos dos miseráveis camponeses. A desfiguração, a putrefação e os sintomas da necrose eram compartilhados pelos pacientes. A incerteza da hora da morte, para as pessoas sãs, era um tormento, mas para os doentes terminais, a certeza era um alívio. Purificados pela dor alheia, ao se verem no crucificado, podiam acalmar seus medos. O retábulo tinha o poder de tranquilizar, mas ao mesmo tempo como não sentir medo de morrer se as alucinações provocadas pelo ergotismo lhes roubavam a paz?

Os transtornos psicológicos não permitiam distinguir a diferença entre o surto e a realidade. Os delírios eram aterradores, neles habitavam monstros animalescos, que correspondiam à fantasia popular do inferno. O efeito químico da ergolina liberava imagens demoníacas, iguais às do imaginário medieval diante do Juízo Final. Nessa época, na descrição desoladora do historiador holandês Johan Huizinga, as pessoas acreditavam que os demônios andavam soltos e disfarçados, podiam seduzir e levá-las à perdição. Na Idade Média, os pobres sentiam fome intensa, viviam com medo e frio, em meio a um fedor repugnante. A vida parecia um pesadelo, que se repetia num círculo ininterrupto de trevas e luto. Oprimidos pela insistência do sofrimento, tinham pensamentos confusos em relação a Deus. Entre conceitos de vícios e virtudes, entre os instintos primitivos e a idealização moral havia o perigo da morte e com ela, a duração do mal por toda a eternidade.[25]

TENTAÇÕES DE SANTO ANTÔNIO
FIGURAS GROTESCAS

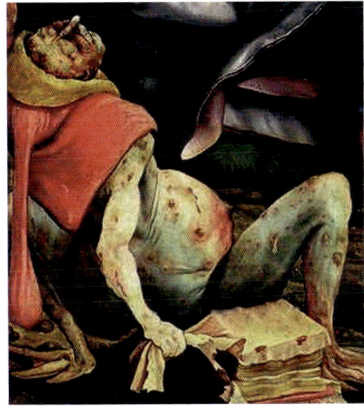

Os detalhes das figuras grotescas do painel *As Tentações de Santo Antônio* mostram os delírios psicológicos sofridos pelos pacientes envenenados e, ao mesmo tempo, descrevem suas deformações físicas. Nessa cena agitada de horror, um corpo humano se destaca entre animais monstruosos. No canto esquerdo, o pintor colocou uma figura em estado de agonia, coberta por chagas, que demonstra, pelo inchaço, o efeito adiantado da doença nos intestinos. O envenenamento causava fortes dores na pele e principalmente na região do abdome, porque ela é feita por tecidos moles que rapidamente se necrosavam. As imagens dantescas do retábulo tentam reproduzir os efeitos físicos da contaminação e os sintomas de confusão psicológica. Imagina-se que os doentes acolhidos pelo Mosteiro de Santo Antônio morriam desta maneira, entre a dor e o delírio, sofrendo com feridas purulentas e com visões aterrorizantes do inferno. A genialidade de Grünewald foi transpor para uma pintura religiosa o sentimento mais prosaico da humanidade: o medo da morte.

PERSONAGENS BÍBLICOS

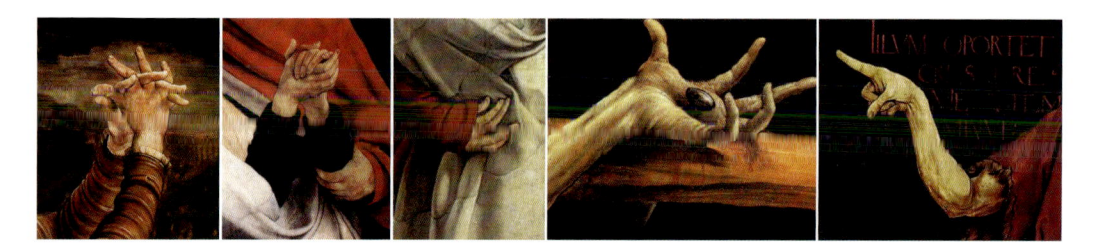

Historicamente, a crucificação de Jesus foi assistida por Maria, sua mãe, Maria Madalena – a fiel amiga –, e por João – o discípulo mais jovem e dedicado. Os três aqui representados correspondem a três símbolos diferenciados. Em torno da cruz, cada um representa um sentimento e um papel diferenciado na história de Cristo. O artista descreveu a cena com recursos da tradição medieval, por exemplo, ao usar a hierarquia de tamanho, facilitava a narrativa. Sem obrigação da lógica racional, podia excluir a cronologia linear e reunir personagens de épocas diferentes, como João Batista, que morrera vítima de Herodes antes da condenação de Cristo. Grünewald não se propôs a uma descrição realista e, sim, a uma interpretação puramente simbólica.

Virgem Maria e João Evangelista

Do lado esquerdo, encontram-se as três testemunhas reais da morte de Cristo. A mãe, resignada e amparada por João Evangelista, veste-se de preto com um manto branco sobreposto que, respectivamente, indicam luto e dogma da concepção imaculada. Na iconografia católica, as cores de Maria são sempre o azul e o branco, em correspondência ao céu e à pureza; são as cores da Rainha do Céu e da Virgem Maria, que, juntas, ressurgem em Maria Imaculada. O discípulo e evangelista São João segura o corpo de Maria, simbolizando a realização do pedido feito por Jesus antes de morrer. Ao dizer à sua mãe: *"Mulher, eis aí o teu filho"* e ao discípulo: *"Eis aí a tua mãe"* (Jo,19: 26-27), Jesus, quase desfalecendo, ainda conseguiu forças para estabelecer novas relações de amor entre sua mãe e o apóstolo que, depois, serviram para nortear a espiritualidade cristã. A cor vermelha usada nas pinturas religiosas está associada à Paixão de Cristo, na ideia de sacrifício, pela lembrança do sangue.

Maria Madalena

Maria Madalena ajoelhada, próxima à cruz, em escala menor de tamanho e em oposição ao comportamento sereno da Virgem, foi representada dramática; em um lamento, de braços levantados em súplica, exprime inconformidade. A figura de Madalena é sempre uma incógnita, seus dados biográficos são confusos, não existe uma definição, porque popularmente é confundida com outras personagens. Ora é vista como prostituta, ora como uma fiel discípula, outras vezes confunde-se com a irmã de Lázaro, o ressuscitado, ou então é a seguidora mais próxima à Maria, mãe de Jesus, e ainda, uma mulher paradigma, que foi aceita em igualdade num mundo masculino e hierarquizado no patriarcalismo. No entanto, a única certeza bíblica que se tem é que ela participou da morte, dos funerais e ressurreição de Cristo. E nada mais se sabe. Mas sua figura simbólica é bem mais importante, seu nome ficou associado ao conceito de perdão e de amor ao próximo, duas ideias revolucionárias do cristianismo. Sua história popular e erroneamente se confundiu com a passagem bíblica do apedrejamento da mulher adúltera. A narrativa referia-se ao cumprimento da lei judaica, tradição quebrada por Jesus, ao interromper a sua execução e lhe permitir salvação pelo perdão. Perdoar os pecadores e amá-los compõem as duas mudanças mais significativas do cristianismo e as mais sensíveis para aproximar o universo sagrado ao humano. Madalena ajoelhada, em súplica, representa os pecadores salvos por seu arrependimento.

Óleo Sagrado

No chão, a seu lado, encontra-se uma vasilha de cerâmica que contém o óleo para a prática do *unguento fúnebre*. Conforme os costumes da época, o corpo era limpo e preparado com óleos especiais nos sepultamentos. Em outras situações, ungiam os pés de uma visita com azeite e mirra perfumada, em sinal de boas-vindas. A unção com o óleo vem do Antigo Testamento e tem vários significados. Entre os antigos judeus, ungia-se a cabeça em sinal de proteção divina. Já a arca da aliança e os objetos sagrados, entre eles, os óleos da limpeza ficavam nos templos e no tabernáculo – o lugar mais secreto e onde só tinham acesso os sacerdotes. Portanto, ungir era também sinônimo de purificar. Cristo é conhecido como o Ungido de Deus. Daí, no catolicismo, ser comum os sacerdotes usarem os *santos óleos* no momento de darem a *extrema-unção* aos moribundos.

JOÃO BATISTA
PROFETA DO MESSIAS

A figura agigantada de João Batista carrega o livro aberto indicativo das profecias. Ele, o último profeta do Antigo Testamento, foi o primeiro a reconhecer o Messias em Jesus. Filho do sacerdote Zacarias e de Izabel, prima de Maria, cresceu em meio às práticas das tradições religiosas. Na idade adulta, quebrou algumas delas, a começar por converter os gentios, através do batismo e dispensar a circuncisão. Grande orador, logo se transformou num perigo social, pois multidões o acompanhavam em torno de sua pregação sobre a vinda do Messias. Chamado de encarnação do profeta Elias, seu discurso empolgava e dava esperança aos que esperavam a libertação

João Batista

política dos judeus. A presença de João Batista na Crucificação é anacrônica, sabe-se que ele não presenciou a morte de Cristo, pois morrera no ano de 29 d.C. decapitado por ordem de Herodes. Na obra, significa o precursor que anuncia a Nova Era e o reconhecimento do Messias. Entre sua cabeça e sua mão que indica o crucificado está escrito: *illum oport crescere, me autem minui* (É preciso que ele cresça e que eu diminua). Em outras palavras, João Batista confirma ser Jesus Cristo, o Messias. Em hebraico, Messias, o ungido, o consagrado é Messiah (*mashiyach*). Traduzido para o grego, Christos vinha de *chrio* que significa esfregar cerimonialmente com óleo. Portanto, Jesus é Mashiyach ou Cristo, pelo qual foi nomeado o Salvador do mundo, o Ungido de Deus, ou Aquele que concretizou o plano de salvação dos homens.

AGNUS DEI. Eis o cordeiro de Deus, Aquele que tira o pecado do mundo

O pequeno cordeiro aos pés de João Batista é a confirmação da profecia, o reconhecimento do Cordeiro Pascal da tradição judaica, ao qual foi acrescido o novo conteúdo cristão. Páscoa, ou Pessach, é a Festa da Libertação. Para os judeus, representa o dia da comemoração do Êxodo ou o fim do cativeiro no Egito; para os cristãos, é a celebração da libertação da morte, através da Ressureição. Existe uma coincidência histórica que une as duas festas. Como Cristo morreu durante as festividades pascais, desde cedo foi chamado de "*Cordeiro Pascal*".[26] A imagem alegórica da crucificação mostra o pequeno cordeiro simbolizando Cristo crucificado pela cruz e a Eucaristia, pelo sangue que jorra do seu corpo e cai no cálice.

A tradição de sacrificar cordeiros é muito antiga e existe antes mesmo do monoteísmo judaico. Sempre ofereceram animais em sacrifício como oferendas; eram os chamados *tributos aos deuses*, uma maneira comum de agradecer ou de rogar. Para obter a remissão dos seus pecados, os hebreus dos textos bíblicos do Êxodos ofereciam, na ceia de Pessach, um animal em sacrifício a Deus. O ato só poderia realizar-se na rígida obediência das normas religiosas, que por sua vez, transformaram a oferenda num ritual complexo e cheio de determinações específicas. Para a escolha do animal, tinham que observar a cor, o tamanho, o sexo e a hora precisa para praticar o sacrifício; tinham regras para recolher o sangue e orientações para o cozimento, inclusive o tipo de tempero permitido. Tudo estava regrado, inclusive a maneira de comer o cordeiro. Esse pequeno animal de sacrifício dos templos pagãos e judeus se transformou, no cristianismo, no conhecido Cordeiro de Deus, ou *Agnus Dei*. Ele é o imolado, o símbolo salvífico associado à Eucaristia. Jesus, o sacrifício dado por Deus, ficou para sempre associado à figura do cordeiro. Após sua morte, a imagem passou a representar uma longa história bíblica e uma dissidência no judaísmo, o cordeiro transmutou a simbologia do povo escolhido para tornar-se signo cristão.

Antes de morrer na cruz, Jesus celebrou com seus discípulos a ceia de Pessach, mas reinterpretou os elementos tradicionais da refeição. O ato de comer o cordeiro imolado dos antigos rituais foi substituído pela Eucaristia. Católicos se unem a Deus pela comunhão, reconhecem a legitimidade da hóstia como o simulacro sagrado do ritual da última ceia. A comunhão significa o sinal da unidade, o vínculo e o banquete pascal em que se recebe Cristo. Cerimônias semelhantes acontecem com os ortodoxos, os anglicanos e os luteranos e outros cristãos. A palavra hóstia vem de *hostia*, que em latim quer dizer vítima; ela é o termo usado para o pão consagrado pelo sacerdote.

GÓTICO TARDIO, O PADRÃO ESTÉTICO DE GRÜNEWALD

O desenvolvimento do Renascimento ocorreu de maneiras diferentes nas várias regiões europeias. Pelo aspecto político, Portugal antecipou a centralização do poder com a criação da monarquia nacional, um fator que lhe permitiu, em conjunto com a Espanha, financiar a Era das Descobertas Marítimas, elemento propulsor da Revolução Comercial e o fim da Idade Média. Do ponto de vista cultural, as diferenças são bem mais extremadas. O pioneirismo italiano antecipou em um século o advento do Renascimento. Pouco antes de estourar a crise apocalíptica da Peste Negra, por volta dos anos 1310, o pintor italiano Giotto já criava as primeiras imagens consideradas renascentistas nas paredes da Cappella degli Scrovegni, em Pádua. Michelangelo, 200 anos depois, reconfirmava sua importância, uma vez que antes de iniciar os trabalhos na capela Sistina, ele passou uma temporada em Pádua, só para estudar seus afrescos.

PIONEIRISMO ITALIANO

Giotto di Bondone, Crucificação, 1303-1310, Cappella degli Scrovegni

Giotto, tocado pelos valores da realidade humana, revolucionou os padrões da linguagem pictórica medieval. Foi o primeiro pintor a substituir a tradição da aristocracia gótica pelo realismo das classes emergentes. Em sua história pessoal, é citado por Dante e Bocaccio como um simples pastor de cabras e autodidata que fora descoberto por acaso. O afamado mestre Cimabue o viu pastoreando e desenhando figuras humanas sobre o chão de terra; a facilidade com que desenhava chamou sua atenção, como também a naturalidade intuitiva e a precariedade dos instrumentos do pastor-artista, que dispunha apenas de gravetos secos das árvores.

Os literatos italianos, contemporâneos de Giotto, pertenciam ao grupo dos humanistas. A maioria, jovens intelectuais, ricos comerciantes e futuros mecenas que tinham em comum o gosto pelos textos clássicos, uma prática que já fora exclusiva dos mosteiros. Por conta dos hábitos de leitura, ficaram conhecidos como *studia humanitatis*. O grupo reconhecia Giotto como o introdutor dos sentimentos humanos na pintura e o criador de um estilo pessoal ainda desconhecido. Todos elogiavam sua origem humilde, em contraponto ao talento natural. Sem influências de um aprendizado formal, o antigo pastor pôde introduzir mudanças expressivas no repertório visual. Até aquele momento, as únicas referências que tivera à sua disposição eram as imagens internas de igrejas. De modo geral, cenas bíblicas que, desde a origem do cristianismo, seguiam o padrão antinaturalista. Ao representar as figuras com volume e expressões faciais, Giotto deu o primeiro passo na abertura para o Renascimento. A data aceita como início dessa revolução está relacionada à biografia de Giotto, o que registra 1280 como o ano em que ele partiu para estudar em Roma e quase 30 anos depois, foi para Assis, pintar os afrescos em homenagem a São Francisco.

Desde 1305, Giovani Pisano esculpia volumes em pedras e foi por meio de suas mãos que as esculturas se libertaram das paredes e ganharam a tridimensionalidade. Nessa mesma data, todos os países europeus viviam o apogeu das construções góticas, na plenitude do pensamento medieval. A diferença entre o Renascimento italiano e os países nórdicos está no afastamento com o mundo medieval e maior aproximação com a cultura greco-romana, um elemento propulsor da reconquista do humanismo. Por conseguinte, avançaram nos estudos científicos da anatomia, introduziram a perspectiva linear, retomaram a ousadia da arquitetura romana e provocaram mudanças decisivas na história da arte. Por sua vez, o Norte criou uma linguagem pictórica particular, absorveu as mudanças dos meridionais, mas simultaneamente manteve a tradição gótica e o gosto pela miniatura. Michelangelo os abominava; mais de uma vez se referiu aos artistas do Norte como criadores de uma arte para *crianças, mulheres e velhos*. Esse pensamento nada lisonjeiro refletia a divergência entre o gosto pela unidade dos italianos, em oposição ao gosto exagerado por detalhes dos setentrionais.

No altar de Isenheim, a riqueza de detalhes é tamanha que chega a perturbar a compreensão do conteúdo. Grünewald, utilizando-se de uma técnica hiper-realista, consegue surpreender com particularidades em cada detalhe. E são muitos, estão nas feridas, nas texturas, em cada espinho que sai do corpo, na gota de sangue que escorre. É a estética do pormenor e da fragmentação, nela o sentido é construído pela somatória de muitos microcosmos. O gosto por miniaturas é uma herança gótica, um estilo que nasceu no início do século XII na França e se prolongou pelo norte europeu até meados do século XV e XVI. Nessa mesma época, a Itália já havia ultrapassado sua fase renascentista e vivia em pleno maneirismo. A origem da palavra gótico, por si, já demonstra o preconceito italiano em relação a estas formas. Gótico, assim denominado por eles, referia-se à arte dos godos, ou seja, dos bárbaros, *uma manifestação artística feita por gente inferior*.

A FEIURA COMO PADRÃO ESTÉTICO
MODERNIDADE DE GRÜNEWALD E TRADIÇÃO EXPRESSIONISTA ALEMÃ

Grünenwald é um artista que surpreende por sua originalidade. Ele concentra valores diferenciados, utiliza os conhecimentos renascentistas e demonstra estar atualizado quanto às novas técnicas da pintura a óleo, um recurso que lhe permitiu criar ilusões realistas de volumes. Mas ao mesmo tempo, trabalha temas religiosos à maneira medieval, com exageros e deformações. Para completar seu perfil, ele no final da vida aproximou-se da ideologia reformista luterana e lutou em defesa dos camponeses miseráveis. O pintor conseguiu pertencer a três etapas cronológicas: manteve o passado da fé, dominou as conquistas do presente e colocou-se aberto para mudanças futuras.

O fim do gótico carregou o sentido de arte sacra e a comunicação que existia entre o *Retábulo de Isenheim* e os pacientes do antigo mosteiro. O pioneirismo de Grünewald só foi retomado pelos românticos alemães, no século XIX, e compreendido a partir dos expressionistas, em pleno século XX. Ao dialogar com os códigos visuais da contemporaneidade, as qualidades plásticas dos seus trabalhos ultrapassaram os limites da função religiosa inicial. Ficou 400 anos no esquecimento simplesmente porque a sua *Crucificação* estava fora do padrão de beleza visual e moral, pois era quase impossível aceitar a imagem de Deus num corpo de carnes podres.

Para entender os valores da estética do *mau gosto*, da *feiura* e do *grotesco* é necessário esclarecer o significado e o juízo destas três palavras. Elas se relacionam com o conceito de belo, uma realidade abstrata e relativa e, ao mesmo tempo, existente em todas as culturas. O que se opõe a mau é bom, portanto, fica estabelecido, se existe um gosto apurado, erudito e requintado identificado como bom, o seu contrário significa nada menos que ruim, condenável e vulgar. Umberto Eco no livro *História da Feiura*[27] mostra que na civilização ocidental existe uma analogia entre o feio e o mal moral. Se os sinônimos de belo concebem uma reação de apreciação, os sinônimos de feio implicam numa reação de nojo, de repulsa e horror. A raiz desse pensamento encontra-se em Aristóteles, que usava *Kalon* (beleza) para se referir indiferentemente a propriedades morais e estéticas.

Grünewald, pelo contrário, não pintava a beleza grega e, segundo Umberto Eco está conceituado como *feio formal e artístico*. Analisando a obra, vê-se que o artista ia além das aparências físicas; ele pintava símbolos de um universo místico. A feiura de Cristo não estava nele, mas na morte, já que seu corpo era a própria purgação do pecado. Na moral cristã, em consequência da herança aristotélica, os demônios, os perseguidores e pecadores são identificados como feios. No *Retábulo de Isenheim*, as figuras grotescas do painel das Tentações de Santo Antônio completam o tema da Crucificação, já que o diabo e todos os seus correspondentes a pecados, erros e vícios, para a sociedade do século XV, deveriam estar associados à monstruosidade e ao sentimento de repulsa.

Após 400 anos de esquecimento, Grünewald foi resgatado por correntes estéticas do modernismo que exaltam a feiura como um valor para chocar a burguesia. Os mais radicais dessa prática foram os expressionistas alemães, chamados de "*degenerados*" pelos defensores do classicismo grego e pelos censores nazistas. Reunidos em torno dos grupos Die Brucke (A Ponte) e Der Blaue Reiter (O Cavaleiro Azul), os expressionistas criaram um movimento que expôs a crise existencial e social. Nascido na Alemanha, Grünewald contrariava os estereótipos de uma nação dirigida por modelos ultrarracionais e com predomínio da ordem apolínea. Porém esse é apenas o conceito oficial, visto que, a história da cultura germânica tem demonstrado grande preferência pelo exagero de *phatos*, e numa escolha bem mais profunda do que se imagina. Desde o século XIII, em plena Idade Média, o portal da catedral de Bamberg testemunha o gosto alemão por fortes emoções e deformações intencionais, para a representação da realidade.

No Renascimento, Grünewald não está isolado, mas destaca-se por sua ousadia e o exagero dos efeitos dramáticos. Na metade do século XVIII, os alemães surpreenderam a Europa com o movimento literário *Sturm und Drang* (Tempestade e Ímpeto) que enaltecia os sentimentos místicos, afetivos e instintivos. O romantismo, herdeiro direto desse movimento, ampliou os aspectos do subjetivismo e da carga emotiva, e deu início ao radicalismo dos revolucionários. No início do século XX, o expressionismo alargou ainda mais as dimensões da imaginação e as interpretações individuais, deu primazia ao libertário nas linguagens artísticas e nas críticas à sociedade. Essas qualidades com certeza poderiam aproximar os artistas da sociedade, porém ocorreu o contrário, porque a forma da feiura agressiva não era do agrado popular. Jung entendia da alma humana e dizia que a adversidade dessas pessoas em relação à vanguarda justificava-se por falta de ajuste: "*aquilo que será apreciado como grande arte poderá parecer desagradável hoje, pois o gosto está sempre atrasado em relação ao aparecimento do novo*".[28]

Existiu uma ligação direta entre os expressionistas e Grünewald quando se afastaram do gosto clássico greco-romano. Na procura por novos caminhos, os movimentos vanguardistas, passaram a valorizar tudo o que estivesse na contramão do ensino oficial: arte tribal, infantil, popular e dos loucos. Estudaram a arte medieval com profundidade, pois ela lhes parecia mais sincera. Nessa busca, encontraram Grünewald e suas deformidades intencionais. Com imagens de rostos desfeitos, corpos esquálidos e desproporcionais, os expressionistas foram além do desregramento da beleza física tradicional, seu movimento propunha a transfiguração absoluta da natureza. Além da feiura, os expressionistas perturbaram a sociedade com denúncias de ordem política, social e psicológica. Suas opções estéticas provocaram choque e desconforto, propunham o fim da ordem apolínea e a troca do mundo *civilizado* pelo mundo *selvagem*.

EXPRESSIONISMO ALEMÃO E RELIGIÃO CRISTÃ

Todos os movimentos modernistas, no início do século XX, afastaram-se dos temas religiosos, com excessão do Expressionismo, para o qual a espiritualidade, mais que a religiosidade, era objeto de interesse em suas pesquisas. Resgataram linguagens simbólicas medievais e das sociedades arcaicas, e a antropologia foi caminho para a redescoberta da sacralidade. Experimentaram os rituais xamânicos dos povos tribais e debruçaram-se sobre os conflitos da fé judaico-cristã no mundo moderno.

Os expressionistas, defendendo a liberdade de expressão, trouxeram para suas obras conteúdos considerados marginais, como as taras sexuais, o diabólico, a perversidade, a exploração social, ou seja, o lado *sombra* da psique humana. Sem censuras e com esse mesmo espírito, o tema religioso não se restringiu ao enfoque bíblico. As histórias contextualizadas na contemporaneidade, desenvolveram-se dentro de um mundo pessimista e os personagens bíblicos interpretados como vítimas depressivas, heróis ou líderes sociais, como pessoas comuns com virtudes e vícios, mas sempre solitárias e angustiadas. Quando os artistas transferiram seu mundo para o interior das obras, transformaram os mistérios do sagrado em seus próprios sentimentos.

Emil Nolde. *Crucificação*, 1912

Emil Nolde, o mais fervoroso expressionista, era de origem pobre e filho de lavrador. Tempestuoso e ao mesmo tempo corajoso, trabalhou a temática cristã para mostrar a pequenez humana e as emoções selvagens do inconsciente. Expôs as entranhas da sociedade europeia, considerada civilizada e, como seria de esperar, as pessoas tradicionais não o aculturam. Nacionalista, Nolde tentou resgatar os valores da arte germânica iniciada por Grünewald. Enfaticamente, lhe prestou homenagem como o pioneiro da alma expressionista, mas, totalmente incompreendido, acabou ridicularizado por Hitler, numa manifestação pública. Sua religiosidade exagerada e a evolução formal do abstracionismo no movimento lhe trouxeram problemas. Impulsivo, se meteu em brigas, acabou isolado e expulso do grupo

Karl Schmidt-Rottuluff. *Cristus*, 1918, Brucke Museum, Berlim

Schmidt-Rottuluff era um estudioso das culturas africanas e, como os cubistas, aprendeu novas formas com as máscaras dos rituais. O artista alemão também absorveu a geometria primitiva, mas seu interesse não se restringiu à criatividade formal. Ele buscou o caminho do espiritual, para entender o sentido do sagrado nas civilizações tribais. Infelizmente, parte da sua produção desapareceu, e mais de 600 obras foram destruídas durante a 2ª Guerra.

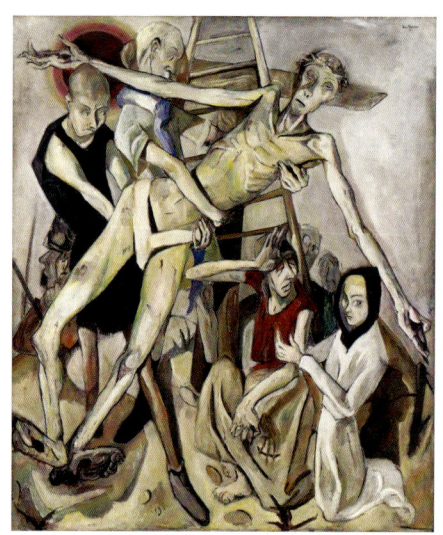

Max Beckmann. *Descida da Cruz*, 1917, Moma -NY

Max Beckmann, o mais crítico dentre eles, fez de qualquer tema uma denúncia social. A energia dramática existente em muitas obras, são memórias da 1ª Guerra, na qual serviu como voluntário, no corpo médico. Para ele, o lado negativo da sociedade moderna, manifestado na prostituição, na miséria, nas injustiças e na solidão, poderiam estar presentes em qualquer um, inclusive na imagem de Cristo.

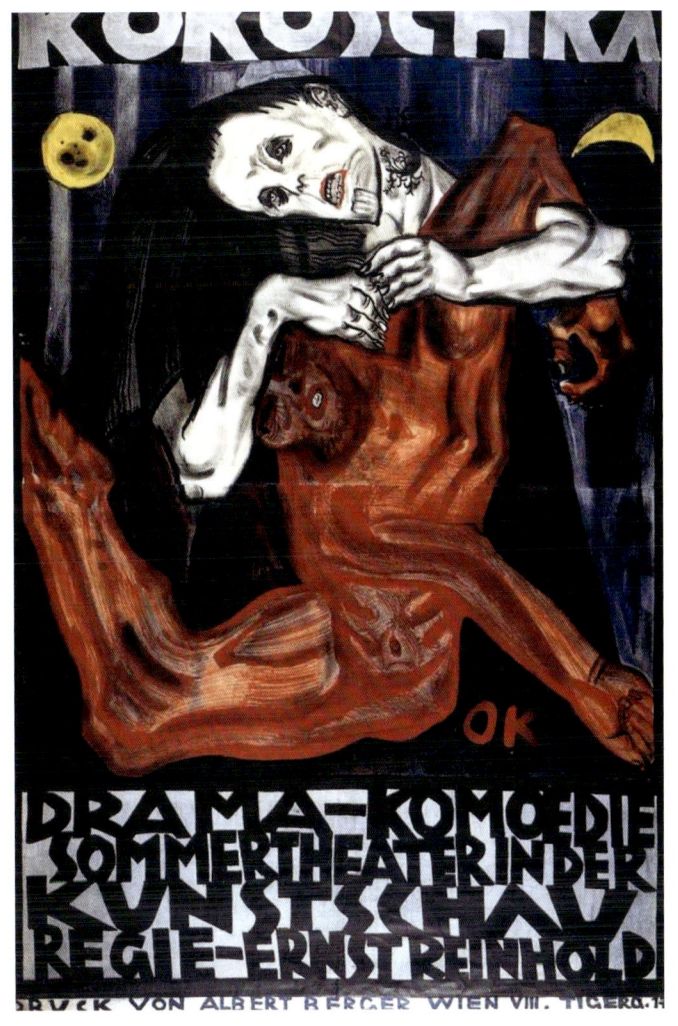

Assassino esperança das mulheres
Cartaz de Oskar Kokoschka Munique, 1908

Oskar Kokoschka, pintor austríaco, viveu tragicamente e projetou seus conflitos interiores nas suas obras. Vítima de distúrbios físicos e psíquicos devido à 1ª Guerra, viveu uma desenfreada paixão por Alma Mahler, a viúva do compositor Gustav Mahler – e depois esposa de Walter Groupius, o fundador da Escola Bauhaus. Vítima de depressão, criou as imagens mais sofridas do expressionismo. No final da vida, dedicou-se a uma série religiosa, na qual os dramas humanos da sua história pessoal, misturaram-se aos corpos das figuras bíblicas. Na poética pessimista de Kokoschka, o homem jamais será vitorioso.

QUEM FOI MATTHIAS GRÜNEWALD?

Pouco se sabe a respeito do artista, até o seu nome é dado como incerto. Biógrafos contemporâneos dizem que, por trás de Grünewald, existiu um artista chamado Matthias Gothard Niethart. O erro deve-se ao primeiro biógrafo, que no século XVII, registrou o apelido já que ele assinava suas obras com o monograma formado pelas iniciais MGM. Seu verdadeiro nome só foi confirmado em 1920. Grünewald viveu e morreu na Alemanha, entre a Baviera e a Saxônia, durante os anos de 1470 a 1528. Embora tenha alcançado grande prestígio como pintor de arte sacra, sua produção é considerada bem pequena sendo que quatro de seus trabalhos se referem ao tema da crucificação. Infelizmente tal patrimônio se perdeu ou foi destruído nas contínuas guerras iniciadas na Alemanha, em 1618, com a Guerra dos Trinta Anos. Quanto à sobrevivência de sua obra, vários fatores contribuíram para limitá-la, o mais evidente refere-se à rivalidade religiosa entre católicos e protestantes que, envolvidos num processo sem fim de brigas pelo poder, lutaram por dinastias, territórios e pontos comerciais. Após longos anos de adversidades, supostamente religiosas, restaram apenas dez pinturas.

Se sobre o artista sabe-se pouco, menos ainda sobre sua pessoa. Pode-se apenas confirmar que Grünewald foi um artista reconhecido em vida. Pelos critérios da época, só os renomados poderiam assumir o cargo de pintor oficial e, em 1509, seis anos antes de iniciar os trabalhos do *Retábulo de Isenheim*, ele foi nomeado pelo arcebispo de Mogúncia para assumir esse cargo. Sem patronato não existiria arte; não bastava possuir talento e domínio técnico, era necessário receber a chancela da Igreja e da aristocracia. Na Itália, nesse mesmo período, a relação profissional entre pintores e sociedade era mais branda do que na Alemanha. Lá os artistas usufruíam de algum *status* social, frequentavam as cortes e os meios intelectuais; nos países nórdicos, pelo contrário, eles ficavam mais próximos dos artesãos. A profissão era considerada um ofício das "artes mecânicas", o mesmo que um trabalho manual e, por essa razão, também reputada como inferior.

Como o Estado representava pouco e o mercado era restrito, as únicas instituições que restavam eram as religiosas. Uma vez reconhecido o patronato da Igreja, fica difícil desconsiderar sua influência sobre o produto final. A determinação da iconografia era tratada com antecipação pelo artista e o patrocinador, e feita por meio de contratos com descrições escritas, porém a interpretação das imagens era criação estética e de responsabilidade dos artistas. Segundo o escritor francês Joris-Karl Huysmans, foi Guido Guersi, o abade do mosteiro de Santo Antônio, quem orientou Grünewald e lhe deu permissão para inovar e colocar João Batista na cena do calvário. Ao criar uma figura desproporcional e isolada, fez *"uma escolha teológica e não plástica, de tal maneira que qualquer leigo poderia ler com clareza a simbologia da obra. Ao dar ênfase a João Batista, o artista reforçava suas profecias, querendo dizer que a partir desse momento Cristo predominará sobre o mundo do Verbo"*.[29] Embora extremamente audacioso na representação realista da doença, Grünewald foi didático e manteve-se tradicional, ao incluir texto escrito na pintura em atendimento ao gosto local.

Após ter passado uma vida atendendo às encomendas da Igreja, dois anos antes de morrer lutou ao lado dos camponeses contra a Igreja Católica, em prol da retomada das propriedades rurais. Por esse motivo, refugiou-se em Frankfurt, onde veio a falecer. Esses fatos confirmam os conflitos e as contradições pessoais do pintor. Se por um lado manteve viva a tradição da mística medieval e construiu toda sua obra atendendo às encomendas da Igreja papal, por outro lado, acabou participando ativamente das lutas no conturbado momento da Reforma Protestante.

TRADIÇÃO DA LINGUAGEM SIMBÓLICA
QUATRO CRUCIFICAÇÕES DE GRÜNEWALD

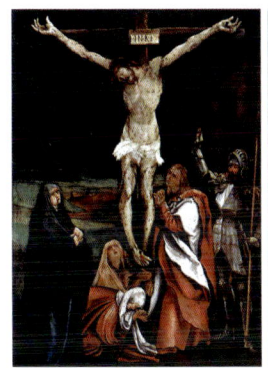

Crucifixion de Basileia, 1502

A Pequena Crucificação, 1502, Washington

Retábulo de Isenheim, 1515 Colmar

Retábulo Karlsruhe, 1525

Entre a primeira e a última Crucificação existe um hiato de 23 anos e uma continuidade estilística, entretanto a narrativa do drama bíblico recebeu o mesmo tratamento simbólico. As quatro obras colocadas juntas parecem ser apenas uma ou, no mínimo, quatro octapas de um mesmo acontecimento. Quando colocadas em sequência, parecem caminhar num movimento crescente, ganham intensidade em cada execução para atingir o clímax de tensão e dramatizar ao máximo o desespero do fim, tanto na materialidade da dor física, quanto na dor psicológica.

2.2.3 MARC CHAGALL — A CRUCIFICAÇÃO BRANCA

CRISTO, O JUDEU UNIVERSAL
Calvário de um povo

O MUNDO ENCANTADO DE CHAGALL

Marc Chagall iniciou sua carreira de pintor no início do século XX, quando ainda prevalecia na cultura judaica a velha proibição de figurar imagens. Ao mesmo tempo em que rompeu com essa tradição religiosa, a grande inspiração de suas obras veio do universo hassídico, uma corrente mística gerada no interior do judaísmo ortodoxo. O grupo era conhecido pela devoção de seus fiéis, pessoas piedosas que tinham na espiritualidade o elemento condutor de todos os seus atos e pensamentos. Para os hassídicos, o transcendental religioso deve ser o centro de suas existências e de seus atos. Até quando se ocupavam nos afazeres diários, eles não abandonavam a prática das preces ou dos cantos religiosos; muitas vezes intercalavam seus trabalhos com paradas para meditação. Acreditavam que o encontro com o sagrado poderia se realizar fora das liturgias e que o divino se revela em qualquer lugar ou qualquer coisa. Apesar de viverem em plena era do cientificismo, pregavam a cura pela fé. Os judeus talmúdicos, outro grupo religioso e com tendências mais intelectualizadas, os julgavam tradicionais demais; não concordavam com essas práticas, principalmente pela obediência e interpretação literal dos textos sagrados.

Até o início do século XX, o ambiente religioso dos judeus asquenazis, no Leste europeu, esteve pouco influenciado pelas mudanças sociais da modernidade. O maior prazer era se reunir para estudar a Torá e seguir a tradição da oralidade. Os encontros respeitavam a hierarquia e eram sempre dirigidos por patriarcas, que para se tornarem mais didáticos, enxertavam nas histórias bíblicas imagens do cotidiano, situações prosaicas que aconteciam na comunidade diariamente. Dessa maneira, não estabeleciam uma nítida fronteira entre o mundo terrestre real e o mítico-religioso. Muitas narrativas desses encontros, posteriormente, formaram o substrato temático das obras de Chagall.

O universo religioso hassídico transformava os seres bíblicos em pessoas íntimas e, se antes eram seres míticos e distantes, acabaram se tornando próximos e amigáveis. Eram exemplos que serviam de consolo e incentivo para uma aceitação passiva dos seus destinos. O simbolismo de Chagall interpretado como imagens de um mundo encantado, tem raiz nos costumes religiosos do seu grupo familiar. Suas pinturas são relatos afetivos de uma vida fechada entre a obrigatoriedade dos afazeres diários, as regras religiosas e a crença mística da presença divina em todos os seres e eventos.

Por outro lado, o artista teve a oportunidade de viver nas grandes capitais europeias e manter contato com as diversas escolas do modernismo. Pôde frequentar os grupos mais heterogêneos e radicais e, no final, por não estar em completa sintonia com nenhum deles, optou por construir uma carreira solo. Foi um caso raro de originalidade e individualismo. Mesmo que a linguagem estética de Chagall seja reconhecida por um amálgama de muitas vanguardas, ela é única e não está associada a nenhum movimento. Nesse aspecto, assemelhou-se ao pintor Van Gogh, que como ele também participou da inquietação intelectual da sua época, conheceu a complexidade das teorias estéticas, mas por razões subjetivas preferiu trabalhar no isolamento. Chagall e Van Gogh são autores de uma obra independente e assentada sobre suas experiências biográficas. Os dois artistas atingiram alto grau de originalidade e igualmente seguiram o caminho do individualismo, uma prática que no momento já estaria rejeitada por ser considerada um passadismo romântico e contrária à consciência das ações coletivas.

Chagall destacou-se e construiu sua obra sobre opções pessoais. Ainda que tenha presenciado as mais significativas revoluções, guerras e perseguições, nem por isso se manteve no alinhamento intelectual ao qual a maioria dos seus contemporâneos estava filiada. Controverso, se desligou das correntes ideológicas socialistas, preferindo o isolamento político. Sua escolha, nada usual, colocou-o numa posição incômoda. O que se sabe, é que por onde passou durante seus 98 anos de vida, ele jamais deixou de ser: russo, judeu e poeta.

Quando Chagall se introduziu no panorama internacional das artes visuais, a Rússia já exercia imensa sedução sobre o Ocidente. Bem antes do seu sucesso tornar-se realidade, as capitais europeias já conheciam Rimsky-Korsakov, Tchaikovsky, Dostoiévski, Gorky, Tolstoi e Tchevov. O pioneirismo russo, que fora desbravado ainda com mais coragem pelos compositores Stravinsky e Prokofiev, se completou pelo ballet de Diagilev e perpetuou-se nas performances insuperáveis de Nijinski e Anna Pavlova. Na esteira dessa *intelligentsia* precursora vieram Kandisnky, Chagall, Pevsner e Gabo. A cultura russa, que no início do século era considerada exótica, rapidamente se transformou em componente revolucionário e ingrediente indispensável para a estruturação da arte moderna.

Até essa época, a noção filosófica de liberdade expressava tão somente uma realidade abstrata no campo das ideias. Após a revolução russa de 1917, liberdade ganhou consistência, com sentido social e também comportamental. Liberdade tornou-se uma ação concreta e fez com que a palavra "combate" saísse dos campos de enfrentamento militar e fosse parar nas mesas da boêmia. Entre discussões acaloradas sobre anarquismo e socialismo, mesclaram-se conceitos de realismo, cultura erudita e popular. Os artistas e os intelectuais, quando, intencionalmente, rejeitaram o mundo burguês, opuseram-se não apenas às suas preferências estéticas, mas também morais e ideológicas. Com o desgaste generalizado das tradições, pela primeira vez aceitaram a África tribal e a Rússia multiétnica. O gosto pela pluralidade e o desconhecido seduziu o ocidente.

O Velho Mundo estava condenado, tudo nele envelhecera: a sociedade, a economia imperialista e os sistemas políticos. A humanidade esperava uma alternativa e o *starter* para um recomeço. A Europa iniciou o século querendo se tornar *selvagem*, ou seja, libertar-se dos preconceitos e acatar outros valores, inclusive os condenáveis. Não bastava renunciar ao passado, era preciso lançar-se em novas descobertas. Para uma plateia desprevenida, tudo não passava de excentricidades ou estratégias para cumprirem a regra de épater *le bourgeois*. Para esse público, o *novo* incomodava por ser considerado sinônimo de bizarro, acreditavam que o seu efeito jamais ultrapassaria a zona do mal-estar provocado pelo escândalo e pelo choque. A sociedade do início do século XX não conseguiu enxergar o tamanho e nem a força transformadora do modernismo, enquanto ação coletiva.

Os artistas, pelo contrário, precisavam do transverso e do desconhecido para inovar. Viesse de onde viesse, os artistas buscavam o porvir. Redescobriram as raízes do folclore camponês e a originalidade do pensamento arcaico. Estando em contato com as sociedades pré-letradas, reencontraram a espiritualidade perdida, a espontaneidade infantil, o instinto, o xamanismo e o erotismo sem medo, qualidades que, resgatadas, ao menos na teoria, rebelavam-se contra o Estado burguês.

A virada do século XX propiciou o experimentalismo. Tudo que pudesse ajudar para realizar o afastamento da cultura oficial foi acolhido e utilizado e, tudo que fosse bárbaro e ancestral seria aceito com mais facilidade. Diante desse cenário, ocorreu a inclusão da Rússia na intelectualidade e a Europa, antes hegemônica, viu-se fascinada por ela. O início do século XX é um período caracterizado pela inquietude de ser a passagem para uma nova e que corresponde à construção do futuro, um momento histórico desenvolvido entre os extremos de uma crítica sofisticada e o decadentismo, ou seja, uma invenção do que veio a se chamar modernismo.

O mundo inteiro considerava a Rússia uma nação líder, sinônimo de ruptura e vitória do social sobre o político. Além de introduzir novas linguagens no repertório artístico, era um paradigma ideológico. A imagem difundida de nação heroica deu-se graças ao trabalho do poeta Maiakóvski, que junto a outros revolucionários reconfigurou o papel da arte na sociedade moderna. Desde então, mais do que nunca, o fazer estético adquirira a função pedagógica de divulgar e ilustrar os princípios socialistas da revolução bolchevista. Houve um engajamento quase unânime dos artistas de vanguarda e, de uma hora para outra, eles se depararam com a necessidade de alinhar seus objetivos individuais e conceitos estéticos às diretrizes de um partido político.

A história pessoal de Chagall se desenvolveu dentro desses impasses. Apesar de suas obras estarem baseadas na realidade, elas não eram realistas e, ainda que tenha participado da revolução socialista, ele não se envolveu com política. Em sua paleta, sonhos e devaneios fizeram-se maiores que tudo. O espaço que poderia ser ocupado pela ideologia partidária foi dedicado à conscientização dos desvios e fraquezas da alma humana. Diferente dos demais russos daquele momento, política não se tornara o centro de sua inspiração.

Chagall nasceu no final do século XIX, em 1887, na Bielorrússia, no lado pobre da cidade de Vitebsk. Filho de um simples peixeiro de arenque, muito metódico e religioso, que repetia suas atividades diárias no pequeno comércio com a regularidade e previsibilidade de um relógio mecânico. Pelo lado paterno, tinha um avô rabino, um ser melancólico e silencioso que, para fugir do provincianismo em que viviam, trancava-se no sótão da casa para tocar violino. Suas músicas marcaram a infância do pequeno Marc e criaram personagens, como os bolchevistas dançarinos ou os músicos-acrobatas que tocam violino se equilibrando sobre o telhado das casas. Essa imagem poética e constante em muitas pinturas ressurgiu eternizada no filme *Um Violinista no Telhado*, dirigido por Norman Jewison. Na simbologia chagalliana, a memória do avô é a melodia, que perpassa o espaço e os corpos dos casais enamorados que, abraçados, flutuam e dançam nos céus de Vitebsk.

Em uma família judaica, a benção de ser o primogênito vinha acompanhada de responsabilidade, e nada quebraria o fatalismo do seu futuro, atrelado à numerosa família de nove irmãos e de poucos recursos, caso não houvesse a intervenção de sua mãe, uma mulher decidida e obstinada que lhe deu o prumo para mudar essa rotina aparentemente imutável. Ela, Feiga-Ita, fez o inseguro e tímido Moyshe Shagall se transformar no incomparável Marc Chagall.

Eternamente ligado à mãe, Chagall consagrou sua vida a esse amor. Ela morreu às vésperas de seu casamento, em 1914, quando ele tinha 27 anos e bem quando a Rússia encontrava-se em plena guerra contra a Alemanha e o Império austro-húngaro. Em sua biografia não fica claro o que aconteceu, mas o certo é que ele não compareceu ao enterro. Entre a morte de Feiga-Ita e a aproximação da onda antissemita que, aos poucos, descambaria no holocausto, ele emudeceu, preferindo se fechar para o mundo. Transferiu a dependência materna para Bella, sua jovem esposa, e iniciou uma das fases mais criativas de sua carreira. Numa explícita homenagem à mãe, ele criou seu famoso repertório de temas e personagens reais da comunidade judaica, por amor à mãe ele perpetuou Vitebsk e seus moradores. Feiga-Ita sobreviveu em todas as mulheres importantes de sua vida, nas duas esposas, em sua filha única e amigas; todas cumpriram o mesmo papel maternal de incentivo e proteção. Chagall fundiu num só corpo a imagem poética da mãe, da Rússia e da arte. Sua pátria coube inteira em Vitebsk, o lugar de sua infância e cenário das primeiras emoções. O individualismo excessivo e a busca da ascensão, em todos os sentidos, foram as maiores marcas deixadas por Feiga-Ita. Ela só queria proteger e fortalecer o seu menino sensível.

Chagall fantasiou histórias e construiu personagens. Por suas mãos animais e objetos ganharam novas vidas e se reinventaram. Ninguém como ele mitologizou sua própria infância. Nas pinturas, romantizou as precariedades e inventou uma Vitebsk que não existe em nenhuma fotografia, reconstruiu um passado com fragmentos de uma história pessoal e de sonhos imaginados. Ele fez pessoas comuns virarem heróis, situações corriqueiras transformarem-se em encantamento e a banalidade ganhar singeleza. A realidade da vida cruel e sem graça dos Shagall, transformada por sua memória onírica, surgiu reconstruída da mais pura poesia. Ao iniciar seus estudos artísticos, longe de sua cidade natal e por estar vivendo só, pôde enxergar com facilidade quão ricas eram as imagens do cenário da sua infância, sua paisagem interiorana e seu povo. Chagall deu visualidade às emoções mais íntimas, transformou registros familiares em histórias universais, e o que era pessoal virou global. O microcosmo de Vitebsk converteu-se em arte.

Aos 35 anos, pouco antes de sair de Vitebsk, para nunca mais voltar, Chagall escreveu precocemente sua autobiografia. *Ma Vie* são relatos da infância e juventude, é a sua visão de sua cidade natal, da revolução bolchevista e da tumultuada trajetória do povo judeu em territórios russos. Esse ainda é o melhor guia para desvendar os símbolos e as imagens poéticas das obras de Chagall.

O SIGNIFICADO POLÍTICO DE *A CRUCIFICAÇÃO BRANCA*

ENTRE COMUNISMO E NAZISMO: O ANTISSEMITISMO HISTÓRICO

Durante muito tempo, os dois mandatários russos, czares e igreja ortodoxa, mantiveram os judeus sob forte vigilância. Foi sempre uma relação paranoica de consentimentos e perdas de liberdade, de períodos de maior ou menor tolerância, de intervalos de paz e retomadas de perseguições. O regime czarista, mesmo reconhecendo a amplitude numérica dos judeus, manteve a prática medieval de intransigência. Eles eram verdadeiramente perseguidos, mas jamais desprezados, afinal ninguém ignorava o sucesso de suas atividades intelectuais e econômicas.

Esse processo dúbio entre judeus e russos teve início com a expansão territorial provocada a partir do século XVIII, com o desmembramento e posterior anexação dos territórios da Polônia, Ucrânia, Lituânia e Romênia. Tais mudanças nos limites geográficos fizeram com que centenas de milhares de judeus, de uma hora para outra, se tornassem súditos. Judeus eram indesejados pela nobreza russa, e essas ações políticas contrariaram a comunidade judaica. As insatisfações eram recíprocas. De repente, e involuntariamente, a Rússia se transformou na maior população judaica da Europa. Até a migração para o Ocidente, no século XIX, calcula-se que dos 5 milhões e meio de judeus que viviam nos estados do Leste europeu, quase 4 milhões viviam na Rússia.

Quando Catarina II, a Grande, subiu ao trono imbuída de ideias progressistas, ela publicou a Carta de Tolerância Religiosa, dando início ao seu projeto de desenvolvimento econômico e cultural. O plano englobava muçulmanos e cristãos não ortodoxos. Os judeus, no entanto, não tiveram a mesma sorte, porque ao mesmo tempo que a czarina precisava do apoio deles para sua campanha de modernização do Estado, ela era pressionada pelos comerciantes russos, que temerosos da concorrência, a obrigaram a promulgar um decreto, em 1791, determinando o confinamento deles na chamada *Zona de Residência*. O fato é que esses comerciantes conseguiram descentralizar a comunidade judaica e grande parte dela passou a viver na Cherta, uma região circunscrita dentro dos muros do Grande Abatis. Como a maioria não teve permissão para escolher a área onde viver, ficaram quase todos restritos a cidadezinhas e vilarejos, denominados de *schetelts*, uma espécie de guetos. Vitebsk, a cidade de Chagall, era um *schetelt*.

No início do século XIX, Alexandre I, neto de Catarina, permitiu que judeus tivessem acesso às escolas e universidades, como também deu a concessão de terras agrícolas. Essas medidas, que trouxeram melhorias nas condições de vida dos judeus, eram também um recurso para que eles se aproximassem mais dos valores cristãos e, com o tempo, abandonassem gradativamente suas tradições, e se integrassem mais na sociedade russa. Porém, a *russificação* não aconteceu. A vida primitiva e miserável dos camponeses russos iletrados e supersticiosos não exercia atração alguma sobre os judeus, como também não aceitavam abandonar suas tradições, pois tinham a certeza de que o único elo de união estava no diferencial de sua cultura religiosa. Em resposta, os judeus optaram pelo benefício de ter mais escolas, mas continuar com o mesmo fervor religioso. Sem acordos, o governo czarista abandonou sua política pacifista recém-iniciada para retomar a antiga hostilidade.

Entre um governante e outro, os judeus urbanos e concentrados em comunidades nas cidades de Varsóvia, Vilna, Odessa, São Petersburgo e Moscou conheceram momentos de tranquilidade que lhes permitiram prosperar nas áreas financeira, industrial, comercial e artística. Mesmo sem proteção política alguma, desenvolveram uma literatura iídiche que testemunha grande consciência cultural da sua comunidade. Porém a esperança de que essa situação melhorasse acabou abruptamente quando, em março de 1881, o Czar Alexandre II, aclamado o Czar Libertador, foi assassinado por revolucionários. Entre eles, encontrava-se uma jovem judia. Restaram apenas duas vias para os judeus russos: o Sionismo ou o Socialismo Revolucionário.

A descoberta desse fato desencadeou um recrudescimento da propaganda antissemita. Enfim, o governo encontrara uma justificativa *oficial* para castigar e perseguir. Determinaram que, a partir daquele momento, os judeus ficariam ainda mais isolados e para se locomoverem teriam que andar com uma identificação especial. Os jornais alimentaram o ódio, falando em *conspiração secreta* e responsabilizaram o povo judeu, como a *raiz de todos os males da Rússia*. Em outubro de 1881, foi promulgada uma legislação conhecida como As Leis de Maio. Por meio delas, estabeleceram a redução do território onde os judeus poderiam viver, limitaram seu ingresso em várias profissões, ao sistema educacional e às universidades. Até aquela data, a Rússia era o único país da Europa em que o antissemitismo existia como uma política oficial.

Aplicaram, na Zona de Assentamento Judeu, um programa de deportações em massa e deram início à era dos *pogroms,* termo ídiche que corresponde aos ataques e destruição de suas casas, negócios e centros religiosos. Como resultado, veio uma grande onda migratória. Essas ações antissemitas de perseguição em massa, que tiveram início no século XIX, ficaram reconhecidas como as primeiras agressões premeditadas. Posteriormente tornaram-se o modelo para ataques comunistas e nazistas.

Quando Nicolau II, o último czar da dinastia Romanov, subiu ao trono, a monarquia russa já se encontrava em franca decadência e sem nenhuma condição de recuperação. As lideranças, que detinham as novas diretrizes políticas, concentravam-se divididas entre bolchevistas e mencheviques. Os primeiros, mais radicais, defendiam a implantação imediata do socialismo; já os segundos visavam construir alianças com a burguesia. No entanto, essas diferenças foram abandonadas e passaram a atuar em conjunto, dentro do Exército Vermelho. No outro extremo da sociedade, as forças armadas imperiais agiam através do Exército Branco e sob as ordens do Czar Nicolau II, que resolveu adotar práticas de revanchismo e restaurar os massacres nos pogroms, acreditando que, dessa maneira, conseguiriam abafar a Revolução Russa.

Esse inseguro monarca agia dessa maneira, por influência de fanáticos, que viam nos judeus os autores de uma grande conspiração contra a Rússia. Como chefe de um governo enfraquecido e sem rumo, cercado por militares e conselheiros que não conseguiam identificar as verdadeiras razões dos levantes sociais, o último czar, no seu desespero, deixou-se levar pelos argumentos míopes da corte e acabou ordenando execuções racistas. Assim como seus militares, o monarca acreditou que essa solução – diga-se descabida –, apresentaria um culpado convincente para a sociedade e recuperaria seu prestígio perdido.

A Revolução Comunista de 1917 nasceu como uma guerra civil, dentro da 1ª Guerra Mundial. Em 1914, a Rússia se envolvera nesse conflito internacional sem estar preparada. O país atravessava forte crise econômica, com instabilidades na área rural, e só viu piorar a situação quando teve de enfrentar inúmeros levantes e greves nos centros urbanos. Com tamanha vulnerabilidade, não havia exército suficiente para atuar em tantas frentes. Além desse quadro interno, as notícias dos sucessivos desastres militares no exterior só pioraram a imagem da monarquia que, desgastada diante da população, assistiu pela última vez, alguém cumprir o injusto papel de bode expiatório, só que dessa vez o escolhido fora a dinastia Romanov, ou seja, a partir daquele momento, o czar significaria o motivo de todo fracasso russo. No início de 1917, Nicolau II, sem nenhum poder e sem reação, abdicou. De imediato, instalaram um governo provisório que esteve sob o comando de Alexander Kerensky, um social-democrata. A crise manteve-se e a Revolução Bolchevista continuou por mais seis anos.

Procurava-se um culpado! Os revolucionários bolchevistas já tinham o seu, porém os monarquistas, totalmente perdidos, ainda não haviam encontrado quem arcaria com suas derrotas. No final, lembraram de alguém ao seu alcance e com histórico convincente: os judeus. Em outras palavras, monarquistas e bolchevistas utilizaram-se do mesmo método. Cada qual aplicou sentença de morte sobre seus réus convenientes: os judeus e o czar. Os dois algozes não precisaram de maiores explicações; exterminaram seus desafetos com massacres nos pogroms e fuzilamento sem julgamento de toda família imperial.

Se o período que antecedeu a Revolução Bolchevista foi marcado por perseguições contra os judeus, com os revolucionários pouca coisa mudou. Após os momentos da vitória e ainda sob exaltação inicial, os judeus assistiram chacinas, destruição de sinagogas e desapropriação de bens pessoais nos *schetelts*. Com o fim do regime czarista, surpreendentemente, a Revolução Socialista, de 1917, também não poupou os judeus. O antissemitismo bolchevista, sustentado por alguns participantes do Partido Comunista, encontrara justificativa no próprio Marx, que igualava os comerciantes ao capitalismo. Ora, os judeus, sendo muito ativos nessa atividade econômica, no imaginário popular, facilmente se tornaram os inimigos da igualdade comunista.

A relação entre judeus e a Revolução Russa está recheada de incongruências, com fatos que permanecem até hoje à espera de entendimento. Se os judeus foram atuantes desde o início nos movimentos sociais, fica difícil entender a continuidade da antiga segregação no novo regime. Muitos judeus ocuparam papéis importantes nos projetos reformistas russos, sendo notória sua presença nas lideranças, como a criação do Partido Operário Social Democrata Russo, conhecido por POSDR, em 1898. Nesse partido destaca-se o trabalho de dois descendentes de famílias judaicas cristianizadas: Lenin e Trotsky, respectivamente o grande chefe de Estado e o comandante do Exército Vermelho. Os dois fundadores são igualmente seguidores de Karl Marx, o filósofo judeu e criador da máxima socialista da luta de classes. A lista de líderes e comandantes judeus é enorme, ela se espalha entre os membros que ocuparam os mais altos cargos na burocracia, nos *soviets*, nos ministérios e na direção da inteligência policial.

Antes da Revolução Bolchevista, o preconceito era explicado pelo estigma dos judeus serem um povo sem pátria. Mas a verdade é bem outra. Existia um grande número de judeus, fora e dentro da Rússia, com reconhecida influência na sociedade. Eram pessoas admiradas no mundo dos negócios, nas finanças, no empreendedorismo da indústria e nos meios de arte e comunicação. Os ideólogos nacionalistas bolchevistas, e depois os nazistas, sentiram-se ameaçados por não controlar o poder de inserção internacional do "povo sem pátria".

Durante muito tempo os russos alimentaram o mito de conspiração, acreditando que os judeus planejavam dominar o mundo. Essa construção mitológica não é um comportamento isolado e esteve associada também a outros grupos em outras épocas, como maçons, jesuítas e comunistas. Nunca foi encontrado algum projeto que justificasse tal teoria, mas todos eles sofreram, um dia, acusações de conspirações secretas e poderes ocultos. O fato é que a sensação de mal-estar, medo e insegurança costumam criar na sociedade a síndrome da demonização e, para acalmar a própria culpa, alguém ou algum grupo são sempre usados em oferenda expiatória. Essa prática, tão antiga, sempre existiu. Ela se aloja no inconsciente mais primitivo das nossas civilizações históricas.

Porém, alguma coisa não combinava. Judaísmo e comunismo eram duas realidades de naturezas muito diferentes, mas com um ponto tangente de identificação: o messianismo político. Os dois grupos propagavam o advento de um tempo melhor, os dois acreditavam numa sociedade futura e estruturada sobre a justiça social. Com ações diferentes e, às vezes até opostas, os dois grupos se reconheciam na coletividade, quando os objetivos do todo se sobreporiam aos do indivíduo. O coletivismo econômico e estatizante dos bolchevistas encontrava similitude no coletivismo religioso do povo judeu, eles esperavam que o estado judaico se desenvolvesse sob o modelo socialista. Confiando no messianismo e na cultura do coletivo, bolchevistas e judeus pegaram em armas, abandonaram suas vidas privadas, suas tradições religiosas e se empenharam na construção de uma nova sociedade.

Na Rússia czarista, os judeus sofreram sob a acusação de atores do "complô judaico-bolchevique"; na revolução comunista, tornaram-se culpados de sectarismo dentro do Estado, e na 2ª Guerra, foram incriminados duplamente pelas acusações anteriores. Num espaço de 30 anos, os judeus repetiram três vezes o papel trágico do *canto do bode,* ou seja, cumpriram o ritual do sacrifício. A questão judaica colocada pela primeira vez na Europa Ocidental e Central, durante a Revolução Francesa, discutiu a relação entre emancipação política e laicização do Estado, argumentando que a abolição da religião está implícita na ideia de Direitos do Homem, uma realidade incompatível com os judeus. Seja por que razão fosse, Chagall viu igualmente a nobreza czarista, os revolucionários bolchevistas e os nazistas enfrentarem os judeus, em graus diferentes, mas com a mesma alegação de impossibilidade de assimilação.

CHAGALL E A REVOLUÇÃO BOLCHEVISTA DE 1917

O olhar crítico e de censura de Chagall, sobre a Revolução Russa de 1917 destoa do resto dos artistas de sua época e, após 20 anos, em 1937, com a obra *A Revolução* ele iniciou uma nova fase temática, em que a política passou a ocupar o centro de suas telas. Até a 2ª Guerra, Chagall esteve mais voltado para as narrativas da sua vida pessoal e para as memórias dos *schetelts*. A partir desse momento, sua inspiração concentrou-se na coletivização do sofrimento judeu. Com o ressurgimento do antissemistismo, na 2º Guerra, a memória judaica de Moyshe Shagall refez a História Universal e amalgamou os dois momentos de dificuldades vividas por seu povo.

Até Chagall, não se conhece nenhum outro artista, desse porte, que tenha igualado comunismo e nazismo, dentro de uma mesma estrutura de violência. Fez as duas ideologias comporem um único corpo, porém bicéfalo. Quando, nos anos 1920, quase todos os caminhos da arte levavam para a abstração, ele criou sua poética figurativa; quando a maioria dos artistas aplaudiu o comunismo e deplorou o nazismo, ele, diferentemente, condenou os dois grupos em igual proporção. Ao menos é isso o que se vê em suas narrativas pintadas.

Fazem parte dessa época, outras obras de cunho político. A elas foi acrescentado um componente inusitado para um artista judeu: a cruz cristã. São elas: *A Crucificação Branca*, de 1938; *O Mártir*, de 1940; *A Contestação*, de 1937; *A Crucificação Amarela*, de 1943; *A Resistência*, de 1948 e outras mais, em que política e discriminação racial se apresentaram revestidos da tradicional iconografia religiosa cristã. Ao viajar para a Polônia, na primavera de 1935, Chagall conheceu o gueto de Varsóvia e ouviu pela primeira vez alguém ser insultado pelas palavras *judeu porco*. Nesse momento, ele se convenceu da crueldade da realidade política e entendeu que o judaismo hassídico do seu *schetolt* não cabia mais neste mundo.[30]

A visão política sobre o comunismo, expressa nessa obra, se repetirá em outras e mais especificamente, em *A Crucificação Branca*. *A Revolução* foi a primeira obra de uma série de outras que, também de tamanho monumental, entre 1937 a 1945, fizeram de Chagall um pintor político. Do lado esquerdo, uma multidão, uniformizada e armada, segura bandeiras vermelhas, representando a ação dos revolucionários. Do outro lado, com predominância de azuis, o espaço ficou reservado para o sonho e o exercício da liberdade. Essa área está povoada por imagens costumeiras, como o bode e o judeu errante. No primeiro plano, no canto direito, um casal de namorados, abraçado e deitado sobre o telhado de uma casa, observa o movimento dos bolchevistas à sua frente. Ao fundo, músicos enlouquecidos de alegria celebram as mudanças dos novos tempos, enquanto, em destaque, uma figura solitária flutua de costas, sobre uma grande bandeira vermelha. Os dois lados são barulhentos, mas em confronto; à esquerda, gritos de guerra e à direita, a folia. À esquerda, a revolução política; à direita, cultura e criação artística.

A Revolução, 1937
Propriedade dos herdeiros do artista

No centro e sobre uma larga diagonal branca, desenrola-se a cena que explica sua crítica ao comunismo. Um corpo encolhido, no primeiro plano à esquerda, jaz sobre a neve manchada de sangue. Acima, um judeu, abraçado ao grande rolo da Torá, está indiferente e dá as costas para o personagem central. O homem de cabeça para baixo e equilibrado sobre uma das mãos, é Lenin, o líder da Revolução. Logo abaixo, encostado no pé da mesa, encontra-se um samovar – utensílio para servir chá e entendido como símbolo da nobreza e tradição russas. Pelo texto chagaliano, Lenin é quem tinha virado a Rússia de cabeça para baixo. Para Ingo Walter[31], na posição acróbata, com um braço estendido para a direita, o líder indica aos bolchevistas o caminho a ser seguido; é o lado onde existe alegria e liberdade em oposição à violência praticada por eles. Segundo Chagall, o velho judeu não aderiu à revolução bolchevista; pelo contrário, entre as duas realidades polares, ensimesmado, ele deu as costas e apegou-se aos textos religiosos.

Chagall, quando trabalha com imagens simbólicas, está fazendo analogias, de modo que sua pintura, uma linguagem visual, transforma-se em linguagem discursiva. Na obra *A Revolução*, o pintor destacou as cores de duas bandeiras diferentes. Surpreendentemente, nesse simples fato, ele expôs seu raciocínio político: os vermelhos avançam e dominam, enquanto Lenin tem a bandeira azul e branca presa a seus pés.

INSÍGNIAS DE ESTADO NA OBRA DE CHAGALL

Bandeira da União Soviética
usada entre 1923- 1989

Bandeira Russa atual e antiga criada em 1883
e retomada em 1991

As bandeiras vermelhas pintadas por Chagall, na obra de 1937, são anteriores às que, por muitos anos, estiveram associadas ao comunismo soviético, pois nelas ainda não aparecem nem a estrela e nem as insígnias amarelas da foice e do martelo. A bandeira oficial, com tais símbolos, foi criada por meio de um concurso público promovido por Lenin, em 1923. A partir dessa data, o governo soviético adaptou a bandeira vermelha, dos revolucionários, substituindo a sigla РСФСР, escrita em caracteres cirílicos e referentes à *RSFSR - Republica Socialista Federativa Soviética da Rússia*, pelo emblema da foice e do martelo, como imagem de identificação nacional. A clara homenagem aos camponeses e aos operários, indicada por seus instrumentos de trabalho, é resultado de um projeto de propaganda orientado pelo Estado, uma vez que, na teoria marxista, não existe nenhuma menção em prol desses símbolos. Já a opção pela cor vermelha é uma herança das rebeliões francesas, pós-Revolução Francesa. Em 1848, o vermelho passou a se identificar como a cor da Comuna de Paris, em associação ao sangue derramado nos levantes populares. Em memória ao fato, o vermelho foi transformado na cor de todos os movimentos rebeldes da virada do século. Porém, o uso do "vermelho revolucionário" vai muito além desse acontecimento, ele tem uma tradição mais longínqua que remonta aos estandartes do século XIII. Em plena Idade Média, o vermelho era usado como sinal de resistência em oposição à rendição da bandeira branca.

A intenção de Chagall, em relação à bandeira tricolor, posicionada entre as pernas do personagem central, é ambígua. Em plena revolução, ela era a imagem da monarquia retrógada e, significava o antigo Império Russo; mas colocada no eixo da obra, adquire um outro valor e aciona o jogo de duplos sentidos. O mais curioso é saber que a troca das bandeiras, na Rússia, por quase 80 anos, foi aos extremos, para no final deixar tudo como estava antes. Como bem disse o escritor Tomasi di Lampedusa em seu célebre livro *O Leopardo*, "Se queremos que tudo continue como está, é preciso que mude tudo".

Até 1917, a bandeira representativa da Rússia era a tricolor, criada, em 1883, pela marinha imperial e passou a representar todas as demais forças do Império. A partir da Revolução Bolchevista, o Estado comunista adotou o estandarte vermelho, e só com o fim da União Soviética, em 1989, novamente houve uma troca, que se mantém até hoje – com o retorno da antiga bandeira tricolor. Uma análise semiótica da heráldica russa, por mais superficial que seja, nestes 80 anos, é a confirmação da máxima de Lampedusa.

POR UMA ANÁLISE SEMIÓTICA
O SENTIDO OCULTO
DA REVOLUÇÃO DE CHAGALL

O eixo da obra é o elemento que decifra seu significado oculto, é nele que a vertical criada pelo corpo do acrobata Lenin explica o sentido. A seus pés, vê-se a bandeira czarista ilesa e desfraldada pela última vez. Sob a sua cabeça, no pé da mesa, um samovar intacto representa a Rússia Romanov – quase um emblema de classe social. Lenin, que ocupa o eixo visual, simbolicamente, foi colocado como um divisor de águas. Nada mais do que isso. Para Chagall, ele não é nem o salvador e nem o carrasco. O líder comunista representa o fim de uma era, critica o presente e aponta para uma nova sociedade. Ele, o pintor Chagall, é o judeu de costas e indiferente ao rebuliço que acontece à sua volta, é aquele que prefere seguir as leis, sejam elas as suas ou as do seu grupo. Essas conclusões saem de sua autobiografia. Ele foi uma pessoa coerente consigo, com sua liberdade individual e com seus compromissos universais de consciência social. Chagall nunca fez apologia a qualquer ato político. Viveu nos Estados Unidos durante a 2ª Guerra, participou da criação do Estado de Israel, mas continuou criando fábulas do seu universo interior. Quando transpõe para imagens visuais as palavras de um texto narrativo, ele nunca deixa claro o sentido, tudo o que cria permite várias interpretações, porque ao contrário de seus amigos suprematistas, ele é subjetivo. Chagall trabalha com as imagens do inconsciente e, sendo assim, suas formas não podem compor um texto explícito.

O termo bolchevista é russo e significa "maioria". Surgiu em Londres em 1903, durante o II Congresso realizado pelo Partido Operário Social Democrático da Rússia e sob a liderança de Lenin. Na época, mais de 50% dos seus componentes eram judeus. Defensores do materialismo histórico e do comunismo humano, ao menos oficialmente, se opunham aos ideais hassídicos religiosos, defensores da propriedade privada e do núcleo familiar. Os bolchevistas seguiram os preceitos marxistas com o mesmo fervor de uma religião; utópicos e messiânicos construíram o sonho de inverter a pirâmide social através da ditadura do proletariado.

OS HORRORES DA GUERRA

Em 1937, Picasso pintava *Guernica*, a obra emblemática da temática política do século XX. Os dois artistas posicionaram-se de maneiras diametramente opostas. Acima dos valores de juízo ideológicos entre esquerda e direita, a obra de Chagall é uma narrativa com a identificação de personagens reais e formada por fragmentos de cenas fantasiadas. A interpretação de Picasso deu-se a partir de um pensamento abstrato, com simbolos universais que identificam a selvageria e a destruição dos horrores da guerra. Picasso criou uma imagem que pertence ao imaginário da humanidade, Chagall não. Mais específico, ele descreve uma determinada história que envolve dois grupos numa luta entre o mundo político e o mundo religioso.

A consciência ideológica de Chagall sobre a Revolução Russa de 1917 está cheia de contradições. Para ele, o confronto entre tradição e transformação situava-se entre o imutável religioso e o socialismo em plena ação. Esses dois mundos, embora conflitantes, não eram maniqueístas. Chagall assistiu e participou nos dois lados do enfrentamento e, no final, optou pela segurança religiosa, mas sem perder a visão crítica. Pode parecer paradoxal, para Chagall a Revolução foi o grande elemento catalisador do seu judaismo interior. Quando confiscaram indiscriminadamente os bens da nobreza e da alta burguesia, em nome da igualdade, ele apoiou; tanto que a sua escola de artes estava instalada na casa de um rico comerciante judeu. Porém quando os soldados bolchevistas, nos anos 1920, saquearam as propriedades dos joalheiros Rosenfeld – pais de sua esposa Bella –, seus pensamentos mudaram. Ao constatar como a revolução ideológica se transformara numa guerra civil, passível de cometer injustiças e destruição igual à qualquer outra, em 1922, Chagall antes de se exilar e partir para Berlim escreveu: *Nem a Rússia imperial, nem a Rússia dos soviéticos precisa de mim. Eles não me entendem. Sou um estranho para eles.*[32] Seu exílio durou praticamente todo o tempo em que existiu a União Soviética.

Presente e ativo na feérica fase de implantação dos ideais revolucionários, Chagall mais Malevitch e Lissitzky foram designados para ocuparem o cargo de Comissários das Artes em Vitebsk. Chagall, no início, titubeou, talvez por temer o antissemitismo, ou por não compreender o pleno impacto dos acontecimentos. Realmente não era fácil; pela primeira vez um judeu, filho de pais da classe trabalhadora e criado na periferia, pôde organizar escolas e museus. Em 28 de janeiro de 1919, inauguraram a Escola de Arte do Povo de Vitebsk. Em poucos anos, seus alunos passaram do encantamento da liberdade inicial para os rígidos cânones da geometria suprematista, a Revolução determinou a saída desse rigor para outro – o retrocesso do realismo social. Após a morte de Lenin, em 1924, a arte passou a ter a função de divulgar os programas do Estado e, para ficar mais de acordo com a funcionalidade publicitária demandada, os artistas adaptaram sua visualidade para ser usada como instrumento ideológico.

Na primeira fase da Revolução, o papel das artes foi fundamental. As vanguardas literárias serviam para propagar o novo ideário estético e Chagall, como artista figurativo, que sabia manipular a imagem visual para o coletivo social, saiu-se muito bem. Embora o Estado Revolucionário não entendesse bem sua poética, ele o aplaudiu. Durante um breve período, artistas de diversas sensibilidades coexistiram num ambiente liberal. Em Vitebsk, comungaram o sonho de construir uma nova sociedade baseada nos direitos da igualdade. "*Para Chagall era chegada a hora de uma dupla emancipação: os judeus recebiam o status pleno de cidadãos russos; além disso, como artista de vanguarda, ele representava a nova época. Esbanjando liberdade e qualidade de vida, pela primeira vez, em território russo, os judeus estavam integrados ao mundo cultural oficial*".[33] Em nome da Revolução, os críticos da estética individualista de Chagall o condenaram. Após anos de sofrimento e de se sentir traído, ele optou pelo exílio. Kandinsky seguiu a mesma trajetória.

A ALDEIA UNIVERSAL DE VITEBSK

Centro urbano de Vitebsk no início do século XX
Vitebsk "a aldeia cósmica e global russa", assim a cidade
natal de Chagall foi definida por Wullschlager [34]

Vitebsk pertencia ao Território Judaico de Assentamento e, diferentemente do que aparece nas obras de Chagall, ela não era uma aldeia rural e, sim, uma importante cidade comercial, que após a revolução bolchevista se transformara num grande centro cultural. Situava-se perto da antiga fronteira com a Lituânia e fora construída em torno do mais antigo terminal ferroviário da Rússia, era o ponto final para se chegar ao palácio de verão imperial. Por volta de 1887, ano em que Chagall nasceu, Vitebsk tinha cerca de 60 mil habitantes, sendo mais da metade formada por judeus. O artista viveu sua infância num *schetelt,* um confinamento onde podiam constituir residência e desenvolver suas profissões, mas sem liberdade de livre trânsito. Para se locomover fora desses limites, seus habitantes tinham que pedir permissão às autoridades. *Schetelt* é uma palavra iídiche para designar povoações, bairros ou pequenas cidades com população predominantemente judaica.

Nos antigos postais do início do século XX, via-se a riqueza de Vitebsk através de sua arquitetura. Duas igrejas cristãs dos séculos XVI e XVII desenhavam o *skyline da cidade* e, talvez por isso, estejam sempre presentes em suas paisagens. A vida elegante dos moradores girava em torno da sala de concertos e do centro comercial. Com a ocupação dos judeus, a cidade passou a ter mais de 70 sinagogas, número mais que significativo para demonstrar a densidade demográfica do grupo no local.

CASA DOS SHAGALL EM VITEBSK

Janela do sótão, a porta da liberdade

Da pequenina janela, instalada no sótão de sua casa, Chagall avistava a parte alta, o bairro rico. Pelas torres das duas igrejas, ele conseguia determinar o local exato do comércio e o ponto de onde saía o burburinho que dava vida à cidade.

A família Shagall morava e trabalhava na parte pobre da cidade, a casa ficava na periferia de Vitebsk.

A casa dos Shagall localizava-se no bairro pobre, nas proximidades da vida rural. Era um lugar formado por ruas estreitas e tortuosas, sem calçamento, mas que em seus quadros aparece com o frescor e a vivacidade da natureza. Os animais fantásticos e as figuras religiosas eram ilustrações de cenas religiosas contadas pelos velhos hassídicos. Seu bairro era uma Rússia interiorana e pré revolucionária, povoada por personagens resignados. Do outro lado da cidade, na parte alta, moravam os judeus intelectualizados, ricos e bem relacionados.

Chagall conta em suas memórias que sua mãe, Feiga-Ita, subornou o professor para que ele aumentasse a cota de alunos judeus para frequentar sua sala de aula. Dessa maneira, ela retirou seu filho da Vitebsk pobre e o lançou no lado rico e promissor da cidade. Ele atravessara a fronteira social. Foi lá que Chagall conheceu sua futura esposa Bella, filha de ricos comerciantes do ramo da joalheria. De lá, partiu para São Petersburgo e, então, Paris. Tempos depois voltou para Vitebsk, e decepcionou-se, pois entendera que a cidade não passava de uma paisagem construída na memória.

Segundo Gaston Bachelard, a pintura de Chagall: "*Arrasta-nos num imenso devaneio, com todas as ambivalências possíveis e nos formula todas as sínteses. Com ele estamos na fonte de todas as imagens vivas e de todas as formas que no ardor de aparecer, misturam-se, empurram-se e recobrem-se. Em Chagall o vivo e o inerte se associam. E das mais longínquas das épocas, os patriarcas voltam a nos dizer as lendas elementares. Uma vez mais tudo o que ele lê, ele vê. Tudo o que medita ele desenha, grava e inscreve, tornando a matéria resplandecente de cor e de verdade*".[35]

Em 1961, morando em Saint-Paul-de-Vence, o pintor escreveu um poema que define seu conceito de pátria. Ele se vê como o herdeiro do judeu errante, repetindo as mesmas dificuldades para se estabelecer de vez num lugar. Como seu povo, fez muitas andanças e foram muitas as tentativas para se fixar, morou em muitas casas, até definitivamente se instalar no paraíso francês da Côte d'Azur.

> *Só é meu*
> *O país que trago dentro da alma*
> *Entro nele sem passaporte*
> *Como em minha casa.*[36]

A sua Vitebsk é imaginação criada pelos conceitos antirracionais de sua pintura, ela é uma cidade fantasia. É imagem de criação muito além do fato. O cenário de infância é paisagem psicológica introjetada na materialidade de sua pintura e não corresponde à verdadeira cidade onde viveu. É o registro visual de um tempo passado e expansão do seu universo afetivo, recriado de maneira irreal como um sonho. Vitebsk é sua terra, seu chão e sua imaginação.

Através de sua produção artística, o que era regional virou global, o que era matéria sólida, transformou-se em devaneio e o que era certeiro, em mistério de beleza e poesia. A aldeia de Vitebsk foi um instante poético que se universalizou. Nela Chagall encontrou grande parte de sua fonte de inspiração. Tudo que acontecia naquele lugar, como um camponês ordenhando uma vaca no campo, uma cerimônia religiosa de casamento, o cotidiano das cenas familiares em volta da mesa ou do movimentado entra e sai dos seus habitantes nas casas comerciais, tudo isso serviu de inspiração. Os personagens de suas obras são os tipos populares que existiam na cidade como o patriarca de barba branca, o rabino, o barbeiro, o músico e até mesmo o imaginário judeu errante das narrativas históricas. Enfim, todas as pessoas que por acaso passaram por sua vida acabaram, um dia, figurantes de suas pinturas.

Vitebsk compartilha a emoção das coisas simples e corriqueiras com situações impossíveis, somente em Vitebsk é possível se deparar com bodes sentados em cadeiras, ver relógios voadores e cruzar com postes de iluminação de duas pernas andando pelas ruas. Somente nessa cidade pode-se entrar em casas de cabeça para baixo e, equilibradas sobre seus próprios telhados; ver pessoas e animais flutuando pelo espaço, e viver num mundo leve, sem a lei da gravidade. A pintura de Chagall parece materializar o encantamento de um mágico circense, como se fosse feita por olhos de criança. A pintura de Chagall é a permissão do tudo, é o momento do tornar possível.

Sua aldeia é sua história pessoal, porém contada como história do seu povo. Vitebsk era o cheiro do couro dos animais, do estábulo úmido, da roupa envelhecida dos avós. Era o som das galinhas ciscando e dos cachorros latindo na porta do açougue. Era o movimento das velas acesas nas rezas e das roupas estendidas no varal batendo-se contra o vento. Era o calor perfumado dos temperos sobre as víceras fumegantes no fogão, o barulho dos talheres nos pratos de comida. Era a vontade de comer o melhor das carnes que nunca eram servidas em casa, pois estas iam parar na mercearia da família.

Vitebsk era o calendário religioso judeu. Dias de jejum, de festa, de orações e cantos. O Dia do Perdão, Yom Kippur, era escuro e triste, cheirava aos animais sacrificados para a ceia. O Ano Novo, Rosh Hashanah, era claro e festivo e o Purim, cheio de presentes. O ciclo religioso repetia-se anualmente entre cantos, danças e comidas. Lá em Vitebsk os judeus moldaram uma comunidade com identidade e rituais próprios. Levavam uma vida simples e pouco afetada pela influência secular do resto da Europa. A cidade mais distante e visitada era Vilna, sua capital. Moscou e São Petesburgo não estavam abertas para esses judeus. Quem tivesse amigos influentes conseguiria autorização, senão só restaria a resignação e um punhado de oração.

SE QUERES SER UNIVERSAL COMEÇA POR PINTAR A TUA ALDEIA

Chagall é a concretude da frase cunhada por Tolstoi. É a profecia das discussões pós-modernas na definição dos conceitos de local, global e universal diante da criação individual. O escritor russo, que viveu entre 1828 e 1910, construiu sua obra observando os conflitos existenciais dos camponeses, e viu neles a universalidade da psique humana. Ao ultrapassar as barreiras das classes sociais e das fronteiras geográficas, Tolstoi descobriu a essência humana e, nela, a universalidade. Os artistas criam para entender sua individualidade e, no final, constroem representações simbólicas que dialogam entre o singular e o plural – uma dialética que, pelo antropólogo Marc Augé, é a antecâmara da globalização.

Chagall só teve consciência de sua cidade, quando já estava fora dela e vivendo sozinho em Paris. O exílio, ao mesmo tempo que o separou do seu país, lhe deu a oportunidade de criar a partir do acervo de suas imagens recordadas. Convivendo com os cubistas, em meio às discussões da desconstrução que caminhava rumo à abstração, o artista russo enxergou mais do que formas, viu beleza e poesia na simplicidade de sua cidade natal. Ele queria a vanguarda cosmopolita, a coragem estética, mas não a geometria absoluta e nem o abandono da narrativa. Estava em Paris, com 23 anos, livre de todas as limitações políticas, civis, religiosas e sexuais. E sem dinheiro. Vivia entre o choque cultural e o medo, entre o luxo parisiense e sua origem provinciana, entre o desafio intelectual e suas certezas hassídicas e, o pior de tudo, sem qualquer amparo familiar. Para não se perder completamente, agarrou-se à suas memórias e reconstruiu Vitebsk.

Instintivamente, ele sabia que teria de passar pelo cubismo, mas sem se tornar cubista. Chagall nunca deixou de ser figurativo, e no entanto, chegou em Paris no auge da derrocada dessa representação. A vanguarda era abstrata, mas Chagall não era. Convivendo entre manifestos radicais e críticos apocalípticos, criou a sua linguagem original. Ele mesmo diz que *"Eu nunca quis pintar como os outros, em Paris tive uma visão do tipo de arte que eu queria. Era a intuição de uma nova dimensão psíquica em minha pintura, algumas de minhas memórias da infância em Vitebsk. Eu sempre sonhei com alguma espécie nova de arte que fosse diferente"*.[37] A questão da sua identidade artística encontrava-se sobreposta à identidade da sua cidade, em Chagall confunde-se criação estética com sua vivência no *schetelt*. Através do seu imaginário, a Rússia guardada em sua alma foi compartilhada com o mundo.

Chagall não valorizava Freud, mas para sua autoimagem eram cruciais as lembranças de uma casa na qual sempre fora alimentado e protegido. Para uma criança imaginativa e frágil, a primeira e mais envolvente influência de sua vida em família era a sensualidade protetora da mãe.[38] A casa era a mãe. Calor, comida e proteção. Chagall percebia os pais de forma diferente: a mãe, monumental e cheia de vida diante do fogão, e o pai, uma figura apagada no canto, calado e dependente. A ambivalência dessa cena foi pintada na obra *A mãe no fogão*. Os Shagall eram pessoas muito simples, de hábitos regulares e acanhados; basta lembrar que em sua casa não havia sequer uma imagem pendurada na parede. Pela expectativa familiar, Marc Chagall seria um comerciante, que continuaria com a tradição dos negócios dos pais. No entanto, sua mãe contrariou o marido e matriculou o filho numa escola de pintura.

FRAGMENTOS DE VITEBSK EM SUAS OBRAS

Pintei meu mundo, minha vida
aquilo que vi e aquilo que sonhei:
pintei minha Rússia querida,
a Vitebsk onde nasci,
o bairro dos judeus pobres onde cresci,
assim como os via quando era criança,
quando meu nome era Moyshe Shagall

Duas visões da cidade: em primeiro plano, o lado pobre onde vivia sua família; atrás, o lado rico e urbano com construções dominadas pelas duas igrejas cristãs, onde os judeus abastados mantinham seus negócios e onde a vida cultural acontecia.

Casa cinza em Vitebsk – 1917
Museu Thyssen-Bornemisza - Madri

Obra da sua fase inicial, pintada em Paris, quando Chagall criou seu reconhecido repertório poético. Estas imagens foram extraídas da realidade vivida e contada pelos habitantes da sua cidade, porém sem necessidade de veracidade, são registros poéticos que misturam fatos reais, memória e fantasia.

Eu e minha aldeia – 1911
MOMA-NY

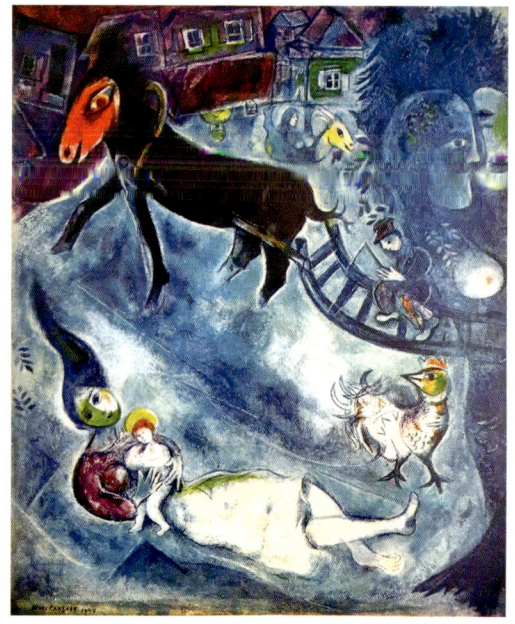

Por toda a vida, Vitebsk foi um espaço simbólico que se situava entre a imaginação de um mundo rural e a tradição religiosa

A virgem com o trenó – 1947
Amsterdan, Stedejik Museum

CHAGALL: ESTÉTICA E RELIGIÃO
QUANDO TRADIÇÃO SE TORNA REVOLUÇÃO

A Crucificação Branca não é uma obra contemplativa do sagrado como são as demais crucificações católicas; ela significa mais a consciência social construída pelo artista, durante o período de sua juventude entre os anos 1920 e 1930. Contrariando sua tradição religiosa, Chagall afrontou o judaísmo num corpo a corpo para exteriorizar a problemática da identidade judaica diante do holocausto. A ousadia foi utilizar símbolos e dogmas do cristianismo, descontextualizá-los para tornar visível a questão judaica.

A obra, inspirada na estética medieval bizantina, seguiu as antigas tradições formais e em paralelo introduziu um conteúdo político da contemporaneidade de interesse coletivo. A Rússia era o país mais conservador da Europa, no tocante à arte religiosa. Sabe-se que, por quase um milênio, a produção de ícones nunca foi alterada. A Igreja ortodoxa manteve por séculos a mesma iconografia, em parte porque os ícones eram considerados uma escrita sagrada e teriam que seguir o modelo original, e em parte porque, tanto a Igreja, como a Rússia conservaram-se fechadas e pouco flexíveis às mudanças. Os ícones eram feitos sobre madeira por artistas anônimos populares, ficavam expostos nas paredes das casas russas como "protetores celestiais". Os bolchevistas, quando queimaram sinagogas e rolos da Torá, junto destruíram mosteiros cristãos e as pinturas sacras. Alguns ícones sobreviveram, escondidos graças à fé dos camponeses. Chagall era um homem do povo, que como qualquer russo, conhecia bem essas pinturas, provavelmente estas tenham sido as suas primeiras referências visuais, já que na casa dos Shagall imagens eram proibidas.

NARRATIVA RELIGIOSA E ESTÉTICA NA ORTODOXIA VISUAL DOS ÍCONES

ÍCONE RUSSO

Anjo Miguel, Mosteiro St. Ipaty
Ícone do séc. XVII pintado segundo as regras bizantinas criadas no séc. IX

O ícone é uma oração em forma de imagens que, segundo a tradição bizantina, testemunha a presença do divino.

Ícones são imagens do invisível, portanto não representam, mas sim apresentam o transcendental.

O ícone é imagem do sagrado e o artista, o portador visual das mensagens divinas.

O artista não cria livremente, tudo é tradição e revelação.

ESTRUTURA FORMAL DO ÍCONE

COMPOSIÇÃO determinada pelo eixo vertical

FIGURA PRINCIPAL desproporcional

TEMA DA OBRA centrado no eixo

CENAS paralelas ao núcleo central

HIERARQUIA DE TAMANHO
entre personagens

CORES simbólicas

FUNDO DOURADO indicação
do sagrado e espiritual

ESPAÇO E TEMPO indefinidos

NEGAÇÃO DO MUNDO REAL E FÍSICO

ARTE FIGURATIVA E NARRATIVA

REPRESENTAÇÃO da DIMENSÃO SUPRARREAL

A tradição bizantina, mantida na obra *A Crucificação Branca* de Chagall, encontra-se nos espaços da composição, na desproporção das figuras e na leitura das cenas. As narrativas estão em torno de Cristo agigantado e centralizado, não existe linha sequencial alguma, tudo se desenrola em pequenos quadros isolados e sem unidade visual, a obra mais parece uma construção dos antigos monges artistas. Chagall fez vanguarda utilizando-se dos elementos tradicionais da arte religiosa russa; intuitivamente entendeu que a ortodoxia singela do misticismo popular era bem mais forte e expressiva do que a teoria estética da desconstrução. Ele entendia que, nos ícones, existia o frescor da sinceridade infantil, tudo acontecia ao mesmo tempo, era a simultaneidade apresentada de maneira espontânea. Nas rodas intelectualizadas dos artistas cubistas, essa maneira de representar tornara-se um complexo conceito estético. Para Chagall, a visão primitiva da realidade era bem mais inspiradora do que a teorização da quarta dimensão introduzida por críticos e artistas no mundo das artes.

A estética bizantina pressupõe que as imagens representadas estejam fora do tempo e do espaço terrestres. Sendo assim, as cenas acontecem num tempo indefinido e num espaço ilimitado; os acontecimentos podem remeter a épocas e lugares diferentes, ao mesmo tempo. Com a negação do tempo linear e sequencial do antes, agora e o depois, os ícones demonstram um sentido de simultaneidade semelhante ao dos cubistas, só que apresentado por outras formas. Para o observador medieval não havia conflito de interpretação visual, ele conseguia entender com muita clareza que tudo dizia respeito a imagens sagradas e simbólicas

CRUZ ECUMÊNICA DO RABINO JESUS

Marc Chagall. *A Crucificação Branca*, 1938,
The Art Institute of Chicago

O Cristo de *A Crucificação Branca* ultrapassa sua história pessoal e sua figura universal, para significar a saga de um povo. Quando Chagall rodeou a imagem mítica do sacrifício humano com cenas russas da sua vida pessoal, ele conseguiu transpor a tradição da sacralidade cristã e integrar o crucificado ao coletivo. Por meio de metáforas, o artista estendeu a brutalidade e a bestialidade das perseguições para toda a humanidade. A escolha da imagem de Cristo foi fundamental, já que nenhum outro personagem, ao menos no Ocidente, carrega tamanho simbolismo.

A figura centralizada e agigantada está rodeada por signos e objetos religiosos da tradição judaica como a menorá, a torá e o talit. O Cristo apresentado por Chagall é o Jesus histórico, um judeu que vivia conforme as leis mosaicas. Ele é humano, é o rabino de Nazaré sacrificado. O Messias cristão tornou-se o povo judeu. Pela genialidade de Chagall, o sofrimento do crucificado cristão converteu-se em dor universal e capaz de vivificar o horror do holocausto em cada ser. A cruz central é uma imagem ilusória e criada apenas por sugestão; ela é luz, uma grande diagonal branca que nos remete à crucificação de Jesus. Em torno dessa cruz imaginária e feita de luz, perpassam muitas narrativas e simbolismos. Nas duas extremidades os dois universos religiosos se unem num só corpo, judeus e cristãos comungam a mesma história, por entre círculos iluminados de auréola e menorá.

SIGNIFICADO DE CRISTO NA OBRA DE CHAGALL

JUDAISMO E CRISTIANISMO

Em 9 de novembro de 1938, o Nacional Socialismo intensificou a campanha de extermínio dos judeus, em Berlim, com a famosa "Noite de Cristal", *Kristallnacht*. Os acontecimentos dessa noite inspiraram Marc Chagall a pintar *A Crucificação Branca*. A pretexto de vingar a morte de um diplomata alemão, praticada por um judeu, num atentado em Paris, o Nacional Socialismo fez com que, numa única noite, cerca de 90 judeus morressem, 25 mil a 30 mil fossem presos e levados para campos de concentração, e 7.500 lojas judaicas e 267 sinagogas, reduzidas a escombros. O nome *Kristallnacht* refere-se aos cacos e estilhaços das vitrinas e vitrais que ficaram espalhados pelas ruas. A noite foi prelúdio e o ensaio geral para o holocausto.

Quando Chagall pintou essa obra na véspera de Natal desse mesmo ano, mediante os fatos ocorridos, todos os simbolismos judaico-cristãos amalgamaram-se numa única ideia: a violência da intolerância. A figura do sacrificado é uma previsão do que virá. Cristo, colocado como um religioso judeu igualmente perseguido e resignado, que se entregou em sacrifício, é uma profecia do holocausto. A obra foi concebida quando o extermínio apenas começava. Era inverno, e Chagall vivia com a família no campo, na região do vale do Loire. O casal, abalado com as frequentes notícias sobre atos antissemitas, mudou de endereço inúmeras vezes. Temerosos e incomodados, buscavam lugares afastados; jamais imaginaram que um dia viveriam num mundo distante da liberdade francesa. Demoraram muito para decidir, eles tinham consciência e experiência sobre antissemitismo, mas somente a partir da queda de Paris, em junho de 1940, e a consequente revogação do título de cidadania francesa pelo governo de então, foi que optaram pelo exílio nos Estados Unidos. A caminho da América, em junho de 1941, no desembarque via Lisboa, o artista escreveu em iídiche uma homenagem à sua terra escolhida, porém negada.

Busquei a minha estrela entre vocês
Busquei o fim do mundo,
Queria ficar, crescer e ficar mais forte com você,
Mas você fugiu com medo.[39]

NARRATIVA VISUAL

O sofrimento e as perseguições do povo judeu constituem o tema da obra, numa narrativa que se desenrola através de muitos cenários imaginados. Nela, o tempo perdeu a linearidade contínua, para ficar fragmentado em pequenos *flashes*. Nada é contemporâneo ao relato histórico de Jesus. As cenas, construídas como fábulas, estão em analogia aos tempos vividos pelo artista na Rússia; ele pintou entre sonhos e fatos, da mesma maneira como os contadores de histórias da sua infância falavam, e envolveu seus personagens numa atmosfera mágica. Nesse mundo do faz de conta não existem as leis da realidade física, nem ordem sequencial ou lógica. Contrariamente à forma das narrativas tradicionais que apresentam a moral que dá sentido à história, e que surge só no final do enredo, *A Crucificação Branca,* pelo contrário, explicita seu significado e intenção desde o começo, porque ela é o seu tema central. O fio condutor do roteiro está na imagem do judeu, símbolo universal do sacrifício humano. Chagall criou uma obra agregadora e, ao se apoiar na tradição de grupos religiosos diferentes, conseguiu, com extrema facilidade, provocar um sentimento de identificação entre todos. *A Crucificação Branca* é uma obra que compartilha dor. Usando de sua linguagem poética, Chagall universalizou o holocausto, denunciou a violência e a selvageria que se manifestam acima das ideologias políticas. Chagall conhecia como poucos o poder dos símbolos na comunicação.

SUPERIOR ESQUERDO
TRADIÇÃO JUDAICA E REVOLUÇÃO BOLCHEVISTA

- grupo de personagens do Antigo Testamento
- soviéticos invadindo uma pequena aldeia
- barco de refugiados à deriva

SUPERIOR DIREITO
AÇÕES NAZISTAS

- Sinagoga incendiada por nazistas

INFERIOR ESQUERDO
PERSONAGENS POPULARES JUDEUS

- judeus arquetípicos:
- o velho patriarca
- o discriminado
- soviético revolucionário

INFERIOR DIREITO
ANTISSEMITISMO

- judeu errante
- rolo da Torá incendiada
- maternidade

TEMÁTICA CENTRAL
CRUCIFICAÇÃO – CRISTO, O JUDEU UNIVERSAL

símbolos judeus: talit, menorá, torá e caracteres hebraicos
símbolos cristãos: auréola, escada, cruz, luz e branco
símbolos universais: círculo, eixo

Figuras do Velho Testamento em lamento canto superior esquerdo

O LAMENTO

O Antigo Testamento representado por figuras em posição de lamento, com mãos levantadas, choram e imploram dramaticamente por alguma ajuda divina. Elas representam a indignação diante da destruição dos valores religiosos. Na sequência, sinagogas e rolos da Torá aparecem queimando e os personagens, embora exasperados, assistem impotentes o desenrolar do holocausto.

A presença dessas figuras com longas vestes e barba significa a origem, a legitimidade das profecias bíblicas e a lembrança do pacto realizado entre Deus e o povo escolhido. A cena no canto superior relaciona-se com a tradição religiosa e não deixa de ser curiosa, pois pelas leis escritas na Torá, estava proibida a representação de qualquer rosto humano ou de qualquer ser que habitasse os céus. A proibição à idolatria era interpretada pelos judeus como uma interdição para a prática de pinturas. Assim justifica-se a ausência de qualquer imagem na casa dos Shagall, como também o comportamento paterno. O descontentamento do seu pai era tão grande que quando este lhe dava dinheiro para efetuar o pagamento das aulas de pintura, ele não conseguia lhe entregar em mãos, só conseguia pagar se, em sinal de protesto, atirasse o dinheiro no chão. Chagall relata em suas memórias o preconceito familiar sobre o universo artístico. Em contraposição, exalta a coragem da mãe, que quebrou tabus seculares e investiu na carreira do filho e, mais, fez tudo isso sem entender nada sobre o assunto. Apenas para agradar o seu menino protegido.

Na tradição judaica, o lamento é uma manifestação de desconforto diante do silêncio de Deus. Ele existe em situações conflitantes de sofrimento e injustiça. São muitas as passagens no Antigo Testamento que mostram essa inconformidade humana associada ao luto, ao arrependimento, ao sacrifício e aos momentos extremados de privação. O lamento devocional é diferente de uma reclamação ou uma queixa qualquer; ele surge quando o homem se vê impotente e percebe sua limitação. Na pintura de Chagall, as figuras recitam e cantam as orações do livro dos Salmos. Composto por 150 poemas entre louvor e lamento, eles trazem consolo e testemunho do poder de Deus. Essa coleção de textos tem uma função didática e reflexiva, neles o salmista conta a história do povo judeu, dirige louvor ao Messias e abre seu coração, às vezes cheio de tristeza, medo ou mesmo de ira.

Os cristãos dão especial atenção aos salmos, mas de uma maneira diferente. Longe do lamento e mais propositivos, apoiam-se neles como a profecia cumprida. Referem-se mais à passagem contada por Lucas, que diz que, uma vez, Jesus disse a seus discípulos referindo-se a vinda do Messias que *"importava que se cumprisse tudo o que sobre mim está escrito na Lei de Moisés, nos Profetas e nos Salmos"* (Lc. 24.44).

Chegada dos revolucionários com
bandeiras vermelhas
Cidade incendiada e saqueada
Barco à deriva com refugiadis e mortos
lateral esquerda

INVASÃO SOVIÉTICA

Do lado esquerdo surge um grupo de revolucionários cantando e balançando bandeiras vermelhas. Estão muito agitados, gritam, apontam armas e invadem uma pequena cidade. A visão de Chagall sobre a Revolução Bolchevista é mais do que crítica, chega a ser pessimista. Na pintura, ele descreve a Guarda Vermelha, orgulho revolucionário e autointitulada *base do povo trabalhador*, como a causadora da destruição e não como a salvadora. Das três pequenas casas geminadas, cada uma indica o tipo de agressão sofrida. Todas pintadas em branco sobre branco, nos remetem a uma ação: a da esquerda em chamas foi incendiada, a do meio foi arrombada e saqueada, como mostra sua porta quebrada e aberta; e por último, a da direita, está tombada, de cabeça pra baixo, como uma miniatura de brinquedo. Suas reais lembranças a respeito da Revolução ficaram confusas. Ele mesmo relata que, se de um lado havia euforia motivada pelos acontecimentos – como o fim do regime czarista e pela implantação de melhorias nas instituições de ensino e cultura –, por outro lado, ele testemunhou muita destruição e insegurança. Chagall nos diz que tudo aconteceu muito rápido, que a Revolução se impôs freneticamente, com fatos se sucedendo de maneira desordenada, e sem o tempo necessário da assimilação.

Por um momento, fatos e valores se misturaram. Sabe-se que, quando os soldados do imperial Exército Azul desertaram em massa, eles se uniram armados a grupos de vândalos e saqueadores; juntos, só deixaram muita dor e um rastro de selvageria por onde passaram. O governo provisório de Kerensky, instalado após a saída do czar, agravou esse quadro, pois como não conseguiu impor ordem, tornou-se o responsável pelas crises e desastres administrativos.

A cena das casas incendiadas e saqueadas foi inspirada em imagens que diziam respeito a fatos acontecidos anteriormente, nos pogroms. Elas foram colocadas no novo contexto porque, para

Chagall, os bolchevistas chegaram e cometeram os mesmos crimes, repetiram os mesmos atos de violência, incendiaram sinagogas e queimaram textos sagrados. Muitos judeus juntaram-se aos bolchevistas, em reação ao histórico antissemitismo russo, e outros foram muito além, abandonaram suas tradições e trabalharam pelo fim do judaísmo. *"Em janeiro de 1921, a seção judaica do Partido comunista, a Yovsektia de Vitebsk, organizou um julgamento público das escolas religiosas da cidade e supervisionou seu fechamento. As primeiras sinagogas a serem fechadas na Rússia foram as de Vitebsk. Fotos da época mostram rolos da Torá empilhados para serem destruídos, sinagogas saqueadas e mais, recobertas com caracteres ídiches com mensagens bolchevistas, defendendo a educação como o caminho para o comunismo".*[40]

Ele conta que, nessa época, enquanto atravessavam um dos piores invernos, faltava de tudo: trabalho, calefação e qualquer tipo de alimento. Justamente naquele ano nasceu Ida, a sua única filha. Para se aquecer, dormiam os três agarrados uns aos outros e, em estado de pavor, não conseguiam sufocar os gritos de fome da recém-nascida. O seu mundo idílico e protegido pela mãe acabara. Não tinha ninguém a quem pedir ajuda, nem mesmo os parentes ricos da sua mulher poderiam fazer qualquer coisa, pois agora, pela ordem do novo governo, todos os seus bens familiares foram saqueados e desapropriados. Chagall relatou que os instintos mais primitivos e criminosos, como perseguições e ajustes de contas pessoais foram praticados em nome da coletividade e de uma ordem superior. Por isso, a sua crítica social manteve-se acima de qualquer ideologia. Morando fora da Rússia, nos anos 1930, ele não conseguia entender por que seus amigos parisienses, como Picasso, Léger e Paul Eluard haviam entrado para o Partido Comunista Francês.[41] Em reciprocidade, durante o período stalinista, como Chagall foi considerado desertor, fizeram de tudo para que seu nome fosse esquecido. Justo ele, o pintor da alma popular e da alegria russa.

O terceiro elemento narrativo da cena bolchevista é o barco de refugiados à deriva. Sem piedade, pessoas são jogadas no mar e braços estendidos apelam por socorro em vão. A pequena cena é a fuga da perseguição e metáfora do êxodo pluridirecional que espalhou judeus mundo afora. O barco lotado de Chagall nos remete ao do pintor Segall, artista russo de Vilna, que veio para o Brasil no início do século, e que igualmente faz referência ao período das imigrações em massa. Nos anos 1920, um grande número de judeus saiu em busca de novas pátrias. Sem cidadania, ficaram soltos no mundo e viraram apátridas. Um ser apátrida não existe, porque não tem direito social algum, não pode se locomover, pois vive em estado de ilegalidade. O barco lotado e à deriva é a imagem dos que partiram para o desconhecido por vontade própria ou por exílio forçado. É a triste história dos que abandonaram suas próprias histórias.

Quando Chagall pintou essa tela, ele não podia imaginar o que aconteceria consigo mesmo. Quase três anos depois, ele partiu para Nova York, mas viajou contrariado, porque não falava inglês e não tinha vontade alguma de aprender ou de estar entre desconhecidos. Mesmo que quisesse, ele jamais poderia prever o que iria acontecer. Exatamente no horário do seu desembarque, enquanto pisava no protegido solo americano e ainda sob o efeito magestático da Estátua da Liberdade, a Alemanha invadiu a Rússia a 22 de junho de 1941. Nunca mais ele voltou para a sua querida terra. Nem precisou, porque a manteve viva e eternizada na memória. Nas telas, a sua Rússia renasceu cada dia mais encantada e mais colorida do que nunca.

O velho patriarca, o judeu perseguido e o judeu bolchevista com a Torá canto inferior esquerdo

ARQUÉTIPOS JUDEUS

O plano inferior, por inteiro, foi ocupado por cinco figuras distintas que representam esteriótipos de situações e comportamentos de tendências passivas diante do antissemitismo. No canto esquerdo, três homens referem-se a três personagens: o velho patriarca de barbas brancas que lamenta e chora; o discriminado de vestes azuis que carrega uma placa em branco – onde antes Chagall havia escrito a frase ICH BIN JUDE, *Sou Judeu;* e por fim, o judeu da era soviética que foge agarrado ao rolo da Torá. Salvar a Torá significava salvar a história de um povo. A redundância ao mostrar em mais de uma cena o lamento e a salvação dos textos sagrados nos parece intencional, pois Chagall, embora um pacifista, era um homem de visão crítica. Por essas imagens, ele acusa a tradicional passividade judaica, em oposição ao fortalecimento do movimento sionista, que desde 1922 defendia o regresso incondicional dos judeus à Palestina.

O judeu do centro, que está sendo obrigado a carregar uma placa discriminatória, remonta ao início dos anos 1930, quando Hitler, nomeado chanceler, dá início à sua política antissemita. As determinações de proibições e a assustadora retirada da cidadania alemã são desse período. Os primeiros judeus a sofrer com medidas antissemitas, tiveram oportunidade de sair do país, mas a maioria preferiu permanecer na Alemanha, com a esperança de tudo melhorar. A partir de 15 de setembro de 1941, a população judaica com mais de seis anos foi obrigada a usar a Estrela de David amarela com a palavra JUDE escrita no centro. Em muitos locais foram afixadas tabuletas com palavras ofensivas, colocando-os como símbolos do piolho o tifo. Chagall sem qualquer atitude panfletária faz a constatação da violência racista defronte à resignação e ao medo.

Judeu errante
canto inferior direito

JUDEU ERRANTE

Enquanto o judeu errante passa por cima do rolo da Torá em chamas, a seus pés, uma mãe judia chora. É a desesperança. É a peregrinação que ele, Chagall, também viveu. A figura sintetiza a dispersão da nação judaica pelos quatro cantos do mundo.

O personagem constante nas obras de Chagall diferencia-se da figura lendária, que faz parte da tradição oral medieval e que acabou se popularizando no imaginário universal. Na literatura ocidental, o judeu errante provavelmente surgiu no início da oficialização do cristianismo, no século IV. A imaginação popular elaborou uma história esdrúxula envolvendo figuras reais da crucificação histórica, mas de caráter negativo, como o sacerdote Caifás e Judas com personagens imaginados. Nos primeiros anos do islamismo, a lenda foi retomada com mais intensidade, diziam ter testemunhas da sua existência na cidade de Damasco. A lenda demonstra ser uma síntese de ações históricas negativas, preconceitos e muita fantasia.

Figura misteriosa do passado, o judeu errante hoje habita somente lendas e folclore. O seu auge deu-se na literatura do século XIX. Através dos folhetins pós-românticos, ele ganhou várias faces, que por muito tempo alimentaram a imaginação dos tipos grotescos e sobrenaturais. Pertencendo à galeria das figuras que compõem o mito do maldito, ele é o errante, sem pátria, sem família e sem descendentes. Criado pela cultura popular, ele vagará eternamente pelo mundo, terá sua vida repetida ao infinito e nunca descansará. Até a 2ª Guerra, ele era tido no imaginário popular, como um ser perigoso que fala várias línguas, tem muitos nomes e muitas origens. Para o medieval, ele se chamava Asvero, um contemporâneo de Jesus que fez zombarias no calvário e, devido a este desrespeito, recebeu a condenção de vagar a esmo pelo mundo com a pena máxima: a imortalidade – a pior maldição que é a de saber que viverá para sempre, sem poder mudar seu destino.

São muitas as representações plásticas do judeu errante. A de Gustave Doré é a mais difundida e a que causou maior impacto. Nela, um velho de barba longa e olhar atormentado anda pelo mundo apoiado num cajado. Nas imagens medievais e de épocas posteriores, ele era mais um andarilho do que um angustiado pela culpa. Chagall, diferentemente, fugiu desse estereótipo negativo, suavizou seu desespero e o contextualizou, acrescentando-lhe o boné revolucionário usado pelos bolchevistas. O seu judeu errante é o imigrante obrigado a buscar uma pátria.

Sinagoga incendiada por soldado nazista
canto superior direito

PROFANAÇÃO DO TEMPLO PELOS NAZISTAS

O detalhe da direita narra os ataques nazistas e a destruição de livros sagrados e de uma sinagoga. Um incêndio desproporcional ocupa o espaço da cena, que num só ato eliminou símbolos religiosos e de identidade de um povo. A cena da sinagoga incendiada por um militar nazista é uma alusão à violência que acabara de acontecer em Munique e Nuremberg, quando seus edifícios arruinados marcaram o início do recrutamento para o trabalho forçado nos primeiros campos de concentração.

A sinagoga, diferentemente dos templos religiosos, não representa a casa de Deus. Para os hebreus, é o local de reunião em torno de um ideário; portanto, o incêndio, mais que uma heresia e profanação, significava queimar uma cultura e destruir o elemento diferencial de um povo. As sinagogas são lugares que têm o propósito de praticar o culto, de oferecer preces a Deus, de manter o elo religioso e a união em torno do monoteísmo, mas também têm a função de agregar pessoas em assembleias. É um lugar de transmissão de tradições. Sumariamente, as sinagogas cumprem três funções: rezar, estudar as leis judaicas e ser um local de ponto de encontro. Dos três propósitos, esse último é o que faz dela o centro da comunidade, a casa da congregação. As sinagogas surgiram depois da diáspora. Pelo que tudo indica, coincidem com o exílio e respondem à necessidade de se reunir e praticar conjuntamente a sua religião, o que antes do exílio era realizado no Templo.

A Estrela de David, pintada discretamente na fachada do edifício, foi colocada por Chagall. A estrela, enquanto símbolo universal, sempre esteve associada à ideia de luz, de entrada no céu como uma janela ou porta para o divino. Atribui-se a ela o poder de premonição. A Estrela de David – a de seis pontas e também conhecida como Selo de Salomão – é usada por muitos grupos diferentes: alquimistas, feiticeiros de tribos africanas, xamãs das estepes russas e pelos bruxos medievais. Com o tempo, a estrela de seis pontas acabou adquirindo os mais diferentes significados, e foi adotada em 1897, como emblema oficial dos judeus após o 1º Congresso Sionista em Basiléia.

Pelo discurso nazista, judeus e comunistas eram igualmente acusados de vilões e promotores da crise mundial. Por esse raciocínio, revalidava-se o antigo mito conspiratório, e ultrapassando o limite da loucura, chegaram a associar a Estrela de David à estrela da bandeira soviética. Com isso, "comprovavam" a existência de uma inspiração judaica por trás do comunismo. Nesse viés, o racismo, de um modo geral, e o antissemitismo, em particular, sempre difundiram a ideia de que os membros de diferentes raças têm de ser tratados de forma distinta. O preconceito justificado dava autorização para a destruição e, por sua moral, destrui-los seria o mesmo que purificar a humanidade. Nas obras de temas políticos, Chagall recorre às imagens de incêndios, como sombras que atestam não apenas os episódios históricos dos bolchevistas e nazistas, mas como marcas do destino dos judeus, da mesma forma como as imagens do judeu errante e a dos patriarcas.[42]

POR UMA ARTE ESPIRITUAL NA CONTEMPORANEIDADE

A aptidão de Chagall para temas bíblicos sempre existiu. Às vezes de maneira mais intensa, como nos anos 1930, quando esteve na Palestina, mas nada que se compare à redescoberta da Bíblia, na idade adulta. Por volta de seus 70 anos, o encantamento retornou com toda força e mais uma vez tudo se transformou num mundo fantástico. Os antigos vitrais das catedrais francesas, destruídos pelos bombardeios, ensinaram-lhe um novo tratamento da luz, tanto no aspecto material quanto no simbólico. Chagall aprendeu humildemente o ofício de vitralista e entendeu o sentido modulador da luz nas peças de vidro chumbadas e com detalhes pintados em grisalha. Os vitrais góticos ensinaram-lhe o papel determinante da luz na configuração das cores e formas. Após o término da guerra, a Europa envolveu vários artistas num gigantesco trabalho de reconstrução. Entre restauros e novos projetos, o período ficou reconhecido, no Ocidente, como a última renascença cultural na espiritualidade cristã. Esse trabalho, que nasceu da recuperação material dos vitrais medievais, abriu diálogos filosóficos e culturais do imaginário inter-religioso.

Matisse, entre 1948 e 1951, já estava muito doente e só conseguia trabalhar em cadeira de rodas ou deitado, quando se empenhou na construção da sua pequena obra-prima, a original e revolucionária *Capela de Vence*. Chagall, mais operário, mergulhou de início no meticuloso trabalho de restaurar vitrais medievais. Frequentou oficinas em busca do conhecimento técnico, aprendeu a trabalhar com o translúcido, um jeito diferente de tudo o que ele já sabia. Foi através dos vitrais que ele redescobriu os espaços lumínicos, posteriormente essas experiências sensoriais foram transpostas para a pintura. Em Reims, criou uma oficina com um grupo de assistentes e, juntos, tentaram desvendar os segredos dos antigos artesãos, refizeram experiências seculares, e o mais interessante foi recusar pagamento por esse trabalho. Demonstrou profunda reverência, por se tratar de um local de adoração. Estudando a arquitetura medieval entendeu o que o historiador francês Georges Duby chamou de *obras teológicas*. Para o autor, uma catedral é um universo visível e invisível, são formas que representam ideias, o vitral é feito de luz e Deus é luz.[43]

O vitral é fugaz como a irisação das pedras preciosas. A poética da luz no vitral não se resume à materialidade do vidro, ele é um elemento de mutação que age nos interiores arquitetônicos com o movimento das horas. Receptor da luz externa, o vitral se modifica a cada momento do dia e a cada estação do ano. Bem mais do que a transparência de um vidro colorido, e diferentemente de uma janela que se abre para o exterior, o vitral interioriza. A complexidade da técnica e dos materiais empregados impõe limitações, mas ao mesmo tempo proporciona possibilidades cromáticas inesperadas. Chagall aprendeu com os antigos vitrais góticos, entendeu o diálogo das formas espaciais e o que acontece por entre pedras e vidros, entre sólidos e etéreos e, mais, através deles conheceu a senha para os caminhos da transcendência.

Recolhido no estudo da luz no interior das catedrais medievais, Chagall se voltou para a compreensão do tempo mítico, o mesmo que existe nos espaços religiosos. Tornou-se um aprendiz solitário. Foi uma experiência única e fundamental de reconciliação com o sagrado e consigo mesmo. A guerra acabara e ele voltara para a França, em 1948. O mundo voltara a ser como antes. Chagall retornou à infância, à espiritualidade e às narrativas dos velhos patriarcas de Vitebsk. Mais uma vez, as histórias do povo de Israel eram contadas, tudo voltara; os temas da criação do homem, os dramas hassídicos, a infância, as questões religiosas, a educação familiar e claro, o melhor de tudo, as fábulas dos personagens bíblicos. Ele nunca abandonara a temática religiosa, mas após tudo o que aconteceu, o sentido bíblico também mudara. Em 1973, na inauguração do Museu Chagall, em Nice, em seu discurso de abertura, ele não deixa dúvidas sobre o significado do conteúdo religioso em suas obras. *"Desde a minha juventude, sempre fui cativado pela Bíblia. Naquela época me parecia, e ainda hoje me parece, que esta é a maior fonte de poesia de todos os tempos. Na Bíblia, os nossos antepassados míticos habitam um mundo infinito de histórias e de poesias"*.[44]

O MÁRTIR UNIVERSAL
O JUDEU CRUCIFICADO

A figura centrada no eixo da obra reforça a condição de judeu em Jesus. O Deus da cristandade enquanto homem é um judeu e, representado como tal, está enrolado no xale listrado próprio das cerimônias religiosas. A evocação de Cristo foi retomada da vasta iconografia cristã; no entanto, Deus morre como homem e este homem é um povo. Chagall, ao expor violência e martírio, repete as cenas dos pogrons russos. Ele viu Jesus na cruz como símbolo incontestee universal do sofrimento humano. Ele esperava que judeus e não judeus se identificassem igualmente com este símbolo.

Em meio aos horrores do holocausto, Chagall queria fazer da universalidade da crucificação a universalidade de um povo. A crucificação é puro significado, é puro conteúdo que representa uma história com implicações éticas, espirituais e políticas. Cristo hebreu dialoga com cristãos e judeus. Em reposta ao antissemitismo e à segregação, essa obra nasceu plena de espiritualidade. Ela é uma verdadeira ponte entre o passado e o presente e nos permite revisitar fatos históricos. Sua narrativa icônica, sabiamente construída com símbolos judeus e cristãos, nos propõe uma nova reflexão sobre a redenção humana. *A Crucificação Branca* é um trabalho de aproximação ecumênica e o oposto da segregação nazista. A morte de Cristo, em sacrifício expiatório, converteu-se num símbolo contra o crime do racismo. Nas palavras de Chagall, Cristo encarnou o povo judeu.

Ao escolher este tema para evidenciar a questão judaica nos anos 1930, Chagall decidiu transgredir sua própria fronteira cultural. *"O judaísmo ignora Cristo e evidentemente a sua representação divina. Mas ao evocar Cristo, segundo correspondência enviada à Bella, ele viu nesta figura mais que o mártir de um povo e símbolo do sofrimento, ele se viu nele, como Cristo em seu autorretrato"*.[44] Ele, Chagall, se dizia um crucificado. Durante a década de 1940, pintou outras crucificações e, em uma delas, Cristo segura a paleta de tintas do artista. Inversamente à proposta de Dürer que, em pleno Renascimento alemão, fez o seu autorretrato com as feições de Cristo usadas nas tradicionais representações religiosas aqui o Deus-Homem incorporou o poeta Chagall.

SÍMBOLOS
DA TRADIÇÃO RELIGIOSA JUDAICA

| Talit | Menorá com seis braços | Torá | | Caracteres hebraicos |

TALIT

O pano que cobre o corpo de Cristo, conhecido por talit, é o xale usado pelos homens durante as orações. Sua função é simbólica, é vestimenta e insígnia do povo judeu. Sua origem religiosa relaciona-se à nudez do primeiro casal bíblico e seu uso serve como lembrança das obrigações e o cumprimento das leis de Deus. O talit iguala os praticantes no interior das sinagogas. É um sinal de recolhimento e concentração. Usado por todos os judeus, em todo o mundo, hoje está associado também à imagem de nação, a bandeira de Israel foi inspirada num talit com duas faixas azuis.

Bandeira Estado de Israel 1891/1948

A primeira bandeira foi desenhada para o Movimento Sionista, em 1891, teve sua configuração finalizada no 1º Congresso Sionista de 1897, mas só se tornou símbolo de identidade nacional de Israel em 28 de outubro de 1948, após cinco meses do estabelecimento do país. O desenho que integrou dois símbolos judaicos – o xale talit e a Estrela de David – remete ao simbolismo da proteção, evocando o papel do Estado para o seu povo. O xale das orações é a "cobertura" e a estrela o "escudo" de David.

MENORÁ

O candelabro de sete braços é bíblico evoca visualmente a Árvore da Vida. Nas palavras do profeta Zacarias, corresponde aos olhos de Jeová que percorrem toda a Terra e, segundo sua descrição mística, são os sete céus, os sete dias da Criação, os sete arcanjos que no plano astral apresentam-se como os sete planetas e a autoridade do Criador sobre os cosmos. Ele expressa a totalidade. É símbolo de luz espiritual e salvação. O candelabro de sete braços original ficava permanentemente aceso no templo, era de ouro e cheio de óleo de oliva. O lugar em que foi colocado no antigo templo de Salomão *"coincidia simbolicamente com o lugar da Árvore da Vida por tratar-se do centro do mundo.*[46] O candelabro dos hebreus, é o equivalente da Árvore Sagrada que está presente em muitas civilizações; para os cristãos simboliza a luz de Cristo e do Espírito Santo, ou a Árvore-Cruz fonte de luz.[47] A imagem histórica mais antiga, até o momento, encontra-se nos relevos do arco do triunfo do imperador Tito, em Roma. A cena, do ano 70, celebra a vitória dos soldados romanos e registra o saque e destruição do templo sagrado de Jerusalém.

A menorá chagalliano nem sempre está representado de maneira convencional, e o número de braços varia constantemente. A presença dos candelabros em cenas tão díspares relaciona-se mais ao significado universal da luz como símbolo de esperança e vida. O candelabro de *A Crucificação Branca*, intencionalmente tem apenas seis braços e foge da ortodoxia.

TORÁ

Torá é lei e significa ensinamentos. Guardada sempre em um lugar reservado da sinagoga, conhecido por Aron Kodesh, é composta por livros em forma de rolos ou *Sefer Torá*, e escritos à mão em pergaminho, necessariamente procedente de um animal puro. É o objeto central da religião judaica e, segundo a tradição teológica, a Torá corresponde a um texto revelado por Deus. O local onde são guardados faz referência simbolicamente à arca da aliança, o lugar sagrado do Templo de Jesusalém, onde guardavam as tábuas dos mandamentos de Moisés. Os cinco primeiros livros, ou Pentateuco, foram originalmente memorizados por via oral e posteriormente escritos ao longo do tempo. Tendo-se em conta a natureza anicônica do judaísmo, o Livro Sagrado constitui o eixo basilar da religião, e a sinagoga, a sua expressão mais perfeita, pois ela é ao mesmo tempo santuário e escola para leitura e reflexão da Torá. Para os cristãos, esses textos receberam a denominação de Antigo Testamento.

Nessa pintura, a Torá aparece duas vezes: ardendo em chamas na destruição dos símbolos religiosos pelos nazistas e sendo salva por um judeu que foge agarrado a ela. Chagall publicamente assumiu a sua paixão pela simbologia dos textos bíblicos, mais pela imaginação e sabedoria milenar, do que pela ortodoxia religiosa. Ele se encantava com o sentido amplo dos textos, com as expressões do pensamento simbólico e também com a possibilidade de discordar, como acontecia nos ensinamentos rabínicos conhecidos por Talmud. Os rolos da Torá presentes em muitas obras são, nitidamente, mais uma raiz familiar e cultural, do que uma lei religiosa. Basta ver a vida que levou e como viveu em Saint-Paul-de-Vence, na costa francesa, com quem conversava e o que conversava. Chagall, como ninguém, entendeu a diferença que existe entre espiritualidade e religião.

CARACTERES HEBRAICOS

Sobre a cabeça de Cristo está escrito *Jesus de Nazare Rei dos Judeus*. INRI, as iniciais romanas estão em vermelho, e o seu significado em hebraico, em preto. Chagall associou a discriminação feita em Jesus pelos romanos à mesma que fora feita pelos nazistas. Igualou o rótulo INRI ao ICH BIN JUDE, pois ambos foram concebidos com o mesmo propósito de humilhar. Os dois fazem referência ao pensamento de Hannah Arendt, como a expressão *da banalização do mal*. Nos dois casos a obrigação de portar rótulos de identificação com a indicação de sua origem judaica, remete às práticas idênticas de violência moral. Em dois tempos históricos, a intolerância se impôs e repetiu a mesma dor e o mesmo constrangimento.

POR UMA NARRATIVA ICÔNICA

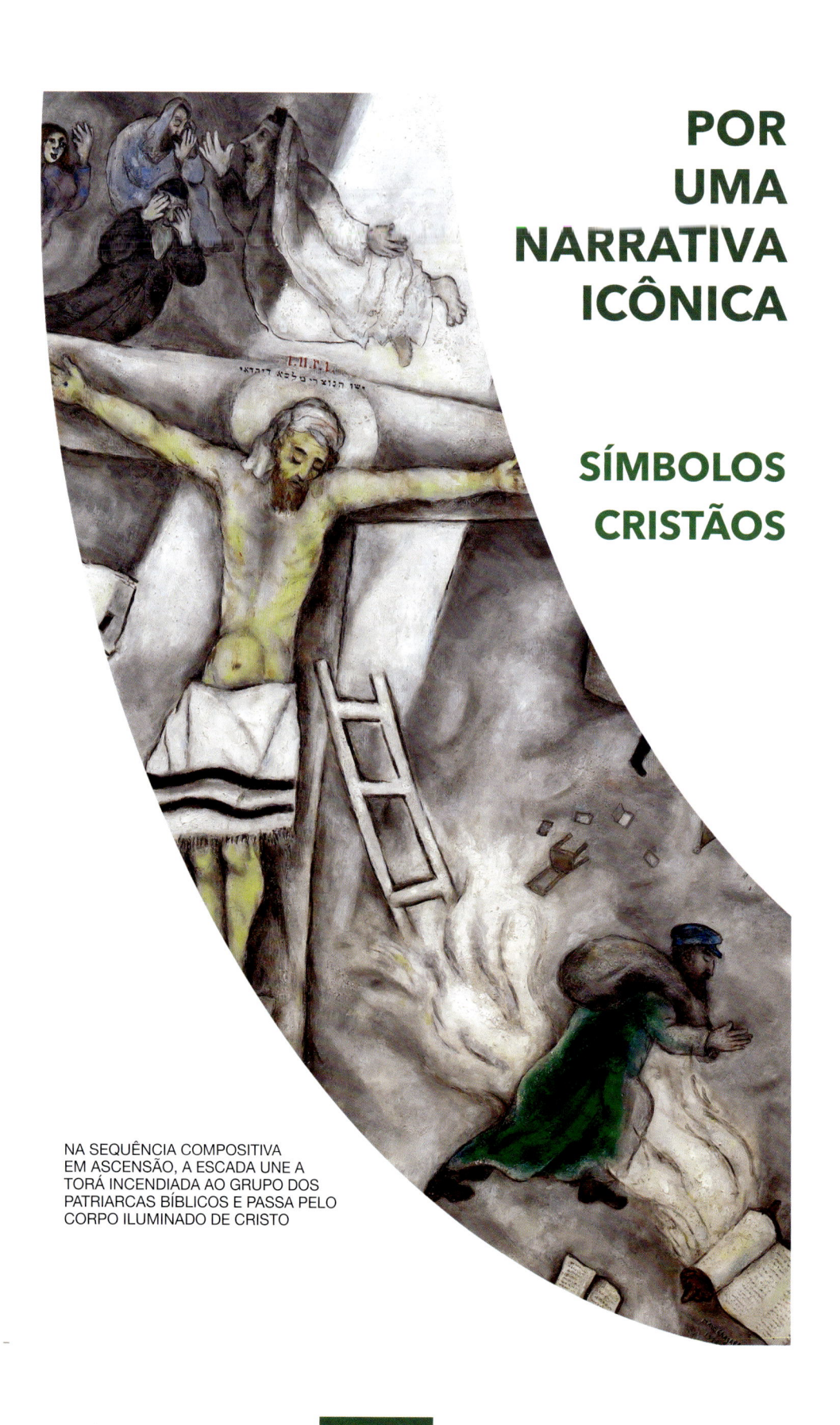

SÍMBOLOS CRISTÃOS

NA SEQUÊNCIA COMPOSITIVA EM ASCENSÃO, A ESCADA UNE A TORÁ INCENDIADA AO GRUPO DOS PATRIARCAS BÍBLICOS E PASSA PELO CORPO ILUMINADO DE CRISTO

ESCADA

O símbolo da escada que aparece com muita frequência na iconografia universal, engloba as ideias de ascensão e comunicação, escada é ligação entre os céus e a terra. Nos cultos religiosos, sempre existiram escadas cerimoniais; desde os povos primitivos ela está relacionada ao culto dos antepassados e a mais antiga de todas é colorida e de matéria aérea – o arco-íris. Devido ao desejo de ascensão, muitos povos criaram uma arquitetura religiosa inspirada na montanha, são as construções piramidais em que a dificuldade de acesso era proposital, os degraus significavam as etapas da aprendizagem. Subir pressupõe evoluir. Na arte medieval a escada é o símbolo da "relação entre os mundos".[48]

Na Bíblia ela é onipresente. Associada à cruz, era o mesmo que a Árvore da Vida. Nas cenas da Paixão de Cristo, ela exerce dois sentidos. Junto aos chamados elementos do martírio, ela divide espaço com a coroa de espinho, os cravos, o alicate, a lança, a esponja de vinagre, a coluna do flagelo e o chicote. A escada foi usada para que os apóstolos pudessem descer o corpo de Jesus e prepará-lo para o sepultamento. Chagall ultrapassa de longe essa simbologia convencional e cria a escada ascendente, aquela que verdadeiramente significa algo de novo. Ela une o canto inferior em que se desenrola uma cena de destruição da Torá e a fuga desesperada do judeu errante, mas que, através da escada, une-se ao mártir coletivo e este, por seu corpo, se eleva aos patriarcas de origem divina. Por esta linha compositiva e estrutural, o artista escreveu uma história crítica. A escada cristã da Deposição parte da Torá em chamas, na terra, e termina no rosto sereno de Cristo próximo às figuras bíblicas que choram e lamentam.

AURÉOLA

A auréola é uma imagem solar que tem o mesmo sentido da coroa. É um círculo em volta do rosto, uma irradiação de luz que indica o sagrado, a santidade e o divino. A auréola é a aura materializada. O Cristo rodeado pelo círculo iluminado com os caracteres hebraicos, não sangra e nem expõe sofrimento físico, tão comum às representações católicas. A coroa de espinhos foi substituída por um lenço que o deixa mais semelhante aos antigos judeus. A auréola designa que Cristo é o Iluminado. Para ampliar a percepção entre trevas e luz, o artista simplesmente usou, em contrastes polares, a gama que vai do preto ao branco, passando por infinitos cinzas. A luz, conteúdo simbólico e material da obra, perpassa pelo corpo do crucificado e percorre em diagonal até chegar à menorá que, extremamente iluminada, repete em espelho a auréola do rosto de Cristo.

BRANCO E LUZ

O branco da obra tem muitos significados. Enquanto ele pintava no vale do Loire, o inverno chegava com vento e chuva, porém a imagem que surgiu na tela veio da

Rússia. Era a memória dos invernos nevados e frios que duravam cinco meses e podiam chegar aos insuportáveis 50° negativos. *A Crucificação Branca* é uma pintura tecnicamente difícil de executar por ser acromática. Justamente Chagall, um colorista, pinta a sutileza entre os brancos e os pretos.

Na simbologia das cores, o branco confunde-se com luz e, portanto, com poucas variações está associado à pureza. Embora os símbolos sejam culturais e dependam das sociedades em que estão inseridos, o significado da cor branca sofre poucas mudanças. Na grande maioria das vezes representa a inocência. Nas tradições japonesas, chinesas e indianas está ligada ao luto, mas por representar a flor de lótus, é também iluminação. Na tradição cristã, herdeira do judaísmo, significa a sacralidade no amplo sentido da palavra. Restritamente representa o lírio, a flor de Maria, a Imaculada, aquela que se tornou mãe sem mácula. Com esse mesmo sentido, o branco é a cor usada nas festas iniciáticas do batismo, primeira comunhão e casamento. Na morte, o luto é preto, mas no ritual de purificação enfeita-se o corpo do morto com flores brancas. No judaismo bíblico, a brancura é o estado celeste, é onde se lê que o cordeiro mais branco era o escolhido para ser imolado.

O dualismo entre o branco e o preto é arcaico e originário dos contrastes entre a noite e o dia. No mais longínquo dos tempos, quando o escuro noturno deixava os homens mais vulneráveis, o medo projetava no preto e nas sombras a ideia de mal. O oposto era a luz, o brilho e a cor. Não por acaso, todos os povos adoraram o sol e desenvolveram uma simbologia complementar dos opostos entre ausência e presença, branco e o preto, sol e lua.

Desassociados da cultura, os símbolos não têm qualquer sentido; basta lembrar que na antiga Roma, o branco era chamado de *candidus* e queria dizer pureza e candura. Por ironia é a origem da palavra *candidato*, ou "aquele que se inicia na vida pública". Os senadores vestiam-se de branco para mostrar que não estavam contaminados pelas impurezas do poder; no cenário político, branco era sinônimo de virtude e sinceridade.

A Crucificação Branca consegue a difícil tarefa de criar variedades de brancos, sendo que por uma única luz diferenciada, a obra divide-se sobre o corpo de Cristo. É uma faixa larga que indica o Iluminado, um Cristo da Paz e da Esperança. Sem discussões teológicas, Chagall colocou luz no centro, e com maior intensidade e brilho, nos dois focos circulares, respectivamente na menorá e na auréola. É uma louvação à paz. Todo o resto e o entorno se agitam em atos de destruição, enquanto nas áreas iluminadas a luz primordial, aquela que sucede as trevas, estabelece a vida. Chagall era judeu e talvez por essa razão tenha entendido, como poucos intelectuais, o significado da cruz redentora.

CRUZ

Com Chagall, tanto a cruz como a menorá podem e devem coexistir no mesmo espaço. Eis aqui o grande ensinamento de sua obra. Quando o artista pintou no inverno de 1938, logo após a trágica Noite dos Cristais, a 2ª Guerra ainda não havia começado. A data oficial e aceita ocorreu um ano após, em 1º de setembro de 1939, com a invasão da Polônia pela

Alemanha. Chagall, mesmo profetizando a destruição do mundo judeu, nunca deixou de ter esperança e acreditar nos valores universais da bondade e da solidariedade humana. A cruz, antigo instrumento de sofrimento, opressão, intolerância e símbolo da morte, ao ser iluminada e colocada numa grande área branca, resplandece e se contrapõe à barbárie circundante. Mais uma vez ele ignorou a opinião dos rabinos ortodoxos sobre o questionamento de ser Jesus um homem santo, um Messias, ou um judeu infrator da lei romana.

Quando Chagall saiu de Vitebsk pela última vez, ele deixou de frequentar sinagogas e, no entanto, foi na Bíblia que ele encontrou a sua mais nova fonte de inspiração. O mundo inteiro, ainda sob o impacto do holocausto, desejava a construção de um mundo mais tolerante e mais espiritualizado. Chagall era um dos poucos artistas que naquele momento conseguiria fazer uma arte religiosa, sem ser conservador. Muitos deles falavam em transcendência, mas seus discursos eram difíceis e abstratos como a sua produção pictórica. Chagall, pelo contrário, era aparentemente fácil. O público ficava mais à vontade diante de um artista que nunca deixou de ser figurativo e narrativo.

Amigo de intelectuais de correntes diferentes, Chagall soube manter discussões e conversas divergentes com muita gente, mas sempre reservou um espaço especial para sua franca amizade com o filósofo tomista Jacques Maritain, um atuante opositor ao nazismo e um dos criadores da Democracia Cristã. Com uma posição independente e aberta para diálogos espirituais, mais do que para a religião, em sua pintura Cristo tornou-se uma verdadeira obsessão. Fez da figura um tema de muitos significados. Cristo, um judeu vítima, o discriminado na guerra, o grande líder do Êxodus ao lado de Moises, o sacrificado anônimo e o novo homem dos novos tempos. Pintou mais de vinte crucificações. Pintou vitrais para sinagogas e igrejas católicas. Segundo ele, o encanto ultrapassava as fronteiras religiosas e se encontrava nos poemas visuais. Quando Chagall pintou *A Crucificação Branca* o desencanto e o medo já tomavam conta do mundo. E nem por isso ele fez o que seria de se esperar. Sua obra é mais do que uma denúncia; ela anuncia um novo mundo de luz e paz, um mundo que existe muito além das ideologias e das religiões.

Marc Chagall, 1941

PARTE 2
UNIVERSO SIMBÓLICO DA CRUZ

01- Barbet, Pierre. *A Paixão de Cristo, Segundo o Cirurgião*. Ed. Loyola, São Paulo, 2014. Pg. 87

02- Barbet, Pierre. *A Paixão de Cristo, Segundo o Cirurgião*. Ed. Loyola, São Paulo, 2014. Pg. 93

03- Zugibe, T. Frederick. *A Crucificação de Jesus*. Ed. Ideia & Ação, São Paulo, 2008. Pg. 163

04- Eliade, Mircea. *O Mito do Eterno Retorno*, Ed. Cosmo e História. São Paulo, 1992. Pg. 38

05- Grabar, André. *Las Vías de la Creación en la Iconografia Cristiana*. Ed. Alianza Forma, Madrid, 1991. Pg. 20

06- Debray, Régis. *Vida e Morte da Imagem*, Ed. Vozes, Petrópolis, 1993. Pg. 92

07- Le Goff, Jacques. *Para um Novo Conceito de Idade Média*. Ed. Estampa, Lisboa, 1980. Pg. 16

08- Hauser, Arnold. *História Social da Literatura e da Arte*. Ed. Mestre Jou, São Paulo, 1972. Pg. 361

09- Argan, G.C. *História da Arte Italiana*. Ed. Cosac Naify, São Paulo, 2003. Pg. 241

10- Argan, G.C. *História da Arte Italiana*. Ed. Cosac Naify, São Paulo, 2003. Pg. 58

11- Argan, G.C. *História da Arte Italiana*. Ed. Cosac Naify, São Paulo, 2003. Pg. 96

12- Le Goff, Jacques, Schmidt, Jean Claude. *Dicionário Temático do Ocidente Medieval*. Imprensa Oficial, 2 vols, São Paulo, 2002. Pg. 595

13- Panofsky, Erwin. *A perspectiva como forma simbólica*. Edições 70, Lisboa, 1993. Pg. 71

14- Neret, Giles. *Dalí*. Ed. Taschen, Köln, 2004. Pg. 76

15- Dalí, Salvador. *Diário de um Gênio*, Ediciones Fabula Tusquets, Barcelona, 1996. Pg. 14

16- Neret, Giles. *Dalí*. Ed. Taschen, Köln, 2004. Pg. 30

17- Fer, Briony. *Realismo, Racionalismo, Surrealismo*. Ed. Cosac & Naif, São Paulo, 1998. Pg. 193

18- Cruz, João. *Obras Completas de São João da Cruz*. Tradução Madre Tereza Margarida Maria do Coração Eucarístico. Ed. Cultor de Livros, São Paulo, 2021. Pgs. 317 e 467

19- Chevalier, Jean e Gheerbrant, Alain. *Dicionário de Símbolos*. Ed. José Olympio, Rio de Janeiro, 1988. Pg. 904

20- Cavalcanti, Raíssa. *Os símbolos do Centro*. Ed. Perspectiva, São Paulo, 2008. Pg. 17

21- Bianconi, Piero e Testori, Giovanni. *La Obra Pictórica Completa de Grünewald*. Editorial Noguer, Barcelona, 1974. Pg. 89

22- Le Goff, Jacques, Schmidt, Jean Claude. *Dicionário Temático do Ocidente Medieval*. vol I Imprensa Oficial, 2 vols, São Paulo, 2002 Pg. 320

23- Artaud, Antonin. *O Teatro e Seu Duplo*. Ed. Martins Fontes, São Paulo, 2012. Pg. 30

24- Huizinga, Johan. *O declínio da Idade Média*. Ed. Ulisseia, Lisboa, n/d. Pg. 145
25- Huizinga, Johan. *O declínio da Idade Média*. Ed. Ulisseia, Lisboa, n/d. Pg. 224
26- Bauer, Johannes. *Dicionário Bíblico-Teológico*. Pg. 71
27- Eco, Umberto. *História da Feiura*. Ed. Record, Rio de janeiro, 200. Pg. 20
28 -Eco, Umberto. *História da Feiura*. Ed. Record, Rio de janeiro, 2007. Pg. 365
29- Huysmans, J.K. *Grünewald Le Retable d'Issenheim*. Les Edition Braun et Cie, Paris, 1951. Pg. 20
30- Walther, Ingo e Metzger, Rainer. *Chagall*. Ed. Taschen, Koln, 2004. Pg. 61
31- Walther, Ingo e Metzger, Rainer *Chagall*. Ed. Taschen, Koln, 2004. Pg. 62
32- Wullschlager, Jackie. *Chagall*. Ed. Globo, São Paulo, 2009. Pg. 344
33- Wullschlager, Jackie. *Chagall*. Ed. Globo, São Paulo, 2009. Pg. 285
34- Wullschlager, Jackie. *Chagall*. Ed. Globo, São Paulo, 2009. Pg. 272
35- Bachelard, Gaston. *O Direito de Sonhar*. Ed. Difel, 1986. Pg. 25
36- Chagall, Marc, Poema "Minha Terra" escrito em 1961 e traduzida e publicada por Manuel Bandeira em *A Estrela da Vida Inteira*. *Ed.* Nova Fronteira, Rio de Janeiro, 2002
37- Wullschlager, Jackie. *Chagall*. Ed. Globo, São Paulo, 2009. Pg. 177
38 -Wullschlager, Jackie. *Chagall*. Ed. Globo, São Paulo, 2009. Pg. 35
39- Wullschlager, Jackie. *Chagall*. Ed. Globo, São Paulo, 2009. Pg. 489
40- Wullschlager, Jackie. *Chagall*. Ed. Globo, São Paulo, 2009. Pg. 317
41- Wullschlager, Jackie. *Chagall*. Ed. Globo, São Paulo, 2009. Pg. 457
42- Foray, Jean-Michel. *Chagall en 52 Symboles*. Reunions de Musées Nationaux – Grand Palais, Paris, 2013. Pg. 78
43- Duby, Georges. *O tempo das Catedrais*. Editorial Estampa, Lisboa, 1979. Pg. 103
44- Pacoud-Rème, Elisabeth. *Chagall*. Editions Artlys, Paris, 2011. Pg. 63
45- Foray, Jean-Michel. *Chagall Le Petit Dictionnaire en 52 Symbole*. Garamond Paris, 2013. Pg. 30
46- Revilla, Federico *Dicionário de Iconografia y Simbologia*. Ediciones Cátedra, Madrid, 2012. Pg. 133
47- Chevalier, Jean e Gheerbrant, Alain. *Dicionário de Símbolos*. Ed. José Olympio, Rio de janeiro, 1988. Pg. 175
48- Cirlot, Jean-Eduardo. *Dicionário de Símbolos*. Ed. Centauro, São Paulo, 2005. Pg. 228

3 CRUZ E ESPADA NO IMAGINÁRIO BRASILEIRO

HISTÓRIAS VERDADEIRAS HISTÓRIAS CONSTRUÍDAS

Escrever a história do Brasil segundo uma narrativa da cruz, é servir-se da iconografia como palavras e revisitar documentos oficiais, com o olhar do imaginário. São 500 anos de construção da identidade brasileira, com fatos e memórias que traspassaram histórias individuais e coletivas. A presença intrínseca da cruz não se faz tanto pelo caráter religioso, o que seria natural, mas pelo papel social e cultural do símbolo.

Da chegada da primeira nau aos fatos da contemporaneidade, a história brasileira foi marcada pela cruz. Nas entradas e bandeiras paulistas, esteve à frente da marcha, tremulando no estandarte e na memória da última bênção recebida antes da partida. A cruz pontuou a corrida do ouro, com capelinhas deixadas pelo caminho, abriu procissões, esteve presente em casamentos, batizados e cortejos fúnebres. Nos oratórios domésticos e altares em igrejas, a cruz presenciou histórias de gente humilde e também de soberbos. Sem saber diferenciar os limites entre sagrado e profano, habitou palacetes, roçados e canaviais, do mesmo modo que esteve solenemente nos rituais religiosos, foi guia dos viajantes, simbolicamente brilhando nos céus do Cruzeiro do Sul. A cruz dos inocentes, dos covardes e opressores assistiu igualmente em silêncio à trágica execução de Tiradentes. Participou de conspirações, foi monarquista e republicana, marcou presença no Modernismo, fundou a nova capital bem no centro do País, presenciou revoluções, marchou nas passeatas, fez denúncias, foi contra e a favor, tanto nos altares como nos comícios. Conservadora e libertária, participou de tudo e de muito mais. O Brasil nasceu e construiu-se nação por entre cruzes e o fio de espadas.

Analisar a história sob o ponto de vista das ciências sociais, é certamente um método seguro; mas não o suficiente para analisar a história da cultura e das mentalidades. Uma história sem sujeito e atos individuais, baseada só nas macroestruturas, consequentemente irá subestimar seus mitos e símbolos. Em sentido oposto ao materialismo histórico, o estudo do social através do imaginário exige métodos e olhares novos, é uma postura multifocal que se fundamenta sobre a materialidade e imaterialidade dos fatos. Ver o mundo pelo imaginário é ampliar visões, porque o imaginário atravessa as camadas da sociedade em transversal e expõe indiscriminadamente todos os seus valores, sejam eles os explícitos, os ocultos e até mesmo os censurados.

O imaginário está diretamente ligado à construção da identidade nacional. Se esta foi criação espontânea ou não, nada importa, pois é sempre fruto de ações coletivas. No Brasil a construção da identidade foi artificial e se deu no século XIX, em função das mudanças políticas, com a declaração da independência. O momento antecessor, ou protonacionalista, tinha formas de identificação que eram apenas locais e, embora tivessem forte traço popular, elas nunca ultrapassaram suas comunidades de origem. Até o fim do período colonial, o Brasil não havia experimentado sentimentos patrióticos coletivos. As poucas rebeliões e manifestações políticas que ocorreram, não foram além do âmbito regional e, sem nunca ter experimentado um sentimento de integração, o Brasil só pôde se reconhecer como nação durante o Império. As primeiras imagens pátrias foram inventadas por artistas de formação europeia.

Após a Independência, em 1822, o País reconquistou a atenção do olhar estrangeiro. Ficamos inexistentes para o mundo por três séculos, desde a declaração de posse portuguesa. Com a Independência, as terras brasileiras entraram na rota de interesse dos viajantes e, novamente, tomados pela vertigem da curiosidade, registraram em seus relatos imagens do que lhes parecia ser um país exótico. Como eram artistas cordatos, atenderam aos padrões oficiais da iconografia política e inventaram um Brasil "inocente" e sem críticas ao seu sistema social discriminatório. Segundo as teorias vigentes na época e estudadas pelo historiador Eric Hobsbawm, o Brasil tinha todas as condições para ser uma Nação, porque tinha as três necessidades básicas: uma língua, uma estrutura política e um território unificado[01], mas não tinha ainda uma forma brasileira; a imagem não era visual, o Brasil era uma descrição semântica. Os heróis míticos e os fatos históricos existiam apenas nos textos, a Nação era uma realidade verbal e jurídica que não tinha um rosto, uma cor e um corpo visível.

Na virada do século XVIII, quando o espírito da Revolução Francesa se expandiu e fomentou lutas, os heróis nacionais despontaram e o Brasil surgiu como Nação. No imaginário libertário do romantismo, existia lugar para Bolivares e Garibaldis, para guerras, conquistas, armas, brasões e fardas. Como não poderia deixar de ser, a identidade brasileira surgiu projetada neste cenário internacional e em conformidade com o modelo heroico-militar europeu. Ter como referência um padrão importado, além da artificialidade e dificuldades de adaptação à nossa realidade, só ampliou as diferenças já existentes entre o Brasil arcaico e o resto do mundo. Porém, acusar a população local de pouco civismo pátrio é esquecer completamente que ela vivera por mais de 250 anos em estado de alienação, imposta pelos extremos de uma erudição livresca e o mais absoluto analfabetismo.

As primeiras escolas brasileiras de ensino superior surgiram só com a vinda da família real portuguesa, em 1808; até essa data não existiam livros didáticos, não havia preservação da memória e nem espírito crítico desenvolvido. O Brasil vivia sem consciência de si. Nos países vizinhos da América espanhola, desfrutava-se de outra estrutura intelectual. Do México aos Andes, desde o século XVI, existiam universidades fundadas pelos colonizadores – a pioneira delas data de 1538 e se encontra em São Domingos. Em total contraste, no Brasil, durante o longo período colonial, os únicos lugares onde havia alguma informação que ia além das palavras e permitia desfrutar um pouco de pensamento simbólico, eram os saraus domésticos e os tetos pintados das igrejas. Não existiam espaços culturais, os livros eram poucos e quase nada além de púlpitos e pinturas religiosas. De repente, "os novos brasileiros" passaram a viver em um país recém-independente que impunha mudanças nos seus códigos sociais. O Brasil precisava urgentemente de uma nova iconografia.

Em menos de 15 anos, de 1808 a 1822, passamos da condição de simples colônia para reino-unido e após um curto período de sete anos, atingimos o *status* de nação independente. Entre turbulências sequenciais, a ex-colônia, da noite para o dia, trocou sua inércia secular por uma dinâmica inovadora. Extasiada com as transformações que a vida da Corte trouxera, a nova sociedade chegou à consciência de que, para perpetuar sua glória, seria necessário primeiro criar um protocolo visual. E esse trabalho demandava pôr fim à exclusividade dos temas religiosos. Dava-se, enfim, início a uma produção com novos conteúdos, como paisagens, retratos, cenas de costumes, registros de celebrações públicas e pinturas históricas.

A reconstrução do passado foi um fenômeno universal, que ocorreu em reação às guerras napoleônicas e aos remanejamentos no *mapa-mundi,* causados pelas guerras colonialistas. Mitos nacionais e heróis fundadores redundaram como arquétipos. Pela primeira vez as pessoas ultrapassaram o sentido de nacionalismo territorial e se empenharam na busca de uma unidade cultural. Perceberam que tinham um passado comum e uma identificação. Neste contexto surgiu a ideia de *Brasil-Nação*. Após três séculos de colonização, *"Não havia no País sequer uma consciência capitaneal, quanto mais uma consciência nacional"*.[02] A nação brasileira surgiu para o mundo, quando todos exigiam definições de identidades nacionais e de símbolos pátrios como hinos, bandeiras, condecorações e fardas.

Até a metade do século XIX, o Brasil não se via como unidade nacional. Para incentivar a criação de uma consciência cívica, o imperador D. Pedro II teve que interferir; mas antes ele precisava criar o sentido de pátria. O instrumento para tornar isso possível encontrava-se na área da criação estética, mais especificamente, nas obras dos pintores da Academia, Pedro Américo e Victor Meirelles; do compositor Carlos Gomes e, de mais alguns poetas e literatos como José de Alencar e Gonçalves Dias. O imperador teve a visão de construir, mesmo que artificialmente, um passado mítico. Esse jeito de elaborar um conceito de nação pré-existente e de inventar um passado épico, cria nas massas o fator psicológico de união; algo fundamental para a formação da *alma do povo*. A Academia Imperial de Belas Artes (AIBA) e o Instituto de História e Geografia Brasileiro (IHGB) foram os dois órgãos fundamentais para a implementação do Projeto Civilizatório, um ideário nacionalista do Segundo Império que deu origem ao mito fundador. Essa realidade imaginada e indeterminada, é também chamada de *verdades mitológicas*.

Um pouco antes, os profissionais da Missão Francesa e alguns artistas estrangeiros haviam dado os primeiros passos na criação da visualidade brasileira. Mas o imaginário pátrio surgiu somente em meados da segunda metade do século XIX, com a consolidação do ensino artístico. A iconografia histórica resultou diretamente do apoio e interesse do Palácio e do dedicado trabalho dos seus protegidos, uns poucos artistas bolsistas da Academia de Belas Artes. O espírito de preservação e o resgate do passado foram acelerados a partir de 1870, com a criação dos Institutos Históricos.

Basta um olhar crítico e distanciado para ver que é uma História reconstruída e não copiada. Fatos e personagens brasileiros foram adaptados aos modelos europeus. Artificialmente inventados, eles estão nas narrativas históricas, nas cenas de costumes, como também nos mitos românticos do indianismo açucarado. O mesmo ocorreu com as paisagens, que perderam a exuberância e as cores tropicais para se tornarem pálidos jardins domesticados. Mas de todos os gêneros, nenhum foi mais *inventado* do que as recriações históricas. E cabe afirmar que a negatividade do juízo contemporâneo, que sempre aparece nos livros de História da Arte, pouco acrescenta, pois, em vez de querer entender para explicar, apenas critica erros aparentes e de fácil identificação. As obras só fazem sentido quando são contextualizadas nos padrões de sua época, nos valores cívico-morais dos artistas e da sociedade, porque a iconografia histórica, antes de mais nada, é um simulacro ou uma interpretação; ou seja, não é o fato real. É paradoxal, pois essas imagens corretamente consideradas uma idealização do passado, agradam espontaneamente ao público que, alheio ao espírito analítico, aceita-as como realidades históricas.

A história interpretada pelo imaginário da cruz é um recorte que nos permite analisar os mecanismos do poder e as estruturas sociopolíticas, pelo viés da simbologia. Neste livro, a imagem da cruz é analisada em três momentos: no início da colonização, durante os primeiros contatos com os índios; na construção visual do mito libertário nacional, pela figura de Tiradentes; e no papel dual da Igreja durante o governo militar. A cruz nas terras de Pindorama é a história de uma parte das aculturações indígenas, sofridas com o cristianismo transplantado e o Estado português colonizador. A construção iconográfica do líder nacional, Tiradentes, associada à cruz seguiu dois caminhos: o espontâneo, das vias populares, respaldado pelo sentimento religioso, e um caminho contrário, planejado e bem-sucedido pelos propagadores da República. Das três análises, a mais polêmica refere-se à atuação binária da Igreja durante a ditadura, pois a cruz saiu dos espaços sagrados para militar nas ruas, tanto em apoio como em oposição ao regime.

3.1 A CRUZ NAS TERRAS DE PINDORAMA

No primeiro encontro, a cruz veio como símbolo gráfico da Ordem de Cristo, a organização empreendedora das Descobertas; no segundo, ela veio pelo nome de batismo. Aos olhos portugueses o imenso território aqui descoberto, em 1500, não passava de uma ilha, portanto o nome de Ilha de Vera Cruz dado por Cabral, estava duplamente justificado. Renomearam outras vezes; em 1501 mudaram para Terra Nova e Terra dos Papagaios, como os marujos chamavam as novas descobertas; em 1503 retomaram a cruz em Terra de Vera Cruz, mas D. Manoel mudou a denominação para Terra de Santa Cruz, para não haver conflito com as relíquias da "verdadeira" cruz histórica do Gólgota. Dois anos depois, em 1505, apareceu pela primeira vez Terra Santa Cruz do Brasil, que se transformou em Terra Brasilis. O nome Brasil definitivo surgiu a partir de 1527. Só no terceiro encontro, os habitantes de Pindorama conheceram a cruz, símbolo religioso do cristianismo, e ela estava no altar da primeira missa em terra firme.

A CRUZ DAS DESCOBERTAS

A cruz das Descobertas Marítimas pertence à Ordem dos Cavaleiros de Cristo, a congregação responsável pelo setor financeiro e intelectual das expedições. Sua imagem, sempre exposta nas bandeiras e velas das naus, nas armas e marcos de posse, representava a Coroa portuguesa. O símbolo cristão, imagem de identidade dos cavaleiros, traduzia a união existente entre o Vaticano e o empreendedorismo náutico. Foi entre o castelo de Tomar, sede da Ordem de Cristo, e a cidade de Sagres, centro dos estudos náuticos patrocinados por seus membros, que o mundo encerrou a Idade Média.

Em 1317, o rei D. Dinis, com as atribuições de grão-mestre, fundou a Ordem de Cristo. Sua intenção era torná-la a sucessora e herdeira da extinta Ordem dos Templários. No século XVI, a insígnia da corporação, a cruz *pátea,* do francês *patada,* por ter suas extremidades alargadas, equivalia a uma chancela da Coroa, o equivalente a um selo ou a uma assinatura simbólica. É visível sua associação com o Estado português, principalmente pelo sucesso das expedições Marítimas. Porém, mais determinante, era a aproximação e a infiltração dos membros da Ordem nos assuntos políticos. As cruzes vermelhas estampadas nas velas das caravelas, além de sacralizarem os eventos expedicionários, também divulgavam seus empreendedores. No domingo, 9 de março de 1500, da praia do Restelo, em Lisboa, partiram 13 embarcações em festa que mudariam a história não só de Portugal, mas de toda a Europa, Oriente e Ásia. Eram dez naus e três caravelas, com uma tripulação formada aproximadamente por 1500 homens entre militares armados, intérpretes, cartógrafos, escrivão, degredados, religiosos, marujos e grumetes.

Cruz da Ordem de Cristo, herdeira da Cruz dos Templários, conhecida na heráldica portuguesa como Cruz de Malta

A história mais remota dos empreendedores bem-sucedidos das Descobertas Marítimas começou por volta do ano de 1120, quando nobres franceses criaram a Ordem dos Templários, em resposta ao cerco árabe de 1116. Na época, várias organizações católicas surgiram com o mesmo objetivo: proteger os peregrinos no caminho de Jerusalém. Cada confraria tinha seu próprio regimento e um número variável de devotos. Os templários sempre se destacaram sobre os demais, seu diferencial estava na própria constituição interna, formada por monges-guerreiros e nobres, que gozavam do privilégio de dever obediência somente ao papa e não aos reis. Podiam gerir seus próprios negócios com liberdade, desde que respeitassem o código de ética, semelhante a um guia disciplinar criado por seus membros. As outras ordens os consideravam arrojados demais e, com razão, visto que, em apenas um século, se tornaram os mais ricos entre os poderosos, por terem implantado, como pioneiros, a primeira rede bancária europeia.

O sistema funcionava na segurança e na confiança do código de ética. Quando os cavaleiros-guerreiros partiam nas cruzadas, seus bens ficavam depositados em vários postos, sob a guarda da Ordem. Estava acordado que, na volta, teriam direito ao resgate dos bens originais, mas seria cobrado um acréscimo por este serviço. Em pleno século XII e no auge do medievalismo, quando a usura era considerada pecado, em outras palavras, quando a prática dos *juros ordinários* era condenada, os templários criaram a opção de empréstimos remunerados não abusivos. Foram ações notórias como essas que os diferenciavam das demais organizações.

Além de ágeis em finanças, investiram em métodos produtivos e aplicaram em suas propriedades agrícolas. Conseguiram melhores resultados em relação aos demais senhores feudais e, consequentemente, ganharam destaque entre seus pares. Porém, entre todas as iniciativas já expostas, nenhuma se compara aos investimentos realizados na área das pesquisas náuticas. Os templários formam a origem mais remota das descobertas marítimas europeias. Motivados por sua declarada oposição aos mulçumanos e pelo desejo de quebrar o monopólio comercial árabe, eles mudaram a tradição das caravanas e investiram em novos trajetos.

Sabiam que nunca chegariam às Índias por terra e, para conseguir novas rotas, se atiraram em pesquisas inovadoras. Agiram como se estivessem ouvindo e respeitando as ordens de Pompeu, o general romano que, muito antes de Camões e mais ainda de Fernando Pessoa, dissera que: *navegar é preciso*. Os templários miraram o mar e deram os primeiros passos em direção a uma das maiores transformações tecnológicas que mudaria o conceito de mundo. Evidentemente que o sucesso despertou inveja e cobiça. Quando as cruzadas chegaram ao fim, muitos credores negaram-se a quitar suas dívidas com a Ordem.

O rei francês Felipe IV, o Belo, se achava entre os maiores devedores e, para fugir aos compromissos de pagar o que devia, liderou uma campanha difamatória. Parte dos reis europeus e muitos nobres aderiram à conspiração com o único objetivo de reivindicar para si o patrimônio construído pelos templários, suas terras, recursos financeiros e até mesmo seu poderoso exército. Como não conseguiram de imediato a posse desses bens, recorreram à prática de perseguição e retaliação. Por ironia, os inimigos mais ferrenhos foram seus próprios conterrâneos franceses. Para exterminar a Ordem, criaram uma rede de boatos e calúnias que levaram seus membros à Inquisição, à perseguições sanguinárias e à trágica degola de mais de 500 cavaleiros. A coroa francesa chegou ao extremo de intimidar o papa Clemente V e este, numa situação desconfortável, teve que escolher entre preservar a unidade cristã, ou viver em briga com o rei francês. Em 1312, sem saída, anunciou a extinção da Ordem dos Templários.

A corte francesa, vitoriosa, conseguiu oficializar seu pretexto para prender, saquear e matar. Sabe-se que, mesmo estando sob pena de morte e tortura, os templários nunca revelaram seus códigos e normas secretas. A confraria só foi extinta porque se conseguiu algo inimaginável: foi criado, por um curto período, um papado francês, em Avignon. Com subterfúgios dentro da Igreja e atitudes escusas da nobreza, a Ordem dos Templários foi ceifada em toda a Europa, menos em Portugal, onde renasceu com o nome de Ordem de Cristo.

Poucos anos antes do decreto papal determinar seu fim, por volta de 1307, uns poucos templários conseguiram refúgio em território português. Levaram consigo o que restara de suas riquezas, e a mais importante delas: as informações náuticas. Todo conhecimento acumulado por anos, agora receberia a proteção do Vaticano e a garantia de continuar com novas pesquisas. Por dois séculos mantiveram a guarda e o sigilo de tais informações. Quando o rei de Portugal se tornou comandante geral da Ordem, o antigo emblema da cruz vermelha, consequentemente, passou a representar também a mais precoce monarquia centralizada da Europa.

Os ex-templários, estabelecidos em Lisboa, criaram estaleiros e dedicaram-se à tecnologia náutica conhecida pelo nome de Escola de Sagres, aliás, uma lenda criada, pois nunca existiu a tal escola como um edifício ou local, o que existia eram experiências, estudos e informações guardadas no castelo do Tomar. De lá saíram os navegadores e, com suas descobertas, vieram riquezas e a grandeza do reino de Portugal. Cabral esteve no comando da esquadra marítima, porque era um fiel cavaleiro, tanto que sua primeira ação, ao pisar em terras brasileiras, foi fincar solenemente a bandeira com as insígnias da Ordem de Cristo, como consta na carta do escrivão

Pero Vaz de Caminha "*Ali estava com o capitão a bandeira da Ordem de Cristo, com a qual saíra de Belém e que sempre esteve alta*". Quando a esquadra saiu de Portugal, do cais da Torre de Belém, o rei e grão-mestre D. Manuel I entregou a Cabral a bandeira de cruz vermelha por acreditar no cumprimento da mística do Espírito Santo. Na gênese das descobertas marítimas, encontram-se as conhecidas razões materiais do comércio, mas de igual importância, existiam também as razões da fé. O desejo de um projeto missionário vinha diretamente do rei.

Cristianizar fazia parte do programa colonizador dos portugueses no Novo Mundo, eles acreditavam sinceramente que tinham um papel missionário. A sociedade contemporânea perdeu a noção da importância da religião na Europa quinhentista; para os portugueses, o credo era uma questão fundamental. "*Os outros homens, por instituição divina, têm só obrigação de serem católicos: o português de ser católico e de ser apostólico. Os outros cristãos têm obrigação de crer a fé: o português tem obrigação de crer e mais de a propagar*".[03] Assim falou Padre Vieira um século e meio após as Descobertas.

DAS CRUZADAS ÀS NAVEGAÇÕES

Cruz de Cristo em estela funerária
Convento de Cristo em Tomar, Séc. XIV – calcário
Claustro das Lavagens - Instituto Português do Patrimônio Arquitetônico

Quando a ordem dos Templários ressurgiu em Portugal, com o nome de Ordem de Cristo, registra-se que os bens dos antigos cavaleiros foram transferidos inicialmente para o Algarve e, a partir de 1357, para o convento de Tomar. Mas seu patrimônio não se constituía só de elementos de natureza material, pois, além do conhecimento náutico, levaram consigo seus valores morais e suas insígnias. A nova ordem em nada diferia da antiga, templários e cavaleiros da Ordem de Cristo eram os mesmos. A relação com os cruzados medievais, que não esconde sua origem, consta do próprio nome, ou seja, *Ordo Militae Jesu Christi* equivale ao nome original da Ordem do Templo, conhecida por *Comilitionum Christi*, que quer dizer *Cavaleiros de Cristo*. Em outras palavras, os seus membros mantiveram o nome, o espírito de cavalaria e a cruz símbolo da corporação. Com poucas modificações, acrescentaram à cruz potentada vermelha uma cruz grega branca no seu interior. A Ordem do Templo, agora refundada como Ordem de Cristo, deu continuidade ao antigo espírito das cruzadas no empreendimento das conquistas marítimas: aplicar a vocação da fé e obediência.

BRASIL APRESENTADO AO MUNDO NA PRESENÇA DA CRUZ

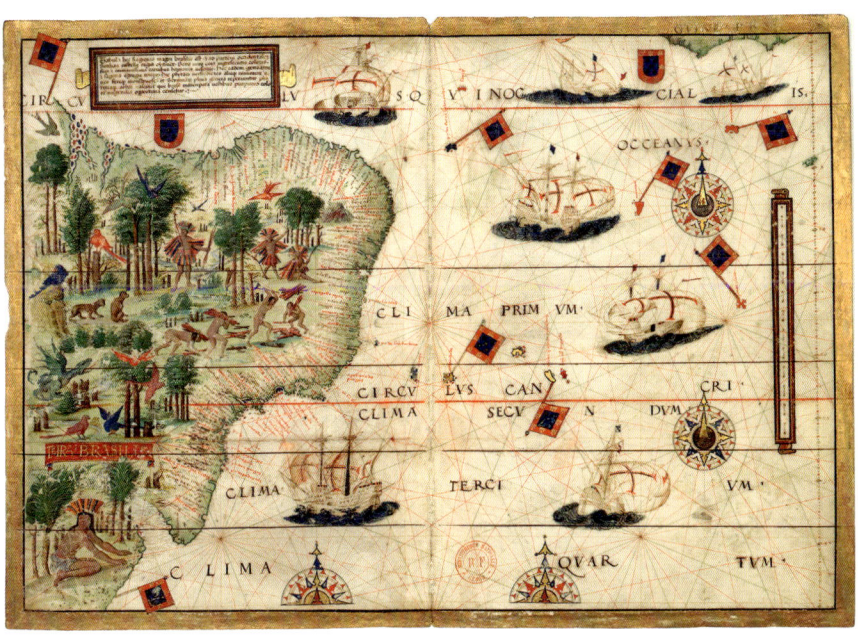

Terra Brasilis - Atlas Português de 1519
Biblioteca Nacional da França desde 1897,
Atlas Miller refere-se ao nome do seu último proprietário

O Atlas Milller em pergaminho é um intrigante mapa feito em Portugal, apenas 19 anos após a data *oficial* da descoberta do Brasil. A costa brasileira, do Maranhão ao rio da Prata, está sinalizada com a indicação minuciosa de 146 nomes de locais conhecidos. O detalhamento demonstrado pelos cartógrafos já foi motivo para especulações sobre espionagem e traições existentes nas cortes ibéricas. Suspeitas e hipóteses de subornos, quebra de sigilos e piratarias envolvendo nações rivais são realidades que ficaram conhecidas como *política do silêncio*. O quanto é verdadeiro e o quanto é imaginação, ainda não se sabe.

Os antigos mapas equivaliam a uma escrita simbólica que se revelava apenas aos iniciados, o mapa *Terra Brasilis*, pelo contrário, é descritivo ao extremo. Chama atenção o conhecimento geográfico da costa atlântica sul-americana, dos habitantes nativos, da flora e fauna, como também a nítida intenção de evidenciar as demarcações indicativas de posse, com as bandeiras da Ordem de Cristo. Esse registro náutico realizado em 1519, às vésperas da circum-navegação de Fernão de Magalhães e pouco tempo depois da Descoberta do Brasil, surpreende duplamente. Primeiro, pela precisão das informações, levando-se em consideração os recursos técnicos da época e, segundo, pelo curto espaço de tempo para a sua realização. O mapa tanto fascina pelo detalhamento, como lança dúvidas.

Os autores, Pedro e Jorge Reinel, anotaram que, na região da atual Bahia, quatro índios nus, já aculturados, trabalham no processo de preparação do pau-brasil; um deles corta com um *machado de metal* toras de madeira que são empilhadas numa clareira, provavelmente para aguardar um futuro desembarque. A existência de machados de metal, a exploração comercial do pau-brasil e o uso da mão de obra indígena são três registros significativos, que, no mínimo, comprovam incongruências com os relatos oficiais das Descobertas.

Entre cenas reais com índios e imensas árvores, os desenhistas demonstraram o seu encantamento por animais exóticos. Macacos, araras e onças ilustram o conceito de mundo fantástico criado pelos europeus. Mesmo que nesse período predomine o espírito racional e científico, a tradição do bestiário medieval ainda persiste no corpo de um dragão alado, colocado bem no interior do continente. Os dois desenhistas não foram os únicos a fantasiar mapas com lendas e seres bestiais. Sabe-se que, quando os viajantes do século XVI comunicavam suas novas descobertas territoriais, eles também *inventavam* o conceito de Novo Mundo de acordo com suas crenças. Por isso, a construção visual e literária das novas terras assenta-se sobre a razão e a imaginação, num jogo de espelhos onde o verdadeiro e o imaginado se confundem.

Terra Brasilis mostra o domínio português diante das terras brasileiras. A tradição conta que o mapa serviu para presentear o rei da França, Francisco I e, mais que um agrado, serviu para demonstrar poder. A descrição geopolítica não deixava dúvidas. Bandeiras e cruzes foram estrategicamente espalhadas pelo Atlântico e continente para assinalar tanto o direito de posse territorial, a supremacia náutica, como também para sinalizar os roteiros de passagens livres para os conquistadores. O mar *nunca d'antes navegado* ficou reduzido a sete caravelas portuguesas e suas icônicas cruzes vermelhas da Ordem de Cristo.

Em suma, a carta náutica é uma definição de fronteiras. Pelo mapa *Terra Brasilis,* o Brasil estendia-se até a região da Prata, atual Argentina. Esse limite está demarcado, no extremo sul, pela imagem de um índio ajoelhado e em sentido de submissão diante da bandeira portuguesa. A figura, em atitude de obediência, corresponde a um documento de reconhecimento territorial. Ora, pelo Tratado de Tordesilhas, firmado pelos reis de Portugal e Espanha em 1449, e exatamente 25 anos antes desse registro náutico, a extensão das terras brasileiras teria outra configuração e seria apenas uma estreita faixa. No entanto, *Terra Brasilis* tem demarcações que se aproximam da futura expansão territorial que se realizaria com a conquista bandeirante e seria reconhecida pelo Tratado de Madri em 1750. Essa antiga cartografia é uma imagem simbólica que descreve a extensão do continente com bandeiras demarcatórias e indicadoras do direito territorial. O mapa é descritivo, mas não deixa de ser também uma clara reivindicação da soberania portuguesa na América do Sul.

APRESENTAÇÃO AOS NATIVOS

Não existe imagem alguma de época que possa comprovar como ocorreu o primeiro encontro; provavelmente a cruz estava presente e deve ter sido apresentada aos nativos entre estranhamentos. Duas culturas, em graus diferentes, ficaram cara a cara pela primeira vez. Com certeza os índios estariam mais perplexos, afinal nunca tinham visto nada que fosse diferente deles mesmos, chamaram os portugueses de *caraíbas,* que significa astuto, inteligente; os navegadores, diferentemente, já conheciam povos de diferentes etnias e classificaram os nativos de selvagens – os habitantes das selvas.

Sem qualquer registro iconográfico que mostre esse encontro, os artistas viram-se livres para inventar. A criação de um passado mítico é sempre uma fantasia artificial. Ter um passado satisfaz à lógica de que todas as coisas possuem um início, e diminui o isolamento, porque as pessoas passam a acreditar que a existência de um tempo em comum cria laços e compartilha sentimentos, em uma realidade social semelhante à que é vivida pelas minorias. O passado cria memória, uma história e, o mais importante, cria os mitos ancestrais, entendidos como modelos necessários para qualquer comunidade, seja ela arcaica ou contemporânea. Segundo Gilbert Durand, a imaginação simbólica é um fator de equilíbrio psicossocial; através dela a alma individual se une ao coletivo, *"Poderíamos dizer que a dinâmica dos símbolos se torna uma verdadeira sociatria"*[04], em referência a uma terapêutica de equilíbrio biológico, psíquico e social.

A DESCOBERTA DO BRASIL E A DESCOBERTA DAS DIFERENÇAS

Oscar Pereira da Silva. *Descoberta do Brasil - Desembarque de Cabral em Porto Seguro em 1500*, 1922, Museu Paulista –SP

O pintor Oscar Pereira da Silva sempre presente na maioria dos livros didáticos, trabalhou temas históricos, em pleno modernismo, com os mesmos padrões conservadores que lhe foram transmitidos pela Escola Nacional de Belas Artes e por seu mestre Vitor Meirelles. Em 1922, atendendo ao pedido do governo paulista, para as comemorações do centenário da Independência, o artista reconstruiu o nascimento do Brasil. Contrariando as expectativas da crítica, que a desmereceu desde sua apresentação, a obra tornou-se, para o grande público, a ilustração oficial da chegada de Pedro Álvares Cabral.

A base da narrativa é a "carta de achamento" escrita em 1 de maio de 1500, por Pero Vaz de Caminha, o escrivão da frota, mas a cena do encontro é imaginada. Existem, portanto, duas realidades aparentemente conflitantes: o fato e a obra. Por isso, para compreender uma pintura histórica, é necessário conhecer em qual contexto histórico e político ela foi concebida e com quais concepções de historicidade os artistas trabalharam. Erradamente se pensa que a pintura, que hoje se encontra no Museu Paulista, surgiu como um exercício de livre imaginação. Pelo contrário, ela é uma recriação de textos e ilustrações históricas. Os profissionais do Instituto Histórico e Geográfico de São Paulo forneceram documentação necessária para a pesquisa iconográfica e orientaram Oscar Pereira da Silva. Levando-se em conta a precariedade das instituições e das coleções culturais no início do século XX, o Instituto Paulista, criado nos primeiros anos da República, foi fundamental para a implantação do sentimento de brasilidade. A pintura *Descoberta do Brasil*, sem o compromisso de ser uma ilustração mimética, é uma interpretação estética com um padrão visual e grandiloquente oitocentista.

Oscar Pereira da Silva optou por refazer a história como se fosse uma grande produção teatral. Teve liberdade para usar todos os recursos cênicos que achava necessários, para convencer o público da veracidade da cena. O fato descrito se desenrola numa grande panorâmica que valeria uma nova nomeação: em vez de *Descoberta do Brasil* a obra deveria se chamar *Overture Ópera Brasil*.

O cenário, didaticamente, situa a ação na geografia da praia de Porto Seguro, limitando o espaço por elementos rochosos em primeiro plano e *palmeiras tropicais* ao fundo. O prenúncio da narrativa é mostrado por uma multidão em movimentação exagerada, à esquerda e dividida por uma curva divisória, que agrupa a cena entre conquistadores e nativos. Como atores coreografados, índios caminham desordenadamente com gestos largos, ruidosos gesticulam e falam ao mesmo tempo. Os adereços e figurinos diferenciais completam a compreensão. À direita, sobre o azul do mar, os portugueses chegam como heróis à terra firme. Lanças, bandeiras, botes, cocares e coqueiros dividem espaço com os vários figurantes. O ponto de ligação ficou por conta de um destacado protagonista que, do centro do palco, rege a cena e sinaliza o sentido do tema dado pela cruz vermelha dos conquistadores. Os representantes dos dois mundos distintos estão unidos pela perspectiva do cenário que prolonga o espaço ao infinito e, ao mesmo tempo, retém toda a ação dentro da boca de cena.

Pela descrição recriada e reinventada, o almirante Cabral está simbolicamente no eixo central da obra, no ponto que define o conteúdo da *Descoberta do Brasil*, ou seja, o seu corpo, unido à cruz vermelha, é o representante oficial do Estado português e da sociedade militar-religiosa da Ordem de Cristo. Os europeus significam os vários grupos que acompanharam ou investiram na empreitada, são religiosos franciscanos, fidalgos, marinheiros, militares e burgueses emplumados. Os navegadores ibéricos traziam trajes formais na bagagem, com a expectativa de usá-los quando fossem recebidos pelos chefes dos reinos imaginários. A tripulação, vestida com elementos indicativos das suas funções sociais, está em total contraste com os índios nus; a intenção, além de indicativa das suas atividades, era classificatória, para diferenciar os "civilizados" dos "não-civilizados". O pintor recriou uma cena imaginada, mas não fantasiada a seu bel-prazer.

A importância dada à paisagem está em correspondência com os registros deixados nos textos dos navegadores da época. Colombo, ao entrar em contato com os nativos pela primeira vez, emocionou-se tão intensamente, que entrou em êxtase e estado de encantamento. Vaz de Caminha emocionou-se, mas não tanto. Impactado com a natureza dos trópicos, descreveu com admiração o espetáculo dos pássaros, dos perfumes e das flores. Os relatos dos dois grandes navegadores são igualmente uma projeção otimista de abundância, riqueza e fertilidade. A verdade relatada na carta de Caminha diz que o primeiro contato entre europeus e índios se deu no dia 23 de abril de 1500, quando Nicolau Coelho, em expedição de reconhecimento no litoral baiano, avistou índios na praia. Não foi uma aproximação fácil. Como o barco não conseguia atracar, o primeiro contato, em terra, só ocorreu no dia seguinte, numa região que viria a se chamar Porto Seguro.

O escolhido para ser o primeiro a desembarcar foi Afonso Lopes, porque, além de hábil capitão, com larga experiência em viagens realizadas com Vasco da Gama, ele era um bom comunicador. Na praia, encontrou dois nativos que concordaram em subir no bote, para ir ao encontro de Cabral, o capitão da frota, que os aguardava em grande estilo, sentado e paramentado. Ganharam de presente alguns objetos pelos quais tinham mostrado interesse: uma camisa, um rosário de contas usado como colar e um gorro vermelho de marinheiro. Os instrumentos musicais despertaram atenção e, na ausência de uma língua comum, foram as danças que viabilizaram uma festiva comunicação. Na terra estavam os tupiniquins; no mar, os portugueses, e entre eles um encontro de gente diferente, de costumes e interesses diversos.

Cabral tinha como objetivo interesses expansionistas e comerciais; por essa razão, ficou muito satisfeito quando um dos índios fixou o olhar no grosso colar de ouro que trazia no pescoço e pôs-se a acenar para a terra, querendo dizer que lá havia ouro. O mesmo aconteceu diante de um castiçal de prata e o índio novamente acenou para a terra. Se o significado dos gestos apontava para a existência de minérios, não ficou confirmado, mas a tripulação, eufórica, interpretou a mímica como gostaria de entender. Caminha conta que: "De repente, os dois índios sentiram-se cansados e sem mais nem menos deitaram-se no chão do convés e dormiram. A nudez incomodava a todos. Vendo-os inteiramente despidos, o comandante português pediu que cobrissem seus corpos".

A descrição pictórica da *Descoberta*, de Pereira da Silva, refere-se ao dia posterior, quando os dois índios que haviam pernoitado na caravela voltaram com os conquistadores para a terra. A cena não mostra, mas Cabral, para se resguardar de algum incidente de violência, enviou à terra Afonso Ribeiro, um degredado, com a função de enfrentar eventuais ataques físicos, tentativas de canibalismo ou qualquer outro ato relativo à segurança dos recém-aportados, e também para observar os costumes locais. Portanto, o segundo branco da comitiva a pisar em solo brasileiro foi um condenado entregue em penitência expiatória. Era regra nas expedições expor degredados dessa maneira. A cena do encontro entre as duas culturas está demarcada por formas hierárquicas consideradas diferenciais: a religião, indicada pela cruz e o Estado português, por Cabral.

A obra de Oscar Pereira da Silva, considerada conservadora, foi terminada em 1922, no mesmo ano em que os eventos culturais conhecidos como Semana de Arte Moderna agitavam as comemorações da Independência. Apesar de anacrônica e em total discordância com os ideais estéticos e conceitos de nacionalismo do grupo modernista, essa pintura segue como a mais popular representação da chegada de Pedro Álvares Cabral ao Brasil. Sem confronto com uma imagem real do acontecimento, essa montagem artificial ocupa, no imaginário das pessoas, o lugar de fato histórico, e por isso mesmo é aceita e incorporada como realidade. Dificilmente será substituída, porque possui, na mente humana, as mesmas qualidades da fotografia, registra a ocorrência como uma imagem-testemunha que contém facticidade.

PERSPECTIVAS INVERTIDAS
MONTANHA FLUTUANTE
X
ENCONTRO DO ÉDEN

Alfredo Roque Gameiro. *Frota de Cabral ao sair do Tejo, 1921*

Tudo é pura questão de perspectiva. O Brasil foi descoberto ou invadido? A resposta encontra-se na óptica, ou seja, no ângulo sob o qual o fato é considerado. Visto pelo mar, pelos olhos dos navegantes, é uma coisa, mas visto da terra, pelos olhos dos nativos, a resposta será outra. Controvérsias à parte, o descobrimento ou *achamento*, como Caminha escreve em sua carta enviada a Portugal, foi uma ação expansionista planejada pela Coroa Portuguesa e financiada pela Ordem de Cristo, sob a égide da cruz.

O impacto do primeiro encontro foi um choque, tanto para os que chegaram do outro lado do mundo, como para os que já estavam em terra. Todos surpreenderam e foram surpreendidos. As duas civilizações, separadas entre si por um enorme abismo científico e tecnológico, ao se depararem com tantas diferenças, só poderiam cometer erros em suas mútuas impressões. Os índios não viram caravelas, pois não as coheciam, viram inexplicáveis montanhas flutuantes sobre o mar. Montanhas em movimento e coroadas por cruzes vermelhas. Foi estranheza demais para um só momento.

Os portugueses, por sua vez, também se enganaram; viram uma ilha que talvez fosse o Paraíso Terrestre. Uma ideia incrivelmente sedutora e alimentada pela paisagem deslumbrante, pela nudez espontânea dos seus habitantes e pelo caráter festivo que dominou o encontro entre eles. A atmosfera mágica foi criada por pensamentos de naturezas diferentes. Misturaram a nostalgia de um passado idílico ao mito da pureza religiosa, imaginaram tratar-se de um tempo anterior ao pecado bíblico. A simples notícia de um continente desconhecido serviu para especulações e fantasias de mistérios. Mesmo Colombo, um visionário que acreditava em raciocínios científicos, ao chegar à América sofreu um impacto sensorial tão forte, que acreditou estar no Éden. A descrição física das suas descobertas marítimas para o Papa e os Reis Católicos, da Espanha, era a de que ele havia chegado a um lugar inimaginável, o *Paraíso Terreal*. Com estas palavras, o genovês criava um Novo Mundo imaculado. "*Novo não só porque ignorado, até então, das gentes da Europa e da geografia de Ptolomeu, mas um mundo que parecia restituir a glória dos tempos da Criação bíblica.*"[05] A ideia de Éden nascia também diante da nudez sem culpa e da alegria contagiante dos seus habitantes. Esses comportamentos fizeram a tripulação vislumbrar uma pureza que não era humana. Por um breve tempo, tudo levou a crer que a Europa, enfim, havia encontrado o Paraíso Perdido.

Passado o deslumbramento inicial, ambos tiveram um relacionamento permeado de atritos. A colonização que trouxera consigo a possibilidade de abertura cultural, mostrou também, desde os primeiros anos, que os conflitos e sentimentos de perplexidade seriam recíprocos. Os nativos conheceram o trabalho forçado e os europeus passaram pelo canibalismo. O primeiro encontro, no entanto, ficou marcado por cordialidades bilaterais. Sem dúvida sentiram alguma estranheza, mas tudo muito natural e sem nenhum incidente. Trocaram presentes, com eles, os primeiros crucifixos colocados em seus pescoços pelas mãos dos religiosos franciscanos.

Cândido Portinari. *Descobrimento*, 1956, Banco Central do Brasil, DF, da série Cenas Brasileiras

Entre a pintura de Oscar Pereira da Silva e a de Cândido Portinari, cronologicamente, se passaram apenas 34 anos; do ponto de vista antropológico são mais de 400 anos.

O descobrimento do Brasil, pelo olhar dos dois pintores paulistas, recebeu leituras totalmente antagônicas. Fato é que, enquanto o primeiro se ateve ao relato descritivo da Carta de Caminha, o outro desvendou a possibilidade de uma interpretação conceitual. Se entre as duas obras o espaço de tempo é pequeno, a distância semiológica, no entanto, é imensa.

Portinari vislumbrou inserir, em 1956, a experiência da alteridade e a relação da reciprocidade. Segundo ele, os habitantes do Novo Mundo ficaram espantados diante dos estrangeiros brancos, devido a seus costumes estranhos, mas nem por isso se sentiram inferiores. O relativismo cultural, como foi interpretado, tornou as diferenças uma realidade natural. Nesse primeiro momento, as relações entre conquistador e conquistado ainda não tinham se definido como as de senhor e escravo; elas se aproximavam mais da descrição dos cronistas europeus, que consideraram os nativos como habitantes do Éden. Longe dessa literatura, a pintura de Portinari, totalmente anticonvencional, não se ateve às narrativas dos historiadores, não se prendeu à beleza das terras tropicais, não homenageou os conquistadores e nem as caravelas. Pelo contrário, ela privilegiou os nativos como a origem mais remota do povo brasileiro. O artista contou a mesma história, já tantas vezes contada, de um jeito totalmente diferente.

Portinari negou o realismo narrativo e optou por uma linguagem ideologizada e simbólica. A desproporção intencional foi usada para centrar toda a atenção nos habitantes nus e armados de Pindorama. Em sentido oposto, as caravelas, distantes da terra, foram concebidas como blocos gigantes de pedra, semelhantes às montanhas flutuantes do imaginário indígena. Os nativos são os únicos personagens em cena, ocupam o primeiro plano, com figuras agigantadas em confirmação e reconhecimento da sua importância. Com o simples gesto de inverter a perspectiva do acontecimento histórico, Portinari nos permitiu enxergar através dos olhos indígenas, ou seja, não estava em jogo a narrativa dos descobridores, mas sim um novo olhar sobre um fato antigo. Com essa alteração do olhar, ele mudou conceitos arraigados pela tradição e conservadorismo e, mais, expôs sem nenhum receio ou censura um humanismo imbuído de política e de expressão social.

ESTRANHAMENTO E CHOQUE CULTURAL

A descoberta da América é considerada como um dos feitos mais transformadores da história ocidental, até os dias de hoje, não apenas pelas conquistas científicas envolvidas na empreitada, nem por ampliar as dimensões cartográficas do planeta, mas principalmente por produzir um novo conceito de humanidade. Por inserir "o outro". Por deslocar o eurocentrismo cristão e mostrar aos europeus outros povos, outras culturas e a diversidade.

O desconhecimento dos espaços e dos habitantes recém-descobertos provocou visões idealizadas, tanto para o nativo como para o europeu. Nesse encontro de indivíduos distintos, os valores morais e os costumes eram tão estranhos, que se cogitou a ideia de serem de espécies diferentes. O antropólogo Lévi-Strauss, no livro *Raça e Ciência*, comenta que, nas Antilhas, as situações foram semelhantes: *"Enquanto os espanhóis enviavam comissões de investigação, para estudar se os índios possuíam ou não uma alma, esses últimos empenhavam-se em afogar prisioneiros brancos a fim de verificar, por observação prolongada, se seu cadáver estava ou não sujeito à putrefação"*.[06]

Era uma via de mão dupla. A experiência da alteridade entre o Velho e o Novo Mundo, durante os primeiros séculos da colonização, mostra que os europeus ficaram bem mais presos aos seus valores culturais do que os nativos. Pouco preocupados em compreender as estruturas sociais e mentais e também o universo simbólico das civilizações pré-colombianas, os europeus simplesmente separaram o mundo entre civilizados e selvagens. Mesmo que os sentimentos de estranhamento fossem recíprocos, os civilizados preferiram causar o distanciamento e o "não reconhecimento" da identidade do índio, um fator que orientou futuras práticas de exclusão e submissão. No início, diferenças culturais eram consideradas apenas sinal de excentricidade.

Os europeus sentiram extrema dificuldade para aceitar a nudez, viam-na como um costume estranho que chocava por si, que causava espanto e incredulidade. Perguntavam a si mesmos como era possível existir tanta espontaneidade e inocência. Os portugueses, quando chegaram ao Brasil, já haviam se deparado com a nudez em viagens. Na África, haviam conhecido povos que viviam desta maneira, igualmente nus, mas pela primeira vez a nudez não era negra. Na Carta de Caminha, o escrivão refere seu assombro: os nativos eram *pardos que andavam sem nada que lhes cobrisse as vergonhas*. Os homens da floresta viviam nus, e a nudez era própria dos animais. Lévi-Strauss nos diz que raramente a diversidade cultural se apresentou aos homens de maneira natural, ela sempre foi vista como uma espécie de monstruosidade ou escândalo. Diante do desconhecido, a atitude mais comum e antiga é repudiar o que não nos identifica, sejam formas morais, religiosas, sejam sociais ou estéticas. O que está fora da norma é excluído. Assim, trataram como bárbaros os que não participavam da cultura clássica da Antiguidade, da mesma maneira trataram como selvagens os índios e os africanos tribais, por andarem nus e contrários aos códigos da cultura europeia.

Muito além da nudez, nada incomodou mais os europeus do que a visão lúdica da sexualidade indígena. A relação nada usual que eles tinham com o próprio corpo nunca foi plenamente aceita. Existia um costume banal e muito praticado pelos indigenas que perturbava os "civilizados": o hábito de oferecer suas mulheres aos estrangeiros para o desfrute. Tal gesto jamais foi compreendido como manifestação de cordialidade ou de boa convivência. Porém, o mais constrangedor era a impossibilidade de recusas. Afinal, a mulher era um presente e menosprezar pareceria grande ofensa.

Os religiosos relataram suas dificuldades diante de tais situações. Era muito difícil expor os conceitos de monogamia, monoteísmo e celibato, três realidades inexistentes e inexplicáveis para a mente nativa. Em resumo, para os padrões da cultura indígena, a civilização ocidental era uma imensa abstração e sem nenhum sentido. Imagina-se o quão difícil foi entender o celibato dos religiosos, se os índios viviam junto a seus deuses e animais que procriavam livremente e não conheciam nenhuma prática de proibição. Como justificar um conceito moral que não se encontrava na natureza e nem no seu panteão?

A primeira tentativa de mudar os hábitos relacionados ao corpo, foi realizada pelos jesuítas. Pensaram que vestindo os índios à moda europeia tudo estaria resolvido. Mas se enganaram. Para os nativos, cobrir o corpo correspondia a esconder a simbologia da pintura, dos adornos e destruir os sinais dos seus diferenciais. Do ponto de vista europeu, os índios, quando se vestiam, faziam-no de maneira errada, e do ponto de vista dos habitantes locais, tudo não passava de uma excentricidade ou uma novidade sem nenhuma função. Os padres José de Anchieta e Manuel da Nóbrega escreveram com humor a respeito da adaptação aos novos costumes do vestuário. Anchieta assim escreveu: *"De vez em quando vestem alguma roupa de algodão, usam do seu modo, porque um dia saem com gorro ou chapéu e o resto nu, outro dia saem com sapatos ou botas e mais nada, outras vezes trazem uma roupa curta até a cintura sem mais outra coisa. Quando casam vão às bodas vestidos e à tarde vão passear somente com o gorro na cabeça sem outra roupa e lhes parece que vão assim mui galantes".*[07]

Os conquistadores chegaram sedentos para encontrar mão de obra que suprisse seus desejos mercantilistas, apenas isso. No entanto, foram surpreendidos pelo nudismo, politeísmo, antropofagia e rituais de magia. Rapidamente descobriram que tais problemas poderiam se transformar em possibilidades, que serviriam aos seus objetivos com perfeição. De imediato opuseram-se à ideia idílica de paraíso dos primeiros momentos e passaram ao juízo discriminatório de povos selvagens. Quem vive nu e em contato direto com a natureza, são os animais. Foi preciso uma bula papal, em 1537, para reconhecer a natureza humana dos indígenas e pôr fim ao pretexto de "animalidade" que justificava a prática da sua escravidão.

Quem seriam os bárbaros? Os autóctones que viviam nus e sem escrita, ou os civilizados que condenavam a escravidão por princípios religiosos, mas que a praticavam por princípios econômicos? Quando Colombo chegou à América encontrou povos em diferentes estágios culturais, alguns viviam nas florestas seminômades e de maneira muito precária, outros, pelo contrário, pertenciam a civilizações desenvolvidas e formadas por grandes construtores que viviam em centros urbanos, com complexas organizações sociais. Nas proximidades da América Central e dos Andes, os nativos conheciam metalurgia, tecelagem, calendário e um sistema de contagem; praticavam métodos avançados de irrigação e drenagem do solo, tinham uma arquitetura sofisticada e conhecimento de engenharia e alguns, como os maias, tinham até um código de escrita. Porém, igualmente foram considerados bárbaros pelos europeus cristãos. De ponta a ponta, do extremo norte ao extremo sul, o nativo do continente americano foi excluído dos seus valores e costumes pela aculturação forçada. No imaginário de muitos colonizadores norte-americanos, os índios estavam predestinados a viver em posição inferior, por não serem "os eleitos" de Deus; em outras palavras, eles estavam condenados à danação. Diante dessa premissa "divina", a posse territorial e a política de extermínio, para os conquistadores ingleses, estavam igualmente justificadas.

A CRUZ NO PRIMEIRO RITUAL CRISTÃO EM TERRAS INDÍGENAS

Vitor Meirelles. *A Primeira Missa*, 1861, Museu Nacional de Belas Artes, RJ

Vitor Meirelles, com apenas 29 anos de idade, pintou *A Primeira Missa* a pedido do imperador D. Pedro II durante sua estada na França, como bolsista da Academia Imperial. A imensa pintura, de quase quatro metros, foi exposta pela primeira vez em Paris, no Salão Oficial de 1861; a apresentação pública se deu sob os extremos de aplausos e de críticas e acusações de plágio. A obra do pintor catarinense, criada para consolidar a construção da identidade brasileira, revestiu-se de um caráter mítico de *ato fundador* do país.[08]

Apesar de ter sofrido rejeições e acusações por representar uma visão conservadora e idealizada, popularmente ela é considerada a declaração de uma testemunha ocular do episódio, narrado por Caminha. Na imaginação do grande público, *A Primeira Missa* é a versão oficial do Descobrimento, com a força de um documento registrado em cartório. Como essa imagem é geralmente apresentada durante a infância, nos primeiros livros escolares e, levando-se em conta que os alunos têm contato com a imagem de Meirelles antes de obter conhecimentos históricos sobre o tema, a obra pictórica acaba adquirindo *status* de verdade. As ilustrações didáticas na memória subjetiva, com o passar do tempo, ganham valor afetivo e se confundem com a realidade, tornando-se imagens de fatos presenciados. No imaginário escolar, *A Primeira Missa* de Vitor Meirelles está incorporada como um registro fotográfico e fidedigno; é o marco zero da história brasileira e imagem-referência da Descoberta; por todas essas razões dificilmente será vista como uma obra de imaginação e criação artística de 1861.

A Primeira Missa, a bem da verdade, não foi a primeira, mas sim a segunda missa. Foi celebrada na presença da tripulação, numa sexta-feira, em 1° de maio, no penúltimo dia, antes da esquadra de Cabral partir do Brasil. Estavam presentes aproximadamente 1.500 homens, que antes pediram permissão para deixar suas naus e assistir à cerimônia litúrgica. Desfilaram em forma de procissão, cantando e empunhando os estandartes da Ordem de Cristo e, atrás deles, vieram alguns nativos, não mais que uns 150, todos muito obedientes e comedidos diante do desconhecido. O frei franciscano Henrique de Coimbra, no sermão, relembrou os dias da viagem desde a saída de Portugal sob a égide da cruz, destacou sua proteção nos momentos difíceis e seu papel de guia na chegada às novas terras. Com símbolos religiosos, o sacerdote descreveu o desempenho náutico dos cavaleiros da Ordem de Cristo.

O primeiro contato místico com a cruz foi algo surpreendente. Foi em terra, quando os portugueses celebraram a primeira missa aqui e os nativos, sem nada entender, viram pela primeira vez o símbolo do cristianismo num ritual. Assim foi relatado na carta que o escrivão Pero Vaz de Caminha encaminhou ao rei de Portugal: "*Plantada a cruz com as armas e a divisa de Vossa Alteza, armaram altar ao pé dela*". Como os índios assistiram à liturgia no mais absoluto silêncio, os europeus interpretaram esse comportamento como demonstração de caráter religioso e de respeito. Na realidade, os nativos estavam curiosos e imitavam a coreografia do ritual. Caminha os descreveu no *achamento das terras* como pessoas dóceis que ajoelhavam, se levantavam, erguiam os olhos para o céu, punham a mão na testa, no peito e repetiam o sinal da cruz como faziam os portugueses.[09]

Na pintura, a composição dirige intencionalmente o olhar do observador para a cruz e faz dela o ponto de interesse de toda a obra, que, além de isolada, é a única forma concebida em ângulo reto. As figuras humanas não têm a mesma visibilidade, porque compartilham seus espaços entre si. Condutora do olhar, a cruz tornou-se duplamente a personagem principal; como elemento central da celebração, ela eleva o olhar para o alto e indica simbolicamente o encontro com Deus e, também como objeto de legitimação, ela representa o Estado português. A frota de Cabral era realmente religiosa e, considerando-se a narrativa de Caminha, essa missa foi um evento aguardado, por cumprir dois rituais: o da devoção e o da conquista portuguesa.

Porém, o que mais chamou a atenção dos filhos de Pindorama foram os instrumentos de metal brilhante usados na confecção da cruz. O brilho das joias e das vestimentas da tripulação não fora ignorado, mas nem de longe causou o mesmo entusiasmo, apenas demonstrou conhecimento sobre ouro e prata. A cruz em si também nada significou, mas serras e machados, estes sim eram mágicos. Verdadeiros *objetos de desejo,* em segundos introduziram os índios na Era dos Metais. Depois do primeiro contato com a metalurgia, os nativos foram arrastados para as armas de fogo. Mais um deslumbramento e o fim da inocência. A partir desse momento, os supostos habitantes do Éden e antigos descendentes de Adão e Eva se submeteriam a qualquer tarefa para conseguir um simples anzol.

Na pintura de Meirelles, três figuras, próximas ao altar chamam a atenção por sua indumentária. São elas um cavaleiro de armadura, um chefe militar com capacete de metal e um burguês ajoelhado. Representantes dos grupos empreendedores das Grandes Descobertas, os três estão armados com lanças e espadas em forma de cruz. E finalmente, para dar mais ênfase à simbologia dos antigos templários, no centro da composição, brilha uma cruz iluminada sobre o baú cheio de metais preciosos.

Um erro em Botânica fez com que Vitor Meirelles colocasse junto à mata atlântica um coqueiro; essa planta com jeito tropical, à esquerda, não estava lá no ano de 1500. Os coqueiros chegarão ao futuro país, que se chamará Brasil, pelas mãos dos catequistas jesuítas.[10] Virão da Índia, em companhia de uma enormidade de outras árvores e se tornarão genuinamente brasileiras no imaginário popular. A partir dessa pintura, o equívoco se perpetuou e voltou a aparecer nas obras dos mais tradicionais pintores históricos.

A Primeira Missa é inegavelmente uma obra emblemática da iconografia brasileira que pertence ao Projeto de Civilização, desenvolvido no século XIX, sob uma ética eurocentrista. Acreditava-se que a consciência de nacionalidade era um produto de ocupação territorial, de unidade política e cultural, como a língua e os mitos fundadores das nações. As obras conhecidas como pinturas históricas tinham a função educativa de firmar tais ideias. Assim fez Vitor Meirelles. Na *Primeira Missa,* tudo é apresentado como se fosse verdade. O artista conseguiu que o Descobrimento tomasse corpo e se instalasse de modo definitivo no interior de nossa cultura.

SIGNO DE POSSE
CRUZ DA LEGITIMIDADE

Pedro Peres. *Elevação da Cruz*, 1879,
Museu Nacional de Belas Artes, RJ

A obra, de inspiração romântica, tem como modelo Vitor Meirelles e, como o seu mestre, Peres repetiu as mesmas soluções e incorreu nos mesmos erros do pintor catarinense. Igualmente a cruz é a protagonista da cena num grande círculo, como também as exóticas palmeiras foram colocadas na mata atlântica da Bahia. O artista baseou-se na descrição real que diz: "fincaram na areia uma enorme cruz". Lá está ela no centro da composição em diagonal e medindo por volta de 7 metros de altura.

Padrão de pedra, 1501
Forte dos Reis Magos, Rio Grande do Norte

O Marco de Touros mede 1,62 m de altura e foi esculpido em pedra de lioz, um material inexistente no Brasil, porém abundante em Portugal e muito usado para fazer lastro nas embarcações de vinda.

Cabral poderia estar apenas tomando posse de uma terra que os portugueses já conheciam, mas as crônicas da época provam que a esquadra de Cabral não trouxera nenhum padrão de pedra, para sinalizar e oficializar a posse das terras, um detalhe que desencadeia até hoje, discussões a respeito da intenção *versus* o acaso da descoberta. A verdade é que uma imensa cruz de aproximadamente sete metros de altura foi construída com troncos de árvores e fincada nas areias da praia da Coroa Vermelha, na Bahia. A cruz erguida era uma questão de fé, como também significava a ocupação da nova terra e deveria ficar em lugar estratégico, para ser imediatamente vista, mesmo à distância.

O marco do Forte dos Reis Magos, em Natal, data de 1501, é considerado o mais antigo, e tem esculpido em uma das faces o signo do Estado representado pela cruz da Ordem de Cristo, abaixo do escudo português. Padrão, como é chamado esse tipo de marco de pedra, servia para atestar o direito de posse de Portugal sobre as terras recém-descobertas. Para muitos historiadores, além da visível presença física portuguesa, o marco representava o registro do nascimento jurídico do Brasil.

Quando a carta de Caminha foi publicada pela primeira vez, em 1817, teve-se o cuidado de censurar narrativas referentes aos indígenas; portanto, tanto Meirelles como Peres ilustraram um texto dirigido por uma moral conservadora. A carta, descoberta em 1773, ficou esquecida por quase três séculos na Torre do Tombo e só em 1990 houve permissão para que viesse a público na íntegra. Embora os dois pintores tenham bebido na mesma fonte, a cruz de Meirelles faz referência ao ritual cristão, e a de Pedro Peres descreve o trabalho coletivo de carregar e fincar na terra um símbolo de conquista e propriedade territorial. Segundo o texto original, a grande cruz, de sete metros, foi feita por dois carpinteiros da esquadra. Para a sua execução contaram com a colaboração de alguns índios, que ajudaram a cortar, carregar e levantá-la. Ao término, imitando os portugueses quando estes se ajoelharam diante dela, sem saber o porquê, fizeram o mesmo.[11]

O próprio nome das obras diferencia os objetivos: uma é *A Primeira Missa,* a outra, *Elevação da Cruz*. O escrivão descreveu que "*Hoje é sexta feira, primeiro de maio, pela manhã saímos em terra com nossa bandeira e fomos desembarcar onde nos pareceu que seria melhor arvorar a cruz, para melhor ser vista. Ali o capitão marcou o sítio onde haviam de fazer a cova para a fincar. Com os sacerdotes que cantavam à frente, fomos trazendo-a a modo de procissão*".

Na pintura de Pedro Peres, Cabral, o capitão da esquadra, ocupa lugar secundário, enquanto os índios idealizados nos conceitos estéticos do indianismo do século XIX, misturam-se com os brancos em clima de tranquilidade. Antes da celebração, a cruz foi trazida em procissão cantada; no meio do caminho, muitos índios que simplesmente observavam encantados os martelos e as serras, colocaram-se em baixo da cruz para ajudar a carregar e a erguê-la. Os portugueses, em estado de graça, entenderam o gesto como expressão de um catolicismo instantâneo. Até Pero Vaz de Caminha, que tivera de início a sensação idílica de paraíso, percebeu que os índios repetiam os gestos, ajoelhavam e pareciam entender os ritos, mas o verdadeiro foco estava nas ferramentas de ferro. Extasiados, não conseguiam desviar os olhos delas.

A cruz *plantada*, ao longo dos séculos, ultrapassou o seu sentido religioso. No primeiro dia de maio de 1500, ela iniciou o seu longo trabalho de sinalizar conceitos, comportamentos e propriedades. A cruz jurídica do marco de posse e representante da Ordem de Cristo continuou em terras brasileiras, mas deixou de ser monopólio dos descobridores, para renascer com outras faces. Signo do poder e da fé, refletiu modos de pensar, expressou imagens simbólicas e definiu momentos sociais na história brasileira.

3.2 CONSTRUÇÃO DO HERÓI NACIONAL SOB O SIGNO DA CRUZ

"Joaquim José da Silva Xavier

Morreu a 21 de abril

Pela Independência do Brasil

Foi traído e não traiu jamais

A Inconfidência de Minas Gerais"

A música "Exaltação a Tiradentes", escrita em 1949 pelos compositores Fernando Barbosa, Mano Décio da Viola e Estanislau Penteado, foi apresentada como samba-enredo da Escola de Samba Império Serrano e rendeu à escola, que ficava no morro da Serrinha, no subúrbio da Mangueira, o título de bicampeã. Registra-se que, em 1955, na voz de Roberto Silva, a composição foi reconhecida como o primeiro samba-enredo gravado, mas que infelizmente, teve pouca repercussão. Porém, no início da década de 1970, alguns anos após a encenação de *Arena conta Tiradentes,* de Augusto Boal e Gianfrancesco Guarnieri, a música fez enorme sucesso na voz de Elis Regina, Chico Buarque, Clara Nunes e Maria Creuza. A trajetória dessa música é uma constatação categórica de que aceitação e interpretação de uma obra de arte ou de um fato histórico se vinculam ao contexto vigente.

História não é passado morto e incontestável. O historiador relê, recicla e reavalia o tempo histórico, com novas versões dos fatos e dos personagens e, às vezes, muda conceitos, considerados axiomáticos até aquele momento. Tiradentes, uma das figuras mais analisadas, confirma essa tese. O número crescente de publicações a seu respeito é um fenômeno contemporâneo que se coloca em total oposição ao silêncio dos primeiros 50 anos após sua morte. Os textos e as imagens recentes de Tiradentes têm mais um caráter de desvelar o personagem do seu tempo e adequá-lo ao presente, do que ressuscitar o passado histórico e oficial dos Autos da Devassa da Inconfidência Mineira.

O mito de Tiradentes começou por volta das 11 horas da manhã de 21 de abril de 1792. Ao executarem a sentença de morte do conspirador Joaquim José da Silva Xavier, criaram o primeiro herói nacional. Conforme determinação da Justiça de Sua Majestade, o réu foi acusado de crime de *rebelião e alta traição,* e por esse delito levado pelas ruas públicas da então capital da Colônia, condenado a *morrer enforcado de morte natural*. O enforcamento deu-se no Campo de São Domingos, atual praça Tiradentes, no Rio de Janeiro. Diante de uma multidão agitada e heterogênea, misturaram-se religiosos constritos, que rezavam sem parar. Alguns curiosos apenas queriam ver um espetáculo; outro tanto foi para o local sem acreditar no que iria acontecer, e uma grande maioria assistiu atônita e prostrada à cena macabra de um corpo vestido de alva balançando no cadafalso como um pêndulo de relógio. Ao executarem um conspirador, decretaram a origem do mito. O martírio e sua morte produziram o primeiro e talvez o único herói pleno de identidade nacional. Por que apenas Tiradentes é considerado o herói da Liberdade?

Há quase 200 anos sua história vem sendo contada e recontada. No início eram descrições baseadas na memória e testemunho dos seus últimos contemporâneos que, como ele, também tinham vivido o desencontrado movimento da Inconfidência. Sua história nasceu da repetição oral, e sem nenhuma metodologia científica, foi se construindo sobre fatos e fantasias. Tiradentes é uma intrigante história de lendas e realidades. Os verdadeiros documentos da época, que hoje seriam uma fonte preciosa para a pesquisa, foram destruídos pelos próprios inconfidentes, com o claro intuito de apagar as provas de sua participação na rebelião. O que restou como material oficial e fidedigno são os chamados *Autos da Devassa,* uma fonte factual coletada em dez volumes, e que após o episódio ficou esquecida. Foi redescoberta por Joaquim Norberto de Souza Silva, em 1860, durante o Segundo Império. É uma importante fonte primária, porém continua questionada, por considerarem que os depoimentos foram dados sob o peso de métodos inquisitoriais. Apesar de dúvidas, por enquanto, esses são os únicos registros oficiais do *crime* da Inconfidência.

Em 1873, o mesmo Joaquim Norberto publicou o livro *História da Conjuração Mineira*, obra considerada a primeira análise documental. Nela, o autor descreve Tiradentes como uma figura secundária. Baseia sua opinião nas declarações dadas pelos demais inconfidentes durante os vários interrogatórios. Foi esse livro que, textualmente, pela primeira vez associou Tiradentes a uma figura religiosa. Apesar de muitos pesquisadores estarem sempre fazendo revisões e reinterpretações sobre o papel histórico dos Inconfidentes, apesar de terem obtido resultados com enfoques diferentes entre si, no imaginário popular, Tiradentes é e sempre será um herói. Na sociedade brasileira, ele habita o inconsciente associado a Liberdade, mesmo que não esteja claro a qual conceito de liberdade ele possa ser incluído.

Na ausência de um retrato, a imagem de Tiradentes, construída e desconstruída de acordo com as necessidades de cada época, nunca será confrontada com a realidade. O rosto idealizado pelos republicanos tornou-se o ícone canônico do herói brasileiro;

com a cristianização da imagem, ele adquiriu as qualidades visuais necessárias de mártir capaz de morrer por uma causa. As representações iconográficas sempre são lidas no presente, e por isso mesmo filtradas. *"Elas adquirem novos significados a cada nova época, assim oferecem novas respostas às novas indagações que são colocadas. Nem a imagem que pretendeu ser a mais fiel das cópias de uma realidade qualquer jamais o será, assim como acontece com qualquer interpretação historiográfica. Há sempre a arbitrariedade, a parcialidade e as escolhas do observador e do historiador, o que garante olhares e versões diferentes sobre o mesmo objeto".*[12]

Ora Tiradentes é o mártir cristianizado e entregue em sacrifício para salvar os outros inconfidentes, ora é o bode expiatório que somente foi sacrificado por ser o mais pobre. De herói consciente e corajoso, já foi tratado como um coitado, falastrão e insatisfeito com a sua situação social; ou apenas como um fracassado, fosse na mineração, na carreira militar e em tudo o que se metia. Tiradentes, de tantas faces, já foi uma figura misteriosa, de entidades secretas internacionais; já foi o alferes visionário, republicano e abolicionista; tanto quanto o mestiço contraditório e senhor de escravos, solteirão e pai de filhos ilegítimos. Nem tão pobre, nem tão rico; ora é visto como mártir cívico, torturado e executado; ora é a vítima pobre digna de dó, sem eira nem beira e sem sepultura. De rebelde patriótico, a inocente útil; de defensor dos fracos e oprimidos, a místico messiânico. E mais recentemente, é visto como um destemido propagador de ideais sociais e políticos, um progressista intuitivo e oriundo da classe média. Enquanto os pesquisadores buscam o sentido histórico de Tiradentes, seguem crescendo as fantasias sobre o inconfidente.

Entre imagens em contraposição, o mito ganha força, por não se apresentar como símbolo, mas como fato. Tiradentes teve presença real no movimento mineiro, ele é imagem vívida. Se mártir ou bode expiatório, se vítima ou herói, se rebelde visionário ou místico messiânico, se inocente útil ou líder, não importa. Todos eles são multifaces do personagem que tem, no seu corpo mutilado, os paradigmas do grande herói nacional.

A rigor, as sociedades, ao longo da História, sempre produziram suas próprias representações. É um trabalho de elaboração, entendido como ideias-imagens, ou seja, representações coletivas de natureza visual ou oral que criam identidades e servem de modelo. Os historiadores podem ter visões incompatíveis entre si, facilmente surgem novas interpretações que são ajustadas às circunstâncias de cada um, mas até o momento nenhum historiador conseguiu desmistificar Joaquim José da Silva Xavier, confirmando uma vez mais que o mito não é entendido, mas sim vivenciado.[13] Mesmo que todas as representações do herói não sejam reflexos dele mesmo, todas importam igualmente, pois demonstram a temporalidade da história e o contexto dos seus criadores.

A ironia do tempo fez com que, depois de exatos 30 anos, em 1822, a emancipação política brasileira viesse pelas mãos do neto da Rainha Louca e, de acordo com a historiografia clássica, o jovem Príncipe Regente, ao proclamar a Independência, perpetuou o ato empunhando uma espada. Para efeito de construção simbólica, no imaginário escolar brasileiro, Tiradentes ficará eternamente associado à cruz, enquanto Dom Pedro I será lembrado pela virilidade da espada.

SÍMBOLO POLÍTICO
O MITO DE MUITAS FACES

O Tiradentes real e factual perdeu-se para sempre, e em seu lugar surgiu o mito e o emblema de identificação nacional. O mito, algo difícil de ser explicado, vive no imaginário e no inconsciente individual e coletivo. De natureza universal, manifesta-se através de símbolos. Os mitos contam histórias e se tornam parte da história. Nas civilizações tribais e arcaicas, geralmente são seres sobrenaturais e sagrados, associados à história primordial que personificam ensinamentos e ditam regras, com o intuito de garantir a sobrevivência do grupo. As sociedades modernas, da mesma maneira, necessitam deles para que cumpram o eterno papel de agregadores. O mito não é invenção, fantasia ou fábula, mas se trata de um conhecimento vivido. *"Viver os mitos implica uma experiência verdadeiramente religiosa, pois ela se distingue da vida ordinária e cotidiana. O indivíduo, ao evocar a presença dos mitos, torna-se contemporâneo deles. Os mitos desempenham, na vida das pessoas, uma função indispensável: codificam regras, orientam, exprimem e salvaguardam os princípios morais"*.[14]

A humanidade periodicamente se renova, ao celebrar o mito e vivenciá-lo nos ritos. O mito imitado e repetido nos rituais, reaviva a necessidade de nos ligarmos aos nossos ancestrais. Mitos e heróis, popularmente usados como sinônimos, apresentam diferenças. Segundo Campbell, o herói tem o objetivo moral de salvar seu povo da destruição e da morte, ou de defender um ideal, portanto, a ideia de sacrifício está sempre presente em sua imagem e este é o fator que o diferencia do mito. Para Jung, o conceito de herói formatado pelo inconsciente é o homem-deus-vencedor-do-mal, apresentado por dragões, serpentes e monstros; já os mitos na Antiguidade estavam acima dessa realidade, eles eram deuses.

Impossível entender a identidade nacional brasileira, sem a construção mítica de Tiradentes, um personagem real e histórico e sempre explorado pelo poder político. Entre movimentos e governos, ele serviu militares e civis, progressistas e conservadores, democratas e ditadores. Tiradentes, de múltiplas naturezas, é a compreensão da brasilidade que, por sua vez, é uma realidade em constante formação. Tiradentes é uma rara figura nacional, com qualidades necessárias para exprimir o poder do mito, pela teoria de Joseph Campbell: *"Os mitos servem para nos conduzir a um tipo de consciência, eles são os sonhos do mundo, são os sonhos arquetípicos e lidam com os magnos problemas humanos"*.[15] Conscientes do poder mítico de Tiradentes, antes do primeiro aniversário da República instituíram por decreto, em 1890, a data de 21 de abril, como feriado pátrio.

Tiradentes passou a viver no imaginário como um herói transformador e paradigma da coragem e sacrifício, ou como o mártir sacrificado pela traição e repressão política. Seus retratos, construídos através do tempo, refletem mais as intenções e ideologias do contexto dos autores, do que mostram o retratado. Tiradentes ainda vive na consciência coletiva, mas como um fantasma, que remói pensamentos de vinganças e sentimentos de remorsos. Como figura mítica, ele cria um diálogo perturbador, entre passado e presente.

UM MITO EM CONSTRUÇÃO
O CRISTO BRASILEIRO TIRADENTES NA CRUZ

Januário dos Santos Sabino e Estevam da Costa Cunha.
Alferes Joaquim José da Silva Xavier, O Tiradentes, 1883, Pantheon Escolar Brasileiro, MHN-RJ.
Precursor da Independência e da República do Brasil
xilogravura, detalhe

A imagem de Tiradentes nasceu como um retrato falado sobre os textos de Castro Alves. O poeta abolicionista, em fevereiro de 1867, escreveu o drama *Gonzaga* ou a *Revolução de Minas* para ser representado durante as comemorações da Independência. Na época, apaixonado por Eugênia Câmara, dedicou a peça à atriz. A estreia ocorreu em Salvador, com estrondoso sucesso, e em data anterior à publicação do 1º Manifesto Republicano, em 3 de dezembro de 1870. A encenação em São Paulo e Rio de Janeiro deu-se após 45 anos da Independência e 75 anos da Inconfidência Mineira. Conforme as opiniões elogiosas de José de Alencar, Machado de Assis e Rui Barbosa, o texto continuava novo. Para o poeta baiano, Cristo e Tiradentes possuem o fascínio dos heróis trágicos. Sua peça não deixava de ser uma concepção romântica, na qual ideais políticos se misturavam ao cristianismo. Cheio de patriotismo, Castro Alves, nas últimas estrofes, descreve o personagem inconfidente no papel de guia, um Cristo revolucionário e inspirador. A cena imaginada foi inspirada nos passos da via-crúcis bíblica; nela, Tiradentes caminha para a morte diante de uma aglomeração de anônimos e comuns.

> *"Ei-lo, o gigante da praça,*
> *O Cristo da multidão!*
> *É Tiradentes quem passa".*[16]

No imaginário brasileiro, Cristo e Tiradentes ficaram inseparáveis para sempre. Suas histórias repetem-se, são arquétipos envolvidos em ideários de liberdade, sofreram traição, delação e terminam em martírio público, igualmente viveram momentos de solidão, foram julgados e condenados, sem direito à apelação. O enredo mítico-ritual de Tiradentes reconstruiu no último ato, o sacrifício passivo do líder religioso, reproduziu o holocausto por acreditar no bem coletivo acima da própria vida.

Os dois personagens emblemáticos e amalgamados confundiram-se na construção mítica, projetada por duas vertentes sociais diferentes. De um lado, estavam os republicanos positivistas, e de outro, o tradicionalismo do pensamento religioso. Se politicamente estavam em campos opostos, esteticamente os dois grupos eram adeptos de um mesmo romantismo piegas, conservador e ultrapassado. A imagem do inconfidente apresentada, com extrema semelhança, ao líder religioso, fez de Tiradentes uma vítima santificada e não um ativista político. Criaram um Tiradentes menos alferes e mais mártir e, sem se darem conta, criaram a maior força mítica e aglutinadora da História brasileira. Uma imagem ideal para encobrir a insegurança dos primeiros republicanos e da nova sociedade em transição.

Tiradentes-Cristo é o mártir cívico-religioso e não o libertador-revolucionário. Embora aclamado herói, ele perdeu a espada enérgica dos heróis, para se transformar no mártir pacifista e redentor da simbologia cristã. Quando lhe deram um rosto à imagem e semelhança de Cristo, criaram o mito. O mais curioso é pensar que a figura de Tiradentes é dupla idealização, pois ela foi criada sobre um rosto outrora também imaginado.

Sem nenhuma condescendência heroica, Joaquim Norberto no livro *História da Conjuração Mineira* nos mostra um Tiradentes coadjuvante. A obra, considerada um marco histórico, nem sempre é apreciada, porque desfaz o mito em prol de um personagem secundário. Por ser a primeira pesquisa baseada em documentos reais, os textos registraram com fidelidade os interrogatórios; deles surgiu um inconfidente mais religioso e menos libertário político. O autor declarou, com desapontamento: *"Prenderam um patriota e executaram um frade!"*[17] Na narrativa, Tiradentes caminhou para a morte resignado, morreu rezando, subiu ao cadafalso com um crucifixo nas mãos. Antes, em demonstração de humildade, beijara os pés do carrasco, um negro também condenado. O autor desloca a liderança do movimento para Tomás Antônio Gonzaga e demais magistrados, uma opinião semelhante à de Kenneth Maxwell. Segundo consta, nos seus últimos anos na prisão, é possível que *"o inconfidente tivesse realmente se transformado num místico, por força da experiência traumática da prisão e da verdadeira lavagem cerebral que lhe aplicaram os frades franciscanos"*.[18]

Embora não houvesse consenso entre as lideranças republicanas, fica claro que a questão religiosa caminhava para a laicização do Estado. É paradoxal, mas coube à República santificar visualmente Tiradentes e institucionalizar sua imagem como mártir e não como herói. Quando os partidários do regime republicano divulgaram pela primeira vez o retrato de Tiradentes, nas ilustrações dos clubes republicanos de todo o Brasil, ele surgiu cristianizado. E em um verdadeiro passe de mágica, transformaram o único herói nacional num místico e, mais, conseguiram esvaziar o sentido de rebeldia patriótica de sua morte. A República escolheu Tiradentes e não outro, porque viram nele o antecessor republicano plebeu, diferente dos outros inconfidentes, que eram pessoas ilustradas e de ricas famílias. A maior parte da população estava alheia e não entendia os ideais republicanos, porém ter diante de si a imagem de um líder humilde, pacífico e com as feições de Cristo, provocava empatia imediata. Tiradentes, imaculado, deixou a violência para seus carrascos. O novo regime precisava ser aceito sem luta armada, precisava de conciliação e ela veio pela associação com Cristo.

No imaginário religioso brasileiro, um Tiradentes cristianizado não representa contradição. Pelo contrário, a imagem doce e resignada facilitou o difícil trabalho de agregar tendências políticas antagônicas, classes sociais diferentes e interesses regionais divergentes. Tanto no passado, como no presente, o misticismo continua um importante elemento catalisador da cultura brasileira. Os militares republicanos discursavam sobre a laicização do Estado e eram adeptos do positivismo científico; além de herdeiros da Questão Religiosa desencadeada no Império, alguns eram nitidamente anticlericais e contrários ao catolicismo, porém em assuntos políticos conseguiam manter boa convivência com os demais religiosos. Entre conflitos, controvérsias e aceitação, os republicanos criaram um herói cívico com aparência santificada. Ou eram pragmáticos ao extremo, ou fingiram ser o que não eram. A sacralização transformou Tiradentes no único herói com plena aceitação, figura nacional inconteste e resguardado acima de ideologias e credos.

HERÓI X MÁRTIR
REALIDADE e IDEALIZAÇÃO
MITO SEM ROSTO RENASCE SANTIFICADO

Décio Villares. *Tiradentes*, 1890,
Edição do Apostolado Positivista do Brasil litogravura – MHN-RJ.
Igreja Positivista do Brasil

Décio Villares, responsável pela criação e divulgação do retrato Tiradentes-Cristo, era um pintor envolvido com ideias político-filosóficas da virada do século. Ganhou fama pela criação visual da bandeira brasileira, que porta o lema positivista *Ordem e Progresso*, de autoria de Raimundo Teixeira Mendes. O retrato do Inconfidente, embora idealizado, foi apresentado e aceito como imagem oficial e real.

A litogravura distribuída durante as comemorações do primeiro ano da República, tornou Tiradentes o Cristo brasileiro e instituído em imagem canônica e fundante da iconografia do herói nacional. Até a data do evento, os republicanos não tinham um símbolo, precisavam urgentemente encontrar um patrono-mítico, que espelhasse respeitabilidade e não apresentasse questionamentos. Tiradentes apresentava-se para ser a figura ideal, mas ainda não tinha um rosto definido. Tiradentes, que morrera sem nenhum registro visual, renasceu cristianizado na festa republicana pela gravura de Décio Villares. O artista, além de formatar semelhanças físicas pela barba e cabelo, agregou uma identidade de santidade ao movimento político.

O Brasil se despediu do século XIX com o lema positivista do "*Amor como princípio, a ordem como base e o progresso como meta*", e a República que nascera sob suspeitas após a deposição do imperador D. Pedro II, ainda não tinha o seu herói; os monarquistas, pelo contrário, desde 1822 tinham D. Pedro I. Até 1890 nada existia além de fardas e cafeicultores insatisfeitos. Com muita habilidade criaram um Cristo Cívico, o herói da liberdade ainda que tardia, enfim, um líder-mártir-herói-santo, que dera sua vida pela Pátria e fora vítima do governo português e dos companheiros da conspiração.

Como positivista convicto, Décio Villares gostava de símbolos e lemas, uma característica muito presente no retrato de Tiradentes. No desenho, extremamente narrativo, barbas e cabelos longos desalinhados indicam o longo tempo da prisão; a corda com nó enlaçada no pescoço é lembrança redundante do enforcamento; a legenda acima da cabeça "*Tiradentes 1792- 21 de abril – 1890*", além de indicar o retratado, transforma a data biográfica da morte em data cívica. A legenda de baixo, escrita no laço de fita que amarra uma palma da vitória e um ramo de café tem os dizeres "*1792- Libertas quae sera tamen Ordem e Progresso – 1889*", dois lemas que, apresentados unidos, se associam diretamente ao movimento libertário mineiro e ao republicano. No canto esquerdo, para não passar despercebido, fazem referência aos mentores intelectuais da criação com a inscrição: "*Edição do Apostolado Positivista do Brasil, 1890*".

Os positivistas não concebiam religião no sentido metafísico, acreditavam somente no conhecimento científico como base da vida, e com essa linha de pensamento, criaram a Religião da Humanidade, uma doutrina filosófica, sociológica e política que objetivava a regeneração social e moral com cultos cívicos de pessoas referenciais de conduta. Num mundo sem teologia, deuses ou entidades sobrenaturais, o novo Ser Humano seria orientado pela razão. Para os positivistas, o culto a Tiradentes se encaixava perfeitamente nesse ideário, mas no Brasil os vínculos entre mundo religioso e secular eram tão estreitos, que interferiram no âmbito simbólico e ritual do Estado.

A imagem perpetuada do primeiro retrato oficial de Tiradentes também é uma alegoria das forças econômicas republicanas. Na parte de baixo, uma folha de palma, que na Igreja Católica é usada no Domingos de Ramos, em memória à entrada triunfal de Jesus na cidade de Jerusalém, antes do seu trágico final, nos remete à coroa símbolo da vitória, mas com Décio Villares ela está entrelaçada a um ramo de café. A primeira ideia é pensar apenas no indicador da riqueza nacional, o café, que já existia na bandeira do Império, porém, nos tempos da Proclamação da República, o sentido torna-se mais complexo.

A partir da década de 1870, ideais libertários agitaram o País, mas somente com o fim da escravidão, os discursos republicanos tomaram corpo. Até ocorrerem as mudanças no sistema de mão de obra, Monarquia e República eram dois regimes políticos discutidos apenas no campo da teoria. Portanto, a imagem do café junto à palma significa a vitória dos cafeicultores insatisfeitos contra a Monarquia, porque esta não atendeu aos seus pedidos de indenização. Bem distante dos discursos idealistas, os indenizados seriam os produtores e não os ex-escravos! Paradoxalmente, os negros fizeram mais pela República do que a própria elite rural, pois, além das consequências socioeconômicas da Lei Áurea, eles conseguiram um lugar garantido no Exército. O fim da Guerra do Paraguai trouxe alforrias, já que os aristocratas tinham o direito de mandar seus escravos, para lutar no lugar dos seus filhos. Esse modelo ambivalente de recrutamento – também usado na Guerra Civil American, pelo Exército do Norte – teve impasses semelhantes. Nos dois países, os negros, além de ganhar liberdade, conquistaram o direito ao porte de armas. Medida ameaçadora para uns, reconciliadora para outros. Quando a Guerra do Paraguai terminou, muitos negros ingressaram no Exército, fizeram carreira e aproximaram-se dos homens brancos e livres.

Tiradentes, o escolhido para simbolizar valores cívicos, virou Jesus Cristo, mesmo que a expressão serena e tranquila seja totalmente contrária à descrição feita por Alvarenga Peixoto nos *Autos da Devassa*. Durante o interrogatório, o advogado-poeta o descreveu como um homem magro, alto, feio e espantado. O escritor Joaquim Norberto, baseado no mesmo texto, acrescentou, por conta própria e sem comprovação, que o inconfidente nada tinha de simpático, era até *repelente*. O pintor Décio Villares desconsiderou tais avaliações e trocou o *feio e espantado*, dito por Alvarenga, por um rosto sereno e adocicado.[19]

Se a única descrição dos *Autos* fora dispensada e sem a existência de nenhuma outra que fosse feita por quem o tivesse visto pessoalmente, o retrato de Tiradentes surgiu de uma mistura de imaginação e projeções do imaginário popular. As fronteiras entre política e religião estavam definidas na legislação republicana, porém esse regime não tinha poderes para mudar a alma mística da sociedade brasileira. A solução foi construir um viés confuso entre sacralização e laicização no Estado.

O MÁRTIR REPUBLICANO SANTIFICADO E ESQUARTEJADO NA NOVA DEPOSIÇÃO DA CRUZ

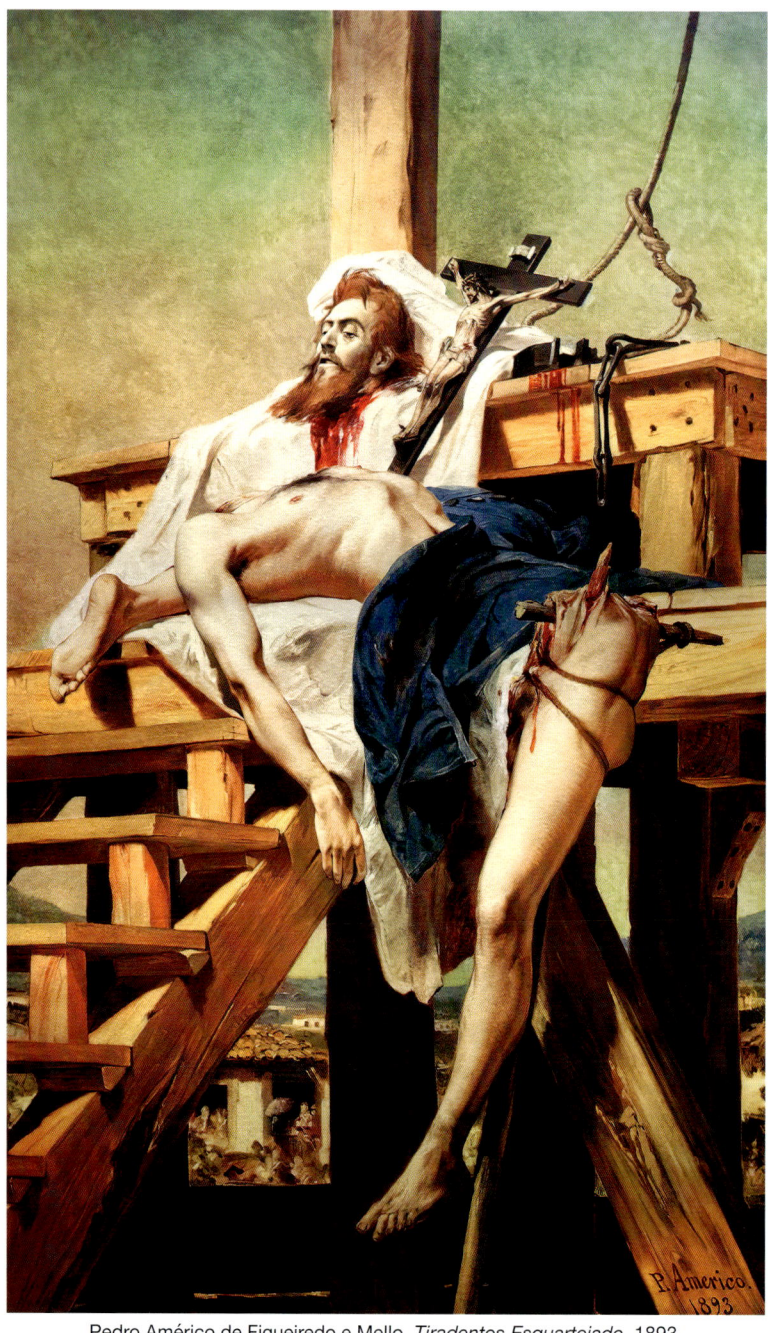

Pedro Américo de Figueiredo e Mello. *Tiradentes Esquartejado*, 1893,
Juiz de Fora – Museu Mariano Procópio.
óleo sobre tela 270 X 165 cm

Pedro Américo chocou e não agradou a ninguém. Nem a republicanos, nem à crítica, e muito menos ao público comum. A negação deve-se ao fato do artista exibir um Tiradentes vencido pela violência, no momento em que o novo regime precisava transmitir otimismo e segurança. Como enfrentar mudanças políticas e provocar sentimentos de tranquilidade diante de um líder-mito derrotado e destroçado? O segundo problema estava na pessoa de Pedro Américo; ele era o pintor predileto de D. Pedro II e, fazia pouco tempo, havia imortalizado D. Pedro I na conhecida obra *Independência ou Morte*. Estava em jogo a dificuldade em admitir o sucesso dessa pintura histórica e reconhecer o inquestionável: a Independência brasileira fora realizada por um monarquista, pelo imperador D. Pedro I, neto da rainha tirana e pai de D. Pedro II, uma figura ainda estimada e popular na sociedade. O espírito jacobino da recém-criada República não louvava o velho imperador, como também não reconhecia nele nenhum gesto admirável, por simplesmente pertencer à nobreza.

Nas duas obras, Pedro Américo usou da teatralização e nos conduziu a resultados diferentes. Na *Independência,* a espada em punho engrandece o gesto do Príncipe, perpetuando-o como o herói da Liberdade. Inversamente, na *Inconfidência,* o sentimento despertado é de misericórdia. A pintura não fora encomendada pelo governo, a ideia surgiu quando o pintor, residindo em Florença, pediu material de pesquisa para seu amigo e personagem notável do Império, o Barão do Rio Branco, que lhe sugeriu representar o Inconfidente com farda, para agradar os novos dirigentes. O projeto inicial de Pedro Américo seria uma narrativa dividida em cinco atos; no entanto, ele realizou apenas a última cena. Pintou com rapidez assombrosa, queria chegar a tempo da reabertura do Congresso no Rio de Janeiro. Infelizmente a imagem desagradou a todos, dos militares recém-empossados aos positivistas. Pedro Américo estava isolado, perdera espaço na Corte e seu grande amigo, o imperador, morrera no exílio havia menos de dois anos.

Pedro Américo de Figueiredo e Mello. *Independência ou Morte,* 1888,
Museu Paulista – SP. 415 cm X 760 cm
detalhe central

Naquele contexto, nenhuma obra de Pedro Américo agradaria ao novo poder público, muito menos a imagem do Inconfidente martirizado. O pintor orientou-se mais pelo imaginário popular da sociedade brasileira do início do século XX, criou uma figura mais religiosa e menos política. Ele cometeu um grande erro, a ausência da indumentária dos agentes republicanos, a farda. Em sua pintura, ela é apenas uma sugestão, num trapo azul e desbotado de um casaco roto; não são vestes de um combatente, não projetam um herói libertador. Na obra da *Independência*, pelo contrário, as fardas são mostradas com pompa em D. Pedro I e sua comitiva. Por uma ironia cruel, o pintor trocou as insígnias militares entre os dois personagens.

A luta de monarquistas e republicanos em torno de D. Pedro I era antiga. Em 1862, 40 anos após a Independência, instalaram um monumento em homenagem ao monarca, no antigo Largo do Rocio, que passara a se chamar Praça da Constituição, pois fora lá, na sacada do Teatro Real, onde hoje se encontra o Teatro João Caetano, que D. Pedro jurou fidelidade à nova Constituição. Em 1890, com o advento da República, mudaram o nome para Praça Tiradentes, pois lá se dera o enforcamento, em 1792. Na época, 1893, o prefeito do Rio de Janeiro era Barata Ribeiro e, permitiu tais mudanças, desde que a escultura de D. Pedro I fosse coberta com uma construção em sua volta. Houve reação por parte da imprensa e de alguns liberais, entre eles Quintino Bocaiuva, que interveio para um final conciliatório. O monumento continuou onde estava e o local passou se chamar Praça Tiradentes.[20] O episódio evidenciou que o radicalismo jacobino do grupo de Floriano Peixoto perdera para a sensatez de seus opositores, capazes de enxergar que, para conseguir adesão popular, seria necessária a conciliação entre o presente republicano e o passado monarquista.

Tiradentes, no papel de vítima passiva, não combinava com o roteiro programado para o herói protorrepublicano. Ele deveria se apresentar como líder visionário e não como mártir resignado e ensanguentado. Além do que um corpo destroçado, para quem vivia o realismo das batalhas militares, confundia-se com derrota. Portanto, a pintura de Pedro Américo foi condenada como repulsiva e inapropriada. O novo governo não ousava admitir, mas a população brasileira continuava apegada à memória do velho Imperador D. Pedro II e não via com bons olhos os militares no comando. Por muito tempo, a República foi considerada apenas um golpe militar. Mais do que nunca, a Nação precisava de um herói cívico, e Tiradentes, verdadeiro ou fictício, era o que melhor cumpriria esse papel.

A aceitação da morte de Tiradentes, confundida com a crucificação de Jesus no monte Gólgota, facilitou para a República. *"Talvez esteja aí um dos principais segredos do êxito de Tiradentes. O fato de não ter a conjuração passado à ação concreta, poupou-lhe ter derramado sangue, ter exercido violência contra outras pessoas. A violência revolucionária permaneceu potencial. Tiradentes era o mártir ideal e imaculado na brancura de sua túnica de condenado. Ele foi a vítima de um sonho, de um ideal, dos loucos desejos de uma sonhada liberdade"*.[21] Quanto à descrição do esquartejamento, a obra de Pedro Américo é uma narração fantasiosa. É verdade que Tiradentes foi enforcado em praça pública, para causar intimidação, mas seu corpo foi esquartejado e salgado longe da vista da multidão: ele foi levado para o interior da Casa do Trem, um lugar onde os militares guardavam as armas chamadas de *trem de artilharia,* e que hoje abriga o Museu Histórico Nacional. Mas a recusa ao trabalho do pintor não é somente de natureza política e histórica, é também estética.

O conceito de belo instaurado pelos positivistas era conservador e ultrapassado. Eles enalteciam um falso classicismo bem-comportado que jamais concordaria em mostrar a materialidade de um corpo visceral, uma realidade física escatológica e carnal. Diante do público, o resultado foi inverso ao desejado. A obra pôs em relevância a brutalidade e a covardia da execução em detrimento da coragem do Inconfidente. A pintura *Tiradentes Esquartejado* passou mais de meio século desconhecida; consta que foi rechaçada pela crítica em exposição no Rio de Janeiro, em 1893, e acusada de denegrir a imagem do herói nacional. Poucos a conheciam. A tela rejeitada foi parar em Juiz de Fora, por intermédio de um vereador ligado ao museu da cidade. Ficou escondida, quando teve sua primeira reprodução em 1943 ao ser incluída numa biografia de Pedro Américo e mesmo assim, continuou incógnita. A imagem não circulou até ser redescoberta por Pietro Maria Bardi que, além de publicá-la, nos anos 1970, designou Wesley Duke Lee para executar uma releitura contextualizada. Pelas críticas, comprova-se que a pintura de Pedro Américo foi mais compreendida pelos artistas da pós-modernidade do que por seus contemporâneos acadêmicos. Após 80 anos de esquecimento, viram a repetição da mesma violência e vícios dos regimes totalitários.

Se a morte foi tratada de maneira mórbida e pouco usual, não importa, porque o seu grande valor está na riqueza semiótica e nas analogias iconográficas. À primeira vista e difícil de perceber é entender a obra como uma complexa metáfora da celebração da missa católica. Os degraus e o piso do patíbulo representam o altar sacrifical, o local sagrado que permite o encontro com a divindade na liturgia cristã, nos remete à imagem da Santa Ceia.[22] A oferenda da Eucaristia é o próprio corpo esquartejado e que, disposto estranhamente em ziguezague, repete em semelhança o mapa do Brasil. O sacrifício simbólico entre Cristo e Tiradentes está evidente. Os dois se entregaram envolvidos numa mortalha branca para serem imolados, como os cordeiros dos antigos templos pagãos. Em analogia às missas católicas, a mortalha substitui a toalha branca do altar. A forca, que não é mostrada por inteiro, transmuda-se em cruz e a seus pés a redundância completa-se pelo rosto de Tiradentes em paralelo ao crucifixo. O corpo esquartejado e desfigurado representa a concretude da morte em oposição ao rosto sereno do mártir, apresenta-se como o signo do sacrifício redentor. A imagem simbólica de um herói *entorcado na cruz* era uma visão incorporada pelas obras religiosas e sedimentada na memória visual; por essa razão, transpor para Tiradentes os mistérios da fé cristã foi algo natural e mais intenso do que qualquer racionalização positivista.

MÁRTIR OU HERÓI REDENTOR

Francisco Aurélio de Figueiredo e Mello.
Martírio de Tiradentes,
1893, MHN- RJ

Os irmãos artistas trabalharam o tema no mesmo ano e deram o mesmo tratamento, igualmente viram Tiradentes como um Cristo. Pedro Américo preferiu mostrar o horror da violência da execução e Francisco Aurélio o momento antecedente à consumação e em nítida imitação à crucificação bíblica.

O Martírio de Tiradentes, embora seja narrativo e tenha seguido apenas as declarações encontradas nos *Autos da Devassa,* é uma obra de expressão religiosa. Testemunhas afirmaram que Tiradentes, antes de morrer, beijou os pés do carrasco Capitania, um escravo também condenado, que na pintura mostra-se envergonhado por ser obrigado a executar tarefa tão vexatória. Conforme consta nos *Autos,* o Inconfidente subiu ao cadafalso resignado, entoando orações e junto a alguns frades franciscanos, os mesmos com quem convivera nos últimos meses de cárcere.

O artista repetiu em espelho os momentos finais de Jesus no Calvário, já tantas vezes registrados na iconografia católica – como Cristo na culpa assumida, na solidão, nas preces finais dirigidas para o céu e no perdão ao carrasco. O frade ajoelhado, que empunha um crucifixo e eleva os olhos, repete a tradição das representações da crucificação, nas quais São João é mostrado nessa posição em adoração a Cristo. O contraste intencional das vestes escuras dos personagens laterais realça a alva, a túnica branca de uso real nas execuções e que fora transmutada nas vestes de Cristo. O rosto iluminado contrasta com o desalinho dos longos cabelos e da barba; a haste da forca em semelhança à cruz encena a mimese religiosa. Francisco Aurélio colocou uma pomba branca em primeiro plano para representar em obviedade o Espírito Santo; sua obra é o medievalismo renascido na imitação de Cristo com analogias reduplicadas.

Provavelmente, os últimos momentos de Tiradentes foram diferentes. Ao caminhar para o cadafalso, ele estaria com a barba e os cabelos cortados, uma prática exigida também no uso da guilhotina para facilitar o corte mortal. Tiradentes nunca tivera um rosto real e a mitificação teve início com o roubo de sua cabeça, nunca encontrada. Após o esquartejamento, no Rio de Janeiro, ela foi enviada à Vila Rica, para ficar exposta no centro da cidade conspiradora, mas na noite do primeiro dia e antes do amanhecer, sem nenhuma testemunha, ela desapareceu.

FORCA-CRUZ EM ESPETÁCULO PÚBLICO

Alberto Guignard. *Execução de Tiradentes*, 1961.
Coleção Sérgio Fadel – RJ

Guignard prolongou a tradição iconográfica do Cristo brasileiro, introduziu poucas mudanças e manteve o mártir religioso mais vivificante do que o herói cívico. De metáfora em metáfora, Guignard trabalhou a obra como um ritual que repete, revive e reproduz os feitos do mito *in hillo tempore*, ou seja, transfere a história para o tempo mítico e rompe com a lógica sequencial do tempo cronológico. Na pintura *Execução de Tiradentes* a paisagem do Rio de Janeiro foi substituída pelas montanhas mineiras de Ouro Preto, o Itacolomi, ao fundo, sinaliza o lugar histórico da insurreição e também a cidade onde Guignard vivia. A forca em lugar da cruz do calvário, o vermelho das fardas militares em lembrança ao manto sagrado. O artista superou o transcurso do tempo real ao mesclar as duas sentenças de morte e transformar o enforcamento em crucificação. Em 1961, pouco antes de morrer, Guignard seguiu a trilha aberta por Luiz Gama, quando o jornalista, precursor da Abolição, escreveu em 1882 o artigo intitulado À Forca o Cristo da Multidão, dando continuidade à cristianização dos versos de Castro Alves.

Os *Autos* registraram que o defensor público teve apenas 21 dias para ler os processos, elaborar argumentos e defender os 29 acusados da Inconfidência. Os processos, transcritos em dez volumes, entre 1789 e 1791, demoraram mais de três anos para serem finalizados. Tiradentes foi interrogado 11 vezes. Por que Tiradentes foi o escolhido? Porque os outros membros eram advogados, militares, religiosos, mineradores e funcionários do Estado. O enforcamento foi planejado para ser um espetáculo público, Tiradentes percorreu as ruas do centro em procissão, ouviu em silêncio a leitura da sentença que se estendeu por 18 horas, com direito a discursos de aclamação à rainha, músicos e uma tropa fardada com pompa e circunstância em meio à multidão.

O HERÓI VESTE FARDA, EMPUNHA ESPADA E PERDE A CRUZ

Wasth Rodrigues. *O Tiradentes*
Alferes Joaquim José da Silva Xavier,
1940, MHN-RJ

O retrato pintado por Wasth Rodrigues representa Tiradentes como Joaquim José da Silva Xavier, o alferes da 6ª Companhia do Regimento dos Dragões e, corresponde à primeira tentativa de desvincular a imagem do Mártir da Independência à imagem do Mártir da Igreja. Na publicação *Tiradentes: O Corpo do Herói*, a autora, Maria Alice Milliet, desvenda, com rigor bibliográfico, a imagem do militar, já que por tradição, entre as demais interpretações iconográficas, essa é a menos analisada.

A proclamação da República foi uma ação liderada pelo Exército, com pouca participação da sociedade civil. A visibilidade da Questão Militar ganhou proporções agigantadas que encobriu outros fatores igualmente importantes e fez com que os republicanos militares se vissem em Tiradentes, um soldado que sofria os mesmos problemas de promoção na carreira e igualmente acreditava nos ideais patrióticos. Sim, o alferes era alguém próximo e, ao mesmo tempo, um corajoso *camarada revolucionário*. O marechal Deodoro, o velho militar prestigiado por seu desempenho na Guerra do Paraguai, foi usado como inocente útil e, nos dizeres da citada autora, *um republicano de ocasião*.²³ Sabia-se que o veterano marechal nunca escondera suas afinidades pessoais com a Monarquia, mas acima dos sentimentos de fidelidade ao monarca e convicção ideológica, ele, como militar, não titubeou em atender aos interesses da sua corporação.

Para os seguidores do filósofo Auguste Comte, era necessário implantar na consciência popular o espírito de civismo e nacionalismo. Os militares se incumbiram de realizar esse trabalho como propagadores dessa nova ordem, acreditavam-se capazes de conduzir o País pelo caminho da modernidade progressista e cientificista. Justificaram, mas não explicaram o suficiente, as razões e as necessidades para uma mudança radical no regime político. A República já tinha um corpo, mas lhe faltava uma alma. Com certa habilidade, travestiram o golpe militar, que precisava de legitimação, numa bem-sucedida réplica da Inconfidência Mineira. Apresentaram Tiradentes como um protorrepublicano e, para autenticar o ato, homenagearam-no por decreto com o feriado nacional.

Os militares sabiam que a ruptura política despertara suspeitas, desconfianças, e boatos começaram a surgir por motivo da rapidez com que tudo acontecera. Não havia aceitação popular, ou melhor, o povo não participou como também não fora preparado para os atos da proclamação. Sequer deram tempo para a assimilação das mudanças. Além da pressa e total falta de engajamento, havia também um ressentimento derivado do tratamento dispensado à Família Imperial. A população sentia afeto pelo velho Imperador; ele personificava a figura paterna e, mais, não conseguiam esquecer o covarde banimento feito, no escuro, às três horas da madrugada, para não ser testemunhado. A causa republicana passou despercebida por várias razões, mas a maior delas era a absoluta ausência de um líder carismático; na memória popular, a República ficou mais associada à farda e à espada do que à imagem de um rosto.

Gradualmente, as palavras de Benjamim Constant, o professor positivista e fardado da Escola Militar, tomavam corpo na construção da imagem do *soldado-cidadão, que "surge da consciência de que o militar não pode ser indiferente aos destinos políticos da nação"*.²⁴ No entanto, Tiradentes fardado apresentou-se como algo paradoxal. Embora os militares enaltecessem o herói inconfidente e tenham encontrado nele as analogias da hierarquia militar, o mito republicano não se encontrava no alferes e, sim, no mártir. O mito vestia-se de alva e não de farda.

O alferes criado por Wasth Rodrigues, em 1940, sem a cruz, é um soldado altivo, corajoso e de cabelos curtos. O jovem militar, contextualizado em Ouro Preto, talvez seja a imagem mais condizente com a realidade, pois na sua profissão era proibido o uso de barba e de cabelos longos. A pintura documental não caiu no agrado popular, ninguém o reconheceu ali. A espada ficou estranha, durante a Inconfidência ninguém usou armas, padre Rolim era o único que demonstrava intimidade no manejo das armas – quando seus bens foram confiscados, encontraram um arsenal escondido na fazenda. Tiradentes realmente tinha a patente de alferes, mas isso é uma verdade que não cabia na construção do mito.

TIRADENTES, UM ALFERES ARMADO E DESTEMIDO

Antônio Parreiras. *Prisão de Tiradentes*, 1910, Museu Antônio Parreiras, Niterói

Esta é uma rara imagem de Tiradentes, armado e com bacamarte na mão, em posição de enfrentamento e reagindo à voz de prisão. De um alferes espera-se mais atitude de destemor do que passividade de mártir. Aqui, pela primeira vez, o Inconfidente é visto como herói, como alguém assumidamente rebelde que não negou seu envolvimento na frustrada conspiração. Um militar corajoso, que contrariou o comportamento de seus parceiros e admitiu para si toda a responsabilidade do crime de infidelidade ao Rei, como fora julgado o crime de lesa-majestade. Essa imagem digna de um verdadeiro líder combatente, mesmo que idealizada, estranhamente também não foi aceita. No imaginário brasileiro o mártir se sobrepõe ao herói, a sua aceitação vem carregada de arquétipos da resignação.

Porém nenhum texto confirma a existência dessa cena, pintada por Parreiras. Com exceção do padre Rolim, nenhum inconfidente reagiu armado. Existem relatos contrários, sobre tentativas de fuga, sobre o medo generalizado e a negação proferida por todos. Ao que se sabe, ninguém no momento da prisão ousou enfrentar os representantes da Corte. Nem mesmo Tiradentes. Consta nos *Autos da Devassa* que ele reconheceu as acusações só na fase final do processo e após exaustivos interrogatórios na prisão. Os demais inconfidentes negaram e, mais que isso, fizeram de tudo para sumir com as provas que os incriminavam.

HERÓI POR DECRETO
LEI N° 4.897 DE 09/12/1965 DECLARA TIRADENTES
"O PATRONO CÍVICO DA NAÇÃO BRASILEIRA"

Francisco de Andrade. *Tiradentes*, 1926, Assembleia Legislativa, Rio de Janeiro

Transformar Tiradentes em herói não foi exclusividade dos republicanos. Capaz de viabilizar a unidade nacional, Tiradentes é o personagem mítico que se adequa a todos os gostos. Após a construção e divulgação do mártir santificado, os republicanos continuaram com ações para mesclar a identidade do regime político à ideia libertadora do herói nacional. Em 1926, durante um período de intensa instabilidade, foi inaugurado o Palácio Tiradentes, a nova sede da Assembleia Legislativa do Rio de Janeiro, com um monumento encomendado ao escultor Francisco de Andrade. Construíram no mesmo local onde, no período colonial, existia a Cadeia Velha e de onde Tiradentes saiu para o enforcamento.

A homenagem a Tiradentes coincide com um período conturbado. Na década de 20 vislumbrava-se modernidade para a sociedade brasileira, não apenas pelos movimentos estéticos intelectuais, mas principalmente pelas mudanças estruturais e de conquistas sociais. A crise política desencadeada pela Abolição continuara, mas atuava em novas frentes. Os ataques à jovem República chegavam de todas as partes do País, eram reivindicações de múltiplas naturezas que se intensificaram com o reforço ideológico da Coluna Prestes, um movimento político militar originário da revolta tenentista. A década começou com a fundação do PCB – Partido Comunista Brasileiro, em 1922, e o fortalecimento das ações anarquistas dos movimentos operários paulistas; nessa mesma época a economia fundiária, abalada pelas exportações, desencadeou o modelo político do coronelismo, que na região nordeste configurou o cangaço. Enquanto a inflação engrossava o clima de insatisfação generalizada, todos clamavam por mudanças que resumidamente cabiam no sentido de liberdade. Direitos trabalhistas, feministas, direito ao voto secreto, independência dos três poderes, dos Estados e Municípios e, principalmente, liberdade de pensamento e de imprensa.

Na tentativa de unificar e acalmar crises, em 1926 foi retomada a figura mágica de Tiradentes. Ressuscitou-se o mito não como mártir, mas como o herói digno que aguarda sereno a leitura da sentença de morte. Tempos depois, no Estado Novo, Getúlio Vargas por duas décadas, entre os anos 1930 e 1940, tentou colar sua imagem à de Tiradentes, mas foi malsucedido. Ditador incoerente, em 1937 fechou o Congresso e fez do Palácio a sede do DIP - Departamento de Imprensa e Propaganda, órgão de censura responsável pelo controle de informação nos meios de comunicação. Tentaram encenar peças enaltecendo Tiradentes com nova imagem, substituíram o santo por um fardado militar de carreira, semelhante ao retrato de Wasth Rodrigues, de 1940. Apesar de Getúlio ter se entregue seriamente à preservação da memória histórica, com a criação do Museu da Inconfidência, em Ouro Preto, e ter levado para o local os restos mortais dos inconfidentes exilados que ainda estavam na África, apesar de tamanha dedicação, as tentativas getulistas fracassaram, o herói jamais ficou associado ao governo ditatorial.

Posteriormente, o governo militar de 1964, com sentimentos ufanistas semelhantes, e com a finalidade de criar comoção coletiva, estabeleceu como principal data cívica o dia da Independência; o objetivo seria unir o simbolismo de Tiradentes ao recente conceito de nacionalismo e cidadania. No novo Imaginário de Liberdade, o líder histórico passou a significar uma plataforma política. Existia uma identificação espontânea da população com Tiradentes: ele era brasileiro, originário de classe média baixa, cumpridor dos seus deveres e reconhecido como um destemido propagador dos ideais de Liberdade. Os governantes, mais uma vez e de maneira redundante, reforçaram a escolha do mito, em 1965. O marechal Castelo Branco, pela lei n° 4.897 de 09/12/1965, declarou Tiradentes *O Patrono Cívico da Nação Brasileira*. Por decreto, determinou que toda a representação do alferes se baseasse na figura retratada por Francisco de Andrade e exposta em frente ao Palácio Tiradentes, no Rio de Janeiro. Tal decreto foi revogado em 1976 por Ernesto Geisel.

As sociedades arcaicas, tais quais as contemporâneas, necessitam do poder agregador de seus mitos ancestrais, mas, assistindo à utilização de Tiradentes por tantos governantes de ideologias contrárias, conclui-se que, desde a construção visual pelos republicanos em 1890, o Estado convoca a força mítica de Tiradentes quando vive momentos de insegurança ou de ruptura e precisa redefinir seus valores.

TIRADENTES
HERÓI UNIFICADOR
APROPRIAÇÃO DO SÍMBOLO

ESQUERDA / DIREITA
DEMOCRACIA / DITADURA
IDEALISMO / USURPAÇÃO

1942 - Ato de apoio a Getúlio pela entrada do Brasil na 2ª Guerra
Colocaram imagens gigantescas de Getúlio no saguão do Palácio para aproximá-lo do símbolo de Tiradentes e dar um sentido patriótico ao alistamento militar.

1968 Palácio Tiradentes, 26 de junho, local de concentração e partida da Passeata dos 100 mil, uma manifestação popular liderada por estudantes, artistas e intelectuais contra a censura e a violência, praticadas pelos membros do regime militar. A passeata é considerada a primeira grande manifestação popular de repúdio à ditadura.

TIRADENTES, LÍDER SOCIAL POR EXCELÊNCIA
MISTIFICAÇÃO X MITIFICAÇÃO
DESSACRALIZAÇÃO & IDEOLOGIA

"Dez vidas eu tivesse,

Dez vidas eu daria,

Dez vidas prisioneiras

Ansioso eu trocaria

Pelo bem da Liberdade,

Que fosse por um dia

Que fosse por um dia,

Ansioso eu trocaria..."

Arena conta Tiradentes, 1967,
coro e Tiradentes falam e cantam em sobreposição.

A peça *Arena conta Tiradentes,* de Augusto Boal e Gianfrancesco Guarnieri, inicia com a sentença de morte. Começar pelo desfecho do episódio histórico era uma forma de alertar sobre o momento presente e entender melhor os motivos do fracasso da rebelião mineira. Teoricamente os inconfidentes tinham tudo para dar certo, os principais integrantes do grupo detinham o poder ou podiam tomá-lo com facilidade, mas, apesar de terem armas, gente suficiente, dinheiro e ideais, tudo veio abaixo. O texto trabalhou em perspectiva invertida, para contextualizar a história do século XVIII nos acontecimentos da contemporaneidade dos anos 1960, em similaridade aos atos autoritários de 1967, retomaram os de 1792, ou seja, a Ditadura Militar cabia dentro da Inconfidência Mineira. Os dois autores, Boal e Guarnieri, preferiram mostrar sem mimese.

Tiradentes foi trabalhado sem naturalismo para fortalecer a conscientização e a empatia entre público e personagem. O Sistema Coringa permitia aos atores representarem vários papéis numa dinâmica própria de envolvimento e distanciamento. Ao trabalhar o imaginário do poder e da repressão com metáforas, o espetáculo queria ao mesmo tempo fazer críticas e provocar reações propositivas. Emocionalmente, agia como uma convocação para a criação de ações políticas e de resistência revolucionária. O Teatro de Arena, conhecido por seu repertório de questões políticas da atualidade, destacou-se na dramaturgia pelo vanguardismo experimental de engajamento.

O pintor Portinari seguiu caminho semelhante na reconstrução da história; trabalhou o pensamento político, trouxe os fatos para o presente e manteve intacta a figura mítica de Tiradentes. Em todas as cenas, deixou que ele cumprisse seu papel histórico, definido anteriormente como herói, só que agora ampliado para o de líder social. O Tiradentes de Portinari pertencia a um grupo, mas agiu isolado e assumiu para si a culpa da Tríade Libertária: Independência, Abolição e Igualdade. A poética do mural dialoga com os versos do *Romanceiro da Inconfidência* de Cecília Meireles; o pintor deu cores às suas rimas e imagens sociais, mas o caráter assumidamente ideológico é tão somente seu. Portinari deu nova visualidade a Tiradentes, agora, mais que mártir, ele representa símbolo de rebelião social e ação política contra o Estado repressor e, por ser o mais pobre entre os demais inconfidentes, tornou-se também símbolo histórico da própria dialética marxista de luta de classe. O Tiradentes que será retomado nas produções culturais do Teatro Arena nos anos 1960 é o de Portinari, o líder popular da revolução social.

Portinari, pintor-membro do Partido Comunista Brasileiro, criou uma narrativa visual que transpassou a trajetória biográfica do herói nacional, instituída pelos republicanos, ao acrescentar-lhe o discurso ideológico que lhe faltava. No final da 2ª Guerra, o Partido Comunista e o amigo Luiz Carlos Prestes, o Cavaleiro da Esperança, eram considerados pela vanguarda artística referência de liberdade. No pouco tempo de legalidade, vários intelectuais foram candidatos pelo PCB, entre eles Portinari, Jorge Amado, Graciliano Ramos e Caio Prado Jr., portanto, nada mais errôneo do que associar Portinari ao Estado Novo. O mural foi pintado em seguida ao fechamento do partido em 1947 e à cassação dos mandatos parlamentares. Mesmo na clandestinidade do partido, os artistas mantiveram em pé o ideário social, abriram novos caminhos e se distanciaram do radicalismo apregoado pelos mentores russos do realismo socialista.

VIA-CRÚCIS LAICA

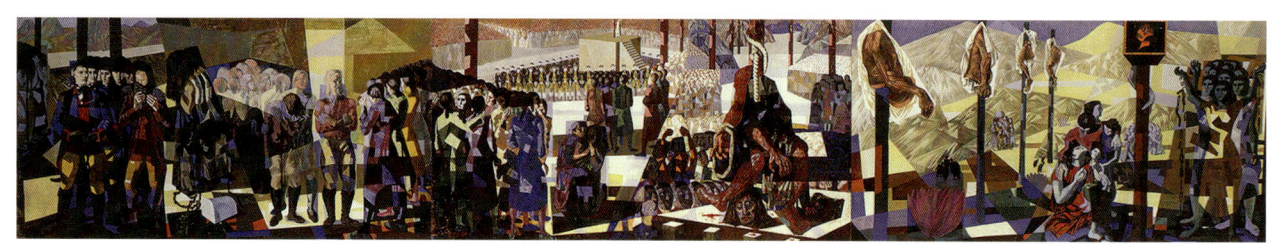

Cândido Portinari. *Tiradentes*, 1948, Memorial da América Latina – SP

A pintura realizada entre 1948-49 para o colégio de Cataguases, em Minas Gerais, foi concebida para ficar no saguão de entrada do prédio escolar projetado por Niemeyer. Fora encomendada por Francisco Inácio Peixoto, um mecenas local e empresário do ramo têxtil, homem letrado da região da Zona da Mata, que doou para sua cidade o trabalho de dois gigantes: Niemeyer e Portinari, que já haviam trabalhado juntos na capela de São Francisco, na Pampulha, em Belo Horizonte, em 1943. Hoje o mural de Tiradentes se encontra instalado em edifício desenhado pelo mesmo arquiteto, no Salão de Atos do Memorial da América Latina, em São Paulo. A obra, composta numa longa horizontal, obedece aos espaços que lhe foram primeiramente destinados; é uma pintura rara em tamanho, mede 18 x 3 metros de poesia e coragem.

A originalidade do artista encontra-se na concepção espacial e temporal; uma parte vem da tradição medieval e, outra, da vanguarda cubista, pela visão quadrimensional. A narrativa dos últimos momentos de Tiradentes está em ordem sequencial, acontece dentro da linearidade do tempo, mas as cenas estão entrecortadas. Existe uma linha demarcatória entre o início e o fim que é descrita pela leitura da sentença e o esquartejamento, só que as ações se desenvolvem todas ao mesmo tempo. Existem vários Tiradentes representando diferentes acontecimentos. O pintor retomou a temporalidade medieval das encenações teatrais dos Passos da Paixão de Cristo que ocorriam nos adros das igrejas e praças dos burgos. Portinari estruturou seu mural em seis atos; tudo inicia e termina com a imagem de correntes em alusão à ideia de liberdade. Os grilhões de ferro que apresentam e antecedem a tragédia, no primeiro momento, são os mesmos que finalizam a história, mas agora, rompidos, dão o sentido mítico da vida de Tiradentes.

Em semelhança à dramaturgia grega, a presença do coro é fundamental para a compreensão das ações; ele relata, assiste e antecipa o futuro, porque da mesma maneira como hoje sabemos de antemão o desfecho das vias-crúcis bíblicas, o coro conhece o desencadeamento da história do Inconfidente. No mural, o coro exerce papéis diferentes em cada cena; ora é visto como grupo de crianças ou de mulheres, ora personifica os excluídos sociais, os militares ou os anônimos populares que acompanharam o condenado até o final do seu destino. Tiradentes é o herói em contraste com a massa inerte que lamenta, se compadece e chora a vergonha coletiva, mas que não age.

Na peça *Arena Conta Tiradentes* o herói de Boal e Guarnieri foi construído em dois planos, como um personagem dentro do outro. Um vive confinado no seu universo dramático e caminha para o fim predestinado; o outro atua de maneira totalmente diversa, tem o poder de manipular, mover e mudar ações. O herói tradicional nos leva a sofrer com seu martírio não evitado, o outro considera os fatos criticamente. Essa coexistência não é ambígua, pelo contrário, ela não deixa de constatar o histórico já conhecido e registrado, mas também nos permite a reflexão e a projeção de possibilidades e hipóteses permitidas. É uma história contada no modo condicional. Se Tiradentes tivesse falado menos talvez...; se o grupo tivesse enfrentado armado...; se não tivessem esperado pelo dia da Derrama, teriam desestruturado o traidor...; se... Depois de mostrar todas as possibilidades de êxito, o espetáculo comove diante do inevitável fracasso.

Portinari buscou outro caminho; seu protagonista é épico do começo ao fim. Não existem questionamentos. E exatamente como no teatro grego, o herói trágico assume a sua sorte. Ele vive a tensão de estar entre as incontroláveis forças do destino e a própria vontade. Ele não renuncia e não negocia sua sobrevivência. Inabalável em suas convicções, o herói trágico encontra na morte o significado da grandeza humana e faz da integridade seu diferencial. A série dos poemas de Cecília Meireles da obra *Romanceiro da Inconfidência* impressionou o amigo pintor, que refez o mesmo roteiro em viagem a Ouro Preto. Cruzou com seus personagens imaginários, conversou com a verdade histórica e a imaginação estética; ele precisava conhecer as cores, a topografia local, andar pelas ruas por onde Cecília andou e andaram, viveram e atuaram os inconfidentes.

Cena 1 e 2
Leitura da sentença em dois momentos. À esquerda, o alferes, com rosto imberbe e Tiradentes, o herói nacional solitário.

A primeira cena é dominada por dois grupos, o dos inconfidentes e o da nação brasileira. À direita, uma multidão feminina e anônima tem à frente crianças negras acorrentadas que representam não apenas os escravos, mas toda a população brasileira sob o domínio de Portugal.

No canto direito do grupo masculino, destaca-se a figura de José Álvares Maciel com um livro aberto entre as mãos; o inconfidente-engenheiro era o mais próximo de Tiradentes e o mais empenhado nos fatos políticos da época. Foi ele que levou para o grupo a ideia de República espelhada nos textos da Declaração de Independência Americana e o único a compartilhar com o alferes os mesmos sonhos e ideais republicanos. Ao fundo, as montanhas da topografia mineira, uma liberdade poética, pois a leitura da sentença ocorreu no Rio de Janeiro, onde todos estavam presos. Na primeira cena, Tiradentes, uniformizado, é o alferes da 6ª Companhia de Vila Rica. Posicionado em igualdade com Maciel, está na frente dos demais representantes do substrato intelectual do movimento político. A corrente em suas mãos inicia a narrativa como símbolo da opressão; Tiradentes, altivo e sem medo de morrer, a segura com força capaz de quebrar os elos.

Na peça de Boal e Guarnieri, a Inconfidência Mineira desenvolveu-se em três planos principais: povo, relações internacionais e conversas palacianas.[25] Os autores, diferentemente de Portinari, foram críticos quanto ao papel desempenhado pelo povo; dão a entender que os poetas Gonzaga e Alvarenga, como os demais, foram intérpretes de um povo não consultado, tramaram as ações da Inconfidência em gabinetes fechados. Foi uma revolução palaciana que não ocorreu nas ruas ou nas minas.

O rosto de Tiradentes é o retrato de Luiz Carlos Prestes, em explícita homenagem ao companheiro de militância, de ideais e de partido. Em 1948, ano de execução do mural, o governo Dutra tinha se alinhado aos Estados Unidos na Guerra Fria e na campanha anticomunista; consequentemente, o Partido Comunista voltara para a ilegalidade e as perseguições recomeçaram. Portinari sempre dizia que suas armas eram a pintura, portanto espelhar Prestes no rosto de Tiradentes na cena inicial, quando o personagem propõe o rompimento das correntes, é muito condizente com seu ideário socialista e apreço pelo líder político, que na época era aclamado como libertador nacional. A aproximação de Portinari com os comunistas era antiga, vinha da década de 1930, do mesmo modo que o romancista Graciliano Ramos, o pintor acreditava no papel social da arte. A ligação com Prestes foi partidária e pessoal. Ele admirava o amigo e disso não fazia segredo, muitas vezes demonstrou seus sentimentos e numa delas, em 1945 e em campanha para deputado pelo Partido Comunista, em São Paulo, referiu-se a Luiz Carlos Prestes em seu discurso como o *guia que apontava o caminho certo para o povo brasileiro*.

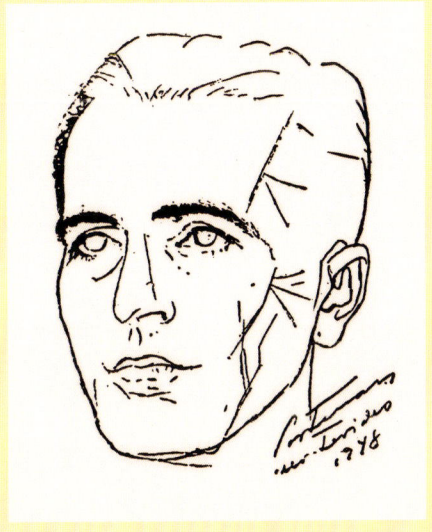

Retrato Luiz Carlos Prestes
1948 Portinari

Na segunda cena, como nos passos da via-crúcis, Tiradentes já é outra pessoa; cabelos e barbas longas são indícios dos três longos anos de prisão no calabouço. Todos aguardam o término da leitura e pressentem o teor da sentença com antecipado desespero, menos Tiradentes, que, iluminado e engrandecido, aguarda com serenidade. O contraste entre inconfidentes e Tiradentes faz dele o herói que assume para si toda a culpa. Altivo, solitário e de braços cruzados, ele ouve o pronunciamento, ao passo que a multidão, cabisbaixa, lamenta e chora. Enquanto os Inconfidentes vão se transformando numa massa anônima, mais destaque é dado à figura de Tiradentes, que, isolado, segue no papel de líder.

O texto de Boal e Guarnieri parece feito para essa cena. "*Sim, é verdade que eu confiei demais, é verdade que eu abandonei aqueles para quem os outros diziam querer a liberdade. E é verdade que só os abandonados arriscam, que só os abandonados assumem e que só com eles eu devia tratar. É verdade que eu tenho a culpa e só eu tenho culpa. E é verdade que estou só*".[26] O desembargador Francisco Luiz Álvares da Rocha lê a sentença que condena à morte 11 réus, uma pena que será mudada posteriormente e atenuada para degredo, com exceção de Tiradentes. Nos versos de Cecília Meireles o momento foi descrito pelo silêncio e pelo medo: "*Vejo o arrepio da morte; a voz da condenação*".

As cenas restantes são referentes à execução da sentença e exposição pública do corpo; portanto, a representação do retratado, antes uma interpretação física da face, a partir da cena três, foi substituída pelo conceito da morte histórica e mítica de Tiradentes.

Cenas 3 e 4.
Execução em dois tempos: enforcamento e esquartejamento

Cena 5
Quartos do corpo de Tiradentes expostos no caminho

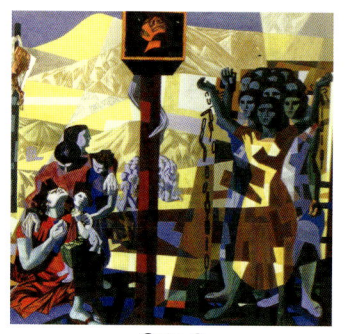

Cena 6
Cabeça de Tiradentes em Vila Rica.
Rompimento dos grilhões

Portinari inverteu perspectivas na via-crúcis laica de Tiradentes. Sem cruz e entregue em sacrifício, ele renasceu nas lutas sociais de todos os tempos. Sem tirar a predestinação dos heróis trágicos gregos, o Inconfidente dividiu sua ação com a multidão anônima, mas sua vida só se tornará verdadeiramente válida, se o destino se realizar como nos versos do Romanceiro: "*Que já viu morrer na forca aí, um homem sem fortuna que falara em liberdade*". O pintor aplicou os seus padrões particulares de estética-marxista sem se chocar com outras visões nacionalistas vigentes na época. Segundo a pesquisadora Annateresa Fabris, "*A arte de Portinari é social sem ser política, no sentido restrito, significando uma arte que se engaja diretamente na ação política*".[27] As narrativas históricas de Portinari são políticas além das ideologias, refletem experiências compartilhadas do imaginário popular, falam de consciência, e sobre o papel dos mitos formadores da brasilidade. Tiradentes herói do passado é homem do presente, passou de mártir positivista, do início da República, a herói do Partido Comunista. A posição política de Portinari era tão verdadeira e reconhecida, que em 1956 lhe foi recusado o visto de entrada para inaugurar, nos Estados Unidos, o mural *Guerra e Paz* na sede da ONU.

TIRADENTES SEM CRUZ NEM ESPADA
SIMPLESMENTE UM JOVEM REBELDE E MILITANTE ENGAJADO

Carlos Scliar. *Tiradentes*, 1970,
Museu da Caixa Econômica Federal – Brasília

A tradicional representação com barba e cabelos longos continuou, mas a doçura do mártir místico foi trocada pelo olhar severo do jovem militante dos anos 1960, porta-voz de uma geração revolucionária. Carlos Scliar, na época, fazia uma pintura que intercalava crítica política e intimismo poético. Retratou um Tiradentes combativo que jamais se entregaria, viu nele uma geração de jovens transgressores, aos moldes das imagens usuais dos jornais da época. Militante do Partido Comunista, o artista estava acostumado à semântica dos *slogans* revolucionários, como também dos cartazes publicitários. Sem ficar reduzido a pragmatismos panfletários, colocou como pano de fundo o lema da bandeira mineira. A parte superior do primeiro plano com palavras de ordem acima da cabeça do Inconfidente era o mesmo que anunciar a insurreição, como um ato dirigido por um ideário e não por interesses individuais. Retratar Tiradentes solitário e à frente da antiga Vila Rica, era o mesmo que lhe conceder o simbólico papel de liderança. Os telhados de Ouro Preto, uma marca de identificação do artista, indicavam bem mais do que a paisagem da cidade mineira, refeita por geometria e palavras. Os antigos ideais de liberdade divulgados já não eram mais propriedade de ninguém, nem do próprio líder inconfidente. Agora, em plena ditadura militar, flutuavam sobre casas, eram sonhos coletivos que reproduziam o grande querer anônimo de uma geração.

CRUZ AUSENTE
AUTORITARISMO E VIOLÊNCIA

Cildo Meireles. *Tiradentes: Totem Monumento Ao Preso Político*, 1970, Belo Horizonte.
Performance realizada durante a exposição *Do Corpo à Terra*.

Entre os vários eventos programados para as comemorações oficiais da Inconfidência Mineira, o crítico Frederico Moraes convidou o artista para participar dessa exposição coletiva paradigmática, que até hoje provoca discussões acaloradas.

O TORTURADO POLÍTICO
TIRADENTES IMATERIAL E
A RECUSA DA SACRALIZAÇÃO

Depois da promulgação do AI-5, as obras de Cildo Meireles, sempre conceituais, tornaram-se muito mais avassaladoras, porque se transformaram em ações políticas. Em total sintonia com as transformações estéticas da época, elas desempenharam o difícil papel de instrumentar a reflexão social. O engajamento pessoal e o embasamento teórico da Escola de Frankfurt permitiram ao artista ocupar o lugar-tenente do ativismo estético, conhecido por *práxis estética (*ações estéticas dirigidas*)*. Em 1970 sua produção tornara-se a representante da ação revolucionária e ideológica.

O *Totem Monumento ao Preso Político* foi apresentado em Belo Horizonte, por ocasião das festividades cívicas da cidade, em 1970. Atitudes extremadas eram comuns, mas nada como a *performance* ultrarradical do jovem artista. Elaborada como metáfora da violência política e ato público de transgressão, a obra foi idealizada para ser um confronto com os militares nos festejos do Patrono da Nação, popularmente conhecido como *feriadão do 21 de abril*. O governo usava a figura de Tiradentes na tentativa de cooptar para si a força do personagem histórico, da mesma maneira como anteriormente fizera Getúlio. Cildo elaborou a *obra-contestação* quando refletiu sobre a incongruência dessa apropriação. Se ironicamente o governo militar sacrificava seus insurgentes, como a Coroa Portuguesa fizera com Tiradentes, então não existia nada para ser comemorado. Seu objetivo era a mobilização e a contestação social.

A *performance* durou três dias. Iniciou com uma instalação num canteiro de obras, na calçada fora e próxima de uma galeria de arte. A escolha do local já sinalizava atitude libertária ao demonstrar independência do mercado de arte. Concebida como uma ação simbólica, seria melhor se o público vivenciasse a metáfora, sem nenhuma orientação *a priori*. Entre a teoria do engajamento ideológico e a ação estética, o artista amarrou dez galinhas vivas numa estaca de 2 metros de altura, encharcou-as com gasolina e ateou fogo. A plateia, atônita, assistiu sem acreditar no que via. Um silêncio cheio de culpa acompanhou o grito desesperado das galinhas em chamas. O cheiro de gasolina misturado ao de pena e carne queimada tomou conta do espetáculo macabro. O ritual extremado e pleno de horror paralisou qualquer reação. Ninguém ousou nada além de assistir à cena de barbárie feita de luz, fogo e morte. A estética do deslocamento acontecia. Diferentemente do que ocorrera com obras anteriores, naquele momento não cabia mais pensar Tiradentes por associação.

TIRADENTES, O MÁRTIR DA TORTURA MILITAR

Em 1975, o então diretor do MASP, o singular prof. Pietro Maria Bardi, publicou o livro *História da Arte Brasileira*.[28] Nele, pela primeira vez, a obra de Pedro Américo foi divulgada para o grande público. Poucos anos depois, convidou alguns artistas para reinterpretarem temas da história do Brasil; ao consagrado e amigo Wesley Duke Lee coube a Conjuração Mineira. Segundo sua percepção, o novo não estava no desfecho político do fato histórico, mas sim na morbidez do corpo esquartejado, na violência da morte e na exposição do sofrimento.

Duke Lee falou de ideologia através do corpo, mas, agora inexistente, se faz presente apenas por referência. A poética dessa releitura está na indução, na sugestão e não na representação. O artista delimitou os restos viscerais de Tiradentes com um desenho no tecido manchado. Na imaterialidade do corpo, o mártir dialoga com a sociedade dos anos 1970, através dos instrumentos de tortura. O estranhamento está na ausência do corpo, que é substituído pela forca, pelo cadafalso, pela corda e a escada. Um corpo inexistente, mas que ressurge pela lembrança da violência dos governos militares. É a obra dentro da obra e o tempo dentro de outro tempo. O personagem, que não se apresenta mais na doçura cristianizada, renasceu destroçado, sem corpo e no anonimato de uma geração igualmente vítima de torturas políticas.

Wesley Duke Lee. *Mantenha a Liberdade Quae Sera Tamen*, 1979, MASP-SP
técnica mista

3.3 CRUZ & POLÍTICA EM TEMPOS DE GOVERNOS MILITARES

Embora o Estado seja laico, a sociedade, diferentemente, não é. Igreja e Estado são entidades autônomas com princípios e juízos próprios e ações independentes. O Estado é o poder público, a autoridade reconhecida pela sociedade para garantir os direitos dos cidadãos, por sua natureza, representa a legalidade e o poder temporal. A Igreja, por seu lado, não representa a sociedade, apenas o seu clero e o grupo de fiéis. No Ocidente, as duas instituições são soberanas e orientadas para caminhar em paralelo, porém às vezes sofrem interseções mútuas.

A Igreja Católica é uma instituição complexa em termos de estrutura organizacional; por essa razão, para entender a sua atuação nos anos 1960, durante os governos militares, é preciso considerar as várias correntes que compõem o seu pensamento teológico-social. Quando a Igreja é interpretada além da estereotipia da prática litúrgica, pode-se vislumbrar a multiplicidade de uma estrutura que é, ao mesmo tempo, material e imaterial, coletiva e subjetiva, que se apresenta e fala em nome de Deus, mas age em conformidade com os limites da natureza humana.

Apesar de existir na sociedade um segmento propenso a criticar e a se posicionar contrário à Igreja, esse grupo nunca abriu mão das funções religiosas nos batismos, casamentos, aniversários e cerimônias fúnebres. Essas práticas populares e comuns a todas as religiões estão fundamentalmente arraigadas na sociedade; no catolicismo são chamadas de sacramentos, através delas formam o seu conjunto de símbolos e de princípios morais. Ao celebrar os ritos devocionais, a Igreja alimenta, exprime e fortifica seu ideário. Renova e sela publicamente a confissão doutrinária dos fiéis.

Nas solenidades cívicas, as igrejas costumam exercer um papel apenas protocolar, o suficiente para lhes garantir livre trânsito nos espaços do poder político. O Estado laico das sociedades modernas é no mínimo contraditório, pois se a Igreja, detentora do poder espiritual, atua como testemunha nas transmissões dos cargos públicos e nas celebrações das datas nacionais, ela automaticamente ficará na incômoda posição de reconhecer e aprovar os atos do Estado. A função protocolar da Igreja corresponde ao mais antigo papel institucional que ela desempenha, desde as civilizações arqueológicas. Desde sempre os sacerdotes, intermediários dos deuses, exerceram o poder mágico de legitimar e proteger o Estado. Na atualidade, exercitar tais funções pode lhe custar caro, porque aparentemente ela assume a perigosa imagem de uma organização situacionista. A natureza das alianças com o poder político estabelece compromissos mútuos, mas pode também conduzir a Igreja a um lugar embaraçoso de acomodação e subordinação.

No Brasil, as relações entre Igreja e Estado têm particularidades que fogem ao senso comum. Poucos sabem, mas a Igreja Católica, ao invés de dominadora, sofreu por muito tempo a ingerência do Estado. No longo período colonial, entre 1500 e 1800, as relações entre Igreja e a Santa Sé tinham que ser obrigatoriamente intermediadas pela Coroa, uma prática promulgada através de um privilégio chamado Padroado. Essa estranha prerrogativa concedida à monarquia portuguesa entrou em vigência por intermédio de uma bula papal que fora criada em função do sucesso das Grandes Navegações, financiadas pela Ordem de Cristo. Aos olhos do Vaticano, a colonização portuguesa era uma nova cruzada.

O poder intervencionista da monarquia portuguesa, nos assuntos religiosos, criou um sistema tão rígido que nenhum clérigo ousava partir da Metrópole sem autorização explícita do rei. O domínio do Estado sobre assuntos clericais era reconhecido, porque o rei, além de autoridade temporal política e econômica, era também autoridade espiritual. A coroação vinha acompanhada do cargo de grão-mestre de três tradicionais ordens militares e religiosas: a da rica e poderosa Ordem de Cristo, herdeira da Ordem dos Templários; a de São Tiago da Espada; e a de São Bento. O Padroado, outorgado pelo Vaticano, concedia ao rei: *A incumbência de promover a organização da Igreja nas terras descobertas*[29], ou seja, a expansão do catolicismo estava sob o controle régio. A partir da implementação do regime do Padroado, os príncipes portugueses foram agraciados com uma série de direitos, tendo, entretanto, também obrigações exigidas pelo serviço religioso, e a mais importante delas era patrocinar as missões religiosas em todo o império ultramarino.

Os interesses comuns entre Portugal e o Vaticano ficaram mais estreitos, por influência pessoal do infante D. Henrique, o Navegador, um rei que reunia dois arquétipos valorizados na época: era ao mesmo tempo místico e um estadista expansionista. O monarca assegurou para Portugal uma situação privilegiada, em relação à Europa, ao recuperar a prática de conquistas religiosas da cavalaria medieval. À antiga irmandade, agora modernizada, acrescentou a tarefa de expandir o mercantilismo. Sob o pretexto da fé, ou se em conjunto à fé, o certo é que a Revolução Comercial se espalhou pelo mundo acompanhada pela cruz.

O rei, na qualidade de chefe de Estado e de grão-mestre da Ordem de Cristo, nomeava bispos e cardeais, autorizava as construções de mosteiros e igrejas, indicava e apresentava os prelados ao papa e, mais, podia até determinar a expulsão das ordens religiosas, como ocorreu com os jesuítas. Nas colônias, a intromissão do Estado nos assuntos religiosos tornou-se ainda mais profunda quando foi instituído, através do Tesouro, o orçamento único. A administração interna da Igreja foi obrigada a conviver com os agentes fiscalizadores do Estado. Conseguiu-se fazer com que os donativos dos fiéis ficassem misturados à receita pública, tornando-se dessa maneira uma única arrecadação. Ora, as duas fontes de riqueza, amalgamadas num só corpo e sem nenhuma clareza para estabelecer os limites de cada organismo, só poderia gerar uma sociedade com dificuldade de discernimento entre o bem público e o bem privado.

Analisar o papel social da Igreja através dos moldes do Padroado régio desfaz preconceitos tradicionais do poder. Nas colônias, a verdadeira força da Igreja residia mais na ausência do Estado do que propriamente na sua liberdade de ação. Segundo Sérgio Buarque de Holanda: *"Coube afinal à igreja, na formação da nacionalidade, o aspecto mais nobre da colonização. Quase tudo o que se fez em matéria de educação, de cultura, de catequese, de assistência social e de assistência hospitalar, correu por conta de sua hierarquia, de seu clero secular, das ordens religiosas e das corporações de leigos, as irmandades e as ordens terceiras. A Igreja demonstrava seu método próprio de colonização e não resta dúvida que, para a decifração do mistério histórico de nossa unidade, o fator religioso apresentou uma contribuição singularmente valiosa".*[30]

Educação, saúde e assistência social ficaram nas mãos dos religiosos por serem os únicos organizados e com algum interesse no exercício de tais funções. Em troca, receberam prestígio, fizeram seu patrimônio fundiário e, o mais importante, moldaram o comportamento humano aos seus interesses e preceitos morais e éticos. A Igreja existia concretamente na vida diária das pessoas. A Igreja era uma realidade material, um elemento organizador e unificador, ao passo que o Estado exerca o desfavorável papel de controlador. Era quase uma abstração, um signo de direitos e deveres que somente assumia sua materialidade no momento da cobrança dos impostos. Justamente por essa razão, a produção artística e cultural esteve por muito tempo atrelada às necessidades religiosas, afinal, a erudição circulava apenas dentro dos mosteiros, templos e suas comunidades.

No Brasil, a Igreja Católica, enquanto instituição, foi e é apenas uma. Mesmo que no transcorrer histórico tenham ocorrido divisões, devido ao notável *modus operandi* de adaptação, a Igreja sempre se manteve imutável em sua ortodoxia. Os dois princípios basilares da Instituição que asseguram unidade são: hierarquia e centralização, duas proposições que necessariamente têm que atuar em conjunto. Um dos axiomas é aceitar que sua essência é permanente e está acima das realidades circunstanciais. A preservação da unidade, diferente das demais Igrejas cristãs, é um elemento fundamental para a Igreja católica, porém isso não implica imobilização. Por exemplo, nas décadas de 1950 e 1960, as mudanças ideológicas e comportamentais surgidas no pós-guerra exigiram mudanças na Igreja. Existiam internamente duas correntes; de um lado estavam os reformistas apoiadores do engajamento nas questões sociais e, do outro lado, os conservadores, que não queriam participar dos assuntos políticos por considerá-los conflitantes. Segundo eles, a secularização imposta pela República era mais cômoda.

A Igreja católica brasileira sempre teve a qualidade de convivência dual, desde o princípio da era da colonização ela interagiu com grupos díspares, sem perder seu princípio de unidade indivisa. Provavelmente essa qualidade de coexistência com grupos antagônicos lhe tenha garantido presença nos mais importantes acontecimentos históricos. Não sendo uma instituição de pensamento monolítico, ela sempre atuou nos dois lados de um mesmo enfrentamento.

Não foram poucas as vezes em que a Igreja exerceu papéis contrários aos interesses do Estado. Logo após a Descoberta começaram os choques, o primeiro deles dizia respeito ao aprisionamento dos indígenas como mão de obra escrava. Ocorreram duas posições diametralmente opostas, que colocaram jesuítas e o Vaticano contra os colonizadores. Ao proteger os nativos em seus núcleos de catequese, os jesuítas iniciaram uma complicada crise entre os colonos, os verdadeiros agentes do Estado mercantilista português e o Vaticano Reformista, interessado na evangelização para ampliação do número de fiéis. Como o tema da escravidão nunca chegou a um consenso, tanto o Estado como a Igreja agiram covardemente, com a diferença de que, por sua natureza binária, os representantes da Igreja conseguiram acolher e atender aos interesses das duas posições contrárias e conflitantes.

Os nativos que viviam amparados nos aldeamentos jesuítas retribuíam a proteção com trabalho e obediência. Facilmente aculturados e passivos, adaptaram-se aos europeus, aceitaram sem resistência o seu modelo socioeconômico e não viam problemas em se afastar da própria cultura. O mesmo não ocorria com as ordens franciscanas, beneditinas e carmelitas, pois estas estavam mais próximas dos bandeirantes, um grupo que agia como defensor do expansionismo territorial e do metalismo, portanto mais sintonizado aos interesses da Corte. Todas as ordens estavam subordinadas ao Vaticano, mas cada uma tinha suas peculiaridades. A escravidão era a grande celeuma. Enquanto os jesuítas mostravam-se protetores dos nativos, os demais religiosos faziam vista grossa, aproveitavam-se das frequentes lutas tribais; não se envolver com as questões de desavenças internas era mais fácil do que tentar apaziguá-las. Deixavam a responsabilidade da polêmica da escravidão indígena para os representantes do Estado português. É bom lembrar que a ética dos homens do século XVII era bem diferente da atual. Na época, guerrear e dominar eram atividades consideradas naturais pelos colonizadores e pelos colonizados.

As guerras intertribais, no Brasil pré-cabraliano, justificavam e promoviam a perpetuação de vingança dos antepassados; algumas delas eram incentivadas como caráter diferenciador e sinônimo de valentia. Todas as nações indígenas tinham aliados e opositores, todas faziam coligações para enfrentar um inimigo comum e, sem saber, quando se juntavam aos brancos, tornavam-se presas fáceis dos colonizadores e passavam a trabalhar como agentes da colonização. Terminadas as guerras, existiam apenas dominados, dominadores e o fator discriminatório. Em mãos inescrupulosas, as guerras entre as tribos tornavam-se o grande facilitador para a escravidão, ou o caminho para a conversão religiosa com a promessa de proteção. Os conquistadores fingiam não interferir, aproveitando-se das inimizades e alianças já existentes entre os nativos.

Os colonizadores consideravam *justas* as guerras intertribais; argumentavam que elas faziam parte da sua tradição cultural. Por trás dessa flexibilidade social, os massacres ocorriam com maior facilidade; a aceitação dos conflitos internos rendeu riquezas ao Estado português e contribuiu para a cristianização. As guerras *justificadas* serviram igualmente à Coroa e à Igreja. O estudo desse capítulo da história brasileira está cada dia mais complexo, principalmente quando é interpretado com conceitos críticos da atual política de integração das minorias étnicas.

A antiga Província de São Paulo ilustra bem essa dicotomia. As bandeiras eram constituídas por uma parcela significativa de índios miscigenados, conhecidos como índios mansos. Hoje entende-se que as organizações de caça ao índio paradoxalmente utilizavam nativos aculturados, os chamados mamelucos. A origem étnica dos seus componentes, por si, justificava lutar e aprisionar os denominados *índios bravios*. Como descendentes indígenas que se sentiam amparados pela tradição cultural de perpetuar a vingança dos seus antepassados, seus ânimos eram previamente acirrados para as guerras intertribais. Para os paulistas, a mestiçagem tornara-se uma realidade benéfica que atendia à demanda de mão de obra barata e justificava o aprisionamento sem nenhum constrangimento, pois os índios escravizados eram entendidos como inimigos naturais de suas tribos parceiras.

Na corrida do ouro, beneditinos e carmelitas às vezes participavam diretamente das expedições bandeirantes e caso não se embrenhassem juntamente pelas matas, no mínimo mantinham relações amistosas; esse foi o espírito da expansão territorial. A partida só era iniciada após a bênção sacerdotal. Com os jesuítas, porém, os procedimentos foram bem diferentes. Os paulistas conseguiram expulsá-los da vila de São Paulo em 1640 e só permitiram sua volta em 1653, "*Com a condição de não se meterem em negócios de índios e cuidarem apenas do espiritual*".[31] A ação colonizadora dos jesuítas tanto quanto a dos bandeirantes tinha um mesmo objetivo: dominar. Os dois grupos eram totalmente diferentes entre si e em relação aos processos usados, mas cada um, a seu modo, impôs seus próprios valores morais, culturais e sociais.

A história de São Paulo é o exemplo perfeito da contradição interna entre Igreja e Estado Colonial. Os jesuítas, sendo os agentes superiores da Contrarreforma, fundaram a cidade sob a égide da catequese, porém a mesma cidade abrigava os maiores caçadores de índios. Contudo, analisar o passado com nossos juízos e aplicar-lhe valores inexistentes na época dos fatos é, no mínimo, trabalhar com desinformação e criar preconceitos. Quem saiu em defesa dos indígenas e passou a pregar contra a exploração de mão de obra escrava e o sistema de *encomenda*, o equivalente às capitanias hereditárias no Brasil, foi o dominicano espanhol Frei Bartolomeu de las Casas. O trabalho realizado pelo religioso contrariou toda sociedade europeia, que antes criara regras mercantilistas, pelas quais o Novo Mundo seria apenas um grande empreendimento lucrativo. Em 1516 foi nomeado *protetor dos índios* e, apesar do reconhecimento, não teve suas reivindicações atendidas pelo rei da Espanha, Fernando de Aragão. Crítico ferrenho do sistema espanhol de exploração, ele advogava a favor de uma colonização pacífica das terras americanas por meio de lavradores e missionários. Suas ideias chegaram ao Vaticano, pois sendo os homens criados à imagem de Deus a escravidão deveria ser rejeitada. Além do pensamento teológico em defesa dos indígenas, Frei Bartolomeu também denunciou os colonizadores chamando-os de selvagens. Considerou que os brancos deveriam interromper os trabalhos de exploração e devolver as terras aos nativos, pois ninguém e nem imperador algum tinha direito de propriedade sobre humanos.

Em 1537, o papa Paulo III emitiu a bula papal *Sublimis Deus*, e nela reconheceu os índios como homens livres. O Tribunal do Sumo Pontífice determinou que os índios pertenciam à categoria de *homens racionais*. Isso queria dizer que, agora considerados seres da mesma espécie, eles seriam capazes de conviver com os sacramentos da Igreja. Os índios eram livres por natureza e matá-los ou escravizá-los seria crime. O mérito de proteger e igualar os índios aos brancos coube aos jesuítas, uma ordem religiosa com papel dominante na formação da sociedade brasileira. Apesar de ter vencido em seu trabalho humanitário, Frei Bartolomeu morreu em 1566, solitário e com seus textos censurados.

Hoje soa terrivelmente estranho, mas houve um tempo em que tirar a vida de oponentes à evangelização cristã não foi considerado crime. Na Era dos Descobrimentos, matar ou morrer por Cristo era sinal de caráter. Morrer pela fé era sinônimo de sacrifício, era uma virtude. A prática *honrosa* vinha da longa disputa entre sarracenos e cristãos e consequentemente, por tradição, matar um herege não exigia punição. Assim era o mundo no início do século XVI. O problema maior consiste em saber o que é um herege. A definição de heresia nunca teve algum conceito preciso; seu sentido sobreviveu por séculos num espaço nebuloso, ficando a mercê das conveniências do momento. Incluir novas práticas de heresia na longa lista já existente não era problema, por isso mesmo introduzir os nativos da América e da África foi extremamente fácil. A maioria dos conquistadores estava norteada por essas diretrizes. Na América inglesa, essa estúpida discussão teológica não aconteceu, mas nem por isso o resultado foi melhor; lá houve o extermínio em massa.

O momento seguinte à Descoberta foi de total desânimo, porque Pindorama apresentou-se como um fracasso comercial. Visto não terem encontrado nenhuma fonte de riqueza que valesse a pena, restou apenas a sugestão dada pelo escrivão Caminha ao rei de Portugal. Na sua visão e palavras, o melhor a fazer seria conquistar almas: *o fruto que se pode tirar dessa terra me parece salvar esta gente*. O malogro econômico dos primeiros anos serviu como um fator aleatório na defesa indígena, já que o único interesse pela colônia ficou restrito à evangelização.

O transcorrer histórico comprovou que, oficialmente, a Igreja devia obediência ao Estado, mas não de maneira submissa, ou seja, uma série de intervenções corajosas foram exercidas por elementos do clero. São muitos os exemplos; sempre vale a pena lembrar a malsucedida revolta da Inconfidência Mineira, que em 1789 teve entre os seus poucos membros quatro inconfidentes religiosos. Todos pertenciam a ilustres famílias, a começar pelo contraditório e rico Padre Rolim, um ativo revolucionário e o mais hábil no manejo das armas. Entre os condenados ao degredo estavam o padre Manuel Rodrigues da Costa, que, após cumprir pena em Portugal, retornou e tornou-se membro do Primeiro Império, elegendo-se deputado e, ainda, o também padre Carlos Correia de Toledo e Melo, que optou pela clausura eterna, e o ilustre professor de Filosofia, cônego Luís Vieira da Silva.

No Império, citam-se os trabalhos do regente Feijó, exercidos entre 1835 e 1837, um padre opositor e rival dos irmãos Andrada e Silva. Deputado, senador, ministro da Justiça e fundador do Partido Liberal, Diogo Antônio Feijó era um sacerdote com ideias ousadas. De espírito libertário, ele propôs a abolição do celibato para os padres, o fim da escravidão e a regulamentação do ensino primário, mudanças arrojadas demais para o cenário político e jurídico da época. Ainda hoje, o ensino de História do Brasil lhe deve mais destaque, como também ao carmelita Joaquim da Silva Rabelo, popularmente conhecido como Frei Caneca, um político e sacerdote implicado no movimento nativista da Revolução Pernambucana, em 1817. No final, quando as tropas imperiais dominaram os rebeldes pernambucanos, todos foram a julgamento; ao Frei Caneca coube o enforcamento. Como os carrascos se recusaram a executar o ativista, tiveram que convocar um pelotão militar. Após o fuzilamento, o corpo do religioso foi abandonado numa das portas do templo carmelita, no centro de Recife. Silenciosamente foi recolhido para ser enterrado em local até hoje não identificado. A Revolução Pernambucana antecedeu e serviu de ação conscientizadora para a Confederação do Equador, agora sim um movimento separatista motivado pela crise econômica do ciclo açucareiro que ocorreu dois anos após a Independência, em 1824.

Figuras notáveis surgiram pela história adentro. Destaca-se a influência do padre José Ibiapina, no sertão nordestino. O referido clérigo, também advogado e deputado, na segunda metade do século XIX, construiu inúmeras casas de caridade para a população abandonada da região rural de Pernambuco, que atuavam como centros de assistência social. Sua dedicação pessoal não se restringia ao tradicional papel de sacerdote, pois, além dos trabalhos espirituais, ele orientava os sertanejos em novas técnicas agrícolas e construções de açudes. Seu comportamento assistencialista prático e realista ganhou ascendência sobre os moradores das pequenas comunidades. Ao mesmo tempo em que suas ações socorriam os necessitados, elas punham em evidência a fragilidade das instituições políticas em assuntos que seriam de sua responsabilidade. Aos olhos da população humilde, o vazio e a ausência deixados pelo Estado foram ocupados pela Igreja por direito, por tornar-se o último reduto de amparo social que porventura conheciam. Esse modelo de liderança que mistura religião, política e assistência social foi seguido no Nordeste por outros sacerdotes, e marcou a história com tal força, que os historiadores veem nas realizações do padre Ibiapina a origem remota da Teologia da Libertação.[32]

Modelo de liderança semelhante foi retomado pelo beato Antonio Conselheiro na região de Canudos, no interior pobre da região rural da Bahia, como também pelo político e religioso Padre Cícero, uma figura contraditória do sertão cearense. Sua biografia tramita entre os extremos; se é reconhecido como santo milagreiro, viveu também a desgraça de ser um padre excomungado; se padre Cícero representava com severidade a defesa da moral e dos bons costumes, por outro lado era amigo pessoal de cangaceiros. Padre Cícero, durante seus mandatos no Executivo, ficou conhecido por muitas coisas, inclusive por fatos estranhos, entre eles *desafiar Satanás* para proteger a população e unir-se a Lampião contra a milícia estadual. A despeito de sua excomunhão, visualmente Padre Cícero nunca deixou transparecer. Até morrer, mesmo inconformado e impossibilitado de exercer plenamente as funções religiosas, não esmoreceu e a todos se apresentava sempre de batina.

Padre Cícero era reconhecido e respeitado tanto pela sociedade quanto pelos grupos do banditismo cangaceiro. Esses últimos eram gratos por reconhecer sua intercessão junto ao governo, pela conquista da patente de Capitão do Exército Brasileiro para Virgulino Ferreira da Silva, vulgo Lampião. Estranhamente, enquanto o Rei do Cangaço sonhava com honrarias dadas somente aos membros do Exército, o religioso, excomungado pelo Vaticano, mantinha os devotos dentro das igrejas. Esses dois mundos invertidos sempre foram vistos de maneira confusa. Via-se valentia e crueldade como sinal de heroísmo; e liderança política com assistencialismo como religião.

Antônio Conselheiro, o messiânico líder da guerra de Canudos, da mesma maneira como o carismático Padre Cícero, cresceu e se desenvolveu dentro das contradições internas da Igreja Católica no país e o descaso do Estado. Igualmente os dois ultrapassaram os limites dos territórios religiosos, porque, onde viviam, representavam o único acolhimento humano num mundo de intolerância, miséria, ignorância e fanatismo. Os dois líderes, por razões diversas, sofreram de maneiras semelhantes a injustiça e o enfrentamento do Estado e da Igreja. Os dois exemplificam a complexidade da Igreja na sociedade brasileira e a dificuldade para estabelecer juízos diferenciais entre tradicional e progressista nas ações religiosas. Por fim, demonstram como as incoerências dos tempos coloniais persistiram e continuam remanescentes na contemporaneidade.

Em dois momentos, o Exército e a Igreja se estranharam e andaram em paralelo; um na República, em 1889, e outro no regime militar implantado em 1964. Em ambos os casos o Exército tentou excluir a Igreja da esfera política, pela secularização do Estado e pelas perseguições, mas nas duas vezes o clero resistiu e manteve sua influência política. Pode-se dizer que o Exército e a Igreja atravessaram o século XX com as regras de um casamento de conveniência; as duas instituições tinham declarado guerra a um inimigo comum: o comunismo.

O papel da Igreja nas rebeliões históricas e a sua presença na sociedade nada se compara aos fatos ocorridos na década de 1960. A Igreja mostrou-se uma instituição eclesiástica conectada e que não agia no vazio. Se o início do período militar ficou entendido como Revolução, em pouco tempo essa mesma Igreja teve a comprovação de tratar-se de um Golpe.

O PAPEL DA IGREJA NOS IDOS DE 1964

Nos idos de 1964, a Igreja estava em plena expansão evangelizadora e bem aparelhada com estratégias e práticas pastoris. Sob as novas diretrizes da CNBB, ela optara por um caminho mais livre e menos atrelado ao jugo político. A história da ação social da igreja brasileira moderna seguiu uma longa jornada, que teve início na criação da Ação Católica, durante o Estado Novo, no governo de Getúlio. Criada pelo Papa Pio XI, como alternativa moderna para atrair e ampliar a evangelização, era um projeto contra a onda do materialismo marxista que se espalhava pelo mundo. A renovação baseava-se na inclusão da sociedade secular.

Opositores políticos à Revolução Russa viram na Igreja católica uma instituição ideal para combater o comunismo. Primeiramente, por ser universal, organizada e constituir uma grande rede de comunicação. Segundo, por ter entrada franca com os jovens nos meios operários e estudantis. Por fim, a igreja era oportuna, porque, além da sua respeitabilidade histórica, tinha um corpo de sacerdotes intelectualizados que podia fazer frente aos bolchevistas. No Brasil, como no resto do mundo, o apostolado foi instruído para cumprir os objetivos iniciais de ampliação, com a coordenação de obras evangelizadoras e de assistência social, mas, de repente, essa modernização traçou novos caminhos para si e um novo clero ascendeu.

As contribuições que permaneceram depois de duas décadas da Ação Católica e que chegaram aos anos 1960 com destaque foram: intensificação da participação dos leigos, adoção do modelo de ações em núcleos de base e aproximação com os jovens para a criação do núcleo inicial da Juventude Católica. Apesar de unitária e centralizada, a Igreja tornou-se plural, tanto pelas ramificações de suas dioceses, como pela orientação interna de novas lideranças. Pela primeira vez, assumiu um papel de ação ideológica.

A visão progressista de Dom Hélder Câmara, nos finais dos anos 1940, aproximou a Ação Católica da vanguarda belga que fora desenvolvida pelo padre Joseph-Léon Cardjin, uma figura notável que entre outras coisas criou a JOC- Juventude Operária Católica, em 1924. Já ordenado sacerdote, começou sua vida pastoral como ensacador de carvão e terminou como cardeal colaborador, no Vaticano, na redação da encíclica *Mater et Magistra,* no pontificado de João XXIII. Nas pregações dos anos 1920, corajosamente ele pregava ser impossível uma reforma espiritual nos indivíduos, sem primeiro estabelecer uma reforma material, ou pelo menos que elas fossem concomitantes. Por criticar a exploração dos trabalhadores e por divulgar de maneira clandestina textos censurados, ele foi preso inúmeras vezes, sendo uma delas pela Gestapo. No Brasil, a guinada da Igreja se deu em 1948, com a criação da JOC- Juventude Operária Católica. Em 1950, graças à saída do grupo conservador e insatisfeito com as novas diretrizes da Ação Católica, a Igreja brasileira finalmente pôde lançar suas reformas no modelo da Igreja francesa, belga e canadense.

O Vaticano, em paralelo, exercitava seus próprios projetos de mudanças. O papa João XXIII assumiu em 1958, e em pouco tempo apresentou ao mundo uma nova concepção de Igreja. Modificou o pensamento oficial católico ao lançar as encíclicas *Mater et Magistra* (1961) e *Pacem in Terris* (1963). Durante o Concilio Vaticano II, a Igreja assumiu uma postura dialogal com a sociedade contemporânea, o espírito pode ser traduzido por duas palavras: *aggiornamento* e *pastoralidade,* ou seja, atualidade e comunicação; pode-se dizer que foi uma reforma pastoral e não doutrinal. Pela primeira vez um concílio levou em conta as diferenças culturais entre os povos, estimulou a prática da aceitação dos outros credos e ideologias. Foi o concílio da tolerância e da reconciliação. Numa busca de reparação do seu passado histórico, instituiu um decreto que abriu portas para o ecumenismo e iniciou um caminho de paz; com humildade, se aproximou dos judeus, protestantes e mulçumanos.

O papa franciscano era um homem conciliador e de origem humilde. Teve um pontificado muito curto, que durou apenas cinco anos, mas o suficiente para a implantação de renovações que são sentidas até hoje no campo teológico, filosófico e litúrgico. Inovador, quebrou muitas tradições, e a mais aparente delas foi o fim do encastelamento papal. Era ele que ia ao encontro do outro para abraçar e amar todos os homens, fossem católicos ou não. Preparou a Igreja para acompanhar a renovação dos costumes e deu ao corpo eclesiástico coragem para enfrentar suas novas responsabilidades pastorais, diante da sociedade. Com a intenção de recompor a unidade, criou diálogos diplomáticos inimagináveis dentro da geopolítica da época, o mais surpreendente deles deu-se com a Rússia. Por um curto espaço de tempo, o mundo assistiu à confluência de três líderes diferenciados de suas tradições locais: Kennedy, um refinado descendente de irlandeses católicos era defensor dos negros e lutava pela igualdade racial; Khrushchev, um chefe de Estado implantou a desestalinização, afrouxando a censura e a repressão política; e por fim João XXIII, o papa que levou o lado humano para dentro da fé e, por isso mesmo, carregou consigo o contraditório. Apesar de toda tolerância e abertura, João XXIII, em 1959, com direito a excomunhão, foi implacável com Fidel Castro. A Revolução Cubana, no contexto da Guerra Fria, desconstruiu o discurso dos três líderes, ou seja, a ilha caribenha distante apenas 150 quilômetros dos Estados Unidos, acentuou ainda mais a divisão já existente na geopolítica bipolar.

A nova missão evangelizadora tirou a Igreja de sua zona de conforto, um *status* que se encontrava aceito e sedimentado havia séculos. A partir desse momento, o espaço católico foi ameaçado e nunca mais retornou ao que era antes. Desde algum tempo, os religiosos notavam o distanciamento cada vez maior entre eles e seus fiéis. A Igreja não se via mais na coletividade, a cada dia ela se afastava mais, até se tornar uma instituição representativa apenas de velhos e pequenos burgueses. Para sanar essa defasagem, ela escolheu o caminho mais duro: o da autocrítica. A Igreja mudou, correu riscos e se reconstruiu para se reconciliar com a ideologia do mundo moderno. Abandonou suas antigas atitudes e transformou os religiosos em verdadeiros missionários urbanos.

Com declarada inspiração no cristianismo primitivo, a nova Igreja buscou o diálogo com a população fora dos templos. Encontrou seu público nos jovens e eles estavam nas fábricas, nas ruas e nas escolas. Para fazer oposição à crescente força do PCI- Partido Comunista Italiano e ao PCF- Partido Comunista Francês e não deixar os operários e os estudantes apenas à mercê deles, implantaram uma visão de mundo global e integrado, no qual ciência e teologia, diferenças sociais e religiosas não estariam dispostas em simples oposições, mas pertenceriam a um conjunto de realidades complexas e interligadas entre si. Os católicos mais progressistas lançaram propostas renovadoras para uma reforma que objetivava a implantação de um modelo social cristão com um viés político. Leigos e religiosos empenharam-se em obras de conscientização e assistência social, envolveram as famílias e deram especial atenção aos jovens e mulheres, reconhecendo nelas a *célula-mater* da educação cristã.

No Brasil, os católicos acreditavam em reformas, em torno de um ideário humanista e que restaurariam o dogma cristão sem a clássica distinção e separação entre espiritual e temporal. Com essa atitude, abriram a possibilidade de incorporar ações ideológicas e militar politicamente em partidos e organizações não cristãs, sem que isso significasse o abandono da sua fé. Retomaram espaços perdidos e desenvolveram trabalhos sociais diferenciados a partir de um programa iniciado pela ACB – Ação Católica Brasileira, que na década de 1960 radicalizou-se em desdobramentos, fazendo surgir a AP – Ação Popular, uma organização formada por cristãos engajados contra o Estado, durante a ditadura militar. Entre eles, o sociólogo Herbert José de Souza, o Betinho, um ex-dirigente que partiu para Havana a fim de acertar as bases para o treinamento militar de brasileiros na ilha.

O debate ideológico saíra das universidades e, por meio dos movimentos de cultura popular e sindical, chegara aos espaços rurais e urbanos. A organização e o treinamento das novas lideranças eram responsabilidade da Ação Católica Brasileira. O lema era agir em todas as classes sociais. Em 1950, criaram a JAC- Juventude Agrária Católica, para atuar no campo; a JEC – Juventude Estudantil Católica, para trabalhar entre os estudantes secundaristas da periferia e da classe média urbana; em 1948, já haviam criado a JOC – Juventude Operária Católica seguindo o modelo da igreja francesa, que tinha o objetivo de se infiltrar entre os operários recém-chegados da zona rural. Os religiosos mais intelectualizados encontraram na JUC – Juventude Universitária Católica o canal ideal para aprofundar suas discussões sociopolíticas. Os anos 1950 foram fundamentais na modernização da igreja católica. Além de todos esses núcleos reformistas, criaram também, em 1952, a CNBB- Conferência Nacional dos Bispos do Brasil, uma iniciativa de Dom Hélder Câmara, que ocupou o cargo de secretário-geral entre o período da sua fundação até 1964, quando foi substituído nos primeiros meses do governo militar.

A partir de 1961, vários estudantes secundaristas e universitários ligados à ACB- Ação Católica Brasileira trabalhavam no MEB- Movimento de Educação de Base, criado pelo governo nesse mesmo ano, com o objetivo de desenvolver um programa de alfabetização e conscientização social nas camadas mais pobres. Os religiosos brasileiros não agiam sozinhos; em 1961 foi publicada a primeira encíclica do Papa João XXIII, *Mater et Magistra,* que reconhecia os problemas sociais também como responsabilidade da Igreja. Essa era a força que faltava à CNBB. O Concílio Vaticano II dava sinal verde para os católicos da vanguarda; agora poderiam partir oficialmente para um processo de renovação. Se antes os religiosos eram vistos pela sociedade como os representantes da ordem e o poder do Estado, agora posicionavam-se no lado oposto com ações reformistas e muitas vezes revolucionárias.

A Igreja renovou-se para não desaparecer. Acreditou na possibilidade de mudar indivíduos e a coletividade, mas exigiu que as reformas fossem antes vivenciadas por seus agentes, como experiências pessoais de transformação. Muitos religiosos interpretaram os textos dos Evangelhos por ópticas diversas, foram do histórico ao psicológico, do filosófico ao político. Os mais extremistas entenderam que exercitar a nova doutrinação seria agir politicamente; e ninguém conseguiu segurar essa corrente, pois ela apenas refletia os conflitos que existiam tanto dentro da Igreja, como externamente na sociedade civil. Em 1962, com a substituição de Dom Hélder do cargo de assistente social da Ação Católica Brasileira, membros da JEC e JUC criaram a AP- Ação Popular, e partiram para o enfrentamento com o grupo que fugira da autoridade eclesiástica da ACB e criara identidade própria, totalmente politizada. Lutando no mesmo campo e como agentes políticos, os religiosos acabaram cruzando com os militares. A Ação Popular era uma organização não confessional, mas construída por católicos, que contrastava com o discurso oficial da Igreja. Eles pregavam ações fora da teologia, a conscientização, que antes passara pelos textos da inteligência filosófica, ficara reduzida a uma prática de engajamento político contra o Estado capitalista.

O panorama mundial no início dos anos 1960 apresentava-se especial. Na Casa Branca, um democrata, com carisma hollywoodiano e ojeriza por comunistas, simbolizava o modelo a ser seguido no Ocidente. John Kennedy, o político mais midiático da história americana, vivia num mundo segregado pela Guerra Fria. Norte-americanos e soviéticos mal haviam terminado a 2ª Guerra Mundial e já estavam novamente envolvidos em guerras. A soberba, nada justificada, desses dois grupos criou a cartografia do medo, fez surgir e desaparecer nações e grupos étnicos em função de uma hegemonia econômica, disfarçada por embate ideológico. Igualmente sacrificaram vidas e culturas. A Guerra da Coreia (1950-1953) mostrou-se apenas como uma *avant première* do que viria ao longo da década. A 2ª Guerra terminou em 1945, mas a difícil tarefa de refazer nações ainda não terminara. Contra o colonialismo europeu, criaram novos nomes para antigos territórios, impuseram êxodos, assentamentos étnicos e religiosos, desconstruíram histórias pessoais e coletivas.

A geração jovem dos anos 1960 rebelou-se contra essas arbitrariedades com respostas agressivas. Ela não queria ser cúmplice e nem pertencer a esse mundo velho e dividido. Movimentos nacionalistas pelo mundo inteiro tentaram resolver a artificialidade das novas fronteiras geográficas e culturais, todos colocaram em questionamento o poder e a legitimidade dos senhores da geopolítica. Os jovens ocidentais criaram canais de comunicação entre as vítimas da bipolarização ideológica. Optaram pelo socialismo na Guerra do Vietnã (1962-1975), pela Revolução Cubana de 1962 e pela Revolução Cultural Chinesa de 1965. Envolveram-se em guerras libertárias na África, Ásia e Oriente, mas foram omissos quanto ao Muro de Berlim (1961-1989) e a Primavera de Praga de 1968.

Grupos pertencentes aos mais variados extratos sociais, mas opostos e com expressiva mobilização, debatiam entre si com pensamentos maniqueístas e simplistas. O mundo e o Brasil ficaram divididos em duas partes, tudo se resumia a reacionários e revolucionários. O cenário da Guerra Fria, de repente, apequenou o sentido da vida com agressões e delações recíprocas. Tudo teria que caber dentro da dicotomia entre: esquerda e direita/ conservadorismo e transgressão/ bem e mal/ capitalismo e socialismo/ democracia e comunismo. O Brasil, dominado pela esquizofrenia dos polos incompatíveis, era incapaz de entender a pluralidade social e a inter-relação das diferenças. O ano de 1964 começou tenso. Inquietações sociais exigiam mudanças, em todos os lugares havia uma necessidade coletiva de transformações.

No Brasil, o grupo que liderou a chamada *Revolução de 64* tinha um caráter assentado no pragmatismo. Ele se formara como resposta às sucessivas crises que vinham se arrastando desde o fim do governo Vargas. É um erro pensar que o grupo surgiu do nada, ou como simples reação ao acalorado Comício da Central do Brasil, proferido por um Jango Goulart disposto a tudo. O que de fato aconteceu foi uma convergência de interesses entre um pequeno grupo de políticos, a ala conservadora do meio rural e alguns incipientes empresários. A massa humana que deu liga para unir esses três grupos, e que transformou insatisfação e medo em movimento social, veio da classe média religiosa e anticomunista. Juntos conseguiram abraçar as duas forças contrárias que permeavam o pensamento social: a dos nacionalistas que defendiam uma economia com forte participação do Estado, e o seu oposto, o grupo que operava na iniciativa privada e estava aberto aos capitais estrangeiros. Essas aparentes divergências acabaram se acomodando, quando surgiu o Exército com sua visão nacionalista e ordeira. Por nacionalismo econômico entendia-se protecionismo, um recurso que agradou a todos, pois nele cabiam tanto os estatizantes como o empresariado temeroso de concorrência estrangeira.

Entre 1954 e 1964, o Brasil deslanchou. Enfim deixava de ser apenas um país de economia agrária com base populacional rural e passara para o estágio de país urbano e semi-industrial. O lento processo de desenvolvimento criou pela primeira vez uma classe média e ela surgiu ávida por mudanças. Embora fosse principiante, rapidamente organizou núcleos de criação, produções musicais e cinematográficas, arquitetura e *design* que redefiniram a identidade brasileira urbana. Modernidade era sinônimo de Novo: Cinema Novo, Bossa Nova e a Nova Cap. A classe média desejava ter sua imagem conectada à vanguarda do mundo. Apesar de todo esforço intelectual, nenhum ato se comparou ao fenômeno espontâneo das performances esportivas. Os atletas da Copa do Mundo de 58, sem nenhuma intenção, senão a de vencer, foram os causadores de um ufanismo jamais visto. Fizeram pela brasilidade o que nenhum político, partido ou ideologia conseguira: todos os segmentos sociais viram-se pela primeira vez em igualdade nacional. Era um Brasil que se orgulhava de ser brasileiro. Ao som do rádio, uma nação inteira se viu protagonista e vitoriosa na construção do seu primeiro produto *made in Brazil,* com reconhecimento internacional. Era o Brasil formatando-se dentro de si mesmo e do seu próprio jeito. A euforia desse momento histórico fez nascer a sociedade de massa brasileira.

Os movimentos que eclodiram em 1964 foram preparados uma década antes, com o suicídio de Getúlio. A Igreja atravessou o período fortalecendo-se como instituição defensora da estabilidade, da ordem política e social, conceitos que tanto seriam aplicados pela ala conservadora como pela progressista; cada qual tinha o seu próprio discurso na missão evangelizadora. O movimento religioso no Brasil não foi um ato isolado de um determinado grupo ideologizado, ele pertence ao fenômeno universal que está identificado no *zeitgeist* dos anos 1960. A Igreja, como instituição transnacional, mantém sua atuação doutrinária integrada aos modelos universais e à trama histórica; por essa razão agiu nos governos militares em conformidade com sua dualidade. Por um breve momento, foi cúmplice do tripé do liberalismo de 1964 – nacionalismo, catolicismo e anticomunismo –, para depois converter-se numa das mais influentes forças de contestação política à ditadura. Nos anos 1960, a Igreja renasceu líder, fora e dentro do templo, para defender os direitos humanos e a justiça social.

CRUZ E ROSÁRIO X FOICE E MARTELO
UM CONFLITO DE 60 DIAS

A Guerra Fria trazia do exterior a radicalização que alimentava a sociedade brasileira com convicções ideológicas extremadas. O ideário beligerante do contexto internacional era oportuno para ampliar o clima de crise, tão necessário para mudanças radicais como uma revolução ou um golpe. Inúmeros grupos de esquerda assistiram às turbulências sociais e mesmo assim, perderam mais tempo em seus conflitos de divergências e interesses internos, do que em desenvolver um plano estratégico de ação contra o previsto golpe militar. À tensão política somava-se um declínio econômico; além da queda dos investimentos estrangeiros, a inflação, iniciada no governo progressista de Juscelino Kubitschek, chegara à casa dos 75%; junto vieram turbulência e greves. Diante desse quadro, não havia discurso ideológico capaz de segurar a cadeira da Presidência. A fragilidade de Jango foi o estopim para desencadear o fim de uma era democrática; como vítima, ele apenas recolhera os restos de uma crise que vinha de longa data, afinal as instituições republicanas, ao longo do século, sempre foram atropeladas por governantes personalistas.

A partir de fevereiro de 1964, todos os segmentos da sociedade, de nacionalistas ou não, de legalistas ou não, estavam focados num único alvo: golpe. O próximo ano seria de eleições presidenciais e dois candidatos já articulavam suas campanhas. Se a história tivesse seguido seu curso natural, provavelmente seríamos governados por Carlos Lacerda, na época governador do Rio de Janeiro, ou novamente por Juscelino Kubitschek, mas Jango também queria continuar no cargo e para isso precisaria mudar a legislação. Na época não havia reeleição. Com firme propósito de aprovar mudanças propostas por seu governo e tendo um Congresso conservador, a saída seria intervir. Estava tão claro que alguma mudança radical viria em breve que, na segunda semana de março, o governador de Pernambuco Miguel Arraes voltando do Rio disse: "*Volto certo de que um golpe virá. De lá ou de cá, ainda não sei*".[33]

Estavam em jogo dois golpes, um para manter Jango no poder e outro para tirá-lo do poder. Entre os militares, existiam adeptos nos dois lados. Junto ao presidente estavam entre outros Jair Dantas Ribeiro e Amaury Kruel. Segundo Luiz Carlos Prestes, existiam muitos militares membros do PCB. Mas como bem diz o jornalista e escritor Elio Gaspari: "*O exército dormiu janguista e acordou revolucionário, mas sairia da cama aos poucos*".[34] Como as forças armadas trabalham com o princípio de unidade, nos dias próximos ao 1º de abril as divisões internas foram esquecidas, nenhum militar foi castigado ou preso por ter sido janguista, eram outros tempos com novos nomes, agora o destaque ficava para Castello Branco, Costa e Silva, Mourão Filho, Muricy, Geisel e Golbery. Os ressentimentos e vaidades pessoais não podiam se sobrepor ao momento que exigia cautela e habilidade na escolha de quem ocuparia cargos o a Presidência. Tempos depois, quando já estavam estabelecidos, e ainda no governo Castelo Branco, cometeram um grande erro, a miopia de um grupo de militares expurgou, condenou e prendeu inúmeros oficiais das três forças armadas e "*Aquilo que décadas de organização sistemática não havia sido capaz de dar à cerebral esquerda brasileira, os militares ofereceram de* mão beijada: um braço armado".[35]

Para a população que vive alheia aos meandros da política e só entende do que é papável e real aos seus olhos, as manifestações da rua foram as responsáveis pelo *starter* da mudança. Se não foram, ao menos serviram para agregar. Historicamente, o primeiro disparo veio sem bravatas e de onde ninguém havia previsto, o estopim foi acessado por tradicionais senhoras e donas de casa da pacata capital mineira, em Belo Horizonte.

02/02/1964 - Belo Horizonte, MG. Mulheres empunhando rosários como armas, enfrentaram o ministro Leonel Brizola e sua comitiva, na sede da Secretaria da Saúde, com o intuito de proibir que as autoridades discursassem a favor das Reformas de Base. O episódio ficou conhecido como: *Vermelho Bom, só o Batom*. As "ativistas" pertenciam à Cruzada do Rosário em Família, uma ação político-religiosa do Padre Patrick Peyton. O lema de união era: *"Cadeia da Família Cívica Contra o Comunismo"*.

13/03/1964 - COMÍCIO DA CENTRAL DO BRASIL, Rio de Janeiro, organizado pelo presidente Jango Goulart, no qual lançou as diretrizes das Reformas de Base. Sob as lideranças de Brizola e Arraes, 150 mil pessoas participaram do evento: eram sindicalistas da CGT, estudantes, intelectuais e políticos da ala nacional-reformista. Por ironia, a última manifestação do governo Goulart foi animada pela banda dos Fuzileiros Navais e protegida pela Polícia do Exército.

19/03/1964 - MARCHA DA FAMÍLIA COM DEUS PELA LIBERDADE, São Paulo. Considerada como a primeira megamanifestação política, 450 mil pessoas marcharam em resposta ao Comício da Central do Brasil, ocorrido há uma semana. A organização coube a 80 grupos representativos da sociedade civil, liderados por católicos temerosos de uma rebelião social.

02/04/1964 - MARCHA DA VITÓRIA, Rio de Janeiro. A manifestação fora programada para ser apenas uma repetição da marcha cristã, ocorrida em São Paulo, e surpreendeu ao agregar aproximadamente 1 milhão de pessoas. Embora sem este intuito inicial, a marcha se transformou numa gigantesca demonstração de apoio ao golpe militar, ocorrido no dia anterior.

A CRUZ NAS MARCHAS

Entre a rebelião dos marinheiros, o inflamado Comício da Central do Brasil e as assustadoras notícias das Ligas Camponesas, a palavra de ordem era Revolução. A sociedade estava exaltada e os noticiários, no mesmo clima, só aumentavam a tensão. A medida dos extremos tornou-se padrão e o radicalismo, o mestre guia.

Os marinheiros haviam deflagrado uma ação em prol de conquistas sociais que acabou por representar a própria crise de autoridade do governo Goulart. Quando os fuzileiros navais quebraram a tradição militar contra seus comandantes, eles abalaram a disciplina e a hierarquia interna da instituição, colocando em dúvida a competência dos chefes de Estado. No agitado Comício da Central do Brasil, políticos e militantes anunciaram as Reformas de

Base com *slogans* inflexíveis de: *Cadeia para os Gorilas* e *Armas para os Trabalhadores*. Participantes extremados exigiam a destituição do Congresso Nacional e a criação de um novo, que seria denominado Congresso Popular, um misto de *Soviet* russo e *Comité* da Revolução Francesa. Esse atropelamento com o Congresso foi a gota d'agua, pois ficou claro que Jango pretendia mudar as regras da sucessão presidencial, somente para se beneficiar, exatamente como Getúlio Vargas fizera em 1937.

Os aliados de Jango falavam em reformar a Constituição. Dificilmente isso ocorreria, sabiam que seus membros não votariam essa emenda, no entanto, os mais exaltados acreditavam e achavam possível até a dissolução do Congresso. Depois de fracassar com a mudança da legislação de reeleição, Jango assinou dois decretos, um que desapropriava terras ociosas nas margens de rodovias e açudes, e outro que encampava as refinarias particulares de petróleo. Ameaçou o Congresso dizendo que: *"Se o Congresso Nacional não aprovar as reformas, perderá sua identidade com o povo"*.[36] O objetivo era ampliar o apoio popular para o intenso programa de reformas, que era entendido pela oposição como os "alicerces do comunismo". O Congresso estava disposto a bloquear as reformas e estender as discussões até o próximo ano, quando haveriam as eleições presidenciais. Na verdade, o legalismo contra esses atos foi o grande impulsor para arregimentar a sociedade e pedir mudanças, a oposição se apresentou como um movimento em defesa da lei, falavam em "restauração da ordem constitucional". Faltava um discurso palatável para as multidões e ele foi preparado pela Igreja.

Para ampliar ainda mais a sobrecarga de conflitos, chegavam notícias do interior de Pernambuco que falavam sobre enfrentamentos no campo, motivados pelas Ligas Camponesas. Essas organizações rurais existiam desde 1955, mas agora, sob a liderança de Francisco Julião, elas haviam tomado o rumo da luta armada, o seu lema radical era: *Reforma Agrária pela Lei ou na Marra*.

Entre tantos fatos polêmicos e causadores de instabilidade, o basta dado pela população ao governo federal veio em função de um acontecimento secundário. O presidente Jango Goulart, durante o Comício da Central do Brasil, fez uma repreensão pública às mulheres da Cruzada do Rosário. Em seu discurso, advertiu que: *"A crise que se manifesta no país foi provocada pela minoria de privilegiados que vive de olhos voltados para o passado e temem o futuro. Não podem ser levantados os rosários da fé contra o povo que tem fé numa justiça social. Os rosários não podem ser erguidos contra aqueles que reclamam discriminação da propriedade da terra"*. Jango não fazia ideia da reação que viria, ele jamais imaginou que, ao atiçar as tradicionais senhoras católicas de Minas Gerais, estaria apertando o gatilho contra o próprio peito. Se bem que, àquela altura, a sua sorte já estava decidida, aqui e em Washington.

A repreensão feita no discurso referia-se à desmoralização sofrida pelo cunhado e ministro Leonel Brizola que, numa ação inédita, em Belo Horizonte, fora impedido de falar por ação de um grupo de elegantes mulheres acompanhadas por suas empregadas. O encontro fora organizado pela CUTAL – Congresso da Central Única dos Trabalhadores da América Latina e tinha como oradores Leonel Brizola, Almino Afonso, Plínio Sampaio e outros. As mulheres obstruíram os trabalhos de representantes do governo apenas com orações. Sem ofensas e respeitando o manual da boa educação, elas rezavam ininterruptamente em voz alta segurando cartazes e rosários nas mãos. O auditório preparado para receber sindicalistas e discutir as novas diretrizes do governo federal, parecia mais uma sessão de exorcismo, numa cena inimaginável, transformaram o palco em altar e Brizola num anticristo. Teve um princípio de tumulto, os organizadores pediram aos policiais que retirassem as mulheres, eles se recusaram e elas mais animadas gritavam: *"vocês serão derrotados por Deus"*. Diante da presença de mulheres educadas que portavam símbolos religiosos, a inibição tomou conta dos governistas que, acuados e sem ação, desistiram de falar.

Para as senhoras do rosário, o discurso proferido na Central do Brasil foi recebido como uma ameaça dos *comunistas*. A ala da sociedade contrária às mudanças ficou temerosa e rapidamente reagiu, demonstrando sua força pela grande adesão na Marcha da Família. Padre Peyton, o comunicativo religioso americano e alguns políticos locais organizaram a manifestação em São Paulo. Após treze dias da Marcha, Jango seria deposto.

MARCHA DA FAMÍLIA COM DEUS PELA LIBERDADE

Marcha da Família com Deus pela Liberdade, Praça da Sé, São Paulo, 19/03/1964
Cerca de 500 mil pessoas participaram da manifestação contra as novas medidas que seriam implantadas pelo governo Jango, acreditavam que as mudanças trariam o comunismo e implantariam o modelo da revolução cubana. O percurso teve início na Praça da República e finalizou na Praça da Sé em frente à catedral. Foi um trajeto simbólico, reforçando dois significados: um político e outro religioso.

A data 19 de março fora escolhida por ser o dia de São José, pai de Jesus e o tradicional santo protetor da família cristã. Rapidamente o padroeiro transformou-se na imagem perfeita para reunir os silenciosos adversários do governo Goulart. E, no papel de pai simbólico da família brasileira, o elo de união capaz de arregimentar pessoas e ultrapassar diferenças sociais. Felizes com a escolha da data, a marcha converteu-se em modelo para demais manifestações. A organização ficou a cargo de pessoas relacionadas à tradição paulista que gozavam de notório reconhecimento entre políticos e empresários. A marcha se apresentou para a sociedade como uma queda de braço entre a vontade popular e o governo federal.

As senhoras da sociedade foram decisivas para o sucesso da marcha, suas performances surpreenderam velhos políticos e antigos profissionais do voto. Elas agiram com tamanho entusiasmo, que foram comparadas a recrutas. Partiram animadas apenas pela fé. Acreditavam verdadeiramente que estavam salvando o Brasil. O empenho era alimentado por religiosos amigos e parceiros nos trabalhos de caridade e assistência social do projeto *Carita*s. Manifestaram-se contra as Reformas de Base, por enxergar nelas a porta de entrada de uma reviravolta comunista. Por comunismo internacional entendiam Estado totalitário, perda de liberdade, fim da propriedade privada, dos bens pessoais e do prestígio social.

Todas as perdas resultariam na desagregação da família e, para as mulheres, este seria o mal maior. Como arautos da classe média, temiam também o fim da liberdade de credo. Essas palavras ou seus significados desfilaram nos cartazes e faixas, demonstrando seus verdadeiros receios e expectativas. Num deles, expressaram com clareza o sentido da manifestação paulista: *"Verde e Amarelo sem Foice nem Martelo"*. Nessa linha nacionalista, o deputado Cunha Bueno, do PSD – Partido Social Democrático, discursou: *"Todos vocês aqui nessa Praça representam a Pátria que está em perigo de ser comunizada. A paciência do povo tem um limite. Não atinja o povo no que ele tem de mais sagrado: as liberdades democráticas. Basta, Jango!"* Por outro lado, Herbert Levy inflamava a multidão com: *"O Povo não quer ditaduras. O povo não quer comunismo. O povo quer paz e progresso"*. A deputada Conceição das Neves gritava: *"Brasileiros, é melhor morrer livre do que viver escravo"*. O palanque ficou pequeno para tantos discursos inflamados. As marchas da Família com Deus colocaram nas ruas padres, freiras, mulheres e homens carregando terços, rezando ou em protesto uníssono contra o comunismo ateu.

Para a população participante, a marcha representava um ato de defesa das instituições ameaçadas. Rosários com cruzes protestavam entrelaçados às bandeiras de São Paulo. A marcha teve suporte garantido pelo governador de São Paulo, Dr. Adhemar de Barros, pelo jornalista Carlos Lacerda do Rio de Janeiro e o apoio dos jornais *O Globo*, da família Marinho e *O Estado de São Paulo*, da família Mesquita, da Federação das Indústrias de Estado de São Paulo – FIESP e do Instituto de Pesquisas e Estudos Sociais – IPES. Durante a marcha, distribuíram aos participantes textos do Manifesto ao Povo do Brasil. A finalidade era mobilizar a maior quantidade possível e dar respaldo popular, e os textos não deixavam dúvidas: o teor político se sobrepusera ao religioso. Frases mais ouvidas foram: *"O povo está cansado de mentiras e das promessas demagógicas.... De hoje em diante os comunistas e seus aliados encontrarão o povo de pé.... Com Deus, pela Liberdade, marcharemos para a*

Salvação da Pátria." A Marcha da Família cresceu e ultrapassou suas primeiras intenções, transformou-se em ato cívico de grandes proporções e acabou como começou, sem deixar claro os limites entre laicidade e religião.

A marcha definiu a trindade cabal da revolução de 1964. Eram eles o Estado, a Família e a Religião que, traduzida, criou o lema: *Família Com Deus Pela Liberdade*. Essa questão não era unânime. A Igreja brasileira não estava unida. Se uma parte participou por temer ou não querer conviver com o sistema comunista, uma outra parte de entidades católicas de esquerda como a Ação Católica Brasileira enviou nota oficial à imprensa no dia imediato à marcha *"Condenando o uso da fé em ato público"*. [37] A natureza bipartida da igreja católica, embora seja uma realidade complexa e de difícil compreensão, é o elemento que contém a sua essência.

A polarização política deixara de um lado os religiosos conservadores, que censuravam os perigos da mudança e, no outro extremo, os militantes da ACB – Ação Católica Brasileira, alguns radicais e a liderança da CNBB. Essa ala apoiava as reformas de Goulart. Representantes dos dois grupos entraram em confronto, quando 33 bispos se reuniram para fazer uma comunicação oficial e escrever uma declaração sobre a Revolução, como era chamada na época. Os conservadores elogiavam o golpe e condenavam o comunismo, enquanto os progressistas defendiam uma crítica ao novo governo. Nas palavras do professor de história norte-americano Kenneth Serbin: *"Os progressistas estavam claramente preparados para descartar a concordata moral. Os dois lados firmaram um compromisso. O resultado foi um pronunciamento confuso e contraditório, que agradecia profusamente às Forças Armadas por salvarem o Brasil do comunismo, mas também pedia o fim dos ataques aos ativistas da Igreja e proteção contra os abusos do capitalismo liberal. Essa foi uma apresentação estranha e surrealista da tradicional terceira via católica entre o comunismo e o capitalismo. De fato, a declaração serviu como importante voto de confiança ao novo regime"*.[38]

SÍMBOLOS DE FÉ
SÍMBOLOS PÁTRIOS
UNIDOS EM PROTESTO

Ex-combatentes da Revolução de 1932 na Marcha da Família em 1964

Duzentos ex-combatentes da Revolução de 1932, incluindo um grupo de mulheres, marcharam com a população sensibilizando os manifestantes. O antigo sentimento de legalização do movimento constitucionalista reanimou com força total a Marcha da Família com Deus pela Liberdade e inspirou o modelo cívico para as demais marchas nos outros Estados.

Os organizadores recorreram ao orgulho paulista da Revolução de 1932 com um *slogan* bem-sucedido que dizia: 32 + 32 = 64. Convocaram antigos constitucionalistas para desfilar ao som da marcha *Paris Belfort*, a música do fundo da Revolução de 1932, em homenagem aos quatro jovens mortos e eternizados na sigla MMDC. Os participantes, emocionados pela evocação do hino nos versos de Guilherme de Almeida que, em certo momento, falava: "Os bandeirantes denodados deste São Paulo vanguardeiro e *justo*", ao se organizarem numa "trincheira" simbólica, deram ao cortejo o que lhe faltava: uma conotação patriótica e um quê de resgate da soberania perdida. O político Carlos Lacerda, um orador que entendia de comunicação de massa como poucos, de imediato se empolgou e elogiou tal atitude. Aproveitou a comparação entre os dois momentos históricos para caracterizar o evento como um movimento democrático em defesa da Constituição. Não esquecer que Lacerda era antigetulista, tanto quanto era antijanguista, e para seu deleite, a cena histórica repetia outra vez o papel dos paulistas na defesa da Constituição. O presidente do Senado, Auro de Moura Andrade reforçava o sentido legalista e dizia: *"Que sejam feitas reformas, mas pela liberdade. Senão, não. Pela Constituição. Senão, não. Pela consciência cristã do nosso povo. Senão, não"*. Os símbolos cívicos, que dominaram posteriormente no Rio de Janeiro, começaram timidamente em São Paulo. Ao som da banda da Força Pública o *Hino Nacional* foi ouvido com o agito de algumas bandeirinhas. Naquele instante, os símbolos paulistas da Revolução de 1932 ainda falavam mais alto.

As marchas se sucederam nos estados, com apelos diferenciados, cada uma recorreu à sua própria história regional. Em Pernambuco invocaram a luta contra os invasores estrangeiros do período colonial, em Minas Gerais concentraram os discursos em Tiradentes, em nome da Liberdade. Para não dispersarem do foco principal, os organizadores tiveram o cuidado de seguir um padrão: idealizaram o ato como uma grande metáfora cívica, enfatizavam o patriotismo, os valores familiares e o espírito religioso.

O percurso foi planejado como um roteiro literário. A concentração e a partida aconteceriam sempre numa praça pública, para invocar o heroísmo, a chegada teria que ser diante de uma igreja importante e histórica da cidade. Para a última cena, deixavam reservados uma benção e a celebração de uma missa pela *Salvação da Democracia*. Em todas as manifestações o *slogan* divulgado foi o ensinado pelo Padre Patrick Peyton, o qual dizia: *A família que reza unida, permanece unida*. A liderança aparente foi desempenhada por mulheres, acreditando-se que a presença feminina daria ao protesto a credibilidade necessária para as Forças Armadas agirem em defesa da sociedade. As marchas cumpriram seu papel, apareceram no cenário político como um apelo popular, dessa maneira justificou a posterior ação militar. Verdadeiramente o movimento foi da classe média com o apoio das classes mais abastadas, poucos participantes vinham das classes mais humildes, e sem o apoio popular maciço, por um pequeno instante, a classe política sentiu o receio de fracassar.

MARCHA DA VITÓRIA NO RIO DE JANEIRO MAIS BANDEIRA E MENOS CRUZ

A Marcha da Família com Deus pela Liberdade ocorrida em São Paulo foi apenas a primeira das várias manifestações que se realizaram por todo país, antes e depois do golpe militar. A Marcha da Família, transformada em Marcha da Vitória, foi realizada pelo CAMDE – Campanha da Mulher pela Democracia, um grupo feminino católico do Rio de Janeiro. O caráter religioso ficou secundário em função dos últimos acontecimentos. Pela primeira vez, os símbolos cívicos se sobrepuseram à cruz e ao rosário. O ato acabou considerado como uma consagração pela intervenção militar e uma demonstração festiva de apoio popular.

IDEOLOGIA SUBSTITUI RELIGIÃO

BANDEIRA NACIONAL IDENTIFICA ATO PÚBLICO

O anticomunismo serviu como apelo inicial, mas o verdadeiro estímulo para a participação popular vinha da oposição imediata às ideias do nacional-progressismo do governo vigente. As imagens da Marcha da Vitória realizada pelas ruas do centro do Rio de Janeiro, em 2 de abril de 1964, mostram uma multidão empunhando cartazes e bandeiras, nesse momento já se evidenciava a sua natureza política. O ato se diferenciou dos movimentos paulistas e mineiros, porque estes destacaram mais o caráter religioso e o sentimento de proteção à família.

Marcha da Vitória, Rio de Janeiro
Uma gigantesca bandeira foi colocada estrategicamente no centro, posicionando-se como um guia que dirige a multidão.

MANIFESTAÇÃO DE MASSA
1 MILHÃO DE PESSOAS EM APOIO AO GOLPE

As multidões que acompanharam as marchas revelaram uma mobilização sem precedentes na história brasileira. Quase 1 milhão de pessoas participaram da Marcha da Vitória, no Rio de Janeiro, tornando esse ato a primeira grande manifestação de massa, um efetivo só ultrapassado 20 anos depois, nos *Comícios das Diretas Já*, quando a mesma sociedade refez o caminho em sentido inverso e caminhou para a reconquista da liberdade perdida.

Marcha da Vitória, Rio de Janeiro
Um milhão de pessoas em apoio aos militares

CRUZADA DO ROSÁRIO
FAMÍLIA QUE REZA UNIDA, PERMANECE UNIDA

A Cruzada do Rosário em desfile
Mulheres com rosários na primeira Marcha em São Paulo

A organização dos grupos femininos surpreendeu a todos, principalmente às lideranças da esquerda que subestimaram o poder de arregimentar manifestantes contra o governo federal. A maioria da sociedade civil não tinha nenhuma experiência em atividades dessa espécie, àquela altura ninguém poderia imaginar a performance das donas de casa. Predestinadas a viver escondidas sob o anonimato de suas tarefas domésticas, as *senhoras do lar* tomaram as rédeas do movimento e inesperadamente ultrapassaram seus limites e barreiras do círculo familiar.

Padre Patrick Peyton, um religioso irlandês, radicado nos Estados Unidos, foi o grande incentivador e inspirador da Cruzada do Rosário. Chegou ao Brasil em 1963, e vinha com as bênçãos do governo Kennedy, que viria a falecer em novembro do mesmo ano. Padre Peyton era uma figura totalmente fora da tradição dos religiosos, nos EUA era conhecido como o *Padre das Estrelas*. O *habitué* simpático das festas de Hollywood tinha facilidade para se tornar amigo de celebridades e empresários. Desde os anos 1950, aproximara-se de artistas de cinema populares, como Bob Hope, Loretta Young, Gregory Peck, Lucille Ball, Natalie Wood e Charlton Heston.

A Cruzada do Rosário em Família nasceu nos Estados Unidos nos meios universitários. Em seguida, ampliou suas pregações em rádios e programas de TV. Peyton nunca fez segredo da sua atuação política e nem da sua relação profissional com a CIA – Agência Central de Inteligência. Ele foi escolhido por essa instituição que o treinou para atuar junto à maioria católica da América Latina. Os fundos da missão foram gastos no Chile, Venezuela, Colômbia e Brasil. A ajuda veio de Peter Grace, um católico americano multimilionário, bisneto do fundador da WR Grace and Company, uma empresa multinacional com interesses em mineração, açúcar e transportes na América do Sul. A origem da Cruzada do Rosário está diretamente ligada à biografia do religioso. Consta que na juventude, quando ingressara na congregação de Santa Cruz, nos anos 1930, fora acometido por tuberculose. E por acreditar que sua cura se dera pela fé e pela intercessão da Virgem Maria, decidiu dedicar sua vida religiosa ao culto de Nossa Senhora e de restituir a prática de rezar o rosário.

Padre Peyton pregando em São Paulo para milhares de pessoas no Vale do Anhangabaú.
Religioso carismático e propagandista anticomunista

Peyton era um religioso pop, carismático, sabia se expressar com facilidade e usar os recursos da publicidade. Ele dizia: *Se a publicidade conseguiu que a Coca-Cola chegasse a todas as partes do mundo, por que também a publicidade não poderia fazer o mesmo com a oração?* Exatamente isso o que ele fez, usou de todos os meios de comunicação e propaganda voltados para o grande público. Com popularidade e penetração nos Estados Unidos, o passo seguinte foi seguir em escala internacional, nesse momento, no início dos anos 1960, o Brasil se apresentava como um terreno fértil para suas ideias anticomunistas. Os impactos causados pela Revolução Cubana e os discursos marxista-leninistas de Fidel, em 1961, haviam colocado a América Latina no mapa da Guerra Fria. A Cruzada do Rosário, fazendo parte dessa guerra, inseriu um sentido político no interior do seu discurso religioso.

As técnicas de evangelização modernas usadas por Peyton superavam as tecnologias conhecidas. Com o mesmo formato de um concerto show ele se apresentava com equipamentos de luz e som, com projeção de filmes ao ar livre com mensagens, músicas e efeitos especiais. Havia uma equipe técnica especial só para garantir a qualidade das suas pregações; os encontros-espetáculos eram gravados e comercializados em discos. O religioso *showman* fazia enorme sucesso a ponto de disputar o *hit parade* com os cantores da moda. Peyton era um fenômeno em comunicação. No encontro realizado no Rio de Janeiro, em 16 de dezembro de 1962, projetaram um gigantesco rosário e uma cruz sobre o monumento do Redentor, a pregação ocorreu para uma plateia de um 1,5 milhão de pessoas. Na televisão americana, ele conseguiu gravar com Bing Crosby, um dos maiores astros do *show business*. No Brasil o destaque ficou por conta de "Ave Maria no Morro", na voz de Agostinho dos Santos – o cantor estava em alta, havia interpretado a música-tema do filme *Orfeu Negro*, dirigido por Marcel Camus, vencedor da Palma de Ouro de Cannes. Padre Peyton, de pele muito alva e cabelos brancos, era um pregador irlandês de alcance internacional que conseguia mobilizar multidões de pessoas em torno de uma ideia.

Considerado um pioneiro do evangelismo na mídia de massa televisiva, Padre Peyton, no Brasil, desenvolveu um discurso-alerta sobre os perigos de um governo não aliado aos Estados Unidos, em plena Guerra Fria. Do púlpito ele clamava para a luta, propondo o rosário e a cruz como armas simbólicas. Seu discurso se desviava do caráter ideológico, para se transformar mais num apelo emotivo, ele dramatizava e mostrava as consequências que existiriam na sociedade brasileira, caso houvesse o aniquilamento e a destruição dos bens materiais e dos laços familiares. Para compreender melhor as ações do religioso, é preciso lembrar que o medo do comunismo era real. Em março de 1963, o Partido Comunista Brasileiro havia decidido realizar um Congresso Continental de Solidariedade a Cuba, na Guanabara, Rio de Janeiro. O governador Carlos Lacerda, um opositor ferrenho do Partido Comunista Brasileiro proibiu, mas assim mesmo conseguiram realizar o congresso em localização próxima; o encontro ocorreu na cidade vizinha de Niterói, na sede do sindicato dos operários navais.

A pregação do agente-padre era um evento concorrido, em parte por seu excepcional talento em oratória e, em parte, por falar o que a classe média queria ouvir. Os sermões tiveram como resultado o surgimento de uma plateia convicta e com vigor para se transformar numa legião. Com a ajuda de um publicitário norte-americano, não católico, Peyton popularizou o slogan: *A família que reza unida, permanece unida*.

A consciência feminina não foi despertada pela teoria partidária e, sim, por uma realidade subjetiva relacionada aos padrões psicológicos do seu universo doméstico. O medo de perder ou destruir suas famílias transformou pacatas senhoras, que até aquele momento só tinham em seu currículo a genérica atividade de donas de casa, ou como se dizia *do lar*, mas de repente se tornaram militantes e seu alvo: o governo Jango. A *Cruzada do Rosário em Família* nasceu como um movimento religioso, que ganhou conotações políticas devido às polarizações externas da Guerra Fria e internas dos grupos contrários e favoráveis ao governo Jango.

Engels acreditava que a origem mais remota do conceito de propriedade privada se encontrava no clã familiar, pois é apenas por meio dela que ocorre a transmissão da herança. A família garante aos seus integrantes a manutenção dos seus bens materiais e, consequentemente, perpetua o sentido de propriedade privada. A mulher, no modelo arcaico de sociedade, ganha prestígio por estar associada ao exercício da maternidade e dedicação aos filhos. Além de proteger a prole, a mulher é que assegura o direito indiscutível de hereditariedade. Por séculos e séculos essas foram suas funções e elas as repetiram sem questionamentos, até que sua existência se confundiu com esse papel social. Mulher e mãe passaram a significar a mesma coisa.

Sendo assim, em março de 1964, diante da possibilidade de algum *comunista* destruir ou desagregar a *sua família*, as mulheres marcharam com a firmeza de soldados em defesa do seu *bem mais precioso e a sua razão de viver*. Trataram a nação como se ela fosse uma extensão do seu lar. As mulheres se deslocaram para o espaço público, com o propósito de defender os valores nos quais foram formadas. Numa edição do jornal *O Globo*, do Rio de Janeiro, a manchete referiu-se às mulheres como: *A Mulher Brasileira está nas Trincheiras*, o texto abaixo justificou: *"para defenderem seus lares e seus filhos, num movimento de preservação do lar e da família que estariam ameaçados por uma minoria subversiva"*.

O clã familiar na Marcha pela Família

Os generais que participaram do golpe de 1964 enxergaram com carinho o protagonismo feminino e reconheceram como sendo esse o ponto central para o sucesso do movimento. Admitiram a importância da ala feminina no processo de desestabilização do governo, pois foi através das marchas que a opinião pública aderiu e aceitou a ideia de intervenção. Os sentimentos espontâneos de amor à família e à pátria das donas de casa se transformaram em poderosos instrumentos de ação política. Nas mãos de alguns líderes e empresários de oposição ao governo Goulart, elas justificaram e legitimaram a presença das armas. Agiram acreditando que faziam o bem, mas sem atinar ao que viria.

ORGANIZAÇÕES FEMININAS

Pela primeira vez as mulheres se organizaram em grupos, aos moldes dos demais agrupamentos culturais e políticos. No início dos anos 1970, uma quantidade de entidades femininas surgiu no Brasil em resposta às organizações de esquerda que existiam aos moldes da CGT – Confederação Geral dos Trabalhadores, ou de grupos defensores de classe, como a Liga dos Camponeses, criada para o trabalhador rural. Sindicatos, entidades estudantis como a UNE – União Nacional dos Estudantes, a UBES – União Brasileira dos Estudantes Secundaristas e demais organizações e instituições políticas e culturais que estavam alinhadas com o governo, propagavam da reforma agrária à lei de controle de remessa de lucros. Diante desse quadro, as mulheres também se organizaram com o mesmo modelo de manifestações populares em defesa dos seus valores. Todas as entidades femininas tinham como núcleo centralizador a família e o anticomunismo.

Participação feminina e classe média nas marchas de 1964
Imagem típica de uma família classe média brasileira, aqui representada pelas mães e filhos aplaudindo com entusiasmo a passagem da Marcha da Vitória no Rio de Janeiro em 02 de abril de 1964.

- **UCF** União Cívica Feminina – SP. Foi a primeira organização instituída a abraçar a causa política. Surgiu no início de 1962, como resultado prático de uma série de conferências patrocinadas pela SEI – Sociedade de Estudos Interamericanos, a de maior impacto foi sobre as manobras comunistas adotadas no Brasil. O grupo contava com o apoio de professores, de intelectuais e líderes católicos, além da ACM – Associação Cristã de Moços.

- **CAMDE** Campanha da Mulher pela Democracia – RJ. Segunda organização criada com os mesmos fins da anterior, mas que se destacou por ser a mais ativa de todas e a mais próxima aos militares. Ela contava com o apoio do general Molina, além da direção do jornal *O Globo* e do pároco da Igreja da Paz de Ipanema, o bairro onde moravam as líderes do grupo, mulheres que inicialmente se encontravam para obras assistenciais dos franciscanos. As mulheres mudaram o rumo da organização e apavoradas com uma frase atribuída a Lenin e dita pelo economista Glycon de Paiva: *"A América Latina será sovietizada, tendo por capital o Brasil"*.[39] A CAMDE nasceu voltada para ações políticas contrárias aos governos autoritários de esquerda. Com uma linguagem simples e um texto bem ensaiado sobre defesa e preservação das famílias contra os "subversivos", as mulheres do grupo conseguiram arregimentar um grande número de adeptas.

• **MAF** Movimento de Arregimentação Feminina – SP. Antiga entidade feminina que atuava há mais de dez anos em trabalhos de conscientização da mulher na sociedade, desenvolvia temas mais sociológicos, como o papel da mulher diante da crise na economia doméstica. A organização, que era apolítica por estatuto, acabou aderindo às manifestações com as demais entidades femininas.

• **LIMDE** Liga da Mulher Democrática – MG. Ganhou notoriedade ao enfrentar os representantes do governo Goulart, com rosários e preces. Até este acontecimento, eram mulheres discretas. Em setembro de 1963, já haviam manifestado sua posição contra o comunismo, ao fazerem oposição ao marechal Tito, da Iugoslávia, em visita ao Brasil.

• **CDF** Cruzada Democrática Feminina – PE. Foi a organização de maior importância no Nordeste, e criada em 1963, com o propósito de fazer frente às manifestações da Liga dos Camponeses. Os mentores do grupo faziam parte da Igreja, do Exército e senhores da elite local.

• **ADFG** Ação Democrática Feminina Gaúcha – RS. A organização gaúcha foi criada praticamente às vésperas do golpe cívico-militar com o apoio da UCF e a MAF, ambas de São Paulo.

Além dessas organizações, as mulheres receberam as contribuições do IPES – Instituto de Pesquisa e Estudos Sociais e do IBAD – Instituto Brasileiro de Ação Democrática. Elas agiram e contribuíram para o impacto de 1964, mas *"As mulheres que marcaram presença na vida pública, apresentaram-se e foram apresentadas como mães de família e donas de casa e não como cidadãs"*.[40] Os homens que orientaram as organizações femininas pertenciam ao IPES, um instituto de pesquisa que liderava intensa campanha de desestabilização do governo Jango, com o objetivo de preparar a população para uma intervenção militar.

Se de um lado os operários e os trabalhadores rurais eram o público do populismo janguista, por outro lado, a classe média urbana estava mais alinhada com o legalismo e a busca da ordem social – palavras que se coadunavam mais com instituições que prezavam hierarquia, valores cívicos e morais, já existentes na Igreja e no Exército. Portanto, cada líder tinha seu público-massa de manobra. Em março de 1964, vemos os dois lados querendo mobilizar, com o objetivo sincero de viabilizar e justificar o seu próprio golpe.

Após a consolidação da ação militar, as senhoras católicas abandonaram as manifestações e retomaram suas antigas atribuições domésticas. Como donas de casa seguiram obedientes e transferiram para o Estado o mesmo modelo de autoridade masculina que sempre fora exercido pelo chefe da família. Obviamente elas representam apenas uma parcela do universo feminino; existiam também militantes intelectualizadas e com perfil totalmente diferenciado ao das mulheres que participaram das marchas do rosário.

SLOGANS
Um exorcismo ao comunismo

Os cartazes e as faixas avistados durante as marchas assinalavam que o comunismo associado à cor vermelha era o oposto de liberdade e democracia. Os manifestantes faziam apelos para a manutenção das famílias, pediam uma sociedade cristã e chamavam Deus de Salvador do Brasil contra o comunismo. Os dizeres refletiam medo e oposição aos países da Cortina de Ferro. Nesse cenário, a imagem da cruz se apresentou como um baluarte de liberdade e hostil ao ateísmo propagado pelas teorias marxistas. Os slogans dos discursos que legitimaram o golpe civil-militar de 1964 foram o fio condutor das manifestações, com poucas palavras, eles exprimiam os medos e os desejos da sociedade.

As marchas surgiram inicialmente como um Movimento de Desagravo, em resposta ao comício de Jango na Central do Brasil; por sugestão de Adhemar de Barros, governador de São Paulo, elas tomaram um rumo bem mais abrangente. Para engrandecer o *slogan* de Democracia e Família e diminuir a imagem do rosário, ele buscou adesão dos protestantes, recebeu apoio da Assembleia de Deus, de alguns alunos do Instituto Presbiteriano Mackenzie e da prestigiada Cruz Vermelha Brasileira. A partir da Marcha da Vitória no Rio de Janeiro, as manifestações populares foram usadas para justificar a diferença entre Revolução e Golpe; conceitos usados pelos governos militares.

CARTAZES EM MARCHA

Encontro de Entidades em Marcha – São Paulo

Imagem demonstrativa da ação conjunta da UCF – União Cívica Feminina e do MAF Movimento de Arregimentação Feminina em São Paulo. Para participar da Marcha da Família com Deus pela Liberdade foram convocados 80 grupos de católicos atuantes em vários municípios paulistas.

As marchas no Rio estavam mais voltadas para *slogans* políticos, pedindo uma intervenção; em São Paulo os cartazes equilibravam política com religião, seus participantes ainda estavam na fase de responderem ao comício da Central do Brasil, ainda temiam perder a liberdade, e o antídoto para o comunismo seria a democracia e o cristianismo. Em Minas, os dizeres eram semelhantes aos dos paulistas, porém mais concentrados contra o comunismo.

Deus é a Verdade, Democracia é Liberdade.
Vermelho Bom, só o Batom.
Papai vote num democrata, para que eu continue livre amanhã.
Trabalhador, só na democracia poderás escolher tua religião.
Unamos todas as religiões para acabar com o comunismo.
O Povo não quer Comunismo.
Verde e Amarelo sem Foice nem Martelo.
Povo não quer Ditaduras.
Salvação da Democracia.
Paz e Progresso.
Exército com Deus.
Família que Reza Unida, Permanece Unida.
Queremos Governo Cristão.
O pouco que temos, querem tirar: Liberdade.
Brasil Livre.
Despertai, União e Liberdade.
Vitória da Democracia.
Deus Salvou o Brasil.
Com Deus pela Liberdade.

A ênfase que a Igreja atribuía à ordem, ao nacionalismo, ao patriotismo e ao anticomunismo coincidia com a orientação levantada pelas Marchas. Com sua natureza dual, a Igreja Católica levou a cruz para as ruas, tanto a favor quanto contra os militares. Temporariamente e, apenas num primeiro momento, a política de direita prevaleceu dentro e fora da Igreja. Assim determinou a sociedade brasileira em abril de 1964.

1964:
AÇÃO OU REAÇÃO
GOLPE OU REVOLUÇÃO

"O que houve em 1964 não foi uma revolução. As revoluções se fazem por uma ideia, em favor de uma doutrina. Nós simplesmente fizemos um movimento para derrubar João Goulart. Foi um movimento contra, e não por alguma coisa. Era contra a subversão, contra a corrupção. Em primeiro lugar, nem a subversão nem a corrupção acabam. Você pode reprimi-las, mas não as destruirá. Era algo destinado a corrigir, não a construir algo novo, e isso não é Revolução".[41]
Palavras do general Ernesto Geisel publicadas em 1981.

IMPLANTAÇÃO DO GOLPE MILITAR

Entre o dia 31 de março e o 1º de abril, a confiança da sociedade acabara. As lideranças dispersaram e quando o dia amanheceu em 1º de abril, as manchetes nos jornais eram: *Correio da Manhã*, Rio de Janeiro: "SÓ HÁ UMA COISA A DIZER A GOULART: SAIA!"; a *Folha de S.Paulo* escreveu: "SEIS ESTADOS SUBLEVAM-SE PARA DERRUBAR GOULART". No dia seguinte os outros jornais estampavam: *O Estado de S.Paulo*: "DEMOCRATAS DOMINAM TODA NAÇÃO"; *Correio da Manhã*: "LACERDA ANUNCIA A VOLTA DO PAÍS À DEMOCRACIA". No dia 3 de abril, *O Estado de S.Paulo* declarou: "MULTIDÕES EM JÚBILO NA PRAÇA DA LIBERDADE".

Os dirigentes do movimento se viram diante de um cenário propício para qualquer ação radical, a começar pelo desgaste absoluto do governo Jango, que acrescido da mais desastrosa gestão econômica dos últimos tempos, só redundaria em insatisfação generalizada. Deflagraram o golpe militar, sabendo que o uso de armas só se justificaria se fosse aplicado por necessidade, mas encontraram o *leitmotiv*, para o seu uso na psicologia do medo, lançada pela Guerra Fria.

Imaginaram encontrar uma forte resistência pelos grupos de esquerda e, no entanto, foram surpreendidos pela falta de união dessas lideranças. A verdade é que ninguém acreditava que o governo pudesse cair tão facilmente. Embora os conspiradores fossem vitoriosos, eles não estavam totalmente confiantes. Esperavam uma reação que não veio. Encontraram aprovação e perplexidade, duas reações que, unidas, deixaram a sociedade imobilizada. Simplesmente não precisaram do auxílio norte-americano conhecido por *"Brother Sam"*.

A operação de ajuda americana consistia em barcos de guerra, como porta-aviões e *destroieres*, além de petroleiros e navios de carga com armas e mantimentos, que graciosamente ficaram à nossa disposição nos mares do Atlântico Sul, no Panamá. Sequer entraram em águas brasileiras, afinal a tão temida guerra civil não acontecera. Instabilidade e medo produziram o efeito paralisador na sociedade. Nem Prestes, nem Ligas Camponesas, nem Brizola, nem Comando Geral dos Trabalhadores, nem UNE, não havia nada e ninguém para se opor, todos agiram com iniciativas tímidas.

No dia já esperado, Luiz Carlos Prestes manteve os 40 mil militantes do Partido Comunista em estado de sobreaviso. As temidas Ligas Camponesas, que antes pareciam brigadas pré-revolucionárias, dispuseram de 2 mil homens e não produziram nenhuma mobilização organizada. Leonel Brizola, feroz crítico da política de conciliação do cunhado, consumiu o dia 31 articulando um esquema militar defensivo em Porto Alegre. Seus famosos Grupos dos Onze, GR-11, que reuniam dezenas de milhares de militantes não se moveram. O Comando Geral dos Trabalhadores – CGT, a central sindical controlada pelo governo recomendou ao povo que se mantivesse *"unido em vigorosa repulsa à insurreição"*. A UNE pediu aos estudantes que se mobilizassem em passeatas e atos públicos permanecendo *"em estado de alerta"*. O radicalismo dos marinheiros estava ao desamparo, cabo Anselmo perdera o rumo. Sem nenhuma mobilização organizada, destacam-se duas admiráveis exceções: a dos ferroviários da Leopoldina e a coragem do chefe do Gabinete Civil, o antropólogo Darcy Ribeiro. Nenhum personagem ou grupo significativo da esquerda tomou posição de ataque, ou lembrou-se de *"mandar brasa"*.[42]

Por anos perdurou a ideia de que 1964 fora um golpe essencialmente militar. Para a sociedade civil ficou cômodo atribuir toda responsabilidade aos militares, desse jeito ninguém precisaria assumir a culpa de um governo ditatorial. O movimento só ocorreu porque a sociedade consentiu, a Marcha da Vitória capaz de mobilizar, no Rio de Janeiro, 1 milhão de pessoas, no dia seguinte à deposição de presidente Jango, não deixa dúvidas de que o certo é chamar de golpe civil-militar. A classe média fez chuva de papel picado para comemorar a vitória. A sociedade apoiou os militares por acreditar neles, em troca de estabilidade. Por um determinado tempo, assistiu o fim da política de Jango como algo positivo e necessário. Para essa mesma sociedade que saiu às ruas, não fora um golpe. Convencida do dever cumprido entendera que tudo seria apenas por um período transitório e de curta duração. Aplaudiram o novo governo sem saber que esse estado provisório escondia um projeto para se tornar permanente.

Segundo o historiador Werneck Sodré, 1964, desde o início, foi um golpe. O movimento vitorioso de abril foi uma ditadura anunciada, longamente anunciada e amadurecida no decurso dos anos de guerra fria. *"Estabelecida, desenvolveu-se em três etapas: a inicial, até o AI-5; a intermediária, do AI-5 à chamada distensão; o final, da distensão à derrocada. Note-se: a ditadura não foi deposta, ela se extinguiu por sua própria debilidade".*[43]

O golpe, enquanto reação contrária às Reformas de Bases e para aplacar o medo do comunismo, foi lançado em nome da defesa da democracia e da Constituição: *"O novo regime começou a mudar as instituições do país através dos chamados Atos Institucionais (AI), justificados como decorrência ao exercício do Poder Constituinte, inerente a todas as revoluções). O AI-1 foi baixado pelos comandantes do Exército, da Marinha e da Aeronáutica. Formalmente manteve a Constituição de 1946. Este último aspecto seria uma das características do regime militar. Embora o poder real se deslocasse para outras esferas e os princípios básicos da democracia fossem violados, o regime quase nunca assumiu expressamente sua feição autoritária. Exceto por pequenos períodos de tempo, o Congresso continuou funcionando e as normas que atingiam os direitos dos cidadãos foram apresentadas como temporárias. As imunidades parlamentares e os direitos políticos foram suspensos. Várias medidas do AI-1 tinham por objetivo reforçar o Poder Executivo e reduzir o campo de ação do Congresso. Instalaram os IPMs – Inquéritos Policial-Militares. A partir desses poderes excepcionais, desencadearam-se perseguições aos adversários do regime envolvendo prisões e torturas".*[44]

Os estudantes foram de imediato os mais visados pela repressão. Enquanto a Marcha da Vitória arrastava uma multidão pelas ruas e recebia aplausos por onde passava, a sede da UNE fora invadida e incendiada. Em 60 dias, o regime militar deu um passo definitivo que sinalizou o caráter do que seria o novo governo, criaram o órgão de controle SNI – Serviço Nacional de Informação. Seu principal idealizador foi o general Golbery do Couto e Silva, que anos mais tarde reconheceu ter criado um monstro.

CRUZ MILITANTE

Os cristãos mais conservadores confiavam no novo governo, acreditaram com sinceridade que haviam impedido uma ação comunista e os riscos de um domínio ateu. A classe média, por sua vez, desejava apenas manter a ordem, o crescimento econômico e seguir o modelo capitalista alinhado com as democracias ocidentais. Em 15 de abril de 1964, o general Castelo Branco foi eleito presidente, com mandato até 31 de janeiro de 1966. Na mesma época a CNBB – Conferência Nacional dos Bispos do Brasil entregou um manifesto, assinado por 26 bispos, em agradecimento ao novo governo por sentirem-se protegidos e a salvo do perigo comunista.

Sabe-se que, num primeiro momento, o apoio da Igreja Católica ao novo governo pode ter sido majoritário, mas nunca foi unânime. Dentro da própria CNBB havia discordâncias. O bispo Dom Hélder Câmara, seu fundador, em 1952 e secretário até 1964, foi um dos primeiros a se colocar claramente contra o regime militar. Em 12 de março de 1964, pouco antes do golpe, ao ser transferido do Rio de Janeiro e nomeado Arcebispo de Olinda e Recife, em vez de seguir o discurso da maioria, preferiu, em manifesto, apoiar a ação católica operária de Recife. O governo aparentemente não reagiu, porém logo identificou um grupo formado por 16 bispos comprometidos com os trabalhos de Dom Hélder. Por estratégia, eles estavam espalhados entre as capitais e o sertão, constituíam a Igreja Popular do Nordeste que, traduzida, entre os seus opositores queria dizer: *Igreja Subversiva*.

Nessa época chegava ao fim o monopólio católico. O Brasil assistiu à expansão de outros credos e o surgimento de um sincretismo espontâneo. Houve um forte crescimento nos muitos segmentos do protestantismo, no espiritismo kardecista e nas seitas afro-brasileiras. Essa mudança provocou uma reformulação nos métodos de aproximação dos religiosos com as massas populares, a nova estratégia era agrupar pessoas com interesses comuns e preparar lideranças que pudessem dialogar em cada núcleo específico. O público de maior densidade era composto por estudantes, operários, donas de casa e profissionais liberais da área urbana; eram pessoas de diferentes classes sociais e diferentes níveis de escolaridade. Diante de tamanha diversidade as discussões e os discursos convergiram para um ponto: crise social.

A nova igreja vinha da Ação Católica e era formada por pessoas com sólida formação acadêmica, em geral intelectuais adeptos da esquerda reformista e abertos para novas práticas de doutrinação com métodos experimentais, tão em voga naquela época. O segmento da Igreja Popular desenvolveu sua prática teológica com atitudes mais pragmáticas, visto que o seu público se concentrava entre os mais pobres. Faziam parte deste grupo a ACO – Ação Católica Operária, JOC – Juventude Operária Católica, JAC – Juventude Agrária Católica, MEB – Movimento de Educação de Base e MPF – Método Paulo Freire.

O clero progressista do Nordeste ficou conhecido como a maior vanguarda da Igreja católica na década de 1960 e, para desespero do governo militar, era admirado internacionalmente. Recebia apoio material de religiosos europeus e canadenses, que também se incumbiam da divulgação dos seus trabalhos pioneiros. A Igreja Popular do Nordeste, sob Dom Hélder Câmara, ficou reconhecida como referência de Igreja revolucionária e transformadora. Os trabalhos pastorais ficaram mais realistas e voltados para o foco da justiça social. Se antes os discursos eram filosóficos e próximos ao elogio da Ética, com os progressistas eles foram deslocados para a resolução de problemas relacionados à concretude da miséria humana.

Por muito tempo, a região do Nordeste constitui o cenário ideal para grupos testarem e implantarem suas ideologias. Nos anos 1960, o Nordeste era um lugar onde a indigência fazia prosperar com sucesso qualquer radicalismo. Os territórios eram disputados entre a direita e a esquerda e estavam marcados pelos extremos, tanto no ideário quanto nas ações. Nas brigas entre Deus e o Diabo, a nova Igreja ingressou por um caminho bem mais transformador, ela se aproximou da população por meio do MEB – Movimento de Educação de Base. A sua opção foi a alfabetização. Nascia com ela um novo conceito de mudar a sociedade. O MEB orientado pela Igreja, também passou a ser o impulsionador das sindicalizações e a ter como base da ação social a conscientização dos direitos trabalhistas.

A prática da Igreja progressista baseava-se em ações com resultados rápidos. Menos teoria e mais disposição para agir. O primeiro passo a ser tomado em todos os seus projetos era a análise aprofundada de problemas específicos, reais e não hipotéticos. Num segundo momento, e já mudando o comportamento passivo, os participantes teriam de apresentar soluções, ou seja, todos transformavam-se em proponentes. Esse método interativo aumentava o envolvimento das pessoas, criava laços afetivos e de responsabilidade. Ele transformou antigos pacientes em novos agentes. A Igreja passou a trabalhar sobre dificuldades concretas e não imaginárias. Os leigos levaram o mundo real para dentro da Igreja e interferiram na maneira de pensar o cristianismo. Assim nasceu a Igreja do Povo de Deus, uma Igreja menos intelectualizada, porém mais sensível e mais próxima das pessoas.

Apesar de alguns setores internos da Igreja continuarem conservadores, o desejo de renovação se impôs. A aprovação que fora dada aos militares enfraqueceu e foi retirada logo que perceberem o engano. O apoio inicial fora sincero, afinal de contas a Igreja tinha medo de certas lideranças e nunca escondera seu lado francamente anticomunista. Os religiosos mudaram o olhar, a partir do crescente desrespeito aos direitos humanos e, em resposta à opressão, se tornaram os grandes defensores da sociedade e os opositores do regime. A Igreja como templo manteve suas portas abertas para todos, católicos ou não. O espaço sagrado, enquanto espaço arquitetônico, nunca foi profanado pela ditadura, mas o espaço teológico e doutrinário este sim foi reprimido.

O primeiro ato radical contra o regime militar não veio do tradicional Partido Comunista Brasileiro que existia desde 1922, nem dos militares, sargentos e marinheiros cassados que circulavam em torno do Brizola, ele veio de uma ala ligada à Igreja. O fato ocorreu em 1966, na manhã de 25 de julho, no aeroporto de Guararapes, em Recife, quando uma bomba explodiu e matou 13 pessoas. A bomba tinha por alvo o ministro Costa e Silva e fora um ato planejado dentro da Ação Popular, uma dissidência da Ação Católica

Brasileira. Após o Golpe, parte da militância católica radicalizou-se, principalmente a ala universitária que partiu para o marxismo e a luta armada. Esse novo conceito de oposição provocou o afastamento do discurso social cristão, que por muito tempo fora a linha básica do seu pensamento, principalmente quando estivera no comando da UNE. A bomba do aeroporto assustou a própria direção da Ação Popular. Não existia consenso para a prática da guerrilha urbana, a decisão foi tomada por Raimundo Gonçalves, um militante mineiro de 27 anos.

A IGREJA DOS NOVOS TEMPOS CRUZ ADVERSA

Os conflitos internos da Igreja Católica sempre causaram ambiguidade e geraram dificuldades para que os leigos pudessem estabelecer um juízo sobre ela. De um lado, via-se uma esquerda católica reprimida por ser defensora de mudanças radicais e, por outro lado, a permanência dos tradicionais e conservadores de sempre. Somente a partir de 1968, essa polarização encontrou uma orientação comum, cuja deliberação se dera em Medellín, na Colômbia, durante a II Assembleia Geral do Conselho Episcopal Latino-Americano. Nela definiram os três pontos condutores da nova Igreja Católica, sendo o primeiro, a opção pelos pobres; segundo, o desprendimento; e terceiro, manter as atividades dentro de uma ordem centralizadora das organizações conhecidas por Comunidades Eclesiais de Base. Dessa terceira diretriz nasceram as Pastorais.

A compreensão desses três itens deu-se de maneiras e intensidades diferentes entre as ordens religiosas. Alguns os entenderam como uma crítica ao capitalismo, por associar ao regime o impedimento das propostas de Medellín. Outros estreitaram laços e ações com os segmentos mais pobres da sociedade; uma grande parcela partiu em defesa dos direitos humanos; uma minoria se identificou com a luta armada, e para alguns, o novo conceito de Igreja virou sinônimo de ideologia partidária.

Os conflitos entre o regime e o clero surgiram diante da incompatibilidade entre os projetos de cada grupo, de um lado havia o eclesiástico voltado para a injustiça social e, de outro o dos militares baseado no crescimento econômico desenvolvimentista. Embora o setor econômico tenha alcançado sucesso e reconhecimento com o "milagre brasileiro", ele não conseguiu diminuir o distanciamento entre pobres e ricos.

De fato, essa ruptura já estava declarada havia mais tempo. A Igreja vinha se modernizando e dentro dela existia uma nova identidade que não se coadunava com o regime militar. O desempenho da Igreja Católica atingiu patamares elevados na América Latina principalmente no Brasil, mas não se pode isolar o sucesso da doutrina institucional das condições políticas locais. Na época, a força inovadora desenvolveu-se dentro da Teologia da Libertação, uma ala criada em 1952, considerada a mais radical e que somente tomou vulto a partir do final da década de 1960.

A reforma agrária era o núcleo central de suas ações. Acreditavam piamente que deveriam mudar o sistema fundiário. A reforma teria de acontecer por inteiro e sem concessões. Em seus *slogans,* as palavras de ordem reproduziam o universo guerreiro, entre ações de atacar e defender. Falavam de luta contra o capitalismo, de combate à fome e defesa dos pequenos agricultores. As propostas do movimento desencadearam muitas discussões, receberam apoio e também críticas; pois foram interpretadas como perigosas e violentas. Os membros da Teologia da Libertação acreditavam na fé e prática pastoral com viés ideológico. No campo, o alvo encontrava-se no direito à propriedade, acreditavam que sem lutar tudo não passaria de utopia. Alguns sacerdotes mais extremados, politizaram com tanta ênfase seus trabalhos de catequese, que despertaram reações contrárias. Muitos membros da sociedade criticaram o caráter marxista da Igreja e colocaram em dúvida o valor de suas ações sociais.

Nos anos 1960, a Igreja, como qualquer segmento da sociedade, estava radical e sintonizada com os extremos. A intolerância havia se universalizado. Esquerda e direita igualmente se armaram com a autodenominação de revolucionários. Não existiam mais adeptos, todos haviam se transformados em militantes. O modelo de guerrilheiro e o gosto pela militarização tornaram-se tão populares que, os profissionais do mercado do luxo e os estilistas do universo *fashion,* lançaram em seus desfiles estampas e tendências com fetiches militares como botas, boinas, botões, divisas, galões, fardas, cinturões e lenços no pescoço. Uniformes e armas entraram em alta, de repente o mundo inteiro gostaria de se vestir à *la révolution cubaine*.

A idealização era morrer em combate como Che Guevara. Após sua morte, em outubro de 1967, a imagem do seu corpo esquálido e seminu foi sacralizada e eternizada como uma nova *Pietá*. De revolucionário a ídolo pop, o maior ícone da contracultura tornou-se mito. A universalização de Che fez dele o primeiro santo-mártir guerrilheiro. Os universitários, teoricamente ateus, fizeram sua *canonização.* Espalharam pelos quatro cantos do mundo o famoso rosto fotografado por Alberto Korda. Desde os anos 1970, o mito Che representa ideais libertários, em todas as partes do planeta. A globalização cuidou de introduzi-lo até nas recentes manifestações políticas do mundo árabe.

Entre a ideologização e a politização em excesso, a oxigenação do pensamento aconteceu pela irreverência e pelo elogio à anarquia. O lema do movimento estudantil francês É Proibido Proibir, divulgado e copiado por todos, propunha uma civilização sem Estado. A anarquia era o que havia de mais radical, seu discurso baseava-se na defesa da liberdade absoluta. Segundo esse lema, o mundo não seria mais marxista ou leninista, ele seria plural e teria que permitir todas as tendências. O mundo idealizado pelos anarquistas é um mundo sem forma fechada, sem dogmas e com as idiossincrasias respeitadas. Os opostos poderiam conviver em proximidade. Estudantes com trabalhadores, pacifistas com terroristas. Ser um intelectual, ou não, agora perdera o sentido. A nova ordem era viver tudo. Sensorial e social, contestatório e excluído, valiam as diferenças e todas as minorias, fossem elas étnicas, sexuais e religiosas. A anarquia destruiria as verdades. Nesse instante os *ismos* das vanguardas que haviam revolucionado a primeira metade do século XX, esvaziaram-se. Abaixo tudo.

E a Igreja Católica? Depois de sofrer severas críticas por seu desempenho na 2ª Guerra, ao optar por uma posição equidistante e terminar no banco dos réus acusada de conivente com o nazismo, dessa vez preferiu, ou melhor, escolheu a via da *liberdade vigiada*. Com essa escolha conseguiria manter a integridade e sua complexa estrutura bipolar.

A real posição da Igreja naquela época pode ser sintetizada pelo pensamento do educador católico Paulo Freire. O grande desafio da Igreja estava na "conscientização" da sociedade. Mas como conscientização jamais pode ser uma realidade neutra, e como o clero estava em franca reconciliação com as mudanças do mundo, os religiosos acabaram participando dos movimentos políticos e sociais junto aos leigos. Por essa opção, igualmente conheceram as torturas e a morte.

CRUZ SUBVERSIVA

As atividades mais fáceis para serem enquadradas como subversivas estavam nas áreas do pensamento crítico, portanto para se tornar um réu bastava pertencer aos meios acadêmicos, trabalhar em recações de jornais e editoras ou ser artista. Os profissionais da área de criação como músicos, atores, escritores e artistas visuais comungavam os mesmos ideais e, estavam engajados na mesma ideologia de oposição ao governo militar. Como o Estado não sabia lidar com essa contraposição, desencadearam uma paranoia sistematizada. Qualquer ato transformador ou não, qualquer palavra intencional ou inocente, qualquer coisa que viesse de onde viesse poderia ser interpretada como um ato subversivo. Nesse momento, no Brasil, indiscriminadamente, todos viveram um longo e triste período de arbitrariedades.

Missa de sétimo dia do secundarista Edson Luiz. Rio de Janeiro, 4 de abril de 1968
Religiosos fazem um cordão de isolamento para proteger os estudantes contra a polícia em frente à Igreja da Candelária, em missa celebrada em memória ao secundarista Edson Luiz.

O ano de 1968 ficou marcado por muitos atos e entre eles o rompimento da Igreja com o governo militar. Livre do apoio inicial, a Igreja se transformou num espaço mais aberto e seguro para manifestar posições contrárias ao regime. O primeiro ato ostensivo se deu na Candelária, quando a cavalaria e tanques de guerra cercaram a igreja. Dentro dela prestavam homenagem ao jovem estudante Edson Luiz, assassinado pela tropa de choque da PM-Rio, no restaurante Calabouço. A polícia foi implacável; ao final da celebração, houve violência contra o público com golpes de sabre e bombas de gás, ocorreu pânico e correria. A ordem era implantar medo e insegurança. Objetivo alcançado, mas ele veio acompanhado de uma contrarreação.

Ao receber a notícia de que a multidão fora espancada pela polícia, a antiga diretoria da CNBB reacendeu o papel protetor da Igreja e se colocou a serviço da sociedade. Vivia-se um momento de imenso vazio político. "*A oposição estava enfraquecida, recuara devido a repressão, os movimentos políticos abafados e o MDB ineficaz entre 1969 e 1974. A Igreja desfrutando de uma rede internacional poderosa e de grande legitimidade moral, era a única organização com autonomia suficiente para defender os direitos humanos. Como afirmou Dom Paulo Evaristo Arns, a sociedade necessitava de uma voz e devido a repressão, nenhuma outra instituição poderia oferecer essa voz. A Igreja tornou-se a voz dos que não têm voz*".[45]

A morte do estudante secundarista desencadeou manifestações de massa. Destaca-se a passeata dos Cem Mil no Rio de Janeiro, em 26 de junho. Em sentido inverso e contrariando as marchas de 1964, intelectuais, jornalistas, artistas e religiosos; todos genericamente considerados comunistas, lideraram um ato de desagravo. O ano de 1968 iniciou uma nova fase na qual o regime militar e a sociedade tiveram de escolher em qual defensiva política iriam se posicionar.

A partir de 1968, dependendo da perspectiva escolhida, podia-se ver a sociedade entre violência reacionária x violência revolucionária, ou o chavão de: violência da ordem X violência subversiva. Os dois lados, em seus enfrentamentos recíprocos, apelaram para o caminho da intolerância. Diante desse quadro, algo teria que ser feito para viabilizar e abrir um canal de entendimento entre as partes e, ele veio após 1970 com a criação da Comissão Bipartite.

ENFRENTAMENTO ENTRE POLICIAIS E RELIGIOSOS

Saída da missa de sétimo dia do estudante Luiz Andre Luiz, Rio de Janeiro

1968 - O ANO DO AI-5

Numa sexta-feira 13, dezembro de 1968, foi decretado o Ato Institucional nº 5, conhecido simplesmente por AI-5. Considerado um golpe dentro do golpe, ele vigorou por dez anos até dezembro de 1978. Instituído por um militar, foi destituído por outro, respectivamente Costa e Silva e Ernesto Geisel.

O AI-5 foi criado em represália ao discurso do deputado Marcio Moreira Alves, do MDB – Movimento Democrático Brasileiro, que pediu ao povo brasileiro para boicotar as festividades da Independência do dia 7 de setembro em demonstração de oposição ao governo militar. Em seu discurso, fez um gracejo que irritou os governantes. Propôs que suas mulheres *ardentes de liberdade* se recusassem a sair com seus maridos, os oficiais. Em tom de brincadeira, o deputado fazia uma referência ao texto da comédia grega *Lisístrata*, escrita por Aristófanes no século V a.C., no qual a líder feminina sugere às mulheres atenienses que façam uma greve de sexo com o propósito de terminar a guerra do Peloponeso; uma simples chantagem faria seus maridos desistirem da luta. A brincadeira do deputado não foi recebida com o mesmo humor pelas Forças Armadas.

Ofendido, o governo enviou à Câmara um pedido de licença para processar o referido deputado. O pedido foi negado. O resultado da votação não agradou, mas o que mais irritou foi saber da negação possível graças ao apoio dos políticos governistas. Agora o governo encontrara um pretexto para decretar o AI-5. Tudo aconteceu muito rápido. A publicação oficial foi expedida no dia seguinte. Na realidade, essa medida não foi surpresa. Pairava no ar que, a qualquer momento, algo muito sério poderia acontecer. Tempos de tensão e coação. Era dezembro e o conturbado ano de 1968 ainda não acabara.

Parece que em 1968 todos foram atingidos por uma imensa convulsão transformadora. Como se, de repente, uma primavera universal tivesse se espalhado pelo mundo e agitado o espírito dos deuses guerreiros. Por todos os lados ouviam-se reivindicações. Havia agitação e desejo de mudança. Estar vivo era contrariar e se opor. De uma hora para outra, no mundo inteiro, as estruturas sociais ficaram envelhecidas. Era uma vontade generalizada de revolucionar. No Brasil, o regime militar viu-se ameaçado por todos, nas passeatas, nas ações estéticas, nas greves operárias, nos movimentos estudantis, nas radicalizações da guerrilha urbana, no terrorismo e na "marximização" da Igreja Católica.

O Ato nº 5, diferentemente dos quatro atos anteriores, não tinha prazo para terminar. Através dele o presidente da República ficava autorizado, em caráter excepcional e, portanto, sem apreciação judicial, a decretar, intervir, vetar, cassar, suspender direitos e proibir livremente, significando com isso um aprofundamento dos controles institucionais sobre a sociedade e a normalização do Estado de exceção.

Após o AI-5 foram criados os órgãos de inteligência e repressão militar. A Operação Bandeirante – OBAN, subordinada ao exército e financiada por grandes empresários, passou a se chamar *Centro de Operações para a Defesa Interna – CODI*. Ela coordenava o Departamento de Operações Internas – DOI, as duas estruturas unidas ficaram conhecidas como *DOI-CODI*. Anteriormente o governo já havia criado o *Departamento de Ordem Política e Social - DOPS*. Com o AI-5, esses organismos se fortaleceram, finalmente as arbitrariedades estariam legitimadas. Uma onda de terror percorreu o Brasil e um grande número de opositores foi preso entre líderes políticos, sindicalistas, jornalistas, intelectuais, religiosos, artistas, professores. E, mesmo assim, não houve sequer uma manifestação de rua ou um ato público. O AI5- foi recebido e assimilado em silêncio.[46]

O AI-5 foi uma nítida expressão de força da ditadura que, ao mesmo tempo, ampliou as próprias contradições internas e aumentou a oposição contra si mesma. Um dos resultados foi a crença de que a luta armada seria a única reação oportuna para derrubar o regime. *"Baixado o AI-5, partiu-se para a ignorância. Com o Congresso fechado, a imprensa controlada e a classe média de joelhos pelas travessuras de 1968, o regime bifurcou a sua ação política. Um pedaço predominantemente e visível, foi trabalhar a construção da ordem ditatorial. Outro, subterrâneo, que Delfim Neto chamava de tigrada, foi destruir a esquerda. Desde 1964 a máquina da repressão exigia liberdade de ação. Com o AI-5, ela a teve e foi à caça".*[47]

No Rio de Janeiro, quando prenderam o jornalista e político Carlos Lacerda, houve indignação. Afinal, em 1964 o ex-governador apoiara o regime militar contra Goulart. Diante da ordem de prisão, ele tentou sensibilizar a sociedade e anunciou que faria uma greve de fome. Seria fatal, pois sendo diabético poderia entrar em coma rapidamente. Foi desestimulado por seu irmão Mauricio que, com muita paciência, lhe mostrou a realidade brasileira e a indiferença da população diante dos fatos. Esse diálogo tornou-se histórico. Com seu conhecido espírito jocoso, deu um conselho ao Lacerda: "Carlos, meu irmão, *você quer fazer Shakespeare na terra da Dercy Gonçalves? Os jornais não estão tomando conhecimento de nada disso; o sol está uma maravilha, todo mundo está na praia, ninguém está se importando com o que você anda fazendo. Portanto, você vai morrer estupidamente*". De fato, naquele verão as praias cariocas continuavam lotadas como se nada houvesse acontecido. Nas palavras do escritor João Pinheiro Neto, no livro *Bons e Maus Mineiros*[48], o irmão de Lacerda estava correto. Merece ao menos reflexão o fato do Ato Institucional quando editado não ter suscitado oposição significativa nas ruas. Predominou expectativa, medo e silêncio. O AI5 só foi revogado dez anos depois, por outro governo e também militar.

DOPS
DEPARTAMENTO DE ORDEM POLÍTICA E SOCIAL

Órgão criado em 1924 e supervisionado pela Secretaria de Segurança Pública, tinha a função de assegurar a ordem pública e social conhecida na época por "bons costumes", ou também controlar manifestações de cunho trabalhistas, como as primeiras greves operárias. Inicialmente tinha um caráter preventivo, existia mais para inibir do que para reprimir. Durante a ditadura de Getúlio Vargas, ganhou um viés político e fiscalizador, existia para bloquear qualquer ideologia que fosse contrária ao regime e, para exercer tal controle, instalaram delegacias especializadas no chamado Serviço Secreto. Em 1964, os militares criaram o Sistema Nacional de Informação – SNI com o objetivo de centralizar todas atividades de informação que interessavam à Segurança Nacional. Nesse novo contexto, o DOPS intensificou suas antigas atribuições, porém com mais repressão e censura. A

VITIMAS DA REPRESSÃO

Toda selvageria foi motivada pelo sucesso e carisma de Dom Hélder. Com outros religiosos, ele lançou um programa de evangelização e designou padre Henrique para a tarefa de integrar os jovens universitários à Semana de Evangelização Popular. O religioso assassinado era um jovem de 29 anos, professor, sociólogo e coordenador da Pastoral da Juventude da Arquidiocese de Olinda e do Recife. A violência desproporcional sobre uma pessoa sozinha e indefesa foi entendida como recado mandado a Dom Hélder Câmara, esse sim um religioso visado e chamado por eles de *Bispo Vermelho* ou de *Comunista Demagogo*. A morte de um membro próximo a Dom Hélder sugeriu possibilidade de retaliação, com a intenção de calar o arcebispo e inibi-lo em suas denúncias.

Padre Antônio Henrique Pereira Neto torturado e assassinado em maio de 1969 nos arredores da cidade de Recife.

Os militares sabiam que nada podiam fazer contra a popularidade de D. Hélder. Sabiam também que entre todos os religiosos brasileiros, ele era o de maior visibilidade no Vaticano, portanto o único meio de atingi-lo seria silenciá-lo. A solução encontrada foi vetar qualquer referência a seu nome na mídia; com a decretação do AI-5, em 1968, ficara mais fácil censurá-lo. A Igreja era uma das poucas instituições capazes de contestar o governo, mas, nessas circunstâncias, também ficara demonstrado que ela perdera sua invulnerabilidade. A Igreja passara para a categoria de vítima e estava sujeita a ataques, como todo resto da sociedade. Enquanto a repressão silenciava instituições e enfraquecia antigos movimentos de oposição, a Igreja católica caminhava no sentido contrário, ela se fortalecia e se unia em defesa própria.

Somente o medo pode justificar a tímida repercussão da morte do padre Henrique. A imprensa, censurada, emudeceu. Sequer uma nota fúnebre comunicou o enterro e nada foi dito sobre a missa de sétimo dia. Mesmo com toda precariedade da época, quando o setor de telefonia e comunicação ainda operava com sistemas pífios, mesmo com toda adversidade local, Dom Hélder encontrou a solução. Ele percorreu pessoalmente as paróquias para divulgar o assassinato. A convocação para o funeral foi feita boca a boca. No dia seguinte, 20 mil pessoas indignadas compareceram ao cortejo. Não estavam sós, tiveram por companhia um estranho aparato militar.

Não houve enfrentamento. Os soldados apenas arrancaram das mãos dos estudantes as faixas com os dizeres *A Ditadura Militar Matou Padre Henrique*, rasgaram e destruíram o material. Ninguém reagiu, apenas se fingiu ignorar a provocação.

O velório e enterro do padre Henrique são considerados a primeira manifestação significativa da Igreja contra a ditadura. No discurso, Dom Hélder prometeu aos jovens que estes não ficariam órfãos, a Pastoral da Juventude continuaria com seus trabalhos, como de fato ocorreu. Nas palavras do padre Romano Zufferey, as acusações ao governo foram diretas: *"Se o seu homicídio teve por finalidade amedrontar o clero e os leigos dedicados à missão de libertação do povo pelo Evangelho, não conseguiu o seu objetivo. Ao contrário, o sacrifício do Padre Henrique será para todos nós uma fonte de coragem no cumprimento de nossa missão até o fim"*.

Jamais esquecidas, em 1972, a CNBB denunciou a execução e a tortura praticadas. Uma publicação feita quatro anos após o assassinato é o primeiro documento oficial do ato. Covardemente sua família também foi perseguida. Ninguém foi condenado, apesar das testemunhas e das provas apresentadas. A morte do padre Henrique mudou o papel da CNBB. Após ter dado apoio ao regime militar, ela registrou oficialmente a primeira denúncia contra os excessos da repressão. A partir de 1973, os bispos firmaram suas críticas contra as violações dos direitos humanos e começaram a participar abertamente na redemocratização do país.

O assassinato do padre Antônio Henrique é uma demonstração exata de como a JOC – Juventude Operária Católica era vista pelos militares, e qual o papel dessa instituição após o golpe. Até 1964, a JOC tinha a missão de posicionar e conscientizar seus membros nas relações trabalhistas dentro de um pensamento de justiça cristã. A partir de 1968, os grupos de São Paulo e Recife exigiram posições mais radicais e mais críticas em relação ao capitalismo, propondo reformas estruturais. A visão política da JOC transformou-se num processo acelerado. *"Durante esse período a JOC abandonou o reformismo e tornou-se um movimento abertamente anticapitalista. No período entre 1958-1969 os salários do operariado tiveram uma perda de 36,5% e foi diante desse quadro que a JOC assumiu um compromisso de mudança social radical como elemento da fé cristã. Essa visão de fé e as práticas pedagógicas desenvolvidas pela JOC fariam dela uma das mais importantes precursoras da Igreja Popular. Neste período nascia uma nova teologia latino-americana: a fé e a política, a fé e a libertação, a opção preferencial pelos pobres e as pioneiras comunidades de base. A JOC comprometia-se com a transformação social radical"*.[50]

AGORA SOU LIVRE

Assim está escrito, numa lápide de concreto em seu túmulo. A frase é uma alusão desafiadora à ditadura, como também é uma confirmação da fé cristã na ressurreição e vida eterna.

Apesar da censura interna, Dom Hélder passou a fazer conferências e pregações no exterior. Não hesitou em utilizar todos os meios de comunicação para divulgar amplamente suas ideias e denúncias de violações dos direitos humanos. Em 1970, em Paris, no momento mais crítico da intolerância da ditadura militar, Dom Hélder chocou a plateia com suas declarações. Oficialmente elas são reconhecidas como a primeira acusação feita por um membro da Igreja ao governo brasileiro. Lá ele disse: *"A tortura é um crime. Quero pedir-lhes que digam ao mundo todo que no Brasil se tortura. Peço-lhes porque amo profundamente a minha pátria e a tortura a desonra"*.

À medida que a JOC se radicalizava, também se tornava alvo da repressão estatal. Entre 1966 e 1970, muitos dos conflitos entre Igreja e Estado envolviam a JOC. O trabalho dos religiosos afetava as relações trabalhistas, principalmente nos sindicatos e nas greves, como as que ocorreram em Contagem, Minas Gerais e Osasco, São Paulo, porém a repressão direta contra a JOC só ocorreu após o Concílio de Recife, em 1968. Antes que a CNBB pudesse responder, vieram as prisões de religiosos e membros da JOC. A nova onda de repressão tachou os ativistas e simpatizantes de "subversivos". Em contrarreação, espontaneamente, a coesão interna da Igreja aumentou.

Dom Hélder cumpriu seu papel de líder, militou no movimento da não-violência e fez clara resistência contra o autoritarismo. Desde o início de sua história até sua morte em 1999, ele seguiu o modelo franciscano de construir uma Igreja para os pobres. Por onde passou, sinalizou seu caminho com obras significativas que mudaram a vida dos desamparados. Eram ações sociais que iam muito além da caridade, como soluções para moradia, assistência médica e educacional. Com sua visão pioneira e seu compromisso com os pobres, fundou, em 1959, o Banco da Providência, uma Instituição feita para atender aos que viviam em condições miseráveis. Desenvolveu ao longo da vida mais de 500 comunidades eclesiais de base e, nelas, atuou como um exemplo de simplicidade, de ética e trabalho.

Suas ações sociais e sua resistência política o tornaram uma figura pública internacional. Fato notório ocorreu em 1980, durante a primeira visita do Papa João Paulo II ao Brasil. Conta-se que, no encontro entre os dois sacerdotes, Dom Hélder foi calorosamente saudado por seu superior com a frase: *"irmão dos pobres e meu irmão"*. O inimigo da ditadura, por ironia, conseguiu a proeza de ser indicado para o Prêmio Nobel da Paz, e como se não bastasse uma indicação, Dom Hélder foi indicado quatro vezes.

O CASO DA IRMÃ MAURINA
TORTURA NUNCA MAIS
DICOTOMIA ENTRE IGREJA E ESTADO

Irmã Maurina
A tortura da religiosa, ocorrida em 1969, mudou as relações da Igreja Católica com o Estado brasileiro.

Os membros da FALN – Forças Armadas de Libertação Nacional, em Ribeirão Preto, interior de São Paulo, alugavam uma sala que ficava no porão do orfanato Lar Santana, uma instituição dirigida por irmã Maurina, que na época abrigava 200 crianças. Até outubro de 1969 o grupo ocupou o local para reuniões e armazenar materiais de propaganda. Quando as perseguições começaram, os membros da organização simplesmente abandonaram o espaço, deixando para trás seus documentos. Não tiveram qualquer preocupação com a instituição de caridade ou sequer pensaram em não comprometer a religiosa diante dos dirigentes do DOPS. Confundida e tratada como agente comunista, ela foi torturada barbaramente por cinco meses. Na ocasião, irmã Maurina era uma senhora de 43 anos que, injustamente acusada de destruir provas e acobertar subversivos, foi presa e exilada para o México, onde ficou por mais dez anos. Era uma acusação absurda, pois a freira simplesmente ignorava o que acontecia no porão. Quando a religiosa assumiu a direção do orfanato, os jovens já estavam lá. A propósito, na época era comum jovens ocuparem instituições religiosas para encontros e debates de cunho político, e com certeza muitas freirinhas agiram inocentemente e até apoiaram essa prática, já que discutir problemas sociais era uma atitude concordante com o ideário cristão. Com irmã Maurina aconteceu o mesmo, ela cedeu as salas desconhecendo o conteúdo das reuniões.

A freira jamais imaginou que aqueles jovens estudantes pertenciam ao grupo guerrilheiro Forças Armadas de Libertação Nacional – FALN. O caso demonstra o nível de arbitrariedade praticada pelos agentes repressores. A religiosa, que nunca tivera participação política ou estivera envolvida com qualquer organização que pregasse a luta armada, acabou se tornando uma das maiores vítimas da ditadura. Irmã Maurina nem sequer tinha perfil de ativista, muito pelo contrário, seu trabalho pertencia à corrente católica de ações assistencialistas e de caridade, dedicava-se somente às obras das Irmãs Franciscanas, fazendo enxovais de bebês e acolhendo mães solteiras. Era até considerada uma pessoa tradicional.

A religiosa só soube da existência da FALN quando os jovens militantes foram presos. Era outubro de 1969, e 140 pessoas foram acusadas de envolvimento subversivo, entre elas a religiosa. Ao ser interrogada, deu-se conta de que nada sabia. Na volta para o orfanato resolveu tomar conhecimento, arrombou a porta da sala onde faziam as reuniões e, pela primeira vez, entendeu porque estava sendo acusada de subversiva. Ao ler o material, com medo e não querendo prejudicar os jovens, resolveu queimar os panfletos e alguns exemplares do jornalzinho *O Berro*. Além dos textos, a irmã encontrou munição, balas de revólver e explosivos. Apavorada e sem saber o que fazer, resolveu enterrar tudo no quintal. Agiu pensando em proteger as órfãs e demais irmãs do orfanato. Apenas por isso foi presa; acusada de envolvimento com a guerrilha, foi humilhada, torturada e submetida a sessões no pau de arara e choques elétricos.

Na época, companheiras de cela denunciaram que ela fora vítima de estupro seguida de gravidez indesejada – fato negado posteriormente por familiares e por Dom Paulo Evaristo Arns. Para o cardeal de São Paulo, o ocorrido pertencia a um plano do governo com o intuito de desmoralizar a Igreja Católica e, segundo ele, para justificar outras ações contra membros do clero. A prisão de madre Maurina tornou-se emblemática e ainda hoje é considerada como um divisor de águas.

O engano, se intencional ou não, colocou a Igreja Católica diante do autoritarismo militar e determinou o engajamento político de Dom Paulo Evaristo Arns. A tortura mexeu com a dignidade da sociedade e provocou a união de diversas instituições e grupos religiosos de todos os credos. Trabalharam para que a irmã fosse anistiada, simplesmente por considerar que ela não cometera crime.

Muito se falou sobre a relação entre torturador e vítima, a teoria da funcionalidade da tortura baseia-se numa confusão entre interrogatório e suplício. A tortura fabrica respostas, enquanto num interrogatório normal a investigação não passa de um jogo de perguntas e respostas. Sob tortura, a confissão é o limite do sofrimento. O torturador exerce o poder absoluto sob o corpo da vítima, ele tem consciência do seu poder degradante porque a dor destrói a dignidade do torturado e poucos conseguem resistir. A tortura não é criação do regime militar, ela é uma prática universal, mas eles a intensificaram e legalizaram como um método carcerário. Nas palavras do cardeal Arns a tortura é um castigo mais que cruel, ela é degradante e desumaniza, ela é o crime mais bárbaro que se pode cometer contra a pessoa humana. O caso da Irmã Maurina é paradigmático em todos os sentidos. Ela foi julgada por um Tribunal Militar e, no final, absolvida por unanimidade. Após a confirmação da bárbara violência ocorrida e sempre convictos da sua total inocência, ela e seus familiares se recusaram a aceitar qualquer reparação material oferecida pelo Estado em forma de indenização.

A Ditadura podia ter controle sobre tudo e sobre todos, menos sobre a Igreja, por uma única razão: ela não dependia financeiramente do Estado. Por ser uma instituição transnacional, ela não precisava de nenhum governo para lhe dar licença ou permissão para existir. Sua independência advém de quase 2 mil anos de História e de seu patrimônio cultural e também espiritual. No dia 26 de janeiro de 1970, dois meses após o ocorrido com a irmã Maurina, o papa Paulo VI recebeu D. Héder Câmara em seu gabinete e lhe disse: "*Nós temos a documentação referente à tortura. Então tudo o que você havia nos contado era verdade. A Igreja não podia mais tolerar as atrocidades e as torturas cometidas num país que se dizia católico*".[51]

A repressão militar agravou as tensões entre católicos conservadores e progressistas, mas também serviu como força de união, foi o motivo que levou a Igreja a partir em defesa de si e de todas as demais vítimas. No final dos anos 1960, alguns bispos, ao denunciarem a tortura, a violência e as políticas econômicas que agravavam as desigualdades sociais, começaram a construir o perfil político de uma Igreja contestadora da ditadura. Enquanto o Exército só via a Igreja como um ninho de subversão, Henry Kissinger, o mentor da Operação Condor, instrumento de apoio às ditaduras latino-americanas, mesmo sendo severo com as ideologias de esquerda, reconheceu a importância do papel social da Igreja. "*Ele observava que a Igreja era a única instituição politicamente viável que restara no Brasil. E disse: "A Igreja representa a mais potente força moral no país e a única que poderia efetivamente desafiar ou apoiar o governo"*.[52]

REPRESSÃO E VIOLÊNCIA

375

CRUZ GUERRILHEIRA

Três organizações clandestinas estiveram diretamente ligadas à Igreja Católica durante o regime militar.

**AP – Ação Popular,
FALN – Forças Armadas De Libertação Nacional,
ALN – Ação Libertadora Nacional**

AÇÃO POPULAR

AP - A criação dessa organização ocorreu em meados de 1962 com os setores progressistas e intelectualizados da Ação Católica. Ela nasceu diretamente da JUC – Juventude Universitária Católica, com a intenção inicial de formar quadros capazes para participar e dirigir um mundo mais justo. Tinha vocação para trabalhos intelectuais e nesse aspecto, se sobressaiu com a implantação de uma Revolução Cultural junto aos operários, aos trabalhadores rurais e estudantes. Obteve grande sucesso em duas áreas: cultura popular e alfabetização para adultos segundo os métodos de Paulo Freire. A partir de 1965, sob a direção de alas católicas mais politizadas e radicais, redefiniu suas ações com novas alianças, entre elas com o PCB – Partido Comunista Brasileiro. Seu braço direito era a JUC – Juventude Universitária Católica, que apesar de não contar com grande número de militantes, era considerada uma das forças estudantis mais organizadas e respeitadas. A Ação Popular gozava de prestígio entre os intelectuais; uma das estrelas do quadro de pensadores era o carismático dominicano Frei Josaphat. Porém, ao se aproximar cada vez mais do radicalismo marxista, seu público se dividiu e uma parte passou a criticá-la e difamá-la. A militância originária da classe média afastou-se, quando a AP adotou intencionalmente o espírito da Revolução Cultural Chinesa em uma frente conhecida por "campanha da proletarização", deslocando-se para as fábricas e o meio rural.[53] Os críticos mais ferrenhos diziam que nem católica a AP era mais, mas mesmo assim, ela sempre conseguia que a UNE fizesse seus congressos clandestinos em conventos e mosteiros. Em 1966, ao ser denunciada pelo atentado no Aeroporto dos Guararapes, em Recife, a organização marcou sua estreia no terrorismo de esquerda universitário. Entre 1966 e 1967, os correligionários adeptos do maoísmo conquistaram e introduziram mudanças tão bruscas que causaram baixas e o afastamento de muitos militantes cristãos. Em 1968, a Ação Popular se aliou ao PCdoB, ao Polop e ao MR8- defendendo a mesma estratégia do "cerco das cidades pelo campo". Dos tempos da liderança cristã, alguns membros continuaram com destaque na política brasileira, entre eles: José Serra, Paulo Freire, Cristovam Buarque, Plinio de Arruda Sampaio e o sociólogo Herbert de Souza, o Betinho, que sabiamente um dia disse: *"Um país não muda por sua economia, sua política e nem mesmo sua ciência; muda sim pela sua cultura".*

FORÇAS ARMADAS DE LIBERTAÇÃO NACIONAL

FALN - Foi uma organização de vida curta, que atuou entre 1967 até 1969 na região de Ribeirão Preto, interior de São Paulo. Nasceu de uma dissidência municipal do PCB, por optar pela luta armada. Ela foi criada por jovens estudantes, operários, agricultores e religiosos. Identificados com o foquismo de Regis Debray, pretendiam desestabilizar o setor rural e implantar uma Reforma Agrária. Na cidade, já existia um trabalho anterior feito pela Igreja local e a Frente Agrária de Ribeirão Preto, que entendiam ser essa reforma a única solução para acabar com a miséria no campo. Enquanto Dom Agnelo Rossi, mais conservador, era o arcebispo da região, essas atitudes ficaram sob controle, mas com sua nomeação para São Paulo, seu substituto Dom Felício Vasconcelos deu início a uma nova etapa na luta declarada contra a ditadura. Religiosos colaboradores do jornal *Diário de Notícias* passaram a escrever textos explícitos como: *"A classe dirigente tem nas mãos o governo, o Exército, a Justiça e a Polícia para arrochar o povo .... Nós, família unida, nos libertaremos dessa situação .... Nós, o povo escravizado ..."*. Após assalto a uma pedreira para apoderar-se de dinamite, membros da FALN foram presos pelo delegado Sergio Pararhos Fleury, e nessa operação veio à tona a ligação de religiosos com a organização guerrilheira. Mesmo que essa ligação não passasse de textos inflamados, de uma sala no porão do orfanato Lar Santana e de uma ajuda financeira pífia para editar o jornal *O Berro*, quando o local de encontro dos membros da FALN foi descoberto, no episódio que envolveu a irmã Maurina, os agentes do delegado Fleury obrigaram vários padres a depor e, igualmente como a freira, sofreram violência e humilhação.

AÇÃO LIBERTADORA NACIONAL

ALN - Nasceu como a maioria dos demais grupos, como uma cisão significativa dentro do PCB e em oposição à sua opção pacifista. A ALN foi a organização que esteve mais próxima aos padres dominicanos, e talvez tenha sido a de maior expressão entre os grupos da guerrilha urbana. Sua história se estende de 1968 a 1973 e está indissoluvelmente ligada ao nome de Carlos Marighella, o antigo dirigente do PCB. Como crítico da linha oficial desse partido após 1964, ele propôs uma resistência armada e uma troca no discurso, ao invés de foco no binômio *burguesia-proletariado* passariam a agir sobre o *proletariado-campesinato*. A ALN mantinha fortes laços com Cuba desde sua origem. Sob o lema "A ação faz a vanguarda" implantaram audaciosas operações de impacto nacional, entre eles, e em conjunto com o MR-8, sequestraram o embaixador americano no Brasil. Se de um lado mostraram força para a sociedade, por outro lado, precipitaram o seu fim e o acirramento na perseguição e morte de Marighella. A ALN sem essa liderança perdeu e enfraqueceu sua capacidade de ação. Após a morte do seu grande líder, os militantes tentaram mudanças, buscaram novos rumos e optaram pela radicalização com a implementação da militarização através da *Frente Revolucionária*. Juntaram-se a outras organizações da guerrilha urbana e desesperadamente uniram suas forças ao núcleo da *Frente Armada*. Em resposta, o governo militar travou uma luta aberta executando inúmeras prisões. Com repressão redobrada, a sobrevivência do grupo ficou comprometida. Sem forças, sem estratégias e sem uma orientação objetiva desarticularam-se definitivamente em pouco tempo. Entre abril e maio de 1974, não existia mais nada do que, um dia, fora a Ação Libertadora Nacional.

CARLOS MARIGHELLA E OS DOMINICANOS

Material gráfico da ALN baseado na ordem de Marighella:
"Ao terrorismo que a ditadura emprega contra o povo,
nós contrapomos o terrorismo revolucionário."

Carlos Marighella, o carismático líder político, filho de operário imigrante italiano, nasceu e foi criado em Salvador, na Bahia, mais precisamente na Baixa do Sapateiro. Orgulhava-se de ter enfrentado duas ditaduras, a de Getúlio e a dos militares. Iniciou sua militância na juventude e, com ela sofreu inúmeras prisões, sendo a primeira no início do Estado Novo, em 1932. Abandonou o curso de Engenharia da Escola Politécnica, em 1934, para ingressar no PCB. Considerado um membro ativo e polêmico, exerceu cargos no partido, até ser expulso em 1965, ao optar pela luta armada e divergir da sua orientação interna. Quando o golpe de 1964 ocorreu, ele ocupava a cadeira de deputado federal, mas não demorou muito para ser preso e torturado novamente.

Consta que, entre a sua libertação em 1965 e sua morte em 1969, viajou para Cuba onde participou da 1ª Conferência da Organização Latino-Americana de Solidariedade, em Havana e, na volta, formou a ALN – Aliança Libertadora Nacional. Participou de ações de oposição ao governo e escreveu a sua obra mais popular e também polêmica, o conhecido: *Minimanual do Guerrilheiro Urbano*. Assim como Carlos Lamarca, é uma figura respeitada e também criticada ao extremo. Figura simpática à intelectualidade europeia, recebeu doações para a ALN do cineasta Jean-Luc Godard e do pintor Joan Miró.[54]

O envolvimento da Igreja Católica com a guerrilha intensificou-se a partir de 1967, quando os religiosos da Ordem Dominicana assumiram uma postura radical e apoiaram a resistência armada. A ordem religiosa era constituída por poucos. Eles não passavam de 100 membros entre seminaristas e religiosos espalhados pelo Brasil. Os relatos desse período estão registrados por Frei Betto, autor de *Batismo de Sangue*.[55] Publicado em 1982 e apresentado em 2006 em filme homônimo, a história dos dominicanos é contada sob um olhar crítico que nos mostra como eles eram diferenciados em relação aos demais religiosos; eram mais ativos e mais integrados com a sociedade. Vestiam-se como qualquer civil, deixavam a batina somente para os atos religiosos e uso interno. Exerciam trabalhos como qualquer cidadão com empregos fora do convento, porque acreditavam que todos deveriam trabalhar e sustentar a Ordem. Muito cultos estudavam em instituições laicas, tendo preferência pela USP – Universidade São Paulo. Na condição de alunos, tinham comportamento igual ao dos demais estudantes, participando da vida cultural e movimentos estudantis.

O processo de radicalização no meio cristão deu-se com o envolvimento ativo dos frades dominicanos. Entre todos religiosos, quatro ganharam mais destaque: Carlos Alberto Libânio Christo, conhecido por Frei Betto, na época jornalista, chefe de reportagem do jornal *Folha da Tarde* e estudante da USP; Frei Fernando de Brito trabalhava na Editora e Livraria Duas Cidades; Frei Ivo Lesbaupin e Frei Tito de Alencar Lima, na época estudantes de Filosofia na USP. O cerco aos dominicanos intensificou-se quando o regime descobriu a forte ligação entre a Ordem e o líder Carlos Marighella. Para os militares, o ex-deputado não era um inimigo, mas sim "O Inimigo", mais do que isso era "O Inimigo nº 1". Desde o governo de Castello Branco, em 1965, existiam pedidos de expulsão dos dominicanos, os *Batinas Brancas*, como eram chamados pelos órgãos repressores.

O trabalho essencial dos frades consistia em dar refúgio a perseguidos, fossem eles civis ou religiosos e, se possível, facilitar suas fugas para o exterior via Rio Grande do Sul. Envolveram nessa rede um número grande de voluntários, inclusive alguns jesuítas. Os agentes policiais sabiam que no Rio Grande do Sul existia algum núcleo que conduzia os perseguidos políticos para o exterior, porém ninguém imaginava que seriam religiosos dominicanos. O Rio Grande do Sul passou a ser chamado de Porta do Paraíso.

Carlos Marighella era um homem pragmático, ele precisava se aliar a algum grupo que já tivesse uma aproximação com o povo e, ao mesmo tempo, dispusesse de uma boa articulação política. Ele sabia que para derrubar o regime, precisaria do apoio de um órgão bem estruturado e inserido nas comunidades. Embora mantivesse uma relação de simpatia recíproca com os intelectuais universitários, ele optou pela Igreja Católica Progressista. Naquele momento ela era a única organização que atendia às suas exigências.

Frei Oswaldo Rezende, em 1967, foi quem organizou o primeiro encontro entre Marighella, o líder da ALN, e a Ordem Dominicana. Ele foi levado ao Convento de Perdizes sob a alcunha de Professor Menezes. A partir daí até o desfecho da sua morte, o convento dos dominicanos foi sua base logística na cidade de São Paulo. Por outro lado, o convento tornara-se vulnerável. Os dominicanos estavam instalados em Perdizes, um pacato bairro classe média da zona oeste e lugar de tradicionais escolas religiosas. Caso necessitassem, poderiam contar com o apoio providencial da PUC, uma Universidade onde atuava gente tão ativa quanto os dominicanos e com total respaldo da Arquidiocese de São Paulo, ou poderiam simplesmente conviver com a tranquila vizinhança formada pelas freiras do Colégio Santa Marcelina e o respeitado Colégio Batista.

Todas essas instituições conviviam bem próximas uma das outras, separadas apenas por uns poucos quarteirões num raio de 600 metros. O delegado Fleury, para conseguir informações necessárias, montou campana e agiu com escutas telefônicas, espalhando vários agentes disfarçados de moradores e estudantes pela região. Ele só armou uma emboscada quando teve certeza da extensão do apoio que era dado pelos dominicanos. Seu plano de ação era prender o líder revolucionário e desestruturar os membros da Igreja que estivessem envolvidos com os movimentos de esquerda no Brasil.

Sobre o Ato Final da morte do guerrilheiro, três versões foram contadas diferentemente. Seus autores divergentes são: Jacob Gorender com o livro *Combate nas Trevas*, Frei Betto em *Batismo de Sangue,* e mais recentemente, Emiliano José com *Carlos Marighella: O Inimigo Número Um da Ditadura Militar*. Os autores, em suas perspectivas, nos fazem entender que a morte de Marighella aconteceu devido ao encontro de três forças distintas.

A primeira, inspirava-se na superioridade moral do guerrilheiro urbano que, colocado acima dos demais revolucionários, acreditava estar pronto para cumprir seu papel messiânico de reformador radical. Visto como o líder mais experiente, pois atuava no cenário político havia mais de 30 anos, Marighella já fora político de oposição à ditadura getuliana, tivera formação técnica em Cuba, fazia parte da história do comunismo brasileiro. No entanto, com todo este cabedal de experiências, estranhamente partiu para um encontro suicida com o apoio dos religiosos visionários. A segunda força encontrava-se no prestígio intelectual dos dominicanos. Considerados a vanguarda no pensamento religioso, tinham desenvolvido uma inusitada leitura simbólica dos Evangelhos. Em suas interpretações, as palavras de Jesus estavam em absoluta concordância com o ideário socialista marxista. Homens de fé e sintonizados com as correntes filosóficas da época, encontraram na Teologia da Libertação a *práxis* ideal para um cristão socialista. Porém esses dois componentes unidos colocaram-se em confronto com uma terceira força constituída por pessoas que, com a mesma sinceridade, não concordavam e não acreditavam nessas ações políticas e religiosas. Essa significativa parte da sociedade, alheia aos idealismos de uma revolução social-marxista, também exigia ação. Portanto, visões equivocadas da sociedade, tanto à esquerda quanto à direita, partiram para atitudes extremadas e fizeram com que todos perdessem. Quando uma história pode ser revista sem a bipolaridade de bandidos e heróis, os fatos reais explicam-se por si. O radicalismo dos chamados "grupos revolucionários" fez com que a ignorância e o medo, unidos, dessem o aval necessário para uma minoria intolerante exercer a barbárie.

Existia o mito da onipresença de Marighella; ele era o terrorista mais midiático e o mais procurado. Atribuíam a ele todos os assaltos, roubos de armas e sequestros, como se pudesse estar ao mesmo tempo em todos os lugares. "*O veterano agitador conseguira seu primeiro objetivo: firmara-se a ideia de que havia uma guerra revolucionária no Brasil e que Carlos Marighella era o seu comandante. Por mais que a ALN estivesse ativa, com algumas dezenas de assaltos e explosões de bombas, nem ela nem Marighella eram do tamanho da fama que lhes davam. A organização tinha perto de 300 militantes... O Manual, um opúsculo de 50 páginas era um trabalho voltado mais para a propaganda de um novo mito heroico do que para a didática sugerida no título. Tornou-se o texto político mais citado, circulou na esquerda pretendendo ser uma obra didática que não era e, na direita, como se tivesse sido aquilo que não foi: um tratado de terrorismo*".[56]

POR UMA CRUZ MARXISTA
CARLOS MARIGHELLA (1911-1969)

político, líder da ALN, guerrilheiro e poeta

Liberdade
E que eu por ti, se torturado for,
possa ser feliz, indiferente à dor,
morrer sorrindo a murmurar teu nome

Poema escrito em 1939 por Marighella

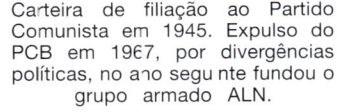

Carteira de filiação ao Partido Comunista em 1945. Expulso do PCB em 1967, por divergências políticas, no ano seguinte fundou o grupo armado ALN.

Cena da emboscada de Marighella na Alameda Casa Branca. Além de transeuntes comuns e de agentes do DOPS disfarçados de moradores, no local havia um carro ocupado por policiais, outro por uma dupla de investigadores representando um casal de namorados e o fusca com os dominicanos Fernando e Ivo no qual morreu Marighella.

Envolto na mítica de combatente audacioso e invisível, Marighella transformou-se no próprio foco revolucionário. A emboscada se deu às 20 horas do dia 4 de novembro de 1969, na Alameda Casa Branca, no bairro aristocrático Jardim Paulista, em São Paulo. Bem próximo dali, no Pacaembu, um bairro também da elite paulistana, coincidentemente acontecia um evento popular de grandes proporções. Nos portões do Estádio do Pacaembu, pessoas se aglomeravam numa agitação de Final de Campeonato. Torcedores viviam uma situação excepcional – o jogo entre Corinthians x Santos fora adiado e remarcado com entrada liberada e televisionado. Era uma terça-feira normal de trabalho, os portões do estádio foram abertos às 15 horas, e em duas horas já havia superlotação. O assunto era um só, naquela noite esperava-se o milésimo gol de Pelé, mas o placar contrariou as previsões e terminou em 4 x 1, com derrota para o Santos. No segundo tempo, um locutor, em meio à partida, com voz solene, pediu atenção das torcidas e anunciou pelos alto-falantes: *Foi morto pela polícia o líder terrorista Carlos Marighella*. O público presente pouco reagiu, ouviu-se até mesmo aplausos. Aparentemente, o show continuou e o lamento ficou por conta da expectativa do milésimo gol de Pelé, que só aconteceria duas semanas depois, num jogo contra o Vasco.

Fazia exatos dois meses, no dia 4 de setembro, o embaixador americano Charles Elbrick fora sequestrado pelas organizações MR8 e ALN. Embora Mariguella fosse líder, ele não participou da ação, e mais, posicionou-se contrário, pois sua experiência antevia um aumento da repressão. Seu presságio de militante estava correto. A menos de uma semana do tiroteio na Alameda Casa Branca, a indefesa Irmã Maurina fora vítima de violência na prisão.

Marighella morreu com 57 anos ao lado de Frei Fernando e Frei Ivo numa emboscada em que o elemento surpresa, uma tática ensinada por ele, funcionou a favor do inimigo. O plano iniciou com o sequestro dos dois religiosos no Rio de Janeiro, um ato que permitiu aos órgãos da polícia as informações desejadas. Tudo aconteceu num curto prazo de dois dias. No interrogatório, os religiosos tentaram resistir, falsearam dados, mas, com pau de arara, choques e espancamentos, não suportaram. Frei Fernando, esmurrado e com o maxilar deslocado, revelou a senha que possibilitou o encontro com o guerrilheiro. Atraído e traído, Marighella ouviu pela última vez: *Ernesto pediu que vocês o encontrem na gráfica hoje às 20 horas*. No horário combinado, sob a mira dos agentes, Frei Fernando e Frei Ivo pararam o fusca no local acertado. Era uma armadilha. Marighella abriu a porta e nem deu tempo de sentar, em segundos tudo aconteceu. Numa operação nervosa com tiros cruzados entre si não houve reação. Enquanto os dois dominicanos, amedrontados, fugiam e se escondiam, o corpo do guerrilheiro desfigurado com cinco tiros caia no banco traseiro do automóvel. No local, a operação acabou com mais vítimas entre agentes e transeuntes.

Julgamento dos Dominicanos Frei Fernando, Frei Betto, Frei Ivo e Frei Tito quando foram condenados a quatro anos de prisão.

Dos quatro religiosos envolvidos diretamente com Marighella, Frei Fernando vive hoje no Sítio do Conde, no litoral da Bahia onde desenvolve trabalhos sociais e culturais junto a jovens. Frei Betto, adepto da Teologia da Libertação, milita em movimentos pastorais, é um escritor bem-sucedido, atua em prol dos direitos humanos, foi assessor do governo cubano e do governo Lula como coordenador do programa Fome Zero. Ivo, ex-frei, formou-se em Sociologia, casou-se e seguiu carreira universitária lecionando no Rio de Janeiro. Frei Tito, com sérias sequelas das sessões de tortura, suicidou-se no exílio, na França, em 1974. Entre os quatro, foi ele o que mais vezes se apresentou nos interrogatórios. Infelizmente não conseguiu sobreviver; apesar de estar em liberdade e distante do ocorrido, sua memória persistente e uma profunda depressão não lhe deram trégua. Contou que, em uma das vezes, ouviu o torturador Albernaz lhe dizer: *"Manda o Tito abrir a boca para receber a hóstia consagrada, mas coloca um fio elétrico para ele tomar uns choques",* infelizmente assim foi feito.

Convento de São Domingos em São Paulo
Fachada com pichações após a morte de Marighella.
Os dizeres pediam a expulsão dos dominicanos chamados de "vendidos e comunistas"

Para a militância de esquerda, Marighella era o patrono da luta armada e a ligação do antigo PCB com a guerrilha dos anos 1960. Sua morte colocou os bispos numa posição difícil e embaraçosa: como defender homens acusados de serem inimigos da pátria? Ao mesmo tempo, como se calar quando dois dominicanos foram brutalmente torturados? Os militares tentaram usar o incidente para desmoralizar a Igreja e envolver Dom Hélder, que nada tinha a ver com terrorismo. Mesmo tentando, de todas as formas, nunca conseguiram provar a participação de algum religioso em atos violentos ou ativamente na guerrilha. O episódio dos dominicanos expôs diferenças internas da Igreja. Dom Agnelo Rossi recusou-se a defender os religiosos; em compensação, Dom Paulo Evaristo Arns deu todo apoio aos prisioneiros. Os frades e seminaristas envolvidos em São Paulo e no Rio Grande do Sul foram presos em novembro de 1969. Com certeza, o fato foi decisivo para a criação da Comissão Bipartite, uma organização que visava reunir representantes da Igreja e do Estado de forma secreta, para debater e resolver suas divergências numa tentativa de abertura de diálogo.

A guerrilha urbana chegou com cinco anos de atraso em relação ao golpe do regime militar. As organizações de esquerda anteriores a 1964 tiveram que se reorganizar para gerar novas dinâmicas de oposição. E novamente não conseguiram. Se bem que a esquerda que em 1964 não lutou, em 1968, mudada, deixara de ser a mesma.

O fim das organizações radicais foi trágico. Nenhuma delas conseguiu chegar perto do seu objetivo proposto, todas em maior ou menor grau estavam ligadas a uma concepção mítica da Revolução Cubana. Acreditaram, sem qualquer juízo crítico, que seria possível uma simples transferência desse modelo para o Brasil. Nada de realismo. A saída de Jango causou mal-estar nos grupos de esquerda, que na época trocaram farpas e acusações mútuas; todos reconheceram a oportunidade perdida para um movimento socialista; de fato, não ocorreu nenhuma reação organizada em resposta imediata ao golpe. Mesmo assim, quando tiveram tempo de se reorganizar, dividiram-se em inúmeros grupos e mais uma vez foram vencidos. Várias causas levaram a essa segunda derrota, que iam da clandestinidade a ações dispersas e sem união. Em todos esses anos nunca conseguiram criar uma liderança única e capaz de aglutinar e organizar as forças de oposição. Fragmentados, com armamentos desatualizados e tecnicamente ultrapassados, os guerrilheiros pareciam mais um *revival* das esquerdas tradicionais e mitificadas.

BREVE HISTÓRICO DO TERRORISMO E DA GUERRILHA URBANA

No Brasil, o projeto de guerrilha estimulado pela Revolução Cubana é anterior ao golpe de 1964. Desde o princípio da década de 1960, ela já ensaiava seus primeiros passos, as Ligas Camponesas de Francisco Julião prometiam a guerra, porém a luta armada só se confirmou de fato a partir de 1967. Por terrorismo entende-se o uso de violência em atos de caráter político. Mesmo o terrorismo talibã e outros fundamentalistas que à primeira vista estão associados à religião, são políticos, visto que suas ações terroristas atuam no espaço do poder. A finalidade é incutir medo e terror na sociedade, é abalar a segurança mediante a imprevisibilidade dos ataques. Diferentemente de uma guerra que estabelece regras e acordos prévios, o terrorismo não respeita as normas sociais. Essas práticas, igualmente usadas pelas organizações de esquerda ou de direita, resultam na desestabilização e, por consequência, facultam o exercício de um poder autoritario. Embora existam diferenças entre si, costuma-se associar guerrilha urbana a terrorismo e isso acontece, porque os dois utilizam métodos baseados na violência inesperada.

Os grupos armados no Brasil eram formados, em sua maioria, por jovens estudantes secundaristas e universitários defensores das teses marxista-leninistas. Além desses, participavam também sindicalistas, desertores do exército e alguns membros da Igreja Católica. Os grupos que optaram pela luta armada alegavam não haver mais espaço para a contestação política. No entanto, foram suas ações radicais que tornaram convenientes o "endurecimento" da ditadura militar. Estava evidente que não existia nenhuma chance de sucesso, a começar pela desproporção entre eles e o contingente e aparelhamento do exército nacional, mas, mesmo assim, vários e pequenos grupos de esquerda sonharam em repetir o feito heroico de Sierra Maestra. No imaginário revolucionário destas organizações políticas, a derrubada do governo só aconteceria com ações igualmente militares.

As organizações envolvidas na luta armada, com teorias do foquismo, guerrilhas urbanas e vanguardas combatentes entraram em colapso porque tinham a repressão atrás e nada pela frente. Até início do segundo semestre de 1970, época dos festejos da Copa do Mundo, esses grupos contabilizaram por volta de 300 assaltos a bancos, que renderam milhões de dólares; só do cofre do Adhemar levaram 2,6 milhões. Valiam-se de conexões externas, ora em Cuba, ora na Argélia e China.[57] Tiveram dinheiro suficiente, mas agiram desencontrados, cada grupo tinha o seu projeto particular de foco rural e, sem a mínima possiblidade de uma liderança única, todos acabaram prisioneiros.

A guerrilha urbana brasileira nasceu em oposição à postura tomada pelo PCB – Partido Comunista Brasleiro, que, no entender de seu líder lendário deveria se unir e trabalhar para propiciar uma transição pacífica. Segundo Luís Carlos Prestes, para atingir a meta da saída dos militares, valeria a pena fazer alianças até com setores da burguesia nacional. Essa proposição pacifista resultou numa pulverização da esquerda em pequenos grupos guerrilheiros. O PCB continuava com o mesmo discurso anterior ao golpe, ou seja, rompimento com o FMI – Fundo Monetário Internacional, política externa independente, reforma agrária radical, luta contra a inflação, congelamento de preços, reajuste salarial, direito a voto para analfabetos e soldados. Para o Partido Comunista, Goulart encaminhara bem os projetos de reformas. Era só uma questão de tempo.

Nesse contexto, Marighella e Prestes se posicionaram em campos contrários. Com essa cisão e o rompimento da hierarquia mítica de Prestes, a esquerda perdeu qualquer possibilidade de unidade. Apesar de rompidos, Prestes tentou valer-se de sua experiência e mostrar que o enfrentamento seria um equívoco, pois daria o pretexto que faltava para o recrudescimento da direita. Prestes era a herança intelectual do partido, Marighella, pelo contrário, era a teoria posta em prática; o primeiro remontava ao idealismo ideológico dos anos 1950; o segundo à *práxis* da revolução dos anos 1960.

As várias facções guerrilheiras surgiram com discordância e intolerância. Formadas na maioria por idealistas, com pouca ou nenhuma experiência militar, desmembraram-se em muitos grupos e todos com curta duração. Entre os mais destacados ficaram conhecidos:

MOVIMENTO NACIONAL REVOLUCIONÁRIO

MNR - Liderado por Leonel Brizola, que mesmo do exílio, conseguiu apoio e financiamento de Fidel Castro para treinamentos em Cuba. No final de 1965, um pequeno grupo formado por marinheiros, fuzileiros navais e sargentos expulsos das Forças Armadas seguiram com Brizola para Montevidéu e criaram o MNR. Imaginaram uma revolução socialista dentro de um cenário heroico, sonharam que toda América Latina se levantaria e repetiria a revolução cubana. A única ação do grupo se deu em Serra do Caparaó, entre Minas e Espírito Santo, onde 14 homens ficaram isolados por cinco meses. Sem ocorrência de algum embate com as forças inimigas, o foco mais promissor de Brizola chegou ao fim em 1967, um ano após sua criação.

POLÍTICA OPERÁRIA

POLOP - A Organização Revolucionária Marxista-Política Operária nasceu em 1961 com 20 membros em oposição ao PCB – Partido Comunista Brasileiro. O papel da POLOP seria formar uma vanguarda do proletariado como força motriz da revolução. Guiados por teóricos trotskistas e simpatizantes de Rosa de Luxemburgo, aos operários se juntariam grupos de estudantes, provenientes da Liga Socialista de São Paulo e da Mocidade Trabalhista de Minas Gerais. Tinham apelo sindicalista, mas conseguiram mais prestígio nos meios universitários em função de seu caráter teórico doutrinário. Pregavam a luta de classes e a insurreição operária, acreditavam que as fábricas seriam tomadas pelos trabalhadores, denominados vítimas da mais-valia. Reprimidos em 1967 e divididos por disputas internas e discordâncias de pensamento, em 1968 os membros da POLOP deram origem a várias organizações. Entre elas COLINA – Comando de Libertação Nacional; VPR – Vanguarda Popular Revolucionária; POC –Partido Operário Comunista; VAR-PALMARES – Vanguarda Armada Revolucionária Palmares; OCML-OP – Organização de Combate Marxista-Leninista de Política Operária; MCR –Movimento Comunista Revolucionário; MEP – Movimento de Emancipação do Proletariado; OMP – Organização Marxista Proletária; CM – Coletivo Marxista; MM5 –Movimento Marxista 5 de Maio.

MOVIMENTO REVOLUCIONÁRIO 8 DE OUTUBRO

MR-8 - Surgido em 1964 como grupo. Dissidentes do Rio de Janeiro, nasceu de uma cisão do PCB organizada por universitários. Sob liderança de Vladimir Palmeira, em 1966, criaram o grupo Vanguarda Tática com foco na militância estudantil. Após o acirramento da repressão, em 1969 e já atuando como grupo de guerrilha urbana, passaram a arregimentar militantes em outros grupos mais radicais. Militarizaram sua estrutura e passaram a executar operações armadas a bancos, residências e sequestros como o do embaixador norte-americano Charles Elbrick. Essa ação audaciosa, realizada com a colaboração da ALN, deu fama internacional ao grupo, mas também desencadeou o pior momento de repressão. É considerado um marco histórico e reconhecido como o primeiro enfrentamento arrojado. A designação 8 de outubro referia-se ao dia em que Che Guevara foi capturado pela CIA na Bolívia; 8 de outubro extravasou seu sentido original para se tornar símbolo de heroísmo e sinônimo de morrer lutando. As organizações esquerdistas brasileiras surpreenderam a sociedade, e ao longo de 1969 viveram a sua fase de esplendor, na qual o romantismo dos primeiros tiros se confundiu com a sensação de onipotência oferecida pela perplexidade do inimigo. Na fase seguinte, quando o governo conseguiu prender combatentes, prevenir ações e intimidar, deu-se o teste de maturidade. Alguns não viveram além dele, como o Colina e o MR-8.[58]

VANGUARDA POPULAR REVOLUCIONÁRIA

VPR - Organização político-militar que nasceu com o desmantelamento da guerrilha no Caparaó e atuou entre 1968 a 1971. Era um grupo formado por paulistas de classe média alta. Internamente estavam divididos entre ex-militares que queriam a luta armada e universitários que preferiam partir para trabalhos de conscientização. Com o objetivo de financiar suas operações, promoviam assaltos armados e roubos a banco, na época, denominadas de *expropriações.* Mesmo contando com a participação do cabo Anselmo, o líder da Rebelião dos Marinheiros de 1964, eles tiveram ações tímidas. Conseguiram algum destaque com o sequestro do cônsul do Japão.

COMANDO DE LIBERTAÇÃO NACIONAL

COLINA - Foi uma organização guerrilheira restrita à região de Minas Gerais, composta basicamente por universitários, cujo objetivo era a instalação de um regime totalitário de inspiração soviética. Justificavam suas ações armadas e assaltos como fundos para a guerrilha no campo. Seus militantes, como todos os demais criticavam o excesso de teorização doutrinária e a linha oficial do PCB. Ganharam certo destaque ao demonstrar intenção de assassinar, embora sem sucesso, o capitão boliviano Gary Prado, reconhecido como o executor de Che Guevara. O Colina resultou da cisão de outros grupos durante 1967, e existiu apenas até 1969, quando os órgãos de repressão do governo destruíram a VPR em São Paulo e o Colina em Belo Horizonte.

VANGUARDA ARMADA REVOLUCIONÁRIA PALMARES

VAR-Palmares - Seu nome foi escolhido em homenagem ao maior quilombo da história da escravidão, nasceu em 1969 da fusão entre as alas mais à esquerda do POLOP, VPR e COLINA. O grupo atuou até 1972. Comparado aos demais, conseguiu reunir um contingente expressivo de militantes e de abrangência nacional, além de manter uma trajetória militarista mais regular. O diferencial deve muito ao seu líder, o capitão Carlos Lamarca, um militar do Exército que, inicialmente, treinava civis contra a guerrilha urbana. Figura paradoxal, por agir como soldado idealista tanto quanto guerrilheiro marxista, pode-se dizer que Lamarca se manteve no mesmo papel, extremado e sincero, tendo apenas trocado os sinais. Serviu à sociedade como serviu aos grupos armados de esquerda; para os militares, a partir de 1969, ele passou de correligionário a traidor. Viveu seus últimos anos na clandestinidade e perseguido por antigos colegas de farda. Devido a duas condenações graves da disciplina militar, Lamarca foi acusado de desertor e roubo de armas do Exército. Os militantes da VAR, inspirados na Revolução Cubana, acreditavam que seu pequeno grupo conseguiria treinar camponeses e transformá-los em futuros revolucionários. Baseavam-se na teoria de Regis Debray, o companheiro de Guevara e criador da tática do *foquismo*. Os guerrilheiros atuariam na área rural, criando pequenos pontos; imaginaram a possibilidade de surgirem espontaneamente emboscadas e ações fulminantes que iriam pipocar pelo país. É uma teoria romântica que acredita em três facilidades: adesão popular, incompetência absoluta do inimigo e infalibilidade do ataque surpresa. Imaginaram que os camponeses, atuando em vários focos, formariam um exército revolucionário e celebrariam a instauração do regime comunista no Brasil. Porém a ação mais conhecida da organização foi a *"expropriação"* do cofre do Dr. Adhemar. Na época, o ato foi justificado como um ato de justiça, afinal o conteúdo *"retirado"* era produto de corrupção realizado pelo ex-governador de São Paulo, um político populista e conhecido pelo lema "Rouba Mas Faz"!. *"O cotidiano desses militantes era assombrado por delírios...A disciplina militar e a estrutura celular das organizações armadas fizeram que à desarticulação das siglas correspondesse a transformação de algumas bases em pequenas quadrilhas. Em 1971 sobreviviam como grupos sem objetivos e com propósitos além do assalto seguinte, capaz de trazer comida para casa e pagar os aluguéis vencidos dos aparelhos"*.[59]

VAR-PALMARES *IN EXTREMIS*
HISTÓRIA DO ROUBO DO COFRE DO ADHEMAR
MILHÕES DE DÓLARES EM EXPROPRIAÇÃO

Militantes da VPR – Vanguarda Popular Revolucionária (SP) e da ALN – Ação Libertadora Nacional (de Marighella) foram informados a respeito de uma fortuna desviada do governo de São Paulo pelo então governador Adhemar de Barros. Primeiramente iriam atacar o apartamento da sua amante, Ana Benchimol Capriglioni, conhecida como "Dr. Rui", no 14º andar de um edifício na Av. São Luís, na capital paulista. Nesse interim, Adhemar morrera em Paris. Mudança de planos. Ninguém sabe ao certo quantos cofres o ex-governador tinha, mas o cofre roubado, ou melhor, "expropriado" pertencia à senhora Ana e estava num casarão no morro de Santa Tereza, no Rio de Janeiro. As informações foram passadas por seu sobrinho, um jovem recém- introduzido no meio dos radicais guerrilheiros. Em julho de 1969, o grupo VAR-Palmares praticou o maior assalto da época, foram roubados US$ 2.600.000 (dois milhões e seiscentos mil dólares). Ninguém até hoje sabe como e no que foram gastos. Mil trapalhadas aconteceram na ação, ao menos são contadas como verdadeiras. No grupo não existia alguém que entendia o suficiente sobre arrombamentos de cofres; então pensaram em retirá-lo do lugar, mas não se movia e pesava mais de 300 kg. Ao ser arrastado do casarão pelo grupo, no momento da fuga, o cofre rolou quebrando a escada de mármore. Entraram na casa disfarçados de agentes da Polícia Federal, justificando busca de material subversivo. Seria cômico se não fosse trágico: terroristas entram como federais, os empregados rendidos reclamam que o assalto atrasaria o serviço deles, quebram a casa, fogem e ninguém viu nada. Tudo aconteceu em menos de meia hora. Terminada a operação, foram para o *aparelho* que ficava distante, em Jacarepaguá e lá com maçarico abriram a caverna de Ali Babá. Até então esse assalto foi considerado o maior golpe da história do terrorismo mundial. Estranhamente, nem Ana Capriglione, a discreta "Dr. Rui" e tampouco os herdeiros do governador falecido jamais reivindicaram os milhões, assim como ninguém sabe quem colocou os dólares no cofre, ninguém sabe quem gastou e nem como US$ 2.600.000 foram gastos sem deixar rastros, em 1969

Manchete de jornal sobre furto do Cofre do Adhemar

UM CERTO CAPITÃO LAMARCA

Carlos Lamarca foi militar, desertor e guerrilheiro. Disputa com Marighella a designação de maior liderança da luta armada contra a ditadura. Enquanto capitão do Exército Brasileiro, usou seu conhecimento em táticas de guerra para treinar pessoas, primeiramente a favor do regime militar e, a partir de 1969 na clandestinidade, em organizações guerrilheiras. Tanto Lamarca como Marighella projetavam focos rurais, mas não conseguiram se desvencilhar da guerrilha urbana.

Carlos Lamarca em treinamento
Carlos Lamarca com funcionários do Banco Bradesco em treinamento contra o terrorismo, em época anterior à sua adesão ao movimento armado da VAR-Palmares.

Os dois sabiam divulgar ações que os tornaram mitos. Lamarca passou por três organizações: VPR, MR-8 e Var-Palmares, e foi neste último grupo que o capitão se transformou no líder nacional da guerrilha urbana. Personagem dual da história brasileira, ele sempre despertou interpretações radicais que vão de herói a impostor e de estrategista a mitômano. Carlos Lamarca viveu intensamente tudo; além da política e das ideologias, ele fez jus ao mito romântico do herói libertador, inclusive por sua relação amorosa com Iara Iavelberg, uma militante do MR-8.

MOVIMENTO DE LIBERTAÇÃO POPULAR

MOLIPO - Foi uma organização revolucionária guerrilheira formada por líderes do movimento estudantil de São Paulo que atuou durante os anos de 1970 e 1972. Os militantes tinham como objetivo continuar o trabalho iniciado por Marighella. O grupo, com aproximadamente 20 militantes, nasceu em Cuba de onde veio com treinamento de táticas de guerrilha. Fora bem arquitetado, utilizavam textos elaborados, uma qualidade que atraiu muitos universitários. Propunham a esses jovens a criação dos chamados "comandos estudantis" para que atuassem tanto no plano militar, quanto no político. No entanto, suas intenções esvaziaram-se com o tempo e a atuação concreta do MOLIPO mostrou-se apenas eficiente em assalto a bancos, expropriação de armas e atentados a bomba.

PARTIDO COMUNISTA DO BRASIL

PCdoB - Com nascimento em 1962, era contra a linha pacífica do PCB – Partido Comunista Brasileiro. De natureza mais radical e mais persistente que os demais, ele se sobressaiu no período militar com a Guerrilha do Araguaia, um movimento inspirado nos textos do documento *Guerra Popular: Caminho da Luta Armada no Brasil*, escritos em 1969. Nele vê-se que acreditavam mais no pensamento revolucionário chinês, vivido entre os anos de 1927 a 1949. O documento que propõe os métodos usados por Mao pregava uma vida de total abnegação e integração com as massas populares. Falavam e acreditavam na possibilidade de uma Guerra Popular Brasileira. O PCdoB condenava a guerrilha urbana lançada pelos outros grupos considerando-a um "*foquismo* pequeno-burguês".[60] Inspirados na revolução cubana e na fórmula maoísta do "*cerco das cidades pelo campo*", seus militantes acreditavam na magia de uma revolução camponesa. Iniciaram pelo sul do Pará, na região amazônica. Participaram aproximadamente 80 guerrilheiros, dos quais apenas 20 sobreviveram. Um pouco mais de 70% vinham da classe média, 20% eram camponeses e menos de 10%, operários. Eram todos jovens com menos de 30 anos, só um amigo de Marighella passava dos 50. Os combatentes na maioria eram teóricos, estudantes universitários e uma pequena parcela estava preparada com treinamento militar. Pensaram ingenuamente que, estando há tempos nas pequenas comunidades, já poderiam se passar por nativos. Foram traídos por seus vícios urbanos, comportamentos estranhos, vocabulário sofisticado e maneiras consideradas excêntricas para o lugar. Os habitantes locais genericamente os chamavam de "*paulistas*". Ficavam intrigados e achavam que não fazia nenhum sentido aquela gente estranha e *sabida demais,* naquele lugar distante, longe de tudo e de todos *num pedaço de fim de mundo*. Conta-se que, na noite da virada do ano de 1971, fizeram um jantar de confraternização para dar início à guerrilha propriamente. Organizaram um encontro, no qual quase todos militantes participaram. Uma festa com muita carne de caça, bebida e cantoria. Envolvidos por um cenário idílico na selva, promoveram o jantar da utopia. Altivos e confiantes declamaram o poema "I-Juca Pirama", de Gonçalves Dias: "*Meu canto de morte / Guerreiros ouvi /Sou filho das selvas / Nas selvas cresci / Sou bravo sou forte / Sou filho do norte / Meu canto de morte / Guerreiros ouvi*". Continuaram cantando: "Apesar de Você", música que Chico Buarque fizera no exílio e no momento continuava censurada: "*Hoje você é quem manda / falou tá falado / não tem discussão / Você que inventou esse Estado/ E inventou de inventar/ Toda a escuridão/ Apesar de você/ Amanhã há de ser/ Outro dia / Você vai se dar mal*". E terminaram com o longo hino da Internacional Socialista: "*Bem unidos façamos/ Nesta luta final/ A Internacional / Pois somos do povo/ Trabalhador forte e fecundo/ Pertence a Terra aos produtivos/ Ó parasitas deixai o mundo/ Ó parasitas que te nutres/ Do nosso sangue/ Paz entre nós, guerra aos senhores!/ Façamos greve de soldados!/ Somos irmãos, trabalhadores!/ Se a raça vil, cheia de galas,/ Nos quer à força canibais*".[61]

Como seria possível passarem despercebidos no meio da selva com esse comportamento? Mesmo assim não foi nada fácil para o Exército. Tiveram que experimentar novas táticas, e só conseguiram com a ajuda dos mateiros. O grupo de pequeno contingente e toda coragem juvenil do mundo, permaneceu em ação por três anos. O PCdoB escreveu sua história de guerrilha entre os anos de 1972 a 1975. Entre abril e outubro de 1972, o governo atacou com 3.200 homens. Em agosto mobilizou mais 750 soldados. Resultado: 13 mortes e 7 prisões. Mas o que ninguém sabia: nesse período, o mapeamento da guerrilha fora feito com nomes de guerrilheiros, caboclos e mateiros. Em 1973 voltaram com uma tropa de 750 homens treinados para guerra na selva e quatro meses para derrotar a guerrilha. A selva consistia numa região enorme, composta por apenas 20 mil habitantes de imigrantes atrás de garimpos e uns poucos agricultores. A população local ficou dividida entre os dois lados. Se alguns acolhiam os revolucionários com um pouco de comida, outros, desconfiados, delatavam e ainda ganhavam algum dinheiro pelos serviços prestados. No final a população tendeu para o Exército, porque cometeram a bobagem de matar um policial sem razão. Sem apoio popular não existe guerrilha. Sem repasse de dinheiro, guerrilha vira sobrevivência na selva. Os militantes do PCdoB acreditavam que estavam no caminho da revolução socialista, desejavam agir para compensar a falta de ação do PCB em 1964. Por sua vez, os militares também acreditaram e se prepararam para lutar contra um exército revolucionário. Entre a utopia e a fantasia, a guerrilha durou três longos anos. No início de 1975, já exterminada, as Forças Armadas deram início à Operação Limpeza, um sórdido trabalho de ocultação de cadáveres, com decepamento de dedos e da arcada dentária, além do sumiço de documentação. Após a fracassada insurreição rural, o PCdoB se dividiu em duas alas: uma continuísta do seu tempo guerrilheiro, e a outra com visão voltada para novas estratégias. A ala sobrevivente conhecida como Ala Vermelha incorporou militantes do AP e tornou-se simpatizante do regime albanês. No meio estudantil, universitário permaneceram de forma expressiva. Em resumo, de todos os grupos somente o PCdoB conseguiu aplicar a prática da guerrilha com algum sucesso.

Exército Brasileiro Região do Araguaia,
início dos anos 1970

As tropas do Exército levaram para o Araguaia sua tradição militar usada nos centros urbanos. Agiram como se estivessem no Vietnã, se locomoviam com grandes caminhões, jipes ou helicópteros barulhentos. O intuito era amedrontar, mas o resultado foi o inverso, pois o silêncio da floresta acusava com extrema facilidade a localização dos soldados adversários; ao menos para os guerrilheiros essas práticas espalhafatosas eram úteis. Mesmo aparelhados e tendo todo mapeamento da selva, os militares só conseguiram a captura do grupo com o auxílio da população local, que, contrariando as previsões dos guerrilheiros, nunca aderiu à luta armada e preferiu colaborar com o Exército. A guerrilha do Araguaia pertence a um contexto de intensa instabilidade política no continente. Em 1970, a América Latina registrava 21 das 39 ações relevantes do terrorismo mundial.

POR QUE O FRACASSO?

O fracasso das lutas armadas deve-se primeiramente ao fato de nunca terem sido populares. A adesão ao radicalismo vinha quase que exclusivamente da classe média universitária. O objetivo das organizações era implantar um novo governo, chamado de "*Governo Popular Revolucionário*" pela ALN, PCdoB, Colina e PCBR, mas que no entender da sociedade, seria também uma outra ditadura, com a única diferença de ser socialista. O antigo discurso radical e pré-capitalista não atraiu a classe média, falava-se em nome dos trabalhadores, mas não conseguiram entusiasmar nem operários, nem agricultores. Havia uma proliferação de organizações, mas, no entanto, nenhuma buscou engajamento fora da esquerda. Em 1970, o regime tinha cerca de 500 pessoas nos seus cárceres, mais da metade era de estudantes com idade média de 23 anos. Havia mais militante preso do que solto.[62] Em pouco tempo, as organizações deixaram os atentados e sequestros em troca de liberdade aos presos políticos e passaram a praticar mais assaltos a bancos e roubos de armas.

Fracassaram porque acreditavam que a esquerda era constituída por uma grande quantidade de pessoas e por si só formaria um precioso capital político, suficiente para fazer uma revolução. Erraram, porque não dialogaram com a sociedade e, consequentemente, não conseguiram adesão popular. Isolados e distantes, justificaram a necessidade da violência e da luta armada como a única via para a mudança, diziam: *violência injusta provoca violência justa*.

CNV - Comissão Nacional da Verdade - Painel em homenagem aos mortos e desaparecidos
Segundo relatório final da CNV – Comissão Nacional da Verdade,
oficialmente 434 pessoas são consideradas vítimas da ditadura militar.
Entre mortos e desaparecidos constam:
191 assassinatos;
210 desaparecimentos;
33 pessoas desaparecidas com seus corpos encontrados.

É bem verdade que a guerrilha urbana conseguiu por um momento amedrontar e humilhar o governo com o sequestro do embaixador norte-americano, um ato que permitiu aos militantes terem suas exigências atendidas, porém foi um triunfo curto e equivocado. A partir do sequestro, a repressão se intensificou numa escala sofisticada e sangrenta, mas, apesar de todas as adversidades, estes jovens continuaram e partiram para novas ações de coração aberto. Entraram na luta sem noção de que estavam cometendo um holocausto, pois desde o início suas chances de sucesso eram praticamente nulas. Os grupos armados urbanos, a princípio, deram a impressão de que iriam desestabilizar o regime, mas, tão cedo surgiram, em pouco tempo desapareceram. *"Esse desfecho resultou, em primeiro lugar, da eficácia da repressão. Outro fator foi o isolamento dos grupos da massa da população, cuja atração por suas ações foi mínima, para não dizer nenhuma. A esquerda radical equivocara-se completamente, pensando poder criar no Brasil um novo Vietnã"*.[63]

NA ENCRUZILHADA DA DITADURA

Os investimentos na área da infraestrutura, alinhados a uma economia de mercado, agradaram a classe média e, consequentemente, afastaram a força da oposição. Os centros urbanos cresceram, o consumo interno aumentou, e com a entrada do capital estrangeiro, houve a instalação de novas indústrias e construções de grande porte com tecnologia avançada. Enquanto o índice do PIB brasileiro subia e o país pulava da 45º para a 10º posição econômica do mundo, contrariamente, o povo sofria um violento arrocho salarial, aumentando o contraste entre ricos e pobres.

Diante desse quadro social, a Igreja Católica não ficou calada. Sua oposição ao regime militar e à repressão política, já manifestada, agora veio acompanhada de crítica social em defesa dos pobres. O próprio presidente Médici reconheceu esse contrassenso ao afirmar em sua célebre frase: *"O Brasil vai bem, mas o povo vai mal"*. O milagre econômico brasileiro veio acompanhado de mais repressão, vigilância policial, torturas, sequestros políticos e assassinatos. Definitivamente Economia e Política Social estavam numa via de mãos contrárias.

Se existia uma Igreja marxista em desdobramentos da Ação Popular, isso não quer dizer que essa conduta fosse hegemônica. Como já foi dito, a Igreja católica tem a particularidade de abraçar várias diferenças internas e externar uma imagem de unidade baseada na hierarquia e obediência. O historiador norte-americano Kenneth Serbin em seu livro *Diálogos na Sombra: bispos e militares, tortura e justiça social na ditadura*[64] faz uma análise sobre o esforço das duas instituições tradicionais mais organizadas do país: a Igreja e o Exército. Ele analisa como as duas organizações mantiveram uma via de comunicação durante o período de repressão da Ditadura. Os encontros conhecidos por Comissão Bipartite existiram durante quatro anos, entre 1970 e 1974. Os documentos mostram que a CNBB se colocou à disposição, na tentativa de estabelecer diálogos e encontrar soluções; já o Estado manteve-se mais refratário.

FICÇÃO E REALIDADE

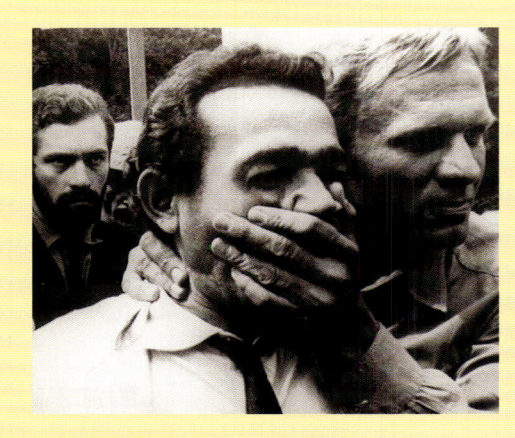

Cena de *Terra em Transe*, filmado por Glauber Rocha em 1967

Terra em Transe é uma obra vanguardista e premonitória do Brasil pós Golpe Militar. Os personagens, sem apresentar qualquer tentativa de heroísmo, vivem em Eldorado, um país fictício. O filme usa metáforas em uma linguagem cinematográfica brechtiana para mergulhar no Brasil do passado, do presente e do futuro. O autor, que contextualiza o espectador na crise política, intencionalmente, destrói os dogmas da esquerda e da direita. Glauber Rocha foi o mais visionário dos visionários. Com extrema capacidade de síntese simbólica, quatro personagens mostram os conflitos da sociedade brasileira. O jornalista e intelectual Paulo (Jardel Filho), figura central, circula livremente por entre o ditador moralista e conservador Porfírio Diaz (Paulo Autran), o político populista de esquerda Felipe Vieira (José Lewgoy) e o empresário capitalista-progressista das comunicações Júlio Fuentes (Paulo Gracindo). A narrativa labiríntica mostra um mundo de consciências atormentadas que oscilam entre as contradições psicológicas, as políticas e as econômicas. O filme não apresenta respostas, apenas sugere uma ação armada no seu final. De tudo, o mais cruel foi apresentar o povo como massa de manobra para os interesses dos grupos em questão. A imagem refere-se à cena em que o jornalista-intelectual cala a boca de Jerônimo, um sindicalista que fora estimulado a falar. Na encarnação do povo ele dizia: "*Eu sou um homem pobre, um operário, sou presidente do sindicato, estou na luta das classes, acho que está tudo errado e eu não sei mesmo o que fazer. O país está numa grande crise e o melhor é aguardar a ordem do presidente*". Nesse momento, Jerônimo é bruscamente interrompido tendo sua boca tapada pelo jornalista que diz: "*Estão vendo o que é o povo? Um imbecil! Um analfabeto! Um despolitizado! Já pensaram Jerônimo no poder?*". O gesto autoritário que cala o operário incomodou demais, pois critica parte da intelectualidade que, na época, se consicerava portadora da verdade. *Terra em Transe* expôs até as últimas consequências as contradições emaranhadas da sociedade, as incoerências ideológicas em função dos acertos políticos e o conformismo explorado pelas crenças populares, ou seja, questionou os fundamentos da cultura política tanto da esquerda quanto da direita. Prefigurou os tenebrosos tempos do AI-5, porém não apresentou nenhuma esperança e nem propôs algum herói salvador. O filme-síntese do Cinema Novo e do ideário brasileiro dos anos 1960, agiu como uma verdadeira implosão estética e ideológica. *Terra em Transe* é uma crítica cruel que ainda dialoga com o Brasil contemporâneo.

COMISSÃO BIPARTITE
CRUZ & ESPADA

Para entendermos o que foi a Comissão Bipartite, precisamos entender a complexidade da história e sem julgamentos precipitados. Segundo Serbin: *"Devemos todos manter a mente aberta com respeito ao passado. Senão, estamos condenados a distorcê-lo para nossos próprios propósitos"*.[65] Quando os militares impuseram seu regime, a Igreja e a sociedade viviam os conflitos espelhados pela Guerra Fria. Em sua própria dualidade, os religiosos conservadores ficaram à direita, por temerem mudanças e, à esquerda, ficaram os militantes da ACB – Ação Católica Brasileira, que agiam em conjunto com alguns padres radicais e lideranças da CNBB. Em 1964, essas duas posições cresceram para divergências internas que entraram em confrontos. Trinta e três bispos se encontraram e escreveram uma declaração sobre a Revolução. À medida que o governo militar tomava um rumo cada vez mais repressivo, a Igreja iniciava um afastamento gradual, até chegar 1970.

Em plena crise de violação dos direitos humanos, o General Muricy, chefe do Estado Maior do Exército, entrou em contato com membros da alta hierarquia católica. Procurou os bispos da CNBB e buscou aproximação com Dom Eugênio Sales e Dom Evaristo Arns. Ele era um militar muito religioso e também discordante do excesso de repressão. A criação da Comissão Bipartite foi aprovada pelo presidente Médici e pelo ministro Geisel; o objetivo era discutir e resolver os principais conflitos entre as duas instituições. A gota d'água para a criação da Bipartite foi a prisão de Dom Aloísio Lorscheider, o dedicado frade franciscano e teólogo reconhecido pelo Vaticano. Na época, ele ocupava o cargo de secretário geral da CNBB, quando foi detido e mantido por mais de quatro horas incomunicável. O motivo alegado foram os trabalhos em andamento junto à JOC – Juventude Operária Católica. Foi um vexame e uma afronta. Os dois lados ficaram estremecidos. Ficou claro que a repressão e a censura não ficariam restritas às bases, caso houvesse necessidade chegariam até a própria cúpula.

A Igreja Católica sempre gozou de certa tolerância, pois o fato de ser uma instituição estruturada e com forte tradição histórica, fazia com que as autoridades políticas, mesmo divergindo da sua conduta, ouvissem os seus representantes. Na época, ela demonstrara ser a única organização suficientemente forte para desafiar o regime. Por outro lado, o Exército precisava muito do seu apoio, não apenas em função da sociedade brasileira, mas, principalmente, para melhorar sua imagem no exterior. Vários países questionavam as relações diplomáticas brasileiras em função das muitas denúncias de tortura. Cada vez mais o regime era visto de maneira negativa. A Bipartite foi importante para que as duas instituições conseguissem agir em conjunto, apesar de, em alguns momentos, terem ultrapassado suas fronteiras. O resultado foi uma diminuição paulatina das tensões e a prevenção de uma ruptura indesejada, pois nenhum dos lados tinha interesse em declarar guerra. Esses diálogos salvaram a Igreja de uma represália ainda mais dura. O caso de Dom Eugênio Sales é revelador, pois, criticado muitas vezes como conservador, no entanto ele não apoiou o golpe militar e sempre trabalhou para manter as atividades pastorais da Igreja fora do círculo repressivo.

As reuniões eram secretas. Nelas, os dois lados podiam falar abertamente e eram livres para discutir as atitudes de cada um. As Forças Armadas podiam pedir explicações diretamente aos bispos, assim como estes sobre as políticas repressivas. Todos falariam sem intermediários. Com uma condição: desde que todo e qualquer assunto tratado entre eles não saísse dali. Enquanto o pacto existiu, ele foi sempre respeitado. O momento mais dramático ocorreu em setembro de 1972, durante as festividades da Independência, quando cada qual assinalou sua direção e os discursos e sermões falaram línguas diferentes. No auge do milagre brasileiro, na cidade de Aparecida do Norte, em São Paulo, a Igreja proclamou o Grito dos Excluídos.

A Bipartite permitiu que a Igreja e o Estado coexistissem durante o pior momento de seu longo e complexo relacionamento. À medida que o regime dava sinais de cansaço e iniciava seu enfraquecimento, a Igreja começou a se retirar da oposição política e se concentrou na construção de um novo Estado. Abriu suas portas para a Anistia e as campanhas das *Diretas Já*. O pacto de silêncio cumprido por ambos não permitiu ao grande público reconhecer o real papel das duas instituições. Predominou o bom senso do diálogo. Uma Igreja conciliadora não é feita somente com teólogos e santos, ela é feita também com relações diplomáticas e políticas.

O PAPEL DAS IGREJAS ENTRE A TRADIÇÃO E A TRANSFORMAÇÃO

O templo, morada dos deuses, é um conceito espacial de centro místico do universo. A Igreja católica, herdeira direta da sinagoga judaica e das basílicas romanas, foi concebida em sua origem como uma assembleia sagrada na qual se sobrepõe a ideia de comunidade. A Igreja católica, agrupamento de pessoas que creem e se concentram em torno de Cristo, acredita que pode realizar a transformação com ações e pensamentos pregados por Jesus. Ela não se restringe em anunciar o novo Reino de Deus, mas a realizá-lo concretamente. Na base da comunidade reside a confiança no pensamento cristão e, apoiada nesse vínculo, a Igreja agiu no mundo de maneira suscetível à evolução histórica.[66] Assim agia o franciscano Dom Paulo Evaristo Arns.

Ex-entusiasta da ascensão dos militares, assumiu uma posição decisiva na contestação e denúncia dos crimes da ditadura. Lutou contra a tortura, liderou o ato histórico na Catedral da Sé em memória do jornalista Vladimir Herzog, criou a Comissão Justiça e Paz, promoveu a criação de várias Pastorais com o objetivo de consolidar as conquistas dos movimentos sociais. Arns durante muito tempo esteve à frente de várias Comunidades Eclesiais de Base e muito próximo da Teologia da Libertação, um movimento católico de caráter esquerdista-socialista baseado na igualdade e na opção social pelos pobres. Ecumênico, trabalhou pela paz universal junto às lideranças de outras religiões. Acima de tudo, o seu maior papel foi o de defensor dos Direitos Humanos.

Pelo fato de ter evitado o sumiço de milhares de documentos fundamentais que contam a história da repressão, hoje ele é considerado, com mérito, um herói da resistência: *"Dom Paulo era um homem cauteloso, não era conhecido por ter opiniões radicais, e como chefe da arquidiocese mais populosa do mundo e líder religioso da maior e mais desenvolvida das cidades do país, as suas denúncias tornaram pública a prática generalizada de tortura. Em fevereiro de 1971, a CNBB enviou uma carta a Dom Paulo dando-lhe apoio aberto para suas ações. Dois meses depois ele viajou a Roma, lá o Papa Paulo VI ouviu seus relatos sobre a tortura no Brasil. Em 1973, o mesmo papa nomeou-o cardeal"*.[67]

CRUZ DA VERDADE

Para que não se esqueça.

Para que nunca mais aconteça.

Cardeal Paulo Evaristo Arns

Brasil Nunca Mais, Dom Paulo Evaristo Arns
O audacioso projeto sob a coordenação do Cardeal Arns demandou seis anos de intenso trabalho, envolveu mais de 30 pesquisadores em nome da verdade e dos Direitos Humanos.

Quando consciência política e social escolhem se aliar à coragem e entram em cena juntas, a História toma novos rumos. Dom Paulo Evaristo Arns, entre 1979 e 1985, coordenou um projeto que mudou o debate da sociedade em relação à repressão do regime militar. O projeto: *Brasil Nunca Mais* inicialmente tinha o propósito de evitar o desaparecimento de documentos do STM – Supremo Tribunal Militar. Para garantir a preservação, o acervo foi microfilmado, digitalizado e mandado para o exterior. O material que só retornou ao Brasil em 2011, envolve mais de 700 processos. Nele estão as ocorrências nas perseguições, os interrogatórios e quais foram os métodos de tortura utilizados. Os documentos testemunham o ocorrido com os desaparecidos assassinados, resguardam registros fotográficos das vítimas, como também guardam os escritos feitos dentro dos órgãos de repressão. Durante seis anos, mais de 30 pesquisadores, em sigilo absoluto, fizeram todo levantamento histórico com o material coletado que estava sob os cuidados dos militares.

Geralmente uma denúncia nasce de relatos das vítimas ou de testemunhas das mesmas, porém a diferença do projeto *Brasil Nunca Mais* é que as denúncias foram pesquisadas sobre documentos produzidos pelas próprias autoridades encarregadas dessas práticas. As denúncias tornaram-se inquestionáveis, pela autenticidade do material, pela riqueza de detalhes e por sabermos que todas as informações e dados foram extraídos dos inquéritos policiais.

Pela primeira vez, o labirinto do sistema repressivo foi aberto ao público. Além de profissionais especializados em pesquisas sociais, o trabalho recebeu apoio e envolvimento de três grandes religiosos: Rabino Sobel, Cardeal Arns e o Reverendo Wright – esse último se engajou por inteiro na questão a partir da perseguição e morte de seu irmão. É dele a célebre afirmação *"a violência é um crime imprescritível"*.

MILITANTES ASSASSINADOS POR ÓRGÃOS DE INTELIGÊNCIA DO ESTADO

Aderval Alves Coqueiro, militante de origem operária do MRT, assassinado em 1971 em sua casa com tiros pelas costas. A cena foi alterada pelos militares para induzir que houvera um enfrentamento armado.

As vítimas, observadas por militares, são de guerrilheiros do Araguaia. Seus corpos mostram que morreram fuzilados com as mãos ainda amarradas. Essa imagem, que contraria totalmente a versão oficial de tiroteio em combate, evidencia assassinato após captura.

CRUZ DA RESISTÊNCIA

O conflito imposto pela Ditadura e o vazio político deixado pelo AI-5 acabaram por fortalecer a liderança da Igreja. Houve uma transferência de poder dentro do clero, a tradição do domínio da espiritualidade cedeu para a secularização e o ideal evangélico estabeleceu-se na construção de uma sociedade menos intelectualizada, porém mais justa e fraterna. O conceito de Reino de Deus, antes uma realidade alcançada praticamente e tão somente no pós-morte, transferiu-se para o presente. É desse momento o início da nova fase reconhecida pela CNBB como a Igreja de Deus.

O assassinato do jornalista Vladimir Herzog estremeceu o governo federal e acelerou uma crise interna de mando entre os militares. O assassinato expôs a quintessência da indignidade e do abominável praticados pelos Órgãos de Segurança Nacional. Após uma sessão contínua de tortura, Herzog faleceu. Para mascarar o crime, publicaram, na versão oficial, que a vítima teria se enforcado com o próprio cinto do macacão de presidiário. No óbito constou morte por asfixia mecânica motivada por enforcamento. Essa mentira somente foi retificada em 2012, em memória e justiça ao jornalista, mesmo porque, em momento algum, a versão oficial teve crédito. Durante o enterro no cemitério israelita, o líder da comunidade judaica, Rabino Henry Sobel, já havia visto no necrotério vestígios de tortura enquanto fazia o serviço de Tahara, a cerimônia religiosa de lavagem do corpo. No sepultamento, e sem nenhum discurso provocativo, ele desmentiu publicamente a versão oficial de suicídio. Segundo a tradição judaica, aos suicidas é reservado uma ala diferenciada, perto dos muros e o jornalista não foi enterrado nesse lugar. A escolha do local feita pelo rabino por si só significou uma denúncia e um claro desmentido à versão dos militares.

Após o enterro, o Sindicato dos Jornalistas de São Paulo organizou uma cerimônia inter-religiosa na Catedral de São Paulo com a presença de líderes das três maiores comunidades religiosas: católica, protestante e judaica e que, sem traírem suas próprias liturgias, fizeram da homenagem um ato simbólico de protesto. Com pretexto de inaugurar um evento cultural, o presidente Geisel abalou-se de Brasília para São Paulo, acompanhou os desdobramentos dos acontecimentos e só voltou à capital federal quando o culto terminou.

A notícia do Ato Ecumênico provocou inquietação. Sob muita tensão, um aparato policial fez barreira armada no entorno da catedral. Sem divulgação, por motivos óbvios de censura e em clima de extrema apreensão, uma multidão compareceu. Ninguém imaginara um número tão grande: eram 8 mil pessoas presentes à homenagem ao jornalista Vladimir Herzog, assassinado aos 38 anos. Os cardeais, Arns e Hélder Câmara, previamente avisados pelo palácio dos Bandeirantes, pediram à multidão que não reagisse às provocações e que ninguém se intimidasse ao ser fotografado na chegada ou na saída. Apesar da indignação e do medo, predominou o silêncio.

Catedral da Sé – São Paulo, 1975
Imagem icônica da repressão
O adro em frente à Catedral da Sé no ato ecumênico em homenagem ao jornalista Herzog.
A imagem mostra uma cerimônia de natureza religiosa transformada em ato político.

As circunstâncias do assassinato do jornalista transformaram sua morte num marco histórico que acelerou o desgaste do regime e serviu de fator de união para a oposição. A partir da segunda metade dos anos 1970, a Igreja brasileira acertou seu passo com a sociedade civil na caminhada pelo retorno à democracia. Seus espaços se transformaram em verdadeiras ágoras, um local para assembleias populares, encontros e a construção de uma nova identidade cultural. A Igreja brasileira abriu-se para a sociedade sem exigir fidelidade de credo, reuniu líderes de outras religiões e cumpriu seu papel de origem, pois ser católico significava ter o atributo do que é universal, ou seja, comum a muitas pessoas. Na origem histórica, significava ser possuidor de um caráter agregador.

DITADURA
RETRATO EM PRETO E BRANCO
AUTORITARISMO E REPRESSÃO

Fotografias são fragmentos de uma realidade e narrações visuais de um determinado momento. São registros e, ao mesmo tempo, testemunhas, descrição e interpretação. Uma fotografia como essa é um recorte e comprovação de uma história real. Diferentemente de outras fotos do mesmo episódio, apenas esta foi além do ocorrido, ao agregar conteúdo simbólico à imagem. É o retrato em branco e preto do Brasil anos 1970. Muito mais do que um registro de época, a foto de autoria de Juca Martins se transformou na imagem icônica da própria Ditadura.

Os três planos decodificados representam respectivamente: Igreja, Sociedade e Estado. Ao fundo, a catedral aberta acolhe a multidão e enfrenta, cara a cara, os policiais armados. O Estado, de costas e ameaçador, espreita, enquanto a sociedade presta homenagem às suas vítimas. Em total anonimato e sem individualização, as três estruturas estão aqui reproduzidas. A fotografia causou impacto por desvelar os fatos. É verdadeiramente um discurso visual da repressão e do novo papel da Igreja. No ato ecumênico na Catedral da Sé, em 31 de outubro de 1975, uma multidão não conseguiu entrar, assistiu à cerimônia do lado de fora, enquanto uma tropa, para intimidar, cercou a igreja com mais de 500 soldados.

Antes de começar a cerimônia, dois secretários de Estado do governo de São Paulo procuraram o Cardeal Arns e apelaram para que não oficiasse e delegasse alguém para seu lugar, pois poderia haver tiroteio e mortes. O Cardeal contrariou-os e respondeu: *"Lá estarei para evitar mortes. O Pastor não abandona suas ovelhas, quando ameaçadas"*. Então fique avisado: *"Haverá mais de 500 policiais na praça com ordem de atirar ao primeiro grito"*. Pela manhã, a Censura, com ordens de Brasília, havia proibido a divulgação da cerimônia. Espalharam 385 barreiras policiais pela cidade, para impedir passeatas. O trânsito, mais do que nunca, ficou um caos. Mesmo assim, 8 mil pessoas compareceram, quase todos eram jovens. Não houve confrontos, a multidão permaneceu em silêncio, numa mistura de sentimentos entre indignação e pesar. *"Na praça da Sé, naquela tarde de 31 de outubro de 1975, a oposição brasileira passou a encarnar a ordem e a decência. A ditadura, com sua "tigrada" e seu aparato policial, revelara-se um anacronismo que procurava na anarquia um pretexto para a própria reafirmação"*.[68] A Igreja, a imprensa e a classe estudantil comprovaram que podiam se aliar dentro da ordem e sem fazer alarde; isto sim tornava-se preocupante para o regime militar, acostumado ao ataque ou revide.

MATARAM O VLADO

"Mataram o Vlado" A frase premonitória, dita por Clarice Herzog, num rompante, antes da morte ser anunciada, tornou-se um marco histórico, inspirou Aldir Blanc na música-hino "O Bêbado e a Equilibrista" e infinitas vezes repetida para jamais ser esquecida, nomeou o contundente capítulo de *A Ditadura Encurralada,* escrito por Elio Gaspari.

> *Descobrira-se uma base do PCB dentro da Polícia Militar paulista. Sim, o Partidão sobrevivia e fardado. Esta informação desencadeou uma série de investigações pelo DOI-CODI, reascendendo a antiga caça aos comunistas, que acabou na redação do jornalismo da TV Cultura, uma emissora estatal de São Paulo. Outubro chegou com uma onda de 80 prisões entre estudantes e jornalistas. Era um procedimento contrário ao projeto de reabertura proposto*

pelo Geisel. Vladimir Herzog assumira o novo cargo no dia 1º de setembro, dia 3 retransmitiram um documentário, previamente agendado, sobre o falecido comunista vietnamita Ho Chi Minh. Esta foi a causa para prestar depoimentos. Sábado, 8h do dia 25 de outubro, o jornalista chegou ao DOI, trocou de roupas e vestiu o macacão dos presos. Ficou sete horas. Às 22h08 a Agência central do SNI recebeu a informação de que naquele dia, cerca das 15h. o jornalista Vladimir Herzog suicidara-se no DOI-CODI/ IIº Exército. Acabara de morrer mais um preso. Segundo a estatística oficial era o 38º suicida e o 18º a se enforcar. Dessa vez matara-se com uma pequena tira de pano. Os macacões no DOI não tinham cinto, teria que se enforcar amarrando uma tira de pano na barra da grade da cela, a uma altura de 1,63 m do piso. Fernando Pacheco Jordão, colega de redação, avisou ao Cardeal Arns, que imediatamente ligou para o General Golbery manifestando seu desagravo, e também contrariado, demonstrou ser aquilo uma tática de militares ultrarreacionários, contra Geisel. Golbery fora contrário ao recrudescimento. Como ele dizia "isso é coisa da tigrada", mas derrotado afastou-se. A morte de Herzog mobilizou duas gerações e marcou o fim de uma era. Entre a farsa de suicídio e a retirada do corpo, houve o pedido de nova autópsia feito pela esposa que quebrava as normas, assim como todas as demais normas foram rompidas, do velório ao sepultamento no cemitério israelita das homenagens ecumênicas à reação dos universitários no campus da USP e da PUC. Tudo em torno da morte de Herzog deixava claramente demonstrado que a sociedade dava um basta às arbitrariedades do regime militar. O cadáver do jornalista Herzog desencadeou uma série de ações irreversíveis. Surgiu uma nova militância esquerdista, radical anti PCB e sem ligações com as antigas organizações de luta armada, será a futura Libelu trotskista. No dia seguinte ao enterro, Geisel pronunciou um discurso no qual se posicionou contrário ao DOI-CODI. "Quando a violência e o ódio marcam sua presença na história dos nossos dias, o Brasil contrapõe-se a esse quadro; o espetáculo de sua compreensão humanística da vida". De acordo com os costumes da ditadura o cadáver de Herzog deveria ter sido esquecido na mesma tarde de domingo, mas a viúva estendera a crise. O medo recuara e de certa maneira parecia que tinha mudado de lado.[69]

SIMBOLISMO ESTÉTICO, POLÍTICO E RELIGIOSO
X
CENSURA, VIOLÊNCIA E TORTURA

"Quem são estes desgraçados
Quem são? Se a estrela se cala
Senhor Deus dos desgraçados,
Dizei-me Vós, Senhor Deus,
Se é mentira, se é verdade."

Castro Alves, Navio Negreiro, 1861

A crítica à morte do jornalista Herzog envolveu os mais variados grupos da sociedade e todos encontraram um modo diferenciado de protestar esquivando-se da censura. O ato inter-religioso demonstrou solidariedade e união na busca da verdade. O local no cemitério foi uma contestação ao laudo oficial. Os versos de Castro Alves conhecidos por *Senhor Deus dos Desgraçados*, foram extraídos do poema *Navio Negreiro*, ao serem declamados pelo jornalista Audálio Dantas no enterro, soaram como uma súplica enraivecida contra o autoritarismo. A atriz Ruth Escobar, num curto discurso, atingiu o alvo sem nenhum recurso metafórico e com total domínio de sua teatralidade profissional, conclamou os presentes para iniciarem uma reação, ao perguntar: *"Até quando vamos continuar enterrando os nossos mortos em silêncio?"*

QUEM MATOU HERZOG?

As cédulas de um cruzeiro carimbadas por Cildo Meireles fazem parte da série *Inserções em Circuitos Ideológicos: Projeto Cédula*. Algumas notas da moeda corrente foram o suporte para a obra do artista, apresentadas na exposição *Information* no Museu de Arte Moderna de Nova York. O objetivo era gravar informações, opiniões críticas e devolvê-las à circulação. A gravação do carimbo *Quem Matou Herzog?*, ao mesmo tempo que questionava a realidade da política brasileira, surpreendia um público ainda não acostumado com intervenções estéticas. O objetivo era minar o controle das informações dos órgãos do poder na TV, rádio, imprensa e fazer circular informações que, nesses órgãos, seriam censuradas. Tratava-se de criar uma rede de contrainformações. Para Cildo Meireles, a arte deveria existir em função do que podia provocar e conscientizar. Ele acreditava que, ao utilizar objetos banais transformados temporariamente em obra de arte, conseguiria chocar muito mais do que através de obras expostas em espaços culturais.

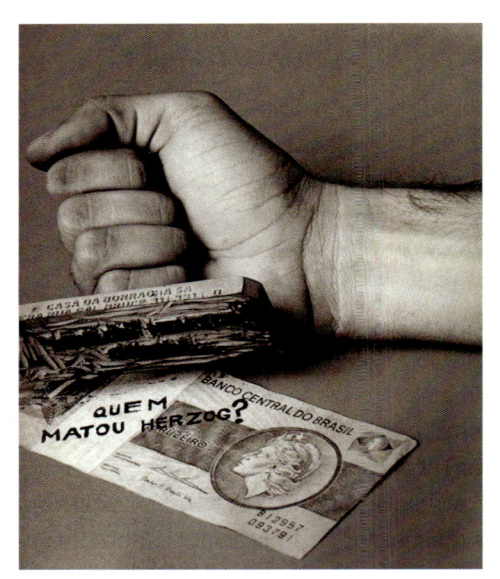

Cildo Meireles. *Quem Matou Herzog?*, 1975,
Circuitos Ideológicos

Em seguida ao assassinato do jornalista e ainda sob o impacto da notícia da morte, o pintor Antonio Henrique Amaral fez quatro obras e doou-as para o Sindicato dos Jornalistas de São Paulo. O artista trabalhou o tema com as mesmas imagens que usava na época, conhecida por Fase das Bananas, numa alusão debochada às Republiquetas das Bananas. Muita farda, galões nos ombros, medalhas, tortura e miséria. Na homenagem ao jornalista, as bananas e os talheres são a metáfora da ditadura militar e de sua morte violenta. Figurativo e simbólico, Antonio Henrique Amaral expressa o contexto do país pelo fundo preto, ou seja, o luto diante do regime opressivo. Os corpos das vítimas tornaram-se massa disforme de vísceras, tratadas dessa maneira, eram matéria sem alma e sem espírito. Os restos dos corpos dilacerados e presos nos garfos estão em posição de exibição como Troféus de Caça, como se a repressão estivesse mostrando, orgulhosa, a tortura, com júbilo e sem temor.

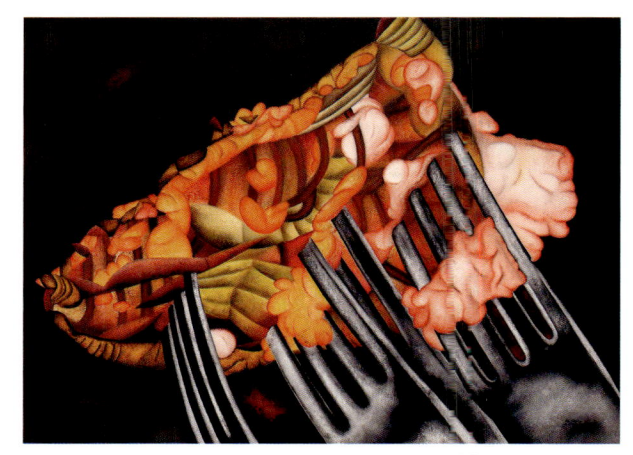

Antonio Henrique Amaral. *A Morte No Sábado -
Tributo a Vladimir Herzog*, 1975

A CATEDRAL DOS MOVIMENTOS SOCIAIS

A Catedral da Sé em São Paulo, exemplifica bem a atuação social das religiões de massa no mundo ocidental contemporâneo. Através dos tempos, as igrejas se transformaram e hoje ocupam diferentes papéis na sociedade sem nunca perder seu papel original, que é o de agregar indivíduos em torno de uma ideia ou de uma ação. É da sua natureza tornar os participantes pessoas semelhantes entre si e, ao mesmo tempo, criar neles uma identidade diferencial em relação aos que não concordam com os mesmos ideais. As Igrejas são instituições singulares, pois desenvolvem a curiosa dialética de igualar e, concomitantemente, diferenciar seus fiéis. Alguns líderes religiosos conseguem potencializar a força da fé para trabalhar a favor de mudanças.

Na contemporaneidade, conhecemos dois extremos que testemunharam esse papel. De um lado, o mundo conheceu o trabalho pacifista do pastor Martin Luther King (1929-1968) e, de outro, o resgate da beligerância religiosa do aiatolá Ruhollah Khomeini (1902-1989). Através dos ritos, os líderes religiosos mantêm a tradição, reafirmam o legado cultural do grupo, confirmam seus valores, crenças, ideologias, e o mais importante de tudo é que, por meio da liturgia, os religiosos selam pactos e fazem todos se reconhecerem numa mesma causa.

As práticas religiosas cristãs em geral são de natureza coletiva, e as católicas, em especial, propiciam com facilidade o exercício de atos que ultrapassam o universo espiritual. Foi dessa maneira que, durante a ditadura, a Catedral da Sé assumiu um papel diferenciado na cidade de São Paulo. Ao garantir a segurança física para os fiéis no interior dos seus edifícios, ela estendeu essa proteção para outros manifestantes. Além do abrigo material, as pessoas sentiam-se amparadas. E mais protegidas se sentiam, quando constatavam que os religiosos compartilhavam os mesmos ideais e críticas ao regime. Na época, nenhuma outra instituição religiosa declarou-se tão abertamente contrária ao regime, como a Igreja Católica. Vê-se pela Sé de São Paulo que os atos ocorridos no seu interior correspondiam a uma atitude institucional que se tornara pública, não eram atos restritos à coragem momentânea de um ou de outro religioso isolado. Por trás dessas ações existia um código de procedimento deliberado e, somente com as declarações do historiador americano Serbin, conseguimos compreender as relações com os militares e as dificuldades enfrentadas pela Igreja. Serbin nos esclareceu sobre o código das Comissões Bipartites.

Alguns protestos na Catedral de São Paulo marcaram etapas na luta pela democracia. Alguns surgiram durante missas em homenagem às vítimas de assassinatos e acabaram inseridos na liturgia com naturalicade. Muitas cerimônias serviram como liberação de tensões e, por estarem reprimidas há tempos, tiveram o efeito de purgar a dor e o medo numa verdadeira catarse.

Nesse contexto, a missa de corpo presente do sindicalista Santo Dias assinalou uma baliza para o fim do regime militar. O operário, morto aos 37 anos de idade, fora assassinado com um tiro nas costas pela polícia, enquanto participava de uma manifestação popular. Morreu por panfletar em frente à fábrica onde trabalhava. Quando os policiais constataram sua morte, quiseram esconder o corpo para camuflar uma biópsia mentirosa, mas não conseguiram. Santo Dias, assassinado por motivo reles, era fundador da Pastoral Operária da Arquidiocese de São Paulo; na época coordenava o Movimento do Custo de Vida.

Catedral da Sé, São Paulo, 1979
Culto na Sé em homenagem a Santo Dias, operário assassinado em 31/10/1979
15 mil pessoas compareceram, tornando a cerimônia um ato de repulsa à ditadura.

Escolheram a Catedral da Sé para velar e homenagear o operário, acreditando na certeza de proteção que seria dada pelo Cardeal Arns. O número de pessoas que compareceu à cerimônia fúnebre ultrapassou todas as outras homenagens anteriores. Compareceram 15 mil pessoas. Qualquer observador um pouco mais atento poderia prever que já estávamos no fim de uma era. No interior da igreja podia-se ouvir os destemidos, agora mais seguros e, ao mesmo tempo, mais protegidos. Expressões contra o regime militar tornaram-se comuns. Do lado de fora, ao contrário, era o recuo silencioso. A Igreja Católica, nesse ínterim, arquitetou junto à sociedade civil uma maneira pacífica para introduzir uma nova era política que, em poucos anos, se tornou conhecida como a Campanha das *Diretas Já*. Um ato mais propositivo do que vingativo e sem revanchismos.

CRUZ DAS PASSEATAS E DOS COMÍCIOS
DIRETAS JÁ

Comício das Diretas em São Paulo – Catedral da Sé
Cenário constante de atos políticos da história brasileira moderna
Imagem da Praça da Sé no dia 25 de janeiro de 1984, data do 430º aniversário da cidade de São Paulo. O 1º Comício das *Diretas Já* foi organizado pelo governador Franco Montoro, um político oriundo da Democracia Cristã. No ato estiveram presentes todos os segmentos da sociedade que buscavam transformações sociais e políticas, a palavra de ordem era: democracia e mudanças.

Os padrões humanistas da Igreja progressista rejeitavam a prática da violência, mesmo que justificada para realizar mudanças e, por mais próximos que alguns religiosos estivessem dos ideais marxistas, não existia mais espaço para a defesa da luta armada. O ano de 1984 mostrou a possibilidade de mudanças que viriam somente através de diálogos e conquistas. O processo de desenvolvimento político se fez com ações conjuntas; todos os segmentos da sociedade, incluindo a Igreja, comungaram o mesmo ideal e mudaram os rumos da história. Desde as mudanças da Ação Católica, iniciadas nos anos 1950, o papel dos leigos se fortalecera e muito. Distante daquela Igreja guerrilheira, a nova Igreja agora enxergava necessidades que iam muito além das reformas socioeconômicas, era preciso voltar para o indivíduo e valorizar as relações interpessoais. A Igreja reaprendeu a ouvir. Todos queriam democracia; por democracia entendiam liberdade, algo um pouco vago, mas queriam dizer liberdade de escolher seus dirigentes e escolher somente se fosse através do voto.

"A visão da Igreja progressista de que os setores populares podem assumir lideranças do processo de liberação, entra em choque com a concepção leninista da consciência popular e da necessidade de uma vanguarda".[70] A verdade é que Lenin desprezava as manifestações populares, achando-as limitadas, dizia que elas no máximo chegavam às propostas de reformas, por essa razão propunha a criação de um partido de vanguarda, este sim capaz de conduzir as massas à revolução. É uma postura autoritária e criticada por muitos membros da Igreja, inclusive pelos mais progressistas, como Frei Betto, que a considera uma manipulação *"que se caracteriza pelo fato de um grupo arvorar-se em único intérprete daquilo que é bom e necessário para o povo"*.[71] Verdadeiramente, ninguém esperava a Igreja no papel da grande agente de mudanças radicais da sociedade, porque nem lhe cabia esse papel. Contava-se unicamente com coerência em seu discurso. E, mais uma vez, ela abriu suas portas contra um regime que, por engano, um dia ela ajudara a construir.

As dimensões referentes à cidade de São Paulo estão fora dos parâmetros da normalidade, tudo nela, para o bem e para o mal, ocupa os patamares de *hiper*, *macro*, *super* e *mega*. Seus números, como sempre, são absurdamente grandes. Assusta o fato dela comportar a população de muitos países como Portugal, Grécia, Bélgica, Suécia, Suíça, Hungria e vários países nórdicos. Numa cidade-país os acontecimentos repercutem, em proporção direta, ao seu tamanho. É o caso da Igreja Popular do Nordeste que, embora fosse reconhecida como uma vanguarda no catolicismo contemporâneo, seus atos não alcançavam o nível de divulgação da mesma maneira como as ações em São Paulo. Assim ocorreu com as *Diretas Já*.

Na época das *Diretas Já* a cidade de São Paulo concentrava o maior número de militantes de organizações clandestinas. A cidade que fora o palco ideal para a guerrilha urbana, agora o era para os movimentos sindicais e universitários. Mesmo que ainda fosse um local de muita repressão, a Catedral da Sé escolhida pela população, se tornou um ponto de encontro para reflexão e deliberação. Foi uma escolha espontânea; decidiram que os novos rumos históricos aconteceriam no seu adro. Provavelmente porque, independente do fator religião, o clero brasileiro soube atuar junto à sociedade na reconstrução política do país. O modelo do comício ocorrido em São Paulo reverberou pelo país; já no Rio de Janeiro, o adro da Igreja da Candelária foi o lugar escolhido para as manifestações.

MOVIMENTOS POPULARES DECRETAM O FIM DA DITADURA

1984 X 1964

Talvez a ditadura não tivesse se consolidado sem a bênção inicial da Igreja Católica, mas as denúncias e a combatividade dos religiosos foram igualmente fundamentais para a retomada da democracia. Corrigidos os erros iniciais, a Igreja assumiu papel fundamental na preparação do movimento das *Diretas Já*. Afinal o que foi aquilo senão um movimento civil de reivindicação por eleições presidenciais no Brasil dentro de um regime já desgastado? Porém, sem as devidas lideranças nada teria acontecido. A proposta inovadora foi lançada no Nordeste, em 1983, pelo senador alagoano Teotônio Vilela, do MDB, durante a exibição do programa *Canal Livre* transmitido pela TV Bandeirantes. Esse pronunciamento é considerado o ato determinante no passo inicial do movimento.

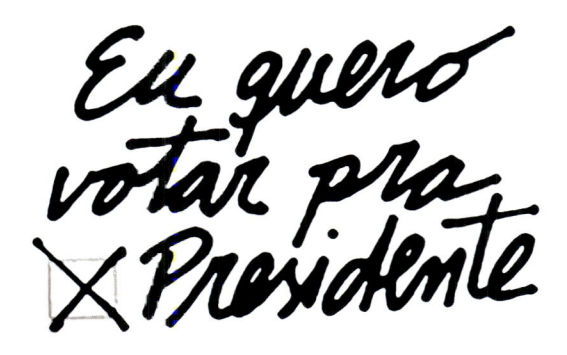

Eu quero votar pra ✗ Presidente

A origem mais remota de eleições diretas surgiu ainda no governo Figueiredo, quando, em 1982, o general, ao dar continuidade à *abertura lenta, gradual e segura do Geisel*, restabeleceu as eleições diretas para os governos estaduais. A oposição ganhou com vantagem esmagadora em todo país, com exceção em poucos pontos da região Nordeste. A vitória foi decisiva, não porque afetou os membros do Executivo, mas principalmente por se tornar maioria no Legislativo.

Teotônio Vilela, que no passado pertencera à Arena, partido de apoio aos militares, em 1979 senador e descontente com o andar lento da reabertura, passou para a oposição. Não fora oportunismo, pelo contrário, sua atitude anunciava o xeque-mate ao sistema militar. Faleceu em 27/11/83, quando o movimento já estava confirmado nas ruas de todo país, mas ainda não havia se concretizado. Os compositores Milton Nascimento e Fernando Brant, em setembro do mesmo ano, lançaram *O Menestrel das Alagoas*, que rapidamente se tornou o hino das *Diretas Já*, uma homenagem e agradecimento pela dedicação de Teotônio Vilela que, até os seus últimos dias, dedicou sua vida à causa política.

A primeira manifestação pública a favor das eleições diretas ocorreu no recém-emancipado município de Abreu e Lima, em Pernambuco e não atraiu mais do que 200 pessoas, em 31 de março de 1983. Porém, quase um ano depois, o primeiro grande comício e de vulto considerável aconteceu no aniversário da cidade de São Paulo, a 25 de janeiro de 1984, em frente à Catedral da Sé. O evento organizado pelo então governador Franco Montoro, seria aparentemente apenas para comemorar os 430 anos da capital paulista, mas acabou se transformando numa grande manifestação popular por liberdade. O primeiro ato gigante, pós 1964, abriu caminho para manifestações, surgidas nos três meses seguintes, que agitaram todo país. No primeiro comício, compareceram mais de 200 mil pessoas; no segundo 1,5 milhão de pessoas. Todos, em uníssono, pediam mudanças imediatas. Algo, até então, jamais visto. A praça ficou pequena e as ruas convergentes viraram uma imensa massa humana que caminhava para o Centro. Pessoas diferentes se espremiam para ouvir mais de perto e se certificar de que algo novo acontecia. Era gente emocionada, chegando sem parar por todos os lados. Parecia que o país havia renascido com sua autoestima resgatada. Não havia mais dúvidas, os tempos da ditadura chegavam ao fim. Havia 20 anos, um milhão de pessoas desfilara pelo Rio de Janeiro, em caminho inverso, em apoio ao Golpe de 1964.

Poucos, na época, conseguiram expressar aquele momento, ninguém foi melhor do que o jornalista Ricardo Kotscho: *"Ouviram do Ipiranga, às margens plácidas / De um povo heroico o brado retumbante. Nunca, antes, em sua história de 430 anos completados ontem, São Paulo viu algo igual: centenas de milhares de pessoas transbordando da praça da Sé para todos os lados, horas debaixo de chuva, num grito uníssimo: Eleições diretas para presidente! Nunca, antes, foram tão verdadeiros os primeiros versos do nosso Hino Nacional. O brado engasgado na garganta durante vinte anos explodiu na praça da Sé. O pranto travado correu pelos rostos de gente muito vivida, os braços se ergueram, dando-se as mãos uns aos outros, toda gente cantando o Hino Nacional, no encerramento desta festa pelas eleições diretas, a maior manifestação pública que o Brasil já assistiu."*

O SÍMBOLO DAS *DIRETAS JÁ*

O protesto político se revestiu de formas simbólicas num conjunto de representações que se estendiam por entre cores, músicas e palavras. Os *slogans* ditos e repetidos nos discursos assumiram sua síntese visual no símbolo criado pelo artista paulista Marcello Nitsche, o *mais pop dos artistas brasileiros,* segundo o crítico Mário Schenberg. Nitsche deu forma ao imaginário político daquele momento com apenas duas paralelas em verde e amarelo. Ideologia sempre fez parte do seu trabalho, fosse por metáforas ou por formas explícitas. Desde o início da sua carreira nos anos 1960, o artista se posicionou contra o governo militar. Quando as *Diretas Já* foram para as ruas e tomaram conta da sociedade, seus trabalhos estavam na linguagem da fase chamada *Pinceladas*. Marcello Nitsche, em vez de pintar no sentido tradicional, passou a trabalhar sobre códigos visuais e gestuais da pintura que acabaram se tornando um verdadeiro signo gráfico de sua identidade. O símbolo das *Diretas Já* foi extraído dos cânones dessa fase estética e contextualizada no movimento político da retomada da democracia.

Dos símbolos nacionais, o artista selecionou somente as cores verde e amarelo e, ao final, o amarelo expandiu até transformar-se na essência cromática do movimento. A imagem icônica das duas pinceladas paralelas, criadas por Nitsche, retornaram com força total no *Caras Pintadas*, em 1992 e nunca mais abandonaram as ruas. Incorporadas e, agora de domínio público, elas aparecem nos mais variados atos, sejam eles comícios ou disputas esportivas. O símbolo de Nitsche deu materialidade à uma ideia. Se na forma visual representava os padrões de uma geração jovem, no significado continha a vontade de uma nação inteira. Com apenas duas pinceladas, esse artista construiu o imaginário daquele momento: se estivessem cruzadas em X, representavam o ato de votar, ao escolher um nome na cédula de papel; mas se estivessem em paralelo, agiam como um grito de guerra, em semelhança à pintura corporal dos povos arcaicos. A criação visual das *Diretas Já* continha o velho lema republicano "Todo poder emana do Povo e em seu nome será exercido" que, acrescido com novos conteúdos, tornara o significado de poder do povo em sinônimo de mudanças políticas. A imagem das pinceladas tornara-se um ícone de luta. O símbolo das *Diretas Já* sobreviveu visualmente devido à força da sua comunicação espontânea; ele que nascera como uma marca, acabou se desvinculando do seu momento específico de criação, para ganhar novos significados e continuar se renovando.

Caras Pintadas foi uma reação contra o governo Collor e em resposta ao pedido para a população se vestir com as cores da bandeira em sinal de apoio; em protesto, a maioria da população preferiu se vestir de preto. Em meio aos simbolismos, um grupo de alunos secundaristas de uma escola de São Paulo, provavelmente orientado por seus pais, retomou o símbolo das *Diretas Já* para sinalizar oposição ao pedido do presidente. O gesto dessa manifestação, que ocorreu no vão livre do MASP – Museu de Arte de São Paulo, se espalhou como modelo por todo Brasil.

Marcello Nitsche. Primeiro símbolo das *Diretas Já*, 1984

Marcello Nitsche. Símbolo das *Diretas Já* - 1984

SÍMBOLO DAS *DIRETAS JÁ* REVISITADO
CARAS-PINTADAS - 1992

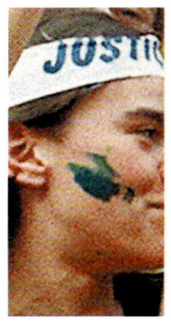

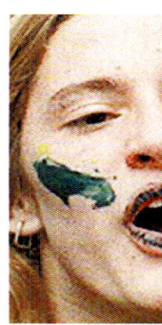

Caras-Pintadas, manifestação - 16/08/1992

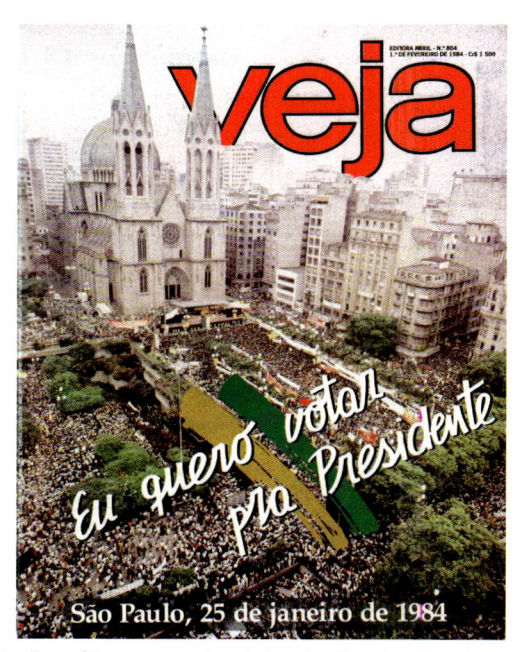

Criação gráfica usa as pinceladas do símbolo das *Diretas Já* com o objetivo de identificar e reforçar o significado do comício realizado no aniversário da cidade de São Paulo, em 1984.

O papel da Igreja Católica no *Movimento das Diretas Já*, estava escrito há muito tempo. Antes mesmo da reabertura política, a Igreja esteve presente com seu público no enfrentamento, atravessaram crises, viveram oposições e censuras, juntos conheceram o medo do regime militar, juntos sofreram perseguições e torturas. Portanto, quando surgiu uma promessa de mudança e de reconquista do *Paraíso Perdido*, evidentemente que a Igreja estaria junto mais uma vez. A Igreja não agiu sozinha, ela sempre teve a companhia de lideranças populares, como também de outras instituições corajosas. Apesar das ambiguidades, das contradições e conflitos internos, e não obstante a limitada visão política de muitos católicos, a Igreja brasileira soube discernir e trabalhou ao lado da sociedade para a reconquista da democracia.

Quase um ano após o grande comício, em São Paulo, a 15 de janeiro, Tancredo Neves foi eleito presidente. Não houve consenso devido à oposição natural do candidato de direita, o engenheiro Paulo Maluf, do PDS, e a inexplicável falta de apoio do Partido dos Trabalhadores, o PT, que na época era liderado pelo sindicalista Lula. Por Infelicidade, o candidato eleito não ocupou o cargo, vindo a falecer a 21 de abril de 1985.

Durante o regime militar, a Igreja foi uma instituição que fortaleceu a vontade popular por meio de denúncias. Pôde agir com mais liberdade do que outros segmentos sociais, provavelmente por ter o privilégio de ser uma instituição transnacional. O destemor de alguns religiosos contra as práticas de tortura, na ditadura, encorajou muitos a pensar no princípio de um terceiro caminho. Sem um conceito claro, delineavam uma posição nem à direita e nem à esquerda; falavam em encontrar um ponto de equilíbrio entre os extremos do egoísmo capitalista e o ateísmo marxista. Dom Evaristo Arns falava num terceiro sistema que não seria capitalista e nem socialista; Dom Cláudio Hummes, bispo do ABC paulista, a região mais industrializada do país, falava em uma sociedade mais socializada, porém nenhum dos dois especificou exatamente o que isso queria dizer, e a imprecisão desse conceito nunca permitiu construir qualquer mudança concreta. O ecumenismo, um novo conceito de tolerância religiosa implantado no Vaticano, sob a égide do Papa João XXIII, ajudou e muito no exercício de uma visão universal e consequentemente nos trabalhos da redemocratização, pois a reconquista da liberdade só aconteceu graças à confiança de muitas parcerias encontradas pelo meio do caminho.

Quando a volta da democracia permitiu a publicação do projeto *Brasil Nunca Mais* e os atos de violência cometidos pelo regime militar foram escancarados, a Igreja pensou que era chegada a hora dos novos tempos e que, enfim, haveria justiça social. Porém a história não transcorreu exatamente dessa maneira. A Igreja, que construíra seus ideais com o esforço de grande parte da sociedade, viu seus projetos sociais serem surrupiados pelos *profissionais do voto*. Embora existam muitas diferenças entre as ideologias conservadoras e as da esquerda católica, nenhuma delas tem e nem alega ter uma concepção nítida de processo de participação da sociedade no desenvolvimento econômico. O professor de Ciência Política Scott Mainwaring nos diz que muitos agentes pastorais fizeram uma suposição simplista, acreditaram que bastaria uma organização das classes populares. Mas poucos conseguiram responder à questão de como seria efetivamente a participação dos indivíduos nas sociedades mais complexas. Embora falte à Igreja um modelo claro de desenvolvimento, o seu pensamento e críticas aos modelos tecnocratas e autoritários estimularam a reflexão e a busca de uma sociedade mais participativa no processo político.[72] Apesar das ambiguidades, contradições e conflitos, a Igreja brasileira fortaleceu a sociedade civil, soube compartilhar sofrimentos e conquistas nos momentos decisivos, estimulou a sociedade para uma conscientização mais crítica e chegou mesmo a interferir no debate político.

Paradoxalmente, o declínio da Igreja popular no Brasil começou com a redemocratização. A relação entre religião e política ganhou um novo capítulo, a partir de 1990, quando teve início a partidarização do cristianismo, com uma progressiva ocupação do Legislativo por religiosos evangélicos de inúmeras correntes que atuavam dentro de uma extensa gama permeada por missionários, fundamentalistas, pentecostais e neopentecostais. Entre a liberdade de crença e o fanatismo religioso, as instituições políticas passaram a misturar questões de fé com tolerância e laicidade. Sem a clareza necessária para definir e diferenciar religião de política, nos últimos tempos, os espaços públicos e as esferas privadas estreitaram-se além da conta. Não obstante oficialmente exista tal separação, mas sem a regularização dos respectivos limites para estabelecer uma verdadeira laicização do Estado, a sociedade perde sua autonomia em relação ao pensamento científico, como também vê se descaracterizar a riqueza cultural da pluralidade.

3.4 CRUZ
IMAGEM E IDENTIDADE NACIONAL
MONUMENTO ÍCONE

Cristo Redentor, o monumento que abraça a cidade com ternura, teve um princípio agitado e cheio de contestações. Idealizado e implantado no período de transição do entreguerras, ele que nascera católico e restrito ao Rio de Janeiro, ao se desvincular de seu caráter estritamente religioso, ganhou *status* nacional e internacional de imagem ícone do Brasil.

Cristo Redentor na Baia de Guanabara com vista para o Pão de Açúcar

O atual símbolo nacional, concebido em 1922, teve sua construção iniciada em 1924 e só finalizada em 1931. Entre a concepção do monumento, o término das obras e a instalação foram nove anos de espera e de mudanças. Durante esse período, ocorreram os extremos, entre a efervescência cultural dos anos 1920 e a quebra da Bolsa de Nova York. Da noite para o dia, a maior turbulência do capitalismo financeiro percorreu o mundo e desvendou que os países viviam por inter-relações e em nítida antecipação ao fenômeno da globalização. Todas as economias, com alguma participação nos mercados internacionais, foram esmagadas pelo *Crash,* em outubro de 1929. Tanto o colapso quanto o retorno do desenvolvimento econômico aconteceram em ação coletiva; o Brasil igualmente atingido, só conseguiu se reinventar após atravessar a Grande Depressão, com a derrocada da economia cafeeira e o fim da aristocracia.

HISTÓRIA DO MONUMENTO DO CRISTO REDENTOR

A ideia de criar o monumento, em 1922, partiu do Círculo Católico do Rio de Janeiro, com a intenção de presentear a cidade, nas festividades do Centenário da Independência. Para captar os recursos iniciais e mobilizar a população, fizeram um filme chamado *Christo Redemptor,* que teve sua première exibida no Cine Odeon, em 1923. Os produtores da Botelho Film aproveitaram a sessão para apresentar ao presidente Epitácio Pessoa um abaixo-assinado, com mais de 20 mil assinaturas, solicitando permissão para execução e instalação do monumento. Entretanto, o projeto inicial só saiu do papel, quando o engenheiro Heitor da Silva Costa assumiu sua coordenação. Era uma obra complexa que exigia muita tecnologia, mas antes fosse esse o único problema, pois além da escassez de recursos financeiros para uma obra desse porte, vivia-se um momento de instabilidade política, rebeliões sociais e de oposição à natureza religiosa do monumento.

A autoria coube a dois artistas europeus: o corpo alongado foi projetado por Paul Landowski, um escultor franco-polonês residente em Paris, e o rosto sereno foi idealizado pelo retratista romeno Gheorghe Leonida. Os trabalhos finais foram entregues com tanto atraso que se perdeu o apelo inicial das comemorações da Independência. Marcaram nova data: 12 de outubro. Foi uma escolha feliz, porque agregava mais de uma comemoração, visto que ao mesmo tempo se celebrava o dia histórico da Descoberta da América e o dia oficial da Padroeira do Brasil, Nossa Senhora Aparecida. Simbolismos à parte, a data escolhida não impediu que alguns jornalistas, com textos eloquentes, criassem mais confusão. Na tentativa de justificar a religiosidade, interpretaram a chegada de Colombo como uma data do início da cristianização na América.

A intenção mais antiga para implantação do monumento veio do Império, a partir de uma sugestão do padre francês Pierre Marie Boss, em 1859, para a Princesa Isabel, que imediatamente abraçou a ideia, pois achava positivo associar a imagem de Cristo Redentor ao movimento abolicionista; com certeza traria reforços e simpatias. Para desespero dos positivistas, a princesa era muito devota. Com o advento da República e a separação entre Estado e Igreja, o projeto foi abandonado, mas nunca esquecido. Os idealizadores esperaram mais de 30 anos para retomar a antiga ideia. Escolheram um lugar que tivesse visibilidade e, ao mesmo tempo, fosse distante do burburinho urbano, o local escolhido só era conhecido por sua vista panorâmica. Lá existia um mirante de difícil acesso e pouco frequentado; o público mais assíduo, que se sabe, eram fotógrafos amadores em busca de registros diferenciados.

O impulso para a construção do monumento está relacionado a uma reação reformista da Igreja católica, iniciada em 1916 e liderada pelo Cardeal Leme. Buscando criar novos vínculos com a sociedade e, preocupado com a expansão do pensamento materialista e marxista defendidos por intelectuais e operários nos movimentos grevistas, o cardeal propôs mudanças para o clero brasileiro. De imediato e ainda como Arcebispo de Olinda e Recife, ele redigiu uma carta pastoral, denunciando os erros internos da Igreja e exigiu uma moralização.[73] O espírito laico da República e o medo do comunismo foram os responsáveis pelas reformas da Igreja.

No Rio de Janeiro, o Cardeal Leme se aproximou de lideranças intelectuais como também das classes trabalhadoras. Se por um lado inseriu os leigos nos trabalhos sociais, por outro, aumentou a influência religiosa na área da educação. Buscou um caminho novo que fosse mais condizente com as necessidades da nova sociedade urbana, mas infelizmente, em troca de apoio, teve o ônus da companhia de muitos conservadores. A reconquista do papel da Igreja na sociedade foi facilitada pelos interesses do Estado Novo, que a queria como aliada.

O início das obras do Redentor coincidiu com um período confuso; o mundo acabara de passar pelo fim trágico da 1ª Grande Guerra. Além das mortes ocorridas nos combates, houve a pandemia da gripe espanhola e o desmoronamento de grandes setores da economia mundial. Como se não bastasse esse conturbado contexto internacional, o Brasil internamente se revezava entre a crise do café, as greves operárias, as sucessivas trocas de governo e as reivindicações sociais. Dentro dos quartéis, surgiu uma onda desestabilizadora com a rebelião do tenentismo. Em contraste a tantos problemas, as comemorações do centenário da Independência seriam ideais para o governo criar uma pauta positiva e o Rio de Janeiro, a capital federal, receber obras de engenharia, saneamento e embelezamento.

O Centenário da Independência seria a primeira grande festa da República, e as autoridades palacianas ainda não sabiam como comemorar a data cívica, sem dar muito destaque ao autor monarca da casa de Bragança; os políticos precisavam encontrar uma saída para essa verdade inconteste, que desagradava a certos membros republicanos do Exército. A solução dada pela Igreja resolveria esse impasse e a cidade do Rio de Janeiro ganharia um monumento. Os proponentes pensaram na figura de Cristo como uma imagem agregadora e representativa da ideia de liberdade.

O começo do século, para a cidade do Rio de Janeiro, fora desanimador: febre amarela, peste bubônica e varíola. Depois de ultrapassar a fase sanitarista e findar a Guerra da Vacina, estava na hora da mídia se ocupar com novos temas e otimizar a sociedade, como mostrar as obras de melhorias e as da comemoração. Existia um projeto de preparar a cidade para ser a capital europeia nos trópicos. Construções monumentais deram uma injeção de ânimo na jovem República que, após 30 anos de proclamada, ainda buscava se definir. Entre promessas e projeções, a sociedade acreditava que a vinda de empresas estrangeiras traria aumento da circulação de dinheiro, abertura de novos empregos e a importação de recursos tecnológicos.

Entre as inúmeras benfeitorias que se tornaram permanentes, no Rio de Janeiro, conta-se um evento de dimensões internacionais para sediar a Exposição Universal e um novo plano de urbanização. Pela primeira vez o Brasil sediaria 15 países que fariam de seus pavilhões expositivos uma vitrine de suas conquistas econômicas, científicas e tecnológicas. O grande objetivo desses encontros era a possibilidade de abrir mercados e colocar o Brasil no mapa da economia mundial. As comemorações de Independência, em São Paulo, ficaram marcadas pela ampliação do Museu Paulista, que inaugurado em 1895 e instalado no lugar onde aconteceu o Grito do Ipiranga por D. Pedro I, agora se tornava o marco representativo oficial da Independência.

Em meio à preparação e à expectativa da grande festa cívica, bem distante desse burburinho, em 1922, surgiram duas instituições contrárias: o Partido Comunista do Brasil – PCB e o Centro Dom Vidal. Este último, uma organização formada por leigos católicos de destaque social e composta por célebres juristas, que por longo tempo mantiveram-se em posição moderada, buscando atuar com neutralidade na área política. O Centro Dom Vital trabalhou nessa linha até a implantação do regime militar, do qual foi ferrenho opositor, e embora seus membros fossem acusados de conservadores, incrivelmente a instituição jamais reconheceu a legitimidade do golpe de 1964. Em 1935, quando o Cardeal Leme fundou a Ação Católica Brasileira, ele entregou sua direção ao Centro Dom Vidal na pessoa de Alceu Amoroso Lima. Em 1940, estas duas instituições unidas colaboraram para a fundação da PUC-RJ e posteriormente para todas as demais universidades católicas. Com ativa participação, trabalharam para a implantação do monumento Cristo Redentor, no Corcovado, e a construção da Basílica de N. Sra. Aparecida. Foram ações planejadas para projetar nacionalmente uma nova Igreja, longe dos ressentimentos relacionados à Questão Religiosa e à Maconaria.

Os atrasos que provocaram o adiamento da inauguração não foram somente de ordem financeira e técnica. Ainda nos primeiros anos do lançamento do projeto, surgiu um movimento religioso contrário à sua construção. Um grupo da Igreja Batista, intransigente e avesso à sua instalação, organizou uma campanha alegando ser "um atestado eloquente de idolatria da Igreja de Roma". Os proponentes não se abalaram, era uma questão de saber esclarecer a diferença entre imagens religiosas e idolatria e mostrar a sua função didática, para memorizar conceitos teológicos. Enfim, elucidar o equívoco das acusações. Entre as discussões travadas por defensores e opositores, surgiram temas delicados e mais inteligentes, como liberdade religiosa, conceito de espaço público, uso de dinheiro público e função social de um monumento religioso.

Em 1923, o *Jornal Batista* combateu a ideia da escultura religiosa com argumentação teológica: "*Erigir no alto do Corcovado a imagem de Cristo será um atestado eloquente da idolatria da igreja de Roma e uma afronta a Deus. No dia em que tal crime se consumar, bom seria que todos os verdadeiros cristãos no Brasil se reunissem em culto penitencial para pedir a Deus que não imputasse no Brasil, a todo Brasil esse grande pecado, cuja responsabilidade deve recair sobre a Igreja Católica e sobre os governantes que não souberam ou não quiseram fugir à armadilha preparada por ela com a isca do patriotismo. Deus tenha misericórdia de nós*".[74]

O texto intolerante foi escrito em 22/03/1923 e claramente se vê que seu autor não soube discernir a diferença entre imagem, ícone, mimese, representação e símbolo. Esse ataque fundamentado na interpretação literal da Bíblia esqueceu o principal: *linguagens religiosas são simbólicas*. Mas, para sorte da cidade o texto antagônico não surtiu efeito e a construção da futura inspiração dos "braços abertos sobre a Guanabara", de Antônio Carlos Jobim, finalmente veio ao mundo.

Na época, os debates envolveram pessoas diferenciadas, uma gama que envolvia desde devotos simplórios à elite mais intelectualizada. A ala vencedora, nas palavras do jurista Raimundo de Araujo Castro, argumentou que, ao mesmo tempo em que reconheciam o caráter religioso do monumento e defendiam a sua construção, eles também sabiam diferenciar as posições políticas e religiosas, pois segundo ele: "A *separação entre Estado e Igreja não se confunde com a separação entre Nação e Cristianismo*".[75] Ultimamente seus textos foram redescobertos e usados para a discussão a respeito de crucifixos e imagens religiosas em repartições públicas.

A tese da iconoclastia ainda não se esgotou, porque o seu princípio se abriga no fundamentalismo. A discussão levantada e analisada sem rodeios pelo filósofo Regis Debray no livro *Vida e Morte da Imagem* gira em torno da afirmação de que o responsável pela intolerância se encontra no monoteísmo, o epicentro do problema. Segundo Debray: "*Os monoteístas são iconófobos e em certos períodos, iconoclastas*".[76] O pensador francês explica que, de um modo geral, a imagem, quando é usada pelos monoteístas, não passa de um acessório decorativo e exterior ao essencial, com exceção do cristianismo, em especial do catolicismo, que traçou o único projeto de colocar imagens a serviço de uma vida interior, sem torná-las sacrílegas. Por princípio, a Igreja primitiva era hostil à representação realista e figurativa; no entanto, pouco a pouco, a imagem foi se introduzindo sorrateiramente e a antiga proibição acabou contornada pela simbolização e, desta maneira, tornou-se uma maneira sensível de atingir a essência de Deus e dos homens.

No início do cristianismo, em continuidade ao judaísmo e às leis mosaicas, evitava-se o uso de imagens pelo temor de que estivessem associadas aos rituais pagãos e, consequentemente, serem veículos de idolatria. Esse preconceito durou até o século III, quando passaram a fazer imagens a serviço da Igreja, no papel de eficazes substitutas dos textos. O papa Gregório Magno, cujo papado vigorou de 591 a 604, atribuiu às artes uma função educativa: "*Ler nas paredes o que se escreve nos livros*". A partir do século XI, e com a intelectualidade bizantina, o medo da idolatria diminuiu e houve uma redescoberta da imagem sacra.

As mudanças no olhar foram fundamentais para as artes visuais, porque retomaram os padrões clássicos da estética greco-romana. A permissão veio acompanhada com a distinção entre paganismo, cristianismo e clareza de finalidades, ou seja, elas teriam que servir exclusivamente a fins didáticos e memorativos dos textos bíblicos. Afinal por que os monoteístas têm tanto medo das imagens? Na sua explicação, Debray é categórico: "*A imagem é mais contagiosa, mais viral do que a escrita. Ela tem o dom de consolidar a comunidade pela identificação. Não há massas organizadas sem suportes visuais de adesão. Cruz, Pastor. Bandeira Vermelha, Marianne. No Ocidente, seja lá onde for, desde que as multidões se põem em movimento – procissões, desfiles, meetings – colocam à frente o ícone do Santo ou o retrato do chefe, Jesus Cristo ou Karl Marx. O que o povo exige é ter emoções. Ora a imagem é e-moção. Moção. Mais do que a ideia, ela é capaz de colocar multidões em movimento*".[77] O monumento Cristo Redentor não fugiu a esta regra.

O autor Regis Debray é um jornalista, filósofo e escritor francês que ficou famoso por ser o criador do *foquismo*, uma técnica da guerrilha. Começou sua carreira como marxista seguidor do filósofo Louis Althusser, amigo de Fidel Castro, *El Comandante* dos anos 1960; foi colaborador de Salvador Allende e companheiro de guerrilha de Che Guevara. Posteriormente tornou-se professor de análise crítica dos signos, na Universidade de Lyon, hoje estuda a dinâmica dos símbolos. É o fundador do Instituto Europeu de Ciências das Religiões, mas um dia, quando tinha 25 anos de idade, viveu os extremos de um guerrilheiro radical. Em 1967, estava em plena luta armada com Guevara na Bolívia, quando foi preso e condenado a 30 anos. Cumpriu pena por apenas três anos. Ganhou liberdade graças a um movimento internacional e à intervenção, entre outros, de Jean-Paul Sartre, André Malraux, Charles de Gaulle e o papa Paulo VI. Em 1967, escreveu *Revolução na Revolução*, a bíblia da guerrilha, um manual de táticas e estratégias, que inspirou e fez uma geração sonhar com a possibilidade de mudar o mundo.

De passagem para Cuba, veio ao Brasil pela primeira vez em 1964, para contatar Carlos Marighella. De lá para cá, reviu todos os seus conceitos. Mais crítico do que nunca, acredita que aquela esquerda histórica foi engolida pelo sistema financeiro, lamenta muito os jovens atualmente não se interessarem mais por política, e preferirem o mercado aos grandes temas sociais, como a redistribuição de riquezas. O conhecimento de Regis Debray sobre imagem é diferenciado e transcende à teoria. A análise feita sobre a iconografia cristã com seus critérios de midiologia esclarece que o simbolismo religioso é um pensamento de época, são ideias que tomaram corpo na sociedade. Em suas palavras: "*A imagem vivifica o verbo. Que força de expressão teria tido a doutrina cristã sem o maravilhoso e o miraculoso? Sem folclores, sem Ascensões, Anunciações e Coroações, sem fadas, unicórnios sereias, anjos e dragões? Como levar a acreditar no Inferno, no Paraíso na Ressureição, sem mostrá-los? Sem fazer rir, chorar ou temer?*"[78]

Após um século, a antiga briga com o monumento continua, mas a atual é de ordem administrativo-financeira. Três interessados pleiteiam na Justiça por direitos. Os descendentes do escultor, que na época da construção e mesmo depois nunca estiveram no Brasil, brigam pelo direito do uso de imagem e querem receber sobre todo e qualquer material, incluindo publicidade, postais, posteres, livros, joia e/ou qualquer souvenir. Insatisfeitos e insistentes, movem ações em diversos tribunais, mas até o momento perderam todas. Por sorte, Izabel Noronha, a bisneta de Heitor da Silva Costa, o engenheiro responsável pela obra e contratante do escultor francês, pensa bem diferente e tem contribuído com vasto material para desqualificá-los como herdeiros.

Já a Arquidiocese e a Prefeitura do município do Rio de Janeiro disputam o direito de administrar o monumento. Até o momento, a Arquidiocese é quem fiscaliza o direito de uso, não no sentido financeiro, mas moral e está sendo contestada, pois o Redentor, enquanto monumento, já ultrapassou a fronteira religiosa. A igreja alega sua legitimidade, por ser proprietária da área desde 1918, quando a União lhe doou o monumento instalado junto ao seu entorno; argumentam e comprovam serem os responsáveis, pois deram o passo inicial para a arrecadação da sua realização. A Prefeitura, por sua vez, alega ser o monumento um símbolo da cidade e como patrimônio histórico do Rio de Janeiro, ele está sob sua jurisdição.

Enquanto não chegam a um acordo, Cristo Redentor, cumpliciado com a paisagem local, torna-se a imagem mais conhecida no Brasil e do Brasil. E o país que tem uma musicalidade exuberante, praias ensolaradas, que foi cantado tantas vezes como o país do carnaval, da alegria e do futebol, conhecido por ter a maior floresta e o rio mais caudaloso do mundo, é também o país que tem sua marca de identidade na imagem de um Cristo em forma de cruz.

Mesmo se, numericamente, apenas uma pequena minoria subiu ao alto do Corcovado, todos conhecem o Redentor. O monumento, que vê sua popularidade e hipervisibilidade crescer progressivamente, está a cada dia menos associado à religião. Isso é fato, sua visualidade faz parte da paisagem local, como também fazem os viadutos, os edifícios e o calçadão de Copacabana, mas embora ele conviva em íntima familiaridade com toda sorte de gente, o monumento nunca deixou de ser um signo religioso e uma imagem que dá vida a um conceito. Cristo Redentor simboliza liberdade. Todas as religiões na antiguidade faziam sacrifícios com animais, Jesus de Nazaré interrompeu essa prática para tornar-se o próprio cordeiro de Deus. A teologia cristã entende o sentido da sua morte expiatória como uma ação capaz de transformar a oferenda em salvação da humanidade. Como expressar e explicar a redenção pelo sacrifício na cruz? Como falar a linguagem sagrada dos deuses senão por símbolos?

A realidade religiosa é a realidade dos símbolos, portanto quando retomamos o sagrado, ultrapassamos a condição temporal e limitada do prosaico humano. O homem religioso fala a linguagem dos mistérios e não a linguagem objetiva e utilitária, ele se expressa por meio de formas simbólicas. O mundo do transcendental é revelado e não explicado; por isso o simbólico situa-se na imaginação e no indizível. Quando o homem religioso recorre às imagens, é porque ele não consegue dizer o que quer dizer. Quando artistas extremamente diferenciados como Leonardo da Vinci ou Michelangelo, trabalham temas religiosos com imagens visuais, eles conseguem transformar o simbolizado em símbolos. Mais uma vez Regis Debray analisa o fenômeno das imagens religiosas no ocidente quebrando tradições e preconceitos: "*Até o cristianismo, a doutrina precedia a propagação e existia independentemente dela. Com o cristianismo, a propaganda tornou-se a condição e o motor da doutrina, não o inverso, Medium is Message, é em sentido próprio uma revolução católica. Deus não é para ser adorado no lugar, mas para ser transmitido por toda parte onde um homem possa chegar. Dos confins aos confins. De um apóstolo para um pagão. De um bispo para um penitente. De um fiel para um incrédulo*".[79]

MODERNIDADE TECNOLÓGICA X TRADIÇÃO TEMÁTICA

A construção tornara-se um desafio de engenharia por dois aspectos: primeiro, pelo uso do novo material, o concreto armado e, segundo, por ser uma estrutura longilínea, estreita demais para ser erguida no topo de um morro, em frente a um abismo de 700 metros. As técnicas do concreto armado foram desenvolvidas no final do século XIX, mas ainda continuavam em fase experimental. Já existiam provas sobre a resistência do material, porém ainda havia o receio de que as barras de ferro da armação enferrujassem no interior da construção e perdessem sua capacidade de suportar o peso, levando toda estrutura arquitetônica ao colapso. Os primeiros testes conclusivos foram realizados na França e nos Estados Unidos, a patente tirada em 1892, somente conseguiu sua normatização em 1917, data em que a disciplina de Concretagem foi inserida nos cursos de engenharia. No Brasil pouca gente dominava a nova tecnologia, sabe-se que a primeira grande construção foi o edifício Martinelli, um arranha-céu de 28 andares, construído no centro de São Paulo, entre 1924 e 1929. As dúvidas sobre o concreto armado eram tão frequentes, que o empreendedor italiano, Giuseppe Martinelli, como estratégia de marketing, para demonstrar a segurança do edifício, instalou sua residência na cobertura do prédio.

Cristo Redentor tem medidas e formas que fogem aos padrões usuais da construção civil: ele tem 38 metros de altura, pesa 1.145 toneladas e 28 metros de envergadura. A massa volumétrica está distribuída sobre um corpo esguio e fixado num pedestal maciço de apoio, que prolonga o topo do morro em 8 metros; a distância entre uma mão a outra, nos dois braços, quase repete as medidas da altura do seu corpo de 30 metros. Para os calculistas as proporções e o local de instalação impunham cuidados especiais, exigiam conhecimento e ousadia. O monumento foi erguido no topo do Corcovado, uma montanha estranha em forma de corcunda, ou seja, de corcova. É uma área elevada e descampada, em frente ao mar, onde os ventos costumam acelerar rapidamente durante as costumeiras tempestades tropicais. Heitor da Silva Costa, o engenheiro responsável, usou de muito rigor; em 1924 partiu em busca de tecnologia e eficiência. Na França, contratou os serviços do escritório de Albert Cauot, de onde saíram os cálculos com todas as determinações e previsão para ventos de até 250 km por hora. A escolha do local exigiu cuidados e provou ter sido o mais acertado, pois o monumento isolado no cume do Corcovado é visto por terra, mar e céu. Seria difícil encontrar um lugar com tamanha visibilidade.

Quem vê o Redentor não imagina que sua estrutura é equivalente à de um estreito edifício de treze andares. No seu interior oco, doze platôs são ligados por escadas, em zigue-zague. Pouca gente

Croqui com visualização interna do monumento

sabe, mas ele tem um discreto coração, na área interna e na altura do oitavo platô. Na época da construção, o Cardeal Leme, muito amigo do engenheiro responsável, pediu que incluíssem um coração; não fazia parte do projeto original, mas foi feito sem qualquer espalhafato. Ele mede 1,30 metro e não passa de um relevo interno na altura do peito. Entendido como culto simbólico ao Sagrado Coração de Jesus e por ser uma devoção aprovada pelo magistério da Igreja, acharam que o pedido do Cardeal estava em conformidade com vários textos bíblicos, sendo que entre tantos, o mais breve e o mais contundente é o de São João. O apóstolo que reclinou sua cabeça sobre o peito de Jesus disse: *Deus é amor* (Jo 4,6).

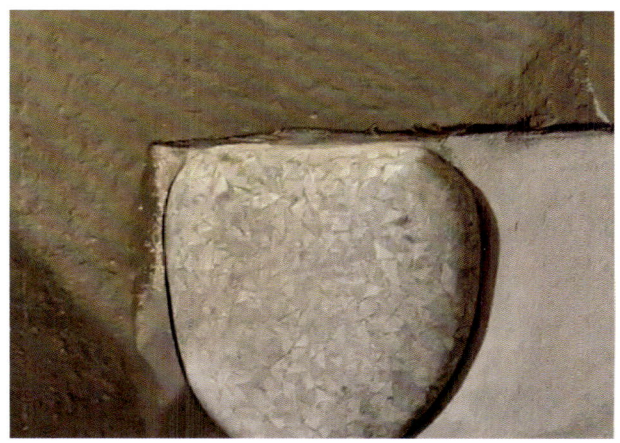

Vista interna - Coração moldado com revestimento em pedra-sabão

Sem dar importância aos protestos contrários, os responsáveis pela construção, e em cumplicidade com alguns operários, não só acrescentaram o coração, como lhe deram o mesmo revestimento externo em pedra-sabão e mais, colocaram um frasco de vidro com dados de alguns participantes. Em pouco tempo, o monumento tornou-se símbolo de modernidade. Do ponto de vista de engenharia, consta ser a primeira grande obra escultórica, em concreto armado, do mundo. Para o presidente Vargas, a inauguração do monumento se tornara oportuna, era o começo do seu governo e ele não ia bem. Politicamente seria importante ter sua imagem ligada à ousadia e tecnologia, mas ao mesmo tempo com o cuidado de não exagerar e chegar ao extremo de ser um transgressor. Cristo Redentor cobria as duas necessidades, mantinha a tradição por sua temática religiosa e era arrojado tanto na forma quanto nas técnicas construtivas. O monumento de cunho religioso, quem diria, acrescentou um perfil de dinamismo a um governo que se iniciava com sérios problemas e muita oposição.

O Brasil vivia ainda o impacto do golpe militar de 1930, era um governo fragmentado, sem consenso nacional e sem o apoio necessário da classe política. O novo regime era uma junção de várias forças que giravam apenas em torno de seus interesses próprios. Naquele momento Getúlio Vargas precisava criar fatos que lhe agregassem valores positivos, pois só assim ganharia a confiança da população para implantar o seu projeto pessoal de Estado forte, paternalista, centralizador e nacionalista. Ele precisava criar fatos e eles vieram com a Revolução Constitucionalista de 1932. A Velha República era aristocrática e ficara ultrapassada para as novas relações do mercado internacional, mas, por sua vez, a Nova República começara mal.

ENTRE O ARCAICO E A MODERNIDADE

O registro fotográfico da inauguração que, posteriormente, foi usado como material de divulgação em cartazes e cartões postais, é um retrato do poder político vigente naquele momento. Era nítido o contraste entre modernidade e conservadorismo. O Brasil novo se mostrava nas formas estéticas despojadas, na geometria reducionista, nas técnicas de engenharia construtiva nos recursos de iluminação à distância e, principalmente, pelo detalhe de três aviões em voo. No início dos anos 1930, a viação aérea era sinônimo de poder e de avanço tecnológico, o veículo-símbolo de superioridade bélica sintetizava os pré-requisitos exigidos às nações que pretendiam alcançar prestígio entre os governos fortes, portanto ter a imagem de aviões na inauguração do monumento significava poder. Getúlio Vargas era advogado, militar e político, e em 1931, ocupava o posto de chefe de Estado, mas de um governo ainda provisório.

Festa de inauguração do monumento 12/10/1931
A imagem sintetiza três valores: modernidade, pelos aviões e técnica construtiva; religiosidade temática; e civismo, através das bandeiras nacionais.

Na cerimônia de inauguração, estava presente o tripé social que assegurava tanto a sustentação política, como a garantia de estabilidade para o Brasil fazer a passagem entre o passado arcaico e o advento de uma nova era. A primeira força expressiva era a anfitriã da festa – a Igreja. Após enfrentar profundos desgastes, com o fim do Império, naquele momento ela acabara de propor mudanças internas e se modernizar no mesmo ritmo da sociedade. Na festa, mostrou-se apta para voltar ao poder com maior aceitação da intervenção dos leigos. Ao abençoar o público e as autoridades, os bispos deram adeus ao antigo positivismo anticlerical das casernas.

A inauguração da obra escultórica foi um momento repleto de símbolos do poder. Além de registrar as autoridades políticas no local, visualmente o Estado se fez presente por três enormes bandeiras. Em 1931, Getúlio Vargas, precisava reforçar os simbolismos pátrios. Uma das bandeiras, a que encobriu o pedestal, media quase sete metros. Por fim, a terceira força social e a mais interessada em mudanças compareceu à cerimônia representando as forças produtivas. A elite econômica do capitalismo assistia a economia urbana crescer em detrimento da produção rural. Com o fim, mal resolvido, da escravatura e sem uma legislação para consolidar o trabalho livre, sobrava espaço para coronelismo, banditismo e injustiça social. Portanto Igreja, Estado e Sociedade foram à festa embalados pela magia da modernidade e da tecnologia do Cristo Redentor.

PROPORÇÃO E VISIBILIDADE

Construção do Monumento

O monumento é um misto de estética e engenharia. A imensidão da paisagem circundante não nos permite ver a verdadeira dimensão do Cristo Redentor, que só é percebida em comparação e aproximação direta com a proporção humana. Por exemplo a mão, vista fora da túnica, mede por volta de quatro metros, ou seja, mais do que o dobro da altura de uma pessoa. Mesmo assim, para ser vista, é necessário um aparato de iluminação que fora calculado desde o dia da sua inauguração. Conta-se que o polêmico e visionário diretor dos Diários Associados e também amigo de Getúlio Vargas, o jornalista Assis Chateaubriand, entusiasmado com a Obra, teve uma ideia mirabolante, como tantas outras em sua vida. Antecipou-se e enviou um telegrama ao físico e inventor do rádio, Guglielmo Marconi, convidando-o para participar do projeto de inauguração.

Estava previsto que, da Europa, ele acionaria holofotes, através de ondas de rádio uma tecnologia totalmente inovadora. Existem versões e versões. Numa delas dizem que de Roma, Marconi e o Papa apertaram uma chave de transmissor e produziram um espetáculo digno de um milagre; outra, afirma que foi de um iate em alto mar, porém é mais seguro dizer que o equipamento foi acionado em terra firme pela sede da Companhia Radiotelegráfica Brasileira e, que segundo pesquisa feita no IPHAN, a iluminação não pôde acontecer como o previsto por problemas no sistema local. A iluminação que surpreendeu a cidade do Rio de janeiro aconteceu graças à habilidade do engenheiro Gustavo Corção e sua equipe; atribui-se a Rinaldo Franco o ato de ter acionado o interruptor responsável pela iluminação, vista às 19h15 do dia 12 de outubro de 1931, sob aplausos e ao som de todos os sinos da cidade. No dia seguinte algumas manchetes diziam: "Do Alto do Corcovado Cristo Abençoa o Povo do Brasil" (*Diário da Noite*), "Na Imponência Alcantilada do Corcovado o Redentor Protege e Salva a Terra de Santa Cruz" (*Diário Carioca*), "Aberta em Cruz sobre a Cidade a Imagem Santificada do Cristo Redentor" (*A Noite*) e "A Vibração da Fé Católica nas Homenagens a Cristo Redentor" (*A Esquerda*).

MONUMENTO-CRUZ
O CRISTO ART DÉCO

Cristo Redentor em construção. Monumento em fase final
O monumento é revestido em toda sua superfície com mosaicos recortados em triângulos feitos de esteatito, conhecido por pedra-sabão.

O século XX é considerado o período mais crítico para a arte religiosa; são raros os exemplos. No entanto, quando existem, comprovam um dos momentos mais criativos e originais. Os artistas que conseguiram ultrapassar a difícil barreira da tradição iconográfica cristã, como também a de romper cânones estéticos, introduziram uma nova gramática visual para um tema tão antigo. A negação da religião nasceu com os iluministas da Revolução Francesa na virada do século XIX, quando introduziram o debate contra o pensamento religioso e em oposição à força social da Igreja. Depois deles, e em sequência, vieram outras correntes; filósofos decretaram a morte de Deus mais de uma vez.

Nietzsche, em *A Genealogia da Moral,* destruiu o pensamento judaico-cristão ocidental como parte necessária de transmutação para o advento do super-homem – *Ubermensh*. O marxismo tinha outros objetivos, para desencadear a revolução social das lutas de classes, propôs o ateísmo e afirmou com todas as letras: *Deus não existe*, e sem qualquer intensão de polemizar com as igrejas do mundo, Darwin abalou a linguagem simbólica de todas as cosmogonias com sua teoria evolucionista. Portanto, o que vemos é a quebra da unidade. O homem moderno do século XIX se reinventou sobre o cadáver de um Deus morto e os destroços do materialismo sociológico e científico.

As vanguardas ocidentais das artes visuais não se posicionaram diretamente em negação à religiosidade, simplesmente a deixaram de lado, mas a verdade é que desde muito tempo já haviam trocado a pieguice dos personagens religiosos, vítimas do romantismo tardio, por uma reinterpretação de cunho social e ideológico. Descobrir que o problema não se encontrava mais na escolha do repertório foi fácil, o difícil foi desvendar os códigos secretos da arte religiosa. O desafio não estava em contextualizar personagens bíblicos na contemporaneidade, mas sim em contatar o sagrado através deles.

Opondo-se ao reducionismo do pensamento materialista e transpondo os impedimentos da tradição mosaico-maometana, uns poucos artistas dispuseram-se a entender a complexidade da arte sacra e mais, quando perceberam que esse caminho os levaria muito além dos temas e dos estilos visuais, sem saber, estavam antecipando a busca do espiritual na arte e tornando-se os precursores pós-modernistas da redescoberta do simbólico. A primeira metade do século XX foi um caldeirão de ideias conflitantes que retroalimentaram a estética. Enquanto uma parte dos artistas se opunha ao aspecto narrativo dos símbolos e se entregava às pesquisas puramente formais, outra parte acreditava apenas na função social da arte. Nesta direção, a produção artística foi usada por muitos como um instrumento político de conscientização. Existiam também os que, guiados pelos sentidos, se atiraram de cabeça no mundo das sensações, da irracionalidade e do surreal. Os artistas que se afastaram da inflexibilidade desses grupos e preferiram se desviar do mundo exterior, reinventaram o sentido do espiritual e redescobriram o encantamento.

Muitos tabus religiosos e certezas da moral já haviam se quebrado pelo trabalho da intelectualidade, mas os artistas buscavam outras respostas. Ao sacralizar o sofrimento do homem moderno, criaram novas imagens de devoção, revigoraram o imaginário místico, como também e de certo modo, ao fazer o caminho contrário, trouxeram o divino para o mundo terreno. Entre tantos artistas que se atreveram a decifrar a linguagem simbólica da teologia cristã com novas formas, encontram-se Matisse, Chagall, Dalí, Rouault, Picasso, Nolde, Beckmann, Bacon, Portinari, Sutherland e Richier.

Cristo Redentor não concorre com os mestres neste sentido, mas tem seu lugar na História da Arte por se destacar como uma obra monumental *Art Déco* e ser também um dos primeiros exemplos dessa estética no Brasil. O estilo geométrico e decorativo que marcou os anos 1920 no mundo inteiro não chega a ser um *estilo estético* no sentido restrito da palavra, pois é mais uma mistura de várias correntes abstratas e movimentos concomitantes que formaram uma tendência e uma linguagem de época. *Art Déco* é a forma visual dos incríveis anos loucos da década de 1920.

O nome *Déco* surgiu em 1924 como uma abreviação da Exposição de Artes Decorativas realizada em Paris. No Brasil, se prolongou por duas décadas, teve rápida aceitação pelas massas como sinônimo de modernidade. Por trás das suas formas simplificadas, criou-se uma noção de que o estilo representava a sociedade industrial e urbana em oposição à sociedade artesanal e rural. Ser moderno era valorizar a geometria e Hollywood espalhou pelo mundo inteiro um jeito de ser *Déco*.

O período entreguerras tem uma forma característica facilmente identificada a *Art Déco*. De repente tudo ficou geométrico e não era apenas uma questão artística, era uma forma manifestada por toda parte. A sociedade, formatada pelo *Art Déco*, generalizou o padrão visual não apenas nos produtos de consumo, mas ela mesma passou a morar dentro da sua geometria. Por exemplo, disfarçadamente, o *Art Déco* existe na coreografia do tango argentino, no ateliê de Coco Chanel – a estilista que jogou fora os torturantes espartilhos, para cobrir as mulheres de elegância retilínea e claro, lançar o icônico frasco retangular do perfume *Eau de Toilette n° 5 Chanel*. Enquanto o *Déco* alegrava a dança e o visual das efusivas melindrosas, a sociedade discutia o despojamento da arquitetura Bauhaus. Os geométricos anos 1920 completaram-se com a chegada do Futurismo italiano e o Suprematismo russo.

No Brasil, mais especificamente em São Paulo, os *enfant terribles* da Semana de Arte Moderna geometrizaram o gosto da plateia. Se o *Déco* ditava moda nos países desenvolvidos, no Rio de Janeiro fazia a festa no lançamento de novos empreendimentos imobiliários. Em 1931, inauguraram o geométrico Teatro Carlos Gomes; do outro lado, e bem na boca do Túnel Novo, ergueram a pequenina Igreja Santa Terezinha (1935), toda retilínea; na praça Mauá, em 1929, colocaram o primeiro edifício imponente *Déco*, é o Edifício A Noite; depois construíram o Edifício Mesbla (1934), o Cine Roxy (1938) que veio na cola do Cine Pathé (1937), e entre mais de 400 exemplos significativos, o *Déco* terminou majestoso, mas já transmudado em arquitetura fascista, na gloriosa Estação Central do Brasil (1943). *Déco* ficou popularmente conhecido como estilo getulista, em correspondência ao período do seu governo. No Rio, dos anos 1920 aos 1940, falar em modernidade era o mesmo que falar *Art Déco* e, necessariamente, ter que incluir o Redentor.

Cristo Redentor é o monumento cruz. De braços abertos, Cristo é tão cruciforme e simbólico como eram as catedrais medievais vistas em planta. A simplicidade formal totalmente construída pelo cruzamento da vertical e da horizontal define com facilidade a cruz cristã, e ao olhar o Redentor, o que se vê não é Ele e sim o seu próprio símbolo. O monumento de natureza religiosa é maravilhosamente autorreferente.

PROCESSO CRIATIVO DO MONUMENTO

Até atingir sua forma final, o monumento passou por uma série de mudanças que foram dos elementos visuais aos conceitos teológicos de Redenção e símbolos da iconografia cristã. Entre discussões e a autorização oficial da cessão do terreno, perdeu-se não apenas o prazo de inauguração que seria em 07/09/1922, mas a estética também mudara. Quando conseguiram concordância do local, ou seja, permissão para sua instalação no cume do Corcovado, precisavam escolher uma imagem. A arquidiocese do Rio de Janeiro promoveu um concurso do qual participou Adolfo Morales de los Rios, o arquiteto conceituado do edifício do Museu de Belas Artes, e apesar de seu prestígio, a vitória coube ao engenheiro Heitor da Silva Costa.

O projeto apresentado para a banca, com desenhos de Carlos Oswald, era tradicional em todos os aspectos. O monumento de inspiração realista fora concebido numa linguagem ultrapassada e extremamente descritiva. Cristo Redentor seria uma escultura gigante envolta por panejamentos volumosos que esconderiam a anatomia do corpo, com predominância de linhas curvas que estavam por toda parte, até nos anelados na barba e cabelos; o rosto teria uma expressão sentimental que se completaria com a narrativa dos atributos iconográficos do simbolismo cristão expostos pela cruz e a orbe.

Enquanto os muitos *ismos* das vanguardas modernistas sacudiam o mundo inteiro, o projeto vencedor expressava uma linguagem passadista e ultraconservadora. Aos poucos, a maquete inicial foi se desvencilhando do exagero dos volumes e, na segunda proposta, a figura começou a se alongar e os detalhes realistas a desaparecer. Porém as referências materiais do sentido religioso continuavam intatas pela cruz redentora e o globo da universalidade. A terceira versão libertou a imagem de toda narrativa e finalmente pôde se aproximar mais de um conceito simbólico.

As obras viveram no papel e maquetes até 1924, quando Silva Costa, o engenheiro vencedor, voltou de Paris com a escolha de Maximilien Paul Landowski e Gheorghe Leonida. O primeiro concebeu a escultura na sua totalidade volumétrica e nas proporções descomunais, e o segundo definiu a cabeça e mãos e, mais, criou a expressão de ternura no olhar. O monumento criado por dois artistas expressa duas concepções desiguais e o que poderia ser uma falha, resultou em qualidade. A ternura do rosto contrasta com a rigidez do corpo hierático; o único movimento e, quase imperceptível, encontra-se na curvatura da cabeça e é desta pequena inclinação que surge vida no corpo imóvel. Nesse jogo de contrários, residem a emoção e o interesse plástico da obra.

CROQUIS DO CRISTO REDENTOR
CRIAÇÃO HEITOR DA SILVA COSTA
ILUSTRAÇÃO CARLOS OSWALD

Projeto vencedor do concurso com atributos da iconografia cristã referente à Redenção

Cristo Redentor perde volumetria, porém mantém tradição pela cruz e orbe

Imagem conclusiva Cristo Cruciforme de braços abertos

Vê-se no primeiro croqui uma estética reminiscente do século XIX, que por sua vez baseava-se em padrões renascentistas e barrocos que, na época do concurso, já estavam totalmente ultrapassados. A maior dificuldade não se encontrava na forma e, sim, na representação do tema Redenção. O significado judaico é: *"Liberdade enquanto resgate, no sentido de tirar um povo da escravidão ou dos pecados. No cristianismo os textos referem-se à redenção operada por Jesus, trata-se de uma ideia da libertação do pecado concedida aos que creem"*.[80] Se Jesus Cristo é o libertador ele é entendido como Deus Salvador. O apóstolo João o chamou de *Salvador do Mundo*. Nos livros do Apocalipse fala-se em obra salvífica de Deus em Cristo *que necessariamente tem que passar pela consumação do sofrimento* (Jo 2,10).

Os elementos para a representação visual encontram-se nos textos bíblicos, o sofrimento é representado pela cruz e o libertador universal, pela esfera. É uma simbologia do pensamento cristão muito antiga, que existe desde as cortes bizantinas. Cruzes e esferas estão associadas à eternidade. Se Cristo é entendido como o Eterno Salvador do Mundo, o globo na mão esquerda encimado por uma cruz remete-nos a ídeia de Universo sobre o qual ele reina, é a confirmação visual do axioma da Onipresença e Onipotência de Deus.

A proposta de colocar insígnias nas imagens devocionais vem do seu propósito pedagógico. Inicialmente as imagens eram textos ou signos dessa grafia. O grande tema e o diferencial do cristianismo ficaram concentrados nas ideias de salvação e libertação, consequentemente, nada mais natural do que ver imagens do dogma teológico.

Cristo Redentor.
Cristoforo Stati, 1612
Portal Basílica São Pedro - Vaticano

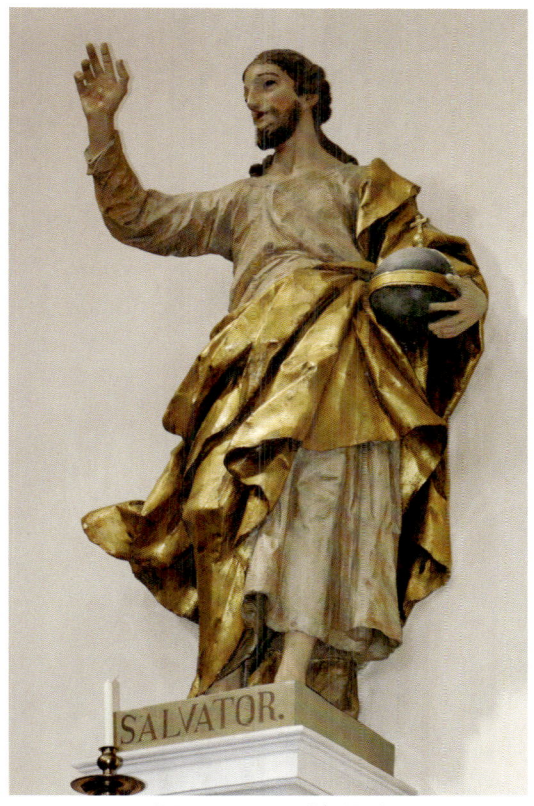

Salvator Mundi – Séc XVIII
Igreja St Vitus – Ellwangen
Cristo segura a orbe

Entre as diversas imagens que trabalharam a temática da Redenção, e que talvez tenham sido referência para o primeiro projeto do engenheiro Silva Costa, conhecemos a escultura de Cristoforo Stati, na portada da basílica de São Pedro, no Vaticano. É uma obra de inspiração contrarreformista, na qual as características barrocas são nítidas pelo didatismo temático e envolvimento emocional, desde a presença da cruz, como também pelos gesto e expressão, além da abundância de curvas.

Portanto, representar Cristo Redentor desprovido do símbolo da cruz foi uma ruptura benfazeja para as linguagens estéticas. A Igreja brasileira na época da criação do monumento, em 1922, estava em processo de reestruturação cultural e na busca de novos recursos de comunicação.

CRISTO REDENTOR, O RESSUSCITADO
ENTRE A VANGUARDA ESTÉTICA E A CENSURA
MICHELANGELO BUONAROTI (1519 / 1521)
O PORTACROCE

Michelangelo. *Cristo Redentor*, Sta. Maria dela Minerva - Roma
Primeira versão

Michelangelo. *Cristo Redentor*, primeira versão, Mosteiro S.Vincenzo, Bassano Romano

O Redentor mais polêmico, sem dúvida alguma, foi criado por Michelangelo Buonarotti, em 1519, durante um período de intensa turbulência causada pelas reformas religiosas. Na cidade de Wittenberg, em 1517, Martinho Lutero havia publicado as *95 Teses* e desafiava as autoridades em teologia para uma disputa escolástica. Era uma atitude típica da época no mundo acadêmico; nas universidades medievais os debatedores argumentavam e contra-argumentavam num exercício intelectual, porém o conteúdo dos textos revolucionaram o mundo cristão. Lutero era um monge agostiniano católico e professor de teologia, que acabou se tornando a figura central da Reforma Protestante. As *95 Teses* tinham como alvo principal a prática das indulgências, um perdão concedido pelo papa para absolvisão dos pecados, Lutero criticou e chamou de negociação da salvação. Não era um dízimo, mas a Igreja quando precisava de fundos, como ocorreu com a reforma do Vaticano, recorria à venda de indulgências.

Michelangelo encontrava-se no centro da discussão luterana, em parte, fora um dos causadores, visto que o clero, encantado com a magnificência de suas obras, emitiu muitas indulgências, inclusive duas bulas papais apenas para financiar e favorecer o artista. À parte, qualquer juízo estético ou teológico, Michelangelo era um sincero humanista do Renascimento italiano e, sem qualquer intenção de escandalizar, esculpiu um Cristo Ressucitado, totalmente despido. Seu objetivo seria homenagear o homem criado à imagem e semelhança de Deus, que via sua perfeição refletida na imagem do Deus-Homem. Pelas mãos de Michelangelo o humano e o divino se olharam por espelhos.

O *Cristo Ressucitado* ou *Redentor* de Michelangelo tem uma conturbada história. Em 1514, o escultor recebeu a encomenda de Metello Vari, que havia estipulado apenas ter uma cruz em evidência nos braços de Cristo; quanto ao resto o artista teria total liberdade. Segundo Charles de Tolnay em *Miguel Angel Escultor, Pintor y Arquitecto*[81], Michelangelo fez três versões: uma delas continua perdida, a primeira encontra-se em Roma, e a segunda foi encontrada recentemente em 1997, no mosteiro de San Vincenzo em Bassano Romano. A razão das três versões é de natureza material. Quando a escultura já se encontrava na fase final de acabamento e polimento, apareceu um veio negro no mármore que criou uma mancha na face de Cristo. Para cumprir os termos do contrato, o escultor rapidamente começou a trabalhar em uma segunda versão. Por azar, um dos ajudantes escavou mal alterando as proporções iniciais; Michelangelo interveio na tentativa de salvar, mas o resultado final não agradou ao artista, que insatisfeito, propôs fazer uma terceira versão e que, mesmo iniciada, foi gentilmente recusada. Apesar do defeito do mármore, Metello Vari preferiu ficar com a primeira obra.

Essa versão, considerada a oficial, continua em Roma, perto do Pantheon, na antiga basílica dominicana de Santa Maria sopra Minerva, no lado esquerdo do altar-mor, porém censurada. Michelangelo foi um dos artistas que mais sofreu com o pensamento iconofóbico de grupos fundamentalistas, alguns reformistas religiosos acusaram o artista de ter retomado práticas do paganismo e viram a nudez estética como imoralidade. Artistas e fiéis sabiam diferenciar *representação* de *presentificação*, mas a solução mais fácil foi colocar um véu para esconder o nu frontal.

Por sorte encontraram, em Bassano Romano, a segunda versão totalmente livre de censuras. Ficou no esquecimento até 1997, porque ninguém pensou que fosse um Michelangelo original. A escultura de mármore com quase 2 metros, encontrada numa igreja de campo, perto de Roma, por anos foi considerada uma imitação. O exército de Napoleão ocupou a região, levou o que achou valioso, mas nem chegou perto dela. Os alemães na 2ª Guerra repetiram a mesma ação. Até o ano 2000, a escultura de Cristo nu não passava de um mármore anônimo, porém desde que foi identificada vive em exposição permanente, inclusive em mostras internacionais. A população de Bassano Romano orgulhosa do seu tesouro, acredita que o *Cristo Ressucitado* foi poupado pela ignorância da sua autoria e agora, livre, pode se mostrar para o mundo. Essa valiosa descoberta põe em xeque inúmeros textos históricos sobre moralidade e conservadorismo; também esclarece sobre a importância da produção visual no imaginário e como essas obras estéticas tornam-se instrumentos eficazes, para revelar os valores de uma sociedade.

CHRISTUS CRUX
SÍMBOLOS RELIGIOSOS

O monumento ícone da cidade do Rio de Janeiro é uma metáfora bíblica. A gigantesca figura de concreto é o visível de um dogma que fala de reconhecimento e aceitação do Deus-Homem. Sem qualquer palavra a imagem representa a universalidade de Jesus enquanto Cristo Salvador. Para Jaroslav Pelikan, Jesus de Nazaré, como homem, pode ter sido um provinciano, mas Jesus Cristo é o Homem do mundo e, segundo ele, o que se vê no Rio de Janeiro é o Redentor, dando a benção não somente ao povo local, mas a toda humanidade.[82]

Redentor, Salvador ou Libertador é o Cristo Ressuscitado, e teologicamente significam a mesma coisa. São imagens que se referem ao tema do mistério da morte e da ressurreição, e que estão relacionadas ao sacrifício expiatório para salvar a humanidade. Pela tradição histórica, a palavra "redentor" está associada a resgatar, soltar, isto é, realizar pagamento para tirar uma pessoa da escravidão, ou pagar para recuperar algo roubado; aquele que paga o resgate é chamado de redentor. Em todos os textos que se referem à redenção operada por Jesus, trata-se da ideia da libertação do pecado Salvador refere-se ao Cristo na terra.[83]

A imagem de Cristo Redentor foi muito usada nos movimentos libertários do século XIX, principalmente nos relacionados à abolição da escravidão. Para buscar a liberdade justificada na Bíblia, baseavam-se no texto que diz: "*Não há judeu nem grego, não há escravo nem livre, não há homem nem mulher, pois todos vós sois um só em Cristo Jesus*" (Gl, 3:28). Personagens históricos que cultivaram o simbolismo do Redentor Libertador como Abraham Lincoln e Martin Luther King – e, de forma igual, Mahatma Gandhi –, pelos caminhos de *satyagraha*, que relaciona liberdade à verdade, todos acreditaram ser possível uma revolução sem armas, e na qual o Sermão da Montanha um dia se tornaria um programa político. Apesar de adeptos da não violência, os três líderes foram igualmente assassinados.

O olhar do Cristo Redentor, dirigido para a cidade numa imensa diagonal, atravessa o espaço entre o mar e as montanhas de uma maneira imensamente humana. Seu olhar quebra o vazio com pouca coisa, somente com ternura e suavidade. O monumento do homem-cruz, numa só identidade, nos faz enxergar a concretude do simbolismo cristão. A imagem fala sobre salvação e libertação em várias realidades: a física, a espiritual e a psicológica. Esse rosto sereno que olha a cidade significa mais que beleza, é uma representação simbólica do pacto realizado entre Deus e a humanidade; no amor e no perdão.

PARTE 3
CRUZ E ESPADA NO IMAGINÁRIO BRASILEIRO

1- Hobsbawm, Eric. *Nações e Nacionalismo desde 1780*, Ed. Paz e Terra, Rio de Janeiro, 1990. Pg. 37
2- Vainfas, Ronaldo. *Dicionário do Brasil Colonial*. Ed. Objetiva, RJ, 2.000. Pg. 420
3- Souza, Laura de Mello. *O Diabo e a Terra de Santa Cruz*. Cia das Letras, São Paulo, 1987. Pg. 33
4- Durand, Gilbert. *A Imaginação Simbólica*. Edições 70 Ltda, Lisboa, 2.000. Pg. 102
5- Holanda, Sergio Buarque de. *Visão do Paraíso*. Ed. Brasiliense, São Paulo, 2000. Pg. 254
6- Lévi-Strauss, Claude. *Raça e Ciência*. vol. I, Ed. Perspectiva, São Paulo, 1970. Pg. 237
7- Araujo, Emanoel. *O Teatro dos Vícios*. Ed. José Olympio, Rio de Janeiro, 1993. Pg. 114
8- Coli, Jorge. *Primeira Missa e Invenção da Descoberta* in Novaes, Adauto *A Descoberta do Homem e do Mundo*, Ed. Cia das Letras, São Paulo, 1998. Pg. 107
9- Holanda, Sergio Buarque de. *História Geral da Civilização Brasileira*. Tomo I, vol 1, Difusão Europeia do Livro, 1963. Pg. 40
10- Coli, Jorge. *Primeira Missa e Invenção da Descoberta* in Novaes, Adauto *A Descoberta do Homem e do Mundo*, Ed. Cia das Letras, São Paulo, 1998. Pg. 120
11- Bueno, Eduardo. Brasil: *Terra a Vista*. Ed. L&PM, Porto Alegre, 2.000. Pg. 181
12- Paiva, Eduardo França. *História e Imagens*. Ed. Autêntica, Belo Horizonte, 2006. Pg. 55
13- Campbell, Joseph. *O Poder do Mito*. Ed. Palas Athena, São Paulo, 1990. Pg. 136
14- Eliade, Mircea. *Mito e Realidade*. Ed. Perspectiva, São Paulo, 1994. Pg. 23
15- Campbell, Joseph. *O Poder do Mito*. Ed. Palas Athena, São Paulo, 1990. Pg. 16
16- Alves, Castro. *Poema Gonzaga in Obras Completas*. Ed. Aguilar Ltda, Rio de Janeiro, 1960. Pg. 660
17- Silva, J. Norberto in Carvalho, M. José, *A formação das almas – O Imaginário da República no Brasil*. Ed. Cia das Letras. São Paulo, 1990. Pg. 63
18- Carvalho, Murilo José. *A formação das almas. O Imaginário da República no Brasil*. Ed. Cia das Letras. São Paulo, 1990 Pg. 64
19- Carvalho, Murilo José. *A formação das almas. O Imaginário da República no Brasil*. Ed. Cia das Letras. São Paulo, 1990. Pg. 65
20- Carvalho, Murilo José. *A Formação das Almas. O Imaginário da República no Brasil*. Ed. Cia das Letras. São Paulo 1990. Pg. 68
21- Carvalho, Murilo José. *A formação das almas. O Imaginário da República no Brasil*. Ed. Cia das Letras. São Paulo, 1990. Pg. 69
22- Lurker, Manfred. *Dicionário de Imagenes y Símbolos de la Bíblia*. Ed. El Almendro, Cordoba, 1994. Pg. 19
23- Milliet, Maria Alice. *Tiradentes: o Corpo do Herói*. Ed. Martins Fontes, São Paulo, 2001. Pg. 100
24- Milliet, Maria Alice. *Tiradentes: o Corpo do Herói*. Ed. Martins Fontes, São Paulo, 2001. Pg. 103
25- Boal, Augusto e Guarnieri, Gianfrancesco. *Arena conta Tiradentes*. Ed. Saragana, São Paulo, 1967. Pg. 47
26- Boal, Augusto e Guarnieri, Gianfrancesco. *Arena conta Tiradentes*. Ed. Saragana, São Paulo, 1967. Pg. 158
27- Fabris, Annateresa. *Portinari, Pintor Social*. Ed. Perspectiva, São Paulo, 1990. Pg. 81
28- Bardi, Pietro M. *História da Arte Brasileira*. Ed. Melhoramentos, São Paulo, 1975. Pg. 136
29- Hoornaert, Eduardo. *A Igreja no Brasil Colônia*. Ed. Brasiliense, São Paulo, 1994. Pg. 12
30- Holanda, Sergio Buarque de. *História Geral da Civilização Brasileira*. Tomo I, vol. 1, Difusão Europeia do Livro, 1963 Pg. 75
31- Hoonaert, Eduardo. *A Igreja no Brasil Colônia*. Ed. Brasiliense, São Paulo, 1994. Pg. 63
32- Hoonaert, Eduardo e Desrouches, Georgette. *Padre Ibiapina e a Igreja dos Pobres*. Ed. Paulinas, São Paulo, 1984.
33- Gaspari, Elio. *A Ditadura Envergonhada*. Ed. Cia. das Letras, São Paulo, 2002. Pg. 51
34- Gaspari, Elio. *A Ditadura Envergonhada*. Ed. Cia. das Letras, São Paulo, 2002. Pg. 95

35- Gaspari, Elio. *A Ditadura Envergonhada*. Ed. Cia. das Letras, São Paulo, 2002. Pg. 85
36- Gaspari, Elio. *A Ditadura Envergonhada*. Ed. Cia. das Letras, São Paulo, 2002. Pg. 138
37- Simões, Solange de Deus. *Deus, Pátria e Família. As mulheres no Golpe de 1964*. Ed. Vozes, Petrópolis, 1985. Pg. 10
38- Serbin, Kenneth. *Diálogos na Sombra. Bispos e Militares, Tortura e Justiça Social na Ditadura*. Ed. Cia das Letras, São Paulo, 2001. Pg. 103
39- Simões, Solange de Deus. *Deus, Pátria e Família. As mulheres no Golpe de 1964*. Ed. Vozes, Petrópolis, 1985 Pg. 31
40- Simões, Solange de Deus. *Deus, Pátria e Família. As mulheres no Golpe de 1964*. Ed. Vozes, Petrópolis, 1985 Pg. 40
41- Gaspari, Elio. *A Ditadura Envergonhada*. Ed. Cia. das Letras, São Paulo, 2002. Pg. 48
42- Gaspari, Elio. *A Ditadura Envergonhada*. Ed. Cia. das Letras, São Paulo, 2002. Pg. 181
43- Sodré, Nelson Werneck. *Golpe de 64*. Cadernos Porto e Vírgula, Sec. Municipal da Cultura UE Porto Alegre, 1994. Pg. 10
44- Fausto, Boris. *História Concisa do Brasil*. EDUSP, São Paulo, 2014. Pg. 257-258
45- Mainwaring, Scott. *Igreja Católica e Política no Brasil*. Ed. Brasiliense, São Paulo, 2004. Pg. 125
46- Villa, Marco Antônio. *Ditadura à Brasileira*. Ed. Texto Editores Ltda, São Paulo, 2014. Pg. 132
47- Gaspari, Elio. *A Ditadura Envergonhada*. Ed. Cia. das Letras, São Paulo, 2002. Pg. 345
48- Pinheiro, João Neto. *Bons e Maus Mineiros e outros Brasileiros*. Mauad Editora, Rio de Janeiro,1996. Pg. 188
49- Mainwaring, Scott. *Igreja Católica e Política no Brasil*. Ed. Brasiliense, São Paulo, 2004. Pg. 152
50- Mainwaring, Scott. *Igreja Católica e Política no Brasil*. Ed. Brasiliense, São Paulo, 2004. Pg. 148
51- Gaspari, Elio. *A Ditadura Escancarada*. Ed. Cia. das Letras, São Paulo, 2002. Pg. 278
52- Serbin, Kenneth. *Diálogos na Sombra. Bispos e Militares, Tortura e Justiça Social na Ditadura*. Ed. Cia das Letras, São Paulo, 2001. Pg. 105
53- Arns, Paulo Evaristo. *Brasil Nunca Mais*. Ed. Vozes, Rio de Janeiro, 1985. Pg. 101
54- Gaspari, Elio. *A Ditadura Escancarada*. Ed. Cia. das Letras, São Paulo, 2002. Pg. 149
55- Betto, Frei. *Batismo de Sangue*. Ed. Rocco, Rio de Janeiro, 2006.
56- Gaspari, Elio. *A Ditadura Escancarada*. Ed. Cia. das Letras, São Paulo, 2002. Pg. 142
57- Gaspari, Elio. *A Ditadura Escancarada*. Ed. Cia. das Letras, São Paulo, 2002. Pg. 190
58- Gaspari, Elio. *A Ditadura Escancarada*. Ed. Cia. das Letras, São Paulo, 2002. Pg. 57
59- Gaspari, Elio. *A Ditadura Escancarada*. Ed. Cia. das Letras, São Paulo, 2002. Pg. 393
60- Arns, Paulo Evaristo. *Brasil Nunca Mais*. Ed. Vozes, Rio de Janeiro, 1985. Pag. 98
61- Gaspari, Elio. *A Ditadura Escancarada*. Ed. Cia. das Letras, São Paulo, 2002. Pg. 412
62- Gaspari, Elio. *A Ditadura Escancarada*. Ed. Cia. das Letras, São Paulo, 2002. Pg. 204
63- Fausto, Boris. *História Concisa do Brasil*. EDUSP, São Paulo, 2014. Pg. 267
64- Serbin, P. Kenneth. *Diálogos na Sombra Bispos e Militares, Tortura e Justiça Social na Ditadura*. Ed. Cia das Letras, São Paulo, 2001
65- Serbin, P. Kenneth. *Dielogos na Sombra Bispos e Militares, Tortura e Justiça Social na Ditadura*. Ed. Cia das Letras, São Paulo, 2001. Pg. 433
66- Bauer, B. Johannes. *Dicionário Bíblico-Teológico*. Ed. Loyola, São Paulo, 2000. Pg. 181-187
67- Mainwaring, Scott. *Igreja Católica e Política no Brasil*. Ed. Brasiliense, São Paulo, 2004. Pg. 126
68- Gaspari, Elio. *A Ditadura Encurralada*. Ed. Cia. das Letras, São Paulo, 2002. Pg. 198
69- Gaspari, Elio. *A Ditadura Encurralada*. Ed. Cia. das Letras, São Paulo, 2002. Pg. 160-187
70- Mainwaring, Scott. *Igreja Católica e Política no* Brasil. Ed. Brasiliense, São Paulo, 2004. Pg. 254
71- Mainwaring, Scott. *Igreja Católica e Política no B*rasil. Ed. Brasiliense, São Paulo, 2004. Pg. 254
72- Mainwaring, Scott. *Igreja Católica e Política no B*rasil. Ed. Brasiliense, São Paulo, 2004. Pg. 261
73- Kaz, Lionel e Noddi, Nigge. *Cristo Redentor: História e Arte de um símbolo do Brasil*. Aprazível Edições, Rio de Janeiro, 2008. Pg. 47
74- Kaz, Lionel e Noddi, Nigge. *Cristo Redentor: História e Arte de um símbolo do Brasil*. Aprazível Edições, Rio de Janeiro, 2008. Pg. 50
75- Giumbelli, Emerson. *Símbolos Religiosos em Controvérsias*. Ed. Terceiro Nome, São Paulo, 2014 Pg. 159
76- Debray, Regis. *Vida e Morte da Imagem*. Ed. Vozes, Petrópolis, 1993. Pg. 91
77- Debray, Regis. *Vida e Morte da Imagem*. Ed. Vozes, Petrópolis, 1993.Pg. 75
78- Debray, Regis. *Vida e Morte da Imagem*. Ed. Vozes, Petrópolis, 1993. Pg. 93
79- Debray, Regis. *Vida e Morte da Imagem*. Ed. Vozes, Petrópolis, 1993.Pg. 93
80- Bauer, Johannes B. *Dicionário Bíblico-Teológico*. Ed. Loyola, São Paulo, 2000. Pg. 359
81- Tolnay, Charles de. *Miguel Angel Escultor, Pintor y Arquitecto*. Ed. Alianza Forma, Madrid, 1988. Pg. 162
82- Pelikan, Jaroslav. *A Imagem de Jesus ao longo dos Séculos*. Ed. Cosac Naify, São Paulo, 2000. Pg. 248
83- Bauer, Johannes. *Dicionário Bíblico-Teológico*. Ed. Loyola, São Paulo, 2000. Pg. 359

4 CRUZES UNIVERSAIS ICONOGRAFIA, SIMBOLOGIA E MORFOLOGIA

A cruz é uma forma comum das cosmogonias universais, é um símbolo que antecede ao cristianismo e pertence aos tempos primordiais da civilização humana. Apesar de possuir diferentes configurações e diversos significados todas as cruzes têm uma origem comum: o sagrado. A pluralidade de sentidos e a clareza visual a fizeram um dos símbolos de maior empatia no mundo. Existente em todas as culturas, a cruz surgiu à medida que nossos antepassados adquiriram conhecimento de astronomia e perceberam a constância de certos fenômenos celestes. O desenho da cruz é uma síntese visual das observações do curso anual do sol, dividido em quatro partes, e também da rotação axial da terra sobre si mesma. Dessas observações aprenderam, não apenas o sentido direcional dos pontos cardeais, mas também a consciência do tempo.

Na antiguidade, os sacerdotes e os monarcas usavam formas cruciformes nos rituais de plantios e colheitas, pois acreditavam que através delas conseguiriam transferir as qualidades vitais do sol para as sementes na terra. As cruzes que nasceram, ao longo de milhares de anos, estão sempre em transformação e acompanham as mudanças do imaginário coletivo. Por exemplo, a cruz do cristianismo passou de instrumento de tortura para símbolo de um complexo conceito religioso de redenção. No sentido contrário encontra-se a suástica, uma cruz milenar e, no entanto, estigmatizada por um fato que ocorreu há apenas um século.

Existem muitas cruzes, mas nada se compara à força e à diversidade da cruz cristã, um símbolo que ultrapassou os limites de uma religião para se tornar um signo de identidade cultural. A cruz que simboliza o cristianismo em geral, ao mesmo tempo pode representar segmentos diferenciados. Por exemplo, os ortodoxos gregos usam com mais frequência a cruz quadrada de braços iguais, os russos preferem a cruz eslava com três traves; os católicos romanos se identificam com a tradicional cruz latina. Além dessas particularidades formais, existem grupos cristãos, de origem calvinista, que rejeitam o uso do crucifixo por causa da representação física do corpo de Cristo. Por outro lado, anglicanos e luteranos, igualmente protestantes, convivem com as duas imagens, cruz e crucifixo, sem qualquer alteração no sentido teológico. São essas particularidades que fazem da cruz um símbolo que tanto identifica, quanto diferencia.

Esse fenômeno não se processa apenas entre os grupos religiosos cristãos; as cruzes têm características específicas de reconhecimento entre si; se existe uma nítida diferenciação entre a cruz copta e a cruz latina, o que não dizer da cruz invertida de São Pedro e da quadrada de Santa Brígida? Se a cruz celta é totalmente diferente da cruz papal, a cruz eslava também o é da cruz grega e de tantas outras mais. Cada qual tem seu próprio simbolismo, cada qual pertence a um contexto e a um determinado repertório teológico. Pode-se dizer que existe uma única cruz manifestada em muitas cruzes e que todas têm a mesma origem ancestral: a Árvore da Vida.

Na cultura ocidental, a cruz significa um dogma teológico, é imagem devocional e também um signo de identidade. Quem vê a cruz enxerga além da geometria e vê um conceito. Ela contém a ideia que lhe deu origem: o mistério do martírio transmutado em redenção. Em todas as sociedades existem símbolos de conexão com o sagrado, na maioria dos rituais eles têm forma de mandalas, labirintos e cruzes. Sucede que a cruz, enquanto imagem-signo, concentra em si todo ideário teológico. Quantos símbolos visuais existem pelo mundo capazes de tamanha comunicação?

Para Jung, existe uma tendência em reduzir o sentido do acontecimento concreto e prender-se à descrição dos fatos, esse comportamento empobrece o símbolo, porque um acontecimento, por si só não é capaz de gerar significado, ele depende do modo pelo qual é entendido. A palavra significado indica interpretação, portanto somente com os fatos não se pode captar o sentido.

"Não se pode negar o mérito dos gnósticos em dar uma interpretação aos fatos. Poderíamos até mesmo afirmar que essa interpretação já está implicitamente presente na tradição, visto que a cruz e a figura do crucificado são quase sinônimas. A cruz significa ordem em oposição à desordem. Ela é na realidade um dos símbolos mais primitivos da ordem. Ela possui a função de um centro gerador da ordem, por isso que nos estados de perturbação psíquica ela aparece também como uma mandala dividida em quatro partes. O centro representa uma ideia de totalidade e de algo definitivo".[01]

O olhar ocidental reconhece na cruz uma expressão de unidade. Segundo Jung, a sua imagem separa o fato histórico, que ocorreu na terra e foi presenciado por muitos, do pensamento visionário e pertencente ao universo do sagrado. De um lado existe a cruz de madeira, instrumento de tortura, do outro, a mesma cruz é símbolo de iluminação. O autor nos diz que a cruz além do seu significado religioso cristão é também um símbolo natural produzido espontaneamente pelo inconsciente, uma forma que contém na sua essência a ideia dos opostos. Ela pertence aos arquétipos que se relacionam com a natureza misteriosa da psique humana primitiva. Por fim a cruz, na escola pitagórica, é *tetraktys*, representa a quaternidade, por conter *"O pressuposto lógico de todo e qualquer julgamento de totalidade"*.[02]

4.1 CRUZ LATINA

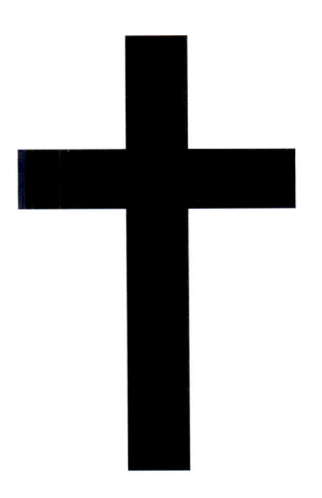

A cruz latina corresponde a uma confissão de fé. É o dizível e o indizível de Cristo, enquanto símbolo do Deus-Homem em seu mistério de morte e ressureição. O ícone de identidade cultural da civilização ocidental, e que nos remete a conceitos transcendentais, materialmente nasceu de um instrumento de tortura utilizado pelos romanos. Porém transfigura-se em símbolo universal de ligação entre a terra e o céu, quando é entendida por sua configuração mais antiga, como Árvore da Vida. Ela que é ao mesmo tempo o arcaico e o permanente, é o sagrado revelado pelo Novo Testamento e se apresenta como o corpo de Cristo, *"No seu corpo pessoal, no seu corpo eucarístico e no seu corpo místico, que é a Igreja"*.[03]

Formada por duas barras cruzadas em ângulo reto e acima do centro, ficou conhecida em latim como *crux immisa*, ou seja, cruz pendente, porque o seu braço vertical parece pender; ou também *crux capitata* que quer dizer cruz com cabeça. A cruz e o crucifixo apresentam-se com leituras diferentes e, às vezes, até discordantes porque, dentro desse múltiplo e diversificado universo cristão, a liberdade de interpretação ora tende para mentes mais simbólicas, ora prende-se ao rigor literal dos textos. As polêmicas nasceram com as diferentes interpretações bíblicas quanto ao uso de imagens humanas e animais devido à negação dos ídolos pagãos. Como as formas visuais são bem mais suscetíveis ao pensamento simbólico – porque conseguem figurar o que não possui configuração material –, elas podem ultrapassar as representações concretas do mundo e se tornarem representações de ideias. Imagens visuais como cruzes e crucifixos, sejam elas figurativas ou não, são formas simbólicas e por isso mesmo são abstrações sensíveis.

O crucifixo consiste na cruz latina com a figura humana de Cristo, podendo-se agrupar as interpretações desse momento em duas correntes. No primeiro grupo, Jesus, resignado, entra em estado de agonia, mas ainda vivo perdoa seus algozes, suplica ao Pai e profere suas últimas palavras reforçando a consumação dos fatos. O segundo grupo representa uma imagem serena e sem dor física que se apresenta como o Cristo Vitorioso e Libertador. Portanto o crucifixo, o mais importante sacramental de muitos cristãos, não é imagem mórbida da encenação real da morte histórica e nem uma réplica da tortura material, é sim o signo primordial do seu ideário.

No império romano, a crucificação – aplicada somente em escravos e criminosos de baixo nível social – era considerada a punição pública mais degradante, pois além da tortura física, o condenado ficava nu, exposto à voracidade das aves de rapina e sem direito a sepultamento. Com esse histórico justifica-se sua raridade no início do cristianismo. Afinal, ela carregava a memória da desonra. Foram necessários quase 400 anos de distanciamento e séculos de doutrinação para que o instrumento de suplício se transformasse em símbolo de salvação. A cruz só se tornou oficialmente imagem icônica a partir da morte de Constantino I, no séc. IV.

Apesar do cristianismo ter alcançado *status* de religião oficial do Estado e as ações do imperador terem favorecido maior liberdade e convivência pacífica, entre o monoteísmo judaico-cristão e o politeísmo romano, e mesmo com todas as transformações sociais, a cruz ainda não representava o sagrado no imaginário popular. Só com a abolição da crucificação ela perdeu o estigma da sua condição inicial. O ato instituído por decreto e influenciado pela mãe do imperador ou seja, por Santa Helena, foi o fator determinante para afastá-la definitivamente da sua antiga realidade funcional de castigo físico. Paradoxalmente, o mesmo Estado que condenou e executou Jesus de Nazaré, permitiu o renascimento da cruz.

Catacumba de Santa Domitilla, Roma séc. IV
Cruz em forma de âncora ladeada por dois peixes que, em grego, tem o mesmo som do acrônimo ICHTHUS, de *Iesous Christos Theou Yios Soter*, que significa *Jesus Cristo, Filho de Deus, Salvador*.

As primeiras imagens foram encontradas nos cemitérios subterrâneos, eram simples desenhos inscritos junto ao nome do sepultado, uma sinalização indicativa de religião, já que esses lugares não eram exclusivos dos cristãos. Não é difícil entender a causa de rejeição ao símbolo. Durante o início da era cristã, reverenciar a imagem de uma cruz era algo totalmente desconexo, seria o mesmo que hoje, com as devidas diferenças históricas, reconhecer a cadeira elétrica, a forca ou a guilhotina de uma maneira diferente, que não relacionada à sua função restrita de execução da pena capital. Seria o mesmo que olhar tais instrumentos e não enxergar neles a sentença de morte, mas identificá-los paradoxalmente com ideias de salvação e vida eterna. No mundo da antiguidade romana essa visão seria inimaginável.

Se inicialmente as cruzes eram raras, quase sempre vinham disfarçadas, às vezes transmutavam-se no eixo vertical de uma âncora. Outras vezes vinham como o cajado de Moisés e muitas tinham a aparência de árvore, em evidente lembrança da ancestral Árvore da Vida. São as chamadas cruzes dissimuladas – a âncora unia por imagem duas ideias: a da cruz e a da salvação. A criação do símbolo foi extraída das palavras do apóstolo Paulo que, na Carta aos Hebreus 6:19, fala em esperança: *"Temos essa esperança como âncora da alma, firme e segura"*. O objetivo era incentivar os membros judeus da Igreja a manter a fé em Cristo e não voltar às suas práticas antigas.

A cruz latina aparece de maneiras diferentes por se ajustar às diversas funções litúrgicas e ao regionalismo do cristianismo popular. A cruz das muitas formas é o elemento que, por estar sempre presente nas festividades e cerimônias sacramentais, permeia os ciclos das vidas entre o nascimento e o sepultamento. Ou seja, basta um pequeno acréscimo de qualquer elemento simbólico para anunciar a natureza dos atos religiosos. Por exemplo, se na Europa Nórdica estiver adornada com guirlandas de flores vermelhas, ela indica o Natal; se tiver hastes de trigo e flores multicoloridas, representa a alegria da Ressureição da Páscoa, em nítida substituição à chegada da primavera pagã. São muitas as maneiras de representar a cruz latina, porém toda sua pluralidade se agrupa apenas entre dois conceitos: o da Paixão e o da Ressureição.

Na Idade Média até a época Carolíngia, a forma mais usual de cruz era a quadrada, ou grega, conhecida por ter os quatro braços iguais. Com o tempo, a tensão do centro deslocou-se para cima, tomando a configuração latina. Essa mudança formal, que reproduz o deslocamento do centro para cima, simboliza o sentido de elevação e manifesta a antiga aspiração dos fiéis para atingir a esfera espiritual. É uma maneira simbólica de materializar as palavras bíblicas de Cristo, quando ele disse a seus discípulos: *"Meu reino não é deste mundo"*, João 18:36.

Por volta dos anos 800, com a institucionalização da sociedade feudal, os arquitetos atendendo ao desejo dos sacerdotes criaram o partido arquitetônico cruciforme, deixando o símbolo exposto tanto no interior, quanto na visão externa. O templo medieval é a projeção agigantada da cruz cristã na tridimensionalidade de suas paredes.

No Ocidente, a cruz latina é naturalmente a mais conhecida, graças ao conjunto das religiões cristãs institucionalizadas; entre elas o catolicismo, as igrejas ortodoxas e as centenas de confissões do protestantismo. Quando a cruz ultrapassa a esfera da realidade visível e sua configuração se torna só símbolo, ela concentra forças psíquicas capazes de criar pontes entre a emoção e o racional, de resgatar memórias afetivas, de revisitar o inconsciente e, principalmente, rememorar experiências com o sagrado. A cruz latina reproduz visualmente os princípios da dualidade, assim como todas as demais formas quaternárias e ortogonais.

VIDA / MORTE

São realidades do ciclo vital, que no cristianismo significam a crença da superação da morte pela vida eterna; a cruz é a imagem da finitude transformada em eternidade através do mistério da redenção.

TEMPORALIDADE / ETERNIDADE

Apesar das muitas interpretações e mudanças históricas, a cruz latina sempre foi a imagem central da iconografia cristã. A partir dos primórdios do cristianismo, a sua presença constante demonstra que ela sempre preencheu uma função simbólica ao "*Presentificar o invisível no visível, Deus no homem, o ausente no presente, o passado ou o futuro no atual*".[04]

REALISMO / SIMBOLISMO

Essa característica refere-se ao poder de transformar o real em símbolo; a cruz tornada *imago* de uma doutrina religiosa e filosófica, desfigurou-se do instrumento de tortura romano. Sua imagem apenas corporificou o que é transcendental na Encarnação, quando se afastou do objeto real e se tornou objeto figurado.

VERTICALIDADE / HORIZONTALIDADE

Duas linhas cruzadas determinam a concepção da espacialidade e definem as direções universais de: esquerda / direita, acima / abaixo que, no simbolismo cristão, indicam o Velho e o Novo Testamentos, o lugar dos eleitos e dos condenados, como também indicam o Céu e a Terra.

ATIVO / PASSIVO

O conceito de movimento é uma qualidade resultante das duas linhas dominantes, ou seja, o dinamismo é indicado pela vertical que impulsiona o olhar em movimento ascendente, enquanto a horizontal age em sentido contrário, pois ao reproduzir a linha do horizonte cria a sensação de imobilidade e estabilidade permanente

ARQUITETURA CRUCIFORME CORPUS CHRISTI

Notre Dame - Paris
Fachada com três pórticos

Os três portais na fachada representam a Trindade. Quando o tema do Juízo Final é mostrado, ele serve para memorizar o conceito de eternidade que se realiza pela salvação ou condenação. Em Notre Dame ele se encontra no centro.

RELAÇÃO ENTRE ESTRUTURA VISÍVEL E FORMA SIMBÓLICA

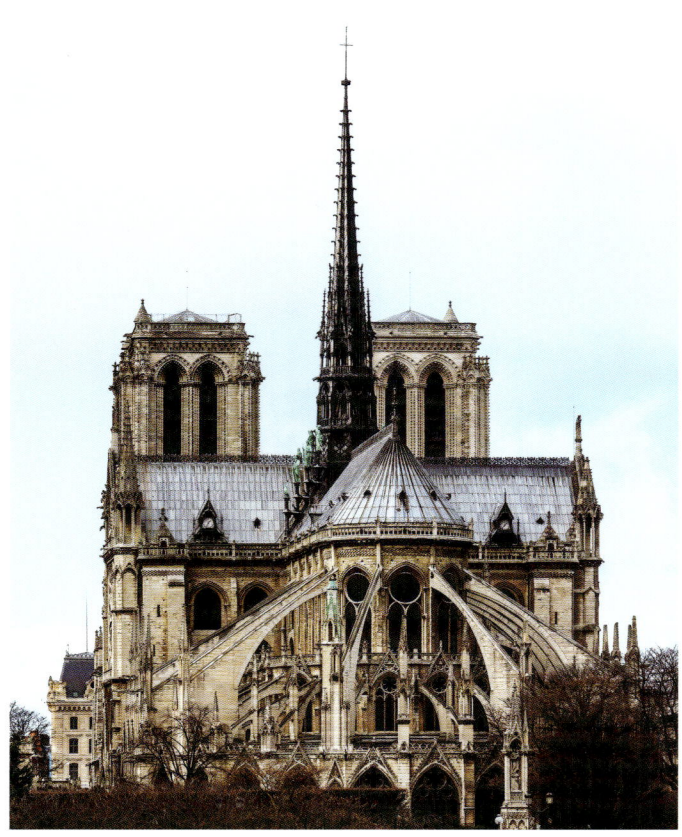

Notre Dame - Paris. Abside e pináculo

A construção estendida na lateral, para fora do corpo da igreja, forma o transcepto, uma forma volumétrica que corresponde simbolicamente aos braços horizontais da cruz latina. O exterior mostra a abside em curva, o local onde internamente encontra-se o altar-mor. No seu lado oposto, duas torres inacabadas compõem a fachada. Do cruzamento entre a horizontal e a vertical da nave principal, ergue-se o pináculo ou agulha, uma torre pontiaguda que simboliza a entrada nos céus.

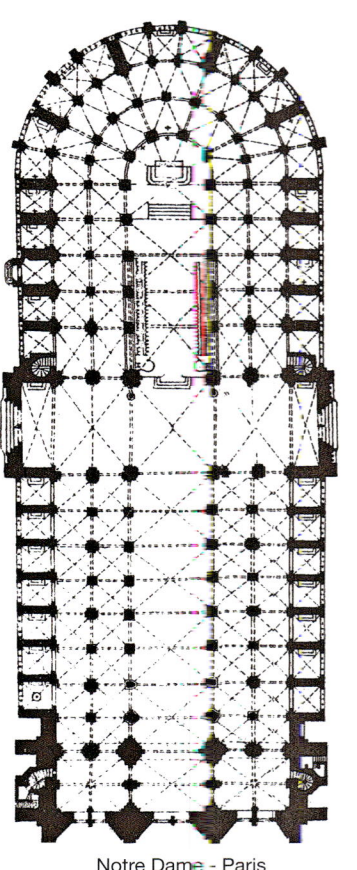

Notre Dame - Paris
Planta baixa em cruz

A planta do edifício está determinada pela configuração da cruz latina. A igreja cristã, diferentemente do paganismo não é a morada de Deus, mas o lugar sagrado de comunhão com Deus. É também uma metáfora visual da compreensão teológica da crucificação.

O templo representa, para a congregação cristã medieval, o Corpo de Cristo e também a própria congregação unida no Corpo Místico de Cristo[05]. O desenho da planta cruciforme é um espelho do conceito teológico da Eucaristia e do corpo humano. A cabeça localizada na abside de forma semicircular é o lugar onde se encontra o altar-mor; do corpo principal destacam-se os braços abertos no transcepto que, internamente, forma o cruzeiro divisório entre o público e o altar e, que do exterior através do pináculo, indica onde está o coração. As pernas unidas compõem a nave central, um caminho que une todas as partes e leva o fiel direto ao altar-mor. Dessa maneira, o Deus-Homem encontra-se encarnado no edifício sagrado, em lembrança do seu holocausto[06]. Essa assimilação do templo a um corpo humano estendido não é exclusividade do cristianismo; templos hindus referentes a *Purusha*, o homem cósmico dos Vedas que se sacrificou para criar a vida, também seguem essa configuração; portanto, é uma tradição antiga de ordem ontológica, na qual o homem representa o microcosmo como reflexo do universo divino, o macrocosmo.

A construção de Notre Dame de Paris, iniciada em 1163, serviu de modelo para muitas igrejas, definiu o gótico, estilo que hoje é considerado o mais representativo da religiosidade medieval. No entanto, o gótico é a visão estética de uma sociedade em transformação e já distante do conceito de trevas comumente associado à Idade Média. Enquanto o românico é rural, o gótico atendia aos desejos e necessidades dos defensores da economia urbana, especificamente os burgueses e os cortesãos. O estilo, que conseguiu materializar o novo pensamento em suas formas, surgiu como a visualidade e a concretude da teologia escolástica, desenvolvida dentro das primeiras universidades.

Como o próprio nome indica, *scholasticus* quer dizer instruído. Em outras palavras, a catedral gótica tentava representar todo o conjunto do conhecimento da teologia cristã, das ciências naturais, da história, nela tudo tinha um lugar certo, ela era uma síntese de todos os motivos.[07] No século XII, a sociedade em formação defendia um pensamento crítico e mais racional em oposição ao apocalíptico e condenatório do feudalismo rural. Liderados por Tomás de Aquino, os estudiosos conseguiram a harmonização entre as duas esferas, a da fé e a da razão; entenderam o mundo sob uma perspectiva mais sensível e humana. A mudança do gosto e a entrada do naturalismo estava em conformidade com esta visão, na qual o homem, pela primeira vez, era representado como a criatura concebida à imagem e semelhança de Deus.

Artistas e arquitetos anônimos, em contato com o novo ideário teológico, criaram as melhores imagens da erudição medieval. O frustrado apocalipse não aconteceu e o pessimismo cedeu para uma doutrina baseada no perdão e no amor; a beleza ressurgida motivou não apenas a estética, ela serviu também para meditar a fé e numa visitação aos textos sagrados, encheu de cor e luz as paredes das igrejas. A partir do século XI, quando as pesadas e escuras construções românicas foram substituídas pela leveza dos espaços abertos do gótico, punha-se fim ao negativismo e à polêmica crença milenarista. O novo pensamento surgido nos burgos era mais equilibrado, buscava a unidade entre o mundo físico e o espiritual. O feudalismo associado à ignorância ruiu com a velha Igreja. Para demonstrar mudanças, trocaram as pesadas paredes de pedras por altos vitrais verticais feitos de transparências coloridas, porque o novo ideário via Deus como Luz e indicava pelas alturas a união entre o Céu e a Terra.

A estrutura material da arquitetura gótica é a representação dos conceitos teológicos nos quais Cristo, o Verbo Criador, o Princípio da Criação, criou todas as coisas entre o céu e a terra, coisas visíveis e invisíveis. Sua volumetria, erguida por altas paredes e entrecortada por arcos em ogivas e nervuras salientes, representa o corpo de Cristo, o Homem Universal que totaliza e integra em si o sentido da cruz, signo da plena Redenção. Cristo, o Verbo encarnado uniu Deus ao homem e fez deste o portador de Deus. *"Desta união selada na forma do templo, vê-se o círculo divino e o quadrado terreno. A cúpula unida ao cubo expressa o mistério teantrópico do Homem-Deus"*.[08]

As igrejas medievais são construções simbólicas vivenciadas. Ao transpor o portal, o fiel inicia sua jornada sob o corpo místico de Cristo, ajoelhando e fazendo o sinal da cruz. Nas religiões arcaicas, ultrapassar o umbral é repetir o mistério dos *ritos de trânsito* e penetrar no espaço sagrado. Os medievais pensavam e acreditavam igualmente. Por essa razão, nas catedrais góticas existem imagens nas portadas, equivalem aos antigos guardiães dos templos pagãos, mas agora acumulando a função de apresentar um texto bíblico por imagens. O rito de percorrer o corpo em cruz no corredor central e ladeado de vitrais translúcidos é glorificar a máxima *Deus é Luz*. Na liturgia católica, os três dias que antecedem o sábado de Aleluia são chamados de Trevas; nas procissões levavam velas e tochas para iluminar a escuridão ritualista e chamar a luz que, simbolicamente, voltará no domingo de Páscoa, festa da Redenção e que outrora, no paganismo, coincidia com os rituais da primavera. A liturgia cristã estabelece a relação entre luz e Cristo, luz e Criação, luz e Ressurreição.

A arquitetura gótica é uma obra teológica que permite ao homem contemporâneo reviver o sagrado e redescobrir arquétipos de nossos ancestrais. O arquiteto medieval, além de construir e levantar edifícios, deveria expressar o "inexplicável" mundo divino, um mundo sem formas e sem um rosto pré-estabelecido. Por meio da geometria cabia ao arquiteto a difícil tarefa de apresentar símbolos e tornar visível um Deus invisível.

As catedrais eram lugares sagrados que Joseph Campbell diz não existirem mais. Para o autor, a catedral gótica, por sua forma em cruz, expressava a relação entre o humano e o cosmos; ela contém a arquetipologia essencial do cristianismo porque construiu-se sobre um símbolo que todos conhecem. Campbell diz que essas catedrais medievais nos levam de volta a um tempo em que os princípios espirituais enformavam a sociedade. *"Você pode ter uma ideia do que enforma uma sociedade pelos edifícios e pelo seu edifício mais alto. Ao se aproximar de uma cidade medieval, você vê que a catedral se eleva acima de tudo. Ao se aproximar de uma cidade do século XVIII, o palácio do governo é o prédio mais alto, ao se aproximar de uma cidade moderna, os edifícios mais altos são os prédios de escritórios e de finanças, os centros da vida econômica"*.[09]

CRUZ SILENCIOSA

Considera-se o culto da morte um diferencial civilizatório, praticado não apenas por respeito, mas também pelo medo. Os religiosos e guias espirituais de todas as religiões criaram práticas de sepultamento e incineração para preservar a memória, tranquilizar os vivos, mas muito mais para afastar os espíritos. Os cristãos herdaram do judaísmo a tradição do sepultamento e, posteriormente, assimilaram os costumes dos celtas e germanos, quando aprenderam a se defender e a se proteger das almas penadas, com arbustos espinhosos plantados ao redor dos túmulos de pedras e em formato de caixas protetoras. Às vezes, sinalizavam o local com apenas uma pedra vertical ou uma grande cruz, e não resta dúvida que essa prática é reminiscência direta dos menires pagãos. Acreditavam que dessa maneira prenderiam os mortos em seu mundo e impediriam que voltassem para atormentar os vivos. Pode-se dizer que a necrolatria nasceu entre o respeito e o medo, diante das incertezas sobre a morte.

Os jazigos com lápide em forma de cruz apareceram por volta do século VI. No início, colocavam apenas um grande bloco vertical, aos poucos acrescentaram inscrições, arabescos e, por fim, as primeiras cruzes gravadas em referência à Paixão e à Ressurreição. Os blocos de pedra foram adquirindo o perfil das cruzes até assumirem a sua tridimensionalidade escultórica. A necessidade de fazer evocações nos rituais e deixar inscrições nos monumentos é reminiscência dos cultos ancestrais.

CEMITÉRIOS MEDIEVAIS CRISTÃOS
CAIXAS MORTUÁRIAS DE PEDRA

Era costume escolher cuidadosamente o local da sepultura. A cabeça do morto deveria ficar em direção ao nascente do sol e, se possível, sinalizada com uma pedra vertical. Na Roma antiga, os cemitérios ficavam fora dos muros da cidade, mas a partir do século VIII, na Europa ocidental medieval, passaram a ocupar os espaços no entorno das igrejas. Os lugares eram chamados de campos santos, pois acreditavam que esta aproximação intencional poderia levar à salvação. O mundo dos mortos próximo ao mundo dos vivos, permaneceu até o século XIX, quando Napoleão resolveu criar os cemitérios laicos e extra-urbanos. Para a Igreja foi um ataque fatal, pois ela que desde sempre prendera o cidadão no triângulo existencial do batismo, casamento e sepultamento, de repente viu decretado o início do seu declínio com a perda do ritual fúnebre. Os cemitérios secularizados tornaram-se uma instituição cultural e deixaram de ser necessariamente religiosos.

HOMENAGEM AOS GUERREIROS

Imagens e relatos de guerras são fatos comuns em todas as civilizações, estão por toda parte e em todos os períodos históricos, porém mais surpreendente que a prática da guerra é a sua deferência. Todos os povos demonstraram grande preocupação em deixar registrados seus momentos de vitória, porque, além de eternizar o fato, eles legitimavam as relações de hierarquia e poder sobre os adversários. Até mesmo os povos pré-letrados, com desenhos e símbolos, se empenharam em resguardar a sua narrativa belicosa.

Caixas mortuárias escavadas em Vila Franca de Xira, Portugal

Khachkars. Cemitério Noraduz, Armênia

Existem mais de 900 khachkar (cruz de pedra) no cemitério medieval armênio. A particularidade do lugar mostra em suas tumbas a fusão conceitual duas culturas religiosas dominantes: a tradição cristã e a islâmica. A primeira evidencia-se pela cruz, e a segunda, pelos arabescos geométricos e decorativos, indicativos de infinitude. Embora essas duas crenças tivessem momentos de antagonismo, no cemitério de Noraduz elas viveram em harmonia e complementariedade.

Com o único propósito de preservar a memória da guerra, criaram uma arquitetura honorífica em cemitérios, arcos, monumentos, mausoléus e colunas. Tais construções alegóricas que exaltam a morte heroica, eram conhecidas na Roma antiga por *mors triumphali*, pois a morte tratada como oferenda transforma o morto comum em herói. Morte, guerra e caça desde sempre estiveram entrelaçadas, na cultura dos povos não eram realidades associadas à ideia de violência. Na Idade Média, guerrear e caçar eram práticas de sobrevivência; para o homem medieval, aprender a matar fazia parte da sua educação formal, tanto quanto o conhecimento da Gramática e da Aritmética.

Na Normandia, norte da França, os americanos construíram um cemitério para homenagear e enterrar as 9.387 vítimas que participaram da operação militar, conhecida por Dia D, ocorrida em 6 de junho de 1944 na praia de Omaha. Cruzes enfileiradas e equidistantes substituem os batalhões de soldados sacrificados, como também perpetuam a morte serial do ato heroico. O cemitério, organizado sobre o princípio da exatidão e da igualdade, é uma figuração simbólica da ação militar ocorrida na luta coletiva contra o nazismo.

Cemitério americano de Colleville Sur Mer, Normandia
Homenagem aos norte-americanos que morreram em 1944, na invasão ocorrida e conhecida como o Dia D.

CRUZ EXORCISTA

A cruz, no imaginário ocidental desde Constantino, no século V, transmite proteção e vitória a seus portadores. Tudo começou quando o imperador transferiu para o símbolo cristão o resultado vitorioso da batalha Mílvia. O sentido apotropaico da cruz, ou seja, a crença de que ela protege e é capaz de afastar o mal, nasceu numa disputa política bem-sucedida, quando o exército imperial desfilou vitorioso pelas ruas de Roma com o cristograma *Chi-Rho* estampado no lábaro e nos escudos dos soldados; desse momento em diante, a cruz se tornou um signo benfazejo e triunfal, com aceitação muito além dos espaços puramente cristãos.

Por trás desse pensamento, existe o conceito de mundo dividido em duas partes: de um lado ficam os *eleitos* e, na posição diametralmente oposta, ficam os *outros*. O dualismo, que pode ser adaptado para qualquer situação, concretiza-se numa luta simbólica entre o bem e o mal. Quando agregaram ao símbolo da redenção um sentido de proteção, a cruz passou a ser entendida como arma protetora e literalmente foi para os campos de batalha, de onde nunca mais saiu.

A imagem da cruz vencedora se construiu lentamente e bem antes de frequentar as legiões romanas, ela já estivera junto de Jesus na descida ao *inferno*, um lugar que, segundo o eufemismo, é conhecido por *morada dos mortos*. Essa questão, que ainda gera discussões semânticas e controversas, foi interpretada pelos teólogos nos primórdios do cristianismo, como a passagem simbólica na qual Cristo desceu aos infernos e lá venceu as trevas e a morte, ou seja, ele entrou em combate e ressurgiu vitorioso do reino de Satanás. As mais antigas representações visuais dessa passagem mostravam um Cristo radiante, ostentando o estandarte da Ressurreição com a cruz estampada. Através dos tempos, essa narrativa foi se alterando, visto que inferno e demônio, estandarte e cruz eram realidades tão próximas, que a fusão dos pares se tornou inevitável e, consequentemente, passaram a ocupar um só corpo.

Quando, no século XIX, o romantismo resgatou o tema do Diabo e demais mitos demoníacos, entre eles os vampiros, íncubos e fantasmas, a estética do sobrenatural estendeu-se para os rituais do exorcismo. Mesmo que sem intenção, esses artistas criaram, na imaginação popular, o mito de que a cruz usada em riste como um punhal, tem poderes de afugentar os maus espíritos. A indústria do cinema, quase 100 anos depois, apropriou-se dessa imagem literária e a cristalizou como verdade histórica. A imagem-padrão que expõe a cruz no papel de arma e de instrumento protetor, simbolicamente representa a luta e vitória do bem contra o mal e, por analogia, a submissão de Satanás ao Reino de Deus.

SOBRE ANJOS E DEMÔNIOS

A ideia de anjos e demônios que sobreviveu é reminiscente das sociedades arcaicas e das cosmogonias primitivas nas quais a origem do universo estava associada a lutas de forças contrárias. O vencedor, sempre entendido como o deus criador da vida, descende de seres iluminados; por outro lado seus opositores habitam a escuridão, um espaço simbólico da destruição e da morte. Os sistemas duais de bem e mal, luz e sombras são arquétipos universais existentes em todos os lugares do mundo. O céu, sinônimo de fecundidade e determinante para a existência da vida, era a morada dos deuses. Da observação dos efeitos da luz solar e da chuva nos processos de germinação da terra surgiram lendas e mitos, portanto, nos tempos pré-históricos uma simples contemplação da abóboda celeste poderia resplandecer em experiências religiosas. Para os povos arcaicos toda história é originalmente uma história sagrada e, como não conseguiam explicar os fenômenos físicos e biológicos pela racionalização científica, eles recorriam aos símbolos míticos.

Desde sempre as divindades solares e os seres celestiais foram considerados a força primordial do bem e da vida e o céu, o domínio do divino. O antropólogo Mircea Eliade, no livro *Tratado de História das Religiões* comprova a universalidade do sagrado celeste, quando afirma que a prece mais popular de todo mundo, em que se diz: "*Pai Nosso que está no Céu*", é também a prece mais antiga e universal, por existir um Pai Celeste de muitos nomes e em todos os lugares. Na África, na tribo dos ewe dizem que "*Além, onde fica o Céu, Deus está também*".[10]

Na narrativa bíblica, os anjos são os mensageiros de Deus, seres celestiais que, segundo São Tomás de Aquino, são reais, mesmo que espirituais e incorpóreos. Em sentido oposto, existem os demônios ou anjos decaídos, que por sua origem carregam a complexa questão da origem do mal. Contêm em si a contradição, pois são ao mesmo tempo inimigos e criação de Deus. O papel e a atuação dos anjos e dos demônios na civilização ocidental são uma herança da cultura judaico-cristã e seus respectivos princípios morais. Os seres, sejam angelicais ou demoníacos, estão dispostos em categorias e em semelhança às hierarquias sociais, todos ocupam um espaço pré-determinado e igualmente estão subordinados a Deus. Na escala angelical, os arcanjos estão no topo, na posição dos mais elevados. Miguel, Gabriel e Rafael apresentam-se como agentes diretos de Deus. Segundo a angelologia, logo abaixo vêm os querubins –, os guardiões da luz, das estrelas e dos mistérios –, e por fim os serafins – os encarregados de transmitir o amor, a base da espiritualidade cristã. Desde o início da era medieval, os anjos foram representados por imagens humanizadas, pois era uma maneira de mostrar a natureza divina dos homens e também se contrapor às figuras grotescas e animalescas dos demônios.

No final do século XV, eclodiu oficialmente na iconografia cristã a imagem do anjo da guarda. O protetor individual, que não constava dos textos originais da Bíblia, nasceu em meio ao medo e à crença dos poderes do mal manifestados tragicamente nas guerras e na pandemia da Peste Negra. O anjo renascentista reflete a interferência da sociedade nos conceitos religiosos, é uma demonstração das mudanças de comportamento dos fiéis que, contextualizados no humanismo e no individualismo burguês, só poderiam criar um anjo particular, isto é, um anjo privado. No entender dessa sociedade pragmática, se os anjos foram criados para a defesa pessoal, nada mais natural que fossem convocados diretamente, sem a intermediação da Igreja. Como o anjo da guarda participava diretamente do cotidiano do seu protegido, e como viviam cumplicidades numa relação de intimidade, muitas vezes o anjo da guarda era chamado para atender fins utilitários, sem qualquer relação com o mundo espiritual. Dessa maneira, acabou por se tornar uma figura popular e de grande afetividade.

No transcorrer da História, um outro exemplo surgiu fora dos textos bíblicos, os anjinhos rechonchudos e nus conhecidos por *puttos,* e que por sua similaridade física, ficaram erroneamente confundidos com os pequenos bacos e cupidos pagãos. Os pequenos anjos, apareceram em resposta à austeridade da Reforma protestante de 1517, tornaram-se uma companhia festiva no conturbado mundo do homem barroco, fossem eles personagens históricos ou bíblicos. No imaginário católico barroco, os anjos cumpriam ativamente seu papel de intermediários de Deus; figuras agitadas viviam em profusão, normalmente tinham uma personalidade extrovertida e algumas vezes ficaram marcados por travessuras; o certo é que ocupavam todos os espaços, tanto os celestiais como os terrestres.

Os anjos da Contrarreforma viviam em epifania, e como estavam cada vez mais próximos e familiares aos homens, eles passaram a imitar comportamento humano, com sorrisos, gestos e expressões. Conforme se distanciaram das antigas representações pictóricas das igrejas, ganharam rejuvenescimento físico, ficaram alegres e leves. O mundo habitado por anjos tornou-se mais otimista, afinal o anjo é um ser cuja vocação está em manifestar-se para estabelecer relações que permitam revelar e elevar o homem ao mundo celestial. A manifestação de um anjo significa bem mais do que uma descida do céu à terra; ela santifica o homem, o espaço e o tempo. A visita e a visão dos anjos são entendidas como um signo de santidade.[11]

No outro extremo, encontrava-se o Diabo, uma figura igualmente hierarquizada e onipresente que se impôs soberana, mas que em verdade está em condição de inferioridade. "*A doutrina cristã sustenta que Deus é fonte e senhor de todas as coisas, enquanto Lúcifer não tem o mesmo poder e está submetido a Deus; ele não pode agir sem a permiss*ão divina".[12] Da mesma forma que os anjos, o Diabo também tem vários nomes e categorias hierarquizadas. *Diabolus* é aquele que engana; *Daemon*, o espírito maligno; Lúcifer, o anjo decaído dos céus, que reina, mas vive aprisionado no Inferno e, para atuar, precisa de Satã, o encarregado das suas missões na terra. A origem do mal encontra-se no Livro do Gênesis. Na reflexão dos teólogos, apresenta-se pela separação da luz e das trevas – uma metáfora em associação à queda dos anjos. Segundo São Tomás de Aquino, os demônios foram criados bons e são maus por vontade própria e não por natureza.

Diabos na religiosidade popular não têm sexo e nem uma única identidade, são seres incorpóreos que ocupam os corpos das pessoas e dos animais. Embora não sejam femininos e nem masculinos, lhes é atribuída intensa atividade sexual. Considerado o causador do pecado original, o Diabo tornou-se o bode expiatório da humanidade. Segundo literatura dos antigos hebreus, o Diabo surgiu travestido de serpente com artimanhas de sedução, para induzir Adão e Eva a desobedecer e desafiar Deus. Sua finalidade era se impor para ocupar o lugar do Senhor do Universo. Nos textos bíblicos, distingue-se a ação do Diabo e dos demônios. O primeiro tem a malícia de seduzir e levar para o pecado, o segundo é mais feroz, possui a pessoa com doenças físicas e psicológicas. Mas, sem uma compreensão muito clara, eles ficaram entendidos apenas como espíritos malignos e contrários a Deus.

O cristianismo herdou e assumiu a demonologia como realidade exclusivamente negativa. Essa visão pessimista e determinista predominou por longo tempo e sempre se fortaleceu durante períodos difíceis da História. Ao Diabo atribuíram todo tipo de mal, desde o desequilíbrio da natureza manifestado por pragas, a secas e inundações. Por sua capacidade de interferir no livre arbítrio, lhe conferiram a responsabilidade das desgraças, entre elas guerras, incêndios, doenças e a morte. O Diabo tornou-se o culpado por muitas coisas e, apesar de serem ações puramente humanas, ele foi acusado por provocar desejos, de ser o autor das trapaças do poder, o indutor de crimes, o culpado por incitar as tentações da carne, de inspirar os maus pensamentos e de ser o causador de muitos infortúnios.

Enquanto as funções positivas ficaram reservadas exclusivamente aos anjos, do lado oposto as catástrofes enchiam o mundo de horror. E elas não chegavam sozinhas, traziam consigo a prática da magia negra e os tenebrosos pactos realizados com o Diabo. Dentro da luta travada entre o bem e o mal existe uma dinâmica feita de medo e de esperança, visto que: *"Satã é príncipe somente dos pecadores, pois Cristo resgatou, com seu sacrifício, o direito que o Diabo tinha sobre a humanidade. Ele desceu aos infernos após sua morte e antes da ressurreição, a fim de libertar os justos, e assim venceu e humilhou Satã em seu próprio reino"*.[13]

As ideias sobre possessões demoníacas vêm de uma mescla de crenças e pensamentos introduzidos pela religião judaica, por deuses gregos e entidades da antiga Mesopotâmia. No final, construíram um conceito híbrido de mal, no qual as doenças existiam como um sinal de que o reino de Deus sofria com a presença dos espíritos "impuros", portanto, se esses seres malignos continuavam entre os homens, era preciso purgá-los. A verdade é que, tanto as possessões quanto as curas, foram objetos de ações de Jesus Cristo.

As criações diabólicas imaginadas pelos artistas, inicialmente, vieram dos monstros, descritos na Bíblia como Leviatã. No cristianismo, a imagem visual do Diabo só apareceu por volta do século IX; causa estranheza, já que no imaginário popular a Idade Média é sinônimo de trevas e, como os demônios são criaturas das trevas, por dedução natural, tanto os medievais como os demônios ocupariam o mesmo território. Essa tese totalmente fundamentada no preconceito se desfaz, visto que nas catacumbas, onde estão preservadas as primeiras imagens da arte cristã, nenhum demônio foi encontrado. É obvio que existia a crença em criaturas malignas, mas elas ainda não tinham forma. Ou seja, viviam no espaço das discussões teológicas, nas palavras e pensamentos.

As primeiras visualizações surgiram no teatro religioso popular e como não existia nenhum modelo visual que servisse de referência, elas foram construídas com os atributos de divindades pagãs e muita imaginação. As discussões sobre o Diabo, a partir do século XII e XIII, tomaram um lugar importante na Igreja, pois descobriram, com certo atraso, que o demo era um bom instrumento pedagógico de doutrinação. A ação diabólica se instalou no cotidiano das pessoas pelo medo. Duas ideias atormentavam as mentes medievais: o Juízo Final e a dominação dos hereges. O Concílio de Verona, de 1183, e o Concílio de Latrão, de 1215, respectivamente estabeleceram "métodos" para reagir aos "males do demônio". Então, com a implantação da Inquisição, além da heresia se tornar legitimamente um crime, o Diabo adquiriu um corpo físico. Somente a partir desse momento, o Diabo foi transformado em ser visível e passou a ter um rosto específico. É interessante saber que as referências físicas e os atributos vieram de fontes não cristãs.[14]

Ele nasceu como um capeta preto que se mostrava normalmente nu, quase um duende, mas logo se transformou numa figura híbrida e grotesca. Dos gregos e romanos, mais especificamente de Pã e dos Sátiros, o Diabo ganhou os pés de casco, o rabo, os chifres e a sensualidade. As asas de dragão vieram do Apocalipse; no livro existe uma associação entre o mal e o animal mitológico e que, posteriormente, Dante Alighieri descreveu com seis asas dotadas de olhos. O tridente, atributo de Poseidon, foi incorporado como arma e cetro; já a serpente, figura cultuada em todas as mitologias, no cristianismo ficou associada unicamente à visão negativa. Na construção física do demônio, a cor da pele variou conforme a época. Se inicialmente o demônio era negro como carvão por atribuição às trevas, aos poucos foi avermelhando, até tornar-se branco na figura sedutora de Mefisto. Quando deixou de ser um simples capeta e se tornou homem, ganhou uma barbicha e um tom de pele mais amorenado. Essa mutação fazia referência aos árabes mulçumanos, considerados os antigos inimigos dos cruzados. O auge das representações visuais se deu entre o fim do período medieval e o início do Renascimento.

O tema do Diabo entrou na iconografia cristã pela representação do Juízo Final, com cenas oportunas para explicar a divisão dualista do mundo. Entre os séculos XIV e XVI houve uma efervescência dos seres e dos cultos demoníacos. As guerras entre Deus e o Diabo serviram de cenário para o fim do domínio árabe, impulsionaram as Grandes Descobertas Marítimas e aceleraram o advento da Reforma Religiosa. Num primeiro momento, a sociedade europeia transferiu para suas colônias, recém-descobertas, a divisão belicosa dos grupos católicos e protestantes que mutuamente se acusavam, fora e dentro da igreja, de estar sob a influência do Diabo.

Houve uma época em que a sociedade cristã acreditou estar correndo perigo de ser vencida pela força e o poder do Diabo. Diante do medo e da ignorância, bastava ser praticante de outra religião, ou simplesmente discordar do pensamento religioso local, que a pessoa corria o risco de ser considerada bruxa, feiticeira ou possuída. Não importava o lado, bastava divergir para ser julgado como partícipe de um complô satânico. O mesmo medo que desencadeara ações persecutórias em todas as direções, paradoxalmente escondia, no seu reverso, a fascinação. Atração e repúdio pelo demoníaco explicam as contradições e as paranoias. Se por um lado o demônio era o responsável pela perdição, por outro, ele é quem ajudava os homens a identificar no inconsciente os seus impulsos primários. Ele é a lembrança do animal, do escatológico e grotesco, é o resquício do instinto irracional que compõe as realidades obscuras da natureza humana.

Inferno, 1250-70, Batistério de Florença, Itália. Mosaico atribuído ao artista Coppo di Marcovaldo

O mosaico do Batistério de Florença é uma das primeiras representações oficiais do inferno e serviu de referência para muitos artistas. Satã, criado pela fantasia artística, aqui se apresenta com chifres, orelhas de bode e serpentes devoradoras. Na cena, o seu corpo esverdeado está rodeado por figuras arquetípicas do mal, são torturadores em forma de cobras, sapos e lagartos monstruosos. O tema do Inferno, colocado em lugar de destaque no Batistério de Florença, representa uma síntese do conceito de bem e mal medieval. Provavelmente, esse espaço compartimentado e hierarquizado tenha influenciado Dante Alighieri na concepção de Inferno da *Divina Comédia*, escrita em 1304, como também ressurgiu no *Juízo Final* de Giotto, pintado em 1303 para a capela de Scrovegni, em Pádua. Lúcifer, colocado no centro, apresenta-se como um rei autoritário; ele é o devorador dos condenados seduzidos pelos demônios e o torturador que pisa e castiga os pecadores. O inferno, ou o reino de Lúcifer é um lugar sem saída e sem perdão, onde as ações transcorrem ciclicamente no tempo da eternidade.

EXORCISMO E RITOS

O exorcismo situa-se numa dimensão que transcende a realidade objetiva e material. É considerado magia e, por magia, entende-se ações que podem ser pautadas com intenções místicas, religiosas, supersticiosas, imaginárias, naturais e sobrenaturais. O exorcista acredita que pode interferir na realidade natural e sobrenatural. Muitas religiões que reconhecem o fenômeno da possessão mantêm seus rituais de "cura do endemoniado" com o uso de objetos e signos religiosos. Essas cerimônias são chamadas de magia icônica ou magia simbólica e são exercidas apenas por pessoas especiais: magos, feiticeiros, curandeiros, xamãs, religiosos e sacerdotes. Na antiguidade, os magos eram homens cultos e sábios que cumpriam funções de conselheiros junto aos chefes políticos e à comunidade, porém quando se afastaram do conhecimento e se aproximaram mais das superstições, a demonização tomou conta dos seus rituais. Alguns simplesmente ficaram reduzidos a práticas de magia negra e bruxaria.

Embora a Igreja católica aprove a prática do exorcismo, ela não encoraja sua realização de maneira indiscriminada. Existem etapas no ritual, como aspersões com água benta, récitas de ladainhas e salmos, proclamação do Evangelho, renovação das promessas batismais e, no final, a cruz, mostrada pelo sacerdote-exorcista. A Igreja instituiu um sacramental específico, por acreditar nos danos maléficos que os demônios impõem aos possuídos. A origem vem das passagens biográficas e descritas nos evangelhos sinóticos, ou seja, nas palavras de Marcos, Mateus e Lucas. Nesse material, o exorcismo aparece como uma prática relevante para poder demonstrar a presença do Reino de Deus entre os homens. Mateus disse: *"Se é pelo Espírito de Deus que expulso os demônios, então chegou para vós o reino de Deus."* (Mt 12,28). Exorcismo quer dizer esconjura, isto é, fazer desaparecer ou desconjurar.

O conceito dual na luta do bem contra o mal sempre esteve presente no cristianismo, mas o modo de operar esse combate nunca foi muito claro. Até o advento do Concílio Vaticano II, 1962-1965, existiam poucos escritos oficiais. Em 1972, o papa Paulo VI afirmou que a demonologia tinha um lugar na Teologia Católica; em 2004, João Paulo II retomou o tema, dizendo: *"Nós também, como Cristo, somos chamados a uma luta forte e decidida contra o demônio"*. Em 2012, Bento XVI, em viagem ao Líbano, foi mais enfático e disse: *"Devemos estar bem cientes de que o mal não é uma força anônima que atua no mundo de forma impessoal e determinista. O mal – o demônio – passa através da liberdade humana e procura um aliado: o homem. O mal precisa do homem para se espalhar, para perverter o amor ao próximo e deixar no seu lugar a mentira, a inveja, o ódio e a morte"*. Recentemente, e mais de uma vez, o papa Francisco falou sobre o demônio. Numa de suas falas advertiu: *"Com o Diabo não se dialoga, somente se responde com a palavra de Deus"*. Em outro momento, conversando com crianças, disse: *"O Diabo existe sim, é verdade. Ele é aquele que procura nos derrotar, colocar nos nossos corações desejos maus, pensamentos feios e nos leva a fazer coisas ruins, até mesmo as guerras, e vocês sabem qual é a maior qualidade do Diabo? Porque ele tem qualidade: ele é muito inteligente. Mais inteligente do que os teólogos! É inteligente e essa é uma qualidade, mas o que mais aparece no Diabo: ele é um mentiroso"*.

O que se pode ver é que surgiram diabos diferentes para representar melhor o conceito de nocivo do momento. Cada época criou um Diabo imaginário e colocou em sua forma corporal o espelho dos seus males. Convenientemente metamorfoseado, ele atravessou a História em simetria com a sociedade. Anjos e diabos seguiram modelos terrestres, e se, na Idade Média, o mal era representado por um bode vermelho, na Europa do século XIX, ele se tornou um jovem sensual e sedutor. O Diabo não é uma figura pessoal, mas sim a personificação de uma realidade que se coloca em oposição, seja ela uma ideia ou um indivíduo. Conforme o cientificismo iluminista avançou, o Diabo foi perdendo credibilidade e vendo sua imagem relegada ao núcleo do folclore e das superstições. Por 200 anos, o racionalismo científico se propôs a acabar com as crendices; cumpriu seu papel corretamente no combate à ignorância com revoluções no pensamento e melhorias tecnológicas, mas na mesma proporção acabou arrastando consigo a fantasia do pensamento simbólico que, por sua vez, calou o ideário místico e mágico.

Nas culturas antigas, o fenômeno da possessão era entendido como alteração no comportamento, provocado por interferência de espíritos malignos que tinham variadas maneiras de entrar no corpo humano; na cultura judaico-cristã ela se dava pela prática dos pecados. Com o advento da psicologia, no século XIX, esses comportamentos estranhos tornaram-se objetos de estudo e, ao invés de relacionados a Lúcifer, passaram para a categoria das neuroses conhecidas por histeria, esquizofrenia e distúrbios maníaco-depressivos. Para a parapsicologia, esses mesmos fenômenos continuaram incomuns, mas são explicados como uma expressão comportamental psicopática.

A possessão diagnosticada fora da teologia é doença mental ou psicossocial. Segundo essas interpretações científicas, os exorcismos praticados por Jesus existiram simbolicamente, como um resgate dos possuídos para o seu meio social anterior. Em outras palavras, sob o olhar da Ciência da Religião e da Antropologia Cultural, o papel histórico de Jesus é o de libertador no sentido amplo da palavra, fosse por suas ações de cura e de exorcismo ou por suas pregações messiânicas dirigidas às multidões, Jesus falava em liberdade. A liderança de Jesus ocorreu num momento político de dominação estrangeira. Enquanto metáfora, Roma representa Satã, o arquétipo do mal que maltrata o "possuído", o povo judeu, que vive subjugado e no aguardo do novo Reino. Roma, incorporada por Satã, presencia o exorcismo como um ato regenerador do equilíbrio coletivo e libertador do indivíduo.

No simbolismo desta interpretação sócio-política, o exorcismo praticado por Jesus Cristo era uma ação social reintegradora. Segundo esta visão semiótica, e obviamente contestada pelo fundamentalismo bíblico, as ações do judeu Jesus de Nazaré têm a qualidade de transpor o tempo histórico, para dialogar com a contemporaneidade, reinterpretar os textos religiosos e conseguir ultrapassar as barreiras do preconceito, é conseguir *re-ligare* a sociedade às linguagens simbólicas do passado.

Diferentemente de algumas seitas cristãs, que estão na contracorrente do protestantismo histórico no tocante a curas sobrenaturais e às sessões televisivas de exorcismo em massa, a Igreja Católica, bem como a maioria da cristandade, só reconhece o exorcismo em raras situações, e somente depois de analisar os sintomas físicos, psicológicos e espirituais. O papel do sacerdote é interceder e impor a Satã a sua condição de submissão a Deus. Ninguém pode legitimamente exorcizar, a não ser que tenha obtido licença expressa. Os católicos buscaram normatizar suas práticas pelo Código de Direito Canônico. Considerado um sacramental litúrgico, o exorcismo só pode ser exercido por um sacerdote nomeado, como um antídoto e o último recurso contra o mal da possessão. O exorcismo ficou mais conhecido pela tradição oral do que pela iconografia, e sobre esse tema, os relatos populares superaram as imagens, assim como as fantasias superaram a realidade.

A CRUZ NO EXORCISMO
CRIAÇÃO DE UM CLICHÊ

Francisco de Goya.
São Francisco de Borja Visita um Moribundo Impenitente, 1788,
Capela Borja, Catedral de Valência

Em decorrência de crendices e superstições, o exorcismo esteve por séculos misturado aos rituais de magia negra. O resultado desse engano reside numa literatura popular de vampiros e seres afins, que foi resgatada pelas produções *trash* da indústria cinematográfica. A dessacralização da cruz apotropaica e a fantasia sobre o sobrenatural criou o clichê do exorcismo na clássica cena da cruz latina empunhada pelo exorcista e apontada como arma contra os seres demoníacos. A origem dessa imagem remonta a um grosseiro erro de interpretação.

Goya involuntariamente criou o estereótipo de uma cena exorcista, mas por puro engano de quem assim o decodificou. Na obra *São Francisco de Borja Visita um Moribundo Impenitente,* o tema trabalhado refere-se ao sacramento da extrema-unção e não à prática de exorcismo como pode parecer à primeira vista. O espanhol Goya viveu durante o conturbado momento político entre o fim do Absolutismo e as mudanças implantadas pela Revolução Francesa. Essa turbulência foi levada para sua obra através de símbolos, entre eles encontram-se as cenas demoníacas chamadas por seus biógrafos de *pinturas negras*. São imagens noturnas que representam estados psicológicos, são metáforas sociais, cheias de terror, que até aquele momento ninguém ousara pintar.

Goya tinha inusitada coragem para mostrar os aspetos da vida humana sem ocultar nada, das injustiças à falácia das estruturas políticas, dos vícios aos comportamentos mais desprezíveis da sociedade. Goya se tornou um visionário que abriu caminhos para uma geração de pintores adeptos das temáticas de caráter psicológico. Surgiram artistas que expandiram os sentimentos relacionados à melancolia e à morte, alguns foram ao extremo da necrofilia; porém o importante é constatar que, pela primeira vez, vislumbravam a possibilidade de percorrer novos caminhos, na direção do fantástico e do inconsciente.

O século XIX foi uma época propícia para temas demoníacos, havia um gosto coletivo em provocar pavor e explorar o mundo desconhecido dos mortos. Se antes o exorcismo era um assunto tratado com reserva e somente como registro didático de cunho religioso, a partir do romantismo transformou-se numa dramatização do terror escatológico. Goya foi quem pintou uma das primeiras imagens, na qual um sacerdote empunha o crucifixo contra demônios prontos para se apoderarem de um corpo desfalecido.

A pintura em questão refere-se a São Francisco de Borja e Aragão, um sacerdote jesuíta de muito prestígio na alta nobreza e descendente direto da família papal Borgia. Amigo fiel da rainha Isabel de Aragão, destacou-se como um dos maiores missionários das Américas. Homenageado no Brasil, na província dos Sete Povos das Missões, ele deu nome à cidade de São Borja. A cena pintada por Goya é o registro de passagem da alma e retrata o religioso Francisco de Borja realizando a extrema-unção, ou seja, dando a última assistência espiritual ao moribundo. Já os demônios que aparecem e podem confundir a narrativa, pertencem aos padrões estéticos de Goya. Para os seus biógrafos, esta obra é única, pois antecedeu em mais de 30 anos à sua famosa fase das *pinturas negras*.

Assim como o batismo refere-se ao início da vida e constitui o primeiro sacramento, a morte também possui um cerimonial e um sacramento, a unção dos enfermos. Consiste numa reflexão dada pela confissão, um pedido de perdão, rezas e uma benção com óleos santos. Philippe Ariès descreve os costumes da sociedade ocidental e diz que, até o século XX, as pessoas morriam em casa, rodeadas por amigos e familiares que rezavam muito nos momentos finais, para o "*moribundo se sair vitorioso no último embate com o demônio*".[15]

VERDADES E MENTIRAS SOBRE O EXORCISMO

Nem sempre o mundo demoníaco foi apresentado aterrorizante como nos dias de hoje. O mito do Diabo, que fora enfraquecido pelos cientistas e resgatado pelos poetas e escritores do romantismo, através da figura sedutora de Mefistófeles, surgiu distorcido pelos cineastas do século XX. O Diabo meramente cumpria o seu papel no antagonismo simbiótico entre as forças do bem e do mal. Às vezes, nas narrativas, ele agia apenas para dar mais destaque aos anjos e santos. A simples comprovação da ausência de uma iconografia específica e a escassa literatura oficial sobre o exorcismo já bastariam, para comprovar a sua diminuta importância na sociedade.

Indiscutivelmente, a sociedade ocidental nasceu organizada pela Igreja; era ela que determinava e justificava os ritos sagrados e que marcava a existência humana pela ritualização entre o batismo e a extrema-unção. "*Supostamente todos se beneficiavam dos efeitos positivos dos ritos da Igreja para a salvação da alma, a saúde do corpo, para as colheitas, as empresas mercantis e guerreiras, sobretudo se estas últimas eram colocadas sob o sinal da cruz. Quanto aos demônios, os ritos do exorcismo dos possuídos tinham como objetivo afugentá-los*".[16] Portanto, o exorcismo era visto apenas como mais um rito entre outros.

Giotto, um artista quase contemporâneo de São Francisco (1182 / 1226,) em 1290, pintou cenas da vida do santo para a Basílica de São Francisco em Assis. Numa delas, registrou o episódio ocorrido em 1217 nas portas da cidade toscana de Arezzo. O afresco tem a importância de um documento histórico, pois além de ser um raro exemplo de época, ele desmitifica as fantasiosas imagens de exorcismos como um espetáculo de horror.

SÃO FRANCISCO DE ASSIS • O SANTO EXORCISTA

Giotto. *São Francisco Expulsa os Demônios Na Entrada da Cidade de Arezzo*, 1290. afresco

Arezzo, na época de São Francisco, estava dividida entre dois partidos, o guelfo e o gibelino, respectivamente os representantes dos artesãos e dos comerciantes. Conforme narrativa histórica, São Francisco saiu para pregar e chegou em Arezzo no momento exato em que a cidade enfrentava uma violenta guerra civil provocada pelos dois grupos rivais. Do lado de fora, ele e o companheiro Silvestre ouviram gritos desesperados, barulhos estranhos e muita correria. Os dois religiosos entenderam que Arezzo estava possuída por demônios que, exultantes, induziam os homens a incendiar, saquear e matar. No entender de São Francisco, os demônios eram os agentes da desunião e provocadores das guerras, os causadores do afastamento de Deus, provocado pelos pecados da cobiça e dos vícios. Consta dos relatos contemporâneos de São Francisco, que ele, convicto da presença do demônio por implantar ódio entre os homens, humildemente se ajoelhou e começou a rezar num ato de contrição pela cidade, depois pediu ao frade Silvestre que fosse à porta da cidade e em voz alta ordenasse, em nome de Deus, a saída dos demônios. Os biógrafos entenderam o exorcismo como um milagre porque, depois das preces e do ritual, a cidade silenciou e voltou à paz.

Giotto pintou à esquerda uma catedral gótica e à direita os muros da cidade de Arezzo, no alto, sobre os edifícios, os diabos fogem em bando. É uma cena tranquila que hoje, analisada à distância, seria entendida como uma purificação. A imagem padrão da cruz exorcista não consta, pois ela pertence à iconografia do século XIX. Até essa época, os rituais repetiam apenas o modelo bíblico da expulsão pelas palavras em latim: *Adjure te, spiritus nequissime, per Deum omnipotentem,* que significa: *Eu te ordeno, espírito maligno, pelo Deus Todo-Poderoso.* As palavras eram sempre acompanhadas por orações e muitas repetições do sinal da cruz. Não se interpelava o demônio, mas pedia-se a Deus pela libertação da influência demoníaca.

DEMÔNIOS MEDIEVAIS

Detalhe do afresco pintado por Giotto

As imagens de Giotto mostram a imaginação da época e, nelas, o Diabo não era humano. Ele preferia se manifestar em forma animal, às vezes como serpente, outras como dragão, como um pássaro negro de olhos vermelhos ou simplesmente no corpo de um gato preto. No afresco do exorcismo medieval de Arezzo, os demônios eram mais parecidos com morcegos e répteis voadores. O folclore religioso, mantido pela tradição oral, diz que eles eram expulsos pela boca, em uma nuvem de fumaça, enquanto ouviam as palavras de ordem ditas por um religioso. Reconhecia-se um possuído pelos olhos espantados e a boca aberta, porque acreditavam que o demônio entrava pelos olhos e saía pela boca. Pelas descrições de época, nada era impossível para o Diabo. *"Nem mesmo tomar os traços do Arcanjo Gabriel, da Virgem ou de Cristo. Nas aparições relatadas pelos monges Raul Glaber (1048) ou Guiberto de Nogert (1115), o Diabo assumiu aparência humana, é pequeno e feio, macilento, corcunda e negro como um etíope. Seu corpo conserva uma silhueta antropomórfica, mas pervertida e monstruosa pela deformidade"*.[17]

BANALIZAÇÃO E MITIFICAÇÃO
INDÚSTRIA DO EXORCISMO

O Exorcista, 1973
Jason Miller no papel do padre Karras, o exorcista

O Exorcista, 1973.

O Exorcista, 1973
Linda Blair no papel de Regan, a menina possuída

O Diabo revisitado e recriado é mais terrível no cinema do que jamais foi em outros tempos. Por outro lado, é figura constante em programas de auditório na televisão. Se na Idade Média ele era uma discussão teológica, hoje ele é um ser que atua nos jogos de videogame. A secularização da sociedade inexplicavelmente engrandeceu a figura do Diabo e reascendeu a pedagogia do medo. O Diabo, que fora banido pelo racionalismo e pragmatismo das ciências, foi resgatado pelos escritores e poetas românticos do século XIX em meio às narrativas surrealistas e teorias psicanalíticas, mas nada se compara ao retorno triunfal do demoníaco a partir da segunda metade do século XX, na dramaturgia do cinema.

O Diabo voltou e retomou seu *status* perdido na pós-modernidade com *O Exorcista*, o filme que foi indicado em dez categorias para o Prêmio Oscar, percorreu a trilha aberta por Roman Polanski em *O Bebê de Rosemary*, de 1968. Igualmente são dois filmes de terror que têm por trás a temática religiosa da magia contemporânea, tornaram-se *cults* e, ao mesmo tempo, desencadearam muitas produções *trash* representativas do macabro. A indústria do cinema tornou-se a maior promotora do exorcismo, por entender que o Diabo exerce medo e fascínio e, consequentemente, pode se converter em audiência e bilheteria.

Nos filmes de Hollywood, o exorcismo não passa de especulações e fantasias que não têm qualquer comprometimento com os textos teológicos. Longe do sentido religioso do ritual que é *salvação*, para expulsar e libertar o possuído do poder diabólico, no cinema tudo fica reduzido aos poderes paranormais dos personagens. Pelos textos do Concílio Vaticano II, o que está em questão é "*A defesa contra a tentação, a opressão e o poder do mal*". Ao contrário do que se pensa, não existia tabu algum em falar sobre exorcismo, já que o batismo é considerado o primeiro exorcismo da vida do católico.

Em qualquer lugar do mundo, as pessoas hoje se informam mais pela televisão do que pela mídia escrita, portanto leem menos, não veem arte e têm no entretenimento de massa o único canal de conteúdo. Nestas circunstâncias, as produções cinematográficas e televisivas se tornaram suas únicas referências de conhecimento. O cinema fantasiou os rituais de possessão e banalizou o demoníaco tanto quanto as sessões televisivas, que desde os anos 1970 e 1980, apresentam o Diabo em formato de *reality-show* e em situações disfarçadas de pregações religiosas. O exorcismo que se vê é um espetáculo no qual os endemoniados vão à TV com seus corpos transformados em arena para as lutas das forças cósmicas, mas, para alívio do público, com pastores habilidosos, o ritual dura poucos minutos. Basta fazer um juramento, aceitar a religião proposta por eles e ir embora sob aplausos da plateia. Aleluia. As emissoras de TV sabem muito bem que cura sobrenatural e expulsão de demônios são garantia de audiência e cachês.

O Diabo pós-moderno e totalmente deslocado de seu primitivo contexto histórico/religioso, hoje é um ator obediente e assíduo. Vive conectado no *show-business*, participa de encontros semanais de exorcismo em massa com hora marcada, comporta-se com moderação e organização, é um ser disciplinado que aguarda na fila de espera a hora para ser expulso. A indústria de entretenimento visual é a responsável por reascender o interesse pelo Diabo e pelos fenômenos diabólicos, mas agindo sem limites, tanto o cinema como a televisão reincorporaram o Diabo medieval na sua programação, apenas como uma mercadoria ou no máximo, um personagem grotesco. Tratado como um profissional de *telecatch* numa encenação de combate circense, conseguiram esvaziar o que havia de melhor no Demônio, o simbolismo dual entre o Bem e o Mal.

A CRUZ POP

Festival Woodstock, 15 a 18 de agosto de 1969

Roger Daltrey, o vocalista da banda inglesa The Who, apresentou-se no festival de Woodstock com um repertório que lançava verdadeiros hinos de uma geração, entre eles *Tommy*, a recém-criada ópera rock. Ele vestia um longo colete de couro com franjas, que totalmente aberto, exibia seu peito nu e, nele, um grande crucifixo brilhante. Daltrey era a imagem de uma geração, exatamente como na música "*My Generation*", cantada pelo grupo às 4 da manhã. No verão de 1969, quase meio milhão de jovens, durante três dias e três noites se reuniu na comunidade rural de Bethel, para um encontro anunciado como *Uma Exposição aquariana de Paz & Música*. O evento entrou para a história como auge e crepúsculo da geração *hippie*. Sob efeito de alguma droga e ao som de muitos rocks, uma juventude com menos de 30 anos consagrou a chegada da Era de Aquário. Todos eram adeptos da contracultura, viviam a plena bipolaridade política dos anos 1960 e, coerentes com seu ideário pacifista, pregavam o desarmamento. Em nome da liberdade, contestaram o Estado norte-americano e exigiram o fim da Guerra do Vietnã. Nesse festival, não havia separação visual e nem comportamental entre o palco e a plateia. Todos faziam parte do mesmo show. Todos num só corpo, público e artistas vestiam-se e agiam em semelhança e, juntos, no mesmo ritual, celebraram a chegada do Mundo Novo de Aquárius. Nunca mais, em nenhum outro momento, ocorreu o *zeigest* da transformação como em Woodstock.

Os jovens dos anos 1960 redescobriram o sagrado. Mergulharam no desconhecido e recuperaram práticas religiosas. Elegeram para modelo o período do cristianismo primitivo, por ser anterior à institucionalização da Igreja. A escolha era uma crítica aberta ao *establishment*. Nesse contexto politizado, a cruz ressurgiu falando de igualdade entre raças, de amor e amor de todos os jeitos, de sonhos e ideais coletivos. A cruz *hippie* renasceu como senha de um ideário social e foi muito além da esfera religiosa. O símbolo cristão se popularizou como tudo na época, e acabou aparecendo no pescoço de todo jovem, até mesmo dos que se diziam materialistas e ateus.

Nos anos 1970, moda era sinônimo de ideologia, de atitude e contestação – era identidade. Como a geração da contracultura se manifestava através de um pensamento simbólico, qualquer coisa servia de suporte para mensagens e ideologias. Dessa maneira, os elementos visuais da vestimenta tornaram-se um *modus vivendi* que personalizava e assinalava originalidade. A geração seguinte fez da moda um show efêmero. Centrou seu poder de sedução na novidade, não como portadora de transformações, mas como renovação obrigatória. Leia-se consumo. Pouco menos de 20 anos separam Woodstok de Madonna, porém sob o aspecto comportamental, equivalem ao espaço de duas eras.

Em meados de 1985, a cantora Madonna passou a usar crucifixos como adereços, mas foi com *Like a Virgin*, que ela começou a relacionar sexualidade com sagrado e pecado. No show, vestida de noiva, ela cantava em uma cama simulando estar se masturbando. Não satisfeita, continuou e, em 1989, lançou o polêmico videoclipe *Like a Prayer*, no qual ela dança em frente a crucifixos em chamas enquanto beija um homem negro que representa Jesus. Justificou-se dizendo que o intuito era apenas explorar a correlação entre êxtase sexual e êxtase religioso, como também fazer críticas à Ku Klux Khan, pois abordava uma relação interracial proibida.

Mais de uma vez Madonna escandalizou, em Toronto, no Canadá, quando cantou "Holy Water" (Água Benta) com dançarinos vestidos de freiras, relembrando rituais de iniciação. Em 2006, criou uma das performances mais polêmicas – uma espécie de pole dance em torno de um crucifixo gigante. Numa entrevista dada à revista musical norte-americana *Spin*, ela declarou que "o crucifixo estava na sua memória como um símbolo sexy de infância". Chocou, escandalizou e erotizou. Apesar de muitos protestos e críticas de líderes religiosos cristãos, judeus e mulçumanos, ninguém impediu a pop-star de manter a sua encenação. Em Roma, crucificou-se no palco dizendo ser uma confissão de sua libertação. Não proibiram, nem mesmo o Vaticano, apenas acusaram-na de usar indevidamente símbolos sagrados, como fetiches sexuais, com fins puramente lucrativos. Sem uma contrarreação, o escândalo esvaziou-se. A artista continua sua carreira posicionando-se fortemente sobre temas sociais e políticos que se encontram no cruzamento explosivo entre sexualidade e religião.

My Generation, It's My Generation baby
Just talking 'bout my generation

Minha geração, essa é a minha geração, baby
Só estou falando sobre a minha geração

The Who, "My Generation", 1969

CRUZ SIGNO DO PRECONCEITO, XENOFOBIA E RACISMO

A presença da cruz nos rituais de terror psicológico exercidos pela organização da Ku Klux Khan, além de constituir usurpação do símbolo cristão e se desviar de seu significado de redenção, tornou-se signo de preconceito e selvageria. A cruz em chamas passou a fazer parte da configuração visual da organização somente a partir de 1915, quando introduziram religião como nova forma de segregação. As primeiras ações que ocorreram na segunda metade do século XIX eram racistas e diretamente contra os negros norte-americanos libertos, mas, a partir da grande onda migratória no início do século XX, grupos xenófobos contra estrangeiros de um modo geral, mostraram-se mais intolerantes, misturando etnia, religião e *status*. Indiscriminadamente, passaram a perseguir judeus, católicos e ateus. Com o passar do tempo, no terceiro ciclo da Ku Klux Khan nos anos 1950, o preconceito exercido se estendeu também para os grupos ideológicos socialista e comunista e de gênero sexual – a homossexual dace. A bandeira da Ku Klux Khan, desde sua origem, é manter a supremacia branca norte-americana.

O final da Guerra Civil norte-americana serviu de pano de fundo para o surgimento da Ku Klux Khan. Os estados do Sul, por não aceitarem a abolição, buscaram se separar do resto do país, mas derrotados e obrigados a permanecer na União, espontaneamente começaram a se organizar e a lutar pelo que consideravam ser seus direitos. Quando os soldados do exército confederado votaram derrotados e encontraram suas propriedades devastadas, eles não conseguiam enxergar uma saída, seus antigos escravos estavam libertos e, por direito, eram iguais aos brancos. A primeira reação para muitos foi culpar os negros pela ruína do Sul. Esse foi um período crítico e de caos social. O Estado libertara, mas não providenciara inclusão social; por isso bandos de ex-escravos vagaram perdidos em busca de trabalho. De um lado ao outro e por todo território, negros ficaram à espera da efetivação das promessas feitas pelos políticos do Norte. Oficialmente a Guerra de Secessão terminou em 1865, mas se manteve ocultamente viva por quase um século. Entre os anos de 1880 e 1940, fugindo da desigualdade racial e do terrorismo segregacionista milhões de negros sulistas migraram em massa para os guetos urbanos do Norte e do Oeste.

KU KLUX KHAN

Não existe ainda explicação consensual tanto para o nome como para o uso da cruz. A sigla KKK provavelmente venha da palavra grega *kýklos* que significa círculo e originou ku khux. A ela foi acrescida a palavra inglesa *clan* escrita com k. Porém, essa é apenas uma hipótese entre tantas outras. A organização da Ku Klux Khan foi criada em 1865, na cidade de Pulaski, no Tenesse, por alguns jovens inconformados com a derrota do exército sulista na Guerra de Secessão (1861-1865). Na realidade, a organização nasceu com seis amigos entediados, ex-soldados confederados, que tinham em comum sua descendência: eram todos filhos de ricos fazendeiros arruinados, brancos, sulistas, com bom nível de instrução e descontentes. Na véspera de Natal, resolveram assustar os negros para se divertir um pouco, seria um passatempo semelhante aos trotes universitários. O que no início parecia apenas uma brincadeira sádica de provocação de meninos entediados e sem maiores consequências, deu origem à futura Ku Klux Khan.

O grupo saia à noite em cavalgada, gritando e fazendo se passar por fantasmas dos confederados mortos. Para dramatizar a zombaria, usavam uma fantasia improvisada com lençóis no corpo e fronhas brancas na cabeça. O humor macabro mudou, quando radicais oportunistas se infiltraram nas marchas noturnas e introduziram práticas mais violentas. Começaram por impedir que os negros se encontrassem até nas igrejas, roubaram suas armas, cometeram assassinatos, estupros e linchamentos; em pouco tempo o grupo inicial perdeu o controle e o que seria brincadeira foi substituído por crimes racistas.

Uma virada interna deu-se com a entrada do general Nathan Bedford Forrest, o conhecido "grande mago". Facilmente tornou-se o líder da organização; ele era um militar acostumado à ordem, tinha ideias conservadoras, mas, muito habilidoso, era capaz de agregar sulistas descontentes. Aproveitou o passatempo juvenil e imprudente para lutar contra a integração social dos negros recém-libertos, foi ele quem deu um rumo político ao grupo. A partir da sua direção, a KKK passou a trabalhar para impedir o movimento da Reconstrução, proposto pelo Partido Republicano.

Os republicanos acreditavam que, pelo voto, poderiam exterminar a escravidão, pois somente dessa maneira conseguiriam a legitimação plena e o reconhecimento de igualdade. Por princípios, mas também pensando em conquistar o novo eleitorado, propuseram dar aos negros o direito de votar, de frequentar escolas e portar armas. A proposta revolucionária provocou a primeira vítima de notoriedade: o congressista republicano James Hinds, um branco de Arkansas, assassinado pela Ku Klux Khan, em 1868, por promulgar a lei de direito ao voto. Como muitos sulistas enxergaram o direito ao voto um instrumento de manipulação dos políticos do Norte, para criar empecilhos ou mesmo anular a proposta anterior, acrescentaram vários quesitos, entre eles a obrigatoriedade do eleitor ser alfabetizado – evidentemente que entre os negros era alto o índice de analfabetismo.

O ódio da abolição, a crise da mão de obra e o medo do eleitorado republicano fez com que os democratas sulistas reagissem da pior forma possível. Membros da Ku Klux Khan acobertados no anonimato dos capuzes, utilizaram os linchamentos como tática terrorista para manter o controle racial. A abolição tornara-se uma questão política. Em 1º de janeiro de 1863, o presidente Lincoln emitiu a Proclamação de Emancipação. Sob protestos de ilegalidade, pois fora promulgada durante o período da guerra, exigiram e conseguiram uma nova legislação, agora formalizada para todo o país em 1865, com a 13º Emenda. Os negros ganharam a liberdade formal, mas não o reconhecimento humano. Em 1866, com a vitória em larga maioria do Partido Republicano nas disputas parlamentares, eles puderam apresentar os Atos de Reconstrução – um programa de direitos civis arrojado, que contrariou o Sul e desencadeou ações terroristas, que caracterizaram o caráter da Ku Klux Khan.

Ritual da Ku Klux Khan
A organização, criada em 1865, nasceu racista. A cruz em chamas foi introduzida como instrumento ritualístico a partir de 1915, quando acrescentaram religião para justificar perseguição. Nos anos 1950, estenderam a intolerância para as ideologias socialistas e comunistas.

Com o objetivo de restabelecer a supremacia branca, a violência generalizou-se por todos os estados confederados. Entre os anos de 1868 e 1871, implantaram a Era do Terror por meio de perseguições, assassinatos, linchamentos e enforcamentos. Diante desse quadro, o general Forrest, recuou e sugeriu sua dissolução. Era tarde demais; a organização desembestada fazia da violência um espetáculo público. Em 1873, seus membros invadiram Colfax, na Louisiana, para massacrar negros simpatizantes do movimento Reconstrução e os defensores da igualdade social. O pavor fez com que muitos negros não aparecessem para votar o que permitiu aos democratas manter o controle dos Estados do Sul. E mais, com o poder de legislar a seu favor aprovaram, em 1876, as leis *Jim Crow*, um conjunto de medidas que impunha segregação racial em ambientes públicos, principalmente em escolas e meios de transporte. Devido ao assassinato do deputado, em 1868, e ao massacre, em 1873 o grupo da Ku Klux Khan ficou identificado como uma entidade terrorista e por isso foi banido dos Estados Unidos.

TERRORISMO RACIAL
LINCHAMENTO

O Nascimento de Uma Nação, 1915, dirigido por D.W. Griffith
Cena icônica do polêmico filme que incentivou o retorno da Ku Klux Khan: os encapuzados agridem o negro Gus que, embora fosse um capitão do exército, cometera o "crime" de propor casamento a uma branca.

Linchamento é uma palavra que surgiu da expressão *Lynch Law*, provavelmente durante a Guerra de Independência Americana (1775-1783), um termo usado com o sentido de *purição sem julgamento.* Ela aparece em 1782, nas palavras do assistente de Charles Lynch, na Virgínia para designar *"lidar com os negros"*. Portanto, os linchamentos já eram usados antes da Abolição e relacionados a castigos de extrema violência e que se efetivaram a partir da guerra de Secessão, como um recurso terrorista contra as conquistas dos direitos civis. As imagens estão separadas por quase um século, porém o objetivo dos dois enforcamentos simbólicos manteve-se inalterado como ato de intimidação. A primeira, de 1867, é contra a igualdade pelo direito ao voto dos negros e, a de 1963, ataca Luther King por ele ser contra a permanência da segregação implantada pelas leis *Jim Crow.*

Após ser banida do país, a sociedade secreta da Ku Klux Khan ressurgiu e voltou com muito mais violência durante a 1ª Guerra, em 1915. Dois fatores foram fundamentais: uma crise econômica e um estúdio de gravação. O filme *O Nascimento de uma Nação,* de D.W. Griffith, baseado no livro *The Clansman*, de Thomas Dixon, serviu de inspiração para reascender o terrorismo racista. O enredo, com partes reais como o assassinato de Abraham Lincoln, e outras ficcionais com romances, objetivava expor os negros de maneira negativa, em situações de inferioridade e relacionados a uma sexualidade agressiva. A ideia subliminar era mostrar o negro como um

Enforcamento simbólico com os dizeres:
"Este negro votou", 1867
A legalização da igualdade pelo voto desencadeou o terror e os linchamentos. A reação sulista para impedir os atos de reconstrução de 1867 acelerou a implantação da legislação segregacionista conhecida por Jim Crow.

Boneco de Martin Luther King, 1963
No Alabama, opositores da lei dos direitos civis, em 1963, relembraram os linchamentos históricos ao enforcar simbolicamente, o reverendo Martin Luther King, atuante líder do movimento entre os anos 1955 e 1968, data do seu assassinato.

ser sub-humano. O filme finaliza com um elogio aos membros da Klan, apresentados como heróis defensores dos valores sociais dos colonizadores brancos americanos. Para surpresa, foi um sucesso inesperado, cativou crianças, classe média e até políticos da Casa Branca, na época presidida pelo democrata Woodrow Wilson. Sem nenhuma objeção moral contra uma revivescência do Klan, o comerciante oportunista e também pregador metodista do Alabama, William Simmons, aproveitou a *klanmania* do momento e resolveu reorganizar a nova Klan segundo os moldes do filme, agora com o nome oficial de Ku Klux Klan. Para tanto, incorporou os rituais mostrados no cinema, que se tornariam suas marcas de identidade: a cruz em chamas, a túnica branca e o chapéu branco em forma de cone. Até esse momento o foco concentrava-se nos negros. A partir de então, quando levas de imigrantes chegavam de todas as partes do mundo, as perseguições se estenderam a outros grupos étnicos, religiosos e organizações trabalhistas.

A primeira cerimônia paramentada ocorreu em Atlanta, na noite fria de Ação de Graças de 1915, com Simmons e mais 15 companheiros. O grupo buscava uma montanha isolada e, quando a encontraram, construiu um altar no seu cume, e sobre ele colocou uma bandeira americana, uma Bíblia aberta, uma espada desembainhada e um cantil de água. Ao lado do altar, erigiu-se uma cruz de madeira, na qual foi ateado fogo. Sob a luz das chamas os cavaleiros ajoelharam e fizeram um juramento de fidelidade ao *Império Invisível dos cavaleiros da Ku Klux Khan*.[18]

Atlanta tornou-se a capital dessa sociedade secreta, considerada por seus membros patriótica, social e benemerente. Simmons profetizou, orgulhoso, que uma multidão seria atraída pela cruz. Enganou-se, porque os norte-americanos estavam mais preocupados com a guerra na Europa e a dúvida se teriam que participar dela ou não. No entanto, o fim da guerra trouxe consigo o público esperado. O autor Haas diz que "*Os cidadãos ainda se excitavam com o patriotismo calvinista e com o ódio aos inimigos, que tinham feito a desfeita de se renderem antes que o ódio tivesse sido saciado. Simplesmente não houvera guerra bastante, no que diz respeito aos americanos, para produzir uma catarse.*[19] Após o fim da 1ª Guerra os membros da KKK instituíram a banalização dos linchamentos, como atos justificados de ataques à crise econômica. Acreditava serem os imigrantes os grandes responsáveis pelo enfraquecimento do mercado interno de trabalho. Alegava que o rebaixamento salarial e o desemprego foram trazidos por eles. A verdade é que uma fração xenófoba da sociedade aproveitou a crise econômica para reascender o ódio secular contra os negros.

A nova onda de perseguições, surgida entre as décadas de 1940 e 1960, mantinha o antigo racismo, mas acrescentaram-lhe a ideologia da Guerra Fria e oposição à liberdade de comportamento social. Com o fim da 2ª Guerra, o mundo conheceu uma grande revolução na moral e mudança nos costumes. Uma parte da sociedade norte-americana, a mais desinibida e conectada com os centros intelectuais europeus, também afrouxou proibições, uma transformação que bastou para desagradar os conservadores e o Klan atuar. Agora a organização encontrara novos inimigos contra quem lutar: contra os italianos e os irlandeses católicos, contra os judeus poloneses e russos e todos os demais imigrantes; contra intelectuais, jornalistas e qualquer pessoa favorável ao movimento negro, pelo fim da segregação racial e para que o Congresso norte-americano aprovasse a lei de Direitos Civis. Começaram mobilizando lideranças políticas, para que somente americanos protestantes natos fossem admitidos no serviço público.

Quanto ao poder psicológico dos rituais coletivos, é inegável reconhecer a força que eles exerceram no comportamento dos seus participantes. Os encontros conseguiam criar a sensação de pertencimento, ou seja, de clã. A vestimenta que encobre a identidade torna todos integrantes homogêneos e partícipes de um único corpo. Faziam rituais coletivos para banir seus sentimentos de culpa, para fortalecer a união e justificar a violência. Quando agiam e viam o terror psicológico estampado nas vítimas, sentiam-se mais fortes e com mais coragem para a barbárie. A cruz em chamas, além de propagar visualmente o grupo como uma marca, carrega consigo a força ancestral dos cultos totêmicos e unificadores das civilizações arcaicas que dançam e cantam em torno de uma divindade mítica.

Nacionalistas ao extremo, ficaram associados aos WASP, sigla em ingles de *White Anglo-Saxon and Protestant*. Este termo de conotação crítica foi criado em 1957 pelo cientista político Andrew Hacker em referência aos brancos tradicionais e puritanos descendentes dos antigos fundadores do Mayflower e que, após três séculos, ainda detinham o poder econômico, social e intelectual no pós-guerra macartista. O termo é geralmente usado para diferenciar os católicos, judeus, negros, latinos, indígenas e asiáticos dos americanos colonizadores. Wasp nasceu espirituosamente sobre a sigla *anglo-saxon*, indicadora apenas da etnia dos primeiros americanos; a ela foram acrescentadas as letras W e P, respectivamente *White* e *Protestant*, quando os Estados Unidos, amparados pela

Guerra Fria, se consolidavam como uma nação hegemônica no Ocidente. Com sentido pejorativo e para indicar duplamente desaprovação aos preconceitos raciais e religiosos, os termos *Wasp* e *Ku Klux Khan*, embora sejam de naturezas diferentes, são usados cada vez mais como sinônimos.

O conceito WASP é entendido como a encarnação do Klan, segundo o escritor Michael Newton, ou seja, W (white) branco contra negros, AS (anglo-saxon) anglo-saxão contra os imigrantes e P (protestant) protestante contra judeus e católicos. Moralistas, no início do século os membros da KKK, faziam batidas em casas noturnas de jazz, sob pretexto de intimidar prostitutas e homossexuais. A organização começou a perder força nos anos 1920, mas sua derrocada só terminou nos anos 1960, quando perderam sua luta contra a aprovação dos direitos civis em 1964, e policiais do FBI e políticos contrários conseguiram desvendar seus códigos secretos. Se no início a KKK era composta por membros da classe alta, no seu segundo ciclo durante a 1ª Guerra, a maioria vinha da classe média de trabalhadores.

O fato é que a nação, no conjunto, não era muito receptiva à Klan e seu pensamento revanchista. Esse perfil, além de conservador, não combinava com o papel desempenhado pelos norte-americanos contra o totalitarismo, na 2ª Guerra. Enfim, a organização KKK encontrava-se ameaçada pelo surgimento de uma nova consciência social e também, porque não existia mais uma causa que agregasse os cavaleiros, como fora a Guerra da Secessão. A última onda de assassinatos esteve relacionada à legislação contra a segregação racial nas escolas públicas, uma prática que só foi rechaçada na década Kennedy, 100 anos após a sua criação. Estranhamente, esse grupo endógeno nunca se uniu aos nazistas e nem aos facistas, sempre agiu como uma organização norte-americana sem vínculos externos, mas segundo Ben Haas, enquanto perdurar o ódio os "klan" implantarão o medo.

O SAGRADO NO MUNDO CONTEMPORÂNEO

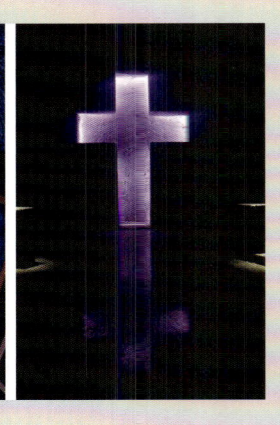

Catedral do Sal, Zipaquirá, Colombia, 1991

A partir do século XVI e final do Renascimento, os artistas dividiram com muita nitidez os campos entre arte profana e arte sacra e, mesmo que seus trabalhos fossem de temática religiosa, dificilmente eles dialogavam com o sagrado; as intenções estéticas se sobrepunham às outras realidades. Distinguir arte religiosa de arte sacra, nas palavras do ensaísta e crítico de arte Stanislas Fumet, é a relação do humano com o divino, *"A arte sacra é aquela que fala de Deus ao homem, a arte religiosa é a que fala do homem a Deus"*.[20] É uma definição poética, que perpassa o diferencial, mas é levemente ambígua, pois estabelece a existência da arte sacra, como exprimir Deus através da criatura, e esquece que é o artista que se exprime por sua obra. Existem espaços sagrados e outros não sagrados, a diferença entre eles está na revelação de uma experiência religiosa. Segundo Mircea Eliade *"O sagrado se manifesta por uma hierofania qualquer*.[21] A manifestação é um ato misterioso que difere a realidade religiosa da realidade profana; é uma revelação vivenciada.

A criação artística na cultura ocidental e em outras culturas foi estruturada pelo pensamento simbólico, portanto bem mais próxima de um mundo espiritual e distante da razão discursiva, mas infelizmente, os longos séculos dominados pelo racionalismo científico, extirparam o sagrado da produção estética. Aprenderam a diferenciar arte religiosa de arte sacra, mas perderam o fio de Ariadne que levava ao centro da questão. Após o fim da 2ª Guerra, o que se viu no meio artístico foi um cansaço do discurso lógico e uma fome do sagrado. Rouault, Matisse e Chagall abriram as portas para o universo místico ao entender que a arte sacra precisava de novas formas e se adequar ao imaginário da contemporaneidade. O artista cristão, ou ao menos os que se permitiram o contato com o espiritual, criaram obras como uma oração.

A arte cristã é sempre temporal quanto ao seu contexto, sendo que algumas vezes alcança a dimensão do atemporal, quando atinge o mistério do sagrado. Na atual Colômbia, o arquiteto Roswell Garavito criou uma arquitetura original, subterrânea e difícil de ser descrita. Todo espaço arquitetônico foi preenchido por revelações de cruzes imateriais. O interior, escuro e tenebroso como uma caverna pré-histórica, corresponde aos restos de uma mina de sal desativada. O gigantesco espaço resulta das escavações dos túneis de mineração; são aberturas rudes e tortuosas que hoje estão ocupadas por 14 estações da Via-Crúcis.

Essa catedral, única no mundo, foi concebida apenas por cruzes e sem nenhuma narrativa figurativa. São cruzes incorpóreas feitas de luz e sombra, que têm sua volumetria definida por planos iluminados em contrastes cromáticos. Se algumas cruzes têm a concretude do sal, outras são completamente etéreas e imateriais. O projeto se apoia sobre dois recursos: tecnologia e reducionismo visual. Com esses princípios combinados, o arquiteto resgatou o sentido de sagrado existente no cristianismo primitivo; sua obra é um retorno à espiritualidade das catacumbas romanas.

Gravito sacralizou o espaço de trabalho dos mineradores, agregou símbolos religiosos aos aspectos sociais e coletivos já existentes na mina e, mais, edificou palavras. A simbologia do sal nas pregações de Cristo, é uma qualidade existente nos fiéis e que os diferencia do resto, ou seja, na abertura das bem-aventuranças. Cristo indica o caminho e, ao mesmo tempo, faz uma exigência: "*Seja o sal da Terra. Seja a luz da terra*".

Cristo comunicava-se com as massas utilizando elementos muito simples da vida cotidiana, no caso, um ingrediente de cozinha que, na época das suas pregações, tinha outros significados; o sal era também um produto caro e usado no comércio como medida de troca. Nas pregações, o sentido se relaciona à sua função primária, a de dar sabor ao se misturar aos alimentos; ele não é percebido, mas altera o gosto, ou seja, com o sal acontece um processo de transformação. A metáfora adverte aos discípulos para serem o sabor e não se perderem: "*Vocês são o sal da terra. Mas, se o sal perder o seu sabor, como restaurá-lo? Não servirá para nada. Vocês são a luz do mundo. Assim brilhe a luz de vocês diante dos homens, para que vejam as suas boas obras e glorifiquem ao Pai de vocês, que está nos céus*". (Mateus, 5:13-16). Marcos, mais sucinto nos diz: "*O sal é bom, mas se deixar de ser salgado, como restaurar o seu sabor? Tenham sal em vocês mesmos e vivam em paz uns com os outros*". (Marcos, 9:50).

4.2 CRUZ GREGA
CRUZ QUADRADA
CRUZ DE SÃO JORGE

A maioria das cruzes cristãs deriva da cruz grega e da latina; a primeira foi usada com mais frequência no Oriente ortodoxo, enquanto a segunda no Ocidente latino de origem católica. A cruz grega, também chamada de cruz quadrada, é composta por dois eixos iguais e em perpendicularidade. Considerada a mais simples e universal de todas as configurações cruciformes, é a forma embrionária de muitos símbolos visuais. Uma cruz capaz de representar conceitos abstratos em emblemas de nações, religiões ou atividades profissionais fascina e comunica com eficácia, desde as civilizações arcaicas.

No âmbito político, a cruz quadrada destaca-se na heráldica das bandeiras nacionais. Nas religiões, é imagem dominante, por conter a riqueza da simbologia quaternária, um conceito muito divulgado entre os povos. Esse simbolismo esteve muito presente na origem da humanidade, porque as formas decorrentes do número quatro correspondem às ideias de ordem, de periodicidade e regularidade, pois foram observadas inicialmente a partir das quatro estações do ano. Platão dizia que ternário é o número da ideia e quaternário o número da realização da ideia, por essa razão, Jean-Eduardo Cirlot completa: *"O sistema quaternário se encontra disposto na superfície, no plano que passa pelo mundo manifesto e por isso corresponde à terra, à organização material, enquanto o três expõe o dinamismo moral e espiritual"*.[22]

A CRUZ DOS PONTOS CARDEAIS

Nas antigas cosmogonias das sociedades arcaicas, a origem do mundo transcorreu pela luta entre o caos e o cosmos. A necessidade de instituir uma ordem coletiva surgiu a partir da consciência espacial e cronológica. Os terrenos organizados e delimitados geometricamente criaram a forma entendida por cosmos; os homens acreditavam que no seu interior residia o centro do mundo, um simbolismo existente por toda parte como um lugar sagrado.[23] Bem cedo compreenderam que na relação espaço/tempo estavam os segredos para dominar a natureza, regularizar a agricultura e, consequentemente, estabelecer um modelo social classista. As diferentes atividades e a posse da terra puseram fim à igualdade social das organizações primitivas.

A ordem social surgiu em consequência da normatização do tempo e do espaço, ou seja, da descoberta de uma divisão numérica para medir o tempo e embasar a geometria espacial. Esses conhecimentos fantásticos e revolucionários foram entendidos, num primeiro momento, como uma revelação sagrada dada pelo Sol. Para o homem primevo, o universo era uma realidade totalmente sacralizada, sendo assim, o Sol, divindade primordial, englobava a vida tanto no sentido cronológico, como no espacial. Através das projeções das sombras na superfície da Terra, o homem contruiu o *relógio solar*, o artefato da marcação do tempo e, das observações da direção do nascente e poente do sol, desvendou a noção dos pontos cardeais. Historicamente, foi dessa maneira que o espaço e o tempo converteram-se numa construção lógica.

Os símbolos de orientação espacial nasceram da física, pelas observações astronômicas, quando o homem mentalmente se posicionou no centro de uma cruz quadrada, e teve consciência dos espaços que ficavam acima e abaixo, à direita e esquerda, atrás e adiante. Posteriormente, criou convenções com palavras e signos visuais para indicar e diferenciar os pontos: norte e sul, leste e oeste. A percepção espacial criou também a distinção entre planos físicos e metafísicos, que variaram de acordo com as religiões. Por essa razão, os primeiros registros espaciais não foram representações cartográficas, mas desenhos simbólicos de uma visão cosmológica e mítica. O escritor esotérico francês René Guenon, na representação da cruz, acrescenta a essas realidades espaciais os sentidos de "amplitude" e de "hierarquia" determinados, respectivamente, pelas linhas horizontal e vertical. A partir dessas duas direções, o homem colocado no centro atinge a sua totalidade – o que a doutrina hindu chama de Libertação (Moksha), e o esoterismo islâmico, de Identidade Suprema.[24]

O cruzamento de todas as direções e também o ponto de partida para todas as direções coincide com *a Axis Mundi, a coluna universal que une os três níveis cósmicos: a Terra, o Céu e os Infernos. O simbolismo do Centro do Mundo, como ponto de ligação entre a Terra e o Céu, é uma realidade comum em todas as religiões.* Segundo Mircea Eliade *"O homo religiosus necessita viver sempre no Centro, ou perto dele, pois este é o seu santuário natural, um lugar de comunicação com o mundo supraterrestre".*[25] O Centro situado no cruzamento dos pontos cardeais é o Cosmo por excelência, o lugar de onde o Universo se originou e se expandiu. É um lugar sagrado que se constitui numa rotura do espaço, em outras palavras, é uma abertura pela qual se tornou possível a passagem de uma região cósmica para outra, como um caminho aberto que percorre os três mundos. O centro é o ponto de Criação do Mundo, o umbigo da Terra onde a Árvore da Vida fertiliza e renova a natureza e os homens.

CRUZ E SOM NO UNIVERSO MÁGICO
XAMANISMO MAPUCHE

Kultrun, Tambor Mapuche, Chile
Instrumento usado pelas *machi* nos rituais xamânicos
Imagem geométrica da cosmovisão mapuche.

Kultrun é um instrumento musical dos índios mapuches, usado nos rituais xamânicos pelas *machi, as* mulheres-sacerdotisas. Geralmente as cerimônias têm finalidades terapêuticas, são uma busca de respostas para a cura espiritual e física da coletividade. O tambor mágico de pele desenhada com símbolos míticos, tem o poder de transportar os iniciados para os espaços sagrados que se localizam entre os céus e o interior da Terra. Ao som ritmado, os xamãs dançam e cantam para percorrer a jornada espiritual. Seus corpos são guiados pelo som, viajam para além dos mundos visíveis, envolvem-se em aventuras com entidades suprarreais, encontram-se com deuses, com os ancestrais da comunidade e com os espíritos tutelares da natureza e dos humanos.

A forma do kultrun – síntese visual e espacial do Universo mapuche – é um vaso cônico de madeira que representa a Terra na forma de uma pequena nave. O objeto-símbolo foi criado com os princípios da ordem quaternária; a pele do tambor demarca os pontos cardeais pela cruz e pelos quatro astros celestes. Em pares opostos, eles indicam o conceito de tempo e espaço, ou seja, Sol, Lua e Vênus no papel dual de Estrela Matutina e Vespertina são os astros sinônimos de dia e noite, de nascente e poente. Eles representam a periodicidade diária e os tempos do solstício e equinócio. Além desses astros, existe um estranho Sol, em forma de suástica rotatória e com ganchos, que representa o universo mapuche em constante transformação e dinamismo.

O instrumento de percussão tem no seu interior pequenos objetos da natureza, que fazem o efeito de um chocalho. O círculo representa Meli Witran Mapu, a terra dos quatro lugares. Os índios acreditam que, quando a membrana de couro vibra em todas as dimensões espaciais, o som permite que os espíritos dialoguem com os homens, que a magia se desencadeie e aconteça a comunicação. Após danças e cantorias, o xamã retorna de sua viagem sagrada, e traz conselhos, curas e feitiços para proteger as pessoas do clã. As m*achis,* são ao mesmo tempo curandeiras, xamãs, sacerdotisas, poetas e musicistas.

O centro da membrana do kultrun é considerado o ponto zero do mundo e o lugar onde acontece a peregrinação do espírito. No interior das duas linhas em cruzamento, foram colocados oito desenhos escalonados da cruz andina, a chamada chacana. Os povos pré-colombianos, dos Andes, usavam essa forma mágica para interligar o mundo tripartido dos deuses, dos mortos e dos vivos; em semelhança, os xamãs mapuches percorrem estes planos através de seus desenhos e sons. O significado visual dos tambores é a totalidade da terra, um conceito de mundo que os mapuches guardam no próprio nome; *mapu* significa terra e *che* quer dizer homem.

CRUZ ESPACIAL
A INVENÇÃO DA BÚSSOLA

Bússola chinesa séc. IV a.C.

Os chineses inventaram a primeira bússola sobre um quadrado, pois a forma da Terra era um plano limitado por quatro horizontes. Se na antiga China o mundo era planar e quadrado, obviamente, que o primeiro instrumento criado para determinar as direções terrestres repetiria a mesma configuração. Sobre uma superfície plana, gravaram duas cruzes em sobreposição, uma ortogonal em formato de cruz quadrada e a outra diagonal em formato de um grande X. As linhas das duas cruzes determinavam a direção espacial conforme indicação da agulha magnética.

As bússolas mais antigas eram compostas por um prato de metal representativo da Terra e seus quatro cantos. A superfície plana servia de suporte para uma colher de magnetite exercer o papel de ponteiro, que funcionava a partir da atração entre seu ímã e o sul magnético do planeta, em correspondência ao norte geográfico. Porém tal fenômeno físico era interpretado de outra maneira. Os chineses entendiam a bússola como uma representação simbólica do poder imperial; o trono era colocado no lado Sul, para que o soberano, quando estivesse sentado nele, visse todo seu império se apresentar de frente para os seus olhos..

ROSA DOS VENTOS
SOMATÓRIO DE TODOS PONTOS CARDEAIS

Rosa dos Ventos
A estrela dos pontos cardeais

O instrumento de navegação inventado pelos chineses, no século IV a.C., chegou à Europa através dos árabes. Em tempos posteriores, o napolitano Flavio Gióia, em 1302, completou o instrumento com a criação da rosa dos ventos. O desenho gráfico tem a finalidade de servir de fundo para a visualização da agulha magnética durante os agitados movimentos das embarcações em alto mar. Foi inventado para facilitar a leitura com a precisão das direções cardeais, colaterais e sub colaterais. O desenho consiste numa mandala em forma de estrela e pontas prolongadas, e nada mais é do que uma sobreposição de quatro cruzes gregas.

O cartógrafo que a criou manteve a tradição de decorar o ponto do Norte com a flor-de-lis, em alusão ao símbolo heráldico da família Anjou e deferência à coroa francesa, pois Nápoles, naquela época, era governada pela França. O pensamento simbólico dos primeiros navegadores renascentistas está registrado num pequeno detalhe à direita do círculo; na direção Leste, vê-se uma pequena cruz vermelha que indicava a cidade de Jerusalém, denominada Terra Santa.

Bússola é uma palavra de origem italiana que quer dizer "caixa pequena" e embora os italianos tenham criado a configuração, foram os portugueses seus maiores divulgadores. A bússola teve seu formato definido durante o século XV e permaneceu sem mudanças até o século XXI, com o advento do GPS, ou *Global Positioning System*. Popularizado apenas nas últimas décadas, a tecnologia desse pequeno aparelho foi inventada durante a Guerra do Vietnã, na década de 1970, para localizar e indicar submarinos e pontos da superfície terrestre através de satélites. Em 1993, lançaram o sistema completo com 24 satélites sobrevoando a órbita do nosso planeta. O GPS rapidamente desbancou todos os aparelhos anteriores por ser multifuncional, pois além de indicador espacial, ele também memoriza rotas, indica as horas, a altitude e a velocidade em que está acontecendo o deslocamento. Mesmo que a bússola tradicional esteja em total desuso, a imagem da rosa dos ventos mantém-se em uso como o signo espacial mais conhecido.

PADRÕES VISUAIS E SIMBOLOGIA QUATERNÁRIA

A ortogonalidade, enquanto padrão visual, é uma forma comum a todas civilizações e, comprovadamente, anterior às sociedades agrícolas. Matriz da cruz, presume-se que ela sempre tenha existido. Pinturas e desenhos decorativos tetramorfos apareceram em muitas religiões, geralmente como divindades associadas ao poder terrestre e à origem da vida; são seres que representam a ordem natural do universo e se manifestam como os senhores dos quatro ventos e os donos dos quatro mundos.

A consciência do tempo periódico determinou as atividades de trabalho comandadas e ajustadas pelas quatro estações. A vida no campo girava em torno do arar, semear e colher, mas as periodizações climáticas não se restringiam apenas às tarefas rurais, elas também definiam as festividades, as temporadas de lazer, da caça e dos jogos. O simbolismo do quaternário, como princípio da ordem, é resultado da regularidade solar e lunar. Esses fenômenos cósmicos não determinaram apenas a vida prosaica dos camponeses; por muito tempo eles estruturam o pensamento da sociedade em círculos moto perpétuos.

O homem medieval transferiu para os cultos religiosos a sua realidade de tarefas intermináveis; sem perceber, restabeleceu no universo do sagrado a mesma ordem numérica. Por exemplo existem quatro evangelistas, quatro bestas do apocalipse e quatro rios do Paraíso. Nas metáforas bíblicas, a visão de mundo era um espaço plano e cercado por quatro muralhas, que estava suspenso no ar por quatro colunas; representavam Jerusalém uma cidade murada com quatro portas para controle e proteção. O momento hierofânico para pronunciar o nome de Deus YHVH, em hebraico, exigia apenas o uso de quatro letras. No islamismo, estabilidade e permanência são interpretadas visualmente pelo quadrado, uma forma presente em todas etapas do seu pensamento religioso e, consequentemente, predominante nos padrões geométricos da sua arte.

O grande objetivo dos alquimistas sempre foi a compreensão plena da vida. Para esses magos que vieram da Alexandria egípcia, na antiguidade helenística, a maneira de explicar suas teorias é através de uma complexa simbologia quaternária. Para eles a Terra é um enorme cadinho em transmutação. No seu interior, minérios e os quatro elementos essenciais agem e interagem por combinações binárias, ou seja, a base numérica do quatro. Para os alquimistas, o mistério da vida é regido pela complementariedade e oposição, dos quatro elementares, a saber: ar, terra, água e fogo.

A simbologia quaternária é infinita; define as estações do ano, os períodos da vida, compõe os elementos na alquimia, na botânica e em tantos outros agrupamentos e categorias. Na China, os animais mitológicos agrupam-se em quatro, a saber: no Leste encontra-se o dragão; no Sul, o pássaro; no Oeste, o tigre; e no Norte, a tartaruga. No Ocidente, segundo Scheider, em citação de Cirlot,[26] os animais estão dispostos da seguinte forma: no Leste, onde ocorre o amanhecer, encontra-se o leão; o meio-dia e o Sul pertencem à águia, o Oeste ou a tarde são do pavão; e o Norte marcado pela noite é do boi. Em outras variações, o Leste é primavera, ar, infância, amanhecer e lua crescente. O Sul é verão, fogo, juventude, meio-dia e lua cheia. O Oeste é outono, água, maturidade, entardecer e lua minguante. E finalmente o Norte é inverno, terra, velhice, noite e lua nova.

ARTE RUPESTRE PRÉ-HISTÓRICA
SÍMBOLOS VISUAIS E RITUAIS ARCAICOS

Botoque de cerâmica é um instrumento labial usado pelas mulheres como vínculo de casamento.

A arte rupestre na sua origem nunca foi considerada manifestação estética, pois surgira como um instrumento mágico de obtenção de poder. Nossos antepassados acreditavam que, portando desenhos, poderiam dominar a natureza, assegurar boas caçadas, afugentar doenças e garantir vitórias nas guerras, ou seja, era uma maneira de satisfazer suas necessidades. No passado pré-histórico, os desenhos serviam como um canal de comunicação capaz de romper o distanciamento entre o universo físico do corpo e o universo imaterial da sua alma e das divindades. De uma certa forma, as abstrações gráficas tão frequentes em pinturas rupestres, na decoração dos artefatos arqueológicos e também sobre o corpo, correspondem a um sistema de escrita. São signos convencionais que correspondem a um espaço semântico tribal.

SIGNOS TRIBAIS
CIVILIZAÇÃO MURSI

Os povos não aculturados da tribo mursi, que habitam a isolada e distante região do Vale do Omo, ao sul da Etiópia e próximo à fronteira do Sudão, provavelmente sejam os últimos africanos a viver segundo os modos tribais e anteriores ao colonialismo europeu. O isolamento dos mursis, num mundo sem eletricidade e internet, permitiu que mantivessem suas tradições ancestrais. A originalidade existe desde a confecção de instrumentos de trabalho e guerra, à milenar prática de pastoreio ou à sua arquitetura de graveto, barro e sapé. Porém onde mais se destaca são os adornos corporais, nas pinturas, botoques e escarificações. Os mursis formam uma tribo étnica agropastoril que ainda vive em total ligação com a natureza e seu passado cultural pré-histórico. Provavelmente o local conhecido por Região das Nações, que abriga mais de 50 etnias diferentes, seja o último lugar da África a preservar a essência ritualística dos tempos arcaicos.

LINGUAGEM NÃO-VERBAL
EXPRESSÃO GRÁFICA CORPORAL

Na África etíope, somente as mulheres usam botoques. No Brasil, é o contrário, o ornamento indicador de prestígio é usado pelos homens entre os índios caiapós. Na tribo dos mursis, esses pequenos pratos de madeira ou argila, extremamente incômodos, são colocados nos lábios inferiores das meninas entre os nove ou dez anos, ou seja, no início da puberdade, como ritual de passagem para a idade adulta. Nesse primeiro momento fazem a remoção dos dentes incisivos inferiores, para favorecer o encaixe e prevendo o aumento gradual do diâmetro, que chegará a 12 ou 15 centímetros. Enquanto as meninas sublimam a sua condição feminina pelo botoque – e se orgulham de exibir através dele a sua nova identidade –, os meninos precisam apenas se comprometer a andar armados diariamente para defesa do grupo. O objeto é tão incômodo, que elas só usam em rituais, como o de servir alimento aos maridos e na ordenha das vacas e cabras. Viúvas não usam botoques. Na morte dos maridos, uma parte do ritual funerário é justamente quebrar o prato, como sinal de fim do vínculo de casamento.

As escarificações são uma tradição usada para diferenciar os grupos entre si. Tanto os homens como as mulheres gostam de exibir essas intervenções, pois elas significam beleza, sensualidade, força e poder. A perfuração da pele é feita com instrumentos pontiagudos e cortantes, as cicatrizes tornam-se salientes com o deslocamento da pele por espinhos. A dor das escaras é parte do ritual, é necessária, pois simbolicamente representa a entrada na idade adulta.

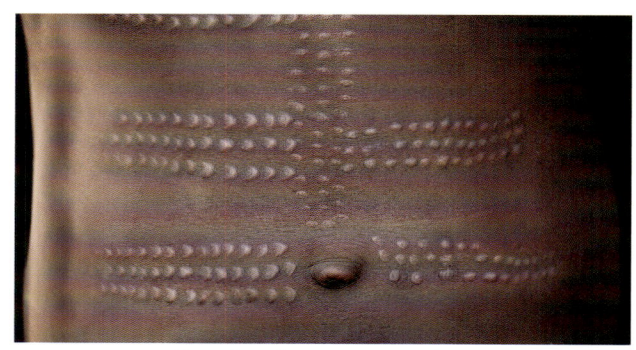

Escarificação cruciforme, Etiópia

Porém esse mundo mágico dos mursis está prestes a acabar. A cada dia, mais curiosos em busca da alteridade visitam suas aldeias e, ao invés de trabalhar conscientemente pela preservação cultural, eles acabam interferindo na autenticidade das suas crenças. Infelizmente com a chegada dos fuzis automáticos, introduzidos pelos "civilizados", a beleza e a originalidade dos seus rituais estão chegando ao fim.

A CRUZ QUADRADA NA ICONOGRAFIA CRISTÃ

O cristianismo distinguia-se do paganismo por ser uma religião com profissão de fé, em que além da relação pessoal com Deus, era preciso externá-la. Claro que os pagãos também prestavam homenagem aos seus deuses, mas não suportariam um martírio, para não renegar sua fé, como ocorreu com os cristãos. O historiador francês Paul Veyne nos diz que "*Cada povo tinha seus deuses para si e, adoravam quando queriam repetindo o dito popular 'se vuoi, come vuoi, cor chi vuoi, ou seja, se eu quiser, como quiser e com quem quiser'*".[27] O cristianismo, em compensação, tinha uma ortodoxia e dogmas, tinha uma forma, símbolos e um sentido de unidade expresso pela imagem da cruz e, mais que signo de identidade, a cruz tornara-se o próprio objeto simbólico.

No início do cristianismo, a simbólica religiosa vinha de três fontes transculturais: dos hebreus pela Bíblia, da erudição clássica greco-romana e da cultura dos povos bárbaros, ou seja, germanos, celtas, bretões, escandinavos e outros. A elaboração da ortodoxia ficou inicialmente concentrada na discussão teológica da cristologia pela imagem da cruz, que conseguiu, em si, a visualidade e a materialidade do dogma, no qual o Filho tem de ser plenamente Deus e plenamente homem.

TETRAMORFOS

Pendente Crucifixo Sueco
Museu de História Sueca, Estocolmo
Raro exemplo dos primórdios do cristianismo em Birka. O lugar era um centro viking de ricos comerciantes satisfeitos com seus deuses pagãos. Fizeram forte resistência e oposição à conversão religiosa, por não enxergar qualquer promessa de riqueza material pelo deus estrangeiro.

Lápide mortuária de Leôncio, um grego produtor e comerciante de seda (*serikarios*)
Museu Bizantino, Atenas
Na inscrição funerária vê-se uma suástica ladeada por duas cruzes gregas, significa a permanência da tradição pagã do culto ao sol em equidade com o símbolo de identidade religiosa cristã.

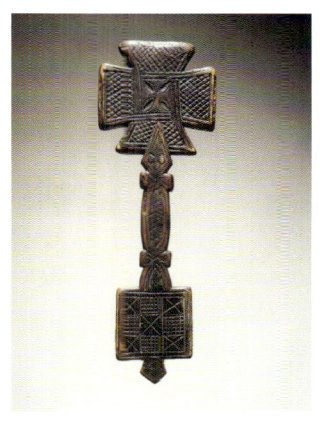

Cruz etíope, cultura amara. Cruz de procissão Brooklin Museum
Os etíopes foram os primeiros na África a aceitar o cristianismo, como também os primeiros a externar a nova religião pela cruz. Historicamente acreditavam-se descendentes diretos da rainha Sabá e do rei Salomão, razão que justifica seu forte vínculo religioso com os judeus.

Tetramorfo dos evangelistas
Placa de Agnus Dei, séc. X
Metropolitan NY
A cruz dos quatro evangelistas é explícita, ela tem no centro o cordeiro e, ao redor, os respectivos símbolos: anjo, leão, touro e águia.

Cruz Grega Bizantina
Museu Bizantino Atenas
Cruzes quadradas e adornos circulares em composição tetramorfa fazem referência à iconografia cristã representando unidade e monoteísmo.

Os padrões tetramorfos são composições simétricas que obedecem à ordem de agrupar os elementos em espaços quaternários. É um modelo muito usado em logomarcas e brasões, devido à fácil comunicação resultado da clareza e simplicidade visual. Os tetramorfos cristãos seguem uma composição cruciforme que representa os quatro evangelistas por seus símbolos referenciais. O fundamento dos tetramorfos encontra-se no livro do Apocalipse, em referência a quatro seres viventes que rendiam glória a Deus e também aos textos do profeta Ezequiel.

No pensamento simbólico, os evangelistas estão respectivamente representados da seguinte maneira: Mateus por um anjo-homem, Lucas pelo touro, João pela águia e Marcos é visto como o leão. A analogia dos evangelistas com os animais veio de Santo Agostinho e São Jerônimo no século IV. No Evangelho de Mateus, a narrativa começa com a Encarnação, portanto a sua representação é a figura de um anjo-homem. Os textos de Marcos começam com a figura de São João Batista, "*a voz que clama no deserto*" (Mc. 1:3), um ser solitário que resgata a força do símbolo da realeza, no rugido do Leão de Judá. Como Lucas debateu ao máximo o tema do sacrifício, ficou associado ao touro, animal usado nas oferendas dos rituais religiosos. Finalmente, a águia, o animal que representa o evangelista João representa ascensão em referência à elevada espiritualidade dos seus textos, que alcançam os céus. Os quatro evangelistas estão sempre dispostos ao redor da figura de Cristo.

CRUZ GREGA E ARQUITETURA CRISTÃ

A configuração da cruz encontra-se presente na maioria das construções cristãs, obviamente por expressar o próprio símbolo de identidade, porém muito além das aparências, porque ela é a materialização do pensamento agostiniano na busca da beleza sensível. A compreensão estética desse grande pensador apoiava-se na crença da unidade mística, e ele entendia beleza como harmonia criada pela vontade divina. Postulando Cristo no papel de governante espiritual da Terra, e através do triunfo da Igreja, a visualidade arquitetônica da Igreja seria uma referência ao conceito da Trindade contida na cruz. Santo Agostinho influenciou o pensamento teológico da igreja católica medieval; ele entendia que as coisas não deveriam ser interpretadas literalmente, mas sim metaforicamente, uma proposição que valia tanto para os textos bíblicos, como também para a arquitetura.

O modelo dos edifícios bizantinos veio direto do antigo Panteon romano, uma concepção espacial criada sobre o plano do quadrado e do círculo. Seu corpo volumétrico transposto para o universo cristão, transfigurou-se na Jerusalém Celeste que, por sua vez, reproduzia os templos judeus. A arquitetura assumiu o significado representativo da Cidade de Deus. Nela, os projetos e am feitos a partir do ponto centrado do cruzamento dos braços iguais da cruz grega, para o homem medieval a planta centrada tocava o transcendental. Os arquitetos buscavam qualidades que iam além da beleza das formas e a harmonia das proporções vitruvianas utilizadas pelos artistas humanistas. Os templos bizantinos seguiram um caminho diverso dos renascentistas. Mais que um prazer visual, eles eram um lugar sagrado e todo lugar sagrado por si é simbólico, e unifica os grupos humanos, dado que os símbolos proporcionam emoções vivenciais que vão direto à alma.

O pensamento tradicional da época julgava que a inspiração de um arquiteto era algo misterioso e semelhante à revelação de uma escrita divina. Os estudos atuais comprovam que havia uma atitude de fé, mas que esta vinha acompanhada por um rigoroso código de normas. As construções religiosas, além de agregar fiéis no seu interior, deveriam propagar conceitos teológicos e transmitir a ideia de unidade cristã. Um único Deus, uma única Igreja, uma única Imagem. Somente a pureza geométrica encontrada nas formas primárias conseguiria atender a estes quesitos.

As antigas igrejas cristãs respeitavam a direção leste-oeste determinada pelo Sol, pois as liturgias e as orações iniciavam em posições viradas para o nascente do sol.[28] Os arquitetos conseguiam repetir a metáfora da Luz em Cristo, pois mesmo um leigo, ao transpor o portal e caminhar em direção ao altar, era atraído pela iluminação natural do sol. Nesse percurso, simbolicamente deixaria para trás, em suas costas, as trevas, ou seja, o lugar do poente. Os artistas eram dedicados às coisas do espírito e, trabalhando com traçados ricos de símbolos, conseguiram imbuir a arquitetura de sacralidade; uma qualidade que se perdeu, mas que ainda hoje é respeitada pelos mulçumanos.

No interior das igrejas o espaço era totalmente vazio. Na época, não havia separações e nem cadeiras; dessa maneira, as pessoas andavam em contínuas orações e, às vezes, faziam paradas diante dos altares de sua preferência. Os fiéis costumavam se reunir em maior número no centro – onde os braços da cruz se cruzavam –, geralmente posicionado sob uma cúpula iluminada. Explicitamente este lugar fazia referência à coroa real e ao céu. Na corte bizantina, os emblemas da realeza misturaram-se aos religiosos, levando para a igreja os rituais da pompa imperial.

Em Ravena, região ao norte da Itália, encontrava-se a corte mais luxuosa do Império Bizantino. A cidade, que sob o comando de Justiniano se tornou o maior polo cultural e de referência para o resto da Europa, tinha uma corte sofisticada que vivia segundo o modelo criado por seu imperador. Ele era o chefe temporal e espiritual e, para comunicar e ostentar estas qualidades conjuntas, apresentava-se com coroa e aureola – uma forma chamada *cesaropapismo* pelo historiador Arnold Hauser.[29] Ainda hoje as igrejas ortodoxas mantêm as tradições estéticas bizantinas e, por isso mesmo, tornam-se facilmente identificadas. Em qualquer cidade do mundo são logo, e sempre, reconhecidas, porque preservam as mesmas formas há mais de 1.500 anos. Enquanto o Oriente podia exibir o luxo e poder da sua nova ordem política, em contraposição, o Ocidente ainda se reorganizava rudemente das invasões nórdicas e, embora os seus símbolos religiosos fossem exatamente os mesmos, eles se manifestaram em estilos diferenciados. O Oriente exibia cores e riqueza material, enquanto o Ocidente, apenas pedras e muita austeridade. A esse estilo de arte medieval deu-se o nome de românico.

BASÍLICA DE SÃO MARCOS – VENEZA

O templo nas sociedades religiosas representa o centro do mundo. Mais do que uma estrutura arquitetônica, o santuário é o sagrado por excelência, o lugar onde o invisível do divino se manifesta. Na Idade Média, a percepção do religioso impregnava todos os atos; Umberto Eco chama esse mundo povoado de significados e revelações numinosas de *cosmologia físico-estética*. *"O universo do homem medieval era pleno de referências, de supra-sentidos e de manifestações de Deus, a natureza falava continuamente uma linguagem heráldica, nela um leão não era só um leão, uma noz não era só uma noz e um hipogrifo era real como um leão porque, como este, era um signo de uma verdade superior"*.[30] Enquanto artistas e arquitetos faziam a tradução simbólica dos princípios da fé, Deus podia se manifestar pela natureza e falar por signos. Esse mundo transcendental perdeu-se no Renascimento, reergueu-se no barroco, mas posteriormente teve outra recaída com os filósofos racionalistas e iluministas da Revolução Francesa.

A basílica de São Marcos, em Veneza, no sentido figural, é um texto cristão. Seus construtores seguiram o pensamento de Santo Agostinho, no qual imagens são palavras que trazem à mente realidades que vão muito além das impressões causadas pelos sentidos. Arquitetos e artistas trabalharam a construção como se ela fosse uma leitura bíblica oficialmente autorizada pela Igreja, a guardiã da tradição e da interpretação.

FORMAS SIMBÓLICAS
TEXTOS VISUAIS

Fachada da Basílica de São Marcos
Construção iniciada em 1063, em Veneza

As portas são umbrais que separam o mundo profano do sagrado. Na basílica veneziana, elas estão dispostas em arcos concêntricos, têm a forma de nichos e, segundo Titus Burckhardt, além de serem uma imagem reduzida da *caverna do mundo*, isto é, do primevo espaço sagrado, elas também visualizam o texto bíblico dito por (João, 10:7-9): *"Em verdade, em verdade vos digo: Eu sou a porta. Se alguém por mim entrar será salvo"*.[31]

A porta em uma igreja cristã não é outra coisa senão o próprio Cristo. No projeto de São Marcos, a portada foi concebida com cinco unidades e seguiu os princípios da harmonia pitagórica, um pensamento defendido por antigos pensadores gregos, que acreditavam na beleza e nos mistérios das formas pentagonais. Esse conceito apreciado na antiguidade, retornou como materialização e representação da quintessência. Os antigos gregos acreditavam que o universo era composto por cinco elementos básicos: terra, água, ar, fogo e mais um hipotético quinto elemento, o éter, algo não palpável como uma realidade etérea, ou o elemento primordial do qual tudo se originou. Presente no cosmos, esse misterioso elemento é descrito como uma substância que interpenetrava tudo. Para os medievais, seria uma energia emanada do centro criador, uma realidade espiritual que estava em todas as coisas e era chamada pelos alquimistas de Pedra Filosofal.

O difícil conceito de quintessência, entendido como a essência da vida e o espírito da matéria, determinou que a composição espacial de São Marcos fosse harmonizada sobre o número cinco. Além das cinco portadas, a planta cruciforme do edifício está centrada sobre a quinta cúpula. O início da construção de São Marcos coincide com o impacto do não realizado Apocalipse e o nascimento de uma nova Idade Média. A geometria cruciforme é a representação visual da ordem cósmica que está fundamentada no poder do centro.[32] Toda composição cêntrica transmite a sensação de equilíbrio; no cristianismo ela também pode ajudar a compreensão metafórica do monoteísmo, pois nela todas as linhas partem ou convergem para o ponto central.

SIGNIFICADOS DA ARQUITETURA RELIGIOSA MEDIEVAL

Basílica de São Marcos, Veneza
A planta cruciforme vista externamente pelos volumes das cinco cúpulas, ou seja, formas que ficaram associadas à realeza por sua semelhança com as coroas dos monarcas. Por trás dessa simbologia visual existe um Estado em concordância com a Igreja.

Basílica de São Marcos, Veneza
No interior, a forma da cruz grega é vista e reafirmada pelos volumes invertidos das cúpulas. No teto, essas formas circulares criam o efeito de infinitude e dão sentido de sacralidade, porque reproduzem a abóbada celeste.

Uma igreja bizantina é antes de tudo um grande símbolo. Por exemplo, a disposição da planta em três naves corresponde ao mistério da Santíssima Trindade. As formas, sejam elas estruturais, sejam decorativas, além de nos proporcionar um imenso prazer estético, também se tornam uma vivência mística, uma palavra difícil de ser explicada nos dias de hoje. Excedendo a obviedade das aparências visuais, as igrejas medievais são: *"Realidades íntimas de cada um e nada têm de ilusórias, são realidades que permitem uma vivência de integração com o universo, uma experiência com a pluralidade e o Uno, é um sentimento de unidade com o cosmos, que poderemos chamar de consciência cósmica".* [30] Entre as três categorias – pictórica, escultórica e arquitetônica –, o simbolismo espacial é o mais difícil de ser entendido à primeira vista, mas é o mais envolvente diante do mistério do sagrado. A experiência espacial é menos intelectualizada e mais vivenciada, está mais próxima do desvelar do que a descoberta cognitiva. Adentrar um edifício é submeter-se ao sensorial de maneira única, subjetiva e intensa.

BASÍLICA DE HAGIA SOPHIA

Hagia Sophia, o edifício concebido em forma de cruz e, construído em 532 pelo imperador Justiniano, tornou-se modelo arquitetônico e marco do novo ideário religioso. De inspiração romana, a basílica foi adaptada para atender às exigências da espiritualidade cristã: congregar, praticar as liturgias e rememorar. Os arquitetos cristãos, Artêmio de Trales e Isidoro de Mileto, criaram uma linguagem visual baseada na metáfora e colocaram a geometria a serviço da teologia. A partir desse projeto, o corpo das igrejas ficava contido dentro de um quadrado ou retângulo, representativo da Terra, e encimado por uma grande cúpula, símbolo do Céu. Os espaços destinados aos rituais e encontros dos fieis teriam que necessariamente transmitir a imagem do divino, e nada mais sagrado, para um cristão, do que a imagem da cruz.

O partido centrado e configurado pela cruz tornou-se padrão. Constantino precocemente entendeu o poder da imagem como instrumento de comunicação e também como marca de identificação, ou de diferencial. A imensa cúpula, que domina o espaço interior de Hagia Sophia, está apoiada em quatro pilares de marmore e parece levitar; ela mede 31 metros de diâmetro e 54 metros de altura. É um desafio arquitetônico e, ao mesmo tempo, a imagem-síntese da máxima doutrinária do monoteísmo e da eternidade, pois o círculo é uma forma sem princípio e nem fim, e que tem no centro todos os pontos de convergência e de irradiação.

Nesse raciocínio de associações visuais, as cúpulas centralizadas, que correspondem à ideia de unidade arquitetônica, e simbolicamente dão a sensação de abóbada celeste, vistas pelo exterior, remetem à imagem de coroa e mostram a aliança entre Estado e Igreja. O uso dos materiais nobres como ouro, prata e pedras preciosas, erroneamente interpretado como demonstração de poder e riqueza da igreja institucional, era na verdade um recurso simbólico para mostrar riqueza espiritual e celestial. A ornamentação interna com certeza era um prazer para os olhos, mas tinha o propósito de ser a visão do Paraíso na Terra. Em outras palavras, os artistas trabalhavam com o propósito de transpor a beleza e o valor dos materiais para o símbolo representado.

Os autores medievais, amantes de analogias, conceberam a basílica como união entre o celestial e o terrestre; como a imagem do cosmos sobre quatro pilares. A arquitetura de Hagia Sophia é considerada um dos primeiros espaços-símbolos do cristianismo. Construída para ser a catedral de Constantinopla, ela expõe o pioneirismo no uso da cruz e o conceito religioso de ponto axial do centro do mundo.

IGREJA DA SANTA SABEDORIA, UM ESPAÇO TRANSRELIGIOSO

Igreja de Hagia Sophia, Capital Istambul, antiga Constantinopla. 532
Vista externa evidencia o corpo cúbico e retangular, a cúpula central e os quatro minaretes mulçumanos.

Cúpula central, vista interna
Simbolismo de monoteísmo, abóbada celeste, eternidade e unidade.

A basílica de Santa Sofia, considerada o mais antigo exemplo de igreja cristã, foi concebida sobre planta centrada em forma de cruz grega. Em 1453, a cidade de Constantinopla caiu em domínio turco. Quando os mulçumanos ocuparam o espaço, acrescentaram quatro minaretes ao corpo do edifício, e o resultado ficou curioso, pois esses elementos da religião islâmica deram mais ênfase à forma da cruz cristã já existente na planta original.

SÍMBOLOS CRISTÃOS E CONCEITOS ISLÂMICOS EM HARMONIA NA ARQUITETURA DA PRIMEIRA IGREJA EM PLANTA CRUCIFORME

Hagia Sophia, símbolo do Império Bizantino, que em grego significa Sagrada Sabedoria é dedicada a Logos, a segunda pessoa da Santíssima Trindade e, por essa razão, sua data de festejos é em 25 de dezembro, dia do nascimento de Jesus de Nazaré. A partir de 1453, o edifício virou mesquita mulçumana e manteve-se com esta ocupação até 1931, quando foi secularizada e transformada em museu e patrimônio cultural. Católica por 500 anos, mesquita por um tempo quase igual e museu por 90 anos recentemente, em 2020, por decreto presidencial, voltou a ser mesquita mulçumana. Representantes culturais internacionais e patriarcas da Igreja Ortodoxa receberam a medida como inaceitável violação à liberdade e respeito ao espaço transreligioso.

ARQUITETURA DA FÉ
NATUREZA EM CRUZ

Igreja de São Jorge - ou Bete Giorgis, séc.XII
Vista aérea da igreja escavada na rocha em Lalibela, Etiópia

Nos templos cristãos, a cruz, essência do sentido litúrgico, está sempre visível nos altares, nas fachadas ou mesmo na própria definição do projeto arquitetônico. Onipresente, é verdade, mas nunca como na igreja de São Jorge de Lalibela, na Etiópia, um edifício escavado na montanha e concebido como uma imensa cruz multifocal.

A arquitetura de Lalibela é diferente das demais, ela resume-se a uma cruz vista em plenitude. É um padrão *sui generis* e de cunho fractal, no qual várias vezes a imagem da cruz se reproduz de maneiras e proporções diferentes. Isto é, a sua construção tem formas auto semelhantes que se repetem em novas formas auto semelhantes. Em Bete Giorgis, a cruz é vista em simultaneidade: pela cobertura, planta, paredes e janelas.

Em meados do século XII, os descendentes do rei Salomão e da rainha de Sabá criaram uma curiosa cidade escavada num maciço rochoso. Sabe-se que escavar montanhas para construir casas é uma prática antiga e usual ao redor do mundo, mas nunca isso foi feito com o rigor das construções etíopes. A cidade, de pedras vulcânicas, é formada por um conjunto de 11 igrejas e um mosteiro, numa clara alusão às 12 tribos de Israel. Além desse aspecto, ela está organizada em relação ao rio local, renomeado de Jordão. Os sólidos edifícios que protegem seus fiéis na superfície, se interligam no subterrâneo, por meio de uma intricada rede de túneis. Lalibela, concebida como uma grande metáfora bíblica, foi planejada por um único homem, Gebral Maskal Lalibela, o soberano-autor e fundador, que deu seu próprio nome ao lugar. O rei apresentou-se como herdeiro da dinastia Salomônica, uma linhagem criada por Menelik, filho do rei Salomão e da rainha de Sabá e, para justificar sua linhagem direta do rei hebreu, incorporou muitos elementos do judaísmo.

O cristianismo tem uma longa história na Etiópia, data do século I, com a primeira comunidade, de acordo com os Atos (8:26-40), quando o apóstolo Felipe foi enviado para lá. No século IV, após o reconhecimento de Constantino, a Etiópia foi o primeiro reino, em todo mundo antigo, a cunhar uma moeda com a imagem da cruz. Os etíopes criaram um cristianismo de fusões, de caráter teológico, entre o Antigo e o Novo Testamento e, estético, entre a antiga arte egípcia e a bizantina. O resultado é um estilo iconográfico diferenciado e extremamente simbólico.

Lalibela, a cidade que exibe no edifício Bete Giorgis – ou a A Casa de São Jorge – é a plenitude do símbolo da cristandade, nasceu para ser uma segunda Jerusalém. Localizada no Norte da África, em área isolada e distante, a igreja representa Cristo como a Divindade manifestada na terra, significa o *"Homem-Deus encarnado no edifício sagrado em holocausto"*.[34] A igreja, única no mundo, é o que se pode chamar de construção numinosa. Feita de mistério e sacralidade, ela ultrapassou o conceito tradicional de arquitetura religiosa, extrapolou a representação e se apresentou como a própria cruz. Composta por muitas cruzes, Bete Giorgis, é uma cruz multiespacial que interconecta o conhecimento à fé.

O edifício tem 20 metros de altura e nenhuma parte em alvenaria, foi escavado em um único bloco de rocha e em um curto espaço de tempo. Com uma técnica construtiva escultórica, o entalhe, a obra foi realizada em torno de vinte e poucos anos. O trabalho progressivo de subtração do material foi feito em simultaneidade com a determinação das fachadas e dos espaços internos. Enquanto escavavam, abriam portas, janelas, cinzelavam pilares, arcos e relevos, ou seja, todas as partes da obra foram realizadas em sincronicidade. Conceber este método construtivo já não é fácil, mas pensar que trabalharam sem a ajuda dos equipamentos tecnológicos atuais, sequer tinham eletricidade, nem maquinária, simplesmente deixa nossos arquitetos e engenheiros sem resposta.

Existem outros espaços subterrâneos e escavados na região, que vai da África ao planalto da Capadócia, também feitos pelos cristãos, mas nada que possa se igualar à precisão da geometria cruciforme de Bete Giorgis. Se em todos os lugares do mundo, a arquitetura sagrada encontrou nos seus próprios métodos de construção os elementos determinantes para externar a sua forma simbólica, em Lalibela os limites desta percepção foram ultrapassados; lá seus construtores criaram um conjunto de edifícios que vivenciam a experiência mística de ser cristão. Ancorar por seus interiores e se deparar com formas mítico-religiosas por todos os lados, equivale a fazer uma travessia espiritual pelo corpo simbólico do Crucificado.

Igreja de São Jorge com 20 metros de altura
escavada por inteiro na rocha vulcânica

Infelizmente não existe documentação que comprove o projeto dessa cidade medieval esquecida, e somente redescoberta no período das Grandes Navegações, por missionários portugueses. O primeiro a falar dela foi padre Francisco Álvares, mas seus relatos se restringiram apenas às descrições dos espaços e suas proporções. Por não encontrar qualquer explicação que confirmasse as técnicas construtivas e, também para não cair na tradição lendária de explicar a perfeição por obra de mãos celestiais, ele supôs a existência de algum intercâmbio entre arquitetos locais e os de Alexandria. Sua tese baseia-se no milenar conhecimento dos egípcios para construções líticas.

Com certeza, o padre não estava se referindo às pirâmides, pois estas foram edificadas com pedras sobrepostas, mas atribuía semelhança aos obeliscos, pois da mesma maneira eles tinham proporções agigantadas e eram escavados por inteiro como esculturas sólidas. O maior obelisco de que se tem notícia é originário do templo de Amon. Ele mede quase 50 metros de altura, e atualmente se encontra em Roma, em frente ao Palácio de Latrão, desde o século IV. As igrejas etíopes são bem menores, medem por volta de 20 metros, mas por serem totalmente escavadas e terem espaços internos vazios, elas apresentam uma complexidade sem paralelo na história da arquitetura, que ultrapassa os desafios dos obeliscos.

As recentes pesquisas arqueológicas confirmam que no reino etíope, por um longo tempo, o monoteísmo cristão foi cultuado em convivência com o antigo politeísmo egípcio e com mais liberdade do que em Roma. Selos e moedas etíopes confirmam a força do cristianismo na região do Império Aksumita, um local importante na rota comercial, que ligava o Mediterrâneo ao mar

Vermelho e Ásia. Na Idade Média, os cristãos tinham a tradição de visitar ao menos uma vez na vida a cidade de Jerusalém, da mesma maneira como os mulçumanos iam à cidade de Meca. Porém, quando Jerusalém foi dominada pelos árabes, a tradição das peregrinações foi interrompida; enquanto os católicos europeus resolveram se voltar para Roma, o rei Lalibela preferiu criar no seu reino uma réplica simbólica da Cidade Santa. Ir a Lalibela era uma experiência única, era a possibilidade de viver o transcendental e o divino.

CRISTIANISMO RESPLANDECIDO
LUZ EM CRUZ

Lalibela é fé talhada em pedra. No interior dos edifícios, moldaram paredes, abriram portas e criaram janelas iluminadas em forma de cruz. É uma arquitetura tão inimaginável e única que, sem mais fronteiras entre realidade e lenda, Lalibela se tornou uma obra feita por anjos. As cruzes, visíveis em todos os seus ângulos, repetem-se na visão frontal, lateral, em planta, nas janelas e detalhes. Se externamente o simbolismo da cruz é evidente, no subterrâneo oculto dos túneis ela transmite a basilar ideia de unidade da Igreja cristã. Bete Giorgis de Lalibela é a diferença entre arquitetura religiosa e arquitetura sagrada. Além de fugir do sentido comum dos métodos construtivos, ela é o próprio símbolo configurado. Lalibela é o corpo de Cristo concretizado na pedra e a materialização da fé, a igreja capaz de ascender os fiéis peregrinos à sacralidade é uma vivência mística, que atravessa o tempo e as histórias.

Janelas em cruz quadrada e variações - Lalibela

Todas as janelas foram esculpidas em forma de cruz quadrada. Dessa estrutura original, surgiram novas cruzes como a suástica e a cruz patada, de extremidades alargadas. O efeito interno é surpreendente, pois além do contraste de luz e sombra, as aberturas escavadas têm todo conceito espiritual do cristianismo, revelado simbolicamente pela luz cruciforme. Lalibela é a materialização das palavras *"Eu sou a luz do mundo, quem me segue terá a luz da vida."* Jo 8:12).

CRUZ DE SÃO JORGE

Cruz de São Jorge

A cruz de São Jorge, identificada em símbolos nacionais por muitos países, representa o mito do guerreiro vitorioso que preza mais os sentimentos de coragem e determinação do que a violência beligerante. Seja nos emblemas heráldicos, seja em bandeiras ou logomarcas, o sentido oculto da sua cruz é: luta e justiça. Embora São Jorge seja um santo muito popular, a sua vida continua envolta em incertezas e mistérios. Se algumas de suas histórias confirmam verdades outras, no entanto, sobrevivem apenas no campo da fantasia. A tradição assegura que o soldado natural da Capadócia, morreu como mártir cristão, vítima de perseguições feitas por Diocleciano. O imperador havia publicado um édito que proibia qualquer soldado de professar o cristianismo e mais, que todos deveriam continuar com a tradição dos rituais de sacrifícios aos deuses romanos. Jorge não apenas desprezou tais instruções, como enfrentou o imperador em defesa dos cristãos. Além do domínio das armas, ele dominava bem as palavras, um dom que lhe garantia fascinação sobre as pessoas.

Com apenas 23 anos, Jorge já ocupava o cargo de Tribuno Militar e ostentava o título de conde da Capadócia. Filho de militar graduado, foi precocemente preparado para ingressar na carreira, mas, apesar da familiaridade com o núcleo do poder imperial, sua ascensão profissional é reconhecida como uma conquista de méritos pessoais. Quando passou a morar na corte e já cristão, chocou seus pares ao distribuir seus bens entre os mais pobres da sociedade. Os biógrafos contam que sua morte foi decretada pelo fato de ter se posicionado publicamente contrário à determinação imperial de extermínio dos cristãos. Diocleciano via o cristianismo como ameaça, pois acreditava que essa religião seria capaz de quebrar a obediência e as hierarquias do exército. Jorge foi torturado diante dos devotos, como uma estratégia para causar medo, mas, para desgraça do imperador e na contracorrente dos seus desejos, o sofrimento, acompanhado de encorajadas confirmações de fé, só fez aumentar o número de cristãos. Diante da multidão, Jorge dizia-se servo de Cristo, somente a quem devia obediência.

Diocleciano, constatando que não conseguiria dissuadi-lo e que a exibição do martírio só enfraquecia sua autoridade, pôs fim ao suplício ordenando a degola. Tudo isso aconteceu em Nicomédia, na Ásia Menor, na atual Turquia, no dia 23 de abril de 303. Muitos romanos que assistiram ao martírio e haviam se compadecido com o sofrimento e a altivez de Jorge acabaram se convertendo, inclusive Alexandra, a esposa do imperador, que segundo cultos da Igreja ortodoxa, foi decapitada. Enfrentou a sentença com serenidade, como fizera o cavaleiro Jorge. Para desespero de Diocleciano, Alexandra morreu aclamada como mártir cristã. Enfim São Jorge é uma história crível, mas sem um corpo físico para comprovar sua veracidade.

SÃO JORGE, O CAVALEIRO MEDIEVAL GUERREIRO CRISTÃO PROTETOR DOS CRUZADOS

De verdade comprovada, sabe-se apenas que o culto ganhou os primeiros adeptos a partir das Cruzadas, ou melhor, foi em meio a elas que São Jorge surgiu mesclado aos cavaleiros cruzados, não apenas pela imagem das vestimentas e do estandarte de cruz vermelha, mas principalmente pela coragem nos trabalhos de propagação da fé cristã. Seja qual for o culto ao santo, todos aceitam a lenda de que a primeira aparição mítica de São Jorge se deu durante o cerco de Antioquia, em 1097, na Primeira Cruzada.

Contam que os cavaleiros que estavam mais próximos aos muros externos da cidade foram surpreendidos por uma visão extraordinária. No alto da muralha, viram um jovem que resplandecia por um forte clarão de uma luz; ele se destacava dos demais, porque, além de iluminado agitava um estandarte branco no qual se via uma enorme cruz vermelha. Luz e movimento vistos à distância começaram a atrair cada vez mais cruzados. Reanimados pela visão mágica, os guerreiros escalaram os muros da cidade, renderam Jerusalém e abriram caminho para o estabelecimento do Reino Cristão na Terra Santa. Há séculos, a tradição oral conta e reconta o mito São Jorge dessa maneira.

Se Jorge viveu como militar e morreu como mártir, de certo mesmo, de real e que possa ser comprovado, tem-se apenas que a devoção de São Jorge e sua respectiva cruz entraram na Europa pelas mãos dos cruzados. Existia identificação entre suas histórias, visto que igualmente eram guerreiros coadunados com o espírito belicoso e cristão da época. Entre fatos e fantasias, adicionaram à sua caracterização de nobre militar lendas envolvendo exóticos dragões e indefesas princesas, criaram historietas ao gosto cortesão que, entre versões variadas se reproduziram nos romances e versos dos trovadores.

Apesar das narrativas biográficas basearem-se apenas em documentação lendária e apócrifa, o santo caiu no gosto popular. Por trás dessa aprovação está a empatia da sociedade. Ao mesmo tempo que sua figura significava a gentileza e o refinamento aristocrático do cavaleiro medieval, representava também coragem guerreira e compromisso cristão de proteção aos indefesos. São Jorge equilibra-se entre o mártir e o soldado destemido. Porém, não como um soldado qualquer, que tem suas qualidades centradas no manejo das armas; a visão que se tem de São Jorge é a de um guerreiro que luta e se sacrifica em prol do coletivo.

Templos, imagens e textos em homenagem a São Jorge encontram-se por toda Europa, margeiam o Mediterrâneo pela costa europeia e o norte africano. Da Península Ibérica à Rússia, São Jorge dá nome a cidades, povoados, pessoas e organizações, mas apesar do renome e número extraordinário de devotos, o seu culto, como o de outros santos populares, foi questionado durante o Concílio Vaticano II nos anos 1960. Ele não chegou a ser cassado, mas foi por pouco. Essa questão foi revista graças aos protestos que vieram de todas as partes, afinal ele é um dos santos mais venerados entre católicos, ortodoxos e anglicanos. Os teólogos ficaram surpresos diante da intensidade do culto; pode-se ver que não imaginavam a popularidade do cavaleiro medieval, como também não entendiam a persistência da devoção em plena sociedade moderna. Tais religiosos, totalmente distantes da realidade, desconheciam o poder do mito. São Jorge sobreviveu porque sempre esteve além dos feitos medievais, nos quais foi criado. Sua figura mítica corresponde ao arquétipo masculino do guerreiro destemido e, ao mesmo tempo, representa o arquétipo feminino de justiça; essas duas qualidades juntas servem de padrão no imaginário coletivo, para formar o ideal de ação recompensada.

Jorge de Capadócia
Sentou praça na cavalaria.
Espada, facas e lanças se quebrem
Cordas e correntes se arrebentem
Salve Jorge, salve Jorge.

Jorge Ben Jor

São Jorge, o santo guerreiro e patrono de muitos exércitos nacionais, continua associado aos campos de batalha, sejam eles físicos ou metafóricos. Sua longa história começou no período medieval, durante o processo de formação dos primeiros reinos cristãos que, posteriormente, foram transformados em centros políticos e econômicos de muitas nações europeias atuais. Lendas misturavam-se a lutas reais e deram origem aos primeiros relatos históricos. São Jorge, na Península Ibérica, ficou associado à epopeia da Reconquista, com a expulsão dos mulçumanos. Por mais de sete séculos seguidos, cristãos e mulçumanos intercalaram períodos de paz e guerra. Após a morte do profeta Maomé, em 711, berberes saíram da África, entraram na Hispânia através do estreito de Gibraltar e empurraram os reinos visigodos para as montanhas do Norte. Os portugueses conseguiram recuperar seus territórios em 1147, e os espanhóis em 1492, no ano da descoberta da América.

Em Portugal o símbolo da retomada é o Castelo de São Jorge, em Lisboa, uma antiga fortificação lusitana que se tornara sede da elite mulçumana. O episódio, conhecido por Reconquista Cristã, ocorreu exatamente 50 anos após os fatos transcorridos em Antioquia, com os cruzados. Os dois cercos lendários carregam muitas semelhanças, pois, além de repetirem manobras militares, tiveram o mesmo santo por protagonista. Igualmente São Jorge apareceu iluminado, liderou os soldados e os levou à vitória sob sua orientação e proteção. Esse fato histórico misturado à fé, incorporou São Jorge nos emblemas nacionais portugueses; posteriormente, pela prática do colonialismo, os símbolos de Estado viajaram o mundo, popularizando o mito de São Jorge.

A SAGA DO CAVALEIRO ARISTOCRATA NO MUNDO DO CAPITALISMO BURGUÊS

Paolo Uccello. *São Jorge,* 1456, National Gallery, Londres

Os três protagonistas alinhados em primeiro plano são a princesa, o dragão e o santo guerreiro que simbolicamente representam: fragilidade do refém, maldade, e coragem da ação libertadora.

São Jorge, representado como o cavaleiro em luta contra o mal, na alegoria do dragão, corresponde ao mito do herói, aquele que se entrega e dá a própria vida por algo maior que ele mesmo.[35]

Se no Brasil o guerreiro Jorge reacendeu africanizado, na Itália renascentista ele se tornou um refinado e elegante cortesão. São Jorge é um arquétipo, isto é, ele corresponde a um padrão. O termo *arquétipo*, de origem grega, é formado por duas palavras: *archein* + *typos* que significam original e padrão, referem-se a ideia de original do qual pessoas similares, objetos ou conceitos são derivados, copiados ou modelados. São Jorge sendo um arquétipo, não é uma coisa palpável, ou seja, ele é resultado de informações, crenças e comportamentos básicos. Na psicologia analítica, eles correspondem aos mitos universais que vivem no inconsciente coletivo, são matriz e imagens primitivas que atuam no amadurecimento da mente.

São Jorge, mais que um santo, concentra as qualidades do herói. É aquele que ao matar dragões repete a coragem e a competência do guerreiro, é o que encarna o mito do vencedor e do salvador. Ele é o mito. "*Os mitos guardam uma forma universal de se manifestarem nos mais variados grupos. Eles repetem a mesma história e surgem em momentos especiais, quando necessitamos estabelecer uma identidade coletiva.*[36] Para os habitantes de Florença, que viviam em guerra com as demais cidades toscanas, os valores militares da cavalaria serviam de código moral para suas condutas, como também alimentavam a fantasia de seus artistas e poetas. As cortes apreciavam narrativas de heróis armados e histórias daqueles que tiveram suas vidas marcadas por coragem e sacrifício. São Jorge era uma rara figura capaz de reunir tais qualidades com facilidade, inspirava artistas e refletia a sociedade em seus medos e necessidades.

O Renascimento, financiado pela burguesia comercial, foi um tempo de intensas contradições e alguns extremos. Se por um lado, os empreendedores do primeiro modernismo histórico estavam abertos para transformações políticas, como foi a implantação dos Estados Nacionais, por outro lado, desejavam os padrões morais e residuais da antiga aristocracia. Se foram revolucionários, na luta pela centralização do poder junto aos reis e, colocaram-se em oposição à fragmentação defendida pelos senhores feudais, se abriram a economia das novas nações para o mercado através de relações comerciais. E, finalmente, se na área do conhecimento desafiaram crendices e bancaram corajosos navegadores que criaram novas rotas, mudaram a geopolítica e o conceito de mundo. Entretanto, apesar de tantas mudanças, ficaram rendidos à tradição dos títulos nobiliárquicos. Enfeitiçados pelo requinte e *modus vivendi* da aristocracia, em pouco tempo os burgueses, antigos plebeus, substituíram a tradicional nobreza de toga e espada por certidões e nomeações.

São Jorge era uma figura que, extraída do espaço religioso, era capaz de, no imaginário renascentista fazer pontes entre o feudalismo e a burguesia capitalista. Para manter sem conflito a estrutura hierárquica do passado e conviver com as mudanças desses novos segmentos sociais, a sociedade renascentista simbolicamente encontrou um ponto de equilíbrio no culto a São Jorge. O antigo cavaleiro conseguia agregar tanto os anseios da nova classe, quanto a tradição da antiga nobreza. Circulando entre o passado feudal e a modernidade burguesa, o mártir cristão passou de soldado habilidoso a cortesão refinado.

A burguesia capitalista inicialmente ridicularizada como os *novos ricos*, resolveu sua depreciação social com o simples exercício de troca de favores, em outras palavras, com o financiamento das Ordens Militares. Essas organizações tinham obrigatoriedade de fidelidade ao trono e defesa do Estado e, em contrapartida, garantiram para si títulos e privilégios comerciais. Surgiram duas novas classes: a burguesa com atividades comerciais e financeiras e a dos ex-plebeus enobrecidos. As cidades renascentistas dispendiam suas riquezas, sacrificavam parte da população e ocupavam a criatividade das cabeças mais inteligentes com guerras. A sociedade, que vivia sob o jugo de suas cidades-estados autônomas e competitivas, sabia que só existiam dois caminhos para se alcançar a hegemonia desejada: por meio de acordos, ou por meio de guerras. Fracassando a primeira estratégia, as lideranças locais sabiam que, para envolver a população e animá-la para o sacrifício da guerra, teriam que recorrer aos artifícios de persuasão, e, entre eles, o mais certeiro encontrava-se no mito do santo guerreiro.

São Jorge, sendo lenda ou realidade, o que não importa, respondia às necessidades daquele momento. Ele concentrava os ideais da cavalaria e o destemor do guerreiro viril, ao mesmo tempo estava apto para defender donzelas. Ao introduzir o caráter da delicadeza feminina e reforçar os ideais humanitários dos cortesãos, ele, o mítico protetor e salvador, transpunha o universo

Donatello. *São Jorge*, 1415

O santo visto por Donatello é o herói militar e viril que tem o corpo protegido por uma agigantada cruz em relevo no escudo. O escultor resgatou o valor apotropaico da cruz, iniciado pelo imperador Constantino, o mito arquetípico do defensor e da coragem masculina; é também um elogio à beleza física e juvenil, herdada das culturas clássicas greco-romanas.

sanguinário e rude dos campos de batalha. Dessa maneira, era possível existir um São Jorge ideal e adaptável para as necessidades de cada membro da sociedade. Segundo as lendas populares, o guerreiro vinha de um *"pobre reino que vivia em maldição por estar dominado por um monstro que exigia, como tributos, a entrega de castas donzelas indefesas que seriam devoradas"*.

Nestes contos, as donzelas são sempre libertadas por jovens guerreiros de origem nobre, que usam mais da astúcia e da coragem do que da sua força física. Esta narrativa fictícia, como muitas outras, são herdeiras de Minos, a besta meio homem e meio touro que habitava os subterrâneos de um gigante labirinto em Creta. O dragão, para a Igreja medieval, era uma criatura reptiliana, uma espécie de serpente alada capaz de cuspir fogo ou veneno, e associado a satanás. O que importa é que, por detrás do mito, os valores de uma época sempre se manifestam. Existem várias interpretações desta fantasia medieval; numa delas, o dragão está associado à idolatria pagã, o animal representa o mal coletivo, que foi destruído pelas armas da fé. Já a donzela espelharia a província da qual o santo extirpou as tais heresias inimigas do cristianismo.

Nas circunstâncias do Renascimento, o dragão também poderia retratar os *condottieri*, ou seja, os governantes militarizados das cidades rivais e dominadoras, enquanto a donzela representaria a sua própria cidade que caiu refém e ficou fragilizada, mas que graças ao santo guerreiro, fora libertada. Dessa maneira, o culto a São Jorge justificava as guerras, pois a morte e o sacrifício seriam em nome da conquista da liberdade e da restauração da honra. Como se vê, São Jorge é uma lenda contextualizada na época e no gosto das Cruzadas, mas que, bem contada e revisitada, pode perfeitamente se adaptar a qualquer outra época. Há milênios São Jorge cumpre papel mítico, no imaginário da sociedade. Com outros nomes e diferentes situações circunstanciais, ele existe em várias civilizações e é sempre o mesmo, ou seja, o herói que enfrenta e domina o mal. São Jorge pertence ao rol dos mitos universais.

SÃO JORGE ENTRE O SAGRADO E O PROFANO FOLCLORE E SINCRETISMO RELIGIOSO BRASILEIRO

No Brasil a devoção a São Jorge é algo bem mais popular e está na alma do sincretismo religioso afro-brasileiro. Através de um paganismo-cristão, ou quem sabe de um cristianismo-pagão, os umbandistas homenageiam São Jorge nas igrejas católicas tanto quanto em seus terreiros. Para uns, ele é Ogum, para outros é Oxóssi. São Jorge é a simbiose entre os cultos escravos e os escravocratas. A dissimulação fez com que os atributos do santo católico se identificassem tanto com os atributos dos orixás que, em certas exteriorizações, ninguém consegue mais diferenciar onde começa um e onde termina o outro. O sincretismo teve o mérito de preservar sem embates a história mítica dos africanos.

Ninguém sabe ao certo como foi que isso aconteceu, mas somente no Brasil, São Jorge mora na Lua. Dizem que: *"Aqui na Terra, em noites de lua cheia, dá pra ver a olho nu o santo guerreiro empinado em seu cavalo branco, com a lança em posição de ataque. Na Lua ele vive só, sem princesas e sempre pronto para a proteção de qualquer um. Basta fazer uma demanda, mas com muita fé"*. Muitas tradições que sobreviveram no imaginário não possuem uma origem precisa, sabe-se apenas que são resultados de aculturação entre escravos e senhores. Outra versão diz que a imagem de São Jorge na Lua tem raízes mais antigas e pode ter vindo do oriente asiático. Na China, o dragão é reverenciado como uma força cósmica que habita uma linha celestial e imaginária, chamada de órbita da Lua. Essa complexa e sofisticada interpretação, que ainda necessita de comprovação, contrapõe-se aos folcloristas, que preferem acreditar no fato de São Jorge morar na Lua ser pura invenção africana.

SÃO JORGE NO BRASIL PERDEU A PRINCESA E A CRUZ VERMELHA, EM COMPENSAÇÃO, GANHOU A LUA, UM ORIXÁ E UM TIME DE FUTEBOL.

Como São Jorge foi parar na Lua é assunto para folclorista, porém enxergar São Jorge na Lua paramentado de soldado romano já é coisa do catolicismo popular brasileiro. Acredita-se que sincretismo religioso seja prova de dinamismo cultural; seria miopia entendê-lo apenas como uma imposição unilateral. Sincretismo é via de duas mãos, pois, se de um lado, o orixá precisou se metamorfosear em santo, por outro, o mártir, santificado desde a origem do cristianismo também teve que se adaptar a uma sociedade em formação. Quando os negros praticavam o catolicismo oficial e inseriram elementos da sua antiga fé, passaram a praticar uma religião que, aparentemente podia ser parecida, mas já não era mais a católica romana. Os que se sentiram obrigados a aderir ao culto estranho dos brancos e cultivavam um sentimento de resistência cultural, mantiveram suas tradições, porém outros praticavam as duas religiões e com igual dedicação. Desse grupo nasceu uma devoção híbrida que modelou o catolicismo popular, uma religião de leigos bem próximos à realidade social brasileira.

Desde os tempos do Brasil arcaico, as histórias religiosas que vieram de Portugal, foram se modificando em consequência da imaginação dos seus contadores. Geralmente eram artistas improvisados, tipos populares como amas-de-leite, puxadores de rezas e benzedeiras, todos muito humildes que, ao contarem essas histórias, misturavam elementos das suas culturas de origem. Ao longo dos séculos, a sociedade brasileira construiu-se com esta ambivalência: de um lado, a cultura europeia branca dominadora, e de outro, a negra e a indígena.

A África transplantada que veio na memória dos escravos era encantada; nela os deuses habitavam a natureza como a força controladora do cosmos. Os deuses eram os elementos intermediários entre os homens e as forças naturais ou sobrenaturais. Com certeza, ver o mundo sob este olhar torna a visão de São Jorge na Lua algo bem mais compreensível. O fato é que todo brasileiro convive na companhia de São Jorge com enorme familiaridade. Quando Sergio Buarque de Holanda publicou *Raízes do Brasil*, em 1936, no capítulo icônico *"O Homem Cordial"*, o autor chamou nossa atenção para o caráter intimista do brasileiro em relação a seus cultos religiosos. Como cada casa tinha sua própria capela ou um pequeno altar particular, os santos passaram a fazer parte da família, conviviam entre si como parentes próximos e tratados como pessoas comuns. Dependendo do atributo do santo, ele podia se transformar num bom confidente, um amigo e até numa testemunha. Como presenciavam tudo numa casa colonial, os santos viam e sabiam o que acontecia de mais íntimo na vida diária das pessoas. *"No Brasil o rigorismo do rito se afrouxa e se humaniza. Nenhum povo está mais distante da noção ritualista da vida do que o brasileiro"*.[37]

Vários autores contemporâneos, ainda que de diferentes gêneros e visões, acreditam igualmente que houve influência africana na elaboração do culto a São Jorge. Monteiro Lobato, em 1932, contou com muito humor o ficcional encontro entre São Jorge e os moradores do Sítio do Pica-Pau Amarelo. Os seus personagens da literatura infantil são crianças brancas, em convivência direta com dois personagens negros que, juntos, condensam e concentram as características de um Brasil mestiço. São eles: o tio Barnabé e a tia Nastácia.

As crianças de Monteiro Lobato foram criadas dentro da brancura europeia da Dona Benta e em conformidade com os princípios da cultura erudita ocidental, mas também eram desafiadas pelos dois representantes do conhecimento popular, afro e folclórico do Brasil rural. Entre uma pitada no cachimbo e um riso, eles contavam causos em que seres fictícios e reais conviviam no mesmo grau de verdade. Devido a estas experiências interculturais, as pessoas do Sítio tinham uma maneira muito especial para interpretar a vida. Nesse mundo de faz de conta *monteiro lobatiano*, a ficção desconhecia as fronteiras entre sagrado e profano, entre doutrina e superstição, e entre tradição e invenção

Sabe-se que os divertidos moradores do *Sítio do Pica-Pau Amarelo*, numa viagem que fizeram à Lua, mantiveram relações sociais com o ilustre habitante, desfrutaram de sua santa amizade e com direito a visitações recíprocas. Tudo aconteceu por mérito da tia Anastácia, que ao ocupar o cargo de Primeira Cozinheira da Lua, quebrou as formalidades e trouxe o santo para sua intimidade. Por seu intermédio, São Jorge abriu as portas da Lua, exibiu seu dragão, um estranho animal de estimação e, em agradecimento à cozinheira, recebeu os visitantes mirins. No final da história, como não poderia deixar de ser, todos acabaram comendo bolinhos e proseando em torno de uma cratera fumegante. São Jorge agora abrasileirado e mais quixotesco do que nunca, quem diria, acabou na cozinha, papeando com a boca cheia e fritando bolinhos como qualquer mortal.

Por detrás dessa brincadeira literária, o escritor paulista preservou o que restava da brasilidade popular e nos fez entender como a influência africana, através do sincretismo religioso, sobrevive no imaginário nacional, sem questionamentos. E é por estas e por outras que no Brasil pode-se encontrar São Jorge disputando uma partida de futebol, ao mesmo tempo em que protege a Cavalaria do Exército Nacional.

A RESPEITO DO SINCRETISMO RELIGIOSO BRASILEIRO

As duas vertentes das religiões afro no Brasil, segundo o sociólogo Roger Bastide, formam suas diferenças culturais a partir de diferenças raciais: o candomblé mais tradicional é negro, e a umbanda é resultado do *mulatismo*, ou melhor, da mestiçagem, já que elementos indígenas também se fundiram com elementos africanos e brancos. Esse *mulatismo* cultural só se explica e se produz pelo *mulatismo* dos sangues que se misturam pelo casamento ou concubinato.[38] Para o autor, existem duas sociedades antropológicas distintas, o candomblé, da nação nagô, e a umbanda, também chamada de macumba, dos negros bantos. O primeiro preserva a mitologia e o pensamento africano original, enquanto o outro mescla culturas e etnias resultando no sincretismo. Segundo Bastide, o candomblé é mais que uma seita mística, é um verdadeiro pedaço da África transplantado para solo brasileiro, ao som dos atabaques e das divindades ancestrais. Essa mesma tese 30 anos depois, ao ser revista por antropólogos envolvidos com os movimentos da contracultura, ganhou novas interpretações. Para eles, a ausência de um purismo nativo não é uma degradação, é uma realidade que pode ser entendida como natural, pois os negros ao serem deslocados geografica e culturalmente, perderam o seu modelo original e se tornaram identidades em construção, com assimilação e interação de outros grupos étnicos, religiosos e sociais.

A favor do sincretismo está o entendimento de que a nossa tradição foi construída e continua se recriando com uma dinâmica própria. Os defensores do sincretismo entendem a diversidade e pluralidade sem se posicionar com juízos de superioridade ou inferioridade. As diferenças entre candomblé e umbanda, na visão de Bastide, é principalmente ideológica. Ele nos fala em sociedades pré-capitalista *versus* capitalista, num contexto em que os africanos fingiram aceitar os valores do capitalismo, apenas para escapar à repressão colonial. Hoje existem dois discursos, um que segue a primeira tradição, mais desenvolvida nos trabalhos acadêmicos de maioria paulista e parisiense. De um viés mais purista, acreditam que os terreiros nagôs se tornaram uma bandeira de resistência, na qual o negro afirma a sua diferença. O outro discurso é mais pragmático e integracionista; ele vê o sincretismo como um fenômeno histórico, resultado espontâneo entre diferentes contatos culturais e com influências recíprocas.

SINCRETISMO CULTURAL
RELIGIÃO DEVOCIONAL
FOLCLORE URBANO

São Jorge, imagem popular

O sagrado em espaços profanos

No Brasil a popularidade do santo extrapola qualquer conduta do cristianismo tradicional. Ele pode viver em harmonia o difícil antagonismo entre o sagrado e o profano. São Jorge, nesta imagem, está sobre um balcão de botequim e é homenageado com vela e cachaça, atributos de santos e orixás numa estranha liberdade de fé e devoção.

Caso não houvesse o sincretismo religioso no Brasil, existiria uma relação conflituosa entre manifestações religiosas populares e a Igreja institucional. A confluência de espaços, entidades e doutrinas criaram, na sociedade brasileira, rituais sincréticos que ampliaram o sentido da sacralidade. Como resultado, ninguém estranha se por acaso topar com a imagem do santo num botequim carioca, com cachaça, vela e todo respeito. Assim como também poderá encontrá-lo do outro lado da mesma rua num altar iluminado e dentro de uma igreja católica. Os dois, que são apenas um, recebem igualmente pedidos e ofertas dos seus diferentes fiéis.

Mas além, muito além dos terreiros e igrejas ele é o patrono de uma exaltada torcida de futebol. São Jorge é talismã, é *santinho* de papel para proteger carteiras de dinheiro e documentos, é padroeiro pendurado em pingentes de ouro nos pescoços de homens e mulheres. Decora casas, dá nome a duas plantas protetoras: a espada de São Jorge e a lança de São Jorge, que, segundo a tradição popular, se colocadas em vasos na entrada das casas, afastam o mal ou, se colocadas cruzadas em baixo das camas, guardam o sono da morte. Na crença popular, o santo aparece até em lugar ilegal, basta conferir. No dia 23 de abril, dia de São Jorge, nenhuma banca de jogo do bicho do *Brasil* aceita apostas no cavalo.

SÃO JORGE: SANTO E ORIXÁ
OGUM e OXÓSSI

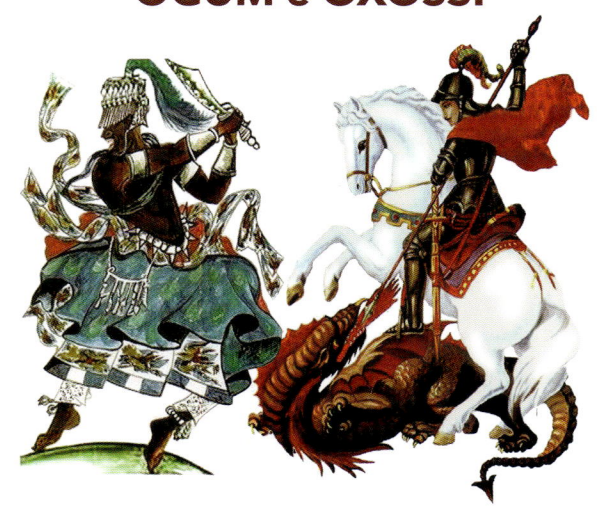

Santo e Orixás
Oxóssi, como os demais orixás do candomblé, apresenta-se para o público paramentado e com o rosto encoberto. Na umbanda Ogum e São Jorge tornaram-se um só corpo.
No céu mágico dos orixás, o morador da Lua é Ogum.

O sucesso do catolicismo popular, diferentemente do oficial, foi dialogar com os cultos e ritos referentes à ancestralidade das religiões afro e acomodar seus antigos orixás entre os santos e mártires cristãos. Nos rituais de devoção, essas imagens tornaram-se unificadas e não são veneradas por sua materialidade, mas pelo que representam e revelam, e só se reconstituem com poderes sobrenaturais, caso ocorra a cumplicidade entre o santo e o devoto. Nesse momento mágico, o axé poderá se manifestar e mudar a realidade.

No Brasil, o número de orixás é incerto e variável, por influência do sincretismo de cada região. Oxóssi no candomblé e Ogum na umbanda, São Jorge é o orixá arquétipo do guerreiro. Qualquer purismo se perde, pois Ogum é Santo Antônio na Bahia e São Jorge no Rio de Janeiro e em todo sul do país. Para a pergunta a respeito de dois nomes para uma mesma entidade, a resposta é clara: Ogum é na Africa, no Brasil ele é São Jorge. O sincretismo está tão arraigado que é como se quisessem nos dizer: " *Olhe, São Jorge é a tradução brasileira do nome africano de Ogum*". É um fenômeno inter-religioso único, pois estão vivos numa só essência, indissociáveis e em simbiose. Essa fusão das entidades religiosas encontra-se na qualidade do guerreiro que empunha uma arma de metal, na África eles eram os orixás da metalurgia. Oxóssi, o deus das florestas e dos caminhos, Ogum o deus das guerras. Constituídos pela impulsividade, suas qualidades concentram-se na coragem e na virilidade masculinas. O temível e violento guerreiro, o implacável deus do ferro é também o orixá protetor dos templos, das casas e dos caminhos. São Jorge, o santo que *fecha* o corpo do seu fiel na hora do combate, também é o guardião dos seus entes e pertences.

SÃO JORGE SAI DO CAMPO DE BATALHA E ENTRA EM CAMPO DESPORTIVO

O mesmo processo vivenciado entre o santo e o orixá acontece com o torcedor corintiano. O time de futebol paulista e São Jorge estão amalgamados e identificados numa única unidade. Um torcedor se torna crente quando ultrapassa os limites que separam os espaços entre a fé e a superstição, mas como diferenciar essas sutilezas se as duas realidades partem de uma mesma convicção? Os dois acreditam na existência de poderes que não são justificados por métodos racionais. Evidentemente, todos sabem diferenciar fé de superstição; a primeira é uma abstração, já a segunda relaciona-se à materialidade dos objetos, dos lugares, das cores, ou seja, de qualquer coisa em que se acredite ser portadora de forças mágicas. Para os torcedores, autodenominados de fiéis, a imagem de São Jorge tem poderes de transformar lugares comuns em locais especiais, de proteger e, o mais importante de todos, o de conquistar títulos e trazer vitórias.

REZA A LENDA QUE...

São Jorge jogando futebol
Divertido material feito pela torcida corintiana. O autor faz um jogo duplo de palavras: na invocação ele troca o verbo *ROGAI* por *JOGAI* e mantém o sentido de apelação religiosa.

Corinthians, o time paulista de futebol nasceu aristocrata, loiro de olhos claros e falava inglês. Para constatar sua origem, basta conferir seu nome de batismo: Sport Club Corinthians. Junto dele estava o Santo, sim, São Jorge, ou seja, Saint George, que na Inglaterra exercia o honroso cargo de patrono da Coroa, mas aqui, longe da nobreza, se transformou no guardião mais querido da torcida. Tudo são lendas, a verdade tropical é bem outra.

No final do século XIX, as atividades esportivas eram consideradas puro entretenimento e praticadas pelas classes mais abastadas, pois só elas dispunham de tempo livre para "tal ociosidade". Os exercícios físicos, considerados necessários para a boa formação dos jovens, eram vistos como atividades disciplinadoras e praticados nas escolas, sob orientação dos membros dos exércitos. Nesse contexto surgiu uma equipe inglesa, a Corinthians Football Club que, por muitas décadas, excursionou pelo mundo com o único intuito de difundir a nova modalidade esportiva, que a cada ano tornava-se mais popular entre os estudantes universitários.

O Sport Club Corinthians, da equipe inglesa, numa excursão pelo Brasil, se apresentou em São Paulo e acabou protagonista de um fato curioso e lendário. Os jornais da época descreveram o acontecimento como uma manifestação de comoção popular. Pela primeira vez, a população mais pobre teve acesso a um jogo de futebol completo, com todos os seus componentes e equipamentos, isto quer dizer, uma partida de futebol com jogadores corretamente uniformizados, com todos os juízes e auxiliares. Foi um verdadeiro espetáculo que guardou para o final a sua apoteose: a torcida teve o privilégio de assistir, em casa, à vitória dos brasileiros sobre o time estrangeiro. Diante da apresentação pública e do placar vitorioso que desencadeara uma euforia inusitada para a época, um grupo de operários italianos do Bom Retiro pensou em fundar um time que fosse exatamente igual ao inglês. Assim nasceu, em 1910, na barbearia do Bataglia, o lendário Sport Club Corinthians Paulista.

Ninguém sabe ao certo como o culto a São Jorge começou, apenas verifica-se uma série de coincidências. Nos anos 1920, a sede do time foi transferida para o Tatuapé, exatamente para o Parque São Jorge. No local existia uma capelinha; com o tempo, surgiu a prática de invocação ao santo, um costume que nunca mais parou. O pico se deu na década de 1970, após 20 anos de derrotas consecutivas, quando o clube enfrentava suas vitórias mais sofridas. As datas coincidem com o nascimento da cultura de massa, um fenômeno urbano que se apoia e busca inspiração nos personagens populares. Pela primeira vez, São Jorge foi visto, em rede nacional televisiva, como um conquistador de campeonatos. O antigo matador de dragões agora tinha poderes sobre azares, maldições e feitiços de sapos enterrados. Porém, a passagem mais impactante do Santo, em terras brasileiras, se deu com o Papa Paulo VI, em 1969, que ao realizar uma reforma no calendário litúrgico, tornou opcional a celebração, alegando falta de documentação comprobatória.

Enquanto a mídia local interpretava a mudança como manifestação de autoritarismo papal, a população ampliou a crítica e associou o ato ao AI5 e, numa relação direta, entenderam que São Jorge sofrera cassação aos moldes das perseguições políticas. Comoção nacional. Católicos, umbandistas, ateus, militantes políticos, corintianos e outros torcedores, todos apiedaram-se do santo e ficaram indignados com o Vaticano. Nesse quadro conturbado, entrou em cena o cardeal de São Paulo, D. Evaristo Arns, duplamente devoto na religião e no esporte. No livro: *Corintiano, Graças a Deus*, de 2004, ele conta como saiu em defesa de São Jorge. Encaminhou um bilhete ao Papa que dizia: "*Santo Padre, o nosso povo não está entendendo direito a questão. São Jorge é muito popular no Brasil, sobretudo entre a imensa torcida do Corinthians, o clube de futebol mais popular de São Paulo*". Demonstrando atenção ao tema, o pontífice respondeu também num bilhete, conservado pelo religioso brasileiro: "*Não podemos prejudicar nem a Inglaterra nem o Corinthians*". A mídia mais uma vez se encarregou de divulgar o folclore com a seguinte manchete: "*Se Deus é brasileiro, São Jorge é corintiano*". Embora demonstrem tanta devoção, os fiéis da Fiel só estamparam a cruz na camisa do time em 2010, em homenagem aos festejos do centenário do clube.

CRUZ VERMELHA

Símbolo da Cruz Vermelha

A Cruz Vermelha nasceu durante a Guerra Franco-Prussiana e as lutas de unificação da Itália no século XIX. Foi uma iniciativa de Henri Durant, um rico empresário suíço e bem atuante em obras de assistência social. A entidade, desde o seu início, esteve associada ao voluntariado praticado nos campos militares. O famoso símbolo da instituição foi proposto pelo fundador, em homenagem a um grupo de franciscanos que conhecera na batalha de Solferino, na Itália. Foi um conflito sem muita importância e motivado pelos movimentos da Guerra de Unificação Italiana, mas chamou atenção a destreza com que os religiosos circulavam entre os militares e também a facilidade com que eram identificados pelos necessitados. Henri Durant observou os padres prestadores de socorro e viu que portavam uma grande cruz vermelha recortada nas costas, e percebeu que o contraste do vermelho sobre a cor parda de suas batinas chamava muita atenção. Ao criar a instituição, estabeleceu que os voluntários usassem braçadeiras brancas, com uma cruz vermelha em destaque, a mesma cruz que vira nos campos militares. Surgia assim um dos símbolos mais conhecido e mais presente no mundo inteiro.

A instituição, criada em 1863, é resultado de uma experiência dramática. Henri Durant viajava a negócios pela Itália, em 1859, quando se viu envolvido por tropas francesas e austríacas, em um campo de batalha. Ele assistiu a quase 40 mil baixas. Impressionado com a tragédia, organizou por conta própria serviços para dar atendimento aos feridos, porém com um grande diferencial: os dois exércitos seriam igualmente contemplados e assistidos pelos voluntários. De volta à Suíça, e ainda envolvido com esses fatos, Durant propôs criar mecanismos de ajuda humanitária. Expandiu suas ideias iniciais e se dedicou na criação de um tratado internacional. São as famosas e ainda existentes Convenções de Genebra, que, entre outras medidas, garantem neutralidade ao corpo

Cartaz da Cruz Vermelha
Caminhão da Cruz Vermelha socorre soldados ingleses com medicamentos na 1ª Guerra Mundial

Cartaz da Cruz Vermelha
Mobilização das mulheres-enfermeiras, com o novo ideário de homens nas trincheiras e mulheres nas ambulâncias.

Cartaz da Cruz Vermelha Convocando voluntários, no início da 1ª Guerra Mundial - Alemanha

médico que trabalha nas guerras. Em 1876, adotaram o nome de Comitê Internacional da Cruz Vermelha – CICV e, em um curto espaço de tempo, ganharam por todo mundo popularidade e respeito, como importante via de trabalho voluntário. Na primeira Convenção de Genebra, reconheceram o símbolo da cruz vermelha sobre fundo branco, como a única imagem representativa da organização.

O grupo não é religioso e nem político-ideológico. Ainda que o símbolo da cruz vermelha seja representativo do cristianismo e tenha sua origem histórica relacionada ao trabalho assistencial dos franciscanos, o símbolo reflete a neutralidade dos serviços médicos das forças armadas. A cor branca, seguindo as convenções internacionais, intencionalmente foi escolhida como indicativa de trégua. Durante a guerra entre a Rússia e a Turquia no curto período de 1876 a 1878, o Império Otomano declarou que substituiria a cruz pela imagem do crescente; enfatizaram que, apesar do respeito pelo símbolo cristão, os soldados mulçumanos consideravam a imagem uma afronta. Entre longas discussões, e para evitar uma proliferação de novos símbolos, só em 1929 reconheceram essa distinção. Hoje 151 sociedades nacionais usam a cruz vermelha e 32 o crescente vermelho. Em 1949, essa discussão veio à tona, após a criação do Estado de Israel; sugeriu-se a adição da estrela vermelha de Davi, mas sua proposta foi recusada. O Comitê Internacional da Cruz Vermelha é uma instituição que está acima das religiões e das políticas e, em reconhecimento ao seu trabalho honrado, foi premiado três vezes com o Prêmio Nobel da Paz, nas edições de 1917, 1944 e 1963.

A criação da Cruz Vermelha é um produto típico da Europa do século XIX. Ela existe por iniciativa e dedicação de um único indivíduo e foi concebida num contexto belico que se iniciou com Napoleão e perdurou por mais de 100 anos ininterruptos, vindo a culminar em 1914 com a 1ª Guerra Mundial. As guerras, durante todo século XIX, eram encaradas com estranha naturalidade. Conta-se que, no imaginário de todas as classes, a indumentária mais cobiçada, por homens ou mulheres, era uma farda reluzente com medalhas e condecorações. As crianças brincavam com exércitos de soldadinhos de chumbo. Ter na família um militar graduado era garantia de prestígio. Por toda parte, a imagem de um uniforme militar era sedutora, os príncipes que habitavam a imaginação das mocinhas casadoiras usavam fardas e galões. O sucesso das fardas é mais antigo; a partir do final do século XVIII, até os mercenários tiveram de abandonar a liberdade das vestimentas para se submeter às regras da uniformidade.

Por meio de contribuições voluntárias dos Estados-Parte das Convenções de Genebra de Sociedades Nacionais da Cruz Vermelha e do Crescente Vermelho, de organizações supranacionais como a Comunidade Europeia e também de doadores públicos e privados a Cruz Vermelha age em 183 países, da mesma maneira como quando surgiu em 1863. Ela, que nasceu como uma organização imparcial, neutra e independente, cuja missão é exclusivamente humanitária, continua a trabalhar na proteção da vida e da dignidade das vítimas de conflitos armados. O seu objetivo é prestar assistência em situações de violência e fortalecer os princípios humanitários universais; são princípios que se mantêm inalterados após um século e meio de atividades. A neutralidade da CICV é tamanha que apesar de atuar nas áreas de combate militar, seus membros não são obrigados a servir de testemunhas em julgamentos de crimes de guerra. O princípio da universalidade rege todas as suas ações, ou seja, a CICV é uma instituição na qual todos têm direitos iguais e todos têm o dever de ajudar uns aos outros.

A CRUZ BRANCA DA BANDEIRA SUÍÇA

Bandeira Suíça

Embora o fundador da Cruz Vermelha seja suíço, o símbolo da instituição não se refere à bandeira do seu país. O conhecido estandarte nasceu durante as guerras do Sacro Império Romano, inicialmente se referia apenas ao cantão de Schwyz e simbolizava o ideal de liberdade concedida aos habitantes dessa região. A partir do século XV, com o auxílio das tropas de vários cantões, surgiu uma movimentação a favor do ideal de confederação que só foi alcançado no século XIX, em 1848. Dessa data em diante, o emblema se tornou símbolo nacional em todo território e ficou reconhecido internacionalmente como o estandarte oficial da Confederação Suíça.

A bandeira suíça e o símbolo da Cruz Vermelha são duas formas semelhantes e contemporâneas, que nasceram com a pequena diferença de apenas cinco anos, mas, apesar de tantas similaridades, elas se constituem em dois símbolos distintos. Se aparentemente são iguais, de fato são contrárias e exatamente opostas. De peculiar a bandeira suíça tem a forma quadrada, como a do Vaticano.

A Suíça é uma nação *sui generis* que tem um nacionalismo diferenciado dos demais. É um povo-nação resultado da união de 26 cantões pluriétnicos, que falam muitas línguas e dialetos. Da sua pluralidade linguística aceita-se *oficialmente* falar alemão, francês, italiano e romanche. A Suíça, na contramão dos nacionalistas separatistas, é uma lição de convivência pacífica com a diversidade.

CURIOSIDADES VISUAIS DA GEOMETRIA
SINAIS MATEMÁTICOS

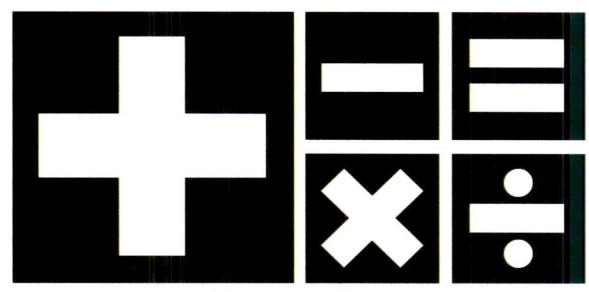

Sinais matemáticos

Os sinais matemáticos escondem curiosidades interessantes e, apesar de adição ser uma cruz quadrada e multiplicação, um X, eles não têm absolutamente nada a ver com a cruz grega, ou a cruz de Santo André, suas histórias de origem percorreram outros caminhos. A familiaridade e presença constante desses sinais na vida das pessoas sugerem uma existência longínqua, mas na realidade, sua criação é bem mais recente do que se imagina. Os símbolos matemáticos têm a simplicidade da geometria primária e, por essa razão, expressam seu significado com a mais absoluta clareza, são sinais precisos como a própria matemática.

Durante a Idade Média, entre os séculos V a XIV, os livros de matemática eram praticamente desprovidos de símbolos. As ideias eram expressas por extenso e escritas em latim. Hoje, esse período é denominado por fase retórica da linguagem matemática. A subtração era indicada pela palavra latina *minus*. Com o tempo, os copistas passaram a abreviar e *minus* foi substituída pela letra "m", a inicial com um traço em cima. Mais tarde passaram a usar apenas o traço para indicar a subtração.

O sinal que usamos hoje para indicar adição tem uma história parecida. A conjunção latina *et* corresponde ao nosso e. O sinal de adição (+) é uma simplificação da letra "t" existente na palavra *et*. Por exemplo: 17 = dez e sete, ou: 10 + 7, em latim dizia-se decem et septem. Sabe-se que os símbolos matemáticos somente se padronizaram a partir do aparecimento da imprensa. Os símbolos de mais (+) e menos (-) padronizados apareceram oficialmente em 1489, numa publicação de Johhannes Widmann.

A multiplicação representada por um "x" ocorreu pela primeira vez em 1631; o sinal foi empregado pelo matemático inglês Oughtred, mas em 1698 Leibniz preferiu expressar a operação por um ponto (•), e dessa maneira tornou-se responsável pela criação remota da moderna convenção de divisão, definida por dois pontos com um traço (÷). Por fim o sinal de igual a (=), escrito por dois sinais iguais e paralelos, somente passou a ser usado no Renascimento, em pleno século XVI por Robert Recorde. Conta-se que ao ser interrogado sobre a sua criação, ele justificou o cansaço de repetir a palavra igual; querendo simplificar, lembrou da igualdade dos gêmeos e para representar a abstração, nada melhor do que duas linhas paralelas e iguais.

4.3 CRUZ DE SANTO ANDRÉ
CRUZ DE SÃO PATRÍCIO
SAUTOR

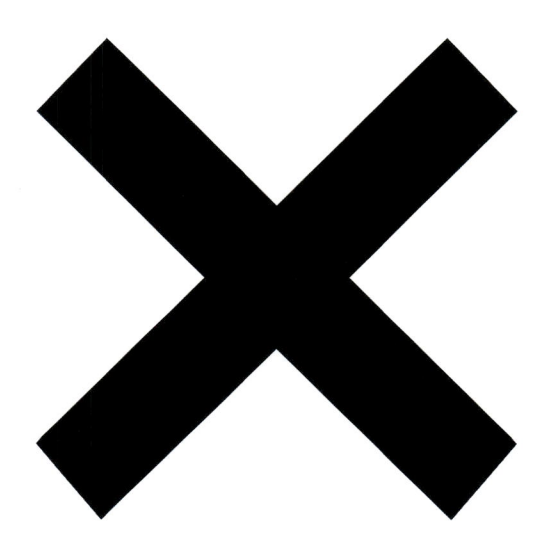

A cruz em X, também chamada *sautor*, ou decussada, equivale ao número 10 em algarismo romano e era usada por eles como um sinalizador de suas fronteiras para demarcar os limites do império. A cruz em que Santo André foi crucificado ficou identificada através dos tempos como símbolo de determinação e resistência às adversidades.

André, filho de Jonas, pescador como seu irmão Pedro, foi o primeiro a ser chamado por Jesus para formar o grupo dos 12 apóstolos. De acordo com a tradição, o pescador de Cafarnaum foi iniciado por João Batista e, como ele, um dos primeiros a reconhecer Jesus como Messias. Convicto, passou a propagar as novas ideias e a aproximar pessoas no entorno de Jesus de Nazaré e, com tamanha perseverança, que ficou conhecido como "ponte do Salvador" ou "pescador de almas". Iniciou sua evangelização pelo mar Negro, logo após o Pentecostes, com a descida do Espírito Santo sobre os apóstolos e Maria, a mãe de Jesus. Simbolicamente, este acontecimento é considerado o dia do nascimento da Igreja Cristã. André ocupa um lugar elevado no elenco dos apóstolos; os evangelistas Mateus e Lucas o colocam em segundo lugar, logo após seu irmão Pedro.

O martírio de André se deu quando ele pregava na cidade de Patras. Ao ser preso e condenado à crucifixão, ele suplicou para que sua cruz fosse diferente da usual, por não se considerar digno de morrer da mesma forma que Cristo. Contam que sofreu crucificado durante três dias e que, mesmo estando sob tortura, pregou o evangelho para as pessoas que passavam pelo local. Seu martírio na cruz, composta por dois pedaços de madeira cruzados em X, ou em aspa, é uma tradição que carece de apoio histórico.[39] Por longo tempo, na Idade Média, houve resistência para a aceitação desse atributo; preferia-se a imagem da concha ou de um barco para simbolizar o santo apóstolo, e só a partir do pintor Jean Fouquet sua iconografia ficou reduzida à cruz *sautor*.

Atribui-se a Santo André o estabelecimento da Igreja em Bizâncio, que deu origem ao Patriarcado de Constantinopla, do qual é considerado seu fundador. Pela tradição, os irmãos Pedro e André são os fundadores das Igrejas de Constantinopla e de Roma. Embora tenha nascido em Betsaida, o nome André é de origem grega e quer dizer hombridade e coragem. Seu símbolo em forma de X passou a significar bravura, brio e heroísmo. Também por esse motivo sua cruz é muito usada na heráldica; de cor branca, encontra-se nas bandeiras da Escócia, Reino Unido e vários países nórdicos. No ano de 357, por ordem do imperador Constantino, suas relíquias foram transladadas para Constantinopla e depositadas na Igreja dos Santos Apóstolos. Mais tarde, por obra dos Cruzados, um fragmento de sua cruz foi levado para a Escócia e, desde então, ele é considerado o santo Patrono do país. Os mártires, considerados testemunhas de fé excepcionais, têm sua lembrança perpetuada como exemplo de virtudes e santidade.

SANTOS E MÁRTIRES PATRONOS E PADROEIROS

Os primeiros santos cristãos surgiram com os mártires, logo nos primeiros anos do cristianismo. A crença na sacralização de seres humanos e anjos como intermediários de Deus é bem anterior ao cristianismo, ela remonta à Antiguidade Clássica e perpassa pelo judaísmo. Na Torá, os *eleitos de Deus* são algumas figuras bíblicas que adquiriram o poder profético e taumatúrgico junto aos homens, por sua posição de mediadores entre o mundo divino e o humano. O conceito de santidade ocidental foi delineado na origem do cristianismo, como um fenômeno espiritual de múltiplas dimensões. A santidade é a busca do divino e, no catolicismo, a presença do Espírito Santo. Além do aspecto religioso, a santidade adquire importância social por ser *"A manifestação de Deus num momento privilegiado da relação com o sobrenatural, é um fenômeno social que age como fator de coesão e identificação de grupos e comunidades e que está no fundamento das estruturas eclesiásticas. Pode-se considerar a santidade o lugar de uma mediação bem-sucedida entre o natural e o sobrenatural, o material e o espiritual, o mal e o bem, a morte e a vida".*[40]

Os mártires tornaram-se santos pelo processo de canonização e alguns casos chegaram ao *status* de patronos. A canonização, enquanto reconhecimento da santidade é uma prerrogativa das autoridades eclesiásticas. Embora o cristianismo, no plano teológico, seja rigorosamente monoteísta, na prática da fé convive-se em harmonia com um vasto panteão de santos e intermediários que facilitam a compreensão da palavra de Deus e aproximam a esfera divina da vida humana. Fazendo-se uma breve análise dos processos de canonização, percebe-se as contradições da dinâmica da fé através da História. De interesses e comportamentos às vezes divergentes, vemos a disparidade entre os critérios formais e regulatórios de reconhecimento que, centrados na figura papal, transformavam a decisão em poder. No outro extremo, se encontra a aceitação rápida e espontânea dos fiéis que elegeram por conta própria seus agentes milagreiros; por fim, um terceiro núcleo ditava os interesses particulares de muitas paróquias. Seja como for a história da santidade, é uma história contextualizada que reflete valores morais, necessidades materiais e ideais de cada época.

Os santos, por sua proximidade com Deus, rapidamente se tornaram intercessores e protetores. O título de patrono veio da estrutura hierárquica da Roma antiga, conhecida por clientela; na classe superior estavam os patrícios ou *patronus,* que deviam proteção jurídica e financeira aos seus clientes, os plebeus. O modelo social estabelecia obrigações mútuas, os clientes fidelizavam seus patronos em troca de proteção. Igualmente os santos padroeiros e os fiéis, ou comunidades, agiam nessa relação de transferências mútuas.

A pintura *Santo André e São Francisco de Assis,* do artista El Greco, representa um diálogo imaginário em que a cruz em destaque é o elemento compositivo que dá unidade e sentido à obra. É uma alegoria na qual os dois santos, que viveram em épocas diferentes e estão separados por quase 1.200 anos, unem-se pela cruz *sautor,* símbolo de humildade em memória ao martírio de Santo André. Com a imagem da cruz em forma de X, El Greco faz menção aos antigos valores cristãos que foram retomados pela reforma franciscana e que renovaram a vivência do catolicismo. O projeto de São Francisco no século XIII foi tão radical quanto o trabalho dos primeiros mártires, e igualmente corajoso ao propor uma nova ordem baseada na prática da humildade, caridade e desprendimento.

El Greco era um homem de fé, que passou a maior parte da sua vida em Toledo, uma cidade envolta em mistérios e de muitas práticas religiosas, além do cristianismo. O pintor, de origem grega, desenvolveu um estilo próprio em que se destaca uma acentuada e intencional deformidade nas figuras; a verticalização exagerada está em harmonia com suas propostas místicas. Durante séculos, El Greco ficou esquecido e só foi resgatado após o surgimento das vanguardas modernistas no século XX. Até hoje, sua obra não está totalmente desvendada, assim como a cidade que ele escolheu para morar, porque ambos cultivavam conhecimentos que, devido à censura da época, eram praticados veladamente.

A cruz em forma de X também está relacionada a São Patrício, o evangelizador da Irlanda. Nascido na Inglaterra, onde viveu na primeira metade do século V, e ainda jovem, com apenas 16 anos, foi capturado por piratas e vendido como escravo para servir em trabalhos forçados na Irlanda, até a idade adulta. Conta a tradição que, quando conseguiu fugir, ele foi para o norte da França e, naquele local, converteu-se ao cristianismo. Ao voltar para a Irlanda, de onde saíra como escravo, ele iniciou o seu trabalho de missionário. Dedicou toda sua vida à pregação até ser martirizado em circunstâncias iguais a Santo André, numa cruz em forma de X. Quando a Irlanda se tornou independente, em 1783, criaram a ordem de São Patrício com a sua cruz em vermelho.

El Greco. *Santo André e São Francisco*, Museu do Prado, 1595

A CRUZ NOS SÍMBOLOS NACIONAIS EUROPEUS

Os emblemas da nacionalidade como bandeira, hinos e armas nacionais surgiram da necessidade de identificar os membros de um determinado lugar, são sinais de representatividade necessários para estruturar o sentido de nação; ao mesmo tempo em que intensificam a prática de associação no coletivo, eles também geram a diferenciação em relação aos outros. Os países proclamam identidade e soberania através de seus símbolos nacionais, por isso eles sempre fazem jus ao respeito e lealdade. Os símbolos pátrios são sempre gloriosos, visto que representam o passado histórico e a cultura de uma nação. Eles são a memória coletiva sobre fatos que podem ser lendários ou reais, mas que são necessários, porque têm o poder de agregar diferentes grupos sociais em torno de um tempo pretérito comum.

As formas cruciformes aparecem com muita frequência na simbologia pátria europeia, como brasões e bandeiras, porque fazem referência aos santos padroeiros do local e também homenageiam vitórias nas lutas dos cruzados, que direta ou indiretamente estiveram na formação política das nações. Ao ultrapassar a esfera da simbologia religiosa, a cruz torna-se signo de identidade cultural. Atualmente, um terço dos 195 países que compõem o mundo têm símbolos religiosos na bandeira, entre eles quase 50% são cristãos e mais de 30%, mulçumanos. Ou seja, no imaginário popular, essas duas religiões são dominantes. De fato, a primeira agrega 2,2 bilhões de adeptos ou 28% da humanidade; a segunda aproximadamente 1,6 bilhões, o restante divide-se entre 15% de hinduístas, 8,5% de budistas e outras religiões, entre elas a tradição chinesa, as étnicas e o espiritismo. Destaca-se que, apesar de tamanha diversidade religiosa, 12% das pessoas no mundo optaram por viver sem religião, professando o ateísmo.

O uso das bandeiras nacionais nasceu com os membros do exército romano; eram sinais de identificação de cada batalhão. Com o passar do tempo, os soldados substituíram os metais pesados dos chamados *vexilium* por tecidos leves. Com o uso deste material maleável, as insígnias ressurgiram com variadas formas e numa rica gama de cores vivas. Os novos estandartes, mais fáceis de serem manipulados, tornaram-se também mais populares. Na Idade Média, serviam para sinalizar e diferenciar os exércitos entre aliados e inimigos. O uso generalizado de bandeiras, como identidade nacional, é uma prática que surgiu somente após as guerras napoleônicas no século XIX. As bandeiras são universais por serem representativas de um estado soberano, ou de qualquer ente constituído, seja ele uma nação, um povo, um clã, ou mesmo uma família. Sua validade só pode existir se for reconhecida pelo grupo interagente. O historiador inglês Eric Hobsbawn chama os símbolos pátrios de *tradições inventadas* [41], ou seja, apesar de institucionalizadas e aceitas, um dia elas foram construídas e criadas, diferentemente dos símbolos arcaicos que espontaneamente tinham a representatividade do grupo.

ESTANDARTES NACIONAIS
SIMBOLISMO POLÍTICO NAS BANDEIRAS

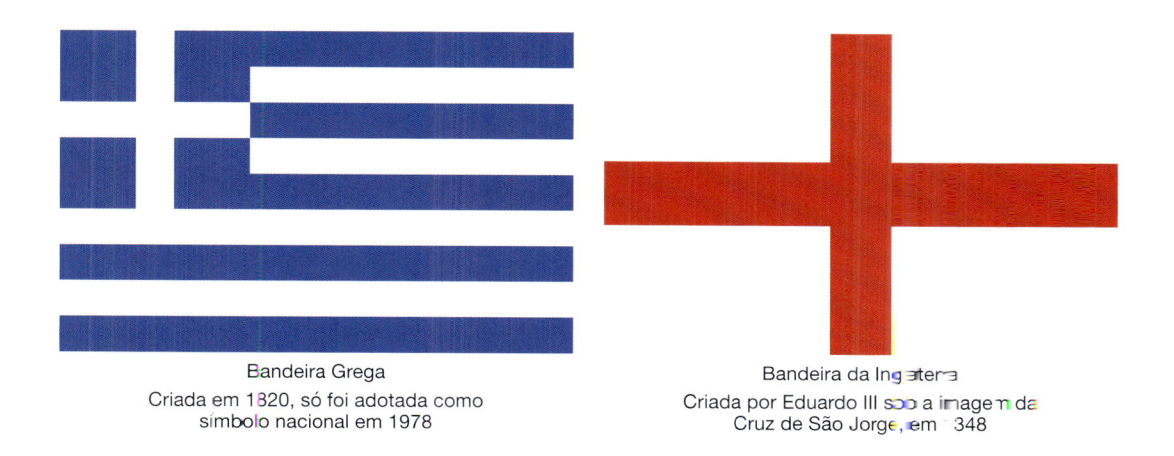

Bandeira Grega
Criada em 1820, só foi adotada como símbolo nacional em 1978

Bandeira da Inglaterra
Criada por Eduardo III sob a imagem da Cruz de São Jorge, em 1348

A Inglaterra e a Grécia são dois países que têm sua história nacional ligada ao mito de São Jorge e que, sob a ótica da mitologia clássica, identifica-se com Ares, o antigo deus da guerra, conhecido em Roma por Marte. A similaridade entre as duas entidades como representantes do espírito da batalha é inquestionável, são igualmente guerreiros armados que exibem força física, virilidade e energia combativa, mas que acima de tudo destacam-se por seu espírito de liderança. O Estado romano era uma potência militar cujo poder, em boa parte, fundamentava-se mais na organização e na disciplina do que na força física. Por sua vez, entre militares, mesmo que o manejo das armas fosse uma qualidade indispensável, o culto de São Jorge enaltecia mais a sua inteligência e coragem. O advento do cristianismo não superou totalmente os cultos pagãos, pelo contrário, soube adaptá-los às novas crenças. São Jorge é, assim, a versão cristianizada de Ares e Marte, mas que agora submete sua energia viril e guerreira a um propósito mais elevado. Marte romano comanda exércitos; é *Marte Ultor*, o vingador de César, o guardião do poder do imperador. Já São Jorge é o guerreiro que não luta mais pelas coisas desse mundo, mas para combater o mal e ampliar o domínio de Cristo.

Usando apenas a configuração da cruz latina, da grega e da decussada em forma de X, os europeus criaram seus símbolos pátrios. A bandeira grega é a imagem da história política de sua independência. Desde o século XV até a Revolução Grega, deflagrada entre os anos 1821 a 1829, seu território foi ocupado pelo império otomano. Os cipriotas, que lutavam para se libertar dos turcos, mantiveram a tradição de vestir-se de branco e portar uma cruz quadrada azul que remonta à cruz vermelha de São Jorge. Os gregos foram os primeiros a construir em seu território um mosteiro dedicado ao santo e reconhecer, na cruz quadrada, sua ancestralidade cristã. Na bandeira grega, a cruz, representada por um quadrado azul no canto superior esquerdo da tralha, simboliza a religião ortodoxa do país e, cada uma das nove listras corresponde às nove regiões do país e a uma sílaba da frase *Liberdade ou Morte*, ou *Ελευθερία ή θάνατος*.

A bandeira da Inglaterra é considerada um dos símbolos nacionais mais antigos da Europa. Criada na época das cruzadas em homenagem a São Jorge, ela se popularizou no período Tudor, entre os anos 1485 a 1603, por ser largamente usada pelos navios mercantes. São Jorge e a monarquia inglesa estão juntos há mais de 700 anos; já atravessaram mudanças políticas, queda de dinastias e revoluções religiosas, mas se perpetuam unidos através do uso comum dos seus símbolos de identidade.

CRUZES E SANTOS
LENDAS E FATOS
CRUZ DECUSSADA

Bandeira do Reino Unido - 1801
Formada pela interseção de três cruzes – a de São Jorge, São Patrício e Santo André –, é uma síntese visual e simbólica das nações que compõem o Reino Unido

Bandeira da Irlanda do Norte
Cruz de São Patrício – 1612

Bandeira da Escócia
Cruz de Santo André - 1606

Bandeira da Grã-Bretanha
Criada por Jaime I e oficialmente adotada pela marinha inglesa e escocesa em 1707

A Grã-Bretanha é uma ilha que abriga a Inglaterra, a Escócia e o País de Gales. O Reino Unido é um agrupamento político que compreende os três países pertencentes à Grã-Bretanha, além da Irlanda do Norte. Sua bandeira conhecida por *Union Jack* ou *Union Flag* existe desde 1801; consta ser uma rara demonstração de criação visual representativa de união política. Criada no século da conscientização de nacionalismo, nos primeiros anos do pós-revolução francesa, ela é resultado da sobreposição das três cruzes dos santos protetores das respectivas nações. O estandarte real do Reino da Inglaterra ficou conhecido como as Cores do Rei ou a Bandeira da União. Ele tem a cruz grega e vermelha de São Jorge da Inglaterra sobreposta à cruz vermelha em forma de X de São Patrício, patrono da Irlanda, e igualmente à cruz em X, porém branca e símbolo de Santo André da Escócia.

Até a morte da rainha Elizabete I, em 1603, a Inglaterra e a Escócia eram dois reinos independentes. Ao morrer sem herdeiros, a coroa passou para Jaime I, seu primo e rei da Escócia. Em 1606, para demonstrar a união entre os dois reinos, o rei ordenou que se criasse uma única bandeira e que nela constassem as duas cruzes representativas, a vermelha de São Jorge da Inglaterra e a branca em X, de Santo André da Escócia. A atual Irlanda, região sul, independente desde 1921 recriou seus símbolos pátrios e não usa mais a antiga bandeira com a cruz em X.

Enquanto o símbolo de Santo André, o patrono da Escócia, tem sua cruz decussada na bandeira escocesa, São Patrício, o protetor dos irlandeses, tinha uma bandeira feita com a mesma cruz em X, só que vermelha como a de São Jorge. Segundo a tradição, a bandeira escocesa deve-se aos relatos míticos das batalhas contra os saxões, ocorridas no século IX. Criada em 1606, ela é uma referência à visão do chefe Angus, que ao olhar o céu viu a forma da cruz desenhada nas nuvens, daí o uso das cores azul e branco. Por outro lado, existe mais de uma versão para contar a história da bandeira irlandesa. Ela foi vista pela primeira vez em 1612, no selo do Trinity College de Dublin. O problema é que a ordem de São Patrício só foi criada por Jorge III em 1783. Embora as datas sejam contraditórias entre si, a verdade é que durante todo o século XIX, até 1922, esta foi a única bandeira usada por todos os irlandeses. São Patrício continua o santo protetor, como foi desde sempre.

Por fim, a bandeira da Inglaterra, que não pode ser confundida com a bandeira do Reino Unido, é apenas o estandarte de São Jorge com a cruz vermelha. O santo patrono dos ingleses é cultuado desde as cruzadas, porém seu conhecimento e devoção remontam a período anterior. Isto quer dizer que os cruzados ajudaram a popularizar a cruz vermelha, que, oficialmente, foi reconhecida por Eduardo III em 1348. O rei, cujo reinado durou 50 anos, de 1327 a 1377, ordenou a seus soldados que usassem a bandeira do santo. Com o tempo, mas sem uma data precisa, ela passou a representar não apenas o grupo dos guerreiros da Ordem da Jarreteira, que queriam se destacar dos franceses com uma identidade visual própria, mas todos os habitantes da região, que tinha Londres por capital. Em síntese, a Inglaterra é um país cuja capital é Londres, a Grã-Bretanha é uma ilha que abriga a Inglaterra, Escócia e o País de Gales; trata-se, na verdade de uma região e não de um território. O Reino Unido é um agrupamento político que congrega os países da Grã-Bretanha e mais a Irlanda do Norte.

CRUZ NÓRDICA
CRUZ ESCANDINAVA

A conhecida cruz nórdica, é uma simples variação do mais antigo símbolo do cristianismo. Ela é a cruz latina com a diferença de estar representada na horizontal e, que ao ser usada pelos povos escandinavos, tornou-se imagem de identificação regional. Os países nórdicos são aqueles que constituem uma região localizada na Europa Setentrional e no Atlântico Norte; fazem parte deste grupo: Dinamarca, Finlândia, Islândia, Noruega e Suécia, além das regiões autônomas das Ilhas Faroé, de Aland e Groenlândia. A referência de nórdicos também aparece como sinônimo de escandinavos. Ficaram conhecidos como povo guerreiro devido aos vikings, mas escreveram a sua história como grandes exploradores dos mares, situando-se entre os extremos de hábeis comerciantes a temidos piratas.

Como as insígnias nacionais dos países nórdicos são parecidas entre si e repetem o mesmo padrão da cruz latina horizontal, suas bandeiras tornaram-se símbolo cultural e de identificação da região. Os países nórdicos correspondem a cinco estados-nação e mais três regiões autônomas, que têm grandes afinidades sociais e políticas, compartilham uma história comum e a mesma mitologia, convivem extremamente próximos, mas curiosamente não têm unidade linguística, cada qual tem seu idioma, falam dinamarquês, sueco, norueguês, feroês e islandês. A região da Escandinávia não é um país, mas uma área. Outra maneira de considerar a Escandinávia é incluir os países que têm em sua bandeira a cruz nórdica, o que sem dúvida é uma referência ao cristianismo, mas também é a memória de cada história nacional.

VARIAÇÕES SOBRE UM MESMO TEMA

A bandeira nacional da Dinamarca, mais comumente conhecida como *Dannebrog*, significa *Pano Honorável*. É considerada uma das mais antigas bandeiras nacionais em uso contínuo e, juntamente com a da Inglaterra, existe desde a Idade Média. Foi a primeira a usar a imagem da cruz latina na horizontal, e provavelmente ela deriva de algum estandarte das cruzadas em homenagem a São Felipe, o Apóstolo. De acordo com a lenda, esta bandeira não foi feita por humanos, surgiu dos céus como um presente divino durante a batalha de Reval, na atual cidade de Tallinn, na Estônia, em 1219. Conta-se que a sua aparição ocorreu num milagre, com a queda de nuvens douradas sobre os guerreiros. Com pequenas variações cromáticas, a sua forma se tornou a matriz e referência às demais bandeiras e marca da região.

Bandeira da Dinamarca, 1219

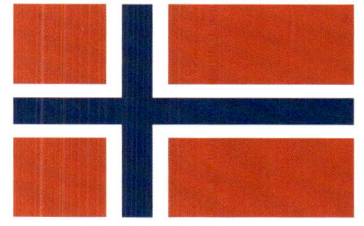

Bandeira da Noruega
1370 / 1821

Como outros estandartes, esta bandeira surgiu num campo de batalha. Era o selo do duque de Ingelborg e ficou conhecida como elemento de identificação do seu país de origem, ao ganhar os mares, desfraldada nas proas dos navios a partir do século XVI. Adotada somente em 1821 pertence ao inventário das tradições inventadas, citadas por Eric Hobsbawm.

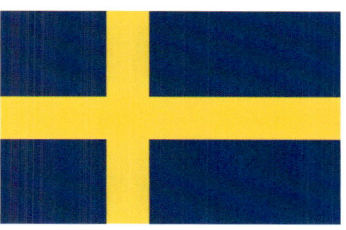

Bandeira da Suécia – 1569 / 1906

Sua história envolve muitas lendas, entre elas a de que o rei Eric IX, durante a primeira cruzada sueca de 1157, viu uma cruz de ouro no céu e interpretou a visão como um sinal de Deus. O primeiro documento que relaciona esta insígnia à monarquia data de 1569 e refere-se ao Brasão das Armas da Suécia, mas oficialmente só foi adotada como símbolo nacional em 1906.

Bandeira da Islândia – 1918

O povoamento da Islândia conhecido inicialmente por *Snowland*, a Terra da Neve, começou com o viking feroês Ásvaldsson Naddodd em 874. Sua bandeira, produto do século XX foi criada durante os movimentos nacionalistas de independência da Dinamarca. As cores representam qualidades da natureza, sendo azul o céu, vermelho o fogo e branco a neve.

Bandeira da Finlândia 1918

A bandeira do país menos densamente povoado da Europa foi criada por meio de um concurso público no final da 1ª Guerra, em 1918, e após uma guerra civil pela Declaração de Independência. Mantiveram a antiga tradição do símbolo cristão existente nas demais bandeiras nórdicas e as cores em referência à sua geografia climática. O azul representa tanto as águas abundantes dos lagos e do mar Báltico, como o céu. O branco presente nas demais bandeiras da região refere-se à neve.

Bandeira de Aland — 1954
região autônoma da Finlândia

As ilhas de Aland compõem um arquipélago de 6.757 unidades entre ilhas e ilhotas finlandesas no mar Báltico, junto à costa da Suécia. Sua história, que sempre esteve ligada à nação vizinha, sofreu com as disputas entre a Rússia e a Finlândia. A bandeira hasteada pela primeira vez, em abril de 1954, pertence aos atos simbólicos de reconhecimento de independência.

Bandeira de Feroé – 1919
região dependente da Dinamarca

Dezoito ilhas vulcânicas de rara beleza no Atlântico Norte estuadas entre a Escócia e a Islândia formam o arquipélago de Feroé, uma região que ainda pertence ao território da Dinamarca. Inicialmente colonizada pelos irlandeses, passou para os vikings, mas a partir de 1948 a região possui estatuto de soberania de Estado. Sua bandeira criada em 1919, só foi oficializada na 2ª Guerra, quando o Reino Unido a reconheceu nas suas embarcações.

4.4 CRUZ DE SÃO PEDRO
CRUZ INVERTIDA
CRUZ PETRINA

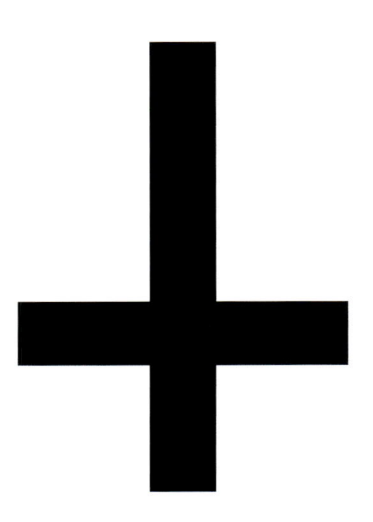

A cruz de São Pedro é a cruz que conta a história de um homem, chega a ser pessoal tanto quanto é a cruz em X de Santo André. As duas têm significados semelhantes e referem-se à morte dos dois pescadores, irmãos e discípulos de Jesus. A cruz de São Pedro é conhecida como a cruz invertida porque, segundo a tradição, ele foi crucificado de cabeça para baixo. Pedro nasceu Simão, filho de Jonas, às margens do mar da Galileia, ao norte de Israel. Antes de seguir Jesus, era um rico empresário da pesca, e em conjunto com seu irmão André, além de João e Tiago, administrava uma frota de barcos. Vivia em Cafarnaum, uma cidade romanizada, com sua mulher descendente de uma família de prestígio e um filho. Morava numa casa luxuosa, cheia de compartimentos internos, semelhante às vilas romanas. Conheceu Jesus por insistência de seu irmão, um adepto das profecias de João Batista. Ao aderirem à nova doutrina, os dois tornaram-se discípulos, apóstolos e igualmente foram torturados.

Simão foi o primeiro a reconhecer Jesus. No Evangelho de Mateus, o acontecimento é relatado num encontro. Cristo perguntou aos seus discípulos: *"E vós, quem pensais que sou eu?"* Simão, respondendo, disse: *"Tu és o Cristo, o Filho do Deus vivo"*. Jesus lhe respondeu: *"Bem-aventurado és tu, Simão, filho de Jonas"*. Foi este episódio que levou Jesus a chamá-lo de Pedro, o ato ficou conhecido como *Confissão de Pedro*. Jesus diz: *"E eu te declaro: tu és* Kepha *e sobre esta* kepha *edificarei a minha Igreja"*. Kepha é *Petra* em grego, o mesmo que *Petrus* em latim. Nesse momento, Jesus nomeou Pedro para estabelecer as bases da sua futura Igreja.

A mudança do nome passou a significar seu símbolo na Igreja Católica; ao chamá-lo de Pedro, Jesus também lhe deu as chaves do Reino dos Céus: *"O que ligares na terra será ligado nos céus e o que desligares na terra será desligado nos céus"*. Jesus comparava Simão a uma rocha, a solidez de um alicerce. Pedro foi o primeiro Bispo de Roma e, desse evento, foram originados os títulos da Igreja Católica: *Apostólica* e *Romana*. O estabelecimento do cristianismo deu-se primeiro em Antioquia e depois em Roma, graças a Pedro, que chegou na época do imperador Cláudio e morreu por ordem de Nero, em 64, como atesta o historiador pagão, Tácito, ao falar sobre a perseguição que se seguiu ao incêndio da cidade. São Pedro e São Paulo, os dois apóstolos e mártires, embora não tenham sido os primeiros a levar a nova fé a Roma, são considerados os fundadores da Roma cristã.

A primeira cadeira de bispo, também chamada de cátedra, foi ocupada por Pedro; ela corresponde ao símbolo de autoridade e magistério do bispo. Dela origina-se a palavra catedral, a igreja-mãe da diocese e sede permanente do pastor. A cátedra de São Pedro é o reconhecimento de sua autoridade sobre toda Igreja; equivale a um trono como símbolo do exercício máximo no direito de ordenar e decidir, inclusive sobre os demais apóstolos.

CRUCIFICAÇÃO INVERTIDA
SÃO PEDRO E A CRUZ DO MARTÍRIO

São Pedro com as chaves do céu, 1145
Portal da catedral de Chartres

Até o advento da Contrarreforma, as pinturas relacionadas ao martírio de São Pedro existiam, mas eram raras. Até então, a iconografia referente ao apóstolo concentrava-se mais nas chaves, pois preferiam representá-lo como o guardião do Reino do Céu. Desde que os teólogos, no ano de 787 em Nicéia, reconheceram as imagens visuais como equivalentes a um texto sagrado, os artistas representavam as passagens bíblicas com convenções e símbolos de identificação. Na cúpula da Basílica de São Pedro, no Vaticano, aparece em destaque uma inscrição com letras de 1.80m de altura confirmando o papel histórico do santo:

TU ES PETRUS, ET SUPER HANC PETRAM AEDIFICADO ECCLESIAM MEAM ET TIBI DABO CLAVES REGNI CAELORUM

Tu és Pedro, e sobre esta pedra edificarei a minha Igreja e te darei as chaves do Reino dos Céus

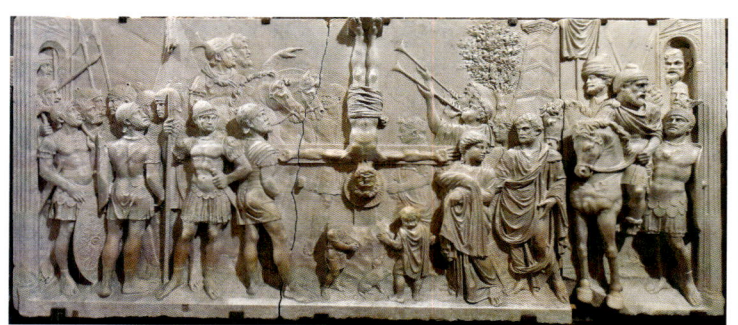

Paolo Romano *A Crucificação de São Pedro*, 1471, Museu do Vaticano

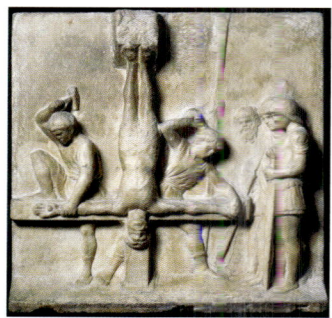

Luca Della Robbia. *A Crucificação de São Pedro*, 1439, Museu Nacional de Bargello, Florença

Após a morte de Jesus, Pedro pregou de cidade em cidade, até ser sacrificado em Roma e sucedido por Lino no ano de 67. Roma, a única comunidade no ocidente, fundada por dois apóstolos, atualmente é chamada de Santa Sé, pelos católicos. Depois de extensa pesquisa arqueológica, os historiadores acreditam que a tradição católica esteja correta e que os restos de São Pedro estão sob o altar da Basílica. A região do atual Vaticano fazia parte do antigo terreno do circo de Nero, e foi naquele local que encontraram uma necrópole com a expressão *Petros Eni*, que em grego significa "*Pedro está aqui*". A tumba e todo material arqueológico encontrado no local confirmam a veracidade histórica.

Durante toda Idade Média e o Renascimento, ou seja, por quase mil anos de Historia da Arte, as imagens referentes à crucificação de São Pedro utilizavam-se de poucos elementos; tudo se organizava simetricamente em torno de uma cruz latina invertida. Até Michelangelo predominou a visão de uma narrativa clara e direta do martírio. Por séculos, seguiram um padrão que mostrava o apóstolo com feições serenas, resignado e sem qualquer expressão de dor. Após a reforma protestante, o eixo compositivo, que antes era vertical e criava sensação passiva de uma entrega em holocausto, cedeu para uma diagonal com resultados mais dinâmicos e dominada por *pathos*.

Michelangelo, o gênio indomável do renascimento italiano, antecipou a estética barroca da Contrarreforma, modificou a tradicional interpretação da morte de São Pedro simplesmente com o deslocamento da cruz, colocando-a em diagonal. Seu ato pioneiro desencadeou a perda da unidade, do equilíbrio e da clareza e os substituiu pela emoção. Os personagens bíblicos, que anteriormente eram serenos, passaram a refletir insegurança e medo. Como num espelho refletido, os artistas maneiristas passaram para suas obras religiosas o clima de instabilidade social que verdadeiramente existia nas ruas. O início das perseguições religiosas marcava o fim de uma era de certezas.

Michelangelo. *Crucificação de São Pedro*, 1546/1550.
Michelangelo antecipou a linguagem barroca, enquanto uma estética baseada na emoção, porque era um homem de fé que, além de artista, também se envolvera com os questionamentos religiosos da sua época

O questionamento de Martinho Lutero sobre São Pedro afrontou a veracidade das versões cadas pelo Vaticano, e resultou numa profusão de imagens para mostrar o santo martirizado nos meios católicos. As obras feitas ao gosto de uma sociedade em transformação, trocaram a descrição factual pela dor do martírio insuportável e sufocante, como verdadeiramente deve ter sido a sua crucificação. A composição perpendicular renascentista destaca a cruz latina invertida, proporciona clareza, mas faltava-lhe a dramaticidade da morte. As novas interpretações deslocaram a narrativa histórica para o segundo plano e destacaram expressões de sofrimento, um recurso barroco que era usado para humanizar a cruz.

Na Itália, tanto o maneirismo como o barroco, demonstraram a crise espiritual que a reforma de Lutero provocara na Igreja católica, até então considerada única e soberana na Europa ocidental. Desde 1520, com a queima da Bula Papal, surgiu uma nova corrente de pensamento, retomou-se a lembrança do Juízo Final e do Apocalipse. A unidade agora perdida fizera do mundo um palco de medo e tormento. As imagens da crucificação de São Pedro, na interpretação de Michelangelo, mostram a realidade de uma sociedade em desequilíbrio crítico.

Artistas e religiosos envolvidos na Reforma e na Contrarreforma trabalhavam, cada um a seu modo, com os sentimentos contraditórios de um mundo em crise. A representação da dor física e o apelo emocional são duas características da estética barroca que tinham a função de envolver o público de uma maneira catártica. As imagens, criadas pelos artistas, eram capazes de purgar o fiel em sua contemplação e gerar a sensação de cumplicidade – um sentimento conveniente para unir o espectador ao personagem representado. Neste aspecto, a pintura tornou-se um eficiente instrumento de doutrinação e um facilitador de convicções.

A cruz de São Pedro ou cruz petrina, ainda que invertida, não representa negação do cristianismo; pelo contrário, ela é a aceitação de que Cristo é o Messias e símbolo de humildade, pois quando São Pedro está prestes a ser crucificado, ele faz um pedido: que a sua cruz seja invertida pois ele não é digno de ser crucificado como o Mestre Jesus.

CONTEXTO PÓS-REFORMISTA
CRUZ INVERTIDA
TESTEMUNHA INSTABILIDADE E MEDO

Que o mundo mudara, ninguém duvidava, mas não apenas por causa de Lutero. Na realidade, o ex-monge agostiniano fora apenas mais uma peça na composição dos novos paradigmas. O mundo estava em ebulição por várias razões; primeiramente pela descoberta da América, que de uma só vez abalou o eurocentrismo, como também derrubou a tradição do pecado da usura, afinal a saga das navegações fora bancada pelo capital financeiro. O período que ficou conhecido como Revolução Comercial apoiava-se sobre uma nova realidade, que implantou o sistema bancário e acelerou as probabilidades de lucro. A partir desse momento, a classe empresarial, que não precisava mais ficar em contato direto com o trabalho, criou uma nova ética para as relações de produção.

Gaetano Gandolfi.
Crucificação de São Pedro, 1750,
Igreja de São Pedro Apóstolo –
Parma

Guido Reni.
*Crucificação de
São Pedro*, 1604,
Pinacoteca Museu do
Vaticano, Roma

Luca Giordano.
Crucificação de São Pedro, 1690,
Academia de Veneza

As transformações eram múltiplas e despontavam em todos lugares. A corrupção interna da Igreja e a crise no campo, juntas, alimentaram o desejo de uma reforma religiosa popular. Porém, o que ninguém esperava, veio com a adesão de príncipes que, junto aos membros da nova classe alta, ou seja a burguesia capitalista ainda em formação, saíra em defesa de seus próprios interesses fundiários e financeiros. Finalmente, para coroar tantas mudanças, o astrônomo Copérnico revelou sua teoria, um conceito que explicava o funcionamento do universo através do movimento centrado no sistema solar. Além de pôr fim ao sistema geocêntrico, o astrônomo-matemático colocou o homem orbitando na sua real dimensão.

Aos artistas visuais restava o papel de expressar, somente através de formas, essa profusão de mudanças e a efervescência social. Para traduzir dinamismo, optaram por composições em diagonal, exageros de gestos e muitos contrastes de luz. Restava a eles interpretar a crise gerada pelas mudanças e todas elas eram de ordem estrutural. Se *crisis* em grego quer dizer separação, a arte maneirista é a linha divisória que separa os modelos entre a beleza apolínea e harmônica do classicismo e os seus contrários da turbulência e desequilíbrio.

PEDRO, TU ÉS PEDRA

Caravaggio exprime a contradição que aflige a alma barroca num mundo dominado pela Contrarreforma, um período de extremos entre o ideal e o real. O conflito e a violência deram o tom dramático às suas obras e à sua biografia. Morreu aos 38 anos, após fugas contínuas por ter cometido mais de um assassinato. Mesmo sendo um artista reconhecido que usufruía as benesses das cortes italianas, terminou como seus personagens, tragicamente.

As cenas religiosas, criadas pelo artista, acontecem no cenário real da sua vida marginal. Elas não foram idealizadas e, mesmo que a temática fosse religiosa e espiritual, os seus modelos eram pessoas reais e conhecidas, tipos populares que exibiam comportamentos e físicos fora dos padrões ideais. Caravaggio, o artista criador de um estilo único, fez da veracidade, a sua característica mais importante. A concepção física e a psicológica dos seus personagens religiosos nasceram da observação analítica da miséria humana. Obviamente que a espontaneidade e o realismo exagerado foram considerados vulgares.

A despeito do reconhecido pioneirismo estético, não foi possível evitar as críticas. Tanto o público como os seus mecenas tinham dificuldade para aceitar a origem de seus modelos, a maioria deles vivia entre o limite da miséria e a promiscuidade. Era constrangedor identificar feições de prostitutas conhecidas, de mendicantes e miseráveis reais, de feirantes e jogadores populares nos rostos dos santos e figuras bíblicas. Caravaggio representava de maneira verista as formas físicas dos objetos, as diferenças sociais, as expressões e os comportamentos humanos. Em suas telas, a escória do submundo ressurgiu em personagens que ascenciam em direção à pureza e a beleza divina.

Na obra exposta na igreja romana de Santa Maria del Popolo, São Pedro não se entrega ao martírio com resignação, pelo contrário, ele luta instintivamente pela sobrevivência, reluta e rejeita morrer. Nele não existe passividade. Os três algozes fazem um tremendo esforço para levantar aquele homem rude e inquieto que, mesmo sendo velho, mantinha até seu último momento a autoridade que Jesus lhe conferiu. Caravaggio, como artista e pessoa, vivia as contradições da sua época, participava das reformulações morais e estéticas do período, pós-reforma religiosa de 1517. Segundo Argan, suas representações deram continuidade ao caminho aberto por Michelangelo. Na obra: *A Crucificação de São Pedro*, o pintor desenvolveu seu tema preferido: a morte.

"Caravaggio interpreta o martírio como a máquina da morte que foi posta em movimento e nada poderá detê-la. Ele não fazia diferença entre o sentimento real e o sentimento do divino, nem fazia nenhuma tentativa para heroicizar suas figuras, pelo contrário, o motivo religioso se revelava nos humanos, o acontecimento histórico-dramático estava reduzido à mais crua realidade de um ato de violência e o santo, em pânico, arrebatado pelos carrascos sem nenhuma ostentação de invenção, tudo se fez real na realidade concreta dos fatos e das pessoas".[42]

Caravaggio. *Crucificação de São Pedro*, 1601, Igreja Santa Maria del Popolo, Roma

ESTIGMAS DA CRUZ INVERTIDA SATANISMO E O ANTICRISTO

A cruz invertida, conhecida como a cruz de São Pedro e símbolo de humildade, tem seu revés no nebuloso mundo da magia negra, um cadinho de cultos variados que se estendem desde simples religiões animistas a bruxarias e práticas do satanismo. É sabido que no ritual da *missa negra*, para parodiar a missa cristã, todo simbolismo é invertido. A cruz é colocada de ponta-cabeça, o vinho da celebração é substituído por sangue e, ao invés de um discurso espiritualizado, predominam ações que valorizam a natureza carnal e a violência, por meio de sacrifícios e relações sexuais. A profanação ritual exige instrumentos, símbolos e fórmulas mágicas.

Em paralelo a esse universo de rituais demoníacos encontram-se os anticristos. Entendidos como adversários ou rivais de Cristo, o conceito de anticristo foi formulado no livro do Apocalipse. Nas palavras de João, surgirá no final dos tempos um déspota sedutor, que se apresentará como Filho de Deus e arrastará a humanidade à mentira. Esse ser que não tem um nome, propriamente foi chamado pela primeira vez de "anticristo" por João (I Jo, 2,18). As profecias da vinda de um opositor destruidor têm suas raizes no judaísmo pré-cristão, que igualmente pressente um tempo de grandes hostilidades e fúrias adversárias, contra o povo de Israel.[43]

Atualmente, fala-se muito na cruz invertida como sinal do satanismo. Essa associação errônea e nefasta é fruto de um raciocínio simplório, no qual a simples inversão da cruz seria capaz de provocar o surgimento das falanges do mal e abrir caminho para Satã. Como a cruz invertida aponta para baixo, imaginam que ela sinaliza o inferno, a morada de Lúcifer e Belzebu. Satanismo, enquanto sinônimo de rejeição do cristianismo, é uma tradição medieval criada na escassez de um pensamento monotípico, mas capaz de criar no imaginário popular a noção de que basta inverter a cruz, para surgir o seu oposto. Essa crença, repleta de superstição, dissociou a cruz do martírio petrino e a transformou num objeto satânico. Em sequência à essa mesma linha de pensamento, as bestas do Apocalipse misturaram-se aos demônios e criaram a figura indefinida do anticristo.

Hoje alguns grupos de rock, principalmente os ligados ao *black metal* e *death metal*, usam a cruz invertida em sua indumentária e gesticulam a mão chifrada em saudação aos espíritos do mal, para dar uma conotação de rebeldia e agressão. Devido a tantas divulgações erradas, a cruz de São Pedro tem sofrido perseguições. Nos Estados Unidos, estigmatizaram-na como instrumento de Satã. Se agiram por falta de repertório simbólico ou não, no final das contas desfiguraram o verdadeiro sentido da cruz invertida. É comum ver pessoas incentivadas pelo medo e sem qualquer conhecimento da iconografia cristã, ou mesmo das circunstâncias históricas da morte do apóstolo, confundir o símbolo de São Pedro com o demônio, afinal elas só possuem esta informação. O mesmo fenômeno aconteceu com a imagem da suástica; houve uma apropriação indevida do símbolo e, que acompanhada de ignorância, gerou o atual estigma.

4.5 CRUZ CELTA
CRUZ IÔNICA
CRUZ IRLANDESA

Oriunda das regiões da Irlanda, Bretanha e Escócia, a cruz celta tem sua forma definida pela sobreposição de uma cruz e um círculo. Anterior ao advento do cristianismo, hoje ela é usada em logomarcas e publicidade de uma série de movimentos políticos nacionalistas, mas sua ancestralidade transcende ao regionalismo que os grupos atuais querem lhe imputar. Ela é uma forma simbólica dos antigos povos agrários, que combina o elemento feminino, o círculo, ao elemento masculino, a vertical, para formar a imagem de união nos rituais de fertilidade. A cruz celta é resultado de aculturação e de sincretismo, dois conceitos próximos, mas diferentes.

A preservação da cultura celta, deve-se aos antigos habitantes, que demonstraram habilidade na convivência com os povos dominadores. A aculturação resulta de interfusões entre romanos, cristãos e celtas em processo contínuo de amálgamas que, por sua vez, fez surgir um sincretismo de símbolos sagrados. O cristianismo celta ou insular praticado pelos antigos irlandeses, escoceses, galeses, córnios e habitantes das ilhas Man tem particularidades diferentes do restante da Europa, nessa região não ocorreu exclusão total dos cultos ancestrais. Com a expansão do Império Romano, parte da cultura celta morreu, com exceção das Ilhas Britânicas, particularmente a Irlanda, uma região que permaneceu intocada pelos romanos e que teve ascensão cultural com a chegada do cristianismo

Os povos que habitavam a antiga província romana da Britânia viviam em comunidades distantes, mas não isoladas. Os mosteiros desempenhavam o papel de agentes de comunicação, eram centros agregadores, pois funcionava uma rede de informação no seu interior que ajudava a manter a sociedade unida. Os religiosos da Irlanda, apesar de obedientes a Roma, agiram com modo próprio. Eram diferentes do clero romano, visto que se posicionaram mais próximos dos valores culturais da população local. Obviamente expressavam a mesma liturgia e os mesmo dogmas, porém suas ações estavam baseadas nos princípios da reciprocidade e da tolerância. Esses missionários diferenciados reinventaram-se, com a qualidade de não reproduzir nem Roma e nem Bizâncio.

Quando os primeiros missionários chegaram nas Ilhas britânicas, no século IV, encontraram um cenário desolador; os saxões haviam excluído os habitantes e, estes, para sobreviver, tiveram que se refugiar no campo; tornaram-se totalmente rurais, não tinham uma escrita e sequer haviam sido romanizados. Os invasores germânicos, vindos do sul do rio Elba, obrigaram os celtas a fugir para as regiões mais distantes e frias; os resultados dessa imigração forçada foram: fome, segregação e sentimentos de insegurança. São Patrício, o monge missionário, precisou de pouco tempo para reverter esse quadro de devastação. Homem sensível às agruras dos pobres, conseguiu implantar uma promessa de vida melhor, introduziu esperanças e gerou união. Com tal mudança de ânimos e sob sua liderança, a Irlanda tornou-se o maior polo de irradiação cultural da cristandade celta. Apesar do comando e vigilância de Roma nasceu, na antiga Britânia, uma nova Igreja, diferente das demais.

PAGANISMO X CRISTIANISMO

A questão do conflito entre paganismo e cristianismo, que à primeira vista é tratada por diferenças teológicas, é também um problema político-cultural. Após o violento saque de Roma liderado por Alarico, em 410, a sociedade romana entendeu que, naquele momento, o cristianismo era o único sistema capaz de exercer uma coesão social e, ao mesmo tempo, salvaguardar a latinidade contra a barbárie. É nesse contexto que se insere Santo Agostinho, o bispo de Hipona, vindo do Norte da África. Em resposta à violência do saque visigodo, ele pregou um discurso de enfrentamento e, em 430, reafirmou a identidade cristã, em oposição ao paganismo.

O ataque a Roma não desencadeou reações apenas no meio religioso, mas em toda sociedade, que se uniu para dar um basta à barbárie. Registra-se que por três dias seguidos, romanos, pagãos e cristãos, assistiram às piores cenas de canibalismo, estupros, incêndios e mortes. O ataque foi considerado por todos um ato de selvageria sem precedentes na História. Sob o impacto desse episódio e pressionado pelas vítimas, Santo Agostinho elaborou, no livro *Cidade de Deus,* a teoria de um mundo dual e deu início à desconstrução do paganismo. O dualismo implantou a demonização que, por sua vez, resultou em estigma e preconceito. Além do caráter religioso, Santo Agostinho saiu em defesa dos valores culturais greco-romanos, destacou o modelo de Estado já existente, pois acreditava que sob as bases imperiais Roma cumpriria *"A missão providencial de realizar a união, a educação e a conversão do mundo"*.[44] Santo Agostinho era um homem culto e influenciado pelo neoplatonismo de Plotino. Graças à sua formação erudita houve uma conciliação entre a doutrina cristã e o pensamento dos filósofos clássicos.

Pagão vem de *pagus*, que significa rural, mas a palavra – que inicialmente foi usada como *não cristão* e por isso mesmo confundida com herege –, esconde a raiz do preconceito, pois originalmente *paganus* significava alguém de classe inferior. O uso do termo pagão, para indicar os não crentes em Cristo, surgiu por volta do ano 370. Em prol dos cristãos iniciou-se severa condenação aos mitos e magia, aos métodos de adivinhação, à idolatria, à prostituição sagrada e, principalmente, aos sacrifícios. O golpe final se deu com Teodósio, quando por edito, no ano de 380 eliminou o subsídio dado aos sacerdotes para a manutenção dos cultos; com esse ato atingiu em cheio os espetáculos comemorativos do Estado. Com a justificativa de intensificar a defesa nas fronteiras, o imperador reverteu para o exército a verba que anteriormente era destinada aos templos. Ora, sem pompa, sem festividades e nem rituais, os sacerdotes pagãos perderam espaço e rapidamente enfraqueceram.

Na legislação romana, entre os séculos IV e V, existia um conjunto de leis, conhecido por *Superstitio*, que determinava quais eram as proibições a as obrigações dos religiosos. *Superstitio* refere-se a convicções e práticas religiosas estrangeiras, que vieram com as migrações das terras vizinhas. Em Roma, religião era parte integrante da sociedade e do funcionamento do Estado. Quando os cristãos quebraram esse sistema, o conflito, que era somente de natureza teológica, se transformou em violação da ordem pública; o Estado precisou intervir e definir o que era permitido para os dois grupos. Porém, a pergunta que os historiadores não fizeram é: Como romanos e cristãos viam uns aos outros?

Os dois grupos deixaram marcas de intolerância, com acusações e hostilidades recíprocas. Os romanos estavam mais acostumados a conviver com diferentes religiões, achavam os cristãos exageradamente fanáticos, mas nem por isso evitaram perseguições e martírios. No período pós-Constantino, quando o cristianismo se alargou exponencialmente, as posições mudaram; o cristão, de perseguido passou a perseguidor, e o paganismo passou de tolerante a tolerado pela Igreja. Se a liderança era exercida por clérigos cultos, estes evitavam destruição, mas infelizmente houve radicalismo por parte de iconoclastas, que atacaram as imagens dos deuses pagãos, justificando serem *manifestações demoníacas*. O discurso proselitista dos cristãos tornou incompatível a aceitação da idolatria e do politeísmo.

Obviamente essas medidas provocaram reações negativas; senadores e patrícios insatisfeitos acusaram os cristãos de serem teimosos e intransigentes e, por isso, os causadores das invasões bárbaras e do enfraquecimento do império. Porém a verdade é outra, sabe-se que as invasões bárbaras não ocorreram num repente, ha muito tempo as fronteiras vinham sendo ameaçadas. Alarico não invadiu Roma por causa dos cristãos. As relações entre romanos e bárbaros eram hostis e sempre realimentadas por desafetos recíprocos. O chefe visigodo invadiu apenas por reivindicar mais armas para seu exército, mais assentamentos nas áreas rurais e por sua nomeação como *magister militem*, um título de reconhecimento militar dado somente aos cidadãos romanos. Alarico deixou claro que as invasões não eram atos isolados, mas sim campanhas organizadas que refletiam insatisfação generalizada. Roma tremeu de medo e para evitar maiores conflitos teve que se curvar à nova ordem estabelecida pelo ruralismo pagão dos bárbaros e pelo ideário monoteísta cristão.

SOCIEDADES TRIBAIS CELTAS E GERMANOS

Celtas e germanos eram tribais e belicosos, viviam igualmente de maneira organizada em clãs patriarcais e divididos em inúmeros grupos que dificultavam a formação de uma civilização coesa. Os celtas pertenciam aos antigos habitantes da Europa que chegaram por volta do ano 3500 a.C., vindos da Asia menor, atual Turquia, num período bem anterior à formação da civilização romana. Os germanos chegaram em levas a partir do século II, situam-se em outro momento histórico e se constituem nos agentes invasores e determinantes do fim do império romano.

As tribos celtas, conhecidas por bretãs, foram empurradas pelos saxões para a região do País de Gales, Cornualha e Irlanda. Os invasores, genericamente identificados por *povos bárbaros*, eram os germanos e estavam subdivididos entre francos, vândalos, visigodos, ostrogodos, suevos, saxões, teutões, hunos e outros povos. A ocupação territorial desses povos deu origem a muitos reinos, que posteriormente se tornaram os atuais Estados Nacionais europeus. A palavra germano está associada a *germen*, com o sentido de semear e também de parente e aparentado. A palavra surgiu pela primeira vez em 223 a.C na inscrição: *De Gallei Insvbribvs et Germen,* em referência aos povos próximos ou vizinhos dos gauleses – os habitantes da antiga província romana dominada por Julio Cesar.

Os germânicos invadiram o Império, mas sem o objetivo de afetar sua estrutura política. No início, até houve um esforço para legalizar sua presença nos territórios latinos, mas tudo mudou quando os movimentos migratórios se intensificaram, e os romanos perceberam a força das fusões realizadas pelos bárbaros entre si. Essa nova realidade mostrou que o exército romano não conseguiria mais exterminar e nem dominar, como fizera Júlio Cesar. Os comandantes entenderam que, diante das alianças germânicas, seria preciso menos armas e mais diplomacia. O governo implantou uma nova política de acolhimento, iniciou com o recrutamento dos seus melhores guerreiros, para realocá-los nos exércitos imperiais. O intuito era enfraquecer os invasores e estabelecer uma política de pactos e de promessas bilaterais. As guerras intertribais facilitaram a aceitação dessas estratégias, mas elas também eram prejudiciais, pois a rivalidade causava insegurança social e atingia todos negativamente. Por um momento, acreditaram que o exército seria a única garantia de proteção e de restituição da ordem.

A dialética histórica mostrou que, enquanto a noção abstrata de Estado estava esmaecendo, uma nova força social surgiu, trazendo o sentido de unidade. E ela não veio pela organização institucional da política e nem pela força das armas, mas pela fé. O caos só não foi completo em razão do trabalho de alguns clérigos, visto que o ensino oficial desaparecera e com ele a leitura; sem o apoio da escrita, com muita rapidez, a língua começou a se distanciar do latim clássico. Apesar dos pesares, o pouco de cultura e civilidade sobreviveu graças às bibliotecas erguidas e mantidas pelos monges. Não dá para discordar de que o século V, historicamente, representa um longo e conturbado período de deterioração, de recuo da civilização e de substituição da justiça pela violência.[45]

CRISTIANISMO CELTA
SIMBOLISMO PAGÃO

O chamado *cristianismo celta* se desenvolveu de um modo distinto do modelo romano; de um lado era a mesma religião organizada nos moldes da disciplina e da hierarquia, mas por outro lado, era um cristianismo com características próprias. Os protagonistas dessa diferença foram os monges, que abstraíram os limites e diferenças entre o universo erudito e o popular. Nas Ilhas da Britânia, a prática missionária trocou a teoria do discurso teológico por uma vivência pragmática. Entre preservar a ortodoxia oficial e conviver com os anseios pagãos dos aldeões, o cristianismo celta soube interagir com equilíbrio. Não havia dois sistemas de crença em oposição, mas um único. O triunfo da Igreja deu-se pelo redirecionamento e não pelo extermínio; o trabalho missionário se desenvolveu pela conversão, integração e adaptação.

O sistema monástico era formado por células que cumpriam vários papéis. Um deles se constituía na preservação do conhecimento, por sorte, pois enquanto invasores germânicos incendiavam manuscritos, muitos religiosos, descendentes da nobreza, salvavam textos clássicos do pensamento filosófico e científico da antiguidade. Muito se perdeu, mas caso não existissem os abnegados copistas nada restaria. Os mosteiros eram lugares fisicamente protegidos, tinham *status* intelectual, o que até certo ponto ajudou a driblar os censores da época. E graças a esse espírito conseguiram formar bibliotecas que posteriormente se tornaram as bases das primeiras universidades medievais.

Se uma parte dos mosteiros era constituída por monges-guardiões do conhecimento, uma outra parte preferia o trabalho missionário em contato direto com a população local. Dedicação, sabedoria no trato das crenças populares e maior tolerância com as pagãs, resultou em conversão em massa; em menos de um século todos os reinos anglo-saxões já tinham aderido ao cristianismo. Contrários à vida de isolamento, tão comum aos eremitas do Norte da África, os mosteiros irlandeses funcionavam como postos de comando na cristianização. Eram sacerdotes fiéis à base romana de onde vinham as autorizações e orientações, mas só foram bem-sucedidos ao colocar em prática os seus próprios talentos de evangelizadores.

Os religiosos, em geral, eram homens instruídos e disciplinados, conseguiram conquistar novos territórios, porque se adaptaram aos habitantes locais; sabiam servir e ouvir. Em face dos bons resultados, o modelo cultural e hierárquico irlandês foi levado para a França, Itália, Suíça e Alemanha. Através deles floresceu o mais refinado cristianismo celta, uma prática que vivia por entre os extremos da vida intelectual e a realidade do mundo laico.[46]

Vida monástica não era sinônimo de isolamento. A liturgia sacramental, como batismos e casamentos, sempre aproximou o clero de todas as classes sociais, mas suas ações não se restringiam às práticas religiosas, elas rapidamente expandiram-se para as atividades produtivas. Entre os séculos V e VIII, os mosteiros nas distantes terras da antiga Britânia eram abrigo para os peregrinos, local por onde circulavam menestréis e membros da nobreza, e onde a população, aos poucos foi se aglomerando e deu origem às chamadas cidades monásticas. Com o ruralismo em franca ascensão e sem concorrência, os mosteiros tornaram-se os núcleos mais organizados e cultos da sociedade.

Detentores e difusores da informação e do conhecimento, os mosteiros conservavam-se como unidades autossuficientes e autocentralizadoras. Produziam tudo. Controlavam tudo. Regulavam toda a sociedade medieval, apenas com os princípios da ordem e da tradição. A regra prescrita resumia-se na relação do indivíduo com o trabalho, tanto manual quanto intelectual. Em outras palavras, a relação das pessoas com o trabalho era fator determinante para estabelecer a diferenciação na pirâmide social. As atividades profissionais eram exercidas conforme uma predeterminação, por exemplo, por estatuto, a nobreza jamais poderia exercer qualquer atividade braçal. Não existia espaço para mobilidade social, porque a organização estamental é autoritária e age sem questionamentos, ela antecipadamente define por lei os direitos e as obrigações de cada classe.

Nos mosteiros beneditinos, diferentemente, o trabalho era considerado penitência e castigo para qualquer um. No interior e acima das portas havia uma inscrição em latim que traduzia bem o espírito dessa ordem: *Ora et Labora*. Em outras palavras: *Ore, como se tudo dependesse de Deus e trabalhe, como se tudo dependesse de você*. Porém, numa época em que a propriedade agrária se tornara a única riqueza e fonte de rendimento, o conhecimento erudito cultivado pelos monges copistas e ilustradores facultava-lhes uma superioridade que ficava acima dos títulos de nobreza. A despeito das críticas sofridas por muitos historiadores contemporâneos, a cultura monástica não deixa dúvidas quanto às suas contribuições no universo erudito e estético das artes visuais e musicais.

Três fatores interferiram para o surgimento de uma Igreja, na qual o sincretismo era mais evidente: geografia insular, distância de Roma e práticas de evangelização. Podemos dividir a Europa cristã em grupos étnicos e culturais, como a latina, a germânica, a eslava e a celta; estes por sua vez, ficaram conhecidos por nações que formaram o antigo *Cinturão Celta,* da Bretanha, Irlanda, Escócia e Gales. Precocemente foram anglicizados e cristianizados, mas sem nunca perder os laços culturais do seu passado bretão, seja na etimologia de algumas palavras, ou em reminiscências mantidas no folclore e lendas, na música e crenças mágicas. Quando os anglo-saxões chegaram, uma parte da população foi absorvida tornando-se inglesa, outra parte recuou para a chamada fronteira celta de Gales, Cornualha e Escócia e uma terceira facção imigrou para a Bretanha, na atual França e Britônia, na atual Galiza, na Espanha. Os bretões, diferente do que se pensa, não são os originários da Bretanha, hoje denominada Grã-Bretanha; eles são os antigos habitantes celtas, que se instalaram na região, durante a Idade do Ferro e falavam uma língua insular chamada britônico.

SIMBOLISMO DO CÍRCULO NA CRUZ CELTA

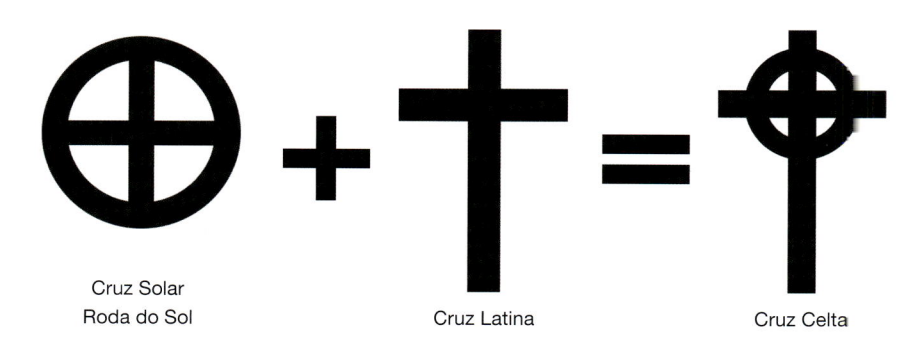

Cruz Solar
Roda do Sol

Cruz Latina

Cruz Celta

O círculo solar celta, adorado como o poder supremo, transmutou-se e renasceu sem abandonar suas formas arcaicas. Ele misturou mitos dos antepassados e sobreviveu, porque seguindo um dos fundamentos da arqueologia religiosa de Golbet D'Alviella *"Quando os símbolos expressam ideias aproximadas, apresentam uma tendência para se amalgamarem, de maneira a produzir um tipo intermediário"*.[47] O círculo solar, regenerado na cruz celta, é a metáfora do renascimento que, no simbolismo rural, representava as repetições cíclicas do tempo, marcado pelas horas, meses e estações. O novo paganismo, então miscigenado, sobreviveu e soube se adaptar, principalmente nos grandes centros religiosos da cristandade escocesa, irlandesa e galesa. O comportamento sincrético lhes permitiu criar um diálogo inter-religioso espontâneo e equilibrar preservação com mudança ao longo da história. Os celtas tinham uma larga experiência no resguardo da sua cultura; todos que tentaram impor padrões sociais, jurídicos e religiosos pela força, fracassaram. Se a distância com Roma foi decisiva, o certo é que os celtas souberam resistir à influência de outras civilizações.

SINCRETISMO E CRISTIANISMO CELTA

Símbolos gráficos celtas
Volutas em movimento
Monumento funerário Newgrange, Irlanda, 3200 a.C.

Padrões geométricos
Decoração cruciforme
Fragmento de adorno celta em metal

Cruz Peitoral – 650. Data do início
do cristianismo celta.
Universidade Cambridge.

Cruz de cemitério
Sincretismo e aculturação
Smbologia inter-religiosa
Síntese visual: sol e cruz

Para ensinar a palavra sagrada aos leigos, os missionários recorreram às sínteses visuais e ao recurso da sinestesia, dois instrumentos que facilitaram a comunicação e geraram uma linguagem sincrética. É bem verdade que existia uma legislação eclesiástica e pontifical específica para controlar e formatar as pregações e, apesar do peso dessas regulamentações unificadoras, o cristianismo, nos mosteiros irlandeses e escoceses, seguiu um caminho diferenciado, aproveitando-se das formas regionais. Para atrair multidões, os bispos, além de se adaptarem aos costumes das comunidades, tentaram não entrar em choque com suas antigas práticas. Por exemplo, mantiveram algumas festas pagãs, celebrando-as em honra a um santo cristão; a cruz solar, símbolo dos povos agrários, permaneceu sem perder sua antiga sacralidade, mas com novas interpretações.

A noção de imagem no princípio do cristianismo está diretamente associada à ausência de uma escrita. Como pregar sem imagem ? O tema da Cruz e da Árvore da Vida floresceu na Irlanda até os anos 900. Nas oficinas dos missionários, surgiram objetos litúrgicos e relicários de alta qualidade que seguiram um modelo impregnado da herança céltica cristianizada. Escultores inventaram um modelo de gigantescas cruzes, que durante muito tempo ficaram desconhecidas. A partir do século XII, as lutas intestinas e as conquistas normandas de 1169 minaram esse conhecimento acumulado até então.[48] A cruz celta colocada nos espaços abertos atuava como afirmação, propagação e visibilidade da presença cristã, mas pode-se dizer que era um jeito de cristianizar o espaço coletivo sem precisar se debater com o paganismo.

As quatro imagens mostram semelhanças formais; todas pertencem à mesma região geográfica e, no entanto, separadas por uma extensão cronológica de 2 mil anos. Encontradas num lugar inicialmente habitado pelos celtas, na atual Escócia e Irlanda. Em Newgrange misteriosas pedras formam um gigantesco conjunto funerário erguido estrategicamente em posição referente ao solstício de inverno. O monumento, anterior à construção das grandes pirâmides egípcias, provavelmente tenha sido um centro astronômico, de importância religiosa e cerimonial equivalente ao de Stonehenge, erguido também para anunciar as mudanças de estação, através dos eventos celestes. Ocorre que no dia mais curto do ano, em 21 de dezembro, com a exatidão de cálculos matemáticos, ao nascer do sol, um raio fino de luz entra pela porta e ilumina o piso da câmara interior por uns poucos minutos. É a regularidade do fenômeno do solstício de inverno que faz ocorrer a soma de magia e conhecimento.

Passado muito tempo, as mesmas espirais pré-históricas ressurgiram em artefatos de adorno, em armas e utilitários. Por sua vez, a constância desses padrões compositivos no local tornou-se fator fundamental para definir a sintaxe da estética celta. Em 2011, arqueólogos da Universidade de Cambridge encontraram uma pequena cruz peitoral, de quase 5 cm, feita em ouro e granada incrustada. Ela pertencia a uma jovem de 16 anos que fora sepultada com seus pertences pessoais e deitada em sua cama conforme costumes celtas. A narrativa arqueológica comprova que a rica menina fora convertida, mas também lhe fora permitido manter as tradições pagãs. São hipóteses, pois o período compreendido entre 400 e 600 – entre a retirada das tropas romanas e a chegada de Santo Agostinho no reino de Kent –, é um dos mais obscuros, devido à falta de fontes escritas.

Os povos da Irlanda sempre foram fascinados por espirais e linhas entrelaçadas, às vezes com inserções de formas animais ou vegetais. A chegada do cristianismo reforçou ainda mais o gosto por arabescos. De fato, ocorreu uma explosão dos desenhos ornamentais nos manuscritos monásticos. Houve um verdadeiro renascimento não apenas nas bibliotecas, mas também nas cruzes esculpidas em pedra. Losangos, nós e círculos concêntricos adornavam as páginas dos Evangelhos e também qualquer coisa criada pelos celtas. O *Livro de Kells* considerado um tesouro da arte cristã primitiva, é um admirável trabalho ilustrado dessa estética. Os Evangelhos escritos e decorados em pele de feto bovino representam a síntese de três culturas amalgamadas; mais do que religião, eles significam a fusão entre os povos hebreus, romanos e celtas. A temática cristã herdeira do judaismo foi escrita em latim, em espaços entrecortados por arabescos ornamentais da tradição celta e decorada com cenas figurativas de origem clássica.

Os bárbaros não tinham uma escrita, mas se comunicavam por símbolos, deixados com regularidade nos relevos esculpidos ou na grafia dos planos cinzelados e desenhados. Gostavam de representar, na trama de linhas curvas, o seu repertório de seres mitológicos e formas abstratas que acreditavam magicos. "*Os monges da Irlanda céltica e da Inglaterra saxônica tentaram aplicar as tradições desses artífices nórdicos às tarefas da arte cristã. Construíram igrejas, campanários e a cruz, composta por um rendilhado espantoso de formas sinuosas*".[49]

A linguagem visual dos missionários irlandeses era sincrética, eles faziam reinterpretações com miscigenação de estilos. Por exemplo, o conceito celta de eternidade representado pelas linhas entrelaçadas manteve-se inalterado, mas foi adaptado. Se antes do cristianismo as linhas contorcidas significavam a possibilidade de interconexão entre os mundos dos deuses, dos mortos e dos vivos, com um mínimo de interferência teológica, elas passaram sem choques para um contexto cristão. O espírito de integração norteou artistas e religiosos, juntos criaram o diferencial do cristianismo insular.

PADRÕES GEOMÉTRICOS ARABESCOS E ESPIRAIS

UNIVERSO SIMBÓLICO CELTA EM FORMA DE ATRATORES

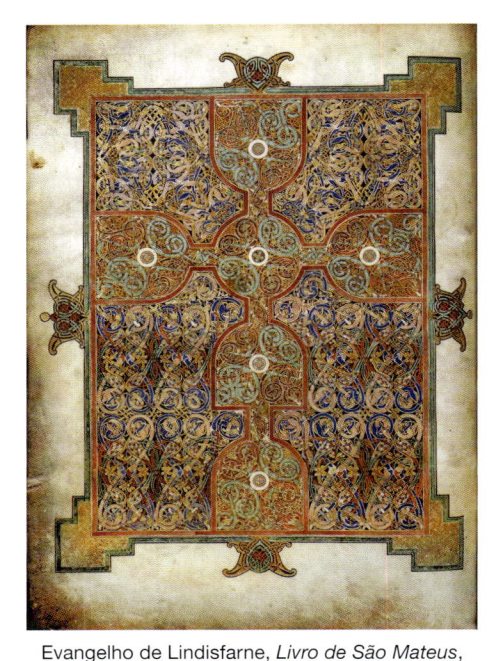

Evangelho de Lindisfarne, *Livro de São Mateus*, Nortumbia.
Página introdutória do manuscrito pintado por volta de 700
Magnífico exemplo de geometria celta
Museu Britânico, Londres

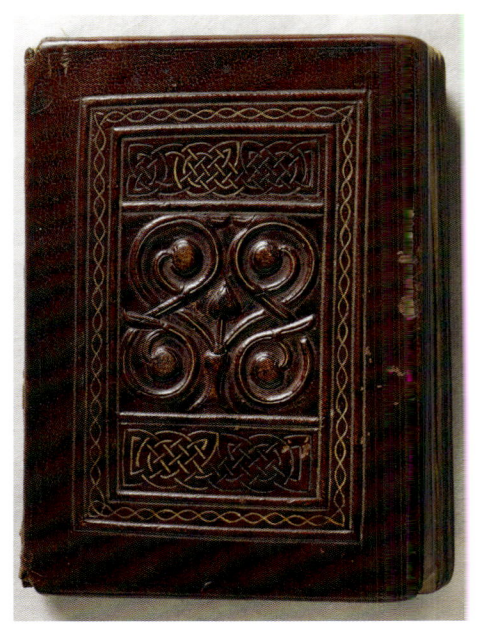

Evangelho de São João segundo São Cuteberto, 684, escrito em Latim
Encadernação considerada a mais antiga do mundo ocidental - Biblioteca Britânica

O movimento circular é muito característico das criações visuais que, erroneamente, são entendidas como padrões de cunho ornamental. Entretanto ele é, em essência, o símbolo de eternidade, uma realidade garantida pelo percurso solar em sua mitologia. Os celtas representavam o cosmos por rodamoinhos, uma forma do sol em movimento que, ao mesmo tempo, indica a sua periodicidade. A cosmogonia celta fixou-se em imagens de atratores enredados por sinuosas. Os manuscritos ilustrados pelos monges irlandeses e escoceses são considerados os melhores exemplos de grafismos e arabescos da iconografia cristã, em território celta. Os desenhos entrelaçados repetem protótipos de rendilhados com o intuito de criar a ideia de infinitude. Os historiadores de arte não acreditam que esses arabescos sejam o inocente hábito relacionado ao fenômeno conhecido por *horror vacui*, ou seja, o medo dos espaços vazios ou o gosto por preencher compulsivamente toda superfície de uma obra – um comportamento antiminimalismo por excelência. Como não existe ainda um consenso sobre o significado destes padrões que cobrem não apenas as cruzes, mas qualquer objeto celta, presume-se que sejam mais do que simples ornamentação estilística e estejam relacionados ao simbolismo e à crença do poder das formas mágicas.

CRUZ CELTA
IDENTIDADE HISTÓRICA

As primeiras cruzes aneladas com inscrições e ilustrações bíblicas encontradas, datam do século VII. Até o final da Idade Média e início do Renascimento, elas foram erguidas em profusão, porém essa tradição foi abruptamente interrompida com o advento da Reforma Religiosa. A cruz celta ficou restrita ao universo da arqueologia religiosa por quase 300 anos, todavia, por influência de artistas e medievalistas do Romantismo, houve um "avivamento celta" que a fez ressurgir e extrapolar o seu antigo espaço religioso-funerário, para se tornar símbolo de identidade da Irlanda. Posteriormente, na era vitoriana e sob o espírito dos movimentos nacionalistas, a imagem da cruz solar passou a representar grupos de ascendência celta em outros lugares espalhados pela Europa.

Pilar de Kilnasaggart – 700
Pedra encontrada em antigo cemitério, contém grafitos
de círculos e cruzes com inscrições em latim.

Os exemplares ainda pagãos são bem raros e foram descobertos em terrenos afastados dos antigos assentamentos agrícolas. Diferentemente da cruz cristã, que era erguida próxima à outras construções, os antigos monumentos faziam parte de rituais coletivos que se realizavam ao ar livre. Os celtas não construíam templos, suas cerimônias ocorriam em espaços considerados sagrados e protegidos pelos espíritos guardiães da natureza. Os lugares tinham referências físicas com acidentes geográficos ou vegetais, montanhas, árvores e rios que, nas religiões animistas, ajudam na manifestação da hierofania. Mircea Eliade nos fala em espaços consagrados por uma teofania, ou seja, espaços não foram escolhidos pelo homem, simplesmente foram revelados para o homem.[50]

Os rituais praticados nas florestas deixaram seus resquícios nos poucos monumentos que sobreviveram, visto que não tinham uma escrita e nem uma arquitetura exclusiva. As poucas edificações religiosas que restaram são pedras alinhadas, às vezes dispostas em grandes círculos ou apenas uma isolada. Não importa o lugar ocupado, todas estão posicionadas em relação ao nascente e poente do sol, logo exprimem o culto solar e a adoração à deusa Terra-Mãe. Desmembradas nas quatro divindades elementais, revelam o sagrado pelo ar, água, fogo e terra. Os celtas acreditavam na unidade centralizada da vida, os espíritos habitavam um outro mundo, mas podiam se conectar com os vivos pela natureza, através das pedras, árvores e nascentes de água.

O achado lítico que faz referência à cruz cristã mais antigo é o megalito de Kilnasaggart, erguido provavelmente no ano de 700 d.C. para uma cerimônia fúnebre. Medindo 2,5 metros de altura, o misterioso pilar tem 13 cruzes gravadas, algumas dentro de círculos e apenas uma centralizada com a forma alongada da cruz latina. Essa grande pedra, considerada o primeiro monumento cristão da Irlanda, tem uma inscrição em latim com símbolos gaélicos e sinais de *ogham*, ou seja, o texto une a língua oficial da igreja aos sinais mágicos usados pelos druidas nas cerimônias. Nele está escrito: *in loco sc taninmairrni Terno Mac Ceran Bic er cul Peter apstel* que, traduzido, diz *Temoc, filho de Ceran Bic, colocou o lugar sob a proteção de Pedro, o Apóstolo*. O texto faz referência à morte de Temoc, registrada em 714 d.C. As últimas escavações da década de 1960 revelaram outros túmulos no local, uma informação que reafirma o caráter sagrado da cruz e sua relação com os mortos, no tocante à crença da vida eterna.

O pilar de Kilnasaggart é basicamente um menir, porém de extrema importância para comprovar as duas características do cristianismo celta: aculturação e sincretismo. A mistura das línguas e o uso para fins funerários, deixa claro que houve aproximação entre povos diferentes, redundando em novos costumes. As cruzes cristãs, por sua vez, dividem espaço com círculos e ranhuras profundas feitas com lâminas, demonstrando um momento de transição e unificação entre magia, culto solar e cristianismo. As cruzes inscritas com círculos também podem testemunhar o fenômeno de sincretismo entre druídas e sacerdotes cristãos.

Kilnasaggart curiosamente em gaélico quer dizer *Igreja do Sacerdote*, *Kil na Saggart* é sinônimo de *Igreja dos Padres*, porém não existe qualquer vestígio que possa comprovar a existência de tal igreja. O lugar desperta inúmeras hipóteses, que mais alimentam lendas e mistérios do que dão respostas à História. Nos relatos folclóricos, Santa Brígida fundou um mosteiro, utilizando-se das pedras originais de uma antiga edificação celta, transformado posteriormente no castelo de Moyre. Ora, o que existe de verdade são restos da fundação de uma antiga igreja do século V, onde estão enterrados alguns familiares da nobreza celta. O hábito de sepultar pessoas importantes no interior das igrejas e próximas ao altar é uma atitude assumidamente influenciada pela tradição cristã. Em 1207, quando a vila de Saggart, ao Sul de Dublin, já estava cristianizada, ela foi invadida pelos normandos com muita destruição e incêndios. Restou quase nada dos primeiros missionários irlandeses; posteriormente o lugar se reergueu com uma arquitetura defensiva e própria dos novos invasores – implantaram cidades muradas, castelos e grandes torres.

O círculo pagão da *cruz do sol,* presente na cruz celta, também é atribuído a Odin, o complexo deus nórdico da sabedoria, da guerra e da morte. À medida em que o cristianismo se espalhava e os deuses locais começaram a virar lenda, as histórias dos povos se confundiram. As ideias de destino atávico contidas na cruz cristã eram contadas com espectros de outras religiões. Da mitologia nórdica, extraíram o momento calamitoso em que Thor, o filho de Odin, o pai de todos, lutou com o malvado Loki e rompeu a barreira entre o mundo dos vivos e o mundo dos mortos, e desse grande conflito surgiu um novo mundo cheio de esperanças. A antiga mitologia pagã foi cristianizada na narrativa e nos símbolos. Ao ser recontada, ela renasceu com cruzes, com Juízo Final, Ressurreição dos Mortos e principalmente com o sacrifício do Filho de Deus que veio ao mundo para libertar a humanidade. A cruz, que na sua origem representava o calendário solar, dividido pelas quatro estações do ano, passou para a liturgia cristã como símbolo de salvação tetemunhado pelos quatro evangelistas. É difícil determinar os limites e as influências recíprocas, quando a base das religiões encontra-se em tradições míticas, e a similitude e aproximação entre elas levou a práticas sincréticas.

CENAS BÍBLICAS E FORMAS PAGÃS
PADRÕES GEOMÉTRICOS
PERMANÊNCIA DO PAGANISMO
NÓ CELTA E ARABESCOS

No reino anglo-saxão da Nortúmbria, atual Escócia e durante o século VIII, ergueram um enorme monumento cruciforme com 5,5 metros de altura que ficou conhecido por Cruz de Rutwell. A escultura, de inestimável valor histórico, é composta por cenas bíblicas entrelaçadas por videiras, pássaros e outros animais. Para unir as passagens, criaram molduras com inscrições em latim e o poema "Sonho do Rood" em escrita rúnica. A cruz impregnada de herança céltica é exemplo da brilhante fase de criação, que se desenvolveu em torno dos mosteiros, durante os séculos VI e IX. Enquanto escultores inventavam novas formas para a antiga cruz do sol, nas oficinas monacais irlandesas, os monges copistas afastados das duas capitais cristãs, Roma e Bizâncio, criavam livros litúrgicos de rara beleza e considerados verdadeiras obras-primas do cristianismo.

A Cruz de Rutwell é um monumento maciço que expõe em painéis superpostos um programa de cenas bíblicas, emolduradas por um friso de vinhas que remete a Cruz ao tema pagão da Árvore da Vida.[51] Infelizmente em 1642, por decisão em Assembleia, presbiterianos iconoclastas quebraram a gigantesca cruz e ordenaram que "monumentos idólatras construídos para cultos religiosos deveriam ser derrubados, demolidos e destruídos". Lamentavelmente conseguiram quebrar e destruir partes que nunca foram encontradas, os fragmentos da cruz ficaram abandonados e jogados no chão por quase 200 anos, até seu restauro em 1823, por Henry Duncan.

Imagem da Redenção
Cruz de Rutwell – séc. VIII, Escócia,
5,5 metros de altura, esculpida em pedra com cenas bíblicas e inscrições rúnicas nas laterais

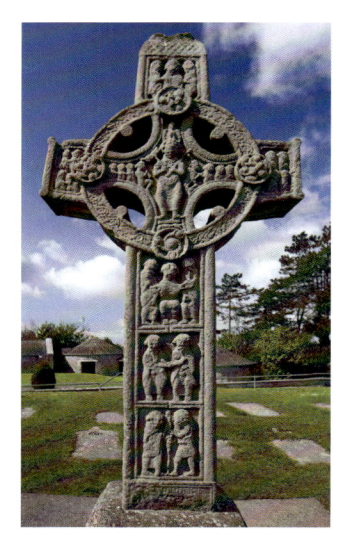

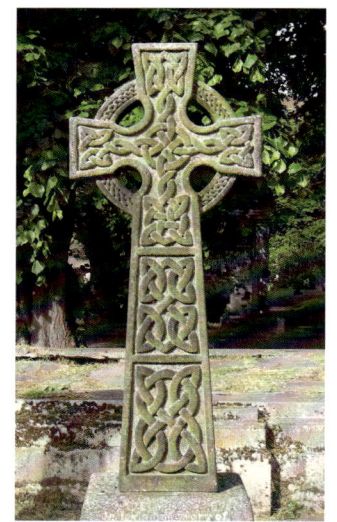

Cruz das Escrituras – 900

Mosteiro de Clonmacnois – *cluain mhic nois* em gaélico. O conjunto arquitetônico iniciado no século VI, ficava no condado de Offly, um local de peregrinação no centro geográfico da Irlanda, considerado estratégico, por ficar no controle das principais vias de comunicação. A iconografia da cruz é sobre a história da Salvação, indo do rei Davi à Paixão de Cristo.

Cruz do Cemitério De Brompton,

séc. XIX, Londres

As cruzes celtas ficaram esquecidas por longo tempo a partir do Renascimento, e só foram redescobertas no século XIX pela estética medievalista do Romantismo.

A decoração abstrata de origem celta, posteriormente foi incorporada pelo Arts and Crafts e caiu no gosto decorativo do Art Nouveau, em plena Belle Époque, durante a virada do século XX.

Para os padrões da estética medieval, a Cruz de Rutwell é um excelente modelo de narrativa simbólica. As cenas religiosas são metafóricas e compartilham espaço com animais e vegetais. Faz todo sentido o poema, em escrita rúnica, estar entrelaçado a ramos de videiras nas laterais, pois "O Sonho da Santa Cruz" (*The Dream of the Rood*) é o primeiro exemplar anglo-saxão de poesia religiosa, e se refere a um homem que sonha com a Cruz de Cristo em forma de uma árvore. A Paixão de Cristo contada pela cruz-protagonista, faz o sonhador despertar e compreender o real sentido da Redenção. O poema, composto por visões de anjos e santos, termina com a entrada triunfal de Cristo no reino dos Céus. Mas, apesar de sua temática totalmente cristã, Cristo se apresentou como um guerreiro germânico em luta, para salvar o seu povo. Todo simbolismo da Cruz de Rutwell comprova que ela foi construída num meio intelectual de conversões e que o sincretismo incorporava, com naturalidade, as tradições pagãs colocando-as em formas cristãs.

CRUZ IÔNICA

A cruz celta é conhecida também por cruz iônica, pelo fato de muitas delas estarem na ilha de Iona Escócia, o lugar onde São Columba, em 563 fundou um importante mosteiro, polo de conversão e irradiação religiosa. As cruzes mais antigas tinham a superfície lisa; com o tempo, ganharam linhas entrelaçadas e, por fim, as representações figurativas oriundas da escultura romana. A necessidade de ilustrar os Evangelhos lentamente se tornou dominante, visto que a figuração ajudava a memorização das cenas da vida de Cristo. Nesse processo de adaptações e mudanças, apenas uma forma se manteve inalterada desde o princípio: o círculo sobre o corpo da cruz.

SINCRETISMO E CRISTIANISMO POPULAR

CRUZ DE SANTA BRÍGIDA
TREVO DE TRÊS FOLHAS DE SÃO PATRÍCIO

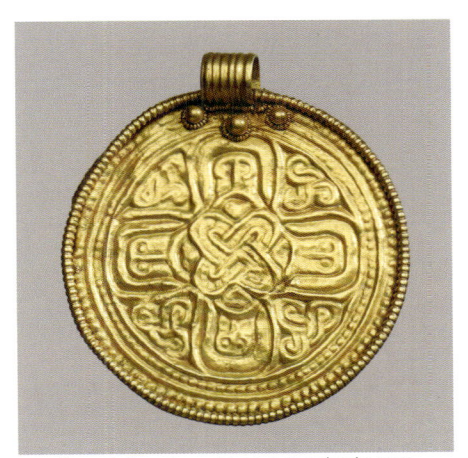

A medalha pingente cruz quadrada com sobreposição de símbolos
séc VII Museu Britânico

Nó celta ou triqueta

Os antigos deuses, que habitavam a natureza pagã, permaneceram nos amuletos ou disfarçados sob nova roupagem no cristianismo popular. A sobrevivência material dos povos agrícolas encontrava-se na dependência direta dos fatores naturais e, vivendo sem qualquer método científico para dominar tais forças, reconheciam nos taismãs e na religião seus únicos instrumentos de poder sobre a natureza. Além da penúria e ignorância, os agricultores medievais tinham que enfrentar saques, invasões e toda sorte de barbárie. A sociedade do longo período do início da Idade Média conheceu instabilidade e desigualdade. Sob o domínio do medo, tinha na religião o seu único amparo, fosse pelas simples práticas de magia, ou pela crença de uma vida bem aventurada do reino de Deus. A cruz celta, a cruz de Santa Brígida, o Trevo de Três Folhas e a decoração ornamental de arabescos são reminiscências irlandesas desse período.

Chama atenção a geometria de alguns triângulos arredondados, que em forma de losangos, provavelmente significam o símbolo feminino da vulva e que, interpreados pelos antigos agricultores, seriam a presença da deusa Terra Mãe. De todas as formas, a mais comum é um arabesco que se encontra na maioria das cruzes e ficou conhecida por *nó celta*. Ela corresponde a uma trama criada a partir da sobreposição de três arcos interligados que, juntos, configuram uma flor, também conhecida por trevo de três folhas. Como não têm começo nem fim, passou a significar eternidade. Esta forma, facilmente adaptada ao cristianismo, simbolizava o ciclo entre nascimento, morte e a ressurreição de Cristo, além de representar a complexa doutrina de unidade tripartida. A *triqueta* transfigurou-se na forma explicável para o mistério da Trindade e Unidade do Pai, Filho e Espírito Santo. Existiam entre os celtas várias expressões religiosas e culturais da era pré-cristã que foram estruturadas sobre um raciocínio tríade, porque diferentemente de outros povos que simplificaram tudo no dualismo, eles enxergavam o universo em torno do número três, considerado por eles uma unidade sagrada. Dentre suas tríades simbólicas mais conhecidas, destacam-se: corpo, mente e espírito; terra, céu e mar; nascimento, vida e morte.

SÃO PATRÍCIO E O TREVO DE TRÊS PONTAS
ACULTURAÇÃO E ASSIMILAÇÃO

Shamrock
Símbolo de Saint Patrick
Trevo de Três Folhas

O nó celta era visto também como símbolo de São Patrício e uma variação do trevo de três pontas. Os biógrafos confirmam que a fama do missionário estava atrelada à sua sagacidade e ao espírito pragmático. Contam que numa de suas pregações, como não encontrava mais palavras para explicar o difícil mistério da Santíssima Trindade e já desanimado, cabisbaixo olhou para o chão e neste momento teve um *insight*, a resposta que tanto procurava estava a seus pés. O missionário pegou um trevo do chão e, por meio desta pequena flor, se fez entender. Antes de São Patrício, o trevo verde de três folhas vivia no imaginário pagão, como o sinal da primavera. No processo de aculturação, ficou fácil transferir a chegada da primavera para um conceito religioso de nova vida e, por nova vida, naquele momento, entendia-se cristianizar-se. Além da chegada de mudanças, popularmente, o trevo também era usado como um amuleto contra os espíritos malígnos. Chamado de *Shamrock,* o pequeno trevo é uma demonstração de como os evangelizadores nessa região souberam colocar conteúdos novos em símbolos antigos. Carl Jung diz que: *"Uma palavra ou uma imagem é simbólica quando implica alguma coisa além do seu significado manifesto e imediato, estas palavras ou estas imagens têm um aspecto inconsciente mais amplo, que nunca é precisamente definido ou de todo explicado"*.[52]

Patrício, o santo dos irlandeses, era um homem vigoroso, de família nobre e cristianizada; nasceu e cresceu na Bretanha romana, numa província que atraía muitos piratas irlandeses. Numa dessas incursões, foi sequestrado e transformado em escravo. Durante seis anos de cativeiro aprendeu a falar gaélico e os costumes de um povo que ele mesmo considerava bárbaro. Fugiu e voltou para a Bretanha com o firme propósito de retornar para evangelizar os irlandeses. Os bretões romanizados não aprovaram sua escolha, porque viam os irlandeses como seres inferiores que habitavam o fim do mundo. Patrício iniciou seu trabalho missionário com a comparação entre o Sol pagão e Cristo. Segundo ele, o Sol, que nasce todos os dias, está sob o comando de Deus, assim, apresentou Cristo aos irlandeses como o *verdadeiro sol*; aquele que *nunca morrerá*". Nascia assim o cristianismo celta. Os novos convertidos de Patrício tinham dificuldade em aceitar um pensamento sistematizado e unitário, pois por longo tempo viveram com muitas divindades entre deuses pagãos, santos cristãos e figuras bíblicas.

CRUZ DE SANTA BRÍGIDA

Cruz de Santa Brígida

A cruz de Santa Brígida repete o princípio da rotação solar existente na suástica. É uma forma primária e universal que foi encontrada em várias sociedades agrárias. A Cruz de Santa Erígida é também uma forma de sincretismo e, apesar de sua aparência quadrada e cruciforme, ela é a metáfora do Sol. Para sua confecção, era preciso palha de trigo ainda verde que, ao secar, se torna dourada – uma referência ao sol iluminado em movimento. O seu trançado parte de um ponto central e se expande da esquerda para a direita com a intenção de explicitar o percurso solar. Acreditavam que todos os dias nascia um novo sol que morreria com a noite. Para esses agricultores indefesos, o círculo vital de suas vidas estava garantido na rotação do Sol e perpetuado na cruz de trigo. Santa Brígida foi uma religiosa fundadora de conventos e muito próxima a São Patrício. Como ela ficou associada a esta cruz simbólica, até hoje ninguém sabe explicar, porém a tradição mantém-se; no dia de sua comemoração, 1º de fevereiro, os irlandeses queimam a antiga cruz seca e fazem uma nova, para garantir que suas casas e suas famílias estarão protegidas por um ano.

SÍMBOLOS CELTAS
GRUPOS POLÍTICOS, RELIGIOSOS E CULTURAIS

O uso político da cruz celta tem despertado opiniões extremadas e controversas, e a resposta talvez esteja no círculo que, como representação ancestral do Sol, tem por sua própria geometria o sentido de interligar e atrair os que dele se aproximam. O costume surgiu da necessidade de encontrar uma raiz que fosse ao mesmo tempo comum e diferencial a todos os europeus. Inicialmente ela foi usada com sentido apenas cultural e sem qualquer conotação ideológica e partidária, mas desvirtuou-se no meio do caminho, estando hoje indiscriminadamente na mão de grupos de esquerda e de direita.

França, Itália, Portugal, Alemanha, Inglaterra e mais outros países reivindicam a cruz milenar e a apresentam como um novo emblema. Porém, ao reduzi-la apenas à forma exterior, eclipsaram seu significado de origem. Hoje a cruz celta é apresentada como um símbolo de resistência à padronização e oposição à globalização; ganhou mais uma nova conotação política por representar grupos que se autodenominam Terceira Via. Para os irlandeses, ela é verdadeiramente simbólica. Há séculos é imagem diferencial da sua cultura, da sua religião e, mais recentemente, da sua política. É interessante observar a força das formas simbólicas e como elas agem sobre a consciência humana. Mais admirável ainda é entender o misterioso processo mental que seleciona quais formas permanecerão vivas e quais morrerão.

4.6 CRUZ TAU
CRUZ DE SANTO ANTÔNIO
CRUZ DE SÃO FRANCISCO

T

Tau é um signo que, embora seja anterior à invenção da escrita, ficou associado ao caráter da letra T e, dessa maneira, tau é ao mesmo tempo um símbolo e um glifo de escrita. Presente em muitos lugares do mundo e entre povos diferentes que se encontravam em diversos estágios civilizatórios, tau é um signo que se estende da citação bíblica de Ezequiel, no Antigo Testamento às cerâmicas amazônicas dos antigos habitantes da ilha de Marajó. É um símbolo heráldico da dinastia minoana de Creta, como também é imagem-símbolo de São Francisco de Assis, de Thor o deus germânico, com *mjolnir* o martelo duplo, além de ser conhecida como a cruz da execução de Jesus de Nazaré. Tau é um símbolo axial e, como tal, o Pilar do Centro do Mundo.[53]

Antes mesmo do judaísmo e cristianismo, tau já era um sinal usado nos rituais sagrados. Tau é uma cruz que representa o eixo do mundo, um lugar simbólico onde a dinâmica das forças opostas não se choca, mas se movimenta em equilíbrio.[54] É uma forma simétrica e tripartida com muitos sentidos, para os egípcios era a imagem de obediência, para os romanos equivalia à sentença do *Cumpra-se*; no exército, um T colocado junto ao nome de um soldado queria dizer que ele estava disponível para entrar em batalha. O T de Santo Antônio era sinônimo de cura nas catacumbas cristãs e em algumas culturas pré-colombianas da América central era indicativa da *cruz de forca*, ou de sacrifício; entre celtas e germânicos era vista como o Malho de Duas Cabeças, um instrumento de vida e fertilidade.

De qualquer modo, para todos o tau tinha o sentido de Árvore da Vida. A partir daí, devemos concluir que todas as imagens de tau têm a mesma origem e o mesmo objetivo? Não. Com certeza, esta seria uma conclusão precipitada. O que sabemos é que: *"O significado simbólico de Tau explica-se por sua semelhança com a Chave da Vida do antigo Egito, uma forma difundida na antiguidade por toda Ásia Ocidental. Se o Martelo de Thor é o símbolo do relâmpago e das forças vivificadoras, para os habitantes indígenas da América ela era igualmente um emblema de fertilidade por representar o deus-da-chuva, da mesma maneira era símbolo de vida para os primitivos cristãos, especialmente no sentido espiritual da Redenção, enquanto reproduz a forma do patibulum, o instrumento de punição romana*.[55]

Tau é chamada de cruz *commissa*, um termo, inventado no início do século XVI por Giusto Lipsio, que destaca a particularidade (*cum missa*) e a diferença da cruz latina, a cruz cristã por excelência (*in missa*). O nome Tau vem de Tav, a letra do alfabeto hebreu escrita em sua antiga forma de T e que, por analogia ao ômega, a última letra do alfabeto grego, passou a significar fim e plenitude. Tau é a imagem verdadeira das cruzes usadas nas crucificações romanas. Composta por dois madeiros, a trava horizontal se prendia aos braços estendidos do condenado, e a vertical, usada como estaca para fixar e elevar o crucificado diante das multidões.

CRUZ COMMISSA

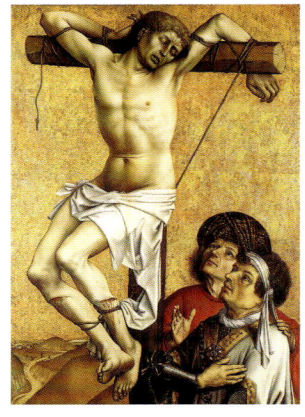

Robert de Campin. *O ladrão na cruz* - detalhe, 1425, Stadelsches Kunstinstitut

Crucificação de Van Bolswert detalhe da gravura inspirada em obra de Rubens – Biblioteca Wellcome

Artistas mostram Jesus com os braços presos ao madeiro que fora carregado antes da crucificação

Tertuliano relata que os cristãos, por volta dos anos 200, passaram a usar nos seus textos o estaurograma por semelhança com a cruz do martírio de Cristo. O símbolo é construído pela sobreposição das letras gregas T (tau) e P (rho) que, unidas, formam ⳨. É bem provável que os cristãos vissem no estaurograma uma representação visual da crucificação, e os não cristãos, somente a condição social do condenado. A palavra grega *stauros* significa estaca de madeira vertical

– não que os romanos empalassem, mas obrigavam o condenado a carregar sua cruz. Por ser muito pesada, eles levavam nas costas apenas o *patibulum*, a parte da viga transversal que, equilibrada e amarrada nos braços estendidos, dava ao condenado a forma de uma cruz latina. Somente no final do percurso, os soldados erguiam o estauro com a pessoa presa ao patibulum. Quem primeiro descreveu essas cenas segundo uma visão cristã foi Tertuliano, nascido em Cartago.

O culto advogado e um dos pais da Igreja, Tertuliano foi o primeiro a observar sobre o sinal da cruz. Seu relato descreve as práticas religiosas na vida cotiana dos primeiros cristãos, entre elas o costume de traçar o símbolo da cruz na testa. Chamou-lhe a atenção, pois isso acontecia nos momentos mais inusitados do dia a dia. A origem dessa tradição é tau, o antigo sinal bíblico ou o selo dos hebreus. Com os cristãos, a cruz do Antigo Testamento tornou-se a cruz da redenção, e talvez, ela represente o verdadeiro madeiro usado por Cristo ao morrer. As raras representações da cruz nas catacumbas foram feitas de maneira disfarçada; por isso ficaram conhecidas por cruzes dissimuladas, mas a letra T pintada nas paredes das sepulturas não é outra coisa senão o símbolo da salvação.[56] Tau, a mais simples de todas as cruzes, era usada como um sinal revelador de fé.

SINAL BÍBLICO
MARCA E SÍMBOLO DE PROTEÇÃO

ANJO e o SINAL de TAU
iluminura séc. XIII
"Segundo o profeta Ezequiel Tau é a marca que te salva da morte e da destruição."

No livro de Ezequiel, Deus mandou sinalizar a testa dos fiéis com um T, e ao pintá-lo na porta das casas, esse mesmo sinal serviu como identificação do povo escolhido. Assim está escrito *"O Senhor disse: passa em meio à cidade, em meio a Jerusalém e marca um Tau na fronte dos homens que suspiram e choram"* (Ez. 9,4). Tau pintado na fronte ficou entendido como o sinal que salvará o povo de Israel do extermínio. Mais do que assinalar, marcar ou diferenciar o sentido de tau, era proteger. Conhecido como o selo de Deus ou o sopro do Criador, nas noites de Páscoa, tau reascende a memória do povo hebreu diante do episódio histórico da saída do Egito. O uso do vermelho faz referência ao sangue do cordeiro sacrificado.

Quando colocado na entrada das casas, torna-se o bastão de Moisés, que durante a travessia do deserto fora convertido em serpente. Tau é citado na Bíblia em vários momentos, no Gênesis, no Êxodo e nos textos do Apocalipse do Novo Testamento, ou seja, tau foi retomado na era cristã com o mesmo sentido de proteção. Está escrito que no dia do Juízo Final *"aquele que levar o sinal de Deus vencerá a morte"*.

Ezequiel, sacerdote do templo de Jerusalém, partiu para Babilônia com a primeira leva de migração, nove anos antes da destruição de Jerusalém, em 586 a.C. No exílio, cumpriu importante papel como um líder agregador que trouxe esperança e a perspectiva do renascimento da nação judaica. No cativeiro, a essência de suas mensagens consistia em manter a união e a identidade coletiva. Ezequiel, como sacerdote, orientava e alimentava a fé da restauração e, como profeta, garantia aos israelitas a ideia de povo escolhido que, apesar de viver no exílio, Deus não o abandonara. Foi Dario I, o rei persa, quem permitiu aos judeus voltar para casa e reconstruírem o templo. Tau, o pictograma da letra T, foi usado na acepção de *sinal* e instituído pelos hebreus com caráter de providência divina; em tempos posteriores tornou-se o sinal da cruz, um signo igualmente religioso e de identificação. Tau, no sentido bíblico, é a busca do transcendente e um símbolo que recorda o significado do tempo diante da eternidade.

TAU NA SIMBOLOGIA CRISTÃ
SANTO ANTÃO • SANTO ANTÔNIO
SÃO FRANCISCO • SANTA TECLA

Tau, símbolo do povo hebreu, permanecerá sempre ligado ao signo da cruz cristã, não apenas por sua ancestralidade bíblica, mas principalmente por sua semelhança visual com a cruz do martírio de Cristo. Tau, usado como símbolo salvífico, na história do cristianismo ficou vinculado a três santos medievais penitentes que dedicaram suas vidas aos pobres e doentes: Santo Antônio do Deserto ou o Eremita, São Francisco de Assis e Santa Tecla.

Santo Antão, o Eremita, conhecido também por Santo Antônio, o Abade ou o Anacoreta, são designações do monge egípcio que viveu isolado no deserto durante o século III. Líder dos Padres do Deserto e inspirado na imitação de Cristo, optou muito cedo pelo altruísmo. Filho de ricos donos de terra e órfão, já aos 20 anos demostrou seu imenso desprendimento dos bens materiais ao doar toda sua herança para os pobres e viver como um asceta em castidade e em completo silêncio numa caverna. Os dois fatos que marcaram sua biografia e iconografia ocorreram no deserto, o santo sempre será lembrado pelas tentações demoníacas e pelo trabalho de cura para doenças de pele.

Santo Antônio, o Abade ou Santo Antão, o Eremita.
O símbolo tau associado à cura é visto tanto no cajado, quanto bordado nas vestes escuras

Sua popularidade deu origem à Ordem dos Hospitaleiros de Antão, conhecida também por Ordem de Santo Antônio. Os Antonianos formavam grupos de religiosos que, apoiados pelos Cavaleiros Templários, davam atendimento aos doentes e peregrinos. Criaram hospitais para as vítimas de ergotismo, uma doença que na época era conhecida por fogo-de-santo-antônio, resultava da ingestão de alimentos contaminados por fungos produzidos nos grãos de centeio. O envenenamento causava intensa ardência na pele, que evoluia para feridas purulentas e necroses irreversíveis. Nos hospitais geridos pelos antonianos, peregrinos e doentes recebiam pão de trigo branco como um recurso de proteção; o ritual de Santo Antônio consistia em comer, com vinho, o pão que fora abençoado e assinalado com uma cruz tau antes de assar. A ideia de proteção nasceu sem clareza científica, porém os médicos-monges perceberam que uma dieta a base de farinha de trigo branco não causava males, alimentava e, às vezes até permitia ajuda no tratamento, pois era bem tolerada pelos pacientes de ergotismo.

Abadia de Santo Antônio, em Ranverso, Turim, Itália.

Símbolos de Santo Antônio: tau e chamas de fogo

Afresco com o símbolo tau envolto por três chamas ardentes em referência à doença Fogo de Santo Antônio, também conhecida por Fogo Santo ou Fogo Sagrado. A pintura na abadia do convento de Ranverso, era dedicada aos pestilentos do "*mal dos ardentes*". Preceptoria é um complexo religioso fundado em 1188. Ele pertencia aos hospitalários, uma ordem monástica criada em 1095, por cavaleiros envolvidos com as práticas terapêuticas da medicina medieval. Os lugares geridos por eles, inicialmente eram albergues chamados de Casas de Deus. Posteriormente deram origem aos conhecidos hospitais.

Óculo do Convento de Santo Antão, em Castrojeriz, construído no caminho de Santiago em 1146, ostenta taus para indicar cura e proteção.

O hospital do convento de Santo Antão era sede da Comenda Geral da Ordem de Santo Antônio, um lugar importante por curar os doentes de ergotismo, com uma dieta especial e unguentos de ervas. A base da medicina medieval consistia no regime alimentar, uma concepção que se originou na teoria dos humores, sistematizada no século II por Galieno e difundida nas cortes bizantinas[57].

AS TENTAÇÕES DE SANTO ANTONIO

Hieronymus Bosch. *As Tentações de Santo Antonio,* 1468, Museu do Prado

Como toda obra do artista, existem figuras grotescas em situações surreais que são muito representativas da imaginação medieval.

O monograma estampado no hábito dos monges era sinal de identidade dos antonianos

Casa e igreja com tau no portão de entrada para indicar proteção de Santo Antônio

Porco, animal símbolo do santo, por fornecer gordura para a produção dos unguentos milagrosos usados nos hospitai

O tema seduziu vários artistas, Brueghel, Grünewald, Velázquez, Max Ernst, em especial Salvador Dalí e Hieronymus Bosch – este artista possui 13 versões entre originais, cópias e atribuições. O tema, pelo olhar do pintor renascentista, discorre sobre as dificuldades da imitação de Cristo num mundo dominado pelos prazeres. A passagem biográfica do santo mostra os limites existentes entre pecado, virtude e culpa. Nesta versão atribuída a Bosch, Santo Antônio, em primeiro plano, é um homem solitário, colocado dentro de uma árvore seca, posicionado de costas e curvado sobre si mesmo, dá as costas para o mundo. Ao fundo, uma pequena capela com casa geminada exibe a tau no portão de entrada, para indicar e garantir proteção. O santo ermitão representa a vítima da sedução do demônio e o controle humano sobre a ameaça dos sete pecados capitais, aqui representados respectivamente: soberba, gula, luxúria, ira, inveja, preguiça e avareza. A história do santo faz paralelo à passagem bíblica, relatada pelos evangelistas Marcos e Lucas, dos 40 dias sofridos por Jesus no deserto com provocações e tentações do Diabo.

TAU, A CRUZ FRANCISCANA RETORNO À ESPIRITUALIDADE

Francesco foi batizado Giovanni, em homenagem ao profeta João Batista, mas teve seu nome modificado por seu pai, numa brincadeira, em referência à admiração que o menino nutria pela cultura francesa dos antepassados maternos. O apelido Francesco, que se transformaria em seu nome, queria simplesmente dizer francês, em italiano. Assis, sua cidade natal, era antiga e fora fundada pelos romanos, porém somente cresceu e conheceu o desenvolvimento a partir do século XII, com as atividades comerciais. Foi neste cenário protorrenascentista que a rica família Bernardone dei Moriconi desenvolveu seus negócios e ganhou prestígio. A Itália foi precursora na implantação do Estado Moderno, por ter uma gestão urbana mais ágil e por demonstrar maior mobilidade social, se comparada ao resto da Europa. O desenvolvimento italiano é fruto do fator flexibilidade, tanto administrativa quanto social. O jovem Francisco de Assis nasceu neste contexto de mudanças, era moderno e representativo do seu tempo, criado entre burgueses, lojas, banqueiros, profissionais liberais e de ofícios, artistas e livros. Na época, por modernidade, entendia-se urbanidade.

Primogênito de uma rica família de mercadores de tecidos, Francesco foi educado para exercer o papel de herdeiro natural. Com futuro garantido, bastaria gerir os negócios comerciais desenvolvidos por seu pai. Porém, essa expectativa foi quebrada e surpreendeu a todos, quando abandonou tais obrigações e se tornou o fundador de uma nova práxis cristã. Embora tenha nascido num período medieval, o seu mundo pessoal era cercado de refinamento, de hábitos culturais e valores da alta burguesia. A elite da nova classe, formada por mercadores letrados, gostava de se cercar de intelectuais e de conduzir seus negócios por associações denominadas comunas. Foram tais organizações que aceleraram e implantaram a economia de mercado e que, dirigidas por pessoas ousadas e visionárias, cunharam moedas e criaram seus próprios bancos. Com esse perfil financeiro e sentindo-se cada vez mais fortes, os burgueses gradativamente foram se afastando da aristocracia fundiária, dos bispos e do Apocalipse.

Cimabue. *A Virgem e São Francisco*, 1280, Basílica de São Francisco de Assis

Detalhe do afresco considerado o retrato mais antigo do santo, e feito 100 anos após sua morte e canonização.

O jovem frade, ao invés de se isolar nos mosteiros, criou a Ordem Terceira, uma maneira inédita e nova de vida religiosa, na qual seus membros, pela primeira vez eram itinerantes e iam ao encontro dos necessitados. O emérito medievalista francês da École des Hautes Études em Sciences Sociales, Jacques Le Goff[58] analisa São Francisco como um contraponto ao autoritário Estado clerical e um inovador que reconhecia e participava da economia urbana do seu tempo. Ao se afastar do medo e do determinismo do Juízo Final, ele cedeu para o Purgatório; um conceito conciliador entre a virtude e o pecado. Francisco foi protagonista da modernidade e pai de uma nova espiritualidade.

Vários motivos explicam o seu sucesso, talvez o de maior impacto tenha sido a sua linguagem alegre e capaz de fazer a espiritualidade cristã chegar à cultura dos trovadores e do folclore camponês. Francisco tinha grande capacidade de ser compreendido; falava aos eruditos e igualmente aos mais humildes, aos pobres, aos burgueses, aos enfermos desiludidos e aos jovens desejosos de mudanças. Ele sabia interpretar a complexidade teológica com simplicidade, e muita originalidade. O mais notável foi romper com a rigidez dos púlpitos e se opor ao discurso pessimista e apocalíptico de fim do mundo. Conseguiu introduzir novos valores, trocou a tristeza milenarista e monacal pelo canto, pela alegria da vida e o elogio à natureza. Francisco propunha uma vida espiritual e não uma vida clerical, uma vida religiosa e próxima aos leigos.

Antes de sua primeira experiência mística, é fato que, por um curto período, o filho de Pietro di Bernardone viveu como um típico novo rico, era um esbanjador que fazia questão de desfilar extravagâncias e estava sempre em festas. Até tornar-se São Francisco, o menino de Assis seguiu um longo caminho. Alistou-se no exército, imaginando se tornar um herói, mas ao invés de glórias militares, se deparou com doenças e sofrimento. A partir desse seu primeiro choque com a realidade, deu-se início a sua jornada de transformação. A espiritualidade o tocou pelo ato da compaixão. Um dia, ao ver como os leprosos fugiam e eram obrigados a viver em total exclusão, ele, sem conseguir conter a emoção, abraçou e beijou um doente que tinha feridas expostas. Foi uma ação impensada que causou muito escândalo; ao mesmo tempo em que abalava por romper uma tradição de estigmas, ele relembrava as passagens bíblicas de Cristo.

Seus biógrafos falam em momentos de meditação, de isolamento em cavernas, de revelações místicas e de cenas de embates familiares que provocaram em muitos autores a previsível comparação entre São Francisco e Buda. Estes dois homens que pertenciam a famílias ricas e que nunca haviam passado por necessidades, entenderam a alma humana quando viram de perto fome, doenças, morte e sofrimento. São Francisco acreditava que poderia viver os textos dos Evangelhos ao pé da letra. Tinha especial predileção pelas palavras de Mateus relacionadas à riqueza: *Proclamai em todas as partes que o reino do Céu está aberto e o que recebeste de graça dai de graça. Não carregarás nem ouro, nem prata e nem saco de viagem.*

Ao optar pela pobreza ele vai até as últimas consequências da sua vocação. Mas, segundo Le Goff, mesmo que para ele seja repugnante o exercício do poder, ele não propõe nenhum outro programa que vá além da bem-aventurança da pobreza e o louvor à Criação. Em nenhum momento ele propõe alguma utopia, uma espera milenarista ou uma sociedade perfeita. Os franciscanos iniciaram um movimento no humanismo religioso que, nas palavras do escritor e seu igualmente contemporâneo, Dante Alighieri, ficou definido como: *a luz que brilhou sobre o mundo*. Revolucionário e pacifista, Francesco abalou a Igreja oficial ao acolher os mais necessitados e os que viviam à margem na sociedade. Pouco habituado a falar de si, nunca descreveu suas experiências místicas, no entanto suas visões e contemplações criaram um misticismo denominado de *Cristomimético*, ou seja, viver a plenitude da imitação de Cristo.

Num tempo pessimista em que o mundo era visto essencialmente pelo mal e de religiosos enclausurados nos mosteiros, São Francisco surgiu com uma prática religiosa na alegria e não na tristeza e opressão. Pioneiro em muitos aspectos, ele trouxe uma visão de identificação com a natureza, e foi da sua crença na transcendência divina da natureza que renasceu o naturalismo. Sua nova percepção de mundo transformou aos poucos os tradicionais dogmas da representação humana, pois afinal, em suas palavras, o homem não era o pecado, mas sim a imagem e semelhança de seu Criador. Por sua devoção ao Menino Jesus, e também por gostar das representações teatrais e se fazer mais acessível, ele criou os presépios natalinos. Inovou ao transpor o tempo bíblico para um tempo real e contextualizado. Como resultado, obteve compreensão e empatia popular. Por acreditar que toda natureza pertencia à Criação divina, ele simplesmente incluiu animais na celebração da missa. São Francisco, além de divulgar uma visão de unidade, também acreditava na fraternidade como nova forma de amor. Para Francisco, viver em Cristo e em imitação de Cristo fazia a vida ser entendida com Deus vivo entre nós.

No Cântico ao irmão Sol, também conhecido como Cântico das Criaturas, ele aceita todos os extratos da Criação como partes interligadas de Deus. "*Louvado sejas, Senhor meu, junto com todas tuas criaturas, especialmente o irmão sol, que é o dia e nos dá luz em teu nome. Pela irmã Lua e as estrelas, louvado sejas, Senhor meu. Pelo irmão fogo, pela irmã água, pela irmã nossa mãe, a terra que nos sustenta, louvado sejas, Senhor meu. Por aqueles que perdoam por amor a ti, por aqueles que sustentam a paz, serão por ti, coroados*". Esse era o seu jeito de enxergar o mundo. Pela primeira vez os elementos estavam interligados e interconectados num hino de louvação a Deus.

O Franciscanismo, iniciado no século XIII, deu espaço para mulheres e crianças, algo que nunca existira no mundo ocidental. Em 1212, a Ordem recebeu Clara d'Offreducci, sua antiga amiga. Noiva na juventude e posterior companheira nos trabalhos religiosos, ela tornou-se a fundadora do ramo feminino dos Frades Menores, as chamadas Clarissas. A futura Santa Clara também usava a cruz tau para pedir cura aos doentes. Suas seguidoras foram as primeiras mulheres a representar o que ele chamou de *Senhora Pobreza*. Inovador em muitos aspectos, involuntariamente expôs os conflitos entre a hierarquia institucional da Igreja e suas pregações, plenas de amor e compaixão por todas as criaturas.

Como exemplo paradigmático de santidade, sua reforma ultrapassou o circuito religioso católico e alcançou a esfera comportamental e ideológica da sociedade; por viver à parte das convenções, ele renovou o mundo com exemplo e palavras. Ao afirmar a bondade como um princípio, São Francisco conseguiu retornar à inocência do cristianismo primitivo e, dessa maneira, resgatar a vivência mística. São Francisco fez com que o estado de santidade extrapolasse os muros da Igreja, para se tornar uma possibilidade universal.

Tau foi apresentada a Francisco pelo papa Inocêncio III no IV Concílio de Latrão, em 1215, que para abrir os trabalhos, escolheu os textos do profeta Ezequiel e discursou sobre o sinal de tau. Lamentou a triste situação dos lugares sagrados tomados pelos sarracenos e sobre os escândalos praticados pelos religiosos que ameaçavam a credibilidade da Igreja; esbravejou, exaltado, comparando-os ao símbolo tau. Evocou a visão de Ezequiel, repetindo suas palavras: *"Passe pela cidade e marque com um Tau a testa dos justos", em seguida perguntou: "quem são os homens encarregados da ordem divina? Sois vós, padres conciliares, que deveis punir aqueles que persistem em desonrar o cristianismo"*. Francisco tomou essas palavras como se fossem dirigidas para ele e fez de tau o seu próprio símbolo.

A cruz usada por São Francisco equivalia à sua assinatura. Ele a desenhava no início de todas as suas ações, selava as cartas com sua imagem e marcava as paredes das pequenas celas dos irmãos com pequenas cruzes. Para São Francisco de Assis, tau lembrava a missão de Jesus Cristo, era sinal de salvação e imortalidade. Em geral, os franciscanos usam tau entalhada em madeira e pendurada por um cordão de algodão com três nós que significam o tripé dos seus ideais: Obediência, Pobreza e Pureza.

Francisco realizou o sonho de Inocêncio III. Comprometeu o cristianismo na imitação do Deus-Homem, voltou ao humanismo com ambições mais altas, mesclou a espiritualidade cristã com a cultura leiga e os mitos da cavalaria; mesclou versos dos trovadores cortesãos com o folclore camponês. Francisco pregou pela palavra e pelo exemplo com uma pureza inigualável. Ainda hoje o franciscanismo permanece uma *sancta novitas* (santa novidade) e segundo a palavra de Tomás Celano, o Poverello *não é apenas um dos protagonistas da história, mas um dos guias da humanidade.*[59]

ASSINATURA DE SÃO FRANCISCO

Manuscrito com assinatura de São Francisco.
Símbolo tau em destaque na benção dirigida a Frei Leão, Basílica de São Francisco, em Assis.

O pergaminho, medindo apenas 10 X 14 cm e dirigido a Frei Leão, é uma benção manuscrita por Francisco a seu fiel amigo e confessor. O escrito, situado em torno dos anos de 1220, é puro transbordamento dos seus sentimentos e sua fé; é canto e celebração a Deus, à humanidade e à natureza. Seus biógrafos contam que Frei Leão estava vivendo um momento de aflição e pediu uma palavra ao seu amigo Francisco que lhe escreveu:

Benedicat tibi Dominus et custodiat te
Ostendat faciem suam tibi et miseratur tui
Converatt vultum suum ad te
et det tibi pacem
Dominus benedicat frater Leo te.
Benedicat beneticat benedicat tibi Dominus et custodiat te Frater Leo te
Pax et Bonus.

O Senhor te abençoe e te guarde
Mostre a ti o seu rosto e
Tenha misericórdia de ti
Volte para ti o seu olhar
e te dê a paz
O Senhor te abençoe
O Senhor te mostre
O Senhor volte para ti
Senhor te abençoo.

Em vermelho Frei Leão acrescentou:

"O bem-aventurado Francisco escreveu de próprio
punho esta benção para mim, Frei Leão."

No final da benção, Francisco desenhou o signo de Tau no lugar da sua assinatura. Senda ou verdade, dizem que Frei Leão guardou o pergaminho no seu hábito, num pequeno bolso interno junto ao coração, e que só foi encontrado após sua morte. Ultimamente, houve uma revalorização dessa benção, que voltou a ser utilizada. A marca franciscana de tau é entendida como o sinal de Cristo, o sinal do cordeiro imolado e que a todos redimiu. Simplificada diz-se: "O Senhor te abençoe, te guarde, tenha misericórdia de ti e te dê a paz".

IRMÃO SOL E IRMÃ LUA
O SANTO AMIGO DOS POBRES E DA MÃE-NATUREZA

Observado por seus irmãos religiosos, São Francisco foi visto muitas vezes conversando em estado de absoluta comunhão com seus irmãos da natureza, com animais e astros celestiais. Asceta, insistiu na pobreza e renunciou a todos os bens materiais. Caminhava pelas ruas vestindo um hábito surrado e feito de trapos que ainda se conserva na Basílica de Assis. Mais que o despojamento material, ele pregava a pobreza interior; entendida como o despojamento de toda e qualquer pretensão, até mesmo as intelectuais, morais e espirituais; consideradas como formas dissimuladas de obter domínio sobre os outros, ou capazes de despertar o orgulho. São Francisco foi o primeiro na história do cristianismo a chamar sua comunidade de fraternidade, no seu modelo social não existe oposição entre clérigos e leigos, como também não existe o antagonismo das classes, porque para ele a presença de Deus estava em todas as criaturas.

O SINAL DE FRANCISCO
ESPAÇO SAGRADO DE FONTE COLOMBA

Capela de Santa Maria Madalena
Convento de Fonte Colomba

Símbolo Tau atribuído a São Francisco
Encontrado durante trabalhos de restauro na parede interna da Capela de Maria Madalena, em Fonte Colomba

O convento de Fonte Colomba é um dos quatro santuários que delimitam o chamado Caminho de Francisco, um lugar escolhido por ele para refletir, escrever e rezar. Contam que um dia, ao caminhar isolado, quando escalava a montanha Rainiero, viu na parte mais escondida da floresta uma fonte de água natural, onde um grupo de pombas bebia e voava em seu redor. A cena lhe inspirou o nome *Fons Colombarum* em latim, ou Fonte Colomba.

Para os irmãos franciscanos, o local é envolto de sacralidade, pois foi lá que, recolhido numa gruta, em 1222, São Francisco escreveu a redação definitiva da Ordem, que foi posteriormente aprovada pelo Vaticano. Tau tornou-se, a partir de 1215, a cruz da recém-fundada Ordem dos Frades Menores, uma comunidade mendicante e idealizada pelo jovem Frei Francisco. A fama gerada pelos trabalhos sociais do grupo acabou por difundir tau como uma cruz representativa do desprendimento e da caridade. Tau tornou-se a forma de uma escolha espiritual; por sua vez, Francisco, como um anjo na terra, tornou-se um sinal de Cristo.

Também foi em Fonte Colomba que se deu a cura de uma doença ocular que o jovem Francisco contraiu no Egito, durante a 5º cruzada. Seus contemporâneos relatam que, pela indicação médica, ele teria de fazer uma cauterização com ferro em brasa na região próxima aos olhos, mas no momento e diante de todos, Francisco obteve a cura, ao se dirigir a Deus e ao *irmão Fogo,* implorando sua benevolência.

O conjunto arquitetônico do santuário-convento de Fonte Colomba, apesar de simples é muito significativo, demonstra os princípios de humildade e espiritualidade da Ordem. Durante a restauração da capela de Maria Madalena, em 1921, apareceu na parede, perto da pequena janela, um desenho, comprovadamente antigo, do símbolo em vermelho, que as pessoas atribuíram a São Francisco. Porém a datação da tinta é do século XV, de época posterior, mas é igualmente sagrado por ser inspirado no modelo original e instituído por Francisco no início do século XIII.

SOBRE A ORAÇÃO DE SÃO FRANCISCO

A popular Oração da Paz atribuída a São Francisco é uma criação anônima do século XX que apareceu pela primeira vez em 1912, em Paris, numa revista católica fundada pelo sacerdote Esiher Suquerel e, talvez, seu verdadeiro autor. Nas vésperas da 1ª Guerra, o texto se popularizou como um hino à paz. Ao ser impressa inúmeras vezes, com a imagem do santo no verso, ficou conhecida em todo mundo e em várias línguas como a Oração de São Francisco, sendo que o seu título original era Invocação ao Sagrado Coração. O fato não se constitui em fraude, pois como diz Leonardo Boff, na parte inferior do texto vinha escrito: *Essa oração resume os ideais franciscanos e ao mesmo tempo representa uma resposta às urgências de nosso tempo.* Foi por esta pequena frase que a oração ficou conhecida como Oração de São Francisco. A associação ao santo justifica-se pois, além da simplicidade das palavras, existe muita semelhança com suas pregações. Entre elas, a *Admoestação 27*, em que se lê: "*Onde há caridade e sabedoria, não há medo nem ignorância. Onde há paciência e humildade, não há ira nem perturbação. Onde a pobreza se une à alegria, não há cobiça e nem avareza. Onde há paz e meditação, não há nervosismo e nem dissipação*". As *Admoestações* correspondem a uma coletânea de textos curtos que registram as falas de São Francisco, abrangem temas variados que ficaram conhecidos como As Bem-Aventuranças Franciscanas. O que se pode afirmar, com toda a segurança, é que as *Admoestações* foram recolhidas pela primeira geração franciscana e, muito provavelmente, quando o próprio Francisco ainda vivia.

Oração da Paz
Erroneamente atribuída a São Francisco

Senhor, fazei-me instrumento de vossa paz.

Onde houver ódio, que eu leve o amor,

Onde houver ofensa, que eu leve o perdão.

Onde houver discórdia, que eu leve a união.

Onde houver dúvida, que eu leve a fé.

Onde houver erro, que eu leve a verdade.

Onde houver desespero, que eu leve a esperança.

Onde houver tristeza, que eu leve a alegria.

Onde houver trevas, que eu leve a luz.

Ó Mestre, fazei que eu procure mais consolar, que ser consolado.

compreender, que ser compreendido;

amar, que ser amado.

Pois é dando que se recebe,

É perdoando que se é perdoado,

e é morrendo que se vive para a vida eterna.

ANCESTRALIDADE E ARQUEOLOGIA DE TAU

O símbolo em forma de T é atributo de muitos deuses e em muitos lugares, entre eles Átis o deus grego da vegetação – um deus eunuco que, por sua automutilação, representava os frutos da terra que precisam morrer no inverno para novamente renascerem na primavera. Provavelmente tau nessa ideia de procriação está relacionada *"ao culto do falo, uma vez que sua forma denota os testículos e o pênis"*.[60] Entre os persas, existia o deus solar Mitra, que também portava a cruz em T nos seus rituais. Para os povos nórdicos, o martelo *miolnir* do deus escandinavo Thor era um grande T sonoro.

MARTELO DE THOR

Martelo de Thor

Amuleto de Thor
Peça em metal medindo apenas 5 cm.
Museu Lolland-Falste, Dinamarca

O deus dos trovões, relâmpagos e tempestades controlava as energias e as forças telúricas através do som metálico do seu martelo. O momento máximo das cerimônias religiosas ocorria quando o martelar contínuo provocava transes nos participantes e a divindade anunciada poderia se revelar. Era chegada a hora de Thor. A magia acontecia sob o efeito físico da reverberação no exato momento da expansão sonora das batidas ritmadas de *mjolnir*.

O som expandido e refletido por ondas permitia a comunicação com Thor e, para garantir sua presença, seus seguidores carregavam consigo amuletos protetores. Eram pequenas miniaturas de martelos fundidos em ferro, porque com eles o portador teria o domínio dos mares e das terras. A força divina de Thor manifestava-se através do brilho e som dos metais. Todos os povos da humanidade renderam-se ao fascínio das substâncias metálicas, todos reconheceram a mineração e a metalurgia como um presente dos deuses, pois perceberam que, quando alguns se anteciparam com técnicas mais sofisticadas para a criação de seus artefatos metálicos, imediatamente eles ultrapassavam seus domínios territoriais e subjugavam outros povos. Metal era sinônimo de poder. Acreditavam que o brilho provinha dos deuses ou de entidades capazes de influenciar e manipular o curso dos acontecimentos.

O metal sempre esteve associado à magia por suas qualidades totalmente diferentes da madeira e da pedra. Somente os metais têm maleabilidade absoluta, quando polidos irradiam e refletem ao mesmo tempo, brilham, repercutem imagens e, mais, somente os metais emitem sons diferenciados. A superioridade do metal sobre os outros materiais encontra-se na sua plasticidade, ele pode ser moldado e, quando derretido, pode ser fundido e assumir todas as formas desejadas

Os instrumentos e as ferramentas, sem exceção, tinham grande importância na vida dos nossos ancestrais, porque através deles a humanidade conseguiu dominar, transformar e se adaptar à natureza. Os objetos, fossem eles instrumentos de trabalho, utilitários ou adornos, eram considerados presentes revelados e, dentre todos, os mais potentes eram os amuletos, porque manifestavam a conexão entre o mundo material e o espiritual. De natureza divina, os amuletos eram os poderosos portadores de magia

Mjolnir, o pequeno amuleto com a forma do martelo de Thor, transferia a seu portador todas as qualidades viris do tempestuoso deus do tempo e do trovão. E entre as mais desejadas estava sua força física, sua astúcia e coragem guerreira. Além de adquirir o caráter másculo e destemido do deus nórdico, seu portador adquiriria também a sua invejada pontaria. A sacralidade dos martelos de Thor perdurou por muito tempo, atravessou o advento do cristianismo e conviveu com a religião monoteísta sem grandes conflitos, talvez porque sua relação formal com a cruz cristã, conhecida por tau, tenha facilitado sua aceitação e continuidade até os dias de hoje. Thor, o deus mais popular e querido entre os vikings, continua vivo na sociedade contemporânea por meio de amuletos, tradições folclóricas e nas palavras. Thursday, o dia de Thor, é a maior demonstração de preservação e reconhecimento do deus pagão.

LABRYS
O MACHADO DUPLO SIMBOLO DE MINOTAURO

Labrys, o machado duplo, símbolo da dinastia Minos, tinha a forma de um T gigantesco. Por volta de 1700 a.C, esse instrumento sagrado tornou-se o emblema dos poderosos mercadores, os senhores do mar Egeu e habitantes da ilha de Creta. No segundo milênio a.C., os cretenses ficavam abaixo somente dos egípcios. Dominaram o mar Egeu sem precisar guerrear ou invadir territórios, sua base do poder residia na eficiência náutica dos seus armadores. Em uma época de Estados beligerantes, a supremacia da sofisticada Creta é um caso isolado e uma rara exceção. A misteriosa civilização minoica manteve-se hegemônica sem praticar qualquer imposição militar, porém no imaginário mundial ela ficará eternamente associada à violência, através dos mitos do labirinto e do monstro que vivia no seu interior.

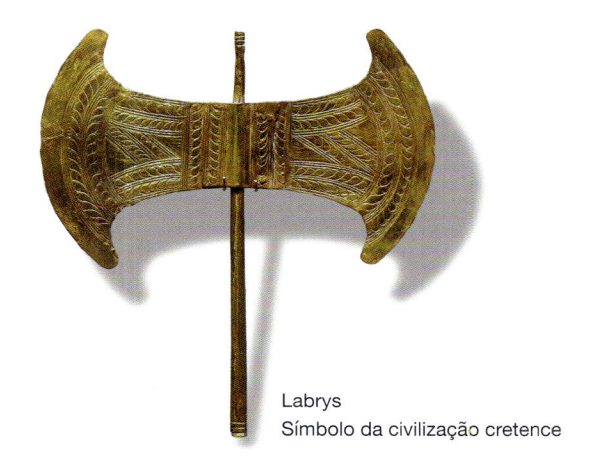

Labrys
Símbolo da civilização cretence

Creta, Minotauro e labirinto estão entrelaçados numa história fantasiosa da mitologia grega e base do arquétipo junguiano da *jornada heroica* dos ritos de passagem. A chave psicológica para se entender esta complexa história encontra-se na simbologia mítica do machado Labrys, o instrumento mágico que Teseu, o herói conhecido como *aquele que vence obstáculos,* usou para matar Minotauro. As palavras labrys e labirinto têm a mesma raiz e vivem conectadas entre si; lá, quer dizer pedra e refere-se a algo firme que vem do chão. Labrys, a arma que destruiu a cabeça irracional do monstro, passou a significar poder. Em outras palavras, Teseu representa a nova mentalidade e a nova ordem instalada por Zeus. O herói ateniense, filho de Egeu, venceu a força bruta do animal, com a superioridade do raciocínio, uma qualidade exclusivamente humana. O mito narra a vitória da razão sobre o instinto selvagem. Nela, o protagonista deveria superar dois desafios, mas para ser bem-sucedido teria de planejar e arquitetar, ou seja, pensar. Teseu precisaria matar Minotauro, circular pelo interior do labirinto, sem se perder e nem ser notado.

Segundo a lenda grega, o monstro nasceu de um desejo carnal de Pasífae, a esposa de Minos. Tudo começou quando Poseidon, o deus dos mares, presenteou o rei de Creta com um touro branco para ser sacrificado em sua honra. Porém, o animal era tão bonito e perfeito, que Minos não conseguiu entregá-lo para oferenda e o guardou para si, reservadamente, no seu rebanho privado. Irritado, Poseidon enfeitiçou a rainha e a fez enlouquecer de paixão pelo touro. Dos seus encontros amorosos nasceu Minotauro, um ser abominável, meio homem e meio animal. Essa união, embora condenada, não fora engendrada por seus participantes; fora criada exclusivamente pela vontade e ira de Poseidon. Minotauro é resultado de um castigo inventado para ofender Minos, por sua desobediência e transgressão; no entanto, o deus dos mares achou por bem estender a pena para toda a família.

No relato mítico, o rei Minos pediu ao arquiteto Dédalos para criar uma edificação que servisse de morada para seu filho ilegítimo. Assim nasceu o labirinto, uma estranha construção, necessária para o rei esconder o adultério da rainha e manter Minotauro aprisionado no seu interior, como também para prender todos os que burlassem a lei e entrassem no local. Após o nascimento do monstro, estabeleceram uma nova norma de sacrifícios humanos, acreditando que tal procedimento iria restabelecer o equilíbrio perdido, já que os tradicionais rituais de purificação não estavam conseguindo bons resultados. Seria necessário purgar a maldição com a vida de jovens. Minos, ainda inconformado com o desacato de Poseidon, e para demonstrar força e a dimensão do seu poder, determinou que a cada nove anos sete jovens e sete virgens fossem entregues a Minotauro, para serem devorados. Entre eles, enviaram da cidade de Atenas, Teseu, o filho do nobre Egeu. O jovem escapou da morte apenas porque recebeu ajuda de Ariadne, a filha de Minos e irmã de Minotauro. A princesa, apaixonada pelo ateniense, além de lhe mostrar a planta original do arquiteto e lhe ensinar os caminhos dos corredores tortuosos, sinalizou a rota percorrida com um novelo de linha dourada, para que assim ele voltasse sem se perder.

Nesse contexto de objetos e criaturas mágicas, o machado duplo de Labrys constituía o conceito de dualidade, uma realidade da psique humana. Sua configuração de duas lâminas curvas interpretava o sentido das duas fases lunares contrárias: a crescente e a minguante. O símbolo identificador da civilização minoica vivia nos santuários, nos sarcófagos, nos utensílios votivos e nas paredes internas do palácio de Cnossos. Quando os habitantes da ilha de Creta foram dominados pelos gregos, essas imagens não apenas saíram de seus espaços considerados especiais, como também perderam a sua sacralidade. O antigo machado duplo passou a fazer parte de outra história, criada com novos personagens, para justificar novos interesses.

POR UMA INTERPRETAÇÃO POLÍTICA E NADA MITOLÓGICA

Essa trama é o preâmbulo de uma nova civilização que modificou o pensamento humano e criou valores que nortearam a História para sempre. Entre os povos antigos, os mitos serviam para situar a sociedade no seu momento histórico. Eram explicações simbólicas mas apresentadas como verdadeiras, dispensavam comprovação. Os mitos foram criados pela humanidade com a finalidade de justificar e dar sentido à vida; eles existem para tornar claro os mistérios da existência humana, tais como a origem do universo, as diferenças sociais e raciais. Os mitos explicam a criação dos elementos culturais como a escrita, a arquitetura, os instrumentos e tudo mais.

A narração mítica de Minotauro encobre um período histórico de dominação política muito difícil de ser aceito. Significa o fim do poder cretense sobre os gregos do continente e o fim da cobrança dos impostos. Politicamente, confirma-se a nova geografia do poder, pois Teseu, na sua volta vitoriosa, foi aclamado rei de Atenas. No enredo fantasioso, os jovens que eram entregues para o sacrifício, na realidade, eram impostos cobrados por Minos, interpretado pela imagem de um monstro bestial. Os gregos inventaram uma origem histórica com heróis, imaginação e liberdade. Recorreram às palavras dos poetas e não às dos historiadores e escreveram uma história que só existe no pensamento simbólico.

Minotauro, uma criação híbrida, foi elaborada pelos gregos para justificar o período de dominação da dinastia minoica. A morte do monstro significa o fim de uma era e o início da glória de Atenas, ou seja, fala sobre a libertação política. Os autores das mitologias são anônimos contadores das histórias dos povos, mas o fazem de uma maneira ficcional. Em vez de personagens ou agentes históricos, as tramas se desenvolvem por entre heróis e mitos. Na narrativa da gênese grega, Teseu, o libertador, pôs fim ao sacrifício dos jovens e ao poder de Minos com a ajuda do machado mágico de Labrys. Ao demonstrar que a vitória final de Teseu só foi possível graças a um plano elaborado e não a um ato de sorte ou azar, o herói dá início ao reinado de Zeus e ao domínio da razão. É a representação mítica da implantação da ordem sobre o caos, do domínio da natureza pelo conhecimento e não pela força, em outras palavras, é a primeira manifestação dos valores do humanismo. A partir deste momento, o homem passou a ser a referência do universo.

LABRYS

Labrys – Lâmina em bronze do machado duplo
Museu Arqueológico de Heraclion, Creta
O artefato, usado em rituais, foi encontrado em 1934, na caverna de Arkalochori,
em Creta, com uma inscrição de 15 símbolos da escrita linear cretense.

Por outra análise, Labrys corresponde à união dos contrários masculino e feminino. As lâminas são interpretadas como os dois crescentes lunares e, simultaneamente, como os braços da Deusa Mãe, uma divindade feminina que governava o Universo e representava a fecundidade. Sua função era proteger e transformar os ciclos da vida. Há quem veja, no machado duplo, uma visão freudiana das deusas femininas de fecundação. Sendo as lâminas duas partes circulares elas correspondem à Vagina, e o cabo central e axial, o pênis ereto e em penetração contínua. Há quem associe Labrys aos rituais de iniciação. O fator que propiciou esta interpretação é puramente ocasional, pois os historiadores se fundamentaram na arquitetura labiríntica do palácio de Cnossos, acreditando ser ele uma projeção simbólica dos percursos circulares e frequentes dos rituais de iniciação, mas como foram encontrados também em sarcófagos, é bem mais provável que estejam relacionados à ideia cíclica de vida e morte.

Os machados de duas lâminas podem perfeitamente estar relacionados aos ciclos lunares e à passagem do tempo de um calendário lunar, porque aparecem com frequência junto a sacerdotisas, as adoradoras de Labrys. Os pesquisadores atentos à linguagem simbólica da mitologia grega chegaram a essas conclusões seguindo vários caminhos. Mais de um machado foi encontrado em cavernas, um lugar natural para praticarem rituais. Zeus, filho de Cronos, o deus do tempo, nasceu em Creta, e só não foi devorado por seu pai, porque Gaia o escondeu na caverna de Ida. Porém nada está decifrado. A escrita minoica, formada por pequenas figuras e símbolos, semelhante aos hieróglifos egípcios, permanece em estudos; o pouco que já foi interpretado refere-se apenas a textos comerciais e de contabilidade. Até o momento, nem a arqueologia e nem a escrita minoica explicaram a função de Labrys, tampouco o significado simbólico do touro. Essas duas imagens, tão frequentes e envoltas em mistério, estão por toda parte em Cnossos, e sugerem que façam parte de rituais relacionados aos três temas primordiais: nascimento, vida e morte.

A MIGRAÇÃO DA FORMA SIMBÓLICA DE TAU

As formas simbólicas migram de um lugar para outro, às vezes ressurgem em lugares distantes e sem qualquer conexão com as civilizações locais; outras vezes mantêm a forma, mas ganham novos significados e, na maioria das vezes, repetem-se simplesmente porque são formas arcaicas que habitam o inconsciente. A teoria criada por Jung nos diz que em todos os povos existem inúmeras coisas fora da compreensão humana e, quando não conseguem explicar, definir ou simplesmente compreender através dos sentidos e do raciocínio, todos se utilizam de formas simbólicas. Nas suas palavras: *"Uma palavra ou uma imagem é simbólica quando implica alguma coisa além do seu significado manifesto e imediato. Esta palavra ou esta imagem tem um aspecto inconsciente mais amplo, que nunca é precisamente definido ou de todo explicado"*.[61]

Casa Rinconada, Cultura Chaco, Pueblo Ancestral, Novo México

O local, em forma circular, foi habitado, entre os séculos IX ao XIII, como um observatório astronômico, no qual 28 pequenas janelas alinhadas circundam o espaço segundo a marcação do tempo lunar. Duas grandes portas em posição oposta e em forma de tau marcam o solstício de verão. Essa construção reservada para práticas espirituais, era também depósito de alimentos.

Urna Funerária Marajoara
Museu Emilio Goeldi, Belem do Pará

Os marajoaras desenvolveram sua cultura na Região Amazônica, antes da chegada dos colonizadores europeus, no período de 400 a.C e 1400 d.C,. Os grafismos são uma espécie de códigos mnemônicos. Para tornar visual e materializar suas histórias, na decoração das urnas existe um forte simbolismo sexual indicado por triângulos e formas fálicas.

Iconografia de São Tiago

O apóstolo Tiago, um dos primeiros a ser martizado, foi decapitado no ano 44 por Herodes Agripa. Suas relíquas, transportadas para Compostela, ganharam a guarda dos cavaleiros de São Tiago. No emblema. destacaram a concha das vieiras dos peregrinos, a cruz tau do seu cajado e, por influência italiana, o fogo de Santo Antônio.

Cruz Tau, Irlanda

A pequena ilha Tory, envolta em lendas, conserva um raro exemplar de tau. Hoje a ilha é habitada por uma comunidade de artistas que não ultrapassa um grupo de 100 pessoas. A cruz que mede quase 2 metros de altura foi feita em ardósia – uma pedra não existente no local. O monumento representa o pouco do que restou do antigo mosteiro de St. Colm Cilie, fundado no século VI. Os poucos pescadores da ilha, antes de partir para o mar, reúnem-se no local em sinal de devoção, pois acreditam em seus poderes de proteção. Monumentos em forma de tau são raros e na Grã-Bretanha existem dois, o outro fica em Kilnaboy, County Clare.

Relicário Santa Tecla – detalhe

Tecla era uma jovem rica da Asia Menor que abandou a família para se tornar discípula do apóstolo Paulo. Por tal ousadia, foi condenada ao fogo, mas graças ao sinal da cruz saiu ilesa. Salva, viveu como uma pregadora em permanente evangelização, porém um dia, quando estava reclusa numa caverna, foi atacada por homens que queriam violentá-la. No desespero, pediu para morrer pura. Dizem que por milagre a terra desabou deixando apenas sua mão exposta. Santa Tecla é simbolizada pela cruz que abre as portas do interior humano e cultuada pela sabedoria. Agora, na atualidade, ela significa a resistência e a força do princípio feminino.

Emblema com tau dos Cavaleiros Templários

Catedral de Tarragona

Por onde os cavaleiros passaram, eles deixaram estampados suas armas e emblemas. Constituídos numa classe militarizada e intermediária entre clérigos e leigos, eram os responsáveis pela segurança da comunidade, já que o ideal da não violência ficara restrito aos mosteiros. Organizados em Ordens, eles se revezavam no combate aos hereges, na proteção das estradas e em obras assistenciais dos hospitais e hospedarias. Como cruzados, os templários criaram as ordens dos monges-guerreiros que oficializados e abençoados pela Igreja, no ritual honorífico do Ordo, instituíram a ideologia e a moral cavaleiresca.

4.7

**ANKH
CRUZ EGÍPCIA
CRUZ ANSATA
CRUZ ALADA
CRUZ COPTA**

Ankh consiste no desenho de um hieróglifo que significa vida e figura entre os mais antigos símbolos relacionados à espiritualidade. A denominação *Chave do Nilo* surgiu no 2º milênio a.C, em época posterior à construção das grandes pirâmides, durante o final da quarta dinastia, um período considerado fundamental pelos historiadores, pois nele estruturaram os principais valores e costumes da sociedade egípcia, que perduraram por quase 3 mil anos. Ankh, no *Livro dos Mortos,* era um instrumento mágico, capaz de ultrapassar a dimensão do tempo, para cumprir a função de transpor a fronteira da morte e conquistar a eternidade. O sinal da religião egípcia, hoje tem o nome de cruz ansata, cruz copta, cruz de asas ou cruz alada.

A chave misteriosa do Nilo sintetiza todo diferencial da antiga cultura egípcia, pois muito mais que um objeto, uma forma ou mesmo um símbolo, ela representa um conceito de vida fundamentado na crença da reencarnação. Da mesma maneira como o monoteísmo diferenciou os hebreus dos outros povos, o mito de Osíris determinou uma conduta social condicionada a complexos rituais mágico-funerários. A narrativa mitológica diz que Osíris foi assassinado por seu irmão Seth, que o esquartejou e lançou seu corpo no rio Nilo, supondo que, dessa maneira, o rei jamais voltaria. Porém Osíris ressuscitou graças aos procedimentos usados por Ísis, sua esposa-irmã, que conseguiu recuperá-lo, entoando fórmulas mágicas com o auxílio de ankh em suas mãos. Isis não apenas juntou as partes do corpo de Osíris, mas conseguiu o feito de lhe trazer vida novamente. Após restaurar o corpo do irmão amado, a deusa concluiu seu trabalho com as seguintes palavras: "*Você vive de novo, você vive de novo para sempre, mais uma vez você está jovem para sempre*". Este é o significado fundamental de ankh.[62]

O mítico rei confunde-se com a verdadeira história do Estado egípcio. Osíris, divindade-guia, está na origem de tudo, a ele é atribuída a revelação dos ensinamentos primordiais, entre elas a prática da agricultura e a criação dos canais de irrigação. A partir de suas descobertas, vieram as grandes mudanças civilizatórias, como a sedentarização e o surgimento das cidades. Osíris significava o domínio pelo conhecimento. Era um deus querido e reverenciado como salvador, pois ensinara a humanidade a saciar a fome. Para a história geral, o mito de Osíris é o que justifica a originalidade da civilização egípcia; o deus que morrera e retornara à vida, tornou-se o juiz do seu povo. Autoridade suprema que dava a sentença final era também o que permitia o renascimento. A crença da ressurreição, como é contada pelos egípcios, torna-se uma metáfora que não esconde a moral da vitória do bem sobre o mal e, do ponto de vista político, exprime a implantação da ordem sobre o caos.

Para a vida pós-morte se tornar viável, era necessário o cumprimento de muitos rituais e, dentre todos, o mais importante era a mumificação. A reencarnação egípcia, diferente do espiritismo kardecista, do budismo ou hinduísmo, estava vinculada ao corpo material deixado na terra. Em sua crença, as pessoas voltariam e repetiriam novamente a mesma vida já vivida. Após a morte não haveria uma continuação, mas uma transferência para o plano celeste da existência terrena. Caso não deixasse nenhum suporte material, a alma estaria perdida, pois sem um corpo ou espaço para se aquietar, ela vagaria sem rumo para sempre. O *Livro dos Mortos*, como ficou conhecido o conjunto de textos mortuários, descreve mais de 200 fórmulas e hinos que deveriam ser recitados durante a mumificação. O longo período de preparação durava 70 dias, um número mágico e relacionado aos corpos celestes conhecidos na época. O ritual da transmutação era exercido por sacerdotes, com o auxílio de um aparato de objetos, sinais e fórmulas, entre eles ankh, o poderoso sinal capaz de dar e sustentar a vida a seu portador. Somente eles, como representantes dos deuses, poderiam dirigir as complicadas cerimônias.

A magia da reencarnação só aconteceria se o morto tivesse na terra um substituto, algo como um retrato pintado ou esculpido. O duplo mais fiel e mais poderoso, seria o próprio corpo mumificado. Essa crença envolveu toda sociedade, do topo da nobreza aos mais pobres, todos gastavam para conseguir a eternidade e, às vezes, a riqueza acumulada de toda uma vida era guardada apenas para pagar o trabalho dos funcionários da Casa dos Mortos. Existem duas versões para essa prática: uma pessimista, que julga os egípcios uma civilização voltada apenas para a morte, e outra, mais contemporânea, que enxerga o seu oposto, e vê nos egípcios uma sociedade que, por amar tanto a vida, inventou uma maneira de subverter a realidade e, uma vez ressuscitados, a vida nunca teria fim. Para garantir o retorno era necessário pagar os rituais, mas para ser merecedor da eternidade era preciso muito mais, era preciso viver corretamente.

Na lógica da religião egípcia, ocultava-se o direito de propriedade privada, ou seja, se havia a possibilidade de o morto repetir a mesma vida já vivida, consequentemente ele garantiria os seus direitos de posse. Na outra vida, ele continuaria com tudo o que um dia lhe pertenceu. Permaneceria proprietário e senhor de coisas e pessoas. Todos que um dia participaram de sua vida como familiares, camponeses, escravos, soldados, escribas, médicos e sacerdotes, todos continuariam fiéis a lhe servir, como já haviam feito na vida temporal. Nas tumbas da nobreza, existiam pequenas salas que funcionavam como depósitos, verdadeiros contêineres para guardar os bens que seriam transportados para o além. Nesses lugares havia de tudo: comida, joias, roupas, móveis, armas, carros, perfumes, vasos, talheres, objetos de adorno, enfim tudo que já foi e continuaria a ser necessário para viver. Os bens inventariados nem sempre eram objetos reais e conforme sua natureza foram substituídos por imagens. Não sendo possível levar pessoas e animais, estes foram arrolados por seus duplos, chamados de ká em forma de esculturas, pinturas ou apenas inscrições.

É interessante entender que, para os antigos egípcios, as imagens, ao mesmo tempo que representam uma realidade, elas eram a própria realidade. As pinturas continham cenas do cotidiano ou de rituais religiosos, mas não eram consideradas registros de uma cena, eram reais, verdadeiras e estavam acontecendo *ad infinitum*. Em imagem tudo poderia viver eternamente. Imagem e realidade confundiam-se numa verdade única. Quando viam a pintura de um deus, acreditavam estar diante do próprio deus e não da sua imagem. Devido a esse estranho fenômeno, as sepulturas tornaram-se um micro universo da sociedade egípcia. Os túmulos, fossem eles pirâmides, mastabas ou câmaras escavadas nas rochas, existiam para servir ao morto, eles tinham a função de *mantê-los vivos*. Por essa razão, colocar os seus pertences materiais junto ao corpo é, segundo Mircea Eliade, uma manifestação de tempo cíclico. A crença na possibilidade de um tempo repetitivo é uma característica das civilizações agrárias, que vivenciam o mito do Eterno Retorno.[63]

FORMA E SIGNIFICADO DE ANKH
CHAVE DA VIDA E SÍMBOLO DA ETERNIDADE
REPRESENTAÇÃO DOS GÊNEROS MASCULINO E FEMININO

Ankh
Imagem e inscrição do símbolo vida

Geometria e simbologia do masculino e feminino no hieróglifo ankh

A origem do símbolo egípcio ainda é desconhecida. Existem muitas hipóteses e possibilidades. De imediato entenderam que a simplicidade da representação gráfica poderia se confundir com a do hieróglifo que representa tiras de sandália. Graças à abstração geométrica do ideograma, surgiram outras associações bem mais complexas e interessantes do que essa feita por Alan Gardiner. Ao publicar, no início dos anos 1960, o livro *Gramática Egípcia,* o autor influenciou alguns historiadores com sua interpretação etimológica. Nos textos do conceituado egiptólogo inglês, a palavra sandália *nkh* vem da mesma raiz que *ankh.* Para justificar sua teoria, ele pensou que a forma do hieróglifo se desenvolvera a partir da representação de uma sandália vista de cima, com a alça superior em torno do tornozelo e as linhas vertical e horizontal como tiras que prendem o pé ao solado. Por se tratar de uma das maiores referências no conhecimento dos hieróglifos, sua versão não foi abertamente questionada, como muitos gostariam.

Bem distante dessa visão simplista, ankh é entendida como a harmonia dos opostos. O signo construído por um círculo e uma vertical reproduz os princípios femininos e masculinos fundamentais e perpetua a união carnal entre Ísis e Osíris. Essa interpretação de ver nas formas geométricas os órgãos sexuais, foi o jeito encontrado para tornar compreensível o mistério da fecundação. Ankh, é uma visão poética para explicar a origem mítica do povo egípcio. Essa percepção de dois corpos amalgamados, sendo uma mulher e um homem em perfeita união gerando uma nova vida – ou o sol no horizonte, e em plena ação, deitando-se sobre a terra inerte – faz do hieróglifo uma metáfora das cheias periódicas do rio Nilo e a sequente germinação da terra. Como todos os povos da antiguidade construíram uma cosmogonia fantasiosa, os egípcios criaram sua gênese fazendo analogias entre o sistema agrário de arar, semear e germinar com o sistema reprodutor masculino e feminino.

Existe um outro casal de deuses, na complexa mitologia egípcia, que também se relaciona ao símbolo ankh. Contam que Terra, na figura masculina de Geb – irmão gêmeo de Nut – o céu era uma entidade feminina. Os dois nasceram abraçados um ao outro e, ao crescer, tornaram-se um casal apaixonado. As representações os mostram copulando. Nelas Nut, o Céu, se curva sobre o corpo de Geb, a Terra, que a toca com um gigante pênis ereto. Simbolicamente representam a abóboda celeste que, abraçada à superfície terrestre, realiza o ato da fecundação, em associação às enchentes e às boas colheitas agrícolas. O incesto divino, como é contado pelos egípcios, é uma narrativa de muitas civilizações. A união dos dois corpos irmãos significa o encontro dos opostos complementares. A saber, Geb e Nut são os pais de Ísis e Osíris, o casal de amantes que garante a vida na terra. Nas cosmogonias mitológicas, o incesto, quando ocorre entre irmão e irmã, geralmente diz respeito à busca da ordem contra o caos primordial. Entre tantas histórias, a mais conhecida é o casamento do Sol com a Lua.[64]

Nesse fantasioso e poético contexto, Ank expressa antigas dicotomias como: céu e terra, masculino e feminino, falo e vulva, vida e morte, ativo e passivo. Quando ankh representa Ísis e Osíris no momento da fecundação, confirma a periodicidade da natureza e reproduz o conceito de ressurreição, porque Ísis é a deusa capaz de trazer vida a um corpo morto. Ankh é vida no mais amplo sentido, é a ancestralidade de Geb e Nut que repete o milagre da vida nos corpos de seus filhos, Ísis e Osíris.

ANKH, O SOPRO DA VIDA

Detalhe pintura da tumba de Nefertari
A deusa Hator abre a boca de Nefertari para lhe trazer a vida após a morte e realizar o ritual descrito no *Livro dos Mortos* com o instrumento mágico de ankh.

A religião egípcia é uma experiência vivenciada do tempo, mas sem a nítida diferença entre o tempo mágico-religioso e o tempo profano. Por meio dos ritos, era possível a regeneração do tempo, e a morte deixaria de existir. A tumba de Nefertari, que mede quase 520 metros quadrados é ocupada por salas, corredores, capelas, escadarias e uma câmara funerária, paredes totalmente revestidas com textos funerários e imagens das muitas etapas da viagem que a rainha fará ao inframundo. As cenas reproduzem o *Livro dos Mortos* com os rituais de acolhimento. Em uma passagem, a esposa preferida de Ramsés II, Nefertari, cujo nome significa *A Mais Bela,* é recebida pela deusa Hator que, entoando hinos, segura a Chave de Ankh e abre a boca da rainha, para lhe devolver a vida com um sopro. Não apenas nesta tumba, mas também em outras, as deidades de Anúbis, o chacal; Ísis, a mãe-amante-irmã e Hator a vaca, a deusa do amor, são frequentemente vistos colocando o símbolo de ankh contra os lábios da alma, no trabalho de revitalização do corpo. A associação ao sopro da vida vem do hieróglifo 'nh que tem a mesma raiz de *ankh*, e quer dizer: *viver, dar a vida, vida e sopro de vida*. Na tumba de Nefertari existem muitos sinais de ankh, inscritos nos textos como hieróglifos e também em forma de instrumentos mágicos. A abundância está explicada: Ramsés II, o longevo faraó, fez desse símbolo a força do seu misterioso deus Amon.

ANKH CONFERE AO FARAÓ O TÍTULO DE *SENHOR DAS DUAS TERRAS*

ELO DE LIGAÇÃO E EQUILÍBRIO ENTRE O NORTE E O SUL

Símbolo heráldico – Colunas do Templo de Karnak

Ankh, inscrito simetricamente entre os símbolos heráldicos do Norte representado pela abelha, e do Sul, pelo caniço. Na narrativa simbólica, significava a unificação das duas regiões. Estando centrado, exprimia o equilíbrio na pessoa divina do faraó Ramsés II.

As inscrições referem-se ao título de *Senhor das Duas Terras* conhecido também por *Senhor do Alto e Baixo Egito*. A designação acrescida ao nome de nascimento do faraó, fazia referência à unidade política e cultural que ele representava. Para exprimir essa ideia utilizaram-se apenas de três hieróglifos: ankh, a abelha e o caniço. O título foi criado com muita clareza, através dele ankh vivifica as duas regiões: o Sul e o Norte. O Alto Egito correspondia à região do Sul e era simbolizado pelo caniço. Era o Egito do rio Nilo, das terras férteis e cobiçadas por todos; de lá, seus ricos habitantes, protegidos pelos sacerdotes de Amon, dominavam a corte. A região do Norte ou Baixo Egito, conhecida por Delta era representada por uma abelha. Formada por terrenos pantanosos e originários de pequenos afluentes do Nilo, era um lugar de intensa atividade comercial e maior inquietação social. Nessa região, o poder religioso pertencia a Rá, o Sol, um adversário natural dos representantes do Sul. Em suma, *O Senhor das Duas Terras* era o mandatário do Norte e do Sul, o faraó governava sob a proteção e o consentimento das deidades unificadas em *Amon-Rá*.

O faraó não era deus e nem homem, era "*Um morto-porém-vivendo-para-sempre que incorporava a reconciliação e o equilíbrio dos opostos. Na união entre o alto e baixo Egito e no mito da vida-morte-vida com Hórus e Set, o faraó buscava encontrar a reconciliação das forças conflitantes*".[65] Conhecendo a natureza dual do povo egípcio, compreende-se a importância do título real um símbolo mágico de unificação e garantido pelo sinal ankh. O título de *Senhor das Duas Terras*, identificado com a figura divina do rei, tornou os hieróglifos uma imagem apaziguadora e capaz de equilibrar os extremos. Por trás dessas representações simbólicas, o antigo Egito era dividido em 42 províncias rivais, conhecidas por *nomos*, que viviam em constantes disputas de poder. Em quase 3 mil anos de História 170 faraós, de 30 dinastias diferentes, disputaram o honroso título de *Senhor das Duas Terras*.

ESCRITA DIVINA
ANKH, O HIERÓGLIFO MÁGICO

Ankh é antes de tudo um hieróglifo. Os antigos egípcios atribuíam aos signos da escrita uma força transcendental, a ponto de os considerarem *palavras de deus*. Com tal natureza, as inscrições, além de comunicar e informar, eram *per se* portadoras de magia. Esse poder transformou sinais em amuletos, ankh era um deles e o mais popular dentre todos. Os antigos gregos ficaram tão fascinados com essa escrita simbólica, que lhes deram o nome de hieróglifos, uma palavra formada por outras duas que querem dizer respectivamente, sagrado (*hierós*) e gravar (*glyphein*), ou seja, mais do que uma escrita, os hieróglifos são signos sagrados.

Ainda que tenham lhe atribuído uma origem divina, a escrita foi inventada por razões puramente práticas. Ela nasceu da necessidade de anotar, registrar e comunicar a complexa administração do Império. O aspecto misterioso ficou por conta da dificuldade em dominar sua grafia, e também porque seu conhecimento era restrito a poucos. Apenas sacerdotes, membros da realeza, altos funcionários e escribas tinham acesso à arte de ler e escrever. Para entender a civilização egípcia é necessário, antes de tudo, compreender a força simbólica da sua escrita sagrada.

Acreditavam que o ser humano era composto por três elementos que o acompanhavam do nascimento à morte eram: ka, ba e akh. Se um desses elementos fosse destruído, o ser entraria em decomposição e a destruição seria irremediável. Ka formava o corpo material, o suporte físico, fosse ele o real ou o seu duplo. Bá era o que chamamos de alma, tinha a forma de um pássaro alado que voava ao sair do corpo após a morte. Akh, o mais difícil de entender, era o espírito ou a força divina. Além destes três elementos, para existir, a pessoa precisava de um nome. Após a morte, caso ocorresse uma destruição da múmia, por acidente ou por roubo, a escrita sagrada a salvaria. A palavra era tão importante que, escrevendo o nome do morto no seu sepulcro, ela poderia substituir seu ka e desta maneira ba e akh se uniram para completar o ser. A escrita e seus sinais tinham o poder mágico de reverter a morte e trazer a vida.

A escrita egípcia é complexa, pois é figurativa, simbólica e fonética ao mesmo tempo. Os hieróglifos, antes de se tornarem signos fonéticos, eram uma representação visual da realidade, eram pictogramas. Por exemplo, o desenho de um peixe queria dizer peixe, o de uma boca uma boca. Porém, como estes desenhos apresentavam limitações para expressar ideias mais complexas e expressar conceitos abstratos, eles evoluíram para uma combinação de sinais conhecidos por ideogramas. Ao contrário do sistema de escrita silábica, os hieróglifos não são linguísticos, pois não exprimem um som ou letra em específico, mas sim a ideia de algo.

Pictogramas e ideogramas são igualmente simbólicos, porém os primeiros prendem-se a uma visão descritiva e o outro a uma ideia. Os diferentes sinônimos do sinal ankh inserem-se neste processo evolutivo. Determinados pictogramas, ao perderem seu referente visual, passaram a exprimir outra coisa e, mesmo que fossem pronunciados com o mesmo som, o sentido já era outro. O hieróglifo ankh, que hipoteticamente nasceu das formas de uma sandália, passou a significar viver, vida e vivificar O grande obstáculo para compreender os hieróglifos é entendê-los somente como pictogramas.

A CHAVE DA VIDA

A Chave do Nilo

Ankh, *A Chave do Nilo,* tem na sua própria forma visual o sentido de chave. Se suspensa pela alça curva, significava a chave que abre as portas da eternidade, mas, se estiver presa por sua haste vertical, é entendida como a protetora da vida. As gravações da chave nas mãos são uma confirmação da convicção religiosa egípcia e, crença da repetição contínua de renascer e reviver. Os deuses, quando carregavam o instrumento mítico-ritual, estavam ajudando os mortos no momento da sua misteriosa e difícil transposição no inframundo.

Os faraós ao se apresentarem no mundo dos mortos, teriam que seguir protocolos. Logo na entrada, deveriam se mostrar devidamente paramentados, com roupas e insígnias de identidade, para depois Osíris dar início ao processo do julgamento. Para os reis além do nome e dos títulos exigiam-se que portassem sobre a cabeça os emblemas das duas coroas, a do Norte e a do Sul; sobre o peito e os braços cruzados, precisavam exibir os símbolos do poder, com o chicote e o cetro. O temor da morte e da sentença final fazia com que os mortos tentassem por todos os meios conquistar o direito à outra vida e um dos recursos mais utilizados era carregar amuletos protetores

O rito permitia ao rei e mortais que a morte não acontecesse de fato, mas apenas simbolicamente. " *A finalidade do culto era reunir pela magia a alma corpórea (bá, ao princípio energético e incorpóreo (ká) que escapara no momento da morte, supunha-se que feito isso, a morte deixaria de existir".* [66] O tempo seria abolido e a realidade se tornaria eternidade. Somente o poder mágico das palavras escritas pode explicar a existência de tantos sinais funerários, cobrindo as paredes dos recintos fúnebres. No antigo Egito, as imagens, se pintadas ou esculpidas, só valeriam se possuíssem o hieróglifo do nome, porque era a palavra que vivificava a imagem; portanto, ter o ideograma ankh sobre os objetos era certeza da transferência de vida.

ANKH A CRUZ DA IMORTALIDADE
PODER DA IMAGEM SAGRADA NOS OBJETOS

Anel com dois símbolos sagrados: Ankh, a Chave da Vida,
e Djed, a Coluna da Estabilidade.
Museu Britânico

Para os egípcios não havia distinção entre religião, ciência e magia. Seguindo essa conduta, ninguém dispensava o uso de amuletos; qualquer egípcio, letrado ou não, acreditava cegamente no poder de proteção e transformação desses pequenos objetos. Em vida, eles eram exibidos como joias e adornos; após a morte, ficavam escondidos entre as muitas faixas que envolviam as múmias nos sarcófagos. Nos espólios funerários, vê-se amuletos para cada área do corpo; eram abundantes e serviam de anteparo contra qualquer ameaça. Morte e medo caminhavam lado a lado.

Percorrer a jornada desconhecida na conquista da eternidade significava enfrentar perigos, tentações e feitiços. Ao morrer, todos teriam de passar por um momento crucial, no qual seriam deixados em total abandono, para que sozinhos enfrentassem, em plena escuridão, os perigos de um caminho tortuoso e cheio de abismos. No *Livro dos Mortos* é descrito um lugar escorregadio e lodoso cheio de corredores, os mortos totalmente sozinhos e no escuro, ouviam vozes estranhas, deparavam-se com seres desconhecidos e mais, teriam que enfrentar animais selvagens e sair vitoriosos. Com certeza, para tais mortos indefesos, carregar um ankh faria a diferença e traria algum conforto.

No início do Antigo Império, somente os faraós teriam direito à vida no Além. Com o passar do tempo, seus familiares, membros da nobreza, altos funcionários e os mais ricos obtiveram também o mesmo privilégio. Demoraram mais de 1700 anos para democratizaram o direito à eternidade, mudaram após longos períodos de poder e disputas entre Rá e Amon, e após muitos séculos intercalados entre paz, invasões estrangeiras e rebeliões internas. O direito à eternidade foi estendido a todos, porém desde que tivessem o seu ká, ou seja, o seu corpo mumificado e fossem julgados merecedores por Osíris, o deus do Além. Provar que tivera uma vida justa e honrada na Terra não era uma missão fácil e nem barata. Os deuses tornaram-se perdulários nas mãos dos sacerdotes, porque estes, lamentavelmente, no papel de seus representantes oficiais, difundiam o medo para lucrar, faziam a população gastar a maior parte dos seus bens entre oferendas e rituais.

Os embalsamadores, com receio das tumbas serem saqueadas e profanadas, passaram a esconder pequenos amuletos de ankh entre as faixas de linho das múmias. Para protegerem melhor, utilizavam uma resina perfumada e de forte aderência que colava as peças no corpo do morto. Os arqueólogos descobriram múmias com mais de 200 amuletos escondidos. Ankh oferecido aos deuses pelos homens era mais que um amuleto, era uma promessa de vida. *"Ele é o símbolo de milhões de anos de vida futura. Seu círculo é a imagem perfeita daquilo que não tem começo nem fim. Aquele que possuísse a chave geométrica dos mistérios, saberia abrir as portas do mundo dos mortos e penetrar no sentido oculto da vida eterna"*.[67]

PODER MÁGICO DE ANKH NO MUNDO DOS FARAÓS
RENASCIMENTO E RENOVAÇÃO
VIDA • MORTE • VIDA

Caixa de espelho encontrada na tumba de Tutankhamon

É comum encontrar ankh em pinturas, em textos, ou também como amuletos esculpidos, mas é muito raro aparecer na forma de um objeto funcional. Entre os tesouros da tumba de Tutankhamon, encontraram uma caixa de espelho muito especial, entalhada e revestida de ouro com incrustações de pedras semipreciosas e em forma de ankh. Na superfície dourada da haste está inscrito o nome do soberano ladeado por duas serpentes com o disco solar em suas cabeças; o texto simbólico referia-se ao seu nascimento. O menino faraó teve um curto reinado, morreu aos 19 anos. Ankh sempre estivera em seu nome testemunhando a força do sinal mágico. Ele que nascera T*ut*ank*haton* ou imag*em viva de Aton*, o deus solar; posteriormente, nas mãos dos sacerdotes manipuladores, tornou-se T*ut*ank*hamon,* que quer dizer *imagem viva de Amon*. Seu pai, Amenófis IV, o grande reformador, impôs Aton, o deus único, mas para tal, teve que assumir medidas enérgicas contra sacerdotes e chefes militares. Acabou sozinho por se indispor contra templos, deuses e uma estrutura mental de crenças arraigadas há quase 2 mil anos.

A caixa dourada, com certeza, continha um espelho, que deveria ter a mesma configuração, mas que nunca foi encontrado. Presume-se que fosse uma placa de ouro e, por isso mesmo, deve ter sido furtado na cerimônia do sepultamento, visto que as câmaras funerárias de Tutankhamon, quando descobertas, em 1922, ainda estavam seladas. No Egito, a cobiça pelo ouro devia-se a duas razões diferentes: escassez das minas e valor simbólico religioso.

O ouro era considerado a *carne dos deuses*, sendo imortais, o metal passou a ser sinônimo de eternidade. Vestir-se com ouro, mais do que ostentar riqueza material, era seguir um ritual de magia. Adornos de ouro, mais que joias eram objetos capazes de produzir efeitos supranaturais. Na metalurgia sagrada, o ouro se originou da transmutação de metais inferiores em metais superiores; desse processo químico nasceu o conceito de transmutação espiritual. Possuir ouro era possuir a materialidade e o poder dos deuses.

O espelho, uma superfície que reflete as imagens que nele são projetadas, acabou se transformando, para muitas civilizações, num rico suporte de simbolismos. A ideia mais comum é a de revelação; o espelho representa uma verdade que foi revelada.[68] De budistas a xamãs, o espelho é a sabedoria refletida que surgiu do conhecimento revelado; o espelho é uma metáfora da alma. Aceitando estas interpretações, o espelho de Tutankhamon feito com a configuração de ankh, refletiria eternamente a própria vida. A pequena caixa dourada era o estojo de um espelho que se acreditava garantir a imortalidade para o jovem faraó.

Os egípcios comparavam os espelhos ao disco solar, por analogia à superfície brilhante e por sua capacidade peculiar de revelar imagens. Ainda não existiam espelhos de vidro, eles eram de metais polidos, como cobre, prata e ouro. Para os ricos, pertenciam ao rol dos objetos de toalete; na esfera religiosa estavam associados ao culto de Neith, a deusa com poderes de refletir o céu estrelado na terra, em noites escuras. Em outras palavras, era símbolo da deusa, capaz de aproximar o mundo dos mortos ao mundo dos vivos. Encontrar um espelho na tumba do menino faraó não é um acaso. Se para os egípcios, a vida após a morte era uma imagem espelhada da vida na terra, e se a palavra ankh, a partir do Médio Império passou a significar espelho, um objeto mágico em forma de ankh seria bem mais do que algo funcional para toaletes sofisticadas.

DIVERSIDADE E SINGULARIDADE DE ANKH ATRAVÉS DOS SÉCULOS

As quatro peças exemplificam a riqueza iconográfica de ankh através dos séculos. Os pequenos objetos em estudo equivalem a quatro *mensagens* diferenciadas, e embora estejam interligadas entre si, adquiriram especificidades dos respectivos contextos de ritos mágicos. A primeira e mais antiga foi encontrada no espólio funerário do faraó Tutmés IV, um hábil governante do Novo Império que, para equilibrar as forças políticas e enfraquecer a hegemonia sacerdotal, propositadamente afastou-se do deus Amon, o representante da poderosa nobreza tebana e resgatou a antiga mitologia solar de Rá, centrada em Heliópolis. A própria escolha do nome de coroação é um indicativo das suas opções. Tutmés significa nascido de Thot, o deus da sabedoria, que ensinou a escrita aos homens. O faraó pacifista deu ao Egito um reinado de tranquilidade, fruto de boas relações diplomáticas. Seu neto, Akenaton, seguidor dos seus princípios, foi o grande reformador religioso, com a introdução monoteísta do deus solar Aton. O amuleto encontrado na sua tumba é muito significativo, pois como já foi dito, o símbolo é a união dos opostos como homem e mulher, terra e céu, mas este indica nitidamente o corpo de uma figura feminina. Provavelmente refere-se à Ísis, a deusa da fertilidade, protetora dos faraós e a mitológica esposa que acompanha os mortos no Julgamento de Osíris. O objeto protetor tem no cartucho em hieróglifo a inscrição do nome do faraó.

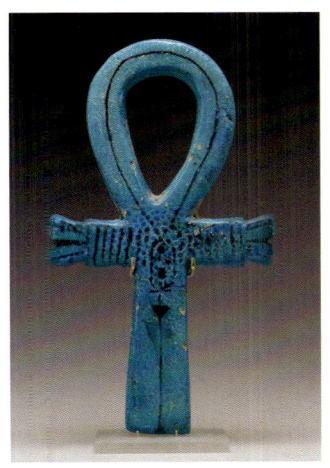

Ankh em forma feminina
Amuleto encontrado na tumba do faraó Tutmés IV, séc. XIV a.C.
MFA - Museu Belas Artes de Boston

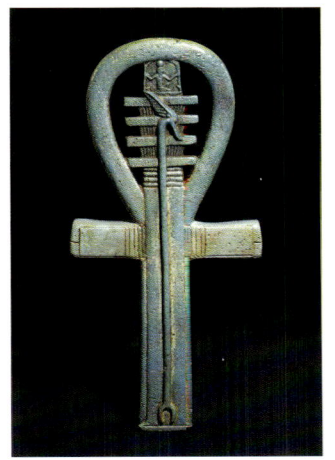

Ankh e os símbolos do poder político
Amuleto Ankh com Djed e Uás
Novo Império 700/500 a.C.
Museu Britânico, Londres

Ankh em forma de cruz
séc. IV d.C. Amuleto da Era do Cristianismo Primitivo, introdução de novos símbolos religiosos.
MFA - Museu Belas Artes de Boston

Ankh e cruz cristã
Lamparina de cerâmica com relevos do séc. VIII d.C., símbolo copta: união cruz quadrada e ankh
MFA - Museu Belas Artes de Boston

O segundo amuleto, de cunho político, encontra-se no Museu Britânico e foi construído com a sobreposição de três símbolos relacionados ao poder faraônico: Djed, o pilar; Uás, o cetro; e Ankh, a chave; juntos significam estabilidade e comando na vida egípcia. Djed é o pilar da estabilidade, a espinha dorsal que sustenta o trono no mundo dos vivos e dos mortos. Uás é a imagem do cetro, atributo dos soberanos e representativo do comando e da força masculina. Para governar, segundo a crença egípcia nos anos 700 a.C., o faraó necessitaria dessas três qualidades. Durante mais de 3 mil anos de história, os símbolos do poder sofreram poucas variações. A combinação deles equivalia a uma assinatura de identificação do soberano que, conforme as necessidades, poderiam privilegiar um grupo ou uma região. Porém, fosse qual fosse a crise do momento, o trono era significativo de equilíbrio e, por esta razão, era comum os símbolos aparecerem entrelaçados como demonstração de igualdade entre si.

A terceira peça pertence ao século IV, portanto é do período da oficialização do cristianismo, quando Alexandria, considerada a grande sede da nova religião, junto a Roma, lançava-se pioneira na expansão do monaquismo. Dos seus mosteiros saíram pensadores que edificaram o cristianismo primitivo, tornando-se também centros educacionais e evangelizadores no Oriente. Nesse contexto de transformações foi criado o amuleto em questão. A estrutura visual do objeto, mesmo que desproporcional em relação ao hieróglifo, está relacionada, sem dúvida alguma, à tradicional ankh. O pequeno amuleto demonstra como agem as forças do sincretismo, entre a permanência e a mudança, dois fluxos contrários se movimentam espontaneamente e fazem surgir duas realidades: uma resistência camuflada ou um aproveitamento de antigas formas com novos significados.

A lamparina de cerâmica, por sua vez, testemunha outra postura religiosa, em pleno século VIII; ela é um exemplo de convivência entre a cruz quadrada do Oriente cristão e a antiga ankh, sem necessidade de simulações. A peça contém a simbologia do novo credo que se mantém em harmonia com a tradição. A maneira admirável como os coptas assimilaram os conteúdos cristãos sem perder respeito ao passado, permitiu que ankh e a cruz se fundissem com um mesmo significado de eternidade. Até o aparecimento dos iconoclastas, no século VIII e IX, ankh e a cruz dividiram o mesmo espaço e conviveram em paralelo.

ANKH A CRUZ COPTA

Cruz copta - Lápide tumular
Exemplo de arte sacra com símbolos antigos, séc. VI.
Coexistência de ankh e a cruz cristã.
Museu Copta do Cairo

Os coptas remontam à aurora do cristianismo, são os antigos cristãos egípcios convertidos pelo evangelista São Marcos que, na condição de bispo de Alexandria, tornou a cidade o segundo centro na hierarquia dos quatro Patriarcados, depois de Roma e antes de Antioquia e Jerusalem. A palavra *copta* é uma corruptela de *Hut-Ka-Ptah – casa* em egípcio antigo. Durante a conquista de Alexandre Magno, no século IV a.C, copta passou a significar o nome da população local *aigyptos,* a palavra grega era usada para designar os habitantes do Nilo. O cunho religioso só passou a existir após a invasão mulçumana em 640 d.C. para distinguir os cristãos do Oriente egípcio dos cristãos romanos.

Inicialmente, por volta dos séculos II e III, a religião copta era formada por pessoas pobres, que viviam a situação caótica fruto da instabilidade política que se desencadeara no fim do Império Romano. É relevante dizer que, no início, os coptas ficaram identificados com os humildes e, por essa razão, copta era sinônimo de religião do povo. A difusão do cristianismo no vale do Nilo resultou do trabalho abnegado dos monges andarilhos que pregavam a ideologia da igualdade, nos lugares mais distantes. Eles facilitavam a conversão, trabalhavam independentemente da origem étnica e social – bastava apenas professar a fé em Cristo. O caráter pacifista das missões evangelizadoras e dos monges produziu sincretismos espontâneos. Antigas crenças e costumes pações permaneceram por longo tempo, alguns fundiram-se como o culto à Ísis transformado no culto à Maria, mãe de Deus, apenas o símbolo ankh foi integralmente incorporado. Hoje a Igreja Ortodoxa Copta está em minoria, seus membros sofrem perseguições e ficaram reduzidos a 12% da população do Egito.

O certo é que o cristianismo encontrou no Egito algumas afinidades que facilitaram a conversão dos fiéis. É importante frisar que, durante o Império Romano, nem toda população esteve favorável ao culto dos deuses olímpicos, não apenas pelo aspecto religioso, mas também por representar os deuses dos dominadores. Quando adotaram o cristianismo, pelo contrário, os egípcios reconheceram precedentes em comum. A História da sinestesia religiosa entre o Egito e o judaísmo-cristão é anterior aos coptas, remonta a 1364 a.C., quando Amenófis IV impôs uma reforma baseada em conceitos monoteístas que, até aquela época, somente eram professados pelos hebreus. Além de acreditar em ressurreição, igualmente conheciam os princípios da tríade divina, acreditavam na imortalidade da alma, no julgamento dos mortos e ideias semelhantes sobre paraíso e inferno.

Os egiptólogos conseguem, com facilidade, comprovar a influência da antiga civilização egípcia na sociedade ocidental contemporânea. Por exemplo, a ideia de pesagem das almas no Juízo Final nasceu com Maat, a deusa da justiça que, no ritual da ressurreição, pesava a alma, colocando o coração do morto num prato da balança e a pena da verdade no outro prato. O direito à eternidade só era outorgado por Osíris se os dois pesos da balança ficassem em equilíbrio. Conhece-se também o deus Khnum, aquele que esculpe e faz homens nascerem do barro. Na realidade, o lodo do Nilo era sinônimo de vida, pois era o barro que propiciava as plantações e a sobrevivência de todos. Ao esculpir com a argila do Nilo, o deus Khnum estaria usando matéria vital, matéria com sopro de vida. Estes dois conceitos são, entre outros, princípios ancestrais de origem egípcia que se transformaram em teologia judaico-cristã.

Enquanto a maioria dos vestígios da religião egípcia desaparecia, a antiga chave do Nilo assumiu um novo papel. Se antes do cristianismo ankh era possibilidade de vida eterna, pós cristianismo passou a significar vida eterna, no sacrifício e ressurreição de Cristo. Sua forma facilitou essa adesão, tanto quanto o seu significado original. É extraordinário saber que os coptas foram os primeiros a usar a cruz como símbolo, já que os cristãos romanos, num primeiro momento, preferiram usar a imagem do peixe e a âncora. Segundo Jean Chevalier, ankh ou cruz ansata é um símbolo dos iniciados que tem sua equivalência na universal e antiga Árvore da Vida, também é chamada de nó mágico e usada na iconografia dos contrários.

SINCRETISMO, UMA FORMA DE PENSAMENTO RELIGIOSO

Coluna, Templo Pilae, em Assuã
Templo da época ptolomaica dedicado à deusa Ísis com inscrições cristãs sobrepostas aos símbolos egípcios.

O cristianismo procedente do judaísmo implantou-se e desenvolveu-se assimilando e reinterpretando muitos elementos de cunho religioso, não apenas dos pagãos gregos e romanos, mas também dos egípcios. O cristianismo nasceu como uma religião sincrética e próxima aos povos recém-convertidos. Durante o império de Constantino e até o final do século IV, houve tolerância A partir de Teodósio deu-se o processo de oficialização e institucionalização; os teólogos inspirados no modelo centralizador do Império Romano, transpuseram para o mundo espiritual a ordem hierárquica já existente na política. Enquanto sob o domínio romano os antigos templos egípcios continuaram com suas atividades, com a chegada do cristianismo oficializado o seu uso mudou. De morada dos deuses e com entrada proibida aos leigos, por meio dos coptas, passaram a reunir fiéis. De lugar sagrado de oferendas, rituais, consultas e, ao mesmo tempo, de centro econômico, com o cristianismo, tornaram-se pontos de evangelização. A partir desse momento, suas paredes foram revestidas com argamassa e pintadas com o imaginário da iconologia cristã. Houve um período inicial em que os símbolos religiosos das duas religiões conviveram pacificamente. No Templo de Philae, que quer dizer *Amizade*, os cultos tinham um caráter sincrético.

A intolerância surgiu com a imposição do monoteísmo, já que a conversão implicava na obrigação de renúncia às crenças e práticas anteriores. Dessa maneira, ao mesmo tempo que o cristianismo destruía as religiões rivais, ele se construía. No início, os cristãos, extremamente pacíficos, faziam questão apenas de se mostrarem diferentes. Começavam proibindo os sacrifícios de animais, depois a adoração de imagens de deuses pagãos e, por fim, substituindo-as por um novo repertório. Assim foi feito com Apolo, o deus solar, que ficou incorporado à imagem iluminada de Cristo; o festival das Saturnais se tornou Carnaval, e 25 de dezembro, uma festa que até então celebrava o nascimento do Sol, no solstício do inverno, passou a ser consagrada a Cristo, ao coincidir com a data do nascimento de Jesus.

Ao tornar-se a religião oficial do Estado Romano, o cristianismo adquiriu *status* político. As narrativas dos primeiros discípulos de Jesus começaram a ser registradas por volta dos anos 30 e 40 do século I. Por quase 200 anos, viveram uma verdadeira babel, até criarem um cânon definitivo. Não bastava simplesmente traduzir os textos e divulgá-los em várias línguas, era preciso engendrar uma ortodoxia e criar uma versão oficial. Fora dela, qualquer outra seria considerada heresia ou simplesmente apócrifa. Os livros de Marcos, Mateus, Lucas e João estabeleceram a unidade formal que os bispos precisavam, para acabar com as divergências e impor um mesmo credo. O cristianismo, ao ser usado pelo Estado, tornou-se ideologia e recurso de unificação.

4.8 CRUZ ORTODOXA
CRUZ ESLAVA
CRUZ RUSSA

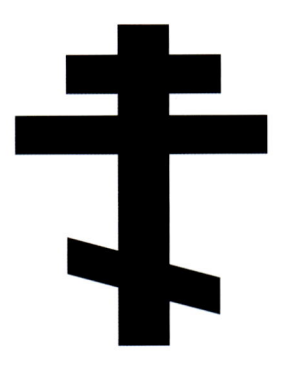

A cruz ortodoxa, também conhecida como bizantina, oriental, russa ou eslava, é a mais difundida pela Igreja Ortodoxa; seu corpo constitui-se por um eixo vertical e três traves horizontais. A superior e menor representa a inscrição abreviada INRI, colocada por Pilatos sobre a cabeça de Jesus, durante a crucificação; a inferior, inclinada, representa o seu apoio para os pés, em latim, *suppedaneum*; o diferencial que chama atenção é essa pequena trave diagonal na parte inferior. Segundo a narrativa ortodoxa, os pés de Cristo não foram atravessados por um único prego e sim por dois pregos, ou foram amarrados. Essa cruz, que nasceu durante o Império Bizantino, e tornou-se imagem oficial da Igreja Ortodoxa, hoje confunde-se com todos os países eslavos.

O significado do braço inclinado inferior é dúbio. Existem três interpretações lendárias. Uma diz que no momento do último suspiro, ocorreu um terremoto, e a barra onde os pés de Cristo estavam apoiados se despregou da haste vertical. Uma versão mais folclórica afirma que a barra inclinada representa os dois ladrões; o da direita de Cristo era Dimas, o que se arrependeu de seus pecados e foi elevado aos céus, para ficar ao lado de Deus e, à esquerda, o que ficara separado de Deus. Dessa forma um extremo está levantado e aponta para o paraíso, o lugar para onde o "bom ladrão" foi enviado e o outro extremo aponta para baixo, representando o inferno ou o lugar destinado ao ladrão que não se arrependeu. Essa versão mais popular é a mais divulgada, por lembrar ao espectador o dia do Juízo Final. A terceira variante é menos descritiva, sugere que seja uma representação da introdução do cristianismo em terras por onde passou o apóstolo André, já que a diagonal seria uma referência à sua cruz em forma de X.

SIMBOLISMO E TRADIÇÃO

A cruz eslava, herdeira da teologia bizantina, segue a tradição da iconografia ortodoxa, na qual o ícone não é considerado uma pintura decorativa ou uma ilustração bíblica, mas um procedimento que permite conhecer a Revelação Divina; em outras palavras, é uma expressão do divino. A representação tem que ser figurativa, sem ser realista e o tema transcorrer fora do tempo e espaço terrestres. Sem a linearidade sequencial do passado, presente e futuro, por inexistir o tempo da Física newtoniana, as ações se desenrolam dentro de um espaço simbólico. Nele, épocas e lugares diferentes coexistem naturalmente. Os artistas da tradição bizantina só podem criar segundo regras muito rígidas e, sem liberdade estética, têm que necessariamente seguir um código de convenções pois o que fazem não é considerado arte, mas uma experiência do sagrado.

Cruz Ortodoxa circundada pela Cruz Bizantina

IMAGENS DECODIFICADAS

Cruz Ortodoxa

O rosto de Cristo emoldurado por uma auréola e estampado numa toalha estendida, que se encontra na parte extrema superior da barra vertical, faz referência ao ato de Verônica. Não existe comprovação histórica e nem consta dos Evangelhos Canônicos, mas faz parte da dramaturgia medieval, representada na sexta passagem da Paixão. O episódio é de uma mulher comovida com o sofrimento de Jesus ao carregar a cruz no caminho do calvário. Deu-lhe, então, seu véu, para que ele pudesse enxugar o sangue e suor do seu rosto. A passagem mítica conta que, ao devolver o véu, ela viu o rosto de Jesus ensanguentado e estampado no tecido. A história demonstra que o próprio nome Verônica é uma construção simbólica; é uma palavra híbrida com uma parte latina e outra grega. *Verônica* é a junção de *Vera* e *Eikon* que quer dizer *Vero-Ícone* ou *Imagem Verdadeira*.

Em torno da cabeça, a auréola está dividida em três partes e três letras gregas que significam: *Eu Sou*, ou seja, identifica Jesus como o mesmo Deus que se revelou a Moisés. Logo abaixo, entre os dois anjos, vê-se uma inscrição em língua eslava que diz: *Anjos do Senhor*. Eles são os mensageiros e, por estarem ajoelhados segurando toalhas, seu gesto significa humildade. O sentido dessa postura é dizer que eles estão lá para servir ao Senhor.

Sobre a cabeça de Cristo, a inscrição tradicional de INRI foi substituída por IC XC. As letras que aparecem com frequência na espiritualidade bizantina correspondem à última e à primeira letra do nome de Jesus Cristo segundo o alfabeto grego. A escrita da palavra Jesus torna-se **IHCOYC**, e a de Cristo escreve-se **XPITOC**. **IC XC** – relaciona-se à primeira e última que também podem significar Alfa e Ômega, ou o Princípio e o Fim.

Na segunda barra horizontal, próxima aos braços de Cristo, veem-se, nas extremidades, as imagens do Sol e da Lua, porém como suas formas são idênticas, o que as define na realidade são as palavras escritas sob as duas esferas. Na auréola de Cristo, aparecem duas letras que querem dizer: Ser ou Aquele que é, para reforçar mais uma vez a referência a Moisés.

Duas hastes foram colocadas na vertical e em paralelo ao corpo de Jesus para lembrar o seu sofrimento. Uma é a lança pontiaguda que foi usada pelos soldados, quando quiseram se certificar da sua morte, e a outra, com uma esfera na ponta, indica uma esponja encharcada de vinagre e usada para castigar Jesus quando teve sede e pediu água. Na barra inclinada dois edifícios representam a cidade de Jerusalém, o local onde ocorreu o desfecho da história bíblica; na frente vê-se um muro indicativo de que o acontecimento do calvário se deu fora dos portões, num lugar chamado Gólgota.

Aos pés de Jesus, e presos por dois pregos, uma caveira faz referência ao nome do local. O monte onde colocaram as cruzes formava uma curva com o perfil de uma caveira, daí vem o nome Gólgota. Segundo a crença, no local, Adão teria sido enterrado. A simbologia refere-se à ideia de início e fim pois, sob a cruz, estaria a cabeça de Adão. Na descrição mítica, no momento da morte de Jesus, uma gota de sangue escorregou e ao ser sugada pela terra, entrou em contato com o primeiro homem. O ciclo do mistério encerra-se aqui, pois Ele estaria devolvendo a vida não apenas a Adão, mas a toda humanidade. O crucifixo bizantino, diferente do renascentista, não é realista, ele é uma narrativa visual simbólica. A tradição medieval, conservada há séculos, permite ao fiel ortodoxo ler as imagens visuais com imediata compreensão, pois a leitura se processa da mesma maneira como ocorre num texto escrito.

CONVENÇÕES VISUAIS DA CRUZ ORTODOXA
A CRUZ CENTRO DO UNIVERSO

Crucifixo Eslavo ou Ortodoxo

Crucifixo de Cimabue, 1265
Igreja São Domingos, Arezzo

A cruz ortodoxa é a versão bizantina do crucifixo latino e se diferencia dele apenas por ter oito braços e três travessões horizontais. Evidentemente esta não foi a cruz usada no calvário, ela é apenas um ícone criado segundo o rigor das convenções e das tradições, com o nítido objetivo de ensinar fatos bíblicos e conceitos teológicos. É uma cruz que explicita a narrativa histórica da morte de Jesus de Nazaré e faz referência à cosmologia do cristianismo. Sua imagem é um eixo sobre a montanha do Gólgota, ou seja, ela é a mítica Árvore da Vida de todos os povos arcaicos. Para os cristãos: "*O morro achava-se no centro do mundo: era ao mesmo tempo o cimo da montanha cósmica e o lugar onde Adão tinha sido criado e enterrado. De forma que o sangue do Salvador havia banhado o crânio de Adão, enterrado precisamente ao pé da Cruz, e o resgatado. Abarcando os fatos numa visão geral, pode-se dizer que o simbolismo em questão, refere-se à montanha sagrada, ela, que está no centro do mundo onde o Céu e a Terra se encontram*".[69]

O mesmo modelo de crucifixo, repetido com pequeníssimas e imperceptíveis diferenças, mantém a austeridade da iconografia bizantina. De uma forma geral, as mudanças são poucas, às vezes acrescentam duas figuras em simetria, a Virgem Maria e o discípulo

João. A inserção da Virgem Maria nas imagens dos crucifixos está relacionada à fé que o povo russo desenvolveu em torno dela. Acreditam na mãe de Jesus de Nazaré como a protetora da terra, dos alimentos e dos camponeses. O povo russo sempre recorreu a Virgem Maria pois ela pertencia aos *protetores celestiais*, entidades que atendiam os pedidos dos necessitados em todas as situações, principalmente nos momentos de fome, doenças e más colheitas. As imagens religiosas não eram vistas somente no interior das igrejas mas, resguardadas em pequenos oratórios domésticos, habitavam as casas, eram figuras santas que moravam com as pessoas e na intimidade dos seus aposentos. Sendo a Virgem Maria a provedora e protetora dos lares, a sua imagem foi ganhando uma dimensão maior e passou a ocupar cada vez mais espaços nos cultos que, antes, só eram reservados para figuras masculinas.

Como qualquer religião, o catolicismo dispunha de dois métodos contrários para garantir o culto e organizar a sua liturgia. *"Seja pela ostentação, a monstrance, como se dizia no francês antigo, ou pela ausência, o segredo. O Ocidente escolheu o primeiro caminho, Bizâncio e o cristianismo oriental preferiram uma certa forma de retração, sob influência anicônica, que o judaísmo e depois o islamismo não cessaram de exercer".*[70] Na igreja ortodoxa tudo está oculto, há sempre a sensação de um mistério escondido, nada é colocado de uma maneira totalmente visível, já no Ocidente vive-se o oposto, onde tudo é exposto.

UNIDADE PARTIDA
IGREJA ROMANA E IGREJA BIZANTINA

A sociedade no século XI tinha um centro: a Igreja. Em torno do ano mil, a cristandade havia se dilatado por toda Europa e o prestígio de Roma se transformara numa predominância institucional. Os últimos redutos resistentes, a tal modelo, localizavam-se na região báltica e finlandesa. No período inicial do império carolíngio, as conversões oficiais eram feitas primeiramente com as lideranças regionais; com as classes subordinadas o processo de aceitação era mais trabalhoso. Observando que entre os mais humildes existia maior recusa, os religiosos não eliminaram de imediato os seus cultos, de modo que os novos convertidos, mesmo batizados, não abandonaram seus rituais politeístas. A cristianização e agregação dos muitos reinos tangenciavam a política da defesa militar. O que explica a aceitação do cristianismo pelos chefes multiétnicos é que, em geral, havia uma fusão entre proteção das fronteiras, acordos diplomáticos e unidade da fé. Existia uma dinâmica recíproca entre almas e armas.

Até 1054, existia apenas uma Igreja, porém ela era bicéfala. Existiam duas sedes, a ocidental em Roma e a oriental em Constantinopla que, unidas, professavam o mesmo Credo trinitário, tinham os mesmos sacramentos e liam a mesma Bíblia, sendo uma em latim e a outra em grego. A ruptura entre a Igreja romana e a Igreja bizantina, que ficou conhecida por Grande Cisma, tem sua raiz histórica no Império Romano, quando houve a divisão entre Oriente e Ocidente, no ano de 324. A Igreja Católica Apostólica Romana é centrada na sé de Roma, na figura do Papa, e a Igreja Católica Ortodoxa é dividida em patriarcados ecumênicos. Por séculos predominou a unidade, apesar dos enfoques culturais e políticos serem diferentes, as primeiras igrejas receberam o título de patriarcados, o que deu origem à chamada pentarquia, ou seja, uma estrutura de cinco governantes. Os cinco patriarcados iniciais eram Roma, Constantinopla, Alexandria, Antioquia e Jerusalém; posteriormente acrescentaram Rússia, Sérvia, Romênia, Bulgária e Geórgia. Desde o início, com Constantino, o bispo de Roma era aceito como o sucessor do apóstolo Pedro, e tinha, portanto, a honra de ser *primus inter pares*. Em outras palavras, o papa seria o primeiro entre os iguais na ordem de precedência das Igrejas. Enquanto a Igreja Católica tem um único centro administrativo e cultural no Vaticano, na Igreja Ortodoxa predomina a pluralidade de centros eclesiásticos.

O Grande Cisma concretizou-se por razão de um desgaste bilateral; tanto o Papa Leão IX quanto o Patriarca Miguel Cerulário não cederam e, sem qualquer cordialidade, terminaram sem acordo. No final, cada qual excomungou um ao outro. Após a quebra da unidade, os cristãos do Oriente passaram a ser chamados de ortodoxos, uma palavra grega que quer dizer rigor – *orthos* é reto, correto, e *doxa* é doutrina, opinião ou louvor. O ponto fundamental foi uma discordância eclesiástica que diz respeito à não aceitação da autoridade do bispo de Roma, o Papa, em relação aos demais patriarcas.

Papa quer dizer pai, e vem do grego *pappas*. Popularmente, acreditava-se ser este o sentido da palavra, mas na realidade ela se originou da expressão latina *Petri Apostoli Potestatem Accipiens*. As iniciais do título que formam PAPA, fazem referência aos sucessores do apóstolo Pedro. É bom lembrar que, durante vários séculos, a palavra foi usada por todos os bispos, e só em 1073, por ordem do papa Gregório VII, que ela se tornou exclusiva do bispo de Roma, a autoridade máxima da Igreja Católica.

A divisão do império romano em Oriente e Ocidente não diz respeito somente à geografia do poder, houve um percurso histórico diferente entre as duas capitais. A igreja bizantina cresceu na esteira da formação do Império árabe-mulçumano, ela era imperial e o patriarca de Constantinopla se atribuía uma importância particular. Enquanto o Oriente gozava da riqueza, o Ocidente viria a crise das migrações germânicas.

"As vicissitudes da história haviam engendrado dois polos no mundo cristão, Roma e Constantinopla, cada um fundado em sua concepção própria de Igreja: para a Igreja de Roma a ideologia petrinista e monárquica e por outro lado a ideologia imperial providencialista, na qual a dimensão pentárquica atuava a favor de Constantinopla. Sem minimizar a violência dos acontecimentos de 1054, cumpre apreciar a crise, observando que só houve excomunhão de pessoas, não das Igrejas; estas mantiveram relações tradicionais. Roma não estava convencida de se haver com cismáticos e nem Constantinopla se recusava a conversar com o sucessor de São Pedro".[71]

Entre as duas igrejas há mais semelhanças do que diferenças; por um milênio formaram um só corpo. Católicos romanos e ortodoxos tiveram uma história comum, que começou com a fundação da Igreja primitiva e o trabalho evangelizador dos apóstolos. As poucas diferenças estão na forma visual da liturgia, no uso de imagens, no celibato e na estrutura hierárquica interna. De uma forma geral, a Igreja Ortodoxa está mais associada ao rito bizantino, e a Igreja Católica, à tradição das culturas clássicas. Elas nasceram católicas e com os mesmos propósitos de serem aceitas universais.

CRUZ ESLAVA

No fim do século XV, grande parte do Oriente ortodoxo sucumbira à conquista otomana, com exceção da Rússia moscovita, organizada no modelo monárquico e administrativo bizantino. A Igreja russa, autocéfala, mantinha estreita comunhão com o patriarcado de Constantinopla; dos bizantinos herdaram a corte e o cerimonial. O soberano ostentava o título de czar, em referência a César, e a terra tornara-se a única riqueza material. Ou seja, era uma sociedade fundiária, que tinha sua economia fundamentalmente rural, agrícola e pastoril. "*A propriedade outrora exercida coletivamente pela família aldeã, estava agora em poder da coroa ou de uma nobreza onipotente, a massa camponesa via-se reduzida a uma condição análoga à do servo*".[72] A Igreja, igualmente, grande proprietária territorial, exercia importante papel social por meio da educação nos conventos rurais.

A partir do século XVI, a Rússia começou a usar a cruz ortodoxa nas cúpulas de suas igrejas. Resistente à influência da Igreja ocidental, os eslavos ao mesmo tempo que se mantiveram fiéis aos conceitos simbólicos da iconografia bizantina, criaram também uma arquitetura religiosa extremamente original. A forma de identificação do templo russo perpetuou-se pelo brilho dourado, pelas cruzes eslavas, bulbos orientais e pela imponência de suas construções. As torres são a peculiaridade da arquitetura russa, têm nítida influência persa, mas usos diferentes. Na dinastia dos Sassânidas, elas eram decoradas com exuberância para realçar a magnificência do seu poder e ficavam restritas somente aos espaços políticos. Nas igrejas russas, os bulbos têm outro significado, eles são o símbolo da luz. As torres têm a forma de uma vela acesa, como que para sinalizar na paisagem a mensagem de que *onde existe uma Igreja cristã, lá é um lugar de luz*.

ORIGINALIDADE DAS IGREJAS RUSSAS

A dimensão e a imponência das igrejas russas são fatores diferenciais em relação ao cristianismo ocidental. Construídas em lugares estratégicos e com ampla visão, elas se tornaram verdadeiros palácios, que no imaginário popular confundiram-se com a monarquia czarista. Mesmo que edificadas com a função exclusiva para práticas religiosas, em decorrência de sua opulência, ficaram entendidas como a presença do Estado monarquista na sociedade. A riqueza material erroneamente se tornou sinônimo de estética czarista. No imaginário do povo russo, igrejas e palácios estavam no mesmo *status* e representavam igualmente a visualização do poder imperial. Enquanto as igrejas russas têm a capacidade de se destacar em qualquer cenário, seja em lugares ermos, ou em meio a outros edifícios nas grandes cidades, a arquitetura civil inspirada no ocidente não possuía esse mesmo grau de originalidade.

O inusitado da cultura religiosa russa deve-se ao isolamento geográfico e, ao mesmo tempo, à influência prolongada de Constantinopla, que intensificou uma política conservadora e uma ortodoxia extremamente intolerante a mudanças. Estes dois elementos fizeram da Rússia um território ideal para uma arquitetura do sagrado baseada na transcendência de Deus, que somente pode ser mediada com exclusividade pelos sacerdotes. As igrejas russas mantiveram-se fiéis à separação espacial entre o sagrado e o profano, entre o divino e o humano. "*O sagrado aparece como o diferente, o poderoso que impõe normas éticas. O sagrado manifesta-se de diversas formas e em diversas ocasiões, principalmente nascimentos, iniciações, matrimônios e na morte. Através dos ritos o homem sacraliza a sua vida natural".*[73] A legislação ritual abrangia os indivíduos por inteiro, os ritos cobriam todos os estágios da vida, em todas as classes sociais e, como só cabia aos sacerdotes os serviços no setor do sagrado, o poder da Igreja Ortodoxa Russa era imensurável.

A igreja russa é autocéfala, ou seja, ela tem autoridade própria para resolver seus assuntos internos, em todos os degraus hierárquicos. Ela cumpriu importante papel na sociedade como um elemento agregador; na prática ela ultrapassou o universo religioso. Da mesma maneira que os gregos na antiguidade tinham apenas na língua, etnia e religião os seus três elementos de unificação, a antiga Rússia também não era um Estado centralizado e sim, uma confederação de cidades-estados. O sentido de união, para os russos, era igualmente cultural e a ideia de nação passava pela instituição da Igreja.

SIGNIFICADO MÚLTIPLO DAS CÚPULAS RUSSAS

Igreja Maria Madalena, Jerusalém, 1866, Jardim de Getsêmani, Monte das Oliveiras no local onde Jesus foi preso.

Igreja da Transfiguração, 1714

As igrejas ortodoxas russas têm nas cúpulas a sua principal identificação visual. A forma alongada remete-nos às velas incandescentes, reproduzem chamas em movimento e a materialização das palavras de Cristo: *"Eu sou a luz do mundo; e aquele que me segue, não andará em trevas, mas terá a luz da vida"* (João, 8: 12). Inicialmente, a arquitetura religiosa seguiu os mesmos padrões bizantinos que foram levados para a Europa ocidental; os edifícios tinham plantas centradas em forma de cruz grega e destaque nas cúpulas monumentais, porém essas soluções mostraram-se inapropriadas para cidades de clima nórdico. Nos invernos prolongados, o peso da neve poderia provocar risco de desabamento. A solução encontrada pelos arquitetos foi aumentar a inclinação das formas esféricas e criar uma configuração que facilitasse a retirada da neve ou que o material deslizasse mais rapidamente. Alteraram as proporções e o resultado foi o surgimento de um estilo original. Mais do que a principal referência visual, as cúpulas são também portadoras do sentido religioso do edifício.

O número delas nas igrejas ortodoxas tem um significado teológico. Uma única significa o monoteísmo; três representam a fé na Santíssima Trindade; se estão em número cinco a igreja homenageia a imagem de Cristo centrado e rodeado pelos quatro evangelistas; se são sete, fazem referência aos sete sacramentos; nove referem-se às nove ordens angelicais; e se estiverem dispostas em número 13, significa Cristo e os doze apóstolos. O número de cúpulas varia, mas desde que estejam sempre dispostas em quantidades ímpares. A variação também impõe limites, elas só podem chegar até o número 33, que representa a idade de Cristo na

Palácio de Terems, Kremlim de Moscou, 1635. Serviu de residência dos czares até a mudança da capital para São Petersburgo, no final do séc.XVII.

Catedral de Kiev
Séc. XVII

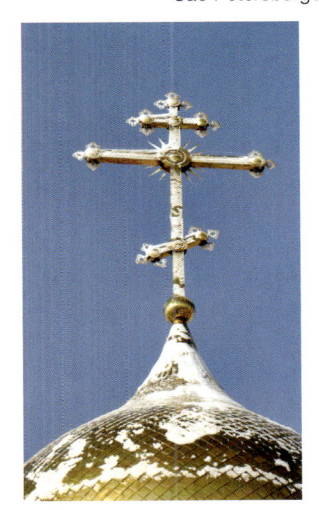

Igreja São Jorge
Moscou, séc.XVI

Palácio de Rostov, a Corte Metropolitana, 1652

vida terrena. Existem duas formas de cúpulas nas igrejas ortodoxas: a redonda, ou meia esfera, simboliza o reino de Deus, e as que se parecem com chamas de fogo, popularmente chamadas de forma de cebola, se referem à oração e à luz divina.

Não importa onde estejam, sempre serão o ponto de atenção, tanto pela riqueza material quanto cromática. Na paisagem russa, o brilho dourado e quase onipresente das cúpulas representa a gloria celestial. O uso do ouro segue a tradição das religiões arcaicas que associa o material à luz solar; portanto, os templos dedicados a glorificar Cristo têm cúpulas douradas. Quando são azuis, referem-se à Virgem Maria e, na maioria das vezes, vêm decoradas com estrelas douradas, em alusão à Rainha do Céu, como também à lembrança da estrela do nascimento de Jesus. Os templos dedicados à Santíssima Trindade têm as cúpulas verdes, porque esta é considerada a cor do Espírito Santo. Mas se o verde vier com partes douradas ou prateadas, é sinal de que a igreja é dedicada a algum santo. Além das cores serem relevantes na simbologia do templo, também é preciso observar com quais elementos a cruz ortodoxa se encontra encimada sobre as cúpulas. Na maioria das vezes, a cruz apresenta-se isolada com as três traves bem definidas, senão mais dois símbolos completam esta composição: a orbe e a meia-lua. A esfera significa poder político e a Lua, neste caso específico, faz referência ao islamismo. Os dois elementos tornam-se a própria história contada por símbolos.

A divisão do cristianismo, durante o Cisma, estreitou as diferenças. A Igreja Ortodoxa, com o seu o modelo secular das civilizações orientais, enfrentou os mongóis, a Revolução Comunista e a crise da atualidade. Católicos romanos e católicos ortodoxos tiveram uma história comum até o século XI. Formavam duas igrejas fortes, onde cada qual tinha sua própria cultura e tradições de dois impérios distintos. Nesse ínterim, uma nova força se apresentou no quadro das seitas monoteístas: o islamismo. Portanto, a orbe colocada sobre a cúpula e na base da cruz significa a autonomia política do papado romano, e a meia-lua fincada pela cruz representa a vitória do cristianismo em oposição ao poder dos mulçumanos.

Resta apenas destacar que as cúpulas não eram exclusivas dos edifícios religiosos, elas existem com a mesma exuberância e simbologia nos palácios. As cúpulas douradas nos palácios são a imagem do poder centralizado; eles eram ao mesmo tempo fortalezas e residência da corte, ou seja, eram edifícios que se caracterizam pela união da arquitetura religiosa, civil e militar.

A CRUZ E O ESTADO ATEU

A Revolução Russa de 1917 foi um paradigma para o século XX, tanto quanto a Revolução Francesa o foi para o século XIX. Em comum, as duas eram anticlericais. Agiram de forma semelhante ao confiscar os bens e propriedades, ao substituir o culto pela Deusa-Razão na França e pelo Estado-Ateu na Rússia. Esse radicalismo inicial foi resolvido de maneiras diferentes. Napoleão, um estadista, enxergou rapidamente a catástrofe da violência na ocupação dos templos e, com muita rapidez, restaurou e devolveu seu poder, não por fé, mas com o intuito de manter a estabilidade social. Na Rússia, os primeiros anos de expropriação dos bens foram seguidos por uma longa época de perseguição, acompanhada pela morte de inúmeros líderes religiosos. Das 54 mil paróquias existentes durante a 1ª Guerra, a Igreja Ortodoxa Russa chegou a ter apenas 500 igrejas ativas nos anos 1940, durante a 2ª Guerra.

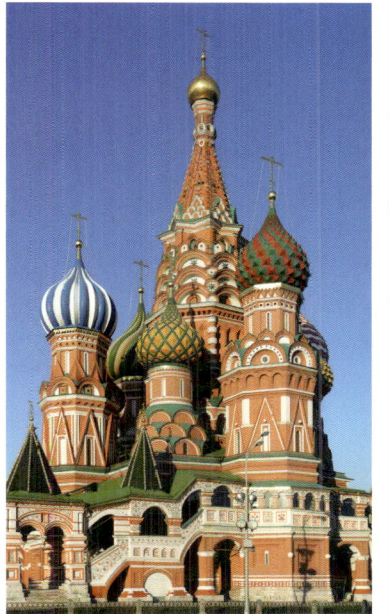

Igreja São Basílio,
1588, Moscou

Igreja da Ressurreição de Cristo ou
Salvador do Sangue Derramado,
1881, São Petersburgo

A perseguição revolucionária justificava-se por duas razões: de um lado, a defesa do ateísmo e, de outro, a ideologia bolchevista, que associava o regime czarista à religião ortodoxa. Chegaram a criar uma disciplina no currículo escolar, chamada *Ateísmo Científico*, introduzida em defesa da tese marxista que via a religião como um instrumento de poder e alienação social. A prática religiosa só retornou discretamente a partir de Brezhnev, no final dos anos 1970. Os revolucionários perseguiram os religiosos e implantaram uma nova ortodoxia: Estado policial, sociedade autoritária e culto à personalidade. Segundo Eric Hobsbawm, o mausoléu de Lenin significa a implantação impositiva de um santo secular, fruto de uma sociedade tradicional, que vê nesta homenagem o mesmo que viam nas igrejas. "*Um apelo de santos e relíquias cristãs para um povo atrasado, em benefício do regime soviético. Pode-se dizer que o partido Bolchevique, construído por Lenin, tinha na sua ortodoxia e intolerância, uma forma adotada por motivos pragmáticos, mas o grande paradoxo do comunismo é saber que, no poder, ele é conservador*".[74]

SOBREVIVÊNCIA DO SAGRADO NO ESTADO COMUNISTA

Moscou e São Petersburgo têm duas igrejas semelhantes, que são consideradas as mais exuberantes e originais de toda Rússia. A igreja de São Basílio, em Moscou, é referência para definir o estilo de Igreja Ortodoxa Russa. Construída em 1588, pelo czar Ivan, o Terrível, foi concebida a partir de um eixo central e, em torno dele, várias capelas se agruparam rodeando o edifício principal; este é um partido arquitetônico do cristianismo que faz alusão ao monoteísmo. A catedral, erguida sobre a tumba de São Basílio, está situada no centro geométrico e histórico de Moscou, na Praça Vermelha, ao lado do Kremlin. No período soviético cogitaram sua demolição, mas optaram por transformá-la em museu. Por sorte foi preservada; como marco visual, hoje ela é símbolo nacional. Apesar de passar por ocupações diferentes e laicas, as cruzes douradas sempre brilharam pontuando a natureza religiosa do edifício.

A Igreja da Ressurreição de Cristo, também conhecida por Salvador do Sangue Derramado, foi construída no exato lugar onde o grupo extremista, *A Vontade do Povo*, assassinou o czar Alexander II, em 1881. Inspirada no modelo moscovita, de São Basílio, ela conservou as mesmas torres desiguais e o mesmo colorido intenso. Por sinal, essa particularidade é tão forte na cultura russa, que acabou se impondo aos cânones da tradicional arte bizantina. As cores das igrejas russas ficaram arraigadas na memória visual da população e, junto às tradições folclóricas, sobrevivem nas obras dos artistas da modernidade. Essa igreja é particularmente bela, no seu interior 6 mil metros de mosaicos vítreos recobrem todas as paredes, num espetáculo indescritível. As suas cores fazem uma festa cromática em seus tons e semitons. A criação da igreja Salvador do Sangue Derramado se originou de um ato de devoção. O czar assassinado e homenageado era um reformista que decretara o fim do velho sistema de servidão. Infelizmente o ato terrorista que o vitimou, além de servir de modelo para uma série de outros atentados nas cortes europeias, também provocou um retrocesso nas reformas sociais iniciadas por ele.

COMUNISMO X CRISTIANISMO
CAMPANHA PUBLICITÁRIA DO ESTADO ATEU

Na Rússia, os anos 1930 corresponderam aos anos da implantação do Estado ateu, porém agiram com extrema violência, a ponto de serem comparados aos *anos jacobinos*, da fase do Terror da Revolução Francesa. Obviamente, os dirigentes queriam estabelecer mudanças estruturais, mas perderam o controle com ações radicais. A intolerância religiosa marcou o período com atos de constrangimento e em demonstrações públicas à maneira medieval. Era comum assistir à queima de símbolos religiosos em praças públicas, como também à profanação e roubo das igrejas; a violência legitimada em nome do Estado provocou cenas de ultrajes pessoais, que terminaram com perseguições, aprisionamentos e fuzilamentos. As profanações não eram apenas contra o cristianismo, as sinagogas sofreram igualmente e a maioria delas foi incendiada. Eram atos rotineiros e sempre justificados em nome do bom exemplo. No período conhecido por Grande Terror, Monarquia e Igreja tornaram-se instituições proscritas.

A proibição do ensino religioso foi iniciada com intensa campanha publicitária, era um projeto bem organizado, que tinha estratégias e orientações do Partido Comunista. Deram início ao programa com a explosão da catedral de Cristo Salvador, a sede da Igreja Ortodoxa Russa. A destruição do edifício representaria o fim simbólico do regime czarista, porque esta igreja carregava uma longa história de orgulho nacional e a memória do esforço popular na luta e vitória contra o exército napoleônico. Mesmo que a vitória sobre Napoleão tenha mudado

o percurso da História Universal, ela foi condenada, porque a construção da catedral deu-se pela vontade do Czar Alexandre I, em 1812, num ato de agradecimento ao povo russo. Imaginaram criar sobre seus escombros um monumento que fosse o símbolo da nova ordem.

As mais intensas e eficazes propagandas do Estado Ateu foram feitas por publicitários políticos, durante o período stalinista. Capitalismo e religião receberam o mesmo tratamento de exclusão. Em 1931, Stalin explodiu a igreja Cristo Salvador para sediar no local o Palácio dos Sovietes, uma construção que prometia se transformar no marco do seu governo. Ela teria na entrada uma gigantesca estátua de Lenin, medindo por volta de 100 metros de altura. O projeto nunca foi realizado. Até aquele momento não existia nenhum outro colosso que disputasse tal dimensão. Para se ter a noção do tamanho, o monumento socialista teria quase duas vezes a altura da Estátua da Liberdade, que tem 57 metros na extensão do seu corpo. Lenin mediria mais de 100 metros, se colocado sobre uma base. Na época, os sacerdotes que protestaram foram todos enviados para os gulags. Anos depois, entre 1994 e 2000, a igreja foi reconstruída e mais uma vez como símbolo de uma nova era.

Foto da explosão, 1931
Catedral Cristo Salvador sendo dinamitada, em Moscou, no dia 05 de dezembro de 1931 por ordem de Stalin

Catedral Cristo Salvador, reconstruída em 1994
A tradição religiosa que fora reprimida pelo Estado por mais de 70 anos, reascendeu com toda força e ostentação.

Cartaz do Partido Comunista,
Moscou, 1930

PROPAGANDA OFICIAL CONTRA OS DOIS INIMIGOS DO ESTADO SOVIÉTICO:
RELIGIÃO E CAPITALISMO

TEMA:
COMUNISMO EM DEFESA DO ATEÍSMO CIENTÍFICO

PERSONAGENS DO CARTAZ:
SOLDADO VERMELHO
uniforme militar e capacete estrelado.

BANDEIRA VERMELHA REVOLUCIONÁRIA
lema de longa vida ao ateísmo.

PAPA PARAMENTADO
BURGUÊS OBESO
fraque e cartola.

DEUS
velhinho cego e de pijamas.

POPULARES ANÔNIMOS
detalhes de pés caindo no abismo.

Na parte superior do cartaz, vê-se um jovem soldado do Exército Vermelho empunhando uma bandeira vermelha que envolve o mundo; com postura confiante e sua pesada bota, ele chuta três figuras: o Papa, o Capitalismo e Deus. O primeiro e mais próximo a seus pés é o Papa, visto de cabeça para baixo e paramentado com os símbolos litúrgicos. Vemos a mitra papal, o cajado, o crucifixo no peito e com um nariz vermelho de palhaço. Desequilibrado, ele tenta se salvar ao se pendurar no casaco da figura que está ao seu lado, mas o chute certeiro o arremessou para o sul da África. Essa visão religiosa foi transplantada; a imagem do Papa é artificial, já que a Igreja Russa não tinha nenhuma ligação com o Vaticano e nem com os cardeais de Roma; pelo contrário, a organização interna dos ortodoxos russos está relacionada aos patriarcas locais.

A segunda personagem é a clássica caricatura do burguês capitalista, o grotesco explorador dos trabalhadores com suas vestimentas aristocráticas do século XIX, contextualizado num período anterior à implantação da legislação trabalhista. O Papa tenta se apoiar neste obeso de fraque e cartola, mas ele, que mal consegue conter a sua barriga inchada de comida, também caí no precipício. Mesmo sem mostrar o rosto, não se tem dúvidas: ele tem o perfil e as proporções de um porquinho, é o vilão do porco capitalista que cheira mal. Por fim, no canto esquerdo inferior, Deus é um velhinho careca e enrugado com uma auréola na cabeça. Senil, brinca como uma criança descalça e de pijamas. As três figuras usam óculos, mas somente a imagem de Deus indica cegueira; seus óculos escuros fazem referência aos usados pelos deficientes visuais. Abaixo das personagens, duas pessoas foram indicadas apenas pelos pés; a cena esclarece que eles já caíram no abismo; anonimamente representam que qualquer opositor será punido, seja ele quem for. Finalmente, a inscrição da bandeira vermelha carregada com tanto orgulho pelo pequeno soldado é uma saudação, desejando longa vida ao movimento ateísta. O mundo de cabeça para baixo significa que os comunistas e o ateísmo têm a força e a legitimidade para reverter a antiga ordem dominada pelos privilégios e superstições.

A Liga dos Ateus Militantes era uma organização antirreligiosa formada por operários da indústria, militares e intelectuais do Partido Comunista Soviético. Mantinham publicações mensais que duraram entre os anos de 1922 a 1941; geralmente usavam deboche e sátiras para promover o ateísmo no meio estudantil e operário. O maior objetivo da Liga era formar uma mentalidade científica antirreligiosa. Para tanto, desenvolveram *slogans* que fundiam política, religião e economia, tais como: "*A luta contra a religião é uma luta pelo socialismo*", ou "*A luta contra a religião é uma luta pelo Plano Quinquenal*". Com conexões internacionais, a Liga atuou na União Mundial dos Livres Pensadores. Na publicação, vê-se um operário com desprezo despejando do carrinho de mão um *Jesus-Lixo*, e o texto sugere que se faça uma Substituição, trocando o Dia da Transfiguração de Cristo, pelo Dia da Industrialização. A perseguição não ficou restrita aos cristãos; o princípio ateísta da revolução bolchevista demoliu também mesquitas e sinagogas. O passado russo entrou em julgamento.

Os líderes da Revolução Comunista planejaram o fim de todas as instituições religiosas, por acreditarem que bastaria o tempo de uma geração, para elas caírem no esquecimento; imaginaram que a morte dos mais velhos levaria consigo a fé e suas tradições. A violência veio

Capa da Revista *Bezbozhnik*
"Sem Deus", 1929

acompanhada de medo e silêncio forçado; Quando os crentes e religiosos ficaram paralisados, deixaram a Igreja fragilizada por completo, visto que: *"Dilacerada por cismas internos a Igreja experimentou uma purgação como nunca tinha vivido antes, mas por outro lado, essas décadas deram origem a indivíduos notáveis como o modesto Veniamim de Petrogrado, sendo que a maioria das vítimas desapareceu sem deixar vestígios"*.[75] Os bolchevistas tinham certeza que conseguiriam acabar com as superstições e as crenças religiosas, nem que para isso fosse necessário treinar crianças delatoras de seus próprios pais. E assim foi feito, porém não previram que o culto doméstico, escondido do Estado, continuaria a existir. Quando o Projeto Comunista chegou ao fim, nos anos 1990, para perplexidade geral, o mundo assistiu ao ressurgimento de crucifixos e ícones em grande quantidade; ninguém ousara imaginar que as imagens proibidas por tanto tempo resistiriam a censuras e reviveriam.

PROPAGANDA SOVIÉTICA ANTIRRELIGIOSA DA REVISTA SATÍRICA BEZBOZHNIK ANOS 1920

Charge ironiza papel da igreja nos costumes sociais

No cartaz acima, a religião cristã foi colocada como uma sombra ameaçadora, em forma de cruz, que impede a felicidade. O autor descreveu a sociedade dividida entre o prazer e o sacrifício. O texto é um convite para atravessar o medo, deixar o passado e se juntar à multidão, que atrás, se movimenta num cenário urbano e moderno.

Crítica à Eucaristia, essência da fé cristã

Tomai, comei, este é o meu corpo, ou seja, a Eucaristia ridicularizada por um corpo disforme e dilacerado é uma crítica radical proveniente do ateísmo soviético.

Propaganda contra as três religiões abraâmicas

As três religiões, indicadas por seus símbolos, na nova Rússia foram dominadas pela força exuberante do trabalhador soviético que martela sobre a Cruz, a Lua e a estrela de Davi.

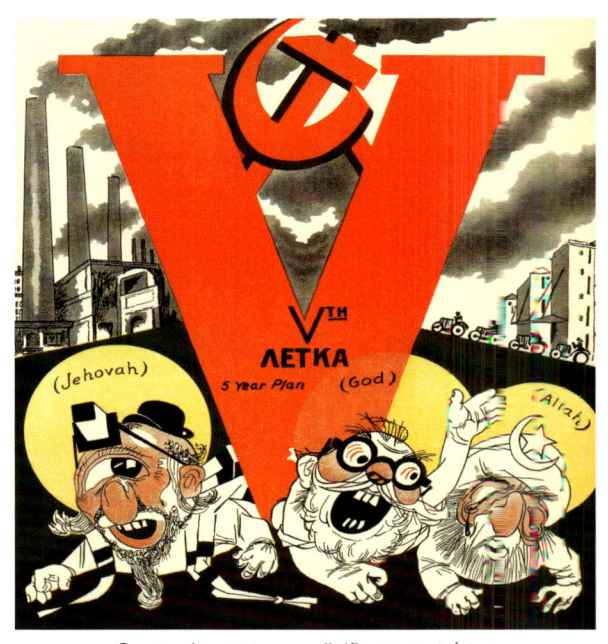

Campanha contra as religiões monoteístas

O chargista da *Bezbozhnik* colocou as três maiores religiões sendo esmagadas pelo primeiro Plano Quinquenal Soviético. A mensagem, mostrada de maneira muito objetiva, é reconhecer o sucesso do Estado Ateu.

O Estado Soviético tentou por um longo tempo exterminar as três religiões monoteístas existentes em seu território. Inicialmente reprimiram com prisões, destruição e expropriação dos seus bens; fizeram fogueiras em praças públicas para queimar ícones, torás e bíblias; depois tentaram coibir pela propaganda e educação, por fim, pela implantação do ateísmo estatal. Até a 2ª Guerra, houve um programa de conversão forçada, que era patrocinado pelo governo e conduzido pelos comunistas do partido. Os religiosos, considerados parasitas e criticados desde 1844 por Hegel, foram acusados de inverter a consciência do mundo como o *ópio* que anestesia. Julgados privilegiados por não pagar impostos, não fazer serviço militar e não trabalhar na cadeia produtiva da economia, deveriam ser exterminados. Para agravar essa aversão, existia na memória coletiva a relação histórica de apoio mútuo entre Igreja e Monarquia, o que levou o Estado a rotular o clero de *inimigo do povo*. Lenin era ateu, como Marx, porém esse dado é apenas biográfico; sabe-se que os revolucionários defendiam a secularização da sociedade e a laicização do Estado e das escolas, não somente em oposição aos tempos da Russia Imperial pré-revolucionária, mas em defesa dos princípios filosóficos implantados pelo iluminismo e pelo positivismo.

Após a invasão alemã em 1941, com a intenção de não gerar polêmicas internacionais e envolver o povo russo na guerra, Stalin mudou o quadro de perseguição e resolveu revitalizar a Igreja Ortodoxa Russa. Merece ser notado que, no momento anterior, início da 2ª Guerra, no censo soviético de 1937, milhões de pessoas enfrentaram a censura e responderam positivamente sobre se acreditavam em Deus. Stalin levou em conta a firmeza e a coragem das pessoas que arriscaram a liberdade e a própria vida na defesa da sua fé. De imediato ele entendeu que para os russos se envolverem na guerra, eles precisavam de motivos patrióticos e não de discursos partidários. Habilmente, tanto o Estado como a Igreja souberam se beneficiar desse momento. *"Em dois anos Stalin concluiu uma concordata oral com a Igreja, depois de duas décadas, o novo patriarca foi introduzido no cargo, escolas de teologia foram abertas, publicações feitas, mosteiros voltaram a funcionar e as igrejas reabertas com os crentes do censo de 1937"*.[75] Como os sucessores de Stalin agiram de maneira diferente, por muito tempo, liberdade de credo se tornou uma realidade inconsistente e dependente da vontade de cada governante.

A antiga União Soviética era formada por nações que vinham de um passado religioso extremamente místico, mas, apesar das tradições sagradas e da lealdade às suas comunidades, o Estado conseguiu reprimí-los com o auxílio dos governos comunistas locais que, no papel de controladores, podiam prender, punir com trabalho forçado e chegar ao extremo do extermínio por fuzilamento. Os países que formavam a união das repúblicas soviéticas tinham particularidades religiosas. Por exemplo, não existia apenas uma religião dominante, todos conviviam com a pluralidade; protestantes na Alemanha, católicos na Tchecoslováquia, ortodoxos na Romênia e judeus na Rússia. De comum, somente a submissão para sobreviver. Entre todos os países, um se rebelou e defendeu a dissidência política: curiosamente, a Polônia contrariou a *praxis* das revoluções desencadeadas desde o século XIX.

As mais importantes tranformações da década de 1980, que nasceram no Leste europeu, vieram de dentro das igrejas polonesas. As palavras de ordem para a mudança saíram do púlpito e do altar. Sem afrontar as autoridades políticas, mudaram o curso histórico a partir de inocentes reuniões de orações. As igrejas promoviam discussões que espontaneamente ultrapassaram o campo religioso; os jovens falavam com liberdade sobre contracultura, sexualidade e alcoolismo, trocavam informações sobre muitas coisas, mas principalmente sobre bandas de rock. Conversavam sobre qualquer assunto de seu interesse, das liberdades individuais às relações trabalhistas. Na época, sindicalismo era sinônimo de liberdade. O ícone dessa nova liderança era o eletricista Lech Walesa, um trabalhador do estaleiro Lenin, na cidade portuária de Gdansk que, em 17 de setembro de 1980, criou o novo modelo de ação sindical progressista, o Solidariedade, conhecido em polonês por *Solidarność*. Completamente diferentes dos bolchevistas dos anos 1920, os dessa geração faziam política ao som de música pop, com fraternidade, pelos caminhos da psicologia social e, em muitos aspectos, semelhantes aos jovens ocidentais de maio de 1968.

A Igreja Católica da Polônia e Lituânia resistiu, porque manteve sua união interna, um fenômeno que não aconteceu com a Rússia e demais países. O colapso do comunismo foi ideologicamente construído por lideranças sindicais e religiosas. A queda foi consequência direta da estagnação econômica da antiga URSS, mas a força transformadora veio de uma juventude que frequentava os encontros nas casas paroquiais, ao ritmo de muitas guitarras irreverentes.

A CRUZ DA RESISTÊNCIA

Procissão, Moscou atual

Procissão, Ucrânia atual

Por quase 80 anos, o Ocidente assistiu à Morte de Deus, profetizada por Nietzsche em 1889, mas, surpreendentemente, a queda do Estado Comunista revelou antigos segredos e tesouros que resistiram ao tempo, sob a guarda do povo. Algumas pessoas se sentiram encorajadas por uma onda crescente, que vinha do Vaticano e, em linha direta, passava pelo Leste Europeu. Enquanto a nova sociedade russa se reconstruía, o mundo pôde ver, surpreso, que não existia o tal *homem-comunista*. O filósofo Durkheim acreditava na criação de um homem capaz de ser modificado pelo coletivo e que, condicionado, agiria apenas com os padrões de consciência deste grupo. Como resultado de uma experiência científica, a nova criatura, sem nenhum vínculo com qualquer vontade divina, ou subjetividade da psique, seria um produto exclusivo do meio social. Este homem, criado pelo materialismo histórico, como fora planejado, nunca existiu. O fim da antiga URSS comprovou que a crença no condicionamento social fracassara. Para o bem e para o mal, eles não conseguiram extirpar o imprevisível da natureza humana.

Ao se darem conta desse comportamento, testemunharam que os aspectos da religiosidade, apesar de proibidos com rigor e muita repressão, não haviam morrido. Perceberam também que o tão propalado ateísmo científico não passava de uma teoria, e que nunca deixara de ser uma questão intelectual. Porém, é preciso ver este fenômeno com certo cuidado, porque a postura religiosa na Rússia contemporânea também é considerada um ato político e não pode ser confundida tão somente como uma manifestação de espiritualidade. Na década de 1990, com o esgotamento dos ideais socialistas, antigas práticas antes condenadas no período pré-revolucionário, voltaram fortalecidas. Parte da sociedade acreditava nelas e outra parte agiu como protesto à censura exercida por tanto tempo contra as religiões. As duas grandes instituições escorraçadas em 1917 pelos bolchevistas – a monarquia e a Igreja – tiveram seus valores resgatados ou, pelo menos, revistos. As cruzes bizantinas retomaram seu lugar e os Romanov de monarcas déspotas, passaram a vítimas do Estado.

À parte os axiomas da sociologia revolucionária, a Rússia sempre foi uma nação de grandes contradições, com momentos extremados entre o atraso e o pioneirismo. Ela é a responsável pela construção do maior paradigma político do século XX, pois a Rússia apontou para o mundo o caminho da Revolução Socialista, quebrou padrões e transformou por décadas o panorama político-social, mas, paradoxalmente e em nome da liberdade, criou um Estado regulador. E, mais uma vez, a velha Rússia surpreendeu os teóricos da previsibilidade, porém, agora com a cruz eslava proscrita pela Revolução. Em torno do símbolo religioso, os novos opositores ou atuais transgressores, reescreveram a História.

Ao sinal dos primeiros abalos do regime comunista, o povo russo resgatou o que havia de mais antigo na sua alma popular: o ser místico. Mais religiosos do que os ocidentais, de repente começaram a falar sobre coisas já esquecidas, retomaram histórias pessoais e a *fé dos ancestrais*. Nesse momento, a crença no sagrado tornou-se força de resistência. Algumas pessoas acreditavam que algo novo e ainda em formação lhes iria devolver o que um dia lhes fora roubado. Relatos de fenômenos espirituais deixaram de viver em segredo e a antiga liturgia retornou. Para surpresa do universo intelectual marxista, a mesma sociedade que por um longo tempo seguira os cânones do materialismo histórico, na primeira oportunidade recuperou suas tradições e agiu sem questionamentos, como se a ortodoxia religiosa nunca tivesse sido proibida.

Na reconstrução da nova Rússia, a primeira medida tomada foi encontrar os restos mortais de Nicolau II. A monarquia inglesa se envolveu na busca, por suas ligações familiares, mas naquele momento, ficara claro que muitos queriam reverter o assassinato coletivo. Consta que secretamente, na calada da noite e sem qualquer ordem expressa, fuzilaram o monarca, junto com sua família e alguns membros da criadagem pessoal. Foram condenados à morte sem julgamento e sem a autoria da determinação. Na época, Trotsky defendeu o massacre, justificando-o como uma medida útil e necessária; disse que a execução da família do Czar seria usada como um exemplo do rigor a ser seguido, e também para mostrar que a Revolução pusera fim a uma época que não retornaria jamais.

Os ventos sopraram do Leste. "*A opinião pública do Leste europeu estava esmagadoramente unida, não apenas pela antipatia ao regime comunista, mas por um nacionalismo conscientemente católico. Na Polônia, a Igreja, em 1981, retinha uma organização independente nacional e encorajada por Karol Wojtyla.*"[77] Da Rússia, Gorbachev lançou sua campanha para transformar o socialismo soviético: com a *perestroika,* ou reestruturação e a *glasnost,* ou liberdade de informação. Essa reforma implicaria na separação entre Estado e Partido. O sistema comunista deixou de existir no ano de 1989, exatos 200 anos depois da Revolução Francesa, mas diferentemente, sem nenhum tiro. Em 1991, na Rússia, não havia mais nem poder central e nem obediência universal. Gorbachev tinha razão quando afirmou que "*A perestroika derrotara os conspiradores e mudara a sociedade, mas por ironia, a mesma perestroika pessoalmente também o derrotara*".

O que era esquerda virou direita, o que estava acima, ficou embaixo e o que estava escondido, foi revelado. Ninguém poderia imaginar que, a partir de 1991, o 1º de Maio, o *Dia Internacional do Trabalho,* fosse festejado com um nome nada revolucionário: *A Festa da Primavera e Trabalho*. Os símbolos não são capazes de criar realidades, eles apenas representam o que já existe. Em sua dinâmica endógena, quando eles mudam ou desaparecem, é porque as realidades antes representadas já deixaram de existir e há muito tempo. Símbolos expressam significados ocultos. A Rússia pós-revolucionária pertence a outros tempos, representa outros mundos e se expressa por outros repertórios simbólicos.

RESSURGIMENTO DA CRUZ ESTANDARTE

MANIFESTAÇÕES DE MASSA E ATOS SIMBÓLICOS

A CRUZ ORTODOXA NO TERCEIRO MILÊNIO RETORNA À PRÉ-REVOLUÇÃO

PERMANÊNCIA • RESISTÊNCIA • RETROCESSO

100 mil pessoas participaram em 17/07/2018 da procissão pelo centenário do fuzilamento da família imperial russa.

Funeral durante a pandemia do Coronavirus realizado no Cemitério de São Petersburgo, em 06/05/2020

Dois fatos recentes expuseram forças contrárias entre tradição e modernidade, um paradoxo que sempre existiu na Rússia, mas que tem seus extremos ampliados na contemporaneidade. Os dois atos simbólicos realizados por pessoas religiosas são de naturezas diversas e referem-se à morte, respectivamente uma homenagem e uma manifestação de medo. É sempre bom lembrar a origem da palavra religião, *re-ligare,* uma referência ao religar do homem com seus mortos, uma atitude externada na realização de ritos, enterros e procissões, ou seja, por cerimônias que formam o embrião da atitude religiosa.

A sociedade russa sempre foi religiosa por excelência, porém quando os revolucionários de 1917 analisaram o quadro deplorável da miséria social, eles simplificaram o diagnóstico e culparam a Igreja. Em grande parte tinham razão, mas apenas cientificamente, pois provaram total desconhecimento da alma russa. Ou seja, a Revolução entrou e saiu de cena, o panorama político-econômico mudou e, no entanto, a grande massa se manteve com comportamentos pré-revolucionários. O que diriam os editores e chargistas da revista *Bezbozhnik* ou os militantes da Liga dos Ateus se vissem as últimas manifestações que têm ocorrido de maneira espontânea? O que diriam o célebre antropólogo Durkheim e seus seguidores sobre o homem comunista e o condicionamento social, se pudessem ver a Revolução 100 anos depois?

Um dos fatos citados acima ocorreu em setembro de 2018, por ocasião do centenário da morte do último Czar, Nicolau II, fuzilado pelos bolchevistas e, junto à sua família. O patriarca Cirilo, líder da Igreja Ortodoxa, conseguiu reunir mais de 100 mil pessoas, que em procissão, caminharam 21 km entre a cidade de Ecaterimburgo e o mosteiro de Ganina Ylama. Partiram da Igreja de Todos os Santos na terça-feira, 17 de julho, às duas horas da madrugada, em repetição símbolica ao horário do fuzilamento; caminharam para o mosteiro, local onde os corpos foram encontrados. No local mais de 20 mil pessoas aguardavam o cortejo para encerrar a cerimônia. Os participantes carregavam cruzes ortodoxas, ícones e retratos da família imperial. Rezaram pelo czar que, de tirano executado, passou a mártir da Revolução de Outubro. O Estado russo preferiu não se manifestar e nem comemorar o centenário, como também não respondeu aos discursos inflamados dos líderes religiosos que, entre homenagens à memória das vítimas, conclamaram o povo a nunca mais se curvar e nem permitir a destruição de suas tradições e fé.

Quando o surto do Coronavirus chegou à Rússia, a desinformação a respeito dos procedimentos de higiene, misturados aos hábitos religiosos, expuseram a população ao perigo de uma contaminação em massa. Logo que a notícia das primeiras mortes se espalhou, no início de março de 2020, uma multidão foi pedir proteção a São João, na catedral de Kazan, em São Petersburgo. Ao longo de uma semana, 70 mil pessoas passaram horas em fila para beijar a caixa protetora das reliquias do santo, eram muitos participantes e poucos estavam protegidos com máscaras. O Estado teve que intervir, inclusive a pedido de paroquianos esclarecidos que alertaram: "o virus do coronavirus na Rússia será transmitido por beijos e pela fé". Dois dias depois desse incidente, um decreto municipal proibiu eventos de massa e os religiosos tiveram que mudar hábitos centenários. Afinal, todos sabem que os russos sempre beijaram seus ícones e as mãos dos sacerdotes. A Rússia é um país de extremos nas tradições e também nas inovações; após um ano, a contar do primeiro caso de infecção, os cientistas russos já estavam aptos para exportar vacinas para o mundo.

Na atualidade, a cruz ortodoxa reflete o *homus religiosus* em convivência pacífica com a política e, apesar de atritos pontuais com lideranças locais, com a tecnologia e a ciência, ela retomou seu antigo lugar na sociedade. O homem religioso, em especial o russo, é sedento para vivenciar o consagrado. Fato é que, durante a Revolução, tentaram criar uma nova religião, baseada no Estado e nos líderes fundadores. Durante anos, o corpo embalsamado de Lenin, exposto no Kremlim, foi reverenciado como relíquia de um santo medieval. Em 1989, quando tudo terminou, o espaço anteriormente ocupado pelas honrarias de Estado não ficou vazio, no lugar de retratos de chefes militares e insígrias nacionais, a devoção se voltou para símbolos sagrados e imagens que nunca deixaram de existir na cultura e alma russas.

4.9 GAMMADION
CRUZ GAMADA
SUÁSTICA

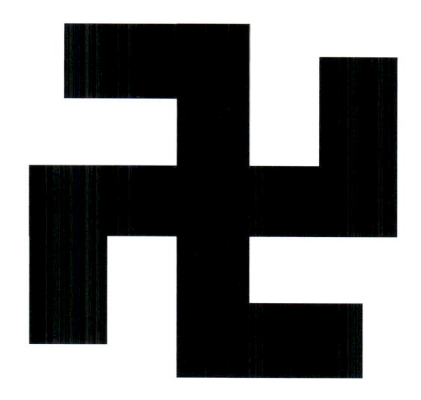

Suástica, uma cruz arcaica e reconhecida pelas mais diversas civilizações, é considerada um dos mais antigos símbolos relacionados à dinâmica da vida, à ideia de procriação e renascimento. Com mais de 5 mil anos de História, talvez ela tenha sua ubiquidade justificada pela simplicidade visual da geometria, como também pela raridade de uma simetria em movimento. Gammadion, Cruz Gamada, Cruz do Trovão, Tetrascles, Sonnenrad ou Thunderbird, com o nome que tiver, a suástica é uma expansão da cruz quadrada, uma forma que só perde em representatividade para o círculo e o quadrado. Estigmatizada e reduzida à logomarca do Partido Nazista, há milênios a suástica é adorada como a vida em movimento. Somente no Ocidente contemporâneo e há menos de um século, esse antigo símbolo solar perdeu sua sacralidade.

Os primeiros estudos científicos sobre a suástica, surgiram durante as escavações da mítica cidade de Troia no final do século XIX; junto com a redescoberta da antiga Grécia, surgiu o modismo de comprovar descendências gregas. O gosto da intelectualidade europeia não se reduziu à retomada da mitologia ou das formas visuais, o que ela buscava de fato, era a possibilidade de heroizar seu passado e transformar aspectos desconhecidos de sua origem em momentos épicos. O contexto era propício para fantasiar, pois entrara em alta o princípio de nacionalidade, um conceito cultural e político, fruto das guerras napoleônicas.

O nacionalismo surgiu em paralelo às muitas guerras libertárias e movimentos autonomistas, provocados pelo remanejamento napoleônico do mapa-múndi. Os conceitos de independência exigiam mais do que uma redefinição política das fronteiras territoriais, eles apontavam para a preservação e distinção das identidades nacionais, uma diretriz que imediatamente se transformou em ideologia. Em torno do ideal de nacionalismo, escreveram a História Universal, com lutas armadas, fatos épicos e personagens míticos. Esse sentimento que agregou intelectuais e artistas, envolveu multidões anônimas na construção e estímulo de novos líderes políticos. O século XIX ficou marcado pela farda e pela busca de um passado épico. No mundo inteiro, as nações passaram a *inventar tradições*, como bem explica Eric Hobsbawm no seu livro *A Invenção das Tradições*.[78] Uma nova realidade que, gerada pela consciência do Estado Nacional, motivou a criação dos emblemas cívicos e dos símbolos representativos do coletivo em hinos e bandeiras.

As primeiras citações da palavra nacionalismo vieram da França pelo romantismo, geograficamente o sentimento patriótico seguiu o roteiro traçado pelas guerras de unificação italiana e alemã. Nessa época, os critérios de nacionalidade eram: território, língua e etnia. O modelo centrado no Estado territorial era uma ideia antiga, que foi reforçada pela Revolução Francesa. Porém, com o advento de novas teorias, ao acrescentarem uma visão étnico-linguística, este conceito de nação se transformou. O aparecimento da suástica ariana se deu justamente nesse cenário de construção mítica e fantasiosa de povos e nações. Por etnia entendia-se raça, uma concepção que indevidamente evoluiu para racismo.

REDESCOBERTA ARQUEOLÓGICA DA SUÁSTICA

A descoberta arqueológica de Troia, em 1873, introduziu na Europa a fascinação pelo passado mítico e também pela suástica; não tanto por sua forma, mas pela conjunção entre pesquisa científica e momento político. As escavações foram financiadas por Heinrich Schliemann, uma pessoa interessante que combinava diferentes qualidades: pioneirismo arqueológico, genialidade intuitiva e fantasia romântica. Como negociante bem-sucedido, conseguiu acumular o suficiente para patrocinar o sonho de encontrar Troia e reviver os poemas de Homero. Com pouco conhecimento técnico e utilizando mais de suposições e indicações dos textos da *Ilíada*, o comerciante entusiasta encontrou, em Hissarlik, o que chamou de *Tesouro de Príamo*.

Seus trabalhos de escavação, na Anatólia, estão registrados em desenhos e se constituem como prova da primeira interpretação político-cultural de *Gammadion*. As descobertas arqueológicas, da segunda metade do século XIX, foram influenciadas pela visão do evolucionismo darwiniano; misturaram teorias e construíram uma analogia entre linguística histórica e conceito de raças. Na época, o termo ariano era utilizado apenas como referência para identificar línguas da família indo-europeia que estavam relacionadas ao sânscrito. Mais tarde, o conceito de língua se estendeu para um sentido de identidade cultural e, em seguida, para um viés de discriminação, justificado por conceitos de superioridade de raça, cultura e civilização.

A conexão entre arqueologia e discurso nacionalista se deu nos sítios arqueológicos da colina de Hissarlik, onde descobriram inúmeros artefatos decorados com suásticas. Os estudiosos, como todos os europeus, buscavam uma origem histórica gloriosa e deduziram erroneamente que os habitantes dessa região, conhecida por Ásia Menor e atual Turquia, fossem os troianos do poeta Homero; mas na verdade eles ainda estavam sob os escombros dos reinos hititas e frígios. Nos achados, encontraram inúmeras peças estampadas com suásticas, desde vasos votivos a adornos pessoais. Essas pequenas cruzes decoravam móveis e tronos reais, ornamentavam vestes, delineavam joias e selos de propriedade; o fato é que existiam suásticas em profusão e ainda não sabiam o que elas significavam. Entre tantas peças, o que mais intrigou a equipe de pesquisadores foram uns pequeninos fusos de teares domésticos, feitos em argila e decorados com *tetrakeles*, ou *animal de quatro pernas*. Ora, como na antiguidade nenhuma forma era desprovida de sentido, os estudiosos deduziram que as pequenas cruzes de hastes retorcidas e tão comuns aos arianos seriam símbolos importantes e ancestrais. O raciocínio para determinar a relação entre arianismo alemão e suástica foi o seguinte: se os indo-europeus conheciam a suástica e os habitantes de Troia também, conclui-se que estes povos pertenceriam ao mesmo ramo étnico.

Numa primeira análise reconheceram que a forma, provavelmente oriunda da Índia, tinha significado religioso e, segundo o museologista Fábio Adriano Hering "*Sítio escavado de Troia não era um sítio arqueológico qualquer, mas uma cidade tributária de uma cultura muito antiga e superior e, sendo a suástica o mais sagrado símbolo dos ancestrais arianos, a equação que o arqueólogo operava era a mesma que os teóricos linguistas defendiam: a regularidade material representava uma regularidade étnica e ressalte-se que este conjunto de teorias estava afinado com o espírito arianista da época*".[79]

A relação entre arianismo e suástica foi criada pela arqueologia que, indiretamente, forneceu argumentos convincentes para justificar, nos anos 1920, o seu uso como símbolo representativo do nazismo. Mas, afinal, o que o nazismo tem a ver com a suástica? O discurso científico exposto nas descobertas agradou e deu segurança intelectual para correntes nacionalistas abraçarem teses racistas e se protegerem atrás do rigor e objetividade da ciência. Apesar das suásticas existirem em objetos de outras culturas, a expedição de Schliemann interpretou suas descobertas erroneamente e acabou legitimando preconceitos. Hoje está claro que a glória de um passado mítico, recém-descoberto e rapidamente recriado, teve mais a ver com a necessidade de criar símbolos políticos, do que comprovar a veracidade histórica de tais conceitos.

O tratamento inicial dado à suástica exemplifica como o significado de um símbolo sofre interferência, ao ser deslocado do seu espaço original e, depois, ser reintroduzido em novas realidades. Geralmente símbolos descontextualizados costumam se transformar em perigosos enganos. "*Ao definir a própria suástica como um signo ancestral ariano, Schliemann construiu uma linhagem anterior à história e tradição, ele perturbou a integridade das tradições, representadas por seus textos homéricos e védicos e deu uma continuidade em formas visuais que eram vistas como traços de uma raça*".[80] Os primeiros arianistas não eram antissemitas, estavam mais preocupados em traçar um método de comparação interlinguístico e criar um passado histórico.

As certezas científicas dos arqueólogos caíram por terra porque, primeiramente, o sítio de Hissarlik, local onde foram encontradas mais de 600 suásticas, não era Troia, mas sim a necrópole de uma outra cidade; era um local de sacrifícios, provavelmente as suásticas seriam oferendas votivas. Na época, a arqueologia dava seus primeiros passos, era uma atividade quase empírica, e lamentavelmente a suástica foi encontrada nesse contexto – um símbolo de muitos significados, mas que, de repente, passou a representar uma língua e uma raça protoindo-europeia. Sobre erros criaram um passado mítico e artificial e, mesmo que sem intenção, evocaram uma raça ariana para uma Alemanha em busca de união. Inspiraram um *ursprache* teutônico, ou seja, descobriram uma protolíngua, que seria a ancestral de outras línguas e, essa língua lhes daria uma ancestralidade pura. "*Aqui a suástica atou uma parte da cadeia associativa de imagens, a alquimia em Hissarlik foi transformar a escavação de material mundano, em substância de mito para o arianismo. A suástica funcionou como um signo ariano. Não apenas Troia de Schlemann, mas na década de 1870, a própria Alemanha era um local de reconstrução mítica. O novo Reich* buscava legitimação histórica para sua condição de Estado *recém-unido*".[81]

Até aquele momento, a Alemanha era uma porção de principados que existiam sem unidade política, ideológica e simbólica. Para o historiador Hobsbawn, a arqueologia foi fundamental para os alemães criarem uma identidade nacionalista. Nas escavações da Anatólia, artefatos mudos ligaram os alemães a um passado heroico e inspiraram um sentimento coletivo de pertencimento; as suásticas ajudaram a criar o sentido pátrio e, mesmo que fosse um passado manipulado, o principal já acontecera, o elã nacionalista fora introduzido na sociedade. Schliemann é acusado de não ser histórico; de fato suas realidades foram artificialmente construídas. Quando se depararam com suásticas, elas vieram livres de significado, ou seja, livres de história e, por este raciocínio, as ligações posteriores que fizeram entre sua imagem e a nova Alemanha, foram forjadas, eram premissas imaginadas e fantasiadas a-historicamente.[82]

ETIMOLOGIA
SIMBOLOGIA
MORFOLOGIA

A etimologia da palavra *Svastikah* encontra-se no sânscrito; na antiguidade queria dizer: *aquilo que traz sorte*, *o bom destino* ou *afortunado*. O significado original remetia à ideia de sorte e sucesso. Na formação da palavra, a primeira parte *Svasti* pode ser dividida em duas outras partes: *Su,* que quer dizer *bom* ou *bem*, e *Asti*, o mesmo que é. A parte *Astikah* sem o prefixo *su* quer dizer *ser*. Ao longo da História a suástica recebeu outros nomes, entre eles: Cruz Gamada por ter a forma de quatro ganchos; os gregos a reconheciam pela palavra *Tetrakele,* o mesmo que quatro pernas; para os germanos, ela era *Sonnenrad*, a Roda do Sol; nos Estados Unidos é *Thunderbird,* o Pássaro Trovão; os lituanos a chamam de *Cruz do Trovão* e *Aranha Negra. Gammadion,* como ficou conhecida na antiguidade, é o nome da cruz cujas extremidades são dobradas em ângulos retos, de modo a formar quatro *gammas* ligadas pela base. A letra G do alfabeto grego (gamma) tem a forma de um L e, quando formam um conjunto quaternário com os braços retorcidos para dentro, se diz *tetrakele*s ou cruz de ganchos.

A simbologia da suástica é algo que varia de civilização para civilização, porém qualquer que seja o seu sentido, ela está associada à ideia de movimento. Em 1894, Golbert D'Alviella publicou: "*A Migração do Símbolos*" e disse que dificilmente existiria um símbolo com tantas interpretações. "*De simples ornamentos a signos monetários, a símbolos religiosos, sua presença constante em altares, pedras sepulcrais, ídolos e vestimentas sacerdotais, além do testemunho de documentos escritos e superstições populares, proporciona provas mais do que suficientes de que na Europa, assim como na Ásia, a suástica partilha em toda parte a natureza de amuleto, de talismã e de filactério*".[43]

Nas catacumbas, as suásticas foram confundidas com a cruz cristã e se tornaram substitutas, ou seja, símbolos do símbolo. O autor citado e pioneiro no estudo da suástica acredita que *gammadion* adquiriu sentidos diversos por ser um símbolo universal. Por exemplo, na antiga Troia, era representativa do sexo feminino, pois a desenhavam sobre a vulva de estatuetas votivas. Muitos séculos depois, ela reapareceu na decoração de edifícios gregos entrelaçada aos meandros; nesse contexto, tinha um significado de conotação cultural e política, pois acredita-se que representava a ondulação das águas, em memória ao poder marítimo dos antigos guerreiros e armadores gregos. Entre germanos e celtas, a suástica às vezes é encontrada em armas e amuletos de Taranis, o guerreiro deus celta do trovão, que atravessa o céu diariamente em sua carruagem, da mesma maneira que Apolo, o deus grego do Sol e o equivalente germânico Thor, o deus do trovão. Por entre semelhanças e diferenças, a suástica encontrou seu lugar em muitas mitologias.

Émile Burnouf, orientalista especialista em arianismo, acreditava que *gammadion* poderia ser o símbolo do fogo, ou melhor, do duplo *Arani místico,* uma palavra ariana para designar os gravetos usados em fricção para produzir fogo. E mesmo que essa hipótese até o momento não tenha ainda comprovação, a suástica é sempre interpretada como uma forma sagrada, usada para explicar a cosmogonia de muitos povos. O sentido de rotação observado pelo mesmo autor, destaca que na Índia, quando os braços giram à direita é feminino e à esquerda é masculino.[84] Em continuidade a essa análise de gêneros, na Grécia, a suástica estava associada tanto à deusa da caça, a selvagem Artêmis, como também à Demeter, a deusa da fertilidade e da terra cultivada. Se fertilidade e prosperidade são dois conceitos que andam em paralelo, na Índia hinduísta ela é sinônimo de boa sorte e fartura.

Não existe nenhuma regra que determine qualidades benéficas ou maléficas na orientação da rotação dos dois movimentos: o dextrógiro no sentido horário e sinistrógiro em sentido inverso, mas em determinados grupos é senso comum que, ao girar à direita, a suástica representa o movimento evolutivo do universo e, à esquerda, ela nos remete a uma dinâmica involuída. Está comprovado que o sentido positivo ou negativo atribuído à suástica é apenas cultural e não formal, pois essas interpretações são no mínimo contraditórias, já que no nazismo ela gira para a direita e no budismo e jainismo, às vezes, à esquerda, e outras, à direita. A única regra aceita para decifrar símbolos é que eles sejam analisados somente em seus verdadeiros contextos e não a partir de generalidades.

De todas as interpretações, a mais provável talvez esteja na unanimidade do culto solar. "*Gammadion é um signo cruciforme que exprime, sem dúvida, a ideia da radiação solar nas quatro direções do espaço, mas um Sol animado pelo movimento circular de leste para oeste. Às vezes como o Disco numa Roda e às vezes como a Cruz Solar, com os pés quebrados e virados no mesmo sentido".*[85] A estrutura morfológica da suástica indica manifestadamente uma ação de rotação em torno do próprio centro; por conseguinte, ela é sempre entendida como símbolo indicativo de dinamismo, de mudanças de ciclos e de perpétua regeneração. Desde sua origem, a suástica está relacionada à energia do cosmos em movimento. Provavelmente, por essa razão, entre os budistas ela significa a Roda da Vida, que gira em sucessivas reencarnações em direção ao encontro do Nirvana.

Suástica, como símbolo pré-histórico universal, é a imagem da radiação da luz solar em direção aos quatro pontos cardeais. Em alguns lugares, a rígida ortogonalidade foi substituída por curvas e, ao arredondar, acentuou ainda mais a noção visual de movimento rotatório. Com o passar do tempo, tornou-se um objeto-signo que muda de significado conforme o contexto em que se encontra.

A construção visual da suástica seguiu dois caminhos distintos. O primeiro está mais próximo do significado e o segundo da própria morfologia. A cruz relacionada ao culto do Sol e que representa certos animais, como pássaros, polvos ou aranhas, significa a rotação de planetas e estrelas. Ela contém a noção do tempo cronológico; é o signo do percurso da vida, entre plantio e colheita, nascimento e morte. O movimento circular induzido pelos raios traduziu conceitos espirituais como os ciclos da eterna regeneração, ou a possibilidade do retorno em outras vidas.

ORIGEM SIMBÓLICA
CRUZ DO SOL

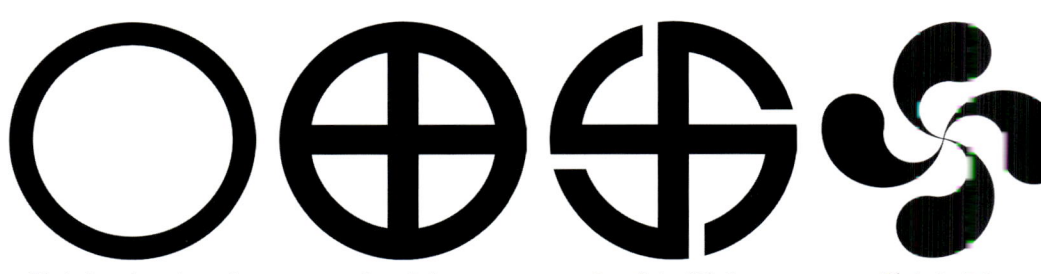

Símbolo solar universal	Cruz Solar	Cruz Solar Nórdica	Símbolo Sola
Abstração e convenção	Cruz espacial dos pontos cardeais	Pontos cardeais em rotação	Lauburu Celtibero Cruz do percurso solar

Na origem de todas as civilizações agrárias, e durante o período de formação da Era do Ferro, surgiram formas semelhantes à suástica, elas ficaram conhecidas por Rodas do Sol. Entre os povos pré-letrados, o deus Sol é o símbolo da vida, curiosamente ele tem dois sentidos que agem em campos opostos: a perenidade e a mutação. O círculo, primeira imagem solar da humanidade, é entendido como garantia de alimentação e cultuado como força vital. Associado à ideia de rotação, a imagem do círculo além de expressar movimento, significa renovação ou mudança.

Como os povos arcaicos acreditavam que tanto a fertilidade humana como a produtividade da terra sofriam interferência direta dos deuses e, ao observarem que os dois processos reprodutivos respeitavam intervalos regulares e estavam regidos por ciclos, deduziram que a divindade geradora de vida era o Sol. O corpo e a terra teriam que ser guiados pelo Sol, o deus primevo que, na sua jornada diária, cruza o céu para cumprir os ciclos dos contrários entre dia e noite, nascimento e morte, luz e trevas. Para os agricultores, tudo era aceito como uma benção divina, tudo estava predeterminado pelos deuses. Nada existia à toa, tudo tinha uma função. As estações climáticas e as horas do dia determinavam a vida; até mesmo o inverno tão adverso tinha lá sua razão de existir, servia para matar as impurezas e permitir o renascer na primavera. A suástica é a imagem dos ciclos no corpo e na terra, é a revelação do tempo pelo movimento rotatório e a indicação espacial dos quatro pontos cardeais.

FASCÍNIO DA GEOMETRIA CRUCIFORME

A suástica é uma cruz quadrada em movimento e organizada pela combinação de formas isométricas em ângulo reto. Na simbologia dos números, ela é o quatro e significa o sólido e o tangível, porque está relacionada ao sentido espacial da terra e de suas orientações cardeais. Quatro e quadrado simbolizam estabilidade e são a imagem do ser totalizador. Os títulos dos soberanos das primeiras realezas históricas demonstram o sentido de amplidão territorial, eles eram chamados de "*Senhor dos quatros mares; Rei dos quatro cantos e dos quatro sóis* e *Poder dos quatro guardiões.* Quatro é o número do universo na sua totalidade espacial, e para Jung, é o fundamento arquetípico da psique humana, porque totaliza os estados conscientes e inconscientes.

GAMMADIONS E TETRÁSCELES

Cruz de Gancho
Concêntrica

Cruz de Gancho
Excêntrica

Cruz de Gancho
Rotação Ortogonal

Cruz de Gancho
Rotação Diagonal

MEANDROS E LABIRINTOS

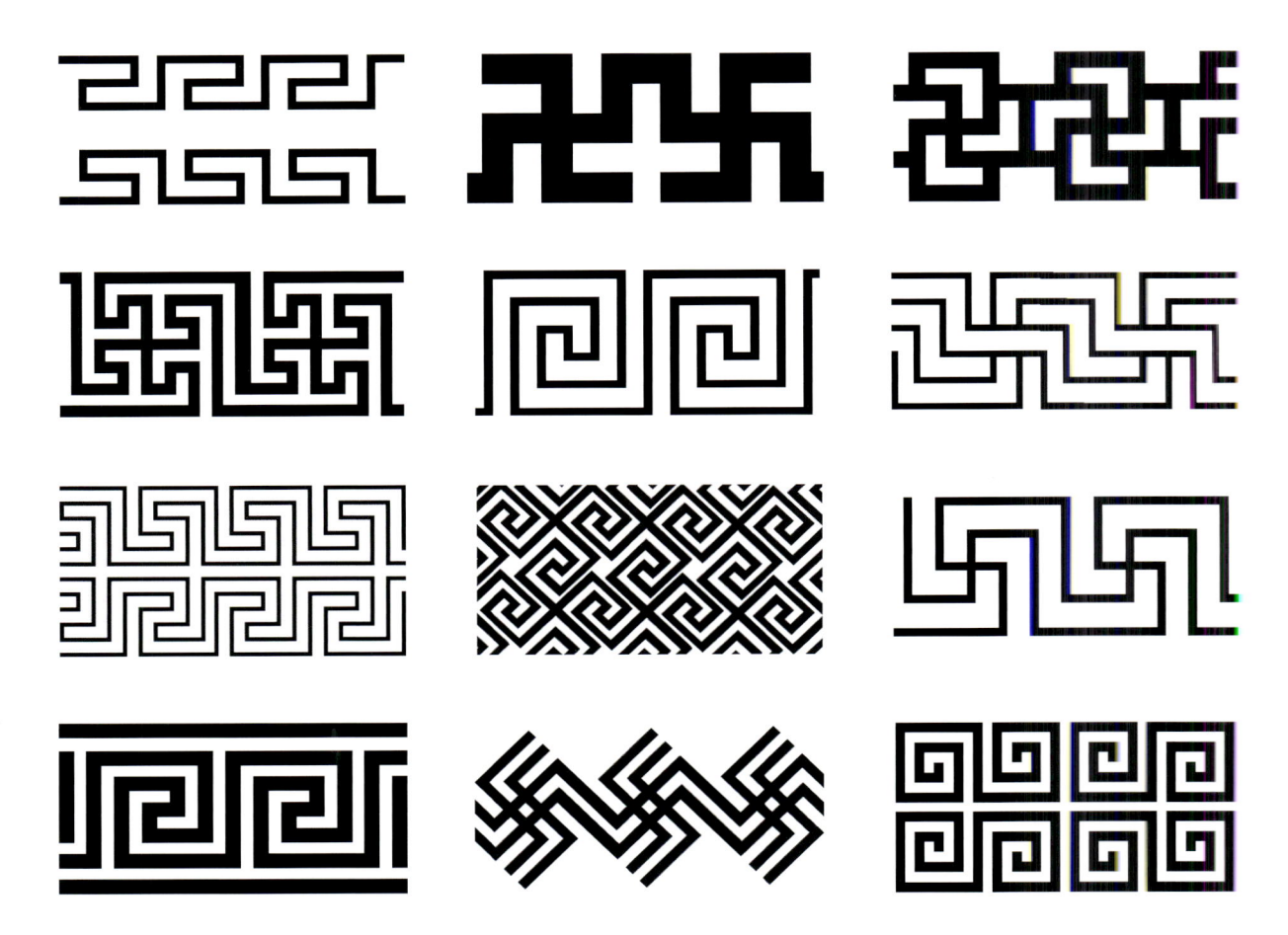

A geometria da suástica tem por base clareza e simplicidade, repetição de quatro formas e rotação contínua a partir do seu eixo central. A configuração é originária de três formas elementares: quadrado, triângulo e o círculo. Dessas três formas elementares surgiram respectivamente três famílias com pequenas variações que se reproduziram a partir da: cruz solar, cruz de ganchos ou *gammas* e meandros ornamentais. O grupo que evoluiu dos símbolos solares tem predominância de curvas que foram muito usadas na Europa pelos celtas, bascos, lombardos e germanos. O fenômeno da universalidade deve-se, em parte, ao rigor da geometria e da simetria em movimento que provocam um fascínio visual, quase hipnótico. "Talvez porque a suástica seja uma forma tão simples e básica, foi fácil para diferentes sistemas de crenças adotarem o símbolo, para representar suas próprias ideias".[86] As formas simplificadas e claras dos gammadions tornaram o símbolo uma imagem comum, de fácil identificação visual e clareza de comunicação.

SUÁSTICA E A GEOMETRIA DO LABIRINTO

Labirinto e suástica são duas realidades que se entrelaçam na aparência da própria morfologia e igualmente possuem os mistérios dos símbolos centristas e iniciáticos. O labirinto relaciona-se a um percurso que contém uma narrativa, a suástica, por sua vez, é a visualidade do movimento. Labirintos e suásticas são redemoinhos e atratores que procuram o centro. "*Não é difícil perceber a suástica que enriquece o símbolo por alusão ao movimento rotatório, gerador e unificador. O centro é o ponto de partida para o processo iniciático à sacralidade, à imortalidade e à realidade absoluta*".[87] Os labirintos, sejam circulares ou angulosos, sempre lembram teias de aranha tecidas a partir de uma suástica centrada. Ainda que para muitos antropólogos o modelo natural do labirinto seja coincidente com o de certos moluscos, de astros celestiais ou que seja uma representação simbólica da configuração das cavernas pré-históricas ou do órgão sexual feminino[88], seja qual for sua origem simbólica, a primeira referência mítica de labirinto encontra-se em Creta, com Minotauro e no palácio de Cnossos.

Se hoje a ideia popular refere-se a caminhos caóticos que exigem concentração para a construção de uma rota de fuga, ela é a reprodução mitológica de histórias de dominação e destruição entre dois povos dominadores e rivais: gregos militarizados e cretenses, poderosos senhores dos mares. A lenda de labirinto, que tem origem num fato real, é uma fantasia contada poeticamente. A realidade histórica imaginada criou palavras como *Minotauro* e *labirinto*, ao unir o nome da dinastia *Minos* à divindade taurina e por representar visualmente os subterrâneos confusos do palácio real de *Cnossos* com *labrys*, o machado duplo usado nas cerimônias religiosas. A mitologia criou uma figura bizarra e uma história dominada por valentia e inteligência. O enredo simbólico, sobre a morte do animal e a saga de Teseu, sinaliza o triunfo da inteligência e razão sobre o instinto e a força bruta.

Na linguagem dos arquetípicos, a solução e a resposta para o labirinto se encontram no seu próprio interior, ou seja, o labirinto, enquanto lugar confuso e emaranhado do qual muitos não encontram saída; só pode ser vencido se o iniciado tiver acesso ao centro, o único local que possibilita destruir o monstro e completar a jornada vitoriosa.

ESTÁTER DA GRÉCIA ARCAICA
VERSO E ANVERSO DO MITO DE TESEU

SUÁSTICAS

LABIRINTOS

Estáter é o nome que se dá às antigas moedas gregas. *Stater* quer dizer medida ou peso, ela é o princípio do sistema monetário e surgiu antes da cunhagem inventada pelos lídios. São pequenas peças de metal, sem um padrão uniforme, que circularam entre os séculos VIII e VII a.C. pelas cidades marítimas do Mar Egeu. Os cretenses, pioneiros no seu uso e, mais voltados para o comércio do que para a guerra, desenvolveram intenso intercâmbio comercial e cultural no Mediterrâneo. Conhecidos por sua talassocracia, comercializavam com produtos que saíam das oficinas palacianas e eram acompanhados por estáteres de ouro e prata. A iconografia dessas primeiras moedas gregas geralmente eram seres míticos locais, por essa razão vemos suásticas e labirintos da dinastia Minos.

UNIVERSALIDADE E ANCESTRALIDADE DA SUÁSTICA

A qualidade de estar concomitantemente em todos os lugares e ser conhecida por todas as pessoas, faz da suástica uma forma mágica e universal que habita o inconsciente da humanidade. A multiplicação dos achados arqueológicos é o argumento irrefutável para explicar sua universalidade, seja pela diversidade dos objetos e lugares, seja também pelas distâncias geográficas e temporais. Embora consigam desenhar algumas trajetórias de difusão da suástica pelo mundo, é inegável a sua ancestralidade no Oriente Médio, nas regiões de Creta e vale do rio Indo. Desde os tempos dos primeiros assentamentos, ela está na Caldéia, o antigo berço da humanidade.

Para Jung, às vezes acontece de aparecerem imagens impessoais e estranhas que não estão associadas ao conteúdo da história pessoal de uma determinada pessoa. Essas imagens intrigantes são produtos do inconsciente coletivo e atuam como um depósito de símbolos denominados de *arquétipos*. *"Os símbolos culturais são aqueles que foram empregados para expressar verdades eternas e que ainda são utilizados em muitas religiões. Passaram por inúmeras transformações e mesmo por um longo processo de elaboração mais ou menos consciente, tornando-se assim imagens coletivas aceitas pelas sociedades civilizadas"*.[89]

O estudo das formas simbólicas mostra a suástica como um dos símbolos mais antigos da humanidade. Quando Thomas Wilson, pela primeira vez no século XIX, em 1894, tentou traçar um mapa da sua migração, ele se perdeu na profusão de exemplos e conseguiu concluir apenas ser universal e pré-histórica. A verdade é que em muitas religiões do mundo inteiro, incluindo budismo, hinduísmo, jainismo, judaísmo cristianismo, islamismo e zoroastrismo, a suástica é usada – ou foi usada – em alguma etapa de suas histórias, seja como símbolo ou apenas como um motivo de *design*.[90] Essa prevalência da suástica tem despertado cada vez mais interesse para desvendar seus significados, mas por ser um símbolo tão antigo, ninguém sabe ao certo como viajou por todo o globo, mas pode-se presumir que: *" A suástica foi trocada à medida que as culturas interagiam umas com as outras, por meio do comércio e de outros contatos, ao longo de muitos milênios"*.[91]

Na Índia, desde os anos 3 mil a.C., a suástica é a imagem da Roda das Samsaras, ou seja, das vidas e renascimentos sucessivos; um conceito adotado pelas três principais religiões dármicas: budismo, hinduísmo e jainismo. De lá, a forma migrou para a Ásia e o Extremo Oriente junto com seus sacerdotes. Apesar do isolamento americano, até a era das descobertas, mais de uma tribo nativa indica sua cosmogonia pela geometria de uma suástica nas Américas. Finalmente, o terceiro grupo formado por civilizações diretamente ligadas à cultura clássica greco-romana, o desenho da suástica é uma variação dos meandros. Essas formas decorativas nasceram das representações das ondas do mar, e tornaram-se um estilo sinalizador de *status* cultural pois, ao serem difundidas durante o processo de dominação do Império Romano, indicavam a romanização em torno do Mar Mediterrâneo.

Na Antiguidade, um utensílio sem decoração não tinha força mágica. Por essa razão, os objetos dos rituais, necessariamente, tinham que ter alguma ornamentação visual. Na Índia, quando a suástica ultrapassou a beleza das formas e ganhou forte significado religioso, ela migrou para a Europa, foi levada pelas invasões indo-europeias para a Ásia através do pensamento religioso-filosófico. Nem sempre a suástica foi pacifista dessa maneira. Quando ela partiu da antiga Grécia com os dórios, decorando as faixas geométricas chamadas *meandros*, o símbolo deixou um rastro de destruição, sinônimo de dominação militar. A suástica desse povo guerreiro está no DNA da suástica nazista e, mesmo que esteja historicamente errada e artificializada, foi a que serviu de inspiração.

Galáxia da Via Láctea em movimento contínuo e permanente.
A Terra gira em torno do Sol e de si mesma como o Sol no centro da nossa galáxia em forma de um disco achatado, formado por estrelas e gases.

Apesar de ser uma possibilidade correta, essa interpretação de migração não é a única. A verdade é que a cruz gamada surgiu livremente em muitos lugares, porém a sua origem se perdeu na longa noite do tempo. Sabemos apenas que, em algum momento, todas as civilizações do mundo cultuaram o Sol e a Lua, o masculino e o feminino que, juntos, revelaram a periodicidade sequencial dos ciclos, dos dias, meses e anos. A suástica foi criada após o conhecimento desses fenômenos e, talvez por essa razão, carrega em sua configuração a ideia de movimento rotatório e contínuo. A suástica sintetiza formas já conhecidas e elas estão nos atratores da natureza, nos redemoinhos do vento, das águas, nos seixos de pedras, nas flores, frutas e nos olhos dos animais e pessoas. A suástica não é um símbolo qualquer, ela é uma forma abrangente que se conecta com realidades além da cultura e das religiões; ela memoriza a galáxia da qual nosso planeta faz parte. *"Talvez a suástica seja tão universal porque ela é a forma do nosso universo"*.[62]

AS MUITAS SUÁSTICAS DA HUMANIDADE
ARQUEOLOGIA E UBIQUIDADE
SÍMBOLO POLISSÊMICO

A atual Turquia, denominada Ásia Menor na antiguidade, local onde se encontra um dos mais importantes sítios arqueológicos, é também o berço de fatos que continuam vivos na contemporaneidade. Foi nessa região, em 1259 a.C., que hititas e egípcios assinaram o primeiro tratatado de paz da História da humanidade. Após a sangrenta batalha de Kadesh, os diplomatas do rei Hatusil III encaminharam ao jovem faraó Ramses II, em início de reinado, uma tabuleta com os dizeres do acordo; as negociações foram aceitas quando se reconheceu que possuíam forças equivalentes. Naquele momento, o mais sensato seria determinar o fim do conflito armado e redigir um documento chancelado pelos dois reis rivais. Até aquele dia ninguém havia protocolado uma trégua mediante garantias.

De lá saíram os personagens épicos descritos por Homero nos versos da *Ilíada*, que ao contar sobre a guerra de Troia, escreveu o primeiro capítulo da história cultural grega. Na sequência vieram os frígios e seus sucessores os lídios. Cada um a seu modo garantiu um lugar na memória universal. Os primeiros tornaram-se sinônimos de abundância, através da figura lendária do rei Midas, um ser descrito como possuidor de infinita riqueza. O mito é fantasia, porém a riqueza do reinado frígio é verdadeira; Midas era um ser com poderes transformadores, pois *tudo que tocava virava ouro*.

REINOS DA ANTIGA ANATÓLIA
SOB A ÉGIDE DA SUÁSTICA

HITITAS • FRÍGIOS • TROIANOS • LÍDIOS

Por fim, o acontecimento mais conhecido, e que interferiu diretamente no cotidiano das pessoas, refere-se à cunhagem da moeda pelos lídios. Sob o comando de rei Creso, instituíram o padrão comercial, deram forma circular à peça e determinaram o grau de pureza metálica. Em 546 a.C., foi estabelecida a primeira moeda; sob novas regras regularam um símbolo monetário que, apesar de todas as tecnologias contemporâneas, ainda é utilizado com muita frequência. São quatro reinos importantes que viveram em épocas diferentes e deixaram significativas contribuições, e com algo em comum que ia além da sua geografia: todos tinham predileção pela decoração geométrica da suástica. Esse apreço, interpretado pela arqueologia, tornou-se fator de unidade visual e cultural.

A SUÁSTICA NO REINADO DO REI MIDAS
MESA DE RITUAL FUNERÁRIO

Mesa de ritual funerário seculo VIII a.C.
A peça está associada a Midas,
rei da civilização frígia.
Fragmento do apoio lateral,
94 cm de altura

Mesa de ritual - detalhe do fragmento lateral

Excepcional e delicado trabalho de marchetaria feito com zimbro e nogueira. A coloração diferente das madeiras criou uma trama de minúsculos losangos e 190 pequenas suásticas de 4cm cada e distribuídas pelas laterais. A mesa foi usada no banquete funerário como apoio para bebidas e comidas. A peça frígia de mobiliário, exposta no Museu da Anatólia, é considerada uma raridade arqueológica devido a vários aspectos, a começar pela concepção inusitada do seu *design* fora de qualquer padrão. A mesa de rituais votivos, diferente e sem qualquer referência, deslumbrou os primeiros arqueólogos por seu requinte técnico em marchetaria, como também por sua originalidade. Sem entender do que se tratava, pensaram que fosse um estranho trono. De fato, trata-se de uma peça única, construída minuciosamente com recortes e encaixes de madeira; em cada placa das duas laterais da mesa inscrustraram 190 pequenas suásticas como peças de ourivesaria. Tamanha exatidão, além de demonstrar conhecimento e habilidade dos artesãos, revela o alto grau de exigência e sofisticação da corte de Midas. Seus carpinteiros construíram todas as peças sem usar um prego. Por fim, chamou atenção a raridade da própria sobrevivência do artefato, pois ele é de madeira, material orgânico e, no entanto, ficou por 28 séculos, entre tecidos, restos de bebida e comida, além do corpo em decomposição do rei morto.

O móvel milenar serviu de aparador na cerimônia do banquete funerário. Os arqueólogos conseguiram reconstruir a cena final e determinar os alimentos e as bebidas que foram servidos para as 100 pessoas presentes. Os últimos estudos realizados pelos especialistas da Universidade da Pensilvânia, em 1989, revelaram que o corpo não era de Midas e sim de seu pai, ou seja, todo requinte que surpreendeu o mundo acadêmico ainda será suplantado, caso encontrem o verdadeiro túmulo do mítico rei da riqueza.

A simbologia das suásticas nessa região não é nada consensual; portanto novas hipóteses poderão surgir. Por estarem presentes nas numerosas tumbas hititas e também nos estandartes de guerra – conhecidas por cruzes de batalha –, foram interpretadas como objetos simbólicos de indicação de poder militar. Os artefatos eram usados nos rituais religiosos presididos pelos reis. Durante os períodos de guerras, eram feitos em metal e provavelmente representariam a superioridade militar e imperialista dos povos da Anatólia. Em outras palavras, viram na cruz o símbolo do movimento bélico, partindo do centro geométrico e se espalhando para fora. A suástica seria a visualidade do império hitita em expansão. Essa tese baseia-se em outras ocorrências, pois na antiguidade todos os povos dominadores se consideravam o centro do universo. Outra interpretação vê o Sol real na suástica da Ásia Menor, pois os reis eram aclamados pelos súditos como o *meu Sol*. Muitas suásticas encontradas nas tumbas frígias estavam acompanhadas do círculo da deusa da fertilidade, Matar; nesses sítios a cruz seria um símbolo da procriação. Na vasta região da Anatólia, existem muitas suásticas de naturezas e funções diferentes, que a cada dia tornam mais difícil a tarefa de decifrar signos universais.

ARTEFATOS MÁGICOS
SUÁSTICAS ILUMINADAS

Forma e material são os dois elementos fundamentais para que as joias e os adornos cumpram seu papel mágico. Para que os objetos transfiram poder e proteção, precisam primeiramente ser consagrados. Nas antigas religiões o metal sempre foi usado como um condutor das forças transcendentais. Segundo Jean Chevalier, o metal carrega um simbolismo duplo: infernal e purificador. Como os minérios vêm das profundezas da terra e a metalurgia é processada com fogo, a analogia com inferno é inevitável. Mas essas mesmas imagens produzem o sentido contrário; pela purificação e transmutação, elas carregam o aspecto benéfico; assim como o metal puro se desprende do mineral bruto, o mesmo ocorre com o espírito.[93] Os metais, além do mais, têm a propriedade de passar por transformações físicas e assumir novas formas. Em muitos lugares essa qualidade é entendida como imortalidade. O mesmo autor diz que, na China, a fundição tem o sentido de equilibrar yin e yang, o céu e a terra; sendo assim as ligas metálicas são alianças. *"Substâncias vivas e sexuadas, possuidoras de sangue, na cultura chinesa os metais se casam pelas ligas que são o espírito mineral que está dentro dos metais"*.[94]

Os metais preciosos desde sempre fascinaram a humanidade, fossem em armas ou joias. O ouro tinha um lugar privilegiado no imaginário do sagrado, por ser considerado uma pedra feita de luz, portanto um material solar, real e divino. A analogia do ouro com o sagrado e o poder régio encontra-se na crença do Sol estar relacionado à fecundidade, poder, abundância, luz e conhecimento – noções universais que surgiram em todas as culturas. No antigo Egito confundia-se com a carne dos deuses; na Ásia representava a iluminação espiritual, razão por que muitos Budas são dourados. Por razão semelhante os autores dos ícones bizantinos e os artistas do início da era cristã consideravam o dourado símbolo da materialização do espiritual; gradativamente aloiraram os cabelos de Cristo, além de colocar uma auréola iluminada em torno de sua cabeça. Entre os pré-letrados, o resplendor do brilho metálico era destinado a amuletos, imagens e objetos litúrgicos, Por se acreditar que o ouro era o próprio Sol e conferia ao objeto uma qualidade divina, a maioria das facas sacrificiais era dourada.

Por outro lado, as composições idealizadas para adornos e joias, com as formas centradas do círculo e do quadrado, decorrem da busca do equilíbrio visual absoluto. A suástica pertence à essa família compositiva, que além da centralidade, possui o dinamismo de uma forma em expansão. Nossos ancestrais eram atraídos por formas de expansão centradas, provavelmente porque elas estavam em muitas coisas, bastava olhar o céu e ver os astros.

A cruz do sol, que parecia conter o dinamismo da vida, tem na suástica a sua exteriorização visual. O símbolo formado por um quadrado inserido em um círculo rotatório, possui a sensação de equilíbrio. Explicar o conceito de equilíbrio é algo difícil, porém o seu contrário é percebido com extrema facilidade, já que desequilíbrio nos causa desconforto. Por equilíbrio entende-se: *"Estado de distribuição no qual toda a ação chegou a uma pausa e a energia potencial atingiu o mínimo"*.[95] O centro é considerado o ponto de equilíbrio por excelência, e ele tanto pode ser convergente como divergente, duas realidades físicas e também psicológicas. A suástica é uma dessas formas mágicas que concomitantemente causam atração, como o seu contrário, a repulsão.

MAGIA LUZENTE

Gregos, etruscos e indianos, povos diferentes com adiantado conhecimento em metalurgia, usaram padrões visuais semelhantes. Se no Mediterrâneo os redemoinhos representavam as ondas do mar, para os indianos, as suásticas eram os ciclos da vida, em repetição contínua. Ao reproduzir estruturas físicas do universo, a suástica é referência tanto no mundo material, como no espiritual. *"O ouro tem significados simbólicos que, outorgados aos objetos, são capazes de trasladar a mente da esfera material para a imaterial, do corpóreo ao espírito, como uma espécie de ascensão do mundo inferior ao superior. O ouro, por sua luminosidade, atua como um verdadeiro agente de iluminação espiritual"*.[96]

Pingente etrusco, sec. VII a.C.
Museu Louvre

Colar indo-ariano
de Kaluraz, Guila 1000 d.C.
Museu Nacional do Irã, Marlik

Artefato medieval - Fíbula celta
Museu Kroppedal, Dinamarca

Fíbula em forma de Roda do Sol encontrada recentemenete na Dinamarca, em 1988. O padrão das suásticas curvas é mais conhecido entre os povos agrários do norte europeu.

Joia grega
Museu Arqueológico Skyros

POR UMA INTERPRETAÇÃO ANTROPOLÓGICA

A SUÁSTICA ENTRE OS POVOS AMERÍNDIOS

A humanidade a cada dia se redescobre e, à medida que os antropólogos pesquisam o passado com mais profundidade, crescem nossas semelhanças ancestrais. A teoria junguiana nos diz que *"Os mitos e símbolos antigos continuam conectados em nosso presente, como quando existiram na sociedade primitiva, a mente humana tem a sua própria história, mas ela também retém e transmite a herança psicológica da humanidade"*.[97] Os estudiosos que buscam identidades culturais entre povos de diferentes etnias têm se atormentado com o perigo de cair em estereótipos e generalizações, porque a inexistência de uma língua escrita os obriga a recorrer apenas à produção material. Criam conjecturas para compreender grupos sociais através de artefatos, mas às vezes as deduções no *lato sensu* incorrem em erros banais. O símbolo da cruz é uma dessas formas perigosas, porque ela tem uma geometria propiciatória para conteúdos diferentes.

O enfoque baseado na etnogeometria aceita que qualquer civilização que tenha conhecido a cestaria produziu formas de suásticas; portanto, ela é um tipo de geometria naturalmente endógena. Acredita-se que o desenho em repetições quadrangulares e simétricas da cestaria seja decorrência da própria trama, ou seja, são formas angulares simplesmente por serem compatíveis com a inflexibilidade das fibras naturais. Esta teoria defende que o predomínio de suásticas pelo mundo é fruto das mãos das tecelãs, em função dos materiais utilizados e não por opção estética. Os pesquisadores acreditam mais na espontaneidade do aprendizado, baseado na repetição e domínio técnico, do que na difusão cultural entre tribos e sociedades diferentes.

NA FLORESTA AMAZÔNICA

Brasil indígena - Ralador de mandioca
Tribo Wai Wai, Pará, Floresta Amazônica, Década de 1970
Utensílio feito com madeira e pequenas lascas de pedras pontiagudas e incrustadas

O ralador de mandioca ao lado foi produzido em madeira pelas índias wai wai do Pará. Ao mesmo tempo que o objeto é um utilitário, não deixa de ser uma forma repleta de simbologia e, apesar dos wai wai causarem algum incômodo aos indianistas, por estarem na economia de mercado e também já muito evangelizados por pastores cristãos, os índios sabem, com certa clareza, que o seu diferencial encontra-se nas tradições ancestrais do grupo. Em 1914, missionários presbiterianos doutrinaram essa tribo com a inovação de uma Bíblia em lingua nativa. Aculturados e adaptados às novas tecnologias, eles ocupam a liderança comercial de castanha do Pará no mercado internacional. Ainda que tenham sofrido impactos culturais sem uma supervisão antropológica, os wai wai, quando precisam criar seus artefatos, recorrem aos costumes das antigas gerações. Eles sabem que sua existência, enquanto nação indígena, depende tão somente da preservação étnica. Cultura é uma conduta de sobrevivência.

Para fazer raladores, as índias seguem convenções criadas em tempos de pré-evangelização, no caso, seguem regras que se relacionam com o papel das mulheres no trato da mandioca. Na origem mitológica, a lenda de *mani* conta que, do plantio ao processamento final da farinha, passando pela ralagem e secagem, a mandioca, em todas as etapas, tem que ser uma atividade puramente feminina. Inclusive a elaboração dos artefatos, que envolvem as muitas operações, é resultado de mãos femininas.

Na casa da farinha, chamada *cabê,* grupos de mulheres preparam a mandioca usando estranhos raladores feitos com minúsculas lascas de pedras pontiagudas em formato de espinhos. Essas peças são fincadas à madeira, quando ainda está amolecida, após dias encharcada na água. Os utensílios mantêm a mesma tecnologia transmitida por seus antepassados e o mesmo grafismo visual construído por simetrias e abstrações geométricas do reino animal. Lévi-Strauss, em 1935, observou que os desenhos dos povos originários eram uma representação simbólica dos seus valores sociais, numa extensão que abrange das hierarquias internas tribais aos relatos mitológicos, do sobrenatural à natureza material. Os motivos gráficos dos raladores prendem-se aos animais mitológicos, como a tartaruga, a lagarta kurupêake ou a cobra-grande tulupe-ê. Para os indígenas, toda compreensão da natureza é feita por um pensamento simbólico, e o grafismo talvez seja o fio condutor para entendermos essa cultura.

SUÁSTICA E MITOS INDÍGENAS NORTE-AMERICANOS

COSMOGONIA DOS POVOS NAVAJOS E HOPIS

Os mitos tribais dos nativos norte-americanos emergem do conhecimento e da relação que eles têm com a terra. Seus grandes temas contam histórias das jornadas de seus mitos e heróis, descrevem enfrentamentos entre os espíritos, os animais e os humanos; falam de armadilhas e passagens rituais, mas principalmente sobre a criação do universo. As nações indígenas são organizadas em tribos, clãs e famílias. Ao mesmo tempo que se preocupam com a preservação de suas particularidades diferenciais, têm em comum a crença no *Grande Espírito,* o criador primevo que deu origem a tudo. O conceito supremo de sagrado se encontra na própria natureza; logo, a terra e demais elementos são divindades ou um santuário que possibilita a manifestação do sagrado. Ao acreditar em espíritos inteligentes que habitam os objetos naturais, como pedras, rios, montanhas, árvores, animais e plantas, tudo passa a ter poderes ocultos.

Os habitantes do sudoeste americano, próximo ao rio Mississippi, conheciam a suástica como um símbolo que explica a sua cosmogonia. Os navajos – os habitantes do Grande Canyon –, tinham grande afinidade com a suástica, pois ela era a imagem mágica do pássaro Thunderbird. Dependendo de cada tribo: "*Os índios navajos no Arizona, Utah e Novo México viam sua forma como um símbolo sagrado para a cura e a usavam apenas em cerimônias religiosas, na forma de pinturas na areia. Entre os navajos, ela é o giratório ou aquilo que gira*".[98] Em semelhança às demais sociedades nativas, os índios americanos viviam num universo sagrado, acreditavam que todas as coisas escondiam um significado que poderia se manifestar a qualquer momento e, para concretizar essa hierofania promoviam rituais. Dessa tradição nasceu o mito do Pássaro Trovão.

Na gênese mítica dos navajos, antes de existir deuses, animais e homens, antes da vida acontecer, já existia o Pássaro Trovão, uma entidade que antecedeu a tudo e a qualquer forma. Contam que no princípio só existia o nada e o pássaro, ao girar sobre seu próprio corpo criou a vida. O movimento rotatório interpretado como o momento primordial e, depois inscrito na suástica, antecedeu à criação do Universo. Thunderbird é uma criatura lendária, descrita como um grande pássaro semelhante à fênix, mas diferente porque além de renascer, também é capaz de criar tempestades, trovões e despertar a vida.

O pássaro rotatório, que representa a origem de todas as coisas, tornou-se uma suástica. Os navajos explicam, por caminhos diversos, o que o físico inglês Stephen Hawking, em 1982, demonstrou ser a origem do universo. De acordo com a teoria científica, tudo começou a partir de um centro explosivo em movimento e irradiador de energia, que teria acontecido há 13,7 bilhões de anos atrás. Os navajos, por outro lado, explicam tais fenômenos de uma maneira extremamente *naif*. Para eles, a origem do universo se desencadeou a partir do rodopio misterioso de um pássaro mítico.

Tapeçaria de índios navajos - detalhe, 1890

Símbolo navajo da cosmogonia
joia em prata

Com muita clareza a tapeçaria, na página ao lado, mostra a organização cósmica dos navajos – um mundo estruturado dentro de um sistema quaternário. Eles acreditavam que o universo era formado por quatro mundos com seu epicentro no Canyon de Chelle, um espaço curioso por ser delimitado por quatro montanhas indicadoras dos quatro pontos cardeais. Esse mundo geometricamente construído foi revelado por Tsohanoai, o deus Sol, uma figura divina que atravessa o céu todos os dias, no mais absoluto silêncio. Na tapeçaria, quatro pássaros giram em movimento rotatório para repetir o relato mítico do povo navajo; no centro nasce uma suástica, o símbolo solar e o elemento organizador de suas vidas.

Durante a 2ª Guerra, muitos índios dessa tribo serviram nas forças armadas, mas, apesar de elogiados pela bravura, ganharam mais destaque por terem sua língua usada como código secreto. A marinha americana criou um sistema de criptografia conhecido por Código Navajo Talkers. A escolha se deu em função de ser uma língua complexa, de pronúncia difícil, rica em símbolos e vocabulário, mas principalmente por não possuir uma escrita. Esse código, considerado uma arma, foi mantido pela US Marine Corps por mais duas décadas. Retomado na guerra da Coreia, só foi desvendado no final de 1968, em plena guerra do Vietnã.

Se de um lado esse episódio integrou o povo navajo à sociedade americana e os encheu de orgulho, por outro lado foi o fator de destruição de um dos mais antigos mitos de sua cultura. Por causa do nazismo, a representação da suástica ficou proibida em território americano e, consequentemente marcou o fim da imagem do Pássaro Trovão. Ora, a suástica existia na América do Norte bem antes da chegada dos europeus. A primeira evidência de sua existência pré-colombiana deu-se em escavações do século XIX. "*Em 1881 descobriram suásticas em Fains Island e Toco Mounds no Tenesse, em Hopewell Mound, Chillicothe e Ross County em Ohio e em Poisett County, no Arkansas. Em 1940 o seu uso foi documentado entre as tribos de Kansas, Sac, Pueblo Navajo e Pima pelas tribos do vale do Baixo Mississipi*".[99] Elas existiam nas cerâmicas, nas cestas, potes, colheres de metal e muitos outros utensílios, principalmente nos tapetes. Essa cultura nativa influenciou os conquistadores do Velho Oeste, que usavam o símbolo de boa sorte indiano junto com o trevo de quatro folhas e a ferradura. Os *cowboys* impulsionaram a popularidade da suástica e ajudaram a divulgar a imagem, porque viam nela uma insígnia da prosperidade e sorte.

UMA NAÇÃO HOPI, EXTREMAMENTE HOPI

Hopi é o nome de uma nação indígena do Arizona, vizinha aos navajos e, quer dizer também um ser bom, humilde e pacífico. Diferentemente das demais tribos, ela não era guerreira. Tem uma cultura baseada em preceitos originais, nos quais todos os seres se misturam e convivem em simultaneidade; não existe uma distinção nítida entre a existência dos espíritos, dos humanos, dos animais e divindades. O conceito de realidade física é confuso, porque não existe clareza espacial e nem limites para cada ser. Tudo tem alma no universo hopi; animais, lugares, pedras ou árvores possuem espíritos que interagem com os humanos numa espécie de harmonia cósmica. Os hopis não têm noção de tempo linear e vivem na dimensão da simultaneidade; para eles a consciência de tempo passado, presente e visões de futuro formam um corpo único. Vivem no tempo suprarreal, sem conseguir diferenciar entre o real vivenciado e o real sonhado.

Os sonhos fazem parte da realidade física; dessa maneira confunde-se o tempo onírico humano ao tempo cronológico e físico; os dois conceitos de temporalidade, tão diferentes, para os hopis são idênticos. Materialidade e imaterialidade pertencem a uma mesma configuração, porque tudo é igualmente real. De acordo com suas crenças, os seres vivem interligados e em ciclos evolutivos, numa busca constante de renovação espiritual. Acreditam que são descendentes de Taiowa, o Sol, e de Sotuknange, a Avó Aranha, que vivem no estágio do Quarto Mundo. Nos relatos de sua cosmogonia, o Pai Céu e a Mãe Terra criaram o universo numa dança ritual, na qual a mãe aracnídia intermediava os mundos entre os deuses e os homens. Juntos rodopiaram intensamente em torno de um ponto central e, conforme os movimentos circulares de seus corpos se intensificaram, surgiu uma luz poderosa de dentro deles. Eram raios solares capazes de criar o cosmos. Assim como aconteceu com a mitologia navaja, o princípio solar junto às combinações binárias e quaternárias tornaram-se fatores propiciatórios para surgimento de suásticas

Gorget de conchas, 1000 a 1600 d.C.
Imagem simbólica do Sol em movimento

Os hopis, no noroeste do Arizona, veem a suástica como o centro da sua terra ancestral e como *"as quatro direções das rotas de migração de sua tribo"*.[100] Ao mesmo tempo que os hopis aceitam com simpatia as diferenças entre as demais tribos, eles são considerados os mais autênticos e próximos da cultura pré-colombiana. Julgam-se parentes de todas as raças e, curiosamente, sentem maior afinidade com os tibetanos. A propósito, sabe-se que Dalai Lama, um divulgador da suástica budista, quando visitou a reserva indígena, foi recebido calorosamente como um conterrâneo, que voltava ao lar.

Na vasta região do meio-oeste americano, foram encontrados artefatos com características da Idade do Cobre e anteriores à descoberta da América, que pertencem à cultura mississipiana e contêm símbolos hopis. Os objetos, conhecidos por gorgets, provavelmente foram feitos por caçadores e coletores que habitaram o local antes do contato com o europeu. Os artefatos foram encontrados em cemitérios indígenas, faziam parte de rituais mortuários, pois estavam enterrados junto aos corpos, sob montículos piramidais. As religiões dos índios americanos não tinham um ideário ou qualquer doutrina sofisticada; basicamente constituíam mais numa forma de vida, na qual seres, lugares ou objetos considerados sagrados se entrelaçavam entre si. O grafismo que decora seus artefatos exprime concepções míticas, é um sistema de signos que, compartilhado pelo grupo, exerce o papel de uma escrita.

Os gorgets são gravações desenhadas sobre cascas de conchas e usados no pescoço como pingentes. As inscrições mais usuais baseiam-se na na cruz grega, centrada e circundada por um círculo; juntos representavam as quatro direções espaciais e o fogo sagrado solar. Quando estas formas geométricas ganhavam movimento, elas se tornavam suásticas e passaram a significar o poder criativo e gerador da vida. Na imagem do gorget vê-se quatro formas diferenciadas: o quadrado externo que emoldura tudo é considerado o símbolo da Terra e também entendido como os Quatro Cantos do Mundo; o anel circular emoldurado por triângulos representa o sol com raios e, no ponto central, uma suástica, o símbolo da vida.

NATIVOS NORTE-AMERICANOS E A PROIBIÇÃO DA SUÁSTICA

Suástica em paramentos e vestimentas navajos

Tear, atividade feminina
Símbolo como padrão ornamental

Cestaria, atividade feminina
Símbolo religioso em utilitário

SÍMBOLO SAGRADO DA SUÁSTICA EM ARTEFATOS

Ao final da 2ª Guerra Mundial, os povos indígenas americanos, por decreto, deixaram de usar a suástica; baniram formalmente o símbolo de suas cerimônias e artefatos, e chegaram a queimar cobertores, cestas e tapetes para apagar sua memória. Representantes de tribos apaches, navajos e hopis assinaram um decreto em que declaravam: "*Um símbolo de amizade entre nossos antepassados durante muitos séculos foi profanado por outra nação de homens, fica então resolvido que desta data em diante, nossas tribos renunciam para sempre o seu uso em nossos tecidos, cestas, objetos de arte, pinturas de areia e roupas".*

A representação do mítico pássaro e das formas lendárias do universo ficou proibida. Simplesmente baniram um símbolo dos povos originários. Embora seja extremamente fácil compreender a comoção e os ressentimentos contra a suástica no pós-guerra, nos dias atuais tal proibição seria considerada autoritária. Como aceitar, do ponto de vista antropológico, que um decreto descontextualizado e de conotação estritamente política possa desrespeitar tradições étnico-culturais e destruir mitologias indígenas pré-colombianas?

SUÁSTICA EM EQUIPES ESPORTIVAS COMO SÍMBOLO DA SORTE

Equipe de hóquei Fernie Swastikas, 1922
Columbia Britânica do Canadá

Equipe de basquete em Indiana
Chilocco Indian Agriculture School, 1909

Nos Estados Unidos e Canadá, no início do século XX, existiam três times esportivos que usavam a suástica no próprio nome e na identificação visual dos seus uniformes. O canadense provavelmente seguiu a popular crença relacionada ao símbolo de sorte e sucesso, já as equipes norte-americanas tinham uma relação mais direta com a cultura indígena. Os atletas do time masculino de basquete, localizado na região centro-norte, representavam a Escola Agrícola de Chilocco de Indiana, uma instituição de ensino criada exclusivamente para os povos nativos. Os atletas usavam a suástica em seu emblema, fazendo clara referência à velocidade do Pássaro Trovão; usavam-na como os seus antepassados. A suástica era a possibilidade mágica para invocar força física e renovar o sentimento tribal.

SUÁSTICAS NA FORMAÇÃO DO CONTINENTE EUROPEU

ÍCONES COSMOGÔNICOS
FORMAS ARCAICAS DE CULTO AO SOL
SÍMBOLOS DE ORIENTAÇÃO ESPACIAL

A antiga forma da suástica europeia pertencia ao período conhecido por Idade do Ferro e foi introduzida por diferentes povos, entre eles os celtas, que ocuparam com suas tribos a parte norte de todo continente. Seus povoamentos, que se estendiam da Península Ibérica aos territórios da Anatólia, eram constituídos por grupos sem qualquer unidade política; talvez os únicos denominadores comuns fossem o conhecimento da metalurgia do ferro e o espírito belicoso. As primeiras levas entraram no continente europeu dominando e englobando outros grupos, fundiram etnias e formaram um conjunto de povos etnônimos. A forma da suástica celta é arredondada, evidencia melhor o movimento e se aproxima das referências naturais como corpos celestes, flores e redemoinhos de vento ou água.

PADRÕES GEOMÉTRICOS DE SUÁSTICAS E TRISKELES CELTÍBEROS

CULTURA CASTREJA em Portugal e LAUBURU BASCO na Espanha

| Nó Celta | Espiral Excêntrica | Triskele | Triskele |
| Tetraskele Espiral | Roda Solar de 6 | Triskele Espiral | Redemoinho |

Coleção de peças do Museu Castro de Santa Trega com os modelos geométricos de tetraskeles e triskeles

Estas imagens são explicitamente uma representação da Roda Solar tão comum entre os povos agrários. São símbolos que repetem o conceito universal do Sol em movimento, para exercer o seu papel divino de criador da vida. O sítio arqueológico onde as peças foram encontradas, pertence à cultura castreja, um local na Galiza ocupado durante o período do século I a.C. e o começo do processo de romanização no século II d.C. Os castros eram núcleos populacionais ibérico-romanos desenvolvidos na Idade do Ferro que se encontravam no norte do rio Douro, nos atuais distritos do Minho e Trás-os-Montes. Quando os romanos chegaram, por volta de 205 a.C., os habitantes resistiram, mas gradativamente começaram a sofrer modificações e a se adaptar ao modelo do invasor.

Sua economia era praticada pela organização de divisão por sexo; enquanto a agricultura ficava a cargo das mulheres, a pecuária e a metalurgia eram atividades masculinas. Em outras palavras, as mulheres se fixaram e os homens continuaram com mais mobilidade e nomadismo. Seus artefatos em bronze e ouro e suas habilidades na exploração de minas de metais provocaram cobiça estrangeira que, consequentemente, trouxeram invasões. Os castros foram instalados em lugares estratégicos, garantiam defesa natural e controle sobre os campos vizinhos. Colocados no topo das colinas e com altas muralhas, eram um tipo de povoado-fortaleza. Da palavra castro surgiu castelo, uma construção que guarda algumas semelhanças, por ser murada com torres e fossos circundantes.

Segundo a arqueóloga portuguesa Júdice Gamito, os relevos em pedra acima são fragmentos arquitetônicos que representam a concepção do universo celta.[101] Ela entende a forma dos movimentos rotativos em torno do centro dos *tetraskelion*, ou *quatro pernas*, como uma visualização da cosmogonia castrense. Quando Gamito apresentou esta teoria na Universidade de Oxford, em 1988, justificou que o universo cósmico dos antigos celtas do território português era uma construção de contrastes binários, na qual os elementos viviam num constante devir rotativo. Os deuses, alguns animais como javali, veado, serpente e determinadas aves juntamente com heróis e sacerdotisas, todos tinham poderes especiais para penetrar e sair livremente do mundo dos mortos e dos vivos, ou seja, todos viviam num constante movimento cíclico. Se na linguagem dos símbolos o centro é entendido como o ponto primordial e onde tudo começou, a suástica expressa o sentido de direção espacial, a partir de um centro autorreferente.

A pesquisadora completou sua análise ao dizer que esses elementos estavam organizados em três grupos: Vida e Morte, Noite e Dia, Terra e Água. Em torno dessa tríade, que dominava a estrutura mental dos celtas, giravam as demais realidades opostas como: Mundo / Submundo, Homem / Mulher, Humanos / Animais; contudo a interligação entre eles se processava pelo movimento rotativo da suástica. Os deuses, os verdadeiros senhores dos dois mundos, envolviam e permeavam tudo. As formas visuais dessa possibilidade de ir e vir era um círculo em constante movimento, às vezes espiral ou labiríntica. Formas, em rotação, apareciam com muita constância nos espaços arquitetônicos e nos objetos rituais, porque acreditavam que a ordem do universo estava sempre em mutação. A suástica celtibera tem a forma de um meandro em permanente rotação, que na Irlanda é popularmente conhecida por "nó celta".

Tetraskeles e triskeles são símbolos solares universais, na Espanha são chamados de auburu e ganharam *status* de identidade cultural local, por existirem antes da romanização. O termo foi criado no início do século XX, *lau* significa quatro e *buru* cabeça. O símbolo basco na contemporaneidade assumiu a dimensão de ícone cívico nacionalista. Os lauburus originais são raríssimos, alguns do século XIX sobrevivem nas portas das casas como um amuleto de proteção. O lauburu nada mais é do que uma suástica curvilínea que geralmente segue o percurso do Sol, de leste a oeste. Segundo as análises de Júdice Gamito, esses símbolos são formas representativas dos movimentos cíclicos da natureza, da vida humana e divina que estão interligados em combinações como: mortos, vivos e deuses; passado, presente e futuro; criação, destruição e renascimento. Afora a conhecida suástica basca, existem muitos exemplos semelhantes em vários sítios; estão em inscrições rupestres, em artefatos e elementos arquitetônicos. E es testemunham a ancestralidade do culto solar entre os povos formadores da civilização européia.

Lauburu Basco

ROSA CAMUNA, A SUÁSTICA LOMBARDA

Na região da atual Lombardia, na Itália, existiu uma antiga civilização de origem obscura, os chamados camunos, em latim *camunni*, uma designação dada por Augusto, durante a conquista romana no séc. I a.C. Eles ficaram incluídos entre os povos celtas dos Alpes e, apesar de estabelecidos no lugar há muito tempo, apresentaram pouca resistência e acabaram romanizados rapidamente. Ainda hoje sua cultura é pouco conhecida, permanece incógnita, porém sobrevive com grandeza e toda originalidade nos registros rupestres. A região lombarda onde viveram é considerada o maior sítio arqueológico da Europa pré-histórica. São mais de 300 mil gravuras rochosas que registraram guerreiros, rituais de celebração e de iniciação, cenas de danças, cerimônias fúnebres e propiciatórias de fertilidade. As imagens rupestres espontaneamente documentam o grau de conhecimento desse povo. Encontram-se particularidades, como a de um carro de boi puxado por animais, ou seja, em plena Idade do Ferro, por volta do 1º milênio a.C. eles já conheciam a roda e a metalurgia. Muitos povos desenvolveram suas civilizações sem essa descoberta. Apenas para elucidar a importância do fato histórico, as grandes pirâmides egípcias e as mega construções maias da América Central foram realizadas sem a roda.

Rosa Camuna – inscrições em pedra no Vale Camônica
Idade do Ferro

Rosa Comuna é uma suástica formada por uma sinuosa contínua, e configurada em torno de nove pontos. As suásticas circulares, criadas pelos camunos, continuam envoltas em mistérios, porém o que se pode dizer é que são símbolos criados segundo uma combinação de números múltiplos São nove pontos perfurados no solo e alinhados, de maneira que configuram um grande X, ao mesmo tempo que as linhas constroem um quadrado. A partir do ponto central, o desenho se movimenta como uma suástica de braços curvos. Até o momento foram encontrados 92 exemplares com as mesmas proporções e ordem numérica. Enquanto signo de uma cultura perdida no tempo, acredita-se que esteja relacionado à adoração ao Sol e, quando desenhado no chão rochoso, provavelmente serviria para danças rituais nos momentos anteriores à caça e à guerra.

Existe uma corrente que associa essas inscrições a movimentos astronômicos. Seriam interpretações simbólicas do Universo. Outros estudiosos se prenderam à escolha do lugar, pois algumas rosas estão direcionadas como bússolas que apontam os quatro pontos cardeais e indicam a direção nascente e poente do Sol. A conclusão é que a observação celeste relacionada à localização dos astros, constelações e estrelas-guias foi fator determinante para a criação da Rosa Camuna, espécie de rosa dos ventos da pré-história lombarda

Em 1975, os habitantes da região buscaram um símbolo que representasse a modernidade da rica Lombardia; fizeram um concurso aberto e se surpreenderam com os resultados. Os vencedores, sob o comando do designer Bruno Munari, buscaram uma inspiração no passado mais remoto da região. Estilizaram a incisão rupestre da rosa e a colocaram sobre um fundo verde, a cor predeterminada por sua heráldica. Hoje ela é a marca, a imagem e o logo de toda uma região, porque simplesmente ela é um arquétipo milenar. Na Lombardia todo mundo conhece o símbolo, mas dificilmente alguém seria capaz de explicar o seu significado original.

SUÁSTICAS UNIVERSAIS POR ENTRE ACHADOS ARQUEOLÓGICOS

VIKING • INDO-GANGÉTICO • ETRUSCO
GERMANO • ASTECA • CRETENSE

Codex Bórgia
Calendário pré-colombiano asteca de 1500, levado para a Europa pelos colonizadores espanhóis, Biblioteca do Vaticano

Vaso Cinerário
Civilização Etrusca
Montescudaia, séc.IX a.C.

Fivela Ostrogótica
Granada, cristal e ouro
séc. VIII d.C.

FORMAS MÁGICAS EM ARTEFATOS PLURICULTURAIS E MULTIÉTNICOS
Diversidade funcional e universalidade

Ornamento Barco Viking Oseberg, detalhe

Cerâmica de Creta
Museu Louvre 700 a.C

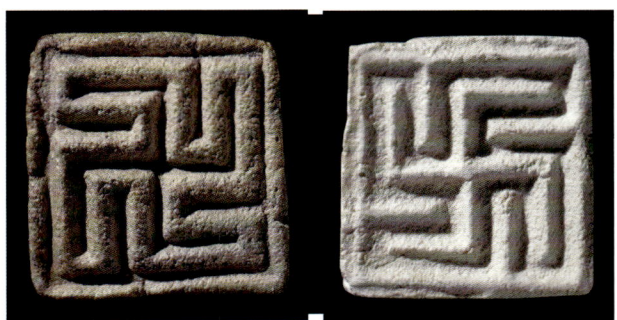

Selo de propriedade Vale Indo-Gangético
Mohenjo Daro, Harapa 2.500 a.C.

Anel Tribal Germânico, bronze,
séc. VII d.C.

A multiplicidade de artefatos decorados com suásticas só pode ser explicada se o símbolo for entendido como uma forma sagrada e representativa da cosmogonia de diferentes povos. O elemento equalizador entre urnas funerárias, calendários, adornos, selos e vasos só existe na ortogonalidade da cruz gamada. O artefato etrusco, encontrado na península itálica pré-romana, pertence ao culto dos mortos e à crença na inter-relação entre os mundos; já o manuscrito asteca tem função diferente, é um calendário que os nativos acreditavam ser revelado pelos deuses. A peça é anterior à chegada dos europeus e dos africanos, foi levada pelos primeiros espanhóis e só redescoberta na Biblioteca do Vaticano pelo cientista alemão Alexander von Humboldt, em 1805. Mas apesar de estar em posse de mãos europeias há tantos anos, o calendário ainda não foi desvendado; são inúmeras imagens de deuses e glifos que descrevem a organização do universo mítico segundo o pensamento asteca.

Os dois pequenos adornos metálicos, tanto a fivela quanto o anel, pertenceram aos descendentes dos povos germanos, dos antigos invasores que se tornaram formadores dos novos reinos europeus. Nessa época, entre os séculos VI e VII, e já aculturados, os germanos conviviam com suas tradições pagãs em plena sociedade cristã. Para manter suas crenças, usaram a artimanha de transformar as antigas formas sagradas em símbolos heráldicos.

O pequeno ídolo encontrado numa embarcação viking e o selo de propriedade indo-gangética atestam a natureza sagrada da suástica, e tinham função protetora e semelhante aos amuletos. Os pequenos carimbos começaram a ser usados na antiguidade a partir de uma convenção social, quando estabeleceram que uma determinada imagem poderia representar uma pessoa, ou ser equivalente a uma assinatura pessoal. Foram criados, no fim da Pré-História, junto aos primeiros assentamentos e às primeiras experiências de produção agropecuária, quando nasceu a consciência de propriede privada e, com ela, a criação e implantação das classes socais e das hierarquias. Os selos eram uma pequena imagem simbólica que atestava ou dava posse a seu proprietário; eles garantiam a identificação individual e faziam parte de rituais mágicos, porque nossos ancestrais acreditavam ser possível uma imagem substituir a realidade.

FRISOS ARQUITETÔNICOS
DA AMÉRICA ANDINA AOS POVOS DO MEDITERRÂNEO E ÁSIA MENOR

Puma Kuma, Portada em Tiahuanaco
Bolívia, séc. VI d.C.

Provavelmente, o padrão visual escalonado presente em todas as construções andinas tenha facilitado a configuração da suástica em Puma Kuma, um importante centro político e espiritual da cultura de Tiahuanaco. O desenho serve mais de moldura, já que não ativa o movimento giratório inerente à forma.

Sinagoga Umm El Kanatir – séc. V d.C.

A sinagoga hoje conhecida por Ein Keshatot ou a Mãe dos Arcos foi construída no século V, e esteve entre as 25 mais antigas e importantes da região localizada na parte superior do Wadi Samekh, próximo ao mar da Galileia, nas colinas do Golã. As escavações revelaram que inicialmente o local era um antigo assentamento romano habitado por povos anteriores aos judeus, o edifício abandonado ao ser destruído por um terremoto em 749 registra a preferência pelo ecletismo. No fragmento arquitetônico pode-se ver menorás e suásticas. Na construção também existem outros elementos simbólicos como águias, rosetas e acantos.

A quantidade de suásticas em antigas sinagogas, além de provocar surpresas, fez surgir uma nova teoria sobre o seu uso no local. Até então costumava-se dizer que os construtores judeus consideravam o estilo ornamental um elemento secundário; o importante era explicitar na construção o simbolismo da doutrina. Por exemplo, as medidas do espaço interno deveriam seguir as mesmas proporções usadas no templo do rei Salomão, porque acreditavam que a configuração do antigo templo fora revelada e, consequentemente, se tornara uma réplica terrestre dos modelos celestes. Ou seja, para o povo de Jeová, as suas proporções seriam uma manifestação da geometria sagrada. A liberdade na escolha dos elementos decorativos e a facilidade para o uso de soluções estrangeiras fez com que surgissem resultados ecléticos. As sinagogas espalhadas pelo mundo refletem influências da região em que foram construídas, porque nunca existiu um estilo que possa ser chamado de judaico. Porém uma nova teoria vem se desenvolvendo a partir das descobertas arqueológicas mais recentes.

A presença de suásticas nas antigas sinagogas de Cafarnaum – como a de Tel Hum, descoberta em 1838; a Ein Gedi, descoberta em 1965; Maoz Haim, em 1974 e Umm el Oanatir, em 1884 – sugerem que a *"A suástica terá sido um símbolo judeu antigo, embora esquecido, ou pelo menos um motivo de design favorito. Por outro lado, os acadêmicos Joseph Gutmann e Gershom Scholem dizem que em Cafarnaum o pentagrama e a menorá encontrados ao lado de suásticas, serviam para fins decorativos e que não há razão para ser outra coisa".*[102]. Nakagi, o autor e monge budista, acostumado a conviver pacificamente com suásticas, pensa diferente dos estudiosos judeus. Para ele, as escavações de 1974 em Maoz Haim, na fronteira da Jordânia, trouxeram novas discussões ao mostrar pisos da antiga sinagoga decorados com muitas suásticas. Para ele seria um símbolo que teve seu significado perdido.

Sinagoga Tel Hum
Cafarnaum, Galileia séc. I e II d.C.
Construída na Galileia entre o séc I e II d.C., além de servir para os rituais religiosos, era um local de referência política, pois os tributos recolhidos pelos romanos vinham de lá. Portanto, a sinagoga era também um lugar determinante para definir a condição de colônia.

Éfesos,
Fragmento de meandro
Cidade grega portuária, cosmopolita e importante centro comercial, durante o Império Romano e início do cristianismo, tornou-se a sofisticada Éfeso, o berço da filosofia ocidental e local, ideal para intelectuais e artistas.

Planalto Anatólia
Friso decorativo
O Museu das Civilizações de Anatólia exibe a maior coleção de suásticas arqueológicas da cultura grega desde Troia. Lá pode-se entender como o símbolo migrou, via arquitetura, da antiguidade para o cristianismo.

CERÂMICAS

As suásticas mais antigas do mundo encontram-se em artefatos cerâmicos de natureza devocional e utilitária.

Cerâmica Grega, séc. VIII a.C.

A cratera era um grande vaso usado para misturar vinho e água. Geralmente nos simpósios, era colocada no centro da sala. Dessa maneira os convidados, para se servirem com vasos menores chamados kylix, eram obrigados a se locomover. O propósito era facilitar encontros entre as pessoas.

Taça de Susa 3800 a.C.
Museu Louvre

Taça encontrada em Susa, a capital dos elamitas e centro da civilização mais antiga que deu origem aos povos da Mesopotâmia.

Cerâmica de Samsara
Cerca de 4000 a.C., atual Bagdá, Iraque

A suástica vista na decoração desta vasilha corresponde a um dos exemplos mais antigos já descobertos até hoje. A cena central se desenvolve em torno dela, representa um cardume que é atraído para dentro do redemoinho, com os peixes nadando em movimento circular.

RECODIFICAÇÃO E MIGRAÇÃO DOS SÍMBOLOS
ROMANIZAÇÃO DA ARQUITETURA
LABIRINTOS E SUÁSTICAS

Mosaico Romano, Vila Olmeda, Espanha

Sinagoga Maoz Haim Israel, século V
Fragmento de piso redescoberto em 1974

Mosaico Romano
Museu Arte Romana de Mérida, Espanha

Em 1885, Goblet D'Alviella publicou *A Migração dos Símbolos*, uma obra referencial sobre como eles são construídos. Sendo ele um dos primeiros a traçar os caminhos percorridos pelas formas e mostrar a sua transmutação para novos significados, demonstrou que, geralmente, o processo se dá por meio de relações comerciais, guerras, conversões forçadas ou simples aculturação. Sua teoria se completou com a chegada dos trabalhos de Jung sobre arquétipos e o papel das imagens e símbolos no inconsciente. Com isso, a arqueologia religiosa encontrou argumentos para se aprofundar mais livremente sobre a força das formas universais no pensamento simbólico da psique humana.

A Vila Olmeda, descoberta em 1968, é um exemplo de romanização implantada durante o império. Esta sofisticada residência agrária, com 35 quartos, foi construída na província Hispania, por volta do século IV. Provavelmente pertencia a um alto dignatário e rico proprietário de terras com comprovada influência política. Com o intuito de facilitar o processo de aculturação e criar uma unidade sobre os povos conquistados, era normal, entre os construtores, repetir modelos já existentes; independentemente do clima local, eles seguiam o mesmo padrão usado em Roma. Geralmente o piso era decorado com cenas figurativas e emolduradas por barras geométricas. Nas composições, predominavam circulos, quadrados, cruzes e suásticas, sem qualquer simbolismo aparente. As formas que compunham o revestimento existiam somente para proporcionar o prazer visual e satisfazer a elite sobre os seus conhecimentos filosoficos a respeito de Pitágoras. A sociedade culta acreditava que todos os mistérios do cosmo poderiam ser desvendados pela geometria; Vila Olmeda é um exemplo dessa prática.

Tomando-se por base as duas teorias de Goblet D'Alviella, vê-se que a suástica e os labirintos, encontrados no interior dos espaços cristãos chegaram por vias diferentes. As primeiras igrejas foram inspiradas nas basílicas romanas, um local próprio para reuniões comerciais. Os arquitetos não se basearam nos templos pagãos, pois nestes a entrada dos fiéis só era permitida no momento das oferendas, e os cristãos tinham a necessidade da congregação. O modelo romano das basílicas se prestava para tal fim, pois era uma construção com um grande interior vazio. As suásticas que foram introduzidas dentro das igrejas cristãs eram elementos decorativos, continuaram com essa função nas molduras e meandros. As suásticas duplas, ainda que isoladas na iconografia religiosa, tornaram-se bem comuns na decoração do período bizantino. Com o passar do tempo desapareceram ou ficaram restritas à geometria dos pisos em associação a grandes tapetes.

Igreja Shavei Tzion, Israel
Igreja bizantina do séc. IV descoberta em 1955, na Galileia.

Suástica dupla, Igreja Bizantina
Mosaico de piso

Se na origem do cristianismo nem todos os espaços religiosos nasceram sagrados, acabaram se tornando, pois no seu interior os fiéis celebravam a eucaristia, repetiam as passagens bíblicas e mantinham acesas as memórias dos seus mártires e fundadores. Ou seja, os lugares sagrados se tornaram sagrados porque ali dentro se praticava a sacralidade. Através de rituais, integravam o céu à terra, o divino ao humano e o tempo mágico-religioso ao tempo profano.[103] Os construtores decoraram as primeiras igrejas cristãs orientais com mosaicos coloridos e brilhantes em suas paredes e pisos para representar simbolicamente o paraíso na terra. Na Idade Média, tudo tinha um sentido oculto, e a compreensão do mundo era feita por metáforas; o repertório simbólico apresentava-se em todas as coisas, tanto nas naturais quanto nas construídas por eles. O medieval vivia efetivamente em um mundo povoado de significados. Fascinado por alegorias e simbolismos, punha em tudo um sentido oculto a ser decifrado.

DAS CATEDRAIS

A arquitetura cristã, que por mais de mil anos só existiu enquanto católica, nasceu com a configuração de cruz em explícita representação ao corpo de Cristo – um espaço sagrado que potencializou símbolos com tanta intensidade, que tornou impossível separar a forma do seu conteúdo. E o que vem a ser um local sagrado? São espaços às vezes naturais como rios, montanhas, lagos, cachoeiras, cavernas, ou artificiais e intencionalmente criados para práticas religiosas, um local onde ocorre o fenômeno da hierofania no tempo sagrado – o tempo onde os mistérios lendas e mitos não se desenrolam na linearidade física e, sim, no percurso do tempo mágico, em que a periodicidade científica cede para os ciclos do *tornar presente* e do *representar*, realidades possíveis somente nas liturgias sacras.

Uma catedral medieval, como um templo hinduísta ou uma mesquita mulçumana, conhecem a diferença entre arte religiosa e sagrada. A primeira é uma criação estética realizada sobre uma manifestação individual de caráter psicológico e sentimental, enquanto a segunda é uma criação de cunho ontológico e cosmológico que independe das opções pessoais e ideológicas do seu criador.[104] Ou seja, a arte sacra é sagrada não por causa da intenção subjetiva do artista, mas devido ao seu conteúdo, à sua natureza simbólica e ao que ela expressa e representa. Com valor sacramental, é aceita como um trabalho de inspiração celeste.

O conhecimento da arquitetura sagrada é uma das descobertas mais interessantes sobre a cultura de um povo, porque ela preserva símbolos místicos vinculados às suas concepões de mundo e que, conforme a tradição, podem se tornar transcendentes ou imanentes.[105] Nesta direção, inclui antigos padrões míticos que, providos de sentido mágico, conseguem se conectar com a ancestralidade da humanidade, como os labirintos, uma estranha forma que contém no seu embrião tanto a aspiral como a cruz direcional.

SÍMBOLOS PAGÃOS E CONTEÚDOS CRISTÃOS

O piso de pedra da catedral de Amiens foi criado como um imenso tapete. Entre espaços de formas geométricas, reservaram uma área para o labirinto, bem próximo de suásticas. O labirinto usado pelos arquitetos medievais era uma substituição simbólica da peregrinação à Terra Santa, e significava o Caminho de Jerusalém. O crente que não podia realizar a peregrinação real, percorria-o em imaginação, fazendo o circuito ajoelhado, em sinal de penitência. Ao atingir o centro, ele se punha na espera de alguma revelação do mistério cristão. Esse é o momento que dá início à sua transformação e à passagem interna das trevas para a luz. Era uma experiência individualizada e entendida como revelação do sagrado, uma prática que tinha o poder de purgar os pecados medievais. Na época, os exercícios devocionais eram entendidos como penitência e tinham a equivalência de indulgências. Para os cristãos, o centro não era o encontro com a morte, como aconteceu com o lendário Minotauro, mas representava a salvação. A peregrinação simbólica era prescrita para pecadores em momentos de reflexão pessoal.

O RITO DO LABIRINTO
AMIENS

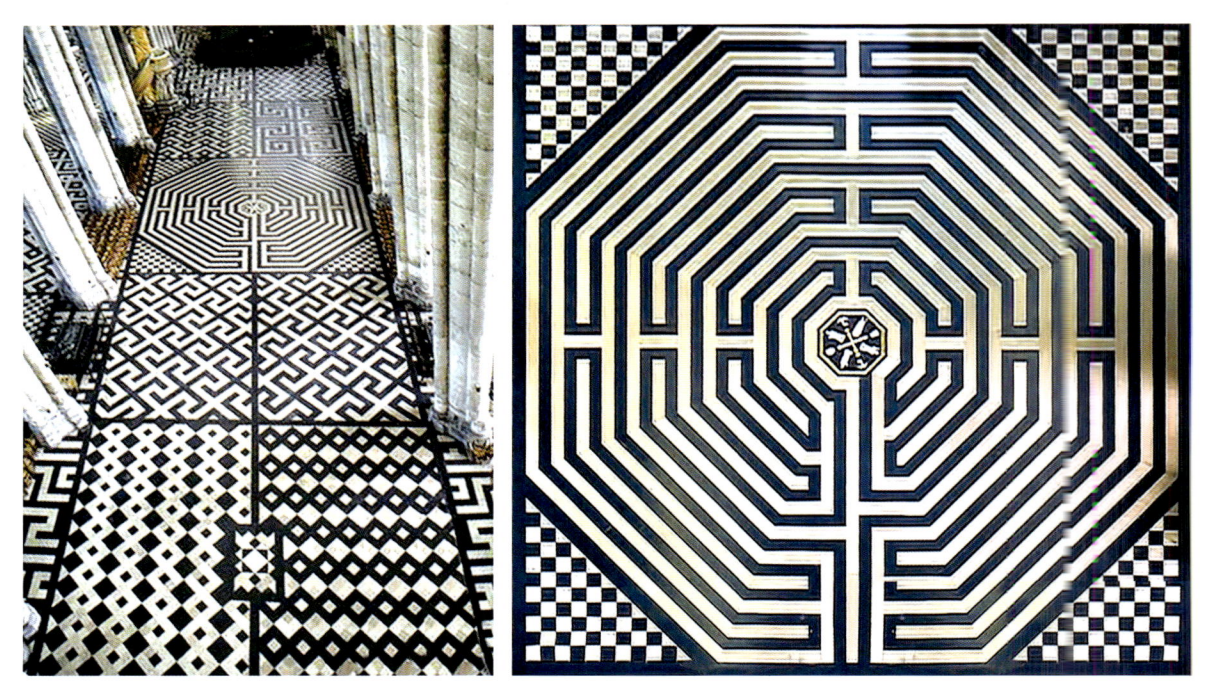

Catedral de Amiens, 1220 / 1400
Amiens, considerada uma obra prima do gótico clássico, teve sua construção iniciada sobre os escombros de uma antiga igreja românica. Os trabalhos estenderam-se por dois séculos e foram acompanhados por mais de sete gerações.

CHARTRES

Catedral de Chartres, 1145

O labirinto circular, em forma de rosácea ou mandala, representa o novelo de lã usado por Teseu no mito grego. Nessa catedral, 11 anéis concêntricos dispostos num diâmetro de 12,60m compõem um percurso interno de 261 metros.

ORLEANSVILLE

Basílica de São Reparato. Orleansville, Nigéria, 324

A basílica, que testemunha os primórdios do cristianismo, foi construída no ano de 324, em tempos anteriores ao Concílio de Niceia. Possui o labirinto cristão mais antigo e, hoje encontra-se em território da atual Argélia. O labirinto conhecido como Quadrado Mágico tem no centro um criptograma cujas letras compõem as palavras Santa Eclésia (Santa Igreja maravilhosamente escrito em todas as direções.

A apropriação do mito grego tornou-se, simbolicamente, jornada cristã ao encontro com Deus. Mesmo que reinterpretado com novo significado, manteve seu conteúdo arquétipo de jornada interior. A metáfora é clara para o *homo religiosus*. Se no labirinto todos os caminhos levam ao centro, este lugar só pode ser o encontro com Deus e o fio condutor que, adaptado o penitente cristão, torna-se a fé. Ao peregrinar por dentro das igrejas, era comum atingir a sensação de plenitude mística indizível por sua própria natureza e que Bazán distingue em três planos de significados diferenciados, respectivamente: sentimento de unidade com o cosmos ou consciência cósmica; experiência de totalidade ou vivência de plenitude e, finalmente, experiência de superação e despojamento para poder alcançar o Absoluto.[106] O misterioso e inefável caminho para o centro, que numa visão psicanalítica contemporânea representa o percurso individual de interiorização, regeneração e autoconhecimento, no período medieval era entendido como o caminho que levava o homem ao desejado encontro com Deus.

A antiga geometria que reproduzia a ordem em oposição ao caos, agora cristianizada significava a nova doutrina religiosa em oposição ao velho mundo politeísta. O labirinto figurado no chão e transformado em peregrinação, possibilitava ao devoto a realização de suas vivências místicas. O desenho cêntrico e unidirecional conduz a pessoa para o interior de si mesma, rumo ao conhecimento e à transformação. Pela meditação, o devoto caminhava na direção de um santuário interior escondido que representava a chegada à cidade sagrada de Jerusalém. O ritual do labirinto permitia ao fiel que o seu sacrifício fosse recompensado pela purificação dos seus demônios internos. Nas igrejas cristãs, eles ficavam próximos ao altar-mor ou logo na porta de entrada do templo.

Os gregos além de criarem o mítico Minotauro, na região de Corinto, cultivavam o hábito de desenhar formas labirínticas nos muros externos de suas casas. A função era proteger suas famílias das influências maléficas. Esse costume renasceu na Inglatera medieval cristã, ao colocarem pequenos labirintos em relevo na área exterior de algumas igrejas. Eles serviam como protetores dos demônios, pois acreditavam que podiam limpar as almas, num exorcismo simbólico; tinham função semelhante aos fossos ou às muralhas das cidades. O conceito defensivo medieval fazia acreditar que seria possível prender os seres maléficos no interior do labirinto e, dessa forma, proteger a comunidade.[107] Portanto, os labirintos, em espaços cristãos, além de cumprirem os ritos de uma peregrinação virtual a Jerusalém, conservaram os poderes apotropaicos das religiões pagãs.

Apesar da sua beleza simbólica, os fundamentalistas jacobinos da Revolução Francesa destruíram ou danificaram muitos labirintos. Racionalistas e com dificuldade para entender o pensamento simbólico, enxergaram apenas como uma manifestação de superstição. Na construção gótica, da catedral de Chartres, iniciada em 1145, havia um labirinto e, no centro, uma grande placa de cobre, que foi arrancada pelos revolucionários, para a fabricação de canhões. Alguns iluministas, pessoas supostamente intelectualizadas, trocaram formas arcaicas como a espiral e a cruz direcional, por simples armas.

SUÁSTICA E AS RELIGIÕES DÁRMICAS
BUDISMO
JAINISMO
HINDUÍSMO

Darma é um conceito com muitos significados e de difícil tradução; uma palavra sânscrita que não conhece nenhuma correspondente em outra língua, mas que é fundamental para compreensão da Índia no aspecto religioso, cultural e comportamental. Tudo na Índia é uma extensão do conceito de Darma, uma Lei Cósmica e Universal que dá origem às demais leis. A maioria das religiões foram criadas sob esse conceito, que não se restringe apenas ao campo espiritual. Darma também se relaciona à ordem social por estabelecer condutas individuais nos deveres e direitos de cada um; é um código de ética que indica o certo e o errado na condução da vida. Darma na tradução literal é *aquilo que sustenta e mantém*. No Ocidente, equivale à Justiça, mas de um jeito próprio e com legislação diferente do Direito Romano.

Darma, carma e samsaras são três realidades distintas, com significados próprios que se entrelaçam e aparentemente se confundem. Juntas, formam a base das filosofias e crenças que se originaram na Índia. Hinduístas, jainistas, siques e budistas têm suas peculiaridades em relação ao entendimento do Darma. Mas, apesar de suas diferenças, todos acreditam que viver em harmonia com os seus preceitos é o melhor jeito para se alcançar mais rapidamente o *mocsa*, ou a libertação da roda das samsaras – também entendida como os ciclos das reencarnações. Para os hinduístas, Darma é a lei que governa a natureza e a sociedade ao mesmo tempo, podendo inclusive determinar as castas. Para os budistas, é o sentido da espiritualidade e se confunde com a doutrina de Buda. Nos antigos textos dos Vedas, a palavra darma designava comportamentos e ações humanas determinantes para o indivíduo traçar o seu caminho nos ciclos de vidas e mortes. Para os hinduístas, o darma só termina quando se atinge a sabedoria; para os budistas, esse estágio é o nirvana e, para os jainistas, é o ascetismo absoluto. Embora cada caminho do darma seja compreendido diferentemente, ele é sempre a busca da libertação.

Se darma é a lei do Universo, carma é ação. Os indianos acreditam que os espíritos podem acumular existências e se relacionar por meio de atração e aversão no movimento das samsaras. Portanto, a vida se realiza através de muitas existências sucessivas, é um processo de *perpetuum mobile*, tal característica é melhor representada pela Roda e pela Suástica. O conceito de movimento contínuo representa o essencial do pensamento indiano, ele está nas ações e, consequentes reações das escolhas pessoais.

SUÁSTICAS NA CULTURA INDIANA E ASIÁTICA

Estranhamento e mal-estar diante da suástica é um fenômeno que só se dá no mundo ocidental contemporâneo, ou seja, é uma reação de origem cultural e datada pois, na Índia e Ásia, a suástica é uma forma milenar respeitada e cultuada, é um símbolo auspicioso e de natureza pacifista que traduz com facilidade o conceito religioso de transmigração da alma.

Símbolos sagrados no hinduísmo, budismo e jainismo coincidentes e relacionados ao conceito dármico de metempsicose

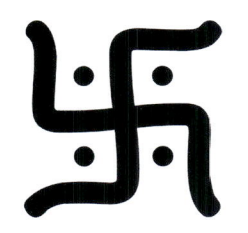

Om

Dharmachakra
Bhavacakra

Swatika
Manji

Padma
Lotus

O mito do Eterno Retorno, nas religiões indianas e asiásticas, é representado por formas relacionadas à rotação solar, são metáforas visuais que refletem a ideia de continuidade cíclica da vida. No sistema religioso indiano, prevalece o conceito de pluralidade. Os hinduístas têm uma profusão de deidades que convivem no mesmo espaço com a espiritualidade abstrata budista e o acetismo jainista. O conjunto de crenças é extremamente complexo e, se existem diferenças conceituais entre os três grupos dármicos, eles também têm afinidades e símbolos em comum. A doutrina clássica das religiões indianas resume a vida em quatro domínios, ou quatro direções determinantes e escolhidas pelos homens. São elas: "*Amor e prazer (kama); poder e sucesso (artha); ordem legal e virtude moral (dharma) e libertação das ilusões (moksha); mas apesar da escolha para um dos quatro princípios ser uma ação pessoal, o mundo é sempre regido pela Ordem Cósmica*".[108] Para o autor, Joseph Campbell, tudo está em movimento e girando em torno do ponto imóvel da eternidade, essa existência para os indianos chama-se *dharma* – a ordem que sustenta todos os seres, a vida, e que tem seu equivalente chinês em *Tao*, uma realidade igualmente inominável e inefável.

No quadro das religiões indianas, o número de adeptos, em ordem decrescente, está o hinduísmo, o budismo, o jainismo e o siquismo monoteísta. Todos acreditam em reencarnação e praticam sua religião dentro de um sincretismo natural. Com exceção do siquismo, as três primeiras religiões compartilham alguns símbolos em comum. *Om,* o som sagrado e vibração do Cosmos, é o gene de todos os mantras. O símbolo mais abstrato e universal está presente nas casas e templos e em todos os rituais e orações. A toda hora e lugar *Om,* o som circular, é repetido ao infinito. Tudo começa por *Om*, a fonte sagrada de todas as existências e a materia primordial do universo que movimenta a *Roda da Vida* (dharmachakra ou bhavacakra). A imagem das reencarnações é um círculo em movimento; o atributo da Roda é indicar o caminho para a iluminação e, ao mesmo tempo, mostrar a sucessão das vidas. O terceiro símbolo comum é a cruz gamada, conhecida por suástica ou manji entre os asiáticos. Ela corresponde à força que impulsiona a vida no cosmos, sua imagem é a visualização do Sol em movimento e o *starter* propulsor que anima a máteria. Por fim, o último símbolo que reproduz os ciclos das reencarnações é a For de Lótus ou padma, uma planta que tem raízes no lodo, desabrocha apenas sob a luz solar, mas quando anoitece se fecha para novamente renascer no amanhecer. Em várias versões, tanto a suástica como a Flor de Lótus são símbolos das mitologias solares e estão relacionados aos sentimentos de proteção e bons auspícios originários da luz.

SELO DE BUDA
SUÁSTICA DA TRANSFORMAÇÃO

O Selo de Buda, em forma de suástica, inscrito no peito de algumas esculturas, significa os quatro princípios fundamentais do budismo.

Buda Gigante, 1993, mosteiro Po Lin - Hong Kong, 34 metros. Imagem com suástica no peito e Ajna, o Terceiro Olho, em posição Abhaya Mudra, o gesto de proteção, benção e segurança.

Buda com suástica e espelho na aura que reflete tanto o Maya do mundo como também de quem o contempla. No budismo, o espelho chama-se Dharmakaya – o que reflete sem julgamentos. Simboliza a pureza e a sabedoria de Buda.

Buda do Templo Kek Lok Si,
Penang, Malásia, em posição Budha-Shramana, o gesto da renúncia.

As suásticas chamadas de Selos de Buda têm tal denominação por se acreditar que, visualmente, representam seus ensinamentos considerados autênticos e incontestáveis. O selo equivale a um timbre que serve para legitimar, chancelar ou referendar – seja em relação a um simples objeto ou a uma ideia. O selo de Buda, em forma de suástica, indica as quatro verdades do ser humano no dinamismo da vida; é a imagem das verdades em movimento ininterrupto e interagindo entre si. No budismo, como nas demais religiões indianas, a vida humana é orientada por uma visão cíclica da história chamada de Roda da Transformação. Essa crença faz da suástica a imagem do percurso contínuo das muitas vidas.

A suástica encontrada em muitas culturas antigas sempre esteve associada ao Sol e entendida como luz. "*Vemos a conexão entre o significado original do Sol e a luz da suástica de Buda. No budismo a luz é uma metáfora para a sabedoria, pois ela quebra as trevas da ignorância. Portanto, as palavras de Buda são simbolizadas pela luz. A suástica aparece nos sutras como um símbolo do Coração-Mente do Buda, a mente de grande compaixão que abraça todos os seres sem discriminação, além dos gostos e aversões. Assim como a mente de Buda possui várias virtudes, a pessoa entra no coração do Bodhisattva através da suástica"*.[109]

O selo com suástica é uma tradição dos antigos hindus, pode representar desde o reconhecimento de posse sobre propriedades, como conhecimento amplo, usado no sentido filosófico. A suástica na simbologia budista se originou no Tibete, de lá partiu para as culturas de todo o sudeste asiático, levando consigo o sentido dármico de Buda para a China, Coreia e Japão.

Selo da Lei,
Selo do Caminho,
Selo Dármico
Selo de Buda.

Os braços da suástica indicam as Quatro Verdades dos ensinamentos de Buda:

Verdade do Sofrimento

A Existência é sofrimento e nenhuma forma de Existência é separável do Sofrimento

Verdade da Causa do Sofrimento

A origem de todos os sofrimentos está no desejo

Verdade do Cessar o Sofrimento

A interrupção do desejo desencadeia o fim do sofrimento

Verdade do Caminho para Cessar o Sofrimento

Ao seguir o Nobre Caminho pelo cultivo do desapego, encontra-se a libertação do sofrimento no Nirvana e, consequentemente, a realização do giro da Roda de Dharma.

As quatro verdades budistas da existência humana estão estabelecidas pelo conceito de impermanência, ou seja, tudo muda e nada permanece o mesmo. Tudo nasce e morre e renasce para morrer novamente. Sendo assim, não existe uma natureza individual, já que todos os fenômenos em essência são ilusórios e chamados de *não eu*. Segundo Buda, para interromper esta cadeia e atingir o Nirvana, é preciso o desprendimento. Diferentemente das outras religiões, o Nirvana é um estado e não um lugar.

No budismo não existe a crença num deus criador que seja uma autoridade, também não existe uma escritura sagrada. O budismo nasceu com Siddharta Gautama, por volta do século VI a.C., no atual Nepal. Não existe uma literatura histórica da época, ou uma narrativa cronológica, pois a compreensão do tempo era diferente, era uma realidade cíclica. O que realmente importava era conseguir a libertação do Maya, ou seja, desprender-se da ilusão da matéria, do engano dos sentidos e romper os elos que prendiam os seres humanos no ciclo infindável das reencarnações. O objetivo principal da existência humana estava no libertar-se e findar o carma com a extinção do sofrimento. Dessa maneira, o registro temporal dos acontecimentos era coisa de menor interesse. Para os primeiros budistas, fazer história à maneira grega, com a preocupação de associar fatos a datas, era um ato pequeno.

PEGADAS DE BUDA
FASE ANICÔNICA DO BUDISMO

A representação conhecida como Pegada de Buda nasceu nos primórdios do budismo, quando ainda predominava uma postura anicônica. *Buddhapada* simboliza o caminho e a jornada de Buda para a iluminação e a sua passagem material pela Terra. Por mais de dois séculos, os budistas expressaram-se sem as atuais representações antropomorfas; utilizavam apenas símbolos abstratos, não existe qualquer lei proibitiva e nem um consenso a respeito da ausência das imagens físicas de Buda. Provavelmente seja uma prática filosófica que reflete melhor o conceito de Nirvana, um estado inconcebível em forma visual e humana. São apenas especulações teóricas, pois nunca foi encontrado nada que expressasse um dogma qualquer e proibitivo.

Pegada de Buda ou Buddhapada em Sikri, séc. II, Museu Lahore
Os símbolos budistas na pegada de Buda são: Suásticas, Roda do Dharma e Triratna ou as Três Joias

BUDDHAPADA

As Pegadas são alusivas à lenda de quando Buda caminhou por Kusinar, na Índia, e sem perceber, deixou a impressão de seus pés em uma das rochas do caminho. Simbolicamente esse registro passou a significar ao mesmo tempo ausência e presença de Buda, pois as Pegadas representam a sua materialidade na Terra e a imaterialidade de sua entrada no Nirvana. No calcanhar vê-se Triratna ou Trísula, o tridente que engloba três representações Buda, Dharma e Sangha, em outras palavras, o Iluminado, os Ensinamentos e a Comunidade dos Monges. No meio do pé, a Roda de Dharma ou a Roda Cósmica da Lei, uma forma correspondente aos ciclos de morte e renascimento na qual todo ser humano está preso; e, por fim, na ponta dos cinco dedos, existem pequenas suásticas que, segundo a tradição dos sutras tibetanos, significam o eterno e imutável ou o sentido regulador do Universo. A Pegada de Buda são os caminhos para alcançar a iluminação final e o ciclo das reencarnações.

MANJIS BUDISTAS

No Japão, a suástica budista é chamada de *manji*, um símbolo que representa a harmonia dos opostos na vida; pela linha horizontal, une-se a luz às trevas, e pela vertical, o céu à terra. As duas linhas em perpendicularidade formam uma cruz que significa o universo em seu perpétuo estado de fluxo e mutação. A suástica quando está no pé indica a jornada para a iluminação e, quando está no peito, é Dharma – o *Caminho para a Verdade*.

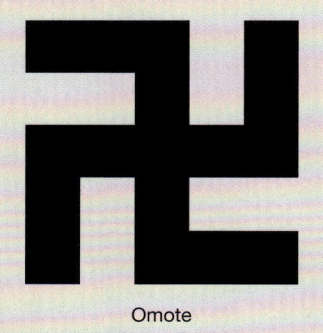

Omote
O movimento anti-horário, à esquerda, representa a misericórdia infinita que nutre todas as coisas

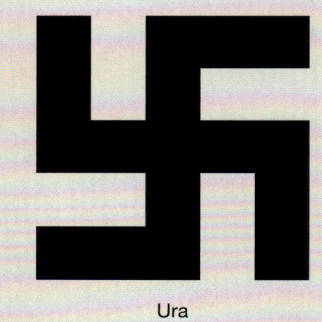

Ura
O movimento em sentido horário, à direita, representa o intelecto, uma energia que fortalece por sua clareza.

Os manjis chamam-se *Omote* e *Ura* e vivem em harmonia complementar, pois juntos sustentam Dharma, o conjunto de conceitos que formam a base das filosofias, crenças e práticas originadas na Índia. Os dois manjis em ação e impulsionados representam a ordem social, a conduta reta a ser seguida e as virtudes. No budismo, o movimento à direita ou à esquerda não significa o dualismo ocidental da luta entre o bem e o mal. No pensamento budista, *Omote* e *Ura* fazem parte de uma mesma unidade e só constroem o equilíbrio da vida se estiverem juntos.

Na longa história do budismo, o símbolo foi representado nas duas direções; nos sutras mais antigos ele é descrito à direita, mas *"O antigo caractere chinês para suástica era virado à esquerda e de acordo com a enciclopédia budista japonesa de Bukkyo Daijiten a suástica à esquerda foi formalizada na China, em 639, na época da imperatriz Wu Zetian da dinastia Tang e de onde se espalhou para a Coreia, Japão, Vietnã e Tibete. Até hoje não se sabe porque o imperador padronizou o símbolo nessa direção, o que se sabe é que por um longo tempo a suástica viajou com o budismo padronizada à esquerda e em sentido oposto à do gancho nazista à direita"*.[110]

As duas suásticas, sentidos horário e anti-horário, são usadas para representar as forças yin e yang, seja no Tibete ou na China. No taoismo, não importa o lado da suástica, ela é sempre um antigo símbolo auspicioso. No Ocidente, o budismo foi mais divulgado a partir da 2ª Guerra e era natural que evitassem o uso da suástica. Por essa razão a roda Dharma e o Lótus são os emblemas mais frequentes fora da Índia e Ásia, mas ao mesmo tempo *"Essa atitude ajudou a criar preconceito e ignorância no Ocidente, nesse sentido, é responsabilidade dos budistas educar o público mal informado e mostrar o símbolo sagrado em outros contextos para que possam entender como a suástica não tem nada a ver com racismo e ódio"*.[111]

Suástica do iluminado e do nirvana
Libertação do mundo material

Buda do Nepal
Auréola de lótus e suásticas

A aura em volta da cabeça de Buda, em semelhança às aureolas das imagens católicas, significa a luz espiritual. Nesta representação, a suástica acompanhada da Flor de Lótus quer dizer: purificação após percorrer o Caminho do Nirvana. Lótus, a flor mística, equivale à rosa e ao lirio no Ocidente, sua primeira designação simbólica ocorreu no antigo Egito, com o sentido de nascente. A suástica e a Flor de Lótus juntas são a Roda Cósmica e a imagem do universo no qual a vida evoluiu a partir do ponto central do Sol.[112]

Buda está associado a lotus porque o miolo da flor, *mani padme*, é o nirvana. Flor símbolo de luz, Lótus não se mancha com o lodo sobre o qual nasceu, por isso significa pureza espiritual ou os seres que não foram maculados pelo lado prosaico de suas vidas. O dinamismo em moto-contínuo da suástica é a imagem da transmutação e a presença da morte na vida. Isto quer dizer que para renascer é preciso primeiro morrer. Para o novo se instalar são necessárias mudanças, trocas ou o extermínio do já existente. A suástica budista era também entendida como a chave do Paraíso[113,] ou aquela que possibilita a entrada no Nirvana.

VIVENCIAR A SUÁSTICA NO BUDISMO

Para os budistas, esculturas, símbolos ou templos são representações sagradas e quem as vir, sejam budistas ou não, receberá as bençãos. Quando Buda nasceu, os indianos estavam imbuídos da tradição do bramanismo, uma doutrina que também se baseava na libertação do carma, mas de maneira diferente. O diferencial do budismo está na possibilidade pessoal de interromper os contínuos ciclos de Samsara; a liberdade é uma conquista gerada pelo esforço individual. Na tradição hindu ocorre de maneira totalmente diferente; a mudança é um merecimento que está atrelada ao *status* social de cada um.

Os novos conceitos trazidos por Buda revolucionaram as possibilidades de extinção do carma, seu pensamento chocava-se com o hinduismo porque trazia uma condição de liberdade igualitária. O budismo não afirmava que todos eram iguais, mas sim que todos poderiam igualmente atingir o nirvana. A grande mudança foi transferir para o indivíduo a responsabilidade de conquistar a liberdade e romper com os antigos paradigmas sociais herdados do bramanismo. O determinismo da origem de nascença agora estava desfeito. Seguindo as pegadas de Buda, qualquer um poderia alcançar a iluminação e o seu estado espiritual.

Siddharta Gautama nasceu príncipe e, aos 29 anos, abdicou da sua riqueza e família na busca da verdade. Ao se chocar com o fato de existir sofrimento, miséria e as doenças que até então ele desconhecia, mas que existiam dentro dos muros do próprio palácio, ele iniciou a sua jornada na compreensão da condição humana. Caminhou por sete anos buscando respostas para a razão e a origem da dor. Um dia, embaixo da árvore Bodhi, ele teve a revelação e sua liberação. Neste momento, atingiu a iluminação, o Nirvana e se tornou *Budha*.

ENTRE A NATUREZA E A ARQUITETURA

O templo budista é um lugar de inúmeros simbolismos dedicados ao culto e à consagração de Buda, o ponto central da construção é o santuário que serve para guardar relíquias e cinzas dos mortos. Na Índia, esse edifício chama-se estupa, que em sânscrito quer dizer "acumular", na Ásia ele é mais vertical e conhecido por pagode. Jardins são cultivados em muitas religiões. No cristianismo, são uma metáfora do paraíso e correspondem ao mítico Éden, já no budismo é um lugar de contemplação, que propicia a conexão com o espiritual. Diferentemente dos jardins ocidentais, que são desenhados para lembrar a passagem do tempo pelas mudanças das estações, o jardim budista existe para projetar a estabilidade da mente. Neles, o silêncio predomina, caminha-se por entre a natureza e as imagens de Buda, de guardiões e de suásticas para praticar o *não eu*.

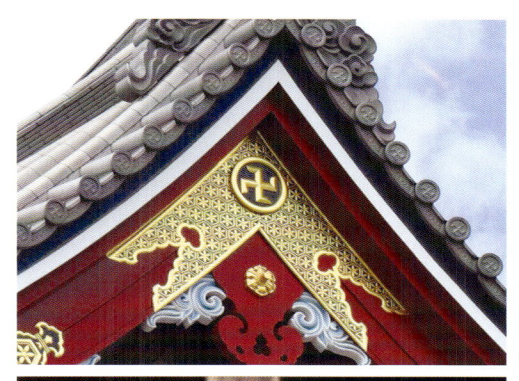

Templo Sensoji Asakusa Kanon. Construído em Tóquio, no ano de 645, é o mais antigo do Japão

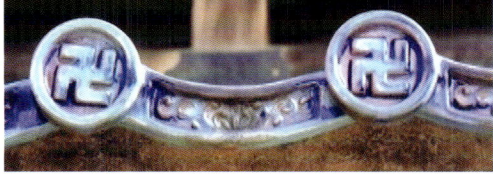

Templo budista – detalhe de cumeeira Cerâmica vitrificada

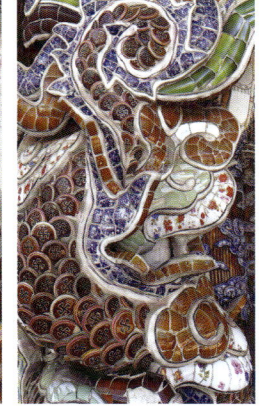

Pagode Linh Phuoc, Cidade Dalat, Vietnã.
Dragão em relevo e detalhe das escamas com suásticas.
Templo do Dragão é um mosaico arquitetônico, construído em 1949, no pós-guerra.
O edifício foi totalmente revestido por material vitrificado e colorido.
Na Ásia, o dragão é símbolo de poder material e espiritual.

Lago em formato de suástica no Templo de Hasedera, da seita Jodo, do ano de 736

Os jardins budistas representam o Universo e os Selos de Buda; sua função é ajudar a reflexão sobre os problemas humanos. Acredita-se que durante a meditação, diante da imagem de suásticas, pode-se chegar ao nível mais profundo dos sentimentos e ao âmago da dor humana. Aceitar esse enfrentamento doloroso como uma vivência necessária seria o primeiro passo no caminho do desprendimento. As suásticas, como as mandalas, são usadas para facilitar a meditação, por serem perenes indicações do Dharma e símbolos do equilíbrio dos opostos. É comum encontrar suásticas de cerâmica vitrificada nos jardins asiáticos em beirais e nas cumeeieras; ao reproduzirem os ventos, elas simbolicamente sopram e impulsionam o movimento circular dos ciclos da vida em direção ao nirvana.

Como em outras religiões, os sinos fundidos em bronze servem para avisar a passagem do tempo e também para a convocação dos serviços litúrgicos. No budismo asiático, usam os *bonshos.* De grande dimensão, eles diferem dos sinos comuns, pois são tocados pelo lado exterior com barras de ferro que produzem uma reverberação prolongada e própria para praticar a meditação. No budismo, o sino representa a impermanência, porque o som é visto como uma realidade efêmera, que pode ser ouvido mas nunca capturado. O som do sino marca o tempo e relembra que a vida é transitória, nela os acontecimentos passam e se transformam. Acreditam que o som do bonsho ressoando dentro de um poço tenha poderes sobrenaturais, pois por meio dele pode-se chegar aos mortos no submundo. O som dos sinos e dos mantras repetem, em rotação, a forma circular e infinita da suástica.

TRADIÇÕES E SÍMBOLOS
LANTERNAS: A LUZ DA SABEDORIA

Festival das Lanternas Seul, Coréia do Sul

Templo Zenko-Ji, construído no séc. VII, em Nagano, Japão

A origem lendária da celebração de encerramento do Ano Novo Chinês com lanternas iluminadas divide-se entre o imperador Han Mingdi, o defensor dos budistas, e o imperador Han Wudi, o unificador da China. Seja como for, o uso de lanternas iluminadas era uma prática antiga e fundamentada no agradecimento e na esperança de receber bênçãos por mais um ano. Provavelmente ocorreu por volta do século II a.C. durante a dinastia Han. Porém o Festival que expõe suásticas é *Lotus Lantern* de Seul, de origem diferente e data posterior, surgido por volta do século X para comemorar o nascimento de Buda. Cada vez mais o Festival está se tornando uma grande confraternização, com o objetivo de projetar simbolicamente *a iluminação mental de todos os seres*. A festa transcorre em noite de lua cheia e as lanternas de papel arroz, que carregam mensagens e desejos escritos, circulam pelos céus e sobre os rios iluminados com velas tremulantes em forma de lótus

JAINISMO

O jainismo, uma das religiões mais antigas da Índia, surgiu na mesma época e de forma semelhante ao budismo. O seu fundador, Mahavira, era descendente de uma família aristocrata que pertencia à casta dos guerreiros. Tal qual Buda, um dia abandonou seu mundo de privilégios e riqueza para buscar conhecimento e entender o verdadeiro sentido da vida. O jovem tinha por volta de 30 anos quando se tornou um mendigo errante. Durante 12 anos vagou quase nu pela Índia e no mais restrito ascetismo se convenceu de que o caminho para a Iluminação teria que ser uma vida de abnegação. Esse comportamento de desprendimento começou a atrair seguidores que, como seu líder espiritual, também estavam insatisfeitos com o sistema de castas. Os escritos jainistas dizem que Mahavira se liberou dos desejos terrenos praticando meditação e sendo altruísta. Dessa maneira, ele alcançou *moksha,* que quer dizer o fim do fatalismo dos ciclos cármicos.

Igualmente como Buda, ele não acreditava num deus criador e central. Sua doutrina estava baseada no princípio de Ahimsa, que vem a ser a prática da não violência. Não existe uma religião jainista única; o que existem são várias seitas subdivididas em grupos internos, com adeptos de classes diferentes e extremadas. O jainismo é praticado com igualdade entre pobres e ricos, entre a população mais ativa economicamente da atualidade, como também entre os extremados ascetas. Sem uma unidade formal, eles se constituem numa complexa organização de grupos sociais que têm em Ahimsa a grande ação aglutinadora. Além da não violência, o ideário jainista se baseia em mais três princípios praticados em diferentes graus de intensidade: castidade, desprendimento material e a virtude da verdade e justiça. O caminho da liberdade e purificação da alma inicia-se no combate às paixões mundanas. Acreditam que pela disciplina da meditação e pelo sacrifício do jejum limparão os carmas antigos e impedirão a criação de novos carmas.

A religião jainista é pacifista e foi a primeira a ter uma visão de respeito à natureza mais próxima da consciência ecológica contemporânea. Para eles, a destruição dos recursos naturais com a finalidade de possuir bens é considerada ato de violência e uma forma de agressão, pois faz os homens se sentirem em posição de superioridade, e esse sentimento desperta o desejo de controlar e subjugar. Praticar Ahimsa é ser contra tudo isso, porque todos os seres são considerados iguais e nenhum, inclusive os animais, pode ser dominado.

O budismo e o jainismo responderam à insatisfação da sociedade do século VI a.C. Ao pregarem o livre-arbítrio e enfatizarem a responsabilidade individual, atacaram o sistema de castas e possibilitaram que as pessoas decidissem seus carmas e obtivessem o resultado final em função das suas escolhas pessoais. Nas duas doutrinas, cabe ao indivíduo tornar o mundo melhor para si e para os outros. Matar e preservar é exclusividade de cada pessoa, e por sua vez, é fator determinante dos seus carmas, pois tudo relaciona-se ao princípio de Ahimsa.

AHIMSA

Ahimsa é uma ideia, um princípio, um conceito filosófico e uma atitude. O nome vem do sânscrito, data de 700 a. C. e foi encontrado pela primeira vez nas escrituras das Upanishads. Ahimsa é o cerne da doutrina e o ponto de convergência entre todas as comunidades jainistas. O objetivo é impedir qualquer tipo de agressão, intencional ou não, praticada ou apenas imaginada, seja por meio de palavras, ações ou pensamentos.

Ahimsa é a prática da não violência em todos os níveis da existência, seja ela humana, animal e vegetal. É o mandamento essencial da espiritualidade e da ética e, se tudo está relacionado a esse princípio, os hábitos alimentares também devem mudar. Tornaram-se veganos e deixaram de comer carne ou qualquer proteína animal. Até os insetos estão incluídos neste ideário. Os jainistas mais extremados andam com uma máscara sobre a boca e o nariz para evitar que, ao respirarem, mesmo que involuntariamente matem qualquer microrganismo. No universo de Ahimsa a vida, no sentido mais amplo da palavra, está protegida, não pelos deuses, mas pelos homens.

PRINCÍPIO DE AHIMSA NA ARTE JAINISTA

Templo Jainista Ahimsa Sthal, Mehrauli, Nova Deli

Templo Jainista, Calcutá

Para ilustrar a prática da não violência e oposição à luta natural entre predador e vítima, criaram uma imagem que colocam nos seus templos. Nela, uma vaca e um leão compartilham pacificamente a mesma água, brincam e alimentam o filhote do outro; simbolicamente representam a paz pelo bezerro e o pequeno leão que mamam nos corpos contrários. O preceito de *não causar dano* é um princípio ético-religioso que deve envolver todos os atos. Por exemplo, as guerras devem ser evitadas e a força física, substituída por diálogos; os guerreiros precisam de discernimento e, caso seja inevitável, que as armas usadas sirvam apenas para alcançar a vitória e não para ferir ou causar dor. Apesar de professada por todos, a não violência é uma realidade que ainda não estabeleceu os limite entre Ahimsa e a guerra justa. A verdade é que não existe, no pacifismo, um consenso entre os textos e a aplicação de Ahimsa.

AHIMSA O SÍMBOLO JAINISTA

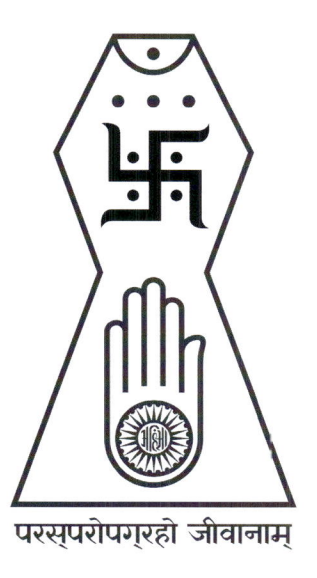

परस्परोपग्रहो जीवानाम्

O símbolo atual de Ahimsa é uma combinação de vários signos. O contorno representa o universo e foi idealizado na forma de uma figura humana estilizada, em pé, de pernas abertas e com os braços apoiados em ambos quadris. Este símbolo divulgado pelo mundo foi adotado por todas as seitas jainistas somente em 1975, na celebração dos 2500 anos do nirvana de Mahavira. A palma da mão aberta e levantada significa um alerta que avisa a necessidade de parar e pensar antes de começar qualquer atividade. É um tempo de parar e ter a certeza, é a interrupção para uma reflexão antes da ação e a certeza de que toda violência foi evitada. A roda Dharma Chakra na palma confirma os ciclos de Samsara, mas que colocada no contexto de Ahimsa, torna-se uma confirmação de que a sua prática pode interferir indefinitivamente nas vidas, mortes e renascimentos individuais. Originalmente, o símbolo era representado apenas pelo desenho de uma mão com a roda e a inscrição da palavra no seu interior, que em sânscrito quer dizer não injúria. A inclusão da suástica no símbolo visual completou seu antigo sentido e quer dizer: todos os seres vivos têm uma centelha da energia divina e podem mudar as consequências carmicas, pois praticar Ahimsa é atingir a libertação completa dos círculos das reencarnações.

O princípio da não violência, essência primordial do jainismo, não é exclusividade, pois é um preceito presente também no budismo e no hinduísmo. No Ocidente do século XX ele ficou mais conhecido a partir do líder Mahatma Gandhi que o considerava uma regra universal, e reconheceu sua existência em outras religiões, como o cristianismo e o islamismo. Hoje Ahimsa significa o ativismo pela paz, o equilíbrio interno e o respeito pela natureza. Todo jainista praticante deve tomar cuidado com suas ações, deve observar todas as palavras, tanto as proferidas como também as não proferidas, ou seja, as que existem apenas em pensamentos. A prática de Ahimsa permite que qualquer um chegue à perfeição e supere os ciclos das suas reencarnações, os chamados Samsara.

Os adeptos mais excepcionais são os *Vestidos de Céu* – ascetas que andam com cabelos e barba sem cortar e completamente nus porque nada possuem a não ser o próprio corpo. Vivem desprovidos de tudo, comem com as próprias mãos e sem o auxílio de nada, sequer um copo ou talher. O único objeto que possuem é um espanador de penas para limpar o caminho por onde passam, com a função de evitar que pisoteiem ou matem qualquer inseto ou outro ser vivo. Demonstram total desapego e se recusam a ter qualquer posse. No grupo dos extremados, encontram-se também os praticantes de Sallekhana, a eutanásia proveniente do jejum. Eles entendem que o corpo representa o cativeiro da alma e, se todas as coisas são temporárias, com exceção da alma e do universo, que são eternos, até mesmo o próprio corpo pode ser desprezado para se atingir a liberdade de Samsara. A mortificação tem o objetivo de limpar os antigos carmas que ficaram marcados na alma, porque diferentemente dos budistas e hinduístas, eles acreditam que minúsculas partículas provenientes de más ações de vidas passadas ficam acumuladas e mancham a alma. Para voltar à pureza inicial jejuam até morrer. Acredita-se que atualmente por volta de 240 pessoas morrem dessa maneira por ano, na Índia.

Suásticas jainistas, o caminho da liberdade, da tolerância e da não violência

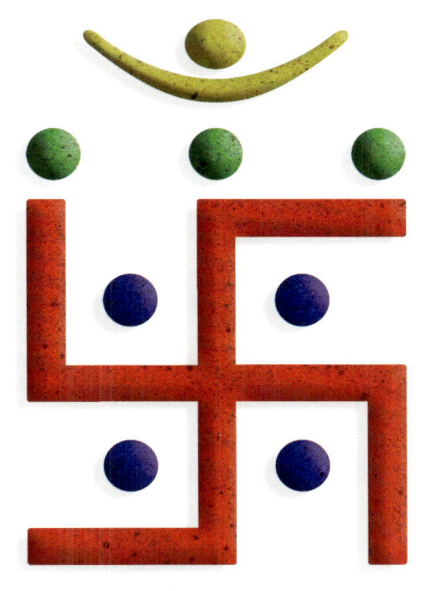

Suástica Jainista

As três religiões indianas mais antigas são igualmente dármicas, pacifistas e utilizam a suástica em sua simbologia, porém a jainista tem particularidades. Ela é entendida como uma síntese visual do conceito cíclico da vida e tem um significado especial, ao representar os quatro *gatis* ou os quatro tipos de renascimentos possíveis. A imagem sagrada indica o percurso da transmigração das almas e determina quais serão os quatro destinos possíveis para as vidas futuras e as próximas reencarnações. Os quatro braços circunscrevem simetricamente quatro pontos que representam os estágios da consciência humana, além de sinalizar as quatro formas disponíveis para a alma renascer. Na suástica, os espaços foram organizados em sentido horário; o primeiro a partir do canto superior esquerdo refere-se aos seres divinos; o segundo destina-se aos seres humanos; abaixo, à direita, estão os seres animais e vegetais e por fim, completando o círculo, o último espaço pertence aos seres infernais.

Para os jainistas, esses quatro mundos se conectam entre si, porque reconhecem que é possível pessoas, animais, plantas, cursos e quedas d'água e algumas formações rochosas se interligarem por meio de elos cármicos. Acima da cruz, geralmente vermelha existem três pontos que representam os caminhos que levam à libertação, são as chamadas *três joias* da doutrina: fé, conhecimento e conduta correta. No topo, uma pequena curva conhecida por *siddhasnilla* representa o lugar de descanso final das almas liberadas. O ponto colocado acima de tudo representa um *siddha*, é o ponto final de todos os carmas, o último estágio onde a alma estará eternamente pura e liberta. A doutrina jainista sobre o carma implica num trabalho de limpeza físico e material, além do espiritual. Acreditam que a origem da violência esteja no descontrole das paixões e, para vencê-las, deve-se praticar o jejum, a castidade, a meditação, o ascetismo e, se preciso for, até a mortificação. A possibilidade da liberdade encontra-se em viver o ahimsa e o primeiro passo está em dominar o desejo de possuir.

Nas palavras de Joseph Campbell a visão do ascetismo indiano é muito diferente em relação às demais religiões do mundo. "*É extremamente difícil para uma mente ocidental compreender quão profunda é a impessoalidade do oriental. Mas se quisermos dialogar algo com aquele mundo, é necessário antes de mais nada abandonarmos a nossa imagem. O primeiro encontro significativo entre Oriente e Ocidente, em nível de tentativa de intercâmbio filosófico, ocorreu com o jovem Alexandre, o Grande em 327 a.C. Os macedônios convidaram alguns sábios indianos, pensando em intercâmbio e em exibir os seus conhecimentos, mas indignados tiveram que ouvir deles que ainda que viessem de um deus, alguém vestido como eles não teria nada a ensinar, primeiro teria que aprender a ficar nu*".[114]

O exército de Alexandre se deparou com conceitos de humildade e desprendimento até então desconhecidos. Esse relato é surpreendente, pois é a mais antiga constatação no Ocidente sobre a meditação ioga. A comitiva macedônica aprendeu mais que o simbolismo do desprendimento, deparou-se com seus valores e técnicas usadas para alcançar a identificação mítica, a invisibilidade e a passagem para além dos limites da terra.

No jainismo não existe Deus, mas jinas, entendidos como seres que conseguiram escapar ao ciclo dos renascimentos e transmitiram aos homens o caminho e os ensinamentos para que todos pudessem também se libertar. Não são vistos como divindades, porque todos contêm igualmente o divino, mas como forma de inspiração. Suparshvanâtha e Shitalanâtha, o sétimo e o décimo jina, são os dois que alcançaram a liberdade eterna e estão representados nos rituais pela suástica, respectivamente nas cores verde e dourado. Os jainistas dão muita importância ao emblema presente em todos os seus templos, livros, casas e cerimônias.

Os indianos conseguiram conservar suas tradições religiosas como em nenhum outro lugar, talvez devido à tolerância e ao sincretismo. Afinal, sempre conviveram com povos de etnias, línguas e costumes variados; acostumaram-se desde cedo com as diferenças entre os marrons dravidianos, os orientais mongóis e os brancos caucasianos. Com tanta pluralidade, tudo era muito simbólico e desembocava na espiritualidade. O grande propósito da cultura indiana está em práticas religiosas; até mesmo a bandeira, um símbolo de identidade jainista, é a representação desse universo místico. Nela, a cor vermelha representa Siddha, as almas liberadas; o amarelo, Acharya, o mestre espiritual; a cor branca é Arihant, aquele que consegue derrotar os inimigos internos e atingir a bem-aventurança; o verde são os brâmanes, chamados de Updhyaya; e finalmente o preto representa Muni Sadhus, os monges e os ascetas.

Sinalização jainista em porta de residência em Jodhpour, no Rajastão, a Terra dos Maharajas, próxima ao Paquistão. Fundada em 1459, hoje é conhecida por Cidade Azul ou Cidade do Sol.

Detalhe de suástica a beira do Rio Ganges, no local onde praticam cerimônias de purificação por banhos e rituais funerários de cremação

Bandeira Jainista
O emblema formado por uma suástica e cinco faixas coloridas, representa entidades espirituais orientadoras dos homens no caminho da liberdade.

HINDUÍSMO

Hinduísmo é uma palavra criada por comerciantes ingleses em meados do século XVII com o intuito de diferenciar os indianos dos mulçumanos. Foi uma maneira prática, porém artificial de criar unidade diante de uma civilização extremamente plural e diversificada. Hoje a palavra hinduísmo está associada à religião, mas significa bem mais que um complexo panteão de deuses e rituais; refere-se cada vez mais a um conceito cultural de costumes, crenças e sistemas sociais. Hinduísmo é um sistema diversificado de credos, pensamentos e comportamentos.

A religião entendida por hinduísmo nasceu nos textos sagrados, a mais antiga entre as principais religiões indianas, e como as demais, baseia-se no tripé sagrado do Dharma, Samsara e Karma. Segundo as escrituras dos Vedas, que em sânscrito significa conhecimento, tudo está compreendido nos ciclos que se movimentam em ato contínuo e ininterrupto. Acreditam que o universo por inteiro é uma constância de ação, reação, nascimento, morte e renascimento. Apesar do Hinduísmo englobar noções do pensamento indiano bem conhecidas, a seita é vista como a mais complexa de todas as religiões vivas no mundo. De sua enredada mitologia nasceu a organização social, e ela veio por meio de Varuna, o deus arquiteto e o Senhor da Consciência que garantiu aos sacerdotes sua superioridade sobre a nobreza. Acreditavam que os hinos védicos não tinham sido compostos por homens, mas ouvidos; portanto eles eram um tesouro da verdade divina, uma revelação que antecedera o universo e os próprios deuses, pois os hinos continham OM. Esta sílaba imortal é tudo. Tudo que é passado, presente e futuro é OM; e o que está além dos Três Tempos também é OM. Dessa maneira, o conhecimento e o controle dos hinos védicos deram poder aos brâmanes iniciados, e eles, que se consideravam deuses humanos, podiam compartilhar os tributos das oferendas e dos sacrifícios realizados aos deuses. Ao se instituírem como os únicos administradores dos bens das divindades, eles legitimaram sua riqueza e a posse dos proventos ofertados.[115]

O hinduísmo foi construído com enredos fascinantes e labirínticos. A religião é composta por um número ilimitado de deuses e avatares que convivem com seres mitológicos híbridos, entre humanos e animais, eles agem em situações fantasiosas e epopeias ininterruptas. O hinduísmo é mais que uma narrativa mítica, ele compreende um sistema social com divisão de classes baseado na hereditariedade e na estratificação, já os preceitos religiosos deram origem e a justificativa das castas. Na Índia, tudo pode acontecer, uma pessoa pode mudar o nome, de religião, até a nacionalidade, mas não pode mudar de casta, pois ela é uma realidade que nasce e morre com o indivíduo e o acompanha até sua morte. Oficialmente, desde o início de 1950, o Estado não reconhece mais esse sistema, mas ele sobrevive e se manifesta na discriminação étnica. A origem mais remota da segregação racial indiana surgiu por volta de 1500 a.C. com os arianos "Um povo guerreiro e nômade indo-europeu que se tornou o conquistador e o dominador da população sedentária do vale do Indo. Na sua literatura, a imagem dos aborígenes não era nada lisonjeira, ora eram tratados por demônios de pele escura e ora por escravos".[116] A teoria das castas surgiu dessa associação entre cor de pele e condição social da população nativa que, dominada pelos arianos, se viu excluída.

As diferenças classificatórias da sociedade, segundo a origem religiosa hindu, são consideradas pela anatomia do deus Brahma, o Grande Criador. Os brâmanes são os sacerdotes, os que nasceram da cabeça do deus e representam a casta cerebral, são os que detêm o conhecimento. Os xátrias, compostos por guerreiros e governantes, nasceram dos braços, portanto são os que constituem a liderança através da força física, ação e comando. Os vaixás são trabalhadores que se dedicam a diversas atividades, de agrícolas a artesanais, comerciais e financeiras; eles nasceram das pernas de Brahma, os membros que simbolizam mobilidade. O grande líder pacifista que mudou a história da Índia, Mahatma Gandhi, era um descendente desse grupo. Os sudras nasceram dos pés, são os trabalhadores braçais e domésticos, e os que garantem a estabilidade porque suas atividades asseguram a sobrevivência material da sociedade. Por fim existem os párias, reconhecidos também por intocáveis ou *dalits,* os que fazem os trabalhos mais humildes, sequer têm castas e apenas por isso devem ser discriminados, e considerados tão indignos que nem nasceram de Brahma.

Budistas e jainistas transformaram a rígida estrutura social criada no bramanismo. Se antes a vida das pessoas era preestabelecida pelo nascimento, com Buda e Mahavira, a vida passou a ser definida pelas escolhas e ações pessoais. Trocaram o determinismo do destino pela reponsabilidade individual. O sucesso do budismo se deu em razão de sua simplicidade doutrinária e por suas práticas pacifistas. Com apenas algumas regras de conduta seus adeptos elaboraram uma revolução na igualdade social. Bastou converter o sentido de pureza física em pureza espiritual e, dessa maneira, tanto budistas quanto jainistas se insurgiram contra o mais discriminatório e severo dos sistemas classistas já criado. O ponto crucial estava na possibilidade de libertação espiritual aberta a todos e foi esse pensamento igualitário que colocou em xeque a herança bramânica hinduísta, uma tradição milenar de organização dogmática e irrefutável. Seis séculos depois, e igualmente sem qualquer gesto de violência, Cristo promoveu uma revolução social semelhante a Buda; cristianismo e budismo falavam no mesmo tom sobre liberdade, igualdade, virtudes e uma vida de desapego.

Hinduísmo não pode ser confundido com bramanismo e nem tratado como mais uma seita no intenso quadro das religiões indianas. Hoje hinduísmo é considerado um conjunto de antigas tradições, que inclui os mais diferentes grupos e abarca o extremo do pluralismo. Caracteriza-se por ser um cadinho de etnias, credos e culturas amalgamadas com elementos filosóficos e místicos dos tempos védicos e também atuais. Ecléticos e sincréticos, são os maiores propagadores da suástica e, de um jeito único, conseguem ser ao mesmo tempo politeístas, monoteístas e panteístas.

A suástica no hinduísmo é diferente, visto que, além de manter o antigo sentido dármico do budismo e jainismo, ela é festiva, tem um lado auspicioso de prosperidade e sorte. Está mais próxima da sua etmologia, pois *svastika* em sânscrito significa felicidade, prazer e boa sorte. No hinduísmo, ela é aceita e cultuada por todas as camadas sociais como a imagem do bem viver, é alegria, esperança e tudo que traz sorte. Pode-se dizer que a suástica hinduísta é democrática, flexível e extremamente pragmática.

SWASTIKA DA SORTE, PROTEÇÃO, ABUNDÂNCIA E PRAZER

Quando os colonizadores ingleses intensificaram seus laços políticos e comerciais com a Índia, ficaram tão encantados com a suástica, pela forma e significado, que a levaram para a Europa e os Estados Unidos, onde fez enorme sucesso. No início do século XX, a suástica era um dos signos mais populares no Ocidente. Vista por toda parte, virou amuleto, logomarca, adereço, nomeou coisas e lugares, até ser adotada pelo partido nazista e erroneamente ficar associada apenas às chagas do holocausto. A suástica contém um aspecto paradoxal no seu significado hinduísta, pois além da associação com a ideia cíclica de carma, ela também é um símbolo relacionado aos bens materiais e carnais. Acreditam que o símbolo tem o poder de realizar todos os desejos imagináveis de felicidade e prazer que vão da meditação espiritual ao clímax sexual. No tantrismo, a suástica é a força cósmica que rege o universo sob o comando do deus Vishnu, em outras palavras ela é a energia sagrada da vida.

No hinduísmo, sexualidade e espiritualidade se cruzam como uma forma de conhecimento. Entre os tântricos existe um segmento de origem tribal que prega o domínio das sensações físicas para liberar a Kundalini; nessa doutrina, buscam o espiritual através de práticas e rituais físicos e sexuais. Acreditam que o ser humano, na sua origem mais remota, era andrógeno, indivisível e completo, mas com a separação entre feminino e masculino, houve a quebra e perda da unidade ancestral.

Yantra tântrico com suástica e a Serpente de Kundalini
Atributos de Vishnu: lótus, concha, cajado, machado e trísula.

A essência da doutrina se explica no próprio nome; a palavra *tantra* quer dizer trama, ou seja, ela é a realidade que sustenta e envolve o universo. Para eles, todos os seres em seus diversos níveis, vegetal, mineral, animal e humano são essencialmente energia, todos são diferentes, mas pertencem a um só corpo. No tantrismo, a sexualidade é o caminho para recuperar a unidade primordial e se conectar ao divino e à energia cósmica; para eles, a finalidade do contato sexual não é atingir o orgasmo e, sim, expandir a *Kundalini*, que em sânscrito quer dizer *aquela enrolada como uma cobra*, em alusão à energia vital. As práticas sexuais tântricas são realizadas como cerimônias religiosas, em rituais demorados de coparticipação física com muito erotismo.

A ALEGRE SUÁSTICA DE GANESH, O DEUS MENINO-ELEFANTE

O deus menino Ganesh é uma entidade mundialmente conhecida e aclamada como o deus da alegria e do sucesso. Na Índia, o pequeno deus é o portador da Boa Fortuna e sempre que preciso é invocado como o Destruidor de Obstáculos. Ganesh, o mais popular dos deuses hinduístas protege as pessoas nas suas tarefas mais rotineiras e banais, nos trabalhos domésticos, viagens, exames escolares, cerimônias, negócios profissionais, relações dos casais e até mesmo no preparo dos alimentos. Ganesh é o deus da suástica, o mensageiro do bom agouro, o que carrega a esperança e promete a ventura.

Ganesh no tradicional gesto de benção
Suástica na mão direita e no livro sobre
o prato de doces.

GANESH O DEUS DA BOA FORTUNA
O REMOVEDOR DE OBSTÁCULOS

Ganesh é sempre representado sentado, cercado por símbolos e em posição de benção. Segura nas quatro mãos objetos comuns da sua iconografia e outros que variam conforme a intenção do pedido feito pelo devoto. Os deuses podem se adaptar aos locais da sua adoração, sendo que alguns atributos se repetem com mais frequência, entre eles lótus, a flor da pureza da alma e das possibilidades infinitas; colocam doces e moedas relacionados à fartura e prosperidade; às vezes o deus-elefante segura armas como o machado, a maça e a trísula; a seus pés espalham o laço, conchas, vasilha com água e o rato, o animal que transporta Ganesh. O deus costuma se apresentar com o mantra Om e o símbolo visual da Suástica.

Suas quatro mãos agitadas são a encarnação do simbolismo da quaternidade e que, segundo Cirlot, correspondem ao número da realização, ou seja, a qualidade que garante o sucesso do menino-elefante. Ganesh popularmente é conhecido como o deus fazedor que cumpre o que promete. A estranha figura composta por um corpo humano volumoso e rosado, com cabeça de elefante, pode ser perturbadora, mas é comum no hinduísmo imagens de deuses frutos do cruzamento de espécies diferentes. Nos últimos tempos, a procura por Ganesh está cada vez maior; seus templos vivem extremamente lotados, são espaços muito coloridos e sempre festivos, recebem todo tipo de gente e de pedidos. Se o deus tem aparência bizarra para os ocidentais, para os indianos ele é apenas um ser plural. A população costuma descrevê-lo com muito carinho, a cabeça grande de elefante é sinal de sabedoria e inteligência, a barriga avantajada é sinônimo de generosidade e abundância, as grandes orelhas servem para ouvir com atenção os devotos, e os olhos, sempre bem abertos, enxergam além do que se vê. O machado em suas mãos serve para lembrar da luta e o corte do apego aos bens materiais; a luta da conquista também está exposta na presa quebrada, que representa os sacrifícios necessários para alcançar os desejos. Sua figura feliz está sempre rodeada com oferendas, geralmente são flores e seus doces típicos chamados *laddus*.

O culto a Ganesh renasceu com extrema força a partir dos anos 1990. No início, os especialistas em comportamentos coletivos pensaram que seria mais um produto da globalização e a necessidade mercadológica na busca pelo novo. É no mínimo estranho ver Ganesh fazer sucesso num mundo de predominância racionalista e com valores morais judaico-cristãos. A curiosidade despertada por sua figura híbrida atende às necessidades do exotismo contemporâneo, mas a popularidade vai muito além dessa estranha aparência. Por trás do atual gosto pelo bizarro, existe o pragmatismo; cada vez mais o misticismo e ascetismo vêm sendo substituídos pela conquista do poder, pelo hedonismo e o consumismo. Antes de mais nada, Ganesh é pragmático. Com o crescimento de sua adoração, ficou rotineiro ouvir suas saudações e invocações; é familiar ouvir seu mantra que diz: *"onde quer que esteja Ganesh lá existirá Sucesso e Prosperidade"*, ou *"onde quer que haja Sucesso e Prosperidade, lá está Ganesh"*.

NO MUNDO DE GANESH

Quando a vida se complica, o hindu reza e pede para Ganesh; quando a mente fica confusa, a divindade que vem socorrer é o menino-deus mestre do intelecto e da sabedoria; se tiver que enfrentar alguma dificuldade financeira, o provedor da prosperidade e o removedor de obstáculos é Ganesh, o deus preferido pelos homens de negócios e comerciantes. O deus da fartura também é o comandante dos lares na hora da força e proteção. É comum encontrar no interior das casas a imagem de Ganesh rodeado com oferendas chamadas *pujas*. Os hinduístas oferecem comida, moedas, flores e bebidas ao som de mantras e hinos sagrados com incensos e lamparinas acesas. Nos rituais domésticos praticados na privacidade ou nas cerimônias dos templos dedicados a Ganesh, costuma-se começar e terminar a liturgia com o desenho gestual da suástica. O símbolo indiano que pertence a todas as camadas sociais, que travessa castas é sempre benquisto, por ser a esperança de melhoramento material.

Adorno doméstico de parede

Convite de casamento bordado em seda

Nos casamentos, a suástica representa promessa de fertilidade e garantia de prosperidade material. No convite nupcial, exprime fertilidade, felicitações e abundância.

Ganesh e o Rato

Ganesh, na mitologia hinduísta, cavalga um rato chamado Mushika. Se à primeira vista os dois animais são diferentes, juntos eles se completam, pois enquanto o rato significa esperteza e investigação, o elefante é a inteligência, ou seja, a solução dos problemas por meio de raciocínio e estratégia.

Kalasha, pote cerimonial e Narikela Shifala, a fruta de Deus

Em ocasiões especiais, os hinduístas fazem oferendas colocando um coco adornado com folhas de manga numa jarra de água. O ritual sempre praticado por mulheres é comum em casamentos, por ocasião de visitas importantes ou para agradecer a aquisição de bens, como carro ou casa. Nos casamentos, o coco refere-se à fertilidade feminina na parte interna e à força masculina na parte externa. Os três olhos são atribuídos à deusa Shiva, que garantirá ao casal satisfação nos desejos sexuais.

SORTE, PROTEÇÃO E ABUNDÂNCIA

Oferendas do Ritual puja

cascatas de moedas com suásticas da prosperidade

lamparinas da iluminação e da renovação

flores e alimentos da abundância

FARTURA E SUCESSO

Laxmi, o elefante do Templo Manakula Vinanagar, em Pondicherry

Laxmi é um elefante adornado com símbolos de Ganesh, que abençoa tocando sua tromba na cabeça dos visitantes. Esse hábito surgiu na cultura hinduísta, por simbolizar a encarnação de Ganesh, e na budista, por representar a força da mente

FERTILIDADE PROSPERIDADE

Alimentos e especiarias adornados com suástica em dia de festa, em Japur

Durante os dias do Festival das Luzes, a suástica é vista em toda parte. Símbolo auspicioso, está presente nos mais diferentes suportes: joias, pinturas corporais, bordados e muitos outros materiais. As três religiões dármicas põem suásticas nos alimentos como oferendas e também em agradecimento aos pedidos atendidos

SUÁSTICA DA RENOVAÇÃO

Nas festas *Diwali*, também conhecidas como *Festival das Luzes,* os símbolos mais conhecidos da tradição indiana são iluminados com milhares de lamparinas acessas. O rio Ganges transforma-se em chamas, num espetáculo de fé. A festividade de origem hinduísta pertence à época dos agricultores ancestrais, quando comemoravam a prodigalidade da natureza por ocasião das primeiras colheitas. Diwali celebra a vitória do bem sobre o mal que existe dentro de cada ser; é um ritual coletivo para lembrar a centelha divina existente em cada coração. É também uma festa de diálogo inter-religioso, pois budistas, mulçumanos, cristãos, jainistas, hinduístas e siques comemoram o simbolismo da luz. Diwali é uma celebração religiosa, cultural e social que envolve todo o país; as casas são limpas, renovadas, redecoradas e preparadas para receber Rama, o senhor das virtudes.

Diwali Festival das Luzes, rio Ganges

DIWALI É O FESTIVAL DO TRIUNFO DA LUZ SOBRE AS TREVAS DO BEM SOBRE O MAL E DO CONHECIMENTO SOBRE A IGNORÂNCIA

Diyas - Lamparina Cerimonial
Culto doméstico em Diwali

Ganges ritual de renovação - Diwali

Deve-se usar roupas novas, trocar presentes, cumprir rituais, celebrar em família e meditar. Por fazer referência ao renascer e celebrar com muitos fogos de artifício ruidosos e coloridos, pelo uso de roupas novas e abundância de comidas, erradamente a festa está sendo interpretada pelos turistas como festa de Ano Novo. Nada mais errôneo, pois o tempo na Índia é cíclico e infinito. O renascer, no caso, refere-se aos carmas. A festa, de origem hindu, absorveu um sentido de congregação e se tornou um momento especial de votos de sacrifício e introspecção, no qual suásticas ardentes e iluminadas fazem girar a Roda de Dharma durante cinco dias consecutivos. Os líderes espirituais vêm alertando sobre a lembrança de prosperidade, que não deve ser confundida com consumismo, assim como não deve transformar o movimento rotatório dos ciclos cármicos apenas em movimento propulsor da Roda da Fortuna

RANGOLI

Rangoli iluminado

Rangoli são tapetes ornamentais colocados nas portas das casas e ruas para atrair a deusa-mãe Laksmi com o objetivo de manter a ordem e harmonia da família. O tapete festivo é feito com flores e muitos materiais triturados e pigmentados que lembram muito Corpus Christi, uma tradição litúrgica católica de influência árabe festejada na quinta-feira, logo após Domingo de Pentecostes. Os desenhos dos rangoli são feitos por mulheres e fazem parte do ritual de renovação de Diwali; portanto a seleção dos símbolos e cores é escolha pessoal, em conformidade com as necessidades de cada família. Os tapetes feitos para Laksmi, a deusa da Riqueza e Prosperidade, são um convite para a divindade entrar e abençoar a casa visitada.

NOVAS SUÁSTICAS – SINCRETISMO RELIGIOSO NA PÓS-MODERNIDADE ASIÁTICA

SEICHO-NO-IE E FALUN DAFA

Seicho-No-Ie é uma doutrina japonesa que surgiu em 1930, mas somente se expandiu após o final da 2ª Guerra com a queda da religião oficial. Na data, o Japão, segundo os preceitos xintoístas, era um Estado Teocrático, e o imperador, uma divindade cósmica inatingível que deveria ser obedecida sem questionamentos. Imagina-se a dificuldade do Japão imperialista, convicto de possuir superioridade militar e arraigado em crenças nacionalistas, ser obrigado a aceitar a derrota da 2ª Guerra e entender o mundo por uma nova ótica. A rendição, mais que humilhação, mudara um conceito secular. Em agosto de 1945 o imperador tornava-se humano e, pela primeira vez, a população japonesa ouviu pelo rádio a voz do seu soberano. Apenas internamente, porque, no Ocidente, o príncipe Hiroito já era conhecido, pois estivera na Europa em sua juventude. Apesar do resultado final, o imperador foi protocolar em seu dircurso e, sem esmorecer, comunicou apenas que o governo havia aceitado os termos da Declaração de Postdam.

Neste quadro de reconstrução social, coube uma revisão do budismo e a inovação da doutrina do Seicho-No-Ie, um pensamento que fora introduzido em paralelo às adaptações do movimento de ocidentalização no Japão. A nova religião, fruto do sincretismo das três grandes religiões da história do Japão uniu xintoismo, budismo e cristianismo no seu emblema solar chamado de enkan. Simbolizando integração e coexistência, ele é composto por uma estrela verde de oito pontas, a cruz gamada branca e o círculo vermelho com 32 raios. Segundo seu fundador, Masaharu Teniguchi, o símbolo foi criado a partir de uma meditação em Osaka sobre A Verdade da Vida.

Falun Dafa ou Falun Gong é uma nova seita surgida na China, em 1992. *Fa* significa Lei, *Lun* é roda e *Gong*, energia. Seus seguidores formam grupos pacifistas e extremamente regrados que se exercitam diariamente com meditação e atividades físicas; o objetivo é expandir a consciência individual e coletiva. Se hoje vivem um período de grande aceitação internacional, já sofreram muitas perseguições, como o terrível massacre de 1999, na cidade de Tianjin. Em julho de 1999, o Partido Comunista Chinês ordenou perseguição contra seus praticantes. Naquele ano, o número chegara aos 100 milhões, a imprensa norte-americana fez sérias denúncias mostrando que, na época, mataram de maneira trágica mais de 2 milhões de chineses praticantes. Segundo acusações, seus órgãos serviram para transplantes médicos. O documento foi publicado pela Organização Mundial para Investigar a Perseguição ao Falun Gong, WOIPFG na sigla em inglês. Os defensores chegaram a esse número depois de investigar por mais de dez anos os métodos utilizados pelo regime comunista chinês, sob as ordens de Jiang Zemin, ex-líder do governo que ordenou perseguição e morte.

Enkan Seicho-No-Ie – 1930
Estrela, suástica e Sol

Emblema Falun Dafa
ou Falun Gong

Essa seita está abalando o comunismo chinês e parece repetir o mesmo processo que o cristianismo provocou a partir da Polônia, com forças contrárias ao antigo bloco soviético. O medo dos dirigentes chineses é motivado pela simpatia e aceitação que o grupo tem entre muitos jornalistas internacionais. A mídia abraçou espontaneamente sua causa libertadora e, bem mais do que as doutrinas budistas e taoistas, eles estão mais vinculados à antiga prática chinesa de Gong. O movimento Falun Dafa é silencioso, trabalha a consciência social pela defesa da não violência pelo crescimento individual com liberdade. Ainda que indefesos e nada agressivos, seus adeptos já conseguiramm provocar o Estado militarizado chinês. Mais de uma vez, incomodaram o governo e demonstraram insatisfação no tocante aos Direitos Humanos. Sem precisar de filiação a algum partido político, ou se envolver ideologicamente com grupos ou seitas religiosas, eles são considerados uma ameça e continuam ilegais em território chinês

A bandeira do grupo consiste numa suástica reversa que gira à esquerda e está centrada num círculo vermelho cercado por quatro símbolos da teoria da unidade. Os chineses o chamam de *Tai Chi* e os taoistas, de *Ying e Yang*. Eles representam o equilíbrio dos opostos são a união entre o positivo e o negativo, o dualismo e o complementarismo universal. Os adeptos acreditam que cada ser só pode exisir se estiver relacionado a outros seres. O emblema é uma reinterpretação da Roda Budista que surge mentalmente quando seus adeptos meditam. Nos relatos, dizem que o símbolo colorido aparece com muita intensidade e com todos os movimentos multidirecionados. Afirmam ser um momento especial que acontece pleno, quando a energia que rege o Universo se configura e se torna visível.

SUÁSTICAS PLURAIS E MULTICULTURAIS
MIGRAÇÃO DAS SUÁSTICAS RELIGIOSAS PARA O CONSUMO DE MERCADO
SUÁSTICAS INUSITADAS, HERÁLDICAS E AUTÓCTONES

Templo em Mandawa Suástica e Trísula

Porta com suásticas em movimentos contrários

Monge Budista

Rio Ganges, Haridwar

Pagode Bao Quoc Templo Budista em Hue, Vietnã, dinastia Nguyen.

Templo Hindu
Símbolos Om e Suástica
Bombaim Mumbai, Índia

Budismo Tibetano, Wangdue Phodrang, no Butão

IMAGEM DE IDENTIDADE CULTURAL
SUÁSTICAS DA DIVERSIFICAÇÃO RELIGIOSA, DA PROSPERIDADE, DO DESPREDIMENTO, DA PROTEÇÃO DE GANESH E DA LUZ DE BUDA

Rangoli Festival Diwali - Tapete ornamental de pigmentos para atrair a Sorte e o Bem na luta contra o Mal

Na Índia, todos os aspectos sensoriais são intensos, mas nada supera o colorismo local, uma herança direta do hinduísmo. Por toda parte, cores transmitem conteúdos simbólicos e, segundo tradição religiosa, o vermelho significa poder, mas não como dominação, é a cor dos dias felizes e por essa razão a mais frequente nos casamentos. O amarelo e o laranja estão associados ao fogo da purificação e à luz da espiritualidade. O púrpura ou violeta é o luxo e riqueza, e o verde, por analogia, é primavera, a cor da fertilidade. No Festival das Cores todos celebram o amor na festa da união carnal de Krishna e Radha.

Arquitetura residencial, Mysore, Índia

Decoração em festa de casamento, em Jaipur

Vestes bordadas

Detalhe arquitetônico em ilha Diu, Ganges, Mahadev

SUPERSTIÇÕES NA ERA INDUSTRIAL

SUÁSTICA DA SORTE
AMULETOS GOOD LUCK
CAMPANHAS PUBLICITÁRIAS
SÍMBOLO BENFAZEJO

Cartão postal norte-americano, 1907
Suástica da Sorte

Swastika Laundry Ltda, 1930, Dublin
Projeto de marca corporativa

Cartaz publicitário 1915/1916
Good Luck – Embalagem para conservas

Brinde Coca-Cola
Campanha publicitária, 1925

No início do século XX, agentes comerciais do colonialismo inglês e grupos esotéricos divulgaram pela Europa e Estados Unidos a suástica da sorte indiana. Todas as civilizações sempre tiveram símbolos próprios, formas mágicas e objetos relacionadas à sorte, e sempre acreditaram na existência de forças imprevisíveis e incontroláveis capazes de dirigir a vida e controlar a própria morte por meio de artifícios mágicos, como amuletos e talismãs. Considerados catalizadores de energias negativas e propulsores de proteção e sorte, os amuletos são objetos mágicos e, se hoje estão relegados ao campo das superstições, na antiguidade, eram verdadeiros instrumentos de defesa. Com eles podia-se abrir caminhos, encantar inimigos, curar doenças, atrair amores, conquistar riquezas e trazer vitórias. Sorte e destino estavam relacionados entre si, mas na antiguidade e na era medieval, eram realidades manipuladas por forças sobrenaturais; o homem asssistia aos desígnios, não como o sujeito da sua própria história, mas como espectador de si. Era prerrogativa dos deuses decidir e determinar os destinos dos homens. As mentes mudaram e, mesmo vivendo num mundo cercado de cientificismo e racionalismo, a crença na sorte é um fenômeno universal muito vinculado ao imaginário popular.

Nas primeiras décadas do século XX, a suástica era reconhecida na Europa e América anglo-saxã como um amuleto da sorte, uma forma benfazeja. Tanto que, em 1910, nos Estados Unidos, era sinal de cordialidade presentear alguém com suásticas, os mais ricos faziam joias com o símbolo. No cartão postal de 1907, a suástica traria a plenitude da sorte para seu portador – Good Luck é formada pelos três "Ls" da sorte: Life, Light e Love. Life está associada ao globo terrestre, Love representado por dois corações flechados, e Light, pela natureza e um grande sol iluminado. Na parte superior, a palavra Good Luck ficou posicionada entre o símbolo e a palavra suástica dividida por uma ferradura. A imagem central e agigantada elucida o conteúdo da peça, pois nela tudo está relacionado ao fator sorte. As ferraduras como amuleto, nasceram com os agricultores que as colocavam nas portas das casas e celeiros devido à semelhança com a lua crescente, um antigo símbolo de fertilidade e prosperidade. O cartão postal norte-americano do começo do século foi composto em absoluta simetria com quatro suásticas que giram em torno do centro e os três Ls da sorte movem-se como engrenagens de um motor em movimento.

Em 1987, a empresa Spring Grove Laundry incorporou a antiga lavanderia Swastika e, com ela, a história de pioneirismo empresarial de John Brittain. Em 1912, ele fundou, em Dublin, uma lavanderia e junto implantou o conceito de marca corporativa unificada – nome e logomarca formando um único corpo. Em recente entrevista, seu neto explicou que a escolha do nome Swastika devia-se ao símbolo de boa sorte; a família tinha também um cavalo de corrida chamado Swastika Rose. Todos os elementos visuais da empresa exibiam uma suástica que podia ser vista nas fachadas dos prédios, nas vans de entrega e nas embalagens. Com o início da 2ª Guerra, em 1939, acrescentaram ao nome *Swastika* a natureza da empresa, tornando-se *The Swastika Laundry*, acreditando que, dessa maneira, ela se desvincularia de qualquer aproximação com a suástica do nacional-socialismo nazista. Seu nome sobreviveu até o início de 2000, quando o *boom* imobiliário construiu no seu lugar um grande edifício, mas curiosamente mantiveram no interior envidraçado a enorme chaminé original, de tijolo aparente, onde ainda se pode ver a logomarca da empresa numa destacada suástica em relevo.

SUÁSTICAS NA PUBLICIDADE

Durante a primeira década do século XX, por conta dos designers gráficos, era comum encontrar imagens de suásticas na comunicação visual. Gostavam da sua geometria e, para atrair a simpatia do público, a incluíam em suas peças publicitárias. Um dos exemplos mais conhecidos ocorreu com os produtos domésticos da linha Good Luck, da empresa norte-americana Boston Woven Hose & Rubber Company. Fundada em 1884 por Theodore Dodge, um ex-combatente da Guerra Civil, ela é considerada uma das mais antigas indústrias de produtos de borracha no mundo que continua ativa no mercado. Desde seu início, a empresa obteve sucesso, porque soube diversificar as inovações criadas por Charles Goodyear. No topo da lista dos seus produtos emborrachados, encontravam-se os pneus de bicicletas, a seguir vinha a fabricação de mangueiras, correias de máquinas, solas e saltos de sapato, elásticos, capas de chuva e, por fim, os anéis de vedação para vidros de conserva.

Estes pequenos complementos das cozinhas domésticas foram considerados um salto para a indústria alimentícia, porque atendiam aos novos hábitos das populações urbanas e, principalmente, às necessidades dos soldados da 1ª Guerra. O sucesso do produto foi resultado da sua própria qualidade material, com destaque nos recursos visuais utilizados na campanha. Os anéis vinham acompanhados por folhetos de receitas, imagens benfazejas de suásticas e o lema: *O segredo da preservação bem-sucedida é usar os anéis Good Luck*. A suástica neste material publicitário faz referência à logomarca da linha Good Luck, uma criação visual resultado da migração cultural do popular símbolo hinduísta.

Em 1925, a empresa Coca Cola criou um brinde para ser usado como um amuleto em forma de pingente. Era uma suástica, em metal ferroso, que trazia estampada em relevo a logomarca da *Coca-Cola* e seu antigo slogan *Drink in Bottles*. Na época, a campanha foi divulgada com cartazes que diziam: Beba uma garrafa de Coca Cola e tenha Sorte. Orientavam o consumidor para olhar embaixo da cortiça e ver se havia encontrado um cupom de prêmio entre 5 cents e 1 dólar (*Look under the cork and you may find a coupon calling for a cash premium from ¢5 to $ 1.00. Drink a bottle of Coca-Cola and be Lucky. Ask the dealer for details*).

IDENTIDADE HERÁLDICA, LOGOMARCA E EMBLEMAS

A origem do pensamento visual, apesar de desconhecida, é resultado de convenções coletivas, ou seja, supõe-se que primeiramente os homens emitiam sons e eles vieram acompanhados por gestos, que reproduzidos por um longo tempo, acabaram se tornando sinais de comunicação. Os antecedentes visuais mais longínquos das logomarcas e emblemas estão nos desenhos rupestres. Quando repetidos, tornaram-se um código visual semelhante à escrita. Nasceram símbolos geométricos que combinavam formas a significados específicos. Os emblemas de identidade podem designar inúmeras coisas, porque trabalham na mente humana como sinais de linguagem, ou seja, de compreensão. Os logotipos são signos que marcam produtos, são sinalizações informativas que dão o reconhecimento daquilo que representam.

SOBRE O BRASÃO DA SOCIEDADE TEOSÓFICA

Brasão da Sociedade Teosófica desde 1891

Em 1875, a russa Madame Blavatsky fundou, em Nova York, a Sociedade Teosófica para ser um grupo de estudos de filosofia, religião, esoterismo e ocultismo. Vivia-se um momento no qual as religiões perdiam força e, como Madame Blavatsky vivera muito tempo na Índia, ela tentou reafirmar os conceitos do divino, com uma postura diferente – pretendia aliar o que aprendera com os avanços da Ciência e da Tecnologia. Para dialogar com todas as áreas, escolheu a Filosofia como canal. Ao equilibrar as pesquisas científicas com as organizações religiosas, Madame Blavatsky criou a Sociedade Teosófica, cuja finalidade era pesquisar as diversidades religiosas e, ao mesmo tempo, combater posturas dogmáticas e práticas de superstição.

Era uma instituição ecumênica que pregava a tolerância religiosa e a liberdade de pensamento. O brasão da Sociedade Teosófica foi pensado sobre formas sagradas de muitas religiões e imagens arcaicas universais. Tudo nele está circundado pelo lema *Não há Religião Superior à Verdade,* e coroado pelo sinal hinduísta *Om*, o som do Universo. No eixo e logo abaixo de Om, foi colocado uma suástica budista girando em diagonal; na sequência e ocupando grande parte na composição, vê-se uma agigantada Estrela de Davi, que em concomitância representa, no judaismo, o Selo de Salomão, e no hinduísmo, a tríade: Brahma, Vishnu e Shiva. No centro, em posição de irradiação e convergência, está a cruz egípcia Ankh transformada na Cruz Cristã. Para finalizar, a autora colocou no brasão Oroboro, a serpente mítica que significa eternidade e infinito, morte e renascimento. No emblema teosófico, criado em 1891, Oroboro tem a particularidade de ser início e fim, alfa e ômega a partir da suástica. A força simbólica desse emblema foi analisado de várias maneiras, uma delas e bem longe do sincretismo, viu racismo e evolucionismo, uma base para conceitos de supremacia arianista. A divulgação do emblema na Alemanha coube ao médico Franz Hartmann, membro da Sociedade Teosófica, que entre 1892 a 1900 se dedicou a publicar a revista *Lothusbluten* e, ainda que alguns queiram associar o nazismo a essas imagens, sabe-se que a relação entre suástica, arianismo e nazismo seguiu por outros caminhos.

BANDEIRAS

Bandeira da Força Aérea Finlandesa, 1918/1944

Bandeiras Kunas
arquipélago de San Blas, Panamá

O surgimento das insígnias remonta ao período dos primeiros assentamentos agrícolas. Nasceram como signos identificadores para diferenciar não apenas os grupos, mas também a posse de propriedades. Escudos e bandeiras são narrativas não verbais construídas pela combinação entre geometria e cor. A suástica, como marca nacional, foi usada no símbolo do exército da Finlândia entre 1918 e 1944. A suástica azul, conhecida como a portadora da boa sorte, era usada pela família do conde Eric von Rosen, o doador do primeiro aeroplano da Guarda Branca. Nesse caso em especial, as opiniões divergem, pois houve comprovação de aproximação dessa família com lideranças nazistas durante a 2ª Guerra, mas pode-se afirmar, com a mais absoluta certeza, que o seu uso na Finlândia é bem anterior ao período em questão e sem qualquer conotação ideológica.

Em Kuna Yala, ela é identidade da comarca indígena que está localizada no mar do Caribe, pertence ao território do Panamá, mas é ao mesmo tempo independente. Existem por volta de 370 unidades entre ilhas e ilhotas no arquipélago, dessas só umas 60 estão habitadas. Os mais antigos habitantes vieram da Colômbia, durante o século XVII e em fuga dos espanhóis. Conseguiram instituir-se como Estado soberano apenas em 1925, após uma revolução com a declaração da República de Tule. Desde 1953 vivem uma situação *sui generis*, pois pertencem ao Panamá, mas têm legislação própria e autonomia absoluta. A suástica centrada na sua bandeira tem um sentido espacial, refere-se ao movimento migratório dos seus habitantes simbolizando sua formação político-cultural.

Os norte-americanos que haviam se fixado no Panamá, em função da construção e exploração do canal firmado em 1903, foram fundamentais na luta de independência de Kuna Yala ao não permitir um conflito sangrento. Da sua chegada até 1999, parte do Panamá foi convertido em território com jurisdição subordinada e ocupação militar por eles. Durante a 2ª Guerra sugeriram uma mudança no símbolo da bandeira Kuna, da mesma maneira como haviam feito com os índios navajos e hopis, mas, apesar de toda força política local e internacional, a ideia dos Estados Unidos foi rejeitada pelo Conselho Geral de Kuna – ela não era ideológica e representava apenas a origem mitológica do seu povo.

INSÍGNIAS MILITARES
FORÇAS ARMADAS NORTE-AMERICANAS

Avião da Força Aérea Norte-Americana em
ação durante a 1ª Guerra

As primeiras armas responsáveis pelo fenômeno de destruição em massa foram introduzidas no mundo durante a 1ª Guerra, entre 1914 e 1918. Nesta época, inventaram o submarino as metralhadoras, as armas químicas, os tanques blindados e, pela primeira vez, usaram aviões como armas. Os Estados Unidos adquiriram suas primeiras aeronaves em 1910 e entraram nessa guerra com apenas 109 aviões; a partir de 1912 passaram a usar insígnias militares de identificação. O costume fora criado pelos franceses como uma forma para reconhecer a nação e também o ramo do serviço militar ao qual a aeronave pertencia. Frequentemente ficavam expostas nos lados das fuselagens, como na imagem da Força Aérea Norte-Americana, ou nas superfícies superiores e inferiores das asas, bem como no leme da aeronave. Em geral suas formas eram variações geométricas de círculos, triângulos, quadrados, cruzes e estrelas. A suástica também foi emblema da 45ª Divisão de Infantaria, seu uso durou até meados da 2ª Guerra.

SUÁSTICAS DE IDENTIDADES URBANAS

Bueiro de Hirosaki – Japão

Em algumas cidades do Japão, o brasão da municipalidade guarda reminiscências das armas samurais. São os chamados *Mon, Monsho e Kamon*, ou seja, símbolos heráldicos que serviam para classificar os clãs em campo de batalha. Passaram a fazer parte do cerimonial de corte com os daymios e xoguns até 1868, quando ocorreu o fim do feudalismo, com a Restauração Meiji. As suásticas que aparecem na província de Aomori, no norte do Japão são "*Emblemas da família Tsugaru que hoje se confundem com a identidade visual da cidade, tanto que o artista Yoshitomo Nara, nativo de Hirosaki, costuma colocar suásticas em suas esculturas como uma referência à sua cidade natal*"[117]. Atualmente as agências de publicidade retomaram os antigos *Mon* para representar empresas e agir como uma logomarca ocidental.

Emblema em telhado, cidade de Ubud, em Bali

Abud é uma cidade em meio a uma floresta tropical e a terraços de arrozais, na ilha de Bali. O lugar representa bem o lema nacional da Indonésia Bhinneka Tunggal Ika, ou seja, Unidade na Diversidade. O imenso arquipélago é formado por etnias, línguas e religiões diferentes, onde predomina a harmonia pacifista do hinduísmo e budismo. Por essa razão, três práticas se destacam no local: visibilidade da suástica, proteção aos animais e preservação da floresta.

Sandakan – Malásia

Sandakan é uma cidade que gosta de suásticas, nela budistas e hinduístas cultuam a vida pela preservação da natureza. No passado, durante o colonialismo inglês e holandês, a cidade havia se tornado um importante centro comercial na região da Malásia, mas tal projeção lhe custou sua destruição na 2ª Guerra pelos japoneses. Ao ser reconstruída, mudou sua identidade e voltou-se totalmente para a natureza, até se tornar uma cidade-jardim.

MOBILIÁRIO URBANO NORTE-AMERICANO
REMINISCÊNCIAS TRIBAIS E MODISMO *ART DÉCO*

Base de poste de iluminação instalado em frente ao Old Mint, a Casa da Moeda de São Francisco, inaugurada em 1854, na época da Corrida do Ouro da Califórnia.

O contexto norte-americano no início do século XX estava propício para a aceitação da suástica. O gosto pelo exotismo da cultura indiana, que entrara pelas portas do colonialismo inglês, carregou consigo novos hábitos de consumo; um deles foi a introdução do símbolo religioso no cotidiano das pessoas. O outro fator é local, a sua forma é a mesma de Thunderbird, o Pássaro Trovão. Para explicar a popularidade e a quantidade de suásticas encontradas na decoração arquitetônica e no mobiliário urbano americano no início do século XX, pressume-se que:

1 - as formas geométricas estavam em alta no início do século por duas razões: influência do *Art Déco* e também por representarem a modernidade da sociedade industrial;

2 - o significado das suásticas trazidas da Índia pelos ingleses relacionava-se mais à sorte e menos ao pensamento religioso dármico; elas eram consumidas como um amuleto afetuoso e simpático da prosperidade;

3 - a configuração da suástica preservava a forma do pássaro da religião indígena norte-americana do Mississipi.

DINÂMICA DOS SÍMBOLOS
SIGNIFICADO X CONTEXTO

A convivência natural dos símbolos no cotidiano das pessoas é fator determinante para sua compreensão, mas sendo sinais visíveis de realidades invisíveis e de natureza dupla, ao mesmo tempo que cumprem o papel de convenções coletivas e racionais, atuam também no campo do inconsciente, comunicando-se com realidades que vão muito além do intelecto. Às vezes são situações existenciais que impedem a sua verdadeira compreensão. Como os símbolos podem ser percebidos pelos sentidos, pelo intelecto ou simplesmente por imagens arquivadas na memória; seja como for, eles sempre guardam algum significado que excede, uma vez que, concretamente, ninguém consegue compreender os símbolos na sua totalidade.

Uma entre tantas dificuldades para o entendimento é a descontextualização. É o caso da suástica no ocidente contemporâneo que, se mal interpretada, causa enganos. Veja-se o caso de qualquer das imagens colocadas aqui, sem informação cultural todas elas passariam por juízos equivocados. Por culpa do nazismo e de uma visão monocular, a suástica ficou estigmatizada como símbolo do mal e da intolerância racista. Ora, seria o mesmo que condenar a cruz latina por causa das ações abomináveis da Ku Klux Khan. Em outras palavras, os crimes cometidos não foram de autoria dos respectivos símbolos, eles *são de responsabilidade dos membros e participantes de tais associações ideológicas.*

SUÁSTICAS EM CONTEXTOS RELIGIOSOS

Pabonchapa Dechen Nyingpo
Influente lama do séc. XX

Viveu entre 1878-1941 no Tibete. Foi professor de muitos monges, na Universidade Monástica Dera Mey em Lhasa, inclusive dos tutores do atual 14º Dalai Lama. Era uma figura contraditória e um lama erudito do budismo tibetano moderno, que também ensinava leigos fora do mosteiro.

Dalai Lama
Líder mundial do budismo tibetano e símbolos budistas

Dalai Lama, considerado a manifestação de Bodhisattva, o Ser da Sabedoria Superior e Compaixão, como budista, tem "Responsabilidade para educar o público mal informado sobre o símbolo sagrado da suástica e fazer entender que, em contextos religiosos asiáticos, sua imagem não tem nada a ver com racismo e ódio"[118].

Rangoli festivo no Festival das Luzes
Símbolos hinduístas: hexagrama e suástica

No conceito hinduísta, o triângulo apontando para cima representa o masculino (pênis) e para baixo o feminino (vulva). Essas duas formas com a suástica formam o equilíbrio do Universo na Roda do Dharma e Karma.

SUÁSTICAS EM SINALIZAÇÃO URBANA

Os exemplos mais antigos de sinalização urbana vêm do Império Romano, eram colunas de pedra que ficavam dispostas na rede de estradas que levavam a Roma. Foi somente com Napoleão que criaram leis exigindo uma padronização e a obrigatoriedade de indicar nomes e a numeração das casas. A função é apenas organizar informações para um público coletivo, e nada melhor do que comunicar por símbolos. As primeiras placas de sinalização, como existem hoje, estão ligadas à indústria automobilística, vêm da Michelin Pirelli e Fiat, entre outras, que desde as primeiras décadas do século XX, instalaram placas direcionais nos entroncamentos das principais vias.

Sinalização – Mapa do metrô da cidade Taipe, em Taiwan
Cruz Vermelha (Hospital), Cifrão (Banco), Cruz Latina (Igreja Cristã) e Suástica (Templo Budista)

Sinalização dos Templos Yakuoji e Jokomyoji, Nara, Japão
Nara é sede do budismo japonês mais antigo, conhecido por escola Hossô.
Hoje existem no país mais de 85 mil templos budistas e é comum indicar sua localização nas placas e mapas por meio de suásticas[119].

Em 2017, o monge budista T.K. Nakagaki resolveu publicar *The Buddhist Swastika and Hitler's Cross* para esclarecer os diferentes significados da suástica, e indicou seu objetivo logo no subtítulo "Resgatando um Símbolo de Paz das Forças do Ódio". O autor é muito claro em sua prosposta de desvincular a imagem sagrada budista do símbolo nazista Nakagaki conta que a necessidade de esclarecer vem da sua experiência.

"Meu primeiro encontro com a suástica no Ocidente aconteceu em abril de 1985. Eu chegara em Seattle, para servir num templo budista, coincidentemente era Hanamatsuri, época das cerimônias do aniversário de Buda. Eu fizera um santuário e, seguindo a tradição que haviam me ensinado e já praticara no Japão, ornamentei o templo com uma grande suástica na parte externa do telhado. Bem, de repente um membro nipo-americano correu em minha direção em pânico. Rapidamente ele me explicou qual era o significado da suástica para os ocidentais e, embora Hitler tenha usado o símbolo por apenas duas décadas, contra milênios de convivência pacífica com a suástica em outras partes do mundo, era compreensível a associação da imagem com morte, racismo e o Holocausto. Em respeito ao povo judeu fiquei 25 anos sem usar a suástica. Mas vejo que o assunto havia se transformado em tabu. Reconheci a necessidade de escrever quando participei de um retiro espiritual inter-religioso em 2009, e um palestrante disse que a suástica era um símbolo universal do ódio e do mal. Depois conversando com tal orador, um especialista em crimes de ódio,

percebi que ele não sabia nada sobre suástica. Pensei, essa ignorância não pode se perpetuar. Essa visão estreita e limitada é inaceitável para os que valorizam a suástica em suas religiões como um símbolo sagrado. Depois de 25 anos de silêncio resolvi falar, iniciei minha pesquisa e fui pessoalmente conhecer os locais do Holocausto. Na Primavera de 2011, já havia visitado três campos de concentração e em todos sentira imensa tristeza, mal-estar e sensação de escuridão sem luz. Este livro é minha contribuição para uma maior compreensão sobre o símbolo. A minha motivação é educar, é criar diálogos e mostrar o uso mais amplo da suástica para milhões de pessoas que amam a paz, tanto no passado como hoje".[120]

DESNAZIFICAÇÃO DA SUÁSTICA
TRANSFORMAÇÃO DE IMAGEM SAGRADA EM SIGNO GENOCIDA
PERVERSÃO DE UM SÍMBOLO MILENAR

O símbolo religioso, amuleto e padrão ornamental de muitas civilizações durante milhares de anos agora se vê reduzido às atrocidades cometidas no período da 2ª Guerra Mundial. O correto é jamais esquecer os crimes de guerra, mas que se faça sem ignorar a antiguidade e a universalidade da suástica. A apropriação e o desvio dos significados originais do símbolo não podem se sobrepor à realidade histórica. Tornar a antiga imagem em logomarca de uma ideologia racista apenas é sacrificar a suástica duplamente: como vítima do nazismo e à condenação de alienação do próprio passado. Quando transformam a suástica no equivalente visual da palavra Auschwitz, jogamos no esquecimento 4 mil anos de história e de antropologia cultural.

A redefinição da suástica pelo marketing político nazista deu a ela o papel dominante de símbolo nacional, mas essa ação, embora rigorosamente planejada, hoje é considerada usurpação. Em 14 de julho de 1933, a democracia burguesa do Partido único, o *Nationalsozialistische Deutsche Arbeiterpartei*, lhe impingiu uma nova identidade e a suástica, que fora extraída à força do seu contexto original, encontrou-se realocada no universo econômico-político através dos nazistas. E mais, foi nessa operação transcultural que o símbolo arcaico perdeu sua sacralidade milenar e adquiriu o atual estigma de imagem infame. Obviamente que pesa o fato de a suástica ter sido *"O sinal sob o qual a Alemanha marchou e ser, nas palavras de Hitler, em seu livro Mein Kampf, o sinal antissemita e símbolo do Nacional-Socialismo. Pesa saber que na linha oficial nazista a suástica representava a renovação nacional através do expurgo racial nos campos de extermínio e do Holocausto".*[121]

SUÁSTICA NAZISTA

A suástica nazista nasceu nos anos 1920, dentro de um contexto político propício para a criação de novos símbolos nacionais. Surgiu no momento em que a sociedade alemã, derrotada por uma guerra internacional, repensava o papel do Estado. Inflação e desemprego empurraram políticos e empresários para uma solução que fosse além das ideologias teóricas. Ao analisarem o fracasso do liberalismo, na Grande Depressão, projetaram algo novo na política econômica, mas que, ao mesmo tempo, lhes garantisse continuar com suas expectativas de comando. A solução para resolver tal complexidade foi a implantação de um governo forte e intervencionista.

Na gênese dos três Estados gigantes totalitaristas, nazi-fasci-comunista, encontra-se o desfecho da 1ª Guerra. Os três regimes nasceram camuflados e protegidos pela bandeira do nacionalismo e com promessa de desenvolvimento econômico. Igualmente se aproximaram dos sindicatos, ganharam a simpatia da classe média e anunciaram grandes mudanças nas áreas produtivas e educacionais. Para realizar seus projetos, precisavam primeiramente da permissão da sociedade. Precisavam cooptar, sem impor. O trabalho de persuasão doutrinária tinha o poder de transformar vítimas passivas em agentes revolucionários; pensaram ser essa a melhor maneira para fixar novos modelos de condutas. No contexto alemão, o sonho do III Reich apoiava-se na reconstrução mítica de um passado glorioso e no resgate da autoestima da população, que andava abalada desde o fim da 1ª Guerra. Além da crise material desenfreada pela hiperinflação, a sociedade sofria com as humilhações deixadas pelo Tratado de Versalhes. A Alemanha estava doente no corpo e na alma.

O início do século XX viveu uma onda generalizada de nacionalismos que o historiador Eric Hobsbawm traduziu como necessidade de unificação política; por outro lado, e em paralelo às crises governamentais, as economias capitalistas rumaram para a mesma direção, era uma época de grandes conglomerados e de empreendimentos concentrados que detinham proteção e orientação de seus Estados nacionalistas.[122] Na Alemanha, o processo de unificação territorial, que se deu a partir de 1848, veio acompanhado de um movimento popular de resgate cultural conhecido por *Völkisch*. Seus integrantes dariam os fundamentos necessários para o nazismo, visto que enalteciam a criação de uma nova nação, com a particularidade de ter valores puramente germânicos. Diante desse cenário de reconstrução política, a suástica se tornou símbolo nacional e identificado com o arianismo.

A criação de símbolos de identidade viveu um momento pródigo no início do século XX. Três deles se mantêm vivos após um século de existência, são eles: a suástica nazista (1920), o fascio fascista (1922) e a foice e o martelo comunista (1923). Criados em datas muito próximas e com propósitos semelhantes, eles nasceram para ocupar uma condição de supremacia sobre os demais emblemas nacionais já existentes. Desde o seu início estabeleceram com a sociedade um acordo de aceitação de tal maneira juramentada, que acabaram transformados em identidade nacional suprema.

O substrato simbólico para o sucesso desses três movimentos está na crença do messianismo político, seus líderes, embora secularizados, proclamavam o fim de uma era catastrófica com o advento de uma era profícua. Todos prometeram a restauração de um *Paraíso Imaginário* nesta vida. Mircea Eliade nos diz que, tanto o nazismo, quanto o comunismo, dois movimentos

700

políticos totalitários, estão carregados de elementos milenaristas ou escatológicos. "*A propósito do nacional-socialismo e do marxismo-leninismo, sob a terminologia pseudocientífica de que um e outro se servem, pode-se perceber facilmente uma fantasia, eles anunciam o fim deste mundo e o início de uma era de abundância, na batalha final os Eleitos sejam eles a raça ariana ou o proletariado vencerão as Hostes do Mal, sejam eles judeus ou a burguesia capitalista*".[123]

A partir do momento em que a suástica foi escolhida pelo partido, ela ficou associada à sua ideologia e fatalmente assumiu um novo significado. *Suástica* e *Nazi* amalgamaram-se de tal maneira, que se tornou impossível separá-los. Nazi é abreviação de *Nationalsozialist* como era chamado o *Nationalsozialistische Deutsche Arbeiterpartei* (NSDAP), ou *Partido Popular Alemão Nacional-Socialista*. O Partido, que nascera representante dos trabalhadores, aos poucos começou a agregar outros grupos de interesses diferentes. Se inicialmente era antiburguês e anticapitalista, por necessidade do apoio dos grandes industriais, trocou seu rumo e passou a se orientar pelo antissemitismo e o anticomunismo.

HAKENKREUZ NO EMBRIÃO DO NAZISMO

Por trás do surgimento da suástica como símbolo político nacional, encontram-se os desdobramentos do Tratado de Versalhes. O fim da 1ª Guerra trouxera para a Alemanha desemprego, inflação, empobrecimento, derrota militar e o pior castigo: humilhações. Vinte e cinco países liderados pelos Estados Unidos, França e Reino Unido estipularam ser a Alemanha e aliados os responsáveis pelo conflito ficando, portanto, obrigados a assumir os prejuízos das destruições. Os alemães não tiveram direito de participar das negociações e nem intervir nos resultados. De imediato, enfrentaram imposições como perda total dos seus domínios coloniais, desmilitarização e diminuição de suas fronteiras. Responsabilizados pelo conflito internacional, receberam ordem de uma indenização, absurdamente impagável. Os termos acordados foram tão draconianos que o Legislativo norte-americano optou por não reconhecer e não o ratificou. Paradoxalmente, o Tratado de Versalhes que fora criado para selar a paz, é considerado também o responsável pelo surgimento da 2ª Guerra.

A opinião pública alemã reagiu de muitas maneiras. Nacionalistas de tendências diferentes começaram a surgir por todos os lados, os *volkisch,* que às vezes ficavam num nacionalismo mais folclórico do que ideológico, espontaneamente se empenharam na redescoberta das raízes germânicas com posturas saudosistas e românticas. Não existia uma força conciliadora, os grupos representavam múltiplas vontades, mas permaneciam isolados e falando em eco para si mesmos. A insatisfação era o único fator comum que abraçava todos os níveis sociais. Ela dominava a classe média tanto quanto o alto empresariado, atingia igualmente sindicalistas, trabalhadores e desempregados, ou seja, todos aguardavam com expectativa alguma transformação. Insatisfação era o sentimento comum. De moderados aos extremados ela passava pelos apoiadores da social-democracia e até os radicais paramilitares, os *Freikorps*, que usavam a *hakenkreuz* como emblema. Todos agiam sob o impacto do Tratado de Versalhes, todos queriam mudanças, mas faltava-lhes um líder agregador. A experiência amarga da derrota e as consequências econômicas de uma hiperinflação cravaram sentimentos que ultrapassaram o descontentamento e a indignação. Sentimentos nem sempre velados, pois falava-se em gosto por vingança. A exacerbação trouxe violência e provocou insegurança; juntos precipitaram a queda da República de Weimar. E quando os nazistas chegaram ao poder, em 1933, o sistema parlamentar já totalmente enfraquecido não reagiu.

No imaginário popular, tudo o que a Alemanha mais precisava era alguém que tirasse o país daquela humilhação e que, além de levantar a nação, também estivesse disposto a se sacrificar por ela; desejavam o arquétipo de um Messias desenvolvimentista. Dois anos após o fim da 1ª Guerra, em 1920, Hitler iniciou sua trajetória política. Deixando para trás um passado anônimo e medíocre, filiou-se ao Partido dos Trabalhadores Alemães que, em seguida, passou a se chamar *Partido Popular Alemão Nacional-Socialista* ou NSDP, o Partido Nazista. Com apoios múltiplos e sua firme obstinação, em agosto de 1934, ele foi eleito Primeiro Chanceler e deu início ao III Reich. Seu primeiro sucesso político foi resultado de retórica, Hitler prometia: restaurar a ordem e a lei, reanimar a economia e afastar o comunismo da sociedade. Ganhou fama ao falar o que a população queria ouvir naquele momento. Em seu primeiro discurso de projeção nacional ele propôs *"mobilizar as massas, principalmente os descontentes com o Tratado de Versalhes e as vítimas da inflação exorbitante"*.

Brigada dos Freikorps, 1919

A suástica percorreu vários caminhos antes de se tornar nazista e racista, ou seja, *Hakenkreuz*. A fácil aceitação e o reconhecimento sem objeção como emblema pangermânico deve-se, entre outras coisas, à sua familiaridade em vários grupos – desde sua semelhança com a cruz do Sol, um elemento de adoração dos povos agrários do Norte, ao símbolo arqueológico indo-europeu da homérica Troia, de quem os alemães diziam-se descendentes. Antes de chegar a Hitler, a suástica já era consumida como amuleto da sorte, um hábito que fora introduzido na Europa pelos colonialistas ingleses; portanto ela era conhecida ao mesmo tempo por folcloristas e eruditos, por teosofistas e esotéricos, por membros da Ordem Teutônica, da Sociedade Thule e também pelos radicais Freikorps Oberland. Em outras palavras, Hitler não inventou a suástica, ele apenas descobriu o potencial de comunicação visual do signo, qualidade ideal para um emblema racional.

O encontro entre o nacionalismo alemão e a suástica foi possível graças às interpretações precipitadas de Heinrich Schliemann, que presumiu existir uma origem comum entre os artefatos da Anatólia e os encontrados nas proximidades do Rio Oder, na Alemanha. Com base nesses argumentos, os fomentadores do nacionalismo uniram os povos germânicos às culturas gregas e védicas, e validaram um passado mítico ariano unindo a remota *Sonnenrad*, ou seja, a cruz solar à histórica *Tetrasceles*, grega e recém-descoberta pela arqueologia alemã. O nazismo apresentou a suástica para a sociedade como o símbolo mágico e redentor da crise econômica, tornou-a por 20 anos a representação otimista do desenvolvimento industrial e a garantia do bem-estar social. Hitler e a suástica surgiram juntos, no mesmo momento em que a nação passava por um doloroso processo de desconstrução e reconstrução, ou seja, o líder e seu emblema apresentaram-se como uma senha capaz de abrir o portal da Nova Era.

PODER DOS SÍMBOLOS NOS GOVERNOS TOTALITÁRIOS

A suástica escolhida por Hitler e, anteriormente já conhecida por muitos, recebeu do nazismo a incumbência de ser a insígnia suprema de uma ideologia associada ao conceito de superioridade econômica, intelectual e racial. Na década de 1930, a ideia de modernidade passava pelo projeto de industrialização e, segundo Wilhelm Reich, discípulo dissidente de Freud, no seu livro "*Psicologia de Massas do Fascismo*"[124], o nazismo serviu-se da simbologia para atrair as massas de trabalhadores com a promessa de que Hitler seria o líder transformador alemão, tanto quanto Lênin o fora para os russos.

Organização Juventude Nazista em 1926

Bandeira Nazista criada por Hitler em 1925

As propagandas dirigidas aos jovens eram mensagens otimistas de uma nação forte e rica que se apoiava no trabalho, na disciplina, na ordem e na perseverança. Por 20 anos, a Juventude Nazista, chefiada pelo Partido, exercitou lealdade ao líder e à nação. Em seus encontros, combinavam atividades coletivas de natureza esportiva, recreativa e cívica. Orgulho de Hitler, a juventude era a certeza da longevidade do nazismo e o elo natural entre: passado e futuro, tradição e mudança. Segundo Cirlot, *"O simbolismo da suástica no espaço, nas formas e nos grafismos nos afeta e também nos integra. Cabe analisar o sentido do símbolo, o seu ângulo reto que expressa mudança racional e a sua quaternidade, a suástica representa totalidade, vontade de mudança total e de imposição de uma nova ordem. Ela é símbolo de movimento pelo giro potencial aludido por seus quatro gamas"*[125].

A peça, adotada oficialmente em 15 de setembro de 1935 como a única bandeira nacional da Alemanha, tem seu *design* projetado por Hitler. Ele uniu cores que já existiam na tradição heráldica e cultural alemã, dando-lhes novos conteúdos simbólicos. Pela primeira vez a bandeira de um partido político ganhou *status* de símbolo nacional. Até então, as insígnias coletivas representavam fatos históricos de regiões ou de determinados grupos sociais. Com o nazismo, a Alemaha experimentou pela primeira vez o sentido de união cívica.

A simetria em diagonal, a proporção das formas e as cores da bandeira são uma criação de Hitler registrada no livro *Mein Kampf*, de 1925. As cores foram escolhidas pensando em unir o passado glorioso ao projeto de uma nova Alemanha; elas vieram da heráldica e ganharam novos significados: o vermelho nazista representava o socialismo revolucionário, o branco, o nacionalismo ariano, e o preto, uma cor comum nos brasões medievais e insígnias militares, como a Cruz de Ferro prussiana. O preto foi escolhido para definir com exatidão a configuração da suástica, que, nas palavras de Hitler, tinha a capacidade de representar o desenvolvimento da nação alemã. Posteriormente, membros do Departamento de Propaganda Nazista explicaram o pensamento de Hitler com estas palavras: *"Nós, nacional-socialistas, víamos a nossa bandeira como a materialização do nosso programa partidário. O vermelho expressava o pensamento social subjacente ao movimento, o branco o pensamento nacional e a suástica a missão que nos cabia: a luta pela vitória da humanidade ariana e, ao mesmo tempo, pelo triunfo do ideal de trabalho renovador, que é em si, e sempre será antissemítico"*.

As primeiras suásticas ortogonais e sem o dinamismo das diagonais não refletiam o conceito de mudança e modernidade exigidos pelo Fuhrer que, controlador e estudioso das linguagens visuais, modificou sua forma, dando apenas uma inclinação de 45° na antiga cruz gamada. Com essa pequena alteração, a imagem passava melhor os ideais de uma nação em movimento. Após sua oficialização, a antiga cruz rapidamente foi tomada pela arianização e, cada vez mais distante do seu passado arqueológico, apequenou-se, para se tornar um ícone racista. A uniformização das imagens era uma prática nazista, apesar da suástica ser onipresente na vida alemã, ela só podia ser representada segundo autorização de Goebbels, que determinava não só os suportes, mas também as dimensões e em quais momentos se adequaria o uso da forma ortogonal ou da diagonal. Malcolm Quinn nos diz que a suástica nazista era *"O perímetro visual com o qual Hitler procurou cercar primeiro a Alemanha e depois toda Europa"*.[126] A suástica, memória visual dos ideais nazistas e reproduzida infinitamente em todos os lugares, fortalecia o sentimento de unidade e de pertencimento.

Hitler, malsucedido como artista aquarelista, por duas vezes foi rejeitado pela Academia de Belas Artes de Viena, mas apesar de se mostrar conservador e retrógodo em estética, ele tinha conhecimento de Gestalt. Em março de 1933, criou o Ministério de Propaganda e Informação Pública, e deu seu comando ao nazista mais fiel, Joseph Goebbels. A base da propaganda nazista se concentrava na clareza de mensagem e formas, ou seja, os criadores tinham que facilitar a leitura e também conseguir interpretação única. A estratégia estava na repetição e uso das novas mídias de cultura de massa, como o rádio, o cinema e as revistas ilustradas. Os nazistas partiram do pressuposto de que as multidões compreendem melhor a mensagem se houver mais apelo emocional e menos invocação do racional, acreditavam que as massas reagem com mais facilidade a impulsos do que à reflexões. Vários fatores compuseram o sucesso da propaganda nazista; entre todos o mais importante foi a persuasão.

Os criadores dos desfiles, congressos e encontros nazistas agiram com excepcional conhecimento em comunicação visual e verbal. Os registros dos espetáculos cívico-militares e esportistas comprovam o uso de padrões inovadores, que ainda não foram suplantados e continuam em uso nas agências de marketing político. Sabiam manipular os novos recursos de som e imagem, conseguiram finalizar produtos sofisticados, sabiam causar impactos emocionais para evitar questionamentos ideológicos, a ponto de transformar um simples evento político em pacto coletivo de adesão e união.

Walter Benjamim falou em estetização da política. O fato é que os cineastas nazistas produziram Hitler como uma obra de arte. Apresentaram seus enfadonhos e longos discursos em forma de enredos patrióticos, trataram a ordem e a disciplina militar como a imagem da alma alemã, e o Fuhrer, como a reencarnação de Odin, o deus guerreiro e o mais poderoso da mitologia nórdica. Mas ainda faltava o *leitmotiv* – e sem uma ideia determinante o nazismo não teria unanimidade. Nesse ínterim, descobriram que a integração dependia da identificação de um inimigo único: o Judeu. Preestabelecido o que seria centro e o que seria periférico nas perseguições, a propaganda política tratou de desconstruir os opositores ao antissemitismo com cartazes e filmes que, repetidos nas salas de cinema, à exaustão, moldaram a opinião pública a seu favor.

Desfile Marcial em Nuremberg, 1934

O estandarte *deutschland erwache* com a suástica centrada, até então restrito ao partido, foi convertido em símbolo oficial da Alemanha, após a eleição de Hitler como chanceler, em março de 1933. A imagem da suástica em marcha exercia forte apelo emocional e equivalia a uma chamada para a luta.

ALEMANHA EM MARCHA CONSOLIDAÇÃO E CORPORIFICAÇÃO:

IDEOLOGIA DO NACIONAL-SOCIALISTA
SÍMBOLOS
SUÁSTICA-GUIA
MORAL DE GUERRA
MITO DA NOVA NAÇÃO
HEGEMONIA NAZISTA

Os desfiles eram planejados com uma coreografia apoteótica, com hinos e marchas ritmadas. Os nazistas conseguiram suscitar na sociedade uma sensação de serem todos protagonistas de uma revolução. Em eventos, atraíam e convenciam, e por um tempo, todos acreditaram que estavam na construção de uma Alemanha maior e melhor. As megaproduções excitavam tanto o público como os seus participantes, elas serviam para fortalecer o ideário desenvolvimentista do Partido Nacional Socialista. As músicas e cenários compunham os sentimentos épicos tão necessários para reforçar o sonho coletivo de uma nação industrial. O imaginário popular creditava ao nazismo e a Fuhrer um desempenho divino da restauração econômica do pós-Grande Depressão. Os construtores do nazismo, sabendo que é próprio da natureza do mito a personificação em uma pessoa, consolidaram a hegemonia de Hitler e convenceram-se de que existia apenas uma nação, um líder, um Reich e uma Alemanha.

A inspiração dos desfiles nazistas e fascistas vinha das entradas triunfais das legiões romanas, mas Goebbels e Leny Riefenstahl, os responsáveis pela criação do mito Fuhrer, acrescentaram-lhe grandiosidade e estética; conseguiram transformar marchas marciais em espetáculos operísticos de cunho cívico. A criação da nova Nação se vinculava à moral de guerra, o público interpretava disciplina e obediência como qualidades essenciais para a Alemanha atingir a sua vitória final. Com palavras de ordem, conclamavam a população para o sacrifício do indivíduo em prol do coletivo. Para aumentar o apelo cívico, usavam imagens de bandeiras e estandartes com suásticas que se fundiam à multidão. A sociedade que vinha humilhada pelo Tratado de Versalhes, agora se achava criadora de uma nação forte e próspera. Este era o propósito sublimado nos versos patrióticos que os militares entoavam: *"Nós somos o exército da suástica. Erguemos as bandeiras vermelhas. Nós queremos libertar o trabalhador alemão"*.

O convencimento do povo dependia do uso de elementos que deveriam se relacionar com experiências vividas ou já conhecidas pelas pessoas. Para implantar uma revolução cultural bem-sucedida, os dirigentes teriam que se apoiar num nacionalismo propositivo, algo que promovesse a mítica da modernidade social. O elemento aglutinador do nazismo estava no desejo de construir o novo, ou seja, na *"Promessa de uma nova ordem que alimentará o sentimento de patriotismo necessário para a construção do que entendemos por Nação"*.[127]

Goebbels foi o responsável intelectual da criação do mito Fuhrer, como jornalista e cineasta, ele conhecia o poder das imagens na comunicação de massa. Mito no sentido restrito da palavra grega *mythos* é ficção, mas sua real função na antiguidade era propor ou servir de modelo para a coletividade, já que, no processo de criação de identidade histórica, os indivíduos tendem a se projetar no mito. Porém, o mito do Homem Ariano era fundamentalmente um problema de ausência, em outras palavras, ainda não existia uma Alemanha na qual as pessoas se viam idênticas e pertencentes a um único passado. Para surgir nacionalismo era preciso, primeiro, criar personagens míticos e tempos históricos. Os líderes nazistas sabiam da força condutora dos mitos sobre a coletividade e de como, através deles, pode-se solidificar o espírito de Nação para um povo. Mas afinal qual é o mito nazista? *"Pode-se entender o nazismo a partir de dois enunciados: o primeiro deles é que nazismo é um fenômeno especificamente alemão e o segundo, que a ideologia do nazismo é a ideologia do racismo. Obviamente não podemos concluir que o racismo seja um 'privilégio' exclusivo dos alemães, mas o mito nazista é o racismo"*.[128]

CERIMÔNIAS CÍVICAS E CRIAÇÃO DO ESTADO-MITO

Embora passe por particularidades regionais, a mitificação do Estado pelos governos totalitários segue princípios comuns: criação de heróis, predomínio das massas sobre a individualização, símbolos nacionais, rituais cívicos e personificação da imagem da Nação na imagem do seu líder. Todos esses recursos não sobrevivem por muito tempo, se não houver o elemento decisivo que atua na formação das organizações totalitárias; seu fundamento está na construção de uma nova ordem. É na promessa de um futuro melhor, que se realiza o pacto de fidelidade entre a população e o Estado. A partir dessa aliança, poderá se perpetuar uma relação de obediência e fanatismo. Todo trabalho de mitificação é resultado eficiente de algum órgão semelhante a um Ministério de Propaganda, geralmente aparelhado e coordenado pelo líder como uma extensão da sua própria pessoa.

Juventude Nazista feminina

Nas cerimônias cívicas, era comum o público esperar horas em pé para saudar Hitler, o líder da nação e da Alemanha unida.

Quando os jovens ingressavam na Organização denominada Juventude Hitlerista, eles sentiam que o futuro já estaria garantido, sentiam-se mais fortes e, pela primeira vez, não eram obrigados a seguir a vontade de seus pais. Eles podiam até mesmo se rebelar contra a família, a Igreja e professores, caso estes fossem contrários ao seu Fuhrer. No início, em 1926, a instituição contava com 6 mil integrantes; em 1932 eram 100 mil jovens-soldados de uma única ideia. Moldados por Hitler, acreditavam cegamente na ascensão vitoriosa da Alemanha ao III Reich. A situação chegou a tal ponto que nem todos os pais podiam mais confiar nos seus filhos, pois eles não hesitaram em delatar a própria família para a Gestapo. Qualquer comentário crítico ao regime, ou opinião contrária, resultaria em prisão, como de fato chegou a ocorrer. Sabe-se de pais que se tornaram vítimas por delação dos próprios filhos.

NATUREZA RELIGIOSA DOS SÍMBOLOS NAZISTAS
SAUDAÇÃO HEIL
ÁGUIA PARTEIADLER
SUÁSTICA

Na atualidade, chama mais atenção a natureza religiosa dos espetáculos nazistas do que, propriamente, o caráter cívico de sua intenção original. Hoje, essas megaproduções são interpretadas como verdadeiras metáforas bíblicas, nas quais o papel das massas era encarnar o mito do Corpo do Povo alemão. Leni Riefenstahl filma, o encontro das multidões com Hitler, como uma eucaristia. O sentido de união entre o povo alemão e o seu líder pretendia recriar o mistério místico do pão e do vinho, transubstanciando-se respectivamente no corpo e no sangue de Cristo, ou seja, no inconsciente das massas, Hitler se apresentava como um Messias.

As semelhanças entre as passagens bíblicas e as imagens produzidas não deixam dúvidas; a intenção era mostrar Hitler como um enviado divino. A lógica que se esconde por trás do simbolismo é de fácil compreensão. Se Jesus veio ao mundo, segundo a tradição, para ser o novo rei dos judeus, por associação, Hitler surgiu para ser o rei do povo alemão. Se aparentemente existe contradição entre o espírito combativo e militarizado do Fuhrer e o comportamento pacifista do pregador de Nazaré, pela interpretação nazista, o líder alemão age igualmente como o condutor e protetor do seu povo e está em conformidade com o líder religioso que pastoreia as suas ovelhas.

HEIL HITLER
A BANDEIRA VERBAL DO NAZISMO
SAUDAÇÃO DE CULTO À PERSONALIDADE

Hitler, em pé no Mercedes, 1938
A imagem refere-se à saudação recebida durante assinatura do acordo de Munique.

Saudação a Hitler dada pela Juventude Nazista
Durante o Congresso de Nuremberg, em 1938, Leni Riefensthal filmou o líder com a população. Esse encontro político gerou as cenas do documentário *Triunfo da Vontade*.

A saudação característica fazia parte do plano de propaganda criado por Goebbels, é uma referência à antiga aclamação Ave César, usada para saudar imperadores e indicar a sua natureza divina. Hitler copiou o gesto de um encontro que tivera com Benito Mussolini, nazistas e fascistas uniram-se contra a política de isolamento internacional e assinaram um acordo de amizade e aproximação mútua, que ficou conhecido por eixo Berlim-Roma. A intenção de culto à personalidade estava no uso da palavra *heil*; já que o gesto imperial romano não era uma exclusividade, os nazistas acreditavam que os germânicos faziam saudação semelhante. Para justificar essa tese, Heinrich Himmler da SS apoiou-se em pesquisas iconográficas que realmente comprovaram seu uso em cerimônias de coroação dos reis alemães.

Com o sucesso da propaganda e da saudação, milhares de alemães filiaram-se ao partido. No inconsciente do povo existia uma transferência simbólica de valores religiosos para o político, pois *Heil* existia também no interior das igrejas pelas invocações da oração *Heil Maria*. A saudação Heil Hitler não apresentava nada de novo, fora herdada, mas como símbolo sonoro e catalisador do nazismo ela era em si uma demonstração de devoção e adoração. A saudação, além de teatral, dava o tom sagrado ao governo e, mais, reforçava na memória coletiva a ideia de superioridade pessoal de Hitler. Além de uma simples saudação, Heil Hitler era um gesto simbólico, no qual as pessoas selavam sua concordância e aceitação do nazismo.

ÁGUIA

Presença constante no cenário da Alemanha nazista, a águia era identificada com o Sol. Pássaro tutelar, que compôs os elementos heráldicos de muitos povos, para os nazistas era representação da força, grandeza e majestade do Reich. No simbolismo universal, as aves são guias espirituais, visto que voar era permitido aos deuses, e como conseguiam escapar do peso gravitacional, esse privilégio as tornou arquétipos de liberdade. Divinas ou apenas mensageiras dos deuses, na heráldica, as aves são sempre guardiãs.

As aves lendárias podem ter variações regionais, mas em essência representam o princípio da vida, porque nasceram do ovo primordial, o elemento anterior a tudo, que surgiu de si mesmo mergulhado nas trevas no caos. Os povos arcaicos atribuíam aos pássaros a qualidade de serem o Princípio Original e, como tal, os Criadores do Universo, um diferencial suficiente para que muitos xamãs, sacerdotes, reis e chefes guerreiros escolhessem aves para seus símbolos. No desejo de adquirir seus poderes, tomaram seus atributos, tais como penas e garras e as colocaram em suas imagens simbólicas, nos adereços corporais, nos brasões e emblemas nacionais.

Águia e Suástica na iconografia nazista

Reichtag, 11 de dezembro de 1941.
Hitler declara guerra aos Estados Unidos

A águia nazista é a união de duas tradições, uma endógena, cultuada pela antiga Alemanha nas representações heráldicas, e outra exógena, simbolizando uma síntese iconográfica de muitas águias históricas. Na Alemanha, a águia corresponde à ideia de liderança, existente desde o seu princípio tribal, ela relacionava-se ao deus Odin. Tempos depois, no século IX, Carlos Magno a escolheu para representar seu império. E somente em meados dos anos 1200, ao ser colocada nas insígnias e principalmente no Brasão de Armas, ela se transformou em imagem oficial do povo alemão. Por outro lado, a águia nazista também é *aquila*, a ave imperial e majestática dos césares que, de asas abertas, protege os soberanos. No início do século XIX, a mesma águia, renasceu vitoriosa nos desfiles militares de Napoleão. Às vezes orgulhosa e arrogante, às vezes dominadora e poderosa, ela é a águia de Zeus, o deus dos deuses. A águia nazista concentra todas as cenas que vivem no imaginário do poder, nos símbolos imperiais, nos cetros, escudos e coroas.

Hitler não era religioso; pelo contrário, até desprezava o homem religioso, tanto quanto seu filósofo Nietzsche, mas nem por isso abandonou o poder das tradições religiosas. No meticuloso trabalho de resgate dos significados ocultos dos emblemas históricos, os nazistas não esqueceram da iconografia cristã. E nem deixaram escapar que a águia, no ocidente, é o símbolo do evangelista São João, a pessoa associada à ideia de ressurreição e elevação – João, o refinado discípulo que fala da Divindade e do Mistério do Filho de Deus e inicia seu Evangelho com as proféticas palavras: *No princípio era o Verbo, e o Verbo era Deus*. Um "texto" perfeito para o projeto nazista: Divindade e Superioridade.

A ave que olha o Sol e não se cega, que abate a serpente, que orienta porque é capaz de enxergar além e que contém em si a mensagem dos deuses, tornou-se o símbolo da grandeza tão sonhada pelos nazistas. Símbolo da inteligência, conhecimento e poder, ela aparecia estrategicamente agigantada na arquitetura, nos cenários das cerimônias públicas e nos relevos das condecorações. De braços abertos e solene, era a imagem da vitória nazista, algo semelhante aos animais tutelares das civilizações primitivas que normalmente são invocados em momentos de guerra.

O EMBLEMA DO PARTIDO NACIONAL-SOCIALISTA DOS TRABALHADORES ALEMÃES

PARTEIADLER E O *NATIONALSOZIALISTISCHE DEUTSCHE ARBEITERPARTEI*

Parteiadler, a águia do Partido Nacional-Socialista, junto à suástica, formatou a iconografia oficial do nazismo. A plataforma inicial do Partido Nazista era uma combinação de nacionalismo conservador e políticas socialistas; o conceito de III Reich somente foi cunhado quando Hitler, em 1933, se proclamou Fuher e centralizou os cargos de Chefe de Governo, Chefe de Estado e líder do Partido. Parteiadler evocava a imagem da águia imperial e se coadunava com o messianismo de Hitler. Em suas asas, a soberania alemã ressurgia. Ela, que viera com Carlos Magno e sobrevivera por um milênio em todo Sacro Império Romano até 1806 e, que se manteve diretamente nos brasões dos Habsburgos, via-se no nazismo como uma fênix, ressurgida das próprias cinzas. Parteiadler, no imaginário inconsciente de uma sociedade fragilizada pelas humilhações do Tratado de Versalhes, significava o resgate de 1.200 anos de orgulho histórico.

NA TRAVESSIA DE RELIGIÃO PARA POLÍTICA
DE SÍMBOLO SOLAR ANCESTRAL PARA ÍCONE RACISTA

Suástica, a forma imprescindível da propaganda nazista, é um símbolo que só encontra similaridade de representatividade icônica na cruz cristã e na Estrela de Davi, ou Selo de Salomão do povo judeu, porque igualmente como essas imagens, ela representa mais do que o seu significado óbvio e imediato. A suástica, quando foi apresentada aos alemães, era apenas o emblema de um partido político, mas ao conquistar posição hegemônica, deu ao símbolo *status* de identidade nacional. A partir desse momento, sua imagem onipresente, embaralhou ideologia com nacionalismo. Estranhamente, o grande empecilho para o sucesso do projeto nazista estava na própria formação do seu povo, visto que a Alemanha formava uma nação fragmentada e sem unidade; portanto a gestalt da cruz gamada construída sobre um ponto centralizado era fundamental para o propósito de unificação.

Segundo Philippe Lacoue-Labarthe, no livro *O Mito Nazista*, "*os alemães nunca tiveram um Estado, mas apenas o mito de um império*". O autor analisa o esforço dos nazistas, que para construírem a nova identidade alemã, primeiramente criaram uma nova mitologia que passava pela imitação dos antigos gregos e romanos, resgataram rituais e cerimônias dos povos germânicos e por fim, criaram um único corpo e uma raça idealizada".[129] O nazismo potencializou a força agregadora do nacionalismo nos meios produtivos, ou seja, canalizou os sentimentos de identidade para seu próprio desenvolvimento econômico.

Os símbolos eram repetidos nos uniformes, nos gestos, nos desfiles militares e civis e davam a forma visual ao corpo da nação. Sendo o mito ariano solar, e o povo alemão comparado à luz, facilmente acreditaram que eram seres predestinados, com a missão de implantar uma nova ordem. A sociedade alemã foi convencida de que esse trabalho somente seria bem-sucedido se fosse através do modelo nacional-socialista, representado pela suástica. O século XX conheceu duas ideologias que se manifestaram em lutas totalitaristas: a luta de raças pela dominação do mundo e a luta das classes para a tomada do poder político, isso explica porque o racismo é a ideologia do totalitarismo alemão, ao passo que a luta de classes é a do totalitarismo soviético.[130]

A suástica tinha formas ideais para exprimir o projeto de Hitler. Com dois eixos cruzados em diagonal, ela transformara a antiga Hakenkreuz, que literalmente quer dizer a cruz de gancho, em dinamismo. Redesenhada pelo Fuhrer, a suástica passou a simbolizar *Mudança/Desenvolvimento/Industrialização*. Conforme interpretações da Gestalt, a sua configuração, em movimento rotatório, sugere uma engrenagem industrial e, por isso, é vista como o *starter* da transformação. Quando a propaganda política utilizou de símbolos de fácil reprodução, ela disseminou não somente as formas, mas expandiu o mais importante: sua ideologia. Do ponto de vista gráfico, a cruz gamada dispensava explicação, tornava acessível os conceitos desenvolvimentistas nazistas. Sua forma dinâmica, sinônimo de progresso industrial, prescindia de tradução verbal.

SÍMBOLOS NAZISTAS E O NEOPAGANISMO

1º de maio, Dia Nacional do Trabalho,
Berlim, 1937

Os símbolos nazistas carregam a força das imagens ancestrais, por isso são considerados poderosos, sedutores e reveladores. A utilização da *suástica viva* nas cerimônias cívicas era a materialização de um conceito, e o ponto máximo de emoção dava-se quando magicamente a suástica vivificava a Alemanha diante das multidões em delírio. As imagens da roda e do círculo são relacionadas à passagem do tempo e significam realização ou mudança, tanto na esfera espiritual, quanto na material. O movimento do círculo em torno do seu próprio eixo está sempre associado à origem do cosmos, num eterno processo de criação e dissolução. A suástica assemelha-se a um atrator primordial.

Nas festividades do solstício de verão e de inverno, os antigos germanos desfilavam com rodas em chamas semelhantes às *suásticas vivas* das festividades cívicas nazistas. Pessoas em movimento circular, além de resgatar o Sol dos germanos, reforçava a ideia de coletividade em ação e união, um sentimento mais do que necessário para a construção daquele momento. Nas palavras de Malcolm Quinn, a suástica transformou os *"Ninguéns alemães em alguéns ario-germânicos, era o logo da promessa transeconômica capaz de tornar o homem comum em um ser extraordinário, era uma imagem visual que facilmente evocava a sociedade à uma falsa consciência das realidades, capaz de produzir o corporativismo. A experiência nazista converteu o símbolo ariano do século XIX em imagem de identidade, apagou a lacuna da 1ª Guerra e fez dela um sinal de raça e representante da missão de Hitler"*.[131]

A suástica e a águia, quando apresentadas juntas, completavam o sentido de divindade ancestral. *Parteiadler* de asas abertas, com a suástica a seus pés, repetia a narrativa simbólica do pássaro mensageiro dos deuses que, voando sozinho no infinito e sem qualquer rival, tinha o poder de dominar o Sol, o deus da vida. A ave divina unida à cruz, juntas, mantinham a força dos antigos símbolos atávicos da humanidade. O neopaganismo resgatou para os nazistas valores das sociedades guerreiras e, com eles, o seu orgulho perdido. A suástica que fora trazida inocentemente pelos nacionalistas, tornou-se recurso de propaganda ideológica. Os símbolos são considerados a quintessência da imagética nazista. Por meio deles, conseguiram a unificação e a reconstrução da Alemanha, segundo a mítica de uma nação heroica.

SUÁSTICA VIVA

IMAGEM DE INTEGRAÇÃO E SÍMBOLO CATALIZADOR DO NAZISMO

PERPETUAÇÃO *VERSUS* RENOVAÇAO

MORTE *VERSUS* RENASCIMENTO

SAGRADO *VERSUS* PROFANO

Ensaio para apresentação, Berlim, 1938

Foto de 20/06/1938, na qual pode-se ver grupos de jovens ensaiando para uma apresentação no Estádio Olímpico de Berlim.

A comemoração coincidiria com o dia do solstício de verão em nítida referência à antiga Roda do Sol dos germânicos.

O fator de efeito psicológico estava na própria forma dinâmica e rotação ótica; diante das multidões a suástica surgia como uma roda de fogo dos ritos pagãos. Quando o antigo símbolo solar se transformou em símbolo nazista, ele perdeu sua história milenar de imagem sagrada para se tornar emblema de força e poder econômico do Estado. A sociedade nazista, como qualquer outra, tinha seus signos de reconhecimento, um modo de criar distinções entre os que faziam parte e os que não faziam parte do grupo, um código para determinar os semelhantes e os desiguais. A suástica, entre todos os emblemas de Estado, era o que melhor estabelecia o sentimento discriminatório de *nós* e *eles*.

A construção midiática do nazismo foi arquitetada sobre a teoria freudiana da persuasão subliminar, portanto a associação de imagens simbólicas foi executada de tal forma, que o significado oculto se tornou mais importante do que o próprio emblema. Na Alemanha dos anos 1930, a suástica não era uma imagem, ela era o próprio nazismo. Internamente era a representação gloriosa do seu crescimento econômico e o poder político da nação. A suástica era o selo, a marca ou a chancela de distinção.

CINEMA: CONSTRUÇÃO DO MITO NAZISTA
LENI RIEFENSTAHL E JOSEPH GOEBBELS ENTRE A ÉTICA E A ESTÉTICA

O mito nazista deve parte do seu sucesso à indústria cinematográfica. Durante os 12 anos do regime, estima-se que foram produzidos mais de 1.350 longas-metragens. Considerada na época a segunda maior produção mundial, atrás apenas dos Estados Unidos, os alemães filmaram tudo, documentários, comédias, musicais, filmes de costumes e cinejornais. Cinema como veículo de propaganda era uma prática existente bem antes do nazismo. Surgira com o advento da 1ª Guerra, porém seus produtos em nada se comparam ao trabalho feito pela cineasta Leni Riefenstahl e Joseph Goebbels, o ministro da Propaganda do III Reich. Outro regime político que se utilizara da linguagem cinematográfica para disseminar seus valores, fora o comunismo, mas não dera à nova indústria tratamento de investimento econômico. Os nazistas consideravam o cinema o meio mais moderno e científico para influenciar multidões, e mesmo que não tivessem total conhecimento sobre a atuação das imagens no inconsciente humano, intuíram e souberam usá-las diferentemente. De 1933 a 1945, o cinema foi o setor cultural que mais recebeu investimentos do Estado.

O ideário e a estética nazista se propagaram nas entranhas da sociedade alemã pelas mãos da cineasta Riefenstahl, em duas obras emblemáticas: *O Triunfo da Vontade,* filmado em 1935, e *Olympia,* em 1936. Riefenstahl, no mínimo é considerada controversa, pois se, de um lado, seus filmes foram condenados pela moral, por outro, são enaltecidos pela estética. O julgamento crítico da cineasta é sempre revisitado e não consegue ofuscar a originalidade do seu trabalho e nem sua responsabilidade pela memória do nazismo.

Cineasta Leni Riefenstahl em plena ação de filmagem num mastro de 38 metros de altura. O documentário *Triunfo da Vontade*, é uma obra de inspiração nietzschiana que expressa artisticamente a glorificação do partido nazista e a deificação de Hitler.

A realizadora do mito Hitler, escrevia, dirigia, produzia e montava seus próprios filmes. Na execução do documentário *Triunfo da Vontade*, ela inovou ao se colocar num mastro de 38 metros de altura e se posicionar atrás de Hitler. Nesta posição, a cineasta conseguiu súbitas mudanças de enquadramento e pôde criar a ilusão de que Hitler ora é visto pela multidão, ora por seus olhos, para criar o efeito divino de onipresença. Além de dinamizar a perspectiva, o espectador é tragado para dentro da obra. Se *Pathos* tivera domínio sobre *Logos* pela emoção, os caminhos da persuasão ficaram abertos e sem proteção. Tudo tinha início com a sedução da beleza formal. Nas palavras da própria cineasta, as imagens filmadas só atingiram o ponto desejado quando ela "procurou o invulgar, o maravilhoso e os mistérios no coração da vida".

Com tecnologia de última geração, muita coragem e espírito inovador, Leni Riefenstahl experimentou, arriscou e criou uma linguagem visual plena de mobilidade. Usou 36 câmeras móveis que, colocadas em ângulos diferentes, obtiveram variação focal de *closes* e panorâmicas aéreas, em um jogo de afastamento e aproximação. A equipe produziu 70 horas de filmagens que fizeram de Riefenstahl uma referência mundial na História do Cinema. Criadora do estilo heroico nazista e responsável pela primeira obra cinematográfica do Partido Nazista, ela acabou condenada pela ética; porém, a cineasta transgressora de linguagens e dominadora de códigos visuais, foi absolvida pela estética.

TRIUNFO DA VONTADE
UM ESPETÁCULO CATÁRTICO

O documentário-paradigma *Triunfo da Vontade* é um registro do 6º Congresso do Partido Nacional-Socialista, ocorrido na cidade de Nuremberg, entre os dias 4 e 10 de setembro de 1934. O próprio Hitler escolheu o nome do documentário, ele o extraiu de *Wille zur Macht*, uma obra de Nietzsche que trata da força de vontade e da conquista do poder pelos homens determinados. O lema do evento *Congresso da Unidade* deu o rumo narrativo para a cineasta, mas em vez de um relatório de imagens sequenciais, ela criou um documentário aos moldes de uma ópera de *Richard Wagner*.

Por meio de *travellings* e panorâmicas de grandes planos, ela registrou a presença de 30 mil simpatizantes, entre soldados, chefes militares e populares. Fez com que traumas e medos de uma crise econômica e moral cedessem lugar para sonhar e acreditar que chegara o momento de marchar em júbilo marcial. Ela produziu um espetáculo épico capaz de convencer uma nação de que o seu patriótico Fuhrer deveria tomar o poder na Alemanha. O documentário dava ao espectador a impressão de supremacia do Exército alemão, fazia supor que era uma instituição capaz de levá-los à glória para transformar a Alemanha. Quando Hitler afirmou aos jovens "*vocês são sangue de meu sangue*", apregoando que juntos formavam um só corpo e uma só vontade, uma nação inteira entrou em delírio e apoteose.

MITOS NAZISTAS

UNIÃO NACIONAL E ONIPRESENÇA
SUPERIORIDADE DA RAÇA ARIANA
SACRÍFICIO INDIVIDUAL EM PROL DE UM IDEAL COLETIVO

Cena de *Triunfo da Vontade*, 1934
Papel da suástica na construção do mito da união nacional
representação da hegemonia do exército alemão e do sacrifício individual.

Cena de *Triunfo da Vontade*
Momento no qual Hitler atravessa o simbólico "Mar Vermelho" como um Messias triunfal.

A cena mais simbólica do imaginário nazista foi criada pela cineasta. É a longa caminhada de Fuhrer em meio ao povo. Hitler caminhou solenemente fardado, disciplinado e em silêncio absoluto por fileiras infindáveis de militares que lembravam as antigas legiões romanas nos desfiles imperiais. Os participantes, organizados numa geometria colossal, deixaram um grande vão livre para Hitler desfilar no papel de Fuhrer-Messias. Intencionalmente, a cena foi montada em repetição às imagens bíblicas de Moisés atravessando o Mar Vermelho. O rigor da ordem visual e a impressionante disciplina foram mostrados para criar sentimento de unidade e invencibilidade. A filmagem da cena construiu o que o povo alemão mais precisava naquele momento: segurança. Agora eles tinham um comandante que, sozinho, representava o próprio lema *Triunfo da Vontade*.

Depois de desfilar em silêncio respeitoso, o líder ascendeu à tribuna imperial do estádio. Leni filmou para a plateia a imagem de um pequeno semideus e o criador do orgulho nacional. Ao mostrar um grande número de pessoas, em visão panorâmica, a cineasta induziu o público a acreditar plenamente no nazismo; nas cenas em closes detalhou expressões faciais de civis e militares, no centro de tudo estava Hitler adorado como um ser sagrado. Identificou a imagem do Fuhrer com a da Alemanha e em íntima correlação com o Partido Nazista. Os registros do 6º Congresso do Partido Nacional-Socialista são reais, mas, trabalhados esteticamente, transformaram-se em exaltação e glorificação de um regime e de seu líder. Leni retratou Hitler semelhante a um sacerdote dando a eucaristia e todos passaram a comungar o ideário nazista em torno dele. Em defesa própria e em julgamento após o fim da 2ª Guerra, a cineasta disse ser *"Apenas um documento. Mostrei aquilo que toda gente testemunhou, viu e ouviu. Eu fui apenas aquela que fixou a impressão dessas pessoas, apenas quem registrou em película"*.

Finda a guerra, Leni Riefenstahl ficou presa por quatro anos, não foi condenada e, sim, absolvida por não se comprovar seu envolvimento nos crimes de guerra. Antes de ser cineasta ela estudou dramaturgia e foi atriz e bailarina. Hitler a escolheu porque viu nela um novo olhar e sua capacidade revolucionária, por entender que a essência da estética nazista estava na emoção. Ela sabia trabalhar a ideologia como um produto artístico, baseando-se nos efeitos dramáticos. Usou de contrastes entre imagens e silêncio, música e oratória, gestos e olhares, estática e movimento, panorâmicas versus particularidades, enfim tratou a propaganda política como um grande espetáculo capaz de levar multidões à catarse, exatamente como acontecia nos antigos rituais pagãos.

Apesar de ter autoria comprovada na propaganda do regime e participação na criação do mito nazista, raramente a qualidade de seus filmes é questionada. A despeito de tantas controvérsias ideológicas, o mundo se rendeu ao seu talento. Atualmente duas correntes veem a cineasta de formas diferentes, uma que segue analisando seus códigos visuais e bebendo da sua estética e outra, mais alemã e crítica, a vê como uma beneficiária da ditadura nazista.

SUÁSTICA E RACISMO
CRIMES DE GUERRA

O conceito de identidade nacional relacionava-se ao princípio de unidade étnica e que, pensado pelos nazistas, seguiu a tradição da Antiguidade Clássica. Os povos históricos sempre se acharam herdeiros e descendentes de deuses e heróis. Com Hitler aconteceu o mesmo; aproveitou-se do raciocínio de um passado mítico e apresentou-se para a população alemã como a pessoa certa e capaz de recuperar o sentimento de um passado glorioso, de uma Idade de Ouro perdida no tempo. O recurso utilizado para tal fim foi encontrado na teoria do arianismo, um conceito desenvolvido no final do século XIX pelo Conde de Gobineau autor de *Ensaio sobre a desigualdade da raça humana*. O termo *aria* significava nobre e foi dessa maneira que facilmente induziram um sentido de superioridade racial germânica. Segundo o mesmo autor, os europeus de etnia branca-caucasiana e descendentes dos arianos ficaram denominados de raça pura. A ideia de superioridade racial estava na verdade atrelada à superioridade militar, científica, tecnológica e econômica.

O objetivo do nacional-socialismo era construir uma nação, por eles denominada forte e bela. Para cumprir seus princípios estéticos e achando-se amparados por tais ideias, não viam problemas para justificar uma política racista. O princípio de embelezamento do mundo passava pelo conceito de pureza racial; logo, o seu contrário seria considerado inimigo e tratado como degenerado. Ficaram incluídos no seu oposto, como categoria inferior, os portadores de deficiência física, os negros, os ciganos, os judeus e qualquer miscigenado.

Hitler pensou em criar um novo homem. Sangue puro e raça pura, conceitos hoje ridicularizados, mas bem aceitos na época. A eugenia emprestara ao nazismo um caráter científico e o antissemitismo lhe fornecera a motivação para a matança. Juntos transformaram a morte em uma missão biológica, um tributo sagrado ao arianismo e visto como um saneamento antropológico ou apenas um instrumento de embelezamento. No mito do corpo, nos anos 1920 e 1930, a beleza física passou a ser entendida como saúde. Nascia o esporte-espetáculo e as disputas esportivas consequentemente transformadas em metáforas do poder e propaganda política. Entre 1936 e 1938, Riefenstahl selecionou, arquivou, montou e editou o material para o filme *Olympia*.

Política, arte e esporte definiram a forma estética do nazismo e do socialismo russo. Rapidamente entenderam que esporte e cinema eram os meios mais eficientes de promoção política, de mobilização popular e de propaganda ideológica. Os ideais da antiga civilização grega, na qual a função da arte seria educar e glorificar o cidadão, foram transferidos explicitamente para a sociedade moderna e desvirtuados pelos governos totalitários para manipulação. Na Alemanha, em especial, os ideais de cidadania grega justificaram e deram segurança para os criadores do mito nazista. Hitler não fez nada sozinho e nem chegou sozinho ao poder.

RACISMO NO IMAGINÁRIO NAZISTA
ESTEREÓTIPOS E CARACTERIZAÇÃO NEGATIVA
ARIANIZAÇÃO E PRECONCEITO

Cartaz da Juventude Nazista
Arianismo germânico mito da raça superior.

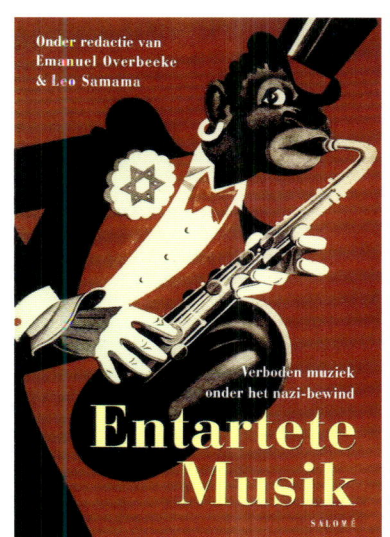

Cartaz da Exposição Jazz Música Degenerada, 1938
Depreciação da cultura negra

Cartaz do filme *Der Ewige Jude*, 1937
Na expressão do antissemitismo o judeu era comunista e mercenário

DESIGN GRÁFICO E PROPAGANDA RACISTA

Para exprimir de uma maneira simplificada a peça-chave da doutrina hitleriana, os publicitários empregaram estereótipos raciais, pois, afinal, o intuito não era analisar ou discutir ideias sobre racismo, mas acelerar a discriminação. As pessoas eram classificadas por tipos físicos segundo a diferenciação estabelecida por Arthur de Gobineau, o etnólogo e teórico racial francês do final do século XIX que defendia a superioridade ariana. Embora ele não fosse antissemita, suas ideias justificaram preconceitos cientificamente. É dele a clássica e simplista divisão de raças por cor: branca, negra e amarela. Como Hitler, interpretou o termo ariano. A julgar por suas palavras em *Mein Kampf*, ariano significava uma raça branca germânica superior, pois dela surgiram grandes civilizações e culturas com qualidades mais elevadas em relação às demais.

A propaganda nazista feita para a Juventude Hitlerista representava os arianos atléticos e sorridentes, em evidente projeção idealizada dos padrões físicos dos povos nórdicos. Os jovens representavam o setor da sociedade que mais recebia atenção de Hitler, suas imagens no material gráfico eram um elogio à beleza apolínea e à perfeição; simbolicamente representavam o Sol. Com o intuito de transmitir grandeza e força, usavam perspectivas exageradas que produziam corpos monumentais. Na mítica racista, os arianos eram luz, heroicos e viris. Sim, a propaganda nazista era masculina. Apesar das mulheres terem um papel definido na área da Educação e da Saúde, na publicidade, elas ficaram praticamente restritas ao clã familiar no papel de esposas procriadoras.

Infelizmente, a campanha difamatória contra os judeus é uma realidade histórica bem anterior ao nazismo. Por séculos, nas crendices populares do cristianismo medieval, devido a uma leitura enviesada dos textos do evangelista João, o termo judeu tornou-se sinônimo de traidor. Na Alemanha, em especial, sobressaiu a influência religiosa de Lutero e a racista de Wagner; cada qual, do seu jeito acreditava em superioridade, e com Hitler esse sentimento acentuou-se. *"Todos viram suas lutas contra os judeus e outras raças como conflitos de justiça, eram conflitos centrais dos seus dramas criados tanto no palco como na vida real. Enfrentar essas lutas contra um outro que eles definiam como mau, conferia um sentido de heroísmo às suas ações. Hitler se imaginava o sucessor de Lutero e Wagner e encapsulava visualmente essa luta. Embora o próprio símbolo tenha se originado nas religiões orientais, Hitler de muitas maneiras viu sua versão da suástica como um tipo de cruz cristã, recodificada como um símbolo da superioridade alemã e do antissemitismo"*.[132]

Em 1940, lançaram em Berlim o filme *O Eterno Judeu*, *Der Ewige Jude*, claramente uma ferramenta para desconstruir a imagem de um povo. Buscando maior credibilidade, apresentaram-no em formato de documentário. Os judeus eram retratados como pessoas sujas e comparados a ratos. A narrativa simbólica mostrava que, se os ratos vivem no lixo e os judeus são ratos, eles são sujos, portanto, são animais contagiosos que transmitem doenças, são parasitas, são praga e danosos como a peste. A edição propositalmente criou uma sucessão de negatividades, as imagens insinuavam que os judeus sonegavam dinheiro do governo, eram pessoas gananciosas e desonestas, verdadeiros corruptores da cultura alemã. A síndrome antijudaica de Hitler, estudada por muitos, parece ser uma projeção psicológica pessoal. *"Tudo o que Fuhrer mais odiava em si mesmo, projetava-o no judeu, tudo o que causara o seu próprio infortúnio e o da Alemanha, era culpa do judeu. Entre 1919 e 1924 o tema mais frequente dos seus discursos foi sobre os judeus, da sua onipresença e nocividade"*.[133]

Inicialmente, os ataques aos judeus ficaram no campo do ideológico, eram recriminados por sua participação no capitalismo financeiro internacional. Em 31 de maio de 1920, Hitler lançou o seu primeiro apelo contrário: *Antissemitas de todos os países, uni-vos*. Os discursos que falavam de luta de classes, entre socialistas *versus* capitalistas, gradativamente se inflamaram para se transformarem em luta de raças. Em 13 de agosto de 1920 num longo discurso perguntou: "Por que somos antissemitas?" Pela primeira vez Hitler falou sobre a superioridade ariana, recorreu a feitos históricos comprovando que eram descendentes dos egípcios e gregos e, em contrapartida, apresentou os judeus como um povo errante e sem história.[134] A partir daí, as ofensas se sucederam ininterruptamente. Racionalizar e explicar o antissemitismo dessa maneira era um jeito "torto" para implantar um nacionalismo conservador.

O perigo dos estereótipos é que, além de classificar erradamente, eles tendem a se fixar como verdadeiros, ou seja, perpetuam caricaturas depreciativas que dificilmente serão corrigidas. No racismo nazista, os negros ocupavam um lugar dúbio, ao mesmo tempo em que se destacavam nos esportes, também faziam parte do império alemão. O continente africano, que compreende o atual Togo, Camarões, Tanzânia, Ruanda, Burundi e Namíbia fora ocupado pela Alemanha e, devido às relações colonialistas, existiam negros alemães que viviam no continente europeu e integrados à sociedade local. Mesmo que tenha sido por um curto espaço de tempo, o império existiu entre 1883 e 1918. Quando terminou com a derrota da 1ª Guerra, os europeus vencedores dividiram entre si as ex-colônias alemãs.

O racismo contra os negros não tinha um limite definido, como ocorria com o antissemitismo, porém poderia se fundamentar pela legislação com medidas de purificação e segregação. Em 1935, as chamadas leis de Nuremberg estabeleciam que *"Para proteção do sangue e honra alemães, interditava-se o casamento entre judeus e arianos, seria permitido limitar a procriação no caso de doenças hereditárias, a esterilização seria usada contra criminosos, prostitutas, homossexuais, adeptos de seitas religiosas e ciganos"*.[135] O sonho do Reich era viver somente o *status* da aristocracia branca ariana.

Se a legislação relativa às doenças hereditárias foi acolhida em parte pelas associações de psiquiatras, os cientistas que estudavam os problemas das "raças" encontravam dificuldades para definir o conceito em si, mas resolveram o impasse ao colocarem a tônica na cor da pele. Apesar de perseguidos e chamados de bastardos, os negros tinham prestígio internacional nos esportes e na música. Nos anos 1920, Berlim estava cheia de clubes de jazz e de cabarés, casas de vanguarda artística frequentada pela intelectualidade modernista. Oficialmente a música de jazz, introduzida pelos negros, foi condenada pelo Conselho de Cultura por ser *artisticamente indesejável e moralmente prejudicial ao povo, porque ela mutila e destrói as formas e se apresenta com falhas de habilidade artística*. Em 1938, fizeram a exposição *Entartete Musik*, cujo cartaz, idealizado por Hans Severus Ziegler, mostra exatamente a correlação entre negros e judeus para o nazismo: o músico tem na lapela uma Estrela de Davi, símbolo judeu, porque jazz era música negra ajudeuzada, era *entartete* e nociva.

Sobre a determinação de degenerados criada pelos nazistas, Paul Schultze-Naumburg publicou, em 1928, o livro *Kunst und Rasse*, Arte e Raça, no qual aparece pela primeira vez a associação de arte moderna como sinônimo de arte degenerada, ou *entartete*. O autor arquiteto desenvolveu uma teoria para provar relações entre raça e estilo artístico; com a intensão de demonstrar a superioridade ariana, erroneamente exaltou o realismo dos pintores alemães em contraste com obras expressionistas e fotografias de deficientes físicos e mentais. Em 1933, Hitler fechou a Bauhaus e promoveu a primeira exposição difamatória da arte moderna.

Jazz era música degenerada, porque demonstrava vitória da cultura negra e da mesma maneira que o *swing*, seria corrosivo e capaz de destruir a sociedade alemã. Os nazistas se esforçavam ao máximo para impor o que acreditavam ser a verdadeira alma alemã: músicas, se possível só folclóricas ou eruditas; autores: Bach, Beethoven, Wagner e Bruckner. Para a exposição *Entartete Musik* criaram um cartaz com o trompetista Jonny, um personagem muito popular na época, extraído da ópera *Jonnhy spielt auf,* de Ernst Krenek, 1927. A imagem, extremamente depreciativa, mostra o músico com expressões de macaco – esse era o conceito nazista sobre arte e racismo. A mostra, realizada em Dusseldorf, tinha textos explicativos sobre a posição do governo em relação ao que era considerado decadente e proibido. Nas suas palavras, os degenerados eram uma doença prejudicial e por isso teriam que ser eliminados, e isso compreendia todos os judeus ou modernistas em geral. Havia uma grande lista, entre eles Paul Hindmith, Alan Berg, Igor Stravinsky e Kurt Weill. A ópera de Krenek, protagonizada por um músico negro e que serviu de modelo para o cartaz, foi rotulada de produto cultural bolchevique. Embora fosse uma peça popular e reconhecida no exterior, foi censurada e proibida em territcrio nazista.

O temor nazista com os negros estava na miscigenação, pois não podendo esconder a cor da pele, ela punha em risco a pureza alemã. Na loucura persecutória, Hitler acusou os judeus de estarem conspirando contra o projeto de soberania racial, ao trazerem negros para a Renânia. Existiam negros imigrantes na Alemanha, como na França e Inglaterra, oriundos de suas colônias. Hitler denominou esse fenômeno de maneira nada lisonjeira, de *bastardização* e, apesar de serem alemães por terem nascido na Alemanha, a concessão de cidadania lhes foi negada. Alguns ganharam passaportes, mas carimbados por *Negro Apátrida*.

SUÁSTICA O EMBLEMA DA MORTE
CRIMES RACIAIS

A escritora Susan Sontag fez uma análise crítica a respeito da Guerra do Iraque, afirmando que ela será lembrada, sobretudo, pelas imagens de tortura registradas em vídeos por seus soldados. A memória das guerras estará escrita com mais veracidade nas imagens do que nos textos. Dentro deste mesmo tema, a escritora afirma com ironia: "*Definitivamente, os homens gostam da guerra. Elas exercem uma eterna sedução sobre eles, talvez pela intensidade da experiência ou talvez pela oportunidade de fugir ao marasmo de suas vidas familiares*".[136] Falar sobre a 2ª Guerra é falar debruçado sobre imagens que denunciam e exibem as provas dos crimes e atuam como verdadeiras testemunhas de acusação. Escolher uma imagem e apenas uma, que seja representativa da 2ª Guerra não é tarefa fácil. Entre centenas de cenas de bombardeios e registros de mortes de todo tipo de gente, ou somente das vítimas do genocídio semita, é extremamente difícil escolher a imagem que seja a mais significativa entre tantas ocorrências. Porém, um emblema que estará eternamente relacionado aos horrores da 2ª Guerra e será lembrado para sempre, sem dúvida será a suástica.

A partir de 1935, os judeus foram obrigados a aparecer em público com uma braçadeira sobre suas vestes e a Estrela de Davi amarela. A segregação havia começado, mas nem todos entenderam. Depois vieram as humilhações, as desapropriações e uma preparação para o que viria a seguir: o Genocídio. No início as pessoas ficavam agrupadas em guetos, um isolamento geográfico, depois vieram os campos de concentração direcionados para trabalhos forçados e experiências científicas e, por fim, os campos de extermínio.Neles, os grupos raciais de judeus, de ciganos e mestiços, como também os deficientes físicos, homossexuais, intelectuais, comunistas, opositores ou simplesmente discordantes, todos foram dizimados como degenerados e inimigos comuns do nazismo.

EUGENIA
GENOCÍDIO
HOLOCAUSTO

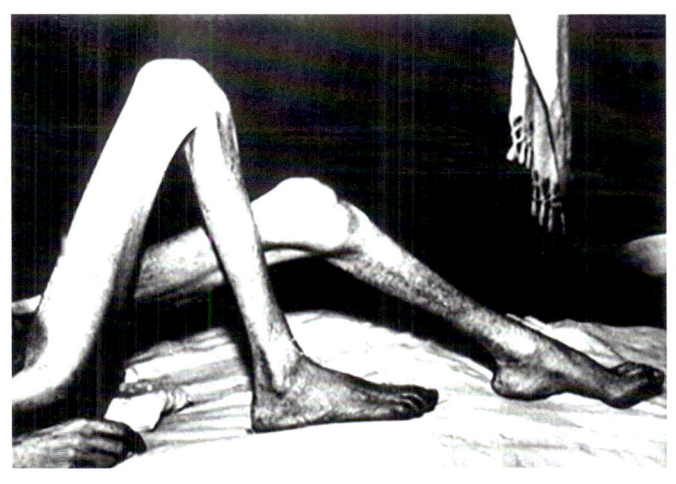

Vítima de Auschwitz
Vítima de "experiências científicas" durante o processo de extermínio nazista. As "cobaias humanas" eram escolhidas entre os jovens mais saudáveis. A maioria morreu, os poucos sobreviventes ficaram desfigurados ou, no mínimo, com incapacidade permanente.

Criança, Gueto de Varsóvia
As crianças eram consideradas "gastos inúteis" e por isso abandonadas para que morressem naturalmente. Suas mortes cumpriam o hediondo conceito nazista conhecido por Solução Final da Questão Judaica, um projeto com a finalidade de remover os judeus dos territórios alemães.

Holocausto é uma palavra de origem grega que significa sacrifício, uma prática usada nos templos religiosos, significando a morte como oferenda, diferente do sentido moderno que hoje se refere a perseguição e extermínio sistemático. O termo genocídio não existia antes de 1944, ele foi criado por Raphael Lemkin quando buscava palavras para descrever as políticas nazistas. Lemkim precisava de alguma maneira reparar a morte de sua mãe e de tantas outras pessoas. Quando percebeu que não conseguia encontrar um vocábulo ideal, criou um neologismo combinando *geno,* que significa raça, com a palavra *cídio*, sinônimo de matar. Até esse momento, genocídio não existia como nós entendemos, um conceito específico para designar crimes que têm como objetivo a eliminação da existência física de grupos nacionais, étnicos, raciais ou religiosos. Para Lemkin, genocídio consiste em dois crimes: o da barbárie e o do vandalismo. Ele definiu barbárie como "*a destruição premeditada de coletividades*", e vandalismo como "*a destruição cultural e artística dessas coletividades*".[137]

No início de sua cruzada, ninguém acreditava que um termo linguístico tivesse a força de mudar uma existência tão antiga na História. Como ele mesmo dizia "*era um crime ainda sem nome*". Para que Genocídio viesse a ser prevenido ou punido, precisaria ser mais do que um verbete, precisaria tornar-se lei, e ele conseguiu em 09/12/1948. Pela primeira vez, as Nações Unidas adotaram um tratado de direitos humanos. Genocídio é algo tão difícil de se conceber que pessoas de fora do problema e até as suficientemente bem informadas não admitem e não acreditam. Isto aconteceu com muitos diplomatas, jornalistas e judeus europeus que observavam Hitler. Ao longo de toda década de 1930, pressentiram a iminente violência em massa que viria e, mesmo assim, desconsideraram a possibilidade de genocídio.

A eugenia surgiu sob o impacto do livro *Origem das Espécies*, de Charles Darwin, no século XIX. O cientista restringira sua teoria ao mundo natural, porém outros pensadores, os eugenistas de um jeito muito torto a adaptaram às sociedades humanas. Eles viram na genética o argumento para justificar seu racismo e pior, conseguiram adesões para o uso deste *darwinismo social*. Desta maneira, se lançaram livremente e justificaram o imperialismo cientificamente. Os europeus, considerando-se seres superiores em relação aos africanos e asiáticos, outorgaram a si próprios o direito de dominar os outros povos. Com esta argumentação torpe, o antissemitismo deixava de lado seu caráter religioso para incorporar um novo conceito: raça. A partir desse momento, a natureza dos judeus seria imutável, nem a conversão ao cristianismo os salvaria.

O termo eugenia foi cunhado, em 1883, por Francis Galton, que apresentou sua teoria sob forma de ciência. Querendo entender a hereditariedade dos caracteres genéticos e aceitando plenamente a teoria da seleção natural, Galton, mesmo não tendo uma ideia muito clara sobre o mecanismo de transmissão, acreditava no princípio de que os dotes das pessoas seriam transmitidos e conservados inalterados de uma geração à outra. Para ele, a transmissão das características não se limitava aos aspectos físicos, mas também às habilidades e talentos intelectuais. A teoria eugenista garantia um pensamento selecionador, com poderes para interferir no conjunto populacional do mundo, ou seja, impedir a reprodução de pessoas que achassem prejudicais à humanidade. A teoria da herança genética proporcionou a base necessária, para a criação de laboratórios experimentais e justificou práticas de controle sobre o que diziam ser degenerativo racial. A eugenia apresentada como ciência, na realidade, era um projeto de eliminação racista.

O genocídio dos judeus foi popularmente motivado pela crença incongruente de que eles eram eternos conspiradores. O preconceito, tradicionalmente considerado como atrelado ao surgimento do cristianismo, é anterior e se estruturou já na época dos romanos, pelo fato de não admitirem os imperadores como divindades e se autoproclamarem povo eleito por Deus. Esta designação, que não os colocava em situação de superioridade, mas apenas diferenciados, incomodava aos demais. Em tempos politeístas o comportamento dos hebreus no máximo seria considerado implicância, mas a Idade Média se encarregou de fortalecer o preconceito com historietas mal contadas. Inventaram tradições estapafúrdias nas quais os judeus eram os traidores da humanidade porque entregaram o judeu Jesus para os algozes romanos e se redimiram da culpa. Esse tipo de argumentação apenas escondia uma intolerância desde há muito sedimentada.

Por trás do racismo nazista existia a teoria da conspiração, um pensamento arquitetado para justificar a desconfiança e os atos de perseguição que viriam. Divulgaram que os judeus, embora numericamente inferiores, tinham poderes de dominar a humanidade. Segundo essa teoria, os judeus não tinham um lar nacional, mas formavam perigosamente uma nação internacional; como não tinham pátria não deviam fidelidade a ninguém ou a qualquer partido. Se os judeus poderiam dominar o mundo mesmo sem nação, eles eram mais perigosos do que qualquer país estrangeiro. Sabe-se que as teorias da conspiração têm origens psicológicas ou sócio-políticas e, normalmente, surgem quando alguma coisa está fugindo do controle nas relações de poder dos grupos sociais. A sociedade, quando se vê em perigo, costuma gerar no seu interior lideranças espelhadas na paranoia do medo. Nesses momentos, é comum materializar-se um adversário que sempre é representante das forças maléficas. Por sua vez, ele receberá todos os atos de violência, que já estão previamente justificados em nome da defesa do grupo.

Durante a 2ª Guerra, a loucura se instalou e os judeus foram considerados uma doença endêmica, ou seja, semelhante a uma infecção interna na Alemanha. Tornando os judeus o inimigo comum, criava-se o sentido de união, um comportamento comum das pelejas esportivas e militares. A teoria racista da eugenia, ao ser aliada ao nacionalismo, emprestou ao nazismo o que lhe faltava: uma justificativa científica. Hoje esse comportamento pode parecer absurdo, mas nos anos 1930, nada disso ocorreu no vácuo. O Holocausto foi precedido por décadas de aceitação da desigualdade entre os homens. Em *Mein Kampf*, escrito em 1925, Hitler afirmava que só humanos com traços hereditários valiosos deveriam procriar. A historiadora alemã Marlis Steinert, no seu livro *Hitler*, escreveu que a utopia hitleriana se baseava em três erres: *Reich* (império), *Raum* (espaço) e *Rasse* (raça).[138] A ideia de Reich seria retornar e mergulhar em suas raízes míticas; já as teorias de Raum e Rasse pertenciam ao conceito geopolítico que pregava a instauração de uma supremacia germânica. Hitler encontrara fundamento para iniciar a guerra e ela se tornara o único meio possível para a realização do III Reich.

SOB O SIGNO DE THANATOS, O DEUS DA MORTE

Os registros fotográficos são resultados de ações dos exércitos nazistas e também dos aliados, que igualmente, apresentam o horror dos crimes cometidos e legitimados; sem diferenças, professavam a mesma crença na existência de uma Guerra Justa. Os ataques de ambos demonstram idêntico grau de destruição. Em nome da paz e do heroísmo, todos mataram. Ao estabelecerem o fim e determinarem quais seriam os vencidos e os vencedores, quando parecia que tudo havia terminado, novas guerras surgiram para reparar erros da guerra anterior. O próprio desfecho da 2ª Guerra assegurava os argumentos necessários para o aparecimento de novas guerras; algumas nasceram por motivos territoriais, justificando defesa e estratégias militares, e outras, por razões simplesmente ideológicas. Mais e mais guerras se sucederam criando o seu próprio sistema endógeno.

Sob a suástica e a ideologia nacional-nazista, os jovens alemães louvavam o sacrifício pessoal; nas escolas e nas comemorações cívicas, crianças e adolescentes cantavam hinos nos quais versos épicos colocavam a nação como o valor máximo e acima de tudo. Nessa relação cívico-militar com o Estado, os nazistas eram semelhantes aos espartanos. Seus soldados acreditavam que nada poderia se sobrepor à pátria, sequer o indivíduo ou a igreja, e nem mesmo a família. Para que o sacrifício de suas vidas ganhasse um significado mítico e semelhante ao dos heróis gregos, os jovens eram encorajados para a guerra, sem direito ao lamento da morte; pelo contrário, eles orgulhosamente marchavam cantando em holocausto. Numa de suas músicas podia-se ouvir esta simbólica oferenda heroica: *a nossa morte será uma festa*.

O maniqueísmo simplista, que analisa o mundo dividindo-o artificialmente entre o Bem e o Mal, não permite entender a complexidade da 2ª Guerra, ou de qualquer outra. Basta lembrar que Hitler foi eleito num contexto mundial em que ele não estava só. Outros dirigentes, também extremistas, chegaram ao poder e, da mesma maneira, foram aclamados como a grande solução para a crise financeira de 1929. Com a qualificação de Salvadores da Pátria, deixaram poucas opções para a população que, presa fácil dos seus discursos populistas, não conseguiu organizar uma força em contraponto.

Os bombardeios da 2ª Guerra surgiram por ações planejadas e ensaiadas na década de 1920, um período que entrou para a História como a Era do Encantamento ou os Anos Loucos. O curto intervalo de paz entre as duas guerras mundiais, terminou sob o impacto da maior crise financeira dos tempos modernos. A era que deu início à democratização do conhecimento e da informação, que ficou marcada por conquistas sociais e pela maior efervescência intelectual depois do Renascimento, na realidade foi um período dominado por impulsos extremados. Se de um lado realizaram descobertas científicas de impacto, se romperam paradigmas nas áreas da criação artística e comportamentais, se consolidaram transgressões ideológicas – como a revolução comunista russa e o ideário socialista –, por outro lado prepararam os futuros governos repressores e a militarização do mundo.

A extremada década de 1920, ao mesmo tempo que se estruturou sobre o pioneirismo e a liberdade e foi fundamental para o surgimento de todos os ismos artísticos e ideológicos, e que foi responsável pela expansão do rádio e o nascimento da indústria cinematográfica, corresponde também ao período da germinação do totalitarismo político. A mesma sociedade que se embriagava com o seu próprio desvario da criação, e que não se fartava de assistir às suas descobertas e mudanças sociais, por descuido e sem perceber, permitiu que surgisse e se instalasse em suas próprias entranhas a voraz e insaciável indústria armamentista. Ingenuamente, essa sociedade transgressora não percebeu que, por trás do silêncio de todas as nações envolvidas, Thanatos preparava a catástrofe da 2ª Guerra.

BARBÁRIE E CIVILIZAÇÃO

Buchenwald, Alemanha, 11 de abril, 1945
Corpos retirados das câmaras de gás pelo exército norte-americano.

Dezenove dias antes do suicídio de Hitler, essa imagem de prisioneiros mortos e empilhados foi fotografada pelos norte-americanos ao libertarem o campo de concentração nazista de Buchenwald. No local, encontraram, em abandono absoluto, quase 20 mil presos semivivos que, graças à Cruz Vermelha, receberam de imediato os primeiros atendimentos médicos. Buchenwald foi criado em 1937 em território alemão, nas imediações de Weimar, após a instalação dos centros de Dachau e Sahsenhause. Até 1945, tinham aprisionado 280 mil pessoas, dessas, 56 mil morreram no local.

Dresden, Alemanha, 15 de fevereiro, 1945
Bombardeio aéreo da Raf - Royal Air Force, Inglaterra, em conjunto com a força aérea dos Estados Unidos.

Dresden, a bela cidade barroca, conhecida na época por Florença do Elba, em referência à efervescência cultural da cidade renascentista italiana, era um grande centro industrial composto por 110 fábricas que empregavam 50 mil operários. Dresden estava no epicentro da produção de suprimentos para a guerra, com aviões, tanques e munição, além de ser a maior rota de transporte ferroviário e rodoviário. A cidade sofreu quatro ataques surpresa que resultaram na morte imediata de 30 mil pessoas, sendo a maioria constituída por civis. Foram 1.300 bombardeios indiscriminados e desproporcionais, lançaram 3.900 toneladas de dispositivos incendiários, que destruíram totalmente 39 Km² do centro histórico. Durante 25 minutos ininterruptos, aviadores da RAF lançaram, à noite, toneladas de bombas explosivas e incendiárias, a famosa "tempestade de fogo" que fez a refinada cidade virar escombros.

Nagasaki, Japão, 6 de agosto, 1945
Ataques nucleares da Força Aérea dos Estados Unidos, imagem de menino carbonizado.

Os ataques nucleares da Força Aérea dos Estados Unidos sobre o Japão foram ordenados pelo contraditório presidente Truman, o mesmo que aprovou o Plano Marshall com verba de US$ 12 bilhões para a reconstrução da Europa, e que também deu início à guerra da Coreia, em 1951. Os sobreviventes japoneses que assistiram a tragédia contam que, momentos após a explosão, quando as vítimas ainda estavam surpreendidas e em choque com a intensidade do clarão e do som estrondoso, de repente e inexplicavelmente, a pele dos seus corpos começou a se desfazer e a se desprender como se estivessem derretendo. Ao mesmo tempo e sem nada entender, sentiram uma fortíssima sensação de desidratação, era uma sede incontrolável e, por desespero, começaram a beber qualquer água que encontrassem pela frente. Porém tudo já estava contaminado pela chuva negra. Em poucos minutos seus corpos foram duplamente envenenados.

Londres, maio de 1941

Os ataques alemães, feitos pela Luftwaffe, eram chamados de *blitzkrieg*, ou seja, guerras-relâmpago – uma tática contra a tradicional guerra de trincheiras. Em Londres, a rivalidade militar anglo-alemã resultou na destruição de 1 milhão de casas, a morte de 43 mil civis e a consequente união da Inglaterra com a Rússia.

Berlim, maio de 1945

Após a conferência de Yalta, soldados soviéticos bombardearam e ocuparam Berlim, sinalizaram o fim hasteando sua bandeira no icônico edifício Reischstag, do Parlamento alemão. Enquanto dominavam a capital alemã, em comum acordo, França, Inglaterra, Estados-Unidos e Russia, as potências vencedoras, dividiram entre si os territórios derrotados e delinearam o início da Guerra Fria para as próximas décadas.

Berlim, maio de 1945

Caen, julho de 1944

Para libertar a França e chegar a Paris, as forças aliadas planejaram a reconquista pela Normandia. Para evitar um contra-ataque alemão, optaram por uma ofensiva com bombardeios aéreos, invasão marítima e combates terrestres.
Resultado: 75% de Caen ficou totalmente destruída.

Xangai, 1937

Motivado pelo militarismo expansionista, o Japão invadiu a China, porém o grau de violência dos seus soldados foi tão grande, que desencadeou uma união interna imprevista. Comunistas e Nacionalistas juntaram-se para formar um bloco de oposição à política de Aliança do Eixo.

Colônia, 1945

Durante os anos de 1942 e 1945, a cidade de Colônia na Alemanha foi sistematicamente bombardeada pela inglesa RAF – Royal Air Force. Pouparam apenas a catedral gótica, visto que a verticalidade isolada da construção facilitava o ponto de mira para os aviadores nos ataques noturnos. No término, 90% da antiga cidade medieval virou escombros.

Rotterdam, maio 1940

Em total desrespeito à política de neutralidade diante da negação de rendição holandesa, nazistas bombardearam de maneira brutal o centro histórico da cidade de Rotterdam. Após destruição e mortes, implantaram seu regime de ocupação denominado Reichskommisariat Nierderlande. Permaneceram na Holanda até 1945, forçando os holandeses a criar no exílio um governo paralelo.

Florença, agosto 1944

Roma, julho 1944

Apesar de poupada por seu patrimônio histórico, Roma sofreu bombardeios. Num deles, moradores grafitaram sobre um edifício destruído pelos americanos: Obra dos Libertadores. Com muita ironia e pouca censura, mostraram para o mundo o sentido destruidor e paradoxal das guerras.

Guernica, abril 1937

Os bombardeios aéreos da 2ª Guerra foram testados pelos alemães durante a Guerra Civil Espanhola. O primeiro deles se deu sobre a pequena cidade basca, Guernica. Ao final, de três horas e 1.645 mortes, os invasores registraram a ação como um experimento militar bem-sucedido.

As estimativas sobre o número de mortos da 2ª Guerra variam e são totalmente imprecisas, porque muitas mortes jamais tiveram registro. A guerra, reconhecida e considerada como o maior conflito global e o mais letal de todos, resultou aproximadamente em 70 milhões de mortos; nesse número contabilizam-se 25 milhões de militares e 45 milhões de civis.

Em 29 de abril, Hitler recebeu notícias da morte de Mussolini; soube que fora pendurado pelos pés com sua amante, após serem fuzilados. Na manhã seguinte, decidiu suicidar-se, almoçou com seus colaboradores e se despediu dos residentes do bunker. Às 15h30, ele e a mulher retiraram-se para os seus aposentos. Diante dos retratos da mãe e de Frederico II, ingeriram ampolas de cianeto ao mesmo tempo. Hitler completou o suicídio com uma bala na própria cabeça. Como previsto em testamento, os dois corpos foram incinerados defronte da chancelaria, então em ruínas. Em suas palavras escritas e testemunhadas por Bormann, disse: *A minha mulher e eu próprio decidimos morrer para escaparmos à desonra de sermos capturados. Esta morte compensará tudo o que deixamos de viver juntos durante a minha vida, inteiramente voada ao serviço do meu povo*. Segundo Goebbels, que também se suicidou com toda família, esse documento atesta que Hitler, o Fuhrer, manteve-se fiel às suas ideias até o fim. Na despedida, pediu às pessoas que colocassem a nação acima dos interesses pessoais e que observassem as leis raciais contra a *judiaria internacional, o eterno veneno das nações*. A rendição incondicional do Reich foi assinada nos dias 8 e 9 de maio, em Reims e em Berlin. Como acontecera com Hitler, o III Reich deixava também de existir.[139]

A suástica, a partir do nazismo, tornou-se a cruz da violência, do racismo e da intolerância. No Ocidente, mais de 2 mil anos de simbolismo pacifista budista foram abandonados, a antiga suástica sagrada foi usurpada e danificada, quando o certo seria diferenciar Suástica de Hakenkreuz. Segundo T.K. Nakagaki, as ações de Hitler são de sua responsabilidade e não da suástica, um símbolo que já tinha sua história contada em várias civilizações. Hakenkreuz, pelo contrário, é imagem exclusiva do nazismo. Para compreender melhor a negatividade da suástica, ele visitou os campos de concentração em Auschwitz, Treblinka e Sachsenhausen, além do Museu de Anne Frank. A partir dessa experiência, Nakagaki tem buscado lideranças judaicas para explicar as diferenças.

"O budismo enfatiza a importância da consciência. O uso do símbolo por Hitler foi uma parte importante do processo e entender como e porque ele o escolheu é vital para garantir que nada disso aconteça novamente. É uma lição de como os símbolos são importantes, sejam eles para fins religiosos, políticos ou qualquer outro propósito. Budismo é mudança. Espero ver a suástica transformada como a flor de lótus, que cresce na lama e representa a iluminação. Espero ver a suástica crescer do pântano para a luz e promover o diálogo. No budismo transformação significa mudança. Mudança é fornecer e receber conhecimento e compreensão".[140]

VÍTIMAS DA CRUZ NAZISTA
MATANÇA DOS INOCENTES

Criança resgatada após explosões nucleares no Japão

Em 6 de agosto de 1945, exatamente às 8h15, a tripulação do *Enola Gay* lançou sobre Hiroshima a bomba atômica, que ironicamente era chamada de *Little Boy*. Após três dias, lançaram em Nagasaki a bomba *Fat Man*. O treinamento norte-americano para os ataques durou quatro meses, foi realizado sem qualquer consciência social sobre as vítimas, ou seja, observaram somente estratégias militares. O ataque inédito foi festejado e considerado um sucesso. Em apenas poucos minutos, morreram 220 mil pessoas, na realidade uma conta incompleta, pois não contabilizaram os mortos que sofreram com a irradiação nuclear e nem os sobreviventes mutilados.

Hitlerjugend, uma instituição obrigatória com início aos 10 anos

O sacrifício compulsório da juventude para prestar serviço militar só foi revisto no Ocidente após o fim da Guerra do Vietnã, na década de 1970. Já perto do fim da 2ª Guerra, com o exército alemão totalmente desfalcado e arruinado, só restou aos comandantes recrutar jovens adolescentes. Muitos eram órfãos, filhos de militares, tinham entre 14 e 16 anos. Eram crianças fardadas e armadas, perdidas num país em guerra e com medo de serem capturadas. Sozinhas enfrentaram as consequências do conflito: alistando-se ou fugindo para as florestas. Sem família e vítimas do caos elas ficaram conhecidas por "crianças-lobos"; ao serem encontradas, no fim da 2ª Guerra. Estavam descalças, em pânico e famintas.

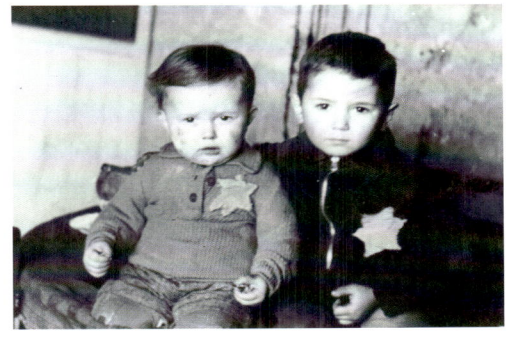

Crianças no Gueto de Kovno, Lituânia, 1944

Para os líderes nazistas crianças judias aprisionadas eram consideradas um estorvo. Julgadas improdutivas, porque além de não servirem para nenhum trabalho, elas só representavam gastos, eram inúteis consumidores de comida. Crianças muito jovens foram encarceradas em campos de concentração para experiências científicas dos eugenistas. As autoridades selecionavam membros de uma mesma família com o objetivo de comparar os resultados médicos de suas cobaias humanas. Dos 9 milhões de judeus residentes na Europa, cerca de dois terços foram mortos no Holocausto, ou seja, 6 milhões de pessoas. Desse total absurdo de vítimas do nazismo, mais de 1 milhão eram crianças.

Essas imagens tão desoladoras foram provocadas por Estados civilizados. Todas nos revelam que a barbárie é uma realidade que pode acometer a humanidade sem distinção, é um estado que independe de credo religioso, ideologia, nível econômico ou estágio cultural. Agressiva e destrutiva, ela se manifesta igualmente na mais sofisticada sociedade pós-moderna ou na mais primitiva sociedade tribal. A barbárie é inerente à espécie humana, ela pertence à categoria dos instintos primários e ancestrais; é uma fúria indomável que habita o espaço mais profundo, sombrio e ainda desconhecido de nossas almas. É uma realidade totalmente perigosa, por ser imprevisível e imensurável. Barbárie é Thanatos, o deus da morte e da destruição. A barbárie, seja ela qual for, carrega em si um comportamento disjuntivo que pode, a qualquer hora e sem razão, sair do seu estado letárgico e se manifestar subitamente.

SUÁSTICA DA DESCONSTRUÇÃO
ENFRENTAMENTO AO NAZISMO

Durante 20 anos, o Estado nazista exerceu hegemonia sobre a maioria da sociedade, mas sem nunca ter conseguido dominar o núcleo formado por intelectuais e parte dos trabalhadores sindicalistas. Existia oposição, mas nada que possa ser comparado ao enfrentamento de John Heartfield, o artista que desnudou o mito nazista. Criador da fotomontagem, ele mantinha uma produção voltada exclusivamente para conteúdos políticos. A fotografia ajudava a agilizar seus trabalhos críticos e plenos de ironia, sua produção constituía-se por paródias visuais de fácil compreensão. Para atingir as massas, ele usava uma linguagem próxima da propaganda, os alvos preferidos eram personagens nazistas e seus respectivos símbolos.

John Heartfield, o artista transgressor, nasceu Helmut Herfeld. Anglicizou seu nome em 1916, em resposta ao nacionalismo exagerado, e como uma forma de protestar contra a xenofobia antibritânica que surgira por toda Alemanha. Com formação em *design* gráfico, pela Royal School of Arts and Crafts, de Munique e especialização em pôsteres e arte publicitária, Heartfield exerceu muitas funções nas artes visuais, inclusive a de cenógrafo na companhia Berliner Ensemble junto com Brecht. Sua arte era sinônimo de ativismo, de crítica e oposição; ao mesmo tempo ele era um artista absurdamente pacifista, pois sua arma de destruição era o humor. Contra a violência nazista, o riso.

JOHN HEARTFIELD:
"USE A FOTOGRAFIA COMO ARMA!"

Com esse *slogan*, em 1929, Heartfield, inaugurou uma exposição em Stuttgart. Seu ativismo começou em Berlim, durante o fim da 1ª Guerra, quando a capital fervilhava criatividade e ideologia. Berlim era o centro da ebulição social e por onde circulavam pessoas de lugares e ideias diferentes, era uma cidade agitada, cheia de cafés e cabarés, um lugar que concentrava artistas, empresários, escritores e mutilados de guerra. Berlim era o local mais efervescente da Europa, a capital dos contrastes, portanto ideal para Heartfield, fundar, no ano de 1918, o *Berlim Dada Club,* para a vanguarda artística e o *Partido Comunista da Alemanha*, para toda a sociedade.

Berlim era a capital da radicalização política e artística, e nela, o Dadaísmo liderava os movimentos da antiarte. Contra todo tipo de regra, os dadaístas se opunham a qualquer pensamento pré-estabelecido, permitiam liberdade total para experimentar novos materiais e novas formas de expressão; dessa maneira, abriram possibilidades para a fotomontagem. Durante 1930 e 1937 Heartfield trabalhou para a revista *AIZ, Arbeiter-Illustrierte-Zeitung* (Revista Ilustrada do Trabalhador), do editor e político comunista Willi Munzenberg. Foi um período intenso de criação e divulgação ideológica; em sete anos, publicou 237 fotomontagens de conteúdo crítico ao nazismo. A Alemanha era um país de leitores. Em 1927, circulava em Berlim 26% da produção total da imprensa alemã, nada menos que 147 publicações entre jornais diários, jornais de instituições, de partidos políticos e revistas.[141]

O sucesso das revistas ilustradas manifestava-se em todas as classes sociais. Comunicação direta e caráter mimético das fotografias garantiam a credibilidade dos textos. Nazistas e opositores ficaram atentos à penetração popular das revistas e aos resultados comparativos com os editoriais dos jornais. Todos lançaram novas publicações e produziram vasto material visual, mas nenhum com a qualidade estética e nem a força destruidora das fotomontagens de Heartfield na *AIZ*. Segundo Ana Tereza Fabris "*A arte da fotomontagem cria mensagens voltadas para objetivos definidos. Por causa da reputação da fotografia, como dado visual objetivo, a fotomontagem tinha grande potencial de* agit-prop".[142] O termo de origem soviética é o nome abreviado do Departamento de Agitação e Propaganda; *agit-prop* é sinônimo de propaganda política difundida ao público através de meios de comunicação populares, como panfletos, teatro, filmes ou cartaz. Lenin considerava a *agit-prop* o meio mais eficaz de instrução ideológica das massas.

SUÁSTICA CRÍTICA

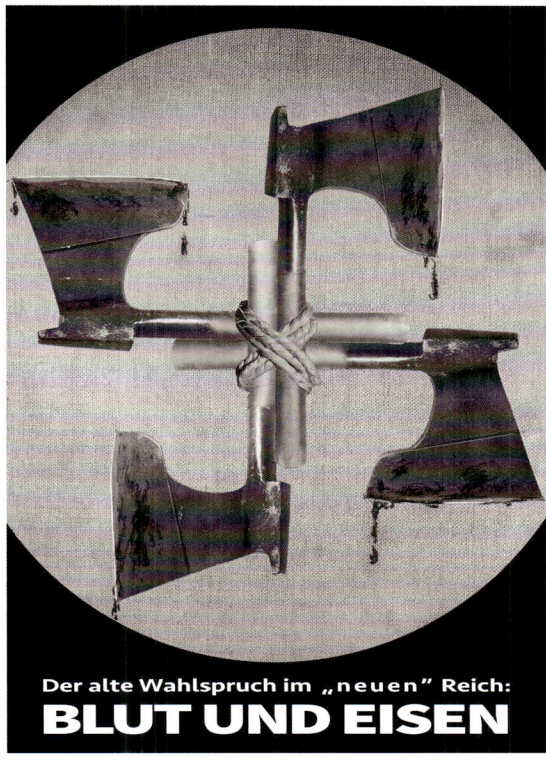

John Heartfield. O *velho lema no novo Reich:*
Sangue e Ferro, revista *AIZ*, 1934

A fotomontagem *Blut und Eisen* refere-se ao título do discurso proferido por Bismarck, em 1862, perante a Câmara dos Deputados. Falava sobre a unificação dos territórios alemães, argumentando que a posição da Prússia diante da Alemanha deveria ser decidida pelo poder, não com discursos, mas com ferro e sangue. A frase tornou-se popular e expressava a necessidade de guerras tanto para a unificação interna, quanto para a expansão internacional. O "chanceler de ferro" e autor do

II Reich tornou a antiga Germânia na moderna Alemanha. Bismarck era um militar nacionalista e, por sua intervenção, territórios antes subdivididos em ducados, principados, reinos, grão-ducados e cidades livres, foram unidos sob a mesma bandeira da águia preta. Ao mesmo tempo que surgia uma nova Alemanha, a sua expansão territorial passou a incomodar outros países, principalmente Inglaterra, França e Rússia. O desfecho foi a 1ª Guerra que, por sua vez, justificou o surgimento do austríaco Hitler, dos movimentos volkisch e o sonho de retomar o império deixado por Bismarck.

O ferro no nazismo também era sinônimo de dureza espartana e símbolo de caráter. Num discurso de Goering, em Hamburgo, o supervisor da Solução Final para a Questão Judaica, que resultou no Holocausto, disse a famosa frase para justificar a guerra e também a canalização da produção industrial para armamentos: *"O ferro sempre tornou os impérios fortes; a manteiga e o toucinho têm no máximo tornado as pessoas gordas"*. Ou seja, o homem que planejava recriar a constituição étnica da Europa com um projeto de expulsão, ou extermínio de milhões de pessoas, fundador da Gestapo e comandante-chefe da Luftwaffe propôs energicamente aos alemães que eles deveriam preferir canhões à manteiga. É uma exaltação ao militarismo, em detrimento da vida burguesa, representada por uma alimentação calórica. Ora, as duas frases nas mãos de Heartfield tornaram-se síntese visual do nazismo. A suástica do III Reich, artificialmente construída com machados de ferro e manchada de sangue, é a representação da morte assassina.

Reiniciar é Necessário, 1932

Sob Esse Sinal Sereis Traído e Vendido, 1932

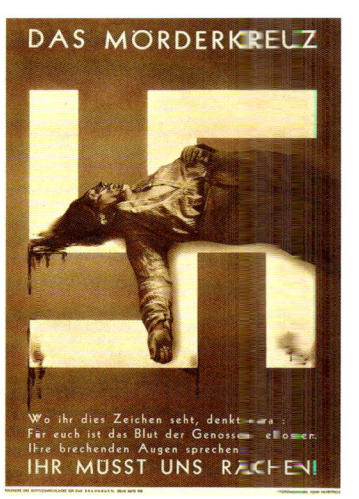

A Cruz do Assassino, 1933

Em pleno apogeu do nazismo, Heartfield fez duras críticas ao regime. A sua técnica de conscientização estava no realismo da fotografia em situações inusitadas. A mistura de recortes de imagens reais com textos descontextualizados causava choque, a intenção era despertar o público e, para atingir esse objetivo, utiliza-se dos conceitos desenvolvidos por Brecht, pela dialética dos estranhamentos e distanciamentos. O resultado final das obras de Heartfield é sempre uma informação reveladora, a quebra intencional da lógica racional que vem do dadaísmo – uma postura estética que falta à crítica jornalística. Elas sempre surpreendem e continuam a inspirar novos artistas.

A fotomontagem *Reiniciar é Necessário,* de 1932, é uma análise visual da origem da 2ª Guerra como resposta ao Tratado de Versalhes. Os dois esqueletos cruzados em X e com pertences de vestimenta militar indicam que são dois soldados da 1ª Guerra; seus corpos colocados em sobreposição delireiam a configuração da suástica; portanto, a visão dos mortos é o germe inicial do nazismo e a justificativa para a militarização do Estado.

Já no trabalho *Sob Esse Sinal Sereis Traído e Vendido*, de 1932, o artista fez uma sátira em referência direta ao imperador Constantino e aos banqueiros nazistas que apoiavam o regime. Segundo a tradição cristã, o imperador romano, o primeiro a se converter, na véspera de uma batalha decisiva, viu a imagem dourada de uma cruz acima das palavras *In Hoc Signo Vinces*, que traduzido quer dizer *Sob Essse Sinal Vencerás*. Porém, ao transformar a cruz em suástica nazista, o sinal se inverteu, e ao invés de vitória, a profecia antevê traição e desastre. O que se sabe de real é que no meio financeiro haviam dúvidas. Os banqueiros demoraram para apoiar Hitler, estavam desconfiados do real sentido da palavra socialista no Nationalsozialistische Deutsche Arbeiterpartei, tanto que o Ministério de Informação e Propaganda foi idealizado pelo NSDAP antes do Ministério da Economia, mas uma vez retomado o crescimento econômico, vieram os apoios, o reamarmento e os acordos entre capital e política.

A terceira peça *A Cruz do Assassino* tem um texto complementar: *Sempre que vocês virem este sinal, pensem no seguinte, por vocês, o sangue dos camaradas flui, seus olhos vidrados dizem: vocês têm de nos vingar*. O título é uma referência irônica à *Mutterkreuz*, a cruz de condecoração dada às mães alemãs. O corpo ensanguentado é de August Bassy, um trabalhador rural e antinazista morto pela SS, em 1932. Os textos que acompanham as imagens das fotomontagens geralmente mostram as contradições entre a realidade fotográfica, o discurso socio-nazista dos símbolos e a execução concreta dos fatos.

REICHSKIRCHE
IGREJA NACIONAL DO REICH

A cruz ainda não era pesada o suficiente, 1933

Dificilmente os historiadores abordam a tentativa frustada de Hitler na criação de uma nova igreja, a denominada *Reichskirche* ou *Igreja Nacional do Reich* e também *Cristianismo Positivo*. Em pleno século XX, Hitler criou uma igreja que deveria ficar subordinada ao Estado; inicialmente foi escolhido para dirigi-la o bispo luterano Ludwig Muller. Entre as propostas, estava a substituição da Bíblia pelo livro *Mein Kampf*, e no lugar das imagens sagradas, crucifixos e cruzes colocaram a suástica. Na nova doutrina, Jesus seria vingado, pois fora vítima dos judeus. Os textos do Velho Testamento que correspondem ao judaísmo seriam banidos e, por fim, haveria uma fusão litúrgica entre o paganismo ancestral germânico e o novo cristianismo. A saber, Fuhrer se apresentava como uma revelação divina. Algumas igrejas protestantes, por medo, se submeteram e juraram fidelidade ao partido e a Hitler, muitas seguiram caminho contrário e se rebelaram. Os católicos, devido a sua unidade e por estarem centrados no Vaticano, conseguiram se manter distantes e silenciosos. Houve perseguição e prisões de sacerdotes. Verdadeiramente, Hitler, seguidor de Nietzche e concordante com Marx nesse aspecto, era contrário ao espírito religioso. Acima do indivíduo poderia existir somente o Estado e não Deus.

A fotomontagem *A Cruz Ainda Não Era Tão Pesada O Suficiente* nasceu sobre o rosto do crucificado de uma pintura do escultor dinamarquês Bertel Thorwaldsen. A escolha do classicismo foi intencional, pois essa era a única linguagem estética que os nazistas não achavam degenerada. Heartfield pintou sobre uma fotografia, colocou blocos de madeira parafusados nas extremidades para modificar a forma da cruz latina e torná-la uma suástica. O carrasco de botas com braçadeira é o político nazista Rudolf Diehls – figura contraditória e protegido de Goering, chegou ao cargo de comandante da Gestapo como especialista em crimes políticos contra judeus e comunistas.

Heartfield militou no Partido Comunista até o fim da vida. Em sua obra, política e arte se mesclam naturalmente, ele é o que se pode chamar de artista engajado. Em 1933, quando os nazistas chegaram ao poder, começou sua vida de exílio. Inicialmente fugiu a pé para Praga, na Checoslovaquia; por quatro anos manteve-se ativo com a revista *AIZ*. Em 1938, mudou-se para a Inglaterra, ficou 12 anos exercendo a profissão de *designer* de livros. Heartfield renovou o sentido de realismo por mostrar a realidade social com fotografias e trabalhar conteúdos proibidos. Como o mais ideológico dos dadaístas, fez da estética uma ação de guerrilha e da sua obra, a desconstrução do nazismo. Após o fim da 2ª Guerra, em 1950, Heartfield retornou à Alemanha Oriental. Foi para Berlim, sua cidade natal, onde trabalhou como cenógrafo e professor até morrer, em 1968, aos 76 anos de idade.

Os artistas mais radicais e polêmicos das vanguardas históricas foram sem dúvida os dadaístas. Com simplicidade infantil e a força demolidora das verdades, eles são aqueles que apontam e falam *"Olhem, o rei está nu!"*. Hitler acabara de declarar que o seu sistema duraria mil anos, mas não esperava cruzar com a visão premonitória de Heartfield, que sinalizou o fim do I Reich, apenas com tesoura e a virulência das palavras. Irreverente, recriou a realidade, destruiu a ótica ditada por Goebbels, e com alguns recortes desfigurou o nazismo e implodiu a suástica

4.10 CHACANA / CRUZ DO SOL / CRUZ ANDINA / CRUZ DEL SUR

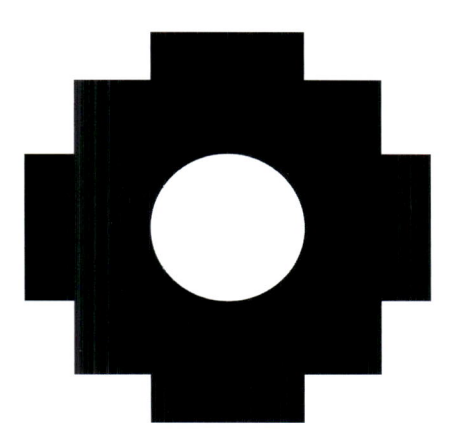

Cruz del Sur, Chacana ou Cruz Andina são nomes de um símbolo pré-colombiano criado há 4 mil anos na região dos Andes Central, lugar onde, posteriormente, instituiu-se o Império Inca e que hoje compõe os territórios do Peru, parte da Colômbia, Equador, Chile e Argentina. Embora a cruz seja reconhecida como símbolo ancestral de inúmeras culturas anteriores ao Império do Sol, sua forma ficará eternamente vinculada aos incas, porque os europeus, quando a viram pela primeira vez, pensaram tratar-se de um emblema de identidade imperial, ou algo equivalente ao que a cruz cristã representava para os ocidentais do século XV.

Os testes carbono 14, realizados em 2007, estabeleceram que Chacana existe desde 2000 a.C., portanto ela tem sua antiguidade paralela aos faraós do Antigo Império, aos povos da Mesopotâmia e anterior ao advento do budismo e cristianismo. Sua imagem só ficou mundialmente conhecida no século XV, quando os espanhóis tomaram Cuzco, a cidade sagrada e capital do Império Andino. Na época das Descobertas, os habitantes dessa região se reconheciam por Tawantinsuyu que significa *quatro regiões unidas*, ou seja, o nome espelha as dimensões territoriais que se estendem da floresta Amazônica ao Pacífico. Os filhos do Sol consideravam-se dominadores por direito divino, um poder simbólico que lhes permitiu implantar um sistema peculiar de teocracia. Já a supremacia Inca foi resultado de uma eficiência administrativa, exercida com a proteção das forças militares e o apoio da fiscalização estatal.

CIVILIZAÇÃO INCA

O imenso território Tawantinsuyu era ocupado por diferentes tipos de climas e solos, por inúmeros grupos étnicos, com diferentes línguas e um caldeirão de costumes e crenças. A incontestável superioridade inca sobre os povos vizinhos encontrava-se na sua capacidade de organização. Com regras rígidas, implantaram o mais disciplinado império das Américas pré-colombianas de todos os tempos. A diversidade geográfica e populacional não impediu que consolidassem um governo unido e estruturado sobre três elementos: controle administrativo, extensa rede viária e atividades econômicas variadas.

Os agentes públicos da burocracia estatal eram de origem nobre, a sua atividade assegurava a ordem interna dos agrupamentos e a pujança econômica com produtos da agropecuária, da mineração e das oficinas de manufaturas. Os achados arqueológicos comprovam um intenso comércio entre a costa litorânea, os desertos e a íngreme região das cordilheiras. Os produtos que circulavam nos mercados regionais eram trocados diretamente em espécie e, apesar dos incas viverem numa situação pré-monetária, já existia um conceito de dinheiro primitivo. Com certeza viviam sem moeda e nem noção de lucro, mas, em situações excepcionais, usavam conchas marítimas, pimenta aji e folhas de coca como medidas de valor.

Mesmo sem o conhecimento de uma escrita para representar a palavra falada, os indígenas desenvolveram um sistema contábil muito original. Todo controle administrativo do império era exercido por um equipamento chamado *Quipu*, um artefato *sui generis* de fios coloridos e entrelaçados que contabilizava a produção e seu escoamento, do armazenamento à redistribuição. O estranho objeto era uma espécie de máquina registradora com funções de livro-caixa. Quipu em quéchua quer dizer "nó", uma palavra que tanto define o artefato em si como também o seu processo contábil; a posição e o número dos nós equivaliam a algarismos, que estabeleciam quantidades numa base numérica semelhante ao sistema decimal ocidental. As cores dos fios eram indicadores qualitativos que sinalizavam a natureza das coisas, elas podiam ser de razão militar, política, administrativa e econômica.

Pesquisadores acreditam que esses instrumentos não serviam tão somente para registrar dados de contabilidade, provavelmente funcionavam também como uma escrita rudimentar para enviar mensagens ou documentar informações. Existem quipus de todos os tamanhos e graus de complexidade; a policromia, ou mesmo a monocromia e a quantidade de fios equivaliam a variantes de uma linguagem. Pouco se sabe, apenas que se constituíam num sistema capaz de armazenar informações de inúmeros setores. Os quipus, fundamentais para a manutenção do império, são arquivos incógnitos à espera de um intérprete que os decifre. Ficaram proibidos durante a colonização e, a partir do Terceiro Concílio de Lima, em 1583, infelizmente foram condenados como instrumentos de idolatria e acabaram extintos em fogueiras. Só restaram os que estavam junto aos pertences fúnebres das múmias. A intensão verdadeira dos colonizadores era destruir o código de comunicação que somente os nativos dominavam e mais, ao destruir os artefatos, estavam destruindo a sua memória e, junto, a sua identidade.

A fiscalização não se restringia somente à produção de bens, os funcionários verificavam inclusive o número de mortos e nascidos. Ou seja, o Estado Inca, em pleno século XV, já controlava o crescimento demográfico, por entender que o número de habitantes se atrelava diretamente à produtividade. Além de exigências e cobranças, por outro lado, garantiam o justo direito à terra. Segundo seu conceito religioso, a proporcionalidade dos terrenos estava relacionada ao tamanho das famílias, por tradição não lhes era permitido acumular bens fundiários; entendiam a terra como uma propriedade exclusiva do Inca, o ungido de Inti, o deus Sol. Cabia aos governantes a prerrogativa de distribuir lotes e determinar os benefícios sobre os seus produtos. A ocupação dos terrenos pelos trabalhadores agrícolas era temporária, eles podiam praticar o usufruto da terra somente enquanto estivessem agrupados em seus respectivos núcleos familiares.

O conceito de família se sobrepunha ao indivíduo e era considerada a unidade fundamental da sociedade. O núcleo familiar determinava tanto a produção quanto o consumo. A prática comunitária inca era uma reminiscência dos antigos clãs, era a permanência de costumes remotos da sua pré-história, dos tempos em que não existia propriedade privada e os bens de produção pertenciam à coletividade. São características universais e não exclusivas dos indígenas, pelo contrário, elas existiram entre todos os povos no estágio do neolítico. Dada sua constância, alguns historiadores cometeram juízos precipitados e denominaram essas sociedades erroneamente por *comunismo primitivo*. O fato é que muitos pesquisadores ficaram impactados com os textos dos primeiros cronistas espanhóis e, consequentemente, idealizaram o mundo dos povos originários com uma visão comunista de divisão de bens. Falaram em igualdade social, pois alguns colonizadores ao conhecer as estruturas sócio-políticas cusquenhas, surpreenderam-se com a ausência de pobreza e, ao deixar suas impressões pessoais, atestaram que *"nadie era pobre y no había hambre"*.

Os Incas ficaram conhecidos por suas grandes construções. Ocorre que, por trás de suas obras arquitetônicas, existiam militares teocratas com muita habilidade administrativa. O termo Inca que hoje designa um povo, uma cultura e uma sociedade, originalmente era usado apenas como um título dado aos imperadores e aos nobres. O império de Tawantinsuyu, apesar de ter se expancido por mais de 4 mil quilômetros, teve vida breve. Sua história foi interrompida e destruída abruptamente por ganância predatória dos europeus civilizados.

CONQUISTA EUROPEIA: ACULTURAÇÃO E DESTRUIÇÃO

Francisco Pizarro, em 1532, divulgou que apenas 170 homens, um canhão e 27 cavalos bastaram para subjugar o imenso império indígena. A escrita deixada pelos soldados da sua expedição não expõe os fatos reais, ela não passa de um relato que continua repetido à exaustão, mas se refere apenas aos momentos iniciais do primeiro encontro com o chefe Atahualpa, antes do seu assassinato. As narrativas da conquista certamente são de grande importância para a compreensão dos pensamentos e crenças da época, mas há que se fazer ressalvas, pois, apesar de consideradas parte da história oficial, elas mais parecem bravatas criadas e fantasiadas pelos cronistas com o intuito de obter algum tipo de retribuição do rei. Os escribas tinham o hábito de narrar seus feitos como atos heroicos. Descrevem-se dominadores valentes e capazes de reprimir um grande número de tribos perigosas, tendo apenas umas poucas armas e um pequeno grupo de homens. Os fatos históricos divergem das crônicas. A conquista do Império Inca ocorreu sem tal heroísmo, e nem foi tão tranquila, como contam.

É preciso entender que, durante o período da colonização, o foco econômico girava em torno do metalismo; a riqueza das nações era determinada pelo acúmulo dos metais preciosos. Críticas contemporâneas, sem sombra de dúvida, são corretas, mas geralmente esquecem de contextualizar a expansão ultramarina dentro do mercantilismo. É necessário lembrar as conquistas do Novo Mundo sendo realizadas e patrocinadas por militares, banqueiros e mercadores, e não por agentes humanitários, ecólogos e antropólogos. A implantação do pacto colonial fez com que as terras conquistadas passassem a existir tão somente em função da sua relação com as metrópoles. Em outras palavras, elas existiam conforme o seu grau de produtividade econômica. Por isso, atos de saques e matanças, apesar de não serem aceitos moralmente ou justificados pela legislação, eram compreendidos com tolerância.

CONSIDERAÇÕES, QUESTIONAMENTOS E ACEITAÇÃO SOBRE A NATUREZA HUMANA DOS NATIVOS AMERICANOS

Oposição e denúncia a práticas de extermínio indígenas apareceram, mas eram casos isolados, com exceção do ativismo do frei dominicano Bartolomé de Las Casas, que se dirigiu ao rei da Espanha em defesa da causa indígena, em 1515. Denunciou assassinatos, trabalho escravo e provocou tamanha celeuma, que tornou necessária a intervenção do Vaticano. Até 1537 os europeus ainda não sabiam como tratar os índios, hipocritamente tinham dúvidas se poderiam considerá-los humanos ou não. Quem pôs fim ao caso foi o papa Paulo III com a bula pontifícia *Sublimis Deus* e nela decretou serem "*os índios seres humanos com alma e passíveis de se converterem à fé cristã*", portanto pessoas com direito à liberdade e à posse de seus patrimônios. De um modo geral, os conquistadores continuaram a praticar os mesmos atos que já vinham praticando antes do decreto papal, continuaram não respeitando suas propriedades e obrigando os nativos a trabalhos forçados, só que dissimularam a escravidão pela condição de serviço. Em segredo, a maioria dos exploradores tinha a proteção da Coroa; afinal eles nada mais eram do que os seus autênticos representantes – eram empreendedores navais, investidores e grandes agentes da sua economia –, portanto, todos conjugavam interesses comuns. Nesse contexto de intenções simuladas, a Igreja tinha também os seus próprios interesses e o principal deles era garantir um número maior de fiéis por meio da catequese.

O mito espanhol de conquista rápida com ocupação pacífica pode ser desconstruído com facilidade. A expedição de Pizarro partiu de Castilla del Oro, no atual Panamá, local onde ficaram por 20 anos observando o Império Inca, até o momento oportuno para invadir: a morte de Huayna

Capac e a consequente guerra civil dos seus filhos herdeiros. Enquanto avançavam no trabalho de dominação, os soldados espanhóis puderam avaliar o grau de fragilidade e de instabilidade pelo qual passava o império naquele momento. A antiga administração centralizadora ruía diante das disputas fratricidas. Aproveitando-se dessas divisões internas e com estratégias oportunistas, os espanhóis recorreram a operações nada ortodoxas: fizeram alianças com tribos rebeldes e rivais, fecharam acordos nunca cumpridos e terminaram a invasão com traições, emboscadas e massacres. O mundo Inca foi sucumbido pela força militar, mas apesar da derrota e perda do poder político, os nativos só deixaram de pensar e agir como incas quando lhes impuseram novos códigos morais, jurídicos e religiosos.

As crônicas dos conquistadores idealizavam fatos e nem tudo que dizem são dados verossímeis. Os escrivães, acostumados a alimentar os próprios mitos e a colocar visões pessoais, tiveram que fantasiar e recorrer a seres sobrenaturais para explicar a derrocada inca. Como justificar um exército formado por 80 mil guerreiros paralisados e sem ação? Sabe-se apenas que a derrubada do império está diretamente relacionada às circunstâncias do assassinato de Atahualpa. Dentre as poucas certezas que se tem é de que houve, por parte dos espanhóis, um pedido de resgate. Exigiram grande quantidade em ouro e foram logo atendidos; mas nem por isso evitaram a morte por estrangulamento. O soberano foi covardemente executado diante dos seus súditos, sem luta ou direito de defesa. O ato inesperado paralisou os indígenas; o assassinato eliminou em segundos uma concepção de mundo e destruiu o dogma político-religioso que sustentava Tawantinsuyu. A população inca acreditava que Atahualpa era um deus e como tal, responsável por todos os atos e aspirações. Com a sua morte, ficaram desprovidos do seu deus, permanecendo por um longo tempo perdidos e sem ação.

O episódio ocorreu quando o imperador aceitou um convite para jantar, que fora feito por Pizarro. O Inca estava com seu exército no local, porém por cortesia, preferiu chegar acompanhado apenas por alguns guardas de honra e uns poucos carregadores de oferendas. Atahualpa estava certo de que se tratava de um encontro amistoso. Errou ao imaginar que sua natureza divina seria reconhecida e aceita de imediato. Pensou que o evento seria conforme os costumes e que bastaria seguir os protocolos. O imperador apresentou-se majestático e inteiramente paramentado de ouro; ele brilhava como filho do Sol da cabeça aos pés, entrou carregado em seu trono dourado e sobre uma liteira também ornamentada. A natureza divina do Inca inequívoca e indubitável até a chegada dos espanhóis, foi contestada e depois negada.

O encontro entre incas e conquistadores foi uma sucessão de enganos e violência. Logo na chegada apresentaram-lhe uma Bíblia, perguntando se ele reconhecia a Santíssima Trindade; Atahualpa, não sabendo do que se tratava, afastou o livro com as mãos. Surpreso, foi tirado do trono com violência, e em seguida decretaram sua prisão com sentença de morte. O Inca foi condenado por crimes de negar conversão ao cristianismo, praticar poligamia e mandar executar seu irmão rival. Levando-se em consideração as diferenças culturais, nenhum desses três delitos justificaria sequer uma reprimenda, até mesmo a morte do irmão estava legitimada segundo os códigos da realeza nativa.

No Império Inca, o poder era divino, mas não dinástico. Isto quer dizer: não bastava ser descendente para ocupar o trono. O exercício do poder era um merecimento que só poderia ser alcançado mediante conquista militar. Por isso, toda vez que morria um soberano, instauravamse o caos seguido de lutas. Eram períodos de anarquia e oportunismos, muitas chefias periféricas aproveitavam-se do vácuo político para liderar insurreições e reivindicar sua autonomia. Em suma, Tawantinsuyu se desfazia e a barbárie retornava. A ordem só era restabelecida quando a vitória de um único herdeiro era reconhecida. Findas as rebeliões, o vencedor tornava-se Inca e o império renascia.[143] A coroação era um ato simbólico para reviver antigas lendas e expressar o triunfo do bem sobre o mal. No entanto, para que esse momento existisse, os herdeiros teriam que lutar até morrer; para eles, o poder era gerado necessariamente com violência. Quando os europeus chegaram, Atahualpa encontrava-se em pleno combate com seu irmão e no cumprimento dos seus deveres mitológicos.

Condenação e morte simplesmente serviram para facilitar a dominação espanhola numa região rica em prata e ouro. Os civilizados europeus eram renascentistas, portanto, seres com pouco interesse nos nativos considerados selvagens e bárbaros. Nesse encontro entre Pizarro e Atahualpa, nasceu e se propagou a lenda do *El Dorado*, em espanhol queria dizer *Ele Dourado*, ou o *Homem Dourado*. A visão surpreendente do Inca vestido de Sol despertou a imaginação de Eldorado, um lugar mágico de fartura e riquezas minerais. Em pouco tempo, as culturas indígenas ficaram reduzidas a ouro e exotismo, e a América, um lugar de cobiça, violência e aventureiros.

Nas publicações dos conquistadores, os grupos autóctones renderam-se devido ao deslumbramento do efeito surpresa. Hoje entende-se que os incas nunca acreditaram que os espanhóis fossem deuses, apenas porque montavam cavalos e matavam com pólvora. É fato que tinham medicina e engenharia bem desenvolvidas, que praticavam uma complexa administração estatal, no entanto, ainda desconheciam muitas coisas como a roda, o arado, o cavalo e as armas europeias. Pode-se até imaginar o impacto que essas coisas desconhecidas causaram no imaginário indígena, mas acreditar na versão europeia, de que os espanhóis foram confundidos com deuses mitológicos, mais parece um recurso para camuflar e esconder os verdadeiros fatos de massacres e traições. Querem nos fazer acreditar que os nativos optaram por um comportamento de sujeição e não resistência, porque os europeus eram seres divinos e cumpriam uma profecia.

Sobre esta questão típica de vaidades eurocêntricas, é importante considerar que o único elemento surpresa, que causou pânico e deixou a população local totalmente sem ação foi presenciar a selvageria do assassinato do Inca, o filho soberano de Inti, o Deus Sol. Antes do estrangulamento, os europeus tiveram o cuidado de preparar a cena da morte com humilhação pública. Soltaram animais que os índios nunca tinham visto. Eram cachorros ferozes e treinados para matar que, estressados pela fome, atacaram Atahualpa arrancando-lhe pedaços do corpo. Desarmado, sozinho e sem nada entender, o Inca viveu seus últimos momentos numa sequência de ultrajes. Sua morte pôs fim a uma era e a uma hegemonia continental.

GEOMETRIA SAGRADA

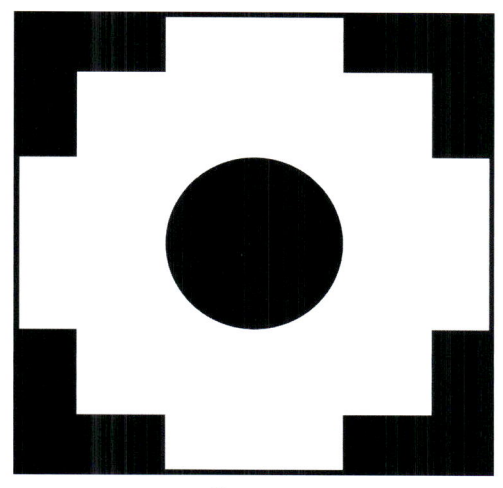

Chacana

A antiguidade de Chacana, comprovada em 2007 pelo arqueólogo Carlos Milla, remonta aos primórdios da civilização andina, quando os povos pré-incaicos fundaram o primeiro Estado teocrático nesta região, por volta de 2000 a.C., período anterior ao domínio dos moches e dos chavin. A cruz é uma criação dos povos mais antigos do continente americano e se deu durante as primeiras ocupações agrárias na região norte do Peru. Chacana foi concebida por sacerdotes, pessoas especiais que, mais do que religiosos, eram também astrônomos, xamãs, sábios e guardiões das tradições. Eram seres poderosos e influentes, porque, além de deterem o cerne do conhecimento coletivo, tinham o atributo máximo dos demiurgos, ou seja, eram criadores de deuses, mitos e símbolos. Os antigos sacerdotes configuraram Chacana para representar visualmente o intrincado conceito de cosmos andino. Elaboraram a cruz com simplicidade e clareza: baseada na geometria primária e na dinâmica dos contrários, ela é uma composição minimalista estruturada sobre a ordem numérica dos elementos binários e em conjunto com as tríades. Em síntese, ela é constituída apenas por um círculo central, um quadrado circundante e quatro diagonais com 12 pontas escalonadas.

ESPAÇOS E PLANOS MÁGICOS DE CHACANA
COSMOVISÃO ANDINA
PONTOS CARDEAIS

Em quéchua, língua original indígena, ela quer dizer algo como *a escada de subida e descida* ou *a ponte de cima e de baixo*. A palavra Chacana une simbolicamente *Kay Pacha*, que significa o mundo terreno, *ao Hanan Pacha*, ou o mundo dos deuses; juntas, estas duas dimensões se unem ao *Ukhu Pacha*, que quer dizer o mundo dos mortos. Chacana representa as divindades primordiais em suas vidas cíclicas e atuantes nos três mundos: o divino, o humano e os ancestrais. As diagonais das quatro escadas laterais fazem a intercomunicação do sagrado entre os três planos. O círculo central refere-se ao Sol, a divindade ordenadora do universo, e na cruz simbólica, é o ponto de partida e de convergência das demais formas. Chacana é um signo cultural, um conceito de vida e também uma imagem de identidade.

Chacana, antes de tudo, é um conceito astronômico que representa a constelação do Cruzeiro do Sul. Segundo Carlos Milla, ela se tornou imagem-síntese do espaço direcional, ou seja, a indicadora das quatro direções cardeais. Seu estudo comprovou que o símbolo foi construído por um sistema matemático binário com a particularidade de conter a proporção numérica de Pi, medida considerada sagrada para todos os povos da antiguidade.[144] Na simbologia Inca os quatro pontos cardeais estavam vinculados a quatro animais: Norte, o colibri, a ave associada à alma; Sul, a serpente, símbolo do conhecimento; Oeste, o jaguar, o animal destemido que anda livremente por onde deseja; e por fim, Leste, condor, a ave-signo do poder, da visão e elevação.

Concebida por simetrias absolutas, a cruz se repete em rebatimento axial, tanto na projeção vertical quanto na horizontal. Essas repetições na linguagem dos símbolos representam totalidade e unidade, mas curiosamente ao mesmo tempo representam a dualidade. As formas de Chacana referem-se aos conceitos universais de Tempo e Espaço que se apresentam como:

acima /abaixo

esquerda / direita

atrás / adiante

superior / inferior

Por trás dessa simplicidade aparente, esconde-se um intricado simbolismo cósmico. Na tradição ameríndia, o Universo era organizado por metades complementares. Em outras palavras, é um conceito que reproduz as contrapartes da natureza como masculino/feminino, noite/dia, frio/quente e todas as demais. Esses pares, transpostos para o mundo das divindades e personagens míticas, fazem com que cada divindade tenha o seu duplo chamado de irmão, um ser que existe em espelho e reproduz uma duplicata em oposição. Chacana tem uma simetria dobrada, é uma imagem quadripartida.

A cruz era sagrada por ser a visão tangível de Wiracocha, o ordenador do Universo e a principal deidade do panteão andino. Como um deus eterno e onipresente em todas as esferas da vida, nada existiu antes dele ou nada existe sem a sua presença. Além dessa divindade primordial, os mortos, os vivos e os deuses encontravam-se em permanente coexistência e comunicação. Chacana era a chave mágica que permitia a interconexão espacial e temporal dos três mundos míticos. Acreditavam que as escadas que sobem e descem ininterruptamente seriam a possibilidade e o acesso para a repetição de suas vidas cíclicas. O raciocínio andino era desenvolvido de uma maneira circular, um modelo diferente do pensamento unilateral e linear da civilização ocidental que se implantou a partir do racionalismo renascentista.

KANCHA E A GEOMETRIA DA COSMOVISÃO

Para entender o universo dos nativos andinos é necessário explicar o significado de *Kancha*, ou espaços. Chacana, além de ser referência dos pontos cardeais, era também a visualidade dos três planos mitológicos da sua teogonia: o horizontal, o vertical e o virtual. O primeiro, o horizontal, relaciona-se ao ciclo solar, determina os solstícios e os equinócios e delimita as direções de esquerda e direita e as quatro estações do ano. Este plano, considerado vital, refere-se à sobrevivência material, às atividades econômicas e ao poder. O plano vertical direciona os lugares dos que estão acima e abaixo; é o indicador das hierarquias na sociedade. Por fim o terceiro e último espaço, o virtual, é o de compreensão mais complexa. Além de misturar os dois campos anteriores, ele é o lugar que possibilita a realização do retorno, ou seja, da repetição das vidas passadas. O tempo presente dos povos andinos existia como o conhecido fenômeno do *déjà-vu*. Existia a realidade do momento feito de atualidade, porém inserido nos ciclos já vividos.

O círculo central representa o Sol e o ponto-zero da criação do universo; seria uma espécie de *Big Bang* mítico, visualmente reproduzido no cruzamento dos quatro braços da cruz. Diferente das teorias baseadas na expansão e explosões defendidas pelos físicos modernos, os indígenas acreditavam numa realidade primordial perene, que surgira a partir do Sol. Chacana é uma metáfora visual dos conceitos cosmogônicos, é a imagem simbólica da energia e da matéria que deu origem ao mundo. Quando os incas organizaram o seu império, eles construíram Cuzco para ser a capital, a cidade umbigo e o ponto inicial do universo mítico.

Com quase 4 mil anos de existência, Chacana confundiu-se com o pensamento, os valores e as crenças das civilizações dos Andes, até se tornar o seu signo visual de identidade cultural. Sabe-se que, nas sociedades míticas, os símbolos sempre foram fundamentais como elementos de comunicação, eram objetos sagrados, por acreditar que foram revelados pelos deuses. *"Para os incas os símbolos eram mágicos em virtude da analogia que existia entre eles e o que representavam. A geometria e os números eram os elementos utilizados para interpretarem o cosmos e suas respectivas energias, eram o visível e o invisível em perfeita correspondência entre si. Desses símbolos geométricos destaca-se o quadrado e o círculo que têm estreitas relações com a cruz. Nas sociedades indígenas, as identidades simbólicas não tinham nada de assombroso ou casual, elas estavam relacionadas à trama estrutural do cosmos e continuaram vivas no interior do ser humano, manifestando-se no seu inconsciente coletivo"*.[145]

CHACANA NA GÊNESE DA CULTURA ANDINA

A cruz quadrada e escalonada de doze pontas não é uma forma encontrada ao acaso. A *Cruz del Sur* é a observação astronômica da Via Láctea e da constelação do Cruzeiro do Sul, o elemento celestial que norteava os homens – Mayu, em quéchua –, por dividir o céu em quatro partes no hemisfério sul. Nascida de uma realidade astrofísica, foi criada para explicar a organização da sociedade nos seus vários níveis. A primeira Chacana continua desconhecida até hoje, porém a mais antiga dentre as já descobertas encontra-se ao norte do Peru, no sítio arqueológico de Ventarrón, na região de Lambayeque.

Antiga chacana no Sítio Arqueológico de Ventarrón, em Lambayeque.
Gigantesca arquitetura escalonada do templo religioso

QUATRO MIL ANOS DE HISTÓRIA

A mais antiga Chacana é uma construção cerimonial de grandes proporções que servia para estudos astronômicos, e conforme resultados dos exames Carbono 14, o edifício data de 1500 a.C. Provavelmente o primeiro centro já descoberto na América, um lugar onde realizavam o desejo ancestral de unir o céu à terra. Presume-se que seja um templo, por localizar-se no sopé da colina e também por seguir o princípio piramidal de um observatório astronômico. Além da arquitetura, existem resquícios de piras de fogo, de esqueletos de animais que vieram da floresta amazônica, além de conchas típicas da costa do Equador. Esses achados arqueológicos, que vieram de lugares distantes, são oferendas. Dessa maneira, confirma-se o caráter religioso do edifício e a importância do lugar para atrair pessoas de regiões tão diferentes. Nas paredes do templo existem cenas de animais e desenhos abstratos ainda não decifrados.

Infelizmente esses trabalhos foram prejudicados por um incêndio de grandes proporções. O sítio, descoberto em 1989, teve suas primeiras pesquisas iniciadas em 2007, mas lamentavelmente, em 2017, ocorreu um incêndio devastador que destruiu o mais antigo exemplo de pintura mural americana. Tudo aconteceu com extrema rapidez, em apenas dez anos houve a descoberta, a comprovação científica da sua antiguidade e a destruição. O sítio arqueológico de Collud-Zarpán, em Lambayeque, ficou conhecido como o Templo do Veado Prisioneiro, por razão da pintura, hoje danificada. O lugar, provisoriamente chamado de Recinto da Chacana, fica numa região de clima seco e favorável ao cultivo e à indústria algodoeira. Próximo, estão os sítios de Ventarrón e de Caral, que correspondem à origem da civilização andina. É muito significativo saber que a mais antiga Chacana compõe a estrutura arquitetônica de uma construção cerimonial. Se chacana representa os movimentos rotatórios do sol, da terra e da lua, ela é símbolo do conceito de tempo e espaço. Chacana é a visualização da ordem do universo e, por meio dela, os sacerdotes ensinaram a organização da produção agrícola. Embora essas pesquisas sejam recentes, elas já são reconhecidas como a matriz histórica e cultural das civilizações andinas. O templo encontrado em Ventarrón equivale a uma certidão de nascimento da Chacana.

PADRÃO GEOMÉTRICO DO SAGRADO ANDINO
FORMAS ESCALONADAS

Na lateral da Chacana, existem 12 degraus indicativos de 12 deuses que, no movimento de subir ou descer, determinam a direção dos três mundos religiosos. A escada, que permite a interligação entre os três mundos, tornou-se um padrão visual. As formas escalonadas reproduzem o caminhar dos deuses e dos mortos, e os degraus perpetuam a dinâmica do espaço-tempo circular, no qual passado, presente e futuro podem interagir em reciprocidade. Para os andinos, esse conceito de tempo repete o mito comum do *Eterno Retorno*[146], um postulado encontrado em muitas culturas primitivas; sem cronologia o tempo é uma realidade sem começo e nem fim.

Acreditavam que existia uma categoria do *mundo de cima*, uma categoria do *mundo de baixo* e a possibilidade de um encontro entre eles na superfície da terra. Para realizar tais encontros faziam rituais com exaustivas danças ritmadas, ingestão de bebidas com ervas que alteravam o grau de consciência e rompiam os limites dos mundos. A partir desse momento mágico, vivos, mortos e seres sobrenaturais podiam se comunicar livremente. As pirâmides em degrau são montanhas simbólicas, que permitem a comunicação sobrenatural e indicam o local para sacrifícios e oferenda aos deuses.

A simplificação geométrica perdurou por todo o período da colonização espanhola. Um exemplo clássico da fusão das duas culturas com influências recíprocas encontra-se na pintura cusquenha, uma arte de temática cristã que se afastou dos princípios curvilíneos do barroco e assimilou a simplicidade pré-colombiana. Nas imagens de Nossa Senhora, a figura feminina ficou com o corpo reduzido a um grande triângulo, semelhante à montanha inca, símbolo da natureza e da fertilidade da deusa Pachamama, a deusa terra-mãe.

Os espaços para rituais de adoração e sacrifícios eram escolhidos entre alguns elementos da natureza, geralmente grutas, nascentes de água e picos de montanhas. Os sacerdotes escolhiam o lugar e o posicionamento com os astros celestes. O local dos sepultamentos indígenas e todos pertences encontrados junto aos mortos são realidades mágicas conhecidas por *huacas* – um conceito complexo de coisas que são ao mesmo tempo materiais e espirituais. Os indígenas atribuíam às huacas poderes que permitiriam aos vivos se relacionar com o sobrenatural, pois não existia diferença entre realidade mágica e realidade física. As múmias são huacas dos ancestrais e se tornam mágicas ao se conectarem com os vivos. A palavra de origem quéchua *huacay* significa lamento, uma manifestação que se tornou a essência das cerimônias funerárias. O lamento vai desde oferendas em forma de objetos, bebidas e comidas, a lugares de sacrifícios ou a locais de enterros. Apesar das huacas terem uma corporalidade, elas são forças espirituais. Na iconografia sagrada bastava desenhar um triângulo, representação da montanha, ou reproduzir as formas em ziguezague das escadas, para abrir as portas do espaço celestial entre os mundos.

HUACAS
TÊXTEIS E CERÂMICAS

As huacas e as oferendas favorecem seus doadores nas colheitas e nas vitórias militares, como também permitem interação no mundo do sobrenatural.

Cultura Inca-Chincha 1100-1470
Vaso demonstra a totalidade da cruz chacana, que é vista em planta através de losangos e na lateralidade pelos degraus.

Cultura Moche
Museu Chileno de Arte Pré-Colombiana
Vaso cerimonial com volutas em arestas e formas escalonadas.

O Império Inca, herdeiro de civilizações anteriores, cumpriu o importante papel de unificar várias culturas e levar para todos os cantos a interpretação cósmica de Chacana. Como resultado, criou uma visualidade comum aos habitantes da região. De povo em povo, de família em família, a memória coletiva foi transmitida, mantendo-se a reverência dos seres míticos e dos espaços sagrados. As escadas, que tanto podiam ascender como descer, interligavam os três mundos ocupados por entidades diferentes: o superior era o espaço do condor, o intermediário, do puma, e o inferior, da serpente. No pico das montanhas, no ponto em que o céu se liga à terra, moravam os *apus, ou* senhores, as divindades guardiãs.

Os cadáveres dos antepassados eram venerados, pois traziam proteção aos descendentes e garantiam a união do clã. Os povos chimus, no antigo Peru, tinham um estranho costume, seus mortos mumificados ficavam guardados em lugares especiais; em dias de festas, eles eram transportados, como convidados, para participar das cerimônias, junto aos vivos. Os mortos demandavam cuidados especiais, além das oferendas, seus corpos eram envolvidos com tecidos decorados que faziam uma descrição simbólica da pessoa. Através dos padrões geométricos, cores e fios sabia-se a diferença entre as etnias, as classes e as culturas.

Os tecidos andinos têm uma qualidade excepcional, os fios eram produzidos com materiais de diversas naturezas; faziam a base das telas dos teares com algodão, teciam com fibras vegetais e animais, normalmente misturavam pelos de lhama, alpaca e vicunha. Às vezes, colocavam cabelos humanos, placas de metais e penas de pássaros da floresta. Os tecidos das túnicas, camisas, *unkus*, cintos, casacos, gorros, bonecas, cestas, bolsas, mantos e mortalhas estão bem preservados devido às condições desérticas do litoral e do planalto andino. Inúmeros historiadores já atestaram o grau de excelência dos artefatos têxteis, tanto do ponto de vista técnico quanto estético. A produção era a segunda maior fonte econômica, ficando atrás apenas do volume agrícola; cabia ao Estado orientar a padronagem, fornecer os fios, encomendar, armazenar e fazer a redistribuição comercial, num modelo semelhante ao da indústria têxtil contemporânea. As famílias produziam em larga escala, sendo que algumas encomendas eram bem específicas, como as de atendimento ao exército, aos templos, aos servidores do palácio, à segurança, aos mensageiros e demais classes.

A natureza dos tecidos e os padrões visuais das vestimentas indicavam o *status* que a pessoa ocupava na sociedade; os ricos vestiam-se com lã de vicunha, e os cidadãos comuns, com lã de lhama, um material mais áspero e pesado. Os tecidos eram artigos discriminatórios, que diferenciavam tribos, sinalizavam funções e *status*. Pela vestimenta podia-se saber se o indivíduo era um agricultor, um guerreiro, um nobre ou um sacerdote. Além dos fios e das cores, as formas também indicavam posições. Por exemplo, o gorro de quatro pontas usado pelos wari em Tiwanaku, estava relacionado à simbologia do número quatro, significava a quadripartição dos pontos cardeais, que usados na cabeça representavam: "*Divisão espacial e simbólica dos domínios territoriais. A pessoa que usava encarnava o poder que emanava da união dos territórios, controlava os recursos materiais e consequentemente a sociedade. Era uma espécie de coroa de identidade e poder com forte carga semântica para os habitantes e governantes desse período*".[147] Os unkus, as túnicas masculinas, seguiam o princípio de um sofisticado código de simbolismos, alguns só eram usados em rituais específicos. Se adornados com pedras, placas de metais e penas de aves raras estavam relacionados ao poder administrativo e religioso. As penas eram um material mais precioso do que o ouro.

Gorro da cultura Tiwanaku, 200-1000
MET Metropolitan Museum - NY

Gorro de quatro pontas tecido com algodão e lã, confeccionado com a técnica simili velours ou aveludada. O artefato é um toucado indicador de posição social, muito frequente nas cortes de Tiwanaku e Huari. A peça do vestuário, exclusiva dos dirigentes da sociedade, equivale a uma coroa trançada por fios coloridos.

Unku com volutas escalonadas
Museu de Arte Pré- Colombiana - Chile

Unku, a indumentária básica masculina, não passa de uma túnica que agasalha e serve também como elemento diferenciador. Os tecidos como as cores eram indicadores de status, profissão e a origem do clã da pessoa. Nos rituais fúnebres, os unkus eram a última vestimenta da múmia, exatamente, para cumprir a função de descrever a identidade do morto.

Além do domínio técnico de fiar com fios diferentes, o que mais chama atenção é a qualidade e a riqueza cromática. Os andinos desenvolveram um complexo processo de tingimento com produtos naturais e matérias orgânicas que hoje, após séculos, mantém-se inalterado e conserva a mesma gama das cores originais. Os tecidos não eram cortados, as tecelãs, enquanto fiavam passando os fios da trama pela urdidura, desenhavam e coloriam a peça final, ou seja, as telas eram concebidas e confeccionadas em simultaneidade. O trabalho, geralmente executado por mulheres, atingiu seu mais alto nível durante o Império Inca, chegando ao requinte de tecerem 120 pontos por centímetro.

A paleta de cores andina não encontra similar; tingiam com vegetais, moluscos e minerais. Tons terrosos são comuns e existem por toda parte do mundo, porém a intensidade dos verdes, violetas e a infinidade de rosas e vermelhos é exemplo único. O vermelho pertencia à nobreza, obtinha-se com o pequeno parasita cochinilha, e apenas para ilustrar sua raridade, eram necessários 70 mil insetos para produzir apenas 450 gramas de corante. Os guerreiros e guardiões do império, em associação ao dia e noite, usavam túnicas quadriculadas em preto e branco. Os violetas e amarelos eram as cores celestiais dos sacerdotes.

Os artefatos, além de cumprirem as simples funções de vestir ou embalar, tinham também um outro sentido: na América pré-colombiana, o ato de tecer, fosse para utilitários ou para vestes cerimoniais era um ato mágico. Nos rituais fúnebres, totalmente diferentes dos outros povos, era costume colocar pequenas caixinhas de costura entre os objetos pessoais do morto, homem ou mulher. No interior das caixas encontraram fusos, linhas, agulhas e fios comprovando que tecer e costurar estavam relacionadas a algum ritual.

A cerimônia dos mortos exigia uma produção têxtil específica. As múmias eram enroladas em grande quantidade de tecidos. Um único morto podia consumir mais de 30 metros de tecidos entre vestimentas, utensílios e fardos. A partir desses dados, pode-se imaginar o tempo e a quantidade de pessoas envolvidas no preparo do material fúnebre, do início da plantação de algodão à fiação, do tingimento ao tear. Nos velórios, os rituais de passagem tinham três etapas: a lavagem dos corpos, a secagem em panos e o enrolamento final. As múmias tinham várias camadas de mantos, colocavam no meio dos tecidos pequenos objetos pessoais para atender às suas necessidades no pós-morte. O morto, além de protegido, era paramentado com as mais estranhas joias; todos os orifícios do seu corpo eram fechados com "tampas" de ouro, enfiadas como rolhas. Com o mesmo metal produziam unhas postiças, colares, brincos, anéis, narigueiras, peitorais, pulseiras, braceletes, protetores de olhos, faixas e ornamentos de cabeça. Em semelhança ao Egito antigo, as múmias andinas também eram identificadas por seu inventário funerário.

PADRÕES ESCALONADOS EM ARTEFATOS TÊXTEIS

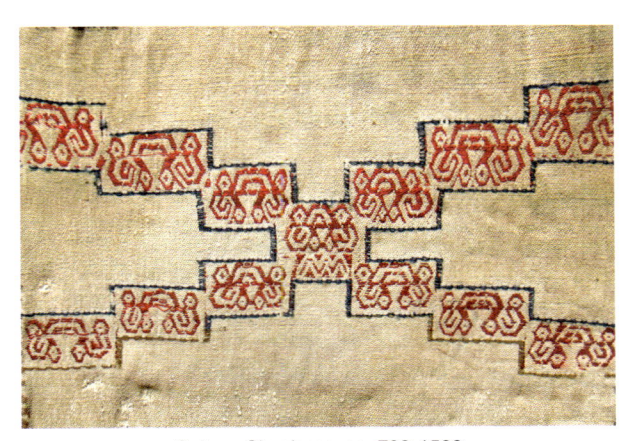

Cultura Chachapoyas, 700-1500
Chacana em forma de X cruzado conecta os quatro cantos do universo. Chachapoya significa "povo da neblina" indicando procedência da região amazônica.

Cultura Chimu
800 -1470
Tecido de Plumas no padrão de pirâmide escalonada. Exemplo de riqueza excepcional, os tecelões chimus misturaram fios de tecidos, plumas e metais sobre a trama de algodão.

Cultura Huari 750-950
Túnica Unku masculina policromada
Museu Têxtil, Washington, DC
Unkus eram peças sem costura, confecionados na trama e modelagem ao mesmo tempo. Geralmente eram tecidos com simetria para indicar a ordem do universo inca.

ARQUITETURA ESCALONADA

As formas mágico-religiosas de Chacana nos espaços arquitetônicos são uma ponte que une o homem ao cosmos do sobrenatural. Os chimus, herdeiros diretos dos mochicas, construíram um reino poderoso. Sua capital, Chan-Chan, decorada com chacanas, é considerada a maior cidade da América pré-colombiana, um lugar especial que nasceu para ser a morada suprema do rei e o centro cerimonial do culto solar. Totalmente construída em adobe, é resultado do agrupamento de várias cidadelas em torno de nove núcleos. Existem templos, pirâmides, palácios, armazéns, cemitérios e jardins planejados de maneira hierarquizada: a aristocracia ficava próxima às construções religiosas e aos prédios de funções administrativas; os artesãos e os trabalhadores ficavam fora dos muros distribuídos em bairros conforme suas atividades. No seu apogeu chegou a abrigar 50 mil habitantes.

Chan Chan é circundada em toda extensão por um longo muro decorado em ziguezague com relevos de peixes, em um eterno movimento de subida e descida. A faixa decorada era revestida com placas de ouro, uma prática que transformou a cidade em grande centro metalúrgico. Os padrões arquitetônicos são semelhantes à outras construções andinas e estão associados às observações astronômicas. Imagina-se que os primeiros homens viram o céu como um lugar sagrado, porque ao tentar entender os mistérios da natureza constataram que os dois elementos basilares da vida terrestre vinham de lá: a água e a luz. Para nossos antepassados, os vivos habitavam o plano horizontal, e somente seres especiais, como deuses ou os seus mensageiros, seriam capazes de transpor os limites físicos para realizar o desejo universal de ascensão celestial, simbolicamente inscrito na linha vertical. Finalmente o terceiro plano, o virtual por ser energia vital e imaterial podia trespassar invisivelmente os outros dois planos.

Chan Chan séc. XV

A cidadela de Chan Chan é um exemplo arquitetônico da cultura chimu, uma civilização anterior aos incas que tem no seu nome em repetição o seu objeto maior de adoração. Chan Chan quer dizer Sol Sol. Na decoração escalonada do muro circundante, vê-se peixes em movimento e indicadores geográficos da cidade litorânea, ao norte do Peru.

A concepção e configuração dos espaços eram símbolos da reprodução biológica; a linha vertical representava o elemento masculino, e a horizontal, o feminino. No cruzamento entre elas, encontrava-se o ponto em forma de círculo que representava a concepção sexual. Na explicação mítica, a vida surgia da união entre o masculino e feminino e no encontro entre o céu e a terra. O universo religioso do pré-colombiano era fundamentalmente organizado e mantido a partir de leis chamadas *admapu,* regras que foram sancionadas por forças sobrenaturais e emanaram dos ancestrais; os vivos estavam unidos aos mortos, tinham direitos e deveres com os mesmos.

Os indígenas diziam que "fazemos estas coisas porque nossos ancestrais faziam, porque nosssos pais e avós faziam e disseram que era o correto". Estas palavras representam o essencial de todas as perguntas e respostas antropológicas sobre crenças e atividades consuetudinárias. Em outras palavras, a sensibilidade dos seus ensinamentos mostra a maneira ancestral de comportar-se e atuar como um membro correto da sociedade. O conhecimento e as experiências eram continuadamente trazidos para os vivos através dos seus mitos, relatos, simbolismo e cerimônias públicas.[148]

ARQUEOLOGIA E CHACANA

Até a década de 1990, os registros mais antigos das culturas paleoandinas datavam de 9000 a.C. São fragmentos de ferramentas líticas, mas a partir de descobertas arqueológicas, no vale do rio Supe, as discussões sobre a origem da civilização no Peru avançaram muito. Nestes sítios, o que mais chamou a atenção foi o ineditismo de suas construções de proporções descomunais. No povoado de Caral encontraram seis pirâmides escalonadas que medem 30 metros de altura. O conjunto, que se encontra num grande espaço aberto, é um lugar público, mas somente sacerdotes, governantes e membros da alta nobreza podiam frequentar as áreas internas. As construções de finalidade religiosa eram admiradas por todos externamente, no interior existiam pequenas salas para rituais litúrgicos, oferendas e sacrifícios animais. Os espaços mais reservados ficavam para as observações astronômicas. Inacreditavelmente as pirâmides andinas foram construídas sem o conhecimento da roda e da escrita, e por uma sociedade sem escravos.

Os arquitetos optaram por um modelo piramidal escalonado configurado pela Chacana que refletia em espelho o *status quo* da população e expressava o pensamento mítico da sua cosmovisão. Da mesma maneira que aceitavam as diferenças sociais, acreditando que elas representavam predeterminações dos antepassados, a circulação interna nos espaços religiosos e administrativos obedecia aos mesmos critérios. Assim, só pessoas de linhagem nobre podiam se locomover no cume das pirâmides. A arquitetura refletia o dualismo de Chacana, dessa maneira, estar abaixo e acima era uma realidade física e também o posicionamento dos estamentos sociais e dos papéis de cada pessoa na pirâmide social. A sociedade vivia atrelada a um pensamento mágico-religioso que aceitava com naturalidade a hierarquização. Os povos andinos viviam ordenados por uma rigorosa ortodoxia que fora imposta pelos deuses e seus ancestrais. Sem qualquer mobilidade social, todos, da elite às classes mais pobres, igualmente tinham o seu destino assegurado e pré-determinado nas huacas. Uma sociedade estamental aceita que hierarquia, poder e prestígio são regulamentos sagrados assegurados pelos deuses.

Tiwanaku - Templo Puma Punku
Detalhe arquitetônico que repete em negativo a forma da planta em T das pirâmides locais. O conjunto foi construído em homenagem a Chachapuma, o homem-puma considerado a deidade dos vivos.

Pirâmide de Akapana
Projeção da pirâmide truncada Akapana, uma construção que mede aproximadamente 17 metros de altura e tem a configuração da cruz Chacana na sua totalidade: na planta, no corpo estrutural em degraus e no espelho d'água do cume.

TIWANAKU

Até 2007, quando o arqueólogo Carlos Milla publicou e comprovou a antiguidade de suas descobertas no sítio de Ventarrón, em Lambayeque, pensava-se que o centro de Tiwanaku na Bolívia e, próximo ao lago de Titicaca fosse o berço da cruz Chacana. O local, que sempre esteve encoberto por lendas, era considerado o princípio da cultura andina, pois de lá partiram as duas divindades primordiais: Wiracocha, o Ordenador do Universo, e Inti, o Sol. Tiwanaku, a capital de um dos maiores Estados pré-colombianos, localizava-se num lugar inóspito a 4 mil metros de altitude e com muita instabilidade climática. Esse lugar, que beira os limites do suportável humano, viu nascer uma das civilizações mais desenvolvidas dos Andes. De lá partiu o primeiro centro político, religioso e comercial de grandes proporções.

No centro da cidade destacam-se duas pirâmides gigantes e construídas de forma semelhante, sobre plataformas escalonadas. São elas: Akapana e Pumapunku, dois edifícios religiosos e obras-primas da engenharia ameríndia. Dispostas numa grande praça, elas funcionavam como um centro espiritual para a prática de rituais, e compreendiam o ponto zero do mundo e o lar dos espíritos. As cerimônias geralmente aconteciam em lugares fechados, mas em algumas datas comemorativas, as praças ficavam tomadas por grandes multidões em êxtase e sob o efeito de cactos alucinógenos.

Puma Punku, em seu apogeu, foi um local de rara beleza destacando-se por sua arquitetura com paredes de pedras polidas e adornadas com placas de metal. A tridimensionalidade das pirâmides fazia alusão às montanhas e, mais que indicativas da geografia circundante dos Andes, elas eram a via de acesso para o encontro com os deuses. As pirâmides de Tiwanaku eram ao mesmo tempo observatórios astronômicos, templos e símbolo de poder real. O cume, o ponto de encontro das divindades, era ideal para as oferendas. Nesses lugares foram encontrados restos de corpos humanos e de animais destroçados, indicativos de sacrifícios. A morte ofertada em sacrifício fundamentava-se na crença das vidas cíclicas.

Na parte superior da pirâmide truncada, havia um espelho d'agua que servia para os estudos dos astros. As construções eram maciças, com algumas galerias e corredores subterrâneos. No corpo do edifício, abriram pequenos recintos com escadarias e plataformas onde praticavam rituais de transformação xamânica. As pesquisas comprovam que, nos templos, era comum o uso de plantas alucinógenas. Quando os canais de percepção dos sacerdotes ficavam alterados, eles se transformavam em animais míticos e viajavam no submundo dos mortos, visitavam seus antepassados, podiam escutar sons e vozes estranhas, resgatar memórias perdidas e ver através da luz mágica. Os xamãs, sacerdotes, curandeiros e sábios da coletividade eram funcionários públicos de elevado *status*, que detinham o poder de controlar a natureza, equilibrar os períodos de estiagem e chuvas, uma faculdade extraordinária para as comunidades agrícolas. Acredita-se que o xamanismo não esteja relacionado apenas ao ritual de transformação sob efeito das plantas; o xamã é também o cientista, o astrônomo, o historiador, o psicólogo da comunidade e o narrador das memórias ancestrais. Acima de tudo, eram sacerdotes com qualidades míticas de divindades.

Muitas observações expostas aqui são hipóteses e deduções fornecidas pela arqueologia. O pouco que sabemos sobre os povos de Tinawaku diz que eles se instalaram na região por volta de 1500 a.C. e tiveram o seu auge no século V a.C. Diferenciam-se dos demais por seu conhecimento em engenharia, produção agrícola e prática comercial. São considerados os mais antigos da região andina e os maiores profusores de cultura sem utilização da força militar. Seu domínio ficou demonstrado pelas inúmeras rotas comerciais, e principalmente pelas construções voltadas para atender ao coletivo, como estradas, canais de irrigação e uma rede subterrânea de captação de águas pluviais.

Chacana em Negativo Puma Punku – Tiwanaku
A precisão dos cortes chama atenção levando-se em consideração a natureza rudimentar das ferramentas da época.

As construções propositadamente imponentes eram demonstração de sobrepujança política e cultural. A arquitetura andina compõe-se por uma complexidade de fatores integrados, que apenas pode ser compatível numa sociedade organizada em classes definidas e com um aparato estatal centralizado. Não bastassem as dificuldades construtivas do gigantismo das obras, também chama atenção a precisão dos cortes, os encaixes perfeitos e o polimento das superfícies, trabalhos que exigem domínio tecnológico e calculistas habilidosos. Acrescenta-se ao quadro, o fato do trabalho de construção ser totalmente manual na época. Como grande parte da mão de obra ocupava-se com a agricultura e demais atividades de sobrevivência e uma outra estava dirigida para a administração, somente o restante excedente ia para o setor de engenharia com especializadades em muitas áreas.

A civilização de Tiwanaku, herdeira das culturas paracas, formatou os demais povos da região. Não há indicação de que seus governantes tenham se expandido através de conquistas militares, diferententemente dos seus sucessores, os incas, um povo de índole guerreira. Eles não eram imperialistas, não tinham exércitos e nem fortalezas. Suas forças se concentravam no conhecimento e nas relações comerciais solidificadas sobre uma administração pacífica. Por onde passaram, deixaram sua influência e uniram a região dos Andes apenas pela cultura. Construíram um elo entre a cordilheira, o litoral e o altiplano até chegar aos limites da floresta amazônica. O nome Tiwanaku não tem um sentido preciso; hoje aceita-se que ele queira dizer: a *pedra do centro* e talvez seja isso que o lugar queira simbolizar, pois verdadeiramente Tiwanaku é a origem, e centraliza o mito da criação na América Inca.

Os mistérios que acompanham o lugar são proporcionais à ausência de documentação científica. Os primeiros cronistas espanhóis descreveram Tiwanaku como algo único na História, mas infelizmente o local foi destruído e explorado durante séculos por aventureiros em busca de tesouros perdidos. Apesar do reconhecimento mundial, o lugar não se encontra protegido, pois além dos saques de turistas predadores, suas construções recebem o impacto da ferrovia La Paz-Guaqui, que corta as ruínas ao meio com permissão do Estado boliviano.

MACHU PICCHU
A CIDADE SAGRADA DE CHACANA

Machu Picchu tem sua história envolta em mistérios, porque desde a conquista espanhola, em 1531, ela ficou esquecida e isolada nas montanhas até 1911. No entanto, nos tempos de Tawantinsuyu e auge do poder inca, Machu Picchu pertencia à cadeia de vários centros urbanos interligados à capital, Cuzco, por meio de inúmeras estradas. Ao redor da cidade, nas montanhas circunvizinhas, existem minas de minério de prata que já eram exploradas pelos incas e, no entanto, os espanhóis não avançaram sobre a região. Até hoje permanece incógnito o abandono de Machu Pichu, foram quase 400 anos, exatamente 380 anos de absoluto silêncio. A cidade morreu sem deixar vestígios e, graças ao esquecimento, ficou preservada.

O plano espacial de Machu Picchu foi concebido em relação à posição do Sol. O conceito urbano é totalmente orientado pela geometria da cruz Chacana, portanto é uma cidade que expressa simbolicamente a concepção de universo andino. Segundo Gilbert Durard, "*A cosmologia não é domínio da ciência, mas sim da poética filosófica. Ela não é a visão do mundo, mas a expressão do homem no mundo sem oposição entre a fantasia e a realidade sensível, mas em cumplicidade*".[149] Traçaram a cidade alta e a cidade baixa para dividir os espaços em duas partes, planejaram dois eixos que envolvem todo o conjunto arquitetônico de ponta a ponta. Nenhuma construção surgiu aleatoriamente, tudo está organizado conforme um modelo bipartido e hierárquico da sociedade. Na intersecção dos eixos, localizam-se a residência do chefe, o Inca, o templo entendido como o observatório e a mais importante fonte de água.

Templo das Três Janelas - Machu Picchu

No primeiro plano, talhados em pedra, destacam-se três degraus da parte superior da chacana. Eles foram colocados em frente às três janelas do templo de tal maneira que, em determinadas horas do dia e épocas do ano, o Sol entra e projeta-se em sombra, reproduzindo a parte inferior da cruz. O projeto do templo foi concebido em função do movimento solar, com a exatidão de um relógio e a previsibilidade de um calendário.

A parte alta, a Zona Sagrada, é onde se conservam as ruínas do Templo das Três Janelas, uma construção erguida com estranhos blocos poligonais que se encaixam em máxima precisão, uma característica encontrada somente na arquitetura inca. No interior do templo, a harmonia e disposição dos espaços são regidos pelo número três. Da posição das janelas à parte superior da Chacana, tudo foi calculado com exatidão para repetir anualmente a passagem do Sol e garantir boas colheitas, ou seja, o Templo das Três Janelas é o símbolo da abundância pela chegada do solstício. Viver ou caminhar pela cidade é vivenciar um conceito religioso. Visto dessa maneira, Machu Picchu é um santuário, uma cidade sagrada e uma somatória de conhecimentos ancestrais de uma civilização que se acreditava filha de Inti. Machu Picchu era um lugar especial e animado pelos espíritos dos antepassados, uma cidade que demonstrava ordem, que concebia a natureza como uma realidade em equilíbrio e inseparável do homem. Machu Picchu é um observatório natural que fica a 2.400 metros de altura, e também uma *huaca*, onde a terra toca o céu.

CHACANAS DO DEUS SOL EM MACHU PICCHU

A verdadeira história de Machu Picchu permanece envolta em lendas, mas sua relação com o deus Inti, o Sol, é evidente. A pequeníssima colina chamada Intihuatana, e que tem a interessante forma de uma mesa cerimonial, era o local o*nde se amarra o Sol*. Seus habitantes acreditavam que a construção lítica escavada com um sistema de medições astronômicas é uma obra muito importante para definir o plantio, pois o solstício de inverno, *Machaq Mara*, demarcado pelos cálculos matemáticos, era obtido pela geometria da projeção da luz solar sobre esta Chacana desmembrada. Para os povos agrícolas pré-colombianos, a periodicidade solar era quadriforme; eles reconheciam quatro sóis: o sol do meio-dia, o noturno, o solstício de verão e o equinócio do inverno, que, juntos, formavam o quadrado da base de Chacana. Além deles, os ciclos sazonais e as direções espaciais, determinados pelo nascente e poente do Sol, completavam o conceito quaternário de organização do mundo.

A regularidade do Sol permitiu a previsibilidade, e com este conhecimento os incas estruturaram sua economia, criaram uma administração estatal, programaram construções e organizaram a sociedade. Inti, o deus Sol era o tempo que regulava a vida, que determinava as horas, os dias e os períodos de arar, plantar e colher. Através da Chacana, os deuses Wiracocha e Inti estabeleciam a ordem do universo.

Mesa Cerimonial
Rituais funerários
Localizada no setor agrícola da cidade e junto à entrada do cemitério, essa mesa sagrada era um lugar de adoração e de oferendas aos antepassados.

Intihuatana
O nome diz "Local onde se amarra o Sol"
A pequena colina esculpida em forma piramidal é um relógio solar e uma demonstração do conhecimento dos sacerdotes de Inti em astronomia.

Monumento ao Sol
O monumento esculpido na rocha, e em posição ao Sol, reproduz a configuração da Chacana nos três planos escalonados. Além de representar o universo mítico andino é também um relógio solar.

Tumba Real
Na parte inferior da tumba escavada na rocha, encontra-se a múmia real de Pachacutec. A inclinação dá acesso ao mundo dos deuses.

OLLANTAYTAMBO
FISCALIZAÇÃO E ADMINISTRAÇÃO IMPERIAL
CHACANA SÍMBOLO DO ESTADO INCA

Monolitos do Templo do Sol de Ollantaytambo
A construção do templo, embora esteja inacabada, demonstra o grau técnico da engenharia inca. Na quarta parede, da esquerda para a direita, destaca-se o relevo de três metades da cruz com a função de indicar as horas do dia pela extensão das sombras projetadas sobre as bordas dos relevos em forma de Chacana.

Próximo da cidade de Cuzco, encontra-se Ollantaytambo; *tambo* quer dizer cidade-alojamento, hoje chamada de fortaleza devido a suas gigantescas dimensões. O conjunto é um curioso complexo militar, religioso, administrativo e agrícola localizado estrategicamente no Vale Sagrado e, por onde o passa o rio Urubamba no longo curso de água até Machu Picchu. Era um lugar de passagem que interligava o campo e outros núcleos produtivos a Cuzco, a capital do império. Os sacerdotes-astrônomos atribuíam um caráter sagrado ao vale, diziam ser uma projeção da Via Láctea e morada natural dos animais tutelares: puma, condor e serpente. A geografia do vale, um presente do deus Inti, favoreceu a agricultura com terrenos férteis e irrigação. Por gratidão, os templos eram agraciados com inúmeras oferendas.

Quando os europeus chegaram, Ollantaytambo estava em construção e a população via o apogeu do império. Os incas, herdeiros dos povos andinos, marcaram o ápice do conhecimento acumulado e também o seu fim, pois sua história de poder coincide com o advento da colonização espanhola. Lamentavelmente, os colonizadores interromperam a fase das mega construções e tornaram os segredos de sua engenharia em mistérios ainda sem respostas. Ollantaytambo tinha a função de proteger o excedente da produção agrícola e manufaturada, era um gigantesco armazém de grãos e outros bens. Se os silos estivessem em segurança, o império inca estaria em paz. Ollantaytambo era a centralização da ordem. Sua localização estratégica possibilitava proteção regular a Cuzco e às reservas agrícolas. Como centro militar, controlava a mobilização nas estradas, fiscalizava o sistema administrativo, monitorava a produção econômica e o controle da comunicação, feita pelos inúmeros mensageiros corredores. Em Ollantaytambo, onde o Sol reinava soberano, sabia-se tudo.

Templo do Sol, detalhe com relevo de Chacana - Ollantaytambo
A inclinação precisa do relevo garante as marcações do relógio solar.

Nas paredes do Templo do Sol existem três relevos esculpidos com a função sagrada de determinar o tempo – três relógios solares em forma de Chacana. As pedras têm coloração rosa-escuro e, quando iluminadas, brilham como chamas incandescentes, aumentando o efeito mágico do lugar. Os três relevos formam apenas a face esquerda; intencionalmente a outra metade da cruz está inclinada até o nível zero para permitir que a incidência da luz projete sombras, base para os cálculos do relógio. A localização do templo foi determinada pela montanha à sua frente, pois todos os dias o sol nasce por detrás dos silos, atinge as muralhas e reflete luz nas três Chacanas avermelhadas.

A arquitetura inca é ressaltada pela monumentalidade e precisão de cortes e encaixes. Para o transporte e edificação, usavaram a inclinação de rampas, um método fácil de ser comprovado, pois muitos blocos continuam abandonados nos terrenos vizinhos, exatamente como aconteceu há 500 anos com a invasão espanhola. Eram engenheiros habilidosos e especializados em hidráulica, sabiam desviar rios, aproveitar águas pluviais ou a neve derretida que desce dos Andes. Desenvolveram uma sofisticada tecnologia para a construção de canais subterrâneos, pois acreditavam que a deusa Pachamama, representada pela serpente, trazia das profundezas da terra a riqueza do império. Ollantaytambo erroneamente ficou entendido, pelos espanhóis, como uma fortaleza, mas a construção tem uma série de nascentes que ratificam a sacralidade do lugar. Bem próxima ao Templo do Sol, uma serpente de água brota do chão e deságue sobre uma rocha esculpida com relevos da cruz andina.

Fonte de Chacana – Ollantaytambo
Nascente de água escorre em jato contínuo sobre formas esculpidas que repetem o padrão escalonado.

As fontes naturais, além de prover o abastecimento de água, eram canais de comunicação entre vivos e mortos; na simbologia Chacana elas se encontram no plano do eixo horizontal. Em Ollantaytambo, a grande nascente compõe a tríade simbólica junto às muralhas do Templo do Sol e aos silos, que se localizam nas montanhas em frente. Juntas, as três unidades arquitetônicas reproduzem o equilíbrio entre o céu, a terra e o inframundo.

Diariamente, o deus Sol e Chacana possibilitam a sagração dos mistérios incas. Entre as ruínas veem-se outras cruzes igualmente planejadas e colocadas em lugares estratégicos para repetirem ciclicamente os mesmos rituais. Descobrir o significado desses símbolos é dar vida a uma escrita morta e decifrar um código de comunicação, visto que o conhecimento era retransmitido nos rituais iniciáticos entre os eleitos e merecedores. Nas sociedades arcaicas, qualquer ação, mesmo a mais cotidiana, era cercada de mitos e ritos. *"Nelas tudo está envolvido pelo sagrado, pois é dele que surge a sua unidade, desvendar seus mistérios é o mesmo que obter o conhecimento primordial, um trabalho desenvolvido e acompanhado por rituais a partir do qual se estrutura a cosmogonia e se articula sua vida coletiva"*.[150]

Ollantaytambo continua um enigma, sem nenhuma história escrita, suas ruínas favorecem à especulações. Na montanha em frente escavaram um silo, sem tecnologia moderna e sem vestígios da sua execução, continua considerado o maior reservatório do Império. Ollantaytambo, guardiã de Chacara e encravada no Vale Sagrado, era muito mais do que armazenamento dos bens produtivos, era uma homenagem à vida através do culto ao Sol e da água. A sacralidade ocorria ciclicamente; Inti, o deus Sol, repetia o ritual diário de morrer e renascer para cumprir seu papel de criador e provedor da vida na terra. Ollantaytambo cumpria a função de *Protetor da Vida*.

PISAC, A CHACANA PACHAMAMA

Chacana e Espiral da Serpente Amaru Punku – Pisac

No Vale Sagrado, e bem próximo à capital de Cuzco, encontrava-se Pisac, um rico centro administrativo e religioso, o primeiro povoado na rota inca até Machu Picchu. Com formato de fortaleza, a cidadela, rodeada por muralhas era, na realidade, um grande depósito imperial com um centro cerimonial. Cercada por ondulantes terraças de plantio agrícola, Pisac estava dividida entre o mundo secular e o sagrado, através do portal de Amaru Punku, a Porta da Serpente. No seu interior, construções sagradas, como o observatório astronômico, o Templo do Sol e o cemitério escavado na montanha completavam o sentido do espaço como uma huaca, um lugar para praticar rituais aos deuses, aos ancestrais e fazer previsões xamânicas.

A chacana de Pisac é a imagem mais completa da cosmovisão andina. Além da mobilidade aparente das laterais em escada e a separação dos três espaços chacas, ela tem, centrada no ponto zero, o relevo da espiral da serpente Pachamama, a Mãe Natureza. Esse centro que corresponde à origem do universo é a chacana do tempo cíclico e da terra sagrada. Pachamama, a serpente, representa o conhecimento da terra, o princípio criador e o espírito dos recursos da natureza. A espiral na região tem muitos significados, são redemoinhos, furacões e galáxias. O poder simbólico da espiral está na "*evocação de um percurso arquetípico de crescimento, transformação e viagem psicológica ou espiritual. Os processos em espiral formam uma linguagem que evoca a jornada mítica, a regeneração e o despertar no caminho sagrado*".[151]

Templo das Virgens, Ilha da Lua, lago Titicaca, Bolívia
Nas laterais do portal do templo, construído em forma escalonada, colocaram duas gigantescas chacanas. São cruzes fractais que contêm o padrão geométrico andino e a cruz cristã em simultaneidade

4.11 CRUZES UNIVERSAIS

4.11.1 CRUZ PAPAL

A Cruz Papal, também conhecida por Hierofante ou Cruz Tripla, é uma haste vertical com três barras horizontais de tamanhos crescentes. Hierofante é uma palavra grega que significa *aquele que explica as coisas sagradas*, ou seja, aquele que torna visível, que demonstra e revela a sacralidade. Hierofante era um termo usado para designar os sacerdotes da alta hierarquia no conhecimento dos mistérios da antiga Grécia, Egito e Roma, também chamados de Sumo Sacerdotes. A palavra Papa, restrita à mais alta autoridade da Igreja Católica, é uma sigla que significa *petri apostoli potestatem accipiens* que, em latim, quer dizer *aquele que sucede o apóstolo Pedro.* Esta interpretação, que não é unânime, concorre com Padre dos Padres que vem do latim *Pater Patrum*. O termo papa era usado no início do cristianismo para todos os bispos, e somente a partir do século IX-X tornou-se exclusivo do Bispo de Roma, o Pontífice. Popularmente, ficou aceita a sua origem grega; vem de *pappa* que carinhosamente quer dizer papai. Os três braços transversais da Cruz Papal, assim como as três coroas da tiara papal, representam as três funções do sucessor de São Pedro: sacerdócio, jurisdição e magistério que também nos remetem ao mistério da Santíssima Trindade, um conceito basilar do cristianismo.

4.11.2 CRUZ PATRIARCAL
CRUZ MISSIONEIRA
CRUZ DE LORENA
CRUZ CARACAVA

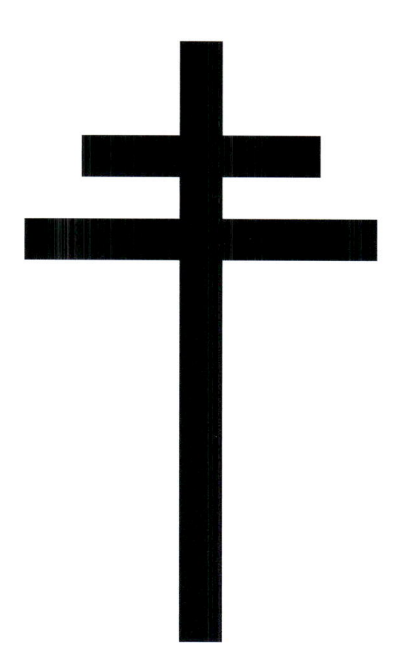

A Cruz Patriarcal, usada pelos bispos e cardeais, possui um braço horizontal menor que representa o *titulus crucis*, uma inscrição colocada acima do crucificado com o motivo da condenação. Sobre a cabeça de Jesus escreveram INRI – o mesmo que *Iesus Nazarenus, Rex Iudaecorum* –, isto é, *Jesus de Nazaré Rei dos Judeus*. A Cruz Patriarcal recebeu outras denominações. Como foi trazida ao Brasil pelos jesuítas no início da colonização, ela ficou conhecida por Cruz Missioneira. Com forte presença nas Missões, ao sul do país, hoje está incorporada ao imaginário do povo rio-grandense como marca de sua identidade. Na França, é conhecida por Cruz de Lorena, antiga forma heráldica que se transformou na imagem da Resistência durante a 2ª Guerra. Como Cruz de Caracava, é uma relíquia cristã de origem espanhola. Com outros indicadores e outros nomes, é também Cruz de Borgonha, Cruz de Anjou e Wishing Cross na cultura afro-americana.

4.11.3 CRUZ DAS CRUZADAS / CRUZ DE JERUSALÉM / CRUZ POTENÇADA

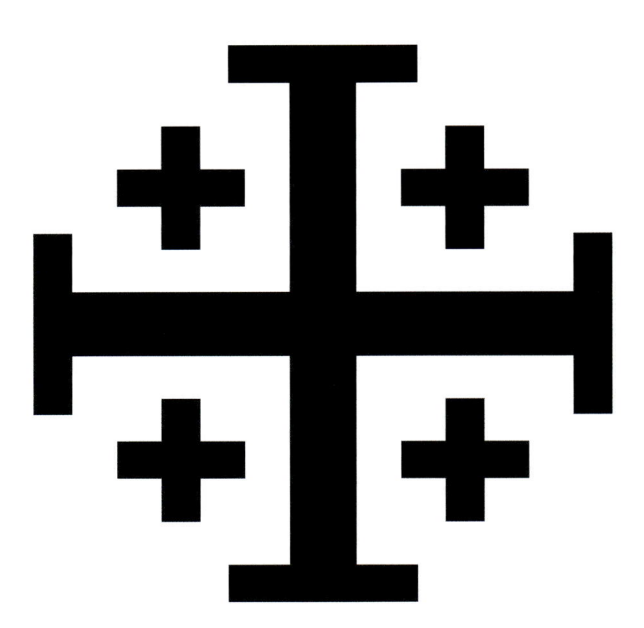

A Cruz de Jerusalém, composta por um conjunto de cruzes, tem no centro a Cruz Potençada formada por quatro cruzes tau, e representa a Lei do Antigo Testamento. Idealizada numa composição quaternária, vê-se que nos quatro cantos existem quatro pequenas cruzes gregas que representam o cumprimento da lei missionária da Igreja e a expansão dos textos dos quatro evangelistas pelos quatro cantos da Terra. Esta cruz foi incorporada nas campanhas das Cruzadas durante os séculos XI e XII. Na época, o termo *Cruzada* não existia, e sim Peregrinação e Guerra Santa. O termo surgiu porque seus participantes, que se autodenominavam soldados de Cristo, eram identificados pela cruz de suas roupas e estandartes, razão pela qual se tornou o símbolo da Ordem dos Cavaleiros do Santo Sepulcro. É certo que as Cruzadas aprofundaram antigas hostilidades entre cristãos e muçulmanos, mas por outro lado, ajudaram, com reciprocidade, o intercâmbio cultural e o desenvolvimento de suas economias.

4.11.4 CRUZ DA PAIXÃO

A Cruz da Paixão, latina, tem as extremidades pontiagudas para representar o sofrimento de Jesus Cristo na crucifixão. Existe grande variação na sua representação, pois envolve muito da fé popular e do regionalismo por onde passou o cristianismo. Os elementos da Paixão são colocados para rememorar o caminho do calvário e os acontecimentos que se sucederam até o momento final. São eles: chicote, prego, alicate, galo, coroa de espinhos, martelo, escada, coluna, manto, lança, esponja de vinagre. A Cruz da Paixão é a memória da dor, angústia e solidão que Jesus sentiu na Via-Crúcis. A palavra paixão provoca equívocos, é um termo que vem de *pathos* e significa um sentimento intenso e incontrolável, a ponto de ofuscar a razão, mas significa também o martírio de Jesus. Paixão, com significado religioso, é sinônimo de sofrimento.

4.11.5 CRUZ ANCORADA / CRUZ DISSIMULADA

Cruz Ancorada e Cruz Dissimulada são o mesmo símbolo. Elas foram encontradas nas catacumbas, antigos cemitérios cristãos e correspondem aos primeiros exemplos de imagens de cruz. É uma cruz dissimulada em que as duas realidades se amalgamaram numa única forma, mas sem perder as características de cada uma. O símbolo da âncora significava salvação e esperança. Seu sentido foi extraído das palavras de São Paulo: *A esperança, nós a temos por âncora da alma*. O fato de ser encontrada em locais protegidos pela legislação que condenava a profanação de túmulos, comprova que sua forma não foi simplesmente um disfarce para evitar perseguições, como querem alguns autores. É mais significativo observar que a iconografia do cristianismo primitivo é plena de simbolismo e nem sempre fácil de ser decodificada. Ela não deve ser interpretada por uma dedução imediata e resultado da primeira aparência. Unir uma âncora significando esperança e salvação à imagem da cruz, é materializar um ideal da época paleocristã.

4.11.6 CRUZ DE MALTA
CRUZ DE SÃO JOÃO
CRUZ DAS BEM-AVENTURANÇAS

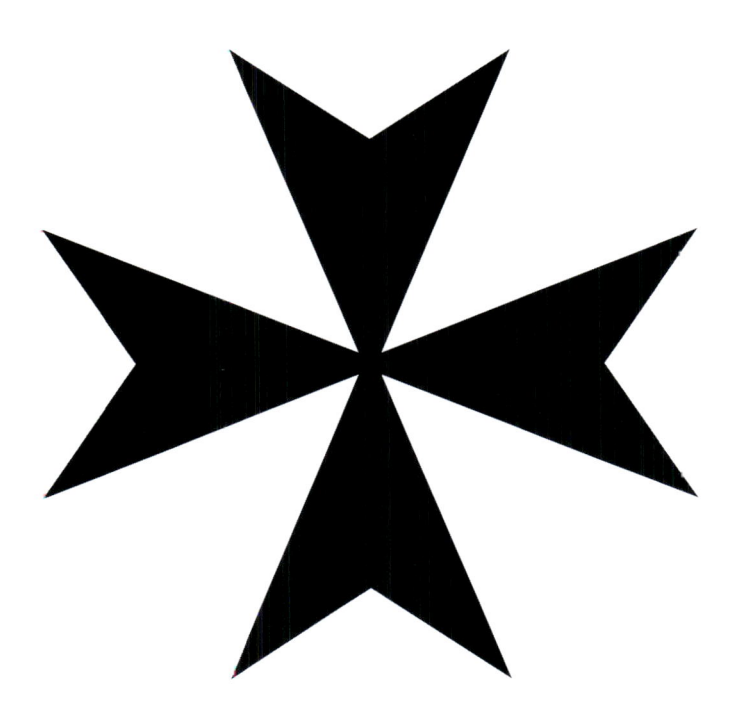

A Cruz de Malta é uma cruz peculiar, nasceu como antigo símbolo dos Cavaleiros de São João, composto por beneditinos que davam assistência aos peregrinos nas Cruzadas e exilados em Malta pelos turcos. Transformados na Ordem de Malta, hoje são reconhecidos como Cavaleiros Hospitalares, uma organização humanitária internacional que dirige hospitais e centros de reabilitação no mundo inteiro. Trata-se de uma entidade reconhecida de direito internacional, semelhante à ONU e à Cruz Vermelha. A cruz é formada por quatro pontas que indicam o centro, um ponto de força centrífuga e por oito pontas externas que agem em sentido contrário e criam o movimento de expansão. A Cruz de Malta tem a forma de uma estrela inserida num círculo quadrangular. Quando inserida num círculo, é usada para meditação, cuja tradição de origem significava regeneração. Esta riqueza geométrica faz da Cruz de Malta a preferida como forma em condecorações.

4.11.7 CRUZ PÁTEA ORDEM DE CRISTO

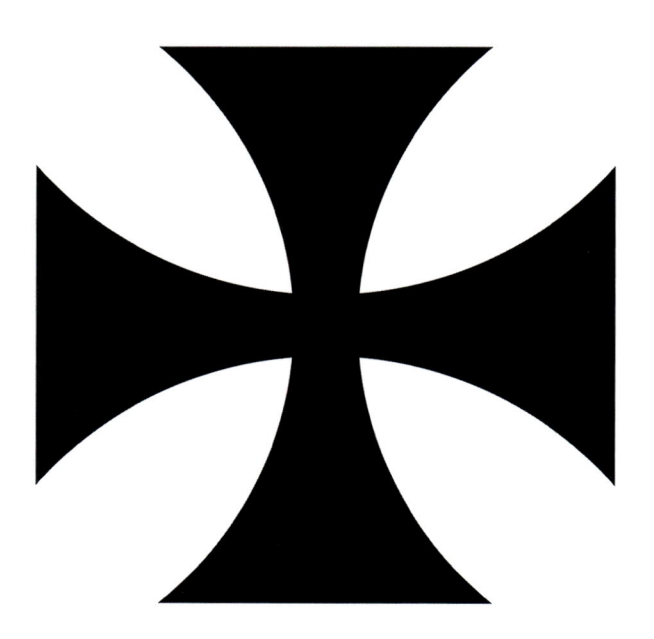

A Cruz Pátea, do francês *patée*, o mesmo que cruz patada, é chamada assim por ter suas extremidades alargadas como uma pata. Associada aos templários, tornou-se padrão na heráldica e símbolo para vários grupos e Ordens. Na época das Descobertas Marítimas, foi usada com frequência como o emblema da Ordem de Cristo, um grupo formado por antigos templários refugiados em Portugal, que se destacaram na época como os maiores conhecedores dos mares e da tecnologia de navegação. Eram devotos e defensores do cristianismo, financiaram as pesquisas e os empreendimentos marítimos, com o objetivo de evangelização. Assim foi descoberta a América. Através do expansionismo europeu, a cruz cristã foi difundida pelo mundo. As primeiras cruzes vistas pelos índios, ainda no mar, foram as cruzes vermelhas da Ordem de Cristo estampadas nas velas agitadas das caravelas. O Brasil foi descoberto sob a insígnia da cruz, e isso fica demonstrado por seus primeiros nomes de "batismo": Ilha de Vera Cruz (1500), Terra de Vera Cruz (1503), Terra de Santa Cruz (1503), Terra Brasilis (1503) e, finalmente, Brasil em 1527.

4.11.8 CRUZ POMÉE

A Cruz Pomée faz referência à palavra francesa que significa maçã. As esferas nas pontas assemelham-se a essa fruta, um antigo símbolo de conhecimento. Ela é o fruto da Árvore da Vida e também da Árvore do Conhecimento do Bem e do Mal. O simbolismo da maçã é múltiplo e está presente em várias religiões; sabe-se que esse fenômeno nasceu pela constatação de uma estrela de cinco pontas formada na disposição interna das sementes. Em muitas imagens, a Cruz da Crucificação como Árvore da Vida tem a forma de uma macieira. Quando Cristo se apresenta com uma maçã, nas mãos, significa a redenção do pecado original. Esse simbolismo renasceu com a tradição de dependurar maçãs nas árvores de Natal, a festa do nascimento de Cristo, quando Ele nos reconquistou o paraíso. A cruz também faz referência aos pontos cardeais e, com esse sentido, foi usada sobre os báculos pastorais para significar autoridade.

4.11.9 CRUZ BASCA LAUBURU

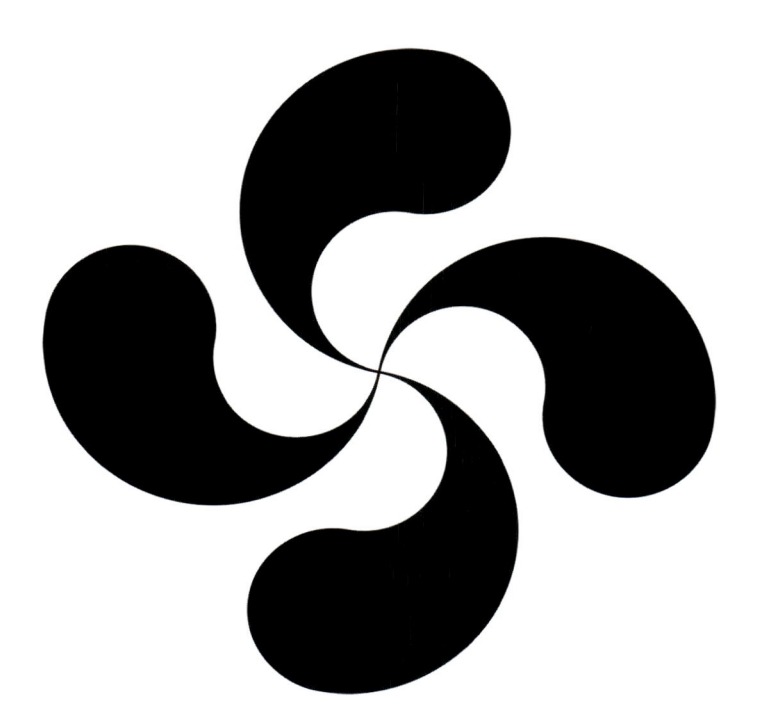

A Cruz Basca ou Lauburu tem uma história próxima à Cruz do Sol. Sua origem recua à época dos celtíberos, um povo que resultou da fusão das culturas celtas com os nativos iberos. Viviam em comunidades agrícolas e pastoris, eram extremamente belicosos e conseguiram o feito de resistir aos invasores romanos. A palavra lauburu, de origem basca, quer dizer: *lau*, quatro e *buru*, cabeça, ou seja, quatro cabeças que correspondem aos quatro pontos cardeais. Assim como os germanos, os celtas também eram adoradores do Sol, e curiosamente muitas de suas cruzes eram monumentos funerários. De sua origem sagrada de proteção à morte, ela se transformou num moderno símbolo nacionalista e político de proteção à cultura basca.

4.11.10 CRUZ BATISMAL

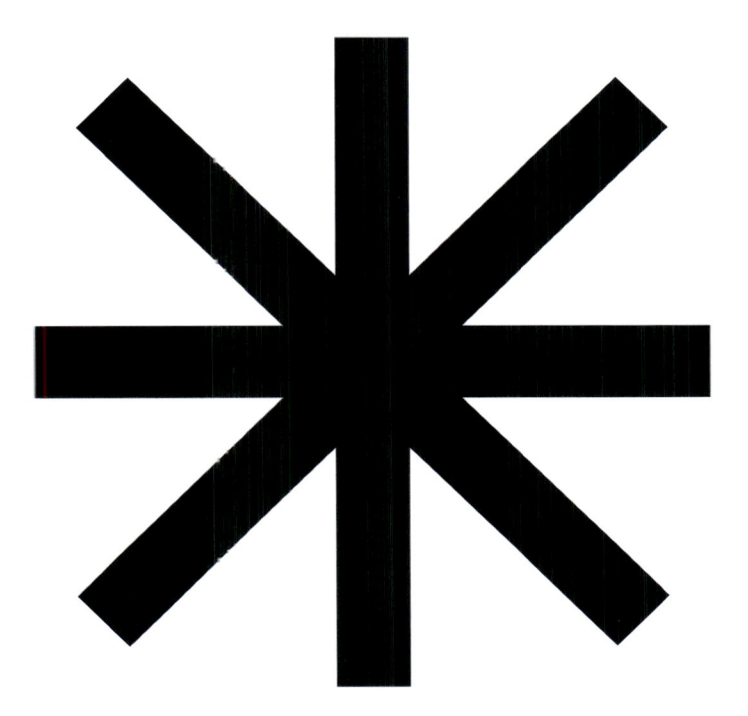

A Cruz Batismal é uma cruz grega, ou quadrada com os quatro braços iguais, sobreposta à primeira letra do nome de Cristo, X em grego. Dessa maneira, ela forma uma mandala com oito braços. O número oito é o símbolo do renascimento e da regeneração, e, por isso, é usada como cruz batismal. Todos os passos da cerimônia do batismo traduzem a intenção de purificar e vivificar. O batismo sela um compromisso de fé e, como ritual de iniciação, revela o mistério da morte e ressurreição de Cristo. A cruz de oito raios de luz é reconhecida universalmente como *o equilíbrio cósmico*, contém as quatro direções cardeais e acrescidas das quatro direções intermediárias. Nas religiões arcaicas, indicam o caminho, e no budismo, são as oito pétalas do lótus para chegar ao Nirvana.

4.11.11 NIKA CRUZ DA VITÓRIA

A Cruz Nika ou da Vitória é um antigo emblema pertencente aos primórdios do cristianismo, composto pela primeira e última letra do nome de Jesus em grego. Ou seja, IC é a primeira e XC a última letra, que escritas na horizontal acima e abaixo surge a palavra NIKA, sinônimo de vitória. A cruz é um Cristograma, ou seja, uma figura simbólica de Cristo criado por meio de letras em torno de uma cruz. Segue a tradição dos ícones gregos que, para representar o nome de Jesus e da Virgem Maria, usavam a primeira e a última letra dos seus nomes. É um monograma que contém o conceito cristão da redenção; simbolicamente refere-se ao mistério da morte de Cristo, que se tornou vitorioso com o seu sacrifício na cruz. O uso do alfabeto em símbolos religiosos vem de uma tradição da Antiguidade, que considerava o verbo, ou seja, a palavra, algo sagrado. No cristianismo a palavra é tida como o princípio, no sentido profético de uma Nova Era

4.11.12 CRUZ ALFA E ÔMEGA

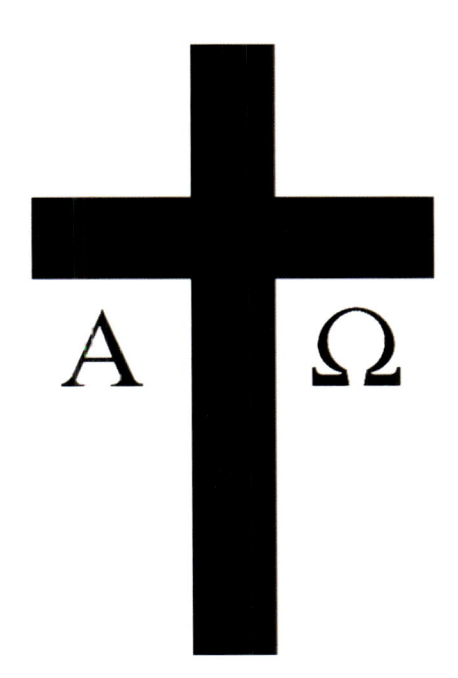

A Cruz Alfa e Ômega significa o sentido da eternidade por meio das palavras Princípio e Fim. Alfa é a primeira letra e Ômega a última do alfabeto grego. Representam as palavras textuais do Apocalipse: *Eu sou o Princípio e o Fim, o que era e o que é, e o que há de vir.* Estando os fundamentos de Princípio e Fim juntos, em unidade intrínseca, eles nos remetem ao sentido de atemporalidade e eternidade. O emprego de letras como símbolos é um costume anterior ao cristianismo. Na Cruz Alfa e Ômega as palavras reproduzem Cristo como o Criador do Universo. É a cruz que reserva a sacralidade da escrita, um fenômeno comum nas antigas civilizações orientais, uma herança dos egípcios e judeus. Da mesma maneira que as imagens, a escrita também era representação. Assim, a Cruz Alfa e Ômega é simultaneamente significado e significante.

4.11.13 CRUZ TRIUNFANTE CRUZ DA EVANGELIZAÇÃO

A Cruz Triunfante simboliza o triunfo final do cristianismo conquistado pelo trabalho da Evangelização. O globo terrestre encimado por uma cruz, chamado de orbe, é um símbolo de autoridade, mostra o Reino de Jesus em glória. Quando surge nas mãos de Cristo, significa *Salvator Mundi* ou Salvador do Mundo. Sua forma é motivo de muitas discussões, pois é usada na iconografia cristã desde o século VII, um período anterior à Era das Descobertas, momento em que se deu a comprovação da esfericidade da Terra. Nos estudos iconológicos, esfera representa totalidade e, constitui o substrato simbólico das imagens que coincidem com o sentido de poder. Usada desde a Antiguidade, comprova que o orbe tem um duplo sentido, o de totalidade, em seu aspecto geográfico, ou de totalidade do poder em si, ou seja, o ilimitado.

4.11.14 CRUZ NATALINA

A Cruz Natalina é uma estrela em forma de cruz. As estrelas na simbologia cristã significam um sinal divino, uma vez que são as portadoras da luz e da vontade de Deus. No judaísmo, cada estrela tinha um anjo semelhante a um vigia, razão pela qual, posteriormente, a sua associação com anjos foi imediata. A cruz natalina refere-se à estrela de Belém, sendo uma alusão à importância da astrologia na Antiguidade e aos acontecimentos cósmicos que, no mundo das religiões, precederam o nascimento dos deuses e heróis, e no cristianismo, do Filho de Deus. A cruz natalina é uma cruz latina iluminada por 12 raios que formam um resplendor. Associada também à estrela de Belém, ela é uma metáfora da luz que se opõe à obscuridade, da luz que indica o conhecimento e a saída das trevas com o nascimento de Jesus.

4.11.15 CRUZ DO CALVÁRIO

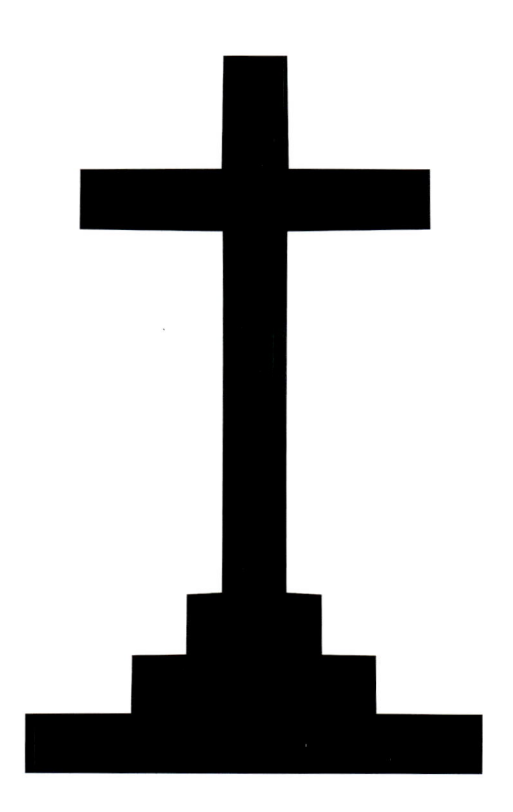

A representação da Cruz do Calvário aparece de duas maneiras diferentes: em uma, ela é interpretada por três cruzes com a do centro em destaque; na outra, ela é apenas uma cruz sobre três degraus que significam a subida de Jesus ao Calvário, local mencionado pelos quatro evangelistas ao relatar a crucificação. Era uma colina perto de Jerusalém fora da muralha da cidade. Em aramaico era chamado de Gólgota, que significa caveira, talvez pela semelhança da sua configuração com um crânio. O nome foi reforçado por uma tradição judaica, que dizia estar o crânio de Adão enterrado no local. A tradição na representação do Crucifixo da Paixão coloca aos pés de Cristo uma caveira e dois ossos cruzados em X, referindo-se ao símbolo do encerramento bíblico, o Primeiro Homem junto ao Deus-Homem.

4.11.16 CRUZ DOS EVANGELISTAS

A Cruz dos Evangelistas é formada por quatro círculos que representam os quatro evangelistas. Sua forma foi muito utilizada na arquitetura para definir os espaços das janelas, vitrais e lanternas, o ponto mais alto da cúpula. Essa cruz, ao ser colocada nesses lugares, simboliza que os quatro evangelistas iluminam o templo e que a luz, atributo de Cristo, passa através deles. A cruz circular, também chamada de roseta, é elaborada com dois elementos simbólicos, o círculo e o quatro. O círculo é um emblema solar associado ao conceito de eternidade, e o número quatro corresponde à terra como o número cósmico dos pontos cardeais. Essa relação entre círculo e quadrado surge com frequência na morfologia espiritual universal. Os evangelistas são representados também por seus quatro símbolos, extraídos dos textos do profeta Ezequiel: Marcos o leão, Lucas o touro, João a águia e Mateus o anjo.

4.11.17 LÁBARO CRISTOGRAMA

O antecessor da cruz como principal símbolo cristão foi o Lábaro ou o Cristograma, o monograma criado pelo imperador Constantino I, a partir da sobreposição das letras X e P, letras gregas iniciais da palavra Cristo, que têm respectivamente o som de Chi e Rô. Segundo a tradição, o imperador, nas vésperas da batalha de Mílvia, viu no céu uma cruz de luz resplandecente sobre o Sol e abaixo dela a inscrição *In Hoc Signo Vinces*, que quer dizer: Sob este signo vencerás. Ao ter sua vitória confirmada, ele se converteu e criou o monograma. Confiando na defesa convexa que o símbolo lhe traria, adotou-o como emblema para seu exército. É um símbolo muito importante, pois está associado ao fim da perseguição cristã e, em consequência, ao declínio da escravidão junto ao início de uma nova era histórica.

4.11.20 CRUZ DE SANTIAGO

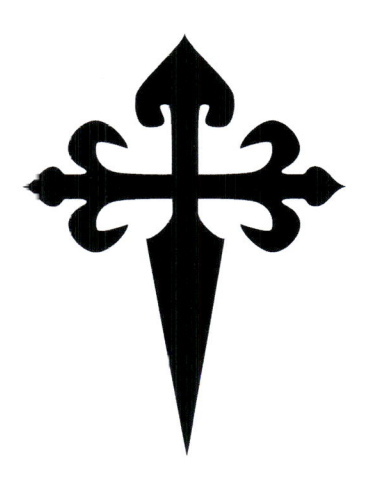

A Cruz de Santiago, também conhecida por Cruz Espada, é uma cruz latina com a extremidade inferior em forma de lâmina e com adornos florais na parte superior. Sua origem está na Idade Média, em meio às Cruzadas. O emblema, de forte caráter militar, representava a espada do apóstolo Tiago e também as pequenas cruzes que os cavaleiros fincavam no chão quando realizavam as suas preces diárias. Entre lendas e fatos, conta-se que o apóstolo fora decapitado em 44 d.C. em Jerusalém e que teve seu sepulcro descoberto, em terras espanholas, na Galícia, em 813, num local especial, onde houvera a primeira conversão de um rei bárbaro ao cristianismo, e onde ele estivera pregando. Mesmo que tudo isso possa ser questionado, essa região, que anteriormente fora tomada pelos mulçumanos, se transformou após o surgimento do culto e das peregrinações. A figura de Santiago tornou-se um elemento catalisador e muito importante para a Reconquista. Na tradição católica, ele é semelhante ao cavaleiro São Jorge. Conta-se que a sua aparição se deu num suposto combate, em 844. Surgiu montado sobre um cavalo branco, vestindo armadura e empunhando um estandarte branco onde se via a sua cruz-espada vermelha. Contam que, com gestos de comando, ele guiou os cavaleiros para uma vitória milagrosa. Seus seguidores criaram, em 1160, a Ordem Militar Religiosa de Santiago, uma organização voltada para a proteção e o acolhimento. Com a propagação das peregrinações, o local se transformou no terceiro centro mais visitado, depois de Roma e de Jerusalém. O conhecido Caminho de Santiago de Compostela é o lugar onde estava o sepulcro de São Tiago. Conhecido por Campo das Estrelas, em latim, *Campus Stellae*, com o tempo, seu nome modificou para Campostela e, por fim, Compostela.

PARTE 4
CRUZES UNIVERSAIS

01- Jung, G. Carl. *Psicologia da Religião Ocidental e Oriental.* Ed. Vozes, Petrópolis, 1983. Pg. 288
02- Jung, G. Carl. *Psicologia da Religião Ocidental e Oriental.* Ed. Vozes, Petrópolis, 1983. Pg. 167
03- Ries, Julien. *Il Sacro nella Storia Religiosa dell'Umanità.* Ed. Jaca Book, Milano, 1978. Pg. 222
04- Le Goff, Jacques e Schmitt, Jean-Claude. *Dicionário Temático do Ocidente Medieval.* Imprensa Oficial, São Paulo, 2002. Pg. 595
05- Hani, Jean. *El Simbolismo del Templo Cristiano.* Ed. Jose Olañeta, Barcelona, 2008. Pg. 47
06- Burckhardt, Titus. *Principios y Métodos del Arte Sagrado.* Ed. Jose Olañeta, Palma de Mallorca, 2000. Pg. 58
07- Panofsky, Erwin. *Arquitetura Gótica e Escolástica.* Ed. Martins Fontes, São Paulo, 1991. Pg. 32
08- Hani, Jean. *El Simbolismo del Templo Cristiano.* Ed. Jose Olañeta, Barcelona, 2008. Pg. 50
09- Campbell, Joseph. *O Poder do Mito.* Ed. Palas Athena, São Paulo, 1990. Pg. 102
10- Eliade, Mircea. *Tratado de História das Religiões.* Ed. Martins Fontes, São Paulo, 1993. Pg. 39
11- Le Goff, Jacques e Schmitt, Jean-Claude. *Dicionário Temático do Ocidente Medieval.* Imprensa Oficial, São Paulo, 2002. Pg. 73
12- Le Goff, Jacques e Schmitt, Jean-Claude. *Dicionário Temático do Ocidente Medieval.* Imprensa Oficial, São Paulo, 2002. Pg. 320
13- Le Goff, Jacques e Schmitt, Jean-Claude. *Dicionário Temático do Ocidente Medieval.* Imprensa Oficial, São Paulo, 2002. Pg. 323
14- Delumeau, Jean. *História do Medo no Ocidente.* Ed. Companhia das Letras, São Paulo, 2009. Pg. 523
15- Ariès, Philippe e Duby, Georges. *História da Vida Privada* - vol 3. Ed. Companhia das Letras, São Paulo, 1991. Pg. 83
16- Le Goff, Jacques e Schmitt, Jean-Claude. *Dicionário Temático do Ocidente Medieval.* Imprensa Oficial, São Paulo, 2002. Pg. 423
17- Le Goff, Jacques e Schmitt, Jean-Claude. *Dicionário Temático do Ocidente Medieval.* Imprensa Oficial, São Paulo, 2002. Pg. 322
18- Haas, Ben. *Ku Klux Khan.* Ed. Dinalivro, Lisboa, 1966. Pg. 56
19- Haas, Ben. *Ku Klux Khan.* Ed. Dinalivro, Lisboa, 1966. Pg. 59
20- Ochsé, Madeleine. *Uma Arte Sacra Para Nosso Tempo.* Livraria Editora Flamboyant, São Paulo, 1960. Pg. 14
21- Eliade, Mircea. *O Sagrado e o Profano.* Ed. Martins Fontes, São Paulo, 2001. Pg. 26
22- Cirlot, Juan-Eduardo. *Dicionário de Símbolos.* Ed. Centauro, São Paulo, 2005. Pg. 483
23- Eliade, Mircea. *O Sagrado e o Profano.* Ed. Martins Fontes, São Paulo, 2001. Pg. 32
24- Guénon, René. *O Simbolismo da Cruz.* IRGET Instituto René Guénon de Estudos Tradicionais, São Paulo, 2001. Pg. 14
25- Eliade, Mircea. *O Sagrado e o Profano.* Ed. Martins Fontes, São Paulo, 2001. Pg. 43
26- Cirlot, Juan-Eduardo. *Dicionário de Símbolos.* Ed. Centauro, São Paulo, 2005. Pg. 485
27- Veyne, Paul. *Quando Nosso Mundo se Tornou Cristão.* Ed. Civilização Brasileira, Rio de Janeiro, 2011. Pg. 63
28- Hani, Jean. *El Simbolismo del Templo Cristiano.* Ed. Jose Olañeta, Barcelona, 2008. Pg. 42
29- Hauser, Arnold. *História Social da Literatura e da Arte.* Ed. Mestre Jou, São Paulo, 1972. Pg. 191
30- Eco, Umberto. *Arte e Beleza na Estética Medieval.* Ed. Globo, Rio de Janeiro, 1989. Pg. 73
31- Burckhardt, Titus. *Principios y Métodos del Arte Sagrado.* Ed. Jose Olañeta, Palma de Mallorca, 2000. Pg. 89
32- Arnheim, Rudolf. *O poder do Centro.* Edições 70, Lisboa, 1990. Pg. 123
33- Bazan, Garcia Francisco. *Aspectos Inusuales de lo Sagrado.* Ed. Trotta, Madrid, 2000. Pg. 82
34- Burckhardt, Titus. *Principios y Métodos del Arte Sagrado.* Ed. Jose Olañeta, Palma de Mallorca, 2000. Pg. 59
35- Campbell, Joseph. *O Poder do Mito.* Ed. Palas Athena, São Paulo, 1990. Pg. 132
36- Jung, G. Carl. *O homem e seus Símbolos.* Ed. Nova Fronteira. Rio de Janeiro, 2008. Pg. 110
37- Holanda, Sergio Buarque de. *Raízes do Brasil.* Ed. Companhia das Letras, São Paulo, 1995. Pg. 149

38- Bastide, Roger. "Revisitando a Terra de Contrastes", Seminário de Cultura Brasileira, 4. FFLCH / CERU, Universidade de São Paulo, São Paulo, 1986. Pg 33
39- Revilla, Federico. *Diccionário de Iconografía y Simbología*. Ediciones Cátedra, Madrid, 2012. Pg. 41
40- Le Goff, Jacques e Schmitt, Jean-Claude. *Dicionário Temático do Ocidente Medieval*. Imprensa Oficial, São Paulo, 2002. Pg. 449
41- Hobsbawm, Eric. *A invenção das Tradições*. Ed. Paz e Terra, Rio de Janeiro, 2002. Pg. 12
42- Argan, C. Giulio. *História da Arte italiana* - vol 3. Ed Cosac Naify, São Paulo, 2003. Pg. 249
43- Bauer, Johannes B. *Dicionário Bíblico-Teológico*. Ed. Loyola, São Paulo, 2000. Pg. 15
44- Peroy, Edouard in Crouzet, Maurice. *História Geral das Civilizações. A Idade Média*. Tomo III, Ed. Difel, Rio de Janeiro, 1977. Pg. 14
45- Peroy, Edouard in Crouzet, Maurice. *História Geral das Civilizações. A Idade Média*. Tomo III, Ed. Difel, Rio de Janeiro, 1977. Pg. 21
46- Le Goff, Jacques e Schmitt, Jean-Claude. *Dicionário Temático do Ocidente Medieval*. Imprensa Oficial, São Paulo, 2002. Pg. 229
47- D'Alviella, Golbert. *A Migração dos Símbolos.* Ed. Pensamento, São Paulo, 1995. Pg. 145
48- Duby, George. *A Idade Média*. Editora Paz e Terra, São Paulo, 1997. Pg. 141
49- Gombrich, E.H. *A História da Arte.* Ed. Zahar, Rio de Janeiro, 197. Pg. 116
50- Eliade, Mircea. *Tratado de História das Religiões.* Ed. Martins Fontes, São Paulo, 1993. Pg. 298
51- Duby, George. *A Idade Média*. Editora Paz e Terra, São Paulo, 1997. Pg. 141
52- Jung, G. Carl. *O homem e seus Símbolos*. Ed. Nova Fronteira. Rio de Janeiro, 2008. Pg. 20
53- Eliade, Mircea. *Imagens e Símbolos.* Ed. Taurus, Madrid. 1974. Pg. 38
54- Cirlot, Juan-Eduardo. *Dicionário de Símbolos.* Ed Centauro, São Paulo, 2005. Pg. 109
55- D'Alviella, Golbert. *A Migração dos Símbolos.* Ed. Pensamento, São Paulo, 1995. Pg. 30
56- Lurker, Manfred. *Dicionário de Imagenes y Símbolos de la Biblia*. Ed. El Almendro, Cordoba, 1994. Pg. 220
57- Le Goff, Jacques e Schmitt, Jean-Claude. *Dicionário Temático do Ocidente Medieval*. Imprensa Oficial, São Paulo, 2002. Pg. 152
58- Le Goff, Jacques. *Em Busca da Idade Média.* Ed. Civilização Brasileira, Rio de Janeiro, 2011. Pg.110
59- Le Goff, Jacques. *São Francisco de Assis.* Ed. Record. Rio de Janeiro, 2001. Pg. 115
60- Connell, Mark e Airey, Raje. *Signos e Símbolos. A Enciclopédia Completa.* Ed. Escala, São Paulo, 2010. Pg. 109
61- Jung, G. Carl. *O Homem e seus Símbolos.* Ed. Nova Fronteira, Rio de Janeiro, 2008. Pg. 20
62- Johnson, Paul. *História do Antigo Egito*. Ediouro Publicações, Rio de janeiro, 2002. Pg. 229
63- Eliade, Mircea. *Mito do Eterno Retorno.* Ed. Cosmo e História, São Paulo, 1992. Pg. 123
64- Husain, Shahrukh. *Divindades Femininas.* Ed. Taschen, Singapura, 2001. Pg. 84
65- Campbell, Joseph *As Máscaras de Deus. Mitologia Oriental* Ed. Palas Athena, São Paulo, 1992. Pg. 56
66- Campbell, Joseph *As Máscaras de Deus. Mitologia Oriental* Ed. Palas Athena, São Paulo, 1992. Pg. 70
67- Chevalier, Jean. *Dicionário de Símbolos*. Ed. José Olympio, Rio de janeiro, 1988. Pg. 62
68- Chevalier, Jean. *Dicionário de Símbolos*. Ed. José Olympio, Rio de janeiro, 1988. Pg. 395
69- Eliade, Mircea. *Tratado de História das Religiões*. Ed. Martins Fontes, São Paulo, 1993. Pg 302
70- Le Goff, Jacques. *Em Busca da Idade Média.* Ed. Civilização Brasileira, Rio de Janeiro, 2011. Pg. 131
71- Corbin, Alain. *História do Cristianismo*. Ed. Martins Fontes, São Paulo, 2009. Pg. 171
72- Perroy, Édouard in Crouzet, Maurice. *História Geral das Civilizações. A Idade Média*. Tomo III, Ed. Difel, Rio de Janeiro, 1977. Pg. 83
73- Bauer, Johannes. *Dicionário Bíblico-Teológico*. Ed. Loyola, São Paulo, 2000. Pg. 396
74- Hobsbawm, Eric. *Era dos Extremos*. Ed. Companhia das Letras, São Paulo, 1995. Pg. 378
75- McManners, John. *Ilustraded History of Christianity*. Oxford University Press, Oxford, 1995. Pg. 540
76- McManners, John. *Ilustraded History of Christianity*. Oxford University Press, Oxford, 1995. Pg. 541
77- Hobsbawm, Eric. *Era dos Extremos*. Ed. Companhia das Letras, São Paulo, 1995. Pg. 461
78- Hobsbaum, Eric e Ranger, Terence. *A Invenção das Tradições*. Ed. Paz e Terra, Rio de Janeiro, 2002. Pg. 284
79- Hering, A. Fabio. "As Peculiaridades Modernas da Grécia Antiga: Nacionalismo e Arqueologia". Palestra proferida na IFCH da UNICAMP em 06/05/2003. Pg. 12
80- Quinn, Malcolm. *The Swastika Constructing the Symbol*. Routledge, London, 2015. Pg. 27
81- Quinn, Malcolm. *The Swastika Constructing the Symbol*. Routledge, London, 2015. Pg. 39
82- Quinn, Malcolm. *The Swastika Constructing the Symbol*. Routledge, London, 2015. Pg. 39
83- D'Alviella, Golbert. *A Migração dos Símbolos.* Ed. Pensamento, São Paulo, 1995. Pg. 47
84- D'Alviella, Golbert. *A Migração dos Símbolos.* Ed. Pensamento, São Paulo, 1995. Pg. 49
85- D'Alviella, Golbert. *A Migração dos Símbolos.* Ed. Pensamento, São Paulo, 1995. Pg. 51

86- Nakagaki, T.K. *The Buddhist Swastika and Hitler's Cross. Rescuing a Symbol of Peace from the Forces of Hate*. Stone Bridge Press, Berkeley, California, 2018. Pg. 54
87- Cirlot, Juan-Eduardo. *Dicionário de Símbolos*. Ed. Centauro, São Paulo, 2005. Pg. 330
88- Revilla, Federico. *Diccionario de Iconografía y Simbología*. Ediciones Cátedra, Madrid, 2012. Pg. 423
89- Jung, G. Carl. *O Homem e seus Símbolos*. Ed. Nova Fronteira. Rio de Janeiro, 2008. Pg. 93
90- Nakagaki, T.K. *The Buddhist Swastika and Hitler's Cross. Rescuing a Symbol of Peace from the Forces of Hate*. Stone Bridge Press, Berkeley, California, 2018. Pg. 54
91- Nakagaki, T.K. *The Buddhist Swastika and Hitler's Cross. Rescuing a Symbol of Peace from the Forces of Hate*. Stone Bridge Press, Berkeley, California, 2018. Pg. 55
92- Nakagaki, T.K. *The Buddhist Swastika and Hitler's Cross. Rescuing a Symbol of Peace from the Forces of Hate*. Stone Bridge Press, Berkeley, California, 2018. Pg. 72
93- Chevalier, Jean. *Dicionário de Símbolos*. Ed. José Olympio, Rio de janeiro, 1988. Pg. 607
94- Chevalier, Jean. *Dicionário de Símbolos*. Ed. José Olympio, Rio de janeiro, 1988. Pg. 607
95- Arnheim, Rudolf. *Arte e Percepção Visual. Uma Psicologia da Visão Criadora*. Editora da Universidade São Paulo, EDUSP São Paulo, 1980. Pg. 21
96- Revilla, Federico. *Diccionario de Iconografía y Simbología*. Ediciones Cátedra, Madrid, 2012. Pg. 554
97- Jung, G. Carl. *O homem e seus Símbolos*. Ed. Nova Fronteira. Rio de Janeiro, 2008. Pg. 106
98- Nakagaki, T.K. *The Buddhist Swastika and Hitler's Cross. Rescuing a Symbol of Peace from the Forces of Hate*. Stone Bridge Press, Berkeley, California, 2018. Pg. 74
99- Nakagaki, T.K. *The Buddhist Swastika and Hitler's Cross. Rescuing a Symbol of Peace from the Forces of Hate*. Stone Bridge Press, Berkeley, California, 2018. Pg. 74
100- Nakagaki, T.K. *The Buddhist Swastika and Hitler's Cross. Rescuing a Symbol of Peace from the Forces of Hate*. Stone Bridge Press, Berkeley, California, 2018. Pg 72
101- Gamito, Tereza Judice. *Construindo a Memória - As Construções Arqueológicas do Carmo*. Associação dos Arqueólogos Portugueses Lisboa. Pg. 186
102- Nakagaki, T.K. *The Buddhist Swastika and Hitler's Cross. Rescuing a Symbol of Peace from the Forces of Hate*. Stone Bridge Press, Berkeley, California. Pg. 61
103- Eliade, Mircea. *Tratado de História das Religiões*. Ed. Martins Fontes, São Paulo, 199. Pg. 314
104- Hani, Jean. *El Simbolismo del Templo Cristiano*. Ed. Jose Olañeta, Barcelona, 2008. Pg. 12
105- Eliade, Mircea. *Tratado de História das Religiões*. Ed. Martins Fontes, São Paulo, 199. Pg. 35
106- Bazán, Garcia Francisco. Aspectos Inusuales *de lo Sagrado*. Ed. Trotta, Madrid, 2000. Pg. 85
107- Hani, Jean. *El Simbolismo del Templo Cristiano*. Ed. Jose Olañeta, Barcelona,2008. Pg. 86
108- Campbell, Joseph. *As Máscaras de Deus. Mitologia Oriental*. Ed. Palas Athena. São Paulo, 1992 Pg. 26
109- Nakagaki, T.K. *The Buddhist Swastika and Hitler's Cross. Rescuing a Symbol of Peace from the Forces of Hate*. Stone Bridge Press, Berkeley, California, 2018. Pg. 48
110- Nakagaki, T.K. *The Buddhist Swastika and Hitler's Cross. Rescuing a Symbol of Peace from the Forces of Hate*. Stone Bridge Press, Berkeley, California, 2018. Pg. 50
111- Nakagaki, T.K. *The Buddhist Swastika and Hitler's Cross. Rescuing a Symbol of Peace from the Forces of Hate*. Stone Bridge Press, Berkeley, California, 2018. Pg. 53
112- Cirlot, Juan-Eduardo. *Dicionário de Símbolos*. Ed. Centauro, São Paulo, 2005. Pg. 350
113- Lexiton, Herder. Dicionário de Símbolos. Ed. Cultrix, São Paulo, 2009. Pg. 187
114- Campbell, Joseph. *As Máscaras de Deus. Mitologia Oriental*. Ed. Palas Athena. São Paulo, 1992. Pg. 221
115- Campbell, Joseph. *As Máscaras de Deus. Mitologia Oriental*. Ed. Palas Athena. São Paulo, 1992. Pg. 157
116- Mircea, Eliade. *Dicionário das Religiões*. Ed. Martins Fontes, São Paulo, 1999. Pg. 174
117- Nakagaki, T.K. *The Buddhist Swastika and Hitler's Cross. Rescuing a Symbol of Peace from the Forces of Hate*. Stone Bridge Press, Berkeley, California, 2018. Pg. 39
118- Nakagaki, T.K. *The Buddhist Swastika and Hitler's Cross. Rescuing a Symbol of Peace from the Forces of Hate*. Stone Bridge Press, Berkeley, California, 2018. Pg. 53
119- Nakagaki, T.K. *The Buddhist Swastika and Hitler's Cross. Rescuing a Symbol of Peace from the Forces of Hate*. Stone Bridge Press, Berkeley, California, 2018. Pg. 28

120- Nakagaki, T.K. *The Buddhist Swastika and Hitler's Cross. Rescuing a Symbol of Peace from the Forces of Hate.* Stone Bridge Press, Berkeley, California, 2018. Pg. 13-20
121- Quinn, Malcolm. *The Swastika Constructing the Symbol*. Routledge, London, 2015. Pg. 116
122- Hobsbawm, Eric. *Nações e Nacionalismo desde 1780*. Ed. Paz e Terra, Rio de Janeiro, 1990. Pg. 160
123- Eliade, Mircea. *Mito e Realidade*. Ed. Perspectiva, São Paulo, 1994. Pg. 65
124- Reich, Wilhelm. *Psicologia de Massas do Fascismo*. Ed. Martins Fontes, São Paulo, 1972.
125- Cirlot, Juan-Eduardo. *Dicionário de Símbolos*. Ed. Centauro, São Paulo, 2005. Pg. 275
126- Quinn, Malcolm. *The Swastika Constructing the Symbol*. Routledge, London, 2015. Pg. 62
127- Hobsbawm, Eric. *Nações e Nacionalismos desde 1780*. Ed. Paz e Terra, Rio de Janeiro, 1990. Pg. 29
128- Lacque-Labarthe, Philippe e Nancy, Jean-Luc. *O Mito Nazista*. Ed. Iluminuras, São Paulo, 2002. Pg. 29
129- Lacque-Labarthe, Philippe e Nancy, Jean-Luc. *O Mito Nazista*. Ed. Iluminuras, São Paulo, 2002. Pg. 29
130- Lacque-Labarthe, Philippe e Nancy, Jean-Luc. *O Mito Nazista*. Ed. Iluminuras, São Paulo, 2002. Pg. 30
131- Quinn, Malcolm. *The Swastika Constructing the Symbol*. Routledge, London, 2015. Pg. 111
132- Nakagaki, T.K. *The Buddhist Swastika and Hitler's Cross. Rescuing a Symbol of Peace from the Forces of Hate.* Stone Bridge Press, Berkeley, California, 2018. Pg. 135
133- Steinert, Marlis. *Hitler*. Ed. Babel, São Paulo, 2011. Pg. 209
134- Steinert, Marlis. *Hitler*. Ed. Babel, São Paulo, 2011. Pg. 208
135- Steinert, Marlis. *Hitler*. Ed. Babel, São Paulo, 2011. Pg. 516
136- Sontag, Susan. Entrevista publicada na Revista *Veja*, edição 1.817 de 27/08/2003
137- Power, Samantha. *Genocídio*. Ed. Companhia das Letras, 2004, São Paulo. Pg. 124
138- Steinert, Marlis. *Hitler*. Ed. Babel, São Paulo, 2011. Pg. 515
139- Steinert, Marlis. *Hitler*. Ed. Babel, São Paulo, 2011. Pg. 626
140- Nakagaki, T.K. *The Buddhist Swastika and Hitler's Cross. Rescuing a Symbol of Peace from the Forces of Hate.* Stone Bridge Press, Berkeley, California, 2018. Pg. 165
141- Fabris, Annateresa. *A fotomontagem como função política*, in História, v.22, nº 1. São Paulo: UNESP, 2003. Pg. 29
142- Fabris, Annateresa. *John Heartfield fotomontagens*. Imprensa Oficial do Estado de São Paulo, São Paulo, 2013. Pg. 139
143- Favre, Henri. *A civilização Inca*. Ed. Zahar, Rio de Janeiro, 1990. Pg. 53
144- Milla Villena, Carlos. *Genesis de la Cultura Andina*. Ed. Amaru Wayara, Lima, 2008. Pg. 36
145- González, Federico. *Los Símbolos Precolombinos*. Ed. Obelisco, Barcelona, 1989. Pg. 151
146- Eliade, Mircea. *Mito do Eterno Retorno*. Ed. Cosmo e História, São Paulo, 1992. Pg. 101
147- Ostolaza, Luiz Felipe Villacorta. *Las Culturas del Peru Antiguo*. Ed. Roberto Gheler Doig, Lima, 2009. Pg. 185
148- Dillehay, Tom. *Monumentos, Imperios y Resistência en los Andes*. Universidad Católica del Norte. Intituto de Investigaciones Arqueológicas, Ocho Libros Editores, Santiago, 2011. Pg. 188
149- Durand, Gilbert. *A Imaginação Simbólica*. Edções 70 Ltda, Lisboa, 2000. Pg. 65
150- González, Federico. *Los Símbolos Precolombinos*. Ed. Obelisco, Barcelona, 1989. Pg. 91
151- Ronnberg, Ami. *O livro dos Símbolos*. Ed. Taschen, Koln, 2012. Pg. 719

A AUTORA

Dalva de Abrantes é historiadora pela Pontifícia Universidade Católica de São Paulo e mestre em Artes pela Escola de Comunicações e Artes da Universidade São Paulo. Docente de Estética e História da Arte, lecionou em várias instituições universitárias em São Paulo. Tem pesquisas publicadas sobre Barroco Mineiro e Arte Fractal.

BIBLIOGRAFIA

ALVES, Castro. *Poema Gonzaga in Obras Completas*. Ed. Aguilar Ltda., Rio de Janeiro, 1960.

ARAÚJO, Emanoel. *O Teatro dos Vícios*. Ed. José Olympio, Rio de Janeiro, 1993.

ARGAN, C. Giulio. *História da Arte Italiana* - vol. 3. Ed Cosac Naify, São Paulo, 2003.

ARIÈS, Philippe e DUBY, Georges. *História da Vida Privada I*. Do Império Romano ao Ano Mil. Ed. Companhia das Letras, São Paulo, 1991.

_____. *História da Vida Privada II*. Da Renascença ao século das Luzes. Ed. Companhia das Letras, São Paulo, 1991.

ARNHEIM, Rudolf. *Arte e Percepção Visual - Uma Psicologia da Visão Criadora*. Editora da Universidade São Paulo, São Paulo, 1980.

_____. *O Poder do Centro,* Edições 70, Lisboa, 1990.

ARNS, Paulo Evaristo. *Brasil Nunca Mais*. Ed. Vozes, Rio de Janeiro, 1985.

ARTAUD, Antonin. *O Teatro e Seu Duplo*. Ed. Martins Fontes, São Paulo, 2012.

BACHELARD, Gaston. *O Direito de Sonhar*, Bertrand Brasil, Rio de Janeiro, 1994.

BALDOCK, John. *El Simbolismo Cristiano*. Ed. AF, Madrid. 1992.

BARDI, Pietro M. *História da Arte Brasileira*. Ed. Melhoramentos, São Paulo, 1975

BARBET, Pierre. *A Paixão de Cristo*, Segundo o Cirurgião. Ed. Loyola, São Paulo, 2014.

BASTIDE, Roger. *Revisitando a Terra de Contrastes*, Seminário de Cultura Brasileira, 4. FFLCH / CERU, Universidade de São Paulo, São Paulo, 1986.

BAUER, Johannes. *Dicionário Bíblico Teológico*. Ed. Loyola, São Paulo, 2000.

BAZAN, Garcia Francisco. *Aspectos Inusuales de lo Sagrado*. Ed. Trotta, Madrid, 2000.

BETTO, Frei. *Batismo de Sangue*. Ed. Focco, Rio de Janeiro, 2006.

BIANCONI, Piero e TESTORI, Giovanni. *La Obra Pictórica Completa de Grünewald*. Editorial Noguer, Barcelona, 1974.

BOAL, Augusto e GUARINIERI, Gianfrancesco. *Arena conta Tiradentes*. Ed. Sagarana, São Paulo, 1967.

BUENO, Eduardo. Brasil: *Terra a Vista*. Ed. L&PM, Porto Alegre, 2000.

BURCKHARDT, Titus. *Principios y Métodos del Arte Sagrado*. Ed. Jose Olañeta, Palma de Mallorca, 2000.

CAMPBELL, Joseph. *As Máscaras de Deus. Mitologia Oriental*. Ed Palas Athena, São Paulo, 1992.

_____. *As Máscaras de Deus, Mitologia Primitiva*. Ed. Palas Athena, São Paulo, 1992.

_____. *O Poder do Mito*. Ed. Palas Athena, São Paulo, 1990.

CARR-GOM, Sarah. *Dicionário de Símbolos na Arte*. Ed. Universidade São Paulo, São Paulo, 2004.

CARVALHO, Murilo José. *A formação das almas. O Imaginário da República no Brasil*. Ed. Companhia das Letras. São Paulo, 1990.

CAVALCANTI, Raissa. *Os Símbolos do Centro*. Ed. Perspectiva, São Paulo, 2008.

CHAGALL, Marc. Poema "Minha Terra" escrito em 1961 e traduzido e publicado por Manuel Bandeira em *A Estrela da Vida Inteira*. Ed. Nova Fronteira, Rio de Janeiro, 2002.

CHAMPEAUX, Gerard. *Introdución a los símbolos*. Ed. Encuentro, Madri, 1989.

CHEVALIER, Jean e GHEERBRANT, Alain. *Dicionário de Símbolos*. Ed. José Olympio, Rio de Janeiro, 1988.

_____. *Iniciacion al Simbolismo*. Ed. Obelisco, Barcelona, 1986.

CIRLOT, Juan-Eduardo. *Dicionário de Símbolos*. Ed. Centauro, São Paulo, 2005.

COLI, Jorge. *Primeira Missa e Invenção da Descoberta* in NOVAES, Adauto. *A Descoberta do Homem e do Mundo*, Ed. Companhia das Letras, São Paulo, 1998.

CONNELL, Mark e AIREY, Raje. *Signos e Símbolos*. Ed. Escala, São Paulo, 2010.

CORBIN, Alain. *História do Cristianismo,* Ed. Martins Fontes, São Paulo, 2009

CRUZ, João. *Obras Completas de São João da Cruz*. Tradução Madre Tereza Margarida Maria do Coração Eucarístico. Ed. Cultor de Livros, São Paulo, 2021.

D'ALVIELLA, Golblet. *A Migração dos Símbolos.* Ed. Pensamento, São Paulo, 1995.

DALÍ, Salvador. *Diário de um Gênio*. Ed. Fabula Tusquets, Barcelona, 1996.

DEBRAY, Regis. Vida e Morte da Imagem. Ed. Vozes, Petrópolis, 1993.

DELUMEAU, Jean. *História do Medo no Ocidente.* Ed. Companhia das Letras, São Paulo, 2019.

DILLEHAY, Tom. *Monumentos, Impérios y Resistência en los Andes*. Universidad Católica del Norte, Instituto de Investigaciones Arqueológicas. Ed. Ocho Libros, Santiago, 2011.

DUBY, George. *A Idade Média*. Editora Paz e Terra, São Paulo, 1997.

_____. *O tempo das Catedrais.* Ed. Estampa, Lisboa, 1979.

DURAND, Gilbert. *A Imaginação Simbólica.* Edições 70 Ltda., Lisboa, 2000.

_____. *As Estruturas Antropológicas do Imaginário*. Ed. Martins Fontes, São Paulo, 2019.

_____. *Campos do Imaginário*. Instituto Piaget, Lisboa, 1996.

_____. *O imaginário.* Ed. Difel, Rio de Janeiro, 2004.

DURKHEIM, Émile. *As Formas Elementares de Vida Religiosa.* Ed. Paulus, São Paulo, 2018.

ECO, Umberto. *Arte e Beleza na Estética Medieval*. Ed. Globo, Rio de Janeiro, 1989.

_____. *História da Feiura.* Ed. Record, Rio de Janeiro, 2007.

ELIADE, Mircea. *Tratado de História das Religiões.* Ed. Martins Fontes, São Paulo, 1993.

_____. *Dicionário das Religiões*. Ed Martins Fontes, São Paulo, 1999.

_____. *Imagenes y Simbolos.* Ed. Taurus, Madri, 1974.

_____. *Mito e Realidade*. Ed. Perspectiva, São Paulo, 1994.

_____. *O Sagrado e o Profano.* Ed. Martins Fontes, São Paulo, 2001.

_____. O *Mito do Eterno Retorno.* Ed. Cosmo e História, São Paulo, 1992.

FABRIS, Annateresa. *Portinari, Pintor Social*. Ed. Perspectiva, São Paulo, 1990.

_____. *A fotomontagem como função política*, in História, v.22, nº 1. São Paulo: UNESP, 2003.

_____. *John Heartfield fotomontagens.* Imprensa Oficial do Estado de São Paulo, São Paulo, 2015.

FAUSTO, Boris. *História Concisa do Brasi*l. Ed. Universidade São Paulo, São Paulo, 2014.

FAVRE, Henri. *A civilização Inca*. Ed. Zahar, Rio de Janeiro, 1990.

FER, Briony. *Realismo, Racionalismo, Surrealismo*. Ed. Cosac & Naif, São Paulo, 1998.

FERGUNSON, George. *Signs & Symbols in Christian Art*. Oxford University Press, Londres, 1961.

FORAY, Jean-Michel. *Chagall en 52 Symboles*. Reunions de Musées Nationaux – Garamond, Paris, 2013.

FRUTGER, Adrian. *Sinais & Símbolos.* Ed. Martins Fontes, São Paulo, 2001.

GAMITO, Tereza Judice. *Construindo a Memória - As Construções Arqueológicas do Carmo*. Associação dos Arqueólogos Portugueses, Lisboa.

GASPARI, Elio. *A Ditadura Encurralada*. Ed. Companhia das Letras, São Paulo, 2004.

_____. *A Ditadura Envergonhada*. Ed. Companhia das Letras, São Paulo, 2002.

_____. *A Ditadura Escancarada*. Ed. Companhia das Letras, São Paulo, 2002.

GARIMORTH-FORAY, Julia. *Chagall entre Guerre et Paix*. Reunions de Musées Nationaux. Garamond, Paris, 2013.

GIUMBELLI, Emerson. *Símbolos Religiosos em Controvérsias*. Ed. Terceiro Nome, São Paulo, 2014.

GOMBRICH, E. H. *A História da Arte.* Ed. Zahar, Rio de Janeiro, 1972.

GONZÁLEZ, Federico. *Los Símbolos Precolombinos*. Ed. Obelisco, Barcelona, 1989.

GRABAR, André. Las Vías de la Creación en la iconografia Cristiana. Ed Alianza Forma, Madri, 1991.

GUÉNON, René. *Símbolos Fundamentais da Ciência Sagrada*. Instituto René Guénon de Estudos Tradicionais, São Paulo, 2017.

_____. *O Simbolismo da Cruz*. Instituto René Guénon de Estudos Tradicionais, São Paulo, 2001.

HAAS, Ben. *Ku Klux Khan*. Ed. Dinalivro, Lisboa, 1966.

HANI, Jean. *El Simbolismo del templo Cristiano*. Ed. Jose Olañeta, Barcelona, 2008.
HAUSER, A. *História Social da Literatura e da Arte*, Ed. Mestre Jou, São Paulo, 1972.
HEINZ-MOHR, Gerd. *Dicionário dos Símbolos Imagens e Sinais da Arte Cristã*. Ed. Paulus, São Paulo, 1994.
HERING, A. Fabio. *As Peculiaridades Modernas da Grécia Antiga: Nacionalismo e Arqueologia*. Palestra proferida na IFCH da UNICAMP em 06/05/2003.
HOBSBAWM, Eric. *A Invenção das Tradições*. Ed. Paz e Terra, Rio de Janeiro, 2002.
_____. *Era dos Extremos*. Ed. Companhia das Letras, São Paulo, 1995.
_____. *Nações e Nacionalismo desde 1780*. Ed. Paz e Terra, Rio de Janeiro, 1990.
HOLANDA, Sergio Buarque de. *História Geral da Civilização Brasileira*, vols. 1, 2, 3, 4, 5, 6, 7, 8, 9, 10. Difusão Europeia do Livro São Paulo, 1963.
_____. *Visão do Paraíso*. Ed. Brasiliense, São Paulo, 2000.
_____. *Raízes do Brasil*. Ed. Companhia das Letras, São Paulo, 1995.
HOONAERT, Eduardo e DESROUCHES, Georgette. *Padre Ibiapina e a Igreja dos Pobres*. Ed. Paulinas, São Paulo, 1984
HOORNAERT, Eduardo. *A Igreja no Brasil Colônia*. Ed. Brasiliense, São Paulo, 1994.
HUIZINGA, Johan. *O Declínio da Idade Média*. Ed. Ulisseia, Lisboa, n/d.
HUSAIN, Shanrukh. *Divindades Femininas*. Ed. Taschen, Singapura, 2001.
HULME, Edward. *Symbolism in Cristian Art*. Blandford Press, Dorschester, 1976.
HUXLEY, Francis. *O Sagrado e o Profano*. Ed. Primor, Rio de Janeiro, 1977
HUYGHE, René. *Sentido e Destino da Arte*. Ed. Martins Fontes, São Paulo, 1986.
HUYSMANS, J.K. *Grünewald Le Retable d'Issenheim*. Les Edition Braun et Cie, Paris, 1951.
JOHNSON, Paul. *História do Egito Antigo*. Ediouro Publicações, Rio de Janeiro, 2002.
JUNG, Carl G. *O Homem e seus Símbolos*. Ed. Nova Fronteira. Rio de Janeiro, 2008.
_____. *Psicologia da Religião Ocidental e Oriental*. Ed. Vozes. Petrópolis, 1983.
_____. *Os Arquétipos e o Inconsciente Coletivo*, in *Obras Completas*. Ed. Vozes, Petrópolis, 2000.
KAST, Verena. *A Dinâmica dos Símbolos. Fundamentos da Psicoterapia Junguiana*. Ed. Vozes, Petrópolis, 2013.
KAZ, Lionel e NODDI, Nigge. *Cristo Redentor: História e Arte de um símbolo do Brasil*. Aprazível Edições, Rio de Janeiro, 2008.
KEEL, Othmar. *La Iconografía del Antiguo Oriente y el Antiguo Testamento*. Ed. Trotta, Madri, 2007.
LACQUE-LABARTHE, Philippe e NANCY, Jean-Luc. *O Mito Nazista*. Ed. Iluminuras, São Paulo, 2002.
LE GOFF, Jacques e SCHMITT, Jean-Claude. *Dicionário Temático do Ocidente Medieval*. Imprensa Oficial, vol. 2, São Paulo, 2002.
_____. *Em Busca da Idade Média*. Ed. Civilização Brasileira, Rio de Janeiro, 2011.
_____. *São Francisco de Assis*. Ed. Record. Rio de Janeiro, 2001.
_____. *Para um Novo Conceito de Idade Média*. Ed. Estampa, Lisboa, 1980.
LÉVI-STRAUSS, Claude. *Raça e Ciência*, vol. 1. Ed. Perspectiva, São Paulo, 1970.
LEXITON, Herder. *Dicionário de Símbolos*. Ed. Cultrix, São Paulo, 2009.
LUNA, Mario. *O Simbolismo das Religiões*. Ed. Siciliano, São Paulo, 1990.
LURKER, Manfred. *Diccionario de Imagenes y Simbolos de la Bíblia*. Ed. El Almendro, Cordoba, 1994.
MAINWARING, Scott. *Igreja Católica e Política no Brasil*. Ed. Brasiliense, São Paulo, 2004.
MACMANNERS, John. *The Oxford Illustred. History of Christianity*, Oxford University Press, 1990.
MEIRELES, Cecília. "Velho Estilo" in *Vaga Música*, José Aguilar Ed., São Paulo, 1967.
MILLIET, Maria Alice. *Tiradentes: o Corpo do Herói*. Ed. Martins Fontes, São Paulo, 2001.
NAKAGAKI, T.K. *The Buddhist Swastika and Hitler's Cross. Rescuing a Symbol of Peace from the Forces of Hate*. Stone Bridge Press, Berkeley, Califórnia, 2018.
NERET, Giles. *Dalí*. Ed. Taschen, Köln, 2004.

NOVAES, Adauto. *A descoberta do Homem e do Mundo*. Ed. Companhia das Letras, São Paulo, 1998.
NURIDSANY, Michel. *Dali*. Ed. Flammarion, Lonrai, 2004.
OCHSÉ, Madeleine. *Uma Arte Sacra Para Nosso Tempo*. Livraria Editora Flamboyant, São Paulo, 1960.
OSTOLAZA, Luiz Felipe Villacorta. *Las Culturas del Peru Antiguo*. Ed. Roberto Gheler Doig, Lima, 2009.
OTTO, Rudolf. *O Sagrado*. Ed. Vozes, Rio de Janeiro, 2017.
PACOUD-RÈME, Elisabeth. *Chagall*. Editions Artlys, Paris, 2011.
PAIVA, Eduardo França. *História e Imagens*. Ed. Autêntica, Belo Horizonte, 2006.
PANOFSKY, *Erwin. A Perspectiva como Forma simbólica*. Edições 70, Lisboa, 1993.
_____. *Arquitetura Gótica e Escolástica*. Ed. Martins Fontes, São Paulo, 1991.
PASTRO, Cláudio. *A Arte no Cristianismo*. Ed. Paulus, São Paulo, 2010.
PELIKAN, Jaroslav. *A Imagem de Jesus ao longo dos Séculos*. Ed. Cosac Naify, São Paulo, 2000.
PEROY, Edouard in Crouzet, Maurice. *História Geral das Civilizações. A Idade Média*. Tomo I, II e III. Ec. Bitel, Rio de Janeiro, 1977.
PESSIS, Anne Marie. *Imagens da Pré-História. Parque Nacional Serra da Capivara*. FUMDHAM / PETROBRAS, 2003.
PINHEIRO, João Neto. *Bons e Maus Mineiros e outros Brasileiros*. Mauad Editora, Rio de Janeiro, 1996.
POWER, Samantha. *Genocídio*. Ed. Companhia das Letras, São Paulo, 2004.
QUINN, Malcolm. *The Swastika Constructing the Symbol*. Routledge, London, 2015.
REICH, Wilhelm. *Psicologia de Massas do Fascismo*. Ed. Martins Fontes, São Paulo, 1972.
REVILLA, Federico *Dicionário de Iconografia y Simbologia*. Ed. Cátedra, Madri, 2012.
RIES, Julien. *Il Sacro nella Storia Religiosa dell'Umanità*. Ed. Jaca Book, Milano, 1978.
RONNBERG, Ami. *O livro dos Símbolos. Reflexões sobre Imagens Arquetípicas*. Ed. Taschen, Koln, 2012.
SCHAAN, Denise Pahal. *Cultura Marajoara*. Ed. Senac, São Paulo, 2009.
SCHROER, Silvia e STAUBLI, Thomas. *Simbolismo do Corpo na Bíblia*. Ed. Paulinas, São Paulo, 2003.
SERBIN, Kenneth. *Diálogos na Sombra. Bispos e Militares, Tortura e Justiça Social na Ditadura*. Ed. Companhia das Letras, São Paulo, 2001.
SIMÕES, Solange de Deus. *Deus, Pátria e Família. As mulheres no Golpe de 1964*. Ed. Vozes, Petrópolis, 1985.
SIMON, Marcel. *El Judaismo y el Cristianismo Antiguo*. Ed. Labor, Barcelona, 1972.
SODRÉ, Nelson Werneck. *Golpe de 64*. Cadernos Porto e Vírgula, Sec. Municipal da Cultura UE Porto Alegre, 1994.
SOUZA, Laura de Mello. *O Diabo e a Terra de Santa Cruz*. Ed. Companhia das Letras, São Paulo, 1987.
SOLADE, Otto. *A Árvore da Vida Asteca e o Cacaueiro*. Ed. Gráfica Brasiliana, Brasília, 1982.
SILVA, J. Norberto in Carvalho, M. José, *A formação das almas – O Imaginário da República no Brasil*. Ed. Cia das Letras. São Paulo, 1990.
STEINERT, Marlis. *Hitler*. Ed. Babel, São Paulo, 2011.
SONTAG, Susan. Entrevista publicada na Revista *Veja*, edição 1.817 de 27/08/2003.
TOLNAY, Charles de. *Miguel Angel Escultor, Pintor y Arquitecto*. Ed. Alianza Forma, Madrid, 1988.
VAINFAS, Ronaldo. *Dicionário do Brasil Colonial*. Ed. Objetiva, Rio de Janeiro, 2000.
VEYNE, *Paul Quando Nosso Mundo se Tornou Cristão*. Ed. Civilização Brasileira, Rio de Janeiro, 2011.
VILLA, Marco Antônio. *Ditadura à Brasileira*. Ed. Texto Editores Ltda., São Paulo, 2014.
WALTHER, Ingo e METZGER, Rainer. *Chagall*. Ed. Taschen, Köln, 2004.
WULLSCHLAGER, Jackie. *Chagall*. Ed. Globo, São Paulo, 2009.
ZUGIBE, T. Frederick. *A Crucificação de Jesus*. Ed. Ideia & Ação, São Paulo, 2008.

CRÉDITOS DAS IMAGENS

Nomes dos fornecedores das imagens e respectivas páginas em negrito

Alamy Images Stock Photo: 18 Mulher do Grupo Ainu, © Michele e Tom Grimm ; Criança Indígena Xingu, ©Brarymi; **19** Papiro do Escriba Ani, Museu Britânico; **22** Cruz Biturcada; Cruz Patonce; Cruz Asteca; **23** Suástica, ©Yotto; Cruz em Trevo; **28** Sinagoga Churba, ©Mauritius images GmbH, ©Stock Photo; **30** Cúpula Basílica de São Pedro, Hercules ©Milas Stock; **49** Palácio Nínive, ©Albert Knapp; **65** Catacumba de Priscila, ©Abaca Press; **66** Cripta de Lucina, Catacumba de São Calixto, ©Agefotostock ; **70** Crismon Alfa e Ômega, ©CM Dixon/Heritage Images; **71** Apóstolos Pedro e Paulo, Museu do Vaticano, ©Art Collection3; **79** Mausoléu de Gala Placídia, ©Russell Mountford; Cruz Triunfal, ©Luca Dadi; **106** Imperador Adriano, Museu Glyptothek, ©The Art Collector/Heritage-Images; **109** São Paulo, Pórtico dos Apóstolos, Catedra de Notre-Dame, ©Zvonimir Atletić; **112** Ilustração de Thomas Malory's, Audrey Beardsley, ©The Picture Art Collection; **115** Star Wars, Georges Lucas, ©Lucasfilm; Espada da Anatólia; Espada Medieval Alemã; **152** Galeria dos Espelhos, © Palácio de Versalhes, Frederic Reglain; **163** Cristo de São João da Cruz, Salvador Dalí, Museu de Arte de Kelvingrove, Glasgow, ©Peter Barritt; **181** Estudo de Anatomia, Leonardo da Vinci, Royal Library Windsor, ©Frederick Wood - Punchy; **190** Estudo Geométrico da Crucificação de São João da Cruz, Salvador Dali, Autvis/ Wikiarts/ Xennex; **191** Ascenção de Cristo, Salvador Dali, ©Autvis Album; **192** Cristo de Gala, Salvador Dalí, ©Autvis Album; Corpus Hypercubus, Salvador Dalí, Metropolitan Museum, ©World History Archive; **217** Crucificação, Giotto di Bondone, Capela degli Scrovegni, Werner; ©Stuhler/Süddeutsche Zeitung Photo; **221** Crucificação, Emil Nolde, ©classicpaintings; **222** Descida da Cruz, Max Beckmann, MOMA, NY ©JJS; **223** Assassino Esperança das Mulheres, Oskar Kokoschka, ©Archivart; **226** A Crucificação Branca, Marc Chagall, The Art Institute of Chicago © Artepics; **245** Eu e Minha Aldeia, Marc Chagall, MOMA, NY, ©Photo 12; **247** Anjo Miguel, Mosteiro de Santo Ipaty, ©agefotostock; **289** A Primeira Missa, Vitor Meirelles, Museu Nacional de Belas Artes, ©Heritage Image Partnership Ltd; **292** Elevação da Cruz, Pedro Peres, Museu Nacional de Belas Artes, © History & Art Collection; **298** Tiradentes, Januário dos Santos Sabino e Estevam da Costa Cunha, © Heritage Image Partnership Ltd; **311** O Tiradentes, Wasth Rodrigues, Museu Histórico Nacional, ©Heritage Image Partnership Ltd; **313** Prisão de Tiracentes, Antônio Parreiras, Museu Antonic Parreiras, ©Abbus Acastra; **431** Cristo Redentor, Cristoforo Stati,Portal da Basílica São Pedro, Vaticano, ©Heinz Kühbauch; **432** Cristo Redentor, Michelangelo, Mosteiro de São Vincenzo, Bassano Romano, ©Gibon Art; **450** Khachkars, Cemitério, ©Noraduzbayazed; **451** Cemitério de Colleville Sur Mer, Normandia, ©Franck Legros; **457** Inferno, Coppo di Marcovaldo, Batistério de Florença, ©Peter Horree; **460** São Francisco de Borja Visita um Moribundo Impenitente, Francisco de Goya, Capela Borja, Catedral de Valência, ©Granger Historical Picture Archive; **463** São Francisco Expulsa os Demônios, Giotto di Bondone, Baílica de São Francisco, ©incamerastock; **465** Cena do Filme O Exorcista de Wiliam Friedkin, Jason Miller no papel de padre Karras, ©Photo 12; Cena do Filme O Exorcista de Wiliam Friedkin, ©ScreenProd / Photononstop; **467** Festival de Woodstock, ©Science History Images; Casal no Festival de Woodstock, ©CBW; **472** O Nascimento de Uma Nação, filme de 1915 de D.W. Griffith, ©Gado Images; **476** Catedral do Sal em Zipaquirá, Colombia, ©Dave Stamboulis; Catedral do Sal em Zipaquirá, Colombia, ©Pierrick Lemaret; Catedral do Sal em Zipaquirá, Colombia, ©Stock Photo; **481** Bússola Chinesa, ©Hans-Joachim Schneider; **484** Botoque de Cerâmica, Tribo Mursi, ©Nick Fox; **486** Escarificação Cruciforme, Etiópia, ©Matjaz Corel; **487** Pendente Crucifixo Sueco, ©Smith Archive; Tetramorfo dos Evangelistas, Placa de Agnus Dei, Metropolitan Museum, ©agefotostock; Cruz Grega Bizantina, Museu Bizantino Atenas, ©Prisma Archivo; **490** Fachada da Basílica de São Marcos, ©Juergen Ritterbach; **491** Basílica de São Marcos, Veneza, ©Simone Padovani / Awakening; **493** Igreja de Hagia Sophia, ©Gokhan Celem; **494** Igreja de São Jorge, Bete Giorgis, ©Terje Lillehaug; **496** Igreja de São Jorge Vista Externa, ©John Dambik; **495** Arquitetura Lalibela, ©John Dambik; Janelas de Bete Giorgis, Lalibela; Detalhe de Lalibela, ©Paul Strawson; Detalhe Arquitetura Lalibela, ©agefotostock; **501** Paolo Uccello, São Jorge, National Gallery, ©IanDagnall Computing **503** Donatello. São Jorge, ©Peter Horree; **512** Cartaz da Cruz Vermelha, ©Venimages; Cartaz do início da 1ª Guerra Mundial, Alemanha, © incamerastock; Cartaz da Cruz Vermelha, Mobilização das Mulheres Enfermeiras, © CBW; **515** Sinais Matemáticos, ©Koblizeek; **527** São Pedro com as Chaves do Céu, Catedral Chartres, ©Sonia Halliday Photo Library; **528** Crucificação de São Pedro Paolo Romano, Museu do Vaticano, ©Hulton Archive; Martírio de São Pedro, Luca Della Robbia, ©Zvonimir Atletić; **529** Crucificação de São Pedro, Michelangelo, ©Granger Historical Picture Archive; **531** Crucificação de São Pedro, Guido Reni, ©IanDagnall Computing; **533** Crucificação de São Pedro, Caravaggio, ©incamerastock; **541** Monumento funerário Newgrange, ©RM Ireland; Adorno celta, ©The Print Collector; Cruz de cemitério, ©Panagiotis Karapanagiotis; **545** Pilar de Kilnasaggart, ©David Lyons; **548** Cruz de Rutwell, ©Granger - Historical Picture Archive; Cruz do

Mosteiro de Clonmacnois, ©Achim Zeilmann; **551** Cruz de Santa Brígida, ©Barry Mason; **554** O ladrão na Cruz, Robert de Campin, © Artefact; **557** Santo Antônio, o Abade ou Santo Antão, o Eremita; **558** As Tentações de Santo Antonio, Hieronymus Bosch, ©GL Archive; **568** Martelo de Thor, ©Interfoto; **573** Casa Rinconada, ©Scott Warren; **574** Cruz Tau na Irlanda © Arco / C. Bömke; **578** Ankh, ©Prisma Archivo; **579** Tumba de Nefertari, © Axis Images; **580** Colunas do Templo de Karnak, © agsaz; **582** Chave do Nilo, ©Amar and Isabelle Guillen - Guillen Photo LLC; **587** Amuleto, Tumba do faraó Tutmés IV, Museu Belas Artes de Boston, ©Met/Bot; **590** Coluna, Templo Pilae, em Aswan, ©Martin Norris **600** Igreja Maria Madalena, Jerusalém, ©Boaz Rottem; Igreja da Transfiguração, ©Robert Harding; **601** Palácio de Terems, Kremlim de Moscou, ©Travel Picture; **603** Igreja da Ressurreição de Cristo, ©Deror_avi; **612** Procissão Ucrânia, ©Oleg Doroshenko; Procissão com Estandartes Moscou, ©studio204; **615** Procissão pelo Centenário do Fuzilamento da Família Imperial Russa; **623** Cruz de Gancho Concêntrica; **630** Mesa de Ritual do rei Midas, Civilização Frígia; **641** Arquitetura Castreja, Nó Celta, Museu do Carmo, ©Nathaniel Noir **644** Rosa Camuna, Inscrições em Pedra, ©Andrea Raffin; **649** Sinagoga Tel Hum Cafarnaum, Galileia **650** Cerâmica de Samsara, ©Prisma Archivo; **651** Mosaico Romano, Vila Olmeda, ©Agefotostock/ J M Barres; Mosaico Romano, ©Album / Stock Photo; **655** Dharmachakra Bhavacakra, ©Miceking Vektorgrafik**; 658** Buda Gigante, 1993, Mosteiro Po Lin, Hong Kong, ©Kevyn Burns; Buda Espelho Aura, Charles ©Walker Collection; **663** Buda do Nepal, ©Thye Gn; **665** Templo Sensoji Asakusa Kanon, ©Cavan Images; Pagode Linh Phuoc, Cidade Dalat, Vietnã, ©Sergey Uryadniokov ; **666** Lago Templo de Hasedera, ©Victor Korzhenko; **667** Templo Zenko-Ji, Nagano, ©Joaquin Osorio Castillo; **668** Templo Jainista, Calcutá, ©Sabena Jane Blackbird; **673** Residência em Jodhpour, ©cultura travellib; Bandeira Jainista; **679** Convite de Casamento, ©PhotosIndia.com LLC; Ganesh e o Rato, ©pjhpix; **680** Laxmi, o Elefante do Templo Manakula Vinanagar, ©Dov Makabaw; Ritual Puja; **686** Templo em Mandawa, ©Travel by Vision; Rio Ganges, Hariddwar, ©Pascal Mannaerts; Monge Budista, ©Dinodia Photos **682** Diwali Festival das Luzes, Rio Ganges, ©Zuma Press, Inc; Rio Ganges, Haridwar; **687** Pagode Bao Quoc Templo Budista em Hue, Vietnã, ©Shaun Higson; Templo Hindu Bombaim Mumbai, Índia, ©James Cheadle; Budismo Tibetano, Wangdue Phodrang, Butão, ©Alain Le Garsmeneur; **688** Arquitetura Residencial, Mysore, Índia, ©Ashley Cooper; **695** Sandakan, Malásia, ©Louise Heusinkveld; Bueiro de Hirosaki; Telhado, Cidade de Ubud, em Bali, ©Gordon Wood; **698** Sinalização Mapa do Metrô de Taipei, ©B. Christopher; Sinalização dos Templos Yakuoji e Jokomyoji, Nara, ©Agencjia Fotograficzna Caro **705** Desfile Marcial em Nüremberg, 1934, ©mccool; **707** Juventude Nazista feminina, ©Scherl/Süddeutsche Zeitung; **709** Hitler assinatura do acordo de Munique, ©CBW; **713** Dia Nacional do Trabalho, Berlim, ©Dukas Presseagentur GmbH/ Schultz Reinhard; **718** Cena de Triunfo da Vontade, ©Interfoto; Cena de Triunfo da Vontade na Convenção do Partido Nazista em N**ü**remberg, ©Keystone Press; **721** Cartaz da Exposição Jazz Música Degenerada, ©Lebrecht Music & Arts; **729** Buchenwald, Alemanha, 11 de abril, 1945, ©Alpha Historica; Nagasaki, Japão, 6 de agosto, 1945, ©Süddeutsche Zeitung Photo **730** Berlim, maio de 1945, ©Shawshots; Caen, julho 1944, ©Smith Archive; **731** Colônia, março 1945, ©Shawshots; Guernica, abril 1937© Bundesarchiv; Roterdam, ©Süddeutsche Zeitung Photo maio 1940 ; **733** Hitlerjugend, Bundesarchiv, ©Shawshots; Criança resgatada após explosões nucleares no Japão, ©Imago History; **752** Gorro da Cultura Tiwanaku, Metropolitan Museum, ©Artokoloro; **753** Cultura Huari, ©Artokoloro; **754** Chan Chan, ©GC Stock; **756** Tiwanaku, Templo Puma Punku, ©Dimitri Burlakov**; 757** Puma Punku, Tiwanaku, ©Karina Azaretzky; **759** Templo das Três Janelas, ©YAY Media AS/ Ralf Broskvar; **761** Machu Picchu Mesa Cerimonial ©Don Mammoser; Machu Picchu Intihuatana, ©Charles O. Cecil; Machu Picchu Monumento ao Sol; **762** Monolitos de Ollantaytambo, ©Rafal Cichawa; **763** Relógio Solar, ©Goran Bogicevic; **744** Fonte de Chacana, Ollantaytambo ©Rex Allen*; Dreamstime:* **18** Tribo Mursi, ©Dietmar Temps; **48** Deusa Hator, tumba de Sennedjem, ©Rania Hegazi; **75** Khachkar, Cemitério Armenio de Noratus, ©Depositphoto/ nightoclicko; **601** Igreja São Jorge, Moscou, ©ArtLook; Moscou; **683** Rangoli iluminado, ©Nikhil Gangavane; **686** Porta com Suásticas, ©Erinpachardphotography; **688** Rangoli Festival Diwali, ©Erinpachardphotography Gaurav Masand**; 697** Rangoli festivo, ©Gaurav Masand*; IStockphotos:* **18** Mehndi Védico, ©Lorado; **25** Imaginario Mítico Indiano**; 114** Marcha Soldado, ©George Marks; **643** Cruz Ortodoxa Russa**,** ©Iurii Malaschenko; **659** Buda do Templo Kek Lok Si, Penang, © Artit_Wongpradu; **681** Oferendas em Japur, ©brytta; **Getty Images: 471** Ritual da Ku Klux Khan, ©Harry Benson; **473** Enforcamento Simbólico com Inscrição Este Negro Votou, ©Bettmann**;** Enforcamento Simbólico com Boneco de Martin Luther King, ©Bettmann; **541** Cruz Peitoral, ©Heritage Images; **636** Tapeçaria; **665** Templo Budista; **682** Diyas com Lamparina Cerimonial, ©India Pix/India Picture; Ganges, Diwali, ©Sudarsan Mondal; **689** ilha Diu, Ganges, Mahadev, ©John Seaton Callahan; Cartão postal norte-americano, ©Rykoff Collection; Vestes Bordadas, ©Tibor Bognar; **695** Poste de Iluminação, São Francisco; **709** Saudação a Hitler, Congresso de Nüremberg, ©Hulton Deutsch; **716** Cineasta Leni Riefenstahl em Plena Ação**,** Library of Congress; **721** Cartaz do Filme Der Ewige Jude, ©Pictures from History; **766** Chacana na Ilha da Lua, Bolivia ©SL-Photography*;* **Shutterstock: 650** Taça de Susa, ©Kharbine-Tapabor; **677** Ganesh, ©Guru Ji Creation; **680** Kalasha, Fote Cerimonial, ©Dipak Shelare; **Scalaarchives: 645** Vaso Cinerário Etrusco; **Imago: 714** Ensaio de Apresentação, Berlim 1938,

©TopFotox; **Bridgeman mages:** 555 Anjo e o Sinal de Tau; 113 A Justica, Alfredo Ceschiatti, Praça dos Três Poderes, ©Tyba, Carolina de Holanda; **Aurvis:** 17 Um Ponto de Cruzamento, Richard Longo; 40 O Crucifixo, Germaine Richer; Dominique Lévy Galerie Perrotin 168 Estudo para Obra, Salvador Dalí Museum, Florida; 193 Cruz Nuclear, Salvador Dai; 222 Cristus, Karl Schmidt-Rottuluff, Brücke Museum Berlin, ©VG Bild-Kunst Bonn, 236 A Revolução, Marc Chagall, ©Centre Pompidou; **The Heartfield Community of Heirs:** 735 Velho Lema no Novo Reich: Sangue e Ferro, John Heartfield, Revista AIZ, 1934; 736 Reiniciar é Necessário, 1932; Sob Esse Sinal Sereis Traído e Vendido, 1932; A Cruz do Assassino, 1933; 737 A Cruz Ainda Não Era Pesada O Suficiente, John Heartfield, 1933; **Folha Press:** 342 Marcha com Deus pela Liberdade, Praça da Sé; 364 Enfrentamento de Sacerdotes e Polícia Militar; 367 Antigo Prédio do DOPS; 383 Pichação no Convento de São Domingos; 389 Capitão Lamarca em Treinamento com Funcionários do Banco Bradesco; 398 Governos Militares na Região da Araguaia, ©José Antônio de Souza Perez; 406 Catedral da Sé na Missa Homenagem ao Operário Santo Dias; 407 Comicio das Diretas, Catedral da Sé; 412 Caras-Pintadas, manifestação em 16/08/1992; 415 Corcovado e Cristo Redentor; **Editora Bloch:** 347 Marcha no Rio de Janeiro, Revista Fatos e Fotos, nº 167; Marcha da Vitória 1º de Abril; 356 Implantação do Golpe Militar em Brasília; **Jornal do Brasil:** 348 Cruzada do Rosário; 352 Participação Feminina e da Classe Média nas Marchas; 354 Encontro de Entidades nas Marchas de São Paulo; 356 Controle Militar nas Estradas; 375 Governos Militares Repressão e Violência, 398 Execução do Sindicalista Aderval Cocueiro ©Rubens/AJB. **Arquivo Público do Estado de São Paulo:** 367 Religioso Encaminhado para Depoimento no DOPS; Estudantes no DOPS; Sala da Diretoria do Antigo DOPS; 375 Grupo de Estudantes para Interrogatório; 381 Registro da Emboscada de Marighella; 382 Julgamento dos padres Dominicanos; 435 Paisagem da Guanabara com o Cristo Redentor; **Agencia O Globo:** 356 Desfile Militar; 363 Missa do Secundarista Edson Luiz, Igreja da Candelária; 375 Prisão e Repressão; **Correio da Manhã:** 316 Ato de Apoio a Getúlio Vargas; Passeata dos 100 Mil; 375 Prisão de Estudantes; **Agência o Estado:** 351 Clã Familiar na Marcha pela Família; 374 Repressão Militar; Repressão contra Manifestantes; 375 Cavalaria Militar; **Dedoc Abril:** 374 Governos Militares ©Auremar de Castro; 375 Estudantes Presos por Agentes Militares, ©Carlos Namba; **Editora Abril:** 412 Criação Gráfica Capa da Revista Veja; **Arquivo Nacional:** 391 Exército Brasileiro em Ação na Região da Araguaia. **Diários Associados:** 368 Padre Antônio Henrique Neto Torturado e Assassinado. **Editora Vozes:** 397 Capa do Livro Brasil Nunca Mais de Dom Paulo Evaristo Arns; 394 Fotograma Extraído do Filme Terra em Transe, Direção Glauber Rocha, 1967; 400 Catedral da Sé, São Paulo, 1975 Missa Homenagem a Herzog, ©Juca Martins; **Museu de Arqueologia e Etnologia da USP:** 35 Tanga Cerâmica Cultura Marajoara; **Fundação Museu do Homem Americano:** 46 Fitual da Árvore Sagrada e Dança Fálica, ©Alex Uchoa; 47 Figuras da Toca do Ribeirão, © Alex Uchoa; Casal da Toca do Caldeirão, ©André Pessoa; **Paul Getty Museum:** 53 Iluminura Medieval Cena de Expulsão do Paraiso; **British Museum:** 19 Papiro do Escriba Ani; 49 Sala do Trono de Assurbanípal; 81 Crucificação Placas do Ciclo da Paixão; 549 Pingente Celta de Ouro; 583 Anel com Símbolos Sagrados de Ankh e Djed; 587 Amuleto Funerário com Ankh Djed e Uás; 646 Selo de Propriedade Vale indo-Gangético; **Museu Meermanno:** 58 Iluminura da Árvore Peridexion; **KHM-Museumsverband:** 102 Regalias de Carlos Magno; **Metropolitan Museum NY:** 131 Símbolo Medieval de Cristo ICTHUS Âncora Alfa e Ômega; **Museu do Louvre:** 180 Estudo de Nu de Michelangelo, ©Spanish Castle Magic; 646 Cerâmica Ânfora de Creta; **Museu Histórico Nacional do Rio de Janeiro:** 308 Martírio de Tiradentes, Francisco Aurélio de Figueiredo; **Museu de Arte de São Paulo:** 326 Mantenha a Liberdade Quae Sera Tame, Wesley Duke Lee, autorização Patricia Lee, ©Luiz Hossaka; **National Museum of Denmark:** 568 Amuleto de Thor; **Museu Belas Artes de Boston:** 587 Amuleto da Era do Cristianismo Primitivo; Lamparina de Cerâmica com Ankh e Cruz Cristã; **Museu Copta do Cairo:** 588 Cruz Copta de Lápide Tumular; **Kunsthistorisches Museum Wien:** 626 Estáter Cretense com Labirinto; **Museu Arqueológico de Heraklion:** 626 Moeda Cretense; Estater com Lenda de Teseu; **Museu Numismático de Atenas:** 626 Estáter Labirinto Circular; Estáter Labirinto Quadrado; **Museu Kroppedal da Dinamarca:** 633 Artefato Medieval Fíbula Celta. **Museu da Cultura Castreja:** 641 Triskele; Tetraskele Espiral; **Museu das Civilizações da Anatólia:** 649 Friso Decorativo; **Museu Nacional de Arqueologia, Antropologia e História do Peru:** 750 Cerâmica da Cultura Inca-Chincha; 753 Artefato Textil Cultura Chachapoyas; **Museu Chileno de Arte Pré-Colombiano:** 750 Cerâmica da Cultura Moche; **Textile Museum of Washington:** 752 Unku da Cultura Chimu; **Museu Amano:** 753 Tecido da Cultura Chimu; **Museu Thyssen-Bornemisza:** 245 Casa Cinza em Vitebsk, Marc Chagall; **Stedelijk Museum:** 246 A virgem com o trenó, Marc Chagall; **Cildo Meireles/Tate:** 324 Totem Monumento ao Preso político; 404 Quem Matou Herzog, ©Pat Kilgore; **Elio Scliar:** 324 Tiradentes, Museu da Caixa Econômica Federal; **Instituto Antônio Henrique Amaral:** 404 A Morte no Sábado,© Mariana Valdrighi Amaral; **Projeto Portinari:** 285 Descobrimento, Série Cenas Brasileiras; 321 Tiradentes, Memorial da América Latina; 324 Retrato de Luiz Carlos Prestes; **Fundação Fadel:** 310 Execução de Tiradentes, Alberto Guignard; **Instituto Moreira Salles:** 156 Cristo Crucificado, Antônio Francisco Lisboa,©Horácio Coppola; 157 Cristo Carregando a Cruz, Cristo na Coluna e Via-Crucis, Antônio Francisco Lisboa,©Horácio Coppola; 374 Policiais Contra Manifestações Populares, ©Evandro Teixeira; **Marcello Nitsche;** 411

Primeiro Símbolo das Diretas Já; Símbolo com Cores Nacionais; **Museu da Imagem e do Som do Rio de Janeiro 424** Festa da Inauguração; **425** Construção do Monumento; Cristo Redentor com Andaimes. **Bundesarchiv: 702** Brigada dos Freikorps, ©Opitz; **703** Desfile da Juventude Nazista; **710** Reichtag 11 de agosto 1941; **721** Cartaz da Juventude Nazista, Ludwig Hohlwein; **729** Dresden em 15 de Fevereiro de 1945; **731** Roma em Julho 1944, / ©Gerhard Rauchwetter; **Acervo Iconografia Memorial da Democracia: 227** Instalações Internas do DOPS, ©Fernando Braga; **228** Prédio do DOPS. **Israel Exploration Society: 125** Estudos sobre Crucificação, ©Hillel Geva; **United States Holocaust Memorial Museum: 725** Vítimas de Auschwitz; Criança, Gueto de Varsóvia; **733** Crianças no Gueto de Kovno, Lituânia, 1944; **Wikimedia Commons: 22** Cruz Teotônica ©Masturbus; Cruz Potenzada, ©Martin Román Mangas; Cruz Celta, ©Martin Román Mangas; Cruz Gamada, ©Erin Silversmith; Cruz de Jerusalém, ©Martin Román Mangas; Cruz Quadrática, ©Richard-59; Cruz de Ferro, ©Lyon Cyborg; Cruz da Ordem de Cristo, ©Martin Román Mangas; Cruz Copta, ©Anon Moos, Cruz Patada, ©Anon Moos; Cruz Flor de Lis, ©Anon Moos; Cruz de Calatrava, ©Martin Román Mangas; Cruz da Ordem do Templo, ©Anon Moos; Cruz Matrimonial, ©Martin Román Mangas; Cruz dos Cruzados, ©Martin Román Mangas; **23** Cruz de São Bento, ©Musk; Cruz Ancorada, ©Anon Moos; Svarog, ©Messer Woland; Tursas, ©Wyhiry; Cruz Anglicana, ©Life of Riley; Cruz Recruzada, ©Anon Moos; Cruz Húngara, ©Euku; Cruz Bizantina, ©Madboy74; Cruz da Ressureição, ©Marín Román Mangas; Cruz Perfurada, ©Tom Lemmens; Cruz da Vitória ©Tom Lemmens; Cruz Bifurcada, ©Anon Moos; **25:** Mapa Ga-Sur, Museu Semítico Harvard, Babylonianmaps; **28** Basílica do Santo Sepulcro; ©Victor Grigas; Cúpula da Rocha, ©Godot13; **30** Projeto Donato Bramante; Projeto Carlo Maderno; Basílica de São Pedro; **51** Miniatura Arvore de Jessé, Universitäts- und Landesbibliothek Darmstadt; **53** Adão e Eva Catacumba de São Marcelino, ©Leinad-Zcommonswik; **56** Árvore da Vida Mestiça, ©JuanCarlosFonsecaMalta; **60** Templo da Árvore Peepal Bodh Gaya **65** Catacumba de Priscila; **66** Cruz Ancorada Catacumba de Domitili; **69** Ichtus e Ancora, Catacumba São Sebastião; Cruz Dissimulada, Catacumba São Calixto **71** Icthus e Cristograma, ©Mufunyo; **74** Cruz Anastasis, ©Jastrow; **77** Abside, Basílica de Santa Prudência, ©Welleschik; **78** Tranfiguração, Basílica de Santo Apolinário, ©Incola; **80** Crucificação, Basílica de Santa Sabina, ©Peter193F; **82** Grafite de Alexamenos Museu Antiquarium do Palatino; **92** Imperador Justiniano, Igreja de São Vital, ©The York Project 2002; **94** Pantocrator, Igreja de São Vital, ©Ruge; **96** Moeda Bizantina, Basilio I, ©CCBY-SA; **98** Retrato de Calos Magno, Albert Dürer, ©The York Project 2002; **103** Coroa de Dom Pedro II, ©Carlos Martin; Coroa Votiva Visigótica, ©Ángel M. Feliciano; **105** Orbe do Sacro Império Romano, ©Arnoldius; **106** Mapa TO de San Isidro, ©The British Library; **108** Estandarte de San Isidro; **110** Ordenação de um Cavaleiro, ©nevsepic.com.ua; **130** Crucificação, Evangelho de Rábula, ©The Yorck Project 2002; **136** Pantocrator, Hagia Sophia, ©Dianelos Georgoudis; Cristo juiz Abadia de Saint Foy de Conques, ©Krzystof Golik; Gênese, Lorenzo Maitani,©Sailko; **135** Majestat Batló, ©Angel M.Felicíssimo; **139** Cristo de Courajod, ©Jebulon; **143** Crucificação, Filippo Brunelleschi, ©Sailko; **144** Homem Vitruviano, Leonardo da Vinci, ©Luc Viator; **148** Portal de Nossa Senhora do Carmo, Antônio Francisco Lisboa, © Horácio Coppola; **153** Glorificação de Santo Inácio, Andrea Pozzo, ©Nicholas Gemini; **161** Via-Crucis, Antônio Francisco Lisboa, ©Janine Moraes/MinC; **168** Perspectiva Três Pontos de Fuga, ©Rossi Pena; **175** Redenção de Breda, Diogo Velázquez, Biblioteca Nacional de Madri; **176** Camponeses em Frente à Casa, Louis Le Nain; **177** Ignud, Michelangelo, Capela Sistina; **180** Estudo de Nu, Michelangelo, ©Spanish Castle Magic; **186** Cristo Crucificado, São João da Cruz, ©Raul54; **195** Crucificação, Mathias Grünewald, Museu Unterlinden, ©Claude Le Berre; **199** Retábulo da Anunciação, Nascimento, Ressureição e Lamentação, Mathias Grünewald,©Jacek Rossakiewicz; **200** Retábulo da Crucificação, Mathias Grünewald, ©Claude Le Berre; **201** Tentação de Santo Antônio, Mathias Grünewald, ©Web Gallery of Arte; **203** Altar de Isenheim, Mathias Grünewald, ©Jacek Rossakiewcz; **208** Os Aleijados, Pieter Bruegel, ©The Yorck Projet 2002; **225** Retrato de Mathias Grünewald; **225** Retrato de Mathias Grünewald, ©Web Gallery of Art; A Crucificação, Mathias Grünewald, ©The Yorck Projet 2002; A Pequena Crucificação, Mathias Grünewald,©The Yorck Projet 2002; Retábulo de Karlsruhe, Mathias Grünewald, ©The Projet 2002; **237** Bandeira da União, ©Huge Mackerel; Bandeira Russa, ©Zscout370; **262** Bandeira Estado de Israel, ©Fdmrzusa**; 267** Marc Chagall, Library of Congress, Prints & Photographs Division, © Carl Van Vechten Colletion; **276** Cruz da Ordem de Cristo, ©Nuno Tavares; **278** Cruz de Cristo, Convento de Cristo em Tomar; ©Deutsches Historisches Museum; **279** Terra Brasilis, Biblioteca Nacional da França; **292** Padrão de Pedra, ©FlickreviewR, Silveira Neto; **301** Tiradentes Décio Vilares, ©Projetodelrei; **303** Tiradentes Esquartejado, Pedro Américo, ©Wilfredor; **305** Independência ou Morte, Pedro Américo, ©Ederporto; **314** Tiradentes, ©Francisco de Andrade, Halley Pacheco de Oliveira; **371** Irmã Maurina; **377** Material Gráfico da ALN; **381** Carteira de filiação ao Partido Comunista, autorização Carlos Marighella Filho; **430** Projeto Vencedor, Desenho de Carlos Oswaldo; **431** Salvador Mundo, Igreja de São Vitus, ©AlexanderRahm; **432** Cristo Redentor, Michelangelo, ©Peter1936F; **441** Cruz Latina, ©Karl432; **442** Ichtus, Catacumba Domitilia; **445** Notre Dame de Paris, ©Peter Haaas; **446** Abside e Pináculo, ©DXR; Planta Baixa, ©Archive Book Images, Lampel, Karl Baedeker; **450** Vila Franca de Xira, ©Vitor Oliveira; **478** Cruz Grega, ©Fibonacci; **482** Rosa dos Ventos, ©Alvesgaspar; **487** Cruz Etíope de Procissão, ©Brooklyn Museum; **491** Basílica de São

Marcos, ©Daniel Albrecht; **493** Cúpula Central Interna, ©Guillaume Piolle; **497** Detalhe Arquitetura Lalibela, © Ji-Elle; Janela Lalibella, ©A.Davey; Janela em cruz, ©A.Davey; Arquitetura Lalibela, ©Ji-Elle; **511** Símbolo da Cruz Vermelha, ©Jon Harald Soby; **514** Bandeira Suíça, ©Zscout370; **516** Sautor, ©Qualle; **519** Santo André e São Francisco, El Greco, ©Alonso de Mendonza; **521** Bandeira Grega, ©xfi; Bandeira da Inglaterra, ©Nicholas Shanks; **522** Bandeira Reino Unido, ©Horatio Nelson; Bandeira Irlanda do Norte, ©Hoshie; Bandeira da Escócia, ©Smasongarrison; Bandeira da Grã-Bretanha, ©Hoshie; **525** Bandeira da Dinamarca, Madden; Bandeira da Noruega, ©Gutten Hemsen; Bandeira da Suécia, ©Liggliluff Jon Harald Soby; Bandeira da Islândia, ©Gustavo Ronconi; Bandeira da Finlândia, ©Skopp; Bandeira de Aland, ©Zscout370; Bandeira de Feroé, ©Jeffrey Conneli; **526** Cruz de São Pedro, ©Fibonacci; **531** Crucificação de São Pedro, Gaetano Gandolfi, ©Simoneromanelli76; Crucificação de São Pedro, Luca Giordano, ©Didier Descouens; **535** Cruz Celta, ©Арманито; **540** Cruz do Sol, ©Silsor; **544** Evangelho de Lindisfarne, ©Tetraktys; Evangelho de São João Segundo São Cuteberto, ©British Library; **548** Cruz do Cemitério de Brompton, ©Tracy; **549** Nó Certa, ©Anon Moos; Triqueta, ©Anon Moos; **553** Tau, ©RootOllligt; **554** Crucificação de Van Bolswert, ©Sailko; **558** Óculo do Convento de Santo Antão, ©Bjorn Christian Torrissen; **560** A Virgem e São Francisco, Cimabue, ©The Yorck Project 2002; **563** Manuscrito de São Francisco, ©Tetraktys; **565** Capela de Santa Maria Madalena, ©Cristopher Jojn SSF; **565** Símbolo Tau, ©Cristopher Jojn SSF; **569** Labrys, ©Jebulon; **572** Labrys ©Mary Harrsch; **573** Urna Funerária Marajoara, Museu Emilio Goeld, ©Domicke; Iconografia de São Tiago, ©Yopie; **574** Relicário de Santa Tecla, ©Gaspar Ros; **575** Anbkh, ©AmosWolfe; **578** Símbolo Feminino, ©Klaus Röder; **585** Caixa de Espelho de Tutankhamon, ©Nachbarnebenan; **592** Cruz Eslava, ©Masturbius; Cruz Ortodoxa, ©Mbergeot; **596** Crucifixo Eslavo, ©Senet Crucifixo de Cimabue, ©The Yorck Project 2002; **601** Catedral de Kiev, ©Vladimir Kud; Palácio de Rostov, ©Игорь Шелапутин; **603** Igreja de São Basílio, Moscou, ©Alvesgaspar; **605** Foto da Explosão de 1931, ©Russavia; Catedral Cristo Salvador, ©Vitt Guzity; **606** Cartaz do Partido Comunista, Moscou,1930, ©Bezbozhnik; **609** Capa da Revista Bezbozhnik; **610** Charge de Costumes Sociais© Staff of Bezbozhnik; Crítica à Eucaristia; Campanha Contra Religiões e Vitória do Plano Quinquenal, ©Staff of Bezbozhnik; **617** Suástica, ©Monaneko; **622** Cruz Solar Nórdica, ©Silsor; Cruz Solar Nórdica em Rotação, ©Silsor; Lauburu ©MartínRomanMangas; **623** Cruz de Gancho Excêntrica, ©Wojtaw Brozyna; Cruz de Gancho Ortogonal; Cruz de Gancho Diagonal, **624** Meandros, ©RootOfAllLight; **626** Estater Cretense Tetrakeles, ©Marie-Lan Nguyen; Estater, ©Marie-lan Nguyen; **628** Galáxia da Via Láctea, ©ESO; **633** Pingente Etrusco ©PHGCOM; Colar Indo-Ariano de Kaluraz, ©Zwereshk; Joia Grega, ©Museu Arqueológico Skyros; **639** Paramentos e Vestimentas Navajos, ©Beyond My Ken; Mulher e Cestaria, ©Beyond My Ken; **640** Equipe de Hóquei, 1922, ©Fernie Swastikas; Equipe de Basquete Chilocco Indian Agriculture School, ©US National Archives; **643** Lauburu Basco, ©josugoni; **644** Rosa Camuna, ©Luca Giarelli; **645** Codex Borgia, ©Picamcommons; **646** Ornamento Barco Viking, ©Thorguds; **648** Puma Kuma Portada Tiahuanaco, ©Bgabel; Sinagoga Umm El Qanatir, ©Deroravi; **649** Friso de Éfesos, ©Michael Clarke; **652** Igreja Shavel Tzion, ©Etan J. Tal; Igreja Bizantina; **654** Catedral de Amiens, ©Jean Robert Thgibault; **657** OM ©Mrmw; Swatika Manji ©Masturbius; Padma Lotus, ©Huhsunqu; **661** Pegada de Buda, Buddhapada, ©Smuconlaw; **662** Omote, ©Ahmadi; Ura, ©Ahmadi; **669** Templo Jainista Mehrauli, ©Jain Cloud; Ahimsa, ©Amakuha; Simbolo Jainista, ©Mpanchratan **671** Suástica Jainista, ©Stannered; **685** Enkan Seicho-No-Ie, ©Hydrocato; Emblema Falum Dafa, ©Doc Taxon; **689** Swatica Laundry Ltda, ©GuidoB; **692** Brasão Sociedade Teosófica, ©FraterS; **693** Bandeira da Força Aérea Finlandesa, ©Olof Eriksson; Bandeira Kunas, ©S/V Moonrise; **697** Pabonghapa Dechen Nyingpo; **703** Bandeira Nazista Criada por Hitler, ©Fibonacci; **710** Iconografia Águia e Suástica; ©Bundesarchiv Wisniewski; **711** Parteider, ©RsVe; **730** Londres Maio 1941, ©H.Mason, Berlim Maio 1945, ©Yevgeny Khaldei; Xangai,1937, ©H.S. Wong; Rotterdam Maio 1940; Florença Agosto 1944; **761** Machu Picchu, Tumba Real, ©Colegota; **768** Cruz Papal, ©Jaroslaveff; **769** Cruz de Lorena, ©Anon Moos; **770** Cruz de Jerusalém, ©Tom Lemmens; **771** Cruz da Paixão,©Rafy; **772** Cruz Dissimulada, ©MesserWoland; **773** Cruz Cavaleiro de São José, ©Anon Moos; **774** Cruz de Malta, ©AnonMoos; **775** Cruz Pomée, ©AnonMoos; **776** Lauburu,©Ariane Schmidt; **777** Cruz Batismal, ©Buho07; **778** Nika, ©Martin Román Mangas; **779** Cruz Alfa e Ômega, ©Martin Román Mangas; **780** Cruz Triunfante, ©Gfi, **762** Cruz do Calvário, ©Crni Bombarder; **763** Cruz Evangelista, ©Martin Román Mangas, **784** Lábaro, ©Aethralis; **785** Cruz do Sol, ©Anon Moos; **786** Cruz dos Bizantinos, ©Madboy74; **787** Cruz de Santiago, ©Warx.

Todos os esforços foram feitos para identificar a autoria das imagens e as propriedades dos direitos das obras de arte reproduzidas nesta edição.

Agradecemos às pessoas, aos acervos públicos e privados pela amável autorização para reproduzir suas imagens.